广东海洋与渔业年鉴

2011—2015

广东海洋与渔业年鉴编纂委员会 编

海洋出版社

2019年·北京

图书在版编目(CIP)数据

广东海洋与渔业年鉴. 2011—2015 / 广东海洋与渔业年鉴编纂委员会编. —北京 : 海洋出版社, 2019.11
ISBN 978-7-5210-0451-9

Ⅰ. ①广… Ⅱ. ①广… Ⅲ. ①海洋渔业－广东－2011-2015－年鉴 Ⅳ. ①F326.476.5-54

中国版本图书馆CIP数据核字(2019)第246775号

责任编辑：杨　明
责任印制：赵麟苏

海洋出版社 出版发行
http://www.oceanpress.com.cn
北京市海淀区大慧寺路 8 号　邮编：100081
北京朝阳印刷厂有限责任公司印刷　新华书店北京发行所经销
2019年11月第1版　2019年11月第1次印刷
开本：889mm × 1194mm　1／16　印张：32.25　彩图：46
字数：1161千字　定价：300.00元
发行部：010-62132549　邮购部：010-68038093　总编室：010-62114335
海洋版图书印、装错误可随时退换

广东海洋与渔业年鉴审稿专家

张显良　农业部渔业渔政管理局局长、研究员

崔利锋　中国水产科学研究院院长、研究员

肖　放　全国水产技术推广总站站长、中国水产学会秘书长

赵兴武　中国渔业协会会长

魏宝振　中国休闲垂钓协会会长、研究员

丁晓明　中国水生野生动物保护分会副会长

张连秋　国家海洋局办公室副巡视员

魏国旗　国家海洋局规划与经济司巡视员

樊祥国　国家海洋局政策法制与岛屿权益司副司长

赵晓涛　中国海洋报社社长、高级工程师

相文玺　国家海洋信息中心副主任、研究员

吕克坚　广东省人民政府地方志办公室副巡视员

王　涛　广东省人民政府地方志办公室地方史处处长

吕汉光　广东省人民政府地方志办公室年鉴处处长

莫秀吉　广东年鉴社社长、副编审

许清华　广东年鉴社编辑

（备注：审稿时间为 2018 年 3 月）

编辑说明

一、《广东海洋与渔业年鉴》是广东海洋与渔业的大型资料性年刊，旨在全面、系统、准确地反映广东海洋与渔业等方面的基本情况，为读者了解和研究广东海洋与渔业提供基本资料。

二、《广东海洋与渔业年鉴》采用分类编辑法。主体内容设篇目、栏目、分目、条目4个结构层次，以条目为表现内容的基本形式。全书条目的标题统一用黑体加【 】表示，少数包含多方面资料的条目则在文内用加粗字体标明各段资料的主题。

三、《广东海洋与渔业年鉴2011—2015》着重反映2011—2015年（“十二五”期间）广东省海洋与渔业的基本情况。全书设综合信息、大事要闻、海洋经济、现代渔业、行政管理、公共服务、科技教育、交流合作、各市概况、资料选编等10篇目，共54个栏目，244个分目，13800个条目。还有附录。

四、《广东海洋与渔业年鉴2011—2015》是第一次编写，参照《广东年鉴》《中国海洋年鉴》《中国渔业年鉴》的编排，搭起新的基本框架。

五、《广东海洋与渔业年鉴2011—2015》载录的内容资料由各组稿单位供稿，稿件经供稿单位审核签批后送本年鉴编辑部初编、统编，再返回供稿单位核对。全书稿件经本年鉴编纂委员会审核验收。

六、《广东海洋与渔业年鉴2011—2015》的数据，分别由各单位提供，采用法定计量单位。若与统计部门公布的数据不一致，使用时应以统计部门公布的数据为准。

七、《广东海洋与渔业年鉴2011—2015》稿件作者署名，除“特载”等类目正文的作者在标题下方标明，其他类目的作者都未标出。图片在该图片下方标明；未标出摄影人员的图片，均由撰稿单位提供。

八、《广东海洋与渔业年鉴2011—2015》的编辑出版工作得到各有关单位的大力支持和通力合作，并依靠全体撰稿人员共同参与而完成，在此谨致谢意；疏漏之处，敬请批评指正。

目 录

广东海洋与渔业数字（2015）

全省陆地面积 17.97 万平方千米，其中岛屿面积 1592.6 平方千米，约占 0.89%。

全省大陆海岸线长 4 114.3 千米，约占全国的 1/5，居全国首位。

全省有海岛 1350 个，其中面积在 500 平方米以上的 734 个（不含 49 个干出沙），海岛岸线长 2414.44 千米。

全省海域总面积 41.93 万平方千米，其中内海约为 4.89 万平方千米，领海约为 1.64 万平方千米。

全省滩涂面积为 2018.74 平方千米，可用于养殖的面积为 1200 平方千米。

全省内陆水域总面积 116 万公顷，包括江河水面 67 万公顷，山塘水库水面 20 万公顷，人工池塘水面 27.8 万公顷，湖泊、河沟等其他水面约 1.3 万公顷。

广东省有沿海城市（地级以上市）14 个，占全国有 53 个的 26.5%，居全国首位。

广东省沿海地带有 56 个沿海县区，占全国有 242 个的 23.1%，居全国首位。

2015 年末广东省户籍人口 9008.38 万人，其中渔业人口 235.08 万人，占 2.61%。

2015 年，全省海洋生产总值达 13796 亿元，占全国 21.3%，历居全国首位；占全省生产总值的 18.9%。

2015 年，全省渔业经济总产值达到 2534.7 亿元，占全省农业生产总产值的 19.7%，历居全国前列。

2015 年，全省水产品总产量 858.22 万吨，其中，海水产品 459.23 万吨，淡水产品 398.99 万吨，历居全国前列。

2015 年，全省水产养殖产量 689.78 万吨，占全国 4937.90 万吨的 13.97%，历居全国首位。占水产品总量的比重由 2010 年的 77.3% 增加到 2015 年的 80.4%。

2015 年，水产品进出口总额 47.06 亿元，比 2010 年增长 60%；其中出口创汇 30.99 亿美元，贸易顺差 14.92 亿美元。

2015 年，全省渔民人均纯收入达到 14960 元，增长 11.9%，比 2010 年增长 30%。

2015 年，全省海洋与渔业系统有国家级自然保护区 5 个，国家级海洋公园 4 个，国家级水产种质资源保护区 15 个。

国家海洋局领导关心

2011 年 5 月 5 日，国家海洋局党组书记、局长刘赐贵一行到广东省海洋与渔业局调研。中共中央政治局委员、广东省委书记汪洋会见刘赐贵一行。

2012 年 11 月 5 日，国家海洋局局长刘赐贵一行在副省长刘昆的陪同下到广东省海洋与渔业局调研，并就海洋生态文明建设等进行了座谈。

2013 年 2 月 21 — 22 日，国家海洋局局长刘赐贵率调研组到广东省深圳市开展推进海洋强国建设专题调研，召开“推进海洋强国建设座谈会”。副省长邓海光陪同考察并出席会议。图为刘赐贵（前左二）、邓海光（前左一）一行听取华侨城滨海湿地保护情况介绍。

2015年6月8－10日，国家海洋局局长王宏率队在广东开展海洋工作调研，先后到广东海洋与水产高科技园、珠海港珠澳大桥、环澳门海域，深圳中集集团、前海管理局实地考察，详细了解情况，对广东省海洋工作给予充分肯定。6月8日，广东省长朱小丹在广州会见国家海洋局局长王宏。

6月10日，国家海洋局局长王宏（前左三），广东省委副书记、深圳市委书记马兴瑞（前左二），广东省副省长邓海光（前左一）在深圳招商局邮轮母港调研。

2015年11月2日，国家海洋局党组书记、局长王宏在京会见广东省委副书记、深圳市委书记马兴瑞。

农业部领导关心

2011 年 2 月底至 3 月初，农业部副部长牛盾（右四）到广东省考察调研现代渔业建设情况。2 月 28 日，来到博罗县杨侨镇的惠州李艺金钱龟生态发展有限公司考察，鼓励李艺（右六）把金钱龟养殖业做强做大，带动当地农民创业致富。陪同牛盾调研的有农业部渔业局局长赵兴武（右五），副局长、渔政指挥中心主任陈毅德（右一），广东省海洋与渔业局局长郑伟仪（右二）。

2012 年 8 月 13 — 14 日，农业部副部长牛盾率领由农业部、外交部、国土资源部、交通运输部、国家海洋局等 5 个部委组成的调研组到广东，开展海洋渔业发展战略专题调研。8 月 14 日，广东省副省长刘昆主持召开海洋渔业发展战略调研座谈会。

2012 年 11 月 30 日，农业部副部长牛盾一行在广东省副省长刘昆陪同下到广东省海洋与渔业局调研，并就现代渔业发展等方面工作进行座谈。

2015 年 5 月 20-24 日，农业部副部长于康震在广东省考察现代渔业建设情况。图为 23 日到湛江调研水产品加工、质量安全、健康养殖和休闲渔业发展情况。

5 月 21 日，农业部副部长于康震莅临广东省海洋与渔业局指导工作。

5 月 24 日，农业部副部长于康震登上了中国渔政 44061 船，看望慰问一线渔政执法人员。

广东省领导重视

2011年12月29日，第八期广东省委常委集中学习讨论会以“发展海洋经济，建设海洋经济强省”为主题，省委书记汪洋主持会议并作讲话，邀请国家海洋局局长刘赐贵（右一）作专题讲座。

2012年8月20日，广东省委、省政府召开全省实施《广东海洋经济综合试验区发展规划》工作会议。

省委书记汪洋主持会议并作重要讲话

省长朱小丹讲话

2012年12月13日，由广东省政府、国家海洋局主办的2012中国海洋经济博览会在广州琶洲国际会展中心开幕。本届海洋经济博览会以“科学开发海洋资源、推动经济转型升级”为主题，展期3天，至15日结束。

中共中央政治局委员、广东省委书记汪洋（中），国家海洋局局长刘锡贵（左三），省长朱小丹（右三），省委常委、秘书长林木声（右二），省人大常委会副主任陈小川（左二），副省长刘昆（右一），省政协副主席温兰子（左一）共同启动开幕拉杆。

海洋公益形象大使蔡国庆和中国最年轻的深潜员唐嘉陵在国家展区“蛟龙”号上与观众互动。

广东馆内各种各样的海产品

广东省人大常委会主任欧广源（左二）在省海洋与渔业局局长文斌（左三）、副局长屈家树（左一）的陪同下视察展馆。

2013 年 2 月 22 日，中共中央政治局委员、广东省委书记胡春华与惠州市委书记陈奕威等在中国渔政惠州支队，随中国渔政出海。（黄俊琦摄）

2014 年 10 月 31 日，“广东 21 世纪海上丝绸之路国际博览会”在东莞举行，中共中央政治局委员、省委书记胡春华，省长朱小丹，中国贸促会常务副会长张伟等领导出席开幕式。图为广东省委书记胡春华在开幕式上发表讲话。

2015 年 6 月 1 日，中共中央政治局委员、广东省省委书记胡春华在斐济出席广东 - 斐济经贸合作交流会，并发表主旨演讲。并由广州市副市长骆蔚峰（左二）等陪同，登上广州市水产集团远洋渔业公司位于斐济苏瓦港渔业码头的穗远渔 29 号渔船，对船员表示深切慰问，肯定水产集团在推动远洋渔业发展及促进友国交流合作、丰富国内市民菜篮子等方面所作的贡献。

2014 年 10 月 31 日，“广东 21 世纪海上丝绸之路国际博览会”开幕。广东省长朱小丹在随后召开的国际论坛上作主题为“全面深化交流合作 携手共建 21 世纪海上丝绸之路”的演讲。

2014 广东 21 世纪海上丝绸之路国际博览会开幕式现场。

2014 年 12 月 6 日，广东省委副书记、政法委书记马兴瑞带队到广东海洋大学调研，充分肯定广东海洋大学立足海洋学科优势，积极服务地方建设取得的成效。指示广东海洋大学加强科研成果转化，把海洋生物养殖做成产业。

22012 年 9 月 16—18 日，中国工程院和广东省在广州联合召开“中国海洋工程与科技发展研讨暨广东省海洋发展战略咨询会”，中国工程院院长周济、常务副院长潘云鹤以及有关院士、专家一行 70 余人出席会议。中国工程院院士吴有生、周守为、唐启升、孟伟、管华诗等作院士主题报告。

9 月 16 日，省委常委、常务副省长徐少华（左三）在广州会见了中国工程院院长周济院士（左二）、常务副院长潘云鹤院士（左一）一行，对中国工程院长期以来予以广东经济社会发展的大力支持表示感谢。

中国工程院院长周济院士在中国海洋工程与科技发展研讨会上致辞。

广东省委常委、常务副省长徐少华在中国海洋工程与科技发展研讨会上致辞。

中国工程院院长常务副院长潘云鹤院士主持中国海洋工程与科技发展研讨会。

广东省常务副省长肖志恒主持广东省海洋发展战略咨询会。

全省海洋与渔业重要活动

2011年2月16日，广东副省长刘昆到省海洋与渔业局调研。

2011年3月17日，全省海洋与渔业暨珠江禁渔部署工作会议在广州市召开，总结“十一五”时期全省海洋与渔业工作，研究部署2011年和“十二五”时期工作，以及广东省2011年珠江禁渔期制度实施工作。副省长刘昆出席会议并作重要讲话。

2011年6月3日，在东江河畔举行“2011年粤港澳（东江）增殖放流暨第四届广东‘休渔放生节’主题活动”。广东省人民政府副省长刘昆宣布粤港澳增殖放流主题活动开始，并与农业部渔业局副局长李彦亮（右二），省海洋与渔业局局长郑伟仪（左二），香港渔农自然护理署高级渔业主任陈璃（左一），澳门民政总署园林绿化部自然护理处处长张仕达（右[illegible]），惠州市委副书记，市长李汝求（左三）共同启动放生活动吉祥杆。

2011 年 4 月 1 日，“2011 年珠江禁渔期启动暨同步执法行动仪式”在广东肇庆市举行。

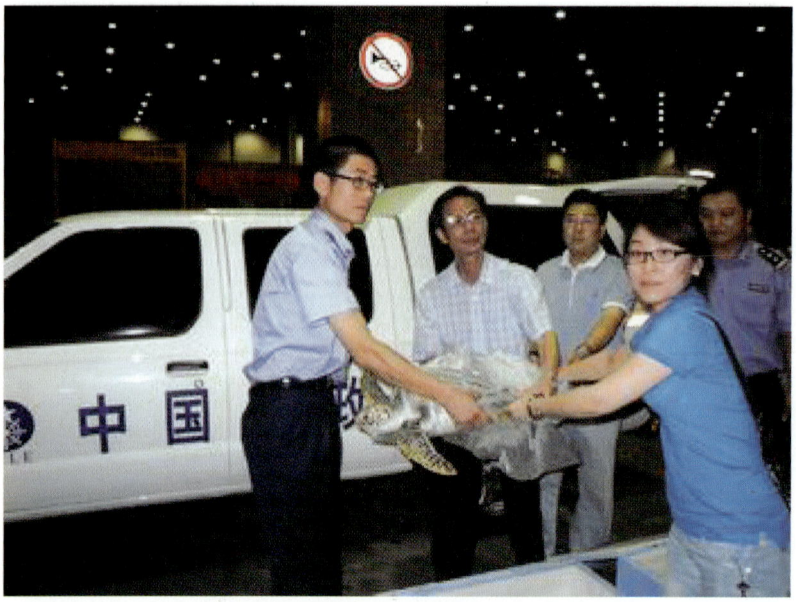

2011 年 10 月 8 日晚上 21 时，广东省海洋与渔业局相关人员到广州白云机场迎接从北京经过近 5 小时空中飞行的两位国宝级客人海龟“京京”和“粤粤”，拉开了由广东省海洋与渔业局和北京市农业局共同主办的“送海龟回家，创和谐自然”主题放流活动的序幕。随后由渔政人员连夜护送到惠东海龟国家级自然保护区，两只海龟回到他们真正的故乡——大海的怀抱。

2011 年 11 月 4 日，副省长刘昆率省直有关部门负责人到高要市调研水产养殖情况，考察了高要市振业水产冷冻有限公司和高要市万亩罗氏沼虾养殖基地。

2012年6月13日，广东省海洋与渔业局联合中国水产科学院珠江水产研究所在佛山市南海区西樵镇联合举办了主题为“共建诚信家园，同铸食品安全”的水产品质量安全宣传日暨水产疫苗推广日活动。各级技术推广部门负责人、水产养殖户共700人参加。

2012年6月13—14日，广东省财政厅会同省海洋与渔业局在广州举行2012年广东省节地节水高质高效渔业示范园区建设资金竞争性评审会。全省22个县（市、区）共同参与省财政这笔6000万元补助资金的角逐当中，梅县、连南县等10家单位脱颖而出，各获得600万元示范园区建设省级补助资金。

2012年10月9日，全国首个海洋领域枢纽型社会组织——广东海洋协会举行隆重的成立大会，副省长刘昆出席大会并讲话。刘昆和中国海洋工程咨询协会会长、国家海洋局原局长孙志辉为协会揭牌。图为刘昆为新任会长、副会长代表颁发聘书。

2012 年 11 月 5 日上午，在广州市南沙区沙仔岛码头举行中国第 29 次南极科学考察队暨“雪龙”号科学考察船欢送仪式。国家海洋局局长刘赐贵，广东省副省长刘昆出席。省长朱小丹在广州会见刘赐贵一行。

我国第 29 次南极科学考察队暨“雪龙”号科学考察船在沙仔岛码头。

国家海洋局局长刘赐贵致辞并下达出征令。

2012 年 11 月 29 日，农业部在广东湛江召开全国水产种业建设和苗种生产监管工作会议，农业部渔业局局长赵兴武（左一），在广东省海洋与渔业局局长文斌（右一）等的陪同下，考察湛江水产苗种企业。

2013 年 2 月 1 日，广东省政府举行新闻发布会，介绍国务院批复的《广东省海洋功能区划(2011—2020)》，省政府办公厅副主任张爱军宣读了《国务院关于广东省海洋功能区划的批复》，省海洋与渔业局局长文斌介绍《区划》主要内容、编制的背景意义和贯彻落实的设想。

2013 年 3 月 13 日，广东省政府在珠海市召开全省海洋与渔业工作会议，副省长邓海光出席会议并讲话，省海洋与渔业局局长文斌作工作报告，总结 2012 年全省海洋与渔业工作，部署 2013 年工作。

2013 年 6 月 25 日，中国海监广东省总队 1000 吨级海监船、直升机入列暨首航活动在广州市举行，标志着广东省吨位最大、装备最先进的执法船和国内首架地方海监队伍的海监直升机正式加入中国海监执法序列。这是准备入列的中国海监 9020 和 9030 船。

2013 年 6 月 26 日，广东省海洋与渔业局与惠州市人民政府联合香港特区渔农自然护理署、澳门特区民政总署，在大亚湾畔共同举办 2013 年南海生物资源增殖放流活动。

2013 年 7 月 25 日上午，图伊瓦卡诺首相一行到广东省淡水名优鱼类种苗繁育中心考察，参观工厂化循环水养殖车间，详细了解中心技术研发和经营运作等情况。

2013 年 12 月 26 日，在潮州市饶平县召开广东省美丽海湾建设现场会，省海洋与渔业局局长文斌强调，美丽海湾建设是 2014 年海洋渔业系统的头等大事，要办好办实这个民心工程。

2014 年 5 月 8 日，广东省海洋与渔业局联合国家海洋局南海分局和共青团广东省委，共同在广州千年古码头——洲头咀公园举行第六个世界海洋日暨第七个全国海洋宣传日活动，主题为“建设海上丝绸之路，联通五洲四海”，模拟“重走海上丝绸之路”活动。

2014 年 5 月 12 日是第六个全国防灾减灾日，由国家海洋局海洋减灾中心、广东省海洋与渔业局和汕头市人民政府联合主办的广东省海洋防灾减灾宣传活动正在汕头市人民广场举行，以“城镇化与减灾”为主题的 2014 年全国海洋领域防灾减灾宣传周拉开了帷幕。

2014 年 6 月 5 日，由广东省发展和改革委员会、广东省海洋与渔业局、中山大学共同主办的“广东与 21 世纪海上丝绸之路”研讨会在广州召开。中山大学党委书记郑德涛致欢迎辞，省发展和改革委员会主任李春洪作大会主旨报告，省海洋与渔业局局长文斌出席会议并作发言。会上，中山大学“21 世纪海上丝绸之路研究院”宣布正式成立。

2014年9月2日，广东省“南粤海疆行”国防教育采访团的媒体记者及专家等23人到中国海监广东省总队直属的中国海警3112船进行采访活动。

2014年11月22日，广东新建造的广远渔338、339号两艘金枪鱼延绳钓渔船在厦门市渔港码头正式起航，赴太平洋海域生产。广东省海洋与渔业局局长文斌等来到码头为即将远航的两艘新船送行，并登上两艘新船，慰问船上作业渔工。图为文斌一行了解渔船功能。

2014年12月3—7日，中国海洋经济博览会在湛江举行，图为开幕式现场。

2015年5月18日，广东省副省长邓海光率省直有关部门，到国家海洋局南海分局开展工作调研，希望与分局进一步加强沟通协作，为地方经济建设助力。

2015年4月28日10时，中国地质调查局广州海洋地质调查局“海洋六号”船从广州东江口海洋地质专用码头起航，远赴太平洋，执行深海资源和大洋科学考察任务。

2015年6月3日，来自斐济、汤加、萨摩亚和密克罗尼西亚等太平洋岛国高级公务员第一期培训班的24名学员到广东海洋与水产高科技园交流，参观广东省渔业种质资源保护中心，并与省海洋与渔业局座谈，局长文斌主持座谈会。

2015年6月8日，国家海洋局南海分局、广东省海洋与渔业局、广州市海珠区人民政府等联合，在广州市海珠湖公园举办2015年世界海洋日暨全国海洋宣传日广东分会场活动。省市有关部门、中央驻穗有关单位、社会各界共300多人参加活动。

2015年6月26日，广东省海洋与渔业局与广东海事局联合主办的2015年广东省“安全生产月”警示教育与应急演练活动在阳江市海陵区闸坡镇开展。

2015年8月1日，由阳江市人民政府、广东省海洋与渔业局主办的第十三届南海（阳江）开渔节开船仪式在阳江市海陵岛闸坡国家级中心渔港举行。阳江市委书记魏宏广、省海洋与渔业局局长文斌和有关领导及嘉宾等出席开船仪式。

2015 年 10 月 11 日，广东省海洋与渔业局联合广州海关、广州市海洋与渔业局、广州市水生野生动物救护中心、广东海洋协会，在广州海洋馆举办“2015 年广东省水生野生动物保护科普宣传暨罚没海马销毁活动”。这是广东省首次对罚没的水生野生动物进行公开销毁。

2015 年 11 月 21-22 日，首届全国水产技术推广职业技能竞赛在北京农业展览馆举办。广东获首届全国水产技术推广职业技能竞赛团体三等奖，图为广东代表队赛前合照。

2015 年 12 月 18 日，广东省海洋与渔业局在广州举行全省现代渔港建设启动会暨全省海域综合管理培训会，全省沿海各地级以上市分管副市长、各地渔业主管部门负责同志参加启动会。会上，省海洋与渔业局与各有关市政府签订了现代渔港建设责任书。

海洋经济

广州港雄姿（黄埔新港）

高效运作的现代港口物流业

异军突起的海洋油气业

广州市南沙区龙穴岛中船造船基地航拍全景

集约发展的海洋化工区

前景广阔的海洋战略性新兴产业

港珠澳大桥海底桥海底隧道建设

现代渔业

广东顺欣海洋渔业集团的远洋捕捞渔船

由广州远洋渔业公司和广东海洋大学合作的国内首艘南沙海域资源探捕船“穗远渔29”于2012年11月9日在广州新洲码头起航。

2012年12月11日，广州市远洋渔业公司金枪鱼钓船南沙探捕胜利返航。

2014年5月16日，广州市远洋渔船启航赴太平洋生产。

广东省海洋渔业试验中心养殖基地

惠来县宏大水产养殖有限公司养鲍车间

南澳县工人正在收紫菜

深水网箱养殖

规格化的鳗鱼养殖场

普宁市水库鱼养殖基地

广州市现代渔业设施繁殖池

广东顺欣海洋渔业集团的罗非鱼加工车间

广东中洋远洋渔业有限公司冷链物流及超低温冷库

超低温海产品引来众多观众

特色水产之乡

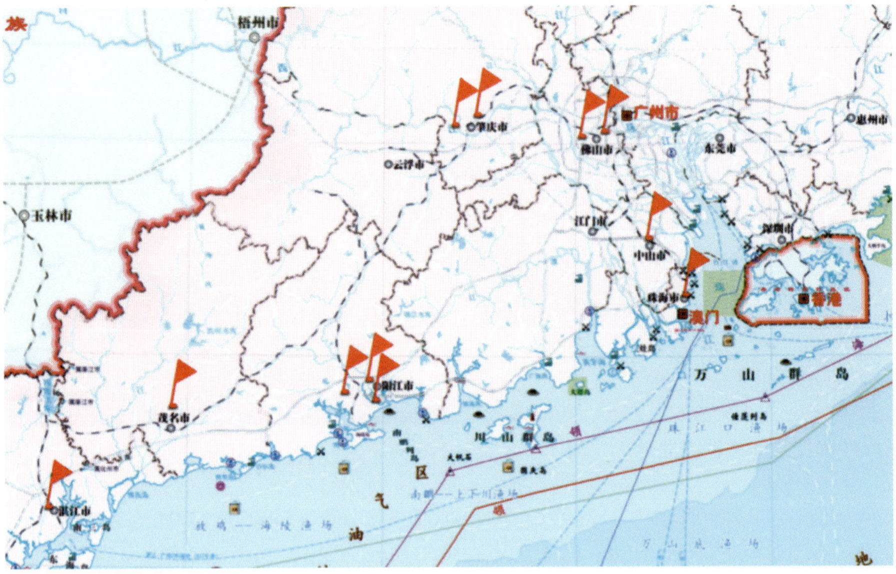

广东发挥优势，大力发展水产养殖，2015年水产养殖产量占80%，地方特色的水产养殖品种脱颖而出，孕育出“中国特色水产之乡（之都）”11个。

2011年，中国水产流通与加工协会授予阳江市“中国南海渔都”称号。阳江素有“广东鱼仓”之美称，2011年全市水产品总量104.7万吨，人均水产品占有量364千克，约分别是全省、全国人均占有量的4倍和9倍多。2011年，阳江市水产品总量1121.6万吨，其中海洋捕捞产量38.3万吨，居全省第一。2015年8月1日，南海（阳江）开渔节，千船启航。

罗非鱼产业是茂名其中一块亮丽的名片。2010年被授予“中国罗非鱼之都”称号。茂名市在高州南部、化州东南部、茂南西部的12个镇建设起养殖面积近2万公顷的罗非鱼“金三角”基地，产量约占全国的1/8、全球的1/12。这是规范化的罗非鱼种苗场。

在中国对虾生产与贸易中，湛江对虾产业在种苗产量、养殖面积、养殖产量、饲料产量、加工规模、出口量和交易量等 7 个方面位居全国第一。湛江于 2010 年被授予“中国对虾之都”荣誉称号，2011 年被评为“国家级水海产品外贸转型升级示范基地”。2015 年湛江市海水养殖对虾产量 18 万吨，占全省的 40%。这是规范整洁的对虾加工车间。

近江牡蛎（蚝）在阳江养殖有 200 多年的历史。进入 21 世纪建成国家级近江牡蛎吊养标准示范区，注册“程村蚝”商标，“程村蚝”获评“国家地理标志产品”。2010 年，中国水产与加工流通协会授予阳江市“中国蚝都”称号。全市牡蛎养殖面积 5867 公顷，产量 29 万多吨，约占全省牡蛎产量的 31%。这是国家级近江牡蛎吊养标准示范区。

2006 年，中山市东升镇获得“中国脆肉鲩之乡”称号。之后，通过举办美食节，参加推介会、展会等多种活动进行推广，先后获得“广东省名牌产品”“绿色食品 A 级产品”等荣誉，产品销往全国 20 多个省市和港澳地区，2011-2015 年，东升镇脆肉鲩养殖面积增加 35%，产量提高 67%，经济效益持续增长。

肇庆市高要于2008年被中国水产流通与加工协会授予“中国罗氏沼虾之乡”称号。2015年，高要区罗氏沼虾养殖面积2400公顷，产量1.5万吨（其中越冬虾733公顷，产量6000吨），是广东省内县级最大的罗氏沼虾养殖基地和越冬虾养殖基地。

肇庆市高要于2008年被授予“中国罗非鱼之乡”，2015年，全区水产养殖面积1.06万公顷，其中优质罗非鱼养殖面积达6867公顷，全年生产商品罗非鱼8.5万多吨。渔业产值占全区大农业总产值的23%。振业水产有限公司的“振业”牌罗非鱼片获得广东省农业名牌产品称号。

中国鳗鱼看广东，广东鳗鱼看顺德。顺德人经过30多年打拼，创造出令人瞩目的“鳗鱼天下”，拥有5000公顷养殖面积，鳗鱼产品出口量占全国20%。顺德在2009年获得“中国鳗鱼之乡”称号。中国鳗鱼之乡”产品远销日本、美国、俄罗斯、韩国、澳大利亚以及香港等30多个国家和地区。2009年1月，在北京人民大会堂举行“中国鳗鱼之乡”授牌仪式。

阳西县近江牡蛎（程村蚝）养殖有180多年历史。2005年程村蚝获得国家地理标志产品保护的活体水产品称号；2010年12月，阳西县被评为“中国蚝乡”。全县养蚝面积达2533公顷，2015年产量23.6万吨，产值约11亿元。阳西县近江牡蛎吊养被确定为全国农业标准化示范项目。

佛山市南海区九江镇淡水鱼苗生产有500多年历史，是全国著名的“淡水鱼苗生产基地”。2011年6月，九江成为中国首个“淡水鱼苗之乡”。全镇有鱼塘约2133公顷，2011-2015年，全镇渔业年产值超过10亿元（其中鱼苗产值超过2亿元），占农林牧渔总产值的90%以上；每年的鱼苗孵化量超过1220亿尾，占全省孵化量的18.2%。

2011年6月，珠海市斗门区白蕉镇被授予“中国海鲈之乡”。2009年9月，白蕉海鲈获得国家地理标志保护产品，销量和单价开始逐步上升，2015年，白蕉海鲈养殖面积达1080公顷，产量4万吨，年产值约5亿元，是全国的海鲈养殖基地。

资源环境保护

广东惠东海龟国家级自然保护区

雷州珍稀海洋生物国家级自然保护区

徐闻珊瑚礁国家级自然保护区

珠江口中华白海豚国家级自然保护区

南彭列岛国家级自然保护区

海陵岛国家海洋公园

茂名水东湾

■ 执法监察

执法船执法巡航

执法人员查获一艘涉嫌违规运输船

执法船执法巡航

打击海上倾倒违法行为

积极参与维权护渔执法

渔政执法人员出海执法

2014年8月25日，广州渔政、公安边防开展打击非法捕捞联合执法行动。

2015年5月28日凌晨，在珠江口南沙番禺水域现场查获违法捕捞三无船舶。

公共服务

2012 年 8 月 16 日，国家海洋局召开防御“启德”台风工作紧急视频会议。广东省海洋与渔业局在建成的第一个海洋环境专题预报会商室，首次与国家海洋局成功对接，进行第一次行政视频会商。

2013 年 9 月 22 日，“天兔”台风登陆前，惠州市澳头渔民回港避风在安置点。

2014 年 9 月，广东省海洋与渔业局联合国家海洋减灾中心、国家海洋环境预报中心等单位组成灾害调研组，到湛江港口开展“海鸥”风暴潮灾害现场调查。

2015 年 10 月，“彩虹”风暴潮造成湛江市网箱养殖损失严重。

开展海洋垃圾观测

开展海水入侵和盐渍化监测

建设广东海洋与水产高科技园，为海洋与渔业发展搭建服务平台。

2011 年 11 月 7 日，广州有关单位在增城市小楼镇举办龟类养殖技术培训。

2012 年广东渔业科技促进年活动启动仪式于 6 月 19 日在江门市新会区三江镇举行。

2014 年 8 月 12 日，广州市水生动物防疫检疫中心站工作人员进行水产应急服务。

渔民喜领柴油补贴款

2012 年 12 月 18 日，粤阳东 19066 船主拿到广东省政策性渔业保险的第一张保单。

秩序井然的渔港码头，符合安全生产要求。

十大美丽海岛

2014年5月8日，在广东省举行的第六个世界海洋日暨第七个全国海洋宣传日活动中，为评选出来的广东“十大美丽海岛”颁牌。广东十大美丽海岛分别是：海陵岛、放鸡岛、上川岛、下川岛、南三岛、大辣甲岛、遮浪岩、庙湾岛、南澳岛、内伶仃岛。

海陵岛

放鸡岛

上川岛

下川岛

南三岛

大辣甲岛

遮浪岩

庙湾岛

南澳岛

内伶仃岛

十大美丽海岸

2015 年 11 月 26 日，广东评选出的“十大美丽海岸”，在 2015 年中国海洋经济博览会上举行授牌仪式。汕头市青澳湾、汕尾市遮浪半岛海岸、惠州市巽寮湾、深圳市西涌海岸、深圳市大小梅沙海岸线、珠海市东澳岛玲玎海岸、江门市王府洲、阳江市大角湾、茂名市中国第一滩、湛江市金沙湾 10 个海岸入选广东“十大美丽海岸”。

汕头市青澳湾

汕尾市遮浪半岛海岸

惠州市巽寮湾

深圳市大小梅沙海岸线

深圳市西涌海岸

珠海市东澳岛玲玎海岸

江门市王府洲

阳江市大角湾

茂名市中国第一滩

湛江市金沙湾

第一篇　综合信息

一、海情渔情

省情概览

【概况】广东省，简称粤，是中国大陆南端沿海的一个海洋大省。广东地处亚热带，北回归线从东至西穿过，全年草木葱绿、生机盎然。珠江三角洲土地肥沃，是著名的“鱼米之乡”。全省划分为珠三角、粤东、粤西和粤北4个区域，是一个以汉族为主体、56个民族齐全的省份。广东是岭南文化的重要传承地，在语言、风俗、生活习惯、历史文化等方面都有着独特风格，通行粤语、客家语和闽语，而且粤、客两大方言的中心都在广东。1978年，广东在全国率先实行改革开放政策，促进了经济社会快速协调发展，广东已由一个以农业经济为主、经济较为落后的省份发展成为经济发达、人民生活总体上达到小康水平的经济大省，成为中国经济最发达、最具市场活力和投资吸引力的地区之一。自1989年起，广东国内生产总值在中国内地31个省、市、区中，连续占居第一位。广东已成为中国第一经济大省，经济总量占全国的1/8。广东也是中国人口最多、经济最发达及思想、文化最开放的省份。岭南文化采中原文化之精粹，纳四海之风而融汇升华，自成宗系，经世致用，孕育了广东人冒险尚义之天性，造就了广东人低调务实不炫耀的性格。

【位置范围】广东省位于南岭以南，东邻福建，北接江西、湖南，西连广西，南临南海，珠江口东西两侧分别与香港、澳门特别行政区接壤，西南部雷州半岛隔琼州海峡与海南省相望。全境位于北纬20°09′～25°31′和东经109°45′～117°20′之间。根据2014年度土地变更调查，全省陆地面积17.97万平方千米，其中岛屿面积1592.6平方千米。广东省有海岛1350个，其中面积在500平方米以上的734个，数量仅次于浙江、福建两省，居全国第三位。另有明礁和干出礁1631个。全省大陆海岸线长4114.3千米，居全国第一位；还有岛屿岸线2414千米。按照《联合国海洋公约》关于领海、大陆架及专属经济区归沿岸国家管辖的规定，全省海域总面积41.9万平方千米。

【行政区划】截至2015年12月31日，全省下辖广州、深圳2个副省级城市，19个地级市，119个县级行政区（20个县级市、34个县、3个自治县、61个市辖区），1687个乡镇级行政区（4个乡、7个民族乡、1128个镇、448个街道办事处）。全省地级以上市及所辖县（市、区）名称和乡、镇、民族乡、街道数详见《广东省行政区划简表》（本书第481页附录1）。

【人口状况】2015年末，广东省常住人口10849万人，其中男性5672.94万人、女性5176.06万人，性别比（女性100）109.60。常住人口比上年增加125万人，增长1.17%，增幅上升0.45个百分点，人口总量惯性增长；人口密度每平方千米604人。常住人口出生人数119.95万人，出生率11.12‰；死亡人数46.60万人，死亡率4.32‰；自然增长人数73.35万人，自然增长率为6.80‰，人口自然增长保持平稳。全省人口年龄结构继续表现出“两头低、中间高”的特征，即少年儿童人口（0～14岁1884.67万人，占常住人口总量的17.37%）和老年人口（65岁及以上920.28万人，占 8.48%）所占比例相对较低，而成年人口（15 ~ 64 岁 8044.05 万人，占 74.15%）的比例较高。人口抚养系数略微上升。老年人口逐年增多是导致全省总抚养系数上升的主要原因。2015 年末，在广东省常住人口中，居住在城镇的有 7454.35 万人、居住在乡村的有 3394.68 万人，分别占常住人口总量的 68.71% 和 31.29%；人口城镇化水平稳步提升。

表 1-1　2015 年分区域主要指标

区域	GDP（亿元）	GDP 增长（%）	第三产业增加值增长（%）	第三产业增加值占 GDP 比重（%）	地方一般公共预算收入（亿元）	地方一般公共预算收入增长（%）
珠三角	62267.47	8.6	9.8	54.6	6391.16	14.3
东翼	5410.18	8.2	10.4	37.4	284.44	−3.2
西翼	6075.67	8.3	8.8	41.6	303.66	6.3
山区	4910.23	7.9	10.4	44.4	423.35	8.1

【经济发展】 2015 年广东省实现地区生产总值（GDP）72812.55 亿元，比上年增长 8.0%。其中，第一产业增加值 3344.82 亿元，增长 3.4%，对 GDP 增长的贡献率为 1.7%；第二产业增加值 32511.49 亿元，增长 6.8%，对 GDP 增长的贡献率为 41.2%；第三产业增加值 36956.24 亿元，增长 9.7%，对 GDP 增长的贡献率为 57.1%。三次产业结构为 4.6 ∶ 44.6 ∶ 50.8。在现代产业中，高技术制造业增加值 8172.20 亿元，增长 9.8%；先进制造业增加值 14712.70 亿元，增长 10.0%；现代服务业增加值 22338.12 亿元，增长 11.9%。在第三产业中，批发和零售业增长 5.0%，住宿和餐饮业增长 3.0%，金融业增长 15.6%，房地产业增长 11.4%。民营经济增加值 38846.24 亿元，增长 8.4%。2015 年，广东人均 GDP 达到 67503 元，按平均汇率折算为 10838 美元。

分区域看，珠三角地区生产总值占全省比重为 79.2%，粤东西北地区占 20.8%，粤东、粤西、粤北分别占 6.9%、7.7%、6.2%。

2015 年全年规模以上工业综合能源消费量 14037.18 万吨标准煤，比上年下降 4.0%。单位工业增加值能耗下降 10.5%。全社会用电量 5310.69 亿千瓦时，增长 1.4%。其中，工业用电量 3437.46 亿千瓦时，下降 0.4%。

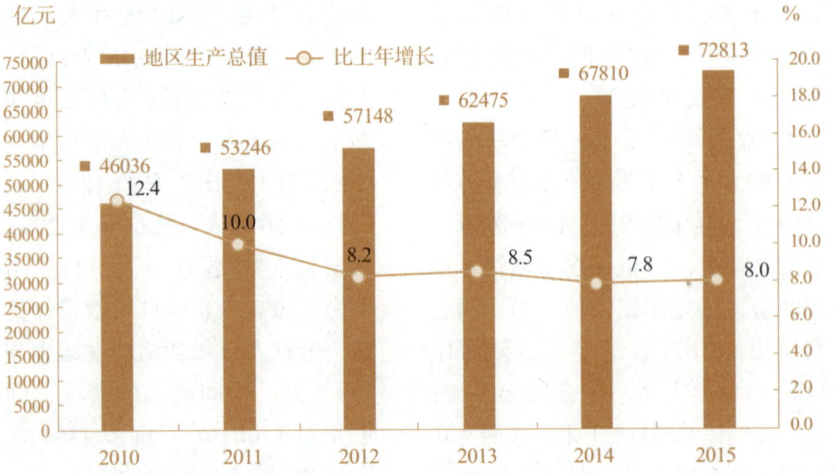

图 1　2010—2015 年地区生产总值及其增长速度

【建置沿革】 广东，《吕氏春秋》称“百越”，《史记》称“南越”，《汉书》称“南粤”，“越”与“粤”通，简称“粤”，泛指岭南一带地方。广东的先民很早就在这片土地上生息、劳动、繁衍。在历史长河中，广州、广东等地名次第出现，逐渐演化成广东省及其辖境。

1949 年 10 月 1 日，中华人民共和国成立后，广东省设珠江、东江、西江、粤中、南路、兴梅、潮汕、琼崖等 8 专区和北江临时行政委员会，2 个地级市、5 个县级市和 98 个县，广州市为中央直辖市。1951 年，将北海市划归广西。1952 年，将钦州 4 县划归广西，广西的怀集县划归广东。1954 年，原由中央直辖的广州市划归广东省管辖。1955 年，钦州专区所属 5 县划归广东省。1965 年，北海市及合浦专区所属各县划归广西壮族自治区。1979 年，原属惠阳地区的宝安县改设深圳市，原属佛山地区的珠海县改设珠海市，均由省直辖。广东省直辖广州、韶关、海口、汕头、湛江、茂名、佛山、江门、深圳、珠海等 10 市，分设韶关、惠阳、梅县、汕头、佛山、湛江、肇庆等 7 地区和海南行政区及海南黎族、苗族自治州，共辖 14 市、92 县、3 自治县。1981 年，设立西沙、南沙、中沙群岛办事处，由海南行政区直接领导。1983 年以后，开始实行市管县、乡镇管村的新体制。1988 年，中央政府将海南行政区从广东省划出，另设海南省；同年，广东开始取消地区设置，另设 18 个地级市（后增加到 21 个地级市），全面实行地级市管县体制、乡镇管村体制，一直沿用至今。

【气候特点】 广东省属于东亚季风区，从北向南分别为中亚热带、南亚热带和热带气候，是全国光、热和水资源较丰富的地区，且雨热同季。全省年平均气温21.8℃。年平均气温分布呈南高北低，雷州半岛南端徐闻最高（23.8℃），粤北山区连山最低（18.9℃）。月平均气温最冷的1月为13.3℃，最热的7月为28.5℃。年平均降水量为1789.3毫米，最少年份为1314.1毫米，最多年份达2254.1毫米，年际之间相差较大，最大年降水量是最小年降水量的1.84倍；全省个别地区甚至达到3倍。年内降水主要集中在汛期4—9月，占全年降水量的70%～85%。年降水量分布不均，呈多中心分布。3个多雨中心分别是恩平—阳江、海丰和龙门—清远，其中年平均降水量恩平超过2500毫米，海丰接近2500毫米，龙门为2100毫米。暴雨最频繁的是海丰，年平均暴雨日数达13.5天。月平均降水量以12月最少（32.0毫米），6月最多（313.5毫米）。最大日降水量640.6毫米，出现在清远。年平均日照时数自北向南增加，由不足1500小时增加到2300小时以上；年太阳总辐射量在4200～5400兆焦耳/米^2。广东省是各种气象灾害多发省份，主要灾害有暴雨洪涝、热带气旋、强对流天气、雷击、高温、干旱及低温阴雨、寒露风、寒潮和冰（霜）冻等低温灾害，灾种多，灾期长，发生频率高，灾害重。

【土地资源】 广东省是国内人多地少的省份之一。土地资源的特点为：自然地理环境优越，土地复种指数高；地势北高南低、海陆兼备，适合多元化经营；地缘人缘优势明显，有利于土地发展外向型经济；人地关系矛盾突出，土地资源尚有一定潜力；土地资源分布与建设用地需求空间“错位”，保护耕地与保障发展难以协调。根据2014年土地变更调查数据，2014年广东省陆地总面积17970482.17公顷。其中，农用地15000994.10公顷；建设用地1 969 525.73公顷；未利用地999962.34公顷。

【淡水资源】 广东省河流众多，以珠江流域（东江、西江、北江和珠江三角洲）及独流入海的韩江流域和粤东沿海、粤西沿海诸河为主，集水面积占全省面积的99.8%，其余属于长江流域的鄱阳湖和洞庭湖水系。全省流域面积在100平方千米以上的各级干支流542条（其中集水面积在1000平方千米以上的有62条）。独流入海河流52条，较大的有韩江、榕江、漠阳江、鉴江、九洲江等。全省多年平均降水量1789.3毫米，折合年均降水总量3145亿立方米。全省多年平均水资源总量1830亿立方米，其中地表水资源量1820亿立方米，地下水资源量450亿立方米，地表水与地下水重复计算量440亿立方米。除省内产水量外，还有来自珠江、韩江等上游从邻省入境水量2361亿立方米。

2015年全年水资源总量1981亿立方米，比上年增加15.3%。平均降水量1873.7毫米，较上年增加10.8%。2015年末全省大型水库蓄水总量159.3亿立方米，比上年增加7.9%。

【生物资源】 广东省光、热、水资源丰富，四季常青，动植物种类繁多。全省有维管束植物289科、2051属、7717种。其中野生植物6135种，栽培植物1582种。此外，还有真菌1959种，其中食用菌185种，药用真菌97种。

在植被类型中，有属于地带性植被的北热带季雨林、南亚热带季风常绿阔叶林、中亚热带典型常绿阔叶林和沿海的热带红树林等。香蕉、荔枝、龙眼和菠萝是岭南四大名果，经济价值可观。广东省动物种类多样。陆生脊椎野生动物有774种，其中兽类110种、鸟类507种、爬行类112种、两栖类45种。此外，还有淡水水生动物的鱼类281种、底栖动物181种和浮游动物256种，以及种类更多的昆虫类动物。动物种类中，被列入国家一级保护的有华南虎、云豹、熊猴和中华白海豚等22种，被列入国家二级保护的有金猫、水鹿、穿山甲、猕猴和白鹇（省鸟）等95种。广东省开展对动植物资源的开发利用，重视对自然资源和环境的保护，重视绿化荒山，提高森林覆盖率，改善生态环境。

2015年全年完成荒山荒（沙）地造林、更新造林、有林地造林面积703551公顷，低产低效林改造面积72160公顷。全省森林覆盖率达到58.88%。全省共有国家级自然保护区15个，面积33.76万公顷；国家地质公园8个，面积9.99万公顷；地质遗迹保护区9个，面积4.45万公顷。

【环境质量】 全省平均灰霾天气日数34.6天，比上年减少4.9天；全年日照时数1735.4小时，接近正常年份（1755.1小时）。2015年全省（21个地级市及顺德区）实施《环境空气质量标准》（GB 3095—2012），22个城市二氧化硫年均值均达到二级标准；2个城市二氧化氮年均值超过二级标准，0个城市可吸入颗粒物年均值超过二级标准，15个城市细颗粒物年均值达到二级标准；3个城市臭氧最大8小时均值第90百分位数超过二级标准；22个城市一氧化碳第95百分位数均达到一级标准。珠三角9市1区空气质量达到二级以上天数比例平均为88.4%，较去年上升7.4个百分点。建成污水处理厂460座，城市污水日处理能力达到2353万吨，增长 1.0%；城镇生活垃圾无害化处理率达 90.1% 左右，提高 4.2%。城市人均公园绿地面积 16.38 平方米，增加 0.1 平方米。

全省江河省控监测断面中，Ⅰ～Ⅱ类水质的断面比例 51.6%，Ⅲ类水质的断面比例 25.8%，Ⅳ类水质的断面比例 10.5%，Ⅴ类水质的断面比例 4.0%，超过Ⅴ类水质的断面比例 8.1%。近岸海域海水质量达到一类海水水质标准的海域面积占 67.2%；二类海水占 13.3%；三类海水占 9.3%；四类、劣四类海水占 10.2%。

【侨乡侨情】 广东省自古就是中国海上贸易和移民出洋最早、最多的省份，近代以后逐渐发展成为重点侨乡。广东有 3000 多万海外侨胞，超过全国一半以上，遍及世界 160 多个国家和地区，主要分布在东南亚的印度尼西亚、泰国、马来西亚、新加坡、菲律宾、越南、柬埔寨，欧美的美国、加拿大、法国、英国，南美洲的秘鲁、巴拿马、巴西、委内瑞拉，大洋洲的澳大利亚、新西兰，非洲的毛里求斯、马达加斯加、南非、留尼汪等国家和地区。省内有 10.17 万归侨、3000 多万侨眷，主要集中在珠江三角洲、潮汕平原和梅州地区。

广东籍海外侨胞、港澳同胞素有念祖爱乡的光荣传统，一向关注支持家乡的经济文化建设和社会发展。改革开放以来至 2015 年，海外侨胞、港澳同胞捐赠折合人民币 520 亿元，捐建道路、桥梁、学校、医院、图书馆、体育馆等逾 3.9 万项。侨资企业是广东省经济发展的重要支柱力量，全省侨资企业总数 6.18 万家，其中港澳投资在册企业 5.68 万家，华侨华人投资在册企业约 5000 家，累计投资近 2600 亿美元，占全省实际外资总额的近七成。广东省以侨为桥引进大量海外人才、先进科学技术和现代化管理理念，全省留学回国华侨华人专业人士 5.8 万人，创办企业 3000 多家。

海洋环境

【概况】 广东省地处中国大陆最南部，东邻福建，北接江西、湖南，西连广西，南临南海，珠江三角洲东西两侧分别与香港、澳门特别行政区接壤、全省陆地面积为 17.97 万平方千米，约占全国陆地面积的 1.87%；其中岛屿面积 1592.6 平方千米，约占全省陆地面积的 0.89%。广东海域辽阔，海岸线长，滩涂广布，大陆架宽广，港湾优越，岛屿众多，海洋生物、矿产和能源资源丰富。广东沿海的海洋因素影响自东向西减弱，自然环境存在东西区域差异，海洋生物数量分布呈东高西低趋势。

【海岸线长】 广东省大陆海岸线东起闽、粤交界的潮州市饶平县大埕湾湾头东界区，西止粤、桂交界的湛江廉江市英罗港洗米河口，大陆海岸线长达 4114.3 千米，约占全国的 1/5，居全国首位；还有海岛 1350 个，岛屿岸线 2414.4 千米。海岸线分为自然岸线和人工岸线两类，自然岸线又分为砂质岸线、粉沙淤泥质岸线、基岩岸线以及生物岸线。广东省大陆岸线长度见本书第 482 页附录 2，各市大陆岸线长度见本书第 482 页附录 4。

【自然岸线】 自然岸线是由海陆相互作用形成并且没有经过人为改造的岸线，包括基岩岸线、砂质岸线、粉砂淤泥质岸线、生物岸线、河口岸线。基岩海岸是海岸山地基岩港湾侵蚀海岸，其特征是山岭迫临海岸，海岸较陡，港湾水深，海滩较窄，以砂砾石堆积为主。砂质海岸是广东省的主要岸线类型，其从海向陆一般可分为海滩砂、岸堤砂、风成沉积砂及晚更新世老红砂等不同沉积类型。粉砂淤泥质海岸主要由潮汐作用塑造的低平海岸，潮间带宽而平缓。广东省的生物海岸主要包括珊瑚礁海岸、红树林海岸和海草海岸等，红树林海滩主要分布在珠江口的磨刀门、崖门、雷州半岛东岸及广西广东交界等地，珊瑚礁海岸则主要分布在雷州半岛的西南端、惠阳澳头、大亚湾等地。河口岸线是指入海河流与海洋的水域分界线。河口岸线主要分布在一些未建有人工构筑物的自然河口或口门处，在广东省岸线类型中所占比例比较小。

【人工岸线】 人工岸线是由永久性人工构筑物组成的岸线，如防潮堤、防波堤、护坡、挡浪墙、码头、防潮闸、道路等挡水（潮）构筑物组成的岸线。广东沿海人口密集，人们将大量海滩或三角洲荒滩围垦成陆，并兴修了众多的大规模的人工围堤，如汕头港的牛田洋、珠江口的番禺等。依据海域使用的类型可将海岸线主要分为渔业岸线、港口岸线、工矿岸线、旅游娱乐岸线、排污倾倒岸线、围海造地岸线、特殊岸线和其他岸线。海底工程用海不占用岸线，因此不单独划分海底工程岸线。

【领海基线】 领海基线是一国领土或内水与海的分隔线。根据《中华人民共和国政府关于中华人民共和国领海基线的声明》（1996 年 5 月 15 日），广东海域内的领海基线是南澎列岛以南至大帆石的各相邻基点之间的直线连线。位于广东海域范围内的领海基点有：南澎列岛（1）、南澎列岛（2）、石碑山角、针头岩、佳蓬列岛、围夹岛、大帆石。这 7 个领海基点，除石碑山角在惠来县大陆上外，其他6个均位于海岛上，依次分别在南澳县、南澳县、惠东县、珠海市、台山市、台山市境内。按照这条领海基线，广东省的内海约为4.89万平方千米，领海约为1.64万平方千米。

【海域范围】 国务院2008年4月批复实施的《广东省海洋功能区划》工作范围包括海域和海岸陆域两部分。海域范围：东至潮州市饶平县大埕湾与福建省海域交界，西至湛江市英罗港和北部湾与广西壮族自治区海域交界，南至琼州海峡中心分界线并向东、西自然延伸，海域直至领海线和专属经济区。海岸陆域范围指大陆海岸线向陆约10千米的全部陆域。广东海域面积约为41.93万平方千米，其中内海、领海、专属经济区面积见本书第482页附录3。

【潮汐潮流】 广东潮汐主要由太平洋潮汐经巴士海峡和巴林塘海峡进入南海到达沿岸而形成，受海陆、岛屿分布、海岸线和海底地形的影响，广东省沿海潮汐类型十分复杂，分为不正规半日潮、不正规日潮和全日潮3种类型。其中，不正规半日潮主要分布在福建东山岛至广东汕头附近和惠东江口至雷州半岛一带水域。不正规日潮主要分布在粤东海门湾附近、碣石湾附近、雷州半岛南（琼州海峡）和北部湾的下泊至铁山港。全日潮主要分布在粤东的神泉港至甲子一带和雷州半岛西部海岸至下泊附近。广东省沿岸的潮差差异较大。自东向西，饶平至潮阳达濠岛的平均潮差为1.0～1.5米，达濠岛以西至珠江口的平均潮差在1米以下，而珠江口到粤西电白附近又略增至1～1.5米，湛江港附近为2～2.5米，雷州半岛东边道琼州海峡东部又降为1米以下，海峡西部增为1.5米，雷州半岛西岸到北部英罗湾安铺则由1.5米增至3.5米，向西至广西海岸降到2.5米。

受海岸线的约束，广东省海岸带的潮流在浅海范围内多为往复流，在离岸较远的海区会转变为旋转流动或近乎旋转流动。粤东和珠江口海区以顺时针旋转为主，粤西、琼州海峡和雷州半岛则部分为顺时针，部分为逆时针。粤东的汕头港以东潮流流速较快，表层大潮最大流速可达1米/秒，以西则只有0.6～1.0米/秒。珠江口表层最大流速为0.5～1.2米/秒。粤西北津港至水东港表层大潮最大流速只有0.5米/秒左右，湛江港和雷州半岛东、西岸可达1.0米/秒以上，琼州海峡流速最大，可达2.5米/秒以上。

【海水质量】 2015年，广东省在近岸海域共布设320个水质监测站位，开展春季、夏季、秋季和冬季海水质量监测。全省近岸海水水质状况总体良好，近岸海域海水符合第一、二类海水水质标准的面积比例年平均值达到88%；水质劣于第四类海水水质标准的海域面积比例年平均值为3.97%，主要分布在珠江口海域，污染要素主要为无机氮和活性磷酸盐，较2014年无明显变化。全省海洋功能区水质达标率年均值约为63.5%。全省实施监测的74个各类代表性入海排污口中，有28个入海排污口超标排放，超标率（超标排放的入海排污口数量占实施监测的入海排污口数量的比例）约37.84%，较2014年减少7.28%，主要超标因子为化学需氧量、氨氮和总磷。其中，实施监测的23个工业废水入海排污口中，有2个排污口排放的污水超标，超标率为8.70%，比2014年减少14.38%。

全省19条主要入海河流中，73.7%（14条）的河口水质为Ⅱ～Ⅲ类，水质优良；15.8%（3条）为Ⅳ类水质，属轻度污染；10.5%（2条）水质劣于Ⅴ类，属重度污染。磨刀门水道、横门、蕉门、洪奇沥、螺河、黄江河和乌坎河入海口水质最好，为Ⅱ类水质；深圳河和练江河口水质最差，均劣于Ⅴ类，主要污染指标为化学需氧量、氨氮和总磷。与上年相比，螺河、黄江河和乌坎河入海河口水质好转，均由Ⅲ类升为Ⅱ类；韩江河口水质由于总磷浓度上升，水质类别由Ⅱ类降至Ⅲ类；其他入海河流河口水质保持稳定。

【滩涂分布】 广东沿海各市均有滩涂分布，全省滩涂面积为2018.74平方千米，约占全国滩涂总面积的8.3%。其中分布于大、中河流河口的有1000多平方千米，分布于海湾和沿岸的也有1000多平方千米；广东滩涂可用于养殖的面积为1200平方千米，潮上带可养面积（包括围垦后未能种植面积）约800平方千米；另有部分滩涂尚待利用。滩涂指海岸带平均高潮线与平均低潮线之间向海洋和缓倾斜的滩面，由淤泥质或砂质河海相沉积物组成，是海岸带最重要的组成部分，也称海涂。狭义的滩涂是指潮间带，即那些高潮时被淹没而低潮时又出露的滩地。广义的滩涂上限伸到风暴潮波及的地方，即潮上带，下限可延至低潮面以下若干米的适宜围垦或水产养殖的潮下带。

广东沿海滩涂主要分布在粤西沿海，面积达到1206.33平方千米，占全省滩涂总量的59.76%；珠三角次之，面积共714.94平方千米，占全省的21.16%；粤东沿海滩涂面积最小，仅97.47平方千米，占全省的4.83%。滩涂面积6667公顷（10万亩）以上的市、县有9个，即广州、中山、珠海、台山、阳江、廉江、遂溪、雷州、徐闻，其中粤西占5个。广东省各市滩涂面积见本书第482页附录4。

【浅海面积】 广东近岸海域10米水深以内的浅海面积10536.86平方千米，其中0 ~ 2米水深浅海205平方千米，2 ~ 5米水深浅海350平方千米。各市浅海面积见本书第482页附录4。浅海海水营养物质丰富，浮游生物密集，底栖生物众多，饵料丰富，发展海水增养殖条件优越。全省可供发展海水养殖的浅海面积有5300平方千米。浅海养殖利用潮间带及低潮线以外的浅海区域养殖水产生物，以发展网箱鱼类养殖（包括沉箱）和浅海贝类养殖（包括底栖贝类护养增殖）为主，其次为浅海藻类养殖及浅海礁盘增殖等。网箱养鱼类主要养殖品种有赤点石斑鱼、鲑点石斑鱼、紫红笛鲷、真鲷、平鲷、黑鲷、黄鳍鲷、军曹鱼、美国红鱼、尖吻鲈等。养殖贝类主要为附着性、固着性种类如牡蛎、翡翠贻贝、扇贝、合浦珠母贝等（简易垂下式和筏式吊养等），包括文蛤、西施舌、江珧等埋栖性种类的护养增殖等。养殖藻类主要为紫菜、羊栖菜等。浅海礁盘增殖以紫海胆等棘皮动物和螺、鲍等贝类为主要养护增殖对象。受热带气旋等制约因素的影响，广东浅海养殖仍以风浪较小的内湾水域为主要开发利用场所，对开阔型海湾及等深线 -5米以外浅海的利用率仍极低，从而使得风浪较小、养殖条件适宜的内湾，存在养殖过度开发的现象比较严重。随着增养殖技术的逐步提高，可进一步挖掘和开发利用水产增养殖的浅海潜力。

【海岛数量】 根据2004年开始实施的广东省海岛（岛礁）调查，广东省有海岛1350个，其中面积在500平方米以上的734个（不含49个干出沙）；海岛陆域面积1592.618平方千米，海岛岸线长2414.44千米。广东海岛根据面积大小可划分为大岛、中岛、小岛、微型岛，各市海岛分类数量等状况见本书第482页附录5。

广东有居民海岛46个，其中县级岛4个、乡级岛13个、村级岛29个；无居民海岛1305个，占海岛数量的96.7%。广东省最大的5个海岛均为有居民海岛，分别为东海岛（249.5平方千米）、上川岛（137.7平方千米）、南三岛（118.8平方千米）、南澳岛（106.6平方千米）、海陵岛（103.3平方千米）。此外，达濠岛（87.8平方千米）、横琴岛（84.1平方千米）、下川岛（82.7平方千米）的陆域面积都是80平方千米以上。这8个较大海岛陆域面积合计970.5平方千米，占全省海岛陆域面积的60.9%。

【海岛分布】 根据《广东省海岛保护规划（2011—2020年）》，将广东省海岛自东往西分为粤东海区、大亚湾海区、珠江口海区、川山海区、粤西海区。

粤东海区。东起大埕湾，西至红海湾，是汕头、汕尾、潮州、揭阳4市所属海域，共有海岛518个，其中闽粤海域界线附近的七星礁及周边诸礁共6岛为省管辖海岛。有居民海岛8个，无居民海岛510个。面积在1平方千米以上的海岛有南澳岛、达濠岛、海山岛、汛洲岛、西澳岛、东沙岛等6个，分布在汕头港、柘林湾、碣石湾、东沙群岛海域，其余海岛以列岛或零散分布在沿岸海域。东沙岛隶属于汕尾市陆丰市，是东沙群岛中露出水面的珊瑚岛。

大亚湾海区。东起考洲洋，西至大亚湾西部惠州与深圳海域交界处的海域，有海岛168个，包括惠州市所属海域的全部海岛和深圳市东部海域的海岛。有居民海岛4个，无居民海岛164个。面积在1平方千米以上的海岛有大三门岛、盐洲、大辣甲、小三门岛和小星山等5个，其余海岛分布在港口列岛、中央列岛、辣甲列岛和澳头湾、大亚湾东岸及考洲洋。

珠江口海区。东起大鹏湾，西至黄茅海，是珠江口两岸的广州、深圳、珠海、东莞、中山5市所属海域，共有海岛249个，黄茅海的赤鼻岛为省管辖海岛。有居民海岛16个，无居民海岛233个。面积在10平方千米以上的海岛有横琴岛、龙穴岛、高栏岛、威远岛、横门岛、淇澳岛、担杆岛、荷包岛等8个。海岛的分布由北向南增多，比较集中的有虎门口北的狮子洋岛群、虎门口南至桂山岛北的伶仃洋岛群、万山群岛、珠海市沿岸南部的横琴岛及附近岛礁、珠海市西部的高栏诸岛等5个岛群。

川山海区。东起黄茅海西岸，西至镇海湾，包括江门市所属海域的全部海岛，有海岛267个，其中，有居民海岛5个，无居民海岛262个。面积在1平方千米以上的海岛有上川岛、下川岛、大襟岛、漭洲、乌猪洲、白鹤洲、王府洲、围夹岛、黄麖洲等9个。本区海岛最集中的是上川岛和下川岛的周边海域，即川山群岛，其次是黄茅海西部海域和镇海湾海域。

粤西海区。东起阳东县海域，沿陆地海岸向西经海陵湾、博贺湾、水东湾、博茂港、湛江湾、雷州湾，至雷州半岛沿岸海域，海域与海南、广西两省区交界，是湛江、茂名、阳江3市所属海域。共有海岛227个，其中，有居民海岛15个，无居民海岛212个。面积在5平方千米以上的海岛有东海岛、南三岛、海陵岛、硇洲岛、新寮岛、北莉岛等6个。本区海岛最集中的是湛江湾、雷州湾、海陵湾、北莉口海域，其余海岛以列岛或零散分布在沿岸海域，如南鹏列岛。

海洋资源

【概况】广东省海岸线长，海域辽阔，港湾、矿产、油气、生物、旅游和可再生能源等海洋资源丰富。海洋生物种类繁多，近海捕捞和沿海养殖发达，是全国著名的海洋水产大省。沿海有众多的优良港湾，适宜建设大、中、小型港口，广州港、深圳港、汕头港和湛江港成为国内对外交通和贸易的重要通道；珠江口外海域和北部湾的油气田已打出多口出油井。沿海的风能、潮汐能和波浪能都有一定的开发潜力。广东省沿海沙滩众多，气候温暖，红树林分布广、面积大，在大陆最南端的灯楼角有全国唯一的大陆缘型珊瑚礁，旅游资源开发潜力大。

【沿海港口资源】广东海岸漫长曲折，其中岬湾相间，岛屿罗列。全省港湾大致可分为海湾、溺谷、河口湾和潟湖等四大类型，拥有大、小海湾510余个，可以开发成多种类型的港口200个。广东沿海适宜建港的主要港湾见本书第483页附录6。

广东省的港湾中，有柘林湾、大亚湾、大鹏湾、伶仃洋、高栏港、海陵山湾、湛江湾、琼州海峡沿岸等具有建10万～40万吨级港口的条件，还有其他岸外深水区，也有建深水大港的条件。随着社会的发展和技术的进步，港口资源的开发利用已不局限于海湾内，敞开式港口资源的开发将是未来港口建设的一个重要方向。

【海上航道资源】广东沿海主要航道有：大金门、后江及前江、德洲、大亚湾东部和西部、大鹏湾、广州、矾石、大濠、担杆、青洲—大西、崖门、海陵、湛江等，此外还有近海和外海航道，供国内南北航线和通往太平洋、印度洋、东南亚、印支半岛等世界各国的海上交通运输之用。

【海洋矿产资源】广东省海洋矿产资源品种多，储量大。在大陆沿海及其海岛，已探明储藏石英砂2015万吨，独居石2万吨，锆英石2.9万吨。在广东沿海大陆架、深海盆、海山和海槽已发现重金属砂矿与锰结核的富存点和远景区。矿物有磁铁矿、锆石、金红石和独居石等。

工业海砂资源。广东省沿海20米水深以浅海域表层海砂分布区总储量达到250.27亿立方米。其中，雷州半岛周围海域海砂区、海陵岛周围海域海砂区和电白沿海海域海砂区储量最为丰富，分别为160亿立方米、56亿立方米和18亿立方米。珠江口海域海砂分布包括表层海砂和埋藏砂体，总储量17.87亿立方米。

海滨砂矿资源。砂矿主要有砂锡矿、钽铌铁砂矿、独居石砂矿、玻璃砂矿和稀土矿等。这些砂矿多环海呈长条状分布，与海岸线大致平行，大者可达十几平方千米，矿层的厚度一般在10米以内，且多直接出露地表，容易开采。砂锡矿主要分布在沿岸地带，是广东海岸的优势矿种之一。

海岸带矿产资源。广东省海岸带发现矿床有166个，其中大型矿床11个，主要是泥炭；中型矿床44个，以泥炭为主，其次有锡矿、钨矿、黏土、石英砂和重晶石等；小型矿床111个，发现矿种30种。锡矿、钨矿、石灰砂、泥炭是广东省海岸带的优势矿种，泥炭主要分布在雷州半岛。

地下热水资源。广东省沿海地区地下热矿水资源丰富，共计有48处，已开发利用的热矿水区有6处：中山市三乡雍陌热氡泉、深圳市宝安玉律热泉、珠海市凯旋湾温泉、江门市台山温泉等。此外，在珠江三角洲第四纪沉积层中还有富含铵态氮的地下肥水，据测算储量为10308万吨，可采6185万吨。

海底矿产资源。在广东省沿海大陆架、深海盆、海山和海槽已发现重金属砂矿与锰结核的赋存点和远景区，矿物有磁铁矿、锆石、金红石和独居石等。其他如煤和海底热水资源等也有相当的储量。

海洋油气资源。广东沿海已探明石油资源量97亿吨，天然气1.1万亿立方米。其中，在珠江口盆地水深200米以内面积约10万平方千米，预测石油资源量70亿吨，天然气1万亿立方米，有广阔的开发前景。

【海洋生物资源】广东省海洋生物的种类组成和分布特点因其栖息生活的生态环境条件不同而异，从而形成浮游生物、游泳动物、底栖生物、潮间带生物和鸟类以及红树林等6大类海洋生物种群，其中前4类被渔业直接利用。近岸海域还有种类和数量都极其丰富的微生物资源。

浮游生物。海洋浮游生物分为浮游植物和浮游动物两大类群，浮游植物是海洋中的初级生产者，浮游动物是海洋中的次级生产者，丰富的浮游生物为海洋鱼类、虾蟹类、贝类等动物提供适口饵料。广东省海区有浮游植物406种，浮游动物416种。

游泳生物。游泳动物主要是鱼类、头足类、虾类及蟹类的大多数种类，这是渔业生产的原料基础，在下面海洋渔业资源中重点介绍。其他游泳动物有海洋哺乳类动物和爬行类动物（海龟、海蛇之类）。在广东省海区，有游泳生物1297种。

底栖生物。在广东省海区，有

底栖生物 828 种。其中以软体动物和甲壳动物的种数最多，尤其在南海沿岸浅海软体动物的生物量占底栖生物总生物量的 76% 以上。

潮间带生物。广东沿海岸的潮间带生物有 1013 种，以软体动物所占比例最高，有 325 种；还有环节动物 58 种，节肢动物 244 种，棘皮动物 56 种，鱼类 177 种，藻类 112 种，其他门类生物 41 种。珠江口、韩江口、榕江口等河口湾，属亚热带低盐海域，潮间带生物多为河口性种类，有 428 种，其中软体动物 167 种，甲壳类 75 种，藻类植物 57 种，以及多种鱼类。潮间带生物量的水平分布，以珠江口岸段最高，粤东岸段次之，粤西岸段最低。

【海产药用资源】 广东省的海洋生物，不少生物体内含具有抗菌、抗癌、抗溃疡、降血压、降血脂、降血糖、治动脉血管硬化以及麻醉、止痛等功能的活性物质，药用价值很高，在许多方面优于陆地生物。其中有些种类如鹧鸪菜、乌贼内壳（海螵蛸）、海马、鲍壳（石决明）、泥蚶（瓦楞子）、文蛤和珍珠等，自古以来就是中药。海洋药用生物种类繁多，治病功能与用途多样化，在医药领域中具有重要的开发利用意义。热带海洋生物种质资源多样性的特有优势，使广东海域成为海洋药物资源的富集区。据《南海海洋药用生物》统计，南海约有 3 万种海洋生物，其中已知 7500 种生物有药用价值，药用生物资源南海特有种 480 种。南海海域主要药用生物有：绿藻类 8 种，褐藻类 14 种，红藻类 16 种，水母类 4 种，珊瑚类 5 种，星虫类 1 种，腹足类 28 种，瓣鳃类 27 种，头足类 7 种，甲壳类 14 种，肢口类 1 种，海参类 8 种，海星类 4 种，海胆类 3 种，鱼类 67 种，爬行类 5 种，哺乳类 2 种，其中，海马、海蛇和牡蛎等均为广东珍贵的海洋药用生物物种。

【海水资源】 海水资源包括海水水资源和海水化学资源两大类。广东海水资源利用主要有：一是利用海水代替淡水直接作为工业用水和生活杂用水；二是海水经淡化后提供高质淡水，供高压锅炉用，淡水经矿化后作饮用水；三是海水综合利用，即提取化工原料等。2013 年广东海水直接利用量 299.6 亿吨，居全国首位，主要应用于沿海火电、核电工业冷却用水。广东海水淡化起步早，基础好，“十二五”期间海水淡化技术不断进步和发展，海水淡化产水规模为 30820 万吨 / 日。广东较早开展海水化学资源综合利用研究，主要从苦卤中提取溴、氯化镁、硫酸钠、硫酸镁、氯化钾等，特别是海水晒盐。广东海盐区在北纬 20° ~ 23°，年平均气温在 20 ~ 24℃，蒸发力强，无雨天每日平均 7 ~ 8 毫米，全年可以产盐。粤东和粤西盐度年平均约 30.6，雷州半岛西南部靠近琼州海峡平均年盐度达 31 ~ 33。海盐生产的原料是海水或地下卤水，主要能源是太阳能和风能，靠自然蒸发、结晶、无灰尘、无污染、无毒害，不影响生态平衡，不会造成环境污染，是当今世界能耗最低，且“四无”的工业。广东海盐生产和海水化学资源综合利用的企业主要分布在粤西、粤东沿海地区，海盐的年产能为 18 万 ~ 20 万吨，主要用于食品加工。中国科学院南海海洋研究所首创天然海水制取生态型海水晶的绿色技术，建成中国第一间世界规模最大的人工海水制剂厂，并在全国推广，使中国人工海水制剂技术和人工海水应用技术跨进国际先进行列。

【海洋再生能源】 广东省沿海的潮汐能、波浪能、潮流能、盐差能和风能等再生能源，都有一定的开发潜力。

潮汐能。广东省沿海可开发的潮汐能资源坝址沿岸坝址 23 处，总装机容量为 16.29 兆瓦，年总发电量为 32.24×10^6 千瓦 • 时。广东潮汐能资源主要分布于珠江口以西沿岸，鸡打港、海陵岛、湛江盐场和北莉口四处开发条件稍好。按潮汐能资源区划分区标准，雷州半岛北部东岸（湛江库竹渡口）和西岸（海康、遂溪）为二类资源区；湛江北部、电白、阳江、台山沿岸为三类资源区；大鹏湾以东惠阳、海丰、陆丰、惠来为四类资源区。

波浪能。广东省波浪能资源蕴藏量丰富，全省沿海的波浪能资源理论平均总功率为 1911.81 兆瓦，55.9% 分布在珠江口东岸段，这是中国波浪能资源富集、开发条件较好的地区之一。按波浪能资源区划分区标准衡量，遮浪沿岸属一类资源区；下川岛、雷州半岛西部沿岸属三类资源区。

潮流能。广东省海洋潮流一般较弱，潮流能资源蕴藏量较少，根据对全省沿岸 10 多处水道潮流能资源进行统计，理论蕴藏量平均总功率为 376.56 兆瓦。琼州海峡东口及其北边的外罗水道能流密度最大，资源较丰富，按潮流能资源区划分区标准衡量，属二类资源区，是开发潮流能资源较为优越的水域；粤西和珠江口沿岸属三类资源区。

盐差能。广东省由于港湾河汊众多，河口区能维持较大的盐度梯度，盐差能丰富，广泛分布于西江、北江、东江、韩江、漠阳江、鉴江、九洲江、榕江等出海口。但受技术限制至今尚未开展有实际意义的盐差能应用研究，与其他能源利用方式相比其应用研究相对滞后。

风能。广东沿海受西太平洋副热带低压影响，岛屿的风力资源是相当丰富的。南澳、白沥、大万山、担杆、黄茅洲等岛屿的年平均风速均在 6 米 / 秒以上，有效风能密度均在 200 瓦 / 米 ^{2} 以上，每年有效风速时数在 5000 小时以上，有效风速频率在 67% 以上，全年至少有 2/3 时间的风速可被利用，故这些岛屿均属风能资源丰富区。其他岛屿，从总体上也属于风能丰富区。南澳县海岛风力资源异常丰富，1979 年建成省内第一个风力发电站，1989 年建成中国最大的风力发电站，2000 年成为亚洲海岛最大的风力发电场和中国第二大风电厂。

【滨海旅游资源】 广东滨海地区处于热带、亚热带，气候冬暖夏凉，风光旖旎，旅游资源丰富多彩。绵长的海岸线上，海滩广阔、海岛众多，特殊的海岸"石蛋"地形、具有南亚热带特色的珍稀动植物以及富有岭南特色的文化古迹、民俗风情。

海岛风光。不少海岛风光旖旎，旅游资源类型多样。既有碧海蓝天、洁白海滩、峻秀岛丘、珍稀生物等天然美景，又有大型岩画、明清铳城、烽火台、摩崖石刻、鸦片战争时期的古炮台、古坑道、拦江铁索桩基遗址、雄伟壮观的古灯塔、庙宇，为海岛发展旅游业提供重要的物质基础。

海岸景色。广东沿海多丘陵山地，因此海岸曲折多湾，岬角交错，海湾逶迤，千姿百态。这类海岸往往岩奇岸峭，波涛汹涌，非常壮观，人们习惯称之为岩岸。广东滨海地带的"石蛋"地区，一批造型别致的石岩、石洞成为著名的风景区，包括：饶平县海山岛的海滩岩，汕头市达濠区的礐石风景区、妈屿岛，潮阳区的莲花峰、东岩，惠州市大亚湾的三角岛，珠海市的大万山岛、九洲岛、石景山。湛江市的海岸景观兼具火山地貌特色，有特呈岛红石海滩、硇洲岛那宴黑石海滩和湖光岩世界地质公园等，在中国大陆最南端的灯楼角有全国唯一的大陆缘型珊瑚礁。

海边生物。在热带、亚热带气候的海区，由于高温和阳光明媚，海边生物生长茂盛，特别瑰丽多彩：神奇的珊瑚虫用自己的石灰质躯壳叠造晶莹夺目的珊瑚礁海岸和海岛，五彩缤纷的海洋生物围绕着珊瑚礁争艳斗丽；奇异的胎生树木——红树林在海涂中连成茂密的"海上森林"。湛江红树林保护区、深圳市福田红树林鸟类保护区、惠州市港口海龟国家级自然保护区等，都为广东的旅游提供宝贵的海洋生物资源。

滨海古迹。广东沿海古遗址以海陵岛闸坡东南江坎头沙丘遗址及珠江口遗址群年代最早，汕头达濠岛青云岩摩崖石刻、珠海高栏岛宝镜湾摩崖石刻是 3000 年前青铜器时代的珍贵遗产，南澳岛金山共有摩崖石刻 13 处，可谓是"宝岛天书"。海岛较显要的石刻还有青屿"海阔天空"、海山岛"海不扬波"、东澳岛"万海平波"等。广东沿海南宋以来的古迹有南澳太子楼、湛江硇洲宋皇村、汕头翔龙书院、汕头莱芜炮台、汕头达濠古城等；古墓葬有南澳岛和海陵岛的陆秀夫墓和张世杰墓。

历史文物。广东沿海历史文物及建筑主要有虎门要塞抗英古炮台群、靖海古炮台、硇洲灯塔、南澳总兵府、雄镇关、郑芝龙坊、龙门塔、康氏宗祠、猎屿铳城、东澳铳城、三灶铳城、雷州雷祖祠等。广东海岛纪念建筑主要有淇澳岛苏兆征故居、三灶岛"万人坟""千人坟"，南澳岛后江烈士陵园、礐石革命烈士陵园，桂山岛"桂山号英雄登陆点"等。

宗教庙宇。广东沿海的宗教建筑以纪念林默娘的妈祖庙（天后宫）最多，妈祖被沿海渔民当做护航之神，香火鼎盛。广东沿海闻名的寺庙还有潮州开元寺、雷州天宁寺、陆丰玄武山元山寺、南澳县东南亚佛教黄檗派祖堂等。广东海岛较著名的宗教建筑还有上川岛方济各 • 沙勿略教堂（天主教）、南澳岛云盖寺、达濠青云禅寺、海山岛隆福寺等，是重要的人文景观旅游资源。

民间风情。东海岛人龙舞始于明末，据传是明军撤退到雷州半岛和东海岛，适逢中秋，地方百姓为鼓舞明军士气，编排这个舞蹈。此后人龙舞便在这里流传开来，被誉为"东方一绝"。此外，还有吴川、珠海等沿海在元宵节表演的特色，已发展成为集戏剧与杂技为一体，集木艺、铁艺、画艺、扎艺、布艺等于一身的成熟的高台表演艺术形式。

渔业资源

【概况】 广东濒临南海北部，生态环境良好，孕育了资源蕴藏量大、具多样性特点的海洋生物，包括鱼类、甲壳类、贝类、藻类等四大类，其中近海鱼类 200 多种，近海虾蟹 30 多种，贝类 100 多种，藻类近 100 种。南海鱼类具有明显的热带亚热带海洋鱼类种群多样性特征：**一是分布广**。同一种鱼类通常以小群体的形式分布于不同海域，活动范围有限；**二是成熟早**。大多数 1 龄性成熟，2 ~ 3 龄进入繁殖盛期，繁育快；**三是洄游规律明显**。大多数鱼类每年随海区水温、海流和饵料生物变化，进行规律性群聚或索饵、产卵洄游，形成清晰的渔场与渔汛。沿海可用于海水增养殖的沿海滩涂 20 多万公顷，0 ~ 10 米等深线海域 100 多万公顷。广东河流纵横交错，山塘水库星罗棋布，内陆水域 100 多万公顷，渔业资源丰富，有淡水鱼类 321 种和众多的虾、贝、龟、鳖、蛙等。

【南海渔场分布】 广东省海洋捕捞生产场所主要在南海，南海渔场可分为3大类渔场或12个区域渔场。按海域的不同水深划分为3大类渔场：

沿岸渔场。亦称浅海渔场，在水深40米以内的沿大陆海区内，是多种鱼虾产卵及幼体栖息育肥的区域，其渔业资源既有适应沿岸、河口及岛礁等环境栖息、繁殖的低盐及广盐的鱼虾种类，也有近海的鱼类，如大黄鱼、白姑、海鲶、乌鲳等种属，还有甲壳类的虾、蟹及头足类等。形成刺钓、围网、定置张网、拖网作业渔场，有13.29万平方千米。

近海渔场。亦称中海渔场，在水深40 ~ 100米的海区内，受外海水影响为主的区域，盐度较高，是暖水性高盐鱼类种属索饵、繁殖区。主要种类有大眼鲷、蛇鲻、黄肚金线鱼、鲐鱼等。形成底层鱼类和中、上层鱼类的底拖网、刺钓作业渔场，有17.68万平方千米。

外海渔场。亦称深海渔场，在水深100 ~ 200米海区内，海底坡度平缓、平坦、障碍物少，南海暖流常年贯穿此海域，盐度高，鱼种类多，资源分布有上、中、底层及近底层鱼类。是大型拖网、刺网、钓具渔船作业渔场，有6.43万平方千米。水深100 ~ 200米的海域，

南海按海域的地理位置、传统作业习惯划分可分为12个区域渔场，分别是：台湾浅滩渔场、粤东渔场、东沙渔场、珠江口渔场、粤西渔场、北部湾北部渔场、北部湾南部渔场、海南岛东北部渔场、海南岛东南部渔场、海南岛西南部渔场、西中沙渔场、南沙渔场。

【海洋捕捞资源】 广东地处南海北部，拥有陆架生态系统、陆坡生态系统、珊瑚礁生态系统以及大洋生态系统等多种渔业生态系统。广东海洋渔业资源具有热带暖水性海洋生物特点，种类繁多，各种类相互混栖，每一种类的群体数量较少，主要渔业资源由地方性种群组成，缺少外海大洋性种类，无明显的洄游路线，广泛分布在大陆架海域。

鱼类。广东南海北部大陆架海域有鱼类1027种，南海北部大陆斜坡海域有205种，其中有经济价值的100多种，如大黄鱼、带鱼、竹荚鱼、金线鱼、鳗鱼、石斑鱼、金枪鱼。广东海洋渔业资源以底层鱼类为主，占渔获量的50%，但大部分单一种鱼的数量不足渔获量的1%；其次为中、上层鱼类，占渔获量的18.3%左右，占有较大比重的有小公鱼、金色小沙丁鱼、蓝圆鲹以及日本竹荚鱼等。

虾类。广东海洋虾类分布于沿岸浅海域有200多种，南海北部大陆架海域135种，北部大陆坡海域92种，东沙群岛海域4种。常见虾类在粤东海域有20种，珠江口36种，粤西31种，北部湾北部38种；南海北部大陆坡海域34种。在南海北部近海区广泛分布的虾类有18种，如刀额新对虾、短钩对虾、墨吉对虾、日本对虾、斑节对虾、长毛对虾、须赤虾、近缘新对虾等。

蟹类。南海蟹类有673种，大多数分布在南海北部大陆架海域，以沿岸和近海种数最多。按蟹类栖息环境和特征区分，潮间带及寄生性等类型的蟹类有98种，寄居蟹类有71种，水域中蟹类有485种。在南海北部数量较多的蟹类为：三疣梭子蟹、远海梭子蟹、珠脊梭子蟹、锯缘青蟹等。锯缘青蟹是蟹类中的优质种类，主要分布于近岸、港湾和河口。

头足类。南海头足类已知的共有73种，占全国各海区数量之首位。其中南海北部大陆架海域有58种，南海北部大陆坡海域有21种。南海北部大陆架边缘及大陆坡海域的主要种类有6种：太平洋丛柔鱼、夏威夷柔鱼、鸢乌贼、飞柔鱼、埃布短柔鱼、菱鳍乌贼。

贝类。南海的贝类有452种，其中重要的种类有：近江牡蛎、褶牡蛎、长牡蛎、密鳞牡蛎、文蛤、西施舌、菲律宾蛤仔、翡翠贻贝、泥蚶、毛蚶、结蚶、凸壳肌蛤、红肉河蓝蛤、波纹巴非蛤、缢蛏、栉江珧、杂色鲍、马氏珠母贝、大珠母贝、企鹅珠母贝、长肋日月贝、日本日月贝和华贵栉孔扇贝等。

藻类。南海的藻类有258种，主要种类为长紫菜、广东紫菜、凝花菜、细毛石花菜，小石花菜、石花菜、匍匐石花菜、海萝、鹿角海萝、江蓠、鹧鸪菜、鹅肠菜、蛎菜和冻沙菜等。

其他。其他重要的经济种类有：花刺参、糙参、黑怪参、棕环海参、紫海胆、方格星虫和海蜇等。

【海水养殖种质资源】 增养殖生物是指适宜海水水产增殖及养殖的生物。广东沿海增养殖生物资源中，重要种类有150多种，其中有许多珍贵种类和南海区特有的稀有资源。重要种类中以软体动物为主，占70种以上，鱼类和藻类均占25种以上，甲壳类和棘皮动物都在10种以上。优势增养殖资源有：软体动物中的牡蛎、马氏珠母贝、文蛤、翡翠贻贝，甲壳类中的斑节对虾、墨吉对虾、长毛对虾、锯缘青蟹，鱼类中的石斑鱼类、鲷鱼类、鲻鱼类，藻类中的江蓠属藻类等。增养殖生物资源既有在全省沿海分布的广布种，也有在局部区域出现的特有种，以广布种为主，区域分布特征明显。

【淡水渔业水域】 广东河流纵横交错，山塘水库星罗棋布，人工池塘

连片集中，淡水渔业水域资源丰富。水域资源调查资料显示，全省内陆水域总面积116万公顷（1740万亩），包括江河水面67万公顷（1000万亩），山塘水库水面20万公顷（300万亩），人工池塘水面27.8万公顷（417万亩），湖泊、河沟等其他水面约1.3万公顷（近20万亩）；还有低洼盐碱地等约53万公顷（约800万亩），大部分可开发水产增养殖。

江河。广东境内共有大小河流1343条，主要河流有珠江水系的东江、北江、西江和非珠江水系的韩江、榕江、漠阳江、鉴江、九洲江等。全省主要大江大河干流和支流水道水质总体良好，57.6%的江河监测断面水质优良，52.2%符合功能区水质标准，可作为水产养殖用水的水源。

山塘水库。广东省内共有山塘水库61319座，其中水库7378座（大型水库18座、中型水库250座、小型水库7110座），山塘53941座，蓄水总库容400多亿立方米，总水面20余万公顷，其中可利用养殖的面积约8万公顷。新丰江水库、枫树坝水库、高州水库、流溪河水库、鹤地水库等大型水库水质均达到或优于Ⅲ类，部分水库为Ⅳ、Ⅴ类水质，主要是总氮、总磷含量偏高，都可有计划地发展鱼类增殖生产。

池塘。池塘是淡水渔业水域的重要组成部分，淡水池塘在提供水产养殖活动的同时，也可起到蓄水的作用。2012年，广东省淡水养殖池塘面积279147公顷；2015年，广东省淡水养殖池塘面积278291公顷，均占全省淡水养殖面积的74.8%。

稻田。稻田养殖是利用水田既种稻又养鱼的一种生产方式。广东稻田养鱼历史悠久，高峰期的1996年，稻田养鱼面积35867公顷（53.8万亩），鲜鱼产量16731吨。稻田养鱼为农民带来了较好的经济效益，每亩新增产值多的1000多元，少的也有200～300元。后来，由于留守农村耕种的都是老人、妇女，无法将稻田养鱼持续下去，广东稻田养鱼面积、产量呈递减趋势。2015年，全省稻田养鱼面积3364公顷、产量2440吨。

【淡水生物资源】 广东地处亚热带——热带湿润季风气候，水网密布，江水较深，有机质含量较大，自然条件优越，淡水生物资源十分丰富。除了有丰富的鱼类资源外，还有其他种类繁多的水生动植物，并构成了各自的优势种群。有些成为鱼类的天然饵料；有些则为人类利用，成为食用、药用、工业和农业用等，均具有一定的经济价值。

鱼类。广东省境内江河鱼类资源丰富，根据《广东淡水鱼类资源调查与开发利用》数据显示：2010年广东省共有淡水及河口性鱼类279种（比以往报道减少32种），隶属18目、62科、180属。其中，鲤形目115种，占调查总种数的41.20%；鲈形目85种，占调查总种数的30.5%；鲇形目24种；鲱形目13种；鲽形目8种；鲻形目8种；其他26种。上述鱼类中经济鱼类占50%以上，主要有青鱼、草鱼、赤眼鳟、鲢、鳙、鲮、鲤、鲫、鳊、斑鳢、胡子鲶等50多种，珍稀与名贵鱼类有中华鲟、鳗鲡、鲥、鲈、大眼鳜、斑鳠（鲴鱼）、卷口鱼、唇鱼、长臀鮠、倒刺鲃、光倒刺鲃、桂华鲮等20多种。

虾蟹类。广东江河的甲壳类共有26种，主要经济种类有日本沼虾（青虾）、米虾、新对虾、脊尾白虾、细足米虾、锯缘青蟹、中华绒螯蟹、日本绒螯蟹等，以及国外引进养殖种罗氏沼虾。

贝类。广东江河的贝类资源丰富，珠江水系有腹足纲种类共38种，其中常见的经济种类有中国圆田螺、环棱螺，一向为群众所喜食。瓣鳃纲种类共有25种，其中常见经济种类有淡水壳菜、河蚬、背角无齿蚌、褶纹冠蚌、光滑河蓝蛤等。

其他水生动物。广东省江河中尚有很多种类水生生物资源，底栖动物就有129属。如底栖环节动物的疣吻沙蚕、单叶沙蚕（俗称禾虫），是很有价值的水产食品；虎纹蛙、棘胸蛙（石蛤）、鳖、山瑞鳖、平胸龟、黄喉拟水龟、乌龟、三线闭壳龟（金钱龟）、金头闭壳龟、黑颈乌龟等水产动物，具有较高的经济价值，已开展一定的规模养殖。

浮游植物。广东江河浮游植物约有178属，绿藻种类最多（82属），硅藻居次（45属）。江河上游流急、石砾硬底质，着生绿藻类的刚毛藻、毛枝藻、竹枝藻、鞘藻等丝状藻类较多，为鲃亚科等鱼类提供饵料基础；江河中下游有机质较为丰富，生长适应静水生活的绿藻、甲藻、蓝藻等藻类，为鲢、鳙、赤眼鳟等提供饵料。

浮游动物。江河浮游动物约有210种，其中原生动物38种、轮虫78种、枝角类45种、桡足类49种。常见种有表壳虫、沙壳虫、湖沼拟铃虫，萼花臂尾轮电、螺形龟甲轮虫、月形腔轮虫、短尾秀体溞、长额象鼻溞、颈沟基合溞、拟剑水溞、广布中剑水溞等。

水生维管束植物。水生维管束植物是监测水体污染的哨兵，也是净化污水的能手。全省境内有水生维管束植物117种。水生维管束植物资源破坏较严重，多生长在一些较小的支流中，常见种类有喜旱莲子草、马来眼子菜、龙须眼子菜、菹草、茨藻矮慈菇、浮萍等。

【淡水养殖种质资源】 广东淡水养殖对象主要是鱼类，此外还有一些甲壳类、贝类、两栖类、爬行类等特征水产动物，传统的养殖对象只有七八种鱼类。自 1957 年以来，广东先后引进、移殖、驯化、杂交培育等一批新品种，增加了养殖种类。到 2012 年，已形成批量生长的品种达到 50 多种，是全国淡水养殖品种最多的省份。

传统养殖品种。广东传统养殖的淡水鱼类主要包括四大家鱼（草、鳙、鲢、鲮）、鳊、鲤鱼、鲻等。这些品种具有几百年的养殖历史，直到今天仍然是广东省老百姓日常生活所需的必需水产品。其中草、鳙、鲢、鲮等 4 种鱼类由于分居不同水层、食性不同，混养在一起可充分利用水体以及饲料资源，提高综合经济效益而成为传统养殖品种中的主要养殖品种，2012 年，广东这 4 种鱼的产量为 128.71 万吨，占淡水养殖产量的 41%。其中草鱼能摄食青草，是广东的主要淡水养殖品种，2015 年全省产量 77 万多吨，是淡水养殖产量最多的鱼类，历居全国一二位；鲮鱼是华南地区特有的暖水性鱼类，以广东产量最多，2012 年为 38 万吨，约占全国的 3/4。

移殖国内品种。1968 年广东省从湖北省移殖团头鲂在池塘养殖，获得成功，大力推广；1976 年从黑龙江移殖东北鲫，现已经在全省养殖，成为重要的养殖品种，2015 年产量为 15 万多吨。1985 年从长江移殖翘嘴鳜，第二年繁殖成功，于 1989 年开始推广，2012 年全省鳜鱼产量超过 10 万吨，历居全国首位。

引进国外品种。引种是指将国外或者外地区的现有优良品种引入到本地区水域进行养殖的一种生产方式。1957 年从越南引进原产于非洲的莫桑比克罗非鱼；1976 年引进日本白鲫、罗氏沼虾；1978 年从泰国引进野鲮、蟾胡子鲶以及尼罗罗非鱼。20 世纪 80 年代后，先后引进奥里亚罗非鱼、革胡子鲶、加州鲈、淡水白鲳、麦鲮、斑点叉尾鮰、美国青蛙、泰国鳖等品质等，一种大部分已经形成一定的养殖模式。1984 年引入试养的加州鲈，1985 年人工繁殖成功，成为重要的池塘养殖鱼类，2015 年产量超过 10 万吨，历居全国首位。罗氏沼虾于 1976 年从马来西亚引进，20 世纪 90 年代起在广东大面积养殖，2015 年产量 3.2 万吨。

杂交培育良种。广东省杂交培育的良种主要有罗非鱼、杂交鳢以及鲫鱼等。1993 年茂名三高种苗繁育场与中国水科院淡水渔业研究中心合作，引进美国奥本大学尼罗罗非鱼，生产出奥本奥尼罗非鱼。1995 年，上海海洋大学引进吉富罗非鱼并选育出新吉富罗非鱼，指导广东省罗非鱼良种场和茂名伟业罗非鱼良种场，分别生产出“广特超”和“吉奥”罗非鱼。罗非鱼已成为广东省淡水养殖的主要品种之一，年产量超过 70 万吨，仅次于“四大家鱼”的产量，历居全国首位。斑鳢和乌鳢的杂交种——杂交乌鳢，生长速度比斑鳢和乌鳢快 30% 以上，且性情温顺，容易驯化摄食膨化颗粒饲养，抗病力强，产量高，2012 年全省产量为 11.5 万吨。以黑龙江省方正县双凤水库的方正银鲫为母本，用江西省兴国红鲤精子刺激卵子行雌核发育产生的全雌性后代——异育银鲫，具有明显优势：生长快，食性杂，易饲养，疾病少，成为重要的养殖品种。

驯化名贵品种。引入种在新的水域不仅能存活、生长，而且能繁殖后代这一过程叫驯化。20 世纪 90 年代以来，珠江水产研究所繁殖广东鲂成功；茂名、高州等地繁育月鳢（山斑鱼）成功；清远阳山县鱼苗场、斗门县金鲩水产科技有限公司繁育倒刺鲃、光倒刺鲃成功。此后，全省各地广泛开展野生品种的驯化工作，由于广东地理条件独特，野生的名贵鱼类较多，已经被驯化养殖的品种有：鳗鲡、胡子鲶、斑鳢、河鲶、大眼鳜等，目前除了鳗鲡外，其他均可人工繁殖。广东作为鳗鱼养殖的发源地，鳗鱼产量约占全国的 50%，2015 年产量超过 10 万吨，历居全国首位。中华鳖俗称甲鱼、水鱼，分类上隶属爬行纲、龟鳖目、鳖科、鳖属，20 世纪 80 年代后期驯化养殖获得成功，并逐步发展成为水产养殖从业者追捧的养殖品种。2012 年全省养鳖产量 1.7 万吨，2015 年 1.1 万吨。

养殖濒危物种。濒危物种泛指珍贵、濒危或稀有的野生动植物，特指《濒危野生动植物物种国际贸易公约》附录所列物种及国家和地方重点保护的野生动植物。目前在广东省的水产养殖中，国家二类保护水生野生动物——大鲵养殖主要在清远市，截至 2012 年，该市共建立了 12 家娃娃鱼规模化养殖场（包括英德 6 家、连州 3 家、阳山 2 家、连南 1 家），养殖总数在全省居首位。金钱龟是国家二级重点保护动物，养殖始于 20 世纪 80 年代中期，养殖场所大多都是将阳台、庭院和空闲房间改造后饲养龟，养殖户分布较集中，主要在惠州、茂名、湛江等地，养殖规模也较大。花鳗也是国家二级野生保护动物，养殖要有养殖证。广东等地积极发展花鳗养殖，养殖的花鳗种类主要为菲律宾花鳗，约占 95%，海南本地花鳗占 3% ~ 5%。花鳗已成为一个新的鳗鱼养殖品种。

沿海地区

【概况】 沿海地区按行政区划分，中国将有海岸线（大陆岸线和岛屿岸线）的地区称为沿海省市区，依次将有海岸线（大陆岸线和岛屿岸线）的地区划分沿海地市，沿海地市下分沿海县区。广东是中国的重要沿海省，2015 年，广东省海洋生产总值达 13796 亿元，占全国海洋生产总值的 21.3%，占全省生产总值的 18.9%，连续 20 多年位居全国首位。

沿海地区濒临海洋，受其影响，一般都是生态环境优美、适合人类居住、有利于发展经济。世界人口的 60% 居住在距海岸 100 千米的沿海地区。中国的沿海地区也是这样，基本上都是环境条件好、经济发达、人口承载力高的地区。沿海地区具有临海的区位优势，对外经济联系方便，成为经济最发达的地区。

【沿海省市区】 中国沿海地区，按行政区划分为沿海省、沿海自治区和沿海直辖市。2015 年全国有 8 个沿海省、1 个沿海自治区、2 个沿海直辖市，又称沿海 11 省市区。广东是中国的重要沿海省，全省总面积 17.8 万平方千米，占沿海 11 省市区国土面积的 13.34%；2014 年第六次人口普查为 10430 万人，占沿海 11 省市区人口总数的 18.10%。广东每平方千米平均人口约 586 人，是全国的 4 倍多。2015 年，广东地区生产总值 72813 亿元，占全国国内生产总值 676708 亿元的 10.76%，已连续 20 多年位居全国各省市区首位；广东省海洋生产总值达 13796 亿元，占全国海洋生产总值的 21.3%，占全省生产总值的 18.9%。

中国沿海 11 省市区总面积 133.4 万平方千米，占全部国土面积的 13.90%；2014 年第六次人口普查为 57633 万人，占全国人口总数的 42.82%。全国每平方千米平均人口约 142 人，其中沿海地区 432 人，是全国平均的 3 倍多。沿海 11 省市区的国内生产总值 (GDP) 一直占全国的 60% 以上。沿海地区气候湿润，雨量较多，土地肥沃，农业生产也很发达。大海还有持续的造陆功能，东南沿海地区约 1667 万公顷（2.5 亿亩）优良农田是由滩涂围垦形成的。

【沿海城市】 沿海城市是指有海岸线的直辖市和地级市（包括其下属的全部区、县和县级市）。2015 年，全国沿海城市有 53 个，其中广东省有 14 个，占 26.5%；浙江、山东各 7 个，福建、辽宁各 6 个，广西、江苏、河北各 3 个，海南 2 个，上海、天津各 1 个。

广东沿海城市（有海岸线的地级以上市）从东到西依次为：潮州、汕头、揭阳、汕尾、惠州、深圳、东莞、广州、中山、珠海、江门、阳江、茂名、湛江。广东沿海地级以上市数占全省 21 个地级以上市数的 2/3，总面积 8.4 万平方千米，占全省国土面积的 47.19%；2014 年末人口为 7930 万人，占全省人口总数 10724 万人的 73.95%。每平方千米平均人口约 880 人，是全国的 6.2 倍。2015 年国内生产总值 57929 亿元，占全省的 79.56%。

【沿海开放城市】 沿海开放城市是中国沿海地区对外开放的、并在对外经济活动中实行经济特区的某些特殊政策的一系列港口城市，是经济特区的延伸。1984 年，首批沿海开放城市诞生：大连、秦皇岛、天津、烟台、青岛、连云港、南通、上海、宁波、温州、福州、广州、湛江、北海 14 个沿海港口城市，被国务院批准为沿海开放城市。1985 年国务院批复营口市享受沿海开放城市某些特权；1987 年，威海市从烟台市分离。翌年，国务院批复威海市为沿海开放城市。此后又将长江三角洲、珠江三角洲和闽南厦漳泉三角地区以及辽东半岛、胶东半岛开辟为沿海经济开放区。这 16 个沿海开放城市加上沿海经济开放区、经济特区、上海浦东新区，构成了中国沿海自南到北的对外开放前沿地带。

中国沿海经济开放带，在广东省包括有从 1980 年起建立的深圳、珠海、汕头 3 个经济特区；1984 年开放的广州、湛江 2 个沿海城市；1985 年辟为经济开放区的珠江三角洲。广东省有经济特区和沿海开放城市共 5 个，占全国总数 20 个的 25%。广东这 5 个地级以上市，总面积 26514.78 平方千米，占全省国土面积的 15.60%；2014 年末人口为 7930 万人，占全省的 14.7‰。每平方千米平均人口约 880 人，是全国的 6.2 倍。

【沿海地带】 沿海地带即狭义的沿海地区，是指有海岸线的县、县级市、区（包括地级以上市的所有区）。2015 年，全国沿海地带有 242 个沿海县区，其中广东省有沿海县区 56 个，占 23.1%。

2012 年 12 月，国务院批准撤销揭东县，设立揭阳市揭东区。2014 年，国务院批准，撤销茂港区和电白县，合并设立电白区；撤销县级增城市，设立广州市增城区；撤销阳东县，设立阳江市阳东区。至 2015 年，广东有海岸线的县 8 个，县级市 6 个，从东到西依次为：饶平县、南澳县、惠来县、陆丰市、海丰县、惠东县、台山市、恩平市、阳西县、吴川市、雷州市、徐闻县、遂溪县、廉江市。

【海洋经济综合试验区】 2011 年 7 月 5 日，国务院批复《广东海洋经济综合试验区发展规划》，规划主体区范围包括广东省全部海域（面积 41.9 万平方千米）和沿海 14 市所属陆域（面积 8.4 万平方千米），并将珠江三角洲地区的佛山、肇庆，以及环珠江三角洲地区的粤北等地区作为联动区，增强海洋经济发展的辐射带动作用。规划按照海陆统筹、优势集聚、功能明晰、联动发展的要求，优化海洋开发布局，着力建设珠江三角洲海洋经济优化发展区和粤东、粤西海洋经济重点发展区三大海洋经济主体区域，积极构建粤港澳、粤闽、粤桂琼三大海洋经济合作圈,科学统筹海岸带（含海岛地区）、近海海域、深海海域三大海洋保护开发带,推进形成“三区、三圈、三带”的海洋综合发展新格局。

【海岸带】 海岸带是指从大陆海岸线向陆地延伸10千米起至领海外部界线之间的带状区域，广东的海岸带还包含5大海岛群28个岛区，富集了岸线、滩涂、海湾、航道、景观等海洋要素资源以及发展海洋经济所依托的陆域，是发展海洋经济的核心区域。广东在海岸带区域，重点发展海洋交通运输业、滨海旅游业、海洋油气业、海洋船舶工业、现代海洋渔业等优势海洋产业，加快发展临海现代工业，培育海洋新兴产业。广东在大力发展海洋经济的同时，也要加强岸线的利用和保护，科学规划工业与城镇建设、港口建设、滨海旅游、生态环境保护等岸段类型。明确各类岸段利用方向、开发强度和保护要求，科学调控海岸开发利用活动，着重加强沿海防护林体系建设和保护，全面规范海洋开发利用秩序。2011年，制定实施《广东省海岛保护与利用规划》，确定海岛的保护和规划原则，要求优化开发有居民海岛，保护性开发无居民海岛，严格保护特殊用途海岛。推动60个无居民海岛列入全国首批开发利用无居民海岛名录，成为全国最多的省份。

【近海海域】 近海海域是指领海外部界线至500米等深线之间的区域，拥有丰富的海洋渔业、油气矿产和海洋可再生能源等资源，海洋开发潜力巨大，是实施海洋经济综合开发的重要区域。广东在近海海域重点发展现代海洋渔业、滨海旅游、海洋运输等产业，大力开发海洋可再生能源。同时，在近海海域，要适度控制近海捕捞强度，加快海洋牧场建设。其中，海洋牧场的研究、开发和应用，已经成为主要海洋国家的战略选择，也是世界发达国家渔业发展的主攻方向之一。近海海域除了海洋生物资源的开发利用外，广东还提出加大海洋矿产和珠江口盆地油气资源勘探和开采力度。同时，严格保障深水航道航行安全。同时，近海也是人类利用和开发最多的海洋资源，存在过度开发的问题。因此，海域和海岸资源的利用必须坚持保护治理与开发利用并举，做到发展海洋经济与保护海洋环境协调统一，确保海洋资源和环境的可持续发展。

广东还在近海海域不断发展水产养殖产业，在湛江、珠海、阳江、饶平等海域建立起深水网箱养殖示范基地，投入生产的深水网箱过千只，腾出近岸海域约200平方千米。

二、发展综述

2011年海洋与渔业发展

【概况】 广东是全国海洋经济大省之一，是中国海洋经济能够参与国际分工和全球化竞争的主要区域之一。据统计，自2007年以来，广东海洋经济生产总值年均净增长20%。2011年是实施“十二五”规划的开局之年，也是加快描绘广东海洋经济综合试验区建设蓝图，努力打造海洋经济强省的起步之年。2011年，全省海洋生产总值9807亿元，同比增长16.4%，占全省生产总值的18.6%，占全国海洋生产总值逾21%，连续17年蝉联全国海洋经济生产总值冠军；渔业经济总产值1830亿元，同比增长13.2%。

【海洋规划获批】 2011年7月5日，国务院批复《广东海洋经济综合试验区发展规划》（以下简称《海洋规划》），这是继《珠江三角洲地区改革发展规划纲要》之后，推动广东经济社会发展的又一国家层面的战略规划，使广东海洋经济发展上升为国家战略。10月10日，国家发展改革委下发《广东海洋经济发展试点工作方案》（以下简称《工作方案》）。《海洋规划》颁布后，广东省海洋与渔业局根据省政府的统一部署，会同省发展改革委组织起草《广东省发展临海产业实施方案》等五个配套工作方案（征求意见稿），承担组织广东省海洋经济地图编制工作，为《海洋规划》实施做好前期准备。汕头、惠州、汕尾、江门、阳江、湛江等市和万山、南澳两个省级海洋开发试验区以及阳西等沿海县结合各自实际,做好《海洋规划》启动准备工作。

【现代渔业壮大】 2011年，广东省财政设立每年2500万元的深水网箱专项资金，全省深水网箱增加到784个，建成湛江特呈岛、潮州柘林湾等一批深水网箱养殖产业园区。建成无公害水产品产地609个，面积5.9万公顷，获得农业部无公害水产品认证535个，获得国家和省农业名牌产品称号水产品99个。引导大型龙头企业进入现代渔业建设领域取得实质性突破，湛江恒兴渔业有限公司通过迈向“深蓝”促转型，规划建设的深水网箱产业园区投放深水抗风浪网箱将达600个，年产值可达1.8亿元；阳江万事达海洋食品有限公司以先进科技促转型，引进具有世界领先水平的国内首条对虾全自动生产线，大幅提高生产效率。建成国家级中心渔港1个，在建国家级中心渔港、一级渔港13个。启动标准池塘改造，实施标准池塘改造2333公顷。省财政设立水产良种体系建设专项资金，2011—2015年，每年安排2000万元用于水产良种选育、亲本更新和技术改造。实施良种选育项目12个、亲本更新项目20个、技术更新改造项目20个。组织申报全省“农业部水产健康养殖示范场（区）”59个，面积达2.6万多公顷。组织申报国家级水产良种场基建项目4个，审核批准省级水产良种场13个，积极争取农业部在梅州、茂名等地开展水产良种亲本更新试点，落实项目资金160万元。全省新建10个县级水生动物防疫检疫实验室、6家水生动物病害诊所。建成基层水生动物防疫站47个、防疫检疫实验室71个、水生动物病害诊所12个，为68个市、县站配备水生动物防疫检疫专用车。

【特色水产发展】 2011年，广东省重点推进发展“特色鱼”“优质鱼”“休闲鱼”，打造内陆山区知名水产品牌取得突出成绩。梅州市调整养殖结构，发展娃娃鱼、河鲀、中华鳖、乌龟等名优特色品种。韶关市以专业合作社等形式发展娃娃鱼、龟鳖类及江河鱼类等名优特色品种。中山市建成12个优势水产品养殖基地。江门市成功主办首届中国（江门）锦鲤博览会暨2011中国锦鲤交易会。茂名市出台罗非鱼加工企业贷款贴息资金管理办法，发放贷款近500万元，促进罗非鱼加工出口。

【水产品标识管理】 2011年，制订实施《广东省水产品标识管理实施细则》，率先在全国推行水产品标识管理，构建具有领先水平的水产品质量监管体系。以国内主销品种、出口大宗品种为重点，组织开展保障大运会水产品质量安全百日专项执法行动，确保大运会期间水产品安全供给，得到农业部的充分肯定。强化水产品生产基地监管，加大水产品抽检力度，省级抽检水产品样品847个，药物残留合格率达98.1%，比上年提高2.2个百分点。全省建成无公害水产品产地609个，面积5.9万公顷，获得农业部无公害水产品认证535个，获得国家或省农业名牌产品称号水产品99个。制订发布省级渔业地方标准20项，新建省级渔业标准化示范区9个。东莞市将水产品质量安全监管列为政府“十件实事”之一，有效提升水产品质量安全水平。

【制定规划和法规】 2011年，《广东省海洋经济“十二五”发展规划》《广东省海岛保护与利用规划》经省政府批准实施。新修编的《广东省海洋功能区划》通过国家专家组评审，体现了科学用海的新理念，对合理开发利用广东省海洋空间资源作出前瞻性统筹安排。制定实施《广东省现代渔业发展“十二五”规划》《广东省科技兴海规划（2011—2015）》《广东省水产品质量安全监管“十二五”规划》。编制完成了海洋战略性新兴产业、海岸保护与利用、海水综合利用等专项规划。14个地级以上市、56个县（市、区）级养殖水域滩涂规划获得本级人民政府批准。《广东省渔港和渔业船舶管理条例》经省人大常委会审议通过，《广东省休闲渔业管理办法》获得省政府批准。

【重大项目用海】 为重点保障《珠江三角洲地区改革发展规划纲要》重大项目用海需求，广东省海洋与渔业局积极争取国家用海指标支持，在2010年新增近1000公顷的基础上，2011年又有较大增幅，有效满足重大项目围填海需求。2011年，全省共发放海域使用证226本，确权面积3728公顷，其中填海面积198公顷。港珠澳大桥、湛江钢铁基地、汕头东部城市经济带、深圳太子湾邮轮母港等重点项目用海获得批准，中科广东炼油化工一体化、中委广东石化重油加工等重大项目用海顺利推进。根据港珠澳大桥等重大项目围填海用砂需求，加快推进海砂开采选址和论证，2011年成功举行广东省首批海砂开采海域使用权挂牌出让活动。

【海岛保护开发】 2011年，广东省有60个无居民海岛列入全国首批开发利用无居民海岛名录，成为全国列入首批开发利用无居民海岛最多的省份。《广东省海岛保护与利用规划》率先通过全国海岛保护规划专家审查委员会审查，《广东省无居民海岛使用申请审批试行办法》经省法制办审查后上报省政府审批。组织开展无居民海岛摸底调查，建立了海岛基础资料库，完成了全省首个无居民海岛（徐闻二墩岛）命名立碑工作。组织开展无居民海岛专项执法，巡查海岛1286个。

【蓝色生态屏障】 2011年，广东省湛江特呈岛、阳江海陵岛海洋公园成功列入全国首批7个国家级海洋公园，启动国家级海洋公园建设，填补了广东省海洋公园建设空白；组织开展珠江口、惠州考洲洋、珠海横琴新区二井湾等海洋生态修复试点；湛江市、汕尾市分别开展湛江港、品清湖整治，取得了良好成效；成功实施了首次珠江流域禁渔，完成“船回港、证集中、网封存”的禁渔任务，为全国内陆渔区实施禁渔制度积累了新经验。在惠州市成功举办 2011 年首次粤港澳(东江)增殖放流暨第四届广东“休渔放生节”活动。雷州珍稀海洋生物国家级自然保护区成为“全国海洋科普教育基地”。江门市政府颁布实施《江门市中华白海豚自然保护区管理办法》。惠东海龟湾、北部湾雷州海洋站建成投入运行，实现广东省海洋观察站零的突破。组织完成惠州大亚湾海洋环境容量与入海污染物总量控制研究，为制定实施入海污染物总量控制制度奠定基础。制定实施《广东省海洋生物放射性应急监测工作方案》，积极应对日本核辐射事件。妥善处置中海油大亚湾火灾消防废水入海、珠海横琴海底天然气管道泄漏等事故。组织深圳、珠海、惠州、东莞等市级海洋环境监测站完成深圳世界大学生运动会海洋环境监测保障工作。

【合作协同机制】 2011 年，广东省海洋与渔业局加强与中山大学、广东海洋大学、中科院南海海洋研究所等高校、科研院所的深层次合作，建立一批海洋科技创新平台。加快构建科技兴海创新机制取得新突破，为打造促进海洋科技创新和成果高效转化的集聚区打下坚实基础。海洋与渔业科技发展成效显著，共获得各类奖项 14 个。省海洋与渔业局加强与省社科院在海洋政策研究方面合作，组织开展了广东海洋发展战略、海洋区域合作、海洋经济综合试验区政策储备等多项研究，着力打造广东海洋智库。省海洋与渔业局与省环境保护厅、省公安边防总队、国家海洋局南海分局、农业部南海区渔政局、交通部南海救助局等部门签署海上执法协作协议，为深入推进海洋综合管理赢得主动。与梅州市签署发展山区现代渔业战略合作框架协议。与美国夏威夷海洋研究所签订《关于技术合作与协助的合作谅解备忘录》，成功举办加拿大海产品推介会，也与加拿大不列颠哥伦比亚省农业厅签订合作备忘录。

【重大民生工程】 2011 年，广东省加快推进渔民安居工程，渔民安居补助标准由每户 1.15 万元提高到 1.5 万元，共下达渔民安居房建设计划 1374 户，建成 601 户。渔业科技入户示范工程成效显著，建成示范基地 10 个，培育示范户 500 户。建成覆盖 1.3 万艘大、中型渔船的渔业安全生产通信指挥系统，实现了沿海主要作业渔船实时监控、即时通信和船位识别，为广大渔民生命财产安全提供有力保障。开展封港查船行动，责令整改存在安全生产隐患渔船 9600 艘，从源头上消除了安全隐患。积极开展灾害性天气、防台和海难救助，全省海洋与渔业执法队伍实施救助 61 次，成功救助遇险渔民 288 人，救助渔船 71 艘，挽回直接经济损失近 2000 万元。全省渔业船舶安全事故、死亡失踪人数分别同比下降 61.3% 和 41.9%，广东省海洋与渔业局作为省直单位唯一代表在全省安全生产工作会议上介绍经验。建成海洋与渔业技术推广手机短信平台，向渔农民定期发送海洋与渔业灾害预警、健康养殖、鱼病防治、市场分析等信息。

【海上执法监察】 2011 年，广东省启动粤东、粤中、粤西三大维权执法基地和 3 艘千吨级执法船项目建设，开展“海盾 2011”“碧海 2011”“护渔”等专项执法行动，重点加强海岛保护、海洋工程、海砂开采、海洋倾废、海洋生态保护和渔业资源保护等执法检查，全省共出动执法船艇 3700 多次，车辆 5500 多次，空中巡查 24 次，检查项目 5655 个，查处海洋违法案件 194 宗、渔业违法案件 10241 宗。认真履行巡航维权任务，先后派出省属一支队以及珠海、惠州、汕头、湛江等支队执行 200 海里专属经济区巡航任务 13 次，中国渔政 44183 船、中国渔政 44061 船先后赴西沙海域执行维权护渔巡航任务，巡航航程达 1.3 万海里，驱逐在西沙专属经济区海域外籍渔船 21 艘，有效维护了国家海洋权益。

【提升海洋意识】 2011 年，阳江海陵岛海洋公园成功列入首批 7 个国家级海洋公园，启动国家级海洋公园建设，填补广东省海洋公园建设空白。组织开展珠江口、惠州考洲洋、珠海横琴新区二井湾等海洋生态修复试点。湛江市、汕尾市分别开展湛江港、品清湖整治，取得良好成效。成功实施首次珠江流域禁渔，完成“船回港、证集中、网封存”的禁渔任务，为全国内陆渔区实施禁渔制度积累了新经验。在惠州市成功举办 2011 年首次粤港澳(东江)增殖放流暨第四届广东“休渔放生节”活动。雷州珍稀海洋生物国家级自然保护区成为“全国海洋科普教育基地”。江门市政府颁布实施《江门市中华白海豚自然保护区管理办法》。惠东海龟湾、北部湾雷州海洋站建成投入运行，实现广东省海洋观察站零的突破。组织完成惠州大亚湾海洋环境容量与入海污染物总量控制研究，为制定实施入海污染物总量控制制度奠定基础。制定实施《广东省海洋生物放射性应急监测工作方案》，积极应对日本核辐射事件。妥善处置中海油大亚湾火灾消防废水入海、珠海横琴海底天然气管道泄漏等事故。组织深圳、珠海、惠州、东莞等市级海洋环境监测站完成深圳世界大学生运动会海洋环境监测保障工作。

2012年海洋与渔业发展

【概况】2012年，广东制定的临海工业实施方案，按照“三区、三圈、三带”的海洋综合开发新格局，着力建设珠江三角洲海洋经济优化发展区和粤东、粤西海洋经济重点发展区三大海洋经济主体区域，积极构建粤港澳、粤闽、粤桂琼三大海洋经济合作圈，科学统筹海岸带（含海岛地区）、近海海域、深海海域三大海洋保护开发带。海洋资源得到科学合理有效开发利用，东西两翼极为丰富的海洋资源为广东区域协调发展提供新的物质支撑，全省海洋经济生产总值首次突破万亿元大关，达1.1万亿元，同比增长12.3%，比全省生产总值增幅高3.8个百分点，连续18年居全国首位，占全国海洋生产总值22%。全省渔业经济总产值1985亿元，比上年增长8.5%。水产品总产量793万吨，增长4%；水产品出口总额30亿元，占全省农产品出口的30%。渔民人均收入达到1.1万元，增长7.2%。全省渔业经济总产值、水产品总产量两项指标居全国前列。

【启动试验区建设】2012年8月21日，广东省委、省政府召开全省实施海洋经济综合试验区发展规划工作会议，启动广东海洋经济综合试验区建设。省委、省政府联合作出《关于充分发挥海洋资源优势 努力建设海洋经济强省的决定》，同时组织制订5个实施方案（《广东省发展临海工业实施方案》《广东省发展海洋新兴产业及海洋科技实施方案》《广东省发展滨海旅游业实施方案》《广东省集中集约用海实施方案》《广东省海洋生态保护实施方案》），涉及项目224个，总投资超万亿元。启动了广州南沙、深圳前海、珠海横琴三大国家级滨海新区开发建设，珠海高栏港、汕头海湾新区、东莞长安港区、新会银洲湖、台山广海湾、阳江港吉树港区等区域用海获得国家批准，茂名滨海新区、中山翠亨新区、湛江东海岛临港工业区等区域用海进度加快。

【实施海洋功能区划】2012年，按照海域资源、生态环境等自然属性和区位特点，广东省人民政府修编《广东海洋功能区划》，合理确定各类海域功能，并重点选划46个用于工业与城镇建设的海洋功能区。11月，国务院批复《广东省海洋功能区划》，提出到2020年全省建设用围填海面积230平方千米，为广东经济发展提供重要空间。全年海域使用安排用海面积100平方千米，围填海12.7平方千米。湛江中科炼化、揭阳中委石化、湛江钢铁基地、珠海三一重工等一批重大项目“落地下海”。《广东省海洋经济“十二五”发展规划》《广东省海岛保护与利用规划》经省政府批准实施。编制完成海洋战略性新兴产业、海岸保护与利用、海水综合利用等专项规划。认真做好重大项目用海的服务保障工作；省政府批复项目用海18宗，批准用海面积598.8公顷；重点保障湛江钢铁基地、中科石油炼化、港珠澳大桥、揭阳中委石油炼化等重大项目用海。探索海域使用“直通车”试点制度，江门市新会区、中山市等地相继出台海域使用“直通车”管理文件。

统筹协调珠三角、粤东、粤西三大海洋经济区临海工业空间布局，将基本建成具有国际竞争力的现代化临海工业基地。重点打造广州、江门、深圳核电产业基地，形成粤东、粤西沿海能源生产基地、珠三角清洁电源基地以及若干个沿海煤炭、原油接收储备基地等。实施海洋工程装备制造业升级、沿海石化基地扩能等工程，重点建设项目55个，投资总额8000多亿元。

【海洋经济转型升级】2012年，广东海洋经济通过转型升级实现更有质量、更具持续性的增长，各项海洋产业发展加快，尤其是海洋战略型新兴产业的发展呈现出旺盛的活力，海洋产业体系不断完善和优化。海洋工程建筑业辐射带动力强，全省继续推进港澳珠大桥、三一海洋装备工业园、东海岛钢铁石化基地、珠海深水海洋工程装备制造基地专用码头工程等一大批桥梁、港口、石化、旅游、海岸防护等重点海洋工程建筑项目的建设。2012年全省海洋工程建筑业增加值达438亿元，比上年增长25%。滨海旅游业成为广东海洋经济热点，当年全省滨海旅游业产值1540亿元，比上年增长26%，占全国的20%。传统海洋渔业向现代渔业升级，海洋渔业等传统产业围绕着“深蓝转型”做文章，建设了阳江深水网箱产业园区大镬岛示范基地、粤兴水产品加工综合楼建设项目、国联深水网箱产业园区等项目。2012年全省海洋渔业增幅9.2%，产业增加值377亿元。

【海洋产业优化布局】2012年，广东优化海洋经济发展格局和布局，推动海洋经济发展。做强优势海洋产业，发展“深蓝渔业”，推进建设引领全国渔业转型升级的现代渔业示范基地；推进大型船舶修造基地和游艇制造基地建设，加快打造世界级修造船基地；发展高端海洋旅游业，推进建设一批海洋综合旅游区，加快打造世界邮轮旅游航线著名节点；推进海洋交通运输业转型升级，加快打造布局合理、分工明确、功能完善的世界级港口群。做优海洋新兴产业，加快发展高附加值的海洋生物医药新产品，培育具有较强竞争力的海洋生物医药产业；推进海洋工程装备制造业发展，培育形成具有较强国际竞争力和现代化技术水平的海洋装备制造业集群；以广州南沙、深圳前海、珠海横琴为重点，培育发展现代海洋服务业；建设海水综合利用和海洋能利用示范工程。做大临海工业，推进湛江钢铁基地建设，打造千万吨级的现代化钢铁基地；重点推进湛江东海岛、茂名、揭阳惠来和惠州大亚湾等四大沿海石化基地建设；推进建设台山核电、阳江核电等电源项目。涉海重大项目——中委合资广东石化2000万吨/年重质原油加工工程正式开工。

【建设现代渔业园区】 2012年，广东省安排专项资金6000万元，首次通过竞争性资金安排，启动建设10个代表现代渔业先进水平和未来发展方向的节地节水高质高效渔业示范园区。省财政从2012年起每年安排2500万元深水网箱产业发展专项资金，支持深水网箱养殖产业园区建设，2012年建成深水网箱1300多个，年产优质海水鱼8806吨。新建省级水产良种场6个、标准池塘9333公顷（14万亩）。加快创建农业部“水产健康养殖示范区”建设，建成水产健康养殖示范场79个，其中新建37个。2012年，广东省通过落实国家财政扶持政策，审批下达补助资金1.02亿元，扶持建造适合远洋和南海外海作业的大型钢质海洋捕捞渔船45艘。组织多批渔船赴南沙生产，年产值超亿元。引导企业赴北太平洋和东南太平洋公海从事鱿鱼钓生产，开辟海洋捕捞转型升级的新路径。

【监管水产品质量安全】 2012年，广东省率先在全国探索建立水产养殖处方制度和职业渔医制度，建成一批水生动物防疫检疫站、实验室和鱼病诊所。实施《广东省水产品标识管理实施细则》，在全国率先推行水产品标识管理，建立水产品质量安全可追溯平台和监管平台。开展水产品质量安全“三打两建”，查处案件118宗，水产品抽检合格率96.2%。认真办理省政协“加强鲜活水产品质量安全监管的建议”重点提案，得到省政协主席的高度肯定。

【海洋生态文明建设】 2012年2月，广东省政府通过《广东省海洋特别保护区管理规定》；4月，广东省率先在珠海横琴新区启动创建国家级海洋生态文明示范区活动，取得良好社会反响。6月21日，省政府召开新闻发布会，发布《2011年广东省海洋环境状况公报》。8月31日，省海洋与渔业局举行广东省海洋预报台海洋环境专题预报室启用开播仪式，在全国建立的首个以“精细化”预报为目标的地方海洋专题预报机构。

2012年，广东省建立了特呈岛和海陵岛2个国家级海洋特别保护区（海洋公园），国家批准建设雷州乌石国家级海洋公园；开展珠海横琴、湛江流沙湾等12个生态修复和海岛整治项目；湛江、汕尾、潮州等地投入7亿元开展港湾整治，成效显著；加快实施人工鱼礁议案，全省建成人工鱼礁区42座，礁区面积280平方千米；在汕头南澳、阳江阳西等地开展蓝色碳汇生态功能区建设试点。2012年，广东举办南海生物资源增殖放流、2012年增殖放流暨第五届广东休渔放生节、首次粤港澳（东江）渔业增殖放流等活动，广州、佛山、肇庆、清远等市联合举办“爱我珠江亲水节”渔业增殖放流活动，全省共投放水生动物4.6亿尾（粒）；新增水产种质资源保护区2个，建成水产种质资源保护区15个。

【海岛保护利用管理】 2012年1月，广东省人民政府颁布《广东省海岛保护规划》，加强海岛生态保护、改善人居环境，规范海岛开发秩序，为海岛的保护、开发、建设和管理提供依据，进一步拓宽广东省海洋经济发展空间。当年省政府批准印发《广东省适用〈国家海洋局无居民海岛使用申请审批实行办法〉具体程序》。《广东省无居民海岛使用申请审批试行办法》经省法制办审查后上报省政府审批。组织开展无居民海岛摸底调查，建立海岛基础资料库，完成全省首个无居民海岛（徐闻二墩岛）命名立碑工作。组织开展无居民海岛专项执法，巡查海岛1286个。广东省编办于5月批复同意省海洋与渔业局海域与海岛管理处更名为海域管理处，增设海岛管理处，增加行政编制4名，增加正、副处级领导职数各1名。省海洋与渔业局于6月26—27日在深圳市举办全省海岛管理培训。沿海各市分管海岛工作领导、科（处）长、海岛大县的分管领导共50多人参加了培训班，采取了授课与现场考察相结合的方式，国家海洋局海岛管理司司长，国家海洋技术中心及海洋一所、海洋二所的知名专家，结合国际国内海岛开发利用案例进行授课。这次的海岛培训对今年的海岛管理工作产生重要的指导和推动作用。

【平安渔业和民生工程】 2012年中央财政下达给广东渔港建设专项资金1.86亿元。广东利用该专项资金建成国家级中心渔港1个，在建国家级中心渔港、一级渔港13个，其中新建渔港7个，总投资1.14亿元。中央和省下达标准化鱼塘建设项目32个，全省建成标准化鱼塘18万公顷。建成渔民安居房1200多套。

发放柴油补助32.3亿元。建成海洋环境专题预报室，为海洋渔业、滨海旅游、海上养殖、海上搜救、海上溢油等提供海洋环境专题预报服务。加强海洋灾害预警预报工作，逐步建立省、市、县三级海洋灾害应急管理工作体系，不间断地向全省广大渔民群众发布海洋灾害预警预报。首批惠东海龟湾、北部湾雷州海洋观测站建成投入运行。参与海上搜救72次，救回遇险人员282人，全省渔业船舶生产较大事故、死亡失踪人数分别同比下降80%和48.8%。

【科技创新和推广】2012年，广东省获得国家2.68亿元资金支持，启动实施国家海洋经济创新发展区域示范项目。与中山大学、南海海洋研究所签订合作框架协议，进一步扩大海洋政产学研合作平台。成功承办"海洋院士广东行"系列活动。908专项（我国近海海洋综合调查与评价专项）通过国家验收。组织开展一系列渔业重大科技攻关，对虾、石斑鱼、军曹鱼等大宗品种苗种繁育技术走在全国前列，其中包括成功引进美国夏威夷海洋研究所"南美白对虾选育技术"。省财政每年安排2000万元水产良种体系专项资金，加快水产良种体系建设，全省建成省级以上水产良种场56个，其中新建6个。阳江万事达公司成功从美国引进南美白对虾选育技术和团队，打破了对虾养殖受制于人的被动局面。

【海洋维权和执法】2012年，广东省渔政首次派出省属一支队和珠海、惠州、汕头、湛江等支队10艘（次）执法船、300多人次执法人员参与黄岩岛、钓鱼岛、美济礁、北部湾海洋维权行动，累计巡航126天。开展水下文物保护联合执法。加大"海盾""碧海"专项执法行动力度，查处案件50宗。开展海岛保护、海砂开采执法，巡查海岛1308个，办结违法采砂案件43宗。严厉打击电鱼、"三无"（无船名号、无船籍港、无船舶证书）渔船，共查处电鱼案件737案，清理取缔"三无"船舶324艘。省海洋与渔业局与香港特区政府渔农自然护理署、环境保护署及澳门特区政府港务局联合开展粤港澳首次海洋环境保护联合执法行动。加快粤东（汕头）、粤中（珠海）、粤西（湛江）3大省属维权执法基地和3艘千吨级海监执法船建设。

【海洋宣传形式创新】2012年5月4日，广东省政府召开新闻发布会，向社会公布国内首部海洋经济地图——《广东海洋经济地图》。10月，成立全国首个海洋领域枢纽型社会组织——广东海洋协会，是省政府与企业连接、沟通的重要桥梁，是涉海企业共同发展的重要载体。12月13—15日，省政府和国家海洋局联合在广州举办"2012中国海洋经济博览会"。省委书记汪洋，省长朱小丹，国家海洋局局长刘赐贵等领导出席开幕式。此次海博会促成投资和贸易项目198个，投资总额和贸易成交额929.68亿元。签约规模超过100亿元的项目2个，而签约金额超过1亿元的72个，项目总额883.47亿元，占同类项目总额的95.03%。全部项目平均金额4.70亿元。其中，广东省东西两翼7个沿海市投资和贸易项目97个，项目金额391.53亿元，分别占项目同类总额的49.0%和42.1%。

2013年海洋与渔业发展

【概况】2013年，广东省海洋生产总值1.23万亿元，比上年增长11.7%，比全省生产总值增幅高3.2个百分点，连续19年居全国首位。海洋交通运输业方面，全年全省港口货物吞吐量14.9亿吨，增长10.1%；集装箱吞吐量4932.57万标准箱。全省渔业经济总产值2150亿元，比上年增长7.1%。水产品总产量816.13万吨、总产值1010亿元，分别增长3.4%和7.3%；水产品出口额33亿美元，增长22.2%。渔民人均年纯收入1.23万元，增长10%。科技兴海获得重大支持，国家扶持广东省海洋经济创新发展区域示范项目资金3亿元，支持广东省开展多项海洋公益科研攻关。

【推进海洋强省建设】2013年，广东省委省政府高度重视海洋强省和现代渔业工作。中共中央政治局委员、广东省委书记胡春华在省委第十三次常委集中学习讨论会上作出"扎实推进海洋强省建设，增创广东发展新优势"的重要指示；在深化生态文明体制改革座谈会上，明确要求沿海各市都要建设一两个美丽海湾。省长朱小丹在省政府工作报告中提出，要实施海洋经济综合试验区规划，建设高端产业"黄金海岸"。副省长邓海光多次调研指导海洋渔业工作，并作出一系列重要指示。省政府印发了发展临海工业等五个实施方案，深圳、珠海、惠州、江门、阳江、湛江、潮州等市出台了建设海洋经济强市意见或方案。临海工业方面，中海油深水海洋工程装备基地、中船珠海基地、中科广东炼化一体化项目、中海油惠州炼化二期扩建项目等工程加快建设，中船广州龙穴造船基地一期项目、中山海事重工造船基地、中铁南方装备制造基地建成投产。海洋生物医药业加快发展。建成深圳大鹏海洋生物产业园一期工程，形成昂泰集团、健康元、海王生物等一批海洋生物医药龙头企业。滨海旅游业方面，省财政安排6亿元专项资金，通过竞争性安排扶持建设湛江“五岛一湾”（特呈岛、南三岛、东海岛、硇洲岛、南屏岛、湛江湾）、汕尾红海湾2个滨海旅游产业园。开发建设深圳太子湾国际邮轮母港、珠海长隆国际海洋度假区等项目。

【海洋渔业转型升级】 2013年，广东省政府于6月21日发出《关于推动海洋渔业转型升级提高海洋渔业发展水平的意见》，提出加快推进远洋捕捞、健康养殖和深海养殖，提高渔业技术装备水平和科技含量，促进渔业转型升级，力争到2020年基本形成产业发展、产品安全、渔业增效、渔民增收、生态文明、渔区和谐、维权有力的现代海洋渔业发展新格局。当年下达海洋渔船更新改造项目补助资金2.96亿元，扶持更新建造渔船95艘，更新建造南沙生产骨干渔船41艘。2013年，广东省创建国家水产健康养殖示范场36个、“菜篮子”（渔业）基地16个，省级财政扶持深水网箱产业发展专项资金2500万元，新建成深水抗风浪网箱500个，全省深水抗风浪网箱达1983个；同时，实施海洋渔业系统信息化提升工程，推进渔船、渔港信息化建设。

【构建现代水产种业】 2013年，广东省海洋与渔业局利用省财政安排水产良种体系建设专项资金2000万元，扶持良种选育项目12个，扶持省级以上良种场技术更新改造项目10个，扶持市县级技术更新和亲本更新项目30个，建设全省水产良种体系。同年向农业部推荐了6个现代渔业种业示范场创建单位，指导现代水产种业示范场建设；通过验收6家省级水产良种场，包括茂名星火野生水生动物繁育场申报省级黄喉拟水龟良种场。到2013年底，全省建成2个国家级水产良种场、1个国家级水产种质监督检验测试中心和1个国家级水产引种保种中心、57个省级水产良种场。2013年，省海洋与渔业局组织编制《广东省现代水产种业发展规划（2013—2020年）》，开发了一套水产苗种体系建设信息管理软件，并在东西两翼粤北山区及珠三角地区选四个测试点，测试效果良好。

【水产品质量安全监管】 2013年广东省250个乡镇挂牌成立水产品质量安全监管机构，省级抽检水产品样品超过1万个，同比增长60%，检测合格率达97.9%，同比提高了1.7个百分点。加强执法检查，全省共出动执法人员1.4万人次，检查苗种场、养殖场、批发市场近6000家（次），查处案件102宗，全年未发生重大水产品质量安全事故。全省4.3万家养殖企业纳入水产品可追溯信息化管理系统。制定渔业地方标准20个，新建水产品质量安全示范区8个。12月18日，农业部召开农产品质量安全监管工作视频会议，部署落实《国务院办公厅关于加强农产品质量安全监管工作的通知》措施，广东省海洋与渔业局局长文斌在会上作了以“健全监管体系 狠抓制度落实 努力提升水产品质量安全保障水平”为主题的典型发言。

【水产技术推广体系】 2013年，广东省海洋与渔业局于5月27日召开全省水产技术推广工作会议，部署“十二五”后三年抢抓机遇、充实职能、加快技术推广事业转型升级工作，提出今后全省水产技术推广工作的主要任务是：全面贯彻实施《农业技术推广法》，依法加强技术推广体系建设，充实和完善职能，理顺体制，创新推广机制，提升公共服务能力。积极实施技术推广项目，组织专家对渔业科技推广专项的实施进展和效果进行分片检查、督促实施，加强对项目实施的规范管理。扩大水产养殖渔情信息采集工作，有效地指导全省水产养殖生产和市场经营活动的开展。通过网站推介发布广东省渔业主导品种和主推技术。筛选科技入户示范县，制定实施方案，组织专家开展入户技术指导。在雷州乌石镇、湛江遂溪县共为279名渔民进行海水水生动物种苗繁育工的进行职业技能考评鉴定，发放职业资格证书265本。加强水生动物疫病防控体系建设，扶持建设一批水生动物疫病监测点和鱼病诊所。2013年，全省设立水产养殖病害常规监测点388个，监测池塘面积达21万多亩，监测养殖种类32种，其中鱼类26种，甲壳类4种，其他养殖品种2种。全省常发、多发的58种水生动物疫病，其中细菌病26种，寄生虫病18种，病毒病7种，真菌病2种，其他病5种，已纳入监测预警范围，全年已发布的监测、预警信息和防治应对措施达27次。

【公布海洋功能区划】 2013年2月1日，广东省政府举行新闻发布会，正式对外公布《广东省海洋功能区划（2011—2020年）》（以下简称《区划》）。作为海域使用管理的法定依据，新版《区划》划定广东围填海红线，“截至2020年，全省建设用围填海规模控制在2.3万公顷以内，海洋养殖功能区面积不少于25万公顷，海洋保护区面积不少于59万公顷”。《区划》将广东海域划分为14个管理海域，明确每个管理海域的主导功能、重点区域、产业方向和重点保护对象等内容。根据海洋基本功能分区及管理要求又将沿海划出农渔业区、港口航运区、工业与城镇用海区、矿产与能源区、旅游休闲娱乐区、海洋保护区、特殊利用区、保留区等8个一级类功能区。启动市县级海洋功能区划编制。

2013年，广东省制定《规范和完善项目用海审查内容和程序》，细化海域使用申请审核程序，加强海域使用论证和用海方式的科学引导，对所有用海项目在审批前组织技术咨询和综合评价，并对所有用海进行公示公告。全年发放海域使用权证189本，提供用海3992公顷。

【资源环境保护强化】 2013年，广东组织编制美丽海湾建设总体规划，美丽海湾建设作为生态文明建设的重要内容，纳入省委、省政府决策部署。省级海岛管理机构启动运作，开展海岛普查，编印海岛地名志，树立岛碑424个，开展十大美丽海岛评选活动，海岛管理工作得到加强。省政府颁布《广东惠东海龟国家级自然保护区管理规定》，以惠东海龟国家级自然保护区为代表的保护区工作纳入法制管理轨道。至2013年，全省建立海洋与渔业保护区98个，其中国家级自然保护区5个，省级自然保护区8个，市县级自然保护区65个，国家级水产种质资源保护区16个，国家级海洋公园3个，海洋特别保护区1个；建成生态公益型人工鱼礁42座（省级生态公益型24座，省级准生态公益型8座，市级准生态公益型10座），在建8座（省级生态公益型6座，省级准生态公益型2座），累计投放报废渔船88艘，混凝土预制件礁体沉箱7.55万个，礁区空方量达4003万立方米，礁区核心区面积2.87万公顷。省海洋与渔业局按农业部统一部署安排，从9月23日至10月22日开展水生野生动物保护科普宣传月活动，由各地级以上市海洋与渔业主管部门、国家级、省市级自然保护区管理机构、部分水族馆、海洋馆等承办，并在广州海洋馆举行活动启动仪式。探索科学增殖放流，全年放流鱼虾贝类约4.6亿尾/亿粒。截至2013年，全省共放流淡水鱼苗26.5亿尾、罗氏沼虾3000万尾；海水鱼苗2.3亿尾、海水虾苗32亿尾、贝类3500吨、海胆和西施舌苗1500万粒、中华鲟10万尾、海龟7万只。

【珠江禁渔和南海开渔】 2013年4月1日12时至6月1日12时为珠江流域第三次禁渔期，广东省境内珠江流域的干流、重要支流和通江湖泊内禁止捕捞作业。据统计，广东省禁渔渔船共9401艘，功率共80660.69千瓦，涉及渔民27799人。禁渔期间，全省各级主管部门和渔政队伍通力协作，做到组织领导到位、宣传动员到位、责任落实到位、查处措施到位、经济保障到位、渔民配合到位。各级渔政队伍在两个月的禁渔期中，开展水上、陆上行动2741次，出动车船艇4355（辆）艘次，参加行动的渔政执法人员8993人次，查获违规捕捞船213艘次，取缔迷魂阵及其他违规渔具279起，没收电鱼具91套，没收渔获物4401.65千克，查处电、炸、毒鱼案件51起。省政府决定从2013年起每年安排专项资金，用于补助全省受禁渔影响的渔民，内陆渔民在禁渔期将获得禁渔补贴1100元。各级政府将3402位渔民纳入低保，投入补贴或救济金190.55万元。

2013年是南海伏季休渔调整休渔时间和休渔对象的第5年，南海休渔期间，全省应休渔船实现了100%进港休渔，广大渔民自觉遵守伏季休渔有关规定。各级政府统筹安排妥善解决休渔禁渔期间渔民生产生活困难问题。8月1日中午，第十一届南海（阳江）开渔节开船仪式在海陵岛闸坡国家级中心渔港举行，标志着为期两个半月的南海伏季休渔期结束。本届开渔节以“打造深蓝渔业聚集地，建设浪漫中国十大宝岛”为主题，祭海、开船仪式、民间增殖放流、渔家婚庆、渔家大宴、咸水歌表演、文艺晚会、摄影大赛等八大活动，展现了浓郁的渔家风情。

【西沙海难救助工作】 2013年9月29日晚，受强台风“蝴蝶”影响，广东省4艘台山籍渔船、1艘香港流动渔船（台沙1698号）共171人在海南省西沙珊瑚岛海域遇险，其中粤台渔62116号、62150号、62108号沉没，3艘渔船共有88人，其中74人失踪。30日6时，一度失去动力的粤台渔61008号渔船已恢复动力，船上人员安全。“9·29”事故发生后，党中央、国务院高度重视，习近平总书记、李克强总理等多位中央领导同志当即作出重要批示，要求全力做好遇险渔民搜救工作，全力以赴减少人员伤亡。广东省委书记胡春华、省长朱小丹等省领导分别指示，要求迅速协调有关单位，竭尽全力搜救。广东省渔政总队紧急调集8艘300吨级以上执法船参与救援工作。10月6日，省长朱小丹受胡春华书记委托，率副省长邓海光，省政府办公厅、省民政厅、省海洋与渔业局等有关部门负责人赴江门台山市，对“9·29”台山市渔船沉没事故中的遇险渔民及家属进行慰问。省海洋与渔业局妥善处理“9·29”南沙渔船遇险事件，迅速组织开展渔船安全大检查，对全省南沙生产渔船实施全面上排检查，并与省安全监管局于12月3日联合召开进一步加强渔业安全生产监管工作视频会议，部署冬季渔业安全生产工作。2013年全省渔业船舶安全事故造成死亡失踪12人，同比下降29.4%。全省执法队伍共参与渔业海难事故救助118起，救助渔民213人。

【渔业抗灾救灾工作】 2013年6月28日，农业部、广东省人民政府联合在汕头市海门中心渔港举行全国渔船船用产品质量专项治理行动暨广东省渔业安全生产月活动，主题是“为渔民群众办实事、让安全产品上渔船”，帮助渔民解决使用船用产品遇到的突出问题，推荐优质船用产品，杜绝不合格船用产品上渔船，促进渔业安全生产。8月14日15时50分，强台风“尤特”在广东省阳西附近沿海登陆，登陆时中心附近最大风力14级(42米/秒)，是当年以来登陆中国大陆的最强台风。受“尤特”台风的影响，梅州、揭阳、惠州、江门、韶关、肇庆等市渔业经济遭受不同程度的损失，其中湛江、汕头、阳江、茂名等地损失严重，鱼塘漫顶、塘基崩塌、网箱损毁，大量鱼虾流失、死亡，渔民生产、生活受到严重影响。省海洋与渔业局紧急安排第一批渔业救灾资金200万元拨付受灾严重的市县。9月22日19时40分，第19号强台风“天兔”在汕尾附近沿海登陆，登陆时中心附近最大风力有14级（45米/秒）。全省8个市36个县（市、区）571万多人受灾，因灾死亡26人，紧急转移安置群众41万多人。经过努力，广东沿海14市渔船47647艘，渔排作业人员19751人全部回港或上岸避风。受“天兔”台风风暴潮影响，汕尾、潮州、汕头、揭阳、惠州等地遭受严重损失，全省直接经济损失累计约58.57亿元，其中水产养殖受灾面积23.64千公顷，损失产量15.17万吨，渔船损毁4824艘，损毁海堤和护岸535480米。为支持受灾地区救灾复产，省拨付受灾严重市县的渔业救灾资金达2200万元。

【休禁渔期渔民补助】 2013年，广东省海洋与渔业局联合省财厅印发休（禁）渔补助实施方案，安排专项资金6630万元，省级财政首次对休禁渔期渔民实施补助。补贴对象为经渔业主管部门核定的休（禁）渔（广东籍）捕捞渔船（含国内海洋捕捞渔船和内陆捕捞渔船）上的渔业船员；补贴标准为禁渔渔业船员每人每年补助1100元；发放方式是由县级财政部门委托银信部门，将资金发放到补助对象的存折或银行卡上。申请补贴程序：船东申请→工作人员录入系统→打印申请交船东签名确认→受理、审核申请→完成申请资格公示→汇总上报→发放公示→发放补助。

同年，省海洋与渔业局牵头负责推进沿海渔民转产转业工程，建设现代渔业产业化基地40个，全省建成渔民专业合作社41个、渔民保障性安居房533套。

【海洋综合执法检查】 2013年，广东省海洋渔业执法机构两艘1000吨级执法船和首架海监飞机投入使用，率先在全国省级海洋渔业执法机构中拥有直升飞机，使广东执法装备水平走在全国前列。实施集中用警、异地用警，开展“碧海”“靖海”等专项执法行动，共查处海监案件233宗、渔政案件7864宗。得到社会和渔民的拥护。6月17—21日，汕头、揭阳、深圳、中山、茂名、湛江等市开展《广东省实施〈中华人民共和国海洋环境保护法〉办法》执法检查。7月6—19日，中国海监广东省总队组织开展珠江口海洋环境保护执法检查专项行动，全面排查珠江口海洋工程及有关活动的环保措施，打击破坏海洋生态、污染损害海洋环境行为。参加行动的有广州、深圳等13个单位、110多名执法人员，出动执法船艇12艘。8月15—31日，在全省范围内开展海洋与渔业“靖海”专项执法行动，出动执法船59艘、执法艇126艘、执法人员1844名、执法车105辆，以及海监飞机1架，重点查处沿海地区违法填海、采砂、倾废，破坏海岛、红树林、珊瑚礁等损害海洋生态行为。12月4—9日，中国海监广东省总队组织开展湛江海域打击非法采砂专项执法行动，出动执法船艇10艘次，执法人员120多人次，总航程200多海里。积极参与钓鱼岛、黄岩岛、美济礁、西沙、南沙等海域维权执法23航次，航程1万多海里，得到省委、省政府和国家主管部门的高度肯定。广东44246船被国际海事组织授予“2013年海上特别勇敢奖”，中国渔政44061船被省政府授予集体一等功，省渔政总队海监处被评为“广东省公务员先进集体”。

【上下联通互动合作】 2013年，广东省海洋与渔业局对上主动汇报，对省直单位主动协调，对下加强指导服务，多方面争取对广东海洋渔业事业的支持。与国家海洋技术中心、国家海洋卫星中心、国家海洋减灾中心等建立合作关系，与国家海洋技术中心签订了战略合作框架协议，明确共建区域性海洋立体监测系统、国家深海海洋试验场（广东）和国家海洋技术南方中心。省委组织部批准2014年在新加坡举办海洋经济高层市长研讨班，以及在中山大学举办海洋渔业系统干部培训班。与省委党校、中山大学共建“广东蓝色课堂”，联合团省委共同开展海洋志愿服务活动，在广州市启动海洋文化进校园活动，与省社科联共同开展海洋重大专题研究。联合广东电视台、省旅游局、广东海事局开展近一年的“广东沿海行”系列报道。主动到发改、财政、教育、环保、林业、水利、安监、法制、旅游、海事、气象、地震等部门拜访，建立了较为顺畅的工作协调机制。在省经信委等部门的指导下，省局网上办事大厅建设实现了从省直单位的并列倒数第一，跃居并列第一的转变。与珠海、汕头、惠州、汕尾、东莞、中山、阳江、湛江、潮州、云浮等地的党政领导进行了互动交流，积极做好市县海洋渔业工作的指导和服务，建立局领导蹲点调研制度，每个局领导都联系一个市、一个镇。通过共同努力，使社会各界逐步认识海洋、了解渔业，形成了上下联通互动、左右合作共赢的良好氛围。

2014 年海洋与渔业发展

【概况】 2014 年，广东省做好海洋综合管理、美丽海湾建设、海监渔政依法行政和维权执法、渔区民生实事和渔船信息化工作，按照“建良港、造大船、闯远海、捕大鱼、养好鱼”的发展思路，全面深化渔业体制机制改革，强化渔业基础，加快调结构、促转型，推进现代渔业建设。全省海洋生产总值达 1.35 万亿元，同比增长 13.8%，连续 20 年居全国首位；广东省海洋生产总值占全省生产总值的 19%。全省渔业经济总产值 2350 亿元，比上年增长 10.6%；渔民年均纯收入 1.33 万元，增长 8.6%。水产品总量 836.5 万吨，增长 2.5%。各项渔业经济指标继续居于全国领先地位。养殖产量 667.6 万吨，增长 3.1%，捕捞产量 169 万吨，增长 0.2%，养殖产品与捕捞产品的产量比例为 7 ∶ 2；海水产品产量 450.8 万吨，增长 1.9%，淡水产品产量 385.7 万吨，增长 3.2%。全省水产品批发市场 73 个，水产品交易量 295 万吨，交易额 469 亿元。据海关统计，全年水产品进出口总量 55.46 万吨，进出口总额 33.53 亿美元，分别减少 7.4% 和 1.6%。其中：出口量 31.95 万吨（出口主要品种中对虾排全省第一位），出口额 22.94 亿美元，分别减少 6.1% 和 4.5%；进口量 23.51 万吨，进口额 10.59 亿美元，进口额增长 5.1%，贸易顺差 12.35 亿美元。组织全省 1 万多艘渔船、11 万多名渔民参加渔业政策性保险，建成安居工程 500 户，发放渔业柴油补贴 32 亿元。

【海上丝绸之路建设】 2014 年，广东省海洋与渔业局积极参与建设海上丝绸之路。1 月 13 日，组织召开海上丝绸之路经济带暨《中国南海文化研究丛书》学术研讨会，探讨 21 世纪广东海上丝路建设，助推广东海洋经济发展；局长文斌在研讨会上表示，广东将争做“21 世纪海上丝绸之路”和海洋文化建设的“排头兵、突击队”。6 月 5 日，与省发展改革委、中山大学联合召开“广东与 21 世纪海上丝绸之路”研讨会，宣布正式成立中山大学“21 世纪海上丝绸之路研究院”。8 月 26 日，与汕头市政府、省政府台湾事务办公室共同承办的“海峡两岸海洋经济合作交流会”（简称“交流会”）在汕头市开幕，以“加强海峡两岸海洋产业合作，共建 21 世纪海上丝绸之路”为主题，由广东省政府、国务院台湾事务办公室和国家海洋局联合主办，广东省省长朱小丹，国务院台办副主任叶克冬，国家海洋局党组成员、纪委书记吕滨，台湾海基会董事长林中森出席交流会并致辞。国家和省有关部门、广东省 21 个地级以上市负责同志、签约企业代表和海峡两岸嘉宾，共约 700 人参加交流会，共达成合作项目 100 多个，总金额 167.3 亿元人民币。会上还举行了“海峡两岸交流基地”授牌和合作项目签约仪式。省海洋与渔业局配合省委组织部，10—11 月在新加坡举办首期“海洋经济发展”专题研讨班，共 23 人参加学习，重点学习新加坡港口管理、航运运营管理、海洋保护等方面先进经验，将港口航运作为共建“21 世纪海上丝绸之路”的重要抓手，与新加坡深化交流合作。

【海洋新兴产业发展】 2014 年，广东加快推进海洋经济综合试验区建设，全省形成顶层有设计、发展有平台、产业有集聚、转型有成效的良好势头，积极推进传统优势海洋产业转型升级、大力发展海洋新兴产业、集聚集约发展临海产业。保障中海油深水海洋工程装备基地、中船珠海基地等一批交通、能源、石化、钢铁、装备等重大用海项目开工建设。全省海洋战略性新兴产业在海洋经济总量中占比明显提高，总产值达 487 亿元，相关产业税收 19 亿元。海洋产业集聚初步形成。在珠江三角洲地区初步形成以广州、深圳为核心的海洋医药与生物制品产业集群，以广州、深圳、珠海、中山为核心的海洋装备制造产业带；在粤东、粤西沿海地区分别形成各具特色和优势的海洋生物育种与海水健康养殖产业集群。珠三角优化发展区和粤东、粤西重点发展区的海洋经济空间布局优化。海洋三次产业比例调整为 1.7 ∶ 47.4 ∶ 50.9，提前实现《广东海洋经济综合试验区发展规划》明确的海洋产业结构调整目标。

【水产健康养殖进展】 2014 年，广东省新建农业部水产健康养殖示范场 20 个，全省水产健康养殖示范场 152 个，面积 2.5 万多公顷。推进健康生态养殖，扶持发展渔业标准化健康养殖项目 16 个，加快发展工厂化养殖、循环水养殖。推进“菜篮子”基地建设，累计建设“菜篮子”基地 72 家，面积 2333 公顷。重点加快对虾、罗非鱼与鳗鱼等主导产业的优化升级。发展内陆特色渔业，全省淡水养殖水产品 373 万吨，产值 503 亿元，养殖面积 37 万公顷。清远市加快发展娃娃鱼、鳜鱼养殖，

9月20日，连南瑶族自治县举办首届“稻田鱼节”。韶关市龟类养殖业产值达3亿元。发展现代水产种业。新建3个国家级现代种业示范场、3个国家级水产良种场、7个省级良种场。全省建成5个国家级水产良种场、57个省级水产良种场、7个现代渔业种业示范场。推进网箱养殖向深海拓展，新建深水网箱420个。全省深水网箱数量发展到2035个，产量达2万多吨。

【渔船更新改造加快】2014年，国家和广东省财政共投入1.26亿元，支持更新改造大型钢质渔船284艘，其中远洋渔船33艘、南沙骨干渔船8艘。其中，湛江市开工建造200吨以上大型钢质渔船30艘，茂名市建成钢质渔船75艘，江门市承建钢质渔船104艘。完善渔船建造和证照签发监管制度。全面推动渔船交易服务中心建设，阳江市作为试点地区有688艘渔船进场挂牌交易，交易涉及功率指标共79976.90千瓦，涉及交易总金额5.24亿元。采集录入基础信息渔船29229艘，占拟录入渔船总数的78.2%。采用渔船、船网工具指标抵押等方式，引导金融资本支持渔船更新改造。全年办理船网工具指标申请1520份，渔业捕捞许可证申请115份，审查渔船资料1635份。

【远洋和外海渔业】2014年，广东省海洋与渔业局编制《广东省远洋渔业发展规划（2015—2020年）》与《广东省外海捕捞业发展规划（2015—2020年）》，开展远洋渔船标准化船型设计工作，推荐一批远洋和“三沙”（西沙、东沙、南沙）渔船标准化船型，打造专业化、标准化、现代化的远洋和南沙船队。结合现代渔港建设，高标准建设远洋渔业后勤保障基地。健全远洋渔船捕捞责任制，落实远洋渔业企业安全生产主体责任和船长直接责任。加强远洋渔船动态管理，将远洋渔船纳入全省渔船安全管理指挥系统。全省17家远洋渔业企业派出174艘渔船，在泰国、斐济、马绍尔等15个国家和地区生产，执行25个远洋渔业合作项目。深圳市全年在外生产远洋渔船106艘，占全省的60%。全省有远洋渔船151艘，三沙渔船110艘。

【水产品抽检与执法】2014年，广东省水产品出口42.5万吨、进口30万吨，香港和澳门超过90%的水产品、美国市场超过10%的对虾来自广东。全年完成水产品抽检监控任务9934个，省级抽检合格率达97.5%，其中优势品种罗非鱼、对虾、鳗鲡等合格率都在99%以上；制（修）订省级地方渔业标准274项，在全国率先建立省级水产品标准化数据库和可查阅网站。认定和认证80个无公害产地和127个产品。建立全省294家水产品出口基地备案制度；全年出动水产品质量安全执法1.29万人（次），抽查各类养殖场6912家，立案查处79家，行政处罚36家，罚没款23.8万元；全省未发生重大水产品质量安全事故，121个产品获国家或省农业名牌产品称号。

【项目用海审查规范】2014年，广东省优化海域使用审核审批流程，严格围填海论证和审核，增加社会稳定风险评估，加强现场踏勘，开展第三方评估论证。全面梳理在办的285宗用海项目，对未批先填、不符合海洋功能区划的申请不予受理。落实广州南沙、珠海横琴、惠州大亚湾等重点区域和港珠澳大桥、通明海大桥、南澳大桥等重点项目用海。做好珠海高栏等珠江西岸先进装备制造业用海服务。全年批复用海项目133宗，用海面积5340公顷。在全国率先开展海砂开采海域使用权网上挂牌出让。制订珠江河口海域围填海红线划定方案，实施分区选划、分类管理，划定南澳、徐闻、横琴等3个国家级海洋生态文明示范区红线。

开展“海盾”“碧海”、海岛巡查、航空执法专项行动，强化用海项目监管，重点查处未批先填、违法采砂等行为。深圳市落实海洋执法“三巡”制度，珠海市聘请专人加强海岸带巡查。

【海岛开发管理强化】2014年，广东省海洋与渔业局制定《广东省招标拍卖挂牌出让无居民海岛使用权管理办法》，建立涉及海岛的自然保护区21个，涉及海岛216个，占全省海岛总数的15.1%；组织实施深圳小铲岛、内伶仃岛、东莞威远岛、阳江南鹏岛、江门下川岛、汕头南澳岛、湛江北莉岛、六极岛等8个海岛生态修复整治项目。完成全省1973个海岛地名普查与现场调查工作任务，编制《广东省海岛地名志》和《广东省海岛名录》，在464个海岛上设置海岛名称标志。

【“十大美丽海岛”评选】（参见“大事要闻”篇目“重要事件”栏目“评选广东美丽海岛海岸”分目的本条目，第43页）。

【青澳湾国家海洋公园】2014年3月，国家海洋局批准广东南澳青澳湾申报国家级海洋公园项目。青澳湾位于南澳岛东侧，海湾三面环山，一面临海。湾长2400米，状似新月，海底坡度平缓，沙质洁白柔和，海水清洁无污染。拟建的南澳青澳湾国家级海洋公园总面积1246公顷，其中海域面积1182公顷，海岛面积64公顷，包含岸线6634米，分为重点保护区、适度利用区、生态与资源恢复区和预留区，将分梯次保护开发，实现海洋资源与环境的可持续利用、发展。国家海洋局要求广东省海洋与渔业局，会同保护区所在地政府尽快组织落实管理机构和建设管理经费、制定实施有关规章制度和总体规划，加强海洋生态环境保护，探索海洋资源可持续开发利用的有效途径。

【海洋资源环境保护】 2014年，广东制定省级海洋生态文明示范区管理办法和评价指标，推动省级生态文明示范区的规划和建设；推动海洋与渔业保护区划建升级，建成海洋与渔业自然保护区78个，国家级水产种质资源保护区16个。厦门珍稀海洋物种国家级自然保护区、广东珠江口中华白海豚国家级自然保护区、广东江门中华白海豚省级保护区、广西壮族自治区合浦儒艮国家级自然保护区签署协议，成立中华白海豚保护联盟，构建和完善中华白海豚保护网络，共同推进中华白海豚物种保护。全省近岸海域海水质量基本保持稳定。全省近岸海域达到《海水水质标准》第一类、第二类的海域面积比例为89.4%。处于劣四类的海域面积比例为3.7%，比上年降低6.4个百分点。劣四类海域主要集中在珠江口，主要污染物是无机氮和活性磷酸盐。实施监测的海域，约68%的海洋功能区海水质量达标。编制完成《2014年上半年广东省海洋环境状况通报》，并在局网站公开。年内，广东省管辖海域发现赤潮事件12起，赤潮累计面积近390平方千米。由于防治措施合理、及时到位，12起赤潮均未造成直接经济损失和人员中毒事件。

【建设人工鱼礁结案】 2014年，广东完成全省人工鱼礁议案十年建设任务，2002年以来，省财政下达资金5亿元，市、县（区）投入资金1.6521亿元，全省建成46个人工鱼礁区，总面积达286平方千米，规模和面积居全国首位。通过建设人工鱼礁，广东省重点海域、海湾的海洋环境质量得到恢复和改善，取得了良好的生态、经济和社会效益。3月27日，省第十二届人民代表大会常务委员会第七次会议审议批准了议案办理情况报告，同意予以结案。

【海洋防灾减灾工作】 2014年，中央海域使用金重点支持6500万元用于广东省海洋预警报能力升级改造。创建大亚湾全国海洋减灾示范区。在全省范围内组织开展了“5·12”海洋防灾减灾科普宣教活动，提高公众及社会各界对海洋观测预报和防灾减灾工作的认识和支持。省政府新闻办于5月27日召开新闻发布会，发布《2013年广东省海洋灾害公报》，这是广东第一个海洋灾害公报。公报显示，广东省海洋灾害以风暴潮、海浪灾害为主，赤潮、海岸侵蚀、海水入侵与土壤盐渍化、咸潮入侵等灾害均有不同程度发生。2013年各类海洋灾害造成直接经济损失约74.41亿元，死亡（含失踪）人数65人，海洋灾害损失位居全国首位。

【渔船安全生产管理】 2014年5月27日，广东省政府办公厅印发《关于进一步加强渔船安全生产管理的通知》，6月5日，省海洋与渔业局在阳东县东平镇召开全省海洋渔船安全生产工作现场会，参观东平镇渔船安全生产基层组织建设情况，解决渔船安全监管“最后一千米”问题。开展渔船基本数据普查、渔船安全风险隐患排查与整治、渔船船用产品质量监督整治三大行动，全年共普查渔业船舶41264艘，对8346艘渔船进行了安全隐患排查。完善广东省渔业安全生产通信指挥系统，通过实施“渔村通”、信息化整合等工程，实现船位实时监控、通信联络、进出港统计、渔港视频监控等功能。全面开展渔船安全生产大检查，全年出动检查人员9600多人次，检查渔船4.4万艘次，整治安全隐患1700多宗。海洋渔业与海事、边防等部门合作，开展海上遇险渔船救助工作，共参与或协调组织应对处置渔船险情191起，救起渔民614人，救助渔船214艘，挽回经济损失2500万元。

【海洋监察与海洋维权】 2014年，广东海监部门强化用海项目监管，重点查处“未批先填”项目，查处违法用海行为，打击非法采砂、倾废行为。全年开展航空执法飞行36架次，76个小时，航程1.18万千米；派出执法船艇1853航次；派出执法车辆1644车（次），派出执法人员1.26万人（次）；检查各类涉海项目5560个（次），巡查海岛（礁）647多个，边远海岛32个；立案查处非法采砂案件125件，违法倾废案31件，执行罚款6474万元。派出省属两艘千吨级海警船执行维权巡航任务8航次、多艘渔政船执行200海里专属经济区护渔巡航任务6航次，出色完成了捍卫黄岩岛、仁爱礁等维权巡航任务，得到了中央有关单位和省委、省政府充分肯定，省属海警3112船当选“全国边海防工作先进单位”，该船政委获得习近平总书记亲自接见，是广东省海洋渔业系统首次获得这一殊荣。启动新建省总队广州执法指挥基地和直属二支队高栏港基地、横琴岛基地建设；指导深圳、惠州、大亚湾等基层队伍执法基地建设。省总队1500吨级海监执法船入列，广州支队300吨级、惠东大队100吨级渔政船交付使用，茂名、汕头濠江、湛江徐闻等地开工建造百吨级渔政船。

【渔政执法检查加强】 2014年，广东省采取异地用警、集中用警、交叉检查等方式，组织开展伏季休渔、珠江禁渔、“护渔2014”等专项执法行动，加大水产品质量、电炸毒鱼和“三无”涉渔船舶等专项执法力度，全年出动渔政船、艇1.8万艘次，执法人员9.2万人次，检查渔船7.9万艘次，查处渔业案件3582宗，罚款1765.2万元。推动海洋渔业行政执法与刑事司法衔接，共向公安、检察机关移送渔业涉嫌犯罪案件50宗，刑事拘留77人，有力打击非法捕捞等违法行为，有效破解了暴力抗法、电炸毒鱼等“老大难”问题。

【港澳流动渔民工作】 2014年，广东省海洋与渔业局完成广东省流渔办和流渔接待站管理体制调整交接有关工作，实现工作顺畅和平稳过渡。全年派出12批次人员赴港澳参加流动渔民交流活动，接待、服务流动渔民近千人次。多次组织港澳流动渔民社团联谊活动，推动解决流动渔船检验、柴油补贴发放、网具指标管理等问题。3月11—12日在广州召开广东省港澳流动渔民协会第七次代表大会，副省长邓海光当选会长，省政府副秘书长颜学亮当选常务副会长，香港立法会（渔农界）议员何俊贤先生、香港渔民团体联会主席张少强先生、香港渔民互助社主席林根苏先生、澳门渔民互助会理事长冯金喜先生等当选为副会长。农业部副部长牛盾应港澳流动渔民团体邀请，于6月19—25日率领考察团赴港、澳考察港澳流动渔民工作，深入渔港、渔船，了解流动渔民的实际生产生活情况，倾听渔民提出的各种诉求，同时参加港澳流动渔民举行的一系列庆祝回归和休渔期活动。

【海洋渔业科技创新】 2014年4月，国家发展改革委、国家海洋局联合下发《关于在广州等8个城市开展国家海洋高技术产业基地试点的通知》，广东省广州、湛江市被纳入国家海洋高技术产业基地建设试点。广州南沙区成为国家科技兴海产业示范基地，有效带动海洋战略性新兴产业集聚发展。广州、深圳市成为国家生物产业高技术产业基地。探索省部共建海洋与渔业科技协同创新模式，在中国水产科学院南海水产研究所和珠江水产研究所分别加挂广东省海洋渔业研究所、广东省淡水渔业研究所牌子。认真组织实施省海洋渔业科技推广专项等重大项目。省海洋与渔业局承办了由省总工会、省人力资源和社会保障厅、省经济和信息化委员会、省科技厅主办的2014年全省水产养殖技能竞赛，以市为单位组队共有19支参赛队伍，竞赛个人分数前五名，分别被授予“广东省职工经济技术创新能手”称号，其中获得竞赛第一名的李春枝由省总工会按程序审批颁发“广东省五一劳动奖章”。

【海洋宣教文化活动】 2014年，广东省加强海洋宣教文化活动。1月24日，广东海洋文化协会召开第一届会员大会，选举中山大学校长、中国科学院院士许宁生担任首任会长。1月28日，珠海长隆海洋王国开门迎客，这个当今世界最大的海洋主题公园，开业首日便吸引了来自世界各地的游客，共接待游客超过2.5万人次。6月8日，广东省海洋与渔业局联合国家海洋局南海分局、共青团广东省委员会举办的第六个世界海洋日暨第七个全国海洋宣传日活动，300多人参加模拟“重走海上丝绸之路”。由省委宣传部和省军区政治部等联合主办、省海洋与渔业局等单位协办的“南粤海疆行”国防教育采访团23人，9月2日到中国海监广东省总队直属的中国海警3112船进行采访活动。中国海警3112船出色完成海洋维权任务，2014年荣获全国边海防工作先进单位荣誉称号，政委受到习近平、李克强等党和国家领导人的亲切接见。广东卫视、南方日报、羊城晚报、广州日报、中国新闻网、凤凰网等知名媒体纷纷报道采访团在3112船上获取的一线新闻，生动反映了广东沿海一线维权执法单位的风采。活动结束后，主办方举办“南粤海疆行”活动主题图片展，出版了五张明信片扩大影响，中国海警3112船彩照入选，并为封面彩照。10月23日，省海洋与渔业局举行第12期“广东蓝色课堂”报告会，邀请国家海洋局海洋发展战略研究所所长高之国作“建设海洋强国的思考”专题辅导报告，并通过视频分会场让21个地级市有关人员收看专题报告。

2015年海洋与渔业发展

【概况】 2015年，广东省海洋经济发展取得良好成效，海洋经济在国民经济中的地位日益凸显；同时，优化渔业产业结构，保护渔业生态环境，改善渔民民生，切实增加渔民收入，全面提升现代渔业发展水平，加快推动现代渔业强省建设。全省海洋生产总值达13796亿元，比2010年8291亿元增长66.4%，占全国海洋生产总值的21.3%，占全省生产总值的18.9%，连续21年位居全国首位。海洋经济第一、二、三产业比例是1.6 ∶ 43.5 ∶ 55。在全省海洋生产总值中，海洋产业8631亿元，占62.6%；海洋相关产业5165亿元，占37.4%。全省渔业经济总产值达到2534.7亿元，比上年增长7.8%；全年水产品总产量858.22万吨，增长2.5%；其中，海水产品 459.23 万吨，增长 2.3%；淡水产品 398.99 万吨，增长 2.6%。水产品出口创汇 28 亿美元，渔民人均纯收入达到 14960 元，增长 11.9%。居民水产品消费价格比上年涨 3.5%。

【主要海洋产业】 2015 年，广东省海洋产业中，作为海洋经济核心层的主要海洋产业 4938 亿元（占海洋生产总值的 35.8%），作为海洋经济支持层的海洋科研教育管理服务业 3693 亿元（占海洋生产总值的 26.8%）。在主要海洋产业（12 项）中，滨海旅游业 2414 亿元，占 48.9%；海洋交通运输业 623 亿元，海洋化工业 593 亿元，海洋工程建筑业 511 亿元，各占 12.6%、12.0% 和 10.3%；海洋渔业 311 亿元，海洋油气业 284 亿元，海洋船舶工业 185 亿元，各占 6.3%、5.8% 和 3.7%；还有海洋电力、海水利用业、海洋生物医药业、海洋矿业、海洋盐业 5 项合计 18 亿元，占 0.4%。珠三角、粤东、粤西三大海洋经济主体区域全面发展，分工合理、优势集聚、辐射联动的区域发展格局基本形成。珠三角以海洋交通运输业、海洋油气业、海洋高端装备制造业、滨海旅游业和海洋服务业等为主导且集聚效应较强，粤港澳大湾区海洋经济合作不断深化；粤西以临海工业、海洋油气业、海洋渔业和滨海旅游业为主导，粤桂琼区域合作不断向海洋领域扩展，中国海洋经济博览会成为国际合作开放大平台；粤东以临海工业、海洋渔业和滨海旅游为主导，粤闽合作持续推动区域海洋经济发展。

【现代渔业发展】 2015 年，广东省渔业经济总产值、水产品总产量保持了平稳快速发展，多年居全国前列。全省水产品进出口总量 58.69 万吨，进出口总额 35.22 亿美元，同比分别增长 5.52% 和减少 3.69%。其中：出口量 48.07 万吨，出口额 28.08 亿美元，同比分别增长 6.28% 和减少 5.84%；进口量 10.62 万吨，进口额 7.14 亿美元，同比分别增长 2.21% 和 5.78%。贸易顺差 20.94 亿美元。加大渔船更新改造力度，试行渔船更新改造审核“先建后拆”制度，全省淘汰小、旧、木质渔船 938 艘，新建海洋捕捞渔船 871 艘、南沙骨干渔船 35 艘。国家和省财政共投入 1.26 亿元，支持更新改造大型钢质渔船 284 艘，其中 2015 年新增大型钢质渔船 104 艘。全省有远洋渔业企业 19 家、在外生产远洋渔船 197 艘，其中深圳市有远洋渔业企业 10 家、远洋渔船 110 艘。推广水产健康养殖，扶持渔业品牌发展，建成 5 个国家级水产良种场、62 个省级水产良种场和 7 个现代渔业种业示范场；建设健康养殖示范场 172 个、安全示范点 300 家、“菜篮子”基地 72 家；建成省级以上渔业标准化示范区 124 个、无公害产地 427 个，获农业部认证的无公害水产品 499 个，省级以上农业名牌产品 109 个。完成渔民转产转业议案第二阶段任务，扶持建设渔民安居房 5000 户、现代渔业产业基地 100 个、渔民专业合作社 193 个。为 1.39 万艘渔船、3.42 万名渔民发放休禁渔生活补助 4500 万元。为 1 万艘渔船、10 万名渔民购买政策性保险。

【现代渔港建设】 2015 年，广东省海洋与渔业局于 1 月初召开视频会议部署全省渔港建设工作，省财政厅于 1 月底经请示省政府同意安排 11 亿元，重点建设一批现代渔港和避风塘，这是广东渔港建设最大的一笔投入，超过历年来渔港建设投入的总和。省海洋与渔业局与省财政厅通力协作，联合制定《广东省现代渔港建设项目实施方案》，由省财政厅牵头组织项目申报、材料评审和现场考核，提出现代渔港建设补助资金安排方案并报省政府同意，确定扶持建设北部湾遂溪乐民避风港、台山烽火角避风塘等 2 个区域性避风锚地，每个项目补助 6000 万元；扶持建设湛江市硇洲、阳江市闸坡、惠来县神泉等 3 个示范性渔港，每个项目补助 2 亿元；扶持建设湛江市通明和草潭、阳江市溪头、南澳县后江等 4 个二级渔港，每个项目补助 5000 万元；扶持建设湛江市王村、徐闻县角尾港门等 2 个三级渔港，每个项目补助 800 万元；这 11 个项目，共安排补助资金 9.36 亿元，于 12 月分 2 批下达。省海洋与渔业局成立渔港建设领导小组及其办事机构，建立渔港建设局领导“分工包干”制度；与有关市政府签署责任书，明确责任和任务。至 2015 年底，完成现代渔港建设总体规划和现代渔港建设标准编制，海门中心渔港、崖门一级渔港等完成竣工验收，47 个重点渔港视频监控系统建成并投入使用。

【海洋产业园区】 2015 年，广东省级财政安排 3000 万元，支持广州南沙新区科技兴海产业示范基地、汕尾深汕特别合作区、珠海经济开发区等海洋产业园区建设。省海洋与渔业局加快广州南沙、深圳前海、珠海横琴 3 大国家级新区用海服务效率，有力推进惠州环大亚湾、湛江海东、茂名滨海等 8 大重点海洋经济新区建设；推进现代海洋产业集聚区建设，重点推动发展海洋能源、交通、港口和海工装备等产业。全省各类海洋新兴产业示范基地、产业园区有 50 多个。突出发展战略性新兴产业，全省海洋略性新兴产业总产值超 500 亿元，逐步形成以广州、深圳为核心的海洋生物医药产业集群，以广州、珠海、中山为核心的珠江西岸海洋装备制造产业带，以湛江为核心的粤西海洋生物育种与海水健康养殖产业集群。省海洋与渔业局与国家开发银行广东省分行合作，确定合作领域和重点支持项目，推动开发性金融支持广东海洋经济发展。累计发放贷款29笔，贷款额达132亿元人民币，设立100亿元海洋产业投资基金，成立广东首家海洋新兴产业发展风险投资公司——广东海洋投资管理有限公司。

【科技兴海基地】 在国家海洋局的支持下，2015年投入2亿元建设珠海万山国家海洋能海上试验场，推进广州、湛江国家海洋高技术产业基地和南沙科技兴海产业示范基地建设。实施国家海洋经济创新发展示范区域示范，该专项获得国家财政7.5亿元资金支持，带动40亿元社会资金投入海洋科技创新，推动一批海洋工程装备的创新研发。广东海洋与水产高科技园完成主体建设，引进一批国家级海洋科研机构。省海洋与渔业局与中国空间技术研究院于7月在北京签署战略合作框架协议，双方在广东智慧海洋建设规划、渔船北斗终端开发应用、渔政执法船视频监控、天空地一体化海洋遥感监测、水产品航天搭载与繁育、智能水处理应用等方面深化合作，建设广东省天空地一体化海洋遥感监测系统。制定局信息化提升规划和信息化整合提升项目实施方案，先后与省国土厅、水利厅、气象局等部门签订数据共享合作协议；完善海域监测监视动态系统、视频会议系统、自动化办公系统、海洋经济运行监测与评估等系统；编制数据标准体系，收集各业务系统数据，开发数据接口，初步形成数据中心框架。

【渔业科技支撑】 2015年，广东加强渔业科技研发，形成了一批具有自主知识产权的渔业科技成果，其中对虾、罗非鱼、卵形鲳鲹、石斑鱼、军曹鱼、加州鲈等苗种繁育、深水网箱装备技术和对虾高效健康养殖技术走在全国前列，科技支撑全省渔业产业发展的作用日益增强。连平、乳源、高要等10个县（市、区）级水产技术推广站被农业部全国水产技术推广总站认定为全国基层水产技术推广示范站。2015年，由省总工会、省人力资源和社会保障厅、省经济和信息化委员会、省科技厅主办，省海洋与渔业局承办的2015年广东省鱼类免疫注射技能竞赛于10月12—13日举行。来自全省各地基层水产技术推广系统19支队伍参赛，广州市的李文卫获个人第一名，由省总工会按程序颁发“广东省五一劳动奖章”。

【重大项目用海】 2015年，广东全力做好自贸区、粤东西北加快发展、珠西装备制造业发展、交通大会战等重大战略的用海服务，做好沿海电力、跨海桥梁、港口码头等一批国家和省重点项目用海服务。在各市区域用海规划编制报批、围填海指标分配和项目用海审核审批等方面，全力保障加快发展的用海需求，切实做好港珠澳大桥、湛江钢铁等一大批国家、省重点项目用海服务工作。2015年，国家和省共批准用海项目28宗，用海面积2760公顷，其中填海877公顷，项目直接投资约1500亿元，为全省经济社会发展提供空间支撑。一批区域用海规划获国家批准，为先进装备制造业项目落户提供近1.5万公顷的发展空间。

【美丽海湾建设】 2015年，广东在组织编制广东省美丽海湾建设总体规划的基础上，编制完成《广东省“美丽海湾”总体规划实施方案》，要求每个沿海城市都要建设若干个“美丽海湾”，率先在全国实施“美丽海湾”建设，确定在汕头青澳湾、惠州考洲洋、茂名水东湾开展“美丽海湾”建设试点，下达补助资金9200万元，为落实十八届五中全会提出的“蓝色海湾整治行动”进行了探索。制定海洋生态文明建设行动计划，加强国家级生态文明示范区建设，惠州市和深圳市大鹏新区成为国家级海洋生态文明建设示范区，全省国家级海洋生态文明示范区达5个。制定省级海洋生态文明示范区管理办法和评价指标，建设省级海洋生态文明示范区，支持各地创新方式，建设海洋生态园区。

【“十大美丽海岸”评选】 （参见“大事要闻”篇目“重要事件”栏目“评选广东美丽海岛海岸”分目的本条目，第43～44页）。

【海岛开发保护】 2015年，广东省海洋与渔业局、旅游局联合完成全省海岛旅游资源普查任务，编撰出版《广东省海岛旅游资源》，9月18日印发《关于切实加强海岛保护有序发展海岛旅游的意见》，进一步规范海岛旅游开发，按照“一岛一规划，一岛一主题，一岛一特色”模式，将广东省主要海岛打造成为国家乃至世界的滨海旅游重要目的地。并于2015年底在珠海市召开全省海岛管理暨旅游工作座谈会。开展海岸带海岛整治修复，全年国家下达广东海域海岛生态修复项目资金2.73亿元，推动珠海三角岛开发试点和汕尾龟龄岛生态保护与修复项目，实施深圳小铲岛、内伶仃岛等多个海岛生态修复整治项目，逐步恢复海岛自然资源及生态景观。完成全省7个领海基点保护范围选划工作，在佳蓬列岛、围夹岛安装视频监控系统。建立无居民海岛使用金评估规范，编制无居民海岛使用金市场化评估技术标准。1月9日，国家海洋局宣传教育中心主办全国

“十大美丽海岛”评选活动。广东省南山岛、特呈岛、海陵岛、上川岛、下川岛等5个海岛入围前20名，湛江的南三岛和阳江的海陵岛入选全国“十大美丽海岛”。

【海洋环境保护】 2015年，广东省积极推进海洋生态环境保护，省政府印发加强海岸带保护利用工作方案，建立海岸带开发保护协调联动机制，开展海洋生态修复试点，汕头市南澳县青澳湾、东莞市威远岛、惠州市考洲洋等区域生态整治和修复工程取得明显成效。推进在珠海庙湾岛、惠州东山海、茂名放鸡岛等海域建设大型人工鱼礁区，安排1.5亿元在珠海万山等海域建设大型人工鱼礁示范项目。在珠海庙湾岛、汕尾龟龄岛等海域建设国家级海洋牧场，南澎列岛海洋生态国家级自然保护区被列为国际重要湿地。依托粤港澳海洋环境保护及生态修复合作机制，与港澳深入开展交流合作。至2015年底，全省共建成99个海洋渔业保护区，包括78个自然保护区、16个国家级水产种质资源保护区、4个国家级海洋公园，1个海洋特别保护区。

【渔业资源养护】 2015年，广东省海洋与渔业局编制《珠江口及邻近海域生态修复工程规划》《广东渔业生态修复工程建设计划》，规划湿地、港湾等重要渔业水域的渔业生态修复工程。至2015年底，建成生态公益型人工鱼礁区46座，总面积达286平方千米，规模和面积居全国首位；人工鱼礁区已投放报废渔船88艘、混凝土预制件礁体7.6万多个，渔业资源密度比投礁前平均提高8.7倍，最高提高26.6倍；形成海洋牧场示范区12个、面积约773平方千米。开展内陆水域人工鱼巢建设工作，其中在西江、东江等内陆水域建成人工鱼巢3.24万平方米，鱼类在人工鱼巢产黏性卵超过18亿粒，增殖鱼苗约9亿尾。推动增殖放流科学化、规范化，建成国家级和省级海、淡水良种场及增殖站72个，先后多次举办南海、粤港澳（东江）生物资源增殖放流、广东休渔放生节等活动，放流鱼、虾苗60多亿尾。

【海洋综合管理】 2015年，广东完善海洋综合管理手段，分解下达省级海洋功能区划关于围填海面积、自然岸线保有率等7项指标，实施以指标控制用海。启动编制全省海洋主体功能区规划，科学划定优化开发区、重点开发区、限制开发区和禁止开发区。组织开展全省海域使用大检查，建立用海项目台账。省级涉海涉渔行政审批事项取消3项、委托下放4项，制订标准化办事指南46项。完善海洋渔业网上办事系统，实现全部审批事项网上办理。规范项目用海审查内容和程序，提高用海审核效率，围填海项目审批由过去的2～3年，压缩至2015年的1年左右。加大海域使用动态监测监视，用好国家安排的1.7亿元海域使用动态监管县级节点建设资金，加快县级海域动态监管体系建设，提升海域使用管理信息化水平。湛江市海域使用动态监管中心被人社部、国家海洋局授予“全国海洋系统先进集体”。加强海洋技术支撑能力建设，经省编办同意，海洋渔业环境监测中心更名为省海洋与渔业环境监测预报中心，增加海洋预报职能和人员编制。启动建设珠江口入海污染物在线监测系统。实施海洋预警预报能力升级，完成沿海58个岸段警戒潮位核定，惠州大亚湾被列为全国首批国家海洋减灾综合示范区。

【海域使用管理】 2015年，广东省开展全省海域使用“回头看”大检查，对2007—2015年的围填海情况进行全面梳理，建立审批、监测、执法三方联动机制。对未批先填做到早发现、早制止，有效遏制了新的未批先填违法现象。完善海域使用审核制度，建立了海域使用论证专家评审机制。加强围填海管理，制订围填海海域使用权第三方评估实施办法，开展了海域使用权独立第三方评估。编制完成县级海域动态监管能力建设项目实施方案、珠江河口海域围填海红线划定工作方案。强化对用海方式的指导，引导用海企业科学进行围填海平面设计。规范海域综合管理，细化分解省海洋功能区划具体管控指标，切实保护自然岸线、海洋保护区和养殖用海。出台省级海域使用金管理办法，明确了省级海域使用金安排原则和使用范围。

【海砂开采监管】 2015年，广东省海洋与渔业局制定海砂开采海域使用权市场化出让方案和审批办法，出台海砂开采监管执法暂行办法，开展海砂开采视频监控系统建设试点。建设海砂开采视频监控管理系统，对采砂船舶轨迹进行实时监控。7—9月，省海洋与渔业局和广东海事局在珠江口海域首次开展联合打击非法采砂专项行动，海监部门和海事部门共有20个单位、20艘船艇参加。行动采取大船蹲守、快艇巡查、突击检查相结合的方式进行，重点查处无证、逾期、越界开采海砂等行为，共出动执法船艇226艘次，执法人员1134人次，检查采砂船舶679艘次，全省海监执法队伍对海砂用海执法严防死守，全年共查获违法采砂案件114宗，查获涉嫌非法采砂船舶12艘。为加强海砂开采海域使用管理，维护海砂开采海域使用秩序，保护海洋资源和生态环境，保障海砂开采海域使用权人的合法权益，省海洋与渔业局于

10月20日发布《广东省海砂开采海域使用管理暂行办法》，明确海砂开采实行“四定一实时”（即做到定点、定时、定量、定向管理和实时监测），开创海砂开采全程监管新模式。

【水产品质量安全】2015年，广东在成立乡镇水产品质量安全监管机构250个，建立覆盖省、市、县、乡镇的质量安全监管体系的基础上，投入3000多万元，扶持在渔业重点乡镇建立快速检测实验室74个，建成以部省两级检测中心为龙头、地市级检测站为骨干的检验检测网络，15个市检测机构通过了国家计量认证。在全国率先建立省级水产品标准化数据库，制订省级渔业地方标准282项，初步建成覆盖全产业链的渔业标准体系。加强食用水产品质量安全监管合作机制，省海洋与渔业局于8月与省食品药品监管局签署《加强食用水产品质量安全监管合作协议》，推动建立以食用水产品质量安全可追溯凭证为核心的产地准出、市场准入管理衔接机制，加强生产环节和流通环节的监管衔接，落实食用水产品生产经营者质量安全主体责任。加大水产品抽检力度，全年省级抽检水产品近1万个，总合格率达97.3%，未发生重大水产品质量安全事故。开展水产品质量安全专项整治行动。全省出动执法人员超过1万人次，检查养殖生产和经营单位6216个，发现并纠正水产养殖违法行为45起、立案15宗。全国水产品质量安全监管工作会议5月在广州召开，广东省水产品质量安全监管工作得到农业部高度肯定。

【渔业安全生产】2015年，广东省重视渔业安全生产。省海洋与渔业局于1月26日印发《远洋渔船安全生产管理制度》，落实远洋渔船出航检查、跟帮生产、安全检查、渔船联络等工作，重点落实远洋企业主体责任；6月26日联合广东海事局，在阳江市闸坡渔港开展2015年广东省“安全生产月”警示教育与应急演练。落实渔船船东主体责任、乡镇政府和村（居）委会属地管理责任，推进实施渔船跟帮生产、渔民作业时穿着救生衣等制度。联合工商、公安边防等部门，组织开展打击非法建造改装渔业船舶行为、进出港查船等专项行动，打击非法造船、非法改装渔业船舶行为，加强渔船修造质量的监管。制订岁末年初、汛期及休渔期渔船安全检查方案，开展渔船安全生产大检查，于1月底和6月底分别由5位局领导带队分赴各地开展督导检查。8月18日至9月10日，由10位局领导带队分赴各地开展渔业安全生产大检查，深化“打非治违”和专项整治工作。成功应对“尤特”“天兔”“蝴蝶”“彩虹”等超强台风及强降雨灾害，全省渔政执法队伍参与海难事故救助97起，救助渔民287人、渔船97艘，挽回经济损失约1000万元。江门市新会、惠州市大亚湾、湛江市廉江、阳江市阳东等县（区、市）被国家农业部、安监总局评为“全国平安渔业示范县”。

【海洋执法监察和海洋维权】2015年，广东省重视海洋执法监察工作，根据“分类处理、属地负责”的原则，对国家审计署反馈的50宗违规填海项目进行集中整治，其中15宗案件属于“海十条”范围不予立案，24宗案件已办结，收缴罚款7.36亿元，还有11宗案件已进入处罚程序。深入开展执法专项行动，严厉打击各类违法行为。开展“海盾2015”行动、严格落实“三巡”制度，积极探索利用卫星图片和航拍资料数据及时发现违法用海案源，立案查处“海盾”案件21起，执行罚款超过11亿元。开展“碧海2015”专项执法行动，推进海洋资源环境执法。全省共出动执法船、艇416艘（次）、执法车280辆（次）、执法人员2415人（次），组织海洋工程项目、海洋倾废区、保护区、入海排污口以及其他生态区域等各类执法检查379个次，登检倾废船舶23艘次，采砂船舶319艘次，共查处“碧海”案件103宗，结案73宗，执行罚款819万元。2015年组织省属海警船执行维权执法任务2次，派出执法人员65名，航时44天，航程6049海里，出色完成海洋维权任务。加快省属广州执法指挥基地（东江仓）、横琴基地、高栏港等基地建设，出台《广东省海洋与渔业执法公务船艇装备管理“千分制”考核标准》。出台全省队伍船员出海补贴规定，配合省军区开展海上民兵建设。

【渔政执法检查】2015年，广东省加强渔业执法检查。省海洋与渔业局于4月底在全省沿海组织“靖海2015-1”专项行动，打击非法捕捞“三无”船舶和“绝户网”，共出动执法船艇422艘次，执法车44辆次，执法人员2714余人次，检查渔船2703艘次，查获涉渔“三无”船舶121艘，清理绝户网1266张，5万余米，销毁“三无”船舶59艘，效果明显，在沿海形成了打击“三无”船舶和“绝户网”的良好氛围。为清理取缔涉渔“三无”船舶，成立了以副省长邓海光为组长的行动协调小组，5月6日召开全省清理取缔海洋涉渔“三无”船舶和“绝户网”视频会议，部署专项行动，共清理取缔涉渔“三无”船舶218艘、禁用渔具6929张，查处违法案件594宗。加大了“集中用警、异地用警”的执法力度，顺利完成南海伏季休渔和珠江流域禁渔执法任务。全年共出动执法船3222艘次，出航4678天，执法快艇18069艘次，执法车辆15374辆次，执法人员119950人次，检查渔船89233艘次，查处渔船违规案件2964宗，罚款1530万元。办结水产品质量安全执法案件15宗，水生野生保护动物违法违规案件13宗。积极推动两法衔接，2015年全省渔政队伍向公安机关移送涉嫌犯罪案件193宗，移送涉嫌犯罪人员321人，其中公安机关依法刑拘202人，有效破解暴力抗法、电炸毒鱼等“老大难”问题。

“十二五”海洋经济发展

【概况】 广东是海洋经济大省，“十二五”期间，广东紧紧围绕海洋强省建设目标，大力推进广东海洋经济综合试验区建设，初步形成顶层有设计、发展有平台、产业有集聚、转型有成效的良好态势，在海洋经济调结构、转方式、促创新方面取得了一系列成果，海洋经济总量显著提升，海洋生产总值从2010年的8253.7亿元增加到2015年的13796亿元，增长66.4%，年均增长10.8%；广东海洋生产总值占全国海洋生产总值比重超过20%，连续21年居全国首位；海洋三次产业比例由2010年的2.4 ∶ 47.5 ∶ 50.1调整为1.6 ∶ 43.5 ∶ 55.0。2015年，广州港、深圳港集装箱吞吐量分别达到1759万标准箱和2421万标准箱，居世界集装箱港口第八位和第三位；海洋渔业在国内首创“深蓝渔业”发展模式，建成一批深水网箱养殖产业示范园区。广州南沙已成为国内海洋工程装备制造业的重要基地，深圳在海洋工程装备总包、设计方面国内领先。

【海洋经济综合试验】 2011年7月5日，国务院批复实施《广东海洋经济综合试验区发展规划》，确立了广东海洋经济综合试验区的战略地位。2012年8月21日，省委、省政府召开全省实施海洋经济综合试验区发展规划工作会议，启动广东海洋经济综合试验区建设。省委、省政府联合作出《关于充分发挥海洋资源优势　努力建设海洋经济强省的决定》，省政府印发广东省发展临海工业等五个实施方案，确定涉海重点项目224项，总投资超万亿元；制订广东海洋经济综合试验区建设分工方案，明确牵头单位、协办单位和工作要求。编制出版《广东海洋经济地图》，图文并茂地展示广东海洋经济的现状、战略和发展，勾勒出这场蓝色革命的美好未来，为广东加快海洋经济强省建设提供了清晰、翔实的坐标。2014年省府办公厅组织开展试验区建设进展情况专项督查，督查范围涉及14个沿海地市和27个省直部门。2015年省政府工作报告提出“推进广东海洋经济综合试验区建设”的要求，在各地、各有关部门积极落实海洋经济发展试点任务的基础上，提前实现海洋经济发展试点提出的海洋三次产业比例调整和海洋经济发展总量的目标。

【海洋功能区划实施】 国务院于2012年11月批准《广东省海洋功能区划（2011—2020年）》，为广东海洋产业发展提供了有力的空间保障。广东按照国务院的批复要求，坚持以海域法为准绳，以海洋功能区划为依据，从海域使用论证、海洋环评、海域动态监管等环节入手，全面强化海域使用管理工作，严格把好海洋功能区划实施关；同时按照国务院批复提出的控制目标，编制《市县级海洋功能区划控制性指标分解方案》，对全省大陆自然岸线保有率、保留区面积等7项指标进行细化分解。2013—2015年，广东加快推进市县级海洋功能区划编制，全省14个沿海市均已开展本行政区域内的海洋功能区划编制。根据地方经济社会发展需要，开展中广核惠州核电等项目海洋功能区划调整工作。

【优化海洋空间布局】 “十二五”期间，广东省重视优化海洋空间布局，珠三角、粤东、粤西三大海洋经济主体区域全面发展，分工合理、优势集聚、辐射联动的区域发展格局基本形成。珠三角以海洋交通运输业、海洋油气业、海洋高端装备制造业、滨海旅游业和海洋服务业等为主导且集聚效应较强，粤港澳大湾区海洋经济合作不断深化；粤西以临海工业、海洋油气业、海洋渔业和滨海旅游业为主导，粤桂琼区域合作不断向海洋领域扩展，中国海洋经济博览会成为国际合作开放大平台；粤东以临海工业、海洋渔业和滨海旅游为主导，粤闽合作持续推动区域海洋经济发展。

【海洋经济转型升级】 “十二五”期间，广东海洋经济通过转型升级实现更有质量、更具持续性的增长，海洋产业体系不断完善和优化。

做强优势海洋产业。海洋交通运输体系不断完善，初步构建起布局较为合理、分工比较明确的集装箱和能源运输系统。2015年，全省亿吨大港达到5个，深圳港、广州港集装箱吞吐量位居世界集装箱港口吞吐量的第三位和第八位。海洋渔业转型升级，大力发展远洋渔业，积极发展深远海渔业养殖，全省深水抗风浪网箱数量发展到2035个，产量达2万多吨。海洋船舶工业集聚发展，中船广州龙穴400万载重吨的世界级船舶制造基地建成投产。

做优海洋新兴产业。海洋生物医药集聚发展，广州、深圳市成为国家生物产业高技术产业基地，建成深圳大鹏海洋生物产业园，形成健康元、海王生物等一批海洋生物医药龙头企业。海洋工程装备制造加快发展，广州、深圳、珠海等海洋工程装备基地建设顺利，建成珠三角海洋工程装备制造集群。科学推进海洋可再生能源开发利用，重点推进海上风电发展，建成海岛新能源微电网示范项目，开展海水淡化及综合利用试点。

做大临海工业。宝钢湛江钢铁基地建成并投入使用，打造钢铁精品基地；珠海横琴等一批天然气热电联产等项目顺利推进，惠州抽水蓄能电站建成投产，国内在建最大的核电项目——阳江核电两台机组建成投入运营，湛江、惠州两个国家石油储备项目获得国家批复。

【海洋产业集聚发展】 2015年，广东省级财政安排海洋经济综合试验区建设资金3000万元，开展现代海洋产业集聚区建设资金竞争性分配。通过资料评审、现场评审及综合评审三个环节，最终确定给予广州南沙新区科技兴海产业示范基地、珠海经济技术开发区海洋装备制造集聚区、汕尾深汕特别合作区海洋产业集聚区三个区域现代海洋产业集聚区的称号，各集聚区获得建设资金1000万元。通过扶持现代海洋产业集聚区的建设，打造海洋经济新增长点，增强海洋经济的辐射带动作用，推动沿海地区经济快速发展和区域协调发展。推进现代海洋产业集聚区建设，重点推动发展海洋能源、交通、港口和海工装备等产业。2015年，广东全省各类海洋新兴产业示范基地、产业园区有50多个，海洋产业逐步呈现集聚、集约和高端化发展态势。突出发展战略性新兴产业，全省海洋略性新兴产业总产值超500亿元，逐步形成以广州、深圳为核心的海洋生物医药产业集群，以广州、珠海、中山为核心的珠江西岸海洋装备制造产业带湛江为核心的粤西海洋生物育种与海水健康养殖产业集群。

【“一带一路”建设加快】 建设丝绸之路经济带和“21世纪海上丝绸之路”（简称“一带一路”）是中国构建全方位开放格局的重大战略部署。广东以海洋经济合作为突破口，努力推动“一带一路”建设，推动广东与沿线国家和地区在海洋领域的合作。广东省海洋与渔业局先后与马来西亚、印度尼西亚、菲律宾和文莱等国建立了形式多样的交流与合作，与文莱、菲律宾等国家渔业局签订渔业合作备忘录。成功承办多期东盟和太平洋岛国养殖技术培训班，培训东盟和太平洋岛国渔业管理和水产技术人员200多人次。充分发挥广东在水产养殖技术、市场贸易等方面的比较优势，加强与文莱、马来西亚、菲律宾等国政府及企业的渔业交流与合作。2014年1月，在广州召开“21世纪海上丝绸之路”建设学术研讨会，省海洋与渔业局局长文斌表示，“21世纪海上丝绸之路”建设更是广东省建设海洋文化、提升文化软实力、增强区域综合竞争力的重要举措。2014年8月26日，在汕头市举办以“加强海峡两岸海洋产业合作，共建‘21世纪海上丝绸之路’”为主题的“海峡两岸海洋经济合作交流会”（简称“交流会”），由广东省政府、国务院台湾事务办公室和国家海洋局联合主办，汕头市政府、省政府台湾事务办公室和省海洋与渔业局共同承办。此次交流会共达成合作项目100多个，总金额167.3亿元人民币。2015年6月5日，省海洋与渔业局联合省发展和改革委员会、中山大学在广州召开“广东与21世纪海上丝绸之路”研讨会。会上宣布正式成立中山大学“21世纪海上丝绸之路研究院”。

【海洋创新能力增强】 “十二五”期间，广东开展海洋经济创新发展区域示范，海洋科技创新平台不断增加，广州、湛江被确定为国家海洋高技术产业基地，广州南沙新区成为国家科技兴海产业示范基地。广东省积极开展海洋经济创新发展区域示范，截至2015年底，共组织实施海洋科技成果转化与产业化、产业公共服务平台项目41项，其中成果转化与产业化项目37项，产业公共服务平台项目4项，总投资额超过20亿元，拉动上下游产业投资约100亿元，直接推动了海洋战略性新兴产业提速增效。区域示范专项项目承担企业自主科技研发投入已超过2.5亿元，建设和认证市以上企业科技研发中心、工程技术中心、企业重点实验室、中试基地等产业技术开发应用示范平台共47家，取得创新技术成果151项，形成创新产品超过40个。2015年，在国家海洋局的支持下，投入2亿元建设珠海万山国家海洋能海上试验场；实施国家海洋经济创新发展示范区域示范，该专项获得国家财政7.5亿元资金支持，带动40亿元社会资金投入海洋科技创新，推动一批海洋工程装备的创新研发。

【海洋生态文明建设】 2015年，广东省率先在全国实施美丽海湾建设，组织编制了美丽海湾建设总体规划，惠州市考洲洋、汕头市青澳湾、茂名市水东湾已获批第一批省级“美丽海湾”示范点，下达补助资金9200万元，为落实十八届五中全会提出的“蓝色海湾整治行动”进行了探索。制定海洋生态文明建设行动计划，建设海洋生态文明示范区；制定省级海洋生态文明示范区管理办法和评价指标，广东省珠海横琴新区、南澳县、徐闻县成为首批国家级海洋生态文明建设示范市、县（区），惠州市和深圳市大鹏新区成为第二批国家级海洋生态文明建设示范区，全省有国家级海洋生态文明示范区5个。惠州市建成考洲洋、范和湾海洋生态园，种植红树林4000多亩。省政府印发了加强海岸带保护利用工作方案，开展海岸带海岛整治修复，获得国家海域海岛修复资金2.73亿元，开展一批海洋生态修复试点，汕头市南澳县青澳湾、东莞市威远岛、惠州市考洲洋等区域生态整治和修复工程取得明显成效；汕尾龟龄岛生态修复、珠海三角岛开发建设进展顺利，汕尾、揭阳、东莞市分别完成品清湖、绿洲湾、威远岛等海岸景观综合整治，潮州市全面实施柘林湾生态修复。南澎列岛海洋生态国家级自然保护区被列为国际重要湿地。

【美丽海岛海岸评选】 2014年2月28日，广东省海洋与渔业局联合南方报业传媒集团启动广东“十大美丽海岛”评选活动，历时3个月，参与投票人数达330多万人次，1100万票次，最终评选出阳江海陵岛、茂名放鸡岛、江门上川岛、江门下川岛、湛江南三岛、惠州大辣甲岛、汕尾遮浪岩岛、珠海庙湾岛、汕头南澳岛、深圳内伶仃岛等10个海岛为广东“十大美丽海岛”，在6月8日“世界海洋日暨全国海洋宣传日”活动中向社会公布。同时，编撰出版大型画册《梦圆无人岛》和《广东十大美丽海岛》，向社会展示广东海岛的风情风貌。

2015年1月，国家海洋局宣传教育中心主办全国“十大美丽海岛”评选活动，广东省的湛江南三岛和阳江海陵岛入选全国“十大美丽海岛”，入围前20名还有湛江的特呈岛、江门的上川岛和下川岛等3个海岛。同年举行“广东美丽海岸魅力海岛系列活动”，其中一项是“广东美丽海岸魅力海岛”摄影比赛结果在9月10日省海洋与渔业局召开的媒体会上揭晓，18幅佳作从532名参赛者拍摄的近1300幅图片中脱颖而出，分获“美丽海岸”和“魅力海岛”两个组别的一、二、三等奖。该系列活动中的另一项是首届广东省“十大美丽海岸”评选活动正式启动，在征集的27个候选海岸中，10月举办了为期一个月的网络投票，汕头市青澳湾、汕尾市遮浪半岛海岸、惠州市巽寮湾、深圳市西涌海岸、深圳市大小梅沙海岸线、珠海市东澳岛玲玎海岸、江门市王府洲、阳江市大角湾、茂名市中国第一滩、湛江市金沙湾10个海岸入选。于11月26日在中国海洋经济博览会上举行广东“十大美丽海岸”授牌仪式。

在2015年11月评选出的广东“十大最美湿地”，属于海边的有南沙滨海湿地景区、深圳福田红树林湿地、湛江红树林国家级自然保护区、惠东海龟国家级自然保护区、珠海淇澳—担杆岛省级自然保护区等5个，占了一半。

【海洋综合管理完善】 “十二五”期间，《广东海洋经济综合试验区发展规划》获国务院批复，广东省委、省政府出台了《关于充分发挥海洋资源优势 努力建设海洋经济强省的决定》及配套实施方案。通过编制实施《广东省海洋功能区划》《广东省海洋主体功能区规划》和《广东海洋经济地图》，海洋发展空间导向进一步明确。广东在全国率先开展海域使用权挂牌试点，组织开展“海盾”“碧海”系列专项执法等。深圳市率先启动海洋经济科学发展立法调研工作。海洋公共服务能力稳步提升，广东省开展了海平面变化影响调查评估、海洋灾害影响评估和警戒潮位核定，正式启动建设海洋灾害预警预报系统。深圳市已建成15个海洋环境浮标，汕头、汕尾、茂名各市正在建设海洋气象浮标站。

【海岛管理保护加强】 “十二五”期间，广东省强化海岛管理保护工作。2011年，广东有60个无居民海岛列入全国首批开发利用无居民海岛名录，成为全国列入首批开发利用无居民海岛最多的省份。2012年1月，省政府颁布《广东省海岛保护规划》；5月，省编办批复同意省海洋与渔业局增设海岛管理处，增加行政编制4名；6月在深圳市举办全省海岛管理培训。2013年，开展海岛普查，编印海岛地名志，树立岛碑424个，开展“十大美丽海岛”评选活动，编制《广东省无居民海岛整治修复保护规划》。2014年，组织实施深圳小铲岛、内伶仃岛、东莞威远岛、阳江南鹏岛、江门下川岛、汕头南澳岛、湛江北莉岛、六极岛等8个海岛生态修复整治项目；完成全省1973个海岛地名普查与现场调查工作任务，编制《广东省海岛地名志》和《广东省海岛名录》，在464个海岛上设置海岛名称标志。2015年，国家下达广东海域海岛生态修复项目资金2.73亿元，推动珠海三角岛开发试点和汕尾龟龄岛生态保护与修复项目，逐步恢复海岛自然资源及生态景观。完成全省7个领海基点保护范围选划工作，在佳蓬列岛、围夹岛安装视频监控系统；省海洋与渔业局、旅游局联合编撰出版《广东省海岛旅游资源》，印发《关于切实加强海岛保护有序发展海岛旅游的意见》，并于12月21日在珠海市召开全省海岛管理暨旅游工作座谈会，以加强海岛保护，发挥海岛旅游资源优势，促进海岛地区经济社会可持续发展。

【海洋执法维权强化】 “十二五”

期间，广东省渔政队伍新增3个大队和19个中队，全省队伍总人数达到3400多人；新增广州东江仓、横琴、高栏港3个基地，维权执法基地达到6个，新建3艘千吨级、1艘500吨级、6艘300吨级执法船，1架海监飞机和5架无人机，船艇总数达到376艘。形成了海、陆、空“三位一体”的执法能力。省总队采取“交叉检查、直管督查”，海域执法保持全国领先、海砂执法不断突破；“集中用警、异地用警”，渔政执法不断强化；推动法治、依法执法，自由裁量权、重大事项会决制等一批法治制度落实到位；实施“一个法规、一套组合拳”，渔业安全生产死亡人数连续5年在控制指标之内；心系渔民、保障民生，油补、休（禁）渔补贴、政策性保险等一批政策惠及渔民。

“十二五”现代渔业发展

【概况】“十二五”期间，广东省渔业克服诸多不利因素，着力优化渔业产业结构、保护渔业生态环境、改善渔民民生，切实增加渔民收入，全面提升现代渔业发展水平，加快推动现代渔业强省建设，全省渔业经济保持快速健康发展的良好态势。2015年，水产品总产量858.2万吨，比2010年增长15%；渔业经济总产值达到2534.7亿元，比2010年增长56.8%；水产品进出口总额47.07亿元，比2010年增长60%；渔民人均纯收入达到1.5万元，比2010年增长30%。渔业经济占全省农业生产总产值比重达到19.7%，渔业经济总产值、水产品总产量连续多年居全国前列。水产品市场供给充足，质量安全水平稳步提升，产地抽检合格率平均保持在95%以上，为丰富全省城乡居民“菜篮子”供给、稳定农产品价格、保障食物安全发挥了重要作用。

【渔业产业结构优化】“十二五”期间，广东省重视优化渔业产业结构，全省养殖产量占水产品总量的比重逐渐增加，由2010年的77.3%增加到2015年的80.9%，渔业二、三产业产值比重达到总产值的54.7%；水产健康养殖持续发展，特别是工厂化循环水养殖、深水抗风浪网箱集约化养殖、池塘生态高效养殖等方式发展迅速，累计建成水产苗种场1970家，建成深水网箱1400多箱、工厂化循环水养殖示范基地12个；水产品加工业稳步发展，水产流通体系布局合理，冷链物流初具规模，建有水产品交易市场89个、冷库562个；捕捞业平稳有序发展，作业渔船结构不断优化，大力发展“深蓝渔业”，累计改造钢质渔船528艘；休闲渔业已然发展成为以生态观光、渔业体验、休闲游钓为主的新兴产业；观赏渔业直接带动饲料、渔药及器材设施等10个大类、100多个相关产业的发展，拉动的水族产业年产值已近200亿元。休闲渔业已成为带动渔民增收新亮点。

【渔业基础设施完善】“十二五”期间，广东加强渔业基本建设，完善基础设施。先后出台《广东省渔港和渔业船舶管理条例》《省政府关于推动海洋渔业转型升级提高海洋渔业发展水平的意见》《广东省现代水产种业发展规划（2014—2020年）》等一系列法律法规和规范性文件。累计推进建设国家中心渔港、一级渔港12个，已竣工验收渔港3个，47个重点渔港视频监控系统建成并投入使用；省财政安排11亿元支持渔港和避风塘建设，其中2015年已下达补助资金7.17亿元；建立渔船更新改造审核“先建后拆”制度，全省淘汰小、旧、木质渔船938艘，新建海洋捕捞渔船871艘、南沙骨干渔船35艘。国家和省财政共投入1.26亿元，支持更新改造大型钢质渔船284艘，其中2015年新增大型钢质渔船104艘；推动渔船更新改造，发展远洋渔业，2015年共有19家远洋渔业企业派出197艘远洋渔船在国外或公海生产；水产良种体系建设不断完善，基本形成了“国家遗传育种中心、国家原良种场、省级原良种场、市县级苗种场”4级种苗生产体系，建成5个国家级水产良种场、62个省级水产良种场和7个现代渔业种业示范场。

【现代渔业基地建设】“十二五”期间，广东省实行政策扶持，建设现代渔业基地，推动健康养殖，扶持渔业品牌发展。建成“绿色健康渔业示范园区”“稻田生态渔业示范园区”“工厂化高效养殖示范园区”和“沿海现代渔业示范园区”4种类型的特色鲜明、技术先进、生产节约的高质高效渔业示范区10个；建成“全国休闲渔业示范基地”8个、省级休闲渔业示范基地13个；建设渔业标准化健康养殖基地16个，建成标准化鱼塘18万公顷；建成省级以上渔业标准化示范区124个，健康养殖示范场172个，“菜篮子”基地72家；其中建成“农业部水产健康养殖示范场（区）”116个、面积1.5万公顷，省级标准化无公害水产品产地609个、面积5.9万公顷。获农业部认证的无公害水产品499个，省级以上农业名牌产品109个。2013年广东省获农业部稳定发展“菜篮子”产品生产延伸绩效管理优秀单位称号。

【水生生物资源养护】“十二五”期间，广东重视养护水生生物资源，省、市、县（区）累计投入财政资金6.6亿多元建设人工鱼礁，建成生态公益型人工鱼礁区 50 座，投放报废渔船 88 艘、混凝土预制件礁体 7.9 万个，礁体空方量达 4008 多万立方米，礁区总面积达 286 平方千米，规模和面积居全国首位；渔业资源密度比投礁前平均提高 8.7 倍，最高提高 26.6 倍。系统开展内陆水域人工鱼巢建设，在西江肇庆、云浮、郁南和东江河源江段等水域建成人工鱼巢 8.46 万平方米，鱼类在人工鱼巢产黏性卵超过 18 亿粒，增殖鱼苗约 9 亿尾。筛选沿海 25 个重要海湾开展生态型海洋牧场建设，建成了海洋牧场示范区 8 个、其中国家级海洋牧场示范区 2 个。推动增殖放流科学化、规范化。建成国家级和省级海、淡水良种场及增殖站 72 个，先后多次举办南海、粤港澳(东江)生物资源增殖放流、广东休渔放生节等活动，累计放流鱼、虾苗 75 亿多尾。制定渔业资源增殖放流技术规范，抓好增殖放流效果调查与评估工作，有效地提高增殖放流技术水平。

【水域生态环境保护】“十二五”期间，广东加强水域生态环境保护，编制完成了广东内陆水域、河口、湿地、港湾、近海等重要渔业水域的渔业生态修复工程建设规划，包括《珠江口及邻近海域生态修复工程规划》《广东渔业生态修复工程建设计划》，累计投入财政资金 3.54 亿元开展全省湿地、港湾等重要渔业水域的渔业生态修复工程；积极完善涉渔工程建设资源生态补偿机制，安排专项资金开展湿地生态效益补偿试点，水域生态保护取得初步成效。截止到“十二五”，全省已建成海洋渔业保护区 99 个，其中自然保护区 78 个（国家级 5 个、省级 8 个、市县级 65 个），国家级水产种质资源保护区 16 个、国家级海洋公园 4 个，海洋特别保护区 1 个，初步形成了以国家级保护区为核心、省级保护区为网络、市县级保护区为通道的自然保护区网络；保护区类型涵盖珊瑚礁、红树林、海草床、湿地等典型生态系统和绿海龟、中华白海豚、白蝶贝、黄唇鱼等国家和省级重点保护水生野生动物，一批重要水产种质资源得到有效保护。

【科技支撑能力增强】“十二五”期间，广东省全面推进科技兴渔工作，科技支撑全省渔业产业发展的作用日益增强。全省现有渔业相关国家重点实验室 4 个，省部级重点实验室 25 个，省级渔业开发试验中心 3 个，区域性水产试验中心 7 个，省级水产技术推广总站 1 个，地市级推广中心站 21 个，区域站 26 个，县级推广站 102 个，乡级推广站 927 个；加强渔业科技研发，形成了一批具有自主知识产权的渔业科技成果，对虾、罗非鱼、卵形鲳鲹、石斑鱼、军曹鱼、加州鲈等良种选育与苗种繁育、深水抗风浪网箱养殖装备与技术、池塘高效健康养殖技术走在全国前列。通过国家审定的水产新品种 5 个，良种生产量 100 多亿尾，占苗种生产总量的 12% 左右；制定或修订省级渔业地方标准 210 项，获得省、部级以上科技成果奖励 64 项，其中国家奖 2 项、国家海洋局海洋创新成果二等奖 6 项、广东省科技进步奖 29 项（其中一等奖 10 项），获得省农业技术推广奖 26 项（其中一等奖 5 项）。加强渔业科技交流合作，承办“太平洋岛国高级公务员培训班”，举办中国与东盟、南太平洋岛国鱼类养殖技术培训班，培训渔业管理人员共 120 多人。与中国空间技术研究院合作建设智慧渔业，开发应用渔船北斗终端，建设渔政执法船视频监控系统，建成涵盖渔港监管、渔船管理、渔业安全、鱼病诊断、科技服务等内容的渔业信息化系统。完成广东海洋与水产高科技园主体建设，全省有 18 市、84 县（市、区）获当地编委批准设立了水生动物防疫检疫站，初步建立起省、市、县三级水生动物防疫体系。

【提升渔业管理能力】“十二五”期间，广东认真执行《广东省渔业管理条例》，完善养殖水域滩涂确权发证、捕捞许可、种苗生产许可等一系列管理制度建设；渔业执法队伍建设不断强化，率先实施海洋与渔业统一综合执法改革，有效增强了执法队伍整体战斗力和行政执法效率；在全国率先建成全省渔业安全生产通信指挥系统、渔业船舶信息管理系统和渔港高清视频监控系统，信息化管理成效显著；积极参与国家护渔维权巡航行动，建立粤港澳地区联合打击非法捕捞合作机制；严格执行南海伏季休渔和珠江禁渔制度，严厉打击电炸毒鱼等严重破坏资源的违法行为。

【水产品质量安全监管】“十二五”期间，广东重视水产品质量安全监管，省财政投入超过 1700 万元建成以部省两级检测中心为龙头、地市级检测站为骨干的检验检测网络，15 个市检测机构通过国家计量认证；成立乡镇水产品质量安全监管机构 250 个，建立覆盖省、市、县、乡镇的水产品质量安全监管体系，扶持在渔业重点乡镇建立快速检测实验室 74 个；持续加大水产品抽检力度，全省投入检验经费 5000 多万元，省级抽检水产品近 3 万个，总合格率 97.3%；在全国率先建立省级水产品标准化数据库，制定省级渔业地方标准 282 项，初步建成覆盖全产业链的渔业标准体系；建立了 62 个省级以上标准化示范区，初步形成了以国标为基础、行标为依托、省级地标为配套，逐步与国际接轨的水产品标准化体系，有效加强了水产品质量安全监管；加强食用水产品质量安全监管合作机制，与省食品药品监管局签署《加强食用水产品质量安全监管合作协议》，积极创建国家农产品质量安全县。

【惠渔民生工程落实】“十二五”期间，广东积极落实惠渔民生工程，完成渔民转产转业议案第二阶段任务，扶持建设渔民安居房5000户、现代渔业产业基地100个、渔民专业合作社193个。为1.39万艘渔船、3.42万名渔民发放休禁渔生活补助4500万元。为1万艘鱼船、10万渔民购买政策性保险。成功应对“尤特”“天兔”“蝴蝶”“彩虹”等超强台风及强降雨灾害，妥善应对和处置“9·29”台山渔民西沙海域遇险事件。2015年全省渔政执法队伍参与海难事故救助97起，救助渔民287人、渔船97艘，挽回经济损失约1000万元。省政府出台加强渔业安全生产管理的意见。加强远洋渔船安全生产管理，重点落实远洋企业主体责任。

【渔政执法力度加大】2011—2015年，广东全省共出动执法船24017艘次，出航30181天，执法快艇113229艘次，执法车辆84399辆次，执法人员650777人次，检查渔船652377艘次，查处渔船违规案件32186宗。开展清理取缔涉渔“三无”船舶、“绝户网”专项行动，共清理取缔涉渔“三无”船舶218艘、禁用渔具“绝户网”6929张，查处违法案件594宗。拓展执法协作空间。每年开展1次港澳联检，共同打击无证捕捞、走私等违法行为；签订合作协议，加强粤桂闽琼渔业执法协作机制；建立“珠中江打击非法捕捞联合执法机制”，增强区域合作，打击流窜式非法捕捞行为。积极推动两法衔接。2015年全省渔政队伍向公安机关移送涉嫌犯罪案件193宗，移送涉嫌犯罪人员321人，其中公安机关依法刑拘202人，有效破解暴力抗法、电炸毒鱼等“老大难”问题。起草移送涉嫌海洋渔业犯罪案件暂行规定、移送涉嫌犯罪案件类型及标准，拟联合省公安厅、省检察院出台海洋与渔业系统“两法衔接”指导意见。中国渔政44061船被省政府授予一等功；中国渔政44246船获国际海事组织“特别勇敢奖”。

第二篇　大事要闻

一、重要事件

建设广东海洋经济综合试验区

【概况】 2011年7月5日，国务院批复实施《广东海洋经济综合试验区发展规划》，确立广东海洋经济综合试验区的战略地位，即：提升我国海洋经国际竞争力的核心区、促进海洋科技创新和成果高效转化的集聚区、加强海洋生态文明建设的示范区、推进海洋综合管理的先行区。规划范围涵盖广东省全部海域和14个沿海地级以上市，海域面积41.9万平方千米，陆域面积8.4万平方千米，还将珠江三角洲地区的佛山、肇庆及环珠三角地区的粤北等相邻地区作为联动区。提出推进建设粤港澳、粤闽、粤桂琼海洋经济合作圈。规划提出到2015年全省海洋生产总值达到1.5万亿元，继续保持全国领先水平，基本建成海洋经济强省；到2020年全省实现建设海洋经济强省战略目标。2011—2015年，广东省海洋生产总值持续增长，年均增长率达13%，2015年全省海洋生产总值达1.5万亿元，同比增长11.5%，占全省地区生产总值的20.6%，海洋三次产业比例由2010年的2.4 ∶ 47.5 ∶ 50.1调整为1.6 ∶ 46.9 ∶ 51.5，提前实现《海洋规划》提出的海洋经济总量和海洋三次产业比例调整目标。

【试验区建设启动】 2012年8月20日，广东省委、省政府召开全省实施海洋经济综合试验区发展规划工作会议，省委书记汪洋主持并作重要讲话，省长朱小丹作会议主报告，启动广东海洋经济综合试验区建设。省委、省政府联合印发《关于充分发挥海洋资源优势　努力建设海洋经济强省的决定》，同时组织制订5个实施方案（《广东省发展临海工业实施方案》《广东省发展海洋新兴产业及海洋科技实施方案》《广东省发展滨海旅游业实施方案》《广东省集中集约用海实施方案》《广东省海洋生态保护实施方案》），涉及项目224个，总投资超万亿元。启动广州南沙、深圳前海、珠海横琴三大国家级滨海新区开发建设，加快推进珠海高栏港、汕头海湾新区、东莞长安港区、新会银洲湖、台山广海湾、阳江港吉树港区等区域用海获得国家批准，茂名滨海新区、中山翠亨新区、湛江东海岛临港工业区等区域用海加快推进。

【试验区建设督查】 广东省政府于2014年4—6月在全省开展海洋经济综合试验区建设进展专项督查，由省府办公厅、发改委、经信委、交通厅、海洋与渔业局等5单位领导带队，财政厅、商务厅、国土厅等14个部门人员组成的5个督查组，分别到沿海10个地级以上市进行了实地督查。为加快广东省现代海洋产业园区建设，促进海洋产业高端、集聚发展，组织起草《关于推进广东省海洋产业园区建设的意见》，编制《广东海洋经济综合试验区试点示范工程实施方案》，推动现代海洋产业园区建设。

【试点建设初步成效】 2012年8月至2015年底，试验区建设取得较好成效，提前实现国务院批复的《广东海洋经济综合试验区发展规划》提出的海洋经济总量和海洋三次产业比例调整目标。海洋经济成为沿海各市经济发展的重要增长极，促进海洋科技创新和成果高效转化的集聚区初见成效。三年来广东省获得国家海洋成果创新奖二等奖8项、省科技进步奖 19 项；海洋生态文明建设的示范区加快推进，沿海污水处理设施、海洋生态修复和海洋保护区建设走在全国前列；海洋综合管理先行区建设有序推进，初步形成深海工程装备产业集群。

【试验区建设进展】 按照 2015 年广东省政府工作报告提出“推进广东海洋经济综合试验区建设，大力发展临港经济，加强海洋资源开发，发展海洋航运”的要求，广东省海洋与渔业局推动海洋经济综合试验区建设，并结合广东自由贸易试验区以及“一带一路”发展战略，大力支持推进广州南沙新区片区、深圳前海蛇口片区、珠海横琴新区片区发展，做好海洋空间规划布局保障。加快广州南沙、深圳前海、珠海横琴三大国家级新区用海服务效率；进一步贯彻落实促进粤东西北地区振兴发展战略，推进建设湛江海东、茂名滨海、惠州环大亚湾、汕头海湾等 14 个沿海新区建设。重点推动珠江西岸的珠海、中山、江门、阳江市先进装备制造产业带建设，带动珠江西岸海洋工程装备制造等现代海洋产业集聚发展。促进粤东港口群发展，积极构建以汕头、潮州、揭阳三市为重点的粤东港口群发展，初步建立层次清晰的港口布局，促进临港产业特色发展。

【海洋产业园区建设】 2015 年，广东全省各类海洋新兴产业示范基地、产业园区有 50 多个，海洋产业逐步呈现集聚、集约和高端化发展态势。广州依托南沙港区壮大现代物流业，着力打造国际航运中心，建设世界级邮轮母港。深圳出台“创新链＋产业链”融合专项扶持计划，推进产学研用创新体系建设，加快海洋产业发展，利用招商重工、友联船厂和中集集团等大型海工装备龙头企业加快发展高端海工装备，积极打造世界海洋经济中心城市。以珠海为代表的珠江西岸船舶及海洋工程装备业发展迅猛，成为广东工业发展亮点。惠州大力发展石化产业，打造世界级石化基地，促进临海产业与海洋生态环境保护协调发展。汕头加快东部城市经济带建设，积极打造粤东海洋经济中心。阳江以高端旅游为主题，打造国际休闲旅游度假胜地。湛江打造环北部湾中心城市和“21 世纪海上丝绸之路”主要支点城市。突出发展战略性新兴产业，全省海洋略性新兴产业总产值超 500 亿元，逐步形成以广州、深圳为核心的海洋生物医药产业集群，以广州、珠海、中山为核心的珠江西岸海洋装备制造产业带，以湛江为核心的粤西海洋生物育种与海水健康养殖产业集群。

【基础设施建设加快】 “十二五”期间，《广东省海洋功能区划（2010—2020 年）》确定的海洋交通基础设施全面开工，加快建设沿海港口 5 万吨级以上船舶出海航道，广州港出海航道三期工程、珠海港高栏港区主航道扩建工程竣工。推进疏港和沿海公路建设，南澳大桥建成通车，虎门二桥、港珠澳大桥建设顺利推进。实施千里海堤加固达标工程，规划的 116 宗海堤加固达标工程中，截至 2015 年底，主体完工项目 5 宗、在建 43 宗，累计完成投资约 37 亿元。创建大亚湾全国海洋减灾示范区，核定全省 58 个岸段警戒潮位。开展重点保障项目精细化预报，深圳建成 15 个海洋气象浮标站。启动建设珠江口入海污染物自动在线监测系统。实施省级海洋预警报能力升级改造项目，柘林湾、大亚湾、流沙湾海洋观测浮标建成投入使用。惠州大亚湾建成全国首个国家级危险化学品应急救援基地。

建设海洋强省

【概况】 2011 年 7 月，国务院批准实施《广东海洋经济综合试验区发展规划》，为广东建设海洋强省带来了新的契机。2013 年 2 月，国家海洋局局长刘锡贵到广东开展调研，广东省提出建设海洋强省，得到肯定。2013 年 8 月，广东省委书记胡春华主持召开省委集中学习讨论会，围绕“实施海洋强国战略及广东海洋经济发展”进行专题学习。广东按照党的十八大关于“建设海洋强国”、习近平总书记视察广东重要讲话精神和全国海洋工作会议的总体部署，以率先探索海洋强省建设为总揽，以广东海洋经济综合试验区建设为平台，以落实《关于充分发挥海洋资源优势努力建设海洋经济强省的决定》和 5 个实施方案为抓手，优化海洋开发布局，构建现代海洋产业体系，建设海洋生态文明，争当海洋强国建设的主力省。

【海洋强国战略专题学习】 2013 年 8 月 30 日下午，广东省委书记胡春华主持召开省委常委集中学习讨论会，传达学习习近平总书记在中央政治局第八次集体学习时的重要讲话精神，围绕“实施海洋强国战略及广东海洋经济发展”进行专题学习。中国海洋石油总公司副总工程师、中国工程院院士曾恒一，国家海洋局海洋发展战略研究所副所长贾宇应邀作辅导报告，介绍世界及中国海洋经济的发展状况，阐述建设海洋强国方面的一些重大问题。胡春华强调，要扎实推进海洋强省建设，增创广东发展新优势；要大力发展海洋经济，形成具有国际竞争力的现代海洋产业体系；要切实加强对海洋工作的领导，把发展海洋经济摆上重要议事日程，务实推进建设海洋经济强省各项工作；要创新海洋资源开发机制，发挥海洋区划、规划的控制引导作用；要切实加强对海洋工作的领导，把发展海洋经济摆上重要议事日程；要组织开展海洋系列宣传，形成全社会关心海洋、认识海洋、经略海洋的舆论氛围。省委常委，省人大常委会、省政府、省政协领导同志，省法院、省检察院主要负责同志，以及省委有关部委、省直有关单位的主要负责人参加会议。

【海洋强省建设专题培训】 2014年，广东省政府工作报告部署“推进海洋经济强省建设，打造现代产业黄金海岸”，广东省各地积极推进传统优势海洋产业转型升级、大力发展海洋新兴产业、集聚集约发展临海产业。进一步优化珠三角优化发展区和粤东、粤西重点发展区的海洋经济空间布局。10月23日上午，广东省海洋与渔业局举行第12期“广东蓝色课堂”报告会，邀请国家海洋局海洋发展战略研究所所长、国际海洋法专家高之国作“建设海洋强国的思考”专题辅导报告，阐述了建设海洋强国、发展海洋经济、维护海洋权益等方面的重大问题。12月8—12日，广东省海洋与渔业局在中山大学举办2014年全省海洋渔业领导干部培训班，邀请国家海洋局海洋发展战略研究所副所长贾宇、中山大学海洋学院院长何建国、省政府发展研究中心副主任李惠武等专家为学员们授课，局长文斌以“我省海洋经济发展与海洋强省建设对策思路”为题进行授课。沿海各地级以上市海洋与渔业主管部门主要负责人，省海洋与渔业局机关处室（单位）主要负责人参加了培训。

【建设海洋强省研究活动】 2015年5月，中国科协和广东省政府联合主办的第十七届中国科协年会及主题系列活动，广东省海洋与渔业局联合省科协和中国科学院南海海洋研究所开展专项调研，并由南海海洋所张偲院士及其团队完成专题调研报告。5月7日在广州召开“南海海洋资源利用保护与广东建设海洋强省研究”专项调研专家咨询会，邀请国家海洋局第二海洋研究所金翔龙院士、潘德炉院士以及中国科学院南海海洋研究所、中国水产科学研究院南海水产研究所和珠江水产研究所、中山大学、广东海洋大学等科研院校专家学者，为南海海洋生物资源保护与利用、广东海洋强省与海上丝绸之路建设等议题建言献策。5月8日，省海洋与渔业局局长文斌率局班子成员及局机关有关处室、直属有关单位负责人赴深圳参观调研海洋科技创新工作，先后到中国国际海运集装箱（集团）股份有限公司、中兴通讯股份有限公司、清华大学深圳研究生院、深圳市海洋环境监测站现场考察，详细了解海洋工程装备、海洋现代服务、海洋科技通讯、海洋文化教育、海洋综合管理信息平台等创新驱动情况，并在有关企业、单位进行交流座谈，为促进海洋科技创新发展推动广东“一带一路”建设开拓新思路、寻找新突破。

建设“美丽海湾”

【概况】 2013年以来，广东组织编制“美丽海湾”建设总体规划，美丽海湾建设作为生态文明建设的重要内容，纳入省委、省政府决策部署，要求每个沿海城市都要建设若干个“美丽海湾”，打造一批生态优美、宜居宜游的海岸景观带。在组织编制广东省“美丽海湾”建设总体规划的基础上，率先在全国实施“美丽海湾”建设，为落实十八届五中全会提出的“蓝色海湾整治行动”进行了探索。推进湛江特呈岛、阳江海陵岛国家级海洋公园建设。制订海洋生态文明建设行动计划，加强国家级生态文明示范区建设，实施海洋生态文明建设市、县、镇三级联动工程，全省国家级海洋生态文明示范区达5个。制定省级海洋生态文明示范区管理办法和评价指标，建设省级海洋生态文明示范区，支持各地创新方式，建设海洋生态园区。

【“美丽海湾”建设现场会】 2013年12月26日，广东省“美丽海湾”建设现场会在潮州市饶平县召开，会议学习传达中共中央政治局委员、省委书记胡春华关于“美丽海湾”建设的重要指示精神，研究部署全省“美丽海湾”建设工作。会前，与会代表乘船参观了饶平县海域整治，深水网箱，生态修复工作情况。阳江、汕尾、饶平等地作典型发言。省海洋与渔业局局长文斌强调，“美丽海湾”建设是2014年海洋渔业系统的头等大事，要围绕规划建设管理主线，要像广东搞绿道，抓生态景观林带建设那样，全面推进美丽海湾建设工作，将“美丽海湾”建设这个民心工程办好办实。

【“美丽海湾”建设研讨会】 2014年1月6日，广东省海洋与渔业局在广州召开广东省“美丽海湾”建设专家研讨会，邀请国家海洋局第三研究所、中山大学、广东省城乡规划设计研究院等省内外知名院校、科研单位的专家参与研讨。专家们对“美丽海湾”的内涵、定义以及建设内容等方面进行探讨研究，并初步确定了“美丽海湾”建设及总体规划编制工作思路和做法。省海洋与渔业局局长文斌在会上传达了省委书记胡春华关于“美丽海湾”建设的指示精神，强调“美丽海湾”建设一定要做好顶层设计，高起点制定规划，做出亮点。2月8日，文斌轻车简从实地考察了广州市南沙区南沙湾，就推进“美丽海湾”建设工作进行了调研，加快推进全省“美丽海湾”建设。

【“美丽海湾”建设】 2015年，广东在组织编制广东省美丽海湾建设总体规划的基础上，编制完成《广东省“美丽海湾”总体规划实施方案》，要求每个沿海城市都要建设若干个“美丽海湾”，率先在全国实施“美丽海湾”建设，确定在汕头青澳湾、惠州考洲洋、茂名水东湾开展“美丽海湾”建设试点，下达补助资金9200万元，为落实十八届五中全会提出的“蓝色海湾整治行动”进行了探索。制定海洋生态文明建设行动计划，加强国家级生态文明示范区建设，惠州市和深圳市大鹏新区成为国家级海洋生态文明建设示范区，全省国家级海洋生态文明示范区达5个。制定省级海洋生态文明示范区管理办法和评价指标，建设省级海洋生态文明示范区，支持各地创新方式，建设海洋生态园区。

建设现代渔港

【概况】 2012年中央财政下达给广东渔港建设专项资金1.86亿元。广东利用该专项资金建成国家级中心渔港1个，在建国家级中心渔港、一级渔港13个,其中新建渔港7个，总投资1.14亿元。广东省海洋与渔业局于1月初召开视频会议部署全省渔港建设工作，省财政厅于2015年1月底经请示省政府同意安排11亿元，重点建设一批现代渔港和避风塘，这是广东渔港建设最大的一笔投入，超过了历年来渔港建设投入的总和。

【现代渔港建设部署】 2015年1月6日，广东省海洋与渔业局召开全省渔港建设视频会议，学习传达省领导关于加快渔港建设指示精神，研究部署渔港建设工作，沿海各市局还通过视频会议系统进行讨论交流。广东省海洋与渔业局局长文斌指出，省委、省政府高度重视现代渔港建设，并将其纳入省政府重要议事日程，全省海洋渔业系统要认真学习贯彻省领导的指示精神，下决心提早谋划，主动作为，加快建设一批高起点、高标准、防灾减灾能力强的现代渔港和区域性避风锚地。会议要求各市海洋渔业主管部门：积极主动向市委、市政府主要领导和分管领导汇报，争取地方政府重视，成立现代渔港建设协调机构，形成政府统筹部署、各部门合力推进的良好格局；认真做好渔港建设规划，积极申报项目计划；理顺体制机制，明确地方政府作为渔港建设的责任主体和建设主体，以及明确渔港经营主体、监管主体，解决“谁来建、谁来营、谁来管”等问题，实施渔港分级管理制度，加强渔港监管保护；积极探索填海造地建港，渔港项目海域使用金减免以及引导社会资金投资渔港建设等工作。

【现代渔港建设规划】 广东省海洋与渔业局针对渔港建设存在“港少、港小、港弱、港贫”等突出问题，大力推进现代渔港建设，加强与现代渔港建设各会办单位合作，细化提案办理工作方案，确保现代渔港建设落到实处。一是制定并实施《广东省现代渔港建设总体规划（2015—2025年）》；二是争取省政府出台《关于加快现代渔港建设的若干意见》；三是完善《广东省现代渔港建设改革试点实施方案》，启动现代渔港改革试点建设；四是完善现代渔港建设配套政策，保障渔港建设用海用地，简化渔港项目审批环节；五是加大现代渔港建设投入，加强现代渔港建设公益性设施建设，建立现代渔港建设多渠道投入机制。

【现代渔港建设项目】 广东省海洋与渔业局与省财政厅通力协作，2015年联合制定《广东省现代渔港建设项目实施方案》，由省财政厅牵头组织项目申报、材料评审和现场考核，提出现代渔港建设补助资金安排方案并报省政府同意，确定扶持建设北部湾遂溪乐民避风港、台山烽火角避风塘等2个区域性避风锚地，每个项目补助6000万元；扶持建设湛江市硇洲、阳江市闸坡、惠来县神泉等3个示范性渔港，每个项目补助2亿元；扶持建设湛江市通明和草潭、阳江市溪头、南澳县后江等4个二级渔港，每个项目补助5000万元；扶持建设湛江市王村、徐闻县角尾港门等2个三级渔港，每个项目补助800万元；这11个项目，共安排补助资金9.36亿元，于12月分2批下达。省海洋与渔业局成立渔港建设领导小组及其办事机构，建立局领导“分工包干”渔港建设制度；与有关市政府签署责任书，明确责任和任务。到2015年底，完成现代渔港建设总体规划和现代渔港建设标准编制，海门中心渔港、崖门一级渔港等完成竣工验收，47个重点渔港视频监控系统建成并投入使用。

实施《广东省海洋功能区划》

【概况】 2012年11月1日，国务院批复同意《广东省海洋功能区划（2011—2020年）》，到2020年，全省建设用围填海规模控制在2.3万公顷以内，海水养殖功能区面积不少于25万公顷，海洋保护区面积不少于59万公顷，保留区占近岸海域面积比例不低于10%，大陆自然岸线保有率不低于35%，整治修复海岸线长度不少于400千米，近岸海域功能区的海水水质、海洋沉积物质量、海洋生物质量监测达标率达到90%以上；围填海等改变海域自然属性的用海活动得到合理控制，渔民生产生活和现代化渔业发展得到保障，海洋生态环境质量明显改善，海洋可持续发展能力显著增强。这为广东经济发展提供了重要空间。

【公布海洋功能区划】 2013年2月1日，广东省政府举行新闻发布会，正式对外公布《广东省海洋功能区划（2011—2020年）》，树立了功能区划的权威性。作为海域使用管理的法定依据，新版《区划》将广东海域划分为14个管理海域，明确每个管理海域的主导功能、重点区域、产业方向和重点保护对象等内容。根据海洋基本功能分区及管理要求又将沿海划出农渔业区、港口航运区、工业与城镇用海区、矿产与能源区、旅游休闲娱乐区、海洋保护区、特殊利用区、保留区等8个一级类功能区。启动市县级海洋功能区划编制。按照“守海有责”的要求，坚持以海域法为准绳，以海洋功能区划为依据，从海域使用论证、海洋环评、海域动态监管等环节入手，全面强化海域使用管理工作。加强海域使用动态监视监测，开展无人机航拍和高精度卫星遥感监测，加大监测频率，提高监测精度。

【实施海洋功能区划】 2013—2015年，广东省按照《国务院关于广东省海洋功能区划(2011—2020年)的批复》提出“到2020年，全省建设用围填海规模控制在2.3万公顷以内，海水养殖功能区不少于25万公顷，海洋保护区面积不少于59万公顷，保留区占近岸海域面积不低于10%，大陆自然岸线保有率不低于35%，整治修复岸线不少于400千米”，编制了《市县级海洋功能区划控制性指标分解方案》，对全省大陆自然岸线保有率、保留区面积等7项指标进行了细化分解。加快推进市县级海洋功能区划编制，全省14个沿海市均已开展本行政区域内的海洋功能区划编制。江门、广州、中山、惠州、汕头、潮州、东莞等7市已完成海洋功能区划专家评审，广州、江门、中山、汕头、惠州、潮州等6市海洋功能区划通过当地政府审核，已上报省政府审批。严格监督实施《广东省海洋功能区划》。2015年对50个用海项目进行了区划相符性审查，严格把好海洋功能区划实施关。根据地方经济社会发展需要，开展中广核惠州核电项目海洋功能区划调整工作，对惠州核电项目用海选址位置进行区划调整现场踏勘工作，组织召开修改海洋功能区划方案专家论证会，由省政府上报国务院审批。

【海洋主体功能区规划】 国务院于2015年8月批准实施《全国海洋主体功能区规划》，广东省政府提出“请省海洋与渔业局会同省发展改革委等有关部门认真研究制订我省海洋主体功能区规划”的要求，省海洋与渔业局完成《广东省海洋主体功能区规划》初稿的编制工作，经征求沿海市政府及省直有关部门意见后修改完善，与《全国海洋主体功能区规划》进行了衔接，将可细化、创新的内容体现在《广东省海洋主体功能区规划》中，在湾区开发指引、生态发展及重点生态保护岛群、禁填区和限填区的选划等方面突出具有广东特色的内容，增强规划的实用性和可操作性。

加强海岛管理

【概况】 2011年，广东省有60个无居民海岛列入全国首批开发利用无居民海岛名录，成为全国列入首批开发利用无居民海岛最多的省份。《广东省海岛保护与利用规划》率先通过全国海岛保护规划专家审查委员会审查，《广东省无居民海岛使用申请审批试行办法》经省法制办审查后上报省政府审批。组织开展无居民海岛摸底调查，建立海岛基础资料库，完成全省首个无居民海岛（徐闻二墩岛）命名立碑工作。组织开展无居民海岛专项执法，巡查海岛1286个。2012年省政府批准印发《广东省适用〈国家海洋局无居民海岛使用申请审批实行办法〉具体程序》。珠海市大、小三洲岛成为《海岛保护法》颁布实施以来，广东省首批获准开发的无居民海岛。组织编制《广东省无居民海岛整治修复保护规划》《海域海岛标准名录(广东分册)》。2014年，制定《广东省招标拍卖挂牌出让无居民海岛使用权管理办法》，建立涉及海岛的自然保护区21个，涉及海岛216个，占全省海岛总数的15.1%；当年12月，广东省海洋与渔业局联合省旅游局召开第一次全省海岛管理工作座谈会。2015年，两局联合于9月18日印发经省政府同意的《关于切实加强海岛保护有序发展海岛旅游的意见》，并于12月召开全省海岛管理暨旅游工作座谈会。

海岛管理工作详见第五篇三、海岛管理（P149）。

【海岛管理机构组建】 2012年5月，广东省编办批复同意省海洋与渔业局海域与海岛管理处更名为海域管理处，增设海岛管理处，增加行政编制4名，增加正、副处级领导职数各1名。2013年，省级海岛管理机构启动运作，开展海岛普查，编印海岛地名志，树立岛碑424个，开展“十大美丽海岛”评选活动，网民反响热烈，海岛管理工作得到加强。广东省海洋与渔业局于2012年6月26—27日在深圳市举办了全省海岛管理培训。沿海各市分管海岛工作领导、科（处）长、海岛大县的分管领导共50多人参加了培训班，采取了授课与现场考察相结合的方式，国家海洋局海岛管理司司长，国家海洋技术中心及海洋一所、海洋二所的知名专家，结合国际国内海岛开发利用案例进行授课。这次的海岛培训对今年的海岛管理工作产生重要的指导和推动作用。

【海岛保护与开发管理】 2012年1月，广东省人民政府颁布《广东省海岛保护规划》，以加强海岛生态保护、改善人居环境，规范海岛开发秩序为目标，为海岛的保护、开发、建设和管理提供依据，进一步拓宽广东省海洋经济发展空间。2014年，组织实施深圳小铲岛、内伶仃岛、东莞威远岛、阳江南鹏岛、江门下川岛、汕头南澳岛、湛江北莉岛、六极岛等8个海岛生态修复整治项目。完成全省1973个海岛地名普查与现场调查工作任务，编制《广东省海岛地名志》和《广东省海岛名录》，在464个海岛上设置海岛名称标志。开展海岸带海岛整治修复，2015年国家下达广东海域海岛生态修复项目资金2.73亿元，推动珠海三角岛开发试点和汕尾龟龄岛生态保护与修复项目，实施深圳小铲岛、内伶仃岛等多个海岛生态修复整治项目，逐步恢复海岛自然资源及生态景观。完成全省7个领海基点保护范围选划工作，在佳蓬列岛、围夹岛安装视频监控系统。建立无居民海岛使用金评估规范，编制无居民海岛使用金市场化评估技术标准。

【海岛旅游发展有序】 “十二五”期间，广东省有序发展海岛旅游，促进海岛地区经济社会发展。广东省海洋与渔业局、旅游局联合组织力量开展全面的海岛旅游资源普查，基本摸清全省海岛旅游资源情况，于2015年编撰出版了《广东省海岛旅游资源》，为广东科学发展海岛旅游提供参考依据。经省政府同意，省海洋与渔业局联合省旅游局2015年9月18日印发《关于切实加强海岛保护有序发展海岛旅游的意见》，以建设生态文明为主线，进一步规范海岛旅游开发，按照“一岛一规划，一岛一主题，一岛一特色”模式，将广东省主要海岛打造成为国家乃至世界的滨海旅游重要目的地；并于12月21日在珠海市召开全省海岛管理暨旅游工作座谈会，以加强海岛保护，发挥海岛旅游资源优势，促进海岛地区经济社会可持续发展。

举办中国海洋经济博览会

【概况】 广东省人民政府于2010年12月底在湛江成功举办“首届广东海洋经济博览会”后，计划于2012年在广州举办第二届广东海洋经济博览会。在筹办中得到国家海洋局支持，升格为“2012中国海洋经济博览会”（简称“中国海博会”），由国家海洋局和广东省政府联合主办，国家海洋局宣教中心、省海洋与渔业局、省商务厅、广州市政府共同承办，两年举办一届，在广东沿海轮流举办。2012年在广州成功举办后，湛江市政府要求承办“2014中国海洋经济博览会”，获得批准。在筹办中要求将中国海博会永远定点在湛江，每年办一届。中国海博会是中国唯一的国家级综合性海洋博览会，到2015年已连续举办3届。中国海博会采取“政府主导、市场化方向、公司化运营”的运作模式和“企业、行业协会、科研院所”协同参与的组织形式，走专业化、市场化、国际化道路，邀请海洋产业相关的国内外知名企业、行业协会、经贸团体、科研院所及国内外著名滨海城市参加，共同开辟一个充分展示中国乃至世界海洋经济发展前沿成果的窗口，搭建一个推动国内乃至国际间海洋产业交流合作的平台。海博会引起社会的广泛关注，被誉为“中国海洋第一展”。

【2012中国海洋经济博览会】 2012年12月13—15日，中国海洋经济博览会在广州琶洲国际会展中心举行。中共中央政治局委员、省委书记汪洋，省长朱小丹和国家海洋局局长刘赐贵、副局长王宏等领导出席开幕式，国家海洋局12个直属单位、沿海各省市区和计划单列市、省内沿海各地级以上市都组成代表团参加。此届海博会以、海洋科技、海洋生态环保、海洋维权等方面集中展示了中国海洋传统产业不断提升、海洋现代产业逐步壮大、海洋新兴产业加快培育的巨大成就。如国家馆展出1∶1比例的“蛟龙”号深潜器模型成为全场焦点；广东馆南极企鹅吸引成千上万人排队参观；中国自主设计建造的“981”钻井平台模型、广东海域沙盘、港珠澳大桥模型、波浪能发电装置、无人驾驶飞机、深水网箱等模型和珠海4D海洋宣传片吸引许多观众的目光，展示海洋事业的发展成果。此届海博会招商平台促成项目投资与贸易项目198个，项目成交额为930亿元，其中现场签约项目30个，签约总金额为724亿元。海博会期间，入场参观观众达15万人次，场面热闹非凡，特别在长隆集团、珠海海洋四维电影前，等候观众排成长龙。组委会原计划15日14时闭馆，应观众要求闭馆时间推迟到15时。

给社会观众形象生动地普及了海洋知识，对于提升全社会海洋意识发挥了积极作用。

【2014 中国海洋经济博览会】2014 年 12 月 3—7 日，中国海洋经济博览会在湛江市举办。全国政协副主席罗富和出席开幕式，广东省省长朱小丹、国家海洋局副局长张宏声等在开幕式上致辞。本届海博会以“湛蓝海洋，铸梦远航”为主题，全面展示海洋能源、海洋渔业、海洋工程装备、海洋军事、海洋生态环境保护、海洋工程装备、海洋旅游等领域前沿成果，并举行投资说明会、推介会、专业论坛等商贸交流活动。来自美国、俄罗斯、荷兰、巴西、新加坡、意大利、韩国、以色列等 32 个国家以及中国国内 1300 家企业和团体参加海博会，其中境外企业和机构 86 家，高新技术企业 110 多家。达成交易成果或合作意向金额 210 多亿元，

海博会打破传统布展模式，改为以区域为轴线，产业为板块，产品为纽带，以产业和产品的关联性为依据划分展区，共设置国家馆、海洋主题馆、海洋渔业馆、海洋军事馆和国际馆等 5 大展馆及舰艇展示区。同时打破室内展览局限，依托优美的湛江湾，邀请大型游艇公司承办游艇展，设置海上运动休闲区和舰艇性能演示展区等。海博会展览面积达 21.5 万平方米，其中陆地面积 9 万平方米、海上面积 12.5 万平方米。

海博会上展出的“蛟龙”号潜水器 1 ∶ 1 模型、歼 10 战机、“981”钻井平台模型、水陆坦克、巨型金枪鱼、还有按南宋古沉船“南海Ⅰ”号 1 ∶ 1 比例设计建造的仿古船等大批顶级展品广泛吸引了社会公众的参观。同时展会还重点推介广东、湛江本地和国内外特色美食、旅游产品，开设休闲集市，受到群众的广泛青睐。据不完全统计，海博会共吸引 2.1 万名专业观众前来考察洽谈，观展总人数超过 30 万人次。

【2015 中国海洋经济博览会】2015 年 11 月 26—30 日，中国海洋经济博览会在湛江举办，以“创新驱动，合作共赢”为主题，设置国际馆、国家馆、产业馆、军史馆，以及旅游文化区、商品展销区、国际美食区等“四馆三区”，共吸引了 43 个国家和地区的 2100 多家企业参展，集中展示海洋能源、海洋船舶、海工装备、海洋科技、海洋生物、海洋环保、现代渔业、海洋文化、海洋旅游、海洋军工等板块的产业技术与产品，展示我国和世界海洋经济发展的前沿成果，搭建推动国内外海洋产业交流合作的平台。中国海洋科考的“三龙体系”（“蛟龙”号、“潜龙一号”、“海龙”号）以及“海洋二号”卫星等先进设备，“981”钻井平台、“龙宫”号深海空间站实验平台等高新技术海洋工程也在本届博览会上亮相。英国、法国、德国、塞舌尔、以色列、新加坡等“一带一路”相关国家纷纷参展。意大利、斯里兰卡、泰国、韩国、美国、加拿大、新西兰、澳大利亚等多国客商踊跃组团参展参会，前来考察洽谈，寻找合作机会。达成交易和合作意向 300 多亿元，参展企业、参观人数和签约项目、金额都超过往届。博览会期间，还举办“中国海洋创客节”，展示国内外创新创意成果，来自各地的百余名“创客”将同台“晒创意”，把活动变成“创意的海洋”。

评选广东美丽海岛海岸

【概况】2014 年 2 月 28 日，广东省海洋与渔业局联合南方报业传媒集团开展的广东“十大美丽海岛”评选活动启动。同时，编撰出版了大型画册《梦圆无人岛》和《广东十大美丽海岛》，向社会展示了广东海岛的风情风貌。2015 年 1 月 9 日，国家海洋局宣传教育中心主办全国“十大美丽海岛”评选活动。广东省南三岛、特呈岛、海陵岛、上川岛、下川岛等 5 个海岛入围前 20 名，湛江的南三岛和阳江的海陵岛入选全国“十大美丽海岛”。2015 年，举行“广东美丽海岸魅力海岛系列活动”，其中一项是首届广东省“十大美丽海岸”评选。该系列活动中的另一项是“广东美丽海岸魅力海岛”摄影比赛结果也在 2015 年 9 月的媒体会上揭晓，18 幅佳作从 532 名参赛者拍摄的近 1300 幅图片中脱颖而出，分获“美丽海岸”和“魅力海岛”两个组别的一、二、三等奖。

【“十大美丽海岛”评选】2014 年 2 月 28 日，广东省海洋与渔业局联合南方报业传媒集团开展广东“十大美丽海岛”评选活动启动。评选活动历时 3 个月，以“公开透明、真实公正”为原则，主要从参选海岛的形态、自然资源、人文资源、生态独特性和沙滩等重要岸线的质量、规模等情况进行综合评价。通过内部初评、网络海选、专家评审和工作组投票环节，最终评选出阳江海陵岛、茂名放鸡岛、江门上川岛、江门下川岛、湛江南三岛、惠州大辣甲岛、汕尾遮浪岩岛、珠海庙湾岛、汕头南澳岛、深圳内伶仃岛等 10 个海岛为广东“十大美丽海岛”，并在 6 月 8 日“世界海洋日暨全国海洋宣传日”活动中向社会公布。同时，编撰出版了大型画册《梦圆无人岛》和《广东十大美丽海岛》，向社会展示了广东海岛的风情风貌。此次评选活动，参与投票人数达 330 多万人次，1100 万票次。

【“十大美丽海岸”评选】2015 年，

广东省海洋与渔业局于9月10日召开的媒体会宣布：正式启动首届广东省“十大美丽海岸”评选活动。从即日起，公众可在主办方指定网站上传心目中美丽海岸的有关资料。10月1—31日，网友推荐排名靠前的15处候选海岸将与官方推荐的15处海岸一起，接受网络投票。经过后续的专家评审等环节，最终产生广东省“十大美丽海岸”。10处入选海岸将在11月底在湛江举行的2015中国海洋经济博览会上集中展示和推介。在征集的27个候选海岸中，10月举办了为期一个月的网络投票，11月进行专家评审和工作小组投票。11月26日，在2015年中国海洋经济博览会上举行广东“十大美丽海岸”授牌仪式。汕头市青澳湾、汕尾市遮浪半岛海岸、惠州市巽寮湾、深圳市西涌海岸、深圳市大小梅沙海岸线、珠海市东澳岛玲玎海岸、江门市王府洲、阳江市大角湾、茂名市中国第一滩、湛江市金沙湾10个海岸入选。首届广东省“十大美丽海岸”评选活动是“广东美丽海岸魅力海岛”系列活动的其中一项，另一项“广东美丽海岸魅力海岛”摄影比赛结果也在9月的媒体会上揭晓，从532名参赛者拍摄的近1300幅图片中脱颖而出的18幅佳作，分获“美丽海岸”和“魅力海岛”两个组别的一、二、三等奖。

【“广东十大最美湿地”半数在海边】 2015年11月6日，首届“广东最美湿地”、影像湿地摄影大赛媒体发布会在广州南沙湿地召开，南沙滨海湿地景区等10个湿地荣获“广东最美湿地”称号。这次评选出的“广东十大最美湿地”，属于海边的有南沙滨海湿地景区、深圳福田红树林湿地、湛江红树林国家级自然保护区、惠东海龟国家级自然保护区、珠海淇澳—担杆岛省级自然保护区等5个，占了一半。广东是全国湿地资源最丰富的省份之一，全省湿地面积175万公顷，占全省国土面积的10%。已建湿地保护区165个、湿地公园95个，湿地保护率达50%，湿地公园（保护区）和湿地保护率分别位居全国第一、第二位。

实行珠江禁渔期制度

【概况】 国家农业部决定从2011年4月1日起在珠江流域实行两个月的禁渔制度。3月17日，广东省政府召开会议，部署珠江禁渔工作。沿江地方政府也相继召开了专门会议。按照《农业部关于实行珠江禁渔期制度的通知》精神，制定了《广东省珠江禁渔期制度实施方案》，经省政府同意印发全省珠江流域县以上人民政府和省直有关单位。“实施方案”明确了珠江流经广东的8个入海河口禁渔水域的划界。全省各地充分利用电视、广播、报纸、网络、手机短信等方式，向沿江地区渔民群众宣传珠江禁渔，组织宣传队进渔村、下渔船、访渔民，营造珠江禁渔良好的社会氛围，使禁渔工作得到广大渔民群众的理解和支持。为帮助渔民解决禁渔期生活上的实际困难，推动珠江禁渔这一惠民惠渔政策落到实处，佛山、惠州、中山、清远、珠海、肇庆、云浮7市和番禺区政府，先后落实了对禁渔渔民的生活补贴。各级渔业主管部门积极开展送温暖活动，将大米、食用油等生活物资送到困难渔民手中，有效保障了沿江渔区社会稳定。

【2011年珠江流域禁渔】 4月1日上午，“2011年珠江禁渔期启动暨同步执法行动仪式”在广东省肇庆市举行。这次活动由农业部渔业局和中国渔政指挥中心主办，珠江流域渔业管理委员会、广东省海洋与渔业局、肇庆市人民政府承办。中国渔政307等9艘渔政船艇从肇庆市码头起航，编队开展禁渔统一执法行动，标志着2011年珠江流域禁渔全面启动。珠江流域各地渔业主管部门代表、渔民代表、各界群众共350人参加启动仪式。仪式结束后，开展放流鱼苗活动，现场共放流青、草、鲢、鳙等主要经济鱼类320万尾。

2011年是珠江实施禁渔期制度的第一年。珠江禁渔共涉及广东省内广州、中山等13个市，禁渔范围包括西江、东江、北江流域等江段共5227.67千米，涉及渔船11229艘，渔民35885人，渔船集中停泊点219个。禁渔期间，广东省渔政队伍共出动渔政船艇3784艘次，执法车辆2762辆次，执法人员16456人次，检查渔船3993艘次，查处电、炸、毒鱼案件6起，没收违规渔船6艘，取缔了一批违规网具。

【2012年珠江流域禁渔】 4月1日，珠江第二次禁渔开始实施。此次禁渔从4月1日中午12点整至6月1日12点整。广东省珠江流域应禁渔渔船共9333艘，涉及渔民22664人。截至2012年4月1日12时，全省13个地级以上市共回港禁渔渔船9333艘，在232个停泊点停泊，所有渔船100%在指定水域停泊禁渔。为增强禁渔成效，2012年继续扩大禁渔范围，禁渔江段总长度达5365千米，湖库面积1300多平方千米。

【2013年珠江流域禁渔】 4月1日12时至6月1日12时为珠江流域第三次禁渔期，广东省境内珠江流域的干流、重要支流和通江湖泊内禁止捕捞作业。据统计，广东省禁渔渔船共9401艘，功率共80660.69千

瓦，涉及渔民27799人。各地禁渔秩序良好，渔区社会稳定，成效较为显著，珠江禁渔期制度得到全面、平稳、有效实施，第三次禁渔取得圆满成功。各级渔政队伍在两个月的禁渔期中，开展水上、陆上行动2741次，出动车船艇4355（辆）艘次，参加行动的渔政执法人员8993人次，查获违规捕捞船213艘次，取缔迷魂阵及其他违规渔具279起，没收电鱼具91套，没收渔获物4401.65千克，查处电炸毒鱼案件51起。省政府决定从2013年起每年安排专项资金，用于补助全省受禁渔影响的渔民，内陆渔民在禁渔期将获得禁渔补贴1100元。各级政府将3402位渔民纳入低保，投入补贴或救济金190.55万元。

【2014年珠江流域禁渔】 4月1日12时，一年一度的珠江禁渔开始，至6月1日12时，为期两个月，禁渔水域范围包括珠江在广东的干流、重要支流及通江湖泊。全省渔业部门在各个渡口、码头、渔船停泊点等地点竖立警示牌，明确警示珠江禁渔时间、范围及法律责任。省政府统筹安排专项资金妥善解决禁渔期间渔民生产生活困难问题。各级党委、政府也采取有效措施，多渠道筹集资金，为渔民群众排忧解难。各级海洋与渔业主管部门和渔政执法队伍切实加强执法监督检查，有效维护了秩序。禁渔期间全省水产品市场供应基本正常，群众“菜篮子”并未受到明显影响，渔区经济社会保持稳定。渔政机构顺利完成珠江禁渔执法任务，禁渔期间，开展执法行动3670次，查获违法案件1106宗。

【2015年珠江流域禁渔】 从4月1日12时开始，珠江在广东、广西、贵州、云南、江西、湖南6省（区）的干流、重要支流及通江湖泊进入禁渔期，这是珠江流域第5年实施禁渔期制度。广东省在2015年珠江禁渔期间组织开展“三大行动”：一是开展同步执法行动，组织渔政船艇和执法力量对相关重点水域开展执法检查，全年共出动执法船3222艘次，出航4678天，执法快艇18069艘次，执法车辆15374辆次，执法人员119950人次，检查渔船89233艘次，查处渔船违规案件2964宗，罚款1530万元；二是组织开展清理取缔涉渔“三无”船舶、“绝户网”专项行动，共清理取缔涉渔“三无”船舶218艘、禁用渔具6929张，查处违法案件594宗；三是开展大规模水生生物资源增殖放流活动，配合以严格的禁渔期执法管理，确保增殖放流和生态养护取得更好的效果，加快恢复水生生物资源，修复水域生态环境，保障水域生态安全。为期两个月的2015年珠江流域禁渔期结束后，渔民恢复捕捞生产。不少老渔民表示，禁渔虽有“阵痛”，但利于珠江流域渔业资源休养生息，效果有目共睹。

建设21世纪“海上丝路”

【概况】 建设丝绸之路经济带和21世纪海上丝绸之路（简称“一带一路”）是中国构建全方位开放格局的重大战略部署。广东作为“改革开放先行区”和经济大省、海洋经济试点省，积极参与“一带一路”建设。以海洋经济合作为突破口，努力推动广东与沿线国家和地区在海洋领域的合作。广东海洋旅游业全国领先、海洋油气业蒸蒸日上、海洋交通运输业居全国前列、海洋渔业不断转型升级，海洋产业的门类齐全、结构较为完善、具有较好的比较优势，长期以来一直致力于加强与东盟、南太等“一带一路”沿线国家在海洋与渔业方面的交流合作，共同推动海洋经济可持续发展，取得了良好的成效。来自广东省商务厅和海关总署广东分署的数据显示，2014年，广东对“一带一路”特别是其中的海上丝绸之路沿线国家和地区贸易总额超过1.1万亿元，创下历史新高，同比增幅达15.5%。随着广东外贸规模不断扩大、外贸质量不断提升，广东与海上丝路沿线国家和地区的经贸持续快速增长，2001—2014年的13年间，年均增速高达15.3%。

【海上丝路建设研讨】 2014年1月13日，广东省在广州召开21世纪海上丝绸之路建设暨《中国南海文化丛书》学术研讨会，探讨中国海上丝绸之路建设的重要意义，并为广东如何借力海上丝绸之路建设进一步经略海洋，充当中国海洋事业排头兵提出了丰富的意见与建议。广东省海洋与渔业局局长文斌表示，21世纪海上丝绸之路建设更是广东省建设海洋文化、提升文化软实力、增强区域综合竞争力的重要举措。专家们纷纷表示，要持续发掘海上丝绸之路文化，全方位发挥海洋文化软实力，借海上丝绸之路的建设，向全世界展示“中国梦”的魅力与内涵。而广东凭海而立，是中国海上丝绸之路的始发地，是当今中国的第一经济大省，更应该在海上丝绸之路的建设上走在前面。

2015年1月，中国海洋工程咨询协会广州举行“21世纪海上丝绸之路与资源开发”研讨会，与会专家学者围绕海上丝绸之路的历史、战略定位、海上通道建设、实现渠道等进行了探讨，并提出发展港口经济、构建南海合作开发数据库和“海上丝绸之路”数据库共享平台等建议。6月5日，广东省海洋与渔业局联合省发展和改革委员会、中山大学在广州召开“广东与21世纪海上丝绸之路”研讨会。会上，中山大学“21世纪海上丝绸之路研究院”宣布正式成立。

【广东与丝路沿线国家合作】 广东省通过出访考察、接待来访、举办经贸洽谈会、签订合作备忘录等形式，积极与海上丝绸之路沿线国家构建合作机制。省海洋与渔业局先后与马来西亚、印度尼西亚、菲律宾和文莱等国建立了形式多样的交流与合作，在上述国家多次举办渔业商务论坛和渔业经贸合作交流会。与文莱、菲律宾等国家渔业局签订渔业合作备忘录。成功承办多期东盟和太平洋岛国养殖技术培训班，培训东盟和太平洋岛国渔业管理和水产技术人员200多人次。充分发挥广东在水产养殖技术、市场贸易等方面的比较优势，加强与文莱、马来西亚、菲律宾等国政府及企业的渔业交流与合作，推进实施渔业“走出去”，重点加强与东盟地区相关国家在海上网箱和岸上设施养殖，以及良种繁育、养殖生产、饲料加工、渔药及疫病防治、产品质量检测等方面的投资和合作。积极推进发展远洋渔业，2015年，全省共有18家远洋渔业企业派出189艘远洋渔船在国外或公海生产，执行远洋渔业合作项目26个，总捕捞量5.5万吨，总产值9.6亿元。积极组织申报2015年中国—东盟海上合作基金项目，“中国—东盟现代海洋渔业技术合作与产业化开发示范项目”获得正式批准并组织实施。

【海峡两岸共建海路】 2014年8月26日，“海峡两岸海洋经济合作交流会”（简称“交流会”）在广东省汕头市开幕，交流会主题为“加强海峡两岸海洋产业合作，共建21世纪‘海上丝绸之路’”，以“海”为媒，既突出对台味道，又彰显涉海色彩。交流会由广东省政府、国务院台湾事务办公室和国家海洋局联合主办，汕头市政府、省政府台湾事务办公室和省海洋与渔业局共同承办，广东省省长朱小丹，国务院台办副主任叶克冬，国家海洋局党组成员、纪委书记吕滨，台湾海基会董事长林中森出席交流会并致辞。国家和省有关部门、广东省21个地级以上市负责人、签约企业代表和海峡两岸嘉宾，共约700人参加交流会，涵盖了台湾政界、工商界、科技界、新闻界等多个领域，特别是重点邀请了台湾地区政要和有实力的台商、台商协会和行业协会，以及一批岛内有产业投资意向的企业负责人。会期3天，共达成合作项目100多个，总金额167.3亿元人民币。

【海上丝路国际博览会】 2014年10月31日至11月2日，“广东21世纪海上丝绸之路国际博览会”（以下简称“海博会”）在东莞市广东现代国际展览中心举行，这是根据省委省政府的部署，经中国贸促会审批，广东省贸促会主办的。“海博会”吸引了泰国、印度、阿联酋、波兰等42个国家和地区参展，1015家境内外企业共设置了2040个展位；项目签约方面，共达成签约项目451个，涉及签约资金1747亿元，其中超亿元项目达179个，取得了圆满成功，为贯彻落实国家“一带一路”发展战略部署，搭建广东与海上丝绸之路沿线国家全方位合作新平台。

2015广东21世纪海上丝绸之路国际博览会于10月29—31日举办由展览和主题论坛两个部分组成。主题论坛“港口城市发展合作高端论坛”于30日下午在广州白云国际会议中心举办，邀请了海上丝绸之路沿线国家（地区）政要、商界领袖、港口管理机构官员、国内外知名专家学者、国际组织负责人等近1000人，通过开展主旨发言、合作对话会等方式，解读国家战略，探讨互联互通，交流发展经验，商谈合作机会。本届海博会展览活动吸引了国内外1394家参展商参展，展位2800个。50个国家和地区参展，设38个具有异域风情的国家（地区）馆，展示沿线国家的产业特色。展览期间，入场观展、采购的人员达10.82万人次，其中专业采购商2.13万人次。共达成签约项目680个，涉及签约资金2018亿元。

建设国家级自然保护区和海洋公园

【概况】 2012年2月广东省政府通过《广东省海洋特别保护区管理规定》，全省已建立了特呈岛和海陵岛2个国家级海洋特别保护区（海洋公园）。雷州乌石国家级海洋公园获得国家批准。4月，广东省率先在珠海横琴新区启动创建国家级海洋生态文明示范区活动，取得良好的社会反响。开展珠海横琴、湛江流沙湾等12个生态修复和海岛整治项目。湛江、汕尾、潮州等地投入7亿元开展港湾整治，成效显著。2015年，组织编制《广东省海洋生态文明建设行动计划（2015—2020年）》，至2015年底，全省共建成99个海洋渔业保护区，包括78个自然保护区、16个国家级水产种质资源保护区、4个国家级海洋公园和1个海洋特别保护区。

【海洋自然保护区】 2012年2月省政府通过《广东省海洋特别保护区管理规定》，2013年颁布《广东惠东海龟国家级自然保护区管理规定》，以惠东海龟国家级自然保护区为代表的保护区工作纳入法制管理轨道。2014年，推动海洋与渔业保护区划建升级，广东珠江口中华白海豚国家级自然保护区、广东江门中华白海豚省级保护区和厦门珍稀海洋物种国家级自然保护区、广西壮族自治区合浦儒艮国家级自然保护区签署协议，成立中华白海豚保护联盟，构建和完善中华白海豚保护网络，共同推进中华白海豚物种保护。至2015年底，全省共建成78个自然保护区。

【国家级海洋公园】 2012年，广东省已建立特呈岛和海陵岛2个国家级海洋特别保护区（海洋公园）。雷州乌石国家级海洋公园获得国家批准。2014年3月，国家海洋局批准广东南澳青澳湾申报国家级海洋公园项目。青澳湾位于南澳岛东侧，海湾三面环山，一面临海。湾长2400米，状似新月，海底坡度平缓，沙质洁白柔和，海水清洁无污染。拟建的南澳青澳湾国家级海洋公园总面积1246公顷，其中海域面积1182公顷，海岛面积64公顷，包含岸线6634米，分为重点保护区、适度利用区、生态与资源恢复区和预留区，将分梯次保护开发，实现海洋资源与环境的可持续利用、发展。国家海洋局要求广东省海洋与渔业局，会同保护区所在地政府尽快组织落实管理机构和建设管理经费、制定实施有关规章制度和总体规划，加强海洋生态环境保护，探索海洋资源可持续开发利用的有效途径。至2015年底，全省共有4个国家级海洋公园。

【海洋生态文明示范区】 2012年4月，广东率先在珠海横琴新区启动创建国家级海洋生态文明示范区活动，取得良好社会反响。开展珠海横琴、湛江流沙湾等12个生态修复和海岛整治项目。湛江、汕尾、潮州等地投入7亿元开展港湾整治，成效显著。2014年，广东制定省级海洋生态文明示范区管理办法和评价指标，推动省级生态文明示范区的规划和建设。2015年，组织编制《广东省海洋生态文明建设行动计划（2015—2020年）》，并征求各沿海市及相关部门意见，至2015年底进入定稿阶段。加强第一批国家级生态文明示范区规划指导。完成了南澳县、横琴新区、徐闻县3个国家级海洋生态文明示范区生态红线划定工作。组织开展第二批国家级海洋生态文明建设示范区申报工作，国家海洋局批准惠州市、深圳大鹏新区为第二批国家海洋生态文明建设示范区。

参与国家海洋维权

【概况】 广东按照国家的统一部署，积极参与国家海洋维权任务。2004年前就曾派出500吨级渔政船参加农业部南海区渔政局组织的北部湾海域护渔执法，以后逐渐发展成为在西沙、南沙等南海海域的护渔维权巡航，每年都执行中国海域内维权巡航执法任务10多个航次。广东省自2009年开始，根据国家海洋局的统一部署，正式启动省属海域定期维权执法工作，并调配新入列的中国海监9012船，对台湾浅滩至北部湾之间的省属海域进行定期巡航执法，每年不少于3个航次。同时，中国海监广东省总队定期调动各支队、大队结合日常执法工作，对管辖海域内的各类作业船只进行监视，开展巡航执法，进一步推动省属海洋执法队伍维权执法工作的开展。制定了以中国海监9012船为主体，沿海各市、县海监队伍参与，全面实施广东管辖海域定期维权巡航执法的工作机制。为加强定期维权巡航执法的组织领导，广东成立定期维权巡航执法指挥部，全面领导广东海洋定期维权执法工作。

【参与国家海洋维权行动】“十二五”期间，广东积极参与国家海洋维权任务。2013—2015年间，广东共派出执法人员500多人次，巡航5万多海里，先后参与了在南海、东海等海域维护中国海洋权益的专项维权行动。2013年6月，广东两艘1000吨级海警船入列后，立即参与国家海洋局统一部署的海洋专项执法巡航行动，巡航区域覆盖中国多个重要海域。2014年以来，广东担负国家维权任务更加艰巨，尤其是两艘千吨级执法船十分繁忙，返航休整和维护保养都是在极短时间内高效完成。在不到1年的时间里，隶属于广东省海洋执法队伍管理的新入列千吨级执法船轮番执行国家维权任务，参与人员数百人次，航程达到2万多海里，巡航区域覆盖钓鱼岛、黄岩岛海域和西沙、南沙、北部湾、东海、南海等多个重点海域，为省级海洋执法队伍参加国家海洋维权行动树立了榜样。广东海洋维权成绩突出，得到国家主管部门和省委、省政府的高度肯定，受到国家和省的专项表彰。

【参与国家海洋维权获得荣誉】“十二五”期间，隶属于广东省渔政机构的中国渔政44061船被广东省政府授予一等功；中国渔政22346船获国际海事组织“特别勇敢奖”。隶属于中国海监广东省总队的中国海警3112船被评为“全国边海防工作先进单位”；中国海警3111船被人力资源与社会保障部、国家海洋局评为2015年度“全国海洋系统先进集体”。

二、大事纪略

2011 年大事记

1月

8 日，广东省海洋与渔业局与科技厅联合出台《广东省科技兴海规划（2010—2015 年）》。

18—20 日，广东省 908 专项办在广州组织开展“广东省 908 专项沿海社会经济基本情况调查和赤潮灾害调查”两个项目的验收。通过现场和会议的检查，通过验收。

27 日，广东省十一届人大四次会议表决通过政府工作报告。政府工作报告明确要求：加强标准农田、标准鱼塘和标准渔港建设；推进国家海洋经济发展试点，发展设施渔业、品牌渔业、创汇渔业；探索建立海洋主体功能区划制度；加强海洋生态环境保护，实施重点海域海湾污染总量控制，推进海湾整治；落实海域使用指标管理制度；新建渔民保障性安居房 1000 套。

2月

11 日，由全国水产技术推广总站站长魏宝振带队的农业部“百乡万户调查”第二十四调研组一行来到广东，在高要市驻点调研，走访了 200 户农民，深入田间地头和农民家里，了解农民生产生活实际，认真听取意见与建议，并到清远市及阳山县访贫问苦。22 日来到广东省海洋与渔业局座谈，会后，调研组前往中山、阳江等地开展调研活动，还在台山市驻点调研。

18 日，广东省海洋与渔业局与省环境保护厅签署《建立完善海洋环境保护沟通合作工作机制的协议》。

2 月 28 日至 3 月 1 日，农业部副部长牛盾一行到广东省惠州博罗县杨侨镇，考察采用工厂化生态养殖模式的惠州李艺金钱龟生态发展有限公司；3 月 1 日来到梅州市梅县丙村红光综合养殖场等水产养殖基地，详细了解梅州市发展渔业生产等农业农村工作情况；还到惠州东江公园放生台参加增殖放流活动。省海洋与渔业局局长郑伟仪等陪同考察。

2 月 28 日至 3 月 1 日，国家海洋局在珠海市召开《广东省海洋功能区划》编制成果评审会。省政府副秘书长颜学亮、省海洋与渔业局巡视员李建设等共 50 余人与会。

2 月 28 日至 3 月 5 日，广东省海洋与渔业局由 7 位局领导分别带队赴各地级市开展一次渔业安全生产大检查。

3月

8 日，广东卫视广东新闻联播节目播出“部长给力幸福广东”栏目，记者在全国“两会”期间专访国家海洋局局长刘赐贵。刘赐贵表示，国家海洋局将充分发挥自身在海洋规划、防灾减灾等方面的有利条件，全力支持广东省海洋开发。

17 日，广东省海洋与渔业暨珠江禁渔部署工作会议在广州召开，副省长刘昆出席会议并部署工作；各地级以上市、有关县（市、区）政府分管领导及海洋渔业主管部门负责人，珠江流域 12 个地级以上市和顺德区渔政执法机构负责人，省直有关单位负责人与会。

22 日，全国人大农委、国务院法制办、农业部渔业局等单位组成联合调研组，到广东省就《渔业法》实施 25 周年执行情况进行调研，在广东省海洋与渔业局召开座谈会。会后赴阳江、肇庆等地进行实地调研，至 25 日结束。

28—30 日，广东省渔政总队在梅州市召开全省海洋与渔业执法暨政治工作会议，全面总结“十一五”期间尤其是 2010 年全省海洋与渔业执法和政治工作，研究部署“十二五”时期和 2011 年全省海洋与渔业执法和政治工作。

4月

1 日，“2011 年珠江禁渔期启动暨同步执法行动仪式”在广东肇庆市举行，活动由农业部渔业局和中国渔政指挥中心主办，珠江流域渔业管理委员会、广东省海洋与渔业局、肇庆市人民政府承办。农业部渔业局局长、珠江流域渔业管理委员会主任委员赵兴武等领导讲话。随着赵兴武宣布 2011 年珠江禁渔暨同步执法正式启动，中国渔政 307 等 9 艘渔政船艇从肇庆市码头起航，编队开展禁渔统一执法行动，标志着 2011 年珠江流域禁渔全面启动。

7 日，广东省海洋与渔业技术推广工作会议在广州召开。会议总结了“十一五”时期尤其是 2010 年广东省海洋与渔业技术推广工作，研究部署“十二五”时期和 2011 年工作。

8—10 日，由中国水产流通与加工协会、国家虾产业技术体系和湛江市人民政府联合主办第三届中国对虾产业发展论坛在湛江市召开，印度、印度尼西亚、泰国、美国和我国南方广东、福建、广西、海南等国内外水产品养殖和加工等相关行业的企业代表共 400 多人与会。中国对虾产业发展论坛已连续三届在湛江市举行。

12 日，国家海洋局联合沿海有

关省、自治区海洋厅（局）召开新闻公布会，向社会公布我国第一批开发利用无居民海岛名录，涉及辽宁、山东、江苏、浙江、福建、广东、广西、海南等8个省区，共计176个无居民海岛。其中广东60个，居全国首位。

5月

3—7日，由财政部牵头，国家税务总局、海关总署、国家林业局、农业部五部委组成的联合调研组，到湛江开展水产种苗免税进口政策的专题调研，实地考察了湛江市水产种苗生产企业，召开省、市渔业部门及水产种苗企业与会，听取了政府部门与基层的意见，全面了解广东省“十一五”期间水产种苗进口免税政策的情况，存在问题及对“十二五”的建议。

5日，广东省省长黄华华在广州会见了前来广东调研海洋管理工作的国家海洋局局长刘赐贵一行，表示广东省将全面贯彻落实部省共同签署的《关于促进广东海洋经济强省建设的框架协议》，努力推动海洋经济成为广东省新的经济增长点。刘赐贵表示国家海洋局将继续大力支持广东海洋经济强省建设，希望广东继续改革创新，勇于实践探索，努力走出一条海洋科学发展的新路子，为全国海洋经济发展提供引领示范。下午，刘赐贵在广东省副省长刘昆的陪同下，到省海洋与渔业局考察并听取工作汇报。

5日，中国海监总队党委书记、常务副总队长孙书贤到广东省总队座谈，孙书贤鼓励广东省总队在海砂开采监管、防止陆源污染、深化督察制度和海岛保护等方面工作继续开拓创新，为全国海监队伍做出示范。

10—13日，广东省政府组织两个工作组，分别到汕头、潮州和茂名、肇庆开展扶持农业机械化发展议案水产养殖项目结案检查。检查组认为，农业机械化议案从2003年实施至今，广东省渔业机械化有了很大的发展，实现了渔业生产结构的优化，增强了水产品质量安全，增加了渔民收入，为实现广东省渔业现代化做出贡献。

12日，广东省海洋与渔业局联合国家海洋局南海分局、江门市政府共同举办2011年广东省“海洋防灾减灾宣传周”活动。

16—22日，广东省委第八专题组针对如何推进全国海洋经济发展试点地区建设进行专项视察，赴惠州、汕尾、汕头、潮州、揭阳等珠江以东沿海地区，视察广东省海洋经济发展现状、落实《广东省海洋经济综合试验区发展规划》的总体部署和措施建议。

19日，国家海洋局在北京召开新闻发布会，公布首批7个国家级海洋公园名单，其中包括广东特呈岛国家级海洋公园和广东海陵岛国家级海洋公园。

23—26日，由国际自然保护联盟陆龟淡水龟专家组委员会（IUCN/SSC）及龟鳖存活联盟（TSA）共同主办、惠东海龟国家级自然保护区管理局承办的“第二届闭壳龟保护国际研讨会”在惠东海龟保护区召开。来自欧洲、亚洲和北美洲等15个国家与地区的40多名专家学者与会，主要讨论亚洲闭壳龟的濒危状况，研究确定优先保护物种和制定保护行动计划。

6月

3日，由广东省海洋与渔业局同惠州市人民政府联合主办，香港渔农护理署、澳门民政署为支持单位的“2011年粤港澳（东江）增殖放流暨第四届广东‘休渔放生节’主题活动”启动仪式在东江河畔举行。本次粤港澳三地人民同聚东江河畔，携手开展增殖放流活动尚属首次。社会各界共约1000人参加了本次活动。

12日，广东省北部湾雷州海洋站在雷州珍稀海洋生物自然保护区正式挂牌成立，填补了我国雷州半岛北部湾长期无海洋观测站的空白。

20—22日，由保护国际基金会（CI）主办、惠东海龟国家级自然保护区承办的“中国海龟保护及海洋综合管理国际研讨会”在惠东海龟湾召开，来自保护国际基金会、国家海洋局第三海洋研究所、香港渔农自然护理署，以及美国和菲律宾的专家学者30余人参加了研讨会，会议就保护国际基金会开展海龟卫星追踪项目和中国海洋综合管理规划及示范地项目进行充分交流和探讨。

20日，广东省海洋与渔业局印发《广东省现代渔业发展“十二五”规划》。

27日，广东省海洋与渔业局与美国夏威夷海洋研究所在广州签署“广东省海洋与渔业局与美国夏威夷海洋研究所合作备忘录”。

7月

4日，《广东省公安边防总队、广东省渔政总队海上执法协作协议》在广州签署，进一步加大渔政、边防双方在情报交流、联合执法与案件调查中的合作。

5日，国务院批复同意《广东海洋经济综合试验区发展规划》。

14日，国务院印发了《关于横琴开发有关政策的批复》，同意在珠海横琴实行比经济特区更加特殊的优惠政策，以加快横琴开发，构建粤港澳紧密合作新载体，重塑珠海发展新优势，促进澳门经济适度多元发展和维护港澳地区长期繁荣稳定。

20—21日，广东省副省长刘昆率领省发展改革委、财政厅、农业厅、海洋与渔业局等部门负责人，到江门市考察海洋经济。

8月

3—4日，广东省省长黄华华赴阳江市调研，深入海岛渔港，与基层干部群众亲切交谈，共商阳江更好更快发展大计要求阳江突出发展特色经济，做大做强临港工业，做精滨海旅游业，做优现代海洋渔业，加快建设现代宜居滨海新城，打造和谐安康幸福阳江。

8日，广东省副省长刘昆在省海洋与渔业局印发的《关于7月份全省封港查船行动情况的通报》上批示，指出7月份“封港查船”行动效果很好，应予表扬。

12日，广东省海洋与渔业局在惠东港口海龟国家级自然保护区管理局举行惠东海龟湾海洋站揭牌仪式。

15日，中共中央总书记、国家主席胡锦涛视察广东时作出了“要按照国家批准的《广东海洋经济综合试验区发展规划》，合理开发利用海洋资源，努力打造海洋经济强省”的重要指示。26日，中央政治局委员、广东省委书记汪洋在全省学习贯彻胡锦涛总书记重要讲话精神干部大会上，做出要“大力建设海洋经济强省，把广东建设成为提升我国海洋经济国际竞争力的核心区和全国海洋生态文明建设的示范区”的重要部署。省长朱小丹提出“有力启动广东海洋经济综合试验区建设”总体要求。

16—17日，广东省委委员、候补委员专项视察团莅临阳江，就推进全国海洋经济发展试点地区建设开展视察活动，视察谊林海达速冻水产有限公司、广东海上丝绸之路博物馆等，交流探讨发展海洋经济有关问题。

18—19日，广东省人大组织省直机关环境与资源保护代表小组视察珠海重点海湾生态修复工作，到万山海洋开发试验区了解海洋生态保护情况，到横琴新区听取横琴总体发展规划汇报，沿途考察珠江口及邻近海域生态修复工程横琴二井湾示范点、澳门大学海底隧道等项目。

19日，在广州举行粤桂两省（区）渔政管理协作协议签字仪式。

29日，农业部在新疆召开全国水生生物资源养护工作会议，表彰先进单位和先进个人，开展典型经验交流。广东省海洋与渔业局等8个省级渔业主管部门被评为全国水生生物资源养护工作先进集体，广东省渔业系统被评为全国先进集体还有惠州市海洋与渔业局、广东省渔政总队肇庆支队，被评为先进个人的有省海洋与渔业局资源环境管理处处长刘思远等8人。

9月

6日上午，广东省海洋与渔业局围绕“发展海洋经济，建设幸福广东”这一主题，上线广东电台第260期“民声热线”节目。局长郑伟仪等一行，来到广东“民声热线”直播间，通过热线电话、手机短信、网站和微博，与听众互动交流，听取群众对海洋经济发展、海洋事业改革创新的意见和建议，解答听众提出的问题，解决群众关心的问题和困难。13日，再以“发展现代渔业，建设幸福渔区”为主题上线“民声热线”节目，与听众互动交流，解决群众关心的问题和困难。

19日，广东省海洋与渔业局在广州召开全省海洋与渔业工作座谈会，研究讨论省委省政府关于打造海洋经济强省决定的征求意见稿及相关配套实施方案，部署下一阶段工作。

23日，珠海市委书记甘霖等一行到广东省海洋与渔业局座谈，双方就横琴新区项目建设、高栏港海洋装备制造基地建设、高栏港经济区项目用海渔业资源补偿费减免、完善海洋开发试验区海岛用电海底电缆用海报批、深水网箱基地建设等工作进行认真研究。

29日上午，省十一届人大常委会第二十八次会议举行第二次全体会议，表决通过了《广东省渔港和渔业船舶管理条例》，自12月1日起实施。11月10日，省海洋与渔业局召开《广东省渔港和渔业船舶管理条例》宣传贯彻工作会议。

29日，随着最后一个县级站点与省中心联网调试成功，广东省渔业安全生产通信指挥系统平台建设宣告全面完成。该系统于2008年10月由省发改委批复同意，当年12月启动施工。

29日，21时，第17号强台风“纳沙”在徐闻县沿海第三次登陆，登陆时中心附近最大风力有12级（35米/秒）。强台风“纳沙”登陆赶上了天文大潮，导致“风雨潮”三碰头，带来狂风、暴雨、巨浪、大潮。强台风“纳沙”给湛江、茂名、阳江等地海洋渔业带来较大影响，据统计，全省直接经济损失12.63亿元。

30日，广东省委宣传部和省社会科学联合会在广州举办“海洋开发与广东经济科学发展论坛”，省社科院院长梁桂全研究员围绕海洋经济战略问题、中科院南海海洋研究所党委书记黄良民研究员围绕海洋学问题分别作主旨演讲报告。

10月

8—10日，由北京市农业局和广东省海洋与渔业局共同举办的“送海龟回家，创和谐自然”主题放流活动顺利进行。8日上午，在北京太平洋海底世界举行放流海龟欢送仪式，两只绿海龟经过专家为其体检，确认状况良好后，由北京渔政执法车妥善运送至首都机场。当晚21时，两位国宝级的客人海龟“京京”和“粤粤”平安到达广州，由渔政人员连夜护送到惠东海龟国家级自然保护区。10 日上午，将 4 只国家二级保护动物绿海龟——“京京”“粤粤”“幸幸”“福福”放归大海。

18 日，中国海监广东省总队从深圳、珠海、惠州、阳江、汕尾、江门和中山等支队及相关大队调集 300 吨级执法船 2 艘，120 吨级执法船 2 艘，执法快艇 8 艘，参加行动执法人员 75 名，在珠海磨刀门海域组织开展了大规模专项执法行动。共查扣 25 艘涉嫌违法采砂船，到 10 月 31 日行动结束，完成对 9 艘违法采砂船的调查取证，给予从严从重处罚。

20 日，广东省人大常委会召开了省人大代表建议办理工作会议，省人大常委会主任欧广源在讲话中肯定了省海洋与渔业局强化办理工作时效性的做法。省海洋与渔业局本年承办的省十一届人大四次次会议代表建议共 33 件，其中主办件 25 件、会办件 8 件，全部按时办结。

30 日，第九届中国国际农产品交易会在成都世纪城新会展中心隆重开幕，广东水产展区由广东省海洋与渔业局组织新华海集团有限公司等 10 家水产企业参展，展出品种包括烤鳗、对虾、罗非鱼、金枪鱼、脆肉鲩、海鲈、龟等约 80 个品种，销售金额达 14.6 亿元。其中 5 家企业参加广东交易团签约，合同成交金额 12.4 亿元，占广东交易团签约总金额 31.1 亿元的近四成。

11 月

4 日，广东省副省长刘昆率省直有关部门负责人到高要市调研水产养殖情况，考察振业水产冷冻有限公司和万亩罗氏沼虾养殖基地，来到反季节越冬虾养殖温棚，详细了解罗氏沼虾的养殖情况。

7 日，广东省海洋与渔业局与加拿大不列颠哥伦比亚省（卑诗省）农业厅在广州举行合作备忘录签约仪式。随后，在由卑诗省主办、省海洋与渔业局协办的卑诗省海鲜推介会上，中外嘉宾 150 多人品尝来自加拿大的海鲜佳肴。

9—10 日，联合国教科文组织在太平洋区域举行“2011 泛太平洋海啸演习”。国家海洋局代表中国参加演习。广东作为假想重点灾区，全程参加了海啸演习。其中惠州市大亚湾作为全国唯一的海啸实战演练现场，组织了大亚湾第一中学、前进村共 500 多名学生、群众成功开展了疏散演练。

10—13 日，由中国渔业协会和江门市政府共同主办的首届中国（江门）锦鲤博览会暨 2011 中国锦鲤交易会在江门市五邑华侨广场会展中心举行，共有 60 多家省内外渔场、1000 多尾中国自产锦鲤参赛，5 名国内外锦鲤专家学者在论坛上作演讲，达成投资合作意向的锦鲤产业项目 31 个（金额约 3.3 亿元），拍卖名贵锦鲤 53 条(总价 38 万元)。博览会吸引全国各地以及国外的锦鲤业界人士前来参观交流，参观人数达 10 万人次。

11—12 日，首届中国海洋经济投资洽谈会（简称“海洽会”）在浙江省宁波市举行。广东省海洋与渔业局、省发改委、省财政厅、省人社厅、省外经贸厅有关领导，沿海各地级以上市发展改革局、海洋局主要领导和各大涉海企业客商共 180 人参加此次“海洽会”。

14—16 日，国家海洋局副局长王飞率领由国家海洋局和全国人大环资委、国务院法制办、发展改革委、科技部、工信部、财政部、环保部、住房城乡建设部、交通部、水利部、农业部、国家旅游局等 13 个部委代表组成的专题调研组，就“海洋环境容量与重点海域排污总量控制制度”来广东省调研。15 日上午在广州召开座谈会，省政府办公厅代表省政府汇报广东省海洋环境容量管理和重点海域排污总量控制情况。省发展改革委、科技厅、财政厅、环境保护厅、住房城乡建设厅、交通厅、水利厅、农业厅、旅游局等单位领导和有关专家共 80 人参加了座谈调研。会后，调研组赴深圳、惠州实地考察“海洋环境容量与重点海域排污总量控制制度”实施情况。

17 日，广东省委书记汪洋和省委副书记、代省长朱小丹到广东海洋大学进行调研，听取校党委书记刘卫国、校长何真和“珠江学者”等专家的有关汇报，重点了解学校水产学科、食品科学与工程学科、海洋科学学科等特色学科的建设情况，以及学校发挥“湛江海洋产业技术创新联盟”作用。

12 月

1 日，广东省海洋与渔业局相关领导到中科院南海海洋研究所进行工作交流。在所长张偲等陪同下，参观南海所热带海洋环境国家重点实验室和中科院海洋生物资源可持续利用重点实验室，详细了解南海所在海洋灾害预报和海洋资源可持续利用等领域中的最新科研成果。随后与南海海洋研究所领导进行座谈。

8 日，农业部发布第 1684 号公告，批准建立 62 处国家级水产种质资源保护区（第五批），广东省的新丰江水产种质资源、鉴江口尖紫蛤 2 个水产种质资源保护区位列名单中，顺利晋级为国家级水产种质资源保护区。至此，广东省已建国家级水产种质资源保护区 13 个。

14—15 日，2011 年全国水生野生动植物保护管理工作会议在湛江市召开，广东省海洋与渔业局副局长文斌出席会议并致辞，介绍广东水生野生动物保护管理现状，以及在保护区建设、增殖放流、动物救护、特许管理、渔政执法、科普宣传等方面的经验和做法。会后，全体代表还到雷州珍稀海洋生物国家级自然保护区参观。

29 日，第八期广东省委常委集中学习讨论会以“发展海洋经济，建设海洋经济强省”为主题，开展专题学习讨论。省委书记汪洋主持会议并作讲话。学习讨论会邀请国家海洋局局长刘赐贵作专题讲座，全面介绍海洋的战略资源、发展空间，深入分析我国海洋发展安全面临的挑战，详细阐述全国海洋工作的思路与部署，对广东海洋经济强省建设提出具体建议和支持举措。集中学习讨论会前，汪洋会见了刘赐贵一行，感谢国家海洋局长期以来对广东经济社会发展给予的大力支持。刘赐贵表示积极支持广东建设海洋强省。

30 日，由广东省海洋与渔业局联合中山市政府、中国渔业协会、省龟鳖养殖行业协会主办的“2011 年中国（中山）南方绿化苗木博览会暨首届中国名龟展”在中山市古镇镇南方绿博园开幕，期间还举行以实现龟鳖产业可持续发展为主题的中国龟鳖行业发展论坛以及以龟会友为主题的中国龟友会龟友聚会，全省各地以及广西、海南、湖南、江西、湖北、浙江等龟鳖养殖主产区从业者和爱好者近万人参加。

2012 年大事记

1 月

9 日，广东省委副书记、代省长朱小丹主持召开省政府常务会议，审议并原则通过《广东省海洋经济发展“十二五”规划》。省政府于 4 月 9 日正式发布。

12 日，广东省海洋与渔业局与梅州市政府签订《发展山区现代渔业暨共建绿色生态水产创新示范园战略合作框架协议》。

21 日，经国务院办公厅《关于发布新建国家级自然保护区名单的通知》批准，南澎列岛海洋生态省级自然保护区升格为国家级自然保护区，成为广东省第 5 个海洋类型国家级自然保护区。

2 月

2 日，广东全省海洋与渔业工作会议在广州召开，总结交流 2011 年海洋与渔业发展情况，部署 2012 年海洋与渔业工作任务。副省长刘昆出席并讲话。

3 日，广东省海洋与渔业局同江门市政府在江门签订《关于推进江门市海洋经济强市建设的合作框架协议》。

12 日，广东省省长朱小丹率有关部门负责人赴珠海就港珠澳大桥建设情况进行考察，当了解到施工现场临近中华白海豚保护区后，朱小丹反复强调：“要让白海豚成为港珠澳大桥的形象代表。白海豚不搬家，也是港珠澳大桥项目的建设目标。”

17 日，省政府常务会议审议并原则通过《广东省海洋特别保护区管理规定》。

3 月

2—3 日，广东省 908 专项办在广州召开了“广东省 908 专项第一批成果验收会议”，参与评审的 6 个项目全部通过验收。

3 日，2012 年度粤港澳中华白海豚保育工作交流会在珠海市召开。广东省海洋与渔业局、香港特别行政区政府渔护署、澳门特别行政区政府民政总署、香港海洋公园保育基金、世界自然基金会香港分会、港珠澳大桥管理局、中山大学、汕头大学、江门中华白海豚省级自然保护区管理处等有关负责人和专家 50 余人与会。

4 日，广东省海洋与渔业局紧急召开沿海防范遏制渔业安全生产事故视频会议，贯彻落实省长朱小丹、副省长刘昆等对渔业安全生产事故多发频发专门作出的批示精神，通报全省渔业安全生产情况。

9 日，广东省水产品质量安全监管工作会议暨“三打两建”行动动员大会在广州召开。

13 日，一艘驶经陆丰市碣石湾海域的韩国大货轮因船体漏水正在沉没，广东省渔政总队陆丰大队接警后出警救援，在当地渔民配合下，经过及时有效救援，货轮上 18 名遇险船员（4 名韩国人、10 名缅甸人、4 名印度尼西亚人）全部无恙。

20 日，广东省海洋预报减灾工作会议在江门市召开，这是广东省海洋与渔业局新增海洋预报减灾职能以来首次召开的全省海洋预报减灾工作会议。

29 日，广东省海洋与渔业局和省工商行政管理局签订《关于流通环节水产品质量安全监管合作框架协议》。

30 日，广东省海洋与渔业局召开广东省海域与海岛管理工作会议，总结《中华人民共和国海域管理法》实施 10 年来全省海域海岛管理工作所取得的成绩，部署 2012 年全省海域海岛管理工作。

4 月

1 日，广东省海洋与渔业局便民办证中心和信访接待室正式对外运行，此后，省海洋与渔业局面向社会办理的 23 项行政审批事项由办证中心统一受理，行政审批办理结果由办证中心统一送达。

1 日，珠江第二次禁渔开始实施。本次禁渔从 4 月 1 日中午 12 时整至 6 月 1 日 12 时整。广东省珠江流域应禁渔渔船共 9333 艘，涉及渔民 22664 人。全省 13 个地级以上市共回港禁渔渔船9333艘，在232个停泊点停泊。

5日，国家海洋局与广东省人民政府在广州市联合召开海洋科技推动广东海洋经济发展座谈会。国家海洋局局长刘赐贵出席座谈会，并就如何进一步推动广东海洋经济发展提出希望。

5—7日，国家海洋局局长刘赐贵一行在广东省围绕“海洋科技推动广东海洋经济发展”进行调研，广东省委书记汪洋、省长朱小丹在广州会见刘赐贵一行，对国家海洋局长期以来对广东经济社会发展给予的大力支持表示感谢。省委常委、秘书长林木声，副省长刘昆等参加会见。

7日，广东省海洋与渔业局联合珠海市政府在珠海横琴新区芒洲举办“广东省创建国家级海洋生态文明示范区启动仪式”。国家海洋局长刘赐贵参加启动仪式后，在横琴新区调研，深入了解珠海市横琴新区海洋经济发展情况，并走进施工现场进行实地考察。

8日，国家海洋局908专项办公室在广州组织召开了“广东省908专项任务（908-SJ-GD）”现场查验会议。审核组一致同意广东省908专项任务通过现场查验，可以参加沿海省市专项任务总验收会议。

9日，广东省政府办公厅印发《广东省海洋经济发展“十二五”规划》。

13日，国家海洋局在广东省台山市召开港澳惰性拆建物料跨区倾倒有关事宜专题会议。

22日，广东省海洋与渔业局与珠海市政府签订《关于共同推进珠海市海洋经济强市建设合作框架协议》。

24日，广东省委书记汪洋到珠海市高栏港经济区参加三一海洋重工产业园开工仪式并宣布项目开工，开工仪式前在省委常委、秘书长林木声和副省长陈云贤等陪同下，认真听取项目情况介绍。汪洋强调，随着海洋开发不断深入，海洋装备制造业潜力巨大，前景广阔，希望三一集团加强自主创新，加快海洋装备制造业发展。

25日，广东省庆祝“五一”国际劳动节暨劳动模范表彰大会在省委礼堂举行，省大亚湾水产试验中心负责人张海发荣获“广东省劳动模范”称号，受到省委书记汪洋、省长朱小丹等省领导的亲切接见并合影留念。

5月

4日，广东省政府举行新闻发布会，向社会公布《广东海洋经济地图》。《广东海洋经济地图》由省发展改革委、省海洋与渔业局牵头，组织省科学院、省社科院、省海洋资源研究发展中心等相关单位编制。

9日，在中国共产党广东省第十一次代表大会上，广东省委书记汪洋代表十届省委向大会作报告，强调“高度重视海洋资源丰富的独特优势，落实广东海洋经济综合试验区发展规划，优化海洋经济空间布局，构建现代海洋产业体系，努力打造海洋经济强省”。

9日，广东省海洋与渔业局与阳江市政府签订《关于共同推进阳江市海洋经济强市建设合作框架协议》，双方将加强合作，将阳江建设成为广东海洋经济综合试验区的先行区。

9日，广东省水产标准化技术委员会成立大会暨第一届委员会全体会议在广州召开，审议通过了《广东省水产标准化技术委员会章程》等文件。第一届委员会由23名委员组成，省海洋与渔业局副局长文斌任主任委员。

12日，2012年“海洋防灾减灾宣传周”暨《海洋观测预报管理条例》宣贯大型科普宣教活动，在广东全省沿海各地海洋主管部门的组织下同步展开。省海洋与渔业局联合国家海洋局南海分局、汕尾市政府在主会场——汕尾市凤山妈祖广场举行了启动仪式。省政府应急办、省民政厅和汕尾市有关单位及社会各界人士，共1000多人参加启动仪式。

16日12时至8月1日12时，广东省海域进入为期两个半月的伏季休渔期，除单层刺网、钓业外，禁止其他所有作业类型生产。据统计，2012年全省应休渔船共13410艘，其中本省渔船11515艘，港澳流动渔船1895艘。

24日，广东省编办批复，同意省海洋与渔业局海域与海岛管理处更名为海域管理处，增设海岛管理处，增加行政编制4名。

31日，全省《海洋观测预报管理条例》宣贯专题培训班在广州举行。《海洋观测预报管理条例》于3月1日由国务院615号令颁布，于6月1日起正式实施。

6月

6日，广东省长朱小丹率省调研组在阳江市调研指出，中央对广东提出建设海洋经济强省的要求，阳江有丰富的海洋资源，有发展海洋经济的良好基础；希望阳江把建设海洋经济强市摆在更加突出的位置，全面谋划、整体推进，努力建设海洋经济强市，为全省建设海洋经济强省作出重要贡献。

6日，由广东省海洋与渔业局和农业部渔业局、惠州市人民政府共同主办的2012南海生物资源增殖放流暨第五届广东“休渔放生节”主题活动在惠州市惠东县巽寮湾举行，省港澳社会各界的有识之士及惠东县群众、学生共1000余人参加活动。

6日，广东省副省长刘昆率省

直有关部门，赴惠州市考察农业龙头企业，来到惠东县禾晖海产养殖有限公司，希望该公司通过建立水产品质量可追溯制度，创立自有品牌，为推动广东省节地节水渔业园区发展做出示范。

13—14日，广东省节地节水高质高效渔业示范园区建设资金竞争性评审会在广州举行。全省22个县（市、区）经过公开演讲、现场答辩等环节进行了激烈角逐后，最终梅县、连南县、惠城区、金平区、茂南区、电白县、徐闻县、曲江区、连平县、红海湾开发区等10家单位脱颖而出，分享6000万元示范园区建设资金。这是广东省财政厅联合省海洋与渔业局首次对渔业建设资金进行竞争性分配。

21日，广东省政府新闻办召开新闻发布会，正式发布《2011年广东省海洋环境状况公报》。30多家新闻媒体的记者参加新闻发布会。《南方日报》22日以大篇幅报道。

25日，深圳市委常委、常务副市长吕锐锋率深圳市规划和国土资源委员会（海洋局）主任（局长）王幼鹏等到广东省海洋与渔业局座谈，研究深圳市海洋经济发展和海洋生态保护等工作。

28日，广东省海洋与渔业局联合阳江市人民政府在闸坡渔港举办“2012年渔船安全生产知识咨询宣传服务日”活动，现场开展宣传咨询及渔船安全产品展示活动。主办单位和省安全生产监督管理局、广东海事局、南海救助局等单位有关人员及当地渔民群众共1000余人参加活动。

7月

2日，广东省政协提案委主任陈俊年与省海洋与渔业局副局长文斌带领省财厅、编办、法制办、农业厅、卫生厅、工商局等单位有关人员，到汕尾、清远、湛江和茂名开展“关于加强广东省水产品质量安全监管建议”系列提案第一次调研。在两周的调研时间里，先后实地考察水产养殖、物流、加工企业，及农贸市场和超市水产品供应、销售、水产标识等情况。

22—24日，国家海洋局副局长陈连增带领国家海洋局、财政部等组成的海洋能开发利用调研组在广东省调研指导，考察了中科院广州能源研究所、中山大学、省海洋与渔业服务中心和华南理工大学承担的“南海海岛海洋能独立电力系统示范工程”“抗风浪高效波浪能发电装置的研发与应用”等项目实施情况，并召开调研座谈会。

24日，4时15分，第8号台风“韦森特”在台山市赤溪镇登陆，登陆时中心附近最大风力13级，风速达到40米/秒。受“韦森特”影响，深圳、珠海、中山、江门、惠州、阳江等地遭受损失，据统计，全省直接经济损失3.85亿元。

29日，闽粤交界海域“护渔”联合执法行动启动，农业部渔政指挥中心主任陈毅德宣布起航，来自福建、广东的6艘渔政船集结汕头举行闽粤交界海域“护渔”联合执法行动起航仪后，开赴台湾浅滩海域执行为期一周的渔政监管任务。

8月

1日，午时，第十届南海（阳江）开渔节开船仪式在阳江市海陵岛闸坡国家级中心渔港隆重举行。广东省副省长刘昆宣布开渔令，全省1万多艘渔船起航。

7日，广东省海洋与渔业局召开水产品“三打两建”专项行动领导小组第五次成员会议，报告“三打两建”阶段性工作，介绍“利剑”等专项执法行动的成效，其他成员单位也结合各自的职能交流了相关情况建议。

13—14日，农业部副部长牛盾率领由农业部、外交部、国土资源部、交通运输部、国家海洋局等5个部委组成的调研组到广东，开展海洋渔业发展战略专题调研。广东省副省长刘昆主持召开座谈会，听取广东海洋渔业发展情况汇报。深圳、汕头、阳江、湛江等沿海市，省海洋与渔业局、发展改革委、财政厅、国土资源厅和广东海事局等单位分别提出有关海洋渔业发展战略的意见和建议。调研组还前往阳江、湛江进行实地考察。

16日，上午，国家海洋局组织召开防御“启德”台风工作紧急视频会议。广东省海洋与渔业局在建成的第一个海洋环境专题预报会商室，首次与国家海洋局成功对接，进行了第一次行政视频会商。

17日，12时30分，第13号台风“启德”在湛江市麻章区湖光镇沿海登陆，登陆时中心附近最大风力13级，风速38米/秒，中心最低气压为968百帕。受“启德”台风影响，湛江、茂名、阳江遭受重大损失，据统计，全省造成直接经济损失达13.5744亿元。

20日，广东省委、省政府召开全省实施《广东海洋经济综合试验区发展规划》工作会议，省委书记汪洋主持会议并作重要讲话，省长朱小丹讲话，副省长刘昆介绍《中共广东省委、广东省人民政府关于充分发挥海洋资源优势，努力建设海洋经济强省的决定》以及《广东省发展临海工业实施方案》等5个配套方案的主要内容。省发展和改革委、省海洋与渔业局和珠海市、湛江市领导作大会发言。出席会议有省领导林木声、陈继兴、周天鸿和省政府秘书长唐豪，各地级以上市党委或政府主要负责人以及发展改革、海洋渔业部门主要负责人，省委有关部委、省直有关单位、中央驻粤有关单位主要负责人，相关高等院校、科研机构、重点涉海企业主要负责人。

20日下午，广东省政府召开2012中国海洋经济博览会组委会第一次会议，副省长刘昆出席会议并对做好筹备工作提出具体要求，各沿海市政府汇报了组织参展参会和招商准备情况。

20日下午，南方日报社与广东省海洋与渔业局在广州携手启动了“走向蓝海——打造海洋经济强省”系列报道活动，副省长刘昆出席启动仪式。

24—25日，中共中央政治局常委、国务院总理温家宝到广东考察指导，温家宝强调，广东要充分发挥优势，加快实施海洋开发战略，在坚持科学、节约、集约利用海洋资源的前提下大力发展海洋经济，培育新的经济增长点。

29日，广东省广播电视“渔船通”工程启动仪式在江门台山举行，该工程实施后，广东省在册登记的2300多艘船长24米以上的渔船，到年底将实现25套卫星电视节目、17套卫星广播节目和30套免费试看一年，并能接收包括渔农政策信息、新闻资讯、气象、科技信息在内的综合广播视讯数据。

31日，广东省海洋与渔业局举行广东省海洋预报台海洋环境专题预报室启用开播仪式。

9月

4日，广东省文化厅、省海洋与渔业局联合开展的首次广东省管辖海域内文化遗产联合执法专项行动在汕头海事码头启动，双方签署合作备忘录，明确双方在专业研究、人才培训、海洋文化建设领域的合作。

8日，国家发展改革委农经司司长高俊才、农业部渔业局局长赵兴武一行到广东省调研海洋渔业工作，并召开座谈会。

15日，第二届中国（宁波）海洋经济投资洽谈会开幕，广东展区面积300平方米，以贯彻实施《广东海洋经济综合试验区发展规划》和展示《广东海洋经济地图》为主要内容。

16—18日，中国工程院和广东省在广州联合召开“中国海洋工程与科技发展研讨暨广东省海洋发展战略咨询会”，中国工程院院长周济、常务副院长潘云鹤以及有关院士、专家一行70余人出席会议。广东省委常委、常务副省长徐少华在广州会见周济院士一行。17日上午，潘云鹤主持中国海洋工程与科技发展研讨会，周济和徐少华分别致辞。中国工程院院士吴有生、周守为、唐启升、孟伟、管华诗等作院士主题报告。下午，常务副省长肖志恒主持广东省海洋发展战略咨询会，中国工程院院士吴有生、周守为、金东寒、丁健、麦康森、卢耀如、李延栋、金鉴明、朱中梁、唐启升等学者充分肯定了广东积极先行先试，为探索中国海洋经济发展道路做出了重要贡献。18日，举行“院士广东行”活动，潘云鹤率领众位院士、专家考察广州市南沙区中船黄埔造船有限公司，针对海洋发展战略问题提出决策建议。

20日，广东省政协主席黄龙云率队赴佛山市开展调研，召开座谈会，督办“关于加强广东省水产品质量安全监管的建议”系列重点提案。省海洋与渔业局副局长文斌汇报重点提案办理情况，提案会办单位省编办、省法制办、省财政厅、省卫生厅、省农业厅、省工商局和佛山、湛江、茂名、汕尾、清远市政府及提案人代表分别发言。座谈会后，调研组考察了南海区百容水产良种有限公司、何氏水产和九江现代水产发展基地。

21日，广东全省实施政策性渔业保险工作会议在广州隆重召开。中国渔业互保协会理事长王朝华等出席会议并发言。省政府金融办、省委农办、人保财险公司广东省分公司等单位领导出席会议，全省各地级以上市、有关县区以及海洋与渔业主管部门负责人参加会议。

26日，广东省海洋与渔业局与中山大学战略合作框架协议签约，双方将全面加强合作，推动广东海洋经济强省建设。

10月

8日，广东省海洋与渔业局与中国科学院南海海洋研究所战略合作框架协议签约，中国科学院广州分院、广东省科学院院长黄宁生等出席仪式并致辞。

9日，广东海洋协会举行成立大会，副省长刘昆出席大会并讲话，刘昆和中国海洋工程咨询协会会长、国家海洋局原局长孙志辉为协会揭牌。省海洋工作领导小组各成员单位和全省各地级以上市海洋主管部门主要负责人与广东海洋协会会员代表、媒体记者共300人参加成立大会。

22—26日，广东省政府办公厅会同省发改委、财政厅、环境保护厅和省海洋与渔业局，邀请省人大环资委指导，组成两个工作组分赴粤东、粤西有关市、县进行了人工鱼礁建设议案结案检查。省政府副秘书长颜学亮等参加检查。

26日，“我国近海海洋综合调查与评价”专项（以下简称908专项）在北京顺利通过总验收，总验收工作由国家海洋局、国家发展和改革委员会、财政部共同组织。三部门的专项领导小组成员会同由中国科学院院士、中国工程院院士近20人组成验收专家组，对专项成果及应用情况进行了验收。

27日，广东省常务副省长肖志恒一行，在省海洋与渔业局副局长洪伟东、惠州市政府副市长黄树正等陪同下，到惠东海龟国家级自然保护区视察，参观海龟救护中心和海龟产卵场，听取了关于海龟保护区建设与管理的工作汇报，并在海龟湾放生了7只绿海龟。

11月

1日，国务院批复，原则上同意《广东省海洋功能区划（2011—2020年）》。

2日，广东省海洋与渔业局召开干部大会，省委组织部副部长戎铁文到会宣布省委、省政府决定：文斌任省海洋与渔业局局长、党组书记；郑伟仪不再担任省海洋与渔业局局长、党组书记职务。

5日上午，在广州市南沙区沙仔岛码头举行中国第29次南极科学考察队暨“雪龙”号科学考察船欢送仪式。国家海洋局局长刘赐贵，广东省副省长刘昆出席。有关部门和科研院所负责人，有关单位负责人，考察队员所在单位负责人、企业代表等共约1200人参加。省长朱小丹在广州会见刘赐贵一行。

5日，国家海洋局局长刘赐贵一行在副省长刘昆的陪同下到广东省海洋与渔业局调研，并就海洋生态文明建设等进行了座谈。省海洋与渔业局局长文斌主持座谈会。

14日，国家海洋局在广州召开了2012年度全国海域管理处长座谈会，交流研讨加强海岸线资源利用管理及加强海砂开采海域使用管理相关措施。海域管理司司长于青松、广东省海洋与渔业局局长文斌等出席座谈会。

11月20日，香港中联办新界工作部副巡视员何平、香港渔民团体联会常务副主席何俊贤带领香港渔民团体联会广东省访问团一行23人来访广东省海洋与渔业局。局长文斌等与访问团一行进行座谈。双方就香港流动渔船管理、渔民生计及渔业转型升级等方面工作内容进行了深入交流和探讨。

21日，湛江市长王中丙等一行到广东省海洋与渔业局座谈，局长文斌等局领导出席座谈会，交流探讨海域使用权“直通车”、海岸修复工程、美丽港湾、深水网箱产业发展、平安渔业等工作，并就明年联合举办湛江国际海洋周达成共识。

26日，广东全省海洋与渔业系统传达学习贯彻党的十八大精神会议在广州召开。省海洋与渔业局党组书记、局长文斌传达学习党的十八大会议精神，传达有关会议部署，解读关于“海洋强国”建设和“三农”工作部署，全面部署今后努力做好率先建设海洋强省和现代渔业工作。

26—28日，首届中国（顺德）龟鳖产业发展论坛暨首届中国（顺德）龟鳖文化实物展在顺德举行。来自全国龟鳖养殖主产区近1000名龟鳖养殖企业或大户、行业协会、专业合作社和中介服务组织的负责人或代表参加。

29日，农业部在广东湛江召开全国水产种业建设和苗种生产监管工作会议。部渔业局局长赵兴武、全国各省渔业主管厅（局）、农业部有关司局、全国水产技术推广总站、部分科研院所和水产种业企业等100余名代表出席会议。广东省海洋与渔业局局长文斌参加，在会上作广东省水产种业建设的典型发言。

12月

4日，广东省海洋与渔业局局长文斌率队到国家海洋局汇报工作。国家海洋局局长刘赐贵接见文斌一行，副局长王宏和局总工程师孙书贤，以及有关司负责人共同听取文斌汇报。王宏希望广东省局按照党的十八大“建设海洋强国”的战略部署，勇于创新，为推进建设海洋强国做出广东应有的贡献。

13日，由广东省政府、国家海洋局主办的2012中国海洋经济博览会在广州琶洲国际会展中心开幕。省委书记汪洋，国家海洋局局长刘赐贵，省长朱小丹，省委常委、秘书长林木声，省人大常委会副主任陈小川，副省长刘昆，省政协副主席温兰子共同为中国海洋经济博览会启动开幕。沿海各省区市代表团，广东沿海各市代表团、省直有关单位的负责同志，以及港澳地区嘉宾、有关专家学者、志愿者代表和新闻媒体记者共1300多人参加开幕式。本届海洋经济博览会以“科学开发海洋资源、推动经济转型升级”为主题，展期3天，至15日结束。14日，省人大常委会主任欧广源，在省海洋与渔业局局长文斌等陪同下，视察了海博会开幕式现场和展馆。

20日，国家海洋局副局长王飞率队到广东省海洋与渔业局考察海洋环境保护工作，并召开座谈会。省海洋与渔业局局长文斌汇报了广东近几年的海洋环境保护工作情况，介绍了广东推进生态文明示范区和“美丽港湾”建设情况。

29日，广东省委宣传部、省海洋与渔业局、省社会科学界联合会在广州举办“2012中国南方智库论坛”，主题为“海洋经济与广东未来发展”。

2013年大事记

1月

17日，澳大利亚驻广州总领事馆副总领事唐杰夫先生一行来访广东省海洋与渔业局。双方就海洋生态环保、环境监测、海水养殖等方面开展合作进行探讨与交流。

19—21日，广东省委书记胡春华到珠海、阳江等市调研。胡春华希望珠海加快推动横琴新区、高栏港经济区和国家高新区优化建设，狠抓重点项目落实，积极深化与香港、澳门的紧密合作，加快构建现代产业体系，进一步提升经济发展水平；希望阳江充分发挥临海优势，抓好临港产业建设，推动滨海旅游业发展，切实增强经济综合实力。省领导林木声、陈云贤等参加调研。

25日，在广东省第十二届人民代表大会第一次会议上，省长朱小丹代表省政府作《政府工作报告》，要求实施广东海洋经济综合试验区发展规划，加快制定全省海洋主体功能区规划；培育壮大钢铁、石化、能源、海洋装备制造等高端临海产业和海洋生物医药、海洋可再生能源等海洋新兴产业，建设高端产业“黄金海岸”；加强海洋科技创新，推进海洋资源、海上能源和海岛开发；推动海洋服务业标准化、品牌化发展；实施“深蓝渔业”工程，发展远洋渔业；坚持集中集约用海，加快形成广州南沙龙穴岛等9片集中集约用海区，建设海洋生态文明示范区和“美丽港湾”。

2月

1日，广东省政府举行新闻发布会，向新闻媒体介绍国务院批复的《广东省海洋功能区划(2011—2020)》，广东省政府办公厅副主任张爱军宣读《国务院关于广东省海洋功能区划的批复》，省海洋与渔业局局长文斌介绍《区划》主要内容、编制的背景意义和贯彻落实的设想。

1日，广东省海洋与渔业局召开视频会议，研究2013年全省海洋与渔业工作要点和部署春节前有关工作。局长文斌在会上讲话明确提出，全省海洋与渔业系统将重点实施“平安海洋平安渔业”工程，保障海洋生态安全、水产品质量安全、渔业生产安全；推动渔业转型升级，加快发展现代渔业，实现渔业增效、渔民增收，增加渔民福祉。

6日，广东省海洋与渔业局召开干部大会，局长文斌总结2012年全省海洋渔业工作的亮点，以及新班子成立以来的工作，明确提出2013年全省海洋渔业系统要重点抓好率先探索“海洋强省”建设，当好全国排头兵。局党组成员也结合分管工作对2012年工作进行总结，提出2013年工作设想。

16日，经国家海洋局局长办公会审议通过，全国12个市、县（区）入选首批国家级海洋生态文明建设示范区。广东省的珠海横琴新区、徐闻县、南澳县入选。

21—22日，国家海洋局局长刘赐贵率调研组到深圳市开展推进海洋强国建设专题调研，实地考察了前海深港现代服务业合作区、深圳湾滨海休闲带、华侨城滨海湿地等地，并召开“推进海洋强国建设座谈会”。广东省副省长邓海光陪同考察并出席会议。

26日，农业部在京召开全国渔政工作会议，广东省海洋与渔业局副局长、省渔政总队总队长白桦作典型发言。

27日，海洋公益性行业科研专项管理工作会议暨2013年项目启动视频会议召开，国家海洋局副局长陈连增出席会议并讲话。会上，国家海洋局海洋科学技术司司长周庆海与广东省海洋与渔业局局长文斌，分别代表国家海洋局和广东省人民政府，签订了海洋公益专项重大项目承诺书。

3月

13日，广东省政府在珠海市召开全省海洋与渔业工作会议，总结2012年全省海洋与渔业工作，部署2013年工作，副省长邓海光出席会议并讲话。广东省海洋与渔业局局长文斌作工作报告，珠海市政府、广东省渔政总队湛江支队、饶平县政府作了典型发言。

20日，广东省副省长邓海光到省海洋与渔业局调研，前往省海洋环境专题预报室、省渔政总队总值班室、省海洋与水产高科技园、省淡水名优鱼类种苗繁育中心等地，详细了解海洋防灾减灾、渔业安全生产管理等方面工作情况。要求推动渔业安全救助指挥、抓好名优水产良种繁育，优化水产养殖结构，大力发展远洋渔业，推动现代渔业发展，加快海洋与水产高科技园建设。

27日，广东省政府办公厅印发《广东海洋经济综合试验区建设分工方案》，要求在省委、省政府统一领导下，就落实海洋经济综合试验区建设进行全面部署。

27日，广东省海洋与渔业局局长文斌一行到阳江市调研，实地查看了阳江市江城造船厂、广东中鼎海洋渔业有限公司，要求按照现代企业标准扶持海洋渔业企业发展，大力发展远洋渔业。

4月

1—3日，广东省副省长邓海光率省有关部门到阳江、茂名、湛江三市，就“三农”工作和推进海洋强省建设开展调研，充分肯定三市农业及海洋渔业工作取得的成绩，强调要按现代化标准建设更多的国家级渔港，运用信息化手段提高渔港服务管理水平，打造一批先进的远洋渔船船队，大力发展远洋和深海捕捞。邓海光特别强调，海洋渔业部门要严格围填海项目的审批，加强科学论证，提高围填海的科学性、规范性。

1日，12时为珠江流域第三次禁渔期开始，广东省境内珠江流域的干流、重要支流和通江湖泊内禁止捕捞作业。禁渔至6月1日12时结束，期间秩序良好，渔区社会稳定。省政府决定2013年起每年安排专项资金补助因禁渔受到影响的渔民，每人可获得禁渔补贴1100元。

7日，广东省海洋与渔业局局长文斌陪同中山大学校长许宁生院士一行到广东海洋与水产高科技园考察，双方座谈研讨以高科技园为依托合作开展海洋科技区域创新示范、海洋生物化合物库建设、区域协同创新等问题。

9—10日，广东省副省长邓海光率省有关部门负责人到汕头、潮州、揭阳3市，调研"三农"和海洋渔业工作，深入企业、港口、海岸和基地，详细了解粤东沿海"三农"和海洋经济发展情况，并慰问刚刚圆满完成黄岩岛护渔维权任务的"中国渔政44608"船全体船员。

10日，国务院办公厅向广东省人民政府、国土资源部、海洋局发出《关于同意广东省县际间海域行政区域界线的通知》，同意广东省汕头市南澳县和潮州市饶平县间等38条县际间海域行政区域界线，要求广东省人民政府按照《行政区域界线管理条例》和海洋管理法律法规的规定，落实管理责任，依法加强海域行政区域界线管理，合理开发利用海洋资源，保护和改善海洋生态环境，促进界线附近海域社会稳定和海洋经济可持续发展。

16日，广东省海洋与渔业局局长文斌到肇庆市调研渔业经济发展和珠江禁渔工作，深入到高要振业罗非鱼养殖场、大兴罗非鱼专业合作社，要求加强水产品质量监管和水产良种体系建设，服务渔民、渔村，为渔民致富奔康创造条件。文斌还与渔民进行座谈，并慰问了禁渔期生活困难渔民。

17日，广东省发展改革委联合省海洋与渔业局印发《广东省发展临海工业实施方案》等5个实施方案，确定重大项目224个。省财政厅2013年安排2.5亿元专项资金用于海洋经济综合试验区建设。

24日，广东省海洋与渔业局局长文斌会见中山市长陈良贤一行，双方交流探讨了促进海洋经济和现代渔业发展等。

26—27日，广东省海洋与渔业局局长文斌带队到江苏省考察学习海洋经济发展情况，先后到连云港和南通市参观考察。

27日，广东省海洋与渔业局局长文斌带队拜会国家海洋技术中心，与国家海洋技术中心主任罗续业等座谈交流，双方就加强区域性海洋防灾减灾监测体系、海洋工程装备深海试验场、海洋可再生能源开发等方面的合作达成共识。

27日，广东省海洋与渔业局召开全省2013年防御热带气旋暨伏季休渔安全工作视频会议，要求扎实做好今年防台及伏休期间渔船安全监管工作。

5月

16日，12时起，中国南海大部分海域进入为期2个半月的伏季休渔期。这是南海区伏季休渔期制度实施的第15年。

23—24日，广东省海洋与渔业局局长文斌率队赴深圳调研，考察深圳联成远洋渔业公司、深圳华大基因研究院、大梅沙游艇会、深圳海王药业、招商重工、友联船厂，并就发展远洋渔业、海洋生物药业、现代海洋装备制造业等问题与有关部门座谈。

27—30日，全国水产技术推广总站站长魏宝振一行前来广东省调研水生动物疫病防控工作情况。

6月13日，广东省海洋与渔业局召开防范和遏制重特大渔业安全生产事故视频会议，对渔业安全生产大检查工作进行专项部署。

6月

17—21日，广东省人大常委会副主任陈小川带队到汕头、揭阳、深圳、中山、茂名、湛江等市，开展《广东省实施〈中华人民共和国海洋环境保护法〉办法》执法检查，内容包括海洋环境监督管理、海洋环境污染防治、海洋生态环境保护建设及海岸工程及海洋工程建设项目管理等方面。

21日，广东省人民政府印发《关于推动海洋渔业转型升级提高海洋渔业发展水平的意见》，力争到2020年基本形成产业发展、产品安全、渔业增效、渔民增收、生态文明、渔区和谐、维权有力的现代海洋渔业发展新格局。

21日，广东省政府办公厅印发《关于依法加强县际间海域行政区域界线管理的通知》，要求各有关市、县、区政府按照《中华人民共和国行政区域界线管理条例》和海洋管理有关法律法规的规定，落实海域行政区域界线管理责任。

25日，中国海监广东省总队1000吨级海监船、直升机入列暨首航活动在广州市举行，广东省副省长邓海光宣布起航令，中国海监总队政委贾建军宣读入列令，国家海洋局南海分局局长成纯发向中国海监9020、9030船授旗，省海洋与渔业局局长文斌致辞。

26日，广东省海洋与渔业局同惠州市人民政府联合香港特区渔农自然护理署、澳门特区民政总署，在大亚湾畔共同举办2013年南海生物资源增殖放流活动，来自省市有关单位和渔民代表、媒体记者等约500人共同放流适合南海海域环境的海水经济鱼类苗种160万尾、虾类苗种600万尾和海龟188只。

7月

2日，5时30分，第6号强热带风暴"温比亚"在湛江市麻章区湖光镇沿海登陆。受"温比亚"影响，湛江、茂名等地遭受一定程度的损失，据统计，造成广东全省直接经济损失约2.31亿元。

22—23日，广东全省二、三

类标准渔港建设现场会在汕尾市召开。省海洋与渔业局、财政厅和各地级以上市海洋与渔业主管部门、各渔港建设相关镇、村负责人近100人参加现场会，观摩鲘门、小漠渔港建设现场，研讨加快推进全省标准渔港建设。

25日，晚上，广东省省长朱小丹在广东礼宾府会见汤加首相图伊瓦卡诺一行，表示广东愿意在新一轮的中汤友好合作中发挥积极作用，拓宽在生态文明、海洋渔业等领域的交流合作，省海洋与渔业局局长文斌参加会见。当天上午，图伊瓦卡诺首相一行到广东省淡水名优鱼类种苗繁育中心考察，参观工厂化循环水养殖车间，了解技术研发和经营运作等情况。

30—31日，全国农业发展计划工作会议在辽宁省沈阳市召开，在8个省级典型发言中，广东省海洋与渔业局作为渔业系统唯一代表在会上介绍经验。

8月

1日，广东省海洋与渔业局局长文斌率队到阳江市调研海洋与渔业工作。调研组“上船下海”，先后实地考察顺峰乡村俱乐部用海项目、网箱养殖基地、闸坡国家级中心渔港和闸坡渔政大队，并登上渔船了解渔民生产生活情况。

13日，广东省省长朱小丹主持召开省政府常务会议，审议并原则通过《广东省惠东海龟国家级自然保护区管理办法》。惠东海龟自然保护区是中国大陆唯一以海龟及其繁殖栖息地生态环境为主要保护对象的水生野生动物自然保护区和国际重要湿地。该《办法》就海龟自然保护区的基本制度、管理机制、海龟保护机制及相关法律责任作出明确规定。

14日，广东省海洋与渔业局局长文斌主持座谈会，同前来调研的中国水产科学研究院南海水产研究所所长江世贵、党委书记刘新中一行就广东海洋渔业转型升级、现代渔业发展的技术支撑、建立交流合作机制等方面交流意见。

14—16日，农业部渔业局检查组赴广东省东莞、惠州市，检查2012年度增殖放流和海洋牧场转移支付项目执行情况，对广东省增殖放流和海洋牧场建设工作给予充分的肯定，特别是大规模开展人工鱼礁建设，处于全国领先地位。

14日，5时50分，第11号强台风“尤特”在阳西县附近沿海登陆。受强台风“尤特”影响，阳江、江门、茂名、湛江等地遭受较大损失。据统计，造成广东全省直接经济损失约13.32亿元。

15—31日，广东省海洋与渔业局结合农业部关于清理整治违规渔具专项行动要求，在全省范围内开展海洋与渔业“靖海”专项执法行动，严厉打击违法行为。

16日，广东省海洋与渔业局局长文斌拜访国家海洋局局长刘赐贵，汇报上半年广东海洋工作情况和下半年工作打算。刘赐贵充分肯定广东省海洋工作。

19日，广东省海洋与渔业局局长文斌一行赴农业部汇报广东现代渔业建设情况。副部长牛盾接见文斌一行，部渔业局局长赵兴武听取汇报，充分肯定广东现代渔业工作。

30日，广东省委书记胡春华主持召开省委常委集中学习讨论会，传达学习习近平总书记在中央政治局第八次集体学习时的重要讲话精神，围绕“实施海洋强国战略及广东海洋经济发展”进行专题学习。中国海洋石油总公司副总工程师、中国工程院院士曾恒一，国家海洋局海洋发展战略研究所副所长贾宇应邀作辅导报告。胡春华强调，要扎实推进海洋强省建设，增创广东发展新优势；要切实加强对海洋工作的领导，把发展海洋经济摆上重要议事日程；要组织开展海洋系列宣传，形成全社会关心海洋、认识海洋、经略海洋的舆论氛围。

31日，上午，广东省海洋与渔业局联合省委党校、中山大学共同举办了首期“广东蓝色课堂”。当日下午，召开了全省海洋渔业系统学习贯彻省委“实施海洋强国战略及广东海洋经济发展”学习讨论会精神专题会。

9月

2日，广东省副省长邓海光率省府办公厅、省海洋与渔业局有关负责人先后到国家海洋局南海分局、农业部南海区渔政局、中科院南海海洋研究所、水科院南海水产研究所等中央驻穗单位实地调研，了解情况，并听取对省政府工作的意见和建议。邓海光对海洋渔业系统中央驻穗各单位长期以来为广东所做出的贡献给予高度评价。

9日，广东省海洋与渔业局局长文斌会见湛江市委书记刘小华一行，双方就海岸带综合整治修复、临港工业园区围填海、国家级特大渔港建设等问题进行深入交流。

16—17日，广东省海洋与渔业局局长文斌直接到国家级中心渔港——阳江市阳东县东平渔港开展“驻渔港、上渔船、进渔户”调研，先后上渔船与渔民拉家常，到水产品批发市场了解销售情况，到渔委会座谈，听取海洋渔业发展、渔业安全生产、渔港建设维护等方面的意见和建议,查找广东省“六渔”(渔业、渔区、渔村、渔港、渔船、渔民)存在的问题。

19日，国家海洋局召开第19号热带风暴“天兔”风暴潮、海浪灾害防御工作部署视频会议，广东省海洋与渔业局局长文斌等参加会议。文斌在视频会议结束后，对广东省应对19号热带风暴“天兔”工作进行了落实部署。

22日，上午9时，广东省海洋与渔业局紧急召开防御第19号强台风“天兔”视频会商会，对当前超强台风防御工作进行全面部署。局长文斌参加会议并讲话，要求切实做好抢险救灾各项准备工作，最大限度减少人员伤亡。

22日，19时40分，第19号强台风“天兔”在汕尾市附近沿海登陆。“天兔”影响期间，正值农历十八，沿岸处于当月天文大潮期，“天兔”给广东省东部沿海带来严重的风暴潮灾害，造成汕尾、潮州、汕头、揭阳、惠州等地严重损失，全省直接经济损失累计约58.57亿元。

22日，广东省渔船交易管理系统正式上线运行。

24—25日，广东省副省长、省防总总指挥邓海光受省委书记胡春华、省长朱小丹委托，率省府办公厅，省水利、民政、海洋渔业、气象等部门负责人赶赴汕头、惠州、汕尾、潮州、揭阳5市实地察看台风灾情，检查指导救灾复产工作。

25日，广东省海洋与渔业局局长文斌会见国家海洋局天津海水淡化所所长李琳梅一行，双方就加快推动我省海水淡化产业发展、大力支持海水淡化技术和装备研发、实施海水淡化示范工程、建设海水淡化示范城市等问题进行交流。

29日晚，受强台风“蝴蝶”影响，广东4艘江门台山籍渔船、1艘香港流动渔船共171人在海南省西沙珊瑚岛海域遇险，其中粤台渔62116号、62150号、62108号沉没，3艘渔船共有88人。海难发生后，习近平总书记、李克强总理作出指示，海南、广东和有关部门、军队等方面已迅速组织力量开展搜救工作。广东省省委书记胡春华、省长朱小丹等省领导分别作出批示（指示），要求迅速协调中央有关单位、海南省、海军等，竭尽全力搜救。常务副省长徐少华立即致电省海洋与渔业局、广东海事局主要负责人，对搜救工作提出具体要求。副省长邓海光第一时间赶到省应急指挥中心，连夜主持召开视频会商会，部署指挥救援工作。

10月

1日晨，广东省委、省政府派出赴海南省工作组，协助搜救江门市遇险渔船。当晚，省委书记胡春华再次对西沙遇险渔船救援工作作出重要批示，感谢南海舰队等有关单位不辞劳苦。同时，希望所有参与搜救的单位，按习近平总书记、李克强总理要求，继续努力，只要还有一线希望，就不轻言放弃。省有关单位尽所有可能的资源参与救助，尽最大努力协调各方面继续搜救；江门市要深入细致做好安抚工作。

3日，268名西沙获救渔民乘坐军舰991舰抵达三亚的南海舰队某基地军港码头，海上航行15个小时。其中台山遇险渔民56名（其中有2名伤员，一名重症伤员下船后即被送入海南省农垦三亚医院救治，另一名伤员伤势不重，留在医院观察）。台山遇险船员上岸后，工作组在衣食住行方面提供了保障。

4日，广东省海洋与渔业局局长文斌带领工作组专程到海南省三亚农垦医院，慰问“9·29”渔船遇险中受伤的5名船员，安慰他们安心养伤，并为他们送上慰问金，预祝他们早日康复。下午16时，54名在西沙海域因台风遇险的广东省江门台山市渔民踏上回家之路。

6日，广东省省长朱小丹受胡春华书记委托，率省直有关部门负责同志赶赴江门台山市，对“9·29”台山市渔船沉没事故中的遇险渔民及家属进行慰问，转达党中央、国务院和省委、省政府的亲切问候，并在台山市召开座谈会研究部署善后工作。副省长邓海光，省政府办公厅、省民政厅、海洋与渔业局等有关部门负责人参加慰问。

12日，广东省省长朱小丹对防御台风“百合”作出重要批示，副省长邓海光要求省防总及海洋渔业部门认真督促各地务必抓好落实，确保无人员伤亡。下午17时，省海洋与渔业局局长文斌等参加国家海洋局关于防御台风“百合”的异地视频会商会议，会后即落实部署全省渔业防台工作。

14日，下午，国家防总办公室副主任张士丰率国家防总工作组一行到广东省海洋与渔业局检查指导防御台风“百合”工作。并召开工作汇报会，局长文斌主持会议。国家防总工作组对广东省海洋与渔业局防台工作提出了具体要求。省防总秘书长、省水利厅副厅长邱德华等参加座谈。

16—17日，广东省人大环境与资源保护委员会会同省政府办公厅、财政厅和省海洋与渔业局赴汕尾市进行人工鱼礁建设议案办理情况检查调研，了解议案办理情况，要求加强监管，做好议案结案工作。

29日，广东省海洋与渔业局局长文斌赴台山市下川岛看望参与“9·29”事件搜救的台山籍渔船船长陈松殷、香港流动渔船船长赖国休，进一步了解“9·29”事件有关情况，共商南沙、西沙渔业生产安全工作，邀请陈船长在即将举行南沙渔船安全生产警示培训上作介绍。

11月

1日，广东省海洋与渔业局局长文斌会见汕尾市委书记温国辉一行，双方就建设“南国渔都”、推进集中集约用海、加强海洋生态文明建设等问题进行深入交流。

5日，广东省人大常委会召开省人大代表建议办理工作会议，省人大常委会主任黄龙云，省委常委、常务副省长徐少华出席会议并作重要讲话。省人大各专门委员会、常委会工作委员会，省直有关部门负责人出席会议。省海洋与渔业局文斌局长参加会议并作典型发言，介绍省海洋与渔业局办理人大建议工作的做法和经验。2013年省海洋与渔业局共承办代表建议35件，全部高效及时办结，得到省人大、省政府领导以及代表们的肯定。

5日，广东省政府常务会议审议并原则通过《潮州新区发展总体规划（2013—2030年）》。潮州新区规划范围包括湘桥区的桥东街道、意溪镇、磷溪镇、官塘镇、铁铺镇，潮安区的江东镇，饶平县的钱东镇、汫洲镇、海山镇、柘林镇、大埕镇、所城镇和黄冈镇的国道324复线以南地区，共13个镇（街道），陆域总面积约553平方千米，现状常住人口65.6万人。

21—22日，广东省海洋与渔业局召开2013年全省水产品质量安全检测分析会议。全省各地级以上市海洋与渔业主管部门分管领导和相关业务科室、渔政执法机构、水产品质量安全检测机构负责人，以及有关专家参加了本次会议。

23日，由雷州珍稀海洋生物国家级自然保护区牵头，联合徐闻珊瑚礁国家级自然保护区、雷州乌石国家级海洋公园等在湛江市召开联合国教科文组织“人与生物圈计划”第15届中国生物圈保护区网络大会。来自国家环保部等有关部委及国家级自然保护区、科研院校、国内外民间环保组织的100多位代表参加。

12月

3日，广东省海洋与渔业局、省安全监管局联合召开进一步加强渔业安全生产监管工作视频会议。省海洋与渔业局局长文斌，副局长、省渔政总队总队长白桦，省安全监管局党组成员、总工程师潘游出席会议并讲话。

3日，下午，广东省海洋与渔业局局长文斌率队赴东莞实地考察了东莞长安新区、虎门威远岛生态修复点，就推进海洋生态领域改革开展调研，以加快推进海洋生态文明建设。

5日，上午，广东省气象局副局长庄旭东一行到省海洋与渔业局调研，局长文斌等参与座谈，广泛交流各自领域的工作，就今后双方在观测、预报、防灾减灾等方面开展交流合作达成初步意见。

5日，下午，广东省海洋与渔业局局长文斌率队前往省法制办，向省法制办主任王学成通报2年来的立法和规范性文件制定情况，王学成就2014年海洋与渔业立法项目提出了具体指导意见。

9日，广东省副省长邓海光率队赴省海洋工程学校（“省海校”）调研，听取省海校班子工作情况汇报。省政府副秘书长颜学亮，省海洋与渔业局局长文斌等陪同调研。

9日，广东省海洋与渔业局和汕尾市政府签订“推进汕尾海洋经济强势建设合作框架协议”，建立合作保障机制，推动汕尾市建设成为广东海洋经济发展创新示范区。

11日，广东省编办主任潘享清一行到省海洋与渔业局调研，省海洋与渔业局局长文斌主持调研座谈会，双方就海洋机构设置、实际工作协调中遇到的困难，以及下一步改革的方向进行探讨，以推动海洋管理体制机制创新。

18日，农业部召开农产品质量安全监管工作视频会议，广东省海洋与渔业局局长文斌代表广东在会上作了以“健全监管体系 狠抓制度落实 努力提升水产品质量安全保障水平”为主题的典型发言。

25日，国际海事组织（IMO）颁发“2013年海上人命救助特别勇敢奖”给广东省渔政总队电白大队所属“中国渔政44246”船全体船员。2012年8月17日3时30分，第13号台风“启德”肆虐粤西沿海，广东电白籍渔船“粤电渔53018”在电白县博贺港4号灯标附近因主机故障失去动力遇险，船上11人危在旦夕。因现场海况十分恶劣，救助飞机及专业救助船艇屡次救助未果。情况危急之时，“中国渔政44246”不畏艰险、冒风顶浪，经过多次尝试，最终于19时12分安全转移11名遇险船员。

26日，广东省美丽海湾建设现场会在潮州市饶平县召开，研究部署全省“美丽海湾”建设工作。省海洋与渔业局局长文斌强调，“美丽海湾”建设是2014年海洋渔业系统的头等大事，要围绕规划建设管理主线，全面推进“美丽海湾”建设工作，办好办实“美丽海湾”建设这个民心工程。

26日下午，广东省海洋与渔业局局长文斌率队赴饶平县所城镇西寨村开展扶贫工作，查看文化广场等扶贫项目建设情况，与西寨村两委干部、扶贫工作组进行座谈，研究下一年度具体帮扶方案。

27日，广东省海洋与渔业局局长文斌率队拜会省发展改革委主任李春洪，双方座谈交流了“美丽海湾”建设、海洋渔船更新改造、海洋防灾减灾体系建设、珠江口入海污染物在线监测系统建设、广东海洋经济综合试验区建设等工作。

30日，广东省海洋与渔业局召开2013年全局工作总结通报会，局长文斌作通报讲话，通报省委、省政府主要领导最近对海洋渔业工作的最新指示精神，总结2013年全省海洋渔业工作的情况。局班子成员及局机关各处室、省渔政总队、直属企事业单位全体干部参加会议。

2014年大事记

1月

6日，广东省海洋与渔业局在广州召开广东省“美丽海湾”建设专家研讨会，局长文斌在会上传达省委书记胡春华关于“美丽海湾”建设的指示精神，强调“美丽海湾”建设一定要做好顶层设计，高起点制定规划，做出亮点。会议邀请国家海洋局第三研究所、中山大学、广东省城乡规划设计研究院等省内外知名院校、科研单位的12名专家参与研讨。

6日，由广东省纪委会同省编办牵头组成的政府机构改革和职能转变情况第二检查组到省海洋与渔业局检查工作，听取汇报，实地走访局便民办证中心，对正在实施审批事项的办事流程、审批条件和期限、操作指引等进行检查。局长文斌主持工作汇报会，局领导和有关单位负责人参加会议。

7日，广东省海洋与渔业局局长文斌会见国家海洋局南海分局局长成纯发、党委书记钱宏林一行，交流海洋环境保护、海洋灾害预警预报、海洋行政执法等问题。

9日，广东省政府在广州召开全省旅游工作会议，省海洋与渔业局局长文斌、副局长洪伟东出席会议。会上，省海洋与渔业局同省旅游局签订战略合作框架协议，双方建立海洋开发、旅游、保护的沟通协调合作机制，加快发展滨海旅游产业，合力推动海洋强省、旅游强省建设。

13日，21世纪海上丝绸之路建设暨《中国南海文化丛书》学术研讨会在广州召开，有关方面专家共同探讨中国海上丝绸之路建设的重要意义，并为广东如何借力海上丝绸之路建设进一步经略海洋，充当中国海洋事业排头兵提出了丰富的意见与建议。广东省海洋与渔业局局长文斌表示，21世纪海上丝绸之路建设更是广东省建设海洋文化、提升文化软实力、增强区域综合竞争力的重要举措。

20日，广东省海洋与渔业局局长文斌会见东莞市市长袁宝成一行，双方就推进东莞市海洋综合管理、现代渔业建设和长安新区建设等进行深入交流。

22日，广东省委理论学习中心组举行第96期“广东学习论坛”报告会，专题学习“建设21世纪‘海上丝绸之路’”，国家发改委学术委员会秘书长张燕生作辅导报告。省委书记胡春华出席报告会。省有关部门单位领导干部300多人参加报告会。

24日，广东海洋文化协会在中山大学隆重召开第一届会员大会，正式成立广东海洋文化协会。大会选举中山大学校长、中国科学院院士许宁生担任首任会长。省海洋与渔业局局长文斌出席会议并致词。有关单位领导、专家及个人会员共160人参加会议。

24日，广东省海洋与渔业局局长文斌率队拜会广东电视台，双方交流“广东沿海行”大型系列报道合作经验，表示今年将加强合作，推进海洋强省建设，继续开展“美丽海湾、美丽海岛、21世纪海上丝绸之路”主题报道创新。

25日，广东省委常委、宣传部长庹震专程前往广东电视台调研，召开座谈会，充分肯定广东电视台推出的《广东沿海行》等大型新闻及专题报道取得的成绩。

27日，广东省海洋与渔业局召开党的群众路线教育实践活动总结会议，省海洋与渔业局局长文斌主持会议并作总结报告，介绍省海洋与渔业局教育实践活动的基本情况。省委第十一督导组副组长陈平讲话。

28日，珠海横琴新区长隆海洋王国开门迎客。

29日，广东省海洋与渔业局局长文斌一行前往广州黄沙水产交易市场，调研春节前水产品市场供应和水产品质量安全监管情况，确保水产品市场消费安全，让广大市民吃上“放心鱼”。

30日，广东省海洋与渔业局局长文斌，通过局网站向长期关心、支持广东海洋与渔业发展的广大网民朋友们拜年，衷心祝愿大家新年快乐、身体健康、事业进步、家庭幸福！

2月

8日，广东省海洋与渔业局局长文斌轻车简从实地考察广州市南沙区南沙湾，调研美丽海湾建设工作。

18日，广东省海洋与渔业局局长文斌会见广东海洋大学校长叶春海一行，双方就进一步加强政产学研方面的合作进行深入交流。有关负责人参加了会议。

24日，国务院参事、调研组组长葛志荣率队一行到广东省开展海洋生态文明建设调研，召开“加强生态保护，促进海洋经济绿色发展”调研座谈会，省海洋与渔业局局长文斌主持会议。会后，调研组赴揭阳、潮州、汕头三地实地考察。

25—27日，广东省人大常委会会同省政府办公厅、财政厅和省海洋与渔业局，赴珠海、惠州、汕尾、江门、阳江、湛江市进行了人工鱼礁建设议案办理情况检查调研。省人大常委会副主任陈小川，省人大环资委主任委员陈耀光，省海洋与渔业局局长文斌等参加。

28日，广东省海洋与渔业局联

合南方报业传媒集团联手开展的广东“十大美丽海岛”评选活动，举行启动仪式。评选活动历时3个月，最终评选出阳江海陵岛、茂名放鸡岛、江门上、下川岛等10个海岛为广东“十大美丽海岛”。

3月

3日，在广东省网上办事大厅建设省直部门现场交流督办会上，省海洋与渔业局副局长洪伟东作《建设网上办事大厅，推进便民利民服务》的典型发言，省委常委、省纪委书记黄先耀，省委常委、常务副省长徐少华出席会议并讲话，充分肯定省海洋与渔业局网上办事大厅建设工作。

4日，广东省海洋与渔业局局长文斌带队参加广东电台“民声热线”节目上线直播，与节目特邀评议团、媒体观察团就群众关心的社会热点、投诉的难点问题进行面对面交流讨论。副局长屈家树、白桦参加了上线节目。11日，广东省海洋与渔业局继续参加广东电台“民声热线”第二期上线直播。

11—12日，广东省港澳流动渔民协会第七次代表大会在广州市召开，省流渔协会香港、澳门、广东地区代表共200余人参加大会，大会选举产生了新一届委员会委员。副省长邓海光出席并讲话。

13日，国家海洋局批准广东南澳青澳湾申报国家级海洋公园项目。

25日，广东省海洋与渔业局局长文斌在省第十二届人民代表大会常务委员会第七次会议上代表省人民政府作《关于建设人工鱼礁保护海洋资源环境议案办理情况的报告》。27日，省第十二届人民代表大会常务委员会第七次会议审议批准了议案办理情况报告，同意予以结案，形成批准省人民政府报告的决议。

26日，广东全省海洋与渔业执法暨政治工作会议在湛江召开，总结2013年全省海洋与渔业执法工作，表彰先进单位和个人，研究部署2014年工作任务。

4月

1日，2014年度珠江禁渔正式开始，至6月1日12时，珠江流域广东江段的干流、支流禁止一切渔业捕捞活动。

3日，广东省海洋与渔业局局长文斌率队拜访省旅游局，与省旅游局局长杨荣森等座谈，双方就进一步落实《关于加快推进滨海旅游的战略合作框架协议》，统筹推进交流合作、宣传推介，推动旅游与海洋产业融合发展进行交流。

8日，广东省海洋与渔业局局长文斌率队拜访省安监局，与省安监局局长黄晗等举行座谈。双方就推进渔船安全生产管理、落实渔业乡镇和渔村渔船安全生产属地管理责任、实施渔船安全通信系统和渔业船员培训项目进行交流。

15日，广东省府办公厅印发《关于进一步落实三防工作责任的通知》，要求海洋与渔业主管部门要组织所有出海作业在册登记的渔船制定防台风应急避险预案，实现“一船一预案”，实施梯度撤离计划。

15—18日，广东省海洋与渔业局局长文斌带头蹲点调研，深入江门台山市川岛镇，专题调研渔船安全生产管理情况。

21日，广东省政府召开全省海洋与渔业工作电视电话会议，总结2013年工作，部署2014年任务。副省长邓海光出席会议并讲话。

22日，中国海监广东省总队组织深圳支队和南沙、蛇口、宝安大队等单位的海监力量，从广州南沙、深圳宝安、蛇口同时出击，对珠江口海域采砂船进行突击检查，登检采砂船90多艘（次），责令30多艘在海上乱停泊的采砂船返回所属的采砂区锚泊，查获涉嫌违法采砂船3艘。全年立案查处非法采砂案件153宗。

28日，广东省海洋与渔业局印发《关于全面加强我省渔船信息化管理工作的通知》（粤海渔函［2014］269号），开展全省渔船考查工作。

29日，全省海洋与渔业局长会议在广州召开，学习贯彻全省海洋与渔业工作电视电话会议精神，省海洋与渔业局局长文斌出席会议并讲话。

5月

5日，广东省海洋与渔业局在广州召开广东省海洋主体功能区规划技术方案专家咨询会，国家海洋信息中心、国家海洋局南海分局、国家海洋局第三海洋研究所、中山大学、国家海洋局南海海洋工程勘察与环境研究院、广东海洋大学、省海洋资源研究发展中心等单位专家应邀参加会议，为完善技术方案提出意见。

6—8日，财政部、国家海洋局考核组对广东省海洋经济创新发展区域示范工作进展情况进行考核。给予该项工作总体评价意见为优秀等级。

6—10日，农业部渔业渔政管理局局长赵兴武、中国水产科学研究院院长张显良一行开展渔业科技专题调研，先后到中国水产科学研究院珠江水产研究所、南海水产研究所等单位深入调查研究。广东省海洋与渔业局局长文斌参加了有关调研活动。

8日，广东省政府办公厅召开推进广东海洋经济综合试验区建设情况汇报会暨实地督查动员会，省发改委、经信委、交通厅、海洋与渔业局分别汇报了相关工作进展情况。按照省府办公厅专项督查的统一部署，由省府办公厅和以上4单位领导带队，财政厅、商务厅、国土厅等 14 个部门人员组成的 5 个督查组，于 5 月 12—18 日分别到沿海 10 个地级以上市进行实地督查。

8 日，广东省海洋与渔业局局长文斌率队到江门台山市川岛镇召开南沙渔业安全生产现场办公会，现场核查南沙渔船落实安全规范要求情况，并与渔民、船东代表进行交流。

12 日，是第六个全国防灾减灾日，由国家海洋减灾中心、广东省海洋与渔业局和汕头市人民政府联合主办的广东省海洋防灾减灾宣传活动在汕头市人民广场举行，以“城镇化与减灾”为主题的 2014 年全国海洋领域防灾减灾宣传周拉开帷幕。

12 日，中华白海豚保护联盟成立暨签约仪式在汕头大学举办。厦门珍稀海洋物种国家级自然保护区、广东珠江口中华白海豚国家级自然保护区、广东江门中华白海豚省级保护区、广西壮族自治区合浦儒艮国家级自然保护区 4 家保护区签署协议，成立中华白海豚保护联盟，统一开展中华白海豚保护科普宣传，共同推进中华白海豚物种保护。

13 日，广东省副省长邓海光到省海洋与渔业局进行调研，专题研究当前全省海洋渔业发展现状、路径和对策措施，听取省海洋渔业系统有关意见和建议。

15 日，在广东省湛江市发布中国第一部海洋文化产业蓝皮书——《粤桂琼海洋文化产业蓝皮书（2010—2013）》，该书由国家海洋局宣传教育中心组织指导、广东海洋大学海洋文化产业研究中心编制。

22 日，广东省海洋与渔业局局长文斌会见省财政厅副厅长郑贤操一行，双方就广东省现代化渔港建设有关问题进行座谈互动、深入探讨。

26 日，广东省海洋与渔业局局长文斌会见香港渔农署高级渔业主任李慧红和渔业主任林言霞一行，双方就加强海洋与渔业合作相关事宜进行深入交流。

27 日上午，广东省政府新闻办召开新闻发布会，发布《2013 年广东省海洋环境状况公报》和《2013 年广东省海洋灾害公报》。省海洋与渔业局领导文斌、洪伟东、李磊出席参加发布会并回答媒体提问。有关单位负责人和专家，新闻媒体等共 60 人参加发布会。

27 日，广东省府办公厅印发《关于进一步加强渔船安全生产管理的通知》。

6 月

5 日，广东省海洋渔船安全生产工作现场会在阳东县东平镇召开，会议要求，推进渔船安全生产基层组织化建设，解决渔船安全监管“最后一千米”问题，落实责任制，做好渔业安全生产工作。

5 日，由广东省发展和改革委员会、广东省海洋与渔业局、中山大学共同主办的“广东与 21 世纪海上丝绸之路”研讨会在广州召开。中山大学党委书记郑德涛致欢迎辞，省发展和改革委员会主任李春洪作大会主旨报告，省海洋与渔业局局长文斌出席会议并作发言。会上，中山大学“21 世纪海上丝绸之路研究院”宣布正式成立。

8 日，广东省海洋与渔业局联合国家海洋局南海分局和共青团省委，共同在广州千年古码头——洲头咀公园隆重举行第六个世界海洋日暨第七个全国海洋宣传日活动，活动的主题为“建设海上丝绸之路，联通五洲四海”，模拟“重走海上丝绸之路”活动。省人大、省政协、共青团广东省委、中央驻穗和省直有关单位的领导以及志愿者、学生代表共 300 多人参加启动仪式。

10—11 日，广东省副省长、省防总总指挥邓海光与省政府办公厅，省水利、海洋渔业、民政等部门负责同志一起到阳江、江门两市重点检查大中型水库工程和渔船渔港防风防汛工作，谋划和落实下一步的防汛防灾应对准备工作。邓海光专程来到阳江市东平国家中心渔港以及东平镇太阳升渔委会，与渔民进行广泛深入的交流。

11—13 日，广东省海洋与渔业局局长文斌率队到阳江、茂名、湛江市调研，先后到阳江市粤海渔船交易服务中心，茂名市滨海新区、博贺渔港、放鸡岛和湛江市海东新区现场考察，重点调研渔船更新改造、渔港建设、项目用海规划及审批、无居民海岛保护与开发等情况。

19 日，广东省防总副总指挥、省水利厅厅长林旭钿率队到省海洋与渔业局，同局长文斌等座谈，双方交流加强渔港防汛防台基础建设，加大渔船安全生产监管力度，推动三防信息共享等内容。

21 日，南方日报报道：近日，副省长邓海光到湛江市，现场考察广东海洋大学、湛江农垦局及相关渔港，就农业现代化、渔港建设及水利防汛等工作进行调研。邓海光要求，加强珍珠等海产品质量检测，扶持南珠品牌，研发渔业信息化系统设备，促进渔业生产安全，大力推动现代渔业发展。

7 月

6—10 日，广东省委书记胡春华到湛江、茂名市，深入重点工程施工现场、新城区、园区、港口、农村社区调研时强调，要加快发展海洋经济，提升海洋装备制造业水平，融合渔业资源，打造粤西海产品牌，做好“海”的文章。要突出抓好湛江海东新区、茂名水东湾新城等开发建设，构建产城互动格局。省领导徐少华、林木声、陈云贤等参加有关活动。

7—9 日，广东省副省长邓海光率有关部门到珠海、江门市，就海岛保护、管理、开发利用开展专题调研，先后到珠海市横琴、外伶仃岛、二洲岛、担杆岛、庙湾岛、高栏港经济技术开发区，江门市上川岛、下川岛以及担杆岛猕猴省级自然保护区、上川岛猕猴省级自然保护区、江门中华白海豚省级自然保护区等现场考察。

17 日，广东省副省长邓海光率省水利厅、民政厅、渔洋与渔业局、气象局等防总成员单位及省府应急办负责同志到广东海事局检查防台风工作。

18—19 日，广东省遭受“威马逊”超强台风袭击，粤西地区尤其是湛江的渔港码头、护岸、渔船、网箱和鱼塘塘基等遭受不同程度损毁，渔业损失严重。据不完全统计，“威马逊”造成全省渔业经济损失 28.42 亿元。

29 日，广东水产学会第八次会员代表大会在广州召开，各地级以上市和有关科研院所、高等院校、企事业单位共 120 多名代表出席了会议。会议选举产生了由 61 位理事组成的广东水产学会第七届理事会，吴灶和当选为理事长。

29 日，由阳江市人民政府、广东省海洋与渔业局共同主办的第 12 届南海（阳江）开渔节，在海陵岛拉开帷幕，持续到 8 月 3 日结束。这届开渔节活动以“风正千帆竞，丝路谱新篇”为主题，活动融入传统特色的渔家婚嫁庆典巡游、渔家大宴、民间增殖放流、祭海、开船仪式等群众喜闻乐见的内容。

8月

6 日，农业部渔业渔政管理局副局长李彦亮率调研组到广东省海洋与渔业局座谈，了解广东省现代渔业以及渔船在北部湾生产作业管理工作情况，听取加强渔业行政执法检查等建议。省海洋与渔业局局长文斌主持座谈会，农业部南海区渔政管理局局长吴壮，有关单位负责人参加座谈。

26 日，以“加强海峡两岸海洋产业合作，共建 21 世纪海上丝绸之路”为主题的海峡两岸海洋经济合作交流会在汕头市开幕，由广东省政府、国务院台湾事务办公室和国家海洋局联合主办，汕头市政府、省政府台湾事务办公室和省海洋与渔业局共同承办，广东省省长朱小丹，国务院台办副主任叶克冬，国家海洋局党组成员、纪委书记吕滨，台湾海基会董事长林中森出席交流会并致辞。

9月

2 日，广东省“南粤海疆行”国防教育采访团的媒体记者及专家等 23 人到中国海监广东省总队直属的中国海警 3112 船进行采访活动。3112 船出色完成海洋维权任务，2014 年荣获全国边海防工作先进单位荣誉称号，政委受到习近平、李克强等党和国家领导人的亲切接见。活动结束后，主办方举办“南粤海疆行”活动主题图片展，印发了 5 张明信片，3112 船彩照入选，并为封面彩照。这次“南粤海疆行”国防教育采访报道活动是由省委宣传部、省军区政治部、省国防教育办公室、南方报业传媒集团等联合主办，省海洋与渔业局等单位协办。

4 日，广东省海洋与渔业局局长文斌带队到省供销社，与省供销社主任李朝明座谈，双方深入探讨加快推进省渔政总队广州执法指挥基地建设和加强广远集团与省供销社合作等事宜。

9 日，广东省海洋与渔业局局长文斌率队拜访省财政厅，交流讨论改善渔业民生工作、保障维权执法经费、建设现代化渔港及深水网箱专项资金使用等问题。

10月

8—11 日，广东省政府发展研究中心和省海洋与渔业局组成联合调研组，到江门、阳江、湛江、茂名等市开展现代渔港建设调研，先后实地考察江门广海渔港、烽火角避风塘，茂名博贺渔港，湛江硇洲渔港、江港渔港、乐民避风塘，阳江闸坡渔港，听取各市县对现代渔港和区域性避风锚地建设的具体意见。

14 日，上午，广东省海洋与渔业局局长文斌会见湛江市长王中丙一行，双方就做好台风灾后救灾复产和 2014 年中国海洋经济博览会筹备工作等问题进行了深入交流。

14 日，广东省海洋与渔业局局长文斌率队拜访省科技厅，学习“科技业务管理阳光再造行动”，省科技厅厅长黄宁生会见了文斌一行。

16 日，第 15 号台风“海鸥”在湛江市徐闻县南部沿海地区登陆，登陆时中心附近最大风力 13 级（40 米/秒），中心最低气压 960 百帕。受台风“海鸥”影响，湛江、阳江、茂名等遭受不同程度损失，其中湛江损失最为严重。全省直接经济损失 29.85 亿元。

17 日，广东省海洋与渔业局根据 2014 年全国水生野生动物保护科普宣传月关于开展走进“四区”（社区、学区、渔区和景区）的活动要求，在广州市第五中学举办了一场别开生面的“水生野生动物科普宣讲活动”，共 370 多名中学生参加活动。

21 日上午，广东省海洋与渔业局局长文斌会见珠江水产研究所所长刘英杰一行，双方深入探讨进一步淡水渔业养殖研究等方面合作，珠江水产研究所党委书记潘澎等领导参加座谈。

21 日，广东省海洋与渔业局同国家海洋环境预报中心在广州举行战略合作框架协议签字仪式，省海洋与渔业局局长文斌、国家海洋环境预报中心主任王辉等出席。

23日，上午，广东省海洋与渔业局举行第十二期“广东蓝色课堂”报告会，邀请国家海洋局海洋发展战略研究所所长、国际能源法、环境法和海洋法专家高之国作“建设海洋强国的思考”专题辅导报告。局长文斌主持报告会，局机关、总队全体干部，局属企事业单位班子成员在主会场参加了报告会，21个地级市海洋与渔业主管部门有关人员通过视频分会场收看收听了专题报告。

23—24日，广东省渔政总队联合香港警务处水警总区、香港渔农自然护理署举行“护渔2014-3”粤港联合执法行动，打击粤港交界水域的非法捕捞和渔船走私行为。

24日，广东省海洋与渔业局同国家开发银行股份有限公司广东省分行在广州签署《开发性金融支持广东海洋强省建设合作备忘录》，该行将在今后5年时间里授信550亿元，重点支持广东省海洋产业发展。省海洋与渔业局局长文斌、国家开发银行广东省分行行长吴德礼等出席。

28—29日，由省总工会、省人力资源和社会保障厅、省经济和信息化委员会、省科技厅主办，省海洋与渔业局承办的2014年全省水产养殖技能竞赛在广州举办，竞赛个人分数前五名分别被授予“广东省职工经济技术创新能手”称号，其中获得竞赛第一名的李春枝由省总工会按程序审批颁发“广东省五一劳动奖章”。

31日，由广东省贸促会主办的“广东21世纪海上丝绸之路国际博览会”（以下简称“海博会”）在东莞市广东现代国际展览中心举行，中共中央政治局委员、省委书记胡春华，省长朱小丹，中国贸促会常务副会长张伟等出席开幕式。胡春华、张伟在开幕式上致辞。开幕式后，举办了主题为“共建新纽带 同创新愿景——经贸、文化、旅游合作共赢”的国际论坛。省长朱小丹等7名演讲嘉宾和800多名国内外来宾、专家学者、新闻媒体参加论坛。本次“海博会”于11月2日顺利闭幕，取得了圆满成功。

10—11月，“海洋经济发展”专题研讨班在新加坡举办，共23人参加学习。4月，广东省委组织部与新加坡外交部技术合作司签署了《关于领导干部培训合作备忘录》。

11月

12日晚，在“我们的孙中山——纪念孙中山先生诞辰148周年专题晚会”上揭晓首批“香山十大海洋文化地标”。

17日，广东省海洋与渔业局局长文斌会见潮州市委副书记、代理市长卢淳杰一行，双方就进一步加强项目用海用岛管理、海洋生态文明建设，加快推进现代渔业和现代渔港建设，加大海洋渔业执法和海洋防灾建设力度等方面深入交流。

18日，广东省委书记胡春华到广东海洋大学调研，考察了广东海洋大学海洋生物博物馆、海洋遥感与信息科技实验室，详细了解学科建设、科研成果转化以及产学研合作等情况。省领导林木声、陈云贤等陪同调研。

22日，广东广东广远渔业集团有限公司新建造的广远渔338号、339号两艘金枪鱼延绳钓渔船在厦门市渔港码头正式起航，赴太平洋海域生产作业。省海洋与渔业局局长文斌等来到码头送行，并登上两艘新船，亲切慰问船上作业渔工。

25日，广东省交通运输厅厅长曾兆庚率队到省海洋与渔业局座谈，局长文斌主持座谈会，双方就共同推进西江、北江航道扩能升级和虎门二桥建设工程进行深入讨论，并达成共识。

26—27日，农业部安委会办公室、渔业渔政管理局会同国家安全监管总局二司组成督查组，由渔业渔政管理局副局长崔利锋带队，赴广东台山开展渔业安全生产和“六打六治”打非治违专项行动工作督查。

12月

3—7日，2014中国海洋经济博览会在在湛江成功举办，共有32个国家、1300多家企业和机构参展，现场签约企业20多宗，达成交易成果或合作意向金额210多亿元，进场参观的观众超过30万人次。海博会成功搭建起中外海洋经济交流合作平台。

5日，22艘新建的大型钢质渔船从湛江市起航，赴远海进行捕捞作业。省海洋与渔业局局长文斌、湛江市市长王中丙等参加起航仪式。

6日，广东省省委副书记、政法委书记马兴瑞率队莅湛考察，巡视中国海博会场馆，参观广东海洋大学重点实验室。

8—12日，广东全省海洋渔业领导干部培训班在中山大学举办。本次培训班列入省委组织部2014年培训计划，邀请了国家海洋局海洋发展战略研究所贾宇副所长，中山大学传播与设计学院张宁副院长，中山大学海洋学院何建国院长，中山大学管理学院李非教授，省政府发展研究中心李惠武副主任等专家为学员们授课。省海洋与渔业局局长文斌、副局长屈家树也分别以“我省海洋经济发展与海洋强省建设对策思路”和“关于用海几个问题的思考”为题进行授课。沿海各地级以上市海洋与渔业主管部门主要负责人，省海洋与渔业局机关处室（单位）主要负责人参加培训。

16 日，广东省海洋与渔业局和省旅游局联合召开全省海岛管理工作座谈会，这是广东省历史上第一次海岛工作会议，共商广东省海岛资源保护管理与旅游开发事业。

16 日，下午，广东省海洋与渔业局局长文斌到南澎列岛海洋生态国家级自然保护区调研，实地考察保护区基础设施建设和海洋生物标本室，并召开了现场办公会。

22 日，历时 12 年编纂的《广东省志（1979—2000）》举行首发式。在《专记卷》中设置《海洋经济》等有浓厚广东地方特色的专记。《广东省志（1979—2000 年）•专记卷•海洋经济》由广东省海洋与渔业局组织编纂，历时 8 年多完成，共 30 多万字，全面、客观记述了广东海洋经济发生的巨大变化，有照片、概述、大事记、图、表、附录等体裁。广东省海洋与渔业局承担编纂的还有《广东省志（1979—2000 年）•资源环境卷》海洋篇，10 多万字；《广东省志（1979—2000 年）•农业卷》渔业篇，20 多万字。由东莞市海洋与渔业局编纂的《东莞市海洋与渔业志》，经十年五易其稿，于 2014 年 7 月由广东人民出版社出版，95 万字，彩图 36 页，留下一份珍贵的海洋文化遗产。

30 日，上午，广东省海洋与渔业宣传教育中心正式揭牌成立。宣教中心为广东省机构编制委员会批准成立的公益一类事业单位，核定事业编制 15 名。主要任务是承担海洋与渔业方针、政策、制度、政务的宣传工作，提供海洋公益信息服务，普及海洋意识教育，开展海洋文化研究。

30 日，广东省省委副书记、省委农村工作领导小组组长马兴瑞，副省长邓海光到省海洋与渔业局调研，考察省海洋环境专题预报室、省海洋环境监测中心、省海洋与渔业局总值班室，详细了解海洋防灾减灾、海洋环境监测、渔业安全生产管理有关情况，并召开座谈会，听取全省海洋渔业工作情况汇报。

31 日，广东省海洋与渔业局召开 2014 年全局工作总结通报会，局长文斌通报总结了 2014 年全省海洋渔业工作情况，各党组成员结合分管工作分别发言。局机关各处室、省渔政总队全体干部和在穗直属企事业单位班子成员参加会议。

2015 年大事记

1 月

4 日，广东省副省长邓海光率省府办公厅，省海洋与渔业局、省农科院、省农垦集团公司等有关单位负责人到中国水产科学研究院珠江水产研究所展调研，充分肯定珠江水产研究所长期以来为广东渔业事业所做出的贡献。

6 日，广东省海洋与渔业局召开全省渔港建设视频会议，局长文斌在会上讲话，沿海各市局通过视频会议系统进行讨论交流，积极探索填海造地建港，渔港项目海域使用金减免以及引导社会资金投资渔港建设等工作。

9 日，国家海洋局宣传教育中心主办全国“十大美丽海岛”评选活动。广东省南三岛、特呈岛、海陵岛、上川岛、下川岛等 5 个海岛入围前 20 名，南三岛和阳江的海陵岛入选全国“十大美丽海岛”。

16 日，广东省人大常委会副主任、民革广东省委会主委周天鸿一行到省海洋与渔业局座谈，局长文斌主持座谈会，交流加快推动广东省休闲渔业健康持续发展。

23 日，广东省副省长邓海光率省府办公厅、省水利厅、农业厅、海洋与渔业局、省农科院等有关单位负责人到广州市南沙新区，就水利三防、海洋经济发展、农业科技等工作进行专题调研。邓海光指出，坚持依法管海用海，坚持统筹、规划、规范用海，严把围填海造地工程项目审批关，明确禁填区和限批区，确保客观科学用海，保护好自然海岸格局的生态平衡。

2 月

9 日，省长朱小丹在广东省十二届人大第三次会议上作政府工作报告指出，2015 年，将推进广东海洋经济综合试验区建设，大力发展临港经济，加强海洋资源开发，发展海洋航运；大力发展海洋工程装备、智能制造装备等先进制造业；加强生态建设和环境保护；开展海岸带综合整治修复，推进“美丽海湾”建设；加强围填海管理，探索划定禁填区、限填区。

3 月

4 日，广东省首个大规模海上丝绸之路专题图片展——“海丝映粤：广东与 21 世纪海上丝绸之路建设”大型图片展览在广东省档案馆展览厅开幕，展览主体为 3 部分：“舶航帆影——广东与古代海上丝绸之路”，“对外开放——广东与现代海上丝绸之路”，“百舸争流——广东携手共建 21 世纪海上丝绸之路”。

12 日，国家海洋局局长王宏在京会见广东省副省长邓海光，共话广东海洋事业发展。王宏希望广东充分利用海洋优势，大力推动海洋经济转型升级。国家海洋局将全力配合广东开展海洋工作，助推广东海洋强省建设。

24 日，副省长邓海光率省府办公厅，省海洋渔业、发改、财政等部门以及有关中央驻粤科研单位负责人到广东海洋与水产高科技园开展专题调研，要求抓住“一带一路”建设和新一轮创新驱动发展的战略机遇，把海洋与水产高科技园建设与广东海洋经济综合试验区和南沙自贸区建设有机结合、融合发展，努力打造高标准的国家级海洋产业示范园区。

27 日，全省海洋与渔业工作会议在广州召开，广东省海洋与渔业局局长文斌作工作报告，总结 2014 年工作，部署 2015 年主要工作。会议还表彰了 2014 年度海洋与渔业信息化工作先进单位和先进工作者，部署了渔业安全生产工作。

4 月

23 日，国家发改委、科技部、国土资源部、环境保护部、住房城乡建设部、水利部、农业部、国家统计局、国家林业局、中国气象局、国家海洋局等 11 部门联合发布《关于印发生态保护与建设示范区名单的通知》，广东珠海横琴新区入选。横琴新区已于 2013 年成为首批国家级海洋生态文明示范区，积极为全国海洋生态文明建设探路示范。

28 日，上午 10 时，中国地质调查局广州海洋地质调查局“海洋六号”船从广州东江口海洋地质专用码头起航，远赴太平洋，执行深海资源和大洋科学考察任务。计划出海时间 200 天，这是“海洋六号”连续 5 年执行大洋科考任务以来，航时最长的一次。我国自主研制的 4500 米级无人潜水器“海马”号（ROV）依托“海洋六号”母船首次赴西太平洋进行科考。

5 月

6 日，广东省海洋与渔业局召开全省清理取缔海洋涉渔“三无”船舶和“绝户网”视频会议，局长文斌主持会议，各地级以上市海洋与渔业主管部门主要负责人在各分会场参加会议。

7 日，广东省海洋与渔业局同省科协联合在广州主办“南海海洋资源利用保护与广东建设海洋强省研究”专项调研专家咨询会，邀请国家海洋局第二海洋研究所金翔龙院士、潘德炉院士以及南海海洋研究所、南海水产研究所、珠江水产研究所、中山大学、广东海洋大学等科研院校专家学者为南海海洋生物资源保护与利用、广东海洋强省与海上丝绸之路建设等议题建言献策。省海洋与渔业局局长文斌及有关负责人和省科技厅、教育厅等单位代表参加会议。

8 日，广东省海洋与渔业局局长文斌率局班子成员及局有关处室、直属有关单位负责人到深圳，先后到中国国际海运集装箱（集团）股份有限公司、研祥高科技控股集团、中兴通讯股份有限公司、清华大学深圳研究生院、深圳市海洋环境监测站现场考察，调研海洋科技创新工作。

18 日，广东省副省长邓海光率省发改委、省财政厅、省外办和省海洋与渔业局等单位的领导一行，到国家海洋局南海分局开展工作调研，希望与分局进一步加强沟通协作，为地方经济建设助力。

20 日，全国水产品质量安全监管工作会议在广州市召开。国家农业部副部长于康震出席会议并讲话，广东省副省长邓海光到会致辞，广东省海洋与渔业局局长在会上介绍经验。

20—24 日，农业部副部长于康震在广东省考察现代渔业建设情况。先后深入阳江亚高水产养殖公司调研水产种业生产情况，到湛江国联水产公司、恒兴深水网箱养殖基地和特呈岛调研水产品加工、质量安全、健康养殖和休闲渔业发展情况；到中山大学、中国水产科学研究院南海水产研究所和珠江水产研究所，仔细了解水产科研和科技人才队伍情况；在阳江闸坡国家中心渔港和湛江特呈岛渔船避风塘，他详细询问了休禁渔、渔船停泊、防风防浪、水产交易等情况；他还登上了中国渔政 44061 船，看望慰问一线渔政执法人员，勉励他们为保护渔业资源和维护国家海洋权益做出更大贡献。

21 日，农业部渔业渔政管理局局长赵兴武到佛山调研，先后到广东何氏水产有限公司、南海百容水产良种有限公司等实地考察，详细了解鱼类养殖生产、冷链物流运输和淡水鱼类种苗繁育等情况。省海洋与渔业局局长文斌等陪同调研。

25 日，广东省海洋与渔业局局长文斌到省渔政总队直属三支队和徐闻珊瑚礁、雷州珍稀海洋生物国家级自然保护区调研，深入了解保护区管护能力建设和宣教、科研、生态修复、执法等情况，强调要处理好保护区与周边社区及居民的关系，实现多赢发展。

29 日，广东省海洋与渔业局局长文斌和副局长何少青、屈家树、白桦等到江门调研，与江门市市长等座谈，双方就江门市区域建设用海、海岸线修测、现代渔港建设、美丽海湾建设、海监执法等问题交换意见。

6 月

3 日，来自斐济、汤加、萨摩亚和密克罗尼西亚等太平洋岛国高级公务员第一期培训班的 24 名学员到广东海洋与水产高科技园交流，参观广东省渔业种质资源保护中心，并与省海洋与渔业局座谈，双方就进一步加强远洋渔业、水产养殖、水产品贸易和物流、渔业技术培训等合作进行交流。局长文斌主持座谈会，副局长洪伟东向培训班学员介绍广东渔业发展概况。

4 日，广东省政府新闻办主持召开新闻发布会，发布《2014 年广东省海洋环境状况公报》和《2014 年广东省海洋灾害公报》。省海洋与渔业局局长文斌、副局长何少青等出席参加发布会并回答媒体提问。

8日，在广州市海珠湖公园，国家海洋局南海分局、广东省海洋与渔业局、广州市海珠区人民政府等联合举办2015年世界海洋日暨全国海洋宣传日活动广东分会场活动。省市有关部门、中央驻穗有关单位、社会团体、志愿者、媒体及社会群众共300多人参加了活动。

8日，广东省长朱小丹在广州会见了国家海洋局局长王宏，希望国家海洋局一如既往地支持广东节约集约用海、开展海洋科技创新、加强海洋执法能力建设、推进美丽海湾与海洋生态文明建设、发展海洋旅游产业和办好中国海洋经济博览会等。王宏表示，国家海洋局将会同国家有关部门、金融机构，在海洋经济、海洋科技、海洋生态文明等方面给予广东大力支持。副省长邓海光参加会见。

8—10日，国家海洋局局长王宏率队到广东，先后到广东海洋与水产高科技园、广州南沙港，珠海港珠澳大桥、环澳门海域，深圳招商局邮轮母港、中集集团、前海管理局开展海洋工作调研考察，详细了解情况。王宏对广东省海洋工作取得的发展成果给予充分肯定。省委副书记、深圳市委书记马兴瑞，副省长邓海光，省海洋与渔业局局长文斌等陪同调研。

16日，广东省海洋与渔业局局长文斌率队拜访国家开发银行广东省分行，与行长郭蕾等座谈，并就完善双方的合作机制、明确融资模式和流程、联合召开政策宣介会、务实推动《开发性金融支持广东海洋强省建设合作备忘录》等内容达成共识。

24日，惠东港口海龟国家级自然保护区海龟湾晚上迎来了一头上岸产卵的百岁老海龟，顺利产下130枚海龟卵，这是2015年第二只上岸产卵的海龟。为确保孵化成功率，保护区利用国际先进仪器监测卵窝内的温度和湿度等生态因子；同时，还为每头上岸产卵的海龟注射电子芯片，以便日后追踪研究。

30日，广东省政府办公厅召集有关办理单位在省海洋与渔业局召开加强渔港建设重点提案办理工作启动会，局长文斌讲话。政协广东省委会员第十一届三次会议提出关于加强广东省渔港建设的提案，省政府办公厅将此提案进行重点督办，明确由省海洋与渔业局会同省发展改革委、公安厅、财政厅、国土资源厅、环境保护厅、住房城乡建设厅、水利厅、安全监管局具体办理。

7月

9日12时，第10号台风“莲花”在陆丰市甲东镇沿海登陆，登陆时中心附近最大风力有12级（35米/秒），中心最低气压为970百帕，造成汕尾、汕头、揭阳、潮州等地遭受损失，据统计，全省直接经济损失累计2.478亿元。

10日，广东省海洋与渔业局和中国空间技术研究院在北京签署战略合作框架协议，双方在广东智慧海洋建设规划、渔船北斗终端开发应用、渔政执法船视频监控、天空地一体化海洋遥感监测、水产品航天搭载与繁育、智能水处理应用等方面深化合作，促进广东在智慧海洋与渔业建设上的发展。中国空间技术研究院院长张洪太、党委书记李开民，省海洋与渔业局副局长洪伟东、白桦出席仪式。

20日，广东省海洋与渔业局和广东海事局在珠江口海域首次开展联合打击非法采砂专项行动。截至8月底，联合执法行动共出动执法船艇226艘次，执法人员1134人次，检查采砂船舶679艘次，查获涉嫌非法采砂船舶12艘。行动为期60天，采取大船蹲守、快艇巡查、突击检查相结合的方式进行，重点查处无证、逾期、越界开采海砂等行为。

8月

1日，由阳江市人民政府、广东省海洋与渔业局主办，海陵岛试验区管委会和阳江市海洋与渔业局共同承办的第十三届南海（阳江）开渔节开船仪式在广东省阳江市海陵岛闸坡国家级中心渔港举行。阳江市委书记魏宏广、省海洋与渔业局局长文斌和阳江市有关领导及嘉宾等出席开船仪式。

18日，广东省海洋与渔业局在全省范围内开展渔业安全生产检查督查工作，为期23天，以自查为主，同时组成10个督导小组，由省海洋与渔业局领导带队分赴各地辅助开展督导检查，保障渔业安全生产秩序和渔民生命财产安全。

26日，人力资源和社会保障部、国家海洋局下发《关于表彰全国海洋系统先进集体和先进工作者的决定》，授予广东省中国海警3111船、湛江市海洋与渔业环境监测站、中国海监广东省总队深圳支队荣获全国海洋系统先进集体称号，广东省海洋与渔业环境监测中心测试分析室主任、高级工程师叶四化、深圳市规划和国土资源委员会（海洋局）海洋管理处处长李喻春荣获“全国海洋系统先进工作者”称号。

9月

9日，广东省海洋与渔业局召开沿海地区渔船安全生产工作视频会议，局长文斌主持会议并讲话，通报并分析当前渔船安全生产形势，对进一步加强渔船安全生产监管工作进行部署。各沿海地级市海洋与渔业主管部门主要领导、分管领导及渔政支队长、政委在各地分会场参加会议。

16日，广东省副省长邓海光率队赴浙江等省开展现代渔港调研，学习省外先进经验。邓海光指示，省海洋与渔业局要充分吸收外省先进经验，加快渔港建设步伐。

18日，广东省海洋与渔业局联合省旅游局印发《关于切实加强海岛保护有序发展海岛旅游的意见》，提出要以“保护为主，适度利用”为原则，以发展绿色海岛旅游为导向，按照“一岛一规划，一岛一主题，一岛一特色”模式，高标准规划利用，将广东主要海岛打造成为国家乃至世界的滨海旅游重要目的地。

23日，广东省海洋与渔业局局长文斌会见国家海洋环境预报中心主任王辉一行并座谈，双方就加快落实双方签署的合作框架协议有关工作，进一步加强国家与广东海洋防灾减灾合作等内容达成共识。国家海洋环境预报中心党委书记吴强、副主任易晓蕾，省海洋与渔业局副局长何少青等参加座谈。

25日，广东省省委书记胡春华赴茂名市调研滨海新区建设推进情况，深入电白区海堤、登步跨海大桥、博贺新港区防波堤、中海油LNG、广州港通用码头、粤电博贺煤电一体化等项目施工现场以及电白区乌石村，听取相关汇报，实地了解博贺湾海洋经济试验区、水东湾新城的规划情况和建设进展，强调加快推进滨海新区建设，努力打造成辐射带动周边地区的新增长极。省领导林木声等参加调研。

10月

1日惠东海龟国家级自然保护区养殖的绿海龟在人工条件下产卵49枚，标志着中国绿海龟人工繁殖首战告捷。

4日，14时，第22号强台风“彩虹”在湛江市坡头区沿海登陆，中心最低气压940百帕，是1949年以来10月份登陆广东的最强台风，造成湛江、茂名、阳江、江门等地遭受重大损失。据统计，全省造成直接经济损失累计26.28亿元。

11日，广东省海洋与渔业局联合广州海关、广州市海洋与渔业局、广州市水生野生动物救护中心、广东海洋协会，在广州海洋馆举办“2015年广东省水生野生动物保护科普宣传暨罚没海马销毁活动”。活动现场展示一批广州海关近年查获并移交给省海洋与渔业局处理的罚没涉案物品海马干（干品总重量为217.12千克）。展示结束后，省海洋与渔业局根据《野生动物保护法》等有关规定，将罚没海马干进行无害化销毁处理。这是广东省首次对罚没的水生野生动物进行公开销毁。

12—13日，由省总工会、省人力资源和社会保障厅、省经济和信息化委员会、省科技厅主办，省海洋与渔业局承办的2015年广东省鱼类免疫注射技能竞赛在珠江水产研究所举行，来自全省各地基层水产技术推广系统19支队伍参赛。广州市的李文卫获得个人第一名，由省总工会按程序颁发“广东省五一劳动奖章”。

16日，广东省海洋与渔业局召开全省渔港建设及粤西受灾地区渔业救灾复产工作视频会议，局长文斌主持会议并讲话，各地海洋与渔业主管部门有关人员在各地分会场参加视频会议。

20日，印发《广东省海洋与渔业局关于海砂开采海域使用管理暂行办法》，规范海砂开采海域使用权出让行为，加强海砂开采海域使用管理，维护海砂开采用海秩序。

20—23日，广东省海洋与渔业局局长文斌率队到梅州、河源、东莞开展“三严三实”调研，深入基层了解淡水渔业、渔政执法、生态保护和海域管理等工作。

22日，密克罗尼西亚外事委员会威利主席和夫人一行来访广东省海洋与渔业局并举行座谈，威利主席对广东远洋渔业企业在密克的发展和贡献表示支持和赞赏，并希望今后双方继续加强渔业各领域的交流合作。

23日，广东省海洋与渔业局召开近期误入内河的中华白海豚救护情况通报会，并回答南方日报、羊城晚报等新闻媒体记者提问。10月12日以来，在佛山市东平河和广州市珠江河道先后发现了误入内河的中华白海豚，省海洋与渔业局及时指挥、协调省渔政总队、珠江口中华白海豚保护区管理局、广州和佛山市渔业主管部门及渔政队伍，邀请长隆集团、广州海洋馆等单位派出专家现场指导，研究制定救护方案，展开救护行动，救护工作顺利开展。这是近十年广东省首次成功在河道水域采用该方法驱赶海豚。

29日，中国水产科学研究院珠江水产研究所召开珠江流域水生生物资源养护暨可持续利用学术研讨会暨钟麟先生诞辰100周年纪念活动，缅怀钟麟先生弘扬务实、勇于探索的科研精神，全面谋划珠江流域渔业科技创新工作。中国水科院院长张显良、农业部长江渔政监督管理办公室主任李彦亮、省海洋与渔业局局长文斌出席活动并致辞。

30日，中共中央政治局委员、广东省省委书记胡春华，省长朱小丹在广州出席2015广东21世纪海上丝绸之路国际博览会主题论坛——港口城市发展合作高端论坛，并会见国内外与会嘉宾。胡春华代表省委、省政府欢迎各位嘉宾来粤出席2015海博会及高端论坛，朱小丹代表省委、省政府在论坛上致辞。中国贸促会会长姜增伟在论坛上致辞，新加坡前总理、荣誉国务资政吴作栋以及国际港口协会秘书长成濑进作主旨演讲，汤加副首相肖西•索瓦莱尼、老挝工贸部部长开玛尼•奔舍那等出席论坛。现场还举行了21世纪海上丝绸之路港口城市重要商协会联盟成立暨共同合作发展宣言发布仪式。

11月

1日，广东省省长朱小丹、常务副省长徐少华、副省长邓海光等领导批示同意广东省现代渔港建设项目补助资金安排总体计划。

2日，国家海洋局党组书记、局长王宏在京会见广东省委副书记、深圳市委书记马兴瑞，双方就共同加强海洋事业发展等话题进行了交流。马兴瑞对国家海洋局长期以来对深圳海洋工作的支持表示感谢，希望国家海洋局在海洋综合管理、科技创新、创建海洋生态文明示范区和海洋强国示范区等方面给予更多支持和指导。

4日，广东省海洋与渔业局局长文斌陪同省科技厅厅长黄宁生到广东海洋与水产高科技园调研。文斌对省科技厅一直以来支持海洋与渔业科技创新发展表示感谢，并希望继续加强合作，共同将广东海洋与水产高科技园建设成为科技创新发展的示范园区。

6日，首届“广东最美湿地”、影像湿地摄影大赛媒体发布会暨2015年广东省湿地保护协会会员代表大会在广州南沙湿地召开。南沙滨海湿地景区等10个湿地荣获“广东最美湿地”称号。

8日，由惠州市旅游局携手惠东海龟国家级自然保护区管理局共同发起的“海龟爱心竞认”活动，在惠东海龟湾自然保护区举行，共有83只海龟被爱心市民命名。认养结束后，被命名为“享海”的大海龟被现场放生。

9日，广东省政府办公厅印发了《关于加强我省海岸带保护和科学开发利用的工作方案》。

11—14日，国家发展改革委地区经济司和国家海洋局规划与经济司领导率调研组到广东省开展全国海洋经济发展“十三五”规划调研，先后实地考察广州南沙、珠海横琴、深圳前海等地，并与涉海有关单位、企业、科研院所进行座谈，详细了解广东省海洋经济发展现状和可持续发展能力，以听取对全国海洋经济发展“十三五”规划意见和建议。广东省海洋与渔业局副局长屈家树、洪伟东等参加调研。

13日，珠海市政府和广东省海洋与渔业局签署《共同推进珠海海洋经济生态示范市建设五年（2016—2020年）行动计划合作框架协议》。双方将紧抓海洋强国战略的历史机遇，推动珠海海洋经济实现跨越式发展，用5年时间把珠海打造成全国海洋经济生态示范市。

14—15日，国家海洋局海域综合管理司领导等赴广东省开展海洋综合管理示范区建设及重大项目用海等工作开展调研，实地考察了深圳湾海岸整治、滨海湿地建设、重点用海项目现场，并召开海洋综合管理示范建设工作专家研讨会，广东省海洋与渔业局局长文斌、副局长屈家树，深圳市委常委、副市长杨洪等参加调研。

17日，监察部驻国家海洋局监察局领导等到广东省海洋与渔业局调研，并与局长文斌座谈进一步加强合作，共同推进广东海洋廉政文化建设，探索建立海洋廉政文化示范点和具有海洋特色的廉政教育基地。国家海洋局宣传教育中心、国家海洋局南海分局等单位领导参加座谈。

19—23日，致公党中央副主席杨邦杰及国家海洋局北海分局领导等到广东省，调研“海岛生态文明与小康社会建设”，广东省海洋与渔业局局长文斌汇报广东海岛管理、海岛生态文明、海岛开发利用等情况。调研组前往阳江市海陵岛，湛江市南三岛、六极岛和北莉岛进行实地考察。

20日，广东省海洋与渔业局召开全省海洋与渔业信息化建设现场会，局长文斌、副局长洪伟东出席会议并讲话，总结“十二五”期间海洋与渔业信息化工作情况，研究“十三五”信息化发展思路与方向。国家海洋信息中心、国家海洋技术中心、中国水产科学研究院渔业工程研究院、山东省海洋与渔业厅信息宣传中心、广东省信息中心、省国土资源厅信息中心、航天五院、海军大连舰艇学院、华南理工大学等单位的信息化专家应邀出席会议并进行专题研讨。

21日，广东省海洋与渔业局局长文斌率队到湛江，检查2015中国海洋经济博览会筹备工作，察看了海博会展馆施工现场及各项设施，听取的筹备工作情况汇报。

22日，中国海监广东省总队在珠海洪湾举行中国海监广东省总队粤中维权执法基地项目开工奠基仪式。广东省海洋与渔业局副局长、中国海监广东省总队总队长白桦，中国海监广东省总队政委高庆营，工程设计单位、监理单位代表和中国海监广东省总队直属二支队全体人员参加此次活动。

23—24日，广东省副省长邓海光率省府办公厅，省财政、海洋渔业等部门有关负责同志到江门市，就渔船更新改造及现代渔港建设，大力推动远洋渔业发展，加快现代渔业转型升级开展专题调研，先后实地考察了江门新会区银湖湾、新会崖门国家一级渔港、台山鱼塘港等地，登船与渔民座谈，多方了解渔船更新改造、渔港建设有关情况。邓海光强调，要用好用足政策，加快渔船更新改造步伐，引导渔民造大船、出远海，大力发展远洋渔业。加快推进现代渔港和区域性避风塘建设工作，将渔船更新改造和现代渔港统筹一体的规划建设，推动全省现代渔业转型升级。

24日，广东省外事办和省海洋与渔业局在广州联合举办2015年第二期广东太平洋岛国高级公务员培训班渔业培训。来自斐济、密克罗尼西亚、萨摩亚、汤加等国7名学员接受了为期10天的水产养殖技术培训和实地考察。

26日，2015年中国海洋经济博览会（以下简称“中国海博会”）在广东省湛江市开幕。广东省副省长邓海光出席并宣布开幕，国家海洋局副局长张宏声、国家电力投资集团公司总经理孟振平、湛江市市长王中丙出席开幕活动并致辞。本届中国海博会为期4天，以“创新驱动，合作共赢”为主题，共吸引了43个国家和地区的1606家企业参展。

26日，广东评选出的“十大美丽海岸”，在2015年中国海洋经济博览会上举行授牌仪式。汕头市青澳湾、汕尾市遮浪半岛海岸、惠州市巽寮湾、深圳市西涌海岸、深圳市大小梅沙海岸线、珠海市东澳岛玲玎海岸、江门市王府洲、阳江市大角湾、茂名市中国第一滩、湛江市金沙湾10个海岸入选广东“十大美丽海岸”。

12月

1日，全国渔业渔政信息化业务交流会在广东省海洋与渔业局举行，农业部渔业渔政管理局副巡视员刘新中、省海洋与渔业局局长文斌出席会议并讲话。全国各省、市、区渔业主管部门分管信息化的负责人参加会议，听取广东省海洋与渔业信息化建设情况介绍，实地参观广东省海洋与渔业局综合信息化管理平台，并就“十三五”渔业渔政信息化建设规划进行交流。

1日，广东省省长朱小丹、常务副省长徐少华、副省长邓海光批示同意2015年现代渔港建设补助资金安排方案。省财政厅下达补助资金至各市。

2日，广东省海洋与渔业局会同省财政厅完成广东省现代海洋产业集聚区评审工作，授予广州南沙新区科技兴海产业示范基地、珠海经济技术开发区海洋装备制造集聚区、深汕特别合作区海洋产业集聚区三个区域“广东省现代海洋产业集聚区”称号，各集聚区获得建设资金1000万元。

4日，广东省海洋与渔业局党组理论学习中心组举行第十四期“广东蓝色课堂”报告会暨“12·4”法制宣传日讲座，邀请中山大学法学院李挚萍教授、深圳中集集团海洋工程部高上总经理分别就“新环保法的修改与实际应用”“新常态下中国海洋工程装备机会与挑战”作专题辅导报告。局党组成员，局机关、局属企事业单位全体干部在主会场参加了报告会，沿海地级以上市海洋与渔业主管部门、局穗外单位通过视频分会场收看专题报告。

8—9日，中央纪委监察部驻农业部纪检组副组长、监察局局长蔡晓一行到广东省，开展渔业油补工作调研，深入基层一线，到阳江市东平渔港，分别与当地渔委会、镇政府、渔政大队以及阳江市纪委、市公安局和检察院等单位进行座谈，与省海洋与渔业局局长文斌座谈。

18日，广东省海洋与渔业局在广州举行全省现代渔港建设启动会暨全省海域综合管理培训会，全省沿海各地级以上市分管副市长、各地渔业主管部门负责同志参加启动会。会上，省海洋与渔业局与各有关市政府签订了现代渔港建设责任书。

18日，广东省副省长邓海光到雷州珍稀海洋生物国家级自然保护区、徐闻珊瑚礁国家级自然保护区调研。

21日，广东省海洋与渔业局联合省旅游局在珠海市召开全省海岛管理暨旅游工作座谈会，部署落实《关于切实加强海岛保护有序发展海岛旅游的意见》，交流加强海岛生态保护、建设海洋生态文明及促进海岛旅游发展的经验和措施，讨论研究“十三五”及2016年全省海岛工作设想和安排。省海洋与渔业局局长文斌、省旅游局局长曾颖如出席会议并讲话，珠海市副市长刘嘉文、汕尾市副市长李贤谋分别代表珠海市、汕尾市作典型发言。

30日，广东省第十二届人民代表大会常务委员会第二十二次会议通过关于修改《广东省实施〈中华人民共和国海洋环境保护法〉办法》和《〈广东省渔业管理条例〉个别条款的决定》，自公布之日起施行。

31日，广东省海洋与渔业局局长文斌会见阳江市委书记魏宏广，双方就阳江有关项目用海、加快推动现代渔港建设等工作进行了深入交流。阳江市长丘志勇、副市长冯松柏，省海洋与渔业局在家局领导及有关单位负责人参加座谈。

第三篇 海洋经济

一、海洋经济发展

综述

【概况】20 世纪 90 年代以来，广东因地制宜、发挥优势、积极稳妥地发展海洋经济，连续 20 多年呈稳步增长态势。据测算，1990 年全省海洋产业产值 182 亿元，1991 年达 235 亿元，比上年增长 29%；1992 年增加到 330 亿元，比上年增长 40%；海洋产业的增加值占全省国内生产总值的比重从 1990 年的 8% 提高到 1992 年的 9.6%。据统计，广东 1994 年海洋经济总产值达 500 亿元，海洋产业成为广东经济发展的一个新的重要增长点。1995—2000 年，广东省海洋产业总产值年均递增 18.5%。自 1995 年起有统计对比以来，广东省海洋产业总产值一直稳居全国第一。2000 年，广东主要海洋产业总产值达到 1114.6 亿元，2010 年达到 8291 亿元，2015 年达到 13796 亿元，比上年的 12484 亿元增长 10.5%，比 2010 年增长 66.4%，是 2000 年的 12.38 倍。

2015 年，广东省海洋产业总产值占全国海洋生产总值的 21.3%，占全省生产总值的 18.9%，海洋经济第一、第二、第三产业比例是 1.6 ∶ 43.4 ∶ 55.0。海洋经济已经逐步成为广东地方经济新的增长点。

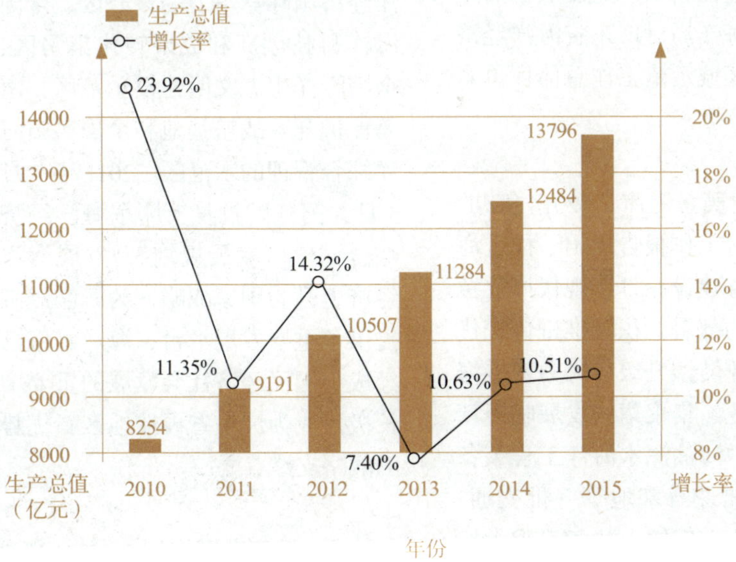

图 3-1 2011—2015 年广东省海洋产业总产值及增长情况

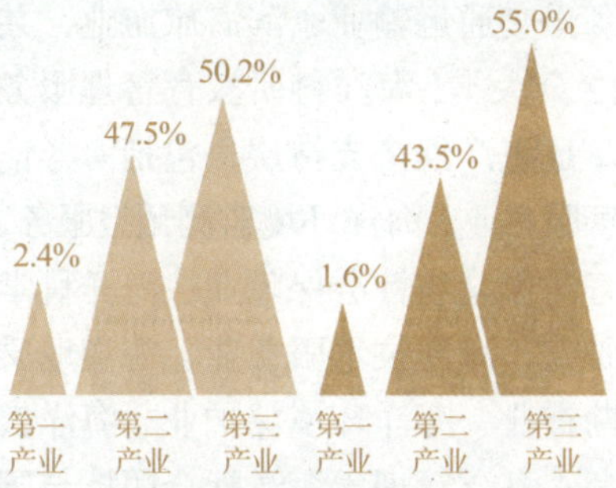

图 3-2 广东海洋三次产业比例 2010 年（左）与 2015 年（右）对比

【海洋经济构成】海洋经济是指开发、利用和保护海洋的各类产业活动，以及与之相关联活动的总和。根据海洋经济活动的性质，划分为海洋产业和海洋相关产业 2 个类别，核心层、支持层和外围层 3 个层次，28 个大类。

2015 年，广东省海洋经济核心层的主要海洋产业总值 4938 亿元，海洋经济支持层的海洋科研教育管理服务业总值 3693 亿元，海洋经济外围层的海洋产业总值 5165 亿元，分别占全省海洋生产总值的 35.8%、26.8% 和 37.4%；对比 2010 年，分别增长 68.25%、73.30% 和 62.01%。

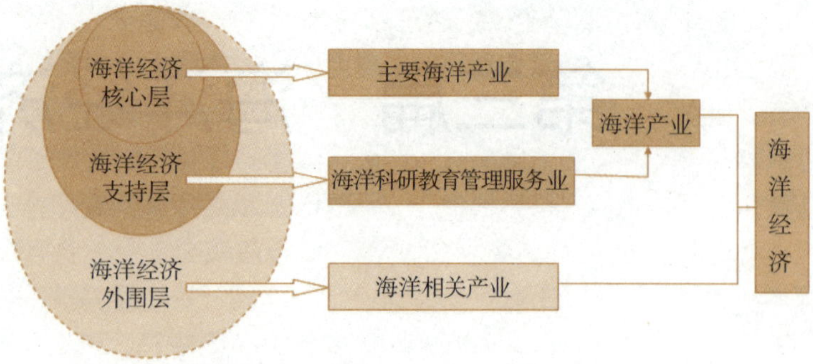

图 3-3 海洋经济构成示意图

【海洋产业】 海洋经济的第一类别是海洋产业，包括主要海洋产业和海洋科研教育管理服务业。主要海洋产业是海洋经济核心层，包括海洋渔业、海洋油气业、海洋矿业、海洋船舶工业、海洋盐业、海洋化工业、海洋生物医药业、海洋工程建筑业、海洋电力业、海水利用业、海洋交通运输业、滨海旅游业，共12个大类；海洋科研教育管理服务业是海洋经济支持层，包括海洋信息服务业、海洋环境监测预报服务、海洋保险与社会保障业、海洋科学研究、海洋技术服务业、海洋地质勘查业、海洋环境保护业、海洋教育、海洋管理、海洋社会团体与国际组织，共10个大类。2015年，广东海洋产业总值8631亿元，占全省海洋生产总值的62.6%，对比2010年，增长70.37%。

【海洋相关产业】 海洋经济的第二类别是海洋相关产业，是海洋经济外围层，包括海洋农林业、海洋设备制造业、涉海产品及材料制造业、涉海建筑与安装业、海洋批发与零售业、涉海服务业，共6个大类。2015年，广东海洋相关产业总值5165亿元，占全省海洋生产总值的37.4%，对比2010年，增长62.01 %。

【海洋经济创新发展】 “十二五”期间，广东贯彻落实财政部、国家海洋局《关于推进海洋经济创新发展区域示范的通知》精神，实施《广东海洋经济综合试验区发展规划》，紧密结合本省海洋产业发展特色与优势，集中财力支持以海洋生物产业、海洋装备等为主导的海洋战略性新兴产业快速发展，推动了相关领域技术成果转化与产业化，突破海洋战略性新兴产业发展瓶颈，加快了海洋产业结构转型升级。海洋战略性新兴产业在海洋经济总量中占比明显提高。2014年5月6—8日，财政部、国家海洋局考核组到广东省考核海洋经济创新发展区域示范工作进展情况。考核组通过检查和考核，认为广东省海洋经济创新发展区域示范领导协调机构、主管部门、专项项目和资金管理责任主体明确；财政专项经费使用规范，项目监督管理落实到位，取得良好的经济、生态和社会效益，有力支持了海洋战略性新兴产业发展。财政部、国家海洋局对广东省海洋经济创新发展区域示范工作总体评价意见为优秀等级。

【现代产业黄金海岸】 2014年初，广东省政府工作报告提出“推进海洋经济强省建设，打造现代产业黄金海岸”的部署，积极推进传统优势海洋产业转型升级、大力发展海洋新兴产业、集聚集约发展临海产业。保障中海油深水海洋工程装备基地、中船珠海基地等一批交通、能源、石化、钢铁、装备等重大用海项目开工建设。广东省海洋产业集聚已初步形成。在珠江三角洲地区初步形成了以广州、深圳为核心的海洋医药与生物制品产业集群，以广州、深圳、珠海、中山为核心的海洋装备制造产业带；在粤东、粤西沿海地区分别形成了各具特色和优势的海洋生物育种与海水健康养殖产业集群。珠三角优化发展区和粤东、粤西重点发展区的海洋经济空间布局进一步优化。2014年广东海洋三次产业比例调整为1.5 ∶ 45.3 ∶ 53.2，提前实现《广东海洋经济综合试验区发展规划》明确的海洋产业结构调整目标。

海洋经济综合试验区

【概况】 2010年4月，国家发展和改革委员会报经国务院同意，将广东等省列为全国海洋经济发展试点地区，省政府成立以常务副省长朱小丹为组长的省海洋综合开发规划编制工作领导小组。省海洋与渔业局于8月底完成《广东省海洋综合开发规划》和《广东省海洋综合开发试点总体方案》，经省政府常务会议审议批准后上报国家发展和改革委员会。开发规划和总体方案明确提出，将广东打造成提升中国海洋经济国际竞争力的核心区、全国海洋科技创新和成果转化集聚区、全国海洋生态文明建设示范区、南海保护开发战略基地和全国实施海洋综合管理的示范区。2011年7月5日，国务院批复《广东海洋经济综合试验区发展规划》，发展海洋经济上升为国家战略，为海洋经济提供了重要发展平台，海洋经济已经成为国民经济社会发展的重要增长极，成为广东省再造地区新优势的战略支撑点之一。

【国务院批复发展规划】 2011年7月5日，国务院批复实施《广东海洋经济综合试验区发展规划》。这是继《珠江三角洲地区改革发展规划纲要》之后，广东又一个上升到国家级战略的区域性规划。规划涵盖了广东省全部海域和14个沿海地级以上市，海域面积41.9万平方千米，陆域面积8.4万平方千米，同时还将珠江三角洲地区的佛山、肇庆及环珠三角地区的粤北等相邻地区作为联动区。提出推进建设粤港澳、粤闽、粤桂琼海洋经济合作圈。规划主要提出到2015年广东海洋经济发展目标，展望到2020年广东海洋经济发展宏伟蓝图。提出到2015年全省海洋生产总值达到1.5万亿元，继续保持全国领先水平，基本建成海洋经济强省；到2020年全省实现建设海洋经济强省战略目标，将广东打造成提升中国海洋经济国际竞争力的核心区、全国海洋科技创新和成果转化集聚区、全国海洋生态文明建设示范区、南海保护开发战略基地和全国实施海洋综合管理的示范区。

广东省人民政府于2011年7月29日向各市、县、区人民政府和省政府各部门、各直属机构转发国务院关于广东海洋经济综合试验区发展规划的批复，强调《广东海洋经济综合试验区发展规划》是推动广东省经济社会发展的国家层面规划，为广东省探索海洋开发新途径和海洋综合管理新模式，加快海洋经济发展，建设海洋经济强省，争当全国海洋事施广东业发展排头兵创造了新的重大机遇。

【广东部署实施发展规划】 2012年8月20日，广东省委、省政府联合召开广东省实施海洋经济综合试验区发展规划工作会议。省委书记汪洋主持会议并讲话，省长朱小丹作报告。省有关领导，省直各部门、中央驻粤有关部门主要负责人，各地级以上市市委、市政府主要负责人等参加会议。会议要求按照《广东海洋经济综合试验区发展规划》的战略部署，以科学发展为主题，以加快转变经济发展方式为主线，围绕加快转型升级、建设幸福广东的核心任务，坚持陆海统筹、综合开发，优化海洋开发空间布局，实施科技兴海战略，加快发展高端海洋产业和临海先进制造业集群，加强海洋生态环境保护，提升海洋开发、控制、综合管理能力，努力开创广东海洋事业科学发展新局面，率先建成海洋经济强省。

【广东决定建设海洋经济强省】 2012年8月，广东省委、省政府联合出台《关于充分发挥海洋资源优势努力建设海洋经济强省的决定》，分别从合理开发利用海洋资源、加快转变海洋经济发展方式、积极构建现代海洋产业体系、加快建立健全政策支持体系、切实加强组织领导等方面，有针对性地提出加快海洋经济综合试验区建设的22条具体措施。在承袭《广东海洋经济综合试验区发展规划》方向的基础上有了更加具体的目标及更具可操作性的方案。根据《广东海洋经济综合试验区发展规划》提出“2015年，广东基本建成海洋经济强省”的目标，《决定》则在此之前设定了“一档”——即2013年，广东完成海洋经济发展试点阶段任务，全省海洋经济生产总值超过1.1万亿元，从而形成了“三年打基础、五年见成效、十年大发展”的阶梯设定。

发展海洋经济实施方案

【概况】 广东省委、省政府联合出台《关于充分发挥海洋资源优势努力建设海洋经济强省的决定》后，接着制定《广东省发展临海工业实施方案》《广东省发展海洋新兴产业及海洋科技实施方案》《广东省发展滨海旅游业实施方案》《广东省集中集约用海实施方案》《广东省海洋生态保护实施方案》等5个实施方案（以下简称《实施方案》），作为配套文件。5个《实施方案》在“优化海洋开发空间布局”“构建现代海洋产业体系”“强化海洋生态环境保护”“培育海洋经济试点载体”“可操作性”等方面都有侧重。5个《实施方案》共提出177个重点建设项目，总投资超过1万亿元，主要以企业投资和社会资金为主，财政性资金将主要用于公益性基础建设和引导社会资金投入。其中，《广东省发展临海工业实施方案》中提出的项目投资额占到七成以上居首位，《广东省发展滨海旅游业实施方案》提出的项目投资额占比将达一成以上居次席。《广东省海洋生态保护实施方案》中提出的项目投资额度，以及《广东省发展海洋新兴产业及海洋科技实施方案》中的投资项目额度紧随其后。

【发展临海工业实施方案】《广东省发展临海工业实施方案》立足前3年，着眼5年，对广东省临海工业发展提出了新的目标，即到2015年，广东将基本建成具有国际竞争力的现代化临海工业基地。

该方案按照“三区、三圈、三带”的海洋综合开发新格局，统筹协调珠三角、粤东、粤西三大海洋经济区临海工业空间布局。《方案》指出，珠三角地区重点发展海洋工程装备制造业、石油化工和清洁能源产业，着力打造规模和水平居世界前列的现代化临海工业基地，形成若干具有国际水准的临海工业集群；粤东地区充分发挥粤东沿海地区港口优势，重点发展石化、装备、能源产业，着力打造规模和水平居全国领先的现代化临海工业基地；粤西地区重点发展钢铁、石化产业，着力打造形成沿海重化工业产业集群。

在统筹发展临海工业三大空间布局同时，广东将实施四个重大工程，重点建设项目66个。海洋装备制造业升级工程包括海洋工程装备、船舶制造、临海重化装备；沿海石化基地扩能工程将加强与中石化、中石油、中海油三大公司合作，在惠州、揭阳、茂名、湛江四大沿海石化基地集聚发展炼油乙烯，适度扩大规模；城市钢厂环保搬迁工程将加快淘汰落后钢铁产能，积极推进该省钢铁企业联合重组，重点发展以汽车板、家电板为代表的高等级热轧、冷轧薄板等精品钢材；能源保障工程重点发展核电、火电、天然气、新能源开发、能源储备等产业。

方案提出，到2015年广东还将打造广州、江门、深圳核电产业基地，形成粤东粤西沿海能源生产基地、珠三角清洁电源基地以及若干个沿海煤炭、原油接收储备基地等。

为了保证临海工业基地顺利实施，《方案》要求在加快项目实施进度、优先保障用海用地、落实税收优惠政策、加大财政支持力度、积极拓宽融资渠道、争取央企和社会资金投资等6个方面给予保障措施。

【发展海洋新兴产业及海洋科技实施方案】《广东省发展海洋新兴产业及海洋科技实施方案》着力培养海洋战略性新兴产业，优化产业布局；着力实施科技兴海战略，建立一批海洋科技成果高效转化示范区；着力深化海洋科技创新和成果转化体制改革。按照分工合理、优势集聚、辐射联动的原则，整合空间资源，促进产业集聚，依托“三区、三圈、三带”的海洋综合开发新格局，统筹协调海洋新兴产业和海洋科技发展空间布局。在珠三角、粤东、粤西形成若干海洋新兴产业发展集聚区和海洋科技成果高效转化示范区。力争到2013年，海洋新兴产业年均增长率为20%，六大产业总产值达360亿元，海洋新兴产业体系初步建立；到2015年海洋新兴产业年均增长率为25%，六大产业总产值达560亿元，主要海洋科技领域达到国内领先水平。

【发展滨海旅游业实施方案】《广东省发展滨海旅游业实施方案》提出，争取到2013年，滨海旅游业基础初成、格局初显。滨海旅游业产值达1430亿元，实现年均增长13.9%，占海洋生产总值13%。珠江三角洲、粤东和粤西三大滨海旅游区基本建成；粤港澳、粤闽台、粤琼桂三大海洋经济合作圈滨海旅游合作开局良好；一批滨海旅游项目和园区初步建成；粤、港、澳三地游艇互通等旅游新机制基本形成。

到2015年，滨海旅游业的品位不断提升，建成一批精品品牌，“活力广东，欢乐滨海”的旅游整体形象基本确立，初步建成具有国际竞争力的重要滨海旅游目的地；滨海旅游业产值达到2250亿元，实现年均增长18.4%，占海洋生产总值的比重达15%。

【集中集约用海实施方案】《广东省集中集约用海实施方案》广东省发展改革委和海洋与渔业局联合于2013年6月印发《广东省集中集约用海实施方案》，要求按照资源高效配置、产业良性集聚、生态优先保护的原则，以集中成片开发的方式代替传统的分散用海方式，促使海洋产业用海由粗放低效向集约高效转变，形成布局合理的集中集约用海区域。在空间布局方面，打造珠江三角洲海洋经济优化发展区、粤东海洋经济重点发展区、粤西海洋经济重点发展区。要求统筹建设广州南沙龙穴、汕头东部、湛江东海岛等28片集中集约用海区。长期规划集中集约用海面积约59590公顷，其中填海面积约37635公顷。

《方案》要求编制集中集约用海区规划，健全海域使用机制，探索海域使用管理新模式，以集中成片开发的方式代替传统的分散用海方式，促使海洋产业用海由粗放低效向集约高效转变，形成布局合理的集中集约用海区域。到2015年，各集中集约用海区按计划完成建设任务，部分填海区域形成产业格局和生活空间，进一步创新海域使用管理模式，加强海域使用动态监视监测，强化围填海及重大项目建设用海管理，集中集约用海区建设初见成果。

【海洋生态保护实施方案】《广东省海洋生态保护实施方案》按照建设生态海洋、和谐海洋、实现海洋经济和生态环境可持续协调发展的总体要求，力争到2015年，全省海域环境质量明显改善，公众海洋环境保护意识显著提高，海洋生态文明建设水平进一步提高。

争取到2015年，实现全省近岸海域环境功能区水质达标率保持在90%以上；新建或升级海洋保护区10个，面积达到全省海域面积的3%；海洋功能区水质监测覆盖率达到80%以上等重大海洋环境保护目标。

重大工程包括海洋污染防治、海洋生态保护、海洋生态修复、海洋蓝色碳汇、海洋环境保护能力建设和海洋生态文明示范区试点六项工程，重点建设项目44个，投资需求测算562亿元。

广东海洋经济地图

【概况】 2012年5月4日，中国首部海洋经济地图——《广东海洋经济地图》由广东省地图出版社出版问世。该地图的编制综合运用区域规划、统计图表、影像遥感、概念设计等多种方法和先进技术，分海情篇、战略篇、发展篇和畅想篇4个篇章，全面展现了广东发展海洋经济的资源和产业优势，解读国务院批复的《广东海洋经济综合试验区发展规划》，描绘出广东海洋经济发展的战略定位、空间布局、重大任务以及发展目标，开创了全国海洋经济规划、地图编制的先河。该地图首次提出湾区的规划概念，按照海洋自然地理特征以及海洋开发、功能定位的差异，将广东沿海区域划分为“六湾区一半岛”（大汕头湾区、大红海湾区、环大亚湾湾区、环珠江口湾区、大广海湾区、大海陵湾区和雷州半岛），充分展示了广东海洋经济的发展全景以及未来的蓝色宏图，是一部可视化的海洋规划，为广东加快海洋经济强省提供战略指引。

【海洋经济地图四个篇章】 由广东省地图出版社2012年5月出版的《广东海洋经济地图》，分海情篇、战略篇、发展篇和畅想篇4个篇章，全面展现广东发展海洋经济的资源和产业优势。

海情篇。以承载海洋经济蓝色家园为基调，涵盖广东省海洋地理区位、海洋资源禀赋、海洋经济发展、海洋科技创新和沿海城市建设等方面的内容，首次以图文并茂的方式，集中展示了广东省优越的区位条件、丰富的海洋资源、良好的发展基础和广阔的开发前景，有利于科学把握广东省海情，认清海洋经济发展的巨大潜力。

战略篇。以描绘海洋强省宏伟蓝图为基调，突出四大战略定位（将广东省建成“提升我国海洋经济国际竞争力的核心区、促进海洋科技创新和成果高效转化的集聚区、加强海洋生态文明建设的示范区、推进海洋综合管理的先行区”），以及推进形成三区（建设“珠江三角洲海洋经济优化发展区和粤东、粤西海洋经济重点发展区”3大海洋经济主体区域）、三圈（积极构建“粤港澳、粤闽、粤桂琼”3大海洋经济合作圈）、三带（科学统筹“海岸带、近海海域、深海海域”3大海洋保护开发带）的海洋综合发展新格局，进一步明确了广东海洋经济强省建设的战略定位、开发格局、陆海联动、区域合作、湾区计划、3大新区等内容，形象展示了广东海洋经济的战略定位和空间布局。

发展篇。以打造现代产业体系蓝色引擎为基调，按照构建现代海洋产业体系的部署，涵盖了海洋传统优势产业、海洋战略新兴产业、现代海洋服务业、海洋科技创新、沿海综合交通、集中集约用海以及海洋公务服务体系等方面的内容，形象反映广东省主要海洋产业的布局、重点和目标，突出广东海洋经济综合试验区建设的重点任务，同时探索了海洋开发的新途径和海洋综合管理的新模式。

畅想篇。以托起“加快转型升级、建设幸福广东”蓝色梦想为基调，按照《广东海洋经济综合试验区发展规划》提出的宏伟目标，展现了未来广东海洋经济强省建设“经济发达、产业集聚、科技领先、走向深蓝、生态优美、宜居宜业、人海和谐、文化繁荣”的美好愿景，是广东海洋经济综合试验区建设的总体效果图。

【海洋经济地图五大特性】 2012年5月由广东省地图出版社出版的《广东海洋经济地图》，融汇了地理信息、地图编制、海洋经济、城乡规划和公共政策等学科，综合运用区域规划、统计图表、影像遥感、概念设计等方法和技术，将广东海洋产业布局精准定位，凸显五大特性。

一是编制的创新性。与传统意义的地图相比，海洋经济地图在表现内容、表现形式、文字说明等方面都实现突破和创新，充分运用现代化技术手段，既有卫星遥感图、航空影像图、设计效果图，又有柱状比较图、饼状比例图和立体结构图，还有手绘图和精美图片，形式多样，不拘一格。开创全国海洋经济规划、地图编制的先河，在全国具有开创性和示范性。

二是地图的专业性。由具有地图编制资质和丰富规划编制经验的专业机构负责，由地图编制、综合规划、宏观经济、海洋资源、海洋经济等方面的专家和技术人员组成专业团队，邀请国家测绘地理信息局地图技术审查中心、省地图院、中科院南海海洋研究所和中山大学等单位的专家参与编制和协助把关，并通过省国土测绘和地图编制主管部门组织的专业审查。专业的团队、严格的审查和严谨的作风，确保《广东海洋经济地图》的专业性。

三是政策的可视性。海洋经济地图充分利用地图丰富的表现形式、灵活的表现手法，既全面反映了《海洋规划》的战略定位、空间布局、重大任务，又活灵活现地展示广东海洋经济的发展目标和美好愿景，可以说是一部可视化的海洋规划，为更好地理解和宣传海洋政策探索了一条新路径。

四是发展的指导性。《广东海洋经济地图》以《海洋规划》为依据，以省市政府批准实施的相关规划为补充编制而成，实现规划内容和空间位置有机结合，为相关规划的实施提供生动形象指引，对广东省沿海地区经济社会发展具有重要的指导意义。

五是海洋的科普性。海洋经济地图通过翔实数据、实景图片、航空照片、遥感影像和设计效果，将生硬、枯燥的规划文字、统计数据和政策理论进行图示、图解，使海洋资源、海洋知识、海洋政策和海洋战略等内容转化成形象生动、通俗易懂的科普教材，成为广大群众容易接受、容易理解、容易掌握的“图画”，探索了海洋科普和海洋教育的新途径，使海洋经济地图成为具有时尚特征的海洋科普读物。

【“六湾区一半岛”理念】 由广东省地图出版社2012年5月出版的《广东海洋经济地图》，提出“六湾区一半岛”海域划分的理念来统筹广东整体的海洋经济发展，在全国也是首创，这其中的核心是尊重自然的海洋经济发展环境，即在湾区单元的基础上体现“生产、生态、生活”的“三生”理念，从而更好地发挥各个湾区的主体发展功能，有利于在全省形成重点的产业发展集聚区。此外还要体现沿海发展对于内陆主体区域和联动区域的辐射作用，而所有的这些都体现了世界海洋经济发展的新的趋势和理念。而广东编制海洋经济地图不仅是在执行地图编制的工作，更是在落实国家对广东海洋经济发展的要求和规划，以及发挥广东作为海洋强省的引领作用。湾区是指由一个海湾或相连的若干个海湾、港湾、临近岛屿共同组成的区域。广东海岸线长，海湾多，根据海洋自然地理特征以及海洋开发、功能定位的差异，将广东沿海区域划分为“六湾区一半岛”，即：大汕头湾区、大红海湾区、环大亚湾湾区、环珠江口湾区、大广海湾区、大海陵湾区以及雷州半岛。湾区计划是以湾区为基本单元，合理划分生产、生活、生态岸线，科学确定湾区的功能定位、空间布局和发展重点，以“六湾区一半岛”串联广东沿海，构建各具特色、功能互补、优势集聚、人海和谐的海洋经济发展新格局。

海洋经济发展规划

【概况】“十二五”期间，广东大力发展海洋经济，拓展蓝色经济空间，提出建设海洋强省，并出台《广东省海洋功能区划（2011—2020）》，增强了广东发展海洋经济的责任感和使命感。同时，出版中国首部海洋经济地图——《广东海洋经济地图》为广东海洋经济资源优势进行解读；海洋经济发展的五年规划则为广东海洋经济增长质量提供保障；建设“21世纪海上丝绸之路”将广东海洋与渔业经济的大门打开，与周围国家加强交流合作。

广东海洋资源丰富，发展海洋经济区位优势突出，潜力巨大。科学有序地向海洋要资源、要环境、要空间，大力推动海洋经济发展，是做好稳增长促改革调结构惠民生的重要抓手，将对广东经济社会发展起重大促进作用。

【海洋经济发展五年规划】 2012年4月9日，广东省人民政府办公厅印发经省人民政府同意的《广东省海洋经济发展“十二五”规划》。该《规划》包括正文和附件共10部分，内容有：发展基础和发展环境、总体要求和发展目标、优化海洋经济空间布局、构建现代海洋产业体系、提升海洋科技和教育的支撑能力、有序推进海岛保护与开发、推动海洋经济区域合作、加强海洋生态修复与资源保护、保障措施。规划范围包括广东省全部海域和广州、深圳、珠海、汕头、惠州、汕尾、东莞、中山、江门、阳江、湛江、茂名、潮州、揭阳14个地级以上市，海域面积41.9万平方千米，陆域面积8.4万平方千米。规划发展目标：到2015年，海洋经济增长质量和效益明显提高，海洋经济结构战略性调整取得重大进展，现代海洋产业体系基本建立，海洋经济在国民经济中的支柱地位进一步提升，初步建成布局科学、结构合理、人海和谐、综合实力和竞争力强的海洋强省。

【海洋强省建设要求】 2012年11月1日，国务院批复实施的《广东省海洋功能区划（2011—2020年）》明确指出，广东是我国推进海洋强国建设的主力省。2013年8月，中共广东省委以“实施海洋强国战略及广东海洋经济发展”为主题，召开第十三期省委常委集中学习讨论会，中央政治局委员、广东省委书记胡春华明确提出“要扎实推进海洋强省建设，增创广东发展新优势”。要求切实增强建设海洋强省的责任感和使命感，坚持陆海统筹，科学有序地向海洋要资源、要环境、要空间，不断开创海洋经济发展新局面。要大力发展海洋经济，进一步提高海洋开发能力，扩大海洋开发领域，大力提升传统优势海洋产业，培育壮大海洋战略性新兴产业，集约发展高端临海产业，形成具有国际竞争力的现代海洋产业体系。胡春华强调，各级党委、政府要高度重视，切实把发展海洋经济摆上重要议事日程，统筹谋划海洋资源的开发利用与陆地空间的结构调整、产业布局及基础设施建设，形成资源合理利用、环境有效保护、区域经济快速发展的良好格局。

【21世纪海上丝绸之路】 2014年3月6日，习近平总书记在参加第十二届全国人大二次会议广东代

表团审议时强调，“中央提出了建设21世纪海上丝绸之路的战略决策，广东要主动谋划、积极作为，加强同东盟及东南亚国家经贸往来，在实施这一战略决策中发挥重要作用”。中共中央政治局委员、广东省委书记胡春华在出席2014广东21世纪海上丝绸之路国际博览会开幕式时，就进一步深化与海上丝绸之路沿线国家和地区的合作提出五点希望：一是加强基础设施互联互通，构建与沿线国家和地区特别是东南亚地区互联互通、快捷高效的海陆空综合交通体系，为全面合作提供有力支撑；二是进一步扩大贸易合作规模，大力发展商品、技术和服务贸易，大力发展跨境电子商务等外贸新业态，积极推进贸易便利化；三是积极扩大双向投资，促进优势互补，实现共同发展；四是推进旅游人文合作，全面增进友好合作关系；五是建立交流合作机制，更好地规划和落实合作事项。

广东是我国海上丝绸之路最早的发祥地之一，有两千多年历史。广东海、陆、空交通发达，是中国通往东南亚、南亚、中东、北非等海上丝绸之路沿线地区最便捷的交通枢纽，与沿线国家和地区互联互通便利。广东是中国乃至世界重要的制造和出口基地之一，同时又是资源、能源、农副产品进口需求大省，与沿线国家和地区在资源和经济上互补性强。广东还是对外贸易大省，2013年对东盟进出口贸易达1022亿美元，占中国对东盟进出口贸易总额的23%，对南亚、中东、非洲等地区贸易也快速发展，与沿线国家和地区经贸合作基础日益厚实。

【海洋经济发展报告】 2015年6月8日世界海洋日之际，广东省海洋与渔业局发布我国首部省级海洋发展报告《广东海洋发展报告》，展示广东海洋资源“家底”和海洋经济发展态势。广东从4年前获批广东海洋经济综合试验区建设以来，就走上一条产业发展与生态保护并举的海洋发展之路。“广东海洋生产总值连续20年居全国首位，同时还建成了数量和规模均居全国前列的海洋保护区、人工渔礁，启动了美丽海湾、海洋生态文明示范区建设，开展了增殖放流、生态补偿、海岸带综合整治等工作”。广东省海洋局海洋综合协调处有关负责人表示，在珠江西岸的珠海、佛山、中山、江门等市，海洋工程装备、轨道交通装备、通用航空装备等新兴装备制造业已形成海、陆、空的发展新格局。借珠江西岸先进装备制造产业带战略的东风，海洋工程装备制造产业正迎来新一轮的飞速发展，重点发展以海洋油气为代表的海洋矿产资源开发装备和大型临港工程装备，研发可燃冰等海底能源开采技术装备以及无人潜航器、深水机器人等先进装备。珠三角将依托南部近海水域、海岸带和近海岛屿组成的“三湾”，建设环珠江口湾（生活休闲湾）、环大亚湾湾区（生态度假湾）、大广海湾区（运动体验湾）3大滨海旅游功能湾区，将珠三角“三湾”蓝色滨海带打造成世界级滨海旅游目的地。启动美丽海湾试点工程，推动各地开展港湾整治和生态修复，同时建设一批亲水平台、海洋观光体验园、红树林公园及海岸景观带。东莞市虎门镇威远岛美丽港湾长达14890米的岸线上，海湾清理和生态整治工作已经启动。

二、海洋经济布局

综述

【概况】 “十二五”期间，广东海洋产业发展最突出的问题仍然是区域经济发展严重失衡，由于区位与资源条件的不同，珠三角地区的发展状况与粤东、粤西的差别很大。珠三角地区靠近港澳台，又是中国改革开放的前沿阵地，经济总量大，发展海洋经济基础雄厚，具有相当的发展优势，已取得非常好的发展成果。粤东粤西两翼虽然在临海产业方面也取得了一些成就，但是由于其经济基础薄弱、基础设施不完善等劣势，海洋经济还以粗放型为主，工业化进程相对缓慢，海洋资源优势还未转化为海洋经济优势。

【海洋经济空间布局】 “十二五”期间，广东发展海洋经济重点优化蓝色经济空间布局，优化珠三角海洋经济核心区功能，提升粤东粤西海洋经济重点区发展水平，辐射联动泛珠三角海洋经济拓展区。强化珠三角地区与港澳的辐射引领作用，进一步完善合作发展机制，建立更加公平开放的市场体系，推动福建、广东、广西、海南等跨省区海洋经济发展合作及珠江—西江经济带等跨省区重大合作平台建设，共建海洋经济示范区、海洋科技合作区。加大海洋科技研发投入，发展海洋科学技术，加快科技成果产业化，推动海洋产业园区转型升级，科学开发海洋资源，保护海洋生态环境。

【现代海洋产业集聚区】 2015年，广东省海洋与渔业局和省财政厅联合制定《广东省现代海洋产业集聚区建设资金竞争性分配实施方案》，启动现代海洋产业集聚区建设，发挥海洋产业集聚发展优势，提升广东海洋经济综合竞争力，并于7月17日发出通知，组织申报工作，通过竞争方式在全省扶持建设三个省级现代海洋产业集聚区，省级财政给予每个现代海洋产业集聚区补助1000万元建设资金。建设现代海洋产业集聚区对于打造海洋经济新增长点、增强海洋经济辐射带动作用、推动沿海地区经济快速发展和区域协调发展具有重要意义。通过推动现代海洋产业集聚区建设，发展海洋能源、海工装备、交通和港口等产业，促进珠三角与粤东西北区域协调发展。

三大海洋经济区

【概况】“十二五”期间，广东省的海洋经济仍然是主要分布于东南沿海狭长的海岸带，沿海各地依托自身区域特点和资源优势，加快海洋综合开发利用，经过多年的发展，初步形成了分工合理、特色突出、优势明显的珠三角、粤东、粤西3大海洋经济区和广州、深圳、珠海、汕头、惠州、湛江等6个海洋经济重点市。广东发挥珠三角地区7个沿海城市的海洋经济基础优势，通过产业协作、优势互补，建设一批海洋特色产业园区，临海工业、海洋运输业和新兴海洋产业规模不断扩大，打造珠三角海洋经济核心区，成为全国海洋经济最具活力和潜力的地区之一。粤东海洋经济区在滨海电业、滨海旅游、水产品精深加工上取得新突破。粤西海洋经济区加快海上交通枢纽港建设，一批临海重大项目建设为沿海地区经济发展注入新的增长动力。

【珠江三角洲海洋经济优化发展区】 珠三角海洋经济区东起惠东县，西至台山市，包括广州、深圳、珠海、江门、东莞、中山、惠州7市海域及陆域，是海洋经济优化发展区。本区域大陆海岸线长约1600千米，海洋面积约14795平方千米，海岛数量685个，海洋资源优势主要在于港口资源、旅游资源和滩涂资源，是广东海洋经济发展基础最好、发展水平最高的区域。珠三角海洋经济区的临海工业、海洋运输业和海洋新兴产业快速发展，重点在提升海洋自主创新能力，积极培育海洋新兴产业，重点发展海洋高端制造业和现代服务业，着力打造一批规模和水平居世界前列的现代海洋产业基地。

该区域正积极培育海洋新兴产业，重点发展海洋高端制造业和现代服务业，着力打造一批规模和水平居世界前列的现代海洋产业基地。以中山明阳风电为龙头的风电产业和以深圳健康元、海王生物等为龙头的海洋生物医药产业集群异军突起。中海油深水海洋工程装备基地、中船珠海基地等一批大项目开建，中山海事重工造船基地、中铁南方装备制造基地等建成投产。珠海长隆国际海洋度假区已建成迎客，广州、深圳等地大力发展邮轮、游艇旅游，加强粤港澳邮轮航线合作，正向国际高端滨海旅游目的地目标迈进。

珠江三角洲地区把创新驱动发展战略作为核心战略和重要抓手，各市充分发挥珠三角地区的产业优势和创新资源优势，加快推动形成以创新为主要引领和支撑的海洋经济新体系和发展新模式。通过优化海洋经济发展，聚焦临海先进装备制造、职能制造、“互联网+”、绿色低碳循环等海洋高端产业发展，不断培养和吸引海洋人才，加快形成海洋产业新体系和区域创新体系。

【粤东海洋经济重点发展区】 粤东海洋经济区东起饶平县，西至海丰县，包括汕头、揭阳、潮州、汕尾4市海域及陆域，是海洋经济重点发展区。本区域大陆海岸线长约1490千米，海洋面积约34939平方千米，海岛数量515个，是广东海洋经济发展的一个重要引擎。这一区域的临海能源产业、水产品精深加工业发展势头良好，要着力发展临海能源、临海现代工业、海洋交通运输业、滨海旅游业、水产品精深加工等产业，科学推进集中集约用海，重点开发海门湾、南澳西南岸、碣石湾西岸等集中集约用海区。

该区已形成两大海洋产业集群区，分别是以临港工业、造船、石化和装备制造、现代物流、滨海旅游和现代渔业为主的潮汕揭产业集群区和以新型能源、水产品加工为主的汕尾—惠来能源产业集群区。以中委合资广东石化炼油、惠来电厂3号、4号机组核准投产、中海油粤东LNG项目、汕尾电厂、海丰华润火电、陆丰核电、宝丽华风电等重点项目为依托发展临港工业。建成三百门国家一级渔港，柘林湾深水网箱产业园区达72.87公顷，共投放深水网箱76组304口，成为带动网箱养殖由“浅”入“深”的重要途径。

粤东充分发挥历史文化、侨乡侨资、经济特区、沿海区位、民营经济发达等优势，粤东地区通过加强城乡规划、基础设施建设、产业发展、公共服务和水资源保护利用等领域的协作，把潜在海洋优势转化为经济发展优势。汕头市加快建成10万吨级码头，将汕头港打造成为辐射区域发展的枢纽港。揭阳加快推进大南海石化工业区建设。深汕特别合作区动态保留的签约投资项目已达152个，意向投资额2963亿元；腾讯云计算数据中心、华润电厂等10个项目相继建成投产，完成投资108亿元。

【粤西海洋经济重点发展区】 粤西海洋经济区东起阳东县，西至北部湾与广西交界，包括湛江、茂名、阳江3市海域及陆域，是海洋经济重点发展区。本区域大陆海岸线长约1749.5千米，海洋面积约41600平方千米，海岛数量227个，海洋资源丰富，优势海洋资源为港口资源、滩涂浅海资源、海洋生物资源，是广东海洋经济发展的一个重要增长极。这一区域要发挥大西南出海口的优势，加快发展临海现代制造业、滨海旅游业、现代海洋渔业、临海能源等产业，重点推进湛江安铺港、角尾湾、新廖、东海岛南部、吴川、茂名博贺、阳西面前海、江城南岸等集中集约用海区开发。

该区重点发展临海重化工业、临海钢铁工业和配套产业，初步形成以钢铁、石化、现代物流等为主的湛江海洋产业集群区和以石化、滨海旅游为主的茂名—阳江产业集群区。以宝钢(湛江)钢铁、茂名石化、粤西LNG项目、阳江核电等重点项目为依托发展临港工业。完成茂名石化油品质量升级工程，原油加工能力由原来的1350万吨提高到2250万吨。茂名建有全国首个30万吨级海上单点系泊原油码头。建成放鸡岛深水网箱养殖产业园，已投放30个大型深水网箱。

湛江建设城市发展区、物流港口基地，发展滨海旅游业、现代海洋渔业，控制东海岛化工及钢铁工业基地、雷州半岛能源基地产业规模。阳江建设中心城区、临港工业区、能源基地和阳东滨海工业区，开发海陵岛旅游区和阳江休闲旅游区。茂名建设临港工业区、博贺新港区和茂名滨海新城，发展电白休闲度假区和滨海旅游区。

海洋经济合作圈

【概况】“十二五”期间，广东省重点加强与邻近省区的海洋经济合作，建设广东海洋经济合作圈，包括以珠江三角洲海洋经济优化发展区为支撑打造的“粤港澳海洋经济合作圈”、以粤东海洋经济区为基础构建的“粤闽海洋经济合作圈”和以粤西海洋经济区为基础构建“粤桂琼海洋经济合作圈”。通过“三圈”建设，将广东的海洋开发重心往远推到南海，和邻近省区合作加快南海资源开发。通过构建“粤港澳海洋经济圈”，利用香港进行专项海洋开发的国际融资。广东通过建设海洋经济合作圈，完善广东海洋经济的外延格局，平衡地区发展，提升广东的海洋竞争能力，提升整体科学发展的能力。

【粤闽海洋经济合作圈】 以粤东海洋经济区为基础，粤东汕头、潮州、揭阳、梅州4市在以福建沿海为核心区的海峡西岸经济区中积极开展粤闽海洋经济合作，构建粤闽海洋经济合作圈。“粤闽海洋经济圈”合作的重点领域是打造汕厦蓝色经济带，把汕头及粤东地区实质纳入海西经济区范围，作为与台湾合作的特殊地区来发展。发挥汕头港、潮州港成为首批对台直航港口的作用，加强与台湾的海洋运输与物流合作，共同建设海峡西岸先进制造业基地和海洋高新技术产业带。推动汕头率先建设粤闽台海洋经济合作试验区，全力承接珠三角港澳台资产业转移，强化对台经贸功能。探索建立南澳“自由港”使之成为汕头建设粤闽台海洋经济合作试验区的重要窗口。加快厦深铁路建设，加强粤闽两省邻接海域综合管理、生态环保的对接。深入挖掘闽南、潮汕、客家、侨乡、妈祖等文化精髓，以潮州历史文化名城、南澳国际生态海岛等为重点，共建“海峡旅游”品牌，打造粤闽海商文化长廊。

粤闽海洋城市合作。潮州市与厦门市结成友好城市，潮州港与厦门港签署合作协议，共同投资20亿元推进潮州三百门新港区整体综合开发。《粤闽经济合作区发展规划》提出广东潮州饶平、福建漳州诏安共建产业区，加强粤闽合作交流。粤闽赣13市设立无障碍旅游区，积极拓展闽南、粤东、赣东南旅游合作市场。粤闽签署旅游战略合作协议，共同建立粤闽丝绸之路旅游推广联盟。

粤台滨海旅游合作。由台湾企业投资开发的放鸡岛海洋度假公园，建成了住宿、餐饮、娱乐、休闲等较为完善的旅游设施，成为广东最有动感的海岛休闲度假旅游区，被评为国家4A级旅游区，成为粤台滨海旅游合作方面成功的案例。

粤台港口物流贸易合作。惠州港和湛江常桥港被列为对台湾船舶放开船舶吨位和交易金额限制的试点口岸。汕头澄海等一批物流项目引进台湾先进的物流管理和服务经验。目前广东共有台湾渔船停泊点18个，设立对台小额贸易点15个。

海洋渔业合作。成立粤台渔业联络小组。台湾水产种苗协会、网箱养殖协会、观赏鱼协会等渔业民间组织与广东渔业商协会保持密切联系。粤台在名优鱼类种苗孵化、水产经济鱼类及观赏鱼养殖、水产品加工、远洋渔业等方面开展广泛合作。截至2013年底，广东有渔业台资企业86家，实际利用台资1.85亿美元。

海上执法合作。2014年7月，广东和福建两省海监、渔政、海警等9艘舰船联合开展粤闽交界水域海上执法勤务行动，有力保障了伏季休渔制度的顺利实施，维护了粤闽交界水域的正常渔业生产秩序。

【粤港澳海洋经济合作圈】以珠江三角洲海洋经济优化发展区为支撑，粤、港、澳三地将着力打造起一个粤港澳海洋经济合作圈。以广州南沙、深圳前海、深港边界、珠海横琴、万山群岛等区域作为粤港澳海洋经济合作圈建设的重要地区来共同建设。重点打造若干合作区域，如南沙“智慧岛”“深港湾区”和万山群岛。南沙“智慧岛”依托南沙保税港区建设大宗商品交易中心和华南重要物流基地，将南沙打造成为服务内地、连接香港的商业、科技、教育中心和文化创意基地。推动南沙成为广州乃至珠三角深化 CEPA 合作的先行先试区。“深港湾区”建设可充分利用深圳拥有大鹏湾、大亚湾、深圳湾、珠江口即“三湾一口”的海洋资源，结合香港的资金、服务、金融等优势资源，将其打造成全世界最具成长性和最值得关注的组合湾区之一。万山群岛的发展目标为港口中转和仓储基地。

经济贸易合作。《内地与香港 CEPA 关于内地在广东与香港基本实现服务贸易自由化的协议》和《内地与澳门 CEPA 关于内地在广东与澳门基本实现服务贸易自由化的协议》的签署，极大地促进了三地合作发展。广州南沙、深圳前海、珠海横琴等地的会展、金融、保险、信息等海洋服务业政策纳入 CEPA 补充协议在广东先行先试。广州、中山与澳门签订协议，开展粤澳游艇旅游自由行合作。2011—2013 年，粤港服务贸易年均增长达到 20%。2013 年广东与港澳实现服务贸易进出口额 789.36 亿美元，与香港服务贸易进出口 777.67 亿美元，同比增长 40.23%。2015 年 4 月 21 日，中国（广东）自由贸易试验区挂牌仪式在广州南沙举行，广东自贸试验区立足推动内地与港澳经济深度合作，并将通过加工贸易转型，带动泛珠三角和内地区域的产业升级。

海洋生态环境保护合作。定期召开粤港海洋资源护理专题小组会议、粤港澳中华白海豚保育工作交流会，合作开展珊瑚普查活动和渔业资源增殖放流，联合举办粤港澳海洋生物绘画比赛，推进粤澳海洋生态保护重点区域合作等，使区域内海洋环境和渔业资源得到修复，种群多样性得到有效保护。

水产养殖技术培训交流。2008 年以来，广东省大亚湾水产试验中心连续 6 年为香港渔民举办培训活动，进一步提高港澳流动渔民的水产养殖业知识及技术水平，为香港转产转业渔民的再就业奠定了扎实的专业基础，为港澳共同提高现代渔业管理水平和生产能力，增加渔民收入，逐步实现渔业可持续发展做出了贡献。

【粤桂琼海洋经济合作圈】以粤西海洋经济区为基础，粤西湛江、茂名、阳江 3 市向东积极融入广西北部湾经济区的合作开发，向南积极参与海南国际旅游岛的开发建设，共同构建粤桂琼海洋经济合作圈，打造环北部湾海洋经济新骨架。“粤桂琼海洋经济圈”的重点战略目标，是形成粤西、北部湾、海南国际旅游岛 3 个各具特色的海洋经济区。将湛江、茂名、北海、防城港和海口、三亚等 6 个海洋经济重点市打造成圈内核心城市，使之成为参与“中国—东盟自由贸易区”建设的核心区域。同时，以海南“国际旅游岛”建设为契机，整合环北部湾旅游资源，共同打造海洋旅游“金三角”。

海洋旅游合作。2013 年 5 月，由广东省旅游局、广西壮族自治区旅游局、广东省阳江市政府主办的 2013 年两广 10 市区域旅游合作联席会在阳江市海陵岛举行。广东省阳江、湛江、茂名、云浮 4 市和广西壮族自治区的北海、防城港、玉林、钦州、贵港、来宾 6 市围绕“加强合作创新，发展海洋之旅”签署了《两广十市海洋旅游合作宣言》，提出抓住“中国海洋旅游年”契机，抱团发展海洋旅游。

水产品质量监管合作。经过深入研究探讨质量管理和市场等方面的合作事宜，2011 年底，广东省海洋与渔业局与海南省海洋与渔业厅签署《广东·海南关于建立水产品质量通报机制合作备忘录》。

三、海洋产业体系

综述

【概况】“十二五”期间，广东以推进 21 世纪海上丝绸之路建设和海洋强省建设为重要契机，加快推进广东海洋经济综合试验区建设，大力发展临港经济，加强海洋资源开发，发展海洋航运；大力发展海洋工程装备、智能制造装备等先进制造业；注重海洋生态文明建设，开展海岸带综合整治修复，推进美丽海湾建设。以广东自贸试验区建设为引领，全面提升开放型经济水平。积极参与“一带一路”建设，深化粤港澳台侨更紧密合作，加快推动外经贸战略转型，推动实施新一轮高水平对外开放。2015 年，广东省海洋产业中，主要海洋产业 4938 亿元（占海洋生产总值的 35.8%），作为海洋经济支持层的海洋科研教育管理服务业3693亿元（占海洋生产总值的26.8%）。在主要海洋产业(12项）中，滨海旅游业2414亿元，占48.9%；海洋交通运输业623亿元，海洋化工业593亿元，海洋工程建筑业511亿元，各占12.6%、12.0%和10.3%；海洋渔业311亿元，海洋油气业284亿元，海洋船舶工业185亿元，各占6.3%、5.8%和3.7%；还有海洋电力、海水利用业、海洋生物医药业、海洋矿业、海洋盐业5项合计18亿元，占0.4%，其中海洋电力业12亿元，比上年增长20%，海水利用业3亿元，比上年增长50%，海洋生物医药业2亿元，与上年持平。

【产业发展特点】“十二五”期间，广东以大力提升传统优势海洋产业为基础，以培育发展海洋战略性新兴产业为支撑，以集约发展高端临海产业为重点，进一步优化海洋产业结构，沿集聚化、园区化、融合化、生态化的路径，形成具有国际竞争力的现代海洋产业体系。

从未来国家海洋产业发展，海洋科技创新和海洋国防布局的角度来看，南海已经成为国家海洋战略布局中最重要的区域。从南海区域的各省区来看，广东已经成为国家南海开发战略的桥头堡。随着海洋开采范围的日益扩大，路上及浅海资源的日益枯竭，深海开发已经成为海洋经济的重要前沿阵地。广东依托南海资源开发实施“深蓝计划”以提升传统优势海洋产业为基础，培育壮大海洋新兴产业为支撑，打造高端临海产业群为重点，率先构建产业高端、布局合理、优势集聚、适应国家南海开发战略需要，具有国际竞争力的现代蓝色产业体系。

【区域发展特色】“十二五”期间，广东珠三角、粤东、粤西三大海洋经济主体区域全面发展。珠三角以海洋交通运输业、海洋油气业、海洋高端装备制造业、滨海旅游业和海洋服务业等为主导且集聚效应较强，粤港澳大湾区海洋经济合作不断深化；粤西以临海工业、海洋油气业、海洋渔业和滨海旅游业为主导，粤桂琼区域合作不断向海洋领域扩展，中国海洋经济博览会成为国际合作开放大平台；粤东以临海工业、海洋渔业和滨海旅游为主导，粤闽合作持续推动区域海洋经济发展。

【构建现代蓝色产业体系】“十二五”期间，广东经济已经发展成为高度依赖海洋的外向型经济，海洋经济是推动广东经济向前发展的重要平台。新时期国家“海洋强国”战略的提出又给广东持续加大对海洋经济的关注和投入带来了巨大的推动力，中国的南海开发进入新阶段为广东海洋经济发展提供了新机遇；广东海洋经济综合试验区获批为海洋产业的快速、协调发展指明了方向；21世纪海上丝绸之路建设为广东打造海洋经济升级版注入新内涵；世界海洋科技竞争日趋激烈为广东实施“深蓝科技计划”提供了契机。广东把握这些发展机遇，在海洋产业发展上，构建适应南海开发战略的现代蓝色产业体系。

传统优势海洋产业

【概况】广东海洋传统产业包括海洋渔业、海洋船舶工业、海洋电力工业、海洋交通运输业、海洋油气业、海洋工程建筑业等，是海洋产业的主体部分。“十二五”期间，广东海洋传统产业总体发展平稳，部分产业面临较大下行压力，海洋新兴产业、海洋服务业稳步发展。总体上讲，海洋产业结构调整继续优化，发展势头较好。2015年，广东省实现海洋生产总值达1.38万亿元，连续21年领跑全国；其中海洋传统产业（包括海洋渔业、海洋船舶工业、海洋电力工业、海洋交通运输业、海洋油气业、海洋工程建筑业等）产值1926亿元，占主要海洋产业产值4939亿元的26.24%。

【现代海洋渔业】海洋渔业包括海水养殖、海洋捕捞、海洋渔业服务及海洋水产品加工等活动。保障水产品供给是中国粮食安全的重要组成部分。海洋渔业是广东农业经济和海洋经济的传统优势产业之一，其产量和产值长期位居全国前列。早期的广东海洋渔业以捕捞为主。随着渔业资源的衰退和养殖的快速发展，2002年，广东海水养殖产量首次超过海洋捕捞产量。随后，广东持续加大渔业产业结构调整力度，除了传统的养殖、捕捞之外，又新增了深水网箱养殖、海洋牧场等海水增养殖方式，产业结构日趋优化。

“十二五”期间，广东海洋渔业等传统产业围绕着“深蓝转型”做文章，积极谋求向现代渔业升级。重点发展深蓝渔业，大力推进深水网箱产业园建设，在全省沿海建设了10个深水网箱养殖产业园。大力发展设施渔业，推行科技型、生态型养殖方式，创建100个健康养殖示范基地。积极发展碳汇渔业，建设海洋碳汇渔业示范基地。扶持发展远洋渔业，建设一支装备先进、生产力水平较高的现代化远洋渔业船队和一批功能齐备的远洋渔业基地、远洋渔业龙头企业、远洋渔业产业园区。加快发展水产品加工流通业，在广州、江门、中山、汕头、潮州、湛江、阳江等地建成一批水产品加工基地和水产品物流中心，培育一批市场占有率较高的知名产

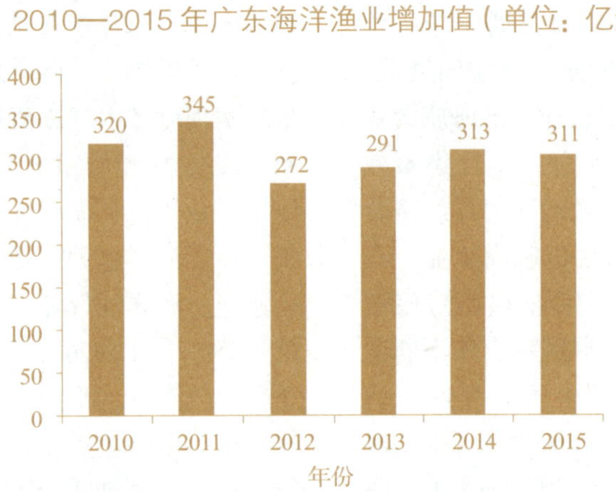

图 3-4　2010—2015 年广东海洋渔业增加值情况

品。积极发展休闲渔业，建设休闲渔业示范基地。2015 年，广东省海洋水产品总产量 464.49 万吨，增长 3.0%。其中，海洋捕捞产量 156.49 万吨，增长 0.1%；海洋养殖产量 308.00 万吨，增长 4.6%。海洋渔业产值 552 亿元，增加值 311 亿元（海洋渔业生产情况详见现代渔业篇）。

鱼价从 2013 年起步入低谷，严重挫伤养殖积极性，大部分养殖户出现减少投苗、投喂现象；同时天气异常和出口受阻也使水产养殖遭受打击。2015 年上半年受厄尔尼诺气候影响，雨水分布不均，区域性干旱及连续降雨洪涝同时存在，且暴雨天气及间歇性高温天气频发，对虾养殖疫病依然严重，渔业产量、产值增长压力较大。在水产品流通方面，优化市场布局结构，完善和深化市场布局的同时重点推进电商渠道业务，继续加强非美市场业务开拓，在“走出去”的基础上，积极实施“引进来”的全球海产精选战略。将全球精选海产品引入国内，整合产业链条资源，目前厄瓜多尔白虾、马来西亚白虾、新西兰青口贝和鳌虾、阿根廷红虾、澳大利亚龙湖虾、香蕉虾、帝王蟹等产品融入企业销售网络。

2015 年，广东省渔港建设取得重大突破，省财政安排 11 亿元支持渔港和避风塘建设。试行渔船更新改造审核“先建后拆”制度，全省淘汰小、旧、木质渔船 938 艘，新建海洋捕捞渔船 871 艘、南沙骨干渔船 35 艘。大力发展远洋渔业，全省共有 19 家企业、197 艘远洋渔船在外生产。在国内首创“深蓝渔业”发展模式，积极发展深远海渔业养殖，建成一批深水网箱养殖产业示范园区，全省深水抗风浪网箱数量已发展到 2035 个，产量达 2 万多吨。

【海洋船舶工业】　海洋船舶工业指以金属或非金属为主要材料，制造海洋船舶、海上固定及浮动装置的活动，以及对海洋船舶的修理及拆卸活动。“十二五”期间，广东合理布局海洋船舶工业。以中船集团等大型国有船舶企业为龙头，加快建设广州、中山、珠海三大船舶制造基地。鼓励中小型船舶企业与大型船舶制造企业错位发展，重点发展 10 万吨级以下灵便型散货船、特种作业船等具有特色优势的品牌化船舶产品。加快发展船舶配套产业，重点建设中船大岗船用柴油机制造与船舶配套产业基地。加快推动珠江三角洲游艇产业园建设，重点打造珠海游艇产业研发和制造基地。鼓励东西两翼地区船舶制造企业升级改造，提升产品研发和制造能力。择机在东西两翼布局建设大型船舶修造基地。2013 年，中船集团将下属华南最大的船企龙穴造船注入广船国际，使之成为涵盖油船和散货船两大常规船型，滚装船、半潜船等特种船，以及军辅船等多种船型的大型造船企业。受国际航运市场低迷影响，众多船企纷纷向更有前景的海洋工程装备制造转型。2014 年上半年，我国船舶企业新接海洋工程装备订单总金额达 19 亿美元，占全球订单比重的 32.43%，超过韩国、新加坡，居首位。广东船舶工业累计完成工业总产值 160 亿元，同比上升 32%，由我国自主研发、自行设计建造的最大油船——32 万吨超大型油轮“凯桂”号于 2014 年 11 月从中船龙穴造船基地起航。

2015 年广东省船舶工业克服了航运市场持续萧条、国际船市低位振荡、全球造船产能严重过剩等困难，实现了产业集中度进一步提高、转型升级成效明显、行业产业

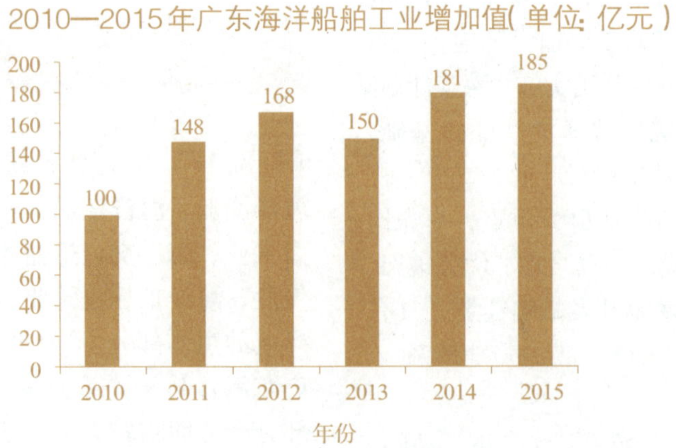

图 3-5　2010—2015 年广东海洋船舶工业增加值情况

链进一步完善等目标，但受国际国内环境深层次影响，接单难、交船难、盈利难、融资难等问题依然存在，全行业经济效益出现下滑，船舶工业面临形势依然严峻。2015年全省有规模以上船舶工业企业91家，年产值1亿元以上的企业18家，船舶年制造能力约650万载重吨。广州的海洋船舶竞争力不断增强，中船广州龙穴400万载重吨的世界级船舶制造基地建成投产，珠江口大型船舶修造基地初具规模。

2015年4月，目前世界上最先进的第三代海上浮式生产储油船，有“海上石油工厂”之称的“玛丽卡”号在广州完工交付。2015年5月，广船国际更名为中船防务。通过收购龙穴造船以及对黄埔文冲船厂的整合，进一步提升了公司军船和海洋工程装备建造实力，实现军工、军辅船、民船及海工业务的整体优化和全面发展，但由于整合伊始，协同效应尚未体现。2015年上半年完成工业总产值115.03亿元，其中船舶造修产值82.36亿元，同比增长11.09%；交船23艘。海工产品完成产值25.36亿元，同比增长73.51%。下半年计划完成工业总产值140.17亿元，计划完工船舶50艘。

【海洋电力工业】“十二五”期间，广东省委、省政府高度重视海洋能开发利用。随着国家新能源产业鼓励政策的持续释放，市场需求持续增长，以海上风电为龙头的海洋电力业发展良好，部分重点项目基础设施建设进一步推进。珠海桂山海上风电场示范项目是国内首个海上风电场和电网整合项目，目前项目完成了一期建设的施工和部分设备招标采购，已建设66台3兆瓦的风机，预计年发电量可达41亿千瓦时。湛江徐闻县风电产业基地也正在崛起，华电、中电投、广东粤电等电业巨头也相继在徐闻布局，截至2015年开发项目达16个，已有5个风电项目投产。湛江外罗、阳江沙扒、南彭列岛等地海上风电项目已被列入《全国海上风电开发建设方案（2014—2016）》。广东是我国波浪能研究和示范建设最重要的基地之一，尤其在波浪能研究、示范和应用方面取得了较好的成效。2015年7月16日，采用中科院广州能源所专利技术并由中海工业有限公司建造的鹰式波浪能发电装置“万山”号正式出厂海试，试装置在海上既可以像船舶一样漂浮，也可以下潜至设定深度成为波浪能发电设备，前期装置装机容量为120千瓦，系统发电稳定后，将在装置顶部加装300千瓦太阳能发电板，50千瓦风力发电机和海水淡化装置，最终建成一座漂浮式多能互补发电平台。

2012年7月22—24日，国家海洋局、财政部海洋能开发利用调研组在国家海洋局副局长陈连增的带领下，到广东调研指导，先后在中山、阳江、广州进行实地考察，分别考察了中科院广州能源研究所、中山大学、省海洋与渔业服务中心和华南理工大学承担的“南海海岛海洋能独立电力系统示范工程”“抗风浪高效波浪能发电装置的研发与应用”“适应低能流密度的复合波浪能转换模式及关键技术研究”等项目实施情况，并召开了海洋能开发利用情况调研座谈会。陈连增指出，广东省的海洋能研发基础比较好，海洋能专项资金支持的项目数量多、参与广、进度快，在海洋能开发技术研究和产业发展方面走在了全国的前列。国家海洋局将会同有关部委继续大力支持广东加快推进海洋能源开发和利用研究。

【海洋交通运输业】海洋交通运输业指以船舶为主要工具从事海洋运输以及为海洋运输提供服务的活动。海洋运输已经成为沟通国内外的重要桥梁和融入经济全球化的战略通道，我国90%以上的外贸货物、95%的进口原油和99%的铁矿石通过海运完成。沿海沿江依托港口发展临港产业，有力带动了区域经济崛起，支撑了经济社会的持续发展。“十二五”期间，广东形成了以广州、深圳、珠海、汕头、湛江港为主要港口，潮州、揭阳、汕尾、惠州、虎门、中山、江门、阳江、茂名港为地区性重要港口的分层次发展格局。广东加快打造珠江三角洲、粤东、粤西沿海港口群，促进形成优势互补、分工协作、整体竞争力强的沿海港口体系。完善广州、深圳、珠海港的现代化功能，形成与香港港口分工明确、优势互补、共同发展的珠江三角洲港口群。到2013年底，全省建成沿海港口泊位1850个，

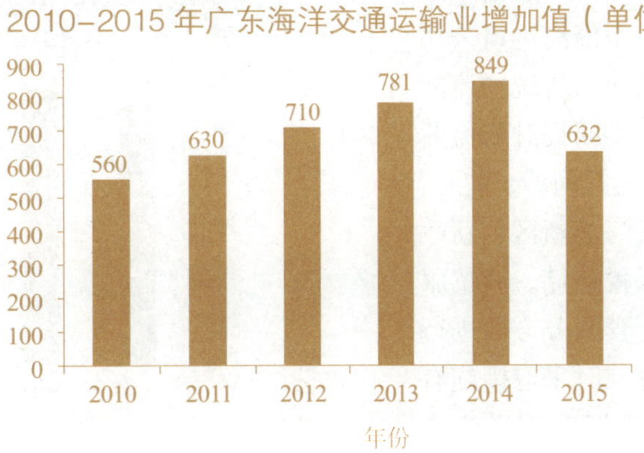

图3-6 2010—2015年广东海洋交通运输业增加值情况

其中万吨级泊位273个。2013年广州港港口货物吞吐量为4.55亿吨，居全国第四位、全球第八位。广州港南沙港区集装箱深水泊位投入运营，可停靠世界上最大的集装箱船舶，是世界上最大、最先进的集装箱作业港区。2013年深圳港完成集装箱吞吐量2327.8万标准箱，超越香港，跃居全球第三位。2015年，深圳港、广州港集装箱吞吐量分别达到2421万标准箱和1759万标准箱，居世界集装箱港口第三位和第八位。

2015年，受大宗商品价格低位运行、主要市场需求低迷等因素的叠加影响，广东外贸发展形势非常严峻，9月、10月更是出现连续两位数的下降局面。全年外贸进出口总值6.26万亿元人民币，比上年同期（下同）下降3.9%，占同期全国外贸总值25.9%；其中出口4万亿元，增长0.8%，占全国出口总值的28.3%；进口2.36万亿元，下降10.8%，占全国进口总值22.6%。2016年世界经济低速增长局面难有根本改变，加之国内经济继续面临较大的下行压力，广东外贸形势依然严峻。同时，航运业经营压力再度上升，虽然油价持续下降减轻了燃油成本端的压力，但是散货和集运业供需失衡延续，油价下降带来的利好基本被运价回落所吞噬。全球集装箱运力供需失衡加剧，运价继续下跌，班轮公司整体盈利水平未有根本性改善。面对严峻复杂多变的外贸形势，广东沿海港口公司坚持换挡提速，加快由传统物流向现代化物流转型，不断提升物流业务增值链条，同时抢抓南沙、前海、横琴自贸区和汕头海湾新区创新政策利好，重点在保税仓储、商贸服务、跨境电商等配套服务方面进行尝试和探索，通过及时采取措施有效减缓了外贸形势带来的不利影响，实现了港口物流的健康平稳发展，确保了各项经营指标完成进度预算。2015年，全省规模以上港口完成货物吞吐量161546万吨，同比增长3.1%，增速比上年回落1.6个百分点；完成集装箱吞吐量5471.98万TEU，同比增长3.3%，增速比上年回落4个百分点。

【海洋油气业】 海洋油气业指在海洋中勘探、开采、输运、加工原油和天然气的生产和服务活动。“十二五”期间，广东抓住国家推进南海深海油气资源开发的契机，加快发展油气资源勘探、开发、储备和综合加工利用。加强深水油气资源开发技术研发，提高深海油气开发的技术水平，加快开采深海油气资源。在广州、深圳、珠海、湛江等地建立南海油气开发的服务和后勤保障基地。启动依托油气资源的高附加值大型能源项目，重点建设大型LNG输气、发电项目，继续建设沿海油气战略储备基地，提高油气商业储备能力。2012年重点推进湛江东海岛、茂名、揭阳惠来和惠州大亚湾等四大沿海石化基地建设，涉海重大项目——中委合资广东石化2000万吨/年重质原油加工工程正式开工。2014年3月，中国海洋石油有限公司宣布在南海琼东南盆地自营深水勘探首获突破，获得中型天然气新发现陵水17-2，测试日产天然气5650万立方英尺，相当于9400桶油当量。位于南海珠江口盆地的番禺34-1/35-1/35-2项目目前有2口井在产，日产天然气约2100万立方英尺。12月，中国海洋石油有限公司宣布3个天然气田联合投产，2015年实现1.5亿立方英尺（约425万立方米）的高峰日产量。2015年，广东省海洋油气业284亿元，占全国的30.2%；连续4年减少，是最高2011年580亿元的49.0%。

2015年受国际原油价格持续走低影响，全球油气勘探开发投资下降，面对新的市场形势，以中海油南海东部、西部公司为代表的一批海洋油气企业积极应对，优化勘探部署，实施降本和增效措施，同时加强市场开拓，推进技术研发和应用，海洋油气产量保持平稳增长。南海东部的西江、流花、恩平、陆丰、惠州等多个油田上半年超进度完成产量任务，其中陆丰13-1油田6口井产油量突破每天1240桶，日增油3倍，成为陆丰13-1油田单井产量最高的油井。南海西部油田各油气田平稳运行，生产时率高达99%，比计划高出1.7%，增油5万吨，投产6口井，增油12.7万立方米，南海西部首个高温高压气田东方1-1一期调整项目提前投产，预计年多产天然气9920万立方米。2015年5月，中海油总公司宣布在南海东部海域发现新深水油层——

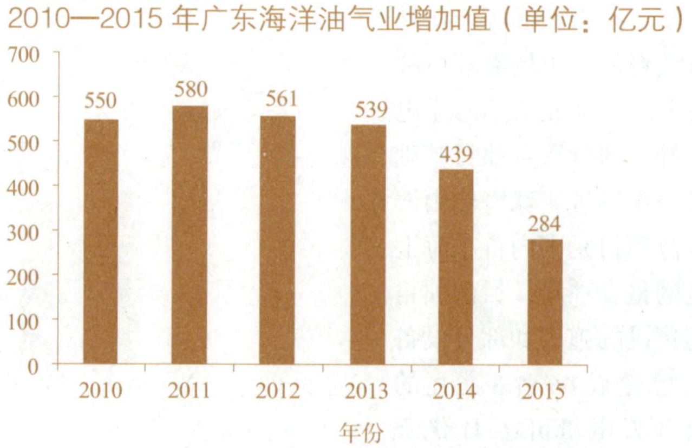

图3-7 2010—2015年广东海洋油气业增加值情况

流花 20-2，经测试该油井日产原油 8000 桶，原油比重约为 0.75，预计可带动周边流花 16-2 和流花 23-1 含油气构造进行联合开发，该油井所处的珠江口盆地白云凹陷有望成为南海深水原有勘探新的储量增长点。

【海洋工程建筑业】 海洋工程建筑业指用于海洋生产、交通、娱乐、防护等用途的建筑工程施工及其准备活动。广东海洋工程建筑业主要是海港码头、跨海大桥等海上工程建筑业。“十二五”期间，随着沿海经济快速发展，广东加大基础设施建设速度，重大海洋工程稳步推进，特别是广州、深圳、珠海、汕头、湛江等地扩建港口，建设港珠澳、汕头南澳、湛江通明海等跨海大桥，海洋工程建筑业增长很快。珠海横琴、高栏和中山嘉明电厂扩建等天然气电联产项目以及珠海金湾 LNG 接收站等天然气利用项目建成投产。广州港南沙三期工程、广深港客运专线狮子洋隧道工程、广州港出海航道三期工程配套项目——疏浚土接纳区工程、南沙江海联运码头一期工程等大型用海项目开工建设。被称为“世纪工程”的港珠澳大桥于 2009 年 12 月动工，预计将于 2016 年建成通车。2015 年，港珠澳大桥岛隧工程相继完成了 E15-E20 沉管安装，至此，海底隧道已建总长达 3465 米，已完成暗转该部分占隧道总长约 61%；港珠澳大桥墩台工序、九州航道桥段主体工程相继完工；茂名首座跨海大桥——水东湾跨海大桥动工建设，阳江海陵岛跨海大桥、湛江调顺岛跨海大桥计划年内动工建设；揭阳港惠来港区中委合资广东炼化项目 30 万吨原油成品油码头及中电投通用码头、湛江东海岛港区通用码头等 8 个项目码头工程、潮州刚扩建货运码头工程在建，国家“一带一路”重点建设的 15 个港口之一汕头港的广澳港区二期两个 10 万吨级集装箱码头工程启动建设，湛江港 30 万吨级航道改扩建工程也计划年内动工；汕头海湾新区、湛江海东新区、珠海高栏港海油工程基地等一批重大涉海工程项目加快建设。

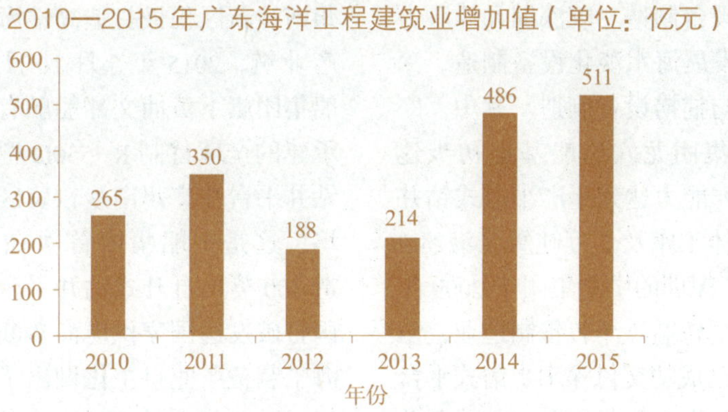

图 3-8　2010—2015 年广东海洋工程建筑业增加值情况

2015 年全省海洋工程建筑业增加值 511 亿元，比 2010 年增长 92.8%，占全国海洋工程建筑业增加值的 24.4%。

海洋战略性新兴产业

【概况】“十二五”期间，广东逐步开展以海洋工程装备制造、海洋生物医药、海洋电子信息、海水淡化和综合利用为重点的海洋新兴产业化专项，通过海洋经济创新发展区域示范专项项目的重点布局和引导，突破共性技术和关键技术来优化新兴产业，推动海洋战略性新兴产业加快发展，新兴产业在海洋经济总量中占比明显提高。根据对广州、深圳、珠海、中山、湛江、汕头等沿海城市的不完全统计，2015 年，区域示范相关战略性新兴产业总产值（销售收入）529.81 亿元，其中：海洋生物高效健康养殖业 29.51 亿元，海洋生物医药与制品业 152.65 亿元，海洋装备业 347.56 亿元。比上年新增产值 98.29 亿元。广州、深圳市成为国家生物产业高技术产业基地，建成深圳大鹏海洋生物产业园，形成健康元、海王生物等一批海洋生物医药龙头企业。

【海洋工程装备制造业】 海洋工程装备制造业是指以金属或非金属为主要材料制造海洋工程装备的产业活动，其中，海洋工程装备主要指海洋资源（现阶段主要包括海洋油气资源、海上风电资源）勘探、开采、加工、储运、管理、后勤服务等方面的大型工程装备和辅助装备。海洋工程装备制造业是为发展海洋工程业、开发利用海洋资源、发展海洋经济提供技术装备的基础产业，资金、技术、劳动密集度高，涉及领域广，关联度大。广东海洋工程装备制造基地项目主要分布于广州、深圳、珠海、中山。“十二五”期间，广东依托珠江西岸先进装备制造产业带的开发建设，推动海洋工程装备制造业快速发展，培育形成具有较强国际竞争力和现代化技术水平的海洋装备制造业集群；以广州南沙、中山和珠海为重点，打造珠江口西岸世界级海洋工程装备制造产业带，推进广州龙穴船舶与海洋工程装备制造基地、珠海中船船舶和海洋工程装备基地、中海油深水海洋工程装备制造基地、三一重工珠海现代港口机械和海洋工程装备制造基地建设。以深圳、江门、中山为重点，发展石油钻采专用设备制造、海洋工程大型铸锻件生产和风电设备制造。以深圳和珠海为重点，发展海水淡化设备制造、深海养殖与捕捞设备制造。其中，广州中船集团龙穴造船基地初步建成，生产能力达到年产半潜式钻井平台主体1座及5万吨级半潜艇2艘；位于深圳的中集集团于2009年正式进军高端海洋装备制造业，至2015年已成功交付深水半潜式平台8座和自升式平台9座，产品覆盖北海（大西洋）、巴西、西非等全球主流油气产区，在建或待建的深水半潜式平台5座，是国内唯一可直接使用于南海开发的海上平台；珠海高栏港区依托中国海油、中船集团、三一集团等核心企业，大力发展海洋钻井平台、海上油气田设施建造等海洋装备制造产业，形成研发、加工、配套产业链。

2015年上半年，受全球经济增长放缓和国家原油价格持续低迷影响，油气行业投资明显缩减，对海工装备行业的发展带来一定程度的挑战，广东以中船防务、三一重工等一批海工装备制造企业积极开拓国际市场，加强成本控制和技术提高，逐步提高产品的核心竞争力应对市场竞争，海洋工程装备制造业成平稳发展状态。中船防务公司2015年上半年完成工业总产值115.03亿元，其中海工产品完成产值25.36亿元，同比增长73.51%，公司完成收购黄埔文冲100%股权，实现军船、军埔船、民船及海工业务的整体优化和全面发展；珠海高栏港经济区充分利用“21世纪海上丝绸之路”“珠江西岸先进装备制造产业带”两大战略叠加的机遇，以海洋钻井平台、海上油气田设施建造等产品为核心，形成海工装备制造产业研发、制造、配套产业链，打造上下游配套齐全、技术先进的海工产业集群，2015年上半年，高栏港经济区装备制造业占全区工业比重10.8%，同比增长24.5%。广州南沙新区积极打造高端海工装备产业链，2015年5月16日，由中船集团旗下黄埔文冲船舶有限公司承建的全球首制R-550D型自升式钻井平台在广州南沙自贸区顺利出坞，这是中船集团首次在华南建造400英尺自升式钻井平台，为我国打破发达国家供应商垄断，实现海工装备产业自主化做出了重要尝试。2015年9月15日，全球首艘极地模块运输破冰船在南沙龙穴造船基地出坞，该船可常年在极地冰区航行，满足最强冰级规范，具有极强的破冰能力。

【海洋生物医药业】 海洋生物医药业指以海洋生物为原料或提取有效成分，进行海洋药品与海洋保健品的生产加工及制作活动。海洋生物具有独特的营养价值，含有多种生物活性物质，这种生物活性物质是陆生生物不可比拟的，能有效地预防和治疗心脑血管疾病、促进细胞代谢、抗癌防癌、保护体内细胞的正常功能、增强免疫力等。海洋生物医药的研究将会给不断遭受疾病灾害的人类带来更多的希望，目前，科学家已经从海葵、海绵、腔肠动物、被囊动物、棘皮动物和微生物体内分离和鉴定了新型化合物3000多种，它们的主要活性表现在抗菌、抗病毒、抗凝血、镇痛、抗肿瘤等方面。“十二五”期间，广东加快发展高附加值的海洋生物医药新产品，培育具有较强竞争力的海洋生物医药产业；推动以海洋药物、工业海洋微生物产品、海洋生物功能制品、海洋生化制品为重点的研发和推广应用项目建设，推进海洋生物医药关键技术产业化，大力发展高科技、高附加值的海洋生物医药新产品、海洋生物制品和海洋保健品，重点研发抗肿瘤、抗心脑血管疾病、抗病毒等海洋创新药物。建设南海海洋生物种质资源库，强化对南海海洋生物基因资源的保护、研究与开发利用。加强广州、深圳国家生物产业基地建设，加快中山国家健康科技产业基地、华南现代中医药城、珠海生物医药科技产业园建设，在阳江、湛江和汕头等地新建一批生物产业基地，形成具有国际竞争力的生物医药产业集群，努力将广东打造成为国家海洋生物医药产业创新和品牌基地。

随着国务院《关于促进健康服务业发展的若干意见》、医药卫生体制改革和医药电商一系列政策出台，国家对于大健康产业、深化医药卫生体制改革均作出明确要求，医药和大健康产业在迎来历史性发展机遇的同时，行业规则变革和整合已经出现势不可挡的趋势。2015年，医药行业医保控费、招标限价等政策继续向纵深推进，医药工业增速放缓。海王生物2015年上半年实现营业收入53.96亿元，较上年同期增长14.97%。健康元2015年上半年实现营业收入41.80亿元，较上年同期上升6.13亿元，升幅约为17.19亿元。

【海水综合利用业】 海水利用业指对海水的直接利用和海水淡化活动，不包括海水化学资源综合利用活动。发展海水利用业，对缓解广东沿海缺水地区和海岛水资源短缺，优化用水结构，保障水资源持续利用具有重要意义。“十二五”期间，广东积极推动海水利用技术攻关，2015年，从事反渗透、电渗析淡化设备配套生产的单位有30多家，淡化技术应用工程公司有100多家，生产中、小型淡化设备的能力已达到5000台（套）/年。据2011年统计，广东生产海水淡化装置1500多套，多为小型装置，日产淡水2万多立方米；大中型亚海水淡化工程29套，每天淡水总产量突破10万立方米，为全国亚海水淡化产量之最。深圳市将海水淡化产业纳入市循环经济、节能环保产业、海洋经济等政策扶持范围。惠州试点海水淡化工程，大亚湾华德石化有限公司马鞭洲燃料油仓储项目设计生产出具有自主知识产权的海水淡化设备产品，海水淡化能力约25立方米/天，生活水每吨成本降至3元以内，与自来水价格相当。此外，广东海水直接利用量达300亿吨/年，主要是临海电厂冷却用水和LNG“加热”用水。

广东加大对海水的直接利用技术研究，已初步形成以反渗透技术为主体的海水淡化技术产业群体。借力于海水淡化设备和技术的重大突破，海水淡化领域取得了较大进展。在电力方面，广州大亚湾核电站和岭澳核电站循环均有大规模运用循环冷却水。此外，深圳等地都已经普遍利用海水作为工业冷却水，火电、核电等电力企业利用海水作冷却水量约占90%以上。截至2014年底，广东已建成海水淡化工程规模30820吨/日，年海水利用量超300亿吨。2015年，依托火电、核电、钢铁等水处理先进工艺，在汕尾海丰、湛江雷州、东海岛等地建设海水淡化工厂。9月底，国内首个低温多效蒸馏技术海水淡化项目在宝钢广东湛江钢铁基地——热法海水淡化工程投产。此外，华润海丰电厂投近亿元输出淡化海水能力1.5万吨/日的海水淡化装置、陆丰甲湖湾电厂海水淡化和海水直流冷却系统等工程在建。

【海洋可再生新能源业】 海洋可再生能源业，是指在沿海地区利用海洋能、海上风能进行的电力生产活动，但不包括沿海地区的火力发电和核能发电。其中，海洋能通常是指海洋本身所蕴藏的能量，主要包括潮汐能、波浪能、温差能、盐差能等，不包括海底储存的煤、石油、天然气等化石能源和“可燃冰”，也不含溶解于海水中的铀、锂等化学能源。海洋能是可再生的而且储量丰富的清洁能源，海洋能的开发利用可以实现能源供给的海陆互补，减轻沿海地区常规化石能源供给压力。广东海洋能资源丰富，根据908专项调查结果，广东海洋能的总蕴藏量占全国的第三位，其中波浪能占全国第一位，盐差能占全国第二位，海洋风能占全国第三位。广东在海洋能开发研究方面具有资源环境优势。国务院批复的《广东海洋经济综合试验区发展规划》明确提出将海洋可再生能源作为广东海洋战略性新兴产业发展的重点之一。广东是我国海洋能研究和示范建设最重要的基地之一，尤其在波浪能研究、示范和应用方面取得了较好的成效。中科院广州能源研究所形成了自己独特的技术，研建了若干个沿岸振荡水柱式、摆式波浪能电站和沿岸振荡浮子式波浪能独立发电及制淡系统，研发的航标灯用波浪能发电装置出口日本、英国、菲律宾等地。“十二五”期间，广东珠海启动建设南海海岛海洋能独立电力系统示范工程、大万山波浪能海岛独立电力系统工程，筹建国家海岛水资源调查与综合示范基地。汕头南澳县建成亚洲最大的海岛风电场——南澳风电场，2011—2015年，南澳投产海上风电4座，开工项目180万千瓦左右。总投资约10亿元的江门上川岛风电项目已投入使用。

高端临海产业

【临海石化工业】 广东海洋化工业以海洋油气加工化工为主，是全国石化生产大省，形成了以炼油和乙烯为龙头，炼油化工一体化的现代海洋油气加工业，构建起茂名石化工业园、大亚湾石化区、广州石化区、珠海临港石化区等海洋油气加工工业园区，深圳石化集团、汕头海洋集团和中山精细化工集团被列为全国重点海洋油气加工发展基地，并且开发投产了一大批新的海洋油气加工产品，初步形成了具有一定规模、门类比较齐全的海洋油气加工业体系，有一批重要海洋油气加工产品的生产规模和生产技术工艺已达到国内甚至国际先进水平，成为国内主要生产开发基地和出口基地。2015年，全省海洋化工业平稳增长，实现增加值593亿元，五年增长41.2%，占全国的60.2%。

“十二五”期间，广东加快推进中科合资广东炼化一体化、中委合资广东石化、中海油惠州炼化二期扩建、茂名石化油品质量升级改扩建等石化龙头项目建设。依托大型炼化龙头项目，延伸产业链，重点布局建设茂名、惠州大亚湾、揭阳大南海、湛江东海岛四大石化基地，改造提升广州石化基地。

茂名石化基地建成了2000万吨炼油、100万吨乙烯的生产能力。2012年以来，茂名石化共研发27个化工新产品和3个炼油新产品，新产品获得180项认证，茂名石化主导的“高密度聚乙烯IBC桶用专用料开发与推广”等10项科技成果通过总部鉴定达到国内或国际领先水平。

惠州依托中海油大型炼化一体化项目，以石化产业为龙头，重点发展石油化工、能源、机械等产业。2013年，全市规模以上石油化工企业121家，实现总产值1463.7亿元，工业增加值314.4亿元，形成炼油、乙烯生产到下游合成材料、精细化工、橡胶加工的炼化一体化石化产业链。

揭阳（惠来）大南海国际石化综合工业园占地面积约5平方千米，加工原料为委内瑞拉重质原油，建设规模为2000万吨/年，配套建设工艺装置共29套，以及30万吨级原油码头和3万~5万吨级产品码头，是国内一次性设计加工能力最大的炼油项目，项目总投资为586亿元人民币。

湛江中科炼化项目2010年5月获国家发改委“路条”，2011年3月4日正式获得国家发改委核准。根据中石化最近制订的计划，中科炼化的炼油项目计划2015年竣工，2016年投产；化工项目计划2016年竣工，2017年投产。项目概算总投资90亿美元，投产后税收可达200亿元。

【临海钢铁产业】 沿海地区对于钢铁产业的发展具有得天独厚的优势，一方面可以发挥沿海港口优势，更加经济地利用资源和市场；另一方面也可以利用沿海地区大面积的滩涂，减轻内陆地区特别是中心城市的环境压力。“十二五”期间，广东以宝钢重组韶钢、广钢为契机，实施广钢环保搬迁，建设湛江东海岛千万吨级钢铁基地，同时在南沙发展冷轧板、镀锌钢板等钢材深加工产业，形成优势互补、错位发展的两大临海钢铁产业基地。促进钢铁产业与装备制造、造船、石化、汽车、家电、金属制品等下游产业协同发展。

湛江东海岛规划建设30平方千米的钢铁产业园区，项目总投资600多亿元。2015年3月，钢铁基地已经累计完成投资203.7亿元，高炉、炼钢、连铸、热轧、冷轧等9大主体工程建设进展顺利，自备电厂1号机组正式并网调试。

【临海能源产业】“十二五”期间，广东加快发展临海核电、火电、风电等清洁能源，构建门类齐全的临海能源产业体系，推进LNG接收站及海上天然气接收终端项目建设，加快打造能源产业集群。广东在沿海地区建设了一批火电、核电企业，形成了深圳、江门、阳江等重要的能源基地。大亚湾核电基地包括大亚湾核电站、岭澳核电站一期、岭澳核电站二期共6台机组，大亚湾核电基地2014年发电量达454亿千瓦•时。总投资695亿元的阳江核电是国内目前在建的最大核电项目，目前首台机组已建成投入商业运营，项目全部建成发电后，每年可提供450亿千瓦•时清洁电力。江门滨海能源项目规划总装机容量近2000万千瓦，占全省总装机容量的1/4。汕尾陆丰甲湖湾电厂、雷州大唐电厂、深圳滨海电厂、阳江抽水蓄能电站获得建设“路条”，珠海横琴等一批天然气热电联产项目顺利推进。湛江外罗、珠海桂山海上风电示范项目获得国家同意开展前期工作，标志着广东海上风电项目进入项目实施阶段。

海洋现代服务业

【概况】 海洋活动涉及海洋经济、海洋政治、海洋外交、海洋军事、海洋权益、海洋技术等方面，而海洋服务业是贯穿于整个海洋战略的核心产业之一。海洋服务业是包括直接在海域上提供的各项生产、生活服务以及服务于各海洋领域经济部门、各类涉海企事业的所有服务集合。海洋科技服务业、海洋专业服务业、海洋旅游业等是海洋服务业发展的重点领域。还要重视涉海商贸服务发展，开展海洋油气设备、船舶工程博览会、交易中心等海洋现代服务业，在有条件的港口发展集娱乐、休闲、餐饮、购物于一体的邮轮经济。加快培育和发展技术服务、金融保险、公共服务、海洋会展、港口物流等海洋现代服务业。依托南海综合开发，大力推动海洋油气勘探、油气储运和海洋资源利用等技术服务业的发展。同时，加快海洋信息技术、推进“数字海洋”工程，加大海洋经济监测与评估系统建设力度。建立海洋空间基础地理信息系统，积极开展海洋生物资源及矿产资源勘探定位、海洋工程维护、海洋综合调查与测绘、海洋教育、海洋科普与文化传播等新兴服务业，也是海洋服务业极具潜力的领域。通过发展海洋现代服务业，实现海洋各产业、各环节的联通，创新新兴业态，扩大海洋经济规模，提升海洋经济质量。

【滨海旅游业】 广东滨海旅游资源丰富、景色宜人。“十二五”期间，随着社会经济的快速发展，广东依托广东岸线资源优势，有效整合滨海旅游资源,加快建设滨海旅游“黄金海岸”，建成了一批旅游度假酒店、会议中心、游艇会等，提升广东滨海旅游品质，构建较完善的广东滨海旅游产品体系，将广东建设成为国际高端滨海旅游的重要目的地，滨海旅游业继续保持较快增长。巩固以海滨浴场为载体、多元化的基础型产品，着重发展滨海生态休闲、海水运动、滨海体验、海水温泉等主导产品，创建以滨海度假和会议酒店等为主的特色型产品，培育游艇、邮轮旅游等新产品。重点培育珠江口湾区、川岛区、海陵湾区、南澳岛区、深圳大鹏湾区、珠海沿岸与海岛群、惠州稔平半岛、水东湾和大放鸡岛、湛江湾区9个带动型的滨海综合旅游区。打造深圳太子湾和广州南沙等国际邮轮母港基地、中山磨刀门神湾游艇主题休闲度假基地、江门银湖湾游艇主题休闲度假基地、东莞虎门威远岛爱国主义教育基地、中山翠亨新区爱国主义教育基地、汕尾红海湾海洋运动旅游区、潮州柘林湾海上牧场、揭阳金海湾度假旅游区等具有专业化特色的重点滨海旅游基地。重点发展广州、深圳、珠海、汕头、湛江5大滨海城市和海陵岛群、川山群岛、万山群岛、大亚湾中央列岛、南澳岛、湛江湾6大岛群的滨海旅游业。加快珠海长隆国际滨海旅游度假区、广东海陵岛国家级海洋公园、广东特呈岛国家海洋公园、中山海上温泉度假区、汕头漾江国际度假湾等项目建设。

“十二五”期间，广东滨海旅游业继续保持较快增长，2015年全年接待游客2.68亿人次，其中国内游客2.32亿人次，入境游客0.36亿人次，滨海旅游业全年实现增加值2414亿元，比2010年5年增长149.6%；占全国10874亿元的22.2%。广东滨海旅游业为全省旅游业又快又好发展做出了重要贡献。

2015年，粤港澳游艇自由行取得重大突破，广州、中山分别与澳门签订开展粤澳游艇旅游自由行合作的协议，启动建设中山神湾游艇出入境联检大楼。珠海长隆国际海洋度假区一期建成投入使用。惠东巽寮湾、阳江闸坡等一批滨海旅游休闲带初具规模。珠江口湾区、川岛区、海陵湾区、南澳岛区、深圳大鹏湾区、珠海沿岸与海岛群、惠州稔平半岛、水东湾和大放鸡岛、湛江湾区等9个带动型滨海综合旅游区加快建设。深圳太子湾和广州南沙等国际邮轮母港基地、中山磨刀门神湾游艇主题休闲度假基地、江门银湖湾游艇主题休闲度假基地等具有专业化特色的重点滨海旅游基地逐步完善。阳江海陵岛大角湾成功创建国家5A级景区，成为广东首家5A级滨海旅游景区。湛江“五岛一湾”滨海旅游产业园被列入首批粤港澳服务贸易自由化省级示范基地。包括特呈岛、南三岛、东海岛、硇洲岛、南屏岛、湛江海湾，总面积1041.93平方千米，为广东最大的滨海旅游集聚区。园区重点规划建设商务会议中心、高端酒店群、休闲度假中心、水上运动中心、大型主题公园、文化创意园等旅游精品，着力打造城市滨海旅游产业集聚区、邮轮游船游艇基地、高端海岛会议度假中心三大品牌。“五一”期间，江门市川岛接待游客约3.6万人次，同比增长近20%；那琴半岛海洋地质公园接待人数超过5000人。“十一”黄金周期间，茂名滨海公园共接待游客近20万人次，旅游综合收益达1200万元，均比去年同期增长14%，再次刷新景区假日接待游客人数最多、旅游综合收益最大的记录。

【海洋文化与创意产业】海洋文化与创意产业是海洋文化的产业化，是以海洋文化资源为基础，从事具有海洋文化元素产品的生产以及提供相关文化服务的行业。“十二五”期间，广东深入挖掘和整理南海海洋文化资源，充分发掘妈祖文化、海丝文化等特色海洋文化内涵，保护和利用好“南海1号”和“南澳1号”等重要涉海文化遗产。打造一批具有浓郁南海特色的海洋精品文化景区和文化产品。推动海洋文化产业融合发展，推动海洋文化与海洋科技创新、海洋金融服务、海洋旅游休闲、海洋创意设计、海洋高端制造等深度融合。建设海洋文化信息网络、科技创新载体，创意融资平台。海洋文化与创意产业正在成为广东海洋经济发展的新增长点。

伴随着海洋文化与创意产业的发展，涉海庆典会展业、体育休闲业、民俗文化业、工艺品业与影视艺术新闻业等亮点频现。如珠海沙滩音乐节、湛江海鲜美食节、中国珍珠节、深圳黄金海岸旅游节等，都进一步推动了广东海洋文化产业的发展。2013年的广州国际游艇展，吸引了美国、英国、法国、意大利，以及我国香港、台湾等近20个国家与地区的100余家知名品牌与服务商参展。300余家国内外媒体全面调动，媒体传播覆盖了门户网站、主流电视、户外广告、报纸、电台、专业杂志等多方位，社会反响热烈。

【涉海金融保险服务业】“十二五”期间，广东加快发展涉海金融、保险等服务业，积极支持有条件的企业通过发行股票、公司债券、短期融资券等多种方式筹集资金。鼓励有条件的海洋经济企业境内外上市，探索设立海洋经济相关政府创投引导基金，引导民间资本参与相关基础设施和公共事业建设。探索海域使用权抵押贷款、船舶租赁等融资新模式。建立和完善海洋保险和再保险市场，探索海洋灾害保险新模式。

加快广州、深圳等地涉海金融中心建设，积极培育涉海金融保险市场，加快粤港澳涉海金融保险创新合作，稳步有序开展促进海洋服务外包产业发展等涉海金融保险工作。创新发展金融服务业态，建设涉海金融合作平台。探索建立面向中小微型涉海企业的专业金融机构，开展已投运各类船舶和在建船舶抵押贷款、预付保函等金融业务，鼓励金融机构适当放宽航运企业建设或购置船舶的贷款额度与自有资金比例，服务海洋经济发展。国家开发银行广东分行将在未来5年内授信550亿元，与省海洋与渔业局共同推动开发性金融和有关资本参与广东海洋强省建设。

【海洋信息服务业】“十二五”期间，广东推进海洋信息体系建设，提供海上通信、海上定位、海洋资料及情报管理等公共服务。在广州、深圳、珠海、湛江等地发展国际海洋会展业。依托主要港口和临港工业基地，规划建设港口物流枢纽和物流园区，建设一批枢纽型现代物流园区，发展各类物流和配送分拨中心。推进海洋服务业标准化、品牌化建设，重点培育和发展一批规模大、实力强的服务业企业，提升海洋服务业现代化水平和竞争力。

以创新、融合为动力，培育发展海洋信息服务业，全面提升海洋产业信息化水平，加快全省沿岸、海岛、近海的现代信息网络基础设施建设，为全省海洋信息互通提供保障。大力发展涉海信息服务研发平台，培育发展海洋信息技术服务外包，推进涉海政务、沿海通信、海上航运等业务服务。加强公益性海洋信息服务体系建设、发展海上通信增值服务，提供海洋经济信息服务。

四、重点发展地区

综述

【概况】 1979年以来，广东发展海洋经济的重点地区，首先是1980年设立的深圳、珠海、汕头3个经济特区，接着是1984年在广州、湛江两个沿海城市创办的经济技术开发区。国务院于1991年10月批准设立大亚湾经济技术开发区，1992年7月批准设立南沙经济技术开发区。1992年5—11月，由省政府批准设立的海洋经济开发区有：阳江市海陵岛经济开发试验区、南澳海岛开发试验区、湛江市东海岛经济开发试验区、台山市川岛旅游开发综合试验区、茂名市水东经济开发试验区、汕尾红海湾经济开发试验区。1998年，省政府批准设立珠海万山海洋开发试验区，这是全省第一个地方性海洋综合开发试验区。

2009年8月14日，国务院批准实施《横琴总体发展规划》，“广东省横琴新区管理委员会”于12月16日在珠海市横琴岛正式挂牌成立，为广东省人民政府派出机构并委托珠海市人民政府管理，规格为副厅级。国务院于2010年8月26日批复《前海深港现代服务业合作区总体发展规划》，2012年9月6日批复《广州南沙新区发展规划》。广东省政府于2011年9月批复同意筹建广东茂名滨海新区，副厅级建制，茂名滨海新区管理委员会于2012年4月26日挂牌成立。广东省政府于2012年10月审议通过《广东中山翠亨新区发展总体规划（2012—2030年）》，一年后，陆续批复建设了一批沿海省级新区，成为各沿海地市利用自身海洋资源进行扩容提质，承接产业和人口转移，集聚发展海洋经济的重点地区。

【海洋经济重点地区】 截至2015年底，广东省内得到国务院和省政府批准设立的沿海经济发展重点地区，可分为4类：一是三大国家级新区，即珠海横琴新区、深圳前海新区和广州南沙新区；二是国家级经济技术开发区，有湛江经济技术开发区、广州经济技术开发区、广州南沙经济技术开发区、惠州大亚湾经济技术开发区、增城经济技术开发区和珠海经济技术开发区；三是省级新区，包括潮州新区、汕头海湾新区、揭阳新区、汕尾新区、惠州环大亚湾新区、东莞水乡特色发展经济区、中山翠亨新区、江门大广海湾经济区、阳江滨海新区、茂名滨海新区、湛江海东新区；四是海洋经济开发试验区，包括珠海万山海洋开发试验区、南澳海岛开发试验区、台山川岛旅游开发综合试验区、汕尾市红海湾、阳江市海陵岛经济开发试验区。

【广东自由贸易试验区】 2015年，3月24日，中共中央政治局审议通过广东自由贸易试验区总体方案；4月21日，广东自由贸易试验区正式挂牌成立。这是全国唯一一个包括3个片区的自贸区，也是全国面积最大的自贸区，总面积116.2平方千米。广东自贸区涵盖的3个片区为：广州南沙新区片区（广州南沙自贸区）、深圳前海蛇口片区（深圳前海蛇口自贸区），珠海横琴新区片区（珠海横琴自贸区）。广东自贸区立足面向港澳台深度融合，是广东进一步对外开放融合发展的新探索，特别是在经济全球化的新形势下，海洋对广东自贸区发展具有举足轻重的重要地位，将加大助推国际国内的创新要素自由流动和资源高效配置。

国家级新区

【概况】 国家级新区，是由国务院批准设立，承担国家重大发展和改革开放战略任务的综合功能区。2009年8月14日，国务院批准实施《横琴总体发展规划》，“广东省横琴新区管理委员会”于12月16日在珠海市横琴岛正式挂牌成立，为广东省人民政府派出机构。国务院于2010年8月26日批复《前海深港现代服务业合作区总体发展规划》，2012年9月6日批复《广州南沙新区发展规划》。广东三大国家级新区，即珠海横琴新区、深圳前海新区和广州南沙新区。

新区的成立乃至于开发建设上升为国家战略，总体发展目标、发展定位等由国务院统一进行规划和审批，相关特殊优惠政策和权限由国务院直接批复，在辖区内实行更加开放和优惠的特殊政策，鼓励新区进行各项制度改革与创新的探索工作。1992年10月上海浦东新区成立，1994年3月天津滨海新区成立，国家级新区成为新一轮开发开放和改革的新区。

【珠海横琴新区】 位于广东省珠海市横琴岛，是珠海诸多海岛中最大的一个。1992年横琴岛被广东定为扩大开放4个重点开发区之一。2009年6月27日，第十一届全国人大常委会第九次会议表决通过决定，授权澳门特别行政区以租赁的形式取得对横琴岛澳门大学新校区的土地使用权，租赁期限自该校区启用之日起至2049年12月19日止。2009年8月14日，国务院正式批复《横琴总体发展规划》，将横琴岛纳入珠海经济特区范围，实行更加开放的产业和信息化政策，立足促进粤、港、澳三地的紧密合作发展，促进港澳繁荣稳定；逐步把横琴建设成为“一国两制”下探索“粤港澳”合作新模式的示范区。2009年12月16日，继天津滨海新区和上海浦东新区之后，中国第三个国家级新区“横琴新区”管委会在珠海市横琴岛正式挂牌成立，为广东省人民政府派出机构并委托珠海市人民政府管理，规格为副厅级。2010年3月6日，广东省人民政府和澳门特别行政区政府在北京人民大会堂签署《粤澳合作框架协议》，确立了合作开发横琴、产业协同发展等合作重点，提出了共建粤澳合作产业园区等一系列合作举措。2011年3月11日，横琴开发纳入国家“十二五”规划。

横琴岛面积106.46平方千米，联动港澳、促进澳门产业多元化，是横琴新区的战略任务之一。2014年12月18日，横琴口岸24小时通关正式实施，打通了长期制约横琴与澳门合作的通道，横琴将成为一个物资、资金、人才、技术等要素高效流动的“特区中的特区”。2015年，全区实现地区生产总值91.87亿元，公共预算收入37.8亿元，完成固定资产投资289.83亿元，实际利用外资4.25亿美元，对比2014年，分别增长36.9%、39.7%、17.4%和65.6%。

【深圳前海新区】 位于深圳市南头半岛西部，伶仃洋东侧，珠江口东岸，包括前海、后海和宝安中心区。前海深港合作区全称是“前海深港现代服务业合作区”，总占地面积约15平方千米。前海深港现代服务业合作区定位为未来整个珠三角的“曼哈顿”，规划中的前海深港合作区将侧重区域合作，重点发展高端服务业、发展总部经济，打造区域中心，并作为深化深港合作以及推进国际合作的核心功能区。前海将在深港两座城市合作的历史上扮演一个重要角色。深港合作将是前海规划建设及未来产业发展的最大亮点 。在2009年8月举行的粤港合作联席会议上，香港和深圳已就前海的发展签订合作意向书。2010年8月26日，国务院正式批复了《前海深港现代服务业合作区总体发展规划》，2011年3月，国家正式将深圳前海开发纳入“十二五”规划纲要。2012年3月国家发改委近日已正式印发《深圳前海深港现代服务业合作区产业准入目录》。该目录涵盖了前海深港合作区23条金融业、18条现代物流业、16条信息服务业、7条科技服务业、39条专业服务业、9条公共服务业六大领域共计112条产业目。2012年12月7日，习近平总书记视察前海。

截至2014年11月，前海合作区内企业总数16760家，注册资本总额11208亿元。其中金融企业9662家，世界500强企业53家，香港金融持牌机构有47家入驻前海，预计引进外商股权投资资金70亿元。前海跨境人民币贷款在全国率先破冰，成为人民币国际化的重要标志。

2015年4月27日，广东自贸区前海蛇口片区揭牌。前海蛇口片区面积28.2平方千米，分为前海区块和蛇口区块，既是广东自贸区的一部分，也是深港经济深度合作的主要板块。2015年，前海蛇口片区完成固定资产投资308亿元，形成102项改革创新成果，其中31项纳入广东自贸区首批60条创新经验，14项在全省复制推广。

【广州南沙新区】 位于广州南沙经济开发区内。国务院于1993年5月批准设立广州南沙经济开发区，《广州南沙经济技术开发区总体规划》于1997年9月颁布实施，南沙的开发建设确立了“以港口码头为中心，交通运输、工业加工和旅游服务齐发展，功能齐全、布局合理、环境优美、文明发达、面向世界的综合性的现代化海滨新城”的目标。广东省委、省政府于2002年4月在南沙召开“推进南沙开发现场会”，确定了南沙的发展定位和目标。2005年，广州行政区划调整，从番禺划出500多平方千米成立南沙区，南沙变身为独立行政区。2011年，南沙新区发展被写入国家“十二五”规划。2012年9月6日，国务院正式批复《广州南沙新区发展规划》，国务院另文批复南沙新区面积，将番禺区的大岗、榄核、东涌三镇并入南沙新区。自此，南沙新区的总面积达到803平方千米，超过番禺、白云，在全市12区(县级市)中面积排第四位。

南沙新区将主打高端服务业、科技智慧产业、临港先进制造业、海洋产业、旅游休闲健康产业等5

大主导产业群。南沙新区依托港口和交通区位优势，发展现代船舶工业和海洋工程装备制造业，成为全国三大造船基地之一和重要的海上工程装备制造业基地。南沙龙穴岛是广州港重点发展的深水港区，是南沙临港工业发展的重要依托。《广州市龙穴岛区域建设用海规划（2010—2020 年）》明确用海总面积 4530.2 公顷，其中填海面积 2077.2 公顷，港池用海面积 2452.9 公顷。

2015 年，广东自贸试验区广州南沙新区片区推进系列改革创新工作，形成可向全市复制推广的“56+8”改革创新经验，25 项创新成果纳入广东自贸试验区首批可在全省复制推广的 27 条改革创新经验。全面实施负面清单管理模式，完成外资企业投资备案 229 家，涉及注册资本 205 亿元；办理内资投资项目备案 106 个，涉及投资总额 323.7 亿元。4 月 21 日，广东自贸试验区广州南沙新区片区挂牌成立，海关快速验放新机制等 10 大创新业务和中交集团国际业务总部项目等 10 大平台启动。

国家级经济技术开发区

【概况】 国家级经济技术开发区是由国务院批准成立的经济技术开发区，在中国现存经济技术开发区中居于最高地位，是各地招商引资和产业发展的重要载体。在沿海城市设立经济技术开发区，是特区试验成功后对外开放战略的组成部分，是充分发挥沿海港口城市的优势，将对外开放与发挥国内工业基础相结合的尝试。截至 2015 年，广东省共有 6 个国家级经济技术开发区：湛江经济技术开发区、广州经济技术开发区、广州南沙经济技术开发区、惠州大亚湾经济技术开发区、增城经济技术开发区和珠海经济技术开发区。

2015 年，广州、湛江、广州南沙、惠州大亚湾、增城、珠海 6 个国家级经济技术开发区实现地区生产总值 4692.6 亿元，占全省开发区总额的 49.8%；规模以上工业总产值 11778.1 亿元，占全省开发区总额的 53.0%。进出口 716.7 亿美元，占全省开发区总额的 34.6%；其中出口 413.9 亿美元，占全省开发区总额的 34.6%。实际利用外资 27.1 亿美元，占全省开发区总额的 64.5%。

【湛江经济技术开发区】 简称湛江开发区，是 1984 年 11 月 29 日经国务院批准成立的全国首批 14 个沿海经济技术开发区之一，于 1985 年 4 月 2 日奠基，位于湛江市赤坎区和霞山区两个老城区之间。2009 年，国家级湛江经济技术开发区与省级东海岛经济开发试验区合并，组成新的湛江经济技术开发区（广东湛江东海岛经济开发区）。陆地面积 354 平方千米，滩涂面积 115 平方千米，是目前全国面积最大的国家级开发区之一。

2015 年全区完成生产总值 257.57 亿元，同比增长 9.9%，是 2010 年的 1.97 倍；实现工业总产值 282.45 亿元，同比增长 10.7%，是 2010 年的 1.49 倍；固定资产投资 242.97 亿元，同比增长 11%，是 2010 年的 2.6 倍；社会消费零售总额 153.95 亿元，同比增长 9.1%，是 2010 年的 1.63 倍；公共财政收入 14.8 亿元，同比增长 8.2 %，是 2010 年的 2.08 倍；全年融资 15.8 亿元，同时争取到省政府给予全区置换债务 8.3 亿元。

2015 年是建区以来工业项目建成投产最多、动工最多的一年。钢铁、石化、造纸等重大项目投资磁吸效应明显，有湛江钢铁、中海沥青、华德力电气、恒诚制药等 10 个工业项目建成投产，总投资 710 亿元；鹏尊能源、京信电力、韦达管桩等 16 个项目动工建设，总投资 145 亿元；湛江产业工业园完成工业固定资产投资 132 亿元，其中设备投资 95 亿元，争取到省支持的产业扶持资金 7000 万元；拉动外贸进口总额达到 5.43 亿美元，增长 99.76%；促进科技创新不断增强，全区实现高新产品产值 102 亿元，同比增长 5.8%，新增国家级高新企业和省级工程中心各 1 家，新增省级高新产品 14 个，科技专利申请量和授权量分别增长 187% 和 18%。硇洲国家级中心渔港争取到省示范渔港建设项目补助资金 2 亿元，加快建设，渔港一期工程竣工使用，成为粤西和北部湾地区来往渔船重要的补给和避风港。2015 年度，湛江开发区被国家发改委、财政部批准为国家级循环化改造示范试点园区，获得中央财政 1.9 亿元资金扶持，并被国家发改委等 7 个部委评为“中国产业园区持续发展 100 强”。

【广州经济技术开发区】 1984 年经国务院批准成立，是全国首批国家级经济技术开发区，1998 年、2000 年、2002 年，分别与广州高新技术产业开发区、广州出口加工区、广州保税区实现合署办公（统称“广州开发区”），实行“四区合一”的管理体制。广州开发区位于新黄埔区行政范围内，是广州市重要的经济发展增长极、科技创新引擎、创新驱动发展核心区。

30 年来，广州开发区综合实力始终在全国开发区中排名前三，拥有规模以上企业 1580 家，上市企业 31 家；建成了 345 万平方米的孵化器、加速器集群，培育了 3000 余家科技型企业，有 442 家被国家认定为高新技术企业，29 家企业在“新三板”挂牌成立；吸引了 3100 余家外资企业和80家跨国企业研发机构，有世界500强企业投资目120个，成为全国首批中欧、中以合作试点区；集聚了32名两院院士、50名“千人计划”人才，以及各类创新业人才3000余名，成为全市创新创业最活跃的地区之一，为打造国际创新资源集聚区、创新驱动发展示范区提供了有力支撑。

区划调整后，广州开发区与黄埔区实行经济功能区与行政管理区分设机构的管理体制，实现统筹兼顾、协调发展。广州开发区侧重辖区产业发展、园区建设、招商引资等经济建设，黄埔区侧重城市建设、社会管理、公共服务等民生社会事务。通过两区的资源整合、优势互补、联动互进，将为广州东部经济社会发展提供更加强大的活力。

2015年，黄埔区地区生产总值达到2878亿元，“十二五”期间年均增长10%；固定资产投资达到790亿元，年均增长16%%。实现规模以上工业总产值7036亿元，税收收入706亿元，出口总额190亿美元，实际利用外资11.5亿美元，总量均列全市各区首位。广州开发区地区生产总值达到2337亿元，“十二五”期间年均增长12%，主要效益指标位居国家级开发区前列。改革开放持续深化。成为我国首个中欧区域政策合作试点地区、中以高技术产业重点合作地区和中小企业先进制造业中外合作区，广州高新区进入国家自主创新示范区行列，中新知识城进入国家战略取得重要进展，知识产权运用和保护综合改革试验区、深化行政审批制度改革省级试点深入推进。

【广州南沙经济技术开发区】（参见本栏目“国家级新区”分目“广州南沙新区”条目，第93～94页）

【惠州大亚湾经济技术开发区】1993年5月经国务院批准成立，面积为9.98平方千米，2006年3月经国务院批准扩充至23.6平方千米。大亚湾经济技术开发区包括经济技术开发区在内的大亚湾规划区于1991年6月由广东省人民政府批准设立，辖陆地面积265平方千米，海域面积1300平方千米。大亚湾经济技术开发区西接深圳，陆路距香港60千米，拥有良好的投资营商环境和城市依托，是珠三角东岸地区唯一的石油化工基地。集中展现了中国沿海地区的综合优势，大项目集中，中海壳牌南海石化、广东LNG惠州电厂、中海油惠州炼油、比亚迪以及华德石化原油库等一批大项目已先后落户建设。

2015年，大亚湾经济技术开发区辖3个街道，陆地面积293平方千米，海域面积1319平方千米，2015年末户籍人口8.69万人；常住人口20.58万人。2015年全区生产总值414.8亿元，比上年增长2.7%。固定资产投 资361.4亿元，增长69.9%。

【增城经济技术开发区】增城经济技术开发区创建于1988年，2006年经广东省人民政府批准、国家发改委公告核准升级为省级经济技术开发区，2010年3月21日，国务院批复：“同意广东增城工业园区升级为国家级经济技术开发区，定名为增城经济技术开发区，实行现行国家级经济技术开发区的政策。”增城经济技术开发区成为广东省第五家国家级经济技术开发区。

增城经济技术开发区地处广州东部和穗—莞—深等珠三角东岸城市群黄金走廊，紧连广州经济技术开发区和广州科学城，工商各业发达，具有“多城辐射效应”，是广州东部板块的重要组成部分，广州实施“东进”战略的重点区域。增城开发区建立在建、筹建项目“一企一册”专人跟踪管理机制，推行项目建设报批全程免费代办服务制，深入项目建设现场管理服务，促进项目早动工、快建设。广本第三工厂和发动机项目于2015年1月、5月投产，福耀玻璃扩产项目已竣工，南方电网特高压、珠江钢琴、美穗茂物流仓储等一批项目已竣工，其他在建项目正加快推进。开通绿色通道，优化行政审批流程，加快了日立汽车系统二期、博济医药、苏德罗尼克、凤和物流仓储等项目的筹建进度。协调有关部门于2014年10月底启动已停航2年的口岸码头的对外运营服务，落实企业安全生产主体责任，全年无重特大安全生产事故。探索出“以人为本、科学主导、市场运作、统筹城乡”的科学发展“增城模式”。

2014年，增城开发区核心区完成工业产值668.25亿元，约占全市的35%，增长36.22%；全口径税收收入48.78亿元，增长0.69%；固定资产投资28.98亿元，增长18.08%；进出口总额7亿美元，增长7.26%；合同利用外资13000万美元，增长52.73%；实际利用外资3497万美元。

2015年12月22日，位于国家级增城经济技术开发区的“侨梦苑”揭牌成立，这是继天津、河北、福建、江西之后全国第五个由国务院侨办批准挂牌设立的“侨梦苑”，由国务院侨办与广州市政府联合打造的国家级侨商产业聚集区、华侨华人创业聚集区。增城“侨梦苑”创立创新中心，创业梦工厂、国际众创空间、产业承载区规划建设铺开。有12个项目签约落户，聘任澳大利亚蒙纳士大学教授、博士生导师李丹等7位专家学者为“侨梦苑”全球智库专家。

【珠海经济技术开发区】珠海经济技术开发区（又名高栏港经济区，

简称高栏港区）位于珠海市西南端，2015年辖南水、平沙2个镇，由高栏、南水2个半岛和三角山、荷包、大杧等18个海岛及黄茅海东部沿岸陆域和海域组成，开发总面积380平方千米。2015年末户籍人口6万人，常住人口10.16万人。

高栏港是国家综合交通运输体系的重要枢纽、国家一类对外开放口岸和全国沿海24个主要港口之一，是珠三角建港条件最好的港口，距离南海海域-30米等深线仅11海里，建港岸线约70千米，拥有珠江三角洲最大吨位的液体化工品和散货码头泊位，具备建设30万吨石化大码头的良好自然条件。已建成生产性泊位61个，其中万吨级以上大型深水泊位26个，全港吞吐能力达1.47亿吨。随着集疏运系统的不断完善，广珠铁路、高栏港高速的开通和西江战略的深入推进，可通过江海联运、海铁联运直接参与到西江流域的资源配置中，辐射珠江口西岸城市群和华南、西南、中南地区，港区的区位优势、腹地优势日益凸显。

高栏港区海洋温泉资源和海岛旅游资源丰富，主要旅游景点有海泉湾度假村、荷包岛、飞沙滩、游艇产业基地、台湾农民创业园、高栏岛宝镜湾摩崖石刻画，以及由知青桥、知青博物馆、知青驿站构成的知青主题旅游区等。重要海洋水产资源有银鲳、石斑鱼、马鲛鱼、大黄鱼、青蟹、鱿鱼、沙白、海鳝等，是全国罗非鱼养殖示范基地。

2015年，全区生产总值220.27亿元，比上年增长15.2%；工业增加值178.28亿元，增长22.7%；社会固定资产投资216.88亿元，增长10%；实际利用外资4.5亿美元，增长2.82%。全港货物吞吐量1.12亿吨，增长4.73%，其中，高栏港货物吞吐量7062万吨，增长7.75%。

省级沿海新区

【概况】“十二五”期间，广东为打造区域经济增长极，批复建设了一批沿海省级新区，成为各沿海地市利用自身海洋资源进行扩容提质，承接产业和人口转移，集聚产业发展海洋经济的重要抓手。2011年9月，广东省政府正式同意筹建广东茂名滨海新区，2012年4月26日，广东茂名滨海新区管理委员会正式挂牌成立；5月，《广东茂名滨海新区发展总体规划（2011—2030）》正式通过评审论证，规划面积1688平方千米，总体布局为“一带一轴两城四港五区”。2012年10月，广东省政府审议通过了《广东中山翠亨新区发展总体规划（2012—2030年）》，新区位于珠江口湾区地理中心，总规划面积约230平方千米，包括南朗镇全境及火炬开发区临海工业园，集中建设区约80平方千米，起步区约35平方千米。

2013年10月，广东省政府审议通过了《广东湛江海东新区发展总体规划（2013—2030年）》，规划面积约228平方千米（其中陆地面积约180平方千米，海域面积48平方千米），拥有120千米的海岸线。11月，审议通过《广东汕头海湾新区发展总体规划（2013—2020年）》，规划面积约480平方千米，其中核心区36平方千米（含起步区12平方千米），拓展区约444平方千米；审议通过《广东潮州新区发展总体规划（2013—2030）》。规划面积约553平方千米，核心区为韩东新城，包括桥东街道、意溪镇、磷溪镇，面积约40平方千米，起步区面积约18平方千米；12月，审议通过《广东揭阳新区发展总体规划（2013—2030）》，规划面积为595平方千米，常住人口130万人，核心区是空港新城，面积44.2平方千米，起步区位于核心区范围内，面积约19平方千米；审议通过《广东阳江滨海新区发展总体规划(2013—2030年)》，规划总面积505.9平方千米，核心区总面积55.22平方千米；审议通过《广东江门大广海湾经济区发展总体规划（2013—2030年）》，规划面积约3240平方千米，核心区主要位于银湖湾和广海湾，面积约520平方千米，起步区主要位于银湖湾围垦区、广海湾填海区和下川岛，面积约27.5平方千米；审议通过《广东惠州环大亚湾新区发展总体规划（2013—2030）》，范围包括惠阳区和大亚湾经济技术开发区全境以及惠东县境内324国道以南6个镇、2个旅游管理区，共20个镇（街道、管理区），陆地面积2168平方千米，海域面积4520平方千米，2013年末常住人口124万人；经省政府同意，省发改委印发《广东东莞水乡特色发展经济区发展总体规划（2013—2030年）》，定位为水乡生态文明建设示范区、粤港澳优质生活圈的特色区域、珠江口东岸产业优先发展先导区、穗莞战略合作重要平台。短短3个月时间，从东到西批准设立8个沿海新区，使全省沿海14个地级以上市，13个有了新区（广州南沙新区、深圳前海新区、珠海横琴新区是国家级新区）。2014年3月，广东省人民政府批复《广东汕尾新区发展总体规划（2013—2030年）》，规划总面积465.1平方千米。全省沿海14个地级以上市，都有了新区。

2013年9月第九届泛珠大会召开期间，福建省省长苏树林与广东省省长朱小丹进行高层会晤，闽粤双方商定，在漳州市诏安县与潮州市饶平县交界地带规划建设闽粤经济合作区。2015年1月6日，在潮州市召开闽粤经济合作区发展规划专家评审会，来自中国社会科学院、中国环境科学研究院等单位的专家认真评审《闽粤经济合作区发展规划（2014—2030年）》，并一致同意通过评审。2014年9月，国务院正式批复同意在汕头经济特区设立华侨经济文化合作试验区。12月8日汕头海湾新区正式挂牌成立。华侨试验区党工委、管委会下设办公室、经济发展局、财政与金融局、规划与建设局、文化发展局5个工作机构。2015年3月28日，中央台办、国务院台办在2015年中山招商引资·招才引智洽谈会上授予中山翠亨新区"海峡两岸交流基地"牌匾。

【潮州新区】 位于潮州市东部，地处珠三角和海峡西岸两大经济区域的连接点。2013年11月，广东省政府审议通过了《广东潮州新区发展总体规划（2013—2030）》。规划面积约553平方千米，核心区为韩东新城，包括桥东街道、意溪镇、磷溪镇，面积约40平方千米，起步区面积约18平方千米。潮州新区海洋资源丰富，海岸线长达136千米，拥有"中华海龙奇观""白鹭天堂""七夕井"海底温泉等优质滨海旅游资源。潮州新区目前开发密度相对较低，开发强度不到7%，坡度25度以下的适宜建设用地达到80%，具备良好的开发条件。

潮州新区将打造"两园、两城、山海簇拥"的新区空间格局，"两园"是指特色产业园和临港产业园。"两城"是指韩东新城和滨海新城。潮州新区起步区包括韩东新城起步区和径南工业园起步区。2013年，临港产业园被认定为第二批广东省循环经济工业园，潮州港临港物流集聚区被列为省级现代服务业集聚区。

潮州市按照省政府通过的《广东潮州新区发展总体规划（2013—2030）》，加快潮州新区建设。2014年，推动园区规划建设，大力发展园区经济，加强招商引资工作，推进美丽潮州建设。

2015年，市政府常务会议通过讨论《潮州市海岸保护与利用规划（2011—2020年）》，研究决定潮州新区韩东新城建设用地土地出让净收益分配、潮州新区产业集聚发展启动资金使用方向、闽粤经济合作区管理体制和潮州港在粤东港口群发展规划中的功能定位，赋予潮州港经济开发区（闽粤经济合作区）相关管理权限，授予潮州经济开发区管委会相关行政审批管理权限，开展潮州港金狮湾公共防波堤工程项目，建设潮州港扩建货运码头配套道路（拓宽改造）工程。

【闽粤经济合作区】 2013年9月第九届泛珠大会召开期间，福建省省长苏树林与广东省省长朱小丹进行高层会晤，并签署《会晤纪要》。闽粤双方商定，在漳州市诏安县与潮州市饶平县交界地带规划建设闽粤经济合作区。

2014年1月，福建省发改委与广东省发改委牵头进行前期调研准备，形成初步意见。3月，合作区进入选址论证阶段，诏安县与饶平县加强汇通协商，分别深入双方协作区域进行调研，洽谈相关事宜。12月23日，潮州市委书记李水华带领市党政代表团赴漳州市考察学习，双方深化沟通合作，完善发展规划，从融入国家战略出发，加快推进闽粤经济合作区建设。

2015年1月6日，在潮州市召开闽粤经济合作区发展规划专家评审会，来自中国社会科学院、中国环境科学研究院等单位的专家认真评审《闽粤经济合作区发展规划（2014—2030年）》，并一致同意通过评审。

合作区位于广东潮州饶平、福建漳州诏安两县交界区域，将分为概念区、核心区和启动区。

概念区。涵盖饶平县及诏安县全域，诏安和饶平都是原中央苏区县，均为经济欠发达地区，都是历史上出海贸易的重要节点和东南沿海对台前沿。合作区以饶平县和诏安县县域交界为中轴，将充分利用双方得天独厚的港口、海洋、生态和文化等资源，深化粤闽合作和对台合作开发机制，着力打造临港工业集聚发展片区、海洋生物创新示范片区、传统产业整合提升片区、高铁经济联动发展片区和低碳产业绿色发展片区等功能区。

核心区。范围包括饶平县9个镇和诏安县6个镇，共15个镇，规划面积达到300平方千米以上。诏安是福建国家级重点开发区域，饶平沿海地区是未来潮州市重点发展区。两县县域开发强度只有6.8%左右，核心区范围内可开发建设用地占核心区总面积的59%，具备广阔的发展空间。

启动区。则按照沿海、沿路、沿高铁布局，在核心区内设置了6个启动区，分别位于两县省际交界地区以及潮州港经济区、饶平樟溪低碳工业园和诏安梅岭临港工业园、金都海洋生物产业园、诏安高铁站前片区等，总面积约为34.5平方千米。其中，饶平片区约17.25平方千米，诏安片区约17.26平方千米。

截至2016年4月，闽粤经济合作区核心区共引进企业投资项目31项，计划总投资448.9亿元，其中已形成实质性投资项目16项。

【汕头海湾新区】 2013年11月，广东省政府审议通过并批复了《广东汕头海湾新区发展总体规划（2013—2020年）》。规划面积约480平方千米，其中核心区36平方千米（含起步区12平方千米），拓展区约444平方千米。核心区包括珠港新城、东海岸新城、南滨新城，其中起步区包括珠港新城、东海岸新城新津片区和南滨新城起步区。《广东汕头海湾新区区域建设用海专项规划（2013—2020年）》于2014年12月获市政府批准实施。2014年9月，国务院正式批复同意在汕头经济特区设立华侨经济文化合作试验区。12月8日正式挂牌成立。华侨试验区党工委、管委会下设办公室、经济发展局、财政与金融局、规划与建设局、文化发展局5个工作机构。

汕头华侨经济文化合作试验区（汕头海湾新区）位于汕头湾出海口两岸，规划面积约480平方千米，涵盖澄海区、龙湖区、濠江区部分区域，以及整个南澳县。2015年，华侨试验区全面加快发展，规划编制和制度创新取得新突破，起步区开发建设全面提速，招商引资有序铺开，重点项目建设全速推进，产业集聚效应开始显现。

2015年，华侨试验区继续开展总体发展规划研究。中国国际经济交流中心受汕头市委托组织编制华侨试验区总体规划。中国国际经济交流中心副理事长兼执行局局长张晓强率课题组1月来粤调研中国（汕头）华侨经济文化合作试验区规划建设工作。23日上午，省长朱小丹在广州与张晓强就华侨试验区发展总体规划进行座谈交流。省委常委、常务副省长徐少华主持座谈交流会。朱小丹强调，要把华侨试验区打造成汕头经济特区的经济增长点，打造成21世纪海上丝绸之路的重要门户，打造成国家战略层面通侨联侨的重要枢纽。总体规划具体编制工作中要特色鲜明，突出“特”字和“侨”字，注重衔接配套，积极对接海峡西岸经济区等国家层面规划，又要做好与当地国民经济发展规划、土地利用总体规划、城市总体规划、海洋功能区规划、海湾新区发展总体规划等专项规划衔接。11月13日，省政府常务会议，审议并原则同意《华侨经济文化合作试验区发展规划（2015—2030年）》。12月14日，广东省人民政府粤府函〔2015〕344号文正式批复同意《华侨经济文化合作试验区发展规划（2015—2030年）》，并由省发改委印发实施。规划提出到2030年，享誉海内外的现代化试验区基本建成，实现海外华侨华人与祖国经济文化深度融合发展；试验区常住人口达到100万人，地区生产总值超过1115亿元。

2015年5月，华侨试验区被国家发改委批准纳入全国5个中欧区域政策合作试点地区之一。11月，汕头市成功举办2015年中欧（汕头）中小企业科技创新合作峰会，来自欧盟的官员和科技专家向汕头中小企业推介欧洲创新投资环境、企业、科技项目，为中欧双方开展科技交流合作搭建新平台，并与汕头检验检测协会、汕头高新区电子商务产业园等签订合作项目。

12月8日，在华侨试验区成立周年活动上，华侨试验区举行重点项目集中签约、开工、试开业仪式，签约项目30个，总投资96亿元；开工、试开业项目35个，总投资110亿元。截至2015年底，华侨试验区480平方千米规划范围内注册企业2544家，总注册资本218亿元，平均注册资本885万元。

2015年，华侨试验区核心区基础设施建设进展顺利。东海岸新城项目累计完成投资超110亿元。水利工程及围填海全部完成。新津片区8条市政道路建设全部动工建设，同步实施水、电、气配套；连接新津、新溪和塔岗围3个片区全线长16千米滨海大道进展顺利，滨海大道沿线新津河大桥和外砂河大桥合龙贯通。

【揭阳新区】 地处揭阳市北部，位于汕头、潮州、揭阳3市中心位置，区位优势明显。2013年12月，广东省政府审议通过了《广东揭阳新区发展总体规划（2013—2030）》。规划面积为595平方千米，常住人口130万人。核心区是空港新城，面积44.2平方千米，起步区位于核心区范围内，面积约19平方千米。揭阳新区以平原为主，适宜建设用地面积达276平方千米，占全区总面积的46%，为城镇建设提供了良好的发展空间。揭阳依托空港经济区（沿海功能片区）现有装备制造产业发展基础和榕江港口优势，引入现代科技和先进管理技术，发展高端装备制造业；发展充分利用榕江口海域的航道资源优势，推动榕江口海域企业专用码头资源共享，加快沿江港口配套，完善沿江港口功能，构建海洋综合交通运输体系，为揭阳新区临空经济产业片发展航空物流业、打造粤东临空物流中心提供强有力保障；加强榕江口海域生态环境进行综合整治和沿岸景观营造，推动地榕江口海域风光带建设，发展生态观光、休闲度假和健康疗养等产业。

揭阳空港经济区位于揭阳、潮州、汕头3市交汇处，境内交通便捷，拥有揭阳潮汕国际机场、厦深高铁、高速公路、国道省道、港口码头水、陆、空一体化的现代交通网络体系。2013年2月设立。2015年辖4个镇3个街道。土地面积234平方千米。年末户籍人口43.94万人。

空港经济区是揭阳市的工业基地，2015年全区生产总值163.44亿元，比上年增长8.2%。其中：第一产业增加值12.66亿元，增长1.4%；第二产业增加值107.48亿元，增长7.2%（工业增加值105.38亿元，增长7.0%）；第三产业增加值43.3亿元，增长12.5%。人均地区生产总值3.97万元，增长7.7%。

规模以上工业总产值531.48亿元，增长6.9%。农林牧渔业总产值20.18亿元，增长2.5%。固定资产投资184.91亿元，增长28.2%。社会消费品零售总额62.89亿元，增长13.0%。外贸出口总额13.76亿美元，增长47.9%；实际利用外资730万美元，下降81.1%。地方一般公共预算收入5.44亿元，增长8.1%。农村常住居民人均可支配收入1.52万元，增长10.8%。

【汕尾新区】 位于汕尾市南部，南濒红海湾和碣石湾，紧邻珠三角，区位条件优越，海洋资源丰富，开发空间广阔。2014年3月，广东省政府批复了《广东汕尾新区发展总体规划（2013—2030年）》，规划总面积465.1平方千米。其中，核心区为环品清湖中心城，面积约42平方千米；起步区包括中央商务区起步区、红草高新技术产业基地起步区和金町湾滨海旅游组团起步区，面积约13平方千米。汕尾新区海岸、海湾、海湖、海岛、海礁等海洋资源丰富，滨海旅游资源突出，海岸线长195千米，砂质岸线资源丰富。海水水质达到国家一类海水水质标准，红海湾海水浴场连续多年保持优质水质。海洋生物多样、海产丰富，拥有多片近海湿地，有“中国水鸟之乡”“全国四大渔船”等美誉。汕尾新区现状城镇建设用地面积35.4平方千米，土地开发强度仅7.6%，可利用土地资源优势明显，适宜建设用地面积287平方千米，占新区总面积的61.7%。浅海滩涂资源丰富，适宜围填海滩涂面积超过30平方千米。

汕尾规划在红海湾新区建设集中心渔港、水产物流等于一体的多功能现代渔港经济区，目前已经启动汕尾（马宫）海洋渔业科技产业园区项目前期概念性规划编制。2014年9月，汕尾市政府与广东来裕物流集团有限公司签订了《共同推进汕尾（马宫）海洋渔业科技产业园区建设战略合作框架协议》。目前已完成品清湖海域空间整理和西北部海岸景观综合整治。

2015年，汕尾市推进深汕特别合作区产业园、汕尾新区红草产业园、海丰县产业园陆丰市产业园、陆河县产业园5个产业园区工业产业化集约化发展。市委市政府出台《关于优化营商环境扶持企业加快发展的若干意见》。精简政务审批 事项和程序。建立9.3亿元振兴发展基金，发行6亿元企业债券。2015年末小微企业贷款余额比上年增长25.4%，帮促专业镇和企业技术创新升级。帮扶高峰科特在“新三板”挂牌。争取农行300亿授信额度。开展园区建设“查看比学”比赛活动。全市投入园区规划建设资金12.57亿元。建设园区供水、供电、道路、港口、环保设施、车间、创业园等基础设施。加强土地收储和集约用地，提高征地补偿标准。全市引进入园企业193家，年内新开工 项目46个，其中工业项目24个。4个园区被纳入省产业集聚区管理，享受优惠政策。深圳市设立规模15亿元的产业投资基金，帮扶汕尾市和县园区发展。

【惠州环大亚湾新区】 位于惠州南部沿海，西邻深圳、东莞，东接汕尾，南濒大亚湾，背靠广阔内陆腹地。2013年12月，广东省政府审议通过了批复了《广东惠州环大亚湾新区发展总体规划（2013—2030）》。2014年6月27日挂牌设立。新区范围包括惠阳区和大亚湾经济技术开发区全境以及惠东县境内324国道以南6个镇、2个旅游管理区，共20个镇（街道、管理区），陆地面积2168平方千米，海域面积4520平方千米。2014年末常住人口124万人。新区区位优势明显、产业基础良好。惠州机场、厦深高铁和19个万吨级海运码头以及深汕、潮莞、广惠、惠深、长深等高速公路构成海、陆、空立体交通网络；石化、电子、新能源、汽车零部件、滨海旅游等产业蓬勃发展。拥有1200万吨炼油、100万吨乙烯生产能力；中海油惠炼二期、东风本田一体化等项目加紧建设。区内有滨海休闲、海岛旅游、非物质文化、名村古镇等多种类型的旅游景区（点）30多处。大港口、大物流、大产业的发展格局加速形成。2015年全区生产总值1036.1亿元。

2015年，新区3个起步区建设完成投资165.3亿元。南站新城完成11.5平方千米控制范围的土地现状调查，启动棚户区37.8公顷范 围的土地及建筑物、附着物登记；稔山滨海新城核心区5条道路工程土地征收工作稳步推进；石化产业起步区盘整约5平方千米用地，其中“南边灶北区”土地开发进入开工准备阶段。实施起步区项目清单管理，推进35个市政基础设施和产业项目建设。其中，惠州南站至惠大高速连接路等6个项目建成投入 使用，惠炼二期等10个项目加紧建设。石化起步区已投产10个项目实现产值35.1亿元。

【东莞水乡特色发展经济区】 2012年，东莞市启动水乡地区统筹发展战略，明确水乡地区包括石龙、万江、中堂、望牛墩、麻涌、石碣、高埗、道滘、洪梅、沙田以及虎门港等10个镇街和1个港区，面积510平方千米。2013年12月，经省政府同意，省发改委印发《广东东莞水乡特色发展经济区发展总体规划（2013—2030年）》，定位为水乡生态文明建设示范区、粤港澳优质生活圈的特色区域、珠江口东岸产业优先发展先导区、穗莞战略合作重要平台。2014年1月，市委、市政府制订《〈广东东莞水乡特色发展经济区发展总体规划（2013—2030年）〉实施方案》。4月，经省政府批准成立东莞水乡特色发展经济区（简称“东莞水乡经济区”）管理委员会。

2015年3月27日，东莞水乡特色发展经济区管理委员会在望牛墩揭牌。其后召开的东莞水乡特色发展经济区项目建设工作会透露，自2014年7月以来，水乡经济区新签约启动一批、动工建设一批，以及竣工投产一批等“三个一批”投资1亿元以上项目合计共72个，总投资额524.38亿元，其中包括4家世界500强企业。

东莞水乡特色发展经济区管理委员会，为东莞市政府派出机构，正处级。市委副书记姚康同志兼任东莞水乡特色发展经济区管理委员会主任。水乡管委会重在从统筹、协调、督促上落实工作。这意味着，水乡管委会不负责具体行政审批，而是倾向于协调的角色。

作为市政府的派出机构，水乡管委会主要围绕《总规》，牵头制定水乡经济区发展年度行动计划、水乡经济区发展专项资金年度使用计划（下称“两计划”），逐步推进经济区向中期、远期的建设目标迈进。同时，通过统筹联席会议、水乡管委会主任办公会议，解决和落实涉及“10镇1港”跨部门、跨镇街的各项事宜。

随着水乡经济区生态环境改善、基础设施加强、产业导向明确，越来越多的企业选择落户水乡。

东莞水乡还吸引了京东现代服务产业园、中粮广东粮油产业园、广东中集车辆物流园、“亚洲云”中国总部基地、华平电子商务华南总部等一批重大项目落户。揭牌当天现场签约项目12个，总投资额69.65亿元，现场颁发动工证书项目9个，总投资61.97亿元。

【中山翠亨新区】 2011年，中山市委、市政府隆重纪念辛亥革命100周年，提出在伟人故里建设“翠亨新区”的构想。中山翠亨新区位于中山东部沿海，地处珠三角地理中心，是沟通珠江口西岸和东岸的战略桥梁。2012年10月，广东省政府审议通过了《广东中山翠亨新区发展总体规划（2012—2030年）》。2013年3月，新区挂牌成立。新区位于中山东部临海区域，珠江口湾区地理中心，总规划面积约230平方千米，包括南朗镇全境及火炬开发区临海工业园，集中建设区约80平方千米，起步区约35平方千米。新区北承广州南沙新区，南接珠海横琴新区，东经深中通道承接深圳前海新区，西连火炬开发区，1小时内可抵达珠三角5个国际机场和5个国际港口，广珠轻轨、京珠高速、港珠澳大桥紧密环绕。新区先后被省党代会和人代会确立为珠三角区域合作重要平台和全省转型升级重大平台，被列入广东省“十二五”规划，写入2013年广东省政府工作报告，纳入《珠三角规划纲要》“九年大跨越”重大项目。2013年6月，在粤澳合作联席会议上，翠亨新区被确定为粤澳合作重点，对推动中山建设从“江河时代”向“海洋时代”蜕变，集聚高端海洋发展要素，对提升中山海洋核心竞争力具有重要战略意义。

翠亨新区着力发展现代服务业和战略性新兴产业两大方向的六个重点产业：即以文化服务为重点的新兴服务业、以科技创新为重点的生产服务业、以旅游休闲为重点的生活服务业和以健康医药为重点的现代生物产业、以风电产业为重点的新能源产业、以游艇产业为重点的海洋产业，努力将翠亨新区打造成产业结构高级化、产业发展集聚化、产业竞争力高端化的重大合作平台。截至2014年8月末，翠亨新区起步区共有22家投产企业，上半年共实现工业总产值83.62亿元，同比增长31.84%。完成固定资产投资18.27亿元。

2015年3月28日，中央台办、国务院台办在2015年中山招商引资·招才引智洽谈会上授予翠亨新区“海峡两岸交流基地”牌匾。利用交流基地建设契机，通过挖掘“伟人故里”等独有的文化基因，翠亨新区提出建设珠三角湾区文化、生态、经济融合发展的多元中心的规划，为珠江口湾区世界级城市群建设带来新增长极。

“海峡两岸交流基地”的成立，将进一步推动翠亨新区将优秀传统文化资源和现代改革开放文化融入新型城市化进程，经济社会发展与文化建设的有机结合将得到充分体现。而翠亨新区地处珠三角中心，与广州南沙、深圳前海、珠海横琴前后呼应，其与台湾等地的深入交流合作，也将为环珠江口经济带提供新动力。

中山与台湾两地在经济、文化、教育、艺术、卫生、体育、民间社团等不同领域均有密切的合作。2008—2014年，中山市台办接待台湾重点团组97批2096人次，组织赴台交流考察团组达194批1199人次；中山还是广东省台商投资规模较大的城市之一，全市有台资企业1000多家，总投资额达48亿美元，以纬创资通集团为代表的台湾企业率先在翠亨新区投建了科技园区，投产以来取得良好效益。

2015年初，中山邀请来自北京、厦门、澳门、台湾等地高校和研究咨询机构的多位学者，对海峡两岸交流基地建设进行研讨，初步理清了翠亨新区在文化、生态、经济融合方面的发展思路。其中包括探索建立两岸科技园区的建议，即通过搭建两岸青年就业、创业、融合的发展平台，为台湾年轻人提供创业土壤，将双方功能性的文化交流转化为项目性、实体化的经贸合作。

南朗镇东临珠江口，北接火炬开发区，南连珠海市。面积218.86平方千米，京珠高速公路、中拱公路、广珠城际轻轨和翠亨快线纵横贯通镇域。2015年末常住人口10.91万人，户籍人口4.11万人。2015年，南朗镇实现地区生产总值95.16亿元，比上年增长10%；固定资产投资50.49亿元，增长6.5%；三次产业比例为4.9 ∶ 52.2 ∶ 42.9。其中农林牧渔业总产值8.21亿元，比上年增长1.9%。农业以渔业为主，水产养殖面积4.18万亩，产值2.75亿元。兴华生态水产养殖场通过无公害产地认证，粤庆沣养殖场正在试验工厂化养殖模式。崖口养殖户谭胜华获评为全国劳动模范。

中山火炬高技术产业开发区（简称"火炬开发区"）位于中山市东部，南至南朗镇，东临横门出海处（珠江口），面积92.34平方千米，与深圳、香港隔海相望，京珠高速、沿海高速、江中高速公路和广珠城际轻轨铁路穿城而过，拥有集装箱吞吐量居全国港口十强的中山港，是珠三角西岸水陆交通枢纽。2015年末常住人口24.5万人，户籍人口7.49万人。2015年，火炬开发区实现地区生产总值443.31亿元，比上年增长8.6%，人均地区生产总值18.15万元；固定资产投资152.88亿元，增长17.5%。三次产业比例为1 ∶ 79 ∶ 20。

2015年3月13日，国家海洋食品工程技术研究中心咀香园产业化基地在咀香园健康食品有限公司举行挂牌仪式，成为国家海洋食品工程技术研究中心在国内焙烤食品企业内成立的首个产业化基地，填补中山市利用海洋生物生产健康食品的空白，为咀香园传统食品注入海洋食品新元素。9月17—19日，由中山市人民政府主办的2015第十届中国（中山）装备制造业博览会暨首届华南（中山）先进激光及加工应用技术展览会在火炬开发区国际会展中心举行。展出面积2万平方米，展出产品涵盖智能制造装备、船舶与海洋工程装备、工业自动化技术、光电技术、软件及3D打印等多个专业领域，其中4家世界前五名的激光技术企业参展。11月5日，由中国船舶工业行业协会主办，中山市人民政府承办，火炬开发区管委会协办的第24届中日欧韩美造船企业高峰会议（简称"JECKU会议"）在中山希尔顿酒店举行。包括13家世界前20强造船企业在内，共有57家企业112名代表参与峰会，其中，广新海事重工股份有限公司、中山中舟海洋科技有限公司、中山广船国际船舶及海洋工程有限公司、中山火炬集团有限公司、中山凯力海工装备有限公司、江龙船艇科技股份有限公司和中山市金鑫宝游艇有限公司等中山企业参会。会议围绕区域造船产业发展情况、各船型市场情况、造船市场的供给与需求等方面进行探讨。JECKU会议是造船业及其关联产业交流对接的高端平台，由各个成员单位轮流主办，自2002年中国加入JECKU会议之后，有杭州、南通等城市举办过该会。2015年，中山因在造船工业方面的发展潜力，以及区位、环境、人文等综合优势获该会主办权。举办JECKU会议有助于推动以造船工业为龙头的中山海洋经济发展，并通过会议引入更多国际领先造船企业。

【江门大广海湾经济区】 位于江门市东南部，东邻中山、珠海，西连阳江，北接江门主城区，邻近港澳，是珠江口西岸新一轮开发建设的重点地区。2013年12月，广东省政府审议通过了《广东江门大广海湾经济区发展总体规划（2013—2030年）》。规划面积约3240平方千米，核心区主要位于银湖湾和广海湾，面积约520平方千米，起步区主要位于银湖湾围垦区、广海湾填海区和下川岛，面积约27.5平方千米。大广海湾经济区土地开发强度仅为5%，银湖湾未来可连片开发的面积近47平方千米，广海湾可围填海面积达170多平方千米，充裕的土地储备为未来的发展提供了稳固的支撑。大广海湾经济区是全省森林、海洋、湿地三大生态系统资源最丰富、最完备的地区之一，镇海湾区域红树林的连片面积位居珠三角之冠，整个湾区大陆海岸线长约420千米。

在推进规划建设的过程中，江门市紧扣省委、省政府赋予江门大广海湾经济区的"五大定位"，一直在重点园区、重点项目、重大平台等方面谋划发展，积极寻找大广海湾发展与国家和省重大战略的契合点，力争成为承担国家和省重大改革发展任务的重要载体。尤其在对接港澳方面，成功承办2015年粤澳合作联席会议、第十四届香港珠三角工商界合作交流会，江门与澳门就共同推进大广海湾建设等合作内容签署了合作意向书以及金融合作备忘录；大广海湾成为广东首批粤港澳服务贸易自由化重点示范基地之一。广东与澳门共建江门大广海湾经济区、中山粤澳全面合作示范区。江门将进一步加强与港澳对接，建设与澳门对接的生活社区和养老基地，共建世界级旅游休闲目的地，并在与港澳服务贸易自由化方面进一步加强与香港合作。

2015年以来，大广海湾建设被提升至国家战略层面，成为国家重大合作平台。大广海湾结合自身资源和优势，建设成为珠三角西翼与粤西地区联系的交通门户（珠西综合交通枢纽）、世界级轨道交通产业基地、珠江西岸先进装备产业基地、全球华侨华人创业创新之城（全国小微企业创业创新之都）及中国国际特色旅游目的地。

大广海湾经济区的开发，新会银洲湖担当先导区角色，发挥引擎作用。截至2015年底，大广海湾先导区的建设已初具规模，已有多家大企业落户，上述的中车广东基地正是落户位于大广海湾先导区的广东轨道交通产业园。与中车一起落户的还有相关的配套企业，形成产业链，产业集群效应渐渐显现。

2015年，银湖湾围垦区已有47平方千米的国有权属土地，启动193.8公顷的围填海工程。银湖湾游艇休闲度假区、东方阳光清洁生态帆船港等投资项目加快推进；广海湾填海区通过实施香港惰性拆建物料处置工程，堆填陆域面积约560公顷，完成整个处置工程后，形成面积超过2000公顷的连片土地，总投资600亿元的华电LNG综合开发利用项目已落户广海湾工业园。

【阳江滨海新区】 位于粤西沿海城市阳江南部，东邻珠三角地区，西靠环北部湾经济圈，南临南海海域，是广东沿海重要产业基地和全国著名的滨海旅游胜地。2013年12月，广东省人民政府审议通过《广东阳江滨海新区发展总体规划(2013—2030年)》，规划总面积505.9平方千米，范围涉及江城区、阳西县（一区一县）5个街道、4个建制镇，包括江城区城南街道、岗列街道、城西街道、中洲街道、白沙街道、平冈镇的部分区域，埠场镇、闸坡镇以及阳西县溪头镇的部分区域。核心区包括城南新区片区、金朗岛片区、长洲岛南部片区3个商务服务组团，总面积55.22平方千米。起步区总面积10.12平方千米，其中商务起步区位于城南新区，面积为7.02平方千米；临港产业起步区位于阳江高新区港口工业园，面积为3.1平方千米。滨海新区地处阳江出海中心位置，是阳江资源充足、环境优良的区域之一。区内土地、海洋资源丰富，海岸线长169千米。阳江港货物年吞吐量超过1500万吨，海陵岛旅游年接待人数达431万人次。

阳江滨海新区经广东省人民政府批准于2013年12月成立，2014年3月19日正式挂牌，行使市一级管理权限。2015年常住人口38.3万人。2015年，以城南新城为中心的核心区，在基础设施建设、发展商务办公、商贸、金融、科技、文化创意等现代服务业累计投入开发建设资金178亿元，已开发面积13.6平方千米，已成为城市扩容提质的龙头和重要引擎。

2015年，滨海新区规划范围内生产总值240.41亿元；完成规模以上工业总产值598.01亿元；规模以上工业增加值134.34亿元；固定资产投资122.97亿元；社会消费品零售总额95.46亿元。

交通基础设施建设。截至2015年底，在建项目12个，总投资估算约为22.99亿元，开展前期工作项目8个总投资估算约为21.07亿元。开通了江朗大道、二环南路、东门南路等多条连接阳江旧城区的城市主干道，推进市政“六路一桥”（洛西大道、洛东大道、四围大道、四围大道东段、新江南路、南浦大道东段、富康大桥）、城南西路等道路建设，开展城南东路、市区通向大海的金平路等建设项目的前期工作，拉开城市发展框架，推动城区南拓向海发展。

公共配套设施建设。截至2015年底，已建成的项目有阳江市第一中学、岗列中心小学、江城一小城南分校、保利幼儿园、渔民上岸安居工程、城南污水处理厂等，在建的项目有市妇幼保健院新院、漠阳湖公园、阳江国际金融中心、中国移动业务大楼等，开展前期工作的项目有丰怡豪庭和山水一品幼儿园、肉菜市场、蓝色海岸、滨海文化中心、滨海生态公园等。

招商引资。2015年8月上旬，滨海新区举行投资推介暨阳江国际金融中心招商交流会，推出了高铁站场商务聚集区综合开发等多个招商项目，吸引了众多国内外投资者的目光，引进38个项目，投资总额368亿元，涉及城市房地产、交通基础设施、城市综合体、旅游开发等领域。建设银行阳江分行等多家金融机构还授信阳江滨海新区共计120亿元。成功引进了广东凌云志集团投资10亿元建设阳江国际金融中心，引领总部经济和现代服务产业落户新区，以及随着新都汇时代广场城市综合体加快建设并投入营运，城南新城的中央商务区商圈正加速形成。

用好用活股权基金。根据省发改委关于粤东西北振兴发展股权基金的有关安排，阳江市股权基金总额度为93000万元，专用于新区的征地、土地整理、拆迁安置和道路等基础设施建设，2015年底已到位股权基金共77900万元。新区管委会作为股权基金管理使用主体，切实加强对股权基金的统筹安排和科学管理，发挥好股权基金的作用，提高资金使用效率，加快项目建设进度，加大土地收储力度，实现滚动发展。截至2015年底股权基金已使用约2亿多元，主要用于城南东路、金平路一期、新阳二桥、康浦路、新江南路和南浦大道等项目建设。同时经市政府同意，新区从股权基金中安排4.5亿元用作土地收储资金。

理顺财税体制。为争取上划省“四税”增量返还，在海陵区、高新区已设有国库的基础上，经过协调取得省人行的支持，新区设立了滨海新区国库，进一步理顺了财政管理体制。2015 年，新区一般公共财政收入完成 109764 万元，同比增长 19%，上划省“四税”增量返还达 6951 万元。

【湛江海东新区】 2013 年 4 月 28 日，中共中央政治局委员、省委书记胡春华在听取湛江市委书记的汇报后，提出要加快海东新区的开发建设。此后，胡春华书记年内两到湛江调研，多次听取汇报。8 月 11 日，当他再一次到海东调研时，强调把海东新区建设成为全省城市扩容提质的崭新亮点；省长朱小丹在 7 月 11 日到海东新区调研时要求加快新区规划建设，致力打造城市中轴线景观带，提升城市品位；省委常委、常务副省长徐少华亲自挂点海东新区开发建设，强力推动新区的发展。10 月，广东省政府审议通过了《广东湛江海东新区发展总体规划（2013—2030 年）》。规划面积约 228 平方千米（其中陆地面积约 180 平方千米，海域面积 48 平方千米）。海东新区位于湛江市区东北部，北起 325 国道、南至南调河、西起赤坎滨湖、东至省道 S286 线往东 2 千米，包括坡头区南调街道、官渡镇、龙头镇、坡头镇部分，赤坎区调顺街道，吴川市黄坡镇及遂溪县黄略镇部分。海东新区自然环境条件优越，生态资源丰富，拥有 120 千米的海岸线。清新的空气、优美的环境、独特的海滨风光为海东新区建设生态、宜居、可持续发展的新区和发展旅游、度假、休闲养生产业等现代服务业提供了良好的基础。

海东新区是湛江城市扩容提质的重大平台。规划区控制范围 228 平方千米，其中核心区范围 49.8 平方千米，起步区 16.8 平方千米。截至 2014 年底，海东新区已动工项目 32 个（完工 5 个），拟建项目 59 个，总投资 666.319 亿元。在建或规划建设的项目主要包括基础设施、金融产业和工业产业园区等。

海东新区的发展定位是立足湛江、服务粤西、辐射环北部湾，面向东盟及世界；要建设成为“南海战略的重大平台、东盟合作的重要门户、都市经济的新兴载体和宜居宜业的海湾新城”，成为湛江城市建设的亮丽名片和全省城市扩容提质的崭新亮点。

2015 年，湛江海东新区完成《广东湛江海东新区基础设施专项规划（2013—2030 年）环境影响报告书》《广东湛江海东新区产业发展规划（2013—2030 年）环境影响报告书》《海东新区城市总体规划》等规划的编制，基础设施专项规划、产业发展规划、低碳生态规划报送省发改委备案，《海东新区城市总体规划》《海东新区起步区详细性控制规划》完成公示并做进一步修改完善。

2015 年，湛江海东新区在建拟建项目共 96 个，其中列入重点项目 68 个，全年完工项目 12 个，完成投资 34.99 亿元。湛江奥体中心“一场三馆”全部建成投入使用。海东快线、龙王湾路建成通车；云湛高速坡头段全面动工建设；调顺跨海大桥项目前期工作基本完成；官渡至乾塘一级公路获批战备用地指标 324.8 公顷；奥体中心至赤坎金沙湾水上巴士正式开通。完成广湛高速官渡出入口立交、国道 325 线龙头至官渡段、省道 373 线本中沟至沟尾桥段改造；沿海大道完成征拆，进入设计招标阶段；消防特勤站建成投入使用。海东体育休闲公园、海东观海长廊、海川快线绿化美化首期工程完成。

2015 年，湛江海东新区成功争取省振兴粤东西北地区发展股权式基金 9.3 亿元及各大银行融资授信 84.8 亿元，全年融资到位金额 14.51 亿元。接访客商 120 多批 800 多人次，达成意向项目 40 个，积极引进渤海商品交易所、广东亚投商城“互联网 +”、生殖医学专科医院等一批优质项目。出台《关于探索推进 PPP 投融资模式实施意见》，在基础设施和公共服务等领域进行试点。

2015 年，工业园区新引进工业项目 8 个，新增规模以上企业 15 家；实施技改项目 17 个，新培育省级高新技术企业 2 家，获得专利授权 112 件。万里汽车生产资质成功盘活，获国家工信部批准，为湛江汽车产业重新注入新机。民大华威饼业项目建成试产，年产 2000 万个包装盒项目加快推进。区科技产业园成功申报省级产业转移工业园，争取省产业集聚发展启动资金 5000 万元和用地指标 16.67 公顷。官渡园区污水处理厂建成试运行，龙头园区路网、污水处理厂和排水排污主管等基础设施启动建设。全年实现区属工业总产值 87 亿元，比上年增长 16.3%；其中规模以上工业总产值 74.2 亿元，增长 18.2%。

【茂名滨海新区】 地处泛珠三角、大西南经济圈、中南经济圈的交汇点和重叠核心地带和中国与东盟国家经济联系的交通走廊，具有发展开放型经济的有利条件。规划建设茂名滨海新区是中共中央政治局委员、原广东省委书记汪洋 2011 年 3 月 30 日视察茂名时提出的重大战略构想。2011 年 9 月，广东省政府正式同意筹建广东茂名滨海新区，12 月批准了广东茂名滨海新区的筹备工作方案，将广东茂名滨海新区定位为广东省省级战略，设副厅级建制，享受地级市级别的审批权。2012 年 2 月 23 日，广东省发改委和茂名市政府在广州举行广东茂名滨海新区发展总体规划评审会。来自国务院发展研究中心、中国科学院、中国社科院、中国人民大学、广东省政府发展研究中心、省社会科学院、省委党校、中山大学、暨南大学等有关部门与单位的权威专家对国家发展和改革委员会宏观经济研究院课题组做的《广东茂名滨海新区发展总体规划》（2011—2030 年）进行评审论证，专家组一致同意通过评审论证。

2012 年 4 月 26 日，中共广东茂名滨海新区工作委员会、广东茂名滨海新区管理委员会正式挂牌成立；5 月，《广东茂名滨海新区发展总体规划（2011—2030 年）》正式通过评审论证，规划面积 1688 平方千米，总体布局为"一带一轴两城四港五区"。"一带"为滨海发展带，以海湾、绿带、道路等廊道为骨架，发展港口物流、临港产业及旅游休闲。"四港"为水东港区、博贺港新区、博贺渔港区和吉达港区，以港口和集疏运系统为重点，合力将茂名港建成面向东盟、辐射内陆腹地的区域性重要港口。

2013 年 1 月 14 日，广东省委书记胡春华来到茂名市调研，特别详细听取各方关于广东茂名滨海新区的发展定位及规划、茂名港口的建设发展等情况的工作汇报，特别希望做足海的"文章"，大力发展临海现代产业，大力发展旅游业。1 月 25 日，广东省第十二届人大一次会议的政府工作报告中两次提到办好茂名滨海新区，以引领粤西的快速发展，特别要求加快湛茂阳临海经济圈的发展。4 月 3 日，中共茂名市委茂名市人民政府下发《关于设立广东茂名博贺湾海洋经济综合试验区的决定》，决定将电白县电城镇、博贺镇区划范围确定为广东茂名滨海新区重点起步区域，以此设立广东茂名博贺湾海洋经济综合试验区。同时设立广东茂名博贺湾海洋经济综合试验区管理委员会，与广东茂名滨海新区管理委员会实行"两块牌子、一套人马"的管理体制，对试验区内电城镇、博贺镇的经济和社会事务实行统一领导、统一管理，在市人民政府授权或委托范围内，依法行使地级市和县级行政管理权限。8 月 8 日，中共中央政治局委员、广东省委书记胡春华到广东茂名滨海新区起步区调研，强调要抓住机遇，突出重点，集中资源，形成突破，加速推进。

2014 年 6 月 4 日，省委常委、常务副省长徐少华到广东茂名滨海新区调研，就如何更好地为滨海新区项目审批开绿灯、支持滨海新区创新发展、给予更多政策和资源扶持、支持滨海新区疏港铁路建设等提出了明确的要求和意见。6 月 16 日，省委副书记、政法委书记、省社工委主任马兴瑞到广东茂名滨海新区调研，要求继续加大力度支持和帮助滨海新区发展再上新台阶。7 月 9 日，中共中央政治局委员、广东省委书记胡春华再次亲临茂名滨海新区考察，对新区起步区搬迁安置、发展海洋经济等方面提出了要求。7 月 25 日，省委副书记马兴瑞带领省委省政府粤东西北考核验收组来到滨海新区起步区，实地考核验收滨海新区起步区一年来的各项工作。9 月 4 日，茂名浪漫海岸国际旅游度假区正式举行了国家 AAAA 级旅游景区授牌仪式。截至 2014 年底，广东茂名滨海新区起步区共协议征收土地 8569 亩。

2015 年 7 月 14 日，省人大常委会主任黄龙云、副省长邓海光率领省促进粤东西北地区振兴发展检查组（粤西组）到广东茂名滨海新区起步区开展实地检查。9 月 25 日，省委书记胡春华到茂名滨海新区起步区调研建设推进情况，强调要坚定信心、狠抓落实、加快发展，下大力气加快推进滨海新区建设，努力把滨海新区打造成辐射带动周边地区的新增长极。截至 2015 年底，投资 25.81 亿元的博贺新港区东防波堤、投资 90 多亿元的粤电煤电一体化项目、投资 6.7 亿元的博贺湾大道项目、投资 113 亿元的中海 LNG 项目以及广州港、中化、中石化和保利物流等一批码头项目、粤电 2 台 100 万千瓦火电项目、中海油冷能和天然气发电项目等相继落户滨海新区。浪漫海岸、放鸡岛、冼太故里景区扩建工程正在加速推进，龙头湾旅游区建设加快筹备，助力茂名滨海新区崛起。2015 年，茂名港集团有限公司全年融资到账资金 15.94 亿元，同比增长 62.65%。

省级海洋开发试验区

【珠海万山海洋开发试验区】 位于珠海市东部，是中国第一个地方性海洋综合开发试验区。2015 年辖 3 个镇 7 个村。土地面积 88.87 平方千米。2015 年末户籍人口 3000 人，常住人口 4200 人。

珠海万山海洋开发试验区海域面积 3200 平方千米，海岛岸线长 289 千米。渔业资源丰富，万山渔场是全国著名渔场，有经济价值的鱼类 200 多种、贝类 68 种、虾蟹 61 种、海藻 18 种，区内设有国家级中华白海豚保护区、省级猕猴保护区、市级珊瑚保护区和国际游艇垂钓区。土特产有鲍鱼、狗爪、桂山沙蚬、海参、海胆、花螺、将军帽、苦螺、龙须菜等。主要旅游景点有桂山岛、东澳岛、万山岛、外伶仃岛、庙湾岛。

2015 年全区生产总值 19.41 亿元，比上年增长 12.0%。其中：第一产业增加值 1.70 亿元，增长 2.0%；第二产业增加值 1.19 亿元，增长 45.1%；第三产业增加值 16.52 亿元，增长 14.4%。人均地区生产总值 39.6 万元，增长 24.6%。渔业总产值 3.67 亿元，增长 11.4%。固定资产投资 2.73 亿元，下降 64.8%。社会消费品零售总额 2.26 亿元，增长 28.5%。外贸出口额 6.82 亿美元，增长 20.6%；实际利用外资 962 万美元，增长 6.2%。地方一般公共预算收入 2.81 亿元，下降 19.5%。渔民人均纯收入 2.04 万元，增长 10.9%。

【南澳海岛开发试验区】 南澳县是广东省唯一的海岛县，位于广东省东部沿海，由 36 个大小岛屿组成，主岛面积 111.44 平方千米，海域面积约 4600 平方千米，近海水深 10 米以内的海域面积 165.7 平方千米。1992 年 6 月 24 日，省政府批准设立南澳海岛开发试验区，把南澳县列为对外开放的重点区域。1993 年 1 月 16 日《国务院关于给予广东省南澳岛优惠政策的批复》直接给予南澳县对外开放、贸易的优惠政策。1993 年 12 月，经国务院批准，同意南澳港对外国籍船舶开放，并设立海关，边防检查、检验检疫、海事处等口岸检查检验机构。1993 年 10 月，南澳县被国家科委、国家海洋局等 5 部委确定为全国 6 个海岛资源综合开发试验区之一；1999 年 8 月又被科技部、国家海洋局等 5 部委批准为全国科技兴海示范基地。

南澳县主岛岸线曲折长达 77 千米，岸线系数为 0.71，有大小港湾 66 处。南澳县自然海洋生物资源种类繁多，有鱼、虾、贝、藻类 1300 多个品种。土特产有宅鱿、龙虾、石斑鱼、海胆、紫菜、龙须菜、海柳、南澳金薯、深澳石榴、苦瓜、宋茶等。南澳县历史悠久，文物古迹众多，有“海、史、山、庙”立体交叉的丰富旅游资源，有“东方夏威夷”之称的青澳湾旅游度假区、“南中国海上天然植物园”黄花山海岛国家森林公园、“国际候鸟天堂”乌屿省级候鸟自然保护区以及宋井、总兵府、金银岛等景区景点。南澳县风力资源丰富，年平均风速达 8.5 米 / 秒，有效风速时数达 7000 多小时，岛上风力发电总装机容量可达 20 万千瓦。南澳是全国科技兴海示范基地和海峡两岸交流基地。

南澳县辖 3 镇 2 个管委会。2015 年末户籍人口 7.56 万人；常住人口 6.20 万人，人口自然增长率 10.6‰。全县全年生产总值 15.75 亿元，比上年增长 7.8%。其中：第一产业增加值 3.98 亿元，增长 3.3%；第二产业增加值 5.58 亿元，增长 9.2%；第三产业增加值 6.19 亿元，增长 9.6%。人均地区生产总值 2.55 万元，增长 7.1%。社会消费品零售总额 19.92 亿元，增长 14%。外贸出口额 360 万美元，增长 48.8%。地方一般公共预算收入 2.14 亿元，增长 13.5%。城镇常住居民人均可支配收入 1.22 万元，增长 9.3%；农村常住居民人均可支配收入 0.93 万元，增长 12.3%。

2015 年，进岛旅游 455 万人次，增长382%;旅游综合收入 12.2 亿元，增长 187%。

【台山川岛旅游开发综合试验区】 川岛是川山群岛的简称，位于广东省南部、珠江口的西侧，地理位置优越。川岛由上川岛、下川岛等 90 多个岛屿和大陆山咀岸组成，属于镇级建制，镇府驻大陆山咀港，全镇总面积 268.7 平方千米，人口 3.46 万人，辖 19 个村（居）委员会。其中上川岛 156.7 平方千米，下川岛 98.6 平方千米，大陆山咀岸 13.4 平方千米。川岛海岸线总长 222.32 千米，有可开发海浴场的优质沙滩 20 多处，总长 30 多千米；旅游和海洋资源丰富，开发潜力巨大。川岛曾是海上丝绸之路的重要驿站，历史人文气息厚重，海洋资源充裕，可做开发旅游资源丰富多样。

1992 年 7 月 17 日，广东省政府正式批准川岛为旅游开发综合试验区，是广东省唯一的旅游开发综合试验区，1994 年 5 月批准川岛旅游度假区为省级度假区。川岛旅游开发综合试验区成立后，旅游业成为川岛的龙头产业。

2015 年，成立川山群岛旅游发展有限公司，与电视台合作拍摄《乐在广东》等电视节目，举办环岛自行车赛、滑翔伞大赛、烟花晚会、沙滩音乐狂欢节等，川山群岛旅游“一票通”全面实施；下川王府洲入选“广东十大美丽海岸”，上川岛猕猴省级自然保护区入选“广东十大最美森林”；投入 2500 多万元组建川岛旅游专线车队，更新 20 台全新客车、9 台新能源客车，乘车环境显著改善；投入 120 万元建设休闲凉亭、旅游厕所，改造路灯，建设情人路防护栏等，旅游环境稳步提升；南豪等 4 家酒店共投入 3000 万元进行升级改造，景区接待水平进一步提高。全年接待游客 116.6 万人，比上年增长 3.89%；旅游总收入达 6.76 亿元，增长 4%。

【汕尾市红海湾经济开发试验区】 位于汕尾市南部，即粤东红海湾与碣石湾交接的遮浪半岛，东临碣石湾，南依红海湾，三面环海，1992 年 11 月经广东省政府批准设立，1993 年 2 月 23 日正式挂牌成立。地理位置较为优越，是粤东地区交通运输中心地带，地处深圳与汕头两个经济特区、香港与台湾两大经济发达地区的中间地带。区内遮浪渔港是国家重点渔港，沿海 10 米等深线内可供海水养殖的浅海滩涂面积 3500 公顷。辖内盛产南海各类海产品，品种 14 大类 107 科 173 种，优质品种有马鲛、海鳗、大黄鱼、石斑鱼、龙虾、鲍鱼、海胆、牡蛎等，还盛产优质海盐。主要旅游景点有神秘岛、古炮台、灯塔、郑祖禧庙、望岛灵岩寺、南海观音寺、后江妈祖庙等，遮浪南澳半岛东西两侧天然海水浴场闻名遐迩。

红海湾经济开发试验区辖3个街道。土地面积110平方千米，海岸线长72海里。2015年末户籍人口11.5万人；常住人口8.8万人。全年全区生产总值31.82亿元，比上年下降6.1%。其中：第一产业增加值5.16亿元，增长4.2%；第二产业增加值17.74亿元，下降15.1%（工业增加值16.8亿元，下降16%）；第三产业增加值8.92亿元，增长9.7%。人均地区生产总值3.63万元，下降12.8%。规模以上工业总产值16.47亿元，下降16.4%。固定资产投资3.36亿元，增长4.0%。社会消费品零售总额5.22亿元，增长10%。外贸出口额758.5万美元，下降8%。地方一般公共预算收入0.74亿元，增长28.3%。农村常住居民人均可支配收入8 545元，增长13%。

【阳江市海陵岛经济开发试验区】 位于阳江市南海之滨西南端，由海陵岛、南鹏列岛等大小20个岛屿组成。海陵岛为广东省第四大岛，是粤西、粤东、粤中的海上中转站。1992年5月13日，经广东省政府批准，设立阳江市海陵岛经济开发试验区，成立阳江市海陵岛经济开发试验区管理委员会。辖区内有21个岛（礁），陆域总面积108.89平方千米，海岸线全长107.13千米，其中主岛面积105.11平方千米，主岛岸线75.5千米，20米等深线以内海域面积640平方千米。渔业资源丰富，素有“广东鱼仓”之称，闸坡渔港是全国十大渔港之一，鱼、虾、蟹、贝、藻类有捕捞价值的鱼类300种。入选“中国最美十大海岛”，有山、海、滩、湖各类旅游资源，由丘陵、海滨平原和海岸滩涂构成其主要地貌特征，根据地貌的垂直变化，海滨资源分为近岸海域、礁滩、滨海平地、台地和丘陵5种。近岸海域是海滨自然环境的主体，构成西起旧澳深浪角、东至下角海滩的连续风景带，包括大角湾、十里银滩、北洛湾、石角湾、地那湾、石咀湾、那谢湾、平章湾等12处海湾。

2015年末户籍人口9.89万人，常住人口7.88万人。2015年全区实现地区生产总值42.53亿元，比上年增长7.5%。人均地区生产总值5.4万元，增长6.8%。农林牧渔业总产值27.72亿元，增长4.6%。固定资产投资29.2亿元，增长0.67%。社会消费品零售总额28.3亿元，增长9.8%。外贸出口额1.62亿美元，增长4.7%。地方一般公共预算收入5亿元，增长7.4%。城镇常住居民人均可支配收入2.38万元，增长9%；农村常住居民人均可支配收入1.3万元，增长10.2%。全年接待国内外游客701.64万人次，旅游收入47.83亿元，分别增长12.3%和12.5%。

2015年10月15日，国家旅游局发布公告，全国14家旅游景区批准成为国家5A级旅游景区，海陵岛大角湾海上丝路旅游区上榜。海陵岛成为广东省首个滨海类国家5A级旅游景区，粤西片区首个国家5A级旅游景区。

五、海洋经济发展保障

金融支持海洋经济

【概况】“十二五”期间，广东通过政府对海洋产业提供的政策性金融支持和财政支持，引导海洋产业进行高风险，高外部性和长周期性的创新活动。吸引风险投资资金向海洋产业，尤其是海洋新兴战略产业倾斜。建立海洋产业风险投资基金，借助各种集资途径，充分发挥金融杠杆作用，加大引入社会资金，推动海洋新兴产业走向社会化。通过政策、资金和市场三要素，强化海洋产业的带动性和关联性。以“项目＋资源配置＋政策设计＋制度性执行”推动海洋产业经济系统的创新，引领海洋产业实现合理的产业聚集和空间布局。通过对保险、担保、贴息、国债等金融工具的综合运用，推动社会资金投向海洋开发建设。引进市场因素吸引民间资本投入海洋开发领域，健全多元化投入机制，建立组织经营多形式、资金来源多渠道和投资主体多元化的发展模式。全面推动银企合作，开设海洋产业发展专项贷款，着重扶持和优先安排海洋开发的重点项目。支持园区根据实际需要依法依规成立投融资公司，按国家有关规定将园区基础设施存量资产以及财政历年投入形成的实物资产通过划转。授权等方式注入投融资公司，通过投融资公司拓宽园区建设资金来源。支持重点园区符合条件的企业通过改制上市和发行企业债券、中期票据、产业基金等方式直接融资。

【建设资金竞争分配】 为充分发挥海洋产业集聚发展的优势，提升广东海洋经济的综合竞争力，广东启动现代海洋产业集聚区建设，广东省海洋与渔业局和省财政厅联合制定了《广东省现代海洋产业集聚区建设资金竞争性分配实施方案》，通过竞争方式在全省扶持建设3个升级现代海洋产业集聚区，省级财政给予每个现代海洋产业集聚区补助1000万元建设资金。

【开发性金融支持】 2014年10月，广东省海洋与渔业局和国家开发银行广东省分行签订了《开发性金融支持广东海洋强省建设合作备忘录》，广东分行在5年时间内授信550亿元，重点支持广东滨海新区、海洋产业园区、海洋交通运输、临海能源、海洋装备制造、滨海旅游、海洋渔业和海洋生物产业发展。自从协议签订以来，开发性金融支持广东海洋经济发展累计发放贷款29笔，贷款额达140亿元人民币。

建立开发性金融促进海洋经济发展项目储备库。按照国家海洋局和国家开发银行联合印发的《关于开展开发性金融促进海洋经济发展试点工作的实施意见》，广东组织沿海各地有融资需求的重大涉海企业申报国家开放性金融资金支持。全省各地各涉海企业积极响应，共计7大类47家重点上报项目中，申请开发性资金融资共计651亿元，初步建立了开发性金融促进海洋经济发展项目储备库。

【海域使用权抵押贷款】 “十二五”期间，广东根据《广东海洋经济综合实验区发展规划》“健全海砂等资源开采海域使用权招标拍卖制度”的要求，沿海各地相继制定了海域使用权抵押融资配套政策。汕尾市出台了《关于汕尾市推广海域使用权抵押贷款工作的指导意见》，为规范海域使用权抵押行为，发挥海域抵押权融资功能提供政策支撑。台山市制定了《台山市海域使用权抵押贷款管理暂行规定》。

海域使用服务保障

【重点区域建设用海保障】 “十二五”期间，广东推进区域建设用海规划，对需要连片开发的用海项目，严格按照国家海洋局《关于加强区域建设用海管理工作的若干意见》的要求，开展区域建设用海规划工作。截至2015年底，广州龙穴岛等8片区域建设用海规划已经获得国家海洋局批准，珠海横琴区域建设用海规划已上报国家审批。

【重点项目建设用海保障】 “十二五”期间，广东积极做好珠西装备制造业发展、交通大会战等重大战略的用海服务，做好沿海电力、港口码头等一批国家和省重点项目用海服务。2015年，国家和省共批准用海项目28宗，用海面积2760公顷，其中填海877公顷，项目直接投资约1500亿元。

【区域海洋协调开发引导】 “十二五”期间，广东严格监督实施《广东省海洋功能区划》，2015年对50个用海项目进行了海洋功能区划符合性审查，严格把好海洋功能区划实施关，加快推进市县级海洋功能区划编制，全省14个沿海市均已开展本行政区域内的海洋功能区划编制。根据地方经济社会发展需要，开展中广核惠州核电项目海洋功能区划调整工作，对惠州核电项目用海选址位置进行区划调整现场踏勘，组织召开专家论证会，经省政府同意后上报国务院审批。

科技支撑海洋经济

【产学研基地建设】 广东境内有中山大学、中国科学院南海海洋研究所、中国水产科学研究院南海水产研究所、广东海洋大学等10多家实力雄厚的涉海高校和科研机构，在“十二五”期间，这些涉海高校和科研机构重点加强海洋生物学、环境学、水生生物学等涉海学科专业建设，鼓励涉海院校积极探索多样化多途径和多形式的海洋人才培养模式，培养创新型、复合型和应用型人才。其中，中山大学设立海洋学院、海洋经济研究中心，中国科学院南海海洋研究所与深圳大学共建“海洋科技菁英班”，省政府与国家海洋局共建广东海洋大学。广州航海专科学校升格为广州航海学院。

【科技创新平台建设】 支持广东涉海龙头企业建立工程中心、工程实验室等技术创新平台，促进创新本土化和原始创新，培养价值链高端创新能力。广东海洋生物、海洋工程装备制造等战略性新兴产业领域已经拥有以企业为主题的升级以上工程技术中心，重点实验室8家，各种技术研发及合作研发机构30余家，为海洋产业快速、健康发展奠定了坚实的基础。建设海洋公共技术研发平台。启动建设“海洋生物天然产物化合物库”“泛珠地区工业海洋微生物综合技术平台与应用”“广东海洋生物产业评估决策与信息聚合服务平台”“深水网箱养殖产业工程技术研发公共服务平台”等4个海洋产业公共服务平台。联合国家海洋局推进建设“国家深海海洋试验场（广东）”“海洋波浪能测试场”。

【科技兴海产业基地建设】 2014年12月，南沙国家科技兴海产业示范基地通过国家海洋局评审，成为全国第六个“国家科技兴海产业示范基地”。基地战略定位为“广东海洋经济综合试验区科技集聚区”，具体以发挥“两区两平台”（海洋高新技术产业集聚区、海洋科技人才汇集区、海洋科技创新平台、海洋科技服务综合平台）的功能为主。规划到2025年，通过推动和拓展技术机构集聚，取得海洋生物育种、海洋医药和生物制品、海洋高端工程装备研制等系列海洋产业核心技术，打造高品质的现代海洋服务业，培育其他新兴产业。逐步聚集海洋高新技术产业及人才聚集区，发挥科技创新和科技服务双平台的功能，最终达到以海洋科技为核心的研发、孵化、交易、服务特色海洋高技术产业基地的功能，成为具有影响力的海洋产业孵化器与加速器基地。

【高新技术产业基地建设】 2014年4月，国家发展改革委员会和国家海洋局联合发文，将广州和湛江列为国家海洋高技术产业基地试点城市。

广州国家海洋高技术产业基地的主要任务是：重点发展以海洋高端装备制造产业、海洋医药和生物制品产业为主体的海洋高技术产业；推动海洋船舶及装备制造、船舶工业配套设备、海洋观测检测、测绘仪器设备产业发展，加快海洋创新药物、海水养殖动物疫苗、医疗器械器材、海洋生物材料和新型海洋生物制品等领域取得突破。

湛江国家海洋高技术产业基地的主要任务是：重点发展以海洋生物育种与健康养殖产业、深海战略资源勘探开发和海洋生物育种与健康养殖产业、深海战略资源勘探开发和海洋高技术服务业、深水利用业为主体的海洋高技术产业；推行科技型、生态型养殖方式，实施振兴南珠工程，发展远洋渔业和海洋水产品精深加工业；大力发展钻井平台等海洋油气勘探开采设备制造业；推动建设海岛新能源耦合海水淡化示范基地。

第四篇　现代渔业

一、渔业经济

综述

【概况】广东省优化渔业产业结构，保护渔业生态环境，改善渔民民生，切实增加渔民收入，全面提升现代渔业发展水平，加快推动现代渔业强省建设。全省渔业经济总产值、水产品总产量保持了平稳快速发展，多年居全国前列。“十二五”期间，广东渔业获得长足发展。2015年全省渔业经济总产值达到2535亿元，比上年增长7.8%；比2010年1616亿元增长57%；占全省农业总产值的19.7%。全年水产品总产量858.22万吨，比上年836.34万吨增长2.62%，比2010年729.03万吨增长17.72%；其中，海水产品459.23万吨，比上年450.60万吨增长1.92%，比2010年401.50万吨增长14.38%；淡水产品398.99万吨，比上年385.74万吨增长3.43%，比2010年327.53万吨增长21.82%。水产品出口创汇28亿美元。渔民人均纯收入达到14980元，比上年增长11.9%。居民水产品消费价格比上年涨3.5%。完成渔民转产转业议案第二阶段任务，扶持建设渔民安居房5000户、现代渔业产业基地100个、渔民专业合作社193个。为1.39万艘渔船、3.42万名渔民发放休（禁）渔生活补助4500万元。为1万艘渔船、10万渔民购买政策性保险。

【渔业经济结构】2015年广东省渔业经济总值中，水产品总产值（第一产业）保持良好的增长势头，为1147亿元，比2010年增长50.2%；水产品加工、制造业（第二产业）经济持续发展，为361亿元，比2010年增长24.9%；水产品流通运输与休闲渔业经济（第三产业）持续增长，为1026亿元，其中水产品流通986亿元，分别比2011年增长

2010—2015年广东“十二五”期间渔业经济总产值（单位：亿元）

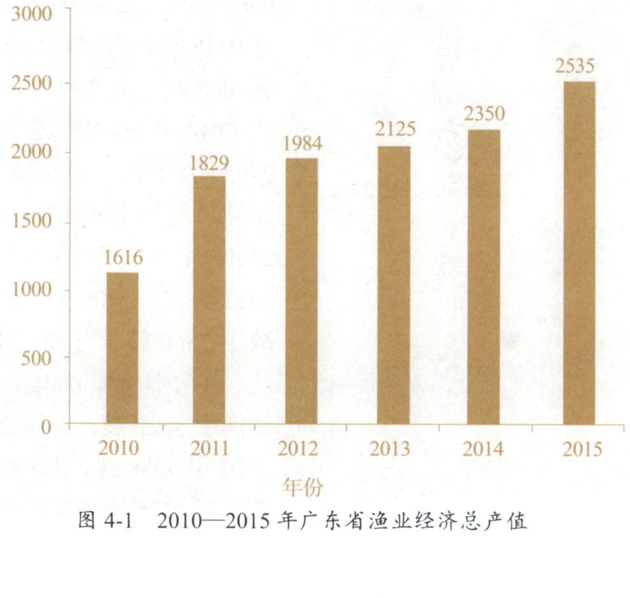

图4-1　2010—2015年广东省渔业经济总产值

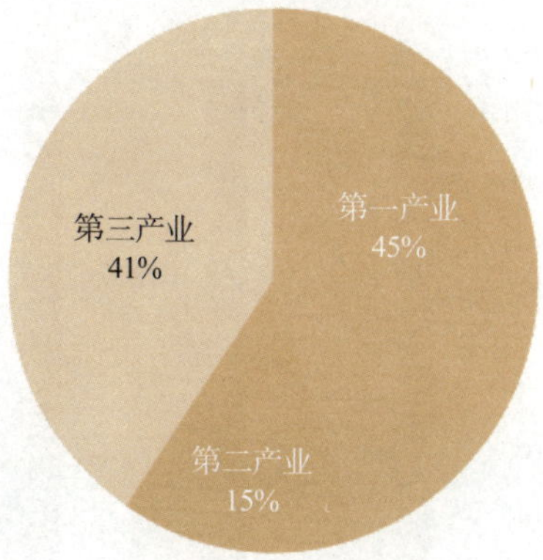

图4-2　广东省渔业经济2015年第一、二、三产业产值比

82.2% 和 85.3%。

水产品加工流通业发展壮大，渔业第二、三产业产值不断增长，渔业产业结构进一步优化：全省渔业第一、二、三产值比：2010 年 47 ∶ 18 ∶ 35，2013 年 46 ∶ 19 ∶ 35，2015 年 45 ∶ 15 ∶ 41。

【水产品总产量】2015 年广东省水产品总产量 858.22 万吨，比上年 836.34 万吨增长 2.62%，比 2010 年 729.03 万吨增长 17.72%；其中捕捞产量 168.44 万吨（其中海洋捕捞 150.51 万吨，远洋捕捞 5.5 万吨，淡水捕捞 12.43 万吨），比上年 168.78 万吨略微减少，比 2010 年 165.29 万吨增长 1.91%。“十二五”期间，广东水产养殖业持续发展。2015 年全省水产养殖产量 689.78 万吨（其中海水养殖 303.22 万吨，淡水养殖 386.56 万吨），比上年 667.56 万吨增长 3.33%，比 2010 年 563.74 万吨增长 22.36%。水产养殖产品成为广东水产品重要来源：养捕产量比：由 2010 年的 7.7 ∶ 2.3；优化至 2015 年 8.0 ∶ 2.0。

【渔业从业人员】2015 年，广东省有渔业乡镇 97 个，渔业村 1022 个，渔户 525885 个，渔业人口 2350775 人，渔业从业人员 1275172 人。其中，海洋渔业乡镇 70 个，渔业村 626 个，渔户 225537 个，渔业人口 1089806 人（传统渔民 851563 人）。渔业从业人员 1275172 人，其中专业从业人员 837113 人，兼业从业人员 367473 人，临时从业人员 259147 人。在渔业专业从业人员中，从事捕捞业的 259147 人，从事养殖业的 514136 人，其他 63830 人。在渔业从业人员中，海洋渔业从业人员 518697 人，占 40.68%，其中专业从业人员 380607 人，兼业从业人员 109283 人，临时从业人员 28807 人。

【渔业劳力收入】广东省渔业劳力收入，可根据渔业统计数据计算：2010 年全省海洋捕捞产值 1315961 万元，海捕渔民 218627 人，劳均产值 6.02 万元；2015 年全省海洋捕捞产值 1354483 万元，海捕渔民 217765 人，劳均产值 6.52 万元，5 年提高 5000 元。而广东淡水捕捞业，2010 年产值 137300 万元，渔船 15715 艘，平均每艘渔船产值 10.7 万元；2015 年全省淡水捕捞产值 164432 万元，渔船 13001 艘，平均每艘渔船产值 12.6 万元；比 2010 年提高 1.9 万元。按每艘渔船 3 个劳动力算，每个捕捞渔民增加产值 6300 多元。

2010 年全省水产养殖总产值 6330100 万元，专业从事水产养殖劳动力人数 568062 人，劳均产值 11.14 万元；2015 年水产养殖总产值 9652700 万元，专业劳动力人数 514136 人，劳均产值 18.8 万元，比 2010 年提高 7.7 万元。其中全省海水养殖，2010 年产值 2544500 万元，专业劳动力 123490 人，劳均产值 20.60 万元；2015 年产值 4163406 元，劳动力 123871 人，劳均产值 33.61 万元，比 2010 年提高 13.0 万元。而淡水养殖 2010 年全省产值 3785600 万元，专业劳动力 444572 人，劳均产值 8.52 万元；2015 年淡水养殖产值 5489295 元，专业劳动力 390265 人，劳均产值 14.07 万元，比 2010 年提高 5.6 万元。

【渔业船舶拥有量】渔业船舶，按水域分海洋渔船、江河渔船；按动力分机动渔船、非机动渔船；按用途分生产渔船（捕捞渔船、养殖渔船）辅助渔船（捕捞辅助船、渔业执法船）。2015 年，广东全省渔业船舶总计 64794 艘，总吨位 966319 吨，总功率 2449584 千瓦；其中机动渔船 61323 艘，总吨位 961065 吨，总功率 2471174 千瓦；比 2014 年 64015 艘，948447 吨，2492479 千瓦，渔船减少 2692 艘，总吨位增加 12647 吨，总功率减少 21305 千瓦；比 2010 年 68883 艘，841596 吨，2406718 千瓦，渔船减少 7560 艘，总吨位增加 119469 吨，总功率增加 64456 千瓦。非机动渔船 3522 艘，总吨 8249 吨，与 2010 年 5258 艘、7386 吨比较，渔船减少 1736 艘，吨位增加 863 吨。

2010—2015 年广东省“十二五”期间水产品总产量（单位：万吨）

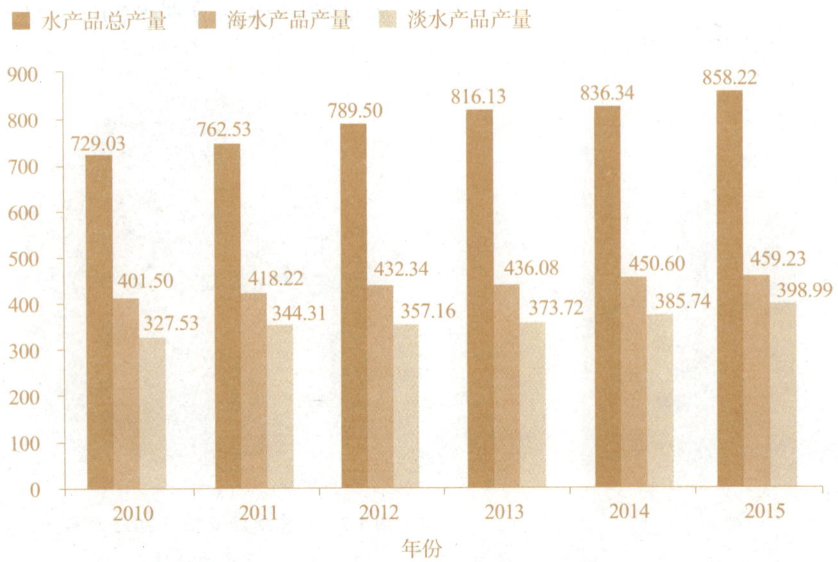

图 4-3 2010—2015 年广东“十二五”期间水产品总产量

机动渔船中，2015 年捕捞渔船 51427 艘，总吨位 861300 吨，总功率 2118733 千瓦；比 2010 年 57996 艘，737140 吨，2115391 千瓦，渔船减少 6569 艘，功率增加 3342 千瓦。其中海洋捕捞渔船 40045 艘，总吨位 841348 吨，功率 1995393 千瓦，比 2010 年 45251 艘，711314 吨，1988518 千瓦，渔船减少 5206 艘，增加总吨位 13003 吨，总功率增加 6875 千瓦。

水产养殖

【概况】“十二五”期间，广东省扶持各地建设无公害养殖基地、“菜篮子”（渔业）产品生产基地、现代渔业示范园区；推动水产养殖业健康发展。稳步推进“菜篮子”（渔业）产品生产基地建设。完成 2012—2015 年农业部下达给广东的 86 个“菜篮子”渔业生产基地项目，建成“菜篮子”生产基地 87 家，面积达 3.8 万亩。有效提高城郊渔业综合生产与应急供应保障能力。2011 年省政府下发《广东省池塘改造项目实施办法》，5 年内省财政投入资金 1.77 亿元，用于池塘改造项目货款贴息，全省建成标准化鱼塘 122 万亩。池塘生产条件和生态环境明显改善，抵御自然灾害能力明显增强，养殖水体产出率和生产效益明显提高。

【水产健康养殖】“十二五”期间，广东省根据农业部创建水产健康养殖示范场活动的要求，建设“农业部水产健康养殖示范场（区）”，同时创建渔业标准化健康养殖基地。2015 年，农业部下达广东省渔业标准化健康养殖扶持项目资金 800 万元；8 月 27 日，广东省海洋与渔业局和财政厅联合发布《2015 年广东省渔业标准化健康养殖扶持项目实施方案》，明确重点支持主产区、中心城市周边及距中心城市相对较近的优势产区，优先支持大宗鱼类品种的水产健康养殖示范场；安排补助项目 16 个，每个项目中央财政补助 50 万元。通过重点扶持一批有一定规模、生产基础条件好、对增加水产品产量和提高质量有示范带动作用的健康养殖示范生产基地，改善其生产条件，进一步提高标准化、规模化水平，提高抗御自然灾害能力，提高水产品质量安全水平。广东通过推广水产健康养殖，扶持渔业品牌发展。“十二五”期间，广东省创建农业部水产健康养殖示范场（区）188 个，面积约 3.5 万公顷；建设“广东省标准化无公害水产品产地”609 个，面积 5.9 万公顷；获农业部认证的无公害水产品 499 个，省级以上农业名牌产品 109 个。

【特色水产养殖】“十二五”期间，广东引导渔农根据市场销路，发展具地方特色的水产养殖。根据广东气候、环境特点，培育适合南方环境条件的特色主导品种；推广使用现代渔业机械设备、优质全价配合饲料与调节水质、改良底质的微生物制剂；并规范与推广“高投入、高产出、高效益”“节能减排”等先进养殖技术与养殖模式；形成产量以常规品种为主、产值以名特优品种为主的广东特色水产养殖产业群带。巩固和发展了南美白对虾、罗非鱼、鳗鲡、珍珠等加工出口养殖商品原料基地；鲍、牡蛎和石斑鱼、鲷鱼等优质海水鱼等海水养殖基地；供港澳塘鱼（草、鲢、鳙、鲮、鲤、鲫、鲂）和城乡商品鱼养殖基地；鳜、鲈、鲳、鳢、鳅等淡水名优品种养殖基地；“禾花鲤”“卤仔鲩”“塱塘鲤”等生态养殖基地；鳄鱼、胭脂鱼、龟鳖、大鲵等繁育驯养基地。

【现代渔业示范园区】2012 年，广东省财政投入 6000 万元，创建“绿色健康渔业示范园区”“稻田生态渔业示范园区”“工厂化高效养殖示范园区”和“沿海现代渔业示范园区”4 种类型的 10 个“节水节地高质高效”现代渔业示范区。现代渔业示范区，以保护商品鱼生产基地和城市郊区重要养殖水域与生态环境标的，以现代标准池塘建设为推手，以珠江三角洲为重点，以渔业行政指导、技术推广与社会化服务体系为依托，逐步构建主体性

2010—2015 年广东省“十二五”期间水产养殖产量（单位：万吨）

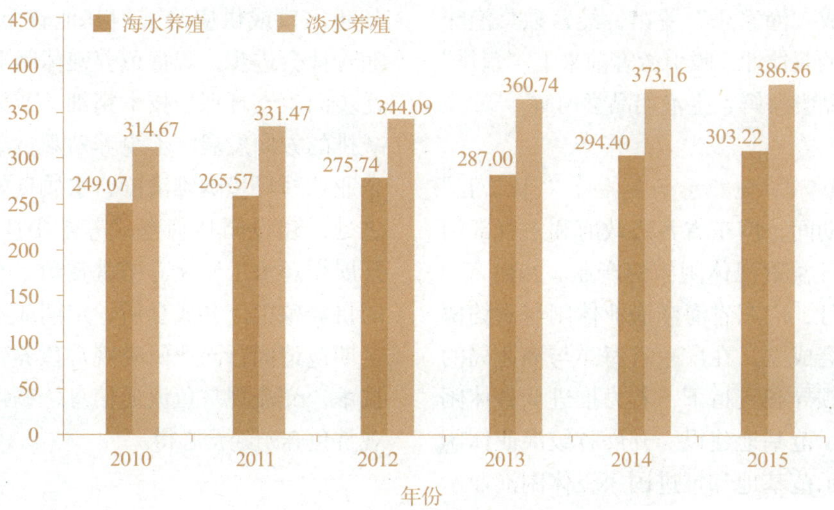

图 4-4 2010—2015 年广东“十二五”期间水产养殖产量

现代水产养殖产业群。2011—2015年，广州市财政投入资金1亿元，建设“万亩都市型水产养殖基地建设”，创建珠江水系海鸥岛池塘生态养殖示范区面积670公顷（1万多亩）。

休闲渔业

【概况】休闲渔业是指以休闲、娱乐、观光为目的的新型渔业。休闲渔业为社会提供各类以渔业内容为特色的旅游观光餐饮等服务：在特定水域、场所为群众提供参观捕捞、养殖、野生水生动物护养等渔业生产，体验渔民生活；吸引群众参与渔船出海捕捞、养殖基地放养捕鱼、渔业资源护养、垂钓等渔业活动或参与海上江河观光，到海上或江河“鱼排”渔家乐用餐，品尝海鲜河鲜的美味。2011年，广东省政府批准公布实施《广东省休闲渔业管理办法》，将休闲渔业纳入全省现代渔业建设和旅游发展总体规划，给予必要的政策和资金扶持。广东省海洋与渔业局会同相关部门制定全省休闲渔业总体规划，并引导成立“广东省海洋渔业休闲与垂钓协会”，凝聚广大休闲、垂钓业者“自律、自省、自规、自强”依法振兴广东省休闲渔业。“十二五”期间，全省休闲渔业保持良好的发展态势，形成了以生态观光、渔业体验、休闲游钓为主的休闲渔业格局。2014年全省有5家休闲渔业经营单位被农业部评为“全国休闲渔业示范基地”，2015年又有7家单位被农业部评为“全国休闲渔业示范基地”；2015年，全省有休闲渔船217艘；接待游客约300万人次，安排就业岗位超过5000人，全省休闲渔业总产值253891万元，比2010年222878万元增长13.9%。

【休闲渔业种类】“十二五”期间，广东省休闲渔业种类繁多，主要有：渔船捕捞休闲——在珠江口及沿海各市县，将渔船为改造提升休闲渔业船舶，配套游乐、安全设施设备，吸引大批游客上船观光游乐，体验海上捕捞乐趣，品尝刚上网海鲜的美味；养殖基地休闲——连南瑶族自治县发展稻田养鱼，收获季节，吸引社会群众到基地、下农田捕捉“禾花鲤”,将捕获物拿到基地的“农家乐”餐厅加工，品尝别具特色的“禾花鲤”美味；还有深水网箱养殖企业组织游客参观深水网箱养殖基地的壮观；垂钓休闲——在特色养殖场塘头或沿江沿海择地建造垂钓亭台楼阁，配备齐全的垂钓工具和全套服务，建设垂钓游乐场，供游客在清新幽静的环境下垂钓，吸收新鲜空气，同时配套“农家乐”餐厅，品尝上钓物美味，娱乐休闲；生态观光休闲——水生野生动物驯养繁殖企业，在驯养繁殖基地建设展馆，供游客参观各类水生野生动物驯养繁殖；自然环境保护区、湿地、绿地建设企业，在湿地、绿地、自然环境保护区建放旅游观光设施设备，组织游客参观环境保护区，到宣传渔业资源环境保护，增强社会上资源环境保护保护意识；渔家乐休闲——海湾养殖企业利用“鱼排”、淡水捕捞渔民改造渔船，建成“渔家乐”餐馆，经营独具渔味的餐饮业，吸引游客前来上“鱼排”品尝海鲜，上渔船品尝河鲜。

【休闲渔业示范基地】“十二五”期间，广东省各级政府和主管部门日益重视休闲旅游产业。2014年5月，广东省海洋渔业休闲与垂钓协会成立，在广东省海洋与渔业局的领导和支持下，着力推进全省休闲示范基地建设。开展省级渔业休闲示范基地和推进国家级休闲渔业示范基地的创建活动。截至2015年底，有11家单位被农业部评为国家级休闲渔业示范基地：惠东港口海龟国家级自然保护区、江门市明润休闲渔业船舶管理有限公司、南沙湿地亚太钓鱼中心、珠海一棵树休闲农庄有限公司、中山市现代渔业博览园管理有限公司、梅州伟群有限公司、广东省深圳市莱海生活投资有限公司、阳江市海陵岛海乐旅游有限公司、广东鑫龙湾生态休闲农业发展有限公司、珠海白沥岛旅游度假开发有限公司、汕头市海逸游艇俱乐部有限公司、阳江市渔乡子水产科技实业有限公司、汕头市潮商游艇有限公司。珠海一棵树休闲农庄有限公司等13家单位被广东省海洋渔业休闲与垂钓协会评定为广东省休闲渔业示范基地。

【观赏鱼养殖休闲】“十二五”期间，广东省观赏鱼养殖持续发展，2015年养殖产量24189万尾，比2010年的16810万尾增长43.9%。养殖观赏鱼品种有金鱼、锦鲤、胭脂鱼、脂鲤、金龙、银龙、七彩神仙、攀鲈及种类繁多的海淡水热带观赏鱼等。养殖观赏鱼供应千家万户在家中鱼缸中护养观赏，自娱自乐；供应大单位、大企业在水族箱中养殖金龙、银龙等高档观赏鱼，彰显单位、企业实力与层次。另外，部分还出口或供应给国内其他省市。随着社会进步，观赏鱼养殖休闲业逐步向生态环保、技术精细、节能减排的方向发展。不少养殖观赏鱼企业选择环境幽雅清静，水质良好之处，建设园林别墅式养殖山庄，开展循环水工厂化养殖观赏鱼。有的将养殖山庄办成会所，定期或不定期邀请同行同业研究观赏鱼养殖技术，交流观赏鱼流通信息，畅谈观赏鱼养殖经营心得。

二、海洋捕捞

综述

【概况】 海洋捕捞业，是采捕海洋经济动植物(主要是经济鱼类)的生产事业。广东海洋捕捞业作为渔业经济的重要组成部分，为繁荣渔区经济、改善渔民群众生活做出了重要贡献。全省海洋捕捞产量自1982年起连续17年增产，1998年达195.45万吨，创历史最高产量。由于海洋捕捞强度过大，近海渔业资源衰退，2000年产量下降为191.46万吨，2010年为152.43万吨。为引导海洋捕捞业走出困境，广东实施对海洋捕捞的不同作业方式、不同海域区别对待的政策，引导和扶持渔民，改造船网工具，进一步调整近海作业，控制捕捞强度，将近海捕捞渔船转移到中海、外海渔场和南沙渔场作业，同时发展远洋渔业。“十二五”期间全省海洋捕捞实现以近海捕捞为基础，重点发展外海、远洋和南沙渔业的格局。2015年全省海洋捕捞产量1505126吨，比2010年1429592吨增长5.3%。远洋渔业产量为55000吨，为2010年94752吨的58%。广东省海洋捕捞产量占全国1314.78万吨的11.45%，排名在浙江、山东、福建之后，居第四位；远洋渔业产量占全国219.20万吨的2.51%，排名在浙江、山东、福建、辽宁、上海之后，居第六位。

【渔业资源变化】 广东濒临南海。南海的不同地貌造就了陆架生态、斜坡生态、珊瑚礁生态及大洋生态共存的渔业生态系，孕育了资源蕴藏量大、具多样性特点的海洋生物。南海鱼类资源多为热带、亚热带海洋鱼类，具种群多样性特征，即成熟早、繁育快，洄游规律明显，以小群体的形式广泛分布于不同海域。如过度捕捞，必影响其繁育衍生，加快资源走向贫乏。自20世纪90年代起，由于环境污染捕捞过度，南海海区鱼类资源走向衰竭，渔汛逐步消失，三大类渔场、12个区域渔场不再。从近5年全省海洋捕捞产量分析，捕获物中除了马鲅、鲷鱼、金线鱼、带鱼、鲳鱼、石斑鱼等中高值、优质鱼类的捕捞量相对稳定外；大眼鲷、石首鱼、笛鲷类等底层鱼类和马面鲀、蓝圆鲹等原有渔汛的下杂低值鱼捕获量明显减少。甲壳类、头足类历来是广东海洋捕捞的重要品种。从近年全省海洋捕捞产量分析，捕获物中甲壳类、头足类和藻类资源平稳增长，贝类、海蜇等资源略有减少。

【渔场变动】 20世纪90年代开始，广东万山等灯光围网作业渔场年捕捞量比80年代初大幅度下降，到2000年不足2万吨。原盛产红鳍笛鲷的北部湾渔场，90年代只有零星捕获。其余区域渔场的渔汛基本消失，产量锐减。80年代，大部分沿岸渔场被划为禁渔区，渔区调整捕捞作业结构，引导一批沿岸拖网渔船转移到近海渔场营拖、刺、钓作业，改造一批大功率渔船发展外海远洋渔业，沿岸、近海、外海三大类渔场捕捞产量比例明显改变。沿岸渔场的捕捞产量所占的比例由60年代的80%下降到2000年的38%，近海渔场产量占捕捞总量的比例由60年代的17.8%提高至2000年的50%，外海渔场的产量占海洋捕捞产量由60年代的10%，2000年增加至12%。

【渔汛变化】 20世纪90年代后，广东沿海(包括港、澳地区)机动渔船剧增，渔具渔法日趋先进，捕捞强度逐年增大。同时，入海排污物严重污染海区，海域水质富营养化，赤潮频发，大批鱼类死亡；众多围填海工程严重破坏海洋鱼类赖于栖息、生长、繁育的珊瑚群和红树林，鱼类产卵场、索饵场荡然无存，海洋渔业资源逐步衰退。近海渔业资源群体趋小，渔汛消失。80年代频频旺发的蓝圆鲹、金色小沙丁鱼、黄鳍马面鲀、南海大黄鱼等渔汛，90年代再没有出现。南海著名的万山、甲子、汕尾、清澜、昌化、北部湾等六大渔汛已基本消失，其他渔场的拖、围、刺、钓作业渔汛和马鲛、白鲳、梅童鱼、海鲶、凤鲚、黄鲫、鳓鱼、门鳝、鲨鱼等品种渔汛悄然消失，个别品种濒临灭绝。同时渔获物个体明显偏小，质量下降。马鲛、蛇鲻、金线鱼、带鱼、二长棘犁齿鲷、鲳、石斑鱼、红鳍笛鲷等中高值、优质底层鱼类和枪乌贼、乌贼等头足类所占比例显著下降，捕获物中下杂鱼比例高达70%～80%。

作业方式

【概况】 广东省的海洋捕捞业作业方式很多，既有专门捕捉底层、近底层鱼类的底拖网作业，又有捕捉中上层鱼类或河口、内湾小型浮水鱼类的围网作业；既有专门刺捕近海浅海较大型的经济鱼类的刺网作业，又有专门钓捕体型较大、性又凶猛的鱼类钓渔业。还有利用河口、湾口流水湍急，打椿挂网专门捕捉经济鱼类幼鱼和公鱼、毛虾等的张网、敷网作业。此外，还有各种地区性的耙刺类、笼壶类、陷阱类等杂渔业。从生产结构、生产比重、分类组成来衡量，主要为拖、围、刺、钓等4大类。2015年全省海洋捕捞1505126吨，其中拖网作业产量762357吨、占年捕捞产量的50.6%；围网作业产量146104吨、占年捕捞产量的9.7%；刺网作业产量442467吨、占年捕捞产量29.4%；钓具作业产量89358吨、占年捕捞产量的5.9%；张网作业产量7662吨、占年捕捞产量的0.5%。拖网作业和张网作业产量比例均比2010年降低0.7个百分比；刺网作业产量比例比2010年增加1个百分数，围网作业和钓具作业产量基本与2010年持平。

【拖网作业】 拖网作业是广东海洋捕捞主要作业方式。1988—1995年，拖网作业渔船普遍配备探鱼仪、定位仪、雷达、导航仪等导航助渔设备和保鲜冷藏加工设施，由浅海渔场转移到中、深海渔场，拖网产量有所增加，其产量占全省海洋捕捞年产量的63%～68%。1996年产量达121.30万吨，占海洋捕捞总产量的63.30%；之后，由于底层鱼虾类、贝类资源量减少，拖网产量逐渐减少，占海洋捕捞年产量比例下降。2015年，全省拖网捕捞作业产量762357吨，占年海洋捕捞总产量的捕捞产量50.65%；拖网作业渔船5409艘，总吨位367114吨，功率896961千瓦，分别占全省国内海洋捕捞渔船39852艘的13.57%、功率1887795千瓦的47.51%；据2012年渔具调查统计，全省拖网网具约4.8万顶。

广东省海洋拖网捕捞产量占全国620.89万吨的12.28%，排名在浙江、山东、福建之后，居第四位。

【围网作业】 关于围网作业，广东原来主要是各内湾河口内外专门围捕蓝圆鲹等集群性中上层小型鱼类群体的索罟围网，亦有在粤东台浅渔场、北部湾渔场等以围捕蓝圆鲹、金色小沙丁鱼等群体为主的灯光大围网。后来的围网作业基本上使用灯光诱集鱼类后进行围捕，捕捞产量增加。2015年，全省围网捕捞产量146104吨，占海洋捕捞总产量的9.71%，比2010年135169吨增长8.09%；围网作业渔船1409艘，总吨位91062吨，功率158301千瓦，分别占全省海洋捕捞渔船艘数的3.54%、功率的8.39%。

广东省海洋围网捕捞产量占全国103.66万吨的14.09%，排名在海南、福建、浙江之后，居第四位。

【刺网作业】 刺网作业是沿海传统的作业方式，有浮刺、底刺、流刺、定刺等四大类。1993年后，广东发展外海远洋刺网作业，开发外海、南沙渔业资源，捕捞产量增加。2015年，全省刺网捕捞产量442469吨，占海洋捕捞总产量的29.40%，比2010年405629吨增长9.08%；刺网作业渔船27204艘，总吨位308952吨，功率744860千瓦，分别占全省海洋捕捞渔船艘数的68.26%、功率的39.46%。

广东省海洋刺网捕捞产量占全国295.06万吨的15.00%，排名在辽宁之后，居第二位。

【钓具作业】 广东省各地从沿岸到近海、外海渔场都采用钓具作业，2005年产量达13.12万吨，比1992年增加1.57倍，占海洋捕捞总产量的7.7%。2015年，全省钓具捕捞产量89358吨，占海洋捕捞总产量的6.7%，比2010年95642吨略微减少。钓具作业渔船2102艘，总吨位44453吨，功率119918千瓦，分别占全省海洋捕捞渔船艘数的5.27%、功率的6.35%。

广东省海洋钓具捕捞产量占全国40.15万吨的22.25%，居全国第一位。

【其他作业】 包括张网类、地拉网类、敷网类、抄网类、掩罩类、陷阱类、耙刺类、笼壶类等。2012年，广东省海洋捕捞其他作业捕捞产量64838吨，占海洋捕捞总产量的4.31%；比2010年60164吨增长7.77%；其他作业捕捞渔船3921艘，总吨位29767吨，功率75353千瓦，分别占全省海洋捕捞渔船艘数的9.83%、功率的3.99%。

渔船渔具

【概况】 2015年，广东省海洋捕捞船舶42295艘，总吨位848031吨，总功率1995393千瓦；比2010年48106艘，716221吨，2406718千瓦，渔船减少5811艘，总吨位增加131811吨，总功率减少411325千瓦。其中机动渔船40045艘，总吨位841348吨，总功率1995393千瓦；比2010年45251艘，711314吨，1988518千瓦，渔船减少5206艘，总吨位增加130035吨，总功率增加6875千瓦。非机动渔船2250艘，总吨位6683吨，与2010年2855艘、4907吨比较，渔船减少605艘，吨位增加1776吨。

【渔船结构调整】 2004—2013年，广东省实施沿海捞渔民转产转业议案，每年用5000万元，对淘汰海拖网、定置张网、围网作业渔船和到期报废渔船、残旧破烂小渔船进行补；加大渔船结构调整力度。通过淘汰小、旧、木船，整合功率指标，建造钢质或玻璃钢新型渔船，带动全省近海洋捕捞渔船转移到外海、南沙和远洋捕捞，加快捕捞渔船结构调整。2010后，全省机动渔船不断增加、非机动渔船不断减少，拖网作业渔船与围网作业渔船逐步减少，刺网作业渔船与钓具作业渔船逐步增加；大功率新型渔船逐步增加，小功率“旧、残”渔船逐步减少。2014年，开展渔船普查，设计、开发新的渔船管理系统，通过逐条实船核查，补充渔船照片及人员主要社会联系人等相关信息，使管理系统更直观、信息更全面，实现渔船管理科学、规范、高效。当年省财政投入500万元设计推广了刺网、拖网、灯光围（罩）网3种作业类型，10个标准化船型；同时投入3000万元，扶持建造30艘远洋渔业和南沙渔业渔船；增强远洋渔业和南沙渔业渔船捕捞生产能力。

2015年，广东省海洋渔船40045艘，功率1995393千瓦；其中功率441千瓦以上404艘（共249247千瓦），功率44.1～441千瓦8807艘（共1347754千瓦），44.1千瓦以下30834艘（共398392千瓦）；3种动力渔船数比例1∶22∶77，总功率比13∶68∶19。可见此间，大、中功率渔船比例提高，小功率渔船逐步减少。

【先进渔机具配置】“十二五”期间，广东省大力开展渔船改造，一方面加固加大船体、加大渔机功率；另一方面配置先进为渔机具。2011年后，广东海洋捕捞渔船配备电动、液压锚机、高压、液压起网机、双作用电动液压舵机和大滚筒起网机等甲板机械，减轻渔民劳动强度；配备卫星导航仪、雷达、定位仪、彩色探鱼仪、水平声呐、单边带对讲机等导航助渔仪器，提高安全生产能力。同时，配备渔船制冷保鲜设施设备，提高海捕产品鲜度与质量安全水平。此外，改革传统捕捞网具、渔具，推广使用三维拖网、灯光围网、三层刺网、延绳钓、笼捕等新型渔具，提高捕捞能力。

远洋渔业

【概况】远洋渔业指中国派出渔船到南太平洋、印度洋与大西洋相关国家领海捕捞的涉外渔业行为。广东省委省政府一直高度重视远洋渔业发展。按照捕捞、加工、配送一体化的方式，广东组织国内捕捞渔船更新改造，加装设备，建设一支现代化远洋渔业船队，发展远洋渔业。通过建设一批国外远洋渔业基地，积极参与国际渔业竞争，加快国际化进程。2011—2015年，广东省政府加大对远洋渔业扶持力度，推动海洋渔业转型升级2014年国家和省财政投入1.26亿元，支持渔船更新改造大型钢质渔船284艘。2015年，广东抓住国家“一路一带”战略、推进海上丝绸之路建设的有利契机，加快发展远洋渔业。3月召开全省远洋渔业企业座谈会，全省共有19家远洋渔业企业派出197艘远洋渔船赴国外或公海生产，同比增长13.2%。广东中鼎海洋渔业有限公司投资2亿元新建4艘大型钢质秋刀鱼远洋渔船（每艘船长76米，总吨1450吨，总功率2100千瓦），实现广东大洋性秋刀鱼项目零的突破。至2015年底全省17家远洋渔业公司派出193艘渔船赴国外发展远洋渔业，总功率107598千瓦；比2014年的174艘，88912千瓦，渔船增加17艘，总功率增加18686千瓦。作业海域主要分布在泰国、马来西亚、孟加拉国、缅甸、也门、阿曼、斐济、所罗门群岛、密克罗尼西亚、马绍尔等中西太平洋、东南太平洋、西南太平洋等国家和地区，执行25个渔业国际合作项目。2015年，广东省远洋渔业产量55000吨，其中境外出售量39300吨，运回国内量15700吨，产值96000万美元。

【作业分布】广东省远洋渔业是在20世纪80年代末起步的，1989年开始，以广东省远洋渔业总公司（后改组为广东广远渔业集团有限公司）名义，组织群众国内捕捞渔船通过简单更新，加装设备，开赴西南太平洋进行冰鲜金枪鱼作业。1989—1997年间，广东省在密克罗尼西亚群岛、马绍尔群岛、帕劳等均设有基地，总共派出渔船近300艘，约占当地中国渔船的60%，与南太诸国建立了良好的渔业合作关系。1998年后，由于资源状况恶化，广东省渔船大多被迫撤出该地区，逐渐转向印度洋，先后开辟了斯里兰卡、马尔代夫、毛里求斯、泰国等金枪鱼延绳钓基地。进入21世纪，广东省远洋渔业企业努力寻求在南太地区的渔业合作机会，开发斐济渔业合作项目，同时也试探性地开发所罗门、巴布亚新几内亚等国家的渔场。

至2012年广东远洋渔业经受住了国际复杂局势的考验，总体上保持了稳定。全省15家远洋渔业企业派出123艘渔船，作业海域主要分布在克罗尼西亚、斐济、马绍尔、基里巴斯、印度、泰国、马来西亚、缅甸、也门、阿曼、所罗门、孟加拉国和、中西太平洋和西南大西洋等国家和地区，主要有拖网、灯光围网、金枪鱼延绳钓、鱿鱼钓和定置网作业等。总产量7.9万吨，总产值8.6亿元，运回国内自捕鱼1.4万吨。

【扶持政策】广东省历来比较重视远洋渔业发展，一直把远洋渔业作为“走出去”战略的一项重要内容来抓，积极落实各项扶持政策，并从资金上给予扶持。其中，2003年在组建广东广远渔业集团有限公司之初，省财政一次性注入8000万元资本金用于建造现代化远洋渔船，2004—2008年实施的海洋捕捞渔民转产转业议案中共安排2400多万元扶持远洋渔业企业建造渔船和完善配套设施。在2008年全省第六次海洋工作会议上明确提出：落实国家和省有关扶持政策，建设一支现代化远洋渔业船队，一批国家远洋渔业基地，形成以冷链物流为核心，运输、仓储、配送于一体的现代远洋渔业物流体系。为推动渔业转型升级，省政府安排专项资金扶持远洋渔业企业建造适合外海作业的大型钢质捕捞渔船，配备先进适用的渔业机械和助渔导航设备，全面提升远洋渔业装备水平，培育一批现代化远洋渔业船队。支持有条件的企业建设印度洋、南太平洋和东南亚远洋渔业中心基地，积极发展东南太平洋、北太平洋、印度洋和大西洋等公海捕捞。

南沙渔业

【概况】 南沙群岛海域为广东渔民的传统捕捞作业区。1993—1995年，广东赴南沙岛礁区营刺钓作业的多为阳江、台山渔船，每年赴南沙作业渔船65～75艘，产量4万～5万吨。1996—2000年每年在南沙生产渔船180～200艘，年产量10万～12万吨。进入21世纪，每年约有50～60艘渔船赴南沙生产，主要是台山、阳江、电白、廉江等地的渔船，涉及渔民1200多人，年捕捞产量约6000吨，总产值约8000万元。2003年，农业部出台《南沙渔业生产管理规定》，将南沙渔船逐步纳入规范化管理轨道。“十二五”期间，广东各级渔业主管部门积极响应国家“开发南沙，渔业先行”的方针政策，扶持组织多批渔船赴南沙海域从事海洋渔业，建设养殖、捕捞生产基地，配备补给运输船等，为综合开发利用南沙渔业资源，发展南沙渔业奠定坚实基础，为发展南沙渔业增添动力。2012年申领南沙专项捕捞许可证渔船95艘，实际52艘海洋捕捞渔船赴南沙海域生产，其中灯光罩网（围网）渔船11艘，拖网渔船16艘，刺钓渔船25艘。全年捕捞产量5825吨，总产值7611万元。灯光罩网（围网）是近几年新投入生产的大型钢质渔船，主捕鱿鱼和金枪鱼等中、上层鱼类。刺钓船多是木质渔船，全部是子母船作业，一般每船带8~28只小艇出海手钓作业，主要在礁盘区作业，主捕龙趸、石斑鱼等高值活鲜鱼类，主要销往港澳市场。

【作业渔船】 广东省每年有50~60艘渔船赴南沙生产，主要是台山、阳江、电白、廉江等地的渔船，涉及渔民1200人，年捕捞产量约6000吨，总产值约8000万元。最多的是1996—2000年，每年在南沙生产渔船180～200艘，年产量10万～12万吨。

2012年广东申领南沙专项捕捞许可证渔船107艘。按作用类型分，灯光罩网（围网）渔船2艘，拖网渔船5艘，刺钓渔船24艘，围网16艘；按材质分，钢质渔船18艘，木质渔船29艘。灯光罩网（围网）是广东省近几年从广西引进的一种作业方式，全部是钢质渔船，主捕鱿鱼和金枪鱼，一般每船15人左右，每航次约1个月，省内最大的灯光罩网船长56米，宽8.5米，480总吨，主机功率800千瓦。刺钓船主要是台山的，全部是木质渔船，船长26～30米，宽7.5～8.2米，吨位150～250吨，主机功率300～670千瓦。全部是子母船作业，一般每船带8～28只小艇出海手钓作业，渔民年龄主要25～45岁，每船28人左右。2014年派出三沙市的生产渔船110艘。

2015年，农业部核准广东建造南沙骨干船97艘，72985千瓦，其中补助18423千瓦，至2015年底开工建设32艘，其中建成投产12艘。

【作业方式】 南沙渔业资源丰富，捕捞产量、效益高，广东、海南诸省渔民历有“乘风南下到南沙，轻松捞捕鱼满舱，丰收北上乐融融”之渔业行为，成为源远流长的传统渔业。其主要作业方式分岛礁区捕捞和陆架区捕捞。岛礁区捕捞是指在南沙岛礁区从事刺网、延绳钓、拖毛钓、笼捕等作业方式捕鱼，渔船有制冷和活水舱。陆架区捕捞是指在南沙陆架区从事拖网、围网、刺网等作业。1996年后，广州、汕尾、阳江等地赴南沙生产的作业渔船有所增加，且改“秋去春返”为常年在南沙作业。2011年后，广东省政府加大对南沙渔业的扶持力度。在海洋渔船更新改造项目中重点向更新改造南沙渔业生产骨干渔船升级改造倾斜。南沙渔业得以长足发展。

三、淡水捕捞

综述

【概况】 广东省淡水捕捞历史悠久，江河渔民世世代代在江河、河口捕鱼，岸上没有住房或居住在河边破旧的沥青纸、茅草房。淡水捕捞船网工具简陋，住在小船小艇（被称为“公婆艇”“连家船”），终年漂泊水上，从事放钓、刺网、放笼、闸箔、拉地罟等作业。半渔农地区农民，农闲时也兼业淡水捕捞。淡水捕捞渔获物以鱼、虾、贝类为主，由于江河水域环境污染，渔业资源逐年衰退；江河捕捞渔船残旧、吨位小、功率小，渔具渔法落后，生产力难以提高。全省年江河捕捞产量一直在12万吨左右徘徊，仅占水产品总产量的1.5%左右。

【淡水捕捞产量】广东淡水捕捞的主要区域为江河水域，1982年起，各级政府投入资金，分别在西江、北江、东江和粤东、粤西地区江河流域开展江河放流增殖，保护江河渔业资源，江河渔业资源保持正常的繁衍增长，捕捞产量逐年增加，内河渔民增产增收。1990年全省淡水捕捞产量88663吨，比1979年增加2.9倍。之后，加强江河鱼苗和珍稀水生动物的保护，全面开展人工放流鱼虾蟹种苗，淡水捕捞产量逐年增长。2000年全省淡水捕捞产量135201吨，比1990年增加52.5%。但在“十二五”期间，由于江河水域环境污染，渔业资源逐年衰退；江河捕捞渔船残旧、吨位小、功率小，渔具渔法落后，生产力难以提高。全省年江河捕捞产量逐年减少，2010年全省淡水捕捞产量128598吨，2015年124282吨，仅占水产品总产量的1.5%左右。

【渔业资源变化】江河水质环境污染，江河鱼类产卵场索饵场遭受破坏，加上捕捞强度过大等诸多因素影响，珠江水系及广东省内其他江河的渔业资源逐步走向贫乏。一是江河野生鱼苗逐步消失。珠江中下游的“鱼苗装捞场”不断向上游转移，20世纪60年代在南海出九江盛产鱼苗，80年代上移到肇庆、梧州，90年代再到广西桂港。2000年后上游仅有的“鱼苗装捞场”也捕不到鱼苗。二是经济鱼类资源减少。与鱼苗一样，各种经济鱼类资源量明显减少，特别是鲟、鳗、鲈、鳜、嘉、鲥、鲥、唇鱼等名贵珍稀品种已难寻芳踪、濒临灭绝。三是贝类资源减少。80年代前，珠江东莞江段盛产河蚬；90年代后“难捞一筐”，2000年基本绝迹；“产蚬场”上移至高明、肇庆江段，但河蚬的年起捕产量明显减少。

捕捞对象

【概况】广东地处亚热带、热带湿润季风气候，江水较深，有机质含量较大，自然条件优越，淡水生物资源十分丰富。除了有丰富的鱼类、虾类、贝类资源外，还有种类繁多的经济水生动植物，有些为鱼类的天然饵料；有些开发利用为食用、药用等。广东淡水捕捞渔获物以鱼、虾、贝类为主，2011—2015年，广东江河鱼虾蟹类捕获产量逐年增加，占全省淡水捕捞产量比例也是逐年增加；但贝类和特种水生动物年捕捞产量则逐年减少，占淡水捕捞产量比例也是逐年减少。

【鱼类】广东省境内江河鱼类资源丰富，根据《广东淡水鱼类资源调查与开发利用》报道（2010年）：共有淡水及河口性鱼类279种（比以往报道减少32种），隶属18目、62科、180属。其中经济鱼类占50%以上，主要有青鱼、草鱼、赤眼鳟、鲢、鳙、鲮、鲤、鲫、鳊、斑鳢、胡子鲶等50多种，珍稀与名贵鱼类有中华鲟、鳗鲡、鲥、鲈、大眼鳜、斑鳠（鲥鱼）、卷口鱼、唇鱼、长臀鮠、倒刺鲃、光倒刺鲃、桂华鲮等20多种。淡水鱼类是江河捕捞的主要资源，鱼类捕获产量占全省淡水捕捞产量比例逐年增加，1990年代约占30%，2000年为37%，2012年为55%。2015年达77630吨，占全省淡水捕捞产量的62.46%。

【甲壳类】广东江河的甲壳类共有26种，主要经济种类有日本沼虾（青虾）、米虾、新对虾、脊尾白虾、细足米虾、锯缘青蟹、中华绒螯蟹、日本绒螯蟹等，以及国外引进养殖种罗氏沼虾。江河虾蟹类捕获产量占全省淡水捕捞产量比例也逐步增加，20世纪90年代约占4.0%，2000年提高到6.4%，2012年达8.4%。2015年达12136吨，占全省淡水捕捞产量的9.76%。

【贝类】广东江河的贝类资源丰富，珠江水系有腹足纲种类共38种，其中常见经济种类有中国圆田螺、环棱螺，一向为群众所喜食。瓣鳃纲种类共有25种，其中常见经济种类有河蚬、淡水壳菜、背角无齿蚌、褶纹冠蚌、光滑河蓝蛤等。江河捕捞的经济贝类主要是河蚬，还有河蚌、螺、蛤类等。全省江河贝类年捕捞产量占淡水捕捞产量比例逐年减少，1990年占63.9%，2000年占55.3%，2012年为35.3%。全省江河贝类年捕捞产量2000年达到74773吨，之后逐渐减少，2015年为33607吨，为2000年产量的44.9%，占全省淡水捕捞产量的27.04%。广东省江河贝类捕捞产量占全国的13.23%，在江苏、安徽之后，居第三位。

【特种水生动物】广东省江河中尚有很多种类水生生物资源，底栖动物就有129属。如底栖环节动物的疣吻沙蚕、单叶沙蚕（俗称禾虫），是很有价值的水产食品；虎纹蛙、棘胸蛙（石蛤）、鳖、山瑞鳖、平胸龟、黄喉拟水龟、乌龟、三线闭壳龟（金钱龟）、金头闭壳龟、黑颈乌龟等水产动物，具较高经济价值，已开展一定规模养殖。江河捕捞还可捕获禾虫（沙蚕）、鳖、乌龟等特种水生动物，捕捞产量不多，但相对稳定。近几年最高产量在2013年，捕捞产量1862吨，占全省淡水捕捞产量的1.43%。2015年，特种水生动物捕捞产量降为909吨，占全省淡水捕捞产量的0.73%。

作业区域

【概况】广东内陆河流众多，水网密布，有大小河流1343条，集水面积在100平方千米以上的河流共640条，直接入海的河流有92条。广东省各水系的自然环境、水文、气象等差异较大，渔业资源分布和资源量不同，产量也各不相同。珠江水系平均年径流量3412亿立方米，次于长江，居全国第二；年捕捞产量占全省淡水捕捞总产量的70% ~ 75%；粤东韩江、榕江等水系年捕捞产量占全省的17% ~ 20%；粤西南鉴江、漠阳江等水系年捕捞产量占全省的10% ~ 12%。

【珠江水系】珠江水系包括西江、北江、东江及珠江三角洲河网区，河汊众多，水产资源较丰富。西江水系主流源于云南、广西，有贺江、罗定江（南江）和新兴江等支流，源远流长，沿途峡谷和广谷江段多；干、支流上游分布鱼类产卵场，中下游水流和缓，水质肥沃，河宽水深，鱼类资源丰富。北江水系主流源于福建西部山区，支流有翁江、连江、滨江和绥江，属急流性河川。流经高山峻岭、峡谷多，河面狭窄，水流湍急，水质矿化程度高，适宜于急流、底层和石隙岩洞生活的鱼类资源繁衍。鱼类种属较多，但群体较小。东江水系主流源于粤东北山区，主要支流有新丰江、秋香江、西枝江，上游有新丰江、枫树坝两大水库，水面3.4万多公顷（50多万亩）。东江水系水位变化大，大部分为沙质河床，天然饲料贫乏，鱼、虾、贝等水生生物资源量较少。珠江三角洲河网区水网密布，河涌交错，水流缓慢，潮出潮入，是淡水鱼类、河口性鱼类、洄游和半洄游鱼类和虾蟹类生长、繁育的良好场所，河口性鱼类资源群体较大。中下游河床多为沙质、沙泥质，贝类资源丰富。2012年，珠江水系（含广州、深圳、珠海、韶关、河源、惠州、东莞、中山、江门、佛山、肇庆、清远、云浮13市）淡水捕捞产量8.97万吨，占全省淡水捕捞总产量的68.67%。2015年，珠江水系淡水捕捞产量81987吨，占全省淡水捕捞总产量的65.97%。

【粤东各水系】粤东独流入海的江河有韩江、榕江、练江、黄岗河、螺河、龙津河等，下游汇流入海，河面宽阔，水流平缓，水质肥沃，水生生物资源较丰富。韩江是广东第二大河，源于福建西部山区，主要支流有梅江等，下游各支流汇流入海，形成韩江三角洲水网地带，江河水流平缓，水质肥沃，水生生物资源较丰富，捕捞产量较高。2012年，粤东各水系（含汕头、梅州、汕尾、潮州、揭阳5市）淡水捕捞产量2.32万吨，占全省的17.74%。2015年，粤东各水系淡水捕捞产量23775吨，占全省的19.13%。

【粤西南各水系】粤西南单独入海的主要江河有鉴江、漠阳江、九洲江、南渡河等，各水系的河道短，潮汛进出，水质肥沃，咸淡水鱼类资源较丰富。2012年，粤西南各水系（含阳江、湛江、茂名3市）淡水捕捞产量1.78万吨，占全省的13.60%。2012年，粤西南各水系（含阳江、湛江、茂名3市）淡水捕捞产量18520万吨，占全省的14.90%。

渔船渔具

【概况】广东江河捕捞历史悠久，江河渔民世世代代在江河、河口用小船、小艇（被称为“公婆艇”“连家船”）捕鱼，从事放钓、刺网、放笼、闸箔、拉地罟等作业。广东江河捕捞主要有鱼虾类捕捞和贝类捕捞。鱼虾类捕捞作业方式有刺网、钓具、张网类、罟网类、笼壶类和掩罩网类等作业方式；贝类捕捞使用拖捕作业方式。进入21世纪，广东各级渔业主管部门扶持江河捕捞渔具制作与使用技术改革，基本消灭麻制渔具、竹制渔具。推广使用轻便耐用、捕捞效能高的尼龙、塑料渔具制品。对掩罩网、定置刺网和单层刺网等传统江河捕捞渔具进行改革，推广应用双重抛网、双重刺网、三重刺网、流刺网、围刺网、撑篙抛网和拖刺网等刺网和延绳钓等钓具。有效提高渔具的捕捞效能，降低捕捞成本，提高捕捞产量与效益。

【渔船改造】广东各级政府和渔业主管部门十分关心江河捕捞渔民生产生活出路问题，扶持江河捕捞渔民进行渔船机动化改造，小船改大船，加固船体，装配柴油机，改木艇船为机动渔船。通过改造渔船，江河捕捞渔船结物产生明显变化：2010年全省江河捕捞渔船15715艘，其中机动渔船13312艘，非机动渔船2403艘；分别占84.71%和15.29%。2015年全省江河捕捞渔船12654艘，机动渔船11382艘，非机动渔船1272艘；分别占江河捕捞渔船比例89.95%、10.05%；与2010年比较，机动渔船比例提高5.24个百分点，非机动渔船比例降低5.24个百分点。

2015年，广东省江河捕捞机动船舶11382艘，总吨位19952吨，总功率 123340 千瓦。

【渔具改进】刺网作业是广东省江河捕捞重要作业方式。粤东和粤西南各水系普遍使用刺网捕捞江河鱼类，2010 年后，江河捕捞渔民多选用捕捞效能高、网产量高的双重刺网、三重刺网、流刺网、围刺网和拖刺网等新型刺网进行捕捞作业，产量明显增加。江河渔民使用机动渔船和双重抛网或撑篙抛网作业，提高捕捞效能；使用延绳钓和空钓延绳钓，诱捕青、草、鲤、鲫、鳢等鱼类；使用鱼笼、虾笼等操作简便的笼壶类渔具作业，虽然捕捞产量不高，但渔获物鲜活。以前省内各水系使用大罟、中罟、罟仔、坑罟、兜罟、虾罟等罟网围捕江河鱼虾类。由于该作业劳动强度大，成本高，江河渔业资源逐步衰退后，网产低，多亏本，现已基本淘汰。珠江三角洲河网区和粤东、粤西沿海各出海口的潮汐带江口水域，使用企门缯、滩边罟等张网类作业，捕捞随潮汐涨退游动的鱼虾。由于此类作业对渔业资源破坏性较大，现已被淘汰。

四、海水养殖

综述

【概况】1980 年以来，广东省各地贯彻执行全省第一次至第五次海洋工作会议精神，海水养殖高速发展。2010 年后，贯彻落实《国务院关于促进渔洋渔业持续发展的若干意见》和省政府《关于推动渔洋渔业转型升级 提高渔洋渔业发展水平的意见》，推进水产养殖的转型升级。一是规范养殖技术，优化养殖模式。推广良种良法和节能减排技术，降低放养密度，倡导使用配合饲料；重点发展优质高效的健康养殖、工厂化循环水养殖和深水网箱养殖，调控“高密度、高投饲、高排放、高污染”的养殖模式。实现海水养殖转型升级。二是维护海水养殖水域生态环境。调控养殖容量过大的阳江市边洋海牡蛎养殖和饶平县柘林湾、惠东县考洲洋网箱养殖密度，治理海湾自身污染，维护海湾养殖生态环境。三是选育和推广对虾、珍珠、鲍、紫菜和石斑鱼、鲈、鲷、鲻等优质海水鱼类等良种，规范健康养殖技术，培育品牌、名牌，拓宽市场销售渠道，带动海水养殖发展。四是调整养殖品种结构，优化区域布局，提升标准化、集约化、产业化生产程度，将粤西对虾、珍珠、牡蛎、泥蚶等养殖，粤东鲍、太平洋牡蛎、西施舌、紫菜等养殖，珠江三角洲咸淡水生态养殖、设备渔业等逐步建设为现代渔业园区。海水养殖保持持续发展的良好势头。2015 年广东省海水养殖面积 194861 公顷，产量 3032177 吨；分别比 2014 年的 193691 公顷、2943981 吨增长 0.6% 和增长 3.0%；对比 2010 年的 199258 公顷、2490688 吨，分别减少 2.2% 和增长 21.7%。

2015 年，广东省海水养殖面积占全国 2317763 公顷的 0.84%，排名在辽宁、山东之后，居全国第三位；海水养殖产量占全国 1875.63 万吨的 16.17%，排名在山东、福建之后，也居全国第三位。

【海水养殖水域】广东省水域滩涂资源调查资料显示，全省滩涂面积 20.43 万公顷；沿海潮汐线以上的半荒废海滩 11.38 万公顷；0 ~ 5 米等深线浅海区 53.58 万公顷；-5 ~ -10 米等深线海区 50.29 万公顷；沿海海围水面 4.02 万公顷；均可开发利用于水产增养殖。海水养殖按养殖水域分为海上养殖、滩涂养殖和其他养殖 3 大类。2015 年，广东省开发利用海上养殖 59972 公顷，产量 1117309 吨；滩涂养殖 77148 公顷，产量 1278677 吨；其他水域养殖 57741 公顷，产量 636191 吨。“十二五”期间，广东省海上养殖、滩涂养殖和其他养殖产量均有增长，分别比 2010 年增长 13.7%、19.2% 和 46.1%。

2015 年，广东省海上养殖面积排名在辽宁、山东、福建、河北之后，居全国第五位；产量排名在山东、福建、辽宁之后，居全国第四位。滩涂养殖面积占全国 653843 公顷的 11.80%，排名在山东、辽宁、江苏之后，居全国第四位；产量占全国 602.16 万吨的 21.23%，居全国第一位。其他养殖面积占全国 308521 公顷的 18.72%，排名在辽宁之后，居全国第二位；产量占全国 215.95 万吨的 29.46%，居全国第一位。

【海水养殖方式】海水养殖水域分别用于发展池塘、网箱（深水网箱）、筏式、吊笼、底播和工厂化养殖，“十二五”期间，广东省各种养殖方式的产量均有较提高。2015 年，广东省海水池塘养殖面积 74745 公顷，占全国的 16.43%，排名在山东、辽宁之后，居全国第三位；产量 602030 吨，占全国的 25.61%，居全国第一位。海水网箱（深水网箱）养殖在后面专条介绍。

但是，广东省其他海水养殖，在全国所占比重不大。2015 年，海水筏式养殖面积 15526 公顷，排名在山东、河北、辽宁、福建、江苏之后，居全国第六位；产量 395762 吨，排名在山东、福建、辽宁、河北之后，居全国第五位。海水吊笼养殖面积5035公顷，排名在山东、福建、辽宁之后，居全国第四位；产量93739吨，排名在山东、福建之后，居全国第三位。海水底播养殖面积39230公顷，排名在辽宁、山东、江苏之后，居全国第四位；产量675183吨，占全国的12.80%，排名在山东、辽宁之后，居全国第三位。海水工厂化养殖水体657793立方米，排名在山东、福建、河北、辽宁、浙江、江苏之后，居全国第七位；产量6953吨，排名在山东、辽宁、福建、江苏、河北之后，居全国第六位。

【海水养殖种类】广东海域的海生动植物资源丰富，近海鱼类200多种，贝类100多种，藻类近100种，还有海参、海胆、沙蚕、沙虫等其他品种。至2015年，已开发利用的本地海水养殖种质资源，鱼类有石斑鱼类、鲷科鱼类、笛鲷科鱼类、石鲈科鱼类和眼斑拟石首鱼类、鰤鱼、军曹鱼、卵形鲹鲳等品种；甲壳类有斑节对虾、长毛对虾、墨吉对虾等虾类，锯缘青蟹等蟹类；藻类有：坛紫菜、紫菜、麒麟菜、龙须菜等品种；贝类有马氏珠母贝、白蝶贝、杂色鲍、东风螺、青螺、牡蛎、泥蚶、西施舌等品种；同时，先后引进吸收消化尖吻鲈、龙趸、青石斑、鲆、鲽、黑斑红鲈（美国红鱼）和赤点石斑鱼、鲑点石斑鱼、青斑等20多种海水鱼类；南美白对虾、东南亚斑节对虾等虾类；日本盘鲍、黑鲍、太平洋牡蛎等贝类种质资源。用于提纯复壮鱼虾贝亲本，与省内品种远源交配或杂交，繁育无病毒健康虾苗、优质鱼苗和鲍杂交优势种等苗种，为健康养殖发展奠定良好苗种基础。2010年后，重点支持对虾、珍珠、石斑鱼鲷科鱼类、笛鲷科鱼类、石鲈科鱼类等主导品种良种场建设与提升，确保选好良种育好苗，加快健康养殖发展。水产种苗生产体系为海水增养殖生产供应70余种经济海水品种：鱼类有鲻、鲷、鲈、石斑、鰤鱼、鲳鲹等40多种，虾类有斑节对虾、中国明对虾、南美白对虾、日本对虾、刀额新对虾、近缘新对虾等10多种，贝类有鲍、珍珠贝、泥蚶、牡蛎、贻贝、江瑶、扇贝等20多种，藻类有江蓠、紫菜、麒麟菜、石花菜等20多种。还护养红肉蓝蛤、寻氏肌蛤、偏顶蛤、杂色蛤仔等小贝类。

广东传统海水养殖以贝类养殖为主，20世纪，全省贝类产量占海水养殖总产量80%~90%。进入21世纪，广东省各地开发鱼虾种质资源，规范鱼虾养殖技术，推广高产高效养殖模式，提高鱼虾养殖效益；鱼类、虾类养殖面积不断扩大，产量不断提高，贝类产量所占比例有所下降：2010年为70.9%；2015年为65.2%，形成产量增长靠贝类养殖，产值增长靠鱼虾养殖的海水养殖发展格局。

【海水珍珠养殖】南海珍珠，享有盛名，有“西珠（西洋珠）不如东珠（日本珠），东珠不如南珠”之说。珍珠业包括养殖珠母贝、插核、养珠、加工等环节，主要珠母贝品种有马氏珍珠贝、白蝶贝等。广东珍珠业历史悠长、道途颠簸。20世纪末，广东珍珠产业体制改革，推动群众性珍珠养殖发展，建立以雷州、徐闻为中心的粤西珍珠养殖基地。全省珍珠产量达16吨。由于珠农短期行为，养珠、育珠技术不规范，珠母贝退化，养殖期过短，珍珠粒径、珠层厚度降低了二个档次。“南珠”在国际市场声誉受损、销路受阻。竞争力明显削弱，出口受排斥。导致广东珍珠养殖业步入低谷。省海洋与水产厅听取专家对珍珠养殖业调查研究意见，提出整顿珍珠行业的具体措施：一是调整养珠布局，规范养珠技术，加强养珠管理，延长养珠周期，要求育珠时间不得少于15个月，保证珍珠粒径与珍珠层厚度。二是培育珍珠加工龙头企业，建立“公司+农户”经营模式，推动珍珠业产业化经营。三是引导行业自律，建立“南珠”协会，将行业连接成养殖、加工、销售的利益共同体，实现统一标准、统一出口销售，统一对外的目标。四是设立扶持珍珠业发展专项资金。每年拨出2000万元治理整顿珍珠业，扶持珍珠业走出低谷。

2010年后，各级渔业主管部门用好用活这项珍珠业发展专项资金。一是扶持省级珍珠良种场建设，推广良种良法，收集、引进珠母贝，选育珠母贝良种亲本，规范人工繁殖技术，生产珠母贝优良种苗，带动珠母贝养殖；二是治理育珠养珠水域环境，整治珍珠养殖基地基础设施，调整养珠布局，确保珠母贝养殖生态环境优良；三是制定和推广珍珠养殖生产技术规程，带动珠农规范珠母贝养殖、插珠、育珠等技术，延长育珠周期，提高珍珠粒径和珍珠层厚度；四是引导加工企业革新珍珠加工技术与工艺等，提升珍珠层次。珍珠业走出低迷时期。2015年全省珍珠产量2805千克。

2015年，广东省海水珍珠养殖产量占全国3586千克的78.22%，另有广西区海水珍珠养殖产量781千克。

【海胆、海参、海蜇养殖】广东海水养殖，除了鱼类、甲壳类、贝类养殖外，还发展海胆、海参、海蜇等特色海产动物养殖。2015年，全省特色海产动物养殖养殖产量5926吨，养殖面积5647公顷；与2010年对比，面积增加198公顷，产量减少799吨。

海参。养殖品种为糙海参（明玉参），1978年在省政府资助下，徐闻县西连公社大井大队试养糙海参，试养成功因效益不显著而停止。在北方养殖刺参高效益的推动下，2007 年徐闻又开展糙海参人工繁殖技术和养殖技术的研究，已获得成功，2015 年养殖产量 240 吨，养殖面积 286 公顷。

海胆。养殖品种为紫海胆，在海域岛礁进行增养殖。2015 年全省养殖产量 2200 吨，养殖面积 2749 公顷。主产区在汕尾、惠州市。

海蜇。在湛江利用虾塘有少量养殖，2015 年养殖产量 262 吨，养殖面积 26 公顷。

鱼类养殖

【概况】广东海水鱼类养殖主要模式为池塘养殖和网箱养殖。2000 年前仍有一定面积的鱼塭，2010 年后，绝大部分鱼塭改为海水池塘。2010 年前后，广东养殖业者在石斑鱼类、鲷科鱼类、笛鲷类、花鲈、军曹鱼、狮鼻鲳参、斜带髭鲷、高体鰤、鲳鲹、尖吻鲈、美国红鱼等海水优质鱼类选种育种领域取得重大突破，选育纯正亲本、繁育优质种苗，供给海水鱼类养殖，优化海水池塘养鱼、网箱养鱼品种结构。海水养殖鱼类品种有花鲈、黄鳍鲷、黑鲷、鲻鱼、真鲷、花尾胡椒鲷、中华乌塘鳢、尖塘鳢、尖吻鲈、美国红鱼、大黄鱼、紫红笛鲷、红鳍笛鲷、裸颊鲷、黄鳍棘鲷、斑带石斑鱼、长棘石斑鱼、橙点石斑鱼、军曹鱼、狮鼻鲳参、斜带髭鲷、高体鰤和篮子鱼等。2015 年全省海水鱼类养殖面积 30969 公顷，产量 492922 吨，分别比 2010 年的 28419 公顷、308128 吨增长 8.97% 和 59.97%。

2015 年，广东省海水养殖鱼类面积占全国 84049 公顷的 36.85%，产量占全国 130.76 万吨的 37.70%，均居全国首位。

【海水池塘养殖】广东省海水池塘养鱼类型分水体盐度低的低盐度咸淡水池塘养鱼和高盐度海水池塘养鱼两种。咸淡水池塘养鱼主要分布在广东省内各江河出海口咸淡水区域；养殖品种有花鲈、黄鳍鲷、黑鲷、鲻鱼、真鲷、花尾胡椒鲷、中华乌塘鳢、尖塘鳢等近 20 种；海水池塘养鱼主要分布沿海水域滩涂及海围；养殖品种有尖吻鲈、美国红鱼、大黄鱼、紫红笛鲷、红鳍笛鲷、裸颊鲷、黄鳍棘鲷、斑带石斑鱼、长棘石斑鱼、橙点石斑鱼、军鳢鱼、狮鼻鲳鲹、斜带髭鲷、高体鰤和篮子鱼等 20 多种。

2015 年，广东省海水养殖鲈鱼、军鳢鱼、鰤鱼、鲷鱼、美国红鱼、石斑鱼等产量分别为 55400 吨、28260 吨、16085 吨、26386 吨、33685 吨、42601 吨，居全国前列，共占全省海水养殖鱼类产量的 35.1%；河豚鱼产量 4687 吨，居全国第二位。

【浮筏式网箱养鱼】"十一五"期间前后，粤东、粤西和珠江三角洲沿海掀起网箱养鱼热潮，广东省平均每年增加 1 万个海水浮筏式网箱、产量增长 3000 吨。至 2010 年，全省网箱 3119595 箱，产量 100603 吨。由于利益的刺激，出现饶平柘林湾、惠东考洋洲等海湾网箱密度过大，形成"高密度、高投饲、高污染、高风险"态势，各级政府和渔业主管部门采取措施，引导渔民转移至深海转营深水网箱养鱼，调整海湾传统浮筏式网箱密度，减少污染保护养殖水域生态环境。"十二五"期间，广东省海水网箱养殖鱼类品种有石斑鱼、鲷科、笛鲷、尖吻鲈、花鲈、鲫鲹类、军鳢鱼、高体鰤、石首鱼类等 30 多个品种。2015 年全省普通网箱面积 5006375 平方米，产量 118159 吨，分别比 2010 年面积 3119595 平方米，产量 100603 吨，增长 60.48% 和 17.45%。

2015 年，广东省海水普通网箱养殖面积占全国 5343.89 万平方米的 9.37%，养殖产量占全国 46.66 万吨的 25.32%，均排名在福建之后，居全国第二位。

【深水网箱养殖】"十一五"期间，广东组织扶持深水抗风浪网箱养鱼发展，2010 年全省深水网箱发展到 239207 立方水体，产量 7618 吨；2011 年，省海洋与渔业局组织围绕发展现代渔业需要，争取省财政设立每年 2500 万元深水网箱养鱼专项资金，支持粤东粤西珠江三角洲沿海渔民发展深水网养鱼。建成湛江特呈岛、饶平柘林湾深水网箱产业园区，湛江恒兴渔业有限公司规划建设深水网箱产业园区。2013 年省海洋与渔业局与省财政厅联合下发《广东省深水网箱产业发展项目申报指南》，组织渔民申报、专家评审、确定项目与资金，全年下达扶持资金 2700 万元；至 2015 年，深水网箱增加到 1983 组，901773 立方水体，年产量 18337 吨。这些深水网箱置换 20 万个传统浮筏戏网箱，腾出近岸海域约 200 平方千米，相当于 2004—2010 年《广东省海洋功能区划》中围填海面积的 1 倍多。

2015 年，广东省海水深水网箱养殖占全国 93.61 万立方米水体的 9.63%，养殖产量占全国 10.57 万吨的 17.34%，均排名在山东之后，居全国第二位。

【工厂化养鱼】"十二五"期间，贯彻广东省政府《关于推动海洋渔业转型升级提高 海洋渔业发展水平的意见》，引导沿海各地海水养殖从业者，推进海水工厂化养鱼发展。2015 年广东省海水工厂化养鱼水体 657793 立方米，产量 6953 吨；比 2010 年的 326673 立方米，3648 吨比较，水体增长 101.4%，产量增长 96.1%。

甲壳类养殖

【概况】广东省甲壳类养殖包括对虾养殖和蟹类养殖。广东省对虾养殖主要模式有低位虾池精养、高位池高密度精养等两种。养殖品种有墨吉对虾、长毛对虾、中国对虾、日本对虾、刀额新对虾、斑节对虾和凡纳滨对虾。自 20 世纪 80 年代起，广东对虾养殖从无到有、从小到大、从弱到强，30 多年来，经历多次虾病困扰、对虾出口技术壁垒，出现波折与起伏，在各级政府和渔业主管部门的大力支持下，广大从业者不懈努力，对虾养殖业冲破重重困难，持续发展。养虾业发展，产量提高，对虾成为加工出口和国内销售大宗养殖商品，其产品质量安全受全社会关注，各级渔业主管部门历来都十分重视对养虾业进行严格的质量安全监督管理。2011 年，广东率先实施《广东省水产品标识管理实施细则》，将对虾列为重点，强化养虾基地监管，定期进行抽样检测，把守对虾产品药物残留关，确保其出口、销售销畅通，推进对虾养殖持续发展。

2015 年，广东省海水养殖甲壳类面积 70124 公顷、产量 484196 吨；对比 2010 年的 72382 公顷、348337 吨，面积减少 2258 公顷，但产量增长 39.00%；广东省海水养殖甲壳类面积占全国 31.42 万公顷的 22.32%，排名在山东之后，居全国第二位；产量占全国 143.49 万吨的 33.74%，居全国首位。

【对虾养殖品种】2000 年前，广东以养殖墨吉对虾、长毛对虾、中国对虾、日本对虾、斑节对虾、刀额新对虾等国内对虾品种为主。1997 年引进并吸收消化凡纳滨对虾（即南美白对虾），养殖科技人员与虾农携手，采用单侧眼柄切除和亲虾自然交配方法，攻克开创凡纳滨对虾人工繁殖新技术，繁育健康优良虾苗。推广养殖凡纳滨对虾，该品种以其养殖周期短、产量、效益高的优势，广受虾农喜爱，全省掀起凡纳滨对虾养殖高潮，养殖面积迅速扩大，产量迅速提高，此后，全省对虾养殖以凡纳滨对虾为主导品种。2015 年，广东省海水养虾面积 60865 公顷、产量 422732 吨；分别比 2010 年的 59967 公顷、293177 吨，增长 1.5% 和 44.2%。

“十二五”期间，广东省海水养虾，以养殖凡纳滨对虾为主。2015 年，广东省凡纳滨对虾面积 46041 公顷、产量 345964 吨，占全省对虾产量的 81.84%；斑节对虾面积 8553 公顷、产量 49193 吨，占全省对虾产量的 11.64%；还有中国对虾产量 9311 吨、日本对虾产量 5200 吨，这些对虾共占全省对虾产量不到 7%。

2015 年，广东省海水养虾面积占全国 25.84 万公顷的 23.56%，排名在山东之后，居全国第二位；产量占全国 116.13 万吨的 36.40%，居全国首位。同时，斑节对虾产量占全国 75682 吨的 65.00%，在全国独占鳌头。

【对虾养殖技术】广东养殖科技人员不断总结南方养虾经验，规范和提升养虾实用技术，指导虾农生产。2011 年后，规范提升推广应用“高位池”精养对虾技术：“净化微流水养虾技术”“鱼虾贝藻混养技术”“微生物净化水养虾技术”“零排放养虾技术”“高产低耗高效健康养虾”等生态养虾技术；各级渔业主管部门引导虾苗场、良种场升级改造，建设一批省级、国家级对虾良种场，应用“无病毒虾苗培育技术”，培育、推广对虾苗种品牌、名牌，推动健康养虾发展，提高养殖产量效益。2015 年全省养虾单产 69395 千克 / 公顷，比 2010 年 48890 千克 / 公顷，提高 42.0%。

【蟹类养殖】广东蟹类养殖品种主要有锯缘青蟹和梭子蟹，主要是锯缘青蟹。锯缘青蟹养殖主要分布在珠江口（珠海斗门、江门台山）、韩江口（澄海、潮阳）、漠阳江口（阳东、阳西）、鉴江（电白、吴川）等咸淡水交汇处。2000 年前，锯缘青蟹（膏蟹、肉蟹）价格坚挺、销售畅通；珠江三角洲等地养蟹面积迅速扩大，产量平稳提高。2000 年全省养殖青蟹面积 10399 公顷，产量 23154 吨。“十二五”期间，广东省推广鱼、虾、贝、藻、蟹类多品种混养模式和青蟹多元化生态养殖技术，提高青蟹养殖产量效益，争创青蟹品牌。珠海南水青蟹养殖被评为无公害养殖基地，南水蟹被评为绿色安全食品，珠海“双壳蟹”，湛江、阳江、潮汕“黄油膏蟹”名扬海内外，其品牌与江苏阳澄湖大闸蟹齐名。2015 年全省海水养殖蟹类面积 9259 公顷，产量 61464 吨，对比 2010 年的 12415 公顷、55160 吨，面积减少 25.42%，产量增长 11.43%。其中锯缘青蟹养殖面积 7833 公顷，产量 47421 吨，与 2010 年的 10204 公顷、41478 吨比较，面积减少 23.24%，产量增长 14.33%。

2015 年，广东省海水养殖蟹类面积占全国 63711 公顷的 14.53%，排名在浙江之后，居全国第二位；产量占全国 22.81 万吨的 24.18%，居全国首位。其中锯缘青蟹养殖面积占全国 26983 公顷的 37.82%，排名在浙江之后，居全国第二位；产量占全国 11.58 万吨的 35.81%，居全国首位。

贝类养殖

【概况】广东省主要养殖贝类有牡蛎、鲍、螺、泥蚶、贻贝、江珧、扇贝、蛤、蛏和珍珠等。20世纪80年代、90年代，广东海水养殖以贝类养殖为主，全省贝类产量占海水养殖总产量的80%~90%。进入21世纪，鱼类、虾类养殖面积不断扩大，产量不断提高，贝类产量所占比例有所下降，2010年为70.9%；2015年为65.2%。“十二五”期间，全省贝类养殖平稳发展，2015年全省养贝面积85169公顷，产量1973963吨；与2010年的90025公顷、1766263吨比较，面积减少5.4%、产量增长11.8%。

广东省海水贝类养殖虽然面积大，产量多，但占全国比重小，地位不突出。2015年，广东省海水贝类养殖面积占全国152.66万公顷的5.58%，排名在辽宁、山东、江苏之后，居全国第四位；海水贝类养殖产量占全国1358.38万吨的14.53%，排名在山东、福建、辽宁之后，也居全国第四位。

【牡蛎养殖】牡蛎俗称蚝，历来是广东省贝类养殖的主导品种，以养殖近江牡蛎居多。2000年后引进并吸收消化太平洋牡蛎，始在粤东建立太平洋牡蛎养殖基地。牡蛎养殖（俗称养蚝）分布于珠江口、粤东、粤西沿海水质肥沃的海湾。养殖模式分地播平面养蚝和立体养蚝两大类：立体养蚝包括浮筏式垂下养殖、桩式垂下养殖、栅架式垂下养殖、柱堆立体养殖；具放养密度大、生长快、产量高、劳动强度小等优势；但成本高，抗风性差，风险大。“十二五”期间，广东省组织专家对省内养蚝业发展状况进行调研、分析，提出规范养蚝技术，调整养蚝布局，加强养蚝管理，发展健康养蚝的方案：一是推广养蚝新技术，推广浮筏式下垂吊养和桩式立体式吊养技术，因地制宜采用最佳养蚝模式，降低蚝农劳动强度，提高羔蚝产量效益；二是调整养蚝布局，引导珠江口养蚝商品基地转移到水质清新环境良好的台山镇海湾、阳江程村等地，建立养蚝新基地，优化全省养蚝区域布局；三是引进开发新品种，扶持南澳县建立太平洋牡蛎三倍体育苗中心，规模化繁育苗种，推进粤东地区建设太平洋牡蛎养殖基地；四是规范水产品质量安全管理，对重要的养蚝基地及周边海域环境监测，对产品、半产品进行抽样检测，提高养蚝产品质量安全水平；五是打造牡蛎品牌名牌。通过改善环境、提高技术、加强监督检查，提高质量，阳江“程村蚝”、台山“镇海蚝”、珠海“横琴蚝”等品牌声誉鹊起；六是引导加工企业开拓牡蛎加工，拓展产品销路，提高牡蛎附加值和蚝农收入。2015年全省养蚝面积32199公顷，产量1147916吨；比2010年的32013公顷、931945吨增长0.6%、23.2%。

广东省历来是牡蛎养殖的重要基地，2015年，广东省牡蛎养殖面积占全国14.15万公顷的22.76%，牡蛎养殖产量占全国457.34万吨的25.10%，排名均在福建之后，与福建并驾齐驱，建设为中国牡蛎养殖的重要基地。

【鲍养殖】广东沿海杂色鲍资源丰富，现阶段，鲍的养殖品种有杂色鲍、皱纹盘鲍、黑鲍、杂交鲍等，主要养殖模式有工厂化立体笼养、沉箱养殖等。工厂化立体笼养养鲍始于20世纪90年代。1995年汕尾市委市政府贯彻第三次全省海洋工作会议精神，制定优惠政策，吸引各类资金，投资建设养鲍场；并规范鲍人工育苗技术、工厂化立体笼养商品鲍技术，推进群众性养鲍，逐步建成养鲍基地，带动全省养鲍发展。此后，各级渔业主管部门将养鲍作为带动沿海渔农民致富的特色养殖来抓，工厂化立体笼养成为广东养鲍的主导养殖模式。一是规范良种选育苗种培育技术，生产和供应优良鲍苗；二是规范和推广工厂化立体式笼箱养鲍技术和沉箱养鲍技术，引导鲍农根据当地实际选择高产低耗优质高效的模式与技术，提高养鲍产量效益；三是协调养鲍基地周边种养企业或农户，发展江蓠、龙须菜种植，为养鲍提供优质饲料。“十二五”期间，广东省养鲍技术、产量和效益明显提高。2015年全省养鲍732公顷，产量8482吨；与2010年的1517公顷、4780吨比较，面积减少50%以上，产量增长77.5%。

【螺养殖】广东螺类资源丰富，螺类养殖品种有东风螺等。养殖方式有水泥池养殖、土池养殖、虾池养殖。2010年前东风螺人工繁殖取得成功，生产供应充足螺苗种发展养殖，改变了靠捕捞海域滩涂野生种苗供应养殖的格局。“十二五”期间，广东省出现“虾价走低，螺价走高”的走势，部分虾塘转养东风螺。原虾塘曝晒、清淤、消毒并铺5厘米以上细砂，进水再放苗，放养密度：壳长1厘米（每千克6000～8000粒）的螺苗，每公顷投放150万～230万粒；投喂鱼糜混合料，定期冲水排污，分级分疏；做好病害防治；经4～5个月（如需过冬，则要6～7个月）的养殖，东风螺可达120粒/千克的商品规格，成活率85%；产量是每公顷800～1200千克。省内不少虾农转养虾为养螺，掀起东风螺养殖迅速发展，建立东风螺养殖基地。2015年全省养螺面积6158公顷，产量91201吨；分别比 2010 年的 6143 公顷、87332 吨增长 0.3%、4.4%。

2015 年，广东省海水螺类养殖面积占全国 40107 公顷的 13.35%，排名在江苏、山东之后，居全国第三位；但产量占全国 24.30 万吨的 37.53%，在全国独占鳌头，是中国螺类养殖的重要基地。

【蚶养殖】 广东省沿海有丰富的泥蚶、毛蚶、魁蚶、珠蚶和丝蚶资源。主要养殖品种为泥蚶。泥蚶养殖始于 20 世纪末，当时各级渔业主管部门引导阳江等地渔农民适当保护与开发利用当地的蚶苗资源，发展养蚶业，2000 年全省养殖泥蚶 2818 公顷，产量 33500 吨（阳江占 41.8%），建立以阳江中心的粤西养蚶基地。2010 年后，攻克泥蚶人工繁殖技术，生产种供应足量泥蚶苗种，供应养殖；广东养蚶业稳产发展。2015 年全省养蚶 2850 公顷，产量 56404 吨；与 2010 年的 2972 公顷、56131 吨比较，面积减少 4.1%，产量增长 0.5%。

2015 年，广东省海水蚶类养殖面积占全国 49059 公顷的 5.81%，排名在辽宁、河北、浙江、福建、江苏之后，居全国第六位；但由于自然条件好，技术水平高，产量占全国 36.43 万吨的 15.48%，排名在浙江之后，居全国第二位。

【贻贝养殖】 贻贝俗名青螺、壳菜、淡菜，广东沿海有丰富的贻贝资源。主要养殖品种有翡翠贻贝、紫贻贝等。主要养殖模式有水泥柱插桩式立体养殖、棚架式和延绳式养殖等。“十二五”期间，广东省各级渔业主管部门对全省贻贝养殖进行科学规划，建设了阳江、江门、茂名、湛江等区域贻贝养殖商品基地；规范并推广应用浮筏式垂下养殖、桩式垂下养殖、棚架式垂下养殖和延绳式垂下养殖等模式与技术，引导各地贝农加强贻贝养殖管理，提高产品质量，提高养殖产量。由于近海污染，影响贻贝养殖产量与效益，近年养殖规模有所减缩。2015 年全省贻贝养殖面积 3521 公顷，产量 86091 吨；分别比 2010 年的 6375 公顷、114384 吨减少 44.8% 和 24.8%。

【江珧养殖】 江珧养殖 20 世纪 90 年代后期才起步，2000 年广东省养殖产量 2899 吨。“十二五”期间，广东省各级渔业主管部门重点扶持各地开发利用当地的江珧种质资源，攻克人工繁育技术，生产江珧种苗生产，推广养殖新技术、新模式，推动江珧养殖发展。2015 年全省江珧养殖 993 公顷，产量 18238 吨；与 2010 年的 1216 公顷、13509 吨比较，面积减少 18.3%，产量增长 35.0%。

【扇贝养殖】 扇贝养殖始于 20 世纪初，湛江廉江引进并吸收消化墨西哥扇贝，引导渔民开展吊养，建立了粤西为中心的扇贝养殖基地，2010 年广东省养殖 6713 公顷，产量 74740 吨。“十二五”期间，广东省各级渔业主管部门重点扶持各地规范种苗繁殖技术，生产优质扇贝种苗生产，推广养殖新技术、新模式，推动扇贝养殖发展。2015 年全省扇贝养殖 7015 公顷，产量 104208 吨；分别比 2010 年的 6713 公顷、产量 74740 吨增长 4.5% 和 39.4%。

【蛤养殖】 蛤又称蛤仔，俗称花蚶；分杂色蛤仔和菲律宾蛤仔。分布于柘林湾、广澳港、海门港、甲子港、神泉港、汕尾港、大亚湾、大鹏湾和莱芜岛、东海岛附近海区。“十二五”期间，广东省通过滩涂、浅水深水海区采苗或土池半人工育苗，解决养蛤种苗问题。各地都开展滩涂播养或池塘混养：滩涂播养投放白苗（2 万粒 / 千克）1500 千克 / 公顷，养殖 1 ~ 1.5 年可长至壳长 3 厘米商品蛤。广东各级渔业主管部门引导各地渔农规范蛤仔养殖技术，提高养蛤产量效益。2015 年全省养殖蛤仔 21315 公顷、产量 321363 吨；比 2010 年的 19183 公顷、289009 吨，增长 11.1% 和 11.2%。

【蛏养殖】 蛏养殖养殖始于 20 世纪 90 年代后期，2000 年全省养殖产量 2959 吨。2010 年后，各级渔业主管部门重点扶持各地开发利用当地的蛏种质资源，生产蛏种苗，推广供应蛏养殖。由于水域环境和商品蛏市场销路，影响蛏养殖效益，“十二五”期间，广东省养蛏趋于减缩。2015 年全省江珧养殖 1911 公顷，产量 9354 吨；分别比 2010 年的 2083 公顷、24934 吨减少 8.3%、62.5%。

【小贝类护养增殖】 广东沿海滩涂分布红肉蓝蛤、寻氏肌蛤、偏顶蛤、蛤仔、中国绿螂、文蛤和西施舌等小贝类资源，年产量 40 万吨以上，20 世纪 80 年代中叶，全省发展养虾，大量采捕小贝类为对虾饵料，天然资源逐年减少。各级渔业主管部门引导渔农民进行小贝类护养增殖（在原产小贝类的海域滩涂投放苗种、实施定期禁捕，扩大资源），增加小贝类产量，支撑养虾发展。2000 年小贝类护养增殖面积 59012 公顷、产量 474155 吨。“十二五”期间，广东省养虾技术改革，多投喂全价配合饲料，对小贝类需求量降低，但小贝类护养增殖仍然在不断扩展。

藻类养殖

【概况】 广东养殖海水藻类有江蓠、紫菜、海带、裙带菜、麒麟菜、羊栖菜等，主要是江蓠、紫菜。江蓠用作养殖鲍饵料，紫菜多供加工为紫菜制品，养殖规模规模大些，其余品种养殖规模较小。2015 年全省藻类种植面积 2952 公顷，产量 75170 吨；与 2010 年的 2983 公顷、61135 吨对比，面积稳定，产量增加 4035 吨，增长 22.96%。其中，海带种植面积 95 公顷，产量 4520 吨；分别比 2010 年的 65 公顷、3018 吨增长 46.15%、49.77%；裙带菜种植面积 10 公顷，产量 725 吨；对比 2010 年的 10 公顷、350 吨，面积稳定，产量增长 107.14%。麒麟菜种植面积 40 公顷，产量 1820 吨；羊栖菜种植面积 37 公顷，产量 125 吨；这些都是在“十二五”期间从零发展起来。

【紫菜养殖】 广东种植紫菜品种有坛紫菜和广东紫菜，主要分布在粤东地区南澳、饶平、澄海等地。20 世纪 80 年代建立潮汕海水养殖场、南澳、饶平柘林、海山、潮阳海门、达濠广澳、澄海莱芜等 9 个紫菜培苗室，1987 年有南澳、饶平、澄海 3 个县养殖紫菜，全省养殖 294 亩，产量 34 吨。1988—1992 年每年养殖面积 500 ~ 750 亩，产量不超过 100 吨。1995 全省养殖面积最大，4635 亩，产量仅 375 吨。1999 年 2175 亩，1077 吨，产量最高。2000 年 3690 亩、产量 916 吨。省渔业主管部门重点扶持汕头市水产研究所等单位选育紫菜良种，规范苗种栽培和紫菜种植技术，规范和推广应用“浮筏式吊养”“吊挂浮动式”种养技术与模式，引导渔农根据当地实际选择高产、高效的种植模式与技术，提高紫菜种植产量与效益。同时，协调加工企业改革加工技术，提高紫菜品质，拓展紫菜销路，提高紫菜附加值，带动种植紫菜渔农增产增收。2015 年全省紫菜种植面积 796 公顷，产量 8329 吨；对比 2010 年的 528 公顷和 8609 吨，面积增长 50.76%，产量略为减少。

2015 年，广东省海水紫菜种植面积占全国 65766 公顷的 1.17%，但由于自然条件好，技术水平高，产量占全国 11.59 万吨的 7.19%，排名在福建、江苏、浙江之后，居全国第四位。

【江蓠养殖】 江蓠又称“蚝菜”，是提取琼脂的原料，也作为养鲍饲料和人类保健食品。20 世纪 80 年代，广东省水产局扶持各地发展江蓠种植。2010 年前后，琼脂加工发展及养鲍的发展，龙头企业采用“公司＋基地＋农户”经营方式，带动农户扩大江蓠种殖。同时，各级渔业主管部门扶持龙须菜等新品种育苗及移植增殖，改革江蓠种植殖技术，扩大种植规模，江蓠种植产量稳步增加。2015 年全省江蓠种植面积 1792 公顷，产量 54905 吨；对比 2010 年的 2204 公顷和 46555 吨，面积略微减少，产量增长 17.94%。

海水养殖优势产业带

【概况】 2000 年前后，广东省各级渔业主管部门按“开发一个品种，完善一门科学，建立一个产业，致富一方群众”的宗旨，发展主导品种养殖，在沿海各市县建立对虾、鲍、珍珠、咸淡水鱼类、优质海水鱼、贝类等海水养殖商品基地。“十二五”期间，广东省引导各养殖商品基地整治基础设施，治理生态环境，规范健康养殖技术，逐步扩大规模效益，提升海水养殖优势产业带。

【对虾】 “十二五”期间，广东省各级渔业主管部门引导各地推行以凡纳滨对虾为主推品种，适当养殖斑节对虾、日本对虾、墨吉对虾、长毛对虾、中国对虾、日本对虾、刀额新对虾等品种的对虾养殖发展格局。主推“高位池健康养殖对虾”模式，综合应用“过滤处理养虾海水”“高位池地膜养虾”“微生物制剂净化养殖水体”“养虾防病”等健康养虾技术，带动全省群众性养虾发展，全省对虾养殖业持续发展。2015 年全省对虾养殖面积 60865 公顷、产量 422732 吨；比 2010 年的 59967 公顷、293177 吨分别增长 1.4%、44.2%；其中凡纳滨对虾养殖面积 46041 公顷，产量 345964 吨，比 2010 年的 40965 公顷、234743 吨分别增长 12.39%、47.38%；对虾产量居全国第一，建成我国乃至东南亚最大的养虾优势产业带。

【海水鱼类】 广东海水养殖鱼类品种有海鲈、真鲷、平鲷、黑鲷、笛鲷、石斑鱼等 20 多种，其苗种多源于人工繁育，花鲈、鲷、鲻等部分品种有小批量从海域捕捞野生苗种。进入 21 世纪后，掀起群众性池塘养殖和网箱养殖海水鱼类热潮，建立海水鱼养殖商品基地。“十二五”期间，广东省各级渔业主管部门引导各地建立良种场，选好良种育好苗，推广良种良法；并发挥支撑体系的作用，引导渔农规范养殖技术，优选高产高效模式，带动健康养殖发展。2015 年全省海水养殖鱼类产量 492922 吨，居全国首位；其中石斑鱼、鲷科鱼类、鲫鱼、花鲈、美国红鱼等产量分别为 42601 吨、26386 吨、16085 吨、55400 吨、33685 吨，均居全国前列。共占全省海水养殖鱼类产量的 35.1%。建成海水鱼类养殖优势产业带。

【牡蛎】 “十二五”期间，广东省各级渔业主管部门引导牡蛎养殖商品基地改革、规范海区采苗技术，突破人工繁育技术，解决牡蛎种苗问题；引导阳江、台山、南澳等养殖商品基地整治基础设施，治理生态环境；主推近江牡蛎，适当发展太平洋牡蛎养殖；推广桩式垂下养殖技术和排筏式吊养等养殖技术与模式，推进牡蛎健康养殖，力保“程村蚝”“台山蚝”等牡蛎品牌。2015 年全省养蚝面积 32199 公顷，产量 1147916 吨；分别比 2010 年的 32013 公顷、931945 吨增长 0.6%、23.2%；居全国第二位，建立牡蛎养殖优势产业带。

五、淡水养殖

综述

【概况】 淡水养殖业是广东的重要产业，是广大渔农增收的重要途径。“十二五”期间，广东省因地制宜，坚持大力发展水产养殖业。其中广州、佛山等市投入专项资金支持鱼塘标准化建设、发展设施渔业；韶关市推进以“公司＋合作社＋基地”这一产业化模式发展生态渔业；河源市打造“万绿湖水库鱼”生态品牌；梅州市生态甲鱼获得供应港澳通行证；茂名市成为全国规模最大的罗非鱼养殖优势地区。清远市成功举办首届“稻鱼节”，东莞市成功承办中国（东莞）第一届龟鳖博览会。肇庆、云浮、揭阳等地特色生态渔业蓬勃发展；休闲渔业发展势头更猛。2015 年全省淡水养殖面积 370817 公顷，产量 3865638 吨，分别比 2010 年的 364153 公顷、3146669 吨增长 18.3%、22.9%；占全省水产品总量的 45.1%；全省出口水产品总量中淡水加工产品占 25.6%。2015 年，全省淡水养殖鳜鱼 88897 吨、鲈鱼 227940 吨、乌鳢 103482、罗非鱼 741188 吨、鳗鱼 109376 吨、淡化养殖南美白对虾 252297 吨，均居全国前列。

【淡水养殖面积】 广东河流纵横交错，山塘水库星罗棋布，人工池塘连片集中，淡水渔业水域资源丰富。水域资源调查资料显示，全省内陆水域总面积 116 万公顷（1740 万亩），包括江河水面 67 万公顷（1000 万亩），山塘水库水面 20 万公顷（300 万亩），人工池塘水面 27.8 万公顷（417 万亩），湖泊、河沟等其他水面约 1.3 万公顷（近 20 万亩）；还有低洼盐碱地等约 53 万公顷（约 800 万亩），大部分可开发水产增养殖。

2010 年，广东省淡水养殖总面积 364153 公顷，其中池塘 272038 公顷，湖泊 2427 公顷，水库 77509 公顷，河沟 2339 公顷，其他 9840 公顷，另有稻田养鱼 5527 公顷；2015 年分别为 370817 公顷、278291 公顷、2989 公顷、79604 公顷、1969 公顷、7964 公顷和 3364 公顷。“十二五”期间，广东省淡水养殖总面积扩大 6664 公顷，增长 7.13%；其中池塘 6253 公顷，湖泊 562 公顷，水库 2095 公顷，分别增长 2.30%、23.16% 和 2.70%。但是，河沟减少 370 公顷，其他减少 1876 公顷，另有稻田养鱼减少 2163 公顷，分别减少 16.81%、19.07% 和 39.13%。

【淡水鱼类养殖】 “十二五”期间，广东省以市场为导向，采取有效措施，调整淡水养殖鱼类结构，推广多品种、适当密度、立体养殖模式和投喂渔用配合饲料术，充分利用水体空间，提高养殖水体产出率。主推大宗出口养殖品种、主导品种、名特优品种，养殖稳步发展，建成罗非鱼、鳗鲡、鲈、鳜、鳢、塘鳢、鲶鱼等淡水鱼类养殖优势产业带。全省淡水养殖形成“高、中、低档次品种养殖协调发展”的格局；实现由“产量增长以‘四大家鱼’为主，产值、效益提高以优质鱼为主”转变为“产量增长，产值、效益提高均以适销对路的名优品种为主”发展态势。2015 年全省淡水养殖产量 10 万吨以上的鱼类主导品种有 10 种，年产量分别是：草鱼 773455 吨、罗非鱼 741188 吨、鳙鱼 398591 吨、鲮鱼（产量约 25 万吨，但年报统计没有列入）、鲢鱼 239893 吨、鲈鱼 227940 吨、鲫鱼 151024 吨、鲤鱼 127832 吨、鳗鱼 109376 吨、乌鳢 103482 吨。

【特种水产养殖】 广东淡水甲壳类养殖以养虾为主，“十二五”期间，继续以淡化养殖南美白对虾为主，根据市场需求发展罗氏沼虾和青虾。珠江三角洲淡化养殖南美白对虾和养殖罗氏沼虾基地规范和提升为淡水养虾优势产业带。2015 年全省淡化养殖南美白对虾产量 252297 吨，罗氏沼虾 31606 吨。蟹类养殖主要是河蟹，规模较小，2015 年全省河蟹养殖产量 6687 吨，比 2010 年的 4650 吨增长 43.8%。广东淡水贝类养殖仅蚌、螺、蚬等品种，年产量不多；2015 年全省贝类产量 14279 吨，其中河蚌、螺、蚬产量分别为 2685 吨、3613 吨、2623 吨。广东养鳖以中华鳖为主。“十二五”期间，广东省各级渔业主管部门进一步制定和规范“土池仿生态式养鳖技术操作规程”，并依托国家级中华鳖良种场和广东省龟鳖协会，引导顺德、东莞为中心的养鳖基地养鳖业者，推广应用中华鳖良种、仿生态式养鳖模式和健康养鳖技术，提高养鳖产量和质量效益，推动养鳖业持续发展。2015 年全省养鳖产量 11205 吨；分别比 2010 年 31843

吨减少2万吨。广东养龟品种繁多，养殖食用龟品种主要有乌龟、鳄龟等；观赏龟有巴西龟等；还驯养繁育金钱龟、黄喉似水龟、广东乌龟等珍稀名贵龟类，保护其种质资源。养殖食用龟规模不大，2015年全省食用龟产量3986吨，比2010年的1730吨增产1倍多。

【健康养殖示范基地】“十二五”期间，广东根据农业部创建水产健康养殖示范场活动的要求，推广应用健康养殖技术、生态养殖技术、“节能减排”“节能节水节地养殖技术”等养殖高新技术。5年内建成“农业部水产健康养殖示范场（区）”200个，面积2.39万公顷；创建标准化健康养殖基地面积2.39万公顷；建设“广东省标准化无公害水产品产地”609个，面积5.9万公顷；完满完成2012—2015年农业部下达的86个“菜篮子”渔业生产基地项目，建成“菜篮子”生产基地86家，面积达2267公顷；建设工厂化循环水养殖示范基地12个，养殖水体17017立方米。

池塘养殖

【概况】广东淡水养殖分池塘养殖、山塘水库养殖、河沟养殖等类型，其中池塘养殖产量占全省淡水养殖总产的90%以上。20世纪80年代，各级政府和渔业主管部门鼓励和扶持渔农民开发宜渔水面，发展池塘养殖。此后，发展名特优新产品养殖，推广养殖新技术、新模式，推进规模化经营，提高池塘养殖产量效益，面积扩大不多，产量增加迅速；“十二五”期间，广东省建设现代化标准池塘，发展健康养殖，提高养殖产量与水产品质量安全水平。2015年全省池塘面积278291公顷，产量3532236吨；单产12692.6千克/公顷。5年间，池塘养鱼面积年均增长1250公顷，产量年均增长130085吨。全省池塘养殖产量占全省淡水养殖总产量的91%以上。

【现代标准池塘建设】广东淡水养殖91%产量源于池塘养殖，各级政府和渔业主管部门十分重视整治改造旧池塘、建设现代标准池塘。2010年前，各级政府和渔业主管部门引导和扶持全省各地推广顺德建设连片现代标准池塘经验，掀起全省性建设现代标准池塘热潮，整治改造旧池塘66666公顷（近100万亩），改变了池塘区“基崩塘浅路难行，排灌不通水污染”困境。“十二五”期间，广东省渔业主管部门争取资金扶持各地整治池塘贷款贴息，进一步推动现代标准池塘建设，5年间每年新建现代标准池塘8000公顷（12万亩）；至2015年，全省15年间累计建设现代标准池塘13.33万公顷（200万亩）以上。

【养殖品种结构调整】2010年前，广东池塘养殖品种：鱼类有“四大家鱼”（草鱼、鲢鱼、鳙鱼、鲮鱼），鲤、鲫、鲂、鲶等传统品种，鳗鲡、加州鲈、鳜鱼、斑鳢、胡子鲇、河鲶、罗非鱼杂交种（奥尼、吉富、吉奥）等名优品种；还有龟鳖、罗氏沼虾、南美白对虾。形成产量增长靠传统品种，产值增长靠名优品种的品种结构。2010年后，新增尖塘鳢、淡水鳌虾、台湾泥鳅等名优品种。渔业主管部门引导各地以市场为导向，发展养殖。推广罗非鱼、鳗鲡、加州鲈、鳜鱼、鳢、塘鳢、鲶、龟鳖、罗氏沼虾、南美白对虾等主导品种和适销对路的传统品种；巩固、规范、发展供港澳塘鱼（草、鲢、鳙、鲮、鲤、鲫、鲂）和城乡商品鱼养殖基地；鳜、鲈、鳢、鳅等淡水名优品种养殖基地，无公害养殖商品基地、健康养殖基地、加工出口水产品原料基地（罗非鱼、鳗鲡、淡化养殖南美白对虾）等，逐步建设、提升为现代产业园区、健康养殖示范园区。2015年，全省养殖青草、鲢、鳙、鲮、鲤、鲫、鲂等常规品种产量200万吨，占池塘养殖鱼类产量的57.4%。2014年同类常规品种产量占池塘养殖鱼类产量61.0%；传统常规鱼类品种养殖产量占鱼类养殖产量比例下降了3.6个百分点。

【养殖技术模式改革】“十二五”期间，广东省各地不断总结主导品种、名优新品种养殖科研成果，制定各类品种与模式的标准化养殖技术规程，引导从业者推广应用“深水池塘适当密度养殖罗非鱼”技术，“活鱼苗鱼种养殖翘嘴鳜”技术，“土池仿生态养鳗”技术，“土池仿生态养殖龟鳖”技术，“淡化养殖南美白对虾”技术，“淡水虾越冬、秋冬养殖淡水虾”技术，“加州鲈池塘高产养殖”技术、“山坑梯塘微流水养鱼”技术、“山塘小水库适当密度精养”、“凼仔流水养鲩”技术、“塱塘养鱼”技术等。提高养殖水面产量、效益和水产品质量。推进出口商品原料基地迈上“规范、优质、高产、高效”台阶，有效应对进口国的技术壁垒。推广有益微生物制剂改良池塘底质、净化水质技术；“节能减排”“节水节地”“适当密度、优质、高产、高效”技术。既提高产量与效益，又保证产品质量安全。2015年，全省池塘养殖产量3865638吨，单产12692.6千克/公顷，分别比2010年的3146669吨、10593.4千克/公顷提高22.9%和19.8%。

其他水面养鱼

【概况】广东省除池塘养殖、网箱

养殖外，还包含诸多养殖类型，其中，水库养鱼近几年发展较快，渔业主管部门通过引导和规范，至2015年，水库养鱼的面积比2010年增长2%，但产量增长达33%。而有着悠久历史的稻田养鱼则因劳动力缺失而有所减产，河沟养鱼、塱塘养鱼在整个“十二五”时期产量均有所增加，且河沟养鱼模式在养殖面积减少16%的前提下，产量还有57%的增长，与之相反，湖泊养鱼近年来面积略有增长，但产量却有所下降。

【水库养鱼】 水库养殖包括农用小型水库养殖、大中型水库网箱养殖和鱼类移植增殖。近年来，由于不少大中型水库被划入饮用水保护区，水库网箱养殖、网栏库湾养殖面积大幅减少；2010年前，省内大部分山塘逐步改造为池塘，进行精养，面积不多；而农用小型水库养殖发展较快。大中型水库鱼类移植增殖平稳发展。“十二五”期间，根据广东实际，规范、推广大中型水库网箱养鱼和鱼类移植增殖，引导韶关地区延续网箱养殖和库区增殖三角鲂，做好南水水库网箱养殖转移疏导。同时，引导河源新丰江、枫树坝，乳源南水等16座水库巩固太湖新银鱼资源增殖成果，护养银鱼可捕捞群体。规范和推广茂名市高州、茂南等地利用开发利用中小型农用水库水面精养技术。将库底推平，并分隔成每口1～20公顷的小水面，采用上、中、底层鱼类（草鱼、鲢、鳙、罗非鱼、淡水白鲳、鲤、鲫等）立体养殖模式，每公顷年产量达15吨、年利润4万～5万元。提高水库养鱼产量与效益。2015年全省水库养鱼面积79604公顷，产量245319吨，分别比2010年77509公顷、185098吨增长2%、33%。单产3081.7千克/公顷；突破每公顷3000千克大关；比2010年提高639.6千克。

【稻田养鱼】 广东稻田养鱼历史悠久，高峰期面积4万公顷（60万亩）、年产量6000吨；养殖方式有“养稻底鱼”、浸冬浸夏田养鱼、稻鱼轮作、“垄稻沟鱼”“沟稻凼鱼”“大沟大凼养鱼”等。主要分布在韶关、肇庆、茂名、河源、清远、梅州、番禺区、珠海斗门县等地。“十二五”期间，广东省贯彻农业部发展“节能、节水、节地”生态养殖的精神，省海洋与渔业局扶持连南瑶族自治县建设稻田养鱼现代园区，发展连片300公顷稻田养殖“禾花鲤”，带动周边及全省稻田养鱼发展。然而，由于稻田养鱼产区大量青壮年劳动力入城经商、进厂从工，留守农村耕种的都是老人妇女，无法将稻田养鱼持续下去，近年，广东稻田养鱼面积、产量呈递减趋势。2015年，全省稻田养鱼面积3364公顷、产量2440吨，分别比2010年的5527公顷、3178吨减少65%、24%。

【河沟养鱼】 广东江河纵横，涌润密布，水面宽广，河沟养鱼历史悠久。分布于珠江三角洲、粤东、粤西等地河网地带。“十二五”期间，广东省工商业迅速发展、城乡人口密集，大部分河涌，特别是珠江三角洲鱼塘主产区的河沟都被工农业、生活废水污染，河沟养鱼受阻。2015年全省河沟养鱼面积1969公顷，产量17130吨，与2010年的2339公顷、14775吨比较，面积减少16%，产量增长57%。

【凼仔养鱼】 凼仔养鱼又称“凼仔流水养鱼”，是广东省山区传统养鱼方式。主要分布在信宜、高州、连南、阳春、四会、广宁、怀集山区县，其设简易投资少、收效快，不占用农田，养殖鲩鱼等品种高产高效，致富农民。“十二五”期间，广东省各级渔业主管部门将凼仔养鱼作为带动山区农民脱贫致富的项目来抓。信宜市茶山镇养殖凼仔鱼十分普遍，房前屋后、田头溪边随处可见成群结队的鱼儿在大小不一、错落有致的凼仔中或跳跃戏水或争相吃草，引人注目神往。凼仔鱼的品种以草鱼为主，附带养殖少量鲤鱼或鲮鱼。凼仔养鱼方法简单易操作，成本低，只要长年保持无污染的清水流入、流出，投放青草、木薯叶、菜叶即可养殖。一般情况下，一个2～3平方米的凼仔可养鱼十几条至30条，一条鱼苗养殖一年可达2千克左右，两年后可增长到5千克以上。养殖的凼仔鱼一般两年时间，每条达到4千克左右即可出售或自家食用。“十二五”期间，茶山镇坚持把凼仔鱼作为一项产业、一个知名品牌来抓，取得了显著的经济效益和社会效益。凼仔养鱼遍布该镇11个村委会，面积达80多公顷；该镇的凼仔鱼供不应求，凼仔养鱼已发展成为山区群众增收致富奔小康的生产项目。

【湖泊养鱼】 广东湖泊少，且多分布在城市近郊，多开发为旅游景区，故环境较差，养殖产量不高。2015年全省湖泊养殖面积2989公顷产量11710吨，与2010年的2427公顷、11970吨比较，面积略有增长，产量稍为减少。

广东还有塱塘养鱼，塱塘主要分布在珠江流域沿岸。“十二五”期间，广东仍保留的著名塱塘有肇庆市鼎湖文岗塱和高要麦溪塱，共400公顷。养殖的“文岗鲤”和“麦溪鲤”仍颇具盛名。

文岗鲤。产于肇庆市鼎湖区沙浦镇文岗塱（约160公顷），摄食塘底野马蹄（荸荠），及塘底所种水稻禾苗与稻谷，骨软鳞脆，饱含脂肪，独具风味，美誉远近。当年长至体重500～700克，最大1000多克。2010年前，省、市渔业主管部门扶持当地群众将已挖成鱼塘的文岗塱恢复塱塘的生态资源条件，养殖文岗鲤、文岗鲩。2015年文岗鲤、文岗鲩产量各600吨。

麦溪鲤。产于高要市大湾镇面积约135公顷的麦溪塱，麦溪鲩摄食塘底野茨实，富含不饱和脂肪，肥而不腻，鲜而不腥，其价格为普通鲤鱼的10倍左右。20世纪80年代初，麦溪塱部分被挖成鱼塘，生产受到制约。后来，承包给祖辈营塱塘养殖的农户，经营恢复其生态环境。年产麦溪鲤、麦溪鲩各500吨。

设施养鱼模式

【概况】 广东省淡水养殖设施养鱼有淡水网箱养鱼、围栏养鱼、工厂化养鱼等模式，其中，围栏养鱼和工厂化养鱼在“十二五”期间产量均有所增加，围栏养鱼产量增长达34.3%，而工厂化养鱼被大力推广，并成为推动渔业转型升级的重要载体。但网箱养鱼尤其是淡水网箱养鱼因为妨碍防灾防汛和航道交通而被拆除，其产量也有所下降。

【淡水网箱养鱼】“十二五”期间，广东淡水网箱养鱼为在江河、水库设置4米×6米×2米、5米×6米×2米和3米×4米×2米等规格网箱，养殖草、鲢、鳙或名优品种商品鱼；或在山塘池塘套小网箱培育鱼种。网箱养鱼设施简易、放养密度大、操作方便、产量高、产品集中上市，易出效益；但是投入大、成本较重、风险高。由于部分大中型水库被划入饮用水保护区，限制水库网箱养鱼，在治理江河环境时，不少淡水网箱因妨碍防洪防汛和江河航道交通被拆除。虽然，网箱养鱼品种不断改良，技术不断提高，但全省淡水网箱养鱼发展不快。2000年全省淡水网箱养鱼面积294390平方米，产量5643吨；与2010年的281467平方米、6438吨比较，面积稍有增加，产量与单产稍为减少。

【围栏养鱼】“十二五”期间，广东稳步发展围栏养鱼，在江河、水库或湖泊等大水体中用网或土坝围成小水面，进行精养，可收到一定产量效益。2015年广东省淡水围栏养鱼面积568011平方米，产量3145吨，单产5.5千克/米^2；与2010年的529648平方米、2342吨、4.4千克/米^{2}比较，面积、产量和单产都稍有增加，其中产量增长34.3%。

【工厂化养鱼】“十二五”期间，广东积极发展工厂化养鱼，广东省政府于2013年出台《关于推动海洋渔业转型升级提高　海洋渔业发展水平的意见》，引导珠江三角洲池塘主产区发展精准渔业，推进工厂化养鱼发展。2015年广东省淡水工厂化养鱼水体17017立方米，产量864吨；与2010年的4402平方米、226吨比较，水体增长2.9倍，产量增长2.8倍。

淡水养殖主导品种

【概况】“十二五”期间，广东省各级政府及渔业主管部门引导养殖业者，根据当地气候、环境条件特点，推广使用现代渔业机械设备、优质全价配合饲料和调节水质、改良底质的微生物制剂；培育适合当地环境条件的、适销对路的主导品种，发展具地方特色的水产养殖；推广应用养殖高新技术与高产高效健康养殖模式；进一步规范提升名优品种养殖基地、无公害水产品养殖基地、水产健康养殖示范基地和出口商品原料基地，构建淡水养殖主导品种养殖优势产业带。

【鳗鱼】“十二五”期间，广东省各级渔业主管部门引导顺德等地土池养鳗重要基地外延至台山，创建连片4000公顷的养鳗基地，并规范基地水产品质量安全管理，实行出口资格一票否决制（凡检验到药物残留超标的养鳗场，取消出口资格）；引导养鳗业者对严格执行健康养殖技术操作规程，加强对养鳗场及周边生态环境、投入物质量、产品、半产品药物残留进行自查自检，保证每个环节不出问题，出口检验检疫顺利过关。巩固以顺德（台山）为中心的鳗鱼养殖优势产业带。2015年全省鳗鱼养殖产量109378吨，占全国产量的47.02%，居全国之首。

【罗非鱼】“十二五”期间，广东省各级渔业主管部门扶持建设国家级、省级罗非鱼良种场，带动良种选育和优质品牌罗非鱼苗；主推奥尼、吉富等罗非鱼主导品种；推广应用“深水池塘立体养殖”“山坑梯塘微流水养殖”“中小型水库合理混养”等养殖技术与模式；协调水产品加工企业规范与革新罗非鱼加工技术，并与罗非鱼出口商品原料基地，共同对罗非鱼产品进行严格的质量安全监管，确保产品与国际标准接轨；拉动罗非鱼产品国内外流通，确保出口与销售畅通，稳定价格为生产效益。2015年全省养殖罗非鱼产量741188吨；比2010年的624178吨增长18.75%，产量居全国首位，占全国产量的41.65%，跃居全省淡水养殖单品种产量第2位。建立和巩固以茂名为中心的罗非鱼养殖优势产业带。

【罗氏沼虾】“十二五”期间，广东罗氏沼虾养殖商品基地以市场为导向，围绕市场需求，适当掌握罗氏沼虾养殖规模，以满足市场需求，确保养殖效益；各级渔业主管部门引导养虾业者进一步规范与推广“简易塑料薄膜大棚商品虾越冬”“塑料薄膜大棚冬春反季节养虾”等养虾技术，实现一年四季养虾，产品均衡上市，建设与巩固罗氏沼虾优势产业带。2010—2015 年全省罗氏沼虾养殖产量调控在 3 万吨，2015 年 31606 吨，占全国产量的 24.42%，居全国第二位。其中中山、珠海、新会、高要等 4 市县占全省产量的 80% 以上。

【凡纳滨对虾】“十二五”期间，广东积极发展淡化养殖凡纳滨对虾，在珠江三角洲建设凡纳滨对虾淡化养殖商品基地，主推凡纳滨对虾良种——“中科 1 号”，规范与推广“微生物净化池水技术”“零排放养虾技术”“反季节养虾技术”等生态养虾技术；并规范淡化养殖凡纳滨对虾质量安全监管，保证产品质量，推动加工出口与国内销售，保持增产增收的良好发展势头。2015 年全省淡化养殖凡纳滨对虾产量 252297 吨；比 2010 年 215185 吨增长 18.0%；广东产量占全国淡化养殖凡纳滨对虾产量 73.15 万吨的 34.49%，居全国之首，建成珠江三角洲淡化养殖凡纳滨对虾优势产业带。

【鳜鱼】“十二五”期间，广东渔业主管部门引导珠江三角洲养鳜基地向内陆山区转移，建立清新、四会等地养鳜商品基地；扶持建设省级鳜鱼良种场，制定鳜鱼良种选育技术路线和“鲜活鱼苗养殖鳜鱼”生产技术规程，带动渔农民推广良种良法，规范养鳜技术；同时，拓展商品鳜“活水车长途远运北上”，疏通商品鳜销售渠道，推动鳜鱼养殖持续发展。全省养鳜年产量保持约 9 万吨，居全国鳜鱼养殖产量首位，建成以佛山、清远、肇庆为中心的养鳜优势产业带。2015 年广东省鳜鱼养殖产量 88897 吨，占全国鳜鱼养殖产量 298057 吨的 29.83%。

【鲈鱼】广东淡水养殖鲈鱼以大口黑鲈（加州鲈）、花鲈为主导品种。“十二五”期间，广东建设省级大口黑鲈良种场，规范良种选育技术，选好良种育好苗，推广良种良法；并引导鲈鱼养殖企业及农户投喂全价配合饲料养殖，减少对养殖环境污染。同时，扶持和培育陆上鲜活远运鲈鱼流通企业，扩大“南鲈北调”经营，拓展鲈鱼销售范围，稳定鱼价，提高养鲈效益；推进鲈鱼养殖持续发展。2015 年全省养鲈产量 227940 吨；比 2010 年的 104706 吨增长 118%。居全省淡水养殖单品种产量第 6 位，占全国淡水鲈鱼产量 353081 吨的 64.56%。建立以珠江三角洲为中心的鲈鱼养殖优势产业带，在珠海（重点在斗门、金湾区）、中山（横栏、古镇）、佛山（南海区沙头、南庄、西樵）、顺德（乐从、龙江、均安、勒流）等地建成鲈鱼养殖商品基地。

【鳢鱼】“十二五”期间，广东养殖鳢鱼品种包括乌鳢、斑鳢。通过引进开发鳢鱼种质资源，选育鳢鱼良种，培育鳢鱼杂交优势种；推广高产、高效养殖技术，推进鳢鱼集约化养殖。鳢鱼养殖长足发展。2015 年全省养鳢产量 103482 吨，比 2010 年 69073 吨增长 50%；占全国养鳢产量 495574 吨的 20.88%，居全国之首。建立珠江三角洲鳢鱼养殖优势产业带，在广州、珠海、中山等地集中连片的鳢鱼养殖商品基地，2015 年这 3 市鳢鱼养殖产量 78658 吨，占全省的 76.01%。

【四大家鱼】广东珠江三角洲塘鱼主产区传统养殖较多的草鱼、鲢鱼、鳙鱼和鲮鱼，俗称广东“四大家鱼”。“十二五”期间，广东改进珠江三角洲塘鱼主产区“四大家鱼”养殖技术与模式，巩固发展供港澳塘鱼生产基地、城郊淡水养鱼基地和“菜篮子”商品鱼基地，提高淡水池塘养鱼产量质量与效益，“四大家鱼”产量仍居淡水养殖产量前列。2015 年，广东省淡水养殖“四大家鱼”产量 166.19 万吨，占全省淡水养殖鱼类产量 351.72 万吨的 47.25%；其中草鱼产量 77.35 万吨，鳙鱼 39.86 万吨，鲮鱼 25.00 万吨（鲮鱼产量没有列入年报统计，是估计数），鲢鱼 23.99 万吨，分别居全省淡水养鱼单品种产量第一、第三、第四、第五位。

【鲤鱼、鲫鱼】鲤鱼、鲫鱼是广东池塘养鱼的重要混养品种。“十二五”期间，广东省渔业主管部门引导各地育种单位，建立鲤鱼、鲫鱼良种场，选育鲤鱼、鲫鱼良种，提纯复壮育亲本，研制个体大、长速快、产量高的鲤鱼、鲫鱼杂交优势种，提高养殖产量和产品质量。同时，发挥全省水产品流通体系的作用，疏通鲤鱼、鲫鱼养殖产品购销渠道，稳定其市场价格与养殖效益。2015 年，广东省淡水养殖鲤鱼产量 12.78 万吨，鲫鱼产量 15.10 万吨，分别居淡水养殖产品第八、第七位。

六、水产种苗饲料

综述

【概况】“十二五”期间，广东省落实农业部建设完善水产种业体系的精神，加大水产种苗场、良种场扶持与管理力度，规范水产种苗生产和良种选育技术；将全省水产种苗、良种生产体系推上新平台，支撑水产种苗持续发展；在构建水产良种、种苗生产体系基础上，加快发展水产种苗产业。2015年，全省共有水产苗种场1970个，占地面积1.2万公顷；其中办理水产种苗生产许可证1851个，发证率93.96%；全省水产养殖鱼苗总产量8297.30亿尾，占全国产量12743.71亿尾的65.11%，居全国鱼苗产量首位；全省虾类育苗总产量4000亿尾，其中南美白对虾育苗3000亿尾，分别占全国产量的39.06%和37.76%，均居全国虾类育苗和南美白对虾育苗产量的首位。

【水产种业水平】“十二五”期间，广东加快构建以产业为主导、企业为主体、基地为依托、监管为保障、产学研结合、“育繁推一体化”的现代水产种业体系，鱼苗繁育和虾类育苗除了满足本省需要，还销往省外以至海外。特别是罗非鱼苗生产，2015年产量116.65亿尾，占全国产量的46.11%，在全国独占鳌头。还有紫菜育苗，2015年产量200亿贝壳，占全国产量的82.72%，保证了全国供应；稚鳖繁育6260万只，占全国产量的9.53%，排名在浙江、江西、湖北之后，居全国第四位。

2015年，广东省级水产良种体系建设专项资金安排良种选育、技术更新改造项目36个。通过专项扶持，改善水产良种保存、繁育和选育基础设施，为遗传育种、新品种选育、苗种扩繁等提供有利的平台。按照《办理水产苗种试行办法》和《国务院关于取消非行政许可审批事项的决定》（国发〔2015〕27号），广东省海洋与渔业局对“重要水产苗种进出口审批”审核工作进行相应调整，进一步加强和规范水产苗种引进审批，更公开透明、高效率。广东受理企业申请进口水产苗种主要是南美白对虾亲虾，2015年度全国核定额度数量约66万尾，广东上报全年计划数量59.5万尾。

【渔用饲料种类】广东水产养殖鱼虾贝藻品种种类繁多，各类品种的生活习性、食性各有差异，以食性可划分为：草食性（如草、鲂、牡蛎、鲍等）、滤食性（如鲢、鳙、鲻等）、杂食性（如鲮、鲤、鲫）、肉食性（如鳢、鲶、鲈、鳜等）四大类。“十二五”期间，广东为满足各类不同生活习性的养殖对象的各生长期营养需求，重点开发青绿饲料、鲜活饲料、商品饲料和配合饲料等四大类渔用饲料。

青绿饲料分水生青饲料、陆生青饲料。水生青饲料有淡水的瓢莎、青萍、绿萍、红萍、水浮萍、水仙花（凤眼莲）、水花生、茜草和海水江蓠、海藻等。陆生青饲料有各种天然地草、田基嫩草，稗草、狗尾草，花生茎、玉米叶、甘蔗叶、木薯叶、菜叶农作物茎叶和种植象草、皇草、黑麦草、大米草、苏丹草、田菁、太阳麻等牧草用作养鱼青饲料。

鲜活动物饲料包括淡水活鱼苗、海产小贝类和冰鲜下杂鱼等。

渔用配合饲料可分为颗粒饲料、膨化饲料、粉状饲料、微粒子饲料和糊状黏合性饲料几种。颗粒饲料属沉性，用于投喂中、底层鱼类；膨化饲料属浮性，用于投喂中上层鱼类；颗粒饲料、膨化饲料的粒径应适合各生长阶段的鱼类吞食。糊状黏合性饲料应先加适量水搅拌成团状，再定点喂养鳗鲡和龟、鳖等名优水产品。粉状饲料、微粒子饲料多用于鱼苗培育。

水产种业体系

【概况】“十二五”期间，广东省各级渔业主管部门大力支持水产种苗生产体系建设，根据各地养殖发展需求，构建省、市、县（市、区）镇、村多种经济成分、多种层次的水产种苗生产体系。5年内，每年安排水产良种体系建设专项资金2000万元，用于扶持各级良种场、苗种场新建扩建、更新、改造、提升，革新选育种技术和提纯复壮育苗亲本等，共下达220个项目，其中良种选育项目44个，省级以上良种场技术更新改造项目37个，市级繁育场技术更新改造项目48个，亲本更新和提纯复壮项目59个。截至2015年底，全省已建成1个国家级水产种质监督检验测试中心、1个国家级水产引种保种中心、5个国家级水产良种场、64个省级水产良种场和7个现代渔业种业示范场，形成以国家级遗传育种中心和国家级良种场为龙头、省级良种场为骨干、地级市繁育场和县级培育场为网络的苗种生产体系，增强其对现代标准化、规范化健康养殖支撑力。

【淡水养殖种苗生产体系】“十二五”期间，广东引导内陆山区和沿海地区各级鱼苗场更新改造提升基础设施，规范苗种生产技术，提纯复壮亲本，繁育传统品种种苗和饲料鱼苗；引导珠江三角洲各级鱼苗场整治改造基础设施，发展外延式苗种生产，重点开发、引进鱼类种复资源，发展适销对路的名优新品种种苗生产，带动养殖健康。2015年全省淡水鱼苗产量8269.75亿尾，占全国产量的65.29%，居全国首位，是全国最大的淡水种苗生产基地。

【海水养殖种苗生产体系】“十二五”期间，广东引导粤东地区整治、扩建或新建优质海水养殖苗种场，包括海水鱼苗种场，鲍、太平洋牡蛎等贝类苗种场，紫菜等藻类苗种场；粤西扩建或新建对虾、牡蛎、东风螺等苗种场，珠江三角洲扩建或新建对虾、优质海水鱼、牡蛎、青螺等苗种场，构建以对虾、优质海水鱼为重点，贝类、藻类为辅的海水养殖种苗生产体系。2015年全省海水海水鱼苗产量275493万尾，占全国产量的35.14%，仅次于福建，居全国第二位。

【水产良种体系】“十二五”期间，广东省推行“先建良种场，再规范生产行为”的良种场建设原则，引导基础设施条件优良，种苗生产技术规范，技术力量雄厚，有良种选育积极性的水产繁育场或市级水产良种场申报省级水产良种场，经资格验收后，给予适当的资金扶持，引导其建设良种选育基础设施和检验检疫仪器设备，提高层次；认真执行良种良种选育技术路线和苗种生产技术操作规程；把好亲本种质和种苗质量关，参与“保质保量”“优质优价”的市场竞争，以“优质服务”提高知名度，以“种苗生产”养“良种选育”，带动当地及全省水产良种选育、种苗标准化生产。同时，引导符合或接近国家级水产良种场条件的省级水产良种场按国家级水产良种场标准自我提升，申报国家级水产良种场，为水产种业发展做出新贡献。2011年起，每年安排水产良种体系建设专项资金2000万元，新建省级水产良种场。湛江恒兴水产科技有限公司、湛江海茂水产科技有限公司海茂牌虾苗、茂名市伟业罗非鱼良种场等3家在建国家级水产良种场，通过国家原良种委员会验收，农业部批准具为国家级水产良种场。

水产良种选育

【概况】“十二五”期间，广东省各级渔业主管部门根据健康养殖发展需求，大力支持各级水产种苗科研、生产单位改革提升选育种技术，推广良种良法，提升水产种苗体系的技术素质和管理水平，提高水产种苗质量，创建水产种苗品牌，提高良种覆盖率。同时，开发名优品种种质资源，优化品种结构，推动健康养殖发展。改革提升选育种技术，大大提高广东省水产种苗的质量和威望，涌现大批水产养殖新品种和名牌产品种苗。这类品种的推广应用有力地支撑主导品种的健康养殖发展。2011—2015年，广东省经农业部评定为水产养殖新品种的有：大口黑鲈“优鲈1号”（珠江所与广东省佛山市南海区九江镇农林服务中心合作培育），凡纳滨对虾“中科1号”（中国科学院南海海洋研究所、湛江市东海岛东方实业有限公司、湛江海茂水产生物科技有限公司、广东广垦水产发展有限公司培育），斑节对虾“南海1号”（中国水产科学研究院南海水产研究所与珠海市斗门区长丰水产种苗科技有限公司等单位培育），鳜鱼“康鳜1号”（华中农大水产学院与清远宇顺公司培育培育），吉奥罗非鱼（茂名市伟业罗非鱼良种场、上海海洋大学培育）等。

【提纯复壮】“十二五”期间，广东各级渔业主管部门扶持、引导全省水产种苗生产单位引入原产地野生种质资源，培育为亲本或后备亲本，更换原有老化或退化亲体。一是提纯复壮“四大家鱼”（青、草、鲢、鳙）亲本。引进、驯化长江水系野生青、草、鲢、鳙等品种种苗或成鱼培育为后备亲本，筛选生长、生理特征明显的个体为亲本，更换原有老弱病残亲本，淘汰明显退化亲本，提纯复壮“四大家鱼”亲本。二是引进并培育长江水系翘嘴鳜、鲈鱼及三角帆蚌、龟鳖等淡水品种，南海、东海等海区野生鲷、鲻、石斑鱼等海水鱼类，虾贝藻种质资源；引进国外加州鲈、尖吻鲈、鮰、对虾、鲍等品种种质资源，培育为后备亲本，更换有退化迹象的亲本，提纯育苗亲本。三是在广东省各流域和大水库人工放流增殖草、鲢、鳙、鲮、鲤、鲫鱼种或在海域、海围放流对虾、贝类、海水鱼等苗种，在自然水域的生态条件下培育后备亲本群体，选择生长、生理特征明显的个体，供种苗生产单位使用，替换淘汰的老化亲本。通过提纯复壮亲本，确保繁育品种亲本种质纯正，生产的种苗质量优良。

【杂交育种】“十二五”期间，广东继续重点研制鲤、鲫鱼、罗非鱼杂交育种，通过品种间正交或反交或其他杂交手段，研制、选育抗逆性强、个体大、长速快的杂交优势种。一是全省各地普遍推广应用个体大、长速快、产量高全雄和性杂交鲤，全雌性杂交鲫鱼，取代土鲫、土鲤。二是通过群体选育家系选育罗非鱼亲本，研制、繁育奥尼、吉奥等罗非鱼杂交优势种和吉富罗非鱼、新吉富罗非鱼、吉诺玛罗非鱼等良种，生产多种系列罗非鱼杂交优势种，供渔农民择优选用。“十二五”期间，广东省加快杂交育种科研，取得显著成效。一是引进日本黑鲍等种质资源与当地杂色鲍进行杂交，生产抗逆性强的杂交优势种，逐步取代杂色鲍。二是研制名优品种杂交优势种：以乌鳢为父本，斑鳢为母本的研制杂交鳢优势种；引进云斑尖塘鳢、线纹尖塘鳢，并进行种间杂交，研制出杂交尖塘鳢；以翘嘴鳜和斑鳜杂交，育出“康鳜1号”；用宝石鲈和淡水石斑杂交，研制出胜斑等供应工厂化养殖。研制并生产的杂交种苗种均具备个体大、长速快、产量高的优势。

【良种选育】“十二五”期间，广东省各级渔业主管部门扶持建设一批省级以上水产良种场，并引导良种场加快良种选育步伐，选育种质纯正的良种亲本，供应全省水产种苗繁育场更换原有老化或退化亲本，生产优质种苗。2015年全省选育并推广应用罗非鱼、中华鳖、鳜鱼、罗氏沼虾、大口黑鲈、青、草、鲢、鳙、鲮、鳗、鲫、鲂、黄颡鱼、叉尾鮰、鳢、尖塘鳢、石斑鱼、花鲈、石鲈、鲻鱼、鲷鱼、珠母贝、鲍、斑节对虾、南美白对虾、紫菜等主导品种良种亲本，提纯育苗亲本的种质，提高良种种苗生产能力。广东省水产良种选育效果显著，良种供应能力明显增强，良种供应的数量和质量大幅度提高，2015年全省水产养殖良种覆盖率达到50%。

水产种苗生产

【淡水养殖种苗生产】广东省淡水养殖种苗包括鱼、虾、蟹、龟鳖苗种和饲料鱼苗，以人工繁育鱼苗培育鱼种为主，饲料鱼苗所占的比例较高。20世纪80年代，广东建立了全省淡水养殖水产种苗生产体系，为省内外淡水增养殖提供优质养殖种苗和饲料鱼苗。“十二五”期间，在稳定发展“四大家鱼”鲤、鲫、鲂、鲶等传统养殖大宗品种种苗生产的基础上，重点提升罗非鱼、翘嘴鳜、加州鲈、罗氏沼虾、中华鳖、乌龟等主导品种育苗技术，提高种苗产量、质量；同时，根据养殖生产需要，组织生产饲料鱼苗。2015年全省繁育淡水鱼苗8269.75亿尾，比2010年393.69亿尾增加20倍；培育淡水鱼种317388吨、鳖苗6260万只和龟苗546万只；对比2010年的266351吨、5660万只和458万只，分别增长19.2%、10.6%和19.2%。

【海水养殖种苗生产】“十二五”期间，广东省海水养殖种苗生产包括鱼、虾、蟹、贝、藻苗种生产。鱼类、甲壳类、藻类种苗多靠人工繁育，仍有部分贝类苗种靠天然水域采捕。广东各级渔业主管部门引导水产种苗生产体系，大力繁殖海水养殖种苗。2015年全省繁育海水鱼苗275493万尾、虾苗4000亿尾(其中南美白对虾苗3000亿尾)，对比2010年繁育海水鱼苗86065万尾和虾苗187.82亿尾(其中南美白对虾苗157.64亿尾)，分别增长2.2倍和20倍(其中南美白对虾苗18倍)。2015年全省繁育紫菜苗200亿贝壳，是从2010年没有发展起来的。还有2015年全省繁育贝苗605659万粒，基本保持2010年608764万粒的生产水平。

【水产种苗名牌产品】“十二五”期间，广东省经评定或连续评定为“广东省名牌产品”的水产养殖名牌种苗有：广东绿卡实业有限公司“绿卡”中华鳖种苗、乌龟苗；茂名市茂南三高渔业发展有限公司生产“三高奥雄”牌奥尼鱼苗；广州市番禺区农科所生产的“禺山”牌罗非鱼苗；茂名市伟业罗非鱼良种场吉奥罗非鱼、湛江国联水产开发股份有限公司“国联1号”虾苗；恒兴水产科技有限公司恒兴牌虾苗、湛江海茂科技有限公司海茂牌虾苗；茂名金阳热带海珍养殖有限公司“正金阳”牌虾苗等。其中茂名市伟业罗非鱼良种场吉奥罗非鱼是唯一入选2014年广东十大名牌50强的水产苗种。

渔用饲料生产

【概况】“十二五”期间，广东省随着水产养殖模式的更新，饲料使用也进行多次变革：肥水养殖传统品种由以青饲料、粪肥为主转变为青精相结合；半流水养殖吞食性品种由投喂冰鲜下杂鱼虾或植物蛋白精料转变为投喂全价配合饲料为主。各地养殖业者根据主养品种的食性和生长需求，解决适口对路的饲料：如发展小贝类护养增殖，增加小贝类产量，满足养虾需求；养鲍企业与沿海渔农签订种植江蓠合同，解决养鲍所需饵料；生产饲料鱼苗，解决鳜鱼等养殖所需饲料；建设一批渔用饲料厂，生产供应渔用配合饲料。随着环境保护意识不断更新，养殖技术不断规范，渔用配合饲料使用覆盖率不断提高。“十二五”期间，广东省海淡水养殖普遍使用渔用配合饲料，活鱼苗饲料平稳增长，投喂商品饲料、冰鲜下杂鱼数量逐年减少。2015年全省使用配合饲料占总投饲量的85%。

【青绿饲料使用】通常使用瓢莎、青萍、绿萍、红萍、茜草等漂浮性鲜嫩青饲料培育草鱼等草食性鱼类苗种，便于鱼苗鱼种摄食。另外，使用野生的红花芒、白花芒、地草、山毛草等或人工种植的橡草等牧草作绿肥，培养浮游动植物，培育四大家鱼或其他鱼类鱼苗或养殖鳙、鲢等滤食性鱼类。此类青绿饲料也用作绿肥，培育浮游生物。喂养草鱼的青饲料有水生的水浮萍、水仙花(凤眼莲)、水花生、茜草和陆生的稗草、狗尾草、各种田基嫩草以及花生茎、玉米叶、甘蔗叶、木薯叶、菜叶等（用30～50千克水生植物或15～20千克陆生优质草可养1千克草鱼）。各地利用塘基或河边、村边、山边等零星荒地，广种象草、皇草等青饲料，每公顷主养草鱼池塘配0.3～0.4公顷牧草种植，年收获牧草2000～3000千克，可养殖草鱼250～400千克；冬季各地利用冬闲农田或塘基种苏丹草或菜类,解决“冬养鲩鱼”的青饲料。

【商品饲料使用】 广东“四大家鱼”等传统品种养殖规模扩大、品种增加，为提高产量，推行“青精结合”养殖模式，既施肥肥水，又投喂青绿饲料，还投喂商品饲料，保证饲料充足，加快池鱼生长。此模式，每公顷投喂商品饲料7.5吨，养鱼产量7.5吨，平均每吨鱼消耗精饲料1吨。随着名优品种养殖规模扩大，养殖密度增大，“青精结合”养殖模式逐步减少，商品饲料使用逐步增加，“十二五”期间，广东省使用商品饲料占总投饲量五成左右。中山市等地养殖脆肉鲩，在收获前60天前投喂蚕豆，可育成体重5千克以上的脆肉鲩，单产水平20～30吨/公顷。2015年全省养殖脆肉鲩约2000公顷,产量约5万吨，其中中山市约占全省的八成。

【鲜活动物饲料生产】 广东省发展海湾浮筏式网箱养鱼初期，捕捞新鲜活海鱼或人工培育活鱼苗当饲料；规模扩大后，投喂冰鲜下杂鱼，再转为投喂配合饲料。“十二五”期间，广东省网箱（含淡水网箱）养鱼绝大部分投喂配合饲料，同时，继续引导饲料鱼苗生产体系生产饲料鱼苗，为“活鱼苗养鳜”“活鱼苗养鳢”提供饲料鱼苗。

鲜活动物饲料护养增殖。20世纪80年代起广东推行小贝类增殖，增加小贝类资源，用作投喂对虾的鲜活饲料，2000年全省增殖面积5.9万公顷，产量47.4万吨；进入21世纪，养虾规模扩大后，大部分养虾企业转为投喂配合饲料为主，但小贝类护养增殖也在持续进行。另外，内陆地区采捕福寿螺、河蚬、河蚌等低值贝类或培育蚯蚓、蝇蛆等鲜活动物饲料，喂养肉食性鱼类。随着饲料工业的发展，培育此类鲜活动物饲料逐步减少。

饲料鱼苗生产。推广应用“活鱼苗养鳜”模式，培育鲮鱼、野鲮、麦瑞加拉鲮鱼、鲢、鳙、鲂等鱼苗、鱼种，用作养殖鳜鱼、尖塘鳢等肉食性鱼类；养鳜、养鳢规模扩大后，饲料鱼苗生产持续发展，形成具广东特色饲料鱼苗产业。“十二五”期间，广东省渔业主管部门引导阳春市潭水镇、茂名茂南区、吴川市博铺坡等地建设饲料鱼苗生产基地，开发利用当地充足水资源，配套更新繁育设施设备，提纯复壮育苗亲本，规范鱼苗繁育技术，提高饲料鱼苗产量与质量，推进养鳜鱼、尖塘鳢养殖发展。2015年全省繁育鱼苗8269.75亿尾，比2010年的393.69亿尾增长20倍，八成以上作为饲料鱼苗，建成饲料鱼苗生产优势产业带。

冰鲜下杂鱼作饲料。2010年前，广东池塘或网箱养殖鲈鱼、鳢鱼肉食性鱼类，主要采用冰鲜下杂鱼投喂，用鱼糜或鱼糜混合料（与鱼粉、精饲料粉料按比例混合）培育鱼种或用鱼糜、鱼片、鱼粒投喂鱼种、成鱼。由于使用此类饲料散失量大，排泄物多，容易污染养殖环境，不适应养殖业健康发展。“十二五”期间，广东省各级渔业主管部门引导养殖业者使用人工配合饲料。

人工培育小型鲜活饵料。“十二五”期间，广东开展人工孵化丰年虫，培育虾苗幼体；人工培养轮虫、小球藻等鲜活饵料生物，培育鱼苗。这些都是养殖苗种生产的必然措施和关键技术。随着水产种苗生产发展，这类技术越发成熟。

【渔用配合饲料生产】 20世纪80年代，广东省得到国家扶持建设渔用配合饲料体系建设，构建由渔用配合饲料厂和禽畜饲料企业组成的全省渔用饲料生产体系。“十二五”期间，随着养殖规模的不断扩展，养殖技术革新，环保意识增强，广东各级渔业与粮食主管部门引导养殖业者推广使用渔用配合饲料，并引导渔用配合饲料厂和禽畜饲料企业围绕市场需求，引进各种养殖主导品种系列饲料配方与工艺，规范饲料生产质量安全管理，生产各品种系列全价配合饲料，饲料品质进一步提高，推进健康养殖发展。

鳗鱼系列配合饲料。发展鳗鱼养殖初期，汕头鳗联公司、潮州金曼公司引进并吸收消化日台技术与配方，率先在粤东建设鳗鱼饲料厂（含相关配套设备），紧接着顺德较大规模的鳗鱼企业在珠江三角洲也建设一批鳗鱼饲料厂，创建了鳗鱼饲料生产体系。“十二五”期间，广东各级渔业主管部门引导企业更新设备，优化工艺，提高技术，通过HACCP或ISO国家认证，生产各种牌子的白子、黑子、成鳗饲料，供应养鳗。实现鳗鱼饲料生产系列化、国产化。

龟鳖类系列配合饲料。20世纪90年代初，广东绿卡实业有限公司研制并生产并推广使龟鳖系列配合饲料，带动龟鳖养殖发展，龟鳖养殖业规模扩大后，龟鳖配合饲料需求增大。“十二五”期间，广东渔业主管部门引导饲料生产企业生产龟鳖系列配合饲料，并优化工艺，提高技术，加强质量安全管理，满足龟鳖养殖需求。

虾类系列配合饲料。虾类养殖的高位池精养，特别是对虾出口原料基地由规模化养殖，须投喂虾类微粒料、幼虾料、小虾料、中虾料、商品虾料和亲虾料等系列配合饲料。“十二五”期间，广东养虾规模扩大后，配合饲料需求量增大，在珠江三角洲和粤东粤西养虾重要产区建立了虾类系列配合饲料饲料生产体系，渔业主管部门引导企业更新设备，优化工艺，提高技术，通过HACCP或ISO国家认证，生产各种牌子的虾类系列配合饲料，满足养虾生产需求。

鱼类系列配合饲料。“十二五”期间，广东海淡水鱼类、特别是海水名优鱼类养殖规模不断扩大，网箱、深水网箱养鱼的快速发展，渔业主管部门引导饲料工业企业根据各种主导品种生理生长特征和成长发展营养需求，研究各种鱼类系列配合饲料，更新设备，优化工艺，提高技术；根据养殖业者需要，生产不同鱼类各生长阶段营养需求，生产不同蛋白含量和粒径的亲鱼、成鱼、鱼种、鱼苗配合饲料；并按水产品养殖质量安全监督要求，改造提升设施设备，生产与供应符合标准的优质安全鱼类系列配合饲料。

七、水产品加工

综述

【概况】广东省水产品加工按产品销售渠道分传统水产品加工和出口水产品加工；产品按原料分：淡水加工产品、海水加工产品；按工艺分有水产品冷冻品（分水产品、冷冻加工产品）、鱼糜制品、腌干制品、罐头制品、鱼油制品、水产饲料（鱼粉）、藻类制品和其他水产加工品（珍珠加工品、助剂、添加剂、调味品）等。“十二五”期间，广东省各级政府和渔业主管部门加强对水产品加工业的管理，引导加工企业配套更新加工先进设备、改革提升加工、冷冻、保鲜新技术、新工艺；在巩固传统水产品加工基础上，重点发展珍珠、鳗鱼、对虾、罗非鱼等出口水产品加工。同时，引导加工企业提高素质，通过国际认证，开拓国际市场。并与出口商品原料养殖基地建立挂钩联动关系，共同做好加工出口原料产品的质量安全监管，提升高商品原料与加工品质量安全指标，实现产品质量与国际市场接轨，应对进口国的技术壁垒，树立“中国制造”水产加工品的诚信与威望，扩大其在国际市场覆盖率。

“十二五”期间，广东省各级政府和渔业主管部门将发展水产品保鲜、加工列为渔业生产三项重点工作之一。加强对水产品加工业的管理，引导加工企业更新设备、改革珍珠、鳗鱼、对虾、罗非鱼等加工、冷冻、保鲜新技术、新工艺；提高企业素质，通过国际认证，开拓国际市场。同时，与出口商品原料养殖基地建立挂钩联动关系，共同做好加工出口原料产品的质量安全监管，提升高商品原料与加工品质量安全指标，实现与国际市场接轨，应对进口国的技术壁垒，稳定中国制造水产品加工品在国际市场地位。5年来，全省水产加工业顺利发展。

【水产品加工能力】“十二五”期间，广东省水产加工业稳步发展。2015年全省水产加工企业1075家，水产品年加工能力2328055吨；水产冷库562座，冻结能力22416吨/日、冷藏能力288669吨/次、制冰能力17923吨/日。对比2010年全省水产加工企业1172家，水产品年加工能力4231133吨；虽然企业个数和年加工能力减少，但年主营业务收入500万元以上的规模以上水产加工企业从135家增加到144家，水产品冷藏保鲜能力增强，比2010年水产冷库540座、冻结能力17498吨/日、冷藏能力261579吨/次、制冰能力15272吨/日，都有不同程度增长，特别是冻结能力增长28.1%，制冰能力增长17.36%。

【水产品加工产量】“十二五”期间，广东省水产品加工产量基本稳定，有点萎缩。2015年，全省水产品加工总量1396426吨，产值2187280万元，水产品加工出口量541175吨；对比2010年水产品加工总量1442633吨，产值2078025万元，水产品加工出口量516953吨；水产品加工总量减少3.20%，但产值增长5.23%，水产品加工出口量增长4.69%。

【水产品加工名牌产品】“十二五”期间，广东省先后有汕头鳗联股份有限公司的鳗联牌烤鳗、广州市恒发水产有限公司的“钻石牌”、冻罗非鱼片、亚洲海产（湛江）有限公司罗非鱼片、南美白虾、广东甘竹罐头有限公司的甘竹牌豆豉鲮罐头、广东广远渔业集团有限公司金枪鱼、湛江绿环水产有限公司绿环牌对虾加工品、中山市渔农产冷冻厂有限公司“欧风牌”冻对虾、深圳市水产公司“沙井”“沙香”牌蚝油蚝豉、徐闻海浪养殖有限公司"海浪"牌冷冻对虾、佛山市顺德区粤花罐头食品有限公司(原桂洲罐头厂)"粤花"牌鱼罐头、中山市黄圃镇泰和食品有限公司泰上王牌腊鱼、广东甘竹罐头有限公司的甘竹牌豆豉鲮罐头、吴川市天然食品加工有限公司博茂牌海蜇加工品、中山食品水产进出口集团有限公司"宝平"牌草鱼、鲮鱼肉片、鳙鱼、罗非鱼片和"宝和"牌鱼罐头、湛江国联水产开发股份有限公司"国联1号"虾苗、国联水产饲料、GUO LIAN熟凤尾虾、冷冻对虾等产品先后或连续、间续被评为广东省名牌产品。其中湛江巾帼水产食品有限公司"巾帼美极虾"获中国水产业名牌产品，吴川市天然食品加工有限公司获中国农业博览会"名牌产品"。

传统水产品加工

【概况】 广东省传统水产品加工包括水产品冷冻与保鲜，鱼糜制品、干腌制品、鱼干、鱼露、蚝油、虾酱、蚬介加工和鱼粉生产、藻类加工加等。"十二五"期间，广东省发挥市场信息灵通、经营环境良好等优势，引导国有企业转制，改造提升企业设施设备，带动集体、民营加工企业发展水产品加工；建设水产品冷链，发展水产品冷冻、保鲜、冷藏和冷冻生产等；各地水产品加工企业革新腌干制品等传统水产品加工技术与工艺，加工、配套新设备、引进新工艺，规范加工技术，提高企业素质和产品质量，形成以渔业制冷、冷冻冷藏、干制品、调味休闲品、鱼糜与鱼糜制品、罐头、腌熏制品、海藻食品、海洋保健食品、鱼粉等为主的水产品加工门类；水产品加工业，成为现代渔业中发展较快、活力较强、经济效益较高的产业之一。

【水产品冷冻与保鲜】 20世纪80年代，广东各级政府和渔业主管部门扶持水产品冷链系统建设，发展水产品冷冻保鲜加工品生产，改变传统"一把刀，一把盐"的干腌制品占主导地位的加工局面，激活国内水产品市场。"十二五"期间，广东重点发展水产品加工冷冻和精深加工，开拓水产品冷冻保鲜品出口国内外市场。建成全省性水产品保鲜冷链。先后在渔港、渔区建设冷库、冰厂，为捕捞渔民生产提供船上保鲜水产品用冰，储藏渔船回港交售的冰鲜鱼。全省海洋捕捞渔船普遍配置冷冻保鲜仓或冷冻机，实现90%以上海洋捕捞产品保鲜、冷冻回港入库储藏或上市。建成完善的全省性水产品冷冻保鲜冷链系统。引导加工保鲜企业围绕渔业外向型渔业发展，发展水产品加工与冷冻保鲜，并根据国际质量安全要求，更新设施设备，规范加工工艺，保证水产品加工保鲜产品质量与国际接轨。水产品冷冻加工品有冷冻凡纳滨对虾、斑节对虾、罗氏沼虾、冻罗非鱼片、条冻罗非鱼、冻海鲷鱼、冻花鲈鱼、冻马头鱼片、冻海鳗片、冻安康鱼、冻鱿鱼、冻墨鱼、冻带鱼和贝类冷冻品等。2015年，全省冷冻水产品产量941052吨（其中冷冻品398576吨，冷冻加工品542476吨），对比2010年水产冷冻品976351吨（其中冷冻品342968吨,冷冻加工品651383吨)，冷冻品增长16.21%，冷冻加工品减少16.72%，冷冻水产品减少3.62%。

【鱼糜制品加工】 广东省鱼糜制品有鱼糕、鱼丸、鱼条、鱼香肠、鱼卷、鱼面、鱼糜片等，分布在广州、汕头、深圳、珠海、阳江、揭阳、汕尾等地。"十二五"期间，广东省水产品加工企业引进日本产鱼糜生产线和鱼糜制品油炸生产线，配套国内外先进加工设备；改革加工技术与工艺；推广鱼糜制品高温真空处理、真空包装微冷保存等先进生产工艺，围绕国内外市场，提高产品品质，开拓产品销售渠道。广州禄仕食品有限公司生产的"新一煮"牌冷冻鱼丸，广州水产总公司生产的金龙珠、银龙珠、天富来等鱼糜和深圳水产公司生产的水煮鱼丸、鱼香肠、鱼肉面、发菜鱼丸，广州市永兴海洋水产食品公司生产"鲜炸鱼脯""鲜炸鱼球"和"海鲜鱼丸"，阳江市平少水产制品有限公司生产的"平海"牌鱼丸等制品先后被评为省优质产品。2015年全省鱼糜制品95299吨，比2010年的90474吨增长5.33%。

【腌、干制品加工】 干、腌制品是广东传统的水产加工品，干制品有鱼干、贝干和海珍品干；腌制品有酶香咸鱼、玻璃鱿鱼、金钩虾米、蚝豉、干贝等。酶香曹白(鳓鱼)、黄花鱼、黑鲳、左口(鲆)咸鱼及盐藏石斑鱼、红鱼、马鲛(鲅)咸鱼等颇受消费者欢迎。"十二五"期间，江门、阳江等地革新干腌制品加工技术与工艺，缩短腌制时间，由敞开式日晒转变为封闭式日晒和机械烘干，逐步实行工厂化无害化生产；研发"一夜埕"等产品，降低咸度、保持鲜度与传统特色。加快干腌制品加工与销售，促进干腌制品流通。江门建成全国干腌制品加工和批发集散地。2015年全省干腌制品产量105220吨，虽然比2010年109650吨略为减少，但是品种增加，质量有所提高。

【罐头制品加工】 "十二五"期间，广东省水产罐头制品有豆豉鲮鱼、鲜炸鲮鱼、油炸蚝、油炸凤尾鱼、油炸龙须鱼、花鱼、油炸鲜鱿鱼、茄汁鲷鱼、油浸鲷鱼、五香参鱼、茄汁金枪鱼、炸酱、油浸金枪鱼等20多个品种。产地分布广州、佛山、中山、江门、汕头、茂名等地。广州、佛山等地罐头“酥炸鲢鱼”“鲜炸鲮鱼”“豆豉鲮鱼”罐头，汕头等地的油炸龙须鱼、油炸凤尾鱼先后评为（部）级名牌产品。2015年，全省水产罐制品产量44731吨，比2010年63158吨减少29.18%，是减产幅度较大的水产品加工业。

【鱼粉生产】“十二五”期间，广东省各级政府和渔业主管部门扶持与引导沿海各地加工企业革新工艺，广开水产品原料资源，充分利用海洋捕捞下杂鱼和大宗养殖产品加工的鱼骨、虾壳等废弃物，开发各类鱼粉生产。由于资源缺乏，鱼粉生产后劲不足。2015年，全省年产鱼粉产量90740吨，比2010年114491吨减少20.74%。

【藻类加工】“十二五”期间，广东省藻类加工业由于产品销路的影响，产量减少。广东用于加工的藻类有紫菜、江篱、麒麟菜、马尾藻等。紫菜加工：主要产地在粤东地区小部分沿海市县，澄海紫菜是畅销国内外的名牌产品。琼脂加工：琼脂为用麒麟菜、江蓠提取卡拉胶制造出来食品，主要在汕头、汕尾、湛江、深圳、惠州等地生产实现琼脂自产自给。2015年，全省藻类加工品产量1774吨。比2010年的2962吨减少40.11%。

【保健医药制品】保健医药制品含鱼油、珍珠末、珍珠层粉、珍珠注射液、龟鳖精（丸）等海洋生物保健制品。

鱼油。即利用鲨、鳐等大型鱼类的肝脏，提制清香鱼肝油、乳白鱼肝油和鱼肝油丸等产品。用作保健食品或渔用饲料添加油脂，1990年前后鱼油路较好，广东省年生产销售鱼油40000吨，由于渔业资源衰退，鱼油原料缺乏，鱼油加工也随之萎缩。2015年全省鱼油制品年产量仅有63吨，比2010年的625吨减少九成。

海洋生物保健制品。“十二五”期间，广东初步形成以广州、深圳为核心的海洋医药与生物制品产业集群；广州南沙“国家科技兴海示范基地”进驻了多家研制海洋生物医药制品的科研机构和企业。深圳建设了大鹏海洋生物产业园和国际生物谷，形成健康元、海王生物等规模超百亿的海洋生物龙头企业。广东海洋生物保健制品主要产品有：利用虾、蟹壳提制药用甲壳素，利用鲜牡蛎提制高级营养药物，利用龟、鳖、海马制造龟鳖精（丸、酒）海马精（丸、酒）等40多种。

【调味品加工】“十二五”期间，广东省改革水产调味品制作技术与工艺，实现机械化、规范化生产，调味品产品既保持特原有风味，又保证质量明显提高，利于拓展市场销量。但由于生产原料减少，和消费习惯的转变，产量稳定在一定的水平。产品包括蚝油、鱼露、虾糕、虾酱、虾糕等。蚝油：生产主要分布在深圳、珠海、阳江、广州、佛山等市，本省生产的蚝油有深圳“罗湖桥牌”“沙井牌”“沙香牌”，阳江“北塔牌”、广州“致美斋牌”、佛山“海天牌”等，比较驰名。鱼露：生产分布粤东、粤西沿海各市县，产品一度畅销省内外和东南亚、港澳地区。虾酱、虾糕：生产主要分布在珠江三角和粤西沿海，台山虾酱及中山银虾酱较驰名。

【方便食品加工】“十二五”期间，广东省重视水产小包装方便食品加工，逐渐形成产业。小包装方便食品包括蟹肉丝、珍味鱼肉脯、珍味鱿鱼片（丝）、鱼肉松、海蜇加工品等，主要分布在粤东、粤西、广州等地。生产企业引进加工生产线，改革制作技术与工艺，规范化生产，提高质量。吴川市天然食品加工有限公司等企业通过发展即食海蜇加工，组织沿海渔民捕捞海蜇，带动富余渔民创业就业，解决渔民生产生活出路问题。

出口水产品加工

【概况】“十二五”期间，广东开拓大宗养殖水产品精深加工新领域，引导加工企业与养殖企业携手，以水产品出口商品料基地为平台，共同监管产品质量安全，应对进口国的“技术壁垒”，开拓与维护水产品加工出口渠道，占领国际市场，建立水产品加工出口基地。通过国际认证，产销与国际接轨，建设水产品加工产业园区，促进“中国制造”水产品打入世界市场。水产品加工出口以对虾、罗非鱼、鳗鱼、珍珠为主，全省年加工出口水产品总量均在50万吨以上，2015年541175吨，比2010年的516953吨增长4.69%。对虾、罗非鱼、鳗、珍珠是广东农业强势出口商品。

【烤鳗加工】广东在2010年前已建成全省性烤鳗生产体系。“十二五”期间，广东省各级政府和渔业、商检主管部门引导烤鳗厂配套先进设备，改革加工工艺，通过国际认证；并协同养鳗基地强化质量安全管理，提高原料鳗鱼与烤鳗的质量安全指标，应对进口国的“技术壁垒”；同时，开拓欧洲、美洲、东南亚等地烤鳗市场，拓宽烤鳗销售渠道，维持烤鳗持续出口。2015年全省烤鳗加工出口量10338吨。

【对虾加工】随着对虾养殖快速

发展，对虾加工业原料虾不断增加，全省对虾加工出口量也逐年扩大。“十二五”期间，广东省各级政府和渔业、商检主管部门引导对虾加工企业以国际市场为导向，更新设备，改革工艺，规范管理，通过国际认证，提高产品质量，开拓美国、欧盟等销售市场，推动对虾加工出口业走向兴旺。湛江“国联”集团公司湛江国联水产开发股份有限公司按国家《出口水产品加工企业注册卫生规范》的标准和美国FDA法规及欧盟标准统一设计建设，率先通过HACCP、ISO9001、BRC、EU国际体系认证，生产全过程中实现电子化监管，被广东省检验检疫局定为首批大通关企业。通过显示自身实力，努力争取全国唯一一家“对虾免检出口美国”资格，保证广东全省对虾加工出口的持续稳定。2015年全省加工出口对虾196977吨。

【罗非鱼加工】“十二五”期间，广东省罗非鱼养殖规模扩大，产量大、个体大、质量优，达到出口标准。建成以粤西为中心的罗非鱼出口商品原料基地和加工出口产业园区。各级政府和渔业、商检主管部门引导罗非鱼加工企业引进先进设备，革新工艺，提升产品质量，通过HACCP、ISO9001、BRC、EU国际体系认证，加工符合各进口国质量安全标准的罗非鱼片、条冻罗非鱼等产品，打进国际市场。2015年全省加工出口罗非鱼333810吨。

【珍珠制品加工】广东在2010年前已建成以湛江为中心的珍珠加工生产体系。“十二五”期间，广东省各级政府和渔业、商检主管部门引导珍珠养殖企业与珠农，规范珠母贝选育、植珠、珍珠培育技术，生产供应优质珍珠；引导珍珠加工企业配套先进设施设备，创新技术，改革工艺，提高珍珠饰物、珍珠末、珍珠层粉、珍珠注射液、珍珠膏等产品质量，拉动内销和出口，推动珍珠养殖与加工出口业发展。2015年全省珍珠制品4050千克，比2010年的5505千克减少26.43%。

第三产业。2015年全省水产品终端消费700多万吨，年人均消费量60多千克。

【水产流通主要品种】“十二五”期间，广东省水产品在零售环节，流通的水产品种鱼、虾、蟹、贝齐全，活鱼、冰鲜、冻鱼比较齐全。目前省内主要流通的活水产品有：虾、蟹、鳜鱼、草鱼、海鲈、加州鲈、乌鳢、蛤、石斑等；主要流通的冰鲜鱼：红三、马鲛、带鱼、马头、南鲳、金鲳等；主要流通的冻鱼有：红石、马鲛、带鱼、白鲳、马头等；主要流通的加工水产品有：熟虾、冻虾仁；冻鱼糜制品咸鱼、鱼干、虾干、鱿鱼干、墨鱼干及各种水产调味品如蠔油、鱼露等，还有各种“一夜埕”制品等。

外省调入的主要产品有：多宝鱼、小龙虾、鲫鱼、元贝、扇贝、大闸蟹、海参、干贝等。

进口的主要产品有阿根廷鱿鱼、挪威、智利三文鱼、厄瓜多尔白虾、澳大利亚龙虾、泰国琵琶虾、草虾、波士顿龙虾、越南巴沙鱼、缅甸、孟加拉、马来西亚带鱼及其他杂鱼如赤鯮等。

八、水产品流通

综述

【概况】20世纪80年代初，广东省率先开放水产品市场，建立水产品流通市场调节新机制：水产品敞开供应，放开定价，自由买卖，随行就市，供求关系，产品定价由市场调节。政府和渔业主管部门引导，根据各地水产品流通需要在渔区、产区集市或城镇建设水产品批发市场，并加强对水产品批发市场管理，规范“公平、公正、公开”购销原则，推行“流通服务生产，生产推进流通”的服务理念、推进水产品省内外流通和出口创汇。“十二五”期间，广东省各级渔业主管部门发挥全省各地水产品批发市场和水产品购运专业队伍的作用，不断规范多种形式的水产品购销队伍的经营行为，引导其与养殖、捕捞，加工、流通企业建立良好“产、供、销”关系，沟通水产品流通信息，推行“流通服务生产，生产推进流通”的服务理念，规范“公平、公正、公开”购销原则，开展良好的社会化服务，既搞活了流通，流通体系还在销售经营中获取既定利润，壮大了渔业

【水产品市场供应】在水产品市场供应方面，广东经多年发展，形成比较齐全，有产区、销区各流通环节逐步适应市场需求的较为齐全的产业链。“十二五”期间，广东省在产量较大或单一产品较集中的市，已形成水产品产区物流集散地，如湛江市有霞山水产交易市场、宝满水产交易市场、南方水产交易中心等。在人口较集中的市或地区，已形成水产品销区物流集散地，如广州市有黄沙水产交易市场、广州鱼市场、一德路海味干果交易市场等。深圳市有布吉海鲜交易市场、罗芳活鲜交易市场等。佛山市有环球水产交易市场、桂江农产品交易

市场水产交易中心、顺德三山淡水活鱼交易市场等、东莞市有虎门水产交易市场、金桥水产交易市场等。

水产品批发

【水产品批发市场】“十二五”期间，广东省各级政府和渔业部门引导各地建设与完善原有多种经济成分、多渠道、多层次的水产品批发市场体系。根据市场需求，新建扩建水产品批发市场，增强水产品流通能力。2015年，全省约有90个水产品交易（批发）市场，年交易量500万吨左右，交易额约750亿元。

在批发和零售环节都呈现模式多样化的特征。批发环节方面：有传统的水产交易（批发）市场，如（广州黄沙、湛江霞山、佛山环球水产品批发市场等）；鲜活水产运输企业（如顺丰冷运、广东新供销天业冷链物流等）。

【水产品产区批发】“十二五”期间，广东省产区批发以海洋捕捞和海水养殖为依托，从初级的码头批发形式向入室经营发展，除供应当地外，大部分运往外地。市场交易量越大，运往外地的数量比例越高。产区批发的另一种模式是水产品物流配送企业，形式有整车活鱼运输，活鱼打包长途汽运，活鱼打包短途运至机场转全国大中城市等。

湛江市鱼产量全省最高，产区批发规模最大，优势品种南美白对虾年产25万～30万吨，约占广东对虾总量的50%，形成全国最重要的对虾集散地。2010年前集中在霞山水产品批发市场交易，交易量最高峰达到35万吨/年。2011年新建宝满水产品批发市场后，南美白对虾转到该场交易，交易量有所下降，2015年南美白对虾交易量约25万吨。湛江主要还有经营活海鲜和冻品的霞山水产交易市场，经营冰鲜虾和冻品南方水产交易中心等。

以海洋产品为主和产区批发市场较大的还有阳江闸坡水产交易市场、电白博贺水产交易市场，珠海斗门白藤头水产交易市场、饶平汫洲贝类交易市场等。

【水产品销区批发】“十二五”期间，广东省水产品销区批发主要集中在人口畴密的珠三角核心地区的广州市、深圳市、佛山市、东莞市，上述4市有5000多万常住人口，约占全省常住人口的50%，而且人口城市化高度集中，非农业人口比例逐年提高，城乡差距逐年减少，上述四市水产品终端消费每年约有365万吨，这就从刚性需求上刺激了水产批发市场的发展。广州市形成以黄沙水产交易市场群、一德路海味干果交易市场集散群、广州鱼市场的冰鲜和冻鱼，以及黄埔、新港的水产冷链供应群，极大满足本地及珠三角乃至全国各地的需求。同时做到品种应有尽有，大力拓展外贸，进口优质或特色品种，保障供应。

销区较大的水产批发市场还有深圳布吉海鲜批发市场、深圳罗芳水产批发市场、佛山南海盐步环球水产交易市场、大沥桂江农产品综合交易市场、顺德三洲农产品交易中心、东莞虎门水产交易市场、东莞金桥水产交易市场等。

水产品运销

【概况】“十二五”期间，广东省水产品终端消费每年约700多万吨，年人均消费量60多千克。主要是收购省内捕捞与养殖水产品，在市场销售给宾馆、饭店、饭堂或供肉菜市场销售给普罗大众；同时接纳省外进入的水产品，供应当地各阶层群众水产品消费需求；在终端消费方面：有农贸市场、肉菜市场、超市、酒店、饭店、农庄等。在零售环节方面，主要有四种模式：一是农贸市场和肉菜市场，二是超市，三是酒店、饭店，四是电商配送，水产品流通比较畅顺。广东由于水产品销售业务日益增多，最终派生出了一批水产品购运企业、专业户，搭建成市场与产区间的购销桥梁，构建成水产品购运队伍；在配送方面，广东组织鲜活海鲜、河鲜、冰鲜或养殖名优品种，以各种方式运输至国内省市大中城市，开辟省外销售渠道，满足兄弟各省市群众水产品消费需求。

【水产品运销队伍】“十二五”期间，广东省的水产品流通加工企业与渔港渔船、养殖基地的渔民水产品销售交易业务日益增多，派生出了一批水产品购运企业、专业户，搭建成市场与产区间的购销桥梁，构建成水产品购运队伍，开拓“多渠道、少环节”“入渔区购运”“到塘头捕捞、转运”等业务，保证水产品流通渠道顺畅。这股水产品流通领域新生力量，也在发展中依托水产品产销信息网络和多种形式的购销服务，参与市场竞争，谋发展、求生存。逐步成为水产品流通的骨干力量。2015年全省共有专业水产品购销专业公司和购销户约6万家，年购运水产品约500万吨。

广东省渔业主管部门引导水产品运销公司或专业大户组建养殖产品省外运销队伍。在产区建设“暂养净化场”，通过流水暂养净化，低温充氧包装，汽车陆运至全国各大中城市；在沿途选择水质好、交通方便地方设置“暂养点”，对运销商品鱼进行暂养、换水、加冰、包装；确保远程运输成活率。通过养殖产品省外运销队伍不懈努力，沟通了鳜鱼、鲈鱼等产品流通，其上市价格保持稳定，推进名优鱼类养殖产业发展。2015 年全省共有专业名优品种购销专业公司和购销户约 1 万家，年购运水产品约 100 万吨。

【水产品物流配送】“十二五”期间，广东组织鲜活海鲜、河鲜、冰鲜或养殖名优品种，以各种方式运输至国内省市大中城市，开辟省外销售渠道，满足兄弟各省市群众水产品消费需求。由于市场需求，近年涌现一些大的或较大水产品物流配送企业，如在淡水产品最多的佛山市，涌现何氏、生生、潮汇、八达、勇记等水产品物流配送企业，何氏水产年配送量超过 5 万吨，营业总额超过十亿元，其运用的低温活鱼运输技术，保活时间达到 72 小时，成活率达到 99% 以上，最远可运到甘肃省兰州市、黑龙江省哈尔滨市。

水产品价格

【概况】水产品价格是渔业生产的效益的标尺，广东省开放水产品市场，建立水产品流通市场调节新机制，充分发挥多种经济成分、多渠道、多层次的水产品流通体系的带动作用，搞活流通，拉动销售，稳定鱼价。“十二五”期间，随着社会经济发展和市场化程度提高，养殖规模不断扩大，广东省水产品价格受市场流通和生产数量规模双重调节。影响价格的主要因素是供求关系的变化，在生产环节，每年由于季节变化，大多数产品形成淡季和旺季，由于品种不同淡旺季时间有长有短、有先有后。不同的季节，引发不同的气候，像春季的低温阴雨；夏季的低气压、高温及对流雨，夏、秋季的台风、暴雨；冬季的寒潮等，都会对渔业生产造成不良的影响。从流通环节来说主要是受各种节日效应的影响，特别是重大节日如春节和中秋节，价升量增。但节后价格恢复正常，另一个影响价格的因素是春节工人休假影响及运鱼车辆停运，价格也会上涨，但过后很快会回落。据省水产流通与加工协会对广东省各类品种市场价格变动情况调查显示：适销对路的水产品价格保持稳定，养殖规模过大，产品数量超出市场销售量的品种，价格有所下滑。

【海水产品价格】海洋捕捞产品一年分为春汛和秋汛，也受天气影响，“十二五”期间，广东省因超捕、捕捞工具使用不当等原因，捕捞量增长缓慢，优质鱼捕捞量减少，优质鱼规格比重逐年降低，价格逐年提高。如红三、马鲛、白鲳等，其他海洋捕捞产品价格逐年缓慢提高。

“十二五”期间，广东省由于海水养殖的高速发展，海水养殖技术大幅度提高，形成一些年产超过 10 万吨的品种，如海鲈、石斑、金鲳等品种，由于数量提升，市场开拓不畅，影响了销售价格，导致有些品种微利养殖或略有亏损。

亦海亦淡的南美白对虾经多年发展而形成全国最大的规模，但由于苗种繁育未能从根本上解决问题，影响了养殖产量和质量，增加了养殖成本，市场虾价持续高涨。

【淡水产品价格】“十二五”期间，广东省淡水养殖产品中的“四大家鱼”常年价格稳定，主要原因是产销比较平衡，有些品种产量高又可常年供应。如草鱼，广东省常年产量稳定在 60 多万吨，除少量活鱼供港、澳外，90% 以上本省消化。淡水养殖产品中的生鱼、埃及塘虱价格也够稳，以上本省较少消费，主要销往西南各省。

基本上以淡水养殖为主的罗非鱼，以出口为导向，约 70% 用于出口，“十二五”期间出口已达到饱和状态，而且订单价逐年降低，但由于种苗、塘租、人工饲料等因素养殖成本逐年增加，从全国和广东范围来说，总产已呈现供过于求的状况。

淡水养殖产品中的优质鱼变化较大，如桂花鱼，淡旺季价格大约相差 30%。

水产品进出口

【概况】“十二五”期间，广东省各级政府和渔业主管部门扶持外向型渔业发展，通过发展鳗鱼、珍珠、对虾、罗非鱼等适销对路水产品加工出口原料基地，规范水产品加工企业生产，推进水产品养殖与加工出口。同时，流通企业以市场为导向，进口省内外有消费需求的名特优海鲜等水产品。2015 年，全省水产品进出口总量 109.36 万吨，进出口总额 47.06 亿美元，比 2010 年的 92.24 万吨、29.90 亿元分别增长 18.57% 和 57.40%；其中出口量 51.40 万吨，出口额 30.99 亿美元，比 2010 年的 44.81 万吨、21.78 亿元分别增长 14.72% 和 42.25%；进口总量 57.96 万吨，进口总额 16.08 亿美元，比 2010 年的 47.43 万吨、8.12 亿元分别增长 98.06% 和 22.21%。2015 年贸易顺差 14.91 亿元，比 2010 年的 13.67 亿元分别增长 9.11%。

2015 年，广东省水产品出口额前 6 个地级市为：（1）湛江市：出口额 5.96 亿美元；（2）汕头市：出口额 5.72 亿美元；（3）茂名市：出口额 2.79 亿美元；（4）中山市：出口额 2.72 亿美元；（5）阳江市：出口额 2.38 亿美元；（6）佛山市：出口额 2.21 亿美元。

【水产品贸易方式】“十二五”期间，广东省水产品贸易方式一般有以下几种：一般贸易、进料加工、来料加工、保税仓进出境、保税区仓储、其他贸易等。2012 年一般贸易出口额 21.69 亿美元，占全省水产品出口额的 83%；进料加工和来料加工出口额 4.54 亿美元，占全省水产品出口额的 16%。2015 年，一般贸易出口额 26.52 亿美元，占全省水产品出口额的 94.45%，进料加工和来料加工出口额 1.52 亿美元，占全省水产品出口额的 5.41%；其中进料加工出口额 1.38 亿美元，同比增长 31.01%。

【水产品出口种类】对虾、罗非鱼和鳗鱼是广东省三大主要出口水产品，也是广东省三大被农业部列入全国优势农产品区域规划的水产品种。其中罗非鱼被列入农业部区域布局规划的出口优势农产品。出口的种类主要是鲜冷冻的初级产品：制作或保藏的小虾及对虾、冻对虾仁、冻带壳对虾、制作或保藏的罗非鱼、冻罗非鱼、冻罗非鱼片、制作或保藏的鳗鱼以及鲜活鱼等。2012 年广东省对虾出口额排全省第一位，出口量 10.92 万吨，出口额 9.61 亿美元；罗非鱼出口额排全省第二位，出口量 13.06 万吨，出口额 4.55 亿美元；鳗鱼出口量 0.73 万吨，出口额 1.17 亿美元。2015 年，对虾出口量 6.66 万吨，出口额 8.04 亿美元；罗非鱼出口量 19.02 万吨，出口额 6.95 亿美元；鳗鱼出口量 1.19 万吨，出口额 1.09 亿美元。

【水产品出口市场】20 世纪 90 年代，广东省水产品主要出口香港、美国、日本等少数国家和地区。“十二五”期间，广东省水产品出口已达 135 个国家和地区，出口主要销往香港、美国、日本、东盟各国、墨西哥、加拿大等国家和地区。港澳和美国是广东省主要的水产品出口市场。2012 年广东省水产品出口香港 12.56 万吨，出口额 9.76 亿美元；出口美国 11.53 万吨，出口额 6.20 亿美元；出口东盟 5.15 万吨，出口额 3.71 亿美元；出口日本 1.36 万吨，出口额 1.58 亿美元；出口墨西哥 2.83 万吨，出口额 1.29 亿美元；出口欧盟 1.20 万吨，出口额 0.86 亿美元；出口加拿大 0.97 万吨，出口额 0.82 亿美元。

2015 年，广东省水产品出口美国 14.02 万吨，出口额 8.12 亿美元；出口香港 13.69 万吨，出口额 8.5 亿美元；出口东盟各国 3.43 万吨，出口额 2.26 亿美元；出口墨西哥 3.55 万吨，出口额 1.85 亿美元；出口日本 1.09 万吨，出口额 0.75 亿美元；出口欧盟 1.09 万吨，出口额 0.75 亿美元。

第五篇 行政管理

一、立法与规划

综述

【概况】“十二五”期间，广东重视海洋与渔业法规及规划体系建设，初步形成了由地方性法规、规章以及规范性文件组成的海洋与渔业法律法规体系，逐步建立了由海洋功能区划以及海洋经济发展、海岛保护开发、海洋科技创新、海洋环境保护、海洋防灾减灾等规划组成的海洋与渔业规划体系。

“十二五”期间，广东省完善政策法规体系，颁布实施渔港和渔业船舶管理条例、海洋特别保护区管理规定、适用国家海洋局无居民海岛使用申请审批试行办法具体程序，出台海洋渔业促进粤东西北地区振兴发展的若干措施，着力解决海域使用中“该不该用”“怎么用”“用多少”等问题。印发《关于完善省人民政府审批项目用海审查工作有关问题的通知》，进一步完善海域使用申请审核报批程序。一方面加强海域使用管理、实施海洋综合管控、推进海洋执法维权、建设美丽海岛和海湾、推动海洋经济发展。海洋经济已是广东经济发展的新的增长点，且资源要素获得优化配置、经济结构和生产布局日趋合理。另一方面依法加强渔业管理，巩固、提高和完善海洋渔业，大力发展淡水养殖业，开展疫病预防控制和技术推广，加强渔业安全生产监管，提高水产品质量安全水平，推进现代渔业发展。

【海洋与渔业政府规章】“十二五”期间，广东省颁布实施的涉海涉渔政府规章包括《广东惠东海龟国家级自然保护区管理办法》等。2013年出台《广东省惠东海龟国家级自然保护区管理办法》，标志着保护区“一区一法”建设取得了重大进展。

【海洋与渔业规范性文件】“十二五”期间，广东省出台海洋与渔业规范性文件主要有:《广东省海洋与渔业局关于广东省渔业安全生产通信指挥系统管理暂行规定》《广东省渔业船舶船名规定》《广东省水产品标识管理实施细则》《广东省休闲渔业管理办法》《广东省海洋特别保护区管理规定》《广东省海洋与渔业行政处罚自由裁量权规定》《广东省人民政府办公厅关于进一步加强渔船安全生产管理的通知》等。

【海洋管理制度建设】2015年是全面完成“十二五”规划的收官之年。广东按照全面推进依法行政、建设法治政府的要求，围绕建设海洋强国和21世纪海上丝绸之路的战略部署，发挥海洋综合管理效能，主动适应经济发展“新常态”，完善海洋强省战略和海洋规划、健全海洋法制体系和督查体系、加大海洋资源开发和管控力度、强化海洋生态保护和防灾减灾、推进海洋科技创新和能力提升、加强海洋权益维护和综合执法，深化改革，依法治海。

制定地方性法规

【概况】“十二五”期间，广东省加强海洋与渔业立法，是立法最多的一个时期。2011年，省人大常委会审议通过《广东省渔港与渔业船舶管理条例》，2014年推进《广东省海岛保护条例》《广东省渔船安全生产管理办法》的立法工作，均形成较为成熟的草案文本。2015年，进一步对《广东省水产品质量安全管理条例》修改完善，并上报省法制办审议，《广东省海岸带保护与利用管理办法》已于2015年11月10日上报省政府审议。

【广东省渔港与渔业船舶管理条例】 2011年9月29日，广东省第十一届人民代表大会常务委员会第二十八次会议通过《广东省渔港和渔业船舶管理条例》，该《条例》分总则、渔港规划与建设、渔港管理与服务、渔业船舶管理、渔业安全生产管理、法律责任、附则7章44条，本条例自2011年12月1日起施行。1994年7月6日广东省第八届人民代表大会常务委员会通过的《广东省渔港管理条例》同时废止。本条例适用于本省行政区域及管辖水域内渔港的规划、建设、维护、经营和管理，渔业船舶的设计、制造、维修、使用和管理。本条例明确：县级以上人民政府渔业行政主管部门负责本行政区域内渔港和渔业船舶的管理工作，渔业行政主管部门所属的渔政监督管理机构、渔业船舶检验机构具体负责对渔港和渔业船舶的监督管理，公安边防、工商等部门以及渔港所在地乡镇人民政府，按照各自职责做好渔港和渔业船舶的监督管理工作。本条例要求：县级以上人民政府应当加强渔港建设，鼓励渔业生产采用节能、环保、高效的新技术、新工艺和新材料，促进现代渔业发展；县级以上人民政府应当推进渔港和渔业船舶管理信息化建设，建立健全管理信息系统，提高服务水平。

本条例明确渔港、渔业船舶、渔港水域、渔港设施的含义。

【广东省渔业管理条例】《广东省渔业管理条例》是2003年7月25日广东省十届人大常委会第5次会议通过的，自2003年9月1日起施行；该《条例》分总则、养殖管理、水产苗种管理、捕捞管理、渔业资源增殖和保护、法律责任、附则7章47条。2012年7月26日广东省第十一届人大常委会第35次会议通过的《广东省人民代表大会常务委员会关于修改〈广东省民营科技企业管理条例〉等二十三项法规的决定》，将《广东省渔业管理条例》第十五条第二款“省人民政府渔业行政主管部门负责组织实施无公害水产品产地认定并协助做好无公害水产品认证。无公害水产品产地认定管理办法由省人民政府渔业行政主管部门制定并向社会公布”。修改为“省人民政府渔业行政主管部门协助做好无公害水产品认证”。2015年12月30日广东省第十二届人民代表大会常务委员会第22次会议通过《关于修改〈广东省实施《中华人民共和国海洋环境保护法》办法〉和〈广东省渔业管理条例〉个别条款的决定》，将《广东省渔业管理条例》第二十五条第二款修改为“到我国与有关国家缔结的协定确定的共同管理的渔区或者公海从事捕捞作业的捕捞许可证，由国务院渔业行政主管部门批准发放。海洋大型拖网、围网作业的捕捞许可证，由省级人民政府渔业行政主管部门批准发放。其他作业捕捞许可证由县级以上人民政府渔业行政主管部门批准发放”。

《广东省渔业管理条例》自2003年9月1日起施行后，1990年2月18日广东省七届人大常委会通过的《广东省渔业管理实施办法》予以废止。

【广东省实施《中华人民共和国海洋环境保护法》办法】 该《办法》是2009年3月31日广东省第十一届人民代表大会常务委员会第10次会议通过的，自2009年7月1日起施行。2015年12月30日广东省第十二届人民代表大会常务委员会第22次会议通过《关于修改〈广东省实施《中华人民共和国海洋环境保护法》办法〉和〈广东省渔业管理条例〉个别条款的决定》，将《广东省实施〈中华人民共和国海洋环境保护法〉办法》第三十七条第一款“海岸工程建设项目环境影响报告书（表）经海洋行政主管部门审核并签署意见后，报同级环境保护行政主管部门审查批准”。修改为“海岸工程建设项目环境影响报告书（表）报环境保护行政主管部门审查批准。环境保护行政主管部门在批准环境影响报告书（表）之前，应当征求海洋、海事、渔业行政主管部门和军队环境保护部门的意见”。

该《办法》分总则、海洋环境监督管理、海洋生态环境保护、海洋环境污染防治、海洋环境影响评价、法律责任、附则7章48条。《办法》明确广东地方各级相关行政主管部门海洋环境监督管理权，有利于各相关职能部门根据各自职责共同加强海洋环境保护工作；确立了海洋环境保护的基本原则和主要制度；细化海洋环境保护管理规定，增强海洋环境保护各项制度的可操作性；根据广东海洋环境特点和加强海洋保护的需要，对海洋环境保护措施进行了创新和充实；建立了“以海定陆”的海洋环境保护协同机制，明确陆源污染物的排放标准和排放量应当执行海洋环境保护确定的目标和标准；强化了违反海洋环境保护规定的法律责任。

制定发展规划

【概况】 2011—2015年，广东省海洋与渔业以实施“十二五”规划为切入点，强化行政管理，推动海洋综合与渔业产业发展。实施的规划主要有：《广东海洋经济综合试验区发展规划》《广东省海洋功能区划（2011—2020年）》、《广东省海洋经济发展“十二五”规划》《广东省海岛保护规划（2011—2020年）》《广东省科技兴海规划(2010—2015年)》《广东省海洋环境保护“十二五”规划》《广东省海洋与渔业自然保护区总体发展规划(2004—2015)》《广东省现代渔业发展“十二五”规划》《广东省水产品质量安全监管“十二五”规划》等。

其中，2011年，省政府批准实施《广东省海洋经济“十二五”发展规划》《广东省海岛保护规划》，省海洋与渔业局制定实施《广东省现代渔业发展“十二五”规划》《广东省水产品质量安全监管“十二五”规划》，编制完成海洋战略性新兴产业、海岸保护与利用、海水综合利用、海洋防灾减灾等专项规划。省海洋与渔业局与省科技厅联合制定实施《广东省科技兴海规划（2010—2015）》。省水利、旅游等部门先后制定《广东省千里海堤加固达标工程规划》《广东省滨海旅游发展规划》和《粤港澳旅游合作发展规划》。另外，广东省有14个地级以上市、56个县（市、区）的养殖水域滩涂规划，获得当地政府批准实施。

【海洋经济“十二五”发展规划】2012年4月9日，经省政府同意，省政府办公厅印发《广东省海洋经济发展“十二五”规划》，包括正文和附件共10部分。正文包括：发展基础和发展环境、总体要求和发展目标、优化海洋经济空间布局、构建现代海洋产业体系、提升海洋科技和教育的支撑能力、有序推进海岛开发与保护、推动海洋经济区域合作、加强海洋生态环境修复与资源保护、保障措施。

规划的发展目标是：到2015年，海洋经济增长质量和效益明显提高，海洋经济结构战略性调整取得重大进展，现代海洋产业体系基本建立，海洋经济在国民经济中的支柱地位进一步提升，初步建成布局科学、结构合理、人海和谐、综合实力和竞争力强的海洋强省。

【现代渔业发展“十二五”规划】为明确“十二五”时期广东省渔业的发展思路、战略目标和主要任务，促进渔业经济又好又快发展，广东省海洋与渔业局根据《全国渔业发展第十二个五年规划》和《广东省国民经济和社会发展“十二五”规划纲要》，制定了《广东省现代渔业发展“十二五”规划》，于2011年6月20日公布。要求“十二五”时期，现代渔业强省建设深入推进，渔业经济稳步发展，渔业综合实力显著提升，渔业科技创新能力增强，水产品安全有效供给保障能力进一步提高，渔业资源和生态环境进一步改善；渔业产业结构得到优化，区域布局更趋合理，现代渔业产业体系基本形成；渔民收入持续较快增长，生活更加殷实。到“十二五”期末，实现如下目标：渔业经济总产值达到2500亿元，年均增长8.5%；水产品总产量达到860万吨，年均增长3.5%；养殖产量达到685万吨，年均增长4%，养殖与捕捞产量的比例转变为80 ∶ 20；全省渔民人均纯收入达到15000元，年均增长8.5%；渔业二、三产业比重达到60%以上；年产值上亿元的渔业龙头企业达60家，形成一批国内外知名的水产名牌产品；全省建成一批标准化程度高、覆盖面广、产业承接与聚集能力强的现代渔业基地，水产养殖生产条件大幅度改善；渔业资源开发利用能力、渔业产业技术装备和科技进步水平达到国内领先水平，渔业科技进步贡献率达到70%，渔业科技成果转化率超过60%；新建和升级30个水生生物自然保护区和水产种质资源保护区、建成12个人工鱼礁区，构建5个海洋牧场，渔业生态资源得到有效保护，渔业经济与资源环境开发利用协调发展。

【“十三五”规划编制】2015年，广东海洋与渔业部门为了在“十三五”期间起好头，走好步，主动对接国家和省“十三五”发展规划，积极参与全省国民经济和社会发展“十三五”发展规划纲要的编制，省“十三五”发展规划纲要有专节部署“大力发展海洋经济”，涉海涉渔内容进一步凸显，篇幅大幅度增加。其中，率先启动的美丽海湾建设提高到国家发展战略，组织编制完成了广东省美丽海湾建设规划；在省发改委支持下，广东海洋经济发展“十三五”发展规划纳入全省重点专项规划，该规划全面系统地提出了“十三五”广东海洋经济发展总体思路、重点任务和保障措施，这也是自“十一五”以来，广东省海洋经济发展规划连续三次被纳入全省重点规划，体现了海洋经济工作在全省国民经济发展中的重要地位；组织编制海洋主体功能区规划、现代渔业“十三五”发展规划，启动编制海岸带保护利用、海洋渔业科技发展、海岛保护利用、海洋环境保护、远洋渔业发展等专项规划，全面构建全省海洋渔业发展规划体系。其中，深圳市开展了海洋强国示范区总体规划编制，其他沿海市都组织开展了相关规划的编制。

海洋行政审批

【概况】“十二五”期间，广东省海洋与渔业局加强行政审批管理，严格依法行政，规范行政审批行为，完善行政审批程序，简化行政审批流程，提升行政审批服务质量。完善海洋渔业网上办事系统，实现全部审批事项网上办理，方便企业。从2013年开始，广东省海洋与渔业局有海域使用审批等5个项审核项目，梳理省海洋与渔业局行政审批事项共26大项62小项，印制了行政审批事项办事指南。行政审批事项实现100%放入网上办事大厅办理；在省政府网上办事大厅建设考核排名中，省海洋与渔业局从3月份省直单位末位跃居至10月份并列第一名。2014年形成了省、市、县3级海洋与渔业93项审批事项统一规范的通用目录，完成了省级大集中。2015年，如期完成行政审批标准化网上后台录入工作，进驻省网上办事大厅事项由原来的41项调整为34项，并完善跨层级行政审批事项办理。同时，优化审批流程，网上审批时间平均缩减50%。完善海洋渔业网上办事系统，实现全部审批事项网上办理。全年受理网上审批事项4519件，全部按时办结。省级网上办事大厅效能综合评比连续两年并列第一。

【便民办证中心】“十二五”期间，广东省建设便民办证中心和网上办事大厅，面向单位和个人办理的行政审批，统一在办证中心窗口办理。2012年4月1日，广东省海洋与渔业局便民办证中心正式运作。2013年便民办证中心工作逐步规范化。制定完善了办证中心值班、一次性告知等工作制度，对受理行政审批工作人员，开展了多次培训。2014年实现网上办事窗口与主厅统一的业务咨询、结果查询、星级评价、服务投诉等功能，实现办事过程和结果数据与主厅同步。2015年，完成办证大厅改造工作，办证大厅室内面积约80平方米，室内宽敞整洁明亮，设施齐全，为前来办事的群众提供了良好的办事环境。为方便群众办事和处室审批人员的需要，对标准版办事指南、业务手册以及方便群众携带的简版办事指南印刷成册。同时，试点省网上办事大厅手机版接入，经过材料梳理、流程精简、人员配置，广东省海洋与渔业局作为省网上办事手机版试点事项已接入省网上办事大厅。

【跨层级行政审批】广东省海洋与渔业局跨层级行政审批事项，一是国家垂直业务系统对接，2015年1月，赴农业部和国家海洋局汇报广东省海洋与渔业局行政审批事项所使用的国家垂直业务系统与广东省网上办事大厅系统对接工作，得到大力支持；二是省、市、县跨层级行政审批事项的审批，省海洋与渔业局涉及省、市、县三级跨层级审批事项11项，主要完成跨层级审批事项的市县部门资料收集、梳理；在全省海洋与渔业主管部门推广跨层级审批事项，推广的工作包括数据配置、系统测试；对全省海洋与渔业系统相关人员进行分区域、分批次、集中式的系统培训，共培训246人；开发标准接口，实现省公共审批平台与国家渔政管理指挥系统和海洋与渔业局OA系统的对接。

【建议提案办理】“十二五”期间，广东省海洋与渔业局承办人大建议170件，政协提案191件。2011年10月20日，省人大常委会召开省人大代表建议办理工作会议，省人大常委会主任欧广源在总结讲话中肯定省海洋与渔业局强化办理工作时效性的做法，负起牵头办理的责任，制定可行的办理工作计划，及时跟进办理进度，按时办理答复代表，强化办理工作的时效性。2012年5月22日下午，省人大常委会委员、副秘书长潘子纯带队检查省海洋与渔业局建议办理情况，认为省海洋与渔业局在办理工作中领导高度重视，认识到位，措施得力，办理进度快，把建议办理当做自己的法定职责，与本部门的工作结合起来，强化责任感，效果特别好。2013年11月，省人大组织召开人大代表建议办理工作会议，省人大黄龙云主任，常务副省长徐少华出席会议并作讲话，省海洋与渔业局局长文斌在会上作典型发言，得到省人大、省政府领导的充分肯定。2015年6月9日，在省第十二届人大三次会议代表建议督办会上，省海洋与渔业局作典型性发言。

二、海域使用管理

综述

【概况】海域管理是海洋综合管理的重要内容，《海域使用管理法》于2002年实施以来，广东按照全面推进依法行政、建设法治政府的要求，不断完善海域、海岛管理法律法规体系，全面推进相关配套制度建设，探索创新海洋管理模式。2011年以来，广东省按照国家的有关部署，积极探索，严格规范，切实加强对重大项目用海服务保障，努力促进海洋经济可持续发展。“十二五”期间，在广东省范围内，国家和省共审批发放海域使用权证274本，涉及156宗项目，共计批准用海面积11390多公顷，其中填海面积约4900多公顷。其中2015年，国家和省共批准同意28宗项目用海，共计批准用海面积约2760公顷，填海面积约 877 公顷。

【海域使用管理规范】“十二五”期间，广东省海洋与渔业局以高度负责的政治态度，全力抓好海域使用管理工作，采取了多项有力措施规范海域使用管理，对用海管理进行全面的规范，通过更加科学有效的管理，全省海域管理管控能力和技术支撑体系进一步得到提高。进一步理清和完善海域使用申请报批程序，明确省和国家受理用海项目的审批流程，对围填海项目申请开展海域使用论证，用海预审，海域使用报批的要求进行明确，方便企业用海的报批。同时，着重从“该不该填”“怎么填”“填多少”三个方面入手，制定了一系列操作性、针对性强的具体措施，对规范海域使用活动。对需要连片开发的用海项目，严格按照国家海洋局《关于加强区域建设用海管理工作的若干意见》的要求，编制区域建设用海规划。制定《规范和完善项目用海审查内容和程序》，优化海域使用审核审批流程。严格围填海论证和审核，增加社会稳定风险评估，加强现场踏勘，开展第三方评估论证。按照规定填海 50 公顷以上和国家发改委立项的项目等由国家海洋局直接受理，然后征求省政府意见。在海域使用审核流程上，广东省海洋与渔业局还制定了《项目用海审核审查工作细则》，明确了由省政府审批的项目用海审核审查工作具体要求和相关流程。广东省加强了对有关项目的审查，征求当地政府意见，并专门组织省海域使用动态监管中心和海域处人员共同到现场进行实地踏勘，出具现场踏勘报告，确认满足用海要求后，由省政府统一回复给国家，加强了对国家审批项目的监管。

制定了《海砂开采海域使用管理暂行办法》，明确了“四定一实时”（即海砂开采定点、定时、定量、定向、实行实施监督），采砂船报备、黑名单等一系列监管制度。省海洋渔业、水利、海事、住建、工商、检察等单位联合制定《广东省海砂开采监管联合执法专项行动方案》，细化部门责任分工，明确监管任务，建立海砂开采联合监管机制。按照省政府要求，省海洋与渔业局、广东海事局和港珠澳大桥管理局联合组成的内伶仃海域海砂开采监管工作领导小组，在港珠澳大桥以南及磨刀门海域加强海砂开采监管，有效维持重点区域海砂开采的正常秩序，有效保障港珠澳大桥海岛隧工程建设顺利进行。2015 年，珠江口海砂开采执法监管共出动船艇 758 艘（次），执法人员 5254 人（次），检查采砂船舶 2846 艘（次），查获违法采砂案件 84 宗，有力震慑了违法采砂行为，遏制了违法采砂势头。

在全国率先开展海砂开采海域使用权网上挂牌出让。

【用海项目监督管理】“十二五”期间，广东省强化用海项目监督管理，重点查处未批先填、违法采砂等行为。珠海市聘请专人加强海岸带巡查。为推进科学围填海，注重科学用海技术研究和用海管理方法创新，对所有用海项目在审批前组织有关涉海技术研究机构进行独立第三方论证技术咨询和综合评价，加强对用海方式的指导。根据海岸带综合整治修复试点工作的要求，选择广州、珠海、东莞等三市四点为备选项目，编制完成《海岸带综合整治试点项目实施方案》。委托有关高校完成了广东海岸带保护利用管理办法文本的起草，并开展意见征求工作。《关于保护和科学开发利用我省海岸》列入省政协主席会议督办重点提案。广泛征求会办单位、沿海地方政府意见的基础上，起草了《关于保护和科学开发利用我省海岸带提案办理工作方案》。

【海域使用管理检查】2015 年，广东通过提高认识、改进审批、规范管理，加强海域使用管理，基本实现了科学规范、有序有度，保障地方社会经济发展。编制全省海洋主体功能区规划，科学划定优化开发区、重点开发区、限制开发区和禁止开发区。分解下达省级海洋功能区关于围填海面积、自然岸线保有率等 7 项指标，实施以指标控制用海。首次召开由沿海分管海洋工作的副市长参加的海域使用管理培训会，解读用海政策，总结用海情况，分析存在问题，提出管理要求，形成加强用海管理的新共识。组织开展全省海域使用管理大检查，全面核查 2007 年以来广东围填海情况，建立用海项目台账。省财政安排专项资金组织开展海砂资源勘探。严格把好用海必要性关口，开展海域使用论证第三方评估，加强用海平面设计指导。规范项目用海审查内容和程序，提高用海审核效率，围填海项目审批由过去的 2 ~ 3 年，压缩到现在的 1 年左右。汕头、惠州等市成功开展养殖用海使用权拍卖。

海域有偿使用

【概况】财政部、国家海洋局出台《海域使用金减免管理办法》（财综〔2006〕24 号）后，广东积极落实养殖用海海域使用金减免等各项优惠政策，随后印发了《关于广东省农业填海造地等用海海域使用金征收标准的通知》（粤财综〔2007〕204 号），进一步明确了养殖用海的海域使用金征收优惠政策，为确保渔民增收、渔业增效，促进沿海地区社会主义新农村建设提供了有力保障。2013 年广东首次将海域使用金征收全程纳入非税收入管理信息系统，实现了海域使用金设定、收缴、入库、查询的全过程电子化监管。“十二五”期间，广东省海域有偿使用主要是组织开展海砂开采市场化出让工作。系统梳理了海砂开采海域使用权市场化出让的工作流程，结合全省区域用海规划实施情况和重大建设项目用海情况，围绕着保障港珠澳大桥香港、澳门人工岛用砂的需要和国家和省重大建设项目海砂需求，着手制定全省海砂开采海域使用权市场化出让的方案。2010—2014年，广东有3批次共10宗海域以挂牌方式出让用于海砂开采。2014年5月总结2010年来海砂开采海域使用权市场化出让工作，在全国海砂开采用海经验交流会上交流，对下一步海砂开采市场化工作提出具体建议。系统梳理海砂开采海域使用权市场化出让的工作流程，2014年第一批共2宗海砂开采海域使用权出让方案经国家局审查、省政府批准后，在广东省公共资源交易中心平台成功挂牌出让，征收海域使用金6400多万元。

【海域使用金征管】“十二五”期间，广东规范海域使用金征管。2013年，广东省海洋与渔业局以财政部驻广州专员办对全省海域使用金征缴工作进行巡查为契机，对从海域法实施以来历年的海域使用金征缴工作进行了系统梳理，对海域使用金征缴工作进行了细化分类，逐项分析并提出具体有针对性的完善对策，全面规范海域使用金的征管。同时，更好地监管海域使用金的征收，通过信息系统全程动态监管海域使用金的征收入库，2013年首次将海域使用金征收全程纳入广东省非税收入管理信息系统，从设定、收缴、入库、查询的全过程电子化监管，加强和规范海域使用金征收管理，进一步提高海域使用金征管水平和服务质量。

【海砂开采用海历史问题】2010—2014年，广东6宗经挂牌方式出让海砂开采用海缴纳海域使用金后，有4宗因区域影响航道通航安全海事部门建议调整或办证过程期间中标区域被盗采等原因，向国家海洋局提出调整开采位置的申请。省海洋与渔业局参照《国家海洋局关于全面实施以市场化方式出让海砂开采海域使用权的通知》（国海管字〔2012〕895号）精神，经多方协调，广泛沟通，结合实际妥善处理了深圳海岸金湾、广东海建等有关海砂用海历史遗留问题。另外，省财厅同意统筹安排海砂出让、砂源勘探和规划、视频监控管理维护等相关经费，为海砂开采海域使用管理和执法工作提供了有力保障。另外，制定出台了《广东省全面实施以市场化方式出让海砂开采海域使用权的实施方案》。加强对海砂需求市场的研究，认真选划和储备好拟招拍挂区块，全面总结前3次招拍挂的经验，避免出现新的历史遗留问题和纠纷。努力确保全省、市重大项目用砂需求得到满足，为全省经济社会发展建设提供良好的服务。

【海砂开采海域使用管理】广东省于2014年开展全省重大建设项目海砂需求和海砂开采用海情况调研，召开了海砂企业和海洋监察监管人员的座谈会，广泛征求有关企业、部门和基层队伍意见建议。赴港珠澳大桥建设办公室了解大桥建设用砂需求情况。为规范海砂开采海域使用权出让行为，加强海砂开采海域使用管理，维护海砂开采用海秩序，在广泛征求了省发展改革、经济信息、公安、财政、国土资源、环保等部门及沿海地级以上市海洋行政主管部门意见的基础上，经省法制办规范性文件审查后，出台了《广东省海洋与渔业局关于海砂开采海域使用管理暂行办法》。办法对海砂开采海域使用权出让、海砂开采“四定两加强”管理作出了明确规定。2015年初，港珠澳大桥建设方提出，受上游来砂等因素影响，大桥岛隧工程基槽异常回淤，管节沉放岛隧工程受阻。为保障港珠澳大桥岛隧工程顺利施工，根据广东省政府的统一部署，我省暂停了港珠澳大桥以北内伶仃岛附近海域7家采砂企业采砂作业。对此，广东省海洋与渔业局及时与有关企业以各种形式加强沟通，积极、协商补偿问题。根据省政府有关要求，初步确定在原批准海砂开采海域范范围内，按“以时间补时间”的原则进行补偿。

区域建设用海

【概况】广东海域位置优越，岸线曲折绵长，滩涂广阔，港湾众多，资源丰富。新中国成立以来，广东沿海地区开发利用海岸资源，兴建港口，开辟航道，围海造田，发展养殖，纳潮晒盐，创造了巨大的社会经济和生态效益。改革开放之初，中国开始意识到海洋国土的重要性。从1980年开始，在全国范围内开展了海岸带和海涂资源综合调查。广东海岸带和海涂资源综合调查于1980—1986年进行，是广东科学调查史上一次规模较大、范围较广、时间最长、学科最多的综合性调查，基本摸清了广东海洋资源家底，取得了丰富的资料和成果。

“十二五”期间，广东严格落实国务院批复的《广东省海洋功能区划（2011—2020年）》，积极推进区域建设用海规划。对需要连片开发的用海项目，严格按照国家海洋局《关于加强区域建设用海管理工作的若干意见》的要求，开展区域建设用海规划工作。《广东省集中集约用海实施方案》确立的29片集中集约用海区中，到2015年底已有8片获得国家海洋局批准，2片正上报审批中。

【区域建设用海规划】“十二五”期间，广东省积极争取国家用海指标支持，满足全省重大项目围填海需求。2011年，为保障《珠江三角洲地区改革发展规划纲要》重大项目用海需求，全年全省发放海域使用证226本，确权面积3728公顷。其中港珠澳大桥、湛江钢铁基地、汕头东部城市经济带、深圳太子湾邮轮母港等重点项目用海获得批准，中科广东炼油化工一体化、中委广东石化重油加工等重大项目用海。2013年，广东省大力推进区域用海规划工作，先后组织召开了《中山翠亨新区区域建设用海总体规划》听证会及《潮州港西澳港区区域建设用海总体规划》听证会，科学统筹规划区域建设用海，通过区域规划，产业扶持，集约集中用海等措施，改变分散粗放用海模式，提高了单位海域面积投资强度，促使海洋产业用海由粗放低效向集中集约高效转变。2014年，按照国家海洋局《关于加强区域建设用海管理工作的若干意见》的要求，广东省编制区域建设用海规划。制定《规范和完善项目用海审查内容和程序》，优化海域使用审核审批流程。按照《广东省海域使用管理条例》的规定和省政府领导“保护与开发利用，开展控制海湾用海的研究，对属于大陆沿岸的115个海湾，综合考虑区位、资源、环境、海湾开敞度等自然属性以及海湾经济社会条件和开发保护要求，划分内湾和外湾等类型，分类施策。制订珠江河口海域围填海红线划定方案，实施分区选划、分类管理”。

【用海项目审核规范】“十二五”期间，广东省进一步规范项目用海审核审批工作：一是规范海域使用审核流程。系统梳理用海项目审核审批流程，明确了海域审核审批管理“两个阶段六个环节”的流程，印发《关于规范和完善项目用海审查内容和程序的通知》。完善内部海域使用项目审核委员会议事试行规则，做到每一宗用海项目在前期研究、海域论证、海洋环境影响评价、审核上报等4个环节，由主办处室或委托市县海洋主管部门、专家进行实地踏勘、拍摄照片和视频、GPS定位、核实有无未批先填行为、征询利益相关者意见以及核实申报材料等。二是委托国家海洋局南海海洋工程勘察与环境研究院进行透水构筑物管理研究，委托暨南大学法学院开展《广东省海域使用管理规定》修订完善工作。开展关于进一步加强围填海的意见、关于推进简政放权优化呈报方式的工作方案等规范性文件的制订。三是梳理现有用海申请项目。按照新的围填海政策和要求，对2008年以来受理进入程序的280宗用海申请，严格审查，认真梳理，分类处理。对未批先填、不符合海洋功能区划的申请不予受理，对用海面积过大等提出修改建议，对不符合海域使用论证条件的申请作退件处理。

【集中集约用海引导】“十二五”期间，广东积极开展分区选划分类管理工作，加强集中集约和区域用海管理，积极引导科学用海。2013年，实施《广东省集中集约用海实施方案》，对划定广州南沙龙穴岛、汕头东部经济带、湛江东海岛等29片集中集约用海区的项目优先安排审批，支持鼓励引导用海项目在集中集约用海区落户，同时对集中集约用海区项目进行科学指导，优化平面设计，帮助集中集约用海区统筹发展。2014年按照《广东省海域使用管理条例》的规定和省政府领导“保护与开发利用，首先是保护，其次才是开发利用，开发利用以保护为基础”的要求，开展控制海湾用海的研究，对属于大陆沿岸的115个海湾，综合考虑区位、资源、环境、海湾开敞度等自然属性以及海湾经济社会条件和开发保护要求，划分内湾和外湾等类型，分类施策。制订珠江河口海域围填海红线划定方案，实施分区选划、分类管理。强化用海项目监管，重点查处未批先填、违法采砂等行为。珠海市聘请专人加强海岸带巡查。

海域监视监测

【概况】“十二五”期间，广东通过加大对海域使用动态监视监测建设的投入，组织专门业务培训等措施确保各级海域使用动态监管中心都有稳定的技术队伍，不断提升动态监管业务能力水平，使海域使用动态监管队伍成为海域管理的坚实基础，通过信息化手段不断提高海域使用管理科学化水平。特别是通过卫星影像的处理和分析，实行围填海项目动态监视监测，对全省围填海情况进行调查、更新和统计，分析出全省海域疑点疑区数据，为海洋执法部门对全省海域检查提供技术支撑。海域动态监视监测手段取得新突破，海域使用监控能力进一步提升，业务工作不断拓展，为海域管理提供了技术保障。

【监测手段大幅度提高】2015年，广东实现全省中、低精度卫星影像一年4～6次更新覆盖，高精度卫星遥感数据一年2～3次更新覆盖，以及无人机高精度航空遥感监测，完成7处用海项目和重点海域的航拍监测工作，监测面积超过20平方千米，提取了精细化的监测成果，在海域监测管理中发挥了重要支撑作用。进一步丰富和完善海域动态监视监测管理系统，提高海域动态监视监测水平。“十二五”期间，无人机高精度航空遥感监测面积约40平方千米；累计完成广东省沿海高精度遥感监测面积约87.5万平方千米；累计完成中、低精度遥感监测面积约471.3万平方千米；累计完成从20世纪70年代到2009年的历史回顾性中、低精度遥感监测面积约226.2万平方千米。

【信息化监管能力增强】“十二五”期间，广东依托国家海域动态监管系统，建立连接国家、省、市、县的高速宽带专网，建立了海域使用移动版管理系统和沿海部分高清远程视频监控系统，全省海域专线网络延伸到了沿海14个市、35个县区，实现了国家、省、市、县海域权属的图形化、网络化和同步管理，以及用海项目事前审核、事中监管和事后评估全过程数据化管理。“十二五”期间，累计整理全省确权数据超过6000宗，用海监测图斑数据超过1500个，省级确权配号120个项目191本证，用海项目审核333个。

【高精度周期性业务监测】“十二五”期间，广东开展全省海域使用高精度、周期性业务监测，建立了全省海域使用权属数据库、海洋功能区划数据库、海洋自然保护区数据库、公益性用海数据库、区域建设用海规划数据库、海域使用申请台账数据库、海域使用围填海监测数据库、海岸资源监测数据库、海域构筑物监测数据库、海湾资源监测数据库等，对全省沿海的用海项目和相关空间资源实现了全覆盖的监管和周期性更新，基本做到了及时准确地掌握海域及其使用的家底，为管理和决策提供了坚实的技术支撑。在全国海洋管理系统中首次实现基于微型无人机的高精度、短周期航拍监测，对于200公顷范围内的海域或用海项目可实现单航次整体监测和24小时内成果输出。完成7处重点用海项目和重点海域的航拍监测工作，监测面积超过20平方千米，提取了精细化的监测成果，在海域监测与管理中发挥了很好的作用，并在全国的海洋管理部门中引起了较大反响。

【海域使用论证】海域使用论证是海域使用管理的科学基础，“十二五”期间，广东不断规范海域使用论证管理，严格按照有关海域使用论证的程序技术导则开展海域论证工作，对不符合要求的海域使用论证报告一律退回，从严要求，认真把关，大力提升海域使用论证水平；2014年，为推进科学围填海，注重科学用海技术研究和用海管理方法创新，对所有用海项目在审批前组织有关涉海技术研究机构进行独立第三方论证技术咨询和综合评价，加强对用海方式的指导，引导用海企业科学进行围填海平面设计。鼓励采用多突堤式、区域组团式围填海，积极推行人工岛式填海。通过科学围填海平面设计，优化围填海方案，节约自然岸线，增加人工岸线。上半年，通过第三方评估，优化平面设计，减少填海面积约85公顷。

【项目海域环境监督】2015年，广东省对近年来涉海涉渔工程建设项目进行全面梳理，建立台账，并按照用海新常态和环境保护新要求，对受理的77项工程建设项目进行分类核查，坚持依法行政的原则，开展各地区用海项目现场调查，重点掌握围填海工程海洋环境现状，从服务海洋经济发展的大局出发，严格把关，明确处理方式，对与现行法律法规和政策有冲突的项目暂停办理，并按省政府关于重点项目的要求，认真做好有关项目海洋环境影响评价工作，2015年共核准项目18项。坚决执行资源环境损害赔偿制度，2015年共办理涉及赔偿事项的工程建设项目25项，赔偿额达1.7亿元。

三、海岛管理

综述

【概况】《中华人民共和国海岛保护法》于2010年3月1日起正式实施，广东省各级人民政府采取有效措施加强对海岛的保护和管理。2011年，广东省有60个无居民海岛列入全国首批开发利用无居民海岛名录，成为全国列入首批开发利用无居民海岛最多的省份。2012年，广东省人民政府批准实施《广东省海岛保护规划》，批准印发了《广东省适用〈国家海洋局无居民海岛使用申请审批试行办法〉具体程序》，珠海市大、小三洲岛成为《海岛保护法》颁布实施以来，广东首批获准开发的无居民海岛。2013年，组织编制了《广东省无居民海岛整治修复保护规划》《海域海岛标准名录（广东分册）》。2015年，推动省人大、政协将加快海岛立法作为重点建议和提案。组织起草了《广东省海岛条例（草案）》，已报省法制办审查。为了尽快列入立法计划，专程向省人大法工委、农委汇报，请求支持。省政协专门召开立法提案工作协商会，支持尽快出台海岛保护条例。目前该条例已初步列入2016年立法预备计划。

【海岛管理培训班】 广东省海洋与渔业局于2012年6月26—27日在深圳市举办全省海岛管理培训班，沿海各市分管海岛工作领导、科（处）长、海岛大县的分管领导共50多人参加培训。此次培训班采取授课与现场考察相结合的方式，国家海洋局海岛管理司给予大力支持，司长吕彩霞亲临授课，并对海岛管理工作提出了希望和要求。国家海洋技术中心和海洋一所、海洋二所的知名专家，结合国际国内海岛开发利用案例进行授课。省海洋与渔业局政策法规处对《无居民海岛使用申请审批试行办法》具体程序做了解读。此次培训班还实地考察孖洲和大铲两个岛开发利用的情况，进一步提高了海岛开发利用的感性认识。与会代表一致反映，此次海岛培训非常及时，高效务实，听完几个专家的讲课开阔了眼界，增长了见识，提高了业务能力。这次的海岛培训对今年的海岛管理工作产生重要的指导和推动作用。

【海岛资源普查】 “十二五”期间，广东积极开展海岛资源普查。2012年，组织开展无居民海岛摸底调查，建立了海岛基础资料库，完成了全省首个无居民海岛（徐闻二墩岛）命名立碑工作。组织开展无居民海岛专项执法,巡查海岛1286个。2013年，广东省海洋与渔业局、旅游局联合组织力量开展了全面的海岛旅游资源普查，基本摸清了全省海岛旅游资源情况，出版了《广东省海岛旅游资源》,为广东科学发展海岛旅游提供了参考依据。完成全省1973个海岛地名普查与现场调查工作任务，编制了《广东省海岛地名志》和《广东省海岛名录》，在464个海岛上设置了海岛名称标志。2015年底，省海洋与渔业局联合省旅游局出台了《关于切实加强海岛保护有序发展海岛旅游的意见》，为加强海岛保护、发展绿色海岛旅游提供政策指导。

【海岛地名普查】 广东省海洋与渔业局于2010年6月初召开全省海域与海岛管理工作会议，布置广东省海岛地名普查工作；并于8月中旬举办广东省海岛地名普查培训班。根据国家海洋局的要求，广东印发了《广东省海岛地名普查实施方案》，对广东海域海岛展开了全面的调查，并辅助遥感影像比对，获取了大量的实地调查资料和原始数据。2013年，广东共普查海岛1973个，编制了《广东省海岛地名志》，收集了以上海岛的各项资料，为海岛的经济建设、保护和海洋科技工作提供了很有价值的基础材料。同时，开展了238个海岛名称标志的设置工作，规范海岛名称管理，强化海岛管理，目前除深圳外，全部立碑工作已完成。

海岛保护管理

【概况】 “十二五”期间，广东加强海岛保护管理。建立海岛的自然保护区21个，涉及海岛216个，占全省海岛总数的15.1%。在此基础上，划建了4个国家级海洋特别保护区，在深圳小铲岛及内伶仃岛、东莞市威远岛、阳江南鹏岛、江门下川岛、汕头南澳岛、珠海横琴岛、湛江徐闻北莉岛和六极岛等9个海岛进行生态整治与修复。实施江门潖洲、惠州辣甲列岛等多个海岛生态建设实验基地项目。2015年，国家下达广东海域海岛生态修复项目资金2.73亿元，推动珠海三角岛开发试点和汕尾龟龄岛生态保护与修复项目，实施深圳小铲岛、内伶仃岛等多个海岛生态修复整治项目，逐步恢复海岛自然资源及生态景观。

【海岛保护规划】《广东省海岛保护规划》初稿于2011年3月4日通过全国海岛保护规划专家审查委员会审查，2012年1月通过广东省人民政府批准实施。该规划以加强海岛生态保护、改善人居环境，规范海岛开发秩序为目标，规划的实施将为海岛的保护、开发、建设和管理提供依据，促进海岛的经济、社会发展，进一步拓宽广东省海洋经济发展空间同时，规划全面统筹海岛保护与利用，科学保护海岛及其周边海域生态系统，强化海岛分类管理，突出海岛分区特色，实施海岛保护重点工程，保障国家海洋权益和生态安全，促进海岛地区经济社会可持续发展。

【特殊用岛保护】 “十二五”期间，广东抓好特殊用岛的保护，维护好国家海洋权益安全，在全国率先完成了7个领海基点保护范围的划选任务。2013年底，广东阶段性完成了珠海的佳篷列岛、江门的围夹岛两个领海基点的保护范围划选和保护工程建设项目任务。同时积极争取到国家海洋局支持，将揭阳的石碑山角、汕头的南澎列岛（1）和南澎列岛（2）3个领海基点列入第二阶段的领海基点保护范围选划和保护工作范围。2014年，广东通过大量的野外作业和室内研究，历时10个月，对南澎列岛（1）、南澎列岛（2）、石碑山角、针头岩、佳蓬列岛、围夹岛、大帆石等7个领海基点所在区域进行了调查，选划保护范围，成为全国首个全部完成领海基点保护范围选划的省份。并在江门的围夹岛和珠海的佳蓬列岛安装了视频监控设备，全天候监视领海基点海岛及周边海域情况，2015年已连续监视4000小时以上。

【海岛保护与开发】 2014年，广东省政协“关于加强海岛保护和开发”提案被省政府列为2014年的重点督办提案，由广东省海洋与渔业局主办，省编办、发展改革委、财政厅、环境保护厅、交通运输厅、水利厅、林业厅、法制办和国土资源厅等单位协办。广东省海洋与渔业局把此次提案办理作为推动全省海岛管理工作的重要契机，全力以赴抓好。在办理过程中，多次得到提案人、省政协、省政府有关领导的肯定。省委书记胡春华视察粤东4市提出的加强海岛保护与开发指示精神，广东省海洋与渔业局会同省旅游局确定了具体贯彻举措：一是精心组织、周密筹备、协调合作，召开“全省海岛管理工作座谈会暨海岛旅游推介会”；二是两局联合成立海岛旅游开发领导小组和工作小组，建立了联合工作机制，出台《关于加快海岛保护利用与发展旅游的意见》，促进海岛的旅游发展。三是认真筹划，启动海岛旅游资源调查，编制《广东省海岛旅游资源发展规划》。

【海岛保护执法】 “十二五”期间，广东制定全省海岛巡查年度计划，重点巡查已开发利用的海岛，兼顾未开发利用的无居民海岛。结合维权巡航巡查边远海岛，组织海岛专项航空巡查。率先全国应用海岛监视监测系统，提升海岛执法工作的规范化、信息化管理水平，推广海岛执法示范成果。2013年，全省海监队伍开展巡查海岛2113个，共发现违法用海岛行为14宗，立案14宗，结案11宗，收缴罚款46.01万元，另3宗正在办理中。直升机执法成效初显，共组织飞行29个架次，68个多小时，约10540千米，发现22个涉嫌违法用海项目，其中对12个项目进行立案调查。

海岛使用管理

【概况】 “十二五”期间，广东认真实施《海岛保护法》，规范海岛开发，加强海岛使用管理。制订《广东省招标拍卖挂牌出让无居民海岛使用权管理办法》，市场化配置无居民海岛资源，完善无居民海岛使用权出让管理制度；对全省第一批公布的可开发利用的60个无居民海岛进行调查和拍摄、航拍，出版图集和影视作品，向社会展示以上海岛的风貌和资料信息，为引导优质资产的投入，高值开发无居民海岛营造良好的社会氛围。2013年广东省政府批准了珠海大、小三洲两个无居民海岛使用的有偿申请，并给予颁证。这是《海岛保护法》实施以来，广东省颁发的第一例海岛证。认真组织制订《广东省出让无居民海岛使用权招拍挂办法》，完善无居民海岛使用权出让管理制度。建立无居民海岛使用金评估规范，编制无居民海岛使用金市场化评估技术标准。建立不定期海岛保护巡查制度，及时查处制止违规用岛行为。自2011年以来，全省共查处违法用岛行为32宗，主要违法行为为采石、采沙、未经许可开展生产建设活动等，共处罚金293.39万元，非法用岛现象得到一定的遏制。

【海岛人居环境改善】 “十二五”期间，在各级政府的支持下，广东有居民海岛人居环境得到一定改善。如江门市完成上川岛三洲码头改造和小川岛环岛公路建设工程，上川岛污水处理厂、下川岛铲湾地址灾害治理。阳江海陵岛利用市级财政资金加强对海陵岛供水系统进行升级改造，并启用污水处理厂。珠海市先后投入近10亿元改善海岛基础设施，加固和扩建3个海岛镇和东澳岛的防波堤，海岛发电装机容量8745千瓦等。

【海岛旅游开发】 2014年12月16日，广东省海洋与渔业局和省旅游局第一次联合召开全省海岛管理工作座谈会，这是广东省历史上第一次海岛工作会议，国家海洋局、中央驻粤有关单位、广东省直有关单位负责人，广东沿海各地级以上市政府负责人和海洋、旅游部门主要负责人以及有关企业负责人出参加，共商广东省海岛资源保护管理与旅游开发事业。会议提出以“依法管理海岛、科学保护海岛、合理开发海岛”为目标，进一步抓好海岛管理，着力推动海岛旅游开发，组织开展海岛旅游专题招商和创建海岛旅游示范区、示范岛活动，鼓励社会资本进入海岛旅游开发领域。充分利用21世纪海上丝绸之路建设平台，加强广东海洋旅游市场宣传推广，提高全社会的海岛旅游意识，积极营造民众参与海岛旅游、体验海岛旅游的良好氛围。2015年9月18日，省海洋与渔业局联合省旅游局，在深入调研和充分征求各方面的基础上，印发经省政府同意《关于切实加强海岛保护有序发展海岛旅游的意见》，以建设生态文明为主线，进一步规范海岛旅游开发，按照“一岛一规划，一岛一主题，一岛一特色”模式，将广东省主要海岛打造成为国家乃至世界的滨海旅游重要目的地。并于12月21日在珠海市召开全省海岛管理暨旅游工作座谈会，以加强海岛保护，发挥海岛旅游资源优势，促进海岛地区经济社会可持续发展。

四、渔业管理

综述

【概况】“十二五”期间，广东一直按照《农业法》《农业技术推广法》《农产品质量安全法》以及《渔业法》和《食品安全法》等法律规定开展渔业管理工作，且取得显著成效。截至2015年，全省累计创建农业部水产健康养殖示范场（区）188个（2015年创建16个），“菜篮子”基地87家，深水网箱2476箱，并且新建远洋渔船33艘，南沙生产骨干船更新改造32艘。一共审批渔业船网工具指标批准书1240份，核（换）发渔业捕捞许可证1468本，核发专项捕捞许可证256本，办理中国渔政管理指挥系统数据维护变更78次。

【渔业管理破解难题】广东省海洋与渔业局为解决困扰渔业发展的历史遗留问题，在“十二五”期间，经常深入渔村一线，为切实解决渔民实际困难，就渔船更新改造先建后拆、提高渔船审批效率，渔具政策普法宣传三个方面的渔民反映较多，涉及渔民切身利益的问题，深入开展调研活动，形成专题调研报告，进一步厘清现代渔业建设思路。省海洋与渔业局联合省委政研室赴浙江、福建以及湛江、茂名、阳江等地开展调研，向省委、省政府主要领导报送了《加快渔船更新改造，推动海洋捕捞业走向远洋》《浙闽发展远洋渔业的经验值得借鉴》等专报，争取省领导对远洋渔业、渔船更新改造的重视支持。通过调查形成《广东省海洋捕捞作业结构优化调整及减船转产调研报告》和《广东省渔船有序流转机制调研报告》上报农业部渔业局，为科学制定“十三五”渔船双控和油补调整有关政策提出切实可行的建议。

【项目管理严格规范】在“十二五”期间，广东省海洋与渔业局完善制度，严格规范渔业项目管理：一是严格按照招投标制度开展“标准渔船设计”“渔船更新改造规划”“深水网箱发展规划”“渔船信息化移动终端设备采购”等项目招标工作。二是完善申报管理制度。进一步规范水产良种体系、标准化健康养殖示范区、珍珠养殖、渔船更新改造等项目的管理。三是推进项目库建设，按照财政厅有关要求和项目管理的需要，建设水产良种体系项目、珍珠养殖项目、减船项目和渔船更新改造等项目库。

【渔业信息化管理】“十二五”期间，广东省加强渔业信息化管理，扩宽信息化普查覆盖范围。2014年召开全省渔船信息化工作会议进行全面部署，省海洋与渔业局印发《2015年渔船信息化工作方案》，启动全省内陆及港澳流动渔船普查工作，并确定云浮市为内陆渔船普查试点市，8月份在云浮市举办内陆渔船信息化专题培训班，共培训88人次。2015年12月份在广州市召开港澳流动渔船信息化专题培训班，培训83人次。截至2015年底，全省67%的内陆渔船已完成核查工作。为做好港澳流动渔船普查舆论引导，编印了《港澳流动渔船核查指南》折页及《致港澳流动渔民的一封信》。同时，对水产种苗生产体系信息系统进行了优化升级，实现与局信息平台的数据对接，并对本省境内从事水产苗种生产苗种场和繁育场等进行信息转录和补登，进一步加强信息化管理。

【休闲渔业管理】休闲渔业是指以休闲娱乐为目的，在特定水域、场所提供参观渔业生产、体验渔民生活、参与渔业活动等服务的新型渔业。休闲渔业为社会提供以渔业内容为特色的经营服务。为规范休闲渔业经营行为，保障休闲渔业活动安全，促进休闲渔业发展，广东省人民政府办公厅于2011年9月2日公布《广东省休闲渔业管理办法》，分总则、经营单位、船舶及船员管理、从业管理、安全生产监督管理、附则6章39条，自公布之日起施行。县级以上人民政府渔业行政主管部门具体负责本行政区域内休闲渔业管理工作，负责划定休闲渔业区。在海域从事休闲渔业经营服务的，注册资金不得低于300万元人民币；在内陆水域从事休闲渔业经营活动的，注册资金不得低于50万元人民币；设有安全管理机构并配备人员，制定安全管理制度和应急预案，落实安全生产责任，配备必要的应急救援设施。省级渔业行政主管部门可以制定经营单位信用评级制度。通过公布经营单位信用等级、限制发展休闲渔业船舶、限制航行线路等措施，打击非法从事休闲渔业服务、损害渔民和游客利益的行为。县级人民政府渔业行政主管部门应当建立休闲渔业船舶遇险救助机制，会同有关部门制定重大事故应急处理预案。渔政机构具体负责休闲渔业安全监督管理工作，应当定期开展休闲渔业安全检查。

水产养殖管理

【概况】为加强水产养殖宏观管

理、保护渔业水域生态环境、促进渔业产业结构优化升级、提升水产养殖产品质量，广东省政府在2004年批准实施《广东省养殖水域滩涂规划（2003—2010年）》的基础上，2012年又批准实施《广东省养殖水域滩涂规划（2011—2020年）》。14个沿海市制定了市级养殖水域滩涂规划，颁布实施养殖水域滩涂规划的县（市、区）达60个。广东是全国核发养殖证最早的省份，从1996年开始对国有水域滩涂核发"广东省养殖使用证"。2001年选择遂溪县作试点，在全国率先开展核发"中华人民共和国水域滩涂养殖使用证"，2004年5月全国实施养殖证制度工作现场会议在湛江市召开，2005年广东省被农业部评为全国实施养殖证制度建设先进单位。截至2012年底，广东共核发养殖证76107本，发证面积38.82万公顷，占应发证面积的86.7%。对养殖证实行数字化管理，养殖证信息管理系统录入28960本，水域滩涂养殖证系统录入4423本。

【养殖水域滩涂规划】"十二五"期间，广东省委、省政府高度重视养殖管理所面临的突出问题，各级渔业行政主管部门把落实养殖水域滩涂规划作为工作重点。《广东省养殖水域滩涂规划（2011—2020年）》是省海洋与渔业局根据国家对水域、滩涂利用的统一规划，会同国土、环保、水利等有关部门，制定养殖水域、滩涂利用规划，报省人民政府批准实施；对水域滩涂使用功能进行明确定位，全省区分为8个功能区。县级以上人民政府加强商品鱼生产基地和城市郊区重要养殖水域的保护，划定养殖保护区，采取相应的保护措施；县级以上渔业局加强对所辖水域、滩涂养殖容量的调查评估，确定养殖容量并实施监控和管理。各级地方政府也相继出台地方性养殖水域滩涂规划，截至2015年底，全省已颁布实施地级养殖水域滩涂规划的地级以上市有16个，颁布县级养殖水域滩涂规划的县（市、区）有82个。在省政府的统一指导下，省海洋与渔业局联合各相关行政管理部门，依据相关法律法规，结合实际，充分评估养殖区设置对水资源、通航安全等的影响，统一规划，合理布局，保障水资源综合利用协调发展。

【养殖水域确权发证】农业部发布的《水域滩涂养殖证登记办法》《水产养殖质量安全管理规定》，规范了养殖证发证工作、水产养殖生产和用药管理，以及渔业生态环境保护等。使用全民所有的水域、滩涂从事养殖生产的，向当地县以上渔业局提出申请，由本级人民政府核发养殖证。承包水域、滩涂从事养殖生产的，依法签订承包合同后，可以向所在地申请领取养殖证，当地人民政府予以注册登记后，发给养殖证。持有养殖证方可申请水产品原产地证书、无公害水产品基地资格等。"十二五"期间，广东认真贯彻落实《广东省渔业管理条例》，进一步完善养殖水域滩涂确权发证一系列管理制度。

【养殖水域水质监控】《广东省渔业管理条例》规定：县级以上渔业局加强对养殖的水域环境、水质状况、水生生物毒性和疫情等实施监控，并对水域生态环境影响较大的养殖品种和方式予以限制。当养殖水域环境遭到污染时，采取强制性应急措施，或者报本级人民政府批准后，暂时关闭养殖区域。"十二五"期间，广东加强内湾海水养殖治理，开展近岸内湾传统网箱养殖普查，对内湾养殖实行分类指导，规范养殖行为。定期开展全省渔业养殖环保专项监督检查工作，检查渔业养殖重点排污单位的排污情况，取缔非法和污染严重的渔业养殖场，实现科学健康养殖与生态环境保护可持续发展。

【水产健康养殖发展】2015年农业部下达广东省渔业标准化健康养殖扶持项目资金800万元，8月27日，省海洋与渔业局和财政厅联合发布了《2015年广东省渔业标准化健康养殖扶持项目实施方案》，明确为重点支持主产区、中心城市周边及距中心城市相对较近的优势产区。优先支持大宗鱼类品种的水产健康养殖示范场。安排补助项目16个，每个项目中央财政补助50万元。通过重点扶持一批有一定规模、生产基础条件好、对增加水产品产量和提高质量有示范带动作用的健康养殖示范生产基地，改善其生产条件，进一步提高标准化、规模化水平，提高抗御自然灾害能力，提高水产品质量安全水平。当年广东推广水产健康养殖，扶持渔业品牌发展，截至2015年底，全省累计创建农业部水产健康养殖示范场（区）188个，面积约3.5万公顷；建设"菜篮子"基地87家，面积3.8万亩。建成省级以上渔业标准化示范区124个、无公害产地427个，获农业部认证的无公害水产品499个，省级以上农业名牌产品109个。

水产种苗管理

【概况】"十二五"期间，广东实行水产种苗许可证和分级管理。省渔业行政主管部门审查上报国家级水产良种场；审批、监管省级水产良种场。市渔业行政主管部门审查上报省级水产良种场；审批、监管种苗繁育场。县级渔业行政主管部门审批监管种苗培育场。2015年，广东加快构建以产业为主导、企业为主体、基地为依托、监管为保障、产学研结合、“育繁推一体化”的现代水产种业体系。省级水产良种体系建设专项资金安排良种选育、技术更新改造项目36个。通过专项扶持，改善水产良种保存、繁育和选育基础设施，为种质保存、新品种选育、苗种扩繁等提供有利的平台。截至2015年底，全省已建成5个国家级水产良种场、1个国家级水产种质监督检验测试中心、1个国家级水产引种保种中心、64个省级水产良种场和7个现代渔业种业示范场，形成以国家级遗传育种中心和国家级良种场为龙头、省级良种场为骨干、地级市繁育场和县级培育场为网络的苗种生产体系。

【苗种生产许可制度】 1998年广东省海洋与水产厅规定水产种苗凭证生产和分级管理：省渔业行政主管部门审批、监管省级水产良种场，审查上报国家级水产良种场。市渔业行政主管部门审批、监管种苗繁育场，审查上报省级水产良种场。县级渔业行政主管部门审批、监管种苗培育场。2015年，全省有水产种苗场2010家，发放水产苗种生产许可证1894本，发证率94.2%。截至2015年底，全省建设有5家国家级水产良种场和64家省级水产良种场。

【进出口苗种审批检疫】 进口、出口水产苗种、亲体以及从境外引进水生生物物种，要经省渔业局审批；从境外引进的水产苗种、亲体及其他水生生物物种，必须在指定的场所养殖、孵化，需转售的，应当经省渔业局审批；水产苗种进口、出口必须按照国家法律、行政法规的规定实施检疫。按照《办理水产苗种试行办法》和《国务院关于取消非行政许可审批事项的决定》（国发〔2015〕27号），广东省海洋与渔业局对“重要水产苗种进出口审批”审核工作进行相应调整，进一步加强和规范水产苗种引进审批，更公开透明、高效率。广东受理企业申请进口水产苗种主要是南美白对虾亲虾，2015年度全国核定额度数量约66万尾，广东上报全年计划数量59.5万尾。

【水产苗种产地检疫】 “十二五”期间，广东按照农业部要求，自2012年开始实施水产苗种产地检疫，3年多来，检疫水平不断提高，检疫范围、检疫数量逐年增大，有效降低了虾白斑病等水生动物疫病的危害程度。为依法规范开展水产苗种产地检疫工作，按照《动物检疫管理办法》和行政许可委托的有关规定，督促各地办理检疫委托手续及公告。截至2015年底，广东为100个市、县装备水产苗种产地检疫现场出证设备，有85个市、县办理了检疫委托手续，其中有15个市、52个县发布了检疫公告，有18个市、48个县（区）开展了检疫出证工作，共检疫水产苗种300多亿尾，开出检疫合格证4438张，水产苗种产地检疫工作位居全国前列。2014年编印《广东水产苗种产地检疫实验操作图解》10000本，印制了1万份水产苗种产地检疫宣传资料发放给各地，张贴检疫公告，在电视台、网站、报纸上发布，及悬挂检疫宣传条幅、树立宣传牌，出动宣传车、发放宣传小册子等形式多样宣传。

为加强水产苗种产地检疫监管，在广东鱼病会诊网站增设水产苗种产地检疫电子出证模块，模块可实现实时监管全省各市县开具的检疫单据，目前已完成模块功能、运行等调研，并确定模块各项指标。

【水产种业发展规划】 “十二五”期间，广东加快构建以产业为主导、企业为主体、基地为依托、监管为保障、产学研结合、“育繁推一体化”的现代水产种业体系。2013年，省海洋与渔业局组织编制《广东省现代水产种业发展规划（2013—2020年）》，开发了一套水产苗种体系建设信息管理软件，并在东西两翼粤北山区及珠三角地区选4个测试点，测试效果良好。2015年在全省已建成7个现代渔业种业示范场的基础上，继续向农业部推荐2家创建单位。2015年，全省有水产种苗场2010家，面积11667公顷；水产种苗场繁育种苗9040亿尾，不仅实现了自给自足，还远销全国各地甚至东南亚多国，为水产养殖业健康发展注入强大活力。

【水产良种体系建设】 “十二五”期间，广东实施省级水产良种体系建设规划，设立省水产原良种审定委员会，负责对省级水产良种场建设进行考核评审、对良种生产进行检查监督，规范各品种的良种选育技术路线和生产技术规程。采取“先建场后规范生产行为”的建设机制，规范申报程序，严格申报资格。选择条件优、实力强、基础实的种苗场予以评审认定。推广良种良法，要求良种场不单要承担良种选育保种和生产供应优质种苗任务，还要对品种养殖进行示范，为渔农提供适合当地实际的生产模式。建立优质优价的激励机制，通过市场进行公平竞争，使良种场有效地开展苗种质量跟踪服务，了解良种效应动态，及时完善良种选育技术路线及生产技术规程。经多年的努力，广东水产良种体系建设取得显著成效。2013年，广东省财政安排水产良种体系建设专项资金2000万元，扶持良种选育项目12个，扶持省级以上良种场技术更新改造项目10个，扶持市县级技术更新和亲本更新项目30个，有力地推动了全省水产良种体系建设。2015年，省级水产良种体系建设专项资金安排良种选育、技术更新改造项目36个。通过专项扶持，大幅度改善了水产良种保存、繁育和选育基础设施，为遗传育种、新品种选育、苗种扩繁等提供了有利的平台。2015年，广东在自主创新培育了国家认定的11个水产新品种的基础上，继续向全国水产原良种审定委员会申请认定6个水产新品种。

捕捞渔业管理

【概况】　国家对捕捞业实行船网工具控制指标管理，对捕捞渔船实行"双控"（捕捞渔船的数量和总功率）。其中，海洋捕捞业船网工具控制指标由农业部报国务院批准后下达，内陆捕捞业船网工具控制指标和管理办法由省政府规定。县级以上渔业主管部门在国家和省下达的双控指标内核发捕捞许可证。捕捞生产者须依法申领渔业捕捞许可证。持有有效渔业船舶检验证书、渔业船舶登记证书、所有权证书，并符合渔船双控有关规定，可发放捕捞许可证。

【捕捞许可制度】　要求捕捞生产者依法申领渔业捕捞许可证。海洋大型拖网、围网作业以及到我国与有关国家缔结的协定确定的共同管理的渔区或者公海从事捕捞作业的捕捞许可证，由省级渔业局审核，报国家农业部批准发放。其他作业捕捞许可证由县级以上渔业局批准发放。2015年，广东共签发海洋捕捞许可证30951本，渔船总功率1604512千瓦；内陆捕捞许可证11791本，渔船总功率110245千瓦。通过严格控制沿岸渔场和江河的捕捞强度，鼓励在双控内淘汰沿岸、近海小型渔船，合并功率指标更新建造大中型钢质捕捞渔船，引导海洋捕捞生产向外海转移。2015年，新建钢质渔船246艘，钢质渔船总数2488艘，约占渔船总数的8%。

【休渔禁渔制度】　"十二五"期间，广东严格执行国家休（渔）禁渔制度，要求捕捞生产者遵守国家有关休渔期、禁渔区等保护渔业资源的规定和渔船作业规范；不得在航道、锚地设置碍航渔具；禁止在渔业水域倾倒、遗弃副渔获物、渔具。大、中型捕捞渔船填写渔捞日志，按规定使用船位监控装置。未经批准，不得进入他国管辖水域作业。定置作业、采捕小贝类作业以及潜捕作业，不得跨县生产。2015年是南海伏季休渔调整休渔时间和休渔对象的第6年，南海休渔期间，全省应休渔船实现了100%进港休渔。休渔期间，广大渔民自觉遵守伏季休渔有关规定。各级渔政部门加强执法检查，有效维护伏季休渔秩序。各级政府统筹安排妥善解决休渔、禁渔期间渔民生产生活困难问题。休渔期间全省水产品市场供应充足正常，群众"菜篮子"没有受到明显影响，沿海渔区始终保持社会稳定。2015年4月1日12时至6月1日12时为珠江流域第5次禁渔期，为期两个月，禁渔水域范围包括珠江在广东的干流、重要支流及通江湖泊。全省渔业部门在各个渡口、码头、渔船停泊点等地点竖立警示牌，明确警示珠江禁渔时间、范围及法律责任。在南海伏季休渔期间，全省应休渔船实现了100%进港休渔，广大渔民自觉遵守伏季休渔有关规定。省委、省政府统筹安排专项资金妥善解决禁渔休渔期间渔民生产生活困难问题。各级党委、政府也采取有效措施，多渠道筹集资金，为渔民群众排忧解难。各级海洋与渔业主管部门和渔政执法队伍切实加强执法监督检查，有效维护了伏季休渔秩序。禁渔休渔期间全省水产品市场供应基本正常，群众"菜篮子"并未受到明显影响，渔区经济社会保持稳定。

【南沙渔业管理】　"十二五"期间，广东结合农业部《南沙骨干渔船专用船网工具指标管理办法》的颁布实行，加快发展远洋及南沙渔业。通过多次沟通汇报，争取农业部对广东南沙渔业的政策支持力度，2015年，农业部核准广东建造南沙骨干船25艘，17085千瓦，其中补助4884.5千瓦。截至2015年底，农业部共核准广东建造南沙骨干船97艘，72985千瓦，其中补助18423千瓦。

【远洋渔业管理】　"十二五"期间，广东抓住国家"一路一带"战略、推进海上丝绸之路建设的有利契机，加快发展远洋渔业。2015年3月召开全省远洋渔业企业座谈会，听取了企业代表介绍在东盟和太平洋岛国地区发展远洋渔业的现状与问题，商讨企业如何实施"走出去"战略，促进海上丝路建设的意见和建议。为加强远洋渔船安全生产管理，保障远洋渔业企业和船员生命财产安全。广东省海洋与渔业局于2015年1月26日印发了《远洋渔船安全生产管理制度》，全面组织开展宣贯工作，积极推动远洋渔船出航检查、跟帮生产、安全检查、渔船联络等工作落到实处，推动成立远洋渔船安全生产管理专业委员会，进一步加强行业自律，促进企业自治管理。2015年，全省共有19家远洋渔业企业派出197艘远洋渔船赴国外或公海生产，同比增长13.2%。广东中鼎海洋渔业有限公司投资2亿元新建4艘大型钢质秋刀鱼远洋渔船（每艘船长76米，总吨位1450吨，总功率2100千瓦），实现广东大洋性秋刀鱼项目零的突破。

渔船渔具管理

【概况】“十二五”期间，广东加强渔船渔具管理，在渔船更新改造、推广标准船型、实施渔具准入等方面都有了突破性发展。其中全省拆解老、旧、木质渔船 4440 艘，新建海洋捕捞渔船 871 艘；组织调研以推动广东渔船标准化改造，设计、公布广东第一批海洋标准渔船船型；加强渔船安全生产监管，实行分级分类管理，强化渔船出海管理，加强跨市生产渔船管理；联合南海水产研究所举办全省内陆捕捞准用渔具和过渡渔具网目尺寸调查和标准制定工作专题培训班，提高群众对渔具渔法制度的认知，提高渔具准入制度执行能力等。

【渔船更新改造】“十二五”期间，广东加大渔船更新改造力度，2015 年 6 月，参照国家南沙骨干渔船建造模式，对省管权限海洋捕捞渔船更新建造实行“先建后拆”审批，简化渔船建造办理程序，强化各相关部门的职责，加快渔船更新改造进程，截至 2015 年底共受理 7 个地市 92 艘渔船申请，已核准 83 艘。“十二五”期间，全省拆解渔船 4440 艘，新建海洋捕捞渔船 871 艘、南沙骨干渔船 35 艘。国家和省财政共投入 1.26 亿元，支持更新改造大型钢质渔船 284 艘，其中 2015 年新增大型钢质渔船 104 艘。东莞市 2015 年安排 1 亿元贴息贷款，争取金融机构贷款支持建造大型渔船。阳江市推动以渔船为抵押获得金融机构贷款 3 亿元支持渔船更新改造。

【标准船型设计推广】“十二五”期间，为加快广东海洋捕捞业转型升级，促进渔船“小改大、木改钢、造大船、闯外海”进程，经组织广州船舶及海洋工程设计研究院多次到沿海各地开展调研，以及专家评审，广东省海洋与渔业局发布了《关于公布第一批海洋标准渔船设计图样的通告》，提出了广东 10 型标准渔船的设计需求方案，设计、公布广东第一批海洋标准渔船船型。为推动广东渔船标准化改造奠定基础。首批标准渔船共有 3 类 10 型，主要包括：钢制流刺网渔船、灯光罩网渔船、灯光围网渔船、拖网渔船以及玻璃刚流刺网渔船。同时，明确船舶所有人在取得《渔业船网工具指标批准书》后，采用公布的标准渔船图纸建造新渔船，可免收取设计费，由广州船舶及海洋工程设计研究院供图。

【渔船安全监管】“十二五”期间，广东强化渔船安全监管刚性措施。2015 年，广东针对年初渔船事故多发的局面，对渔船安全作了紧急部署，采取四项举措，切实加强渔船安全生产监管：一是加强渔船分级分类监管，全面推动落实渔船船东船长主体责任、乡镇政府和村（居）委会属地管理责任，重点强化落实渔船跟帮生产、渔民作业时穿着救生衣等制度措施；二是重点强化渔船出海管理，明确当海上风力达到 6 级或以上时，小型渔船、达到限制使用年限渔船、老旧渔船等一律暂缓出海，若在海上作业的应马上就近回港避风；三是加强跨市生产渔船管理，禁止小型渔船、抗风能力较弱的中型渔船跨市作业。从 8 月 1 日起开展跨市作业渔船检查清理行动，对违规跨市作业渔船禁止离港并作相应处罚，对涉渔“三无”船舶一律没收；四是从 4 月中旬起开展为期一个月的安全生产专项检查，逐一检查、登记中小型渔船、老旧和跨市作业等渔船，重点检查渔船安全生产设备配备、船员穿着救生衣作业，以及船载救助终端是否畅通联络等情况，禁止存在安全隐患的渔船离港或要求停航，并通报其所在地乡镇政府、街道办事处，监督其限期整改。

【渔具准入制度】“十二五”期间，广东加大渔具渔法政策的宣传力度，提高渔具准入制度执行能力。2015 年，广东省海洋与渔业局联合南海水产研究所举办全省内陆捕捞准用渔具和过渡渔具网目尺寸调查和标准制定工作专题培训班，组织编绘南海区捕捞渔具图册和宣传教育视频资料。同时制定《广东省渔具政策宣传及违规渔具整治实施方案》并在沿海相关市、县组织实施，有效打击违规违法渔业行为，提高群众对渔具渔法制度的认知，增强他们的海洋生态保护意识，营造良好的守法氛围。根据农业部的要求，广东于 7—8 月组织开展内陆捕捞准用渔具和过渡渔具网目尺寸调查及标准制定、海洋过渡渔具调研等工作，分别上报广东省内陆渔具调查汇总表及分类统计表和广东省海洋过渡渔具征求处理意见表及管理工作建议，因上报材料数据翔实，建议合理且具有重要借鉴作用，得到上级的高度肯定。

五、水产品质量安全管理

综述

【概况】水产品质量安全关系公众身体健康和生命安全，是构建和谐社会的重要内容。“十二五”期间，广东省坚持把保障和改善民生放在突出位置，不断强化水产品质量安全监管，完善管理制度，健全监管体系，建立渔业标准体系和监控平台，为保障水产品质量安全和推动渔业结构调整发挥了应有的作用。制订实施了广东省水产品质量安全监控工作规范、抽检结果公示办法、监管工作责任制、加强安全执法、标识管理实施细则等一系列规章和规范性文件，建立覆盖水产品质量监控、抽检、公告、执法、监督、追溯等安全监管制度。2012年，省政协主席亲自督办“关于加强广东鲜活水产品安全监管的建议”重点提案。省财政自2006年设立了每年1000万元的水产品质量安全专项资金，2009年该专项增加到每年2000万元，2013年增加到每年4000万元，水产品监管队伍、支撑体系和监管制度建设得到了进一步强化。在全国率先建立省级水产品标准化数据库。建立水产品养殖动态数据库，将全省面积在50亩以上、超过4.3万家养殖场录入数据库，实行产地编码管理准出模式。制订省级渔业地方标准282项，初步建成覆盖全产业链的渔业标准体系。5年间，全省投入检验经费6000多万元，省级抽检水产品近4万个，覆盖了对虾、罗非鱼、鳜鱼等40多个主要养殖品种，抽检合格率保持在97%以上，罗非鱼、对虾、鳗鱼等优势养殖品种抽检合格率达到了99%，近5年未发生重大水产品质量安全事件。

【水产品质量监管规范】“十二五”期间，广东省海洋与渔业局先后制订实施水产品质量安全监控工作规范、抽检结果公示办法、监管工作责任制、质量安全执法、标识管理实施细则等一系列规章和规范性文件，建立覆盖水产品质量监控、抽检、公告、执法、监督、追溯等安全监管全链条制度，监管工作逐步规范化、科学化。

2011年，广东在全国率先出台《广东省水产品标识管理实施细则》，明确了水产品标识监管责任，规定了水产品标识的内容与形式等要求，制定了标识使用与管理的具体措施，解决了鲜活水产品难标识、标识难的问题，初步建立了水产品可追溯制度。印发实施了《广东省水产品质量安全监控检测机构管理办法》，规范了承担水产品质量安全监控检测任务的质检机构的基本条件及要求、质检机构的考核与监督管理等内容。

2012年，广东发布《水产品质量安全抽检结果的公示办法》，明确了水产品质量安全抽样和检验的原则要求、抽检结果的公示方式及适用范围、公示平台、公示内容、被公示的基本条件和公示发布的时间等具体措施，建立了水产品质量安全日常监督管理信息公示机制。

2015年，省海洋与渔业局于8月与省食品药品监管局签署《加强食用水产品质量安全监管合作协议》，推动建立以食用水产品质量安全可追溯凭证为核心的产地准出、市场准入管理衔接机制，加强生产环节和流通环节的监管衔接，落实食用水产品生产经营者质量安全主体责任。

【专项整治执法行动】“十二五”以来，广东先后组织了“利剑行动”“鳜鱼质量安全整治”等专项执法行动。并及时与司法部门建立“两法衔接”机制，提高打击违法行为的震慑力。同时，广东依托渔政执法力量，会同工商、质监、食药等部门开展联合执法，定期对重点生产经营场所开展生产记录、生产用药和标识管理等专项检查，组织对重点品种开展专项执法和整治，重点打击非法使用硝基呋喃类代谢物、孔雀石绿等违法行为。2013年，在普查登记的基础上对重点场所开展登记清理，实施养殖场生产记录、生产用药及标识管理等检查行动，组织鳜鱼、鲍鱼、乌鳢及苗种有针对性的专项执法，重点打击非法使用硝基呋喃类代谢物、孔雀石绿等违法行为和使用假冒伪劣渔资行为。对水产品物流企业进行摸查，对输往全国省会以上城市的大型物流企业登记造册。2014年初制定了《2014年全省水产品质量安全专项整治行动方案》，明确了四大目标、五大任务和六大要求。结合《广东省食品安全“三打两整治”专项行动方案》的实施，全省渔业部门整合质量安全、执法、检测、技术推广等部门单位资源，深入摸查本地区质量安全隐患，实施养殖场生产记录、生产用药及标识管理等检查行动，重点打击非法使用硝基呋喃类代谢物、孔雀石绿等违法行为和使用假冒伪劣渔资的行为。2015年，全省出动执法人员11653人次，检查养殖生产、经营单位6816个，发现并纠正各类水产养殖违规案件55宗，其中教育警告38宗，移送其他部门1宗，行政处罚16宗，处罚金额共9.84万元。通过专项整治和执法大检查，严厉打击了各种违法行为，滥用药物和使用违禁药物的行为得到有效遏制，违法案件同比明显减少，未发生重大质量安全事件。

【国家农产品质量安全县创建】“十二五”期间，广东省海洋与渔业局积极组织开展“国家农产品质量安全县（市）”创建活动。联合省农业厅下发《关于组织申报创建国家农产品质量安全县的通知》，推荐并获得认定了4个国家农产品质量安全县（翁源县、陆丰县、梅县区、高明区）、1个国家农产品质量安全市（云浮市）。2013年12月18日，农业部召开农产品质量安全监管工作视频会议，部署落实《国务院办公厅关于加强农产品质量安全监管工作的通知》措施，全面加强农产品质量安全监管工作，广东省海洋与渔业局局长文斌在会上作了以“健全监管体系 狠抓制度落实 努力提升水产品质量安全保障水平”为主题的典型发言。2015 年 5 月下旬，农业部在广东首次召开全国水产品质量安全监管工作会议，广东省海洋与渔业局局长文斌在会上代表广东做了典型发言。

水产品质量监管体系建设

【概况】“十二五”期间，广东省海洋与渔业局设立水产品质量安全监管处，承担初级水产品生产环节质量安全、渔业投入品使用和转基因水产品生产的监督管理工作；依法组织开展水产品质量安全检验监测、风险评估和信息发布，指导水产品质量监督体系建设；依法拟订并组织实施渔业标准，指导渔业标准化生产、渔业机械化、水产品加工流通；组织实施水产品产地认定和产品溯源制度。2013 年，省海洋与渔业局会同省编办、农业厅印发了《关于进一步加强基层农产品、水产品质量安全监管服务工作的通知》，在乡镇农业技术推广站的基础上，全省成立了 250 个水产品质量安全监管服务站，在此基础上，继续推进乡镇水产品质量安全监管服务机构建设，并确保质量安全的事情“有人管、有人抓”，进一步增强基层渔业公共服务能力，为实现水产品质量安全水平稳中有升发挥重要作用。同时，投入近 3000 万元扶持渔业重点乡镇建立快速检测实验室 103 个，配备独立检测室和快速检测仪器，广州、湛江等 11 个地级以上市检测机构通过了国家计量认证，初步形成了以部省级检测中心为龙头、地市级检测站为骨干、基层检测点为补充的水产品检验检测网络。

【水产品可追溯监管平台】“十二五”期间，广东为保障群众吃上“放心鱼”，加强水产品质量安全源头监管，建立水产品质量安全市场准入和质量安全可追溯制度。在具体措施上，采取省级财政轮补和地方财政配套相结合的办法，支持粤东西北地区水产品质量监测能力建设。5 年时间，广东建立了 1 个省级、7 个市级、13 个县级水产品可追溯监管平台，初步建成包含政府监管部门、企业、批发市场、协会、专业合作社和消费者查询平台组成的广东省水产品质量全程跟踪与溯源体系，实施以制定产地编码为主的产地准出管理模式，将全省产地分区编码，实行一个编码对位一个养殖户至年底，有 7365 家养殖企业录入可追溯管理系统，范围涵盖佛山、惠州、广州、汕尾、汕头、梅州、河源、湛江、茂名、阳江、清远、珠海、深圳等 13 个地级以上市、68 个县（市、区），覆盖养殖面积 4 万多公顷。

【水产动态管理数据库】“十二五”期间，广东建立水产品质量安全管理信息化体系，重点是水产养殖企业动态管理数据库、水产品质量可追溯体系平台建设。5 年时间，广东投入 800 多万元启动建设了广东省水产品养殖动态数据库，将全省面积在 3.3 公顷以上、共 4.3 万多家养殖场录入数据库，统计养殖面积 45.3 万公顷，占全省水产养殖总面积的 80%，探索建立以产地编码为主的产地准出管理模式。

【水产标准化技术委员会成立】2012 年 5 月 9 日，广东省水产标准化技术委员会成立大会暨第一届委员会全体会议在广州召开。来自全省各地的渔业管理、质监、科教、质检、推广、企业、协会等单位代表及第一届委员会委员共计 60 多人参加会议。会议审议通过《广东省水产标准化技术委员会章程》等文件。第一届委员会由 23 名委员组成，省海洋与渔业局副局长文斌任主任委员，李来好、罗林任副主任委员，杨贤庆任委员兼秘书长，秘书处承担单位为中国水产科学研究院南海水产研究所、国家海产品质量监督检验中心（湛江）。秘书处设在南海水产研究所。省水产标准化技术委员会的成立标志着水产标准化工作进入新的发展阶段。

渔业投入品使用监督管理

【概况】水产品质量关键在于养殖生产环节，重点加强水产苗种、违禁药物使用、药物残留专项执法检查。“十二五”期间，广东始终把质量安全监管前移到养殖生产过程中，从源头上确保“舌尖上的安全”。目前，全省建成农业部健康养殖示范场（区）190 个、安全示范点 300 家，省级标准化养殖示范区 124 个、无公害产地 418 个，获得农业部认证的无公害水产品 525 个。每年投入 600 多万元开展水产养殖、加工和流通环节风险因子评估，为水产品质量安全应急处置提供技术支撑。制订实施省级渔业地方标准 285 项，初步建成以国家标准为基础、行业标准为依托、省级标准为配套，覆盖全产业链的渔业标准体系。建立广东水产标准信息网，实现渔业标准宣贯和标准信息网络化。

【规范用药示范区建设】“十二五”期间，广东在廉江市、高要市等 20 个县（市、区）建立规范用药示范区，面积近 3000 公顷，引导、带动规范用药面积达 3 万公顷以上，有效提高水产品质量安全水平，促进生产的健康发展。全省各级水生动物防疫检疫站采取科普下乡、科技入户、培训、讲座、印发宣传资料等形式宣传规范用药意义和规范用药技术，指导养殖户共5万多人次，发放宣传资料12万份。

【渔资打假宣传行动】“十二五”期间，广东将水产品质量安全宣传与培训贯穿于全年水产品质量安全监管工作之中，每年都举办全省渔资下乡暨食品安全宣传周活动，为渔民提供信息和技术咨询服务，引导渔民科学、理性购买渔药、苗种，并以横幅、宣传资料、宣传栏等形式广泛宣传水产品质量安全知识，提高渔民质量安全意识、识假辨假维权能力和科学安全生产的水平；举办广东省水产品“质量月”活动。2013年广东共举办各类水产品质量安全宣传教育活动38场次，举办渔民培训班102场次，举办监管人员培训班10场次，共发放宣传材料10万多份。2014年，广东在惠州举办以“尚德守法 渔资下乡 提升水产品质量安全治理能力”为主题的水产品质量安全宣传活动，接受群众咨询、赠送渔资饵料和水产品快检试剂盒。各地还陆续开展了水产品监管人员管理和执法培训，广泛宣传水产品质量安全知识。2015年初开展以打击生产假劣水产苗种、使用违禁养殖投入品为主要内容的渔资打假宣传行动。结合全国食品质量安全宣传周活动，各级渔业部门开展“社会共治，同心携手维护水产品质量安全”为主题的水产品质量安全宣传活动。2015年全省共举办各类宣传教育活动38场次，举办渔民培训班102场次，举办监管人员培训班10场次，共发放宣传材料10万多份。

【水产品质量安全隐患排查】2013年，广东省承担农业部组织的鳜鱼质量安全隐患排查工作，在省内鱼苗最大生产基地阳春市、佛山市南海区对鳜鱼苗种场生产情况开展了调查，了解鳜鱼育苗过程中是否存在违规使用药物的情况，并在佛山市顺德区对商品鳜鱼流通中用药情况进行跟踪调查，分析使用的原因，提出安全、科学有效的防病用药技术方案，为生产上合理使用药物提供技术指导。委托中国水产科学研究院南海水产研究所等技术机构开展牡蛎中重金属、虾虎鱼中河鲀毒素、鳜鱼中孔雀石绿、养殖虾类硝基呋喃类等风险隐患及其危害分析排查和评估研究，提升水产品质量安全风险防范能力。

水产品质量安全检验监测

【概况】“十二五”期间，广东加强水产品质量安全检验监测工作，广东省海洋与渔业局于2011年7月27日发布《广东省水产品质量安全监控检测机构管理办法》，加强水产品机构管理，规范质检机构考核工作。要求承担水产品质量安全监控检测任务的质检机构必须具有独立法人资格或法人单位授权证明，能承担相应的法律责任；实验室建立起能够保证其公正性、独立性和与其从事的水产品质量安全检测活动相适应的质量体系，经过省级以上质量技术监督部门计量认证合格。从2012年起，加大水产品检验检测力度，对主要养殖品种、大宗主导品种和获得“三品一标”（无公害农产品、绿色食品、有机农产品和农产品地理标志）的认证品种，建立水产品质量安全抽检结果公告制度。2015年，共安排省级抽检各类水产样品9985个，总合格率达97.3%，未发生重大水产品质量安全事故。

【水产品检测能力建设】“十二五”期间，广东重点提升省、市两级检验检测机构水平。2013—2014年，着重扶持揭阳、汕头、江门、湛江、潮州、汕尾、肇庆等市级检测机构建设，补充完善现有实验室仪器设备，并安排专家筹备揭阳的实验室建设。2015年，广东成立乡镇水产品质量安全监管机构250个，建立覆盖省、市、县、乡镇的质量安全监管体系，投入3000多万元，扶持在渔业重点乡镇建立快速检测实验室74个，建成以部省两级检测中心为龙头、地市级检测站为骨干的检验检测网络，15个市检测机构通过了国家计量认证。

【基层快速检测站建设】“十二五”期间，广东利用省级水产品质量安全专项资金，2013年初步开展38个乡镇快速检测试点的建设。探索通过多渠道方式推进乡镇水产品简易实验室建设，其中惠州市选定在7个乡镇（区），中山市在24个乡镇（区）建立乡镇水产品快速检测站。2014年东莞市有36个乡镇（区）正在建立乡镇水产品快速检测站，初步建立74个乡镇快速检测试点。

【质检机构现场考核评审】“十二五”期间，广东开展机构考核和技能竞赛，组织专家组对承担省级检测业务的14家水产品质检机构进行现场考核评审，对不足之处督促其整改省海洋与渔业局联合省农业厅、总工会、职业技能鉴定指导中心成功举办第二届广东省农产品质量安全检测技能竞赛活动，促进基层检测人员自觉提升专业技能。2014年举办了全省水产品质量安全检测人员技术培训班，80名检测人员经考核取得上岗资格证。

【水产品质量快检能力】“十二五”期间，广东提升快检能力，扩大快检区域。鼓励由县（市、区）、乡镇的技术推广机构、渔政执法机构、配置监测车单位自主开展快速检测，并由具有资质的省、市级检测机构进行帮扶指导。快检区域从批发市场、物流企业延伸到基层养殖场及单位，从鳜鱼、对虾品种扩大到主导品种，此外，应需启动节日水产品专项抽检行动，重点加强对养殖环节、市场环节和供需较多品种的抽检。2013 年，省级安排抽检样品达 10046 个，同比增长 60%。在农业部组织的产地监督抽检中，广东省水产品抽检合格率达到 98.9%；在省级组织的药物残留监督抽检中，产地合格率达 97.9%，其中鳜鱼抽检合格率 96.2%，比上年提高 4.2%。硝基呋喃类、孔雀石绿、氯霉素等违禁药物在水产苗种繁育和养殖生产环节的使用逐步减少。

【水产品质量抽检力度加大】 为了加强水产品质量安全监控，根据计划，2014 年省级安排抽检样品 8650 个，主要有针对性地加大了苗种、产地、流通环节的抽检力度。2014 年扩大排查范围，深入基层调研了全省 17 个市、28 个县（区），15 家水产检测机构，并对申请 2011—2013 年专项资金扶持的企事业单位进行监督抽查，进一步加强源头风险的控制，提高了监控工作效率。在农业部组织的产地监督抽检任务中，全省水产品抽检合格率达到 99.4%，尤其是广东优势品种罗非鱼、对虾、鳙鱼、鳗鲡等合格率都在 99% 以上，全省水产品质量总体趋好。2015 年，农业部安排江苏省水产品质检中心来广东开展市场风险监测采样，协调有关单位在中山、广州、惠州共计抽取了 200 个样品；承担农业部南宁中心、成都中心下半年来广东采样任务。

水产品产地认定和产品溯源

【概况】 2011 年 11 月 30 日，国家质检总局发布 2011 年第 175 号公告，正式批准“台山鳗鱼”列入“国家地理标志产品”保护范畴。“台山鳗鱼”出口养殖业一直是台山的支柱产业，总养殖面积 2933.33 公顷，年生产能力 5 万吨，出口产值约 40 亿元人民币，养殖产量占广东省总量的近九成，活鳗出口约占全国的八成。台山出口鳗鱼示范区被授予“全国出口食品农产品质量安全典型示范区”。

【无公害水产品认证】 2015 年，成立广东省无公害水产品认证评审专家库，参加广东无公害水产品认证评审工作，并于 7 月与 10 月组织专家对广东无公害水产品申报材料进行审核。截至 2015 年 11 月 26 日，共审批 8 批产地无公害认定，共 107 个；初审并上报 9 批无公害产品认证，共 134 个。全年共培训检查员、内检员 440 人次。全出动检查 1161 人次，检查市场（超市）120 个，发放宣传资料数量 6404 份。结合渔用投入品使用监测对佛山、河源、汕头、韶关、湛江、阳江等市的 16 个无公害产地进行现场核查。

【水产品标识管理】 2011 年，省海洋与渔业局制定实施《广东省水产品标识管理实施细则》，率先在全国推行水产品标识管理。2012 年，建立水产品质量安全可追溯平台和监管平台。2012 年完善水产品标识体系，推进建立水产品标识管理体系，规范产品标识标注。在地级以上市水产品批发市场、沿海重点渔区水产品交易市场和大型超市全面实施水产品标识制度。2013 年将水产品产地标识管理工作作为重点工作，印制了 10 万张水产品管理标识模版下发各市县，佛山等市也印发了近 40 万张下发大型养殖企业。当年已有 7362 家养殖企业（场）信息登记造册入库，范围涵盖 13 个市 68 个县，覆盖养殖面积达 4 万多公顷、产量达 30 多万吨。

【渔业标准化体系建设】 根据 2014 年的统计数据，广东已制订省级渔业地方标准 274 项，基本涵盖生产、流通、加工、质量、检验检测等环节，建成省级以上渔业标准化示范区 71 个；2014 年有 16 个新产品获广东省名牌产品，至 2014 年全省共有 121 个产品获国家或广东省农业类名牌产品称号；经农业部认定的水产健康养殖示范场 152 个、无公害认证水产品 501 个、“菜篮子”水产品生产基地 72 个；建成无公害水产品产地 614 个，面积约 6.7 万公顷，占广东水产养殖面积约 16%。获出入境检验检疫部门出口注册的养殖场 1029 家，面积约 4 万公顷，为水产品质量安全提供了重要保障。

六、资源环境保护

综述

【概况】 “十二五”期间，广东努力推动资源环境保护制度改革和建设，进一步完善海洋工程建设项目环境影响评价工作制度，制定了《海洋工程建设项目环境影响报告书技术审查细则》，进一步细化了项目现场考察、专家评审、技术审查内容等各有关环节的要求，建立了客观、公平、公正的海洋工程建设项目环境影响评价文件审查机制；进一步优化了环境影响报告书（表）核准工作程序，采取征求意见和公示程序并联的方式，提高了工作效率。同时抓紧海洋工程建设项目环境保护监管制度建设，研究海洋工程建设项目环境保护管理办法，明确监管事项以及各级海洋和行政部门的监管职责，为实施海洋工程建设项目全过程监管提供政策依据。

【海洋环境保护工作制度】“十二五”期间，广东省重视建设海洋环境保护工作制度。2015年，广东省进一步完善海洋工程建设项目环境影响评价工作制度。制定《海洋工程建设项目环境影响报告书技术审查细则》，细化项目现场考察、专家评审、技术审查内容等各有关环节的要求，建立了客观、公平、公正的海洋工程建设项目环境影响评价文件审查机制；优化环境影响报告书（表）核准工作程序，采取征求意见和公示程序并联的方式，提高了工作效率。抓紧海洋工程建设项目环境保护监管制度建设，明确监管事项以及各级海洋和行政部门的监管职责，为实施海洋工程建设项目全过程监管提供政策依据。针对海洋增殖放流存在的科学性、合理性、规范性等问题，组织编制了《广东省海洋生物增殖放流技术指南》，印发各地执行。

【项目环境监督管理】“十二五”期间，广东省对涉海涉渔工程建设项目的环境监督管理。2015年，广东省对近年来涉海涉渔工程建设项目进行全面梳理，建立台账，并按照用海新常态和环境保护新要求，对受理的77项工程建设项目进行分类核查，坚持依法行政的原则，开展各地区用海项目现场调查，重点掌握围填海工程海洋环境现状，从服务海洋经济发展的大局出发，严格把关，明确处理方式，对与现行法律法规和政策有冲突的项目暂停办理，并按省政府关于重点项目的要求，认真做好有关项目海洋环境影响评价工作，2015年共核准项目18项。坚决执行资源环境损害赔偿制度，2015年共办理涉及赔偿事项的工程建设项目25项，赔偿额达1.7亿元。

【珊瑚礁监测计划】“十二五”期间，广东加强珊瑚礁普查监测工作。广东珊瑚礁普查（Reef Check）项目作为潜水员和海洋科学家共同参与的全球最大珊瑚礁监测计划，于2007年被引进广东。该项目由广东省海洋与渔业局统筹指导、以民间环保力量为主导。广东海洋江河生态保护促进会联合中国科学院南海海洋研究所珊瑚礁生态研究室，启动了广东的珊瑚礁普查筹备工作，2007年20多名志愿者组成3支队伍分别对大亚湾三门岛、深圳小梅沙、徐闻珊瑚保护区等3个普查点进行普查。2008年普查范围扩大至5个点，2009年增加至40多人，8个普查点。“十二五”期间，普查范围进一步扩大，志愿者不断增加。2014年，志愿者已增至60人，分成12支队伍，对汕头南澳南澎列岛、惠州大亚湾、深圳金沙湾、杨梅坑、珠海外伶仃岛、茂名放鸡岛、湛江硇洲岛、雷州珍稀海洋生物保护区和徐闻珊瑚礁保护区等地进行普查，共设18个普查点。项目开展8年来，先后有近200名志愿者参与到保护珊瑚礁中来，广东的珊瑚礁总体上基本保持稳定，局部地区如徐闻、大亚湾等海域有好转的趋势。

生态环境保护修复

【海洋资源生态养护】2015年2月24日，国务院参事、调研组组长葛志荣率队赴广东省开展海洋生态文明建设调研，召开“加强生态保护，促进海洋经济绿色发展”调研座谈会。与会专家代表就广东省海洋经济发展、海洋生态环境保护、海洋产业对海洋生态环境影响、促进海洋经济转型绿色发展等情况向调研组提出意见和建议。3月中旬，国家海洋局副局长王飞赴广东省珠海市调研南海区海洋生态环境保护工作。其间，组织召开南海区海洋生态环境保护工作座谈会，并进行实地考察，就做好海洋生态环境保护工作提出：一是要狠抓落实，抓到实处，找准定位，落实好海洋生态文明建设工作；二是要理顺工作思路，使各项工作更接地气，各项决策更具针对性；三是要整合力量，提升海洋生态文明建设的综合管控能力。王飞还到珠海横琴芒洲、长隆海洋生物多样性宣教基地，就基层海洋监测能力建设、海洋生态修复与海洋生物多样性保护工作进行了实地考察。

【海岸带综合整治修复】“十二五”期间，广东省高度重视海岸带综合整治修复工作，主管海洋工作的邓海光副省长的亲自主持召集海洋、水利、林业等部门专题研究海岸带综合整治工作，根据省政府的要求，广东省海洋与渔业局牵头会同林业、水利等部门拟订了《广东省海岸带综合整治试点工作方案》。2014年，根据海岸带综合整治修复试点工作的要求，选择广州、珠海、东莞等三市四点为备选项目，编制完成《海岸带综合整治试点项目实施方案》。《关于保护和科学开发利用广东海岸》列入省政协主席会议督办重点提案。初步测算全省将整合资金投入近20个亿。通过重点整治城市周边区域和景观点，以点带面，将逐步改善和修复全省海洋生态环境。2015年，广东省政府办公厅印发《加强广东海岸带保护和科学利用工作方案》，明确了海岸带保护和科学利用的主要任务和工作分工，组织实施中央海域使用金整治修复项目。截至2015年底，湛江海岛及周边海域整治修复示范工程项目的备案工作与项目招标已经完成，拟于近期开工建设；惠州市赤砂湾海域海岸带综合整治修复项目的变更，市政府也批准实施，已开工建设；东莞市沙田西大坦海岸带整治修复，已按照国家海洋局要求，重新编制实施方案；汕尾市品清湖海域空间整理和西北部海岸景观综合整治工程，已完成大部分工程。

【海岛生态修复整治】 2014年，广东省组织实施深圳小铲岛、内伶仃岛、东莞威远岛、阳江南鹏岛、江门下川岛、汕头南澳岛、湛江北莉岛、六极岛等8个海岛生态修复整治项目。加强项目管理：一是初步建立了海岛项目管理制度，制订了签订项目管理合同和政府承诺书、定期和不定期检查、定期报告及建立项目库等6项制度，以确保项目的如期实施和财政资金的安全；二是科学编制和严格论证项目实施方案，争取国家海洋局批复了台山市、汕头南澳县、珠海横琴岛3个地区不同类型的海岛整治修复项目实施方案；三是经过积极协调沟通，顺利将湛江罗斗沙海岛整治修复项目改在湛江北莉岛、六极岛实施。2015年，国家新下达广东省海岛生态整治修复项目3个，加上往年的项目，已实施或准备实施的项目达12个。在建立好项目库、确保项目申报质量的基础上，我们对以上项目的实施进行了贴身跟踪，并施行"三个一"制度：一个项目要有一份合同书；一份承诺书；每个月要报告一次项目实施进度，确保项目落地。

渔业资源增殖放流

【概况】 渔业资源增殖放流是指采用放流、底播、移植等人工方式向海洋、江河、湖泊、水库等公共水域投放亲体、种苗等活体渔业资源生物、主动增殖渔业资源的活动，是国内外通行的养护渔业资源、修复水域生态的重要措施和促进渔业增效渔民增产增收的有效手段。增殖放流的原理是将渔业资源种类初期损耗极大的部分置于人类的管理之下，在保护、培育以后放流于自然界，以谋求增大资源、增大生产量。

"十二五"期间，广东省坚持科学布局、讲求实效、合理安排的原则，编制广东2015年渔业资源保护中央补助资金（2810万元）项目实施方案，并及时下达至各承担单位。指导监督各承担单位严格按要求实施2014年、2015年中央渔业资源保护增殖放流计划，全面完成各项任务。明确要求从2015年起增殖放流效果评估采用微卫星标记技术，通过实体采样调查，以及放流种苗及新体的基因组测试比对，客观地评估放流效果，避免依靠社会调查评估产生的不准确性，切实有效地提高增殖放流的科学性和效果评估的准确性。针对广东增殖放流存在的科学性、合理性、规范性等问题，根据国家有关规定和要求，结合广东实际，组织编制了《广东省海洋生物增殖放流技术指南》《广东省淡水生物增殖放流技术指南》，并印发各地执行，使广东增殖放流活动有规可循。推动增殖放流科学化、规范化，建成国家级和省级海、淡水良种场及增殖站72个，先后多次举办南海、粤港澳（东江）生物资源增殖放流、广东休渔放生节等活动，放流鱼、虾苗60多亿尾。

【增殖放流种类选择】 "十二五"期间，广东省根据《全国水生生物增殖放流总体规划》（农渔发〔2010〕44号），确定增殖放流种类主要包括特色经济种类、有重要水生态修复功能的种类、国家保护的水产种质资源种类、珍稀濒危及保护物种。增殖放流品种选择原则如下：以重要的、洄游性的经济水生生物物种以及对资源水域生态修复具有重要作用的水生生物物种为主，包括国家确定的广布种、区域种和地方特有种，以海水鱼类、虾类等为主；放流种苗选择应为符合《水生生物增殖放流管理规定》（农业部令第20号）的本地种或子一代：为本地原种或子一代的种苗或亲体；能大批量人工育苗；适应放流海域生态环境且生势良好；广东海域自然生态状况中曾经拥有的种类，在资源结构中明显低于自然生态状况中的比例，资源衰退难以自然恢复。

【增殖放流主要种类】 "十二五"期间，广东省海洋主要增殖放流种类有39种类：花鲈、青石斑鱼、斜带石斑鱼、卵形鲳鲹、军曹鱼、大黄鱼、紫红笛鲷、红笛鲷、星斑裸颊鲷、真鲷、平鲷、黑鲷、黄鳍鲷、断班石鲈、三线矶鲈、花尾胡椒鲷、斑节对虾、日本对虾、中国对虾、长毛对虾、墨吉对虾、杂色鲍、华贵栉孔扇贝、文蛤、波纹巴非蛤和西施舌等海洋渔业经济种类26种，紫菜类、海萝类、蜈蚣藻类、江蓠类、麒麟菜类、海带类、马尾藻类和蕨藻类等海洋大型海藻种类8类，大珠母贝、中国鲎、宽额鲈、黄唇鱼和绿海龟等海洋珍稀濒危保护物种5种。

淡水主要增殖放流种类有20种：青鱼、草鱼、赤眼鳟、广东鲂、鳊、黄尾鲴、光倒刺鲃、鲮、鲤、鲫、鳙、鲢、胡子鲶、日本沼虾和中华鳖等江河渔业经济种类15种，中华鲟、花鳗鲡、唐鱼、中国大鲵和山瑞鳖等江河珍稀濒危保护物种5种。

【增殖放流种苗供应】“十二五”期间，广东省建立了较完善的增殖放流种苗供应体系。到2015年，广东省已建成国家级和省级海、淡水良种场29处，其中国家级6处、省级23处。建立了较完善的种苗检测机制。建立了省、市、县水产病害防治中心组成的增殖放流种苗种质鉴定和检验检疫体系，用于增殖放流的种苗，均经过检验检疫，确保种苗的质量，避免危害自然资源。严格履行增殖放流验收程序，各地的增殖放流工作均需进行验收，确保增殖放流的种苗数量和质量。

【增殖放流地点确定】“十二五”期间，广东省重要增殖放流海域及增殖放流地点选择原则包括：水生生物资源衰退严重或生态荒漠化严重的重要增殖放流海域；渔民转产转业重点地区；放流海域适宜投放品种生长发育至成熟；已投放人工鱼礁的海域；有利于点面结合，恢复全省海洋渔业资源。要求增殖放流地点应具备条件包括：水域污染（包括工业污染、城市污染等）少；水流（包括海流、潮流）缓和；基础饵料丰富，适宜幼鱼生长；远离捕捞作业区；靠近港口码头，利于增殖放流工作开展。

【增殖放流活动安排】“十二五”期间，广东省根据《中国水生生物资源养护行动纲要》和《广东省水生生物资源养护行动实施方案》，广东省不断加大水生生物资源养护工作力度，做好水生生物资源增殖、渔业资源、水域生态环境保护等工作。5年间，广东省先后多次成功举办南海、粤港澳（东江）生物资源增殖放流、广东休渔放生节等活动，放流海、淡水鱼、虾苗达60多亿尾；其中，放流淡水鱼苗26.5亿尾，淡水虾苗3000万尾，海水鱼苗2.3亿尾，海水虾苗32亿尾，贝类3500吨，海胆和西施舌苗1500万粒，中华鲟10万尾，海龟7万只。广东发挥毗邻港澳地理特点优势，联合香港特区渔农自然护理署、澳门特区民政总署多次举行了南海生物资源增殖放流主会场活动，主题明确，效果显著。广东增殖放流活动坚持“政府主导、各界支持、群众参与”的理念，积极引导社会、企业、人民团体和群众参与到增殖放流活动，增强社会各界对水生生物资源养护的认识。

增殖放流效果跟踪监测评估结果表明：增殖放流增加了资源量，改善了生物的种群结构，有效维护生物的多样性；增殖放流改善了水质和水域的生态环境；增殖放流增加了渔民的收入，促进了渔民增收。

【增殖放流监督管理】“十二五”期间，广东省建立了健全的增殖放流监督管理制度，建立了省地联合监督、管理制度；同时成立了项目实施领导小组，省海洋与渔业局主管领导为组长，负责项目管理、监督、运行、宣传等工作；并成立由专家组成的技术指导小组。

“十二五”期间，广东省加强了增殖放流科技支撑体系建设。建立了“广东省濒危水生野生动植物种科学委员会”“广东放生协会专家委员会”“广东省海洋经济物种增殖放流专家组”“广东省淡水经济物种增殖放流专家组”“广东省濒危物种增殖放流专家”。在增殖放流种类的基础生物学、增殖放流的关键技术包括放流物种结构和规模（即放流品种、数量、规格、地点、运输等）、放流苗种培育、驯化和标志技术、放流后苗种成活率提高技术、增殖放流效果评估技术等方面的研究和应用方面不断发展和进步，为增殖放流的实施提供了有力的科技支撑。

【“休渔放生节”活动】放生活动在民间具有悠久的传统，广东省于2008年在全国率先设立“休渔放生节”，先后在广州、珠海、惠州、河源、汕头、阳江等地开展了多次增殖放流活动，共放流鱼苗2亿多尾。“十二五”期间，广东省每年举办“休渔放生节”主题活动，让增殖放流和放生活动得到了社会的广泛关注、支持和参与，“休渔放生”由政府行为提升为一项社会公益性事业，充分体现出增殖放流实践与传统民间放生相融合的特点，突出了文化性、科学性和群众性，对于更好地培养市民呵护海洋、善待海洋的意识，恢复渔业资源、维护海洋生态平衡都起到非常积极的作用。在2010年南海生物资源增殖放流暨第三届广东“休渔放生节”主题活动中，举行了广东放生协会成立揭牌仪式。

水生生物资源养护

【渔业资源养护】“十二五”期间，广东省海洋与渔业局编制《珠江口及邻近海域生态修复工程规划》《广东渔业生态修复工程建设计划》，规划湿地、港湾等重要渔业水域的渔业生态修复工程，强化渔业资源养护。同时，开展内陆水域人工鱼巢建设工作，其中在西江、东江等内陆水域建成人工鱼巢3.24万平方米，鱼类在人工鱼巢产黏性卵超过18亿粒，增殖鱼苗约9亿尾。截至

2015 年底，广东建成国家级水产种质资源保护区 16 个。

【渔业生态环境保护】 2015 年，广东制定省级海洋生态文明示范区管理办法和评价指标，推动省级生态文明示范区的选划和建设。完成全省人工鱼礁议案 10 年建设任务，建成 46 个人工鱼礁区，总面积达 286 平方千米，规模和面积居全国首位。省海洋与渔业局在肇庆市召开人工鱼巢示范与评价总结交流研讨会，总结和推广西江、东江河段人工鱼巢建设经验，进一步落实水生生物资源养护行动实施方案，专家们研讨了项目选址、资源调查、器材选取、施工工艺、（集鱼、产卵）观察记录、效果评估等问题，对人工鱼巢建设工作提出合理化建议，为开展人工鱼巢建设工作做好了科研技术支撑。

汕尾市在红海湾原遮浪角东省级生态公益型人工鱼礁区基础上，再建设一个混凝土空体结构，空方体积 9396 立方米、礁体实体表面积约 35000 平方米的人工鱼礁区，建设海洋牧场示范区。项目来源于 2013 年中央渔业资源保护和转产转业补助资金项目，建设资金为 360 万元。10 月 24 日，汕尾市海洋与渔业局组织海洋牧场示范区人工鱼礁工程设计、监理和施工等单位代表召开了工程施工图纸审查会，经修改、补充和完善后的《汕尾市海洋牧场示范区鱼礁工程施工图》，作为施工方制作人工鱼礁礁体标准。2015 年 1 月 20 日，汕尾市海洋与渔业局组织对海洋牧场示范区人工鱼礁建设工程礁体投放前验收工作，同意对礁体投放方案进行适当完善后可以组织礁体投放工作。建设海洋牧场示范区人工鱼礁工程，对改善区域海洋生态环境，提高生物多样性及种群数量，具有十分重要的意义。

【海洋牧场示范项目】 2015 年，广东省积极开展国家级海洋牧场示范区创建工作，组织各沿海市（县、区）申报海洋牧场规划和示范区，经过论证和评审，批准了汕尾市城区海洋与渔业局申报的龟龄岛东海域、珠海市万山区海洋开发试验区海洋与科技局申报的庙湾岛海域为国家级海洋牧场示范区，至年底，形成海洋牧场示范区 12 个、面积约 773 平方千米。确定由惠州市海洋与渔业局、珠海市万山区海洋与科技局、茂名市海洋与渔业局水东分局承担惠州东山海、万山区庙湾岛海域、茂名放鸡岛海域大型人工鱼礁建设示范项目，并确定每个项目建设资金 5000 万元。2015 年，完成南澳乌屿、汕尾红海湾、电白水东湾、惠东三角洲人工鱼礁礁体制作投放，完成礁体空方量 28566 立方米。至 2015 年底，全省建成生态公益型人工鱼礁区 46 座，投放报废渔船 88 艘、混凝土预制件礁体 7.6 万多个，渔业资源密度比投礁前平均提高 8.7 倍，最高提高 26.6 倍。

水生野生动物保护管理

【水生野生动物管理】 “十二五”期间，广东依法做好水生野生动物行政许可管理工作。严格按照野生动物有关法律法规和《行政许可法》的要求依法行政，严把资料审核关，努力提高办证效率。认真做好省管权限水生野生动物行政审批事项委托下放工作，编印《水生野生动物法律法规和规范性文件选编》，在全省开展水生野生动物保护管理培训工作，提高市、县基层管理人员的业务能力。下发了《关于做好承接省管权限水生野生动物行政审批委托下放工作的通知》，规范了委托下放事项管理的具体要求，开发并试运行“广东省水生野生动物许可证管理系统”，实现管理的信息化、系统化，保障委托下放后全省证件管理工作有序开展。2015 年共办理驯养繁殖证 7693 份、经营利用证 1729 份、运输证 8 份、审核上报农业部材料 142 份。

【水生野生动物保护】 “十二五”期间，广东严格履行《濒临绝种野生动植物国际贸易公约》职责，做好公约新增物种鲨鱼和蝠鲼的管理工作，经核查后，向 78 家经营单位核发《经营利用许可证》。根据农业部的要求，广东省海洋与渔业局及渔政总队在广州市开展了加利福尼亚湾石首鱼市场管理工作，编印宣传单张；联合中国水产流通与加工协会举办 CITES 鲨鱼等物种履约培训班，向水产行业协会和商户宣传相关监管政策。

【水生野生动物救护】 2015 年 10 月 12 日，佛山南海区东平河发现中华白海豚后，省海洋与渔业局和佛山市渔业主管部门积极开展救护工作，调集了渔政队伍、珠江口中华白海豚自然保护区管理局有关人员和当地渔船、渔民参加行动，长隆集团派出海洋动物专家到现场指导。经过多日的跟踪观察，最后研究决定采用声波驱赶方式送白海豚回珠江口。16 日，驱赶行动全面开展，动用了 8 艘渔政船和 40 多艘渔船，采用“声驱法”将白海豚从佛山南海五斗桥水域驱赶往莲花山出海口，途经五斗桥—沙尾桥—芳村（广州圆）—莲花山出海口，全程 40 余千米，护送行动前后历时 7 个多小时，误入内河的白海豚按设定的方向游向游出内河，驱赶过程顺利，这是近十年广东首次成功在河道水域采用该方法驱赶海豚。及时召开新闻通报会，引导舆论真实了解和支持渔业主管部门的救护行动。

【保护物种科普宣传】 农业部在2010年成功举办第一届水生野生动物保护科普宣传月活动的基础上，决定于2011年9月15日至10月14日组织在全国范围内开展第二届水生野生动物保护科普宣传月活动。2011年9月23日，由广东省海洋与渔业局和河源市人民政府联合举办的第二届水生野生动物保护科普宣传月活动在河源市万绿湖启动，活动的主题为“关爱水生动物，我们在行动！”目的是为进一步普及水生野生动物保护知识，宣传水生野生动物保护法律法规，倡导全民科普，提高全社会生态环境保护意识，推动野生动物保护事业发展。同时进行河源市秋季增殖放流活动。河源市委、市政府，广东省海洋与渔业局等相关单位领导，和有关科研单位、媒体记者、各界群众约200人参加启动仪式。“2012年广东省水生野生动物保护科普宣传月活动启动仪式”于9月21日在东莞举行，省海洋与渔业局副局长文斌等出席并致辞，来自全省各地水生野生动物保护单位和媒体记者代表100余人出席本次启动仪式。仪式结束后，各领导及有关单位代表参观龟鳖活体展示和宣传展品并视察了黄唇鱼自然保护暂养基地。2013年9月23日至10月22日，省海洋与渔业局开展水生野生动物保护科普宣传月活动，并在广州海洋馆举行活动启动仪式，省、市有关部门代表、大学社团及志愿者、新闻媒体记者、游客等200余人出席仪式，举行水生动物保护知识问答，志愿者代表宣读充满激情的倡议书。省海洋与渔业局根据2014年全国水生野生动物保护科普宣传月关于开展走进“四区”（社区、学区、渔区和景区）的活动要求，于10月17日在广州市第五中学举办了一场别开生面的“水生野生动物科普宣讲活动”，共370多名中学生参加活动。

由广东省海洋与渔业局联合广州海关、广州市海洋与渔业局等单位共同举办的“2015年广东省水生野生动物保护科普宣传暨罚没海马销毁活动”于10月11日在广州海洋馆开始，这是广东省根据农业部的统一部署，连续6年开展的水生野生动物保护科普宣传月系列活动之一，现场展示一批广州海关近年查获并移交给广东省海洋与渔业局处理的罚没涉案物品海马干，干品总重量为217.12千克（含包装袋）。展示结束后，根据《野生动物保护法》等法律法规以及濒危野生动植物种国际贸易公约（CITES）的有关规定，将罚没海马干进行无害化销毁处理。这是广东省首次对罚没的水生野生动物进行公开销毁，参加活动的有关单位代表以及志愿者代表、新闻媒体全程见证了销毁过程。

海洋与渔业保护区建设

【概况】 广东认真组织实施海洋自然保护区建设议案，“十二五”期间，广东在海洋公园、水产种质资源保护区的选划和自然保护区晋级等方面加大了工作力度。全省新建海洋与渔业保护区9个（含5个水产种质资源保护区和4个海洋公园），晋升国家级自然保护区1个、市级自然保护区2个。截至2015年底，全省海洋与渔业保护区总数已达到99个，其中：国家级自然保护区5个、省级自然保护区8个，详见本书第489页附录12《广东省海洋与渔业国家级和省级自然保护区名录》；还有市县级自然保护区65个，海洋公园4个，海洋特别保护区1个，水产种质资源保护区16个，海洋特别保护区1个，初步形成了类型较齐全、布局较合理的保护区网络。海洋与渔业保护区数量、面积和种类均居全国首位。

【保护区数字化管理】 “十二五”期间，广东海洋与渔业保护区数量稳步增长，保护区网络体系基本形成，打造信息化管护手段，对全省海洋渔业保护区进行数字化整合，推动海洋与渔业保护区传统管理模式向数字化管理模式转变。2011年启动了大亚湾省级保护区数字化管护与监测平台试点项目，同时启动“广东省海洋与渔业保护区基础地理信息公共平台”项目，拟采用GIS技术对全省保护区的基础信息进行数字化管理。2013年，惠东海龟保护区建成核心区视频监控系统，实现了对核心区沙滩、海域进行全天候监测；南澎保护区运用区域实时监控平台，全方位监控区辖内船只动态，并通过语音呼叫和短信平台实时对违规船只予以警告。2014年，珠江口白海豚、江门白海豚建成视频监控系统，实现对保护区基地及部分海域进行实时监控。2015年，保护区数字化建设全面铺开，完成全省5个国家级保护区、3个省级保护区与省局的专线互联，实现视频会议、高清视频监控等实时互联；试点建设包括珠江口、雷州、徐闻及大亚湾保护区的海域或离岸海岛高清视频监控系统，保护区巡护管理工作跨上新的高度。

【保护区基础建设】 “十二五”期间，广东海洋与渔业保护区项目经费逐年递增，各保护区积极申报国家海洋局、农业部及环保部等部委和广东财政厅的专项项目。截至2015年底，已下达给省级以上保护区的各级项目经费已超过1个亿。在项目建设的带动下，保护区建设和管理经费得到有益补充，在原来省人大议案资金支持建设的办公楼、救护中心等基础设施上，完成一批科普宣教、生态修复、保育养护等基础能力建设项目，基础能力建设逐渐完善。

【保护区法制建设】“十二五”期间，广东海洋与渔业保护区法制建设推陈出新，“一区一法”取得重大突破。2011年编制了《广东省水产种质资源保护区建设规划（2011—2020年）》，作为广东未来10年水产种质资源保护区建设的指导性文件，上报农业部纳入全国水产种质资源保护区规划。2011年8月，《江门市中华白海豚自然保护区管理办法》经江门市人民政府第十三届八十七次常务会议审议通过，2011年10月1日正式实施，标志保护区“一区一法”建设取得重大进展。2013年8月13日，《广东省惠东海龟国家级自然保护区管理办法》经省政府常务会议审议并原则通过，2013年12月1日正式实施。完成惠东海龟国家级保护区首期改造升级工程。初步建成“广东省海洋与渔业保护区基础地理信息公共平台”。

【保护区社会影响】广东省海洋与渔业保护区宣教工作不断加强，社会影响逐步扩大。2012年，惠东海龟保护区以海龟保护区为素材，协助中影集团、中央电视台成功拍摄完成了全国第一部以海洋保护区为主题的电影《海神密码》。2013年，徐闻珊瑚礁、雷州保护区和雷州乌石海洋公园联合承办第15届中国人与生物圈保护区网络大会，来自全国各地100多位保护区工作代表围绕“公众参与保护、文化影响生态”进行交流探讨。继续推动广东珊瑚礁普查工作，每年组织专家学者及潜水爱好者在广东沿岸开展珊瑚礁普查工作，积累沿岸生态敏感区的资源环境数据，反映海洋环境变化趋势及沿岸人类活动对珊瑚礁生态敏感区的影响，为沿海各级市政府经济发展提供基础数据和决策依据。2014年5月12日，由全国水生野生动物保护分会主办，广东汕头大学承办的中华白海豚保护联盟成立暨签约仪式在汕头大学举办。厦门珍稀海洋物种国家级自然保护区、广东珠江口中华白海豚国家级自然保护区、广东江门中华白海豚省级保护区、广西壮族自治区合浦儒艮国家级自然保护区四家保护区签署协议，成立中华白海豚保护联盟，构建和完善中华白海豚保护网络，共同推进中华白海豚物种保护。粤港澳合作进一步加强，广东与香港、澳门联合举办历届粤港澳海洋生物绘画比赛，并于2015年2月承办第三届颁奖典礼，打造粤港澳海洋文化宣传品牌。

【国家级海洋公园建设】2011年5月19日，国家海洋局批准建设首批国家级海洋公园7个，包括广东海陵岛国家级海洋公园（面积1927.26公顷）和广东特呈岛国家级海洋公园（面积1893.20公顷）。2012年批准建设第二批国家级海洋公园12个，包括广东雷州乌石国家级海洋公园（总面积1671.28公顷）；2014年批准建设第三批国家级海洋公园11个，包括广东南澳青澳湾国家级海洋公园（总面积1246公顷）。至此，全国建设30个国家级海洋公园，其中广东4个，占13.3%，详见本书第490页附录13《广东省国家级海洋公园名录》。国家海洋局要求，广东省海洋与渔业局会同保护区所在地政府，抓紧落实管理机构和建设管理经费、制定实施有关规章制度和总体规划，加强海洋生态环境保护，探索海洋资源可持续开发利用的有效途径。

【水产种质资源保护区建设】中国的水产种质资源保护区是指为保护和合理利用水产种质资源及其生存环境，在保护对象的产卵场、索饵场、越冬场、洄游通道等主要生长繁育区域依法划出一定面积的水域滩涂和必要的土地，予以特殊保护和管理的区域。水产种质资源保护区分为国家级和省级，其中国家级水产种质资源保护区是指在国内国际有重大影响，具有重要经济价值、遗传育种价值或特殊生态保护和科研价值，保护对象为重要的、洄游性的共用水产种质资源或保护对象分布区域跨省（自治区、直辖市）际行政区划或海域管辖权限的，经农业部批准并公布的水产种质资源保护区。

农业部于2007年12月12日批准并公布的首批国家级水产种质资源保护区，之后每年批准并公布一批水产种质资源保护区。至2013年11月11日，农业部共公布了7批国家级水产种质资源保护区，总共428处，其中广东省有16处，详见本书第489页附录11《广东省国家级水产种质资源保护区名录》。

2011年1月5日，农业部令〔2011〕第1号公布了《水产种质资源保护区管理暂行办法》（以下简称《办法》），规范水产种质资源保护区管理，保护重要水产种质资源及其生存环境，促进渔业可持续发展和国家生态文明建设。为全面推进广东省水产种质资源保护区建设，广东省海洋与渔业局编制《广东省水产种质资源保护区建设规划》（2010—2020年），计划建立省级和国家级两级水产种质资源保护区体系，覆盖内陆河流的主要区域，覆盖广东江河列入国家水产种质资源保护名录的本土鱼类种类，同时计划保护广东特有的土著鱼类；覆盖广东海洋主要经济种类和南海重要水域。经过10年的保护区建设，覆盖广东海洋1% ~ 5%海域面积、内陆江河水域面积覆盖3% ~ 8%；

保护区覆盖重要全部经济种类。

广东省自2007年创建第一批水产种质资源保护区，截至2015年底，已建水产种质资源保护区16个，其中海洋类型3个，内陆类型13个。内陆主要以珠江水系及韩江水系等广东流域为主，海洋主要以南海近岸海域为主。主要保护物种涵盖中国龙虾、斑鳠、鲤鱼、大刺鳅、唐鱼、花鳗鲡、异鱲、大眼鳜、南方波鱼、拟细鲫、平头岭鳅、青鳉、近江牡蛎、赤眼鳟、海南红鲌、黄尾鲴、黑颈乌龟、尖紫蛤、鲻鱼、长毛对虾以及海鳗、赤点石斑、花鲈、三疣梭子蟹、锯缘青蟹等；还对光倒刺鲃、广东鲂、斑鳠、大刺鳅等鱼类的产卵场，鱼类洄游通道，完整的江河生态系统进行有效保护。

国家级海洋与渔业保护区

【惠东海龟国家级自然保护区】 位于惠东县港口镇大亚湾与红海湾交界处的大星山下九莲澳海滩，保护区总面积1400公顷。1985年6月，广东省渔业行政主管部门批准成立海龟自然保护区，1986年12月晋升为省级，1992年晋升为国家级自然保护区。保护区的主要保护对象为海龟繁殖地。惠东海龟国家级自然保护区是中国大陆唯一的海龟自然保护区。保护区三面环海，环境僻静，近岸海底沙质，有少量礁石，水质清澈；海湾呈半月形，沙滩为东西走向，长约1000米，宽40～140米，坡度平缓，沙粒细小，适合海龟爬行、挖掘和产卵繁殖，由于这里常年能见到雌海龟上岸产卵的壮举，当地人称之为“海龟湾”，是我国大陆上海龟的最后一张产床。

惠东海龟国家级自然保护区管理局设在广东省惠东县港口镇境内，占地面积约1824平方米，内设办公室、资源环境科、技术研究科和宣传教育科，经国家海洋局和广东省渔政总队批准，加挂中国海监惠东港口海龟国家级自然保护区支队和广东省渔政总队惠东港口海龟国家级自然保护区支队两块牌子。基础设施建设包括宣教中心、海龟救护中心及一艘海龟救护管理艇。现有工作人员20名，集监管保护、资源监测研究、海豚救护、科普宣教等功能于一体。2010年1月，中国科学技术协会批准设立全国科普教育基地。

2015年，广东惠东海龟国家级自然保护区扎实开展海龟资源与环境保护、科研及宣传教育工作，全面有效地推进国家级海龟自然保护区科学化、法制化和规范化建设与管理的新进程。

【珠江口中华白海豚国家级自然保护区】 珠江口中华白海豚国家级自然保护区位于珠江口水域内伶仃岛至牛头岛之间，面积约460平方千米。1999年10月由广东省政府批准建立珠江口中华白海豚自然保护区，2003年6月由国务院正式批准晋升为国家级自然保护区。2007年11月保护区加入中国生物圈保护区网络，成为中国人与生物圈大家族中的一员。该保护区的建立不但最大限度地减少了人为干扰，在挽救濒危的中华白海豚种群的同时，也保护了珠江口水域自然环境的生物多样性，修复了海洋生态系统，增殖了渔业资源，为经济可持续发展提供了保障。

珠江口中华白海豚国家级自然保护区管理局设在广东省珠海市的淇澳岛，内设办公室、资源环境科、技术研究科，经国家海洋局和广东省渔政总队批准，加挂中国海监珠江口中华白海豚国家级自然保护区支队和广东省渔政总队珠江口中华白海豚国家级自然保护区支队两块牌子。管理基地占地面积约8700平方米，基础设施建设包括实验楼、中华白海豚救护中心、中华白海豚科普馆及巡航救护船（艇）。现有工作人员20名，集监管保护、资源监测研究、海豚救护、科普宣教等功能于一体。2013年被国家七部委评为全国自然保护工作先进集体。

2015年，珠江口中华白海豚保护区有序开展中华白海豚救护和资源监测、巡航管护，保护了中华白海豚资源和环境安全，逐步摸清资源状况，公众科普宣传教育工作水平不断提升，提高执法办案水平；白海豚救护保育基地项目经省政府领导批示同意立项，取得阶段性成果。

【徐闻珊瑚礁国家级自然保护区】 位于雷州半岛的西南部，地处徐闻县境内，分布在角尾、迈陈、西连的西部海区。沿途海岸线长35千米。保护区总面积14378.5公顷，其中核心区面积4356.1公顷，缓冲区面积4665.2公顷，实验区面积5357.2公顷，保护区主要保护对象为珊瑚礁及其海洋生态资源。1999年8月由广东省政府批准建立徐闻珊瑚礁国家级自然保护区，2002年升格为市级，2003年升格为省级，2007年4月由国务院正式批准晋升为国家级自然保护区。

徐闻珊瑚礁国家级自然保护区管理局内设办公室、资源环境科、技术研究科3个科室，加挂中国海监徐闻珊瑚礁国家级自然保护区支队和广东省渔政总队徐闻珊瑚礁国家级自然保护区支队两块牌子。管理基地位于广东省湛江市徐闻县角尾乡放坡村，现有管护基地建设用地60亩、办公楼878平方米、宣教中心楼300平方米、科研监测中心楼300平方米、珊瑚繁育中心1096立方水体和相关办公配套设施等，将保护区建设成为一个集保护、科研、环境教育和生态旅游于一体的综合性海洋与渔业自然保护区。2005 年，广东徐闻珊瑚礁自然保护区被评为"广东最美海岸"。

"十二五"期间，徐闻珊瑚礁自然保护区加大巡护管理力度，有力地保障了珊瑚礁区的生态环境的安全；投入建设资金 1000 多万元，基础建设也逐步完善；积极开展海洋生态文明示范区建设，促进保护区可持续发展。

【雷州珍稀海洋生物国家级自然保护区】位于雷州半岛西侧，面积为 46865 公顷，其中核心区面积 18527 公顷，缓冲区面积 13664 公顷，实验区面积 14673.67 公顷。雷州珍稀海洋生物国家级自然保护区始建于 1983 年，是广东省最早设立的海洋与渔业类型的自然保护区；2008 年 1 月经国务院批准升级为国家级保护区，生态系统主要有珊瑚礁生态系统、海藻场生态系统、潮间带生态系统，保护对象为珍稀海洋生物及其栖息地。

雷州珍稀海洋生物国家级自然保护区管理局内设综合科、环境保护科、科技科、执法科。分别加挂中国海监雷州珍稀海洋生物国家级自然保护区支队和广东省渔政总队雷州珍稀海洋生物国家级自然保护区支队两块牌子，基地设在广东省雷州市北和镇刘张村海边，集日常执法巡护、资源监测研究、动物救助养护、科普宣教等管理功能于一体，现有工作人员 14 名，建立了"广东省北部湾雷州海洋站"。该保护区于 2010 年发起并创办了"雷州半岛可持续发展促进会"；同年，获环保部、国土资源部、水利部、农业部、国家林业局、中科院、国家海洋局等七部委联合开展的国家级自然保护区管理评估中获评"优秀"奖。2011 年成为国内首家"全国海洋科普教育基地"的自然保护区；保护区管理局局长欧春晓同志于 2013 年获环保部等七部委授予"全国海洋系统自然保护区工作先进个人"荣誉称号。

2015 年，雷州珍稀海洋生物自然保护区继续加强管理与建设，在保护区项目、巡护、宣教和科研管理等各方面工作有了新进展。承担国家农业部《雷州珍稀海洋生物国家级自然保护区综合能力建设》，完善保护区的管护基础设施建设，提高了保护区的管理能力；承担国家海洋局《雷州半岛西部生态区海洋生态修复与保护工程》，加强保护区资源与环境的生态修复；积极发挥保护区科研平台作用，与有关科研院校和同行合作，开展保护区重要保护物种和生态环境的研究工作。

【南澎列岛国家级自然保护区】位于广东省南澳县南澎列岛海域内，保护区以 4 个拐点坐标的连线为界，总面积 35679 公顷，其中核心区面积 12581 公顷，缓冲区面积 11285 公顷，实验区面积 11813 公顷。分布于保护区内的海洋生物多达 1308 种，其中海洋脊椎动物 314 种。区内有国家Ⅰ级、Ⅱ级保护动物 17 种及广东省重点保护动物 8 种。主要保护对象是：独特的海底自然地貌和近海典型海洋生态系统；重要珍稀濒危野生动物及其栖息地和重要水产种质资源及其生境；丰富的海洋生物多样性及复杂的生物群落。2003 年 6 月由广东省政府批准建立南澎列岛国家级自然保护区，2012 年 1 月由国务院正式批准晋升为国家级自然保护区。

南澎列岛海洋生态国家级自然保护区管理局基地总占地 5289 平方米，建有办公楼 1369 平方米，内有科研监测中心、宣教中心，另规划拟建珍稀水生野生动物救助中心暨科研专家楼。

"十二五"以来，南澎列岛海洋生态国家级自然保护区管理局坚持以推动海洋生态文明建设为契机，以国家级保护区《总体规划》为蓝本，扎实开展工作，促进保护区能力建设水平逐步提高，已获得"全国科普教育基地""广东省科普教育基地"等命名。

国家级海洋公园

【特呈岛国家级海洋公园】特呈岛国家级海洋公园创建立于 2011 年，位于广东省湛江市湛江湾，北邻南三岛，东临太平洋，西靠湛江港，是国家海洋局批准建立的第一批国家级海洋公园之一。海洋公园总面积约 1893.2 公顷，其中特呈岛陆地面积 360 公顷，海域面积 1533.2 公顷。根据特呈岛的海岛与海洋生态资源分布特点，将其分为人工鱼礁重点保护区面积 100 公顷，生态与资源恢复区面积 633.2 公顷，适度利用区面积 840 公顷，预留区面积约 320 公顷。主要保护对象是海岛与海洋生态系统及其生物多样性。其中有海岛陆地次生季雨林、海草床、人工鱼礁和滨海湿地等生态系统；有中华白海豚、布氏鲸鱼、十三棱海龟等国家Ⅰ级、Ⅱ级重点保护海洋生物物种；有种子植物 112 科 393 属 556 种，其中红树植物有 11 种之多；有浮游植物 61 种、浮游动物 38 种；有大型海藻 25 种；有贝类 54 种；有鱼类 86 种；有虾蟹类 37 种；有两栖动物类 7 种；有鸟类 144 种，其中国家重点保护动物 20 种。

特呈岛国家级海洋公园在岛内开发建设休闲度假村、热带农业观光园、红树林观赏区、海洋生物增养殖观赏区、水上游乐场，打造环岛观光、民俗风情与科普展馆等一系列集科教与娱乐于一身的旅游度假区。

【海陵岛国家级海洋公园】 海陵岛国家级海洋公园创建于2011年，位于广东省阳江市海陵岛西南大角湾及海陵岛十里银滩景区西端。海洋公园总面积共1927.26公顷，其中陆地面积约137公顷和海域面积1790.26公顷。根据海陵岛的海岛与海洋生态资源分布特点，海洋公园分成重点保护区面积367.05公顷，生态与资源恢复区面积403.22公顷，适度利用区面积共487.21公顷，滨海休闲度假区面积232.18公顷，预留区面积437.60公顷。其中重点保护区主要保护人工鱼礁并发挥其提供保护区及其附近地区海洋生物多样性栖息生境、海洋地貌保护等作用，是珍稀濒危海洋生物物种、经济生物物种及其栖息地，以及古代海上丝绸之路海域，是具有一定代表性、典型性和特殊保护价值的自然景观、自然生态系统和水下历史遗迹作为主要保护对象的区域。

海陵岛国家海洋公园是广东国亚热带气候区典型的海岛生态系统，有海岛陆地次生常绿阔叶林和水质优良的滨海生态系统；分布有浮游植物107种、浮游动物50种；有大型海藻16种；有软体动物98种；有鱼类134种；有虾蟹类39种；有众多受保护鸟类。2010年4月调查发现有国家Ⅱ级保护动物黄唇鱼分布。另记录有：国家Ⅰ级保护动物中华白海豚，国家Ⅱ级保护动物布氏鲸鱼、玳瑁、绿海龟，广东省重点保护水生动物中国鲎等海洋珍稀物种出现。岛内物种丰富，区内旅游资源丰富，包括生态景观、遗迹与遗址等，有望建设成是一个集资源保护、科普教育、休闲旅游于一体的综合性旅游度假区。

【雷州乌石国家级海洋公园】 雷州乌石国家级海洋公园创建于2012年，位于广东省雷州半岛西南部，西邻北部湾海域，东部接乌石渔港及乌石镇。海洋公园总面积为1671.28公顷。珊瑚礁和人工鱼礁重点保护区面积423.10公顷，生态与资源恢复区面积共约80.18公顷，适度开发区面积649.91公顷，预留区面积518.09公顷。

雷州乌石国家级海洋公园拥有典型的热带、亚热带海洋生态系统以及丰富的生物多样性，有丰富的保护生物种类和南亚热带植物资源，同时具有独特的地貌与滨海环境、特殊的地理区位以及文化等优势，其中有红树林生态系统、人工鱼礁生态系统、珊瑚礁生态系统、滨海湿地生态系统，具有国家Ⅱ级保护动物大珠母贝、白氏文昌鱼、绿海龟、棱皮龟等。同时，在本区域的潮下带以玄武岩等为基底的海区，分布有多种相应的、具有比较典型的珊瑚礁生态系统、海藻床生态系统和白蝶贝生物群落等；在泥沙为主要被覆的软底质海区，则有长竹蛏生物群落和其他软底质生物群落。在潮间带生态系统中，具有礁石相潮间带生物群落和泥沙相潮间带生物群落等。而且人工鱼礁为鱼、虾、蟹等提供栖息地产卵孵化等。每年冬季候鸟群集，其中白鹭和苍鹭等易危种也在此觅食、栖息，这里变成了候鸟的天堂。

【南澳青澳湾国家级海洋公园】 2014年3月底，国家海洋局批准广东南澳青澳湾申报国家级海洋公园项目，青澳湾位于南澳岛东侧，海湾三面环山，一面临海。湾长2400米，状似新月，海底坡度平缓，沙质洁白柔和，海水清洁无污染，被公认为是国内顶级海滩和最好的海岸带资源组合，素有“泳者天池”的美称。拟建的南澳青澳湾国家级海洋公园总面积1246公顷，其中海域面积约1182公顷，海岛面积约64公顷，包含岸线约6634米，分为重点保护区、适度利用区、生态与资源恢复区和预留区，将分梯次保护开发，更好地实现海洋资源与环境的可持续利用、发展。

青澳湾于2014年6月底委托国家海洋局南海分局南海海洋工程勘察与环境设计院编制批准广东南澳青澳湾申报国家级海洋公园项目，2015年11月完成国家海洋局批准《广东南澳青澳湾申报国家级海洋公园项目总体规划（2015—2025）》的编制工作，并通过广东省海洋与渔业局初审，12月向国家海洋局报送《广东南澳青澳湾申报国家级海洋公园项目总体规划（2015—2025）》送审稿。

七、执法监察

综述

【概况】 执法监察是现代海洋管理的重要手段和工具，是维护海洋权益和实施海洋综合管理的重要保障，也是海洋综合管理能力的重要体现。进入21世纪以来，广东加强了海洋与渔业综合行政执法体制改革，初步形成了“海渔合一”的海洋渔业综合执法体系，有效保障了海洋经济健康发展。2001年，广东率先全国实行海洋与渔业队伍统一综合执法改革，将原广东省海监渔政检查总队、广东省渔船渔港监督管理总队和中华人民共和国广东渔业船舶检验局三支执法队伍合并组建为广东省渔政总队，挂“广东省海监总队”“中华人民共和国广东渔港监督局”“中华人民共和国广东渔业船舶检验局”牌子，一个机构四个牌子，实行综合执法，副厅级建制。市、县海洋与渔业执法机构同时实施改革，全省海洋与渔业执法机构实行统一领导，分级管理体制。在两年的时间内，全省队伍改革顺利到位，从机构到编制、到经费保障、到人员调整逐一落实。

为了更好地提升队伍的执行能力，2009年11月，省渔政总队内设5个处室升格为正处级，新增设了督察处，并在指挥处加挂装备技术处牌子。这一改革成果，使广东省总队内设机构配备更加规范和端正，既有利于内部管理和对外协调工作，又强化了队伍的政治工作和装备工作，有效地推进了队伍的正规化、现代化建设，保障了执法工作的顺利开展。

随着国际海洋权益之争日趋激烈，特别是近年来中央将南海问题上升为国家核心利益之后，为了更好地参与和完成国家涉外维权工作，2010年，广东省编办同意分别在汕头、珠海、湛江设立广东省渔政总队直属一、二、三支队，并加挂“广东省渔政总队粤东、粤中、粤西巡航执法基地”牌子，为省渔政总队派出正处级行政执法机构，并核定行政执法专项编制78名、后勤服务人员30名、执法船船员211名。

“十二五”期间，广东加快省属广州执法指挥基地（东江仓）、横琴基地、高栏港等基地建设，出台《广东省海洋与渔业执法公务船艇装备管理“千分制”考核标准》。出台全省队伍船员出海补贴规定，配合省军区开展海上民兵建设。

【队伍建设】“十二五”期间，广东省渔政队伍新增3个大队和19个中队，全省队伍总人数达到3400多人；新增广州东江仓、横琴、高栏港3个基地，维权执法基地达到6个，新建3艘千吨级、1艘500吨级、6艘300吨级执法船，1架海监飞机和5架无人机，船艇总数达到376艘。形成了海、陆、空“三位一体”的执法能力。省总队采取“交叉检查、直管督查”，海域执法保持全国领先、海砂执法不断突破；“集中用警、异地用警”，渔政执法不断强化；推动法治、依法执法，自由裁量权、重大事项会决制等一批法治制度落实到位；实施“一个法规、一套组合拳”，渔业安全生产死亡人数连续五年在控制指标之内；心系渔民、保障民生，油补、休（禁）渔补贴、政策性保险等一批政策惠及渔民。共执行国家海洋维权任务30次，航程12.6万海里，中国海警3112船被评为“全国边海防工作先进单位”，受到习近平总书记和李克强总理的亲切接见；中国海警3111船获“全国海洋系统先进集体”荣誉称号；中国渔政44061船被省政府授予一等功。

【基地装备建设】“十二五”期间，全省执法装备建设进入高速全面发展期。一是执法船艇建设工作取得跨越式发展。全省新建执法船艇122艘，其中实现本省千吨级执法船零的突破，3艘千吨级海监船交付使用。二是执法基地建设得到全面推进。省总队广州执法指挥基地（东江仓）租赁项目顺利实施，粤中基地码头交付使用，粤西执法码头主体工程完工；汕头、惠州市执法码头建成并投入使用。三是执法装备序列日趋完备。全省海洋与渔业执法装备从执法船艇、车辆逐步发展到执法直升机、无人机，执法基地、码头设施配套，海、陆、空全方位、全序列配置。四是加强执法装备规范管理。出台《广东省海洋与渔业执法公务船艇装备管理“千分制”考核标准》，对全省执法船装备管理进行了量化考核。

【参加海洋维权】根据中国海警局的统一部署和安排，省总队组织执法船艇，全力以赴、主动作为。根据中国海警局的统一部署和安排，自省属千吨级海警船、海监船入列以来，省总队组织执法船艇全力以赴、主动作为，共执行国家下达的维权任务10多次，出色完成了各项任务，有力捍卫了国家海洋主权，得到中央有关单位和省委、省政府充分肯定。省总队海监处荣获“人民满意公务员集体”称号。省属中国海警3112船荣获“全国边海防工作先进单位”荣誉称号，参会代表陈加林获得习近平总书记的亲切接见。

2011年，全面铺开定期维权巡航。省总队部署基层队伍结合日常海上巡查同步开展近海海域维权巡航执法工作，实现全省队伍定期维权巡航执法常态化。另外，省总队还首次组织实施了海监飞机开展维权执法工作。2014年，共执行北部湾、西沙、南沙海域等维权巡航任务14个航次，航时200多天，航程2万多海里，出色完成了任务。2015年组织省属海警船执行维权执法任务2次，派出执法人员65名，航时44天，航程6049海里，有力捍卫国家海洋主权。

海洋行政执法

【概况】“十二五”期间，广东加强海洋执法工作，中国海监广东省总队在中国海监总队、南海总队的指导下，在广东省海洋与渔业局的领导下，全面履行海洋执法职能，加强日常执法检查，认真组织“海盾”“碧海”、海岛巡查、“靖海”等执法专项行动，有效遏制违法用海行为，规范了海域使用、海洋工程开发和海岛利用开发秩序。5年间，共发现违法行为1101起，立案1004件，决定罚款293868.9万元。

【海域使用执法】“十二五”期间，广东重点加强海域使用执法工作，通过建立和完善海监执法、海域管理、动态监管三方联动工作机制，规范海洋行政处罚自由裁量权，运用卫星遥感技术加强用海排查，开展海监执法交叉检查和案卷评查，取得良好成效，5年时间共查处海盾案件30余宗，收缴罚款10多亿元。沿海市县海域使用执法工作得到加强。

2011年8月，湛江市海洋与渔业局对茂湛铁路有限责任公司在未取得《海域使用权证》的前提下，非法占用海域0.3507公顷进行石门铁路桥梁施工的行为下达《海洋行政处罚决定书》，要求其在规定期限内恢复海域原貌并缴纳197269元行政罚款，但该公司拒不履行处罚决定。随后，湛江市海洋与渔业局向赤坎法院提出申请，请求强制执行茂湛铁路有限责任公司缴纳行政罚款及滞纳金共计723977元。赤坎法院立案后，第一时间对被执行人的财产进行了“四查一告知”，并强制扣划了733616元。由于茂湛铁路石门特大桥项目是省、市两级政府重点建设项目，采取强制措施后，该案引起了湛江市政府高度关注，指派市交通重点工程建设指挥部领导到赤坎法院交换意见。赤坎法院强化部门联动，加强督促协调，畅通信息联络渠道，主动争取党委和政府支持，多管齐下促使双方就相关问题进行沟通协调。在承办法官的不懈努力下，双方最终达成了和解协议，由茂湛铁路有限责任公司全额支付行政处罚款、滞纳金及法院执行费用共计356908元。通过强有力的司法手段，教育使用海域当事人，震慑违法者，实现既保护海域、保护环境，又促进经济发展的目的。

2013年4月，江门海监支队组织开展海域使用专项执法巡查，重点巡查台山赤溪、北陡、横山以及山咀一带沿岸，执法人员通过收集海岸线数据与原始数据进行比对，详细记录检查情况并现场拍照取证，进一步掌握用海项目的海域使用实时情况。发现几起疑似违法用海行为。江门海监支队及时将检查情况反馈到台山海监大队，督促台山海监大队尽快对发现的疑似违法用海行为作进一步核实处理，并将调查情况书面报告。江门海监支队将继续通过组织开展热点用海区域，围、填海疑点区域排查，及时发现存在的问题，对违法用海行为保持高压严打态势，切实履行好海洋监管职能。

茂名市在“十二五”期间，加大海域执法检查力度，深入开展“海盾”“碧海”系列海洋监察执法行动，严肃查处各种违法违规用海行为，特别是对开发利用程度较集中的沿岸海湾进行专项整治，对涉嫌非法围海填海的恶性案件进行立案查处，对占用红树林保护区域等不符合海洋功能区划的非法用海项目责令退出，对阻碍港池、航道的构筑物进行清理拆除。5年时间，该市各级海洋监察执法队伍共检查用海项目545个，检查次数892次，查处海洋违法案件54个，立案31个，结案22个。

2015年6月2日，汕尾市人大常委会副主任带队到市海洋与渔业局检查《海域使用管理法》执法检查报告审议意见落实情况。检查组听取汇报后，对市海洋与渔业局落实市人大执法检查报告审议意见的相关工作给予充分肯定，同时要求继续加强海域使用的执法管理工作，确保《海域使用管理法》的有效实施。

【打击非法采砂】“十二五”期间，中国海监广东省总队不断完善海砂开采执法监管措施，一是对采砂公司和采砂船进行全面检查，重点巡查海上采砂船是否与报备相符、采砂船舶是否在其批准的区域内、批准的有效期内以及是否按批准的作业方式开采海砂等。二是根据举报开展突击执法检查，特别是对未报备采砂船及采砂企业实施重点巡查；对多次违法的采砂企业和采砂船实行重点监管。三是明确海砂开采属地执法监管，海砂开采执法坚持“属地为主、强化轮值、责任到人”的监管原则，各地海监机构负责辖区内海砂开采执法监管工作。四是完善违法采砂举报工作制度，开通了12323举报热线，进一步规范了举报处理程序。五是推动建立跨部门、跨区域协调工作机制，制定了《广东省海砂开采及使用监管联合执法专项行动方案》，明确了相关职能部门的职责分工，推动建立与海警、海事部门海上联合执法长效机制，与国土、住房建设、工商、交通运输等部门建立海砂开采和运输环节信息通报和执法协作机制。六是依法监管做好服务，在依法监管的前提下，主动为采砂企业做好服务协调，不定期与采砂企业进行座谈，开展有关海洋法律法规的宣传了解采砂企业的诉求，促进采砂企业的自律管理。

据统计，2011年全省查办违法采砂案件48宗，罚款506万元；2012年全省查办违法采砂案件94宗，罚款892.2万元；2013年全省查办违法采砂案件109宗，罚款791.4万元；2014年全省查办违法采砂案件163宗，罚款1424.7万元；2015

年全省查办违法采砂案件114宗，罚款1420.5万元。

【海岛巡查执法】“十二五”期间，中国海监广东省总队通过航空巡视、船舶巡查和登岛检查，重点对无居民海岛的开发利用活动及周边海域生态保护情况等进行监督检查，对领海基点所在岛屿进行全面巡查，对围填海等严重破坏海岛地形地貌、采石挖砂和破坏珊瑚礁与红树林等生态系统的违法行为进行了查处。如查处徐闻罗斗沙、汕头鹿屿岛、珠海担杆岛、放鸡岛、直湾岛等无居民海岛非法开发建设、破坏海岛生态等违法行为。通过各级海监队伍的共同努力，打开了海岛执法工作局面，初步实现了海岛执法日常化、规范化。

2011年共检查1055个海岛项目，发现违法行为5宗，立案5宗，决定罚款49.45万元。

2012年，根据中国海监总队相关工作部署，全面掌握了全省有居民海岛和无居民海岛的分布情况和使用现状，初步建立了海岛资料库；广东省桂山大队被中国海监总队列为全国海岛执法示范大队；与南海总队联合开展领海基点海岛巡查行动。发现违法行为5宗，立案5宗，做出行政处罚4宗。

2013年，省总队对桂山大队的海岛执法示范工作进行了总结和验收，并向全省海监队伍推广示范工作成果。发现违法行为18起，立案17宗，作出行政处罚决定14宗，已收缴罚款53.51万元。

2014年，办结首宗行政复议海岛违法案。督查海岛“一岛一档”建档工作，派出工作组对茂名、湛江支队，电白、闸坡、大亚湾大队等单位的有关情况进行了抽查，对海岛“一岛一档”档案、执法案卷、巡查记录等基础工作进行了详细的检查。全年开展无居民海岛专项执法，共办结违法用岛案件8宗，罚款51.65万元。

2015年，开展2015年无居民海岛专项执法行动，一是将无居民海岛专项执法行动与海岛定期巡查执法工作相结合，船舶巡航、登岛巡查和绕岛岸线巡查灵活运用，对辖区内海岛及其周边海域进行全面的定期执法检查，提高工作的及时性和有效性。二是在日常巡查执法中确保每个月不少于2次的巡查，同时把领海基点岛屿列为海岛巡查工作的重点项目，加强对领海基点的现状及生态情况的监控。三是坚持突击检查和日常巡查相结合。四是对已开发利用无居民海岛进行登岛检查，对用岛项目进行检查，对未开发利用的无居民海岛进行围岛巡查。全年，在海岛及其周边海域共发现违法行为7起，立案6件，结案9件（含上年立案3件），收缴罚款65.65万元。

【海洋环境保护执法】“十二五”期间，广东加强海洋环境保护执法工作，中国海监广东省总队积极开展“碧海”专项执法行动，加强海洋环境保护执法，依法查处各类海洋环境违法行为。内容涵盖海洋工程建设项目、海洋倾废、海洋保护区、海砂开采和主要排污口等领域，重点以查处大案、要案以及环境影响恶劣的案件为主。

2011年，全面加强对保护区、海洋工程、海洋倾废监督检查。全年查处案件12宗，罚款72.4万元。

2012年，确定了台山大队作为全国海洋工程执法示范大队；惠东港口海龟保护区支队和珠江口白海豚保护区支队作为全国保护区执法示范支队。全省共查获碧海案件44宗，海洋倾废案件48宗，收缴罚款301.7万元。

2013年，主要做法有：一是强化对海洋工程建设项目的执法监管，二是建立打击违法海洋倾废的长效机制。全省共查处“碧海”案件27宗，执行罚款242.5万元。

2014年，全省共查处违法倾废案160宗，收缴罚款1188.3万元（包括海砂、倾废案件）。

2015年，共查处“碧海”案件119宗，执行罚款1132万元（包括海砂、倾废案件）。查处其他海洋环境违法案件3宗，罚款5.2万元。

渔业行政执法

【概况】“十二五”期间，广东加大“集中用警、异地用警”的执法力度，顺利完成南海伏季休渔和珠江流域禁渔执法任务。2015年共出动执法船3222艘次，出航4678天，执法快艇18069艘次，执法车辆15374辆次，执法人员119950人次，检查渔船89233艘次，查处渔船违规案件2964宗，罚款1530万元，其中查获电鱼案件582宗，执行罚款77.31万元；查获辅助船非法捕捞案件9宗，“打电治非”行动效果明显。办结水产品质量安全执法案件15宗，水生野生保护动物违法违规案件13宗。

2015年，广东执法海洋与渔业机构积极推动两法衔接，全省渔政队伍向公安机关移送涉嫌犯罪案件193宗，移送涉嫌犯罪人员321人，其中公安机关依法刑拘202人，有效破解暴力抗法、电、炸、毒鱼等“老大难”问题。

【渔政执法检查】“十二五”期间，广东加大渔政执法检查工作力度。2015年，省海洋与渔业局于4月底在全省沿海组织“靖海2015-1”专项行动，打击非法捕捞“三无”船舶和“绝户网”，共出动执法船艇422艘次，执法车44辆次，执法人员2714余人次，检查渔船2703艘次，查获涉渔“三无”船舶121艘，清理绝户网1266张，5万多米，销毁“三无”船舶59艘，效果明显，在沿海形成了打击“三无”船舶和“绝户网”的良好氛围。为清理取缔涉渔“三无”船舶，成立了以副省长邓海光为组长的行动协调小组，5月6日召开全省清理取缔海洋涉渔“三无”船舶和“绝户网”视频会议，部署专项行动，通过堵疏结合的方式，认真清理、取缔各类涉渔“三无”船舶和“绝户网”。这次专项行动，共清理取缔涉渔“三无”船舶218艘、禁用渔具6929张，查处违法案件594宗。

【伏季休渔执法】“十二五”期间，广东加强南海伏季休渔执法检查工作。2015年休渔期间，广东省渔政总队通过严查在港渔船、涉渔“三无”船舶和辅助船偷捕行为，与刑事司法衔接增加违法成本，暗访督查与执法协作相结合，突出“五个抓”，严厉打击涉渔违法行为，维护沿海各渔区社会稳定，确保广大渔民群众安全度过休渔期。据统计，休渔期间，全省沿海渔政队伍共出动执法船508艘次，艇3659艘次，执法人员2123人次，检查渔船17468艘次。

抓港口。认真查清休渔对象在港情况，实时掌控在外地外港休渔船动向。组织5个督导组赴各地开展综合检查督查。

抓海上。全省渔政执法队伍在确保在册渔船休渔秩序的基础上，加大对顶风偷捕涉渔“三无”船舶和辅助船的海上查处力度。

抓线报。渔政部门公布休渔投诉电话，安排专人24小时值班接受群众投诉，并成立督察组，专门核查群众举报案件。对违反休渔制度的投诉举报，专人负责实地调查。

抓联检。为保障闽粤交界海域休渔开捕前海上秩序，根据中国海警局统一部署，广东省渔政总队与中国海警局南海分局筹备组、东海分局筹备组、广东省海警总队筹备组、福建省海洋与渔业执法总队一起，组织开展台浅海域渔业联合执法行动。开展“护渔2015-2”区域性的海洋渔业执法行动，有效维护开捕前的海上秩序。

抓震慑。为增加违法成本，严惩重大违法犯罪分子，广东省渔政总队紧紧依靠省、市、县各级“两法衔接”（行政执法与刑事司法衔接）工作平台，积极主动与公、检、法等各部门沟通衔接，严厉打击违法捕捞行为，有力破解执法难、处罚难、执行难及遭遇暴力抗法等历史问题。

渔业船舶检验

【概况】“十二五”期间，广东渔业船舶检验局在农业部渔业船舶检验局的指导下，在省海洋与渔业厅的领导下，全面围绕全省海洋与渔业执法中心工作，加强渔船检验队伍体系建设，强化验船师队伍教育培训，加大对渔船建造和船用产品的检验监管，推进海洋捕捞渔船更新改造，完成了渔船救生设备配备全覆盖，增强服务和保障渔业安全生产能力。

【验船师队伍建设】“十二五”期间，广东渔业船舶检验局构建了完善的省、市、县三级渔业船舶检验机构网络，全省经部局机构认可的检验机构发展到110个（其中省局1个、分局21个、检验站88个）；在全国率先启动实施《广东省渔业船舶验船师队伍教育培训三年工作规划（2012—2014）》，注重培训教育基础性、针对性、实效性、专项性，开展形式多样的业务培训，除继续派员参加部局各类业务培训班外，重点抓好现场实操、船用产品和上岗资格的培训，5年来累计培训1587人次。同时统筹全省渔船检验骨干力量，成立4个船体、轮机、电气专业齐全的骨干检验组，每组分别“传、帮、带”1个青年验船师检验组，有效整合盘活了全省船检队伍资源，集中优势船检力量开展重大渔船检验任务。截至2015年底，持证验船师774人，其中高级验船师33人，中级验船师73人、初级验船师473人、验船员195人。

【渔业船舶检验】“十二五”期间，广东渔业船舶检验局配合推进海洋捕捞渔船更新改造，加大对新建造渔船的检验监管，严格落实船厂开工前检查措施，加强渔船建造关键节点、重点环节核查，做好检验监督服务。圆满完成8艘3000吨级全国大型渔政船的建造检验服务工作。尤其在承担海南批量渔船的建造检验任务中，顾全大局、主动作为、严格把关，得到上级部门充分肯定。部署开展农业部渔船检验执法监督三大行动。配合“船证不符”渔船清理整治，开展老旧渔船的安全隐患排查以及油路电路改造。严格老旧渔船检验监管，强化渔船安全设备配备，开展对我省赴西、南沙海域生产渔船进行安全大检查行动。加强与香港海事处、澳门海事及水务局的交流，就港澳流动渔船安全监管检验检查、港澳渔船委托检验有关事项达成共识。加强与贵州局的渔船检验、验船师培训等方面结对发展，支持贵州局开展渔政执法船的图纸审查、渔业标准船型图纸审查和助理验船师资格评审等工作。“十二五”期间，实检渔船23.8万艘次，检验港澳渔船2393艘次。

【船用产品检验】“十二五”期间，

东渔业船舶检验局在原有大、中型渔船已配备集体救生设备基础上，组织研发了小型渔船气胀救生浮并在全省2万余艘沿海小型渔船上配备推广使用，实现了集体救生设备全覆盖。2012年按照渔船检验规则要求，在全国范围内率先对船长大于24米的渔船特别是赴西南沙作业渔船配备GMDSS无线电通信设备。在全省沿海各市县（大、中型渔港及渔船集中地）筹建了19家气胀式救生筏检修站和18家GMDSS设备岸上维修单位，为渔民船东每年救生筏和无线电设备的检修提供便捷高效的服务。每年完成船用产品检验10万~15万台（件），组织开展渔船船用产品质量专项治理行动，在重点时段、重点区域对渔船救生、消防、通导设备进行交叉检查，累积共查处假冒伪劣产品2000余件，更换不合格产品15000余件，在全国数次渔船船用产品质量专项抽查行动中广东生产的船用产品没有发现质量问题。

直属支队建设

【概况】 2010年，广东省机构编制委员办公室批准设立广东省渔政总队直属一、二、三支队，分别加挂“广东省渔政总队粤东、粤中、粤西巡航执法基地”“中国海监广东省总队粤东、粤中、粤西巡航执法基地”牌子，分别设在汕头、珠海、湛江，为省渔政总队派出直属行政执法机构，正处级建制。

主要职责是：组织全省性或区域性海洋与渔业联合检查；承担国家下达的我国管辖海域定期巡航执法、岛礁巡查任务；协助和支持市县海洋与渔业执法机构加强海洋监察和渔政管理工作；根据授权调查处理重大海洋与渔业违法违规事件；对违法渔船实施监督检查、行政处罚和行政强制。

3个直属支队核定行政执法专项编制74名，执法船船员211名，后勤服务人员30名。

【直属一支队】 广东省渔政总队直属一支队，加挂“广东省渔政总队粤东巡航执法基地、中国海监广东省总队粤东巡航执法基地”牌子，办公地点设在汕头市，管辖海域自闽粤交界至惠州小桂海域，包括汕头、汕尾、惠州、揭阳、潮州等5市。

直属一支队执法码头分别设在汕头市潮阳区海门镇澳内码头和海门镇高速桥下码头，为公务船艇停放和扣押涉嫌违规渔船停放点；拟建设粤东巡航执法基地，地点位于南澳岛，2015年底正在开展前期工作。

直属一支队执法船艇主要有千吨级中国海警3111船、300吨级中国渔政44601船、50吨级的中国海监9050海岛艇和中国海监9020-3执法艇。中国海警3111船自2013年6月入列以来共参加国家巡航执法任务10次，因工作出色，2014年获得省海洋与渔业局颁发的集体三等功，2015年获得中国人社部与国家海洋局联合颁发的“中国海洋系统先进集体”荣誉称号，2016年获得省海洋与渔业局“青年文明号”荣誉称号；中国海警3111船政委林俊强同志巡航执法事迹突出，2014年被全国总工会授予全国“五一”劳动奖章；2012年直属一支队被广东省海防与打击走私委员会授予“国门利剑”打私先进集体称号，同年受到省渔政总队嘉奖。

【直属二支队】 广东省渔政总队直属二支队，加挂“广东省渔政总队粤中巡航执法基地、中国海监广东省总队粤中巡航执法基地”牌子，办公地点设在珠海市，管辖区域为粤中地区，主要包括广州、深圳、珠海、东莞、中山、江门等6市。

直属二支队有粤中执法基地、高栏港执法基地、横琴执法基地3个执法基地。粤中执法基地位于珠海市香洲区南屏镇洪湾港区，占地面积38000平方米，岸线250米，2015年11月举行开工奠基仪式。高栏港执法基地位于珠海高栏港区南顺岸西侧，占地面积15800平方米、岸线203米，2015年11月完成项目立项，进入项目前期论证阶段。横琴执法基地位于横琴岛二井湾湿地旁，占地面积14850平方米，岸线130米，2015年底已完成基地选址，进入初步功能规划阶段。

直属二支队拥有千吨级中国海警3112船和30吨级中国海监9070艇两艘执法船艇。中国海警3112船自2013年6月入列以来共完成10次国家海洋巡航执法任务、2次省级巡航任务及12次省内执法任务，参巡人员达370人（次），航程达2万6000多海里，巡航区域覆盖我国东海、西沙、中沙、南沙、北部湾等多个重点海域，2014年荣获“全国边海防工作先进单位”荣誉称号，3112船政委陈加林同志作为代表在北京受到习近平、李克强、张高丽、范长龙、许其亮等党、国家和军队领导人的亲切接见，此外还荣获广东省海洋与渔业局记集体三等功、“9·29”台山渔船西沙遇险救援集体嘉奖等多项荣誉,共有23人（次）立功受奖。

【直属三支队】 广东省渔政总队直属三支队，加挂“广东省渔政总队粤西巡航执法基地、中国海监广东省总队粤西巡航执法基地”牌子，办公地点设在湛江市，管辖区域为粤西地区，包括湛江、茂名、阳江等3市。

直属三支队有粤西执法巡航基地，位于湛江市麻章区调顺岛，占地约 63200 平方米，码头岸线长 160 米，于 2015 年底完成码头主体工程建设，有关陆域回填及陆域建筑正在实施，预计 2017 年底完成整个粤西执法基地的建设。

直属三支队现有千吨级中国海监 9068 船和 50 吨级中国海监 9080 艇两艘执法船艇。中国海监 9068 船多次参与省级及国家巡航执法任务，船长林波同志被中国海警局评为行动先进个人。

第六篇 公共服务

一、海洋观测预报和防灾减灾

综述

【概况】 海洋灾害是指海洋自然环境发展异常或者激烈变化，导致在海上或者海岸带发生的严重危害社会、经济、环境和生命财产的事件。随着广东沿海地区经济社会快速发展，作为民生福祉的重要组成部分，海洋防灾减灾在保障人民群众生命财产安全、支撑经济社会协调可持续发展中的作用将进一步凸显，所面临的挑战也将越来越大。广东迫切需要提高对海洋灾害的认识，完善海洋防灾减灾地方法规体系，全面提升海洋防灾减灾业务能力，保障沿海地区经济社会持续健康发展。

“十二五”期间，广东围绕建设“平安海洋”目标，以海洋观测预报为抓手，以防灾减灾为目的，解决防御海洋灾害的实际问题，提升防御海洋灾害的能力。争取到国家海洋局中央海域使用金重点支持 3283 万元用于全省海洋预警报能力升级改造。创建大亚湾全国海洋减灾示范区。核定全省 58 个岸段警戒潮位，开展重点保障项目精细化预报。

广东海洋观测预报和防灾减灾工作获得长足发展。截至 2015 年底，首批海洋观测站在惠东港口海龟保护区和雷州珍稀海洋生物保护区建成投入使用；省海洋预报台及时发布热带气旋预报、海浪警报、风暴潮预报，共实施海难救助 684 次，成功救助渔民 3191 人，挽回经济损失 6100 万元；渔船气胀式救生浮配备、渔船防碰撞系统终端配置和 IC 卡管理系统建设稳步推进。

【发布海洋灾害公报】 广东省政府新闻办于 2013 年 5 月 27 日召开新闻发布会，发布广东省第一个海洋灾害公报——《2013 年广东省海洋灾害公报》。省海洋与渔业局局长文斌等出席发布会并回答媒体提问。公报显示，广东省海洋灾害以风暴潮、海浪灾害为主，赤潮、海岸侵蚀、海水入侵与土壤盐渍化、咸潮入侵等灾害均有不同程度发生。2013 年各类海洋灾害造成直接经济损失约 74.41 亿元，死亡（含失踪）人数 65 人，海洋灾害损失位居全国首位。而赤潮的发生次数和累计面积呈现 10 年以来的低值。值得注意的是，广东沿海海平面总体呈波动上升趋势，1980—2013 年，平均上升速率为 3.2 毫米 / 年，高于全国沿海海平面上升平均水平。2012 年，广东沿海海平面处于近 30 年高位，2013 年沿海海平面下降明显，较 2012 年下降 33 毫米。公报内容通俗易懂，贴近实际，满足各个阶层的需要，在社会上得到良好的反响。

之后，逐年发布《2014 年广东省海洋灾害公报》和《2015 年广东省海洋灾害公报》。2015 年公报显示：2015 年广东省风暴潮灾害损失居全国第二位，风暴潮灾害造成全省直接经济损失 28.76 亿元，受灾人口 376.40 万人；水产养殖受灾面积 24.43 千公顷；损毁海岸工程 29.01 千米，损毁船只 2325 艘。其中，“彩虹”台风风暴潮灾害造成直接经济损失约 26.28 亿元。

【科技交流合作平台构建】“十二五”期间，广东构建海洋防灾减灾科技交流合作平台。深化与国家级技术中心、省气象局、科研院所的合作，争取国家层面的大力支持，共建海洋科技应用和服务示范区。积极引入国家海洋高新技术落地广东，建立国家与地方相结合的海洋防灾减灾科技支撑体系。先后开发建立区域海洋数值预报系统、精细化预报系统、卫星海洋遥感应用系统、台风路径及海洋专题预报系统。

【海洋防灾减灾科普活动】 2011年5月12日是中国第三个“防灾减灾日”，当天上午，广东省海洋与渔业局、国家海洋局南海分局和江门市人民政府联合在江门市台山石花文化广场举办“5·12防灾减灾日”大型宣传咨询活动，拉开全省“海洋防灾减灾宣传周”活动的序幕。本次活动旨在努力宣传普及海洋防灾减灾知识，增强社会公众防灾减灾意识，提高公众对突发海洋灾害的应急避险和自救互救能力。2015年，广东在全省范围内组织开展“5·12”海洋防灾减灾科普宣教活动，发放各类文字宣传资料16000份，视频宣传资料1000份，制作包括海洋灾害知识、历史受灾情况等内容在内的各类宣传展板20多块，展示无人飞机、海洋防灾减灾应急指挥车、移动观测车等海洋防灾减灾装备，开展海洋防灾减灾签名、幼儿园小朋友绘画、海洋防灾减灾知识调查等活动，提高公众及社会各界对海洋观测预报和防灾减灾工作的认识和支持。做好广东台风路径及海洋环境专题预报网的上线工作。

海洋观测预报

【海洋观测预报机构】 2015年8月，广东省编办批准，广东省海洋与渔业环境监测中心更名为广东省海洋与渔业环境监测预报中心，增加海洋监测预报职能，并增加编制3名。在国家海洋局的支持下，建成广东省海洋环境专题预报室，于2012年8月进行业务化运行。预报室开发和整合广东省近海海洋灾害应急决策系统、广东省“海-气-浪”实时预报系统、海洋经济运行服务保障监测平台、广东省海洋渔业生产安全环境服务保障系统、多源海洋卫星数据应用系统等9个系统，实现海洋灾害预警预报、视频会商以及应急辅助决策三大功能，开展广东省六大渔场的海浪、海面风72小时预报；重点保障目标阳江闸坡渔港的海浪、海面风、潮汐、海温72小时预报；还提供台风等海洋灾害预报预警服务，实现与国家海洋环境预报中心、南海预报中心的联通，进行日常和汛期的行政和业务会商。2014年专题预报室发布海洋预警报产品1821份，其中预报产品1704份、警报产品117份。

【海洋观测能力建设】 “十二五”期间，广东先后编制《广东省海洋观测预报体系建设规划纲要》《广东省岸基海洋观测站网建设规划》，提出了海洋岸基观测网体系、数据体系、管理体系等重点建设任务，为提升海洋观测能力提供规划指引。

2014年，国家财政部批复《广东省海洋预警报能力的升级改造项目实施方案》，安排中央海域使用金3283万元用于广东海洋预警报基本能力的升级改造，重点实施海洋预报视频会商系统升级改造、全省观测预报数据传输网建设、全国海洋减灾综合示范区创建、沿海岸段警戒潮位核定，以及完善海洋观测数据处理、预报产品制作与发布系统等任务。截至2014年底，广东已完成14个重点岸段警戒潮位的核定，正在开展30个重点岸段的警戒潮位核定，为风暴潮预报预警和防灾减灾决策指挥提供基础依据。

2015年，高标准实施饶平、大亚湾、流沙湾海洋站和担杆列岛、大亚湾浮标等观测设施建设，其中，水文气象浮标的投放，使广东省海上观测设施建设实现零的突破。

【海洋预警预报系统】 “十二五”期间，广东开发和完善具有自主知识产权的“海-气-浪”精细化数值预报系统，以及惠州大亚湾、阳江闸波渔港数值预报系统，目前已进入业务化试运行阶段。安排专项资金用于风暴潮漫滩风险预警系统建设，以重点保障目标（大亚湾石化园区）为试点地区，逐步辐射到粤东地区。在广州南沙、江门台山试点开展风暴潮漫滩风险预警研究，建立预警模型，开发预警软件。

【海洋预报业务化工作】 “十二五”期间，广东高效开展海洋预报业务化工作。有效发挥海洋专题预报室的预报会商功能，不间断开展海洋预报业务化工作，努力提高海洋预报技术水平。主要是深化完善广东六大渔场、重点保障目标的“精细化”预报工作，提高服务保障水平，每天开展0～72小时的海面风、海浪、海温和潮汐预报；台风“莲花”“彩虹”应急期间，加强应急预警会商，落实海洋灾害防御责任，加密开展海洋灾害预警预报，及时发布各类预警报信息，向沿海市海洋主管部门下发应对风暴潮、海浪灾害的紧急通知。

规范组织风暴潮漫滩风险预警系统项目建设，先后开展风暴潮预报技术培训、风暴潮漫滩预警系统的方案编制会和方案评审会、组织项目政府采购和公开招标、项目监理等工作。完成沿海地理实地勘测和航空采集，以及海堤高程、水深、地形数据的收集整理工作；开展海洋防灾减灾数据库建设、海堤三维建模制作、台风路径分析模块研发、风暴潮数据接口研发等工作。

海洋灾害预警

【概况】 “十二五”期间，广东充分发挥海洋预报是防汛工作的耳朵和参谋作用，保证为防汛工作提供准确、全面、可靠的海洋灾害和预报信息。2014 年 10 月召开全省风暴潮漫滩风险预警技术工作会议，全面部署广东省风暴潮漫滩风险预警项目建设。开展珠江口咸潮入侵在线观测系统建设，尝试开展海水倒灌所引发的土壤盐渍化监测。2015 年，广东开展海洋防灾减灾科普宣教活动；认真落实国家海洋局下达的“沿海警戒潮位核定、海平面调查评估、沿海减灾能力评估、海洋灾情调查统计”等重点工作任务。做好海平面变化影响调查评估工作。

【海洋灾害信息报送】“十二五”期间，广东在海洋灾害信息报送方面，重点采取严格执行管理规定、建设信息报送网络、落实信息报送责任等措施，保证海洋灾害信息报送工作的顺利完成。围绕海洋灾害信息报送“快、细、实、效”的目标，建立从省到镇的海洋灾害信息报送网络，开发海洋灾情管理软件，建立海洋灾情管理信息平台。2013 年报送信息 21 次，实现海洋灾害信息报送无遗漏。

广东充分发挥海洋预报是防汛工作的耳朵和参谋作用，保证为防汛工作提供准确、全面、可靠的海洋灾害和预报信息。特殊时期实施 24 小时值班制，日常预报做到每天两次，紧急时期加密预报。防汛期间对海洋灾害实现不迟报、不漏报、不错报，重要海洋灾害测得到、报得出、报得及时，尤其是“威马逊”“海鸥”等海洋灾害期间，提供的海洋预警报单为各级地方政府做好防御海洋灾害工作起到良好的辅助决策作用。

【海洋灾情调查评估】“十二五”期间，广东省积极做好海洋灾情调查评估工作。2014 年，先后有“海贝思”“威马逊”和“海鸥”台风风暴潮影响，广东省根据《海洋灾情调查评估和报送规定》要求，开展 3 次台风风暴潮灾情损失统计和现场调查评估工作，没有出现遗漏。另外对发生的灾难性海浪的灾情损失也进行了统计和调查。2015 年，组织受灾地区对风暴潮“莲花”“彩虹”灾情进行统计，“莲花”风暴潮造成直接经济损失 2.48 亿元，“彩虹”风暴潮造成直接经济损失 26.28 亿元。

【2011 海啸预警演习】 2011 年 11 月 10 日，国家海洋局组织沿海各省（自治区、直辖市）人民政府和国务院相关部门举行了一次海啸演习，对我国的海啸预警、信息发布和部门联动的防灾减灾工作机制进行了全面检验。演习模拟 11 月 10 日上午 8 时 30 分，菲律宾以西的马尼拉海沟附近海域（119.3°E，16.2°N）发生 9.0 级强烈地震，国家海洋预报台在接到上述信息后，立即开展海啸过程对我国的影响分析，迅速将海啸警报向受海啸影响的沿海各地、国务院相关部门和有关媒体发布。国家海洋局各分局和沿海各级海洋部门在接到海啸警报后迅速启动应急响应，制作发布本海域的海啸警报，并派出相关人员开展加密观测，针对沿海各类核电、港口、交通、石化、仓储等重点保障目标进行风险评估，提醒沿海政府及相关部门立即采取有力措施，科学处置海啸突发事件，并组织可能处于危险地带的人员尽快转移。

广东濒临南海，是我国未来应对突发性海啸灾害的代表地区之一。本次演习以广东省惠州市大亚湾经济技术开发区为试点，分析制作了海啸淹没图，对处在海啸淹没范围内的人群提出了疏散建议。广东省政府应急办据此迅速下达人员疏散指令，惠州市政府应急办立即组织大亚湾区澳头街道前进村和大亚湾第一中学的近 400 多名村民与师生进行了疏散演练。最终，国家海洋预报台模拟根据全国海洋观测网观测结果，在分析认为此次海啸过程对我国的影响已经完全结束之后，发布了海啸警报解除通报。根据演习结果，国家海洋预报台从获知地震信息到发出第一份海啸警报仅用时不到 5 分钟，大亚湾地区的人员疏散工作也在警报发布后 1 个小时内全部完成，全面检验了各级政府和部门的应急处置能力。

通过本次演习，进一步推动沿海各地在海啸观测预警和海洋防灾减灾等领域的交流与合作，显著提升我国的海啸及其他海洋灾害预警报能力。

海洋防灾减灾

【概况】 2013 年“9·29”台山渔船西沙遇险事件发生后，重新修订《广东省海洋与渔业局防御热带气旋应急预案》《广东省海洋与渔业船舶水上安全突发事件应急预案》，并于 2014 年 2 月发布实施。各级海洋渔业主管部门认真贯彻落实广东省人民政府办公厅 2014 年 4 月 15 日发出的《关于进一步落实三防工作责任的通知》有关精神，联合辖区相关部门，督促指导制订渔船防台“一船一预案”工作。（这里最好标出时间）全省 44001 艘海洋渔船全部完成“一船一预案”工作。认真落实渔业防台两个 100% 防御措施，组织渔船回港避风 106342 艘次，渔排养殖人员上岸 186000 人次，发送防台信息 23100 余条。2014 年，成功抗御“威马逊”“海鸥”等超强台风，取得防台抗台零死亡的成绩。各级海洋渔业主管部门继续加强与海事、边防等部门沟通合作，建立健全应急救援工作机制，全力协调组织开展海上遇险渔船救助工作，共参与或协调组织应对处置渔船险情191起，救起渔民614人，救助渔船214艘，挽回经济损失2500万元。2015年，对风暴潮“莲花”“彩虹”进行灾情统计报送，对“彩虹”风暴潮灾害进行现场调查评估工作。“莲花”台风风暴潮重创湛江市，造成直接经济损失26.28亿元。

【海洋防灾减灾预警】 2015年7月初，第10号台风“莲花”登陆前，预测很可能对广东产生重大影响。省海洋与渔业局迅速部署防台工作，并启动防御热带气旋三级应急响应，要求在粤东海域作业的所有渔船于7月6日17时回港避风，船上人员全部上岸。9日7时，“莲花”中心位于惠来东偏南约70千米的南海东北部海面上，当天中午前后将在汕头到汕尾之间的沿海地区以12级风力登陆，登陆后继续从东往西横扫广东沿海地区，穿过珠江口后仍有可能达到热带风暴量级。为此，省防总决定于9日7时30分将防风Ⅲ级应急响应提升为防风Ⅱ级应急响应，要求全省沿海所有渔船和渔排人员在台风警报解除前，不得出海作业。9日12时，台风“莲花”在陆丰市甲东镇沿海登陆，登陆时中心附近最大风力有12级（35米/秒），中心最低气压为970百帕。第10号台风“莲花”是2015年首个登陆广东的热带气旋，具有移动速度缓慢，路径复杂多变的特点，造成汕尾、汕头、揭阳、潮州等地遭受一定程度的损失，据统计，全省直接经济损失累计2.478亿元。

【海洋防灾减灾示范区】 “十二五”期间，广东以城市为主体，开展“三市一区”（广州、深圳、江门、惠州大亚湾区）防灾减灾示范区创建工作，建立城市海洋防灾减灾体系。以江门、汕尾为试点开展海洋灾害风险与隐患排查，逐步推广至沿海重点县（市、区）。2014年，大亚湾区被国家海洋局列为全国海洋减灾综合示范区。2015年，广东推进大亚湾全国减灾综合示范区建设，按照创建大亚湾全国海洋减灾综合示范区目标要求，省、市、区三级按照示范区建设的部署，齐心协力，加强整改提升和工作协作，转变工作方法和作风，以更加高度的责任感和紧迫性，逐一落实“观测预警、风险排查区划、应急预案、灾害评估、企业减灾”等各项重点工作，取得初步成果。

【海洋应急处置机制】 “十二五”期间，广东省强化海洋环境突发事件应急管理，重点针对危化品泄漏污染海洋，开展应急预案制定、本底环境检测等基础工作；建设海洋减灾综合业务平台，推进省、市、县三级海洋灾害风险评估和区划、重点防御区划选划管理工作，完成首批海洋减灾综合示范区建设；组织做好省级海洋预警报能力提升改造项目，加快海洋观测预报信息共享平台建设，提高海洋观测系统协同运转效能，建立海洋预报检验评估业务，提升对各类涉海活动的保障能力。

【防御“威马逊”超强台风】 2014年7月18—19日，超强台风“威马逊”袭击广东，这是近年来吹袭广东的最强台风。台风到来前，根据广东省委、省政府、省防总的统一部署，省海洋与渔业局进行联合会商，分析可能造成的影响，指挥协调各地落实防御措施；要求提前24小时全省沿海渔船全部回港避风，船上及渔排人员全部上岸；专人跟踪在东沙、西沙、南沙、中沙海域和海南省东部海域作业的渔船，逐船落实防台避风措施；积极做好渔港、码头、渔船停泊点防风设施的安全隐患排查工作。同时，派出2个防台工作组赴一线，按照“出海（渔船）百分之百回港、渔排人员百分之百上岸、回港船只百分之百落实防御措施”的要求全力以赴做好防御工作。截至17日15时，全省沿海45197艘（其中休渔渔船14446艘，应回港渔船30751艘）渔船已全部回港避风，海上鱼排作业人员17246人已全部上岸避风。18日12时，省海洋与渔业局启动防台Ⅰ级应急响应，要求全省海洋与渔业各级防台机构安排双人24小时应急值班，带班领导和值班人员24小时不间断值班。各种应急队伍严阵以待，密切监控港内停泊避风的渔船情况，随时准备救援。

【“彩虹”台风救灾复产】 2015年10月4日，第22号台风“彩虹”在广东湛江市坡头区沿海地区登陆，对粤西地区尤其是湛江、茂名、阳江的渔业受灾严重，广东省海洋与渔业局迅速开展灾害现场调查掌握灾情动态，并积极组织开展和协助各地救灾复产工作。10月6日，省海洋与渔业局派出救灾复产工作组赶赴粤西灾区，研究提出救灾复产方案，迅速开展渔业救灾复产。工作组与各级海洋渔业主管部门指导养殖户采取积极措施，尽快修复受毁、受损的塘基、海堤、渔船、网箱等渔业基础设施；及时做好死鱼的无害化处理和水体消毒防疫工作，防止疫病暴发；加强苗种生产管理，保证灾后复产所需苗种；紧急组织人员到受灾第一线派送技术资料，及时向养殖户提供省内外苗种供求信息，帮助其尽快恢复生产；组织渔业互保协会，做好受损渔船的统计与理赔工作。同时，省海洋与渔业局积极争取中央和省财政专项资金用于受灾地区灾后救灾复产工作。10月8日，省水生动物疫病预防控制中心紧急下拨救灾应急资金90万元和调拨应急救灾消毒药物10吨到受灾地区。到10月15日为止，台风受灾重点地区市县水生动物疫病防控机构技术人员到一线开展救灾工作共1464人次，无害化处理死亡鱼虾116.9吨。为防止灾后水生动物疫病暴发流行，省市县共调拨20.1吨应急救灾消毒药物对公共水域水体进行消毒。并及时加强对灾区水产养殖病害监测和公共水域水质检测，组织技术人员到养殖渔排、种苗场、养殖塘开展病害检测1100个样、公共水域水质检测2365个样，发放救灾技术资料15000份。

二、海洋与渔业环境监测

综述

【概况】“十二五”期间，广东省海洋与渔业局以贯彻落实国家《水污染防治行动计划》《生态文明体制改革总体方案》《海洋生态文明建设实施方案》为抓手，以提高海洋与渔业资源环境保护管理水平为目标，以促规范、见成效为工作总体要求，按照省委省政府有关生态文明建设部署，紧紧围绕局中心工作，坚持真抓实干的作风，组织开展了管辖海域海洋与渔业环境、主要入海污染源、海洋功能区环境、渔业水域水质等监测项目，监测项目覆盖水文、气象、水质、沉积物和海洋生态等。

2011—2015年期间的监测数据显示，全省近岸海域水质状况、沉积物质量良好，监测的河口、海湾和近岸海域海洋生物多样性和海洋保护区生态状况基本稳定，近海渔业资源衰退的势头有所减缓，海水增养殖区和旅游休闲娱乐区环境质量总体良好。

【监测能力建设加强】2015年，珠江口入海污染物在线监测系统建设项目已完成项目建议书、可行性研究报告、初步设计报告的编制和报批工作，初步完成项目中需要建设的浮标在线监测系统的用户需求书的编制工作，并启动项目招标采购计划（2016年10月完成了项目招标，11月签订了政府采购合同）。在线监测系统的应用将实现对海洋环境敏感区、赤潮灾害频发海域、陆源入海排污和临海重大项目全天候的实时环境监测，为海洋综合管理和海洋生态环境综合整治提供及时、准确、客观评价的技术支撑。

【环境监测力度加大】“十二五”期间，广东省加大入海污染源监测、海水水质监测、海洋保护区监测、主要海洋功能区监测和重点工程项目海洋环境跟踪监测力度。省海洋与渔业局制定年度监测工作方案，下发至各沿海地级以上市，将海洋特别保护区（海洋公园）和流沙湾南珠养殖海域纳入监测范围，并联合国家海洋环境监测中心，在江门台山市试点开展海洋资源环境承载力预警监测。2015年布设各类监测站位800余个，开展约5000站次海洋海洋环境调查监测，产生30余万组监测数据。重点对全省82个重点工业、市政入海排污口及邻近海域环境监测，监测频率由4次/年增加到6次/年，获取排污数据近万组。

【环境状况公报编制】“十二五”期间，广东每年组织编制《广东省海洋环境状况公报》，并由省政府新闻办公室召开新闻发布会向社会公布，将超标排污企业名单和各地海洋环境质量状况公之于众，有效发挥社会监督作用，引起各地政府和有关部门的重视，促进海洋环境保护工作的开展，产生良好效果。同时，启动重点海域排污总量控制试点工作，积极探索重点海域排污总量控制制度的实施。

2011—2014年，广东省近岸海域海水环境和沉积物环境总体良好。2012年有86.1%的海域水质达到《海水水质标准》第一类、第二类水平，较上年下降0.9%，水质劣于《海水水质标准》第四类标准的海域面积比例为6.5%；2013年的海域水质符合第一类或第二类海水水质标准为79.0%，水质劣于第四类海水水质标准的海域面积比例为10.3%；2014年约89.4%的海域水质符合第一类或第二类海水水质标准，水质劣于第四类海水水质标准的海域面积比例为3.7%。劣四类海域主要集中在珠江口和局部港湾海域，主要污染物依然是无机氮和活性磷酸盐。主要集中在珠江口海域，污染物主要是无机氮和活性磷酸盐。

2015年，全省近岸海域水质符合第一类、第二类海水水质标准的面积比例达到85.2%；近岸海域沉积物质量状况总体良好；代表性入海排污口超标率有所降低，主要入海河流向海排放污染物基本持平。

海洋环境监测

【概况】“十二五”期间，广东省认真做好海洋环境监测监视工作，全面落实国家海洋局下达海洋环境监测任务，广东努力推动全省14个沿海市开展管辖海域环境监测与评价，抓好环境监则质量监督管理。2015年，广东主动将大亚湾海域列入国家总量控制试点区，积极探索重点海域排污总量控制制度的实施，向惠州市下达试点工作任务，制定工作方案并给予惠州市有力的指导。组织编制年度广东省海洋环境状况公报，并由省府新闻办召开新闻发布会向社会公布，将超标排污企业名单和各地海洋环境质量状况公之于众，有效发挥社会监督作用，引起各地政府和有关部门的重视，产生良好效果。

【主要入海污染源监测】“十二五”期间，广东做好主要入海污染源监视监测，加强入海污染防治，提升海洋环境保护水平。2015 年，全省布设海洋环境监测站位 850 多个，对全省管辖海域环境质量和 14 个沿海市的海洋环境质量进行监测和评价，连续多年以新闻发布会形式向社会发布《广东省海洋环境状况公报》。实施省财政投入 5600 万元用于珠江口及粤东西重点海域入海污染物在线监测系统建设。

2011—2014 年，实施监测的各类代表性入海排污口都是 82 个。2012 年有 28 个入海排污口超标排放，超标率（超标排放的入海排污口数量占实施监测的入海排污口数量的比例）约 34.15%；2013 年有 29 个入海排污口超标排放，超标率约 35.37%；2014 年有 37 个入海排污口超标排放，超标率约 45.12%。大部分超标排污口超标污染物（或指标）为化学需氧量（COD_{cr}）、总磷和氨氮，个别排污口出现 pH 或生化需氧量超标现象。

2015 年，实施监测的 74 个各类代表性入海排污口中（不包含 4 个统计排污口），有 28 个入海排污口超标排放，超标率约 37.84%，主要超标因子为化学需氧量、氨氮和总磷。

【海洋功能区环境监测】“十二五”期间，广东通过监测结果表明，重点养殖区总体水质状况和沉积物质量能够满足海水增养殖区功能的要求；重点海水浴场水质状况和健康指数优良；滨海旅游休闲娱乐区环境质量总体良好。2015 年，饶平柘林湾网箱海水增养殖区等 5 个重点养殖区总体水质状况和沉积物质量能够满足海水增养殖区功能的要求。南澳青澳湾海水浴场等 6 个重点海水浴场水质状况优良，健康指数均为优。湛江东海岛度假区和深圳大小梅沙滨海旅游度假区环境状况优良。

【突发事件应急监视】“十二五”期间，广东省海洋与渔业局开展核放射性监测人员培训和放射性监测设备的购置工作，配合开展阳江核应急演练工作；联合海事部门、地方政府在大亚湾开展溢油演习工作；加强赤潮应急监测能力建设，开展赤潮应急监测培训，并指导开展赤潮应急演习认真开展珠海万山附近海域“夏长”号船舶沉没漏油事故、西江水域铊污染等重大海洋与渔业环境突发事件的应急处置工作，并积极跟进汕尾碣石湾“3·13”“雅典娜”号沉没事件、宏浦 35 与亚洲香港 26 碰撞漏油事件等海洋环境突发事件的污染索赔工作。

2015 年内，广东发生珠海万山群岛海域“8·24”海上溢油事件、南澎列岛海域“11·14”撞船事故等 2 起海上污染事件。事件发生后，广东省海洋与渔业局立即成立应急小组，及时赶赴现场开展现场应急监测工作。后期跟踪监测结果显示：这两起污染事件对海水水质的影响不大，没有发现死鱼现象。

【海洋工程环境影响跟踪监测】“十二五”期间，广东开展海洋工程海洋环境影响跟踪监测，相继对广州港出海航道三期工程海洋环境影响跟踪监测等 4 宗专项监测，及时跟踪了解海洋工程对海洋环境的影响情况。在项目建设期间，主要承担现场调查、样品分析和报告编制工作，了解和掌握建设项目的施工和运营对海洋环境的影响，评价其影响范围和影响程度，为涉海项目的监督管理提供科学支撑。2015 年重点开展粤东 LNG 项目、澳门新城填海区——E1 区填土及堤堰建造工程施工期、大亚湾第二条排海管线施工期海洋环境影响跟踪监测，完成了广东大唐国际雷州电厂“上大压小”新建工程项目海洋环境影响跟踪监测和海洋保护区环境监测项目投标。

【赤潮灾害监视监测】“十二五”期间，广东重视做好赤潮灾害监视监测工作。省海洋与渔业环境监测中心高度重视赤潮（绿潮）监视监测，有针对性地开展赤潮灾害应急响应工作，并及时将监测信息通报给上一级海洋主管部门和相关单位，为科学防治灾害提供有力支持。据上报，已发生的 7 起赤潮、1 起绿潮均未对当地海洋经济造成损失。2015 年，广东省近海海域共发现赤潮 7 起，累积面积约 38.66 平方千米。绿潮事件有 1 起，发生面积仅数百平方米。

2011—2015 年，广东省近海海域共发现赤潮 54 起，累计面积 1830 平方千米。绿潮事件有 1 起，发生面积仅数百平方米。省海洋与渔业环境监测预报中心高度重视赤潮（绿潮）监视监测，有针对性地开展赤潮（绿潮）灾害应急响应工作，并及时将监测信息通报给上一级海洋主管部门和国家海洋局南海分局，为海洋主管部门科学防治灾害提供有力的技术支持。据统计，已发生的 54 起赤潮和 1 起绿潮均未对当地海洋经济造成损失。

渔业水域监测

【概况】经过多年的努力，广东的渔业资源监测网络不断完善，监测能力也得到不断提高，渔业资源监测工作不断深入，有效地强化了渔业资源保护工作。“十二五”期间，广东省加强渔业生态环境监测和渔业资源监测调查，做好渔业资源修复效果评估工作，及时调查处理死鱼事故。

2015年，通过比较评估法法、微卫星分子标志法和标志放流法等开展了增殖放流效果评估工作，结果表明增殖放流效果显著。据测算通过淡水经济物种增殖放流新增淡水捕捞产量2476.8吨，新增产值7430.4万元，投入产出比为13.8。海洋经济物种增殖放流的鱼虾类可形成捕捞产量1903.86吨，产值1.872亿元，并在海中预留已达性成熟年龄的鱼类亲体487.5万尾，使各种作业类型的渔民每年人均纯增产8.19千克、每年人均纯增收599.6元。

【渔业生态环境监测】“十二五”期间，广东对省内主要渔业水域进行的渔业生态环境和渔业资源监测显示，广东主要监测的渔业水域水质均有检查项目超标现象，沉积物质量总体良好。2010—2012年广东省9个重要渔业水域水质均出现监测项目超标现象，超标项目主要有无机氮、磷酸盐、化学需氧量和石油类。沉积物质量总体良好。2013—2014年监测9个重要渔业水域中有7个水域水质出现监测项目超标现象，超标项目主要有无机氮、磷酸盐、化学需氧量、石油类和铜，沉积物总体质量良好。2015年监测9个重要渔业水域中水质均出现监测项目超标现象，超标项目主要有无机氮、磷酸盐、溶解氧、石油类。沉积物总体质量良好。

【渔业资源监测调查】“十二五”期间，广东省海洋与渔业局每年制定广东省渔业资源常规监测工作方案，组织开展渔业资源动态监测工作，对每个月的渔捞日志进行收集、录入、传输、分析与总结。2015年，全省渔业资源动态监测网络共有监测点26个，监测船150艘，其中海洋捕捞监测点20个，监测渔船108艘，江河捕捞监测点6个，监测渔船42艘，作业方式包括拖、围、刺、钓等，监测范围基本上覆盖了广东重点渔业水域。通过开展渔业资源动态监测，掌握和了解全省渔业资源的基本状况及变动趋势，为渔业资源管理和保护提供科学依据。

2015年，双拖作业监测船在粤东、粤西、珠江口和北部湾等沿海四大渔场共作业1791个有效网次，有效作业时间约6802小时，渔获量约2631.78吨，平均渔获率为386.91千克/小时，较2014年下降12.2%。渔获物种类组成以青鳞鱼、沙丁鱼、金线鱼、小公鱼、鲻鱼、丽叶鲹、蓝圆鲹、棱鳀和蛇鲻为主，占总渔获物总量的83.37%，其中金线鱼、带鱼、篮子鱼、马鲛、鲻鱼、鲳鱼、油魣、大眼鲷、虾类、头足类等优质种类占渔获物总量的11.38%，较2014年的8.38%有所提高。

【渔业资源修复效果评估】“十二五”期间，广东开展渔业资源保护与渔民转产中央补助资金海洋经济物种增殖放流、海洋牧场建设效果评估工作和人工鱼礁调查工作。采用常规资源比较评估法、标志放流法和微卫星分子标记法等评估手段进行效果评估，增殖放流调查评估范围覆盖了粤东、珠江口、粤西、北部湾4个海区9个增殖放流点和东江、西江、北江、珠三角河网4个江段5个增殖放流点，5年累计232个航次，标志放流鱼类37270尾，根据翔实的调查数据和收集的信息材料，结合各地增殖放流实际情况，科学评价增殖放流效果，编制效果评估报告。

组织开展西江肇庆段、北江韶关段、清远段、东江河源段、珠三角河网广州段等江段以及江门广海湾、茂名水东湾、惠州大亚湾、东莞伶仃洋和汕尾红海湾等5个增殖放流点放流前本底调查和放流后效果跟踪调查工作。在肇庆、清远放流评估点标志放流草鱼8000尾，在大亚湾放流评估点标志放流黑鲷10000尾。采集部分增殖放流品种野外种群和放流亲本DNA分子样品，进行遗传多样性研究。

组织开展惠州大亚湾、湛江雷州、汕头南澳、阳江、汕尾等5个海洋牧场的建设效果评估工作，主要通过资源、环境和水下效果调查评估海洋牧场建设效果。对大亚湾、汕尾海洋牧场示范区开展资源环境调查和水下潜水拍摄调查。根据翔实的调查数据和收集的信息材料，对增殖放流和海洋牧场示范区建设效果调查结果进行整理分析，编制2014年度和2015年度效果评估报告。

认真落实人工鱼礁本底调查和跟踪调查工作，组织开展10座人工鱼礁区本底调查和28座人工鱼礁区效果跟踪调查工作，总结人工鱼礁效果评估成果，建立人工鱼礁档案。组织编写《广东省人工鱼礁生态资源环境跟踪调查评价报告集》《广东省人工鱼礁论文集》《广东省人工鱼礁技术研究报告》，制作《善待海洋和谐发展——人工鱼礁纪实》视频影像。

三、海洋与渔业技术推广

综述

【新型推广构建体系】“十二五”期间，广东加强水产技术推广体系建设，构建新型推广体系。2014年，广东省水产技术推广机构积极推进机构分类改革，整合力量，完善网络。茂名市水产技术推广中心站与茂名市水产科学研究所合并组建茂名市海洋与渔业技术推广中心，佛山市将水产技术推广职能划入市农业科学研究所，均为全额拨款事业单位，进一步整合技术推广资源，技术推广力量得到了加强。2014年，全省21个地级以上市、102个县级完成水产技术推广机构改革。20个地级以上市中，有1个行政类，20个公益一类。102个县（市、区）中，3个行政类，83个公益类。至2015年底，全省水产技术推广机构1060个，编制2315人。各级水产技术推广机构主动与科研院所、龙头企业、行业协会和产业基地相结合，组织开展多种形式的推广、培训和示范活动，送科技下乡入户，为渔民排忧解难，逐步形成了社会共同参与、支持、推动海洋与渔业技术推广事业发展的一主多元新机制。

2015年，广东省争取中央基层农技推广体系改革与建设补助项目在渔业行业的落实，在此基础上，积极开展创建基层水产技术推广示范站活动，连平县、乳源县、高要市、惠东县、连南县、博罗县、雷州市、汕尾市城区、新兴县和徐闻县被定为全国第二批全省第一批基层水产技术推广示范站。广东省在安排2015年海洋渔业科技推广专项时同全省第一批全国基层水产技术推广示范站作了倾斜，给予连平县、乳源县、高要市、连南县、博罗县、汕尾市城区等6个县（市、区）水产技术推广站每站20万元渔业科技入户示范工程项目的支持。

【技术推广充实职能】“十二五”期间，广东省在事业单位分类改革中，水产技术推广机构充实了水产品质量安全相关的监管职能：承担水产品生产环节质量安全监督检验、强制性检测、质量安全风险评估、渔用投入品使用监测等工作。几年来，我们通过抓培训、抓认证、抓监管、抓整治，全面推进水产品质量安全监督检验工作。2011—2015年，全省共培训水产品质量安全管理内检员1297多人，注册检查员（地理标志核查员）162人；核发无公害水产品产地证674个，向农业部上报无公害水产品782个；完善水产品质量安全抽检单位数据库，录入9727个养殖场、1223个种苗场相关信息；组织全省各市开展无公害水产品市场专项检查，共出动近6000人次，检查914家市场、超市及企业，并结合专项活动宣传无公害水产品，印发资料近4万份；开展水产品专项整治、督导及宣传活动，共举办大型渔资打假、鳜鱼养殖专项整治行动和水产品标识宣传等活动20余次。

【科技人员发挥才智】“十二五”期间，广东省各地充分发挥海洋与渔业技术推广机构的集体智慧，调动技术推广队伍积极性，围绕海洋与渔业的中心工作，服务全局，多做事、出成效，得到政府主管部门的重视和支持。从2012年以来，各级水产技术推广站在机构改革中把水产品质量安全监管作为中心工作，取得显著成效。在水产品质量安全工作做得出色的地方其水产技术推广体系往往也得到较大幅度地提高、完善和加强。清远、汕尾和茂名等市级水产推广中心站，过去因为属于自收自支的事业单位，推广机构长期处于经费无保障、人心不稳定状态，不得不把工作重心放在求生存上，在此轮机构改革中，上述推广机构通过积极履行职能，积极作为，依法争取，处境和条件得到改善。在省海洋与渔业局的资金项目支持下，不断加强水产品质量安全监管体系建设。在加强市、县一级水产品质量安全监管机构基础上，努力推进乡镇一级监管机构建设。

【渔业公益信息服务】“十二五”期间，广东省海洋与渔业局发挥《海洋与渔业》期刊、短信平台、专业网站等现代传播手段的作用。初步建成由省、市、县三级渔业行政主管部门监管系统和养殖企业管理系统组成的广东省养殖企业动态管理数据库，入库有效数据为35589笔，入库企业46271家，入库养殖面积为44.31万公顷。自2011年起，被列为全国海、淡水池塘渔情信息采集试点省，全省20个试点县，每个县2～3个测报点，每月定期采集汇总分析大宗养殖品种养殖过程数据，形成月报和年报上报。建立“粤渔技推广•疫控手机信息平台”，每年创作养殖生产、市场等方面各类短信100多条，合计发送60余万条次，服务于广东省广大渔民。定期收集国内外渔业政策、质量安全事件、水产品安全形势信息，每年形成舆情专报、特报约36期上报，供主管部门参考。

【养殖渔情信息采集】“十二五”期间，广东省加强养殖渔情信息采集工作。这是广东省水产技术推广总站和有关市县水产技术推广站从2008年开始承担的一项公益性工作，国家农业部根据渔业发展需要，于2008年委托部渔业局和全国水产技术推广总站在全国范围组织实施养殖渔情信息采集工作。广东省各级渔业主管部门及水产技术推广机构积极实施这项工作，取得显著的经济和社会效益。

2012年，广东按照全国水产技术推广总站工作部署和具体要求，继续在东莞市、中山市、阳春市、高州市、高要市、茂南区、斗门区、白云区、番禺区、博罗县、徐闻县、雷州市、廉江市、阳西县、海陵岛试验区、台山市、金湾区、海丰县、澄海区、饶平县等20个市、县（区）开展养殖渔情信息采集试点工作。试点主要分布在省内渔业尤其是水产养殖业较为发达地区，养殖品种主要以四大家鱼、罗非鱼、南美白对虾等品种为主，养殖模式涉及主养、混养、精养、粗养等多种生产模式，经营性质以公司企业为主，兼顾合作经济组织、个体养殖户等多种经营方式。总覆盖面积16.87万公顷，占全省养殖面积的3%，共选取65个信息采集点。其中淡水有10个试点县，34个信息采集点；海水有10个试点县，31个信息采集点。省水产技术推广总站撰写的广东省2012年上半年和全年渔情采集信息分析报告被《中国渔业报》等报刊杂志发表和行业主流门户网站采用。

完善公共服务平台

【概况】“十二五”期间，广东省海洋与渔业局利用各类专项资金支持技术推广机构开展公共服务条件建设，主要用于支持技术推广项目、扶持水生动物防疫检疫能力建设和水产品质量安全体系建设。全省水产技术推广机构装备配备、疫病控制实验室和水产品质量安全检测实验室建设都有新的进展。截至2015年底，建成市级“三合一”检测中心21个，县级水生动物防疫检疫实验室74个，建成水生动物病害诊所18个，配备疫病防疫车68辆，巡回诊疗车12辆，配备水产品质量安全检测车62辆。2012年，省水产技术推广总站在高要市和饶平县开展乡镇水产品质量安全监管服务机构建设试点项目，通过项目资金扶持，在2市2县4镇完成乡镇水产品质量安全快速检测实验室建设，增加了基层公共服务手段，为当地养殖户提供水质、药残快速检测等公益性服务。连平县争取县财政支持，为所有乡镇技术推广机构配备了下乡服务交通工具(摩托车)11辆，车身统一印制水产技术推广标识，并为所有工作人员配备制服。在实现“有手段有条件”目标的道路上进行了成功的探索。

【公共服务领域拓展】“十二五”期间，广东通过省财政专项扶持培育近40个渔业科技入户示范县，全省各级水产技术推广机构举办各类科技下乡与培训活动达到2000多场，印发各类技术资料100万份以上，惠及涉渔人员超过50万人次。开展渔业行业职业技能鉴定，举办鉴定班5期，鉴定渔业从业人员3870人，合格人员3420人并获发职业资格证书。推进无公害水产品认证工作，培训水产品质量安全管理内检员1297多人，注册检查员（地理标志核查员）162人，核发无公害水产品产地证674个，初审后上报农业部审定无公害水产品782个。组织实施资源修复工作，开展增殖放流，放流各类鱼苗近2200万尾，虾苗近5亿尾，贝类4100万粒，海鲎6500只。

【推广示范基地建设】“十二五”期间，广东省有序建设水产技术试验示范基地。一部分原有基地得到了改善和加强，一部分新建基地得到了扶持或资助，一部分计划建设的基地正在实施中。广州、江门、韶关、清远、肇庆、湛江、惠州、汕头、博罗等地依托原有基地提供公共服务和公共产品，继续展示海洋与渔业的良好形象；始兴县把原有的鱼苗场加以扩建和改建，面貌焕然一新；雷州水产技术推广站在经营好原有养殖场的基础上，新开辟了一片海域开展珍珠养殖试验示范；广州市番禺区水产技术推广站在海鸥岛建立20公顷的试验示范基地，开展新品种引进及示范；汕尾市水产技术推广中心站在市海洋与渔业局的大力支持下，充分利用自身技术优势，新建培训室，培训大量技术人才，积极帮助养殖企业提供实用技术，并承担渔民转产转业技能和渔业船员培训任务，完全靠自身的能力，解决办公经费和人员工资。

【水产高科技园建设】广东海洋与水产高科技园是2007年10月动工兴建的，“十二五”期间，广东省海洋与渔业局继续推进广东海洋与水产高科技园建设。2015年9月24日，省海洋与渔业局在广东海洋与水产高科技园召开现场办公会，研究进一步加快园区整体规划、完善基础设施建设、做好服务保障等工作。当年完成广东海洋与水产高科技园核心区主体总承包基建工程，通过竣工验收，永久用电工程和发电机工程以及各项衔接工作陆续完成，办理工程结算和移交手续；园区开始运转，园区运营管理逐步启动，开展了园区基本的物业管理工作，协助园区事业单位入园装修工作。

改进技术推广模式

【概况】“十二五”期间，广东省

实施渔业科技入户工程。2011—2015年，共通过省财政扶持了近40个渔业科技入户示范县，5年共组织技术培训100余期，组织省市县专家组入户指导500余次。各地积极主动与科研院所、龙头企业、行业协会和产业基地相结合，充分发挥技术推广队伍“上靠行政机关、中联科研单位、下接渔民群众”的优势，组织开展多种形式的推广、培训和示范活动，送科技下乡入户，为渔民排忧解难，逐步形成了社会共同参与、支持、推动海洋与渔业技术推广事业发展的新机制。如省总站分别与中国水产科学院珠江水产研究所、南海水产研究所签订了技术推广框架协议，并联合龙头企业开展示范，已在全省设立了10个试验示范基地。

【新型推广领域拓展】“十二五”期间，广东水产技术推广重点拓展新型领域，推广领域由单一养殖技术推广转向养殖、捕捞、海洋技术推广齐头并进、同步发展的新格局，实现了技术推广队伍“有事干”的目标。

一是在养殖领域，开展鱼菜共生、物联网应用、工厂化循环水养殖和深水抗风浪网箱等新技术、新设备的推广应用，其中，深水抗风浪网箱研制与示范推广项目获2012年广东省科技一等奖。

二是在捕捞领域，梅州市推广水库吊网捕鱼技术，解决了大水面养殖捕捞难的问题；阳江市推广外海新型捕捞渔具（罩网与钓具），提高了捕捞效率。

三是在休闲渔业领域，内陆山区各市立足当地环境资源优势，坚持“打绿色牌、走特色路”，发展特色渔业及休闲渔业。

四是在海洋领域，承担大量基础性、支撑性和辅助性工作。深圳市承担人工鱼礁规划和建设管理工作，并实施大运会比赛海域赤潮防治行动，确保比赛海域赤潮零发生；阳江市参与海洋碳汇技术研究与示范，示范面积80公顷；省水产技术推广总站联合沿海市县承担国家海洋波浪能发电研究项目和“海平面调查”任务，并对防灾减灾、海岛与海岸线修复、海洋生态环境资源修复等领域的服务与支撑进行尝试，取得良好成效。

【技术推广方法创新】“十二五”期间，广东水产技术推广体系深入基层，创新技术推广方法，取得显著效果。

一是课堂培训、专家授课与现场交流、技能操作相结合，以现场和实践为主。全省各级推广站纷纷将培训课堂设到养殖场，搬到鱼塘边。

二是传统传播方式与现代传媒技术相结合，相得益彰。报刊杂志继续发挥作用，短信平台、专业网站等传播信息快捷广泛高效，《海洋与渔业》发行突破5万份，各地推广站先后自行开发或依托“农信通”等平台发布手机短信为广大养殖户提供信息服务。

三是传统管理方式与现代管理方式相结合，提升管理手段。广东省养殖企业动态管理数据库初步建成，数据库由省、市、县三级渔业行政主管部门监管系统和养殖企业管理系统组成，截至2015年底，培训管理人员140人次，录入养殖企业36733家、面积45.22万公顷，现场核查企业9601家、面积20.13万公顷。

四是信息采集点面结合，互为补充。2011年，广东被列为全国海、淡水池塘渔情信息采集试点省，全省20个试点县，每个县2～3个测报点，每月对大宗养殖品种养殖数据进行全程记录并汇总分析，为渔业管理提供决策依据，东莞、澄海、番禺、雷州、阳春等地获得农业部嘉奖。密切关注国内外渔业政策、质量安全事件、水产品安全形势，定期收集报送舆情专报、特报已达200多期。与广州海关紧密合作，每月获取水产品进出口数据并进行分析，报送分析报告39期，为渔业主管部门应对突发水产品质量安全事件、掌握进出口数据提供服务。

【技术推广合力形成】“十二五”期间，广东省各级水产技术推广机构加强与从事技术推广工作的科研院所、协会、企业、示范基地合作，形成技术推广合力。广东省水产技术推广总站等代表政府履行职能的国家水产技术推广机构，在组织体系、推广内容和方式上发挥龙头作用，争取各部门支持、协调各方力量，共同做好技术推广工作。省水产技术推广总站在渔业“科技入户”示范工程、重点推广项目实施、全省性产业布局等工作的实施过程中，联合科研院校、协会、龙头企业和养殖示范户等，共同组建全省渔业科技入户工作体系和专家指导队伍，开展深入细致推广工作，取得显著成效。广东省水产技术推广总站分别与南海水产研究所、珠江水产研究所签订合作框架协议，共同开展水产技术推广工作，与中国水产科学研究院联合举办“渔业科技院士广东行”，牵头组织全省区域性节能减排技术示范、高效高产示范项目，取得良好的效果。

【举办科技下乡活动】“十二五”期间，广东省水产技术推广总站推出“面向基层，贴近渔民”的服务模式，围绕现代渔业发展，联合企业、大户渔民合作社，组织专业技术人员到基层、到塘头、到码头，到渔村，面对渔民开展科技咨询和技术服务，为渔业、渔民解决实际问题。2012 年 3 月 15 日，省总站邀请珠江水产研究所专家在清远开展了第一场以“外来物种入侵”为主题的渔业科技促进年专题讲座，拉开了全省渔业科技促进年活动的序幕；4 月 20 日，省总站联合珠江水产研究所，在佛山市南海区九江镇举办了一场大型“渔业科技下乡暨‘优鲈 1 号’推介活动”，珠三角地区和周边地区水产技术推广部门、养殖企业、养殖大户代表，外省养殖技术代表共 200 余人参加了活动。现场发布了 2012 年全省淡水养殖主导品种，对养殖新品种大口黑鲈“优鲈 1 号”进行了现场推介，并进行了养殖技术与病害防治等现场讲座。5 月 13 日，省总站联合韶关市农业局举办了以水产品质量安全宣传和大水面养殖机械捕鱼技术推广为主题的现场活动。5 月 19 日，省海洋与渔业局主办，省总站和江门市海洋与渔业局等部门承办的全省渔业科技促进年启动仪式现场活动在江门市新会区三江镇举办。省总站承办“2014 年广东省水产品质量安全宣传周暨渔资下乡宣传活动”，渔业系统工作人员、渔资生产企业代表、渔业协会、科技人员、水产养殖户共 400 多人参加活动，围绕“尚德守法 渔资下乡 提升水产品质量安全治理能力”主题，组织开展大规模的宣传和现场咨询活动及派发优质放心渔资，宣传了《食品安全法》《农产品质量安全法》等法律法规，大力普及了渔资识假辨假常识，指导了渔民科学合理使用渔资。各级水产技术推广机构也根据当地实际情况，纷纷组织科技下乡活动，如广州市农业技术推广中心联合广州市科技和信息化局、广州市农业局，在当地镇政府配合下，举办了 3 次大型的科技下乡惠农民活动，派发技术资料和渔用物资，解答农民咨询。

【技术培训与技能鉴定】“十二五”期间，广东省海洋与渔业技术推广总站坚持每两年举办一次站长领导能力培训班，每年举办推广机构业务骨干培训班等一系列教育学习活动，大力推动全省推广系统领导干部和技术干部的知识更新。2011—2015 年，全省各级水产技术推广机构举办各类科技下乡与培训活动达到 2000 多场，惠及涉渔人员超过 50 万人次，印发各类技术资料 100 万份以上。组织渔业行业职业技能鉴定班 5 期，发放职业资格证书 3420 余本，技能鉴定结业证书 3870 余本。

实施技术推广项目

【概况】“十二五”期间，广东省各级推广机构积极争取项目，通过项目推广示范先进成果，促进了成果转化。2014 年省总站承担实施了渔业科技入户示范项目、观赏龟养殖示范项目等各类专项 9 项，与全国总站、珠江所、广东海洋大学等单位合作实施节能减排集成示范项目、虎斑乌贼养殖示范项目、黄喉拟水龟繁育与技术推广项目、大口黑鲈“优鲈 1 号”推广项目等 4 个项目。各级水产技术推广机构根据自身情况，积极组织开展省、市级项目，开展技术推广示范工作。梅州、韶关、肇庆等内陆山区市依托绿色生态环境和江河环境，发展生态养殖和江河特色品种养殖；茂名、湛江、汕头、汕尾等沿海市则大力发展海水鱼虾健康养殖技术；珠海、广州、佛山、东莞等珠三角地区积极引进名优品种，发展工厂化养殖。

【科技推广专项管理】2014 年 9 月 2 日，省财政厅和省海洋与渔业局联合印发《广东省省级海洋渔业科技推广专项资金管理办法》。9 月 16 日，省海洋与渔业局和省财政厅联合印发《关于印发 2014 年广东省海洋渔业科技推广专项资金申报指南的通知》，省海洋与渔业局组织开展专项项目的申报工作，至 10 月 20 日共收到专项科技攻关与研发申报项目 166 项。根据《广东省省级海洋渔业科技推广专项资金管理办法》，对申报的科研项目进行了合规性审核，通过审核的 160 项。11 月 17—18 日，省财政厅和省海洋与渔业局联合召开 2014 年海洋渔业科技推广专项项目评审会议。依据专家组的评分和各专题申报具体情况，按照重大、重点和一般的评分排序拟订科研项目与资金安排计划。

2015 年 6 月，组织召开“省海洋渔业科技推广专项科技攻关与研发项目验收会议”，主要对 2011—2012 年所有立项但尚未结题的项目，进行结题验收，共组织验收 130 项，通过验收 126 项，未通过验收的项目 4 项。为实现对项目的科学高效管理，升级强化信息化管理手段，委托技术单位开发了项目档案系统，专项管理人员可根据相应权限完成对专项项目的综合查询和统计汇总工作。

【渔业资源增殖项目】“十二五”期间，广东编制“中石油西气东输工程海洋环境及渔业资源修复项目 2013—2014 年增殖放流总结报告”，并按年度工作计划开展投放草礁、藻礁前期论证、选址工作。完成渔业资源增殖放流任务。其中包括 2014 年中央渔业资源保护项目、2015 年中央渔业资源保护项目、中海油“荔湾 3-1”气田开发工程海洋渔业资源补偿项目。完成国家海洋局“适应低能流密度的复合波浪能转换模式及关键技术研究”项目的后续支出账目的审计工作，并全面完成项目验收。

【优新品种示范推广】“十二五”期间，广东省水产技术推广总站积极组织实施省财政科技推广专项，组织编制发布全省主推技术和主导品种。在养殖生产领域，开展鱼菜共生、物联网应用、工厂化循环水养殖、观赏龟生态健康养殖示范、内陆高效技术应用示范和深水抗风浪网箱等新技术、新设备的推广与应用；在捕捞领域，推广示范网具改革，水库吊网捕鱼和环保冰等技术。广东省各级水产技术推广机构加强优新品种示范推广工作。2015年，省水产技术推广总站派出工作组调查走访重点市县，完成新品种采集，并在《海洋与渔业》杂志1月刊上，详细介绍这些新品种的养殖技术方法和病害防治等知识。同时，还附上相关新品种的苗种场信息，以便养殖户进一步了解。这些新品种包括有普瑞莫南美白对虾、斑节王、澳洲淡水龙虾、马友、沙锥鱼、墨瑞鳕、“优鲈1号”、台湾泥鳅、杂交生鱼、“南海1号”斑节对虾、翘嘴鳜“华康1号”、金头鲷、苏丹鱼、全雄性罗氏沼虾、花尾胡椒鲷、珍珠草鱼、美洲鳗鲡等。

【先进技术成果转化】“十二五”期间，广东省水产技术推广体系重视推广先进技术，促进成果转化。2015年，广东省水产技术推广总站先后在雷州、高要、梅县举办了3场科技入户培训班，培训400多人次；在博罗、清远举办两期鱼菜共生养殖技术培训班，培训人数达200人次；在韶关、高要举办两期内陆高效健康养殖技术培训班，培训人数达200人次。做好2015年渔情信息采集工作，组织省内试点县采集员参加全国渔情信息采集工作培训班，并在惠州举办一期全省渔情信息采集分析交流培训班，交流各地开展渔情信息采集工作的情况，分析2015年生产形势，并现场培训信息采集员和采集点的专业人员。同时，根据各试点上报的数据编写出2015年广东省养殖渔情分析报告。

【水产养殖技能竞赛】广东省在2013—2015年间，连续举办3届全省水产技术推广技能竞赛，全面检验了水产技术推广队伍技术水平，提升了推广体系的战斗力、凝聚力和公共服务能力，更有效地为现代渔业健康持续发展服务。2013年12月24日在省水产技术推广总站清远基地举办“首届全省水产技术推广技能竞赛”，全省水产技术推广系统及中央驻粤水产科研机构共17支队伍参加竞赛，充分展示团队精神和技术水平，赛出友谊，有效展现了全省水产技术推广队伍奋发向上的精神面貌。之后升格由省总工会、省人力资源和社会保障厅、省经济和信息化委员会、省科技厅主办的，省海洋与渔业局承办。2014年10月28—29日举办“2014年全省水产养殖技能竞赛”，2015年10月12—13日举办“2015年广东省鱼类免疫注射技能竞赛”。这两次竞赛的选手都来自全省基层水产技术推广系统，以市为单位组队，共有19支参赛队伍，每队由3名队员组成。竞赛内容分为理论笔试和技能实操两部分。经过紧张而激烈的角逐，竞赛个人分数前五名，分别被授予“广东省职工经济技术创新能手”称号，其中获得竞赛第一名的由省总工会按程序审批颁发“广东省五一劳动奖章”。

科技入户示范工程

【概况】“十二五”期间，广东省各级水产技术推广机构积极实施渔业科技入户示范工程，取得显著效果。2015年，广东省水产技术推广总站派出工作组走访2013年度广东省海洋渔业科技推广专项项目“广东省渔业科技入户示范工程”所涉及的廉江市、遂溪县、高州市、汕头市澄海区、普宁市、惠来县、珠海金湾区、高要市、广州市番禺区等9个渔业科技入户示范县（区）。每个渔业科技入户示范地区，都有着数十年的养殖经验，加上定期革新养殖技术、不断选择优良品种，各地养殖户的产量和效益都有所提升，养殖品种的成活率也大幅度提高，成本则有不断下降的趋势。

【主推品种和主推技术】2013年实施“广东省渔业科技入户示范工程”的9个示范县（区、市），因地制宜地开展养殖工作。如廉江市，因其地处雷州半岛北部，受南亚热带季风气候影响，全年平均气温23℃，冬季低温时间短、海淡水资源丰富，非常适合南美白对虾和罗非鱼的生长，故廉江市的主导品种为南美白对虾、罗非鱼。9个渔业科技入户示范县（区、市）中，养殖南美白对虾的数量最多，共5个，包括廉江市、遂溪县、广州市番禺区、汕头市澄海区、珠海市金湾区。此外，主导品种还包括黄鳍鲷、鲍鱼、青斑鱼、罗非鱼、鲫鱼、草鱼、罗氏沼虾。主推技术中，养殖南美白对虾通常采用生态养殖、鱼虾混养、对虾高位池养殖等技术；养殖罗非鱼均为无公害健康养殖技术；养殖罗氏沼虾的技术为茜草养殖。

【水产养殖增产增收】实施“广东省渔业科技入户示范工程”的9个示范县（区、市）中，2013年均不同程度达到增产增收的效果，其中普宁市、澄海区、高要市、惠来县、遂溪县均取得增产6%～12%、增收 10% ~ 58% 的好成绩。普宁市 2013 年示范户养殖面积达 667 公顷，罗非鱼、淡水白鲳、草鱼总产量 650 吨，产值 680 万元，平均每 1/15 公顷产量 650 千克；2014 年，示范户养殖罗非鱼、淡水白鲳、草鱼的总产量达到 750 吨，比上年增长 11.5%，产值 800 万元，增长 11.7%，每 1/15 公顷产量 750 千克，增长 11.5%。惠来县渔业养殖总产值达到 5.85 亿元，增长 6%；澄海区示范户收入增加 10%，养殖成本下降 10%；高州市罗非鱼产量 5.2 万吨，产值 4.9 亿元，罗非鱼产量约占该市水产品总产量的 82.6%。高要市 2014 年渔业科技入户示范户养殖面积达 400 公顷、总产量 6480 吨，平均每 1/15 公顷产量 1080 千克，总产值 5832 万元，新增产值达 1684 万元，利润 1800 万元，平均每 1/15 公顷利润 2995 元。平均单产、产值比 2007 年分别增加 12.5%、58%（罗非鱼收购价比去年提高 40%，扣除收购价因素实际增加 12.8%）。

【示范户辐射带动效应】 按照实施"广东省渔业科技入户示范工程"的要求，每个养殖示范户除了提高自身养殖技术外，还需要起到辐射带动效应。其中，普宁市每个示范户辐射带动周边 20 个养殖户，共辐射带动 1000 户，辐射面积 667 公顷。惠来县示范基地和示范户通过试养青斑鱼后，发现其效果良好，每条青斑鱼能养至约 500 克（1 市斤）的上市规格，收益可观，带动全县养殖业蓬勃发展，渔业养殖取得一定社会经济成效，2013 年该县渔业养殖总产值达到 5.85 亿元，比 2012 年增长 6%。已经成为茂名罗非鱼"金三角"地区的高州市，2013 年全市罗非鱼养殖面积达 5000 公顷，水产品总产量达到 6.29 万吨，产值达 5.86 亿元。遂溪县、高要市均是通过技术员指导来完成辐射带动目标的。其中，高要市通过每个指导员联系挂钩 10 户示范户，再由每户带动 10 户的形式，养殖罗非鱼的从业人员由 2014 年的 26000 多人增加到 2015 年的 27500 多人，辐射周边养殖面积 4000 公顷；遂溪县共辐射带动 1000 户养殖户，示范户实用技术的入户率达 95% 以上。

【养殖技术水平提高】 实施"广东省渔业科技入户示范工程"的 9 个示范县（区、市），养殖技术均有明显提高，除了在增产增收、成本降低上有所体现外，主推品种的成活率提高、防疫技术升级都是重要体现。普宁市通过对草鱼种注射疫苗，使草鱼成活率从 80% 提高到 90% 以上。高要市与国家级广东罗非鱼良种场合作，大力推广新优品种新吉富罗非鱼，项目实施单位以罗非鱼健康养殖技术为重点向广大养殖户进行推广，示范户良种、良法的应用率达 100%，罗非鱼的单产水平 2014 年比上年增加 12.5%，在生产资料成本上涨 50% 的情况下罗非鱼养殖成本只增加 38%，扣除生产资料成本增加的因素实际养殖成本降低 12%。

四、水生动物疫病预防控制

水生动物疫病防控体系

【概况】 "十二五"期间，广东省海洋与渔业局加快建设水生动物疫病防控体系，全省有 18 个地级市、85 个县区获当地编委批准设立水生动物防疫检疫站，建立一批水生动物防疫检疫实验室、水生动物诊疗机构（鱼病医院），配置水生动物防疫检疫专用车、巡回诊疗车，设立远程鱼病监测与诊断基层网点；建设了一支水生动物防疫队伍，还有一批在基层服务水产养殖生产的渔业乡村兽医。至 2015 年底，已基本建立起省、市、县三级水生动物防疫体系。

【水生动物疫病防控人员】 "十二五"期间，广东水生动物疫病防控体系不断完善，水生动物疫病防控人员逐年增加。至 2015 年底，广东省共有水生动物防疫队伍编制 1010 名，在岗在编人员 874 人，其中在岗参与水产苗种产地检疫人员 323 人，其中具有水产养殖相关学历或者职称的 155 人（高级 54 人，中级 55 人）。2011—2015 年间，广东轮训水生动物检疫相关法律法规 503 人次，实验室检测技术培训 304 人次，182 人获得水生动物执业兽医师资格、115 人获得水生动物助理执业兽医师资格。

渔业乡村兽医是一支在基层服务水产养殖生产的重要队伍。截至 2015 年底，广东省已登记、注册的渔业乡村兽医 3809 名。为提高渔业乡村兽医业务水平，2015 年在湛江、梅州等市举办了 5 期渔业乡村兽医培训班，培训了 408 名在册渔业乡村兽医，并组织市县水生动物防疫检疫站通过讲座等形式，指导、培训在册渔业乡村兽医共 1327 人次。

【水生动物防疫检疫实验室】 "十二五"期间，广东省海洋与渔业局在省级财政鱼病防治专项资金扶持下，建立 32 个县级水生动物防疫检疫实验室，26 家水生动物诊疗机构（鱼病医院），配置水生动物防疫检疫专用车 32 辆、巡回诊疗车

17 辆，设立远程鱼病监测与诊断基层网点 58 个，完善了湛江市等 3 个市级三合一水生动物病害检测实验室。至 2015 年，全省共有 18 个地级市建立包括水生动物病害检测在内的三合一实验室、74 个县建立水生动物防疫检疫实验室，其中湛江市、肇庆市、惠州市、广州市和深圳市水生动物防疫检疫实验室通过资质认定；建立含 9 个专家点、127 个基层网点的远程鱼病监测与诊断网络。“十二五”期间，广东有 10 个县区争取到国家县级水生动物防治站建设项目，已基本建成并投入使用。

2015 年，省海洋与渔业局在做好省级水生动物防疫实验室一期工程建设同时，争取省财政鱼病防治专项资金投入 100 万元，用于二期工程建设。建成后，广东省省级水生动物防疫实验室硬件可达到国家重点实验室标准。

【远程鱼病监测与诊断平台】“十二五”期间，广东省水生动物疫病预防控制中心进一步提高远程鱼病监测与诊断平台服务水平。2015 年，在远程鱼病监测与诊断平台增设视频诊断和手机版远程鱼病诊断功能，完成手机版远程鱼病诊断软件开发、调试工作，可免费为养殖户提供服务。视频诊断在湛江、肇庆等市、县开展了试运行，效果良好，经过进一步调试，计划于 2016 年进行全省推广应用。

水生动物疫病防控工作

【水产养殖病情测报】“十二五”期间，广东加强水产养殖病害测报工作，增设测报点 50 个，测报面积 1667 公顷，监测养殖品种 5 个。至 2015 年底，全省在 18 个地级以上市、84 个县区设立常规监测点 360 个，进行常年连续测报，监测池塘面积 1.33 万公顷，海水网箱 66000 立方米，监测养殖种类 32 种，监测全省常发、多发的 52 种水生动物病害。水产养殖病害测报准确率进一步提高。

【水生动物疫病防控服务】“十二五”期间，广东省海洋与渔业局先后组织中山大学、南海水产研究所、珠江水产研究所、广东海洋大学等多家科研院校开展了罗非鱼链球菌病、淡水鱼出血性败血症等病害的防治研究与试验，取得一批成果，其中“草鱼高效健康养殖技术研究与集成示范”获得广东省农业技术推广奖二等奖，“杂色鲍幼苗脱板症等病症防控技术研究”获中国水产科学研究院科技进步奖。

广东积极发挥远程鱼病诊断网络快速诊断作用，截至 2015 年底，全省已安装 127 套基层网点系统，分布在 19 个市、85 个县（区）水生动物防疫检疫站，每年上传远程会诊水产病害 600 余例。

广东各级水生动物防疫机构加大养殖户技术培训服务，“十二五”期间，全省各级水生动物疫控机构为养殖户共举办病害防治技术培训班 931 期，培训 57130 人次，发放宣传资料 406500 份，下场指导服务 26625 人次，开展电话咨询 24310 次，发送手机防病短信 200 多万条，在网上发布防病信息 3500 多条。

【水产苗种产地检疫】“十二五”期间，广东省海洋与渔业局按照农业部要求，依法开展水产苗种产地检疫工作。广东按照《动物检疫管理办法》和行政许可委托的有关规定，自 2012 年开始实施水产苗种产地检疫。经过几年努力，广东省有 85 个市、县办理检疫委托手续，其中有 15 个市、52 个县发布检疫公告。“十二五”期间，18 个市、48 个县（区）开展检疫出证工作，共检疫水产苗种 580 亿尾，开出检疫合格证 9423 张。检疫水平不断提高，检疫范围、数量逐年增大，有效降低了虾白斑病等水生动物疫病的危害程度。

同时，广东省海洋与渔业局开展水生生物疫病宣传，编印《广东水产苗种产地检疫实验操作图解》10000 本，发放给各地。通过张贴水产苗种产地检疫公告，在电视台、网站、报纸上发布，以及悬挂宣传条幅、树立宣传牌、发放宣传小册子等开展多种形式宣传。

应对水生动物重大疫病

【概况】“十二五”期间，广东省海洋与渔业局争取到省财政支持，在省级鱼病防治专项资金中，每年安排 600 万元专项经费，用于开展对虾白斑综合征、罗非鱼链球菌病、刺激隐核虫病、草鱼出血病、小瓜虫病及贺江等足类寄生虫病等疫病的监测。召集省内各界专家进行慢性链球菌病防控专题分析，合作开展评估慢性链球菌病风险评估，开展南美白对虾早期死亡综合征综合防控技术研究，合作研究“刺激隐核虫生物学及综合防控技术”。

【应对罗非鱼链球菌病】2009—2011 年，广东发生大范围的罗非鱼链球菌病，对罗非鱼养殖业造成巨大危害。广东省海洋与渔业局在“十二五”期间，采取多种措施，降低其危害程度：一是召开罗非鱼链球菌病防控研讨会，集思广益，寻求有效的防控对策。二是与中山大学等科研单位合作，开展罗非鱼链球菌病免疫防病技术、早期免疫诊断技术、链球菌病拮抗益生菌制剂、慢性链球菌病病原的生物学特性与传播特点的研究。三是在各主产区为养殖户举办养殖与防病技术培训班，提高其养殖和防病技术水平。四是在罗非鱼重点养殖地区开展罗非鱼链球菌病监测和防控试验，采取药物防治、免疫防病、水质调控、混养、降低养殖密度等多种措施，有效控制了疫情的进一步蔓延。2012—2015 年，该病的流行范围大为缩小，且危害程度明显降低。

广东省海洋与渔业局自 2012 年起，针对加工罗非鱼肉片中发现黑点、影响产品质量和出口创汇的问题，与中山大学合作，在罗非鱼加工厂开展慢性链球菌病感染情况调查和检测鉴定，断定肌肉中的黑点是残留的无乳链球菌形成的病灶，且发现率低于 0.5%。同时，在 2013 年召集省内各界专家进行慢性链球菌病防控专题分析，还与广东省公共卫生研究院合作开展评估慢性链球菌病风险评估，对人体是否存在食用安全潜在风险和对捕捞、鱼加工行业人员的创伤风险研究，初步认为其传播风险很低。

【应对对虾早期死亡综合征】 “十二五”期间，广东南美白对虾养殖生产中出现不明病因死亡现象（养殖户称之为“偷死病”），2011—2014 年，广东南美白对虾主产区发病率高达 70%，虾产量损失超过 30%。广东省水生动物疫病预防控制中心结合白斑综合征的监测工作，对此病开展相关防控工作。包括：组织养虾主产区的市、县水生动物防疫检疫站开展南美白对虾早期死亡综合征流行情况调查；组织专家到广东养虾最集中的湛江和茂名进行专题调研，采集虾苗、养殖虾和养殖水源水、虾池水进行检测，分析近年养虾生产中出现的早期死亡综合症的发生原因；召开对虾早期死亡综合征防控专题研讨会，探讨有效的防控对策，编印防控该病的技术小册子；在各地组织培训养殖户，发放防控技术资料；加强苗种检疫工作；组织中山大学和有关市水生动物防疫检疫站开展南美白对虾早期死亡综合征综合防控技术研究。至 2015 年，广东对虾早期死亡综合征的危害程度有所下降。

【应对贺江等足类寄生虫病】 2004 年，广东肇庆封开县发生贺江等足类寄生虫流行病，自 2004 年底以来，肇庆市水生动物防疫检疫站及封开县水生动物防疫检疫站连续 10 年开展贺江等足类寄生虫监测与防控。此项工作开创了国内在开放水域水生动物病虫害进行持续监测的先例。广东省水生动物疫病预防控制中心与科研单位合作项目的“贺江等足类寄生虫病防治技术研究”先后获得 2011 年获中国水产科学研究院科技进步三等奖、2012 年度广东省科学技术奖三等奖。

【应对刺激隐核虫病】 “十二五”期间，广东省海洋与渔业局与中山大学合作进行刺激隐核虫病流行病学调查、发病影响因子研究、综合防控试验等，掌握刺激隐核虫发病高峰期、发病及传播等流行病学特点。组织沿海各级水生动物疫控机构加强监测预警等多种措施防控刺激隐核虫病。广东通过对刺激隐核虫病连续开展监测与防控工作，降低刺激隐核虫病危害程度。虽然该病仍在局部发生，但其危害程度较以前大大降低，发挥了较明显的社会公益作用。合作研究项目“刺激隐核虫生物学及综合防控技术研究”获 2013 年广东省科学技术奖二等奖。

应对突发灾害事件

【概况】 “十二五”期间，广东省各级水生动物疫病防控机构积极参与渔业主管部门组织救灾行动，组织人员第一时间到灾区指导养殖户做好防疫和救灾复产工作，降低灾害造成的损失。5 年来，广东多次发生较大自然灾害和多起重大死鱼（虾、贝）事件，由于防疫工作做得比较及时到位，在灾后没有发生大规模的水生动物疫情。组织有关市、县水生动物疫控机构，坚持在一线指导救灾复产，无害化处理死鱼虾 5635 多吨，疫病应急监测采样检测 15200 多个，复产技术和安全用药技术培训 12327 人次。

【应对“彩虹”台风灾害】 2015 年 10 月 4 日，第 22 号台风“彩虹”在湛江市坡头区登陆后，广东省海洋与渔业局组织受灾地区湛江、茂名、阳江、云浮 4 市县水生动物疫病预防控制机构技术人员到灾区一线协助做好失踪人员搜救、灾害损失情况统计及死鱼虾无害化处理、公共水域防疫消毒等救灾应急工作，于 8 日紧急下拨救灾应急资金 90 万元和调拨应急救灾药物 10 吨。此次台风受灾重点地区湛江、茂名、阳江、云浮 4 市县水生动物疫病预防控制机构技术人员到一线开展救灾工作共 1464 人次，无害化处理死鱼虾 116.6 吨，分发救灾药物 20.1 吨，病害检测 1100 个样、水质检测 2365 个样，分发救灾技术资料 15000 份；省、市、县水生动物疫病预防控制机构共举办 14 期救灾复产技术和安全用药技术培训班，培训渔农民 1856 人次，发放资料 3500 多份。

【应对重大死鱼事件】 2015 年 4 月 9—10 日，惠州市博罗县潼湖部队农场一分场出现大面积死鱼，累计死鱼达5万多千克。广东省水生动物疫病预防控制中心接报后，迅速组织惠州市和博罗县水生动物防疫检疫站做好调查取证、采样检测、死鱼无害化处理指导及复产技术指导等工作。经过现场调查、采样检验检测，排除了此次死鱼事件因中毒、病害暴发因素引发，确定造成此次大面积死鱼的主要原因是养殖户自身管理不善，导致缺氧所引发，事态得到控制。同时，将此次重大死鱼事件应对工作及事态发展情况上报农业部渔业局和全国水产技术推广总站，得到好评。

【应对水库死鱼事件】 2015年5月16日，清远市英德县长湖水库网箱养殖鱼类出现不正常死亡现象，接报后，广东省水生动物疫病预防控制中心组织专家和英德市水生动物防疫检疫站第一时间赶赴现场做好死鱼原因调查、分析。17—18日，死鱼现象继续发生并加剧，19日，珠江水产研究所水产专家通过现场调查、水样及鱼样检验检测，基本判断是重金属中毒死亡。21日，省水生动物疫病预防控制中心主任带队会同清远市、英德市水生动物防疫检疫站技术人员赶到现场，指导应急处理工作，指导、督促地方政府无害化处理死鱼6万多千克，指导养殖户对网箱箱体及周边水域进行消毒防疫，防止二次污染事件的发生。同时，省水生动物疫病预防控制中心紧急下拨5万元，用于此次重大死鱼事件无害化处理及复产期病害监测与技术指导。

五、渔区渔民服务

惠渔民生工程

【概况】 惠渔政策具有群众性、公益性等特点，关系到广大渔民群众的切身利益，是渔业可持续发展、渔民民生福祉的重要组成部分。“十二五”期间，广东省加快惠渔民生工程建设，扶持渔民转产转业，实施休（禁）渔补助、渔业成品油价格补助、政策性渔业保险等政策，对广东渔业安全生产、渔村民生建设、渔区和谐稳定做出重要贡献。通过渔业柴油补贴与休（禁）渔补助降低渔民生产成本，增加渔民收入。据调查，2014年对700户渔民家庭调查户的惠农渔业补贴2664万元，每户平均渔业补贴3.81万元，该年平均每户家庭收入9.02万元，比2011年增加2.47万元。

【渔民转产转业】 “十二五”期间，广东省继续扶持沿海渔民转产转业。2010年3月2日，广东省第十一届人民代表大会常务委员会第十六次会议审议通过省人民政府《关于扶持沿海渔民转产转业保持渔区稳定议案（第二阶段）办理方案的报告》，并作出《关于继续扶持沿海渔民转产转业保持渔区稳定的决议》。决定继续加大扶持沿海渔民转产转业保持渔区稳定的资金投入，省财政的扶持资金在现有基础上每年适当增加，重点推进减船转产、安居工程，扶持现代渔业产业化基地和渔民专业合作社建设，清理琼州海峡北岸定置网作业渔船等5项工作。

议案实施后，2009—2013年，广东立项安排资金5亿元，吸引、带动超过8.17亿元社会资金投入建设，淘汰渔船392艘、总功率22830.1千瓦，完成渔民安居工程5000户，扶持现代渔业产业化基地建设项目100个，扶持渔民专业合作社193个，完成琼州海峡北岸清障工作，增加就业岗位11355个，带动渔民就业7584人，基本完成议案第二阶段的目标任务。

议案的实施，深受沿海渔民群众的热烈拥护和积极响应，取得较好的经济、生态和社会效益。首先，议案在减船的同时扶持发展各类渔业项目，缓解渔业资源过度利用压力，不断完善和延伸渔业产业链，拓宽渔民就业空间，促进渔业产业结构优化升级。第二，通过培训、安居工程等方式，转业渔民得到妥善安置，居住条件得到有效改善，就业创业能力明显增强。第三，议案扶持渔民专业合作社建设，培育主导产业和特色产品，提升了渔民组织化程度和渔业产业化经营水平，渔业市场竞争力得到显著增强。第四，琼州海峡北岸定置作业的清理，确保主航道及周边海区交通顺畅，解决长期困扰海上交通安全的难题，也减轻对近海渔场生态和渔业资源的破坏，渔业资源得到有效保护。

【休（禁）渔渔民生活补助】 2013年，广东在全国率先设立专项资金，用于在休（禁）渔期向休（禁）渔渔民发放生活补助，对因执行休（禁）渔制度造成的损失给予适当的经济补偿。4月，广东省海洋与渔业局印发《广东省休（禁）渔补助实施方案》，规定从2013年开始，在休（禁）渔期间，对广东实施休（禁）渔的渔民发放生活补助，补助标准为休渔渔业船员每人每年补助1500元，禁渔渔业船员每人每年补助1100元。该方案还对补助对象、申报程序、发放程序、资金管理、部门职责等作出明确规定。从2013年起，省财政每年安排资金，同时要求市、县财政积极配套，用于发放休(禁)渔补助。2014年6月，广东省财政厅、广东省海洋与渔业局联合印发《广东省省级休（禁）渔渔民生产生活补助专项资金管理办法》，提出资金的申请及分配方案，进一步完善休（禁）渔补助的申报和发放工作，以确保及时将补助资金发放渔民手中，提高资金的使用效益。

广东实施休(禁)渔补助，2013—2015年3年共安排专项资金6630万元，解决渔民休禁渔间的基本生活问题。此外，广东将基本生活确有困难的渔民全部纳入低保，扶持渔村集体经济发展、拓宽就业渠道、引导渔民转产转业，帮助渔民解决生活困难，促进渔区（村）稳定。

【渔业油价补助】 渔业油价补助是国家重大支渔惠渔政策。2006年，国家首次实行渔业船舶柴油价格补贴政策，以缓解柴油价格上涨给渔业生产带来的压力。2009年，国家财政部、农业部印发《渔业成品油价格补助专项资金管理暂行办法》，从制度上规范和加强渔业油补发放工作，进一步明确补助对象为持有合法、有效证件的捕捞渔船和养殖船。“十二五”期间，广东规范渔业成品油价格补助政策的实施和补助资金管理，省、市、县三级渔业主管部门分别成立渔业油补工作领导小组，负责组织、领导和协调本地区渔业油补工作，研究解决实施过程中遇到的重大困难与问题。各市、县领导小组均下设渔船审核小组，负责登船检查，审核船舶检验证书、登记证书和所有权证书，以及捕捞许可证和水域滩涂养殖使用证。广东省海洋与渔业局建立以渔政队伍牵头，渔业、计财、监察等部门协调配合的渔业柴油补贴发放工作机制，规范油补发放的程序，严格审核补贴对象，实施资格公示和发放对象信息两轮公示制度，依法对从事国内海洋捕捞、远洋渔业、内陆捕捞及水产养殖并使用机动渔船的渔民和渔业企业的渔业油价进行补助。2011—2015年，全省共发放年渔业柴油补贴171.65亿元。实施这项补贴政策，应对国际柴油价格暴涨对渔民影响，降低渔民生产成本压力。

渔业互助保险

【概况】 1993年，为适应渔业生产的实际，广东在全国率先成立“中国船东互保协会渔船船东分会广东经理部”，开展渔业保险业务。1996年，在该经理部基础上，由原广东省水产厅发起，在广东省民政厅办理社团法人登记，成立非营利性的、具有独立法人资格的社会团体组织“广东渔船船东互保协会”。为适应新时代渔业保险发展的需要，2007年，广东渔船船东互保协会更名为“广东省渔业互保协会”。20多年来，广东省渔业互保协会在广东省海洋渔业主管部门的领导下，积极引导渔民参加互助保险，不断扩大承保面，成为广东省渔业风险保障体系的重要支柱。自成立至2015年，累计承保渔民约175万人次，承保渔船约8.4万艘次，支付互助补偿金约1.23亿元，在协助地方政府处理重大海事、帮助受灾渔民救灾复产等方面发挥积极作用。此外，协会在帮扶困难渔民、发放救生设备、组织安全生产培训、资助渔民子弟上学等会员服务方面也做了大量的工作。

“十二五”期间，广东省渔业互保协会先后获得“全省先进民间组织”“全国先进民间组织”“广东省海洋与渔业安全生产管理先进单位”等称号，并被委以承担重大民生项目的任务。其中：2012年4月由省政府批准的《广东省政策性渔业保险实施方案（试行）》规定，该协会为广东省政策性渔业保险工作的承担机构。自2012年12月至2014年12月，该协会在广东省范围内负责具体实施政策性渔业保险试点工作，两年试点期共计落实各级财政保费资金4809万元，受惠渔民22.65万人次，受惠渔船16077艘次，切实减轻了渔民群众的经济负担；办理结案1079宗政策性理赔案件，给付理赔补偿款2511.43万元，有效地帮助了渔民群众的救灾复产。

【政策性渔业保险】 政策性渔业保险具有群众性、互济性、公益性、灵活性等特点，涉及广大渔民群众的切身利益，是渔业安全生产的重要组成部分。2012年4月，经广东省人民政府同意，广东省财政厅、中国保监会广东监管局和广东省海洋与渔业局联合颁布实施《广东省政策性渔业保险实施方案（试行）》《广东省政策性渔业保险保费补贴资金管理办法》，决定在广东实行政策性渔业保险。该实施方案规定，省、市、县三级财政对符合条件参加渔民人身意外伤害保险和渔船财产保险的渔民进行保费补贴，渔民参加这两项保险可获得35%甚至更高比例的补贴。2014年5月，广东省海洋与渔业局印发《关于落实渔业保险相关规定的补充通知》，进一步推动渔民人身强制保险和渔船财产保险，要求船东应为其雇佣的水上作业人员办理保额不低于50万元/人的人身保险。

2015年，“组织11万渔民、1万艘渔船参加渔业政策性保险”被广东省政府列为省重点督办的10件民生实事之一来组织落实推动。省政府要求落实渔民及渔船100%参保工作，由省海洋与渔业局负责牵头落实。截至2015年11月15日，全省已完成11.33万渔民参保政策性人身意外伤害保险，完成率103%；10169艘渔船参保政策性渔船财产保险，完成率101.7%，提前并超额完成省政府下达的民生实事工作任务。全省政策性渔业保险保费收入7895.06万元，各级财政补贴共计减轻渔民群众经济负担2576.87万元，惠及渔民11.33万人，惠及渔船10169艘；办理结案569宗政策性理赔案件，给付理赔补偿款1260.20万元。

【理赔服务提供及时】 协会作为服务渔民群众的社会组织，通过理赔这个重要的窗口，竭诚为渔民群众提供及时贴心准确服务，展现"想渔民之所想，急渔民之所急"的工作理念。为方便渔民在非工作时间或特殊情况下办理保单批改和理赔报案，协会开通"400"便民服务电话，真正实现24小时无间断贴心服务，提高理赔效率。2015年1—10月，因获得理赔受益的渔民群众（出险渔民及家属）达5000多名，对帮助渔民恢复生产、创建和谐渔区起到重要作用。渔业互助保险具有群众性、互济性、公益性的特点。从维护渔区和谐稳定的根本出发，本着"以人为本、互助互济"的原则，协会根据具体实际会对部分超出条款理赔范围的案件进行通融赔付、适当慰问或给予救助费补助。

2014年，办理结案理赔案件900宗（含政策性和非政策性），给付互助补偿款2362万元；向渔民群众支付通融赔付款30万元，慰问金19万元，给予参与海难救助减少安全事故损失的渔民、船东救助费69万元。2015年，协会办理结案理赔案件1002宗，给付互助补偿款3586万元；慰问25宗（次），给予渔民群众慰问金37.5万元；给予台风受损补助2宗（次），给予补助款21万元。为协助地方政府化解渔区社会矛盾、构建和谐渔业发挥积极作用。

【远洋渔船和船员保险】 2014年1月，农业部印发《关于做好远洋渔船和船员保险工作的通知》，决定从及时办理渔船及船员有关保险、鼓励加入渔业互助保险、支持和指导远洋渔业保险工作等方面进一步加强远洋渔船和船员保险工作，要求远洋渔业企业在派遣远洋渔船出境作业前，及时为所有随船船员和远洋渔船办理有关保险，1000总吨以上的远洋渔船还应办理燃油污染损害民事责任保险，鼓励远洋渔业企业加入渔业互助保险，并要求各级渔业行政主管部门要对远洋渔业保险工作给予大力支持和指导，积极争取将远洋渔业保险纳入地方财政补贴范围。

2011—2015年，广东省渔业互保协会累计承保远洋渔船160艘次，累计保险金额达2.35亿元；承保远洋作业渔民1120人次，累计保险金额达3.41亿元。赔付出险渔船171万元，出险渔民54.1万元，为支持远洋渔业发展发挥了积极作用。

渔业安全生产

【概况】 "十二五"期间，广东重点加强渔业安全生产，2013年，妥善处理"9·29"台山渔船西沙遇险事件，迅速组织开展渔船安全大检查，对全省南沙生产渔船实施全面上排检查。2014年5月27日，广东省政府办公厅印发《关于进一步加强渔船安全生产管理的通知》，要求通过落实渔船安全生产责任、提升渔船安全生产保障能力、科学防范和应对渔船安全风险、加大渔船安全生产监管力度、严格渔船安全生产责任追究、加强渔船安全生产管理领导六大措施，提高渔船安全生产水平，促进渔业健康发展。省海洋与渔业局于2015年1月26日印发《远洋渔船安全生产管理制度》，落实远洋渔船出航检查、跟帮生产、安全检查、渔船联络等工作，重点落实远洋企业主体责任。落实渔船船东主体责任、乡镇政府和村（居）委会属地管理责任，推进实施渔船跟帮生产、渔民作业时穿着救生衣等制度。联合工商、公安边防等部门，组织开展打击非法建造改装渔业船舶行为、进出港查船等专项行动，打击非法造船、非法改装渔业船舶行为，加强渔船修造质量的监管。组织开展渔船安全生产大检查，由5位局领导带队分赴各地开展督导检查。

【渔业"安全生产月"活动】 2013年6月28日，在汕头市海门中心渔港隆重举行全国渔船船用产品质量专项治理行动暨广东省渔业安全生产月活动。此次活动由农业部、广东省人民政府联合主办，活动主题是"为渔民群众办实事、让安全产品上渔船"，帮助渔民解决使用船用产品遇到的突出问题，推荐优质船用产品，杜绝不合格船用产品上渔船，促进渔业安全生产。印发《2015年广东省渔业"安全生产月"活动方案》，督促指导各级海洋渔业主管部门组织开展形式多样的宣传活动。6月26日，联合广东海事局在阳江市闸坡渔港开展2015年广东省"安全生产月"警示教育与应急演练。据统计，活动月期间，共悬挂渔业安全生产宣传横幅450条，张贴标语3500张，派发宣传资料18000多份，出版安全生产宣传专栏120期。

【强化渔船安全生产监管】 一是加强渔船分级分类监管，全面推动落实渔船船东船长主体责任、乡镇政府和村（居）委会属地管理责任。重点强化落实渔船跟帮生产、渔民作业时穿着救生衣等制度措施。二是重点强化渔船出海管理，明确当海上风力达到6级或以上时，小型渔船、达到限制使用年限渔船、老旧渔船等一律暂缓出海，若在海上作业的应马上就近回港避风。三是加强跨市生产渔船管理，禁止小型渔船、抗风能力较弱的中型渔船跨市作业。2014年8月1日起开展跨市作业渔船检查清理行动，对违规跨市作业渔船禁止离港并作相应处罚，对涉渔“三无”船舶一律没收。四是从2015年4月中旬起开展为期一个月的安全生产专项检查，逐一检查、登记中小型渔船、老旧和跨市作业等渔船，重点检查渔船安全生产设备配备、船员穿着救生衣作业，以及船载救助终端是否畅通联络等情况，禁止存在安全隐患的渔船离港或要求停航，并通报其所在地乡镇政府、街道办事处，监督其限期整改。

【渔船安全生产检查】“十二五”期间，广东每年组织开展渔船安全生产大检查，联合广东海事局开展“安全生产月”活动警示教育和应急演练。严格落实渔船船东主体责任、乡镇政府和村（居）委会属地管理责任，推进实施渔船跟帮生产、渔民作业时穿着救生衣等制度。制定远洋渔船安全生产管理规定，建立远洋渔船出航检查、跟帮生产、渔船联络等制度。2015年，广东根据农业部办公厅、国家安全监管总局办公厅开展平安渔业示范县创建活动的部署，由省海洋与渔业局联合省安全生产监督管理局制定工作方案，经过评估考核，评定惠州市大亚湾经济技术开发区、江门市新会区、阳江市阳东区、茂名市滨海新区、湛江市廉江市和徐闻县6个县（区）为省级平安渔业示范县，并推荐惠州市大亚湾经济技术开发区、江门市新会区、阳江市阳东区、湛江市廉江市4个县（区）为全国平安渔业示范县。

【渔船安全监管信息化】“十二五”期间，广东进一步提升渔船安全监管信息化水平，完善广东省渔业安全生产通信指挥系统，通过实施“渔村通”、信息化整合等工程，实现船位实时监控、通信联络、进出港统计、渔港视频监控等功能。2015年，全面推进《广东省渔业安全生产通信指挥系统二期建设方案》，筹措2300万元资金支持“渔村通”建设及总队信息化整合工作；争取200万元资金建设“金视通”项目及应急保障；积极推动“补助大、中型渔船配备卫星终端项目”工作，争取省财政补贴100马力以上渔船配备北斗终端；与中国电信广东分公司合作，采取“以租代建”形式，租用中国电信“全球眼”高清视频监控服务，在全省50个重点渔港建设渔港实时监控系统（已有47个渔港、163个监控点开通）；有效实现船位实时监控、通信联络、进出港统计、渔港视频监控等功能，全面提升渔船安全监管信息化水平。

渔民海难救助

【概况】“十二五”期间，广东加强与海上救助部门沟通、协调，充分发挥广东省渔业安全生产通信指挥系统作用，积极应对处置渔船突发事件，有效提升应对处置的成功率，确保渔民群众的生命财产安全。2011年1月15日早上海空联动在珠海万山群岛以南约25海里附近海域全力搜救11名遇难渔民，2012年8月17日凌晨在电白县博贺港海上成功营救粤电渔53018船上11名船员，2013年国庆期间全力搜救在海南省西沙珊瑚岛海域遇险失踪的74名台山渔民。惊心动魄的渔民海难救助事件不胜枚举。2015年，截至10月底，由广东省海洋与渔业局协调组织参与渔业海难事故救助共81起，救助渔民183人，救助渔船104艘，为渔民挽回经济损失998万元。

【海空联动全力搜救遇难渔民】2011年1月15日早上6时08分，广东省海洋与渔业局直属的广东省渔政总队分别接珠海市海上搜救中心及江门渔政支队报告：15日凌晨4时左右，粤台山12014渔船在珠海万山群岛以南约25海里附近海域沉没，船上11人下落不明，急需救助。省渔政总队接报后，立即派出中国渔政44183、中国海监9060船赶赴事发海域开展搜救工作，并组织附近作业渔船协助开展搜救工作，同时，珠海渔政支队向珠海海上搜救中心报告，请求南海救助局的救捞船和南海救助第一飞行队的救助飞机进行救助。随后，有关部门立即派出飞机和船只赶往事发海域开展搜救。广东省海洋与渔业局接报后，立即启动应急救援预案，并于第一时间上报省委、省政府。中共中央政治局委员、广东省委书记汪洋批示：“尽最大努力搜救，重大情况及时报告。”省委副书记、省长黄华华批示：“请海洋与渔业局全力做好搜救工作。”李容根副省长、佟星副省长也分别作出批示。省海洋与渔业局局长郑伟仪和副局长兼省渔政总队长刘物开根据省领导批示精神，率领局机关及省渔政总队有关人员，赶赴珠海救援一线指导搜救工作。

中国渔政44183船冒着狂风恶浪，经过3个多小时的航行，全速抵达出事现场，与南海救助局派出的救捞船和南海救助第一飞行队的救助飞机开展大规模的搜救行动。11时10分，南海救助局的南海救

112 船打捞上一具船员尸体。13 时 20 分，南海救助第一飞行队的救助飞机发现遇险船的救生筏，经过艰险的救助，将救生筏上的 6 位遇险船员全部救上飞机，并于 14 时 20 分到达珠海九洲机场。在经医护人员检查无碍后，珠海渔政支队将 6 位遇险渔民送餐馆就餐后回珠海渔政支队办公室稍作休息，经初步海事调查后，送回台山市。

【广东渔政成功营救遇险船员】2012 年 8 月 17 日 03 时 30 分，正当第 13 号台风“启德”肆虐粤西沿海之时，粤电渔 53018 在拖带粤雷渔 08102 回港避风途中，抵达电白县博贺港 4 号灯标附近（21°25′ N，111°14′ E）时，因主机故障失去动力在海上遇险，每艘船上各 11 人。险情发生后，粤雷州 08102 船上 11 名船员利用船上小艇趁风浪尚小时自行脱险上岸，粤电渔 53018 船上仍有 11 名船员在船上，危在旦夕。获报后，省委书记汪洋、省长朱小丹十分关注粤电渔 53018 渔船救援情况，要求必须组织力量，全力救援，确保全体船员安全返回。副省长刘昆坐镇省防总指挥部指挥救援工作，与省海洋与渔业局局长郑伟仪等一起研究部署施救方案，积极协调各有关部门，多渠道营救遇险渔民。有关部门积极行动，采取各种办法营救遇险船员。派出救助飞机 4 架次，“南海救 101”救助船艇及协调路过货轮等前往救助，但都因海上风浪太大无法进行救援。18 时 50 分时，经省海洋与渔业局前方营救指导小组与当地政府协调，当机立断决定由广东省渔政总队电白大队派出中国渔政 44246 艇前往出事海域救助遇险船员。在渔政队员梁明界的带领下，中国渔政 44246 艇顶风斗浪，不畏艰险，于 19 时 12 分时成功将遇险的“粤电渔 53018”渔船 11 名船员全部接上中国渔政 44246 艇。19 时 37 分时，中国渔政 44246 艇安全驶回博贺港，所有获救船员情况良好，已得到妥善安置。

【西沙海难跨省救助台山渔民】2013 年 9 月 29 日晚，受强台风“蝴蝶”影响，4 艘广东省江门市台山籍渔船（粤台渔 61008 号、62108 号、62116 号、62150 号）和 1 艘香港流动渔船（台沙 1698 号）共 171 人，在海南省西沙珊瑚岛海域遇险，其中粤台渔 62116 号、62150 号、62108 号沉没，3 艘渔船共有 88 人。截至 9 月 30 日上午 9 时，有 13 人已被救起，1 人自行游至西沙鸭公岛，其余 74 人失踪。30 日 6 时，一度失去动力的粤台渔 61008 号渔船已恢复动力，船上人员安全。据了解，遇险渔船位置距台风“蝴蝶”中心约 30 海里，事发时海域风力达 14 级。得知消息后，中共中央总书记、国家主席、中央军委主席习近平连夜作出重要指示，要求广东、海南两省抓紧组织力量，全力搜救，尽最大努力减少人员伤亡，同时要求驻地部队和中央有关部门全力予以协助。中共中央政治局常委、国务院总理李克强立即作出指示，要求有关地方和部门密切配合，全力搜救，同时要确保搜救人员安全。海南、广东和有关部门、军队等方面迅速组织力量开展搜救解救工作，我海上搜救、渔政、海警、海军等救援力量已紧急赶往事发海域全力实施救援。

10 月 1 日晨，广东省委、省政府已派出赴海南省工作组，协助搜救江门市遇险渔船。10 月 2 日上午 9 时，广东省海洋与渔业局在海南省搜救中心成立工作组。10 月 3 日，268 名西沙获救渔民乘坐军舰 991 舰抵达三亚的南海舰队某基地军港码头，海上航行 15 个小时。其中台山遇险渔民 56 名。台山遇险船员上岸后，工作组在衣、食、住、行方面都提供了保障。10 月 4 日上午，省海洋与渔业局局长文斌带领工作组专程到海南省三亚农垦医院，慰问“9·29”渔船遇险中受伤的 5 名船员，为他们送上慰问金，预祝他们早日康复；16 时许，54 名在西沙海域因台风遇险的广东省江门台山市渔民踏上回家之路。

10 月 6 日上午，省长朱小丹受胡春华书记委托，率省直有关部门负责同志赶赴江门台山市，慰问遇险渔民及家属，研究部署善后工作。副省长邓海光，省政府办公厅、省民政厅、省海洋与渔业局等有关部门负责同志参加了慰问。10 月 29 日，省海洋与渔业局局长文斌赴台山市下川岛看望了参与“9·29”事件搜救的台山籍渔船粤台渔 61008 船船长陈松殷、香港流动渔船台沙 1698 船船长赖国休，并上 61008 船与陈船长深入交流，共商南沙、西沙渔业生产安全工作。作为同样遇险的 61008 船，迅速参与搜救，先后救起 11 名落水渔民。文斌对陈船长积极参与搜救工作表示衷心的感谢并给予充分肯定。

【交通运输部南海救助局】交通运输部南海救助局成立于 2003 年，为交通运输部直属一级事业单位，是国家海上专业救助机构之一。

南海救助局总部设在广州市滨江西路 42 号，下辖救助船队，应急反应救助队，救助后勤保障部和广州、深圳、湛江、汕头、北海、海口、三亚、阳江 8 个救助基地。现有职工 859 人，拥有各类救助船艇 36 艘，其中 14000 千瓦救助拖轮 1 艘，12000 千瓦救助拖轮 1 艘，8000 千瓦救助拖轮 7 艘，6000 千瓦救助拖轮 1 艘，双体穿浪快速救助船 4 艘，其他船艇 22 艘，分别部署在珠江口、琼州海峡、西沙等重点海域的动态待命点值守。在交通运输部救捞局的统一领导下，在辖区水域部署救助直升机 EC225 一架，海豚式救助直升机 3 架，在珠海、湛江、三亚 3 个救助飞机值班站点值守，形成海、空立体救助体系。

南海救助局努力打造“人员精干、装备精良、技术精湛，在关键时刻发挥关键作用”的专业海上救助队伍，发扬“把生的希望送给别人，把死的危险留给自己”的救捞精神，在水上人命救助、财产救助、环境救助、抢险打捞以及其他自然灾害、事故灾难的应急救援中做出了积极贡献，受到各级政府的充分肯定和社会各界的广泛赞誉。

2015 年，南海救助局执行救助任务 353 起，出动救助力量 461 艘架队次，成功救助遇险人员 973 人，打捞溺水人员遗体 38 具，救助遇险船舶 73 艘，获救财产价值 23.17 亿元。1 月 3 日，“南海救 116”轮在担杆岛附近水域成功救助因船体进水遇险的渔船“粤汕尾 12062”，4 名船员获救；3 月 31 日，“南海救 302”艇在阳江南鹏列岛附近海域成功救助“粤阳东渔 10175”上 2 名漂流 22 小时的渔民夫妇；5 月 12 日，“南海救 302”艇在“南海 1 号”对开海域连夜救助一艘搁浅渔船“粤阳西 32738”，7 人获救；6 月 22 日，“南海救 301”艇在防抗台风“鲸鱼”过程中两次出动救助 4 名渔民；7 月 15 日，“华英 383”艇在海口西海岸人工岛附近海域成功接拖机械故障漂航的渔船“琼临渔 W00214”，4 人获救；10 月 4 日，受强台风“彩虹”登陆影响，湛江龙王湾和港区锚地多条避台渔船、工程船接连发生险情。“华英 397”艇、“南海救 202”轮连续出动，于 5 日凌晨成功救助受困人员 29 人。

【交通运输部广州打捞局】 交通运输部广州打捞局是交通运输部直属的国家事业单位，是一支国家海上专业应急救捞队伍，主要承担国家赋予的南海海域环境救助、财产救助、抢险打捞等八大职责。广州打捞局拥有大型起重抢险打捞和海洋工程船、半潜船、平台供应船 PSV 船、大功率拖轮等各类船舶 40 多艘；有码头、船厂、打捞基地等配套齐全的基础设施，总资产达 30.74 亿元；有高级管理人才、高级技术人才和高技能专业人才等高级人才 600 多人。自 2003 年救捞体制改革以来，广州打捞局共执行救助任务 152 宗，救助船舶 61 艘，获救财产价值人民币 56 亿元；执行应急抢险打捞任务 180 宗，成功率 100%，其中，打捞沉船 25 艘，打捞遇难人员遗体 120 具，获救人员 793 人，其中外籍人员 141 人。

2015 年，广州打捞局出动救捞力量 36 艘次，执行船舶财产救助 12 起、抢险打捞 10 起；救助船舶 11 艘、打捞船舶 4 艘、搜寻打捞溺水人员遗体 5 具，随船获救人员 28 人，获救财产价值 7.27 亿元。财产环境救助和抢险打捞成功率达 100%。全年实现财务收入 15.38 亿元，比上年下降 2.3%。

2015 年 10 月 7 日，广州打捞局部署救捞力量赴受第 22 号强台风“彩虹”正面袭击的湛江灾区开展应急抢险救援工作，先后完成“中国海监 9010”轮、“海巡 17028”轮、“新成功 1”轮、“华福油 2”轮、“安盛集 5”轮、“锦海岳”轮救助和“粤工拖 3”轮、“粤工桩 6”号、“粤雷渔 01301”轮、“粤坡渔 50108”轮的打捞起浮。

第七篇　科技教育

一、科学研究

综述

【概况】“十二五”期间，广东省提出“以建设海洋经济强省为目标，依靠科技进步催生海洋产业，使其成为广东省新的经济增长点”。广东拥有发展海洋经济的区位、资源、产业和科技优势，是海洋大省；同时，海洋产业基础雄厚，海洋科技力量基础较好，文化和地缘优势突出，发展海洋经济具有良好的支撑条件。广东省委、省政府结合全省海洋发展实际，组织实施《广东省科技兴海规划（2010—2015年）》。广东是全国海洋科技人才比较集中的省份之一，中国科学院南海海洋研究所、中国水产科学研究院南海水产研究所和珠江水产研究所、中山大学海洋学院、广东海洋大学、广州航海学院等近10多所涉及海洋研究的实力雄厚的研究机构和高校均设在广东省，海洋科技力量在全国仅次于山东，拥有占全国1/4的海洋科技人才，海洋科研力量、科技成果和研发水平居全国前列。

【海洋基础科学研究】海洋科学是研究海洋的自然现象、变化规律，及其与大气圈、生物圈的相互作用和开发、利用、保护海洋有关的知识体系。“十二五”期间，广东省认真贯彻实施国家“海洋生物资源可持续利用”的科技发展战略，瞄准国际海洋科学发展前沿，开展学科综合交叉研究和系统集成。每年承担国家“973”“863”、国家科技支撑计划、国家重大科技计划、国家科技基础性工作专项等海洋基础科学研究项目数目超过500项，在全国排名第三，海洋科技领域专利约占全国的10%。

【科技兴海规划实施】“十二五”期间，广东省认真组织实施《广东省科技兴海规划（2010—2015年）》。这个规划是由广东省海洋与渔业局联合广东省科技厅于2011年1月8日正式发布的。《广东省科技兴海规划（2010—2015年）》提出科技兴海的具体工作目标及保障措施，明确2011—2015年科技兴海10项重点任务：

一是加快推进围填海与海岸工程技术。重点开展围填海空间布局及其可持续发展策略研究，建立典型海岸围填海和海岸工程技术与示范，推进围填海对海岸生态环境影响与湿地生态可持续利用技术与示范，做好珠江口、韩江口围填海工程技术与示范，研究基于生态可持续发展的围填海海堤工程技术与示范和海岛与人工岛围填海技术与示范。

二是大力发展海岛节水与废弃物资源化技术。实施海岛水资源循环再利用和节水工程，加强海岛固体废弃物的资源化和无害化研究，将废弃物资源转变成再生能源，实现海岛废弃物处理全程零排放。

三是加快推进海洋防灾减灾工程技术。重点建立近岸海洋环境立体监测系统与示范，推进港口海岸防台风预报预警技术与示范和咸潮灾害报预警系统与示范。

四是大力发展海洋污染防治与生态保护技术。重点研究生态资源评估技术，建立环境容量及近海承载力评估、生态系统保护与修复和海洋生物资源养护技术与示范。

五是大力发展海洋渔业技术。重点进行海洋渔业资源评估与南海休渔策略研究，推进海洋牧场化、新品种培育和工程化海水养殖及配套装备技术与示范，研究实施沉水网箱装备与健康养殖技术、健康养殖的污染控制与减排技术、水产品安全技术、水生动物疫病防控技术、远洋渔业资源技术和近海捕捞新技术。

六是加快推进海洋生物资源综合开发与利用。重点推进南海微生物资源库建设与开发利用，实施南海生物基因资源和海洋药物的研究与开发，发展海洋生物功能制品的开发与产业化和海洋水产品加工技术及其产业化。

七是加快推进海洋油气矿产资源评价与勘探技术研究。重点研究南海油气天然气水合物资源评价与勘探技术，组织南海矿产资源综合研究与预测，建立近岸带地质灾害评估与灾害预警系统。

八是大力发展海水利用技术。重点建立万吨级水电联产联供海水淡化技术的系统集成与示范，推进新能源小型海水淡化关键技术的研究开发和海水淡化及其浓排水综合利用的技术开发，实施海水循环冷却工程技术的系统集成和海水食盐质量安全预警与控制技术的研究与示范，实施大生活海水直接利用示范工程和海水制盐新技术的研究与产业化开发。

九是加快推进海洋能源研究与开发。

十是加快推进科技兴海能力建设。重点实施广东海洋经济可持续发展战略研究，推进海洋技术成果转化与推广平台建设、园区建设和信息服务平台建设。

【国家青年科学基金项目】“十二五”期间，在广东的海洋与渔业科研机构，鼓励年轻的科技人员，申报青年科学基金项目。这是科学基金人才项目系列的重要类型，支持青年科学技术人员在科学基金资助范围内自主选题，开展基础研究工作，培养青年科学技术人员独立主持科研项目、进行创新研究的能力，激励青年科学技术人员的创新思维，培育基础研究后继人才。据不完全统计，这 5 年间，中央驻粤的中国科学院南海海洋研究所主持承担的在研国家青年基金 193 项，经费近 5000 万元；广东海洋大学主持承担的在研国家青年基金 31 项，经费近 640 万元。南海海洋研究所承担的国家杰出青年科学基金项目，实施年限为 2011—2014 年，主持人蔡树群。该项目对于解释南海北部内波的特征、生成和传播演变规律及未来的内波数值预报技术具有十分重要的物理海洋学和区域海洋学意义，并为满足国家在南海军事活动、海洋资源开发等水文环境保障的需求提供重要的参考价值。

【NSFC-广东联合基金项目】“十二五”期间，在广东的海洋与渔业科研机构积极向国家自然科学基金委员会申请承担国家—广东联合基金项目。国家自然科学基金委员会与广东省人民政府自 2011—2015 年共同设立第二期联合基金（简称 NSFC—广东联合基金），旨在吸引和凝聚全国各地优秀科学家，重点解决广东及周边区域经济、社会、科技未来发展中具有共性的重大科学问题和关键技术问题，促进区域的科技发展和人才队伍建设。有关项目申请、评审和管理按照科学基金相关类型项目管理办法和《国家自然科学基金委员会—广东省人民政府联合基金实施细则》执行。驻粤的中科院南海海洋研究所申请获得 9 项，合计经费 1930 万元。

马氏珠母贝及其珍珠生长的分子调控机制。中国科学院南海海洋研究所承担的 NSFC—广东联合基金项目，实施年限为 2009—2012 年。该项目研究马氏珠母贝贝壳基质蛋白在珍珠囊的形成和发育过程中对珠核表面珍珠层形成的调控及珍珠囊细胞增殖机制，研究基质蛋白基因及其他功能基因的表达与珍珠贝生长或大小的相关性，以及环境因子和激素等对基因表达的调控影响。项目研究结果揭示马氏珠母贝珍珠囊、珍珠及贝壳形成的分子机制。

南海北部滨海断裂带、深部发震构造与地壳稳定性研究。中国科学院南海海洋研究所承担的 NSFC—广东联合基金项目，实施年限为 2010—2013 年。该项目在南海北部陆缘的地壳结构与深部构造特征、珠江口海域滨海断裂带的地震学特征、南海北部陆缘的浅部反射地震特征、南海北部陆缘地震活动性及强震的发震机制等 4 方面研究取得成果。

【广东科技计划海洋项目】广东省级科技计划项目是指列入省级科技计划，并在一定时期内组织实施的科学研究、技术开发、成果转化及相关科技活动。广东省省级科技计划项目中的海洋与渔业项目，主要集中在农业攻关计划和社会发展攻关计划。“十二五”期间，中央驻粤科研单位和省级科研单位积极申报承担省科技计划项目，其中，南海水产研究所共承担项目 8 项，合计经费 82 万元；广东海洋大学共承担项目 16 项，合计经费 304 万元。

另外，在广东省科技计划农业攻关项目中有涉渔的，例如，广东省农业科学院动物科学研究所承担的“广东特色水产养殖动物抗氧化应激与免疫力的营养调控研究”项目，经费 130 万元。该项目通过对广东地区主要和特色水产养殖动物的抗氧化应激与免疫力有调节作用的生物活性添加剂的应用基础研究，创新和发展生物活性添加剂的生物学特性、加工工艺、加工质量控制、资源综合利用，形成水产动物抗氧化应激和免疫力的营养调控的理论体系；评价生物活性物质的生物特性和主要生理功能，探明其增强抗氧化应激和免疫功能的作用机理，促进生物活性物质在水产养殖中的应用；以广东省动物育种与营养公共实验室和广东省安全饲料添加剂科技创新中心为依托，形成在国内有鲜明特色、在华南地区有重要影响的水产动物抗氧化应激和免疫力的营养调节研究方向，建成华南特色水产养殖动物营养调节功能性添加剂评价的条件平台和应用技术平台。项目成果将带动广东水产饲料、水产养殖及相关产业的全面发展，进一步提高水产养殖整体科技水平，提高养殖效益，对促进“三化”发展和“三农”问题的解决，推动社会主义新农村建设和社会经济协调发展具有重要作用。

【广东自然科学基金海洋项目】“十二五”期间，在广东的海洋与渔业科研机构积极申请广东自然科学基金。这个基金是1987年省委省政府联合决定设立的，并根据广东经济社会发展需要，于2006年与国家自然科学基金委员会共同设立联合基金，以“立足广东，面向全国”的开放精神吸引全国优秀科研力量共同服务于解决广东经济社会重大基础研究问题。2011—2015年，广东海洋大学承担广东省自然科学基金项目“基于单参数海底模型的匹配场应用研究：模型失配抑制与低维便捷实现”“立体海洋无线传感器网络信息协作感知的理论研究”“基于自相似原理的红树林群落重要特征的异质性数字模拟理论研究”“热带海洋大气薄液膜下AerMet100超高强度钢的应力腐蚀行为及机理研究”“基于稀土配合物调控的海水彩色珍珠致色机理研究”等5项，合计经费65万元。

国家重点基础研究

【概况】“十二五”期间，在广东的海洋与渔业科研机构积极申请国家重点基础研究项目，1997年6月，国家科技领导小组第三次会议决定制定和实施《国家重点基础研究发展规划》，随后由科技部组织实施国家重点基础研究发展计划（亦称“973”计划）。旨在解决国家战略需求中的重大科学问题，以及对人类认识世界将会起到重要作用的科学前沿问题，面向前沿高科技战略领域超前部署基础研究。自1998年实施以来，“973”计划围绕农业、能源、信息、资源环境、人口与健康、材料、综合交叉与重要科学前沿等领域进行战略部署。

中国科学院南海海洋研究所承担国家“973”项目“海洋微生物次生代谢的生理生态效应及其生物合成机制”“南海海气相互作用与海洋环流和涡旋演变规律”“人类活动引起的营养物质输入对海湾生态环境影响机理与调控原理”等3项，经费8100多万元。华南农业大学承担国家“973”项目“鱼类虹彩病毒暴发的细胞基础与分子机制”，经费近500万元。

【海洋微生物次生代谢研究】项目名称“海洋微生物次生代谢的生理生态效应及其生物合成机制”，中国科学院南海海洋研究所承担的国家“973”项目，实施年限为2010—2014年，主持人张偲。该项目围绕“海洋微生物的特有次生代谢过程及其生物学意义”的关键科学问题开展海洋微生物资源挖掘、新型活性次生代谢产物发现、次生代谢产物活性机理与生物合成机制的研究。经过5年的实施，在海洋微生物新物种、新基因、新结构、新机制、新功能方面都有重要进展。申请专利70项（授权49项），出版专著1部，获省部级以上奖7项（含国家技术发明二等奖1项、中国专利优秀奖1项）。

【南海海气相互作用研究】项目名称“南海海气相互作用与海洋环流和涡旋演变规律”是国家重点基础研究计划（“973”计划）项目，由中国科学院南海海洋研究所牵头实施，主持人王东晓。该项目研究时间从2011年1月至2015年8月，历时5年。主要针对南海海气相互作用、海洋环流和涡旋等基础性、前沿性及关键科学问题展开研究，旨在为提升南海海洋物理环境预测水平和增强我国防洪抗旱和防御海洋气象灾害的能力建设提供重要的科学依据。项目自2011年启动以来，各项计划任务进展顺利并取得一系列重要研究成果。提出了依赖有效波高的海面粗糙度新的参数化方案、考虑不同稳定条件的近海面湍流通量交换参数化方案、选尺度3D变分同化（SSDA）的新方法以及表风应力拖曳系数随风速变化二阶抛物线的新模型，部分成果已被应用到大气WRF和JCOPE-T模式中。利用潜标、走航、PIES等观测方式获得了南海西边界流、西沙暖涡以及南部海峡区域连续的气象、水文观测数据，结合历史观测资料构建了南海高分辨率20年日平均海洋再分析数据集。在BAMS、JC、CD、JGR、JPO等知名国际刊物发表SCI论文143篇，获得国家自然科学进步奖二等奖1项。

【海湾生态环境影响研究】项目名称“人类活动引起的营养物质输入对海湾生态环境影响机理与调控原理”，中国科学院南海海洋研究所承担的国家“973”项目，实施年限为2015—2019年，主持人黄小平。该项目以开发强度高、生态环境脆弱的半封闭性海湾为研究对象，开展“营养物质源解析→海湾环境恶化→生物群落结构变异→生态系统功能退化”的全过程研究。拟揭示人类活动引起的营养物质输入对海湾生态环境的影响过程与机理，阐明海湾生态系统结构与功能对环境变化的响应机制，预测海湾生态环境演变趋势，提出污染控制与生态调控策略，为基于生态系统水平的海湾综合管理提供科学依据。

国家重要科学研究

【概况】 国家重要科学研究，包括国家科技支撑计划、国家重大科学研究计划和国家科技基础性工作专项。“十二五”期间，在广东的科研机构积极申请国家重要科学研究计划中的海洋与渔业项目。

国家科技支撑计划项目面向国民经济和社会发展的重大科技需求，落实《国家中长期科学和技术发展规划纲要（2006—2020 年）》重点领域及优先主题的任务部署，以重大工艺技术及产业共性技术研究开发与产业化应用示范为重点，主要解决综合性、跨行业、跨地区的重大科技问题，突破技术“瓶颈”制约，提升产业竞争力。中国科学院南海海洋研究所、水科院南海水产研究所等单位承担承担国家科技支撑计划项目“西沙群岛珊瑚礁生态恢复与特色生物资源增殖利用关键技术与示范”“重要渔业水域环境修复与示范”“南海外海捕捞技术与新资源开发”“南海区对虾高效健康养殖技术集成与示范”等 4 项，经费近 3500 万元。

国家重大科学研究计划，是国家科技部开展的一项科学研究计划，涉及蛋白质研究、量子调控研究、纳米科学研究、发育与生殖研究、全球变化研究和干细胞研究等 6 大领域。中国科学院南海海洋研究所、水科院南海水产研究所等单位承担国家重大科学研究计划“南海珊瑚礁对多尺度热带海洋环境变化的响应、记录与适应对策研究”等 1 项，经费 2568 万元。

科技部组织编制的《国家科技基础性工作专项“十二五”专项规划》，重点在科学考察与调查、科技资料整编和科学典籍志书图集的编研、标准物质与科学规范研制，以及其他对经济社会发展及科技进步具有重要支撑作用的基础性工作等方面加强部署。中央驻粤的中科院南海海洋研究所承担国家科技基础性工作专项“南海海洋断面科学考察”“南海中北部珊瑚礁本底调查”2 项，经费 2800 多万元。

【西沙群岛珊瑚礁生态恢复】 项目名称“西沙群岛珊瑚礁生态恢复与特色生物资源增殖利用关键技术与示范”，中国科学院南海海洋研究所承担的国家科技支撑计划项目，实施年限为 2010—2012 年，主持人胡超群、黄晖。该项目研发稳定基底与礁体结构重建技术、人工礁体的框架生物自然恢复技术和石珊瑚生态位竞争生物的生物控制技术；研发热带刺参的人工繁殖、育苗、增值等关键技术。在西沙群岛首次建立珊瑚礁生态恢复、特色生物资源增殖及珊瑚病敌害防控试验基地和示范区，促进珊瑚礁生态系统的可持续发展。

【南海珊瑚礁研究】 项目名称“南海珊瑚礁对多尺度热带海洋环境变化的响应、记录与适应对策研究”，中国科学院南海海洋研究所承担的国家重大科学研究计划项目，实施年限为 2013—2017 年，主持人余克服。该项目主要研究南海珊瑚礁的生态现状、动态过程、退化机理与修复潜力，高分辨率重建全新世高温期以来不同时间尺度热带海洋环境的变化过程和规律，科学评估南海珊瑚礁的演化趋势、适应对策和工程利用策略。评估了南海珊瑚礁的生态现状，揭示南海北部珊瑚礁在近 50 年来快速退化，幅度达 80%；揭示工业革命以来，南海海水快速酸化的过程；通过钻取珊瑚芯，建立距今 3200 年前连续 1500 年的珊瑚年生长序列。此项目于 2014 年顺利通过科技部项目中期评估，并在国际重要学术期刊发表一系列学术论文。

【南海海洋断面科学考察】 中国科学院南海海洋研究所承担的国家科技基础性工作专项，实施年限为 2007—2013 年，主持人陈绍勇。该项目获得可靠 CTD 观测资料，完成了春、夏、秋、冬 4 个航次的航次报告（共 4 本）、4 个航次观测的物理海洋环境数据的图集（1 本）、4 个航次观测的物理海洋环境数据集（春季航次上下册 2 本，夏季航次上下册 2 本，秋季航次上下册 2 本，冬季航次 1 本，共 7 本）、4 个航次的海洋环境观测数据研究报告（1 本）。

国家海洋经济创新

【概况】 国家海洋经济创新是财政部、国家海洋局于 2012 年联合决定以发展海洋生物等战略性新兴产业为抓手，支持部分地方开展海洋经济创新发展区域示范，并通过战略性新兴产业发展专项资金、海域使用金、海洋公益性行业科研专项经费、高等学校创新能力提升计划专项资金等 4 个专项资金对相关工作予以支持，于 2013 年全面实施。至 2015 年底，国家支持广东各项目实际到位资金 8112 万元，项目资金支出约 6567 万元，资金执行率超过80%。已形成新产品（新材料、新工艺等）24项，申请国内外专利85项，软件著作权14项。获得省部级以上科技奖励2项，2014年国家技术发明2等奖1项，2013年中国专利奖优秀奖1项。出版著作1部。建成海洋生物高效健康养殖、海洋生物医药与制品、海洋装备等领域的技术成果转化基地25个、产业化园区55个以上，培育年产值超10亿元的企业20个以上。建成海洋战略性新兴产业集聚区3个，协同创新机制与产学研融合发展模式发展成熟。

【工业海洋微生物技术平台】 项目名称“泛珠地区工业海洋微生物技术综合平台与应用”，中国科学院南海海洋研究所承担，实施年限为2013—2016年，主持人张偲。该平台在技术软件建设方面，2014—2015年发现、鉴定500多株海洋微生物，筛选出200多株活性菌株，发现抗肿瘤、抗污损活性化合物50多个，申请国家发明专利10多项；同时阐明ikarugamycin、PTMs等多个功能基因的生物合成机理，在Angew. Chem. Int.Ed等国际知名杂志发表多篇高档次文章。在生物脱毒关键技术突破，获得广东省科技奖二等奖，海洋微生物酶应用于新型渔用功能饲料研发部分成果荣获国家技术发明二等奖。

【深水网箱养殖产业平台】 项目名称“深水网箱养殖产业工程技术研发公共服务平台”，中国水产科学研究院南海水产研究所承担，实施年限为2013—2016年，主持人郭根喜。该平台构建网箱装备零部件模型库1个；制造出网箱投饵、洗网、起网、监测等关键配套装备12台套；进行了深水网箱框架用HDPE改性研究。深水网箱养殖信息服务平台系统的开发已完成，信息服务平台已上线试运行。在珠海桂山建立深水网箱装备集成应用核心示范基地1个；在深圳大亚湾建立深水网箱装备集成应用示范基地1个；在阳江的大镬岛与青州岛建立深水网箱装备集成应用示范基地2个。申请和授权专利20项，其中发明专利申请7项，实用新型专利授权9项，软件著作权登记4项；形成网箱相关企业标准2项。

【海洋生物天然产物化合物库】 中山大学承担，实施年限为2013—2016年，主持人何建国。该项目完成制备海洋天然产物化合物2067个，入库化合物1719个。其中：中山大学356个，海洋三所226个，南海海洋研究所327个，中国海洋大学353个，暨南大学380个，解放军第二军医大学77个。已基本完成化合物制备入库任务。完成化合物活性筛选1453个，生物学活性确认568个，显著活性确认222个。初步完善各活性筛选模型，包括抗病毒活性筛选模型3种，抗肿瘤活性筛选的人肿瘤细胞模型10种、鼠肿瘤细胞模型3种。申请专利15项。

【海洋生物产业服务平台】 项目名称“广东省海洋生物产业评估决策与信息聚合服务平台”，中山大学承担，实施年限为2013—2016年，主持人陈省平。该项目确立海洋生物等战略性新兴产业数据库框架，形成上市公司87家、重点企业39家、示范项目企业56家，共计182家企业近5年或以上数据。建立海洋产业发展评估指标体系，构建广东海洋产业结构分析模型、海洋科技进步贡献率测算模型和广东省海洋产业竞争力分析框架。确立广东省海洋生物产业评估决策及信息聚合服务平台系统开发的技术实现方法和路线，建立数据库框架设计、结构设计和关系设计；架设LAMP网站框架，部署基于Linux系统的网站服务器，搭建信息服务平台的原型；进行UI视觉设计和前端一二级页面设计等。

国家海洋公益科研

【概况】 公益性行业科研专项（下简称专项）是财政部、科技部为贯彻落实《国家中长期科学和技术发展规划纲要（2006—2020年）》（以下简称《规划纲要》），于2006年设立的中央财政专项。海洋公益性行业科研专项定位在实施“科技兴海”战略，围绕海洋资源开发利用、综合管理、环境保护、公益服务、防灾减灾、权益维护以及海洋经济发展中亟需解决的问题，开展应急性、培育性、基础性科研工作。

广东省从2008年开始组织推荐国家海洋局海洋公益性行业科研专项项目，是广东省承担国家级海洋科技项目的重大开端。“十二五”期间，广东省的科研机构，充分发挥海洋科技力量雄厚的优势，积极申请国家海洋公益性行业科研项目。广东先后共有10多家科研机构、200多名科研人员参与国家海洋公益性行业科研专项经费项目超过20个，涉及项目共计经费1.6亿元。其中：中科院南海海洋研究所承担“几种南海特色海洋生物制品关键技术研发与应用示范”“珠江口水环境在线监测集成技术在陆源污染物入海通量评估及总量控制中的应用示范”等2个项目，经费近3000万元；水科院南海水产研究所承担“南海渔业资源增殖养护及渔场判别关键技术研究与示范”“南海渔业资源增殖养护及渔场判别关键技术研究与示范子课题”“三沙岛礁生态系统造礁石珊瑚优势种类筛选及人工增殖技术研究”“深水网箱养殖产业工程技术研发公共服务平台”等4个项目，经费达2200万元；广东海洋大学承担“海洋风电、海水淡化及脱硫生态监测与评估技术集成及应用”“珠江口及邻近海域水质遥感监测及示范”“近岸典型珊瑚礁生态系统修复技术示范研究”“水下文物保存环境评估方法研究”“典型滨海湿地修复效果评估与功能保育关键技术研究与示范”等5个项目，经费近750万元；华南农业大学承担“珠江流域主要经济鱼类遗传多样性评价”项目，经费163万元。

【特色海洋生物制品研发】 项目名称“几种南海特色海洋生物制品关键技术研发与应用示范”，是中国科学院南海海洋研究所承担的国家海洋公益专项，实施年限为2013—2016年，主持人张偲。该项目通过挖掘新型特异性海洋微生物酶制剂并建立高效、定向酶解工艺，突破传统海洋生物制品生产工艺转化效率低、成本高及污染严重等技术难题。开发的多种海洋生物新型特异性酶制剂获得初步应用。申请专利31件，获专利授权6项，其中国际专利2项；初步建成中试及产业示范基地5个、中试及产业化生产线5条；制定了3个海洋动物蛋白类功能原料和定型产品的企业标准；部分成果分别获得中国专利优秀奖和中国技术发明二等奖。

【水环境在线监测集成技术】 项目名称“珠江口水环境在线监测集成技术在陆源污染物入海通量评估及总量控制中的应用示范”，中国科学院南海海洋研究所承担的国家海洋公益专项，实施年限为2013—2016年，主持人曹文熙。该项目申请发明专利2项，其中授权1项、公开1项；获授权实用新型专利1项；获软件著作权登记7项。成果创新点体现在监测技术集成创新、仪器抗污染能力较强、数据实时接收，水环境模型及同化方法的创新等方面。

国家海洋可再生能源

【概况】 国家海洋可再生能源专项资金项目于2010年11月启动，广东省立即组织相关科研单位承担国家海洋可再生能源专项项目。2011—2015年，中科院南海海洋研究所承担“规模化培养海洋能源微藻制备生物柴油技术装备集成与示范”“波浪差动能提取技术及发电装备研究”等2个项目，经费600万元。

“十二五”期间，广东承担的国家海洋可再生能源专项项目，重点支持海洋能独立电力系统示范工程、海洋能并网电力系统示范工程、海洋能开发利用关键技术产业化示范、海洋能综合开发利用技术研究与试验、海洋能开发利用标准制定及支撑服务体系建设等内容。相关科研单位开展波浪能发电装置、复合波浪能转换模式及关键技术、海洋能独立电力系统示范工程、海洋能发电系统、南海微藻生物质能新技术与新装置等项目的研发与应用，提升省内海洋可再生能源开发利用的技术水平。

【海洋微藻制备生物柴油技术】 项目名称“规模化培养海洋能源微藻制备生物柴油技术装备集成与示范”，中国科学院南海海洋研究所承担的国家海洋可再生能源专项资金项目，实施年限为2011—2013年，主持人向文洲。该项目完成产油微藻室外5000平方米规模化培养示范，研制构建了微藻生物补碳、补料、采收、光生物反应器和提油-转酯化新装置5套，完成B5生物柴油制品的性能测试及其在微藻生产中的实验性发电。申请专利13件，其中发明专利7件。

【波浪差动能提取技术】 项目名称“波浪差动能提取技术及发电装备研究”，中国科学院南海海洋研究所承担的国家海洋可再生能源专项资金项目，实施年限为2013—2015年，主持人尚晓东。该项目完成波浪能发电机实验室原理样机的设计与制造，通过试验，对设置进行优化，包括对水轮机结构、加固机架及浮箱、变速器配置等进行改进，通过系统的优化提高了波浪能的转化效率。取得发明专利3项。

国家自然科学基金

【概况】 国家自然科学基金作为国内支持基础研究的主渠道之一，面向全国，重点资助具有良好研究条件、研究实力的高等院校中和科研机构中的研究人员。“十二五”期间，广东利用驻粤科研单位和高校科研力量雄厚的优势，根据国家的总体部署，结合广东省海洋科学发展的特点，大力支持有条件的单位和科研人员申报、承担国家自然科学基金项目。据不完全统计，驻粤的中科院南海海洋研究所主持承担的在研国家基金面上项目166项，经费1.2亿元；水科院南海水产研究所主持承担的在研国家基金项目17项，经费608万元；水科院珠江水产研究所主持承担的在研国家基金项目22项，经费549万元；广东海洋大学主持承担的在研国家基金项目30项，经费2300多万元。

【石斑鱼感染虹彩病毒研究】 项目名称“石斑鱼宿主细胞感染虹彩病毒（SGIV）后的细胞凋亡机制”，中国科学院南海海洋研究所承担的国家基金重点项目，实施年限为2010—2013年，主持人秦启伟。对深入揭示SGIV感染致病机制研究，阐明鱼类抵御病毒感染的分子机理，以及发展海水鱼类病毒病防控关键技术，具有重要的理论意义和应用价值。

【超微型光合生物研究】 项目名称“超微型光合生物对南海生物泵的贡献与生态调控”，中国科学院南海海洋研究所承担的国家基金重点项目，实施年限为2012—2016年，主持人黄良民。该项目揭示物理海洋过程对初级生产及超微型光合生物调控机制。南海南部微型浮游动物对包括超微型光合生物在内的浮游植物摄食受东亚季风影响存在显著的季节变化，微型浮游动物对初级生产的整体摄食压力较小有利于潜在较高的向深层海水的垂直碳沉降，在一定程度上解释了寡营养的南海南部碳沉降较高的原因。

【南海海洋细菌多样性研究】 项目名称“季风环流影响下的南海海洋细菌多样性特征及其生物海洋学意义”，中国科学院南海海洋研究所承担的国家基金重点项目，实施年限为2013—2017年，主持人张偲。该项目揭示季风强迫对南海上升流系统的形成与演变，以及对锋面稳定性的影响机制，揭示涡旋、琼东上升流影响下的细菌种群和功能基因分布特征及其对中尺度动力过程的响应，从生理学、遗传学及群体生物学层面解析南海海洋细菌的生态适应机制，具有重要的生物海洋学意义。获2014年国家技术发明奖二等奖。

【南海深层经向翻转流研究】 项目名称“南海深层经向翻转流结构的观测与模拟”，中国科学院南海海洋研究所承担的国家基金重大研究计划重点项目，实施年限为2013—2016年，主持人王东晓。该项目基于温盐资料和ADCP流速观测，发现南海东沙附近中层海域存在一支秋季东北向分离流，进一步利用POM模式模拟指出压强与地形联合效应（JEBAR）对这支离岸流起着重要的作用。利用西沙站观测以及ROMS模式，首次发现南海深海涡旋并刻画其变异特征。首次发现南海里周期为9～14天的地形罗斯贝陷波，推断是上层海洋涡旋诱导出底部的地形罗斯贝陷波。

【马氏珠母贝培育珍珠研究】 项目名称“马氏珠母贝及其珍珠生长的分子调控机制”，中国科学院南海海洋研究所承担的国家—广东联合基金项目，实施年限为2009—2012年，主持人何毛贤。该项目研究马氏珠母贝贝壳基质蛋白在珍珠囊的形成和发育过程中对珠核表面珍珠层形成的调控及珍珠囊细胞增殖机制，研究基质蛋白基因及其他功能基因的表达与珍珠贝生长或大小的相关性，以及环境因子和激素等对基因表达的调控影响。项目研究结果揭示马氏珠母贝珍珠囊、珍珠及贝壳形成的分子机制。

国家基金共享航次

【概况】 “十二五”期间，国家自然科学基金委员会试点实施共享航次计划，旨在为必须进行海上考察的国家自然科学基金资助项目提供船舶运行时间，以确保科学基金项目海上考察任务的实施。在这5年间，中科院南海海洋研究所承担国家基金共享航次项目19项，合计经费7950万元。并以此为契机，探索海上观测平台共享机制，加强海洋现场数据的长期积累，促进海洋科学研究多学科交叉与融合，以及科学家之间的交流与合作，推动中国对海洋科学领域一些重大科学问题的研究。

【南海北部地球物理科学考察】 项目名称“南海北部地球物理科学考察实验研究”，中国科学院南海海洋研究所承担，实施年限为2013年和2015年，主持人詹文欢。该项目2013年航次计划考察时间约32天，主要开展深部地壳结构和浅部沉积地层的地震探测，同时开展海底磁场仪（OBM）、全光纤OBS和海底热流探针的海上试验。2015年度航次以走航式调查为主，历时40天，为长期监测和收集深海地震波资料创造了良好基础条件。

【南海西部综合科学考察】 项目名称“南海西部综合科学考察实验研究”，中国科学院南海海洋研究所承担，实施年限为2015年，主持人王东晓。该项目考察航次由历时31天，航行距离为4403海里，期间进行114个站位的CTD观测。利用海洋水文观测、采水、生物地质拖网、地质柱状采样等各种手段对南海西部的海洋环境变化规律、南海西部上升流特征、海洋多尺度涡结构的长期变化趋势、陆架海域和近岸上升流区域生态系统动力过程及其环境生态响应等、浮游生态系统的关键生物过程以及南海西部地质环境演变规律等内容进行研究。

【南海北部春季科学考察】 项目名称“南海北部春季科学考察实验研究”，中国科学院南海海洋研究所承担，实施年限为2014年，主持人王东晓。该项目考察历时37天，总航程4810海里，进行海流、温盐深度、气象、湍流混合等海洋环境要素观测，海底柱状样、箱式表层沉积物样品采集，浮游生物拖网，收集溶解氧、营养盐、叶绿素等样品，并完成120个大面观测站位和1个25小时连续站位考察。

广东海洋与渔业研究

【概况】 在全国沿海省份中，广东是唯一没有省级海洋研究机构的。“十二五”期间，广东省充分利用驻粤国家级海洋科研资源和大学院校的科研力量，大力支持承担实施国家海洋经济创新发展区域示范专项、国家海洋公益性科研专项、国家海洋可再生能源专项等国家海洋研究专项项目，集聚力量解决省内海洋科技发展的“瓶颈”问题和重大问题，突破行业和部门的限制，加强涉海科技力量的强强联合，推动海洋科技创新，促进海洋经济的发展。2009年以来，广东省财政设立一系列海洋与渔业科技专项，2011—2015年累计投入资金超过6.6亿元，开展科技兴海（兴渔）项目的实施，取得显著成效。

【海洋渔业科技推广专项】 广东省财政从2009年起，每年安排海洋渔业科技推广专项资金5000万元，主要用于海洋与渔业科技创新、技术推广、振兴“南珠”等方面，建设具有全国领先水平的科研成果应用示范基地。2014年，广东省海洋渔业科技推广专项更名为广东省海洋渔业科技与产业发展专项。支持范围与申报对象为广东省境内（包括中央驻粤单位）具有独立法人资格的海洋与渔业及相关领域的科研院所、高等院校、企事业单位等，鼓励大中型企业的科技研发中心、技术研究所等开展产业化技术研发。此专项以提升海洋与渔业科技自主创新能力为核心，针对省内海洋与渔业的重大科技需求，重点围绕产业化发展和成果转化中亟需解决的关键技术和“瓶颈”问题，加强产学研紧密结合，开展科技攻关与研发。开展海洋与渔业科技成果进入生产的前期性开发应用，有效支撑科技成果向现实生产力转化，加快技术成果和产品的集成创新和中试熟化，全面推进科技成果的转化应用。2011—2015年，该专项累计实施项目376个，投入资金22350万元。2013—2014年，每年在海洋渔业科技推广专项资金中调整700万元，用于广东海洋与水产高科技园建设。

通过此专项的实施，形成一批具有自主知识产权的科技创新成果，主导产业技术研发水平得到较快提高，海水养殖种苗繁育、深水抗风浪网箱、海洋生物资源开发利用等多项技术居全国领先地位；应用性技术研发获得突破，技术推广成效显著；社会经济效益逐年增加，海洋经济居全国首位，海洋渔业总产值在全国排第五位，产品总量在全国排第二位，渔民人均纯收入比农村居民人均纯收入高出约10%，在全国排第十一位。

【深水网箱产业发展专项】 广东省从2010年开始设立深水网箱产业发展专项。扶持范围及对象为在粤注册并具有独立法人资格的企业、专业合作组织、科研院所包括中央驻粤单位和事业单位。通过建设深水网箱产业基地促进传统渔业的转型升级。建设深水网箱产业基地，改造海湾传统网箱养殖模式，推进深水网箱养殖产业化，促进渔业产业结构优化，增加渔民收入，改善渔业生态环境。创建广东海洋深水网箱产业特色品牌，促进省内渔业又好又快地发展。2010年投入经费1500万元，2011—2015年增加到2500万元，合计投入资金1.4亿元。

截至2015年底，全省已有深水网箱2035个，年产优质海水鱼8800多吨。深水网箱装备工程技术创新及支撑层面得到进一步提升，构建海上产业园区的理念得到实施，深化了2项按产业功能区划布局的产业发展规划，协同广东、海南两省建立4个深水网箱规模化产业园区，初步建立深水网箱高效健康养殖技术管理体系，制定4项地方标准，规范深水网箱养殖行为和推动深水网箱养殖业的发展。

【水产良种体系建设专项】 广东省财政于2011年开始设立水产良种体系建设专项资金，扶持范围及对象为广东省境内具有独立法人资格的省级以上水产良种场（含国家级良种场、国家级现代渔业种业示范场）。通过水产良种体系建设项目的实施，进一步规范与完善本省种苗生产秩序，提升产业化发展水平，养殖渔民与良种生产者形成良性循环，增加农民收入。2011—2015年，每年安排2000万元用于水产良种选育、亲本更新和技术改造，合计投入资金1亿元。截至2015年底，全省新建3个国家级现代种业示范场，建成5个国家级水产原良种场、16个国家级水产种质资源保护区，国家级水产种质监督检验测试中心和1个国家级水产引种保种中心（设在珠江水产研究所）、64个省级水产良种场。

【鱼病防治专项】 广东省从2009年开始组织实施鱼病防治专项，扶持的范围为全省水产养殖主要区域，重点是东西两翼、粤北山区等14个地级市以及江门恩平市、台山市、开平市。对承担重大水生动物疫病监测预警、防疫监督管理、防控技术基础研究及重大水生动物疫情应急处理技术支撑的省属单位和驻粤科研院校等给予补助。此专项资金用于省、市、县三级水生动物防疫检疫体系、基层鱼病诊疗体系、水生动物疫病监测网络、水生动物病害防治与水产技术推广信息平台建设，水生动物疫病防控，水生动物疫病防控技术基础研究和水生动物疫病应急处理等。2011—2015 年，每年投入经费 2000 万元，合计投入资金 1 亿元。

截至 2015 年底，全省有 18 个地级市、85 个县区获当地编委批准设立水生动物防疫检疫站，已基本建立起省、市、县三级水生动物防疫检疫体系。全省建立 1 个省级、2 个市级、23 个县级水生动物防疫检疫实验室，25 家水生动物诊疗机构（鱼病医院），配置水生动物防疫检疫专用车 23 辆、巡回诊疗车 11 辆，设立远程鱼病监测与诊断基层网点 49 个，完善湛江、肇庆和惠州 3 个市级三合一水生动物病害检测实验室。2015 年在远程鱼病监测与诊断平台增设视屏诊断和手机版远程鱼病诊断功能。

【水产品质量安全专项】 广东省从 2009 年开始组织实施水产品质量安全专项，扶持范围包括省级监管部门、东西两翼、粤北山区等 14 个地级市（包括所辖县、区）和江门恩平市、台山和开平市，纳入《广东省水产品质量安全监测体系建设规划》的各级检测机构及承担省水产品质量安全检测任务的检测、科研机构及大专院校等。此专项资金用于水产品质量安全体系建设、水产品质量安全监控、水产品质量安全培训、水产品质量安全基础研究、水产品质量安全专项执法、水产品质量安全信息体系与网络监管保障体系建设等。2011—2015 年，每年投入经费 2000 万元，合计投入资金 1 亿元。

截至 2015 年底，全省建成无公害水产品产地 609 个，面积 5.9 万公顷，获得农业部无公害水产品认证 535 个，制（修）订省级渔业地方标准 213 项，获得国家或省农业名牌产品称号水产品 109 个。在全国率先建立省级水产标准化数据库，制（修）订省级地方渔业标准 274 项，水产品省级抽检合格率达 97.3%。

国际合作项目

【概况】 “十二五”期间，广东充分利用本省具有的地缘区位和人才优势，在国家的支持下，开展海洋科学技术研究领域国际间的合作与交流。在广大海洋科技工作者的努力下，海洋科学技术的合作与交流取得了重大进步，加深了人类对海洋的科学认识，提高了海洋科技水平，推动了海洋事业的发展，促进了社会的进步和经济的繁荣。5 年间，广东省承担的海洋与渔业国际（地区）合作与交流项目，包括国家自然科学基金国际（地区）合作与交流项目，国家引进国际先进农业科学技术项目（“948”项目），农业部农业国际交流与合作项目（渔业项目）和广东省国际科技合作专项政府间项目（多边科技合作项目）。

【国家基金对外交流项目】 “十二五”期间，在广东的海洋与渔业科研单位积极申报国家自然科学基金国际合作交流项目，获得支持。其中，中科院南海海洋研究所承担国家基金对外交流项目“全球气候变化及环境恶化对中国南海造礁珊瑚的可预见影响”“来源于海洋微生物的丁烯酸内酯和吲哚生物碱两类抗污损活性化合物的构效关系与作用机制（基因和蛋白水平）的研究”“台风灾害对南海北部浮游植物和渔业资源的影响研究”“Characterization of two conserved H2A histone variants in stony corals and their response to bleaching”“气旋过后热带和极区海洋海表浮游植物变化的驱动因子比较分析”“南海现代珊瑚礁系统中的蓝细菌微生物研究”等 6 项，合计经费近 200 万元；广东海洋大学承担国家自然科学基金国际（地区）合作交流项目“中英海洋生物多样性研讨会”，经费 1.5 万元。

广东的海洋与渔业科研单位申报的国家自然科学基金国际合作交流项目，主要资助：在研科学基金项目的受资助单位在中国召开的国际学术会议经费、科学基金项目研究工作需要邀请的外籍学者在中国合作研究和讲学期间的接待费和确有必要的国际旅费、科学基金项目承担者出国进行国际合作研究的国际旅费和出国（境）交流的国际旅费及境外的生活费、科学基金项目承担者出国（境）参加国际学术会议费用、国留学人员短期回国工作讲学的国内接待费和经过特殊批准的国际旅费等。

【国家基金对外合作项目】 “十二五”期间，在广东科研单位积极申报国家自然科学基金国际合作的海洋与渔业项目。国家自然科学基金委员会制定开放合作的发展战略，鼓励广大科学家与世界一流科学家和科研机构开展广泛深入的国际（地区）合作与交流，继续推进实质性国际（地区）合作研究，促进国内更多学科领域进入国际前沿；积极推动中国科学家筹划和参与双（多）边科学合作，有效利用国际科技资源；加强中国科学界驾驭区域和全球科学合作的能力建设，推动战略性合作，提升中国基础研究国际影响力的战略目标。在这 5 年间，中科院南海海洋研究所承担国际（地区）合作项目有“基于卫星遥感和现场观测的人类活动对海草生态系统影响机制研究”“南中国海甲藻生物多样性和现场基因表达（meta-transcriptomics）研究”

等 3 项，合计经费 500 多万元；华南农业大学承担国家基金对外合作项目“鱼类虹彩病毒新型疫苗的研发和机制探讨”，经费 150 万元。

【引进国际先进农业科技项目】该项目是 1994 年 8 月国务院批准，从“九五”计划开始实施的“引进国际先进农业科学技术计划”(简称“948”计划)，以缩小中国农业科技与世界先进水平的差距。该计划由农业部、水利部、国家林业局、财政部共同组织实施的。“十二五”期间，在广东的科研单位积极申报国家引进国际先进农业科学技术计划的渔业项目，其中，南海水产研究所承担农业部引进国际先进农业科学技术项目“印度洋优质斑节对虾种质资源的引进”，经费 60 万元；珠江水产研究所承担农业部引进国际先进农业科学技术项目“东南亚国家淡水养殖病害联合研究与防控”，经费 220 万元。广东省通过实施引进国际先进农业科学技术计划的渔业项目，促进渔业科技水平提升，推动农业结构调整，保障水产品有效供给，促进鱼虾增产、渔民增收和渔业增效。

【农业国际交流与合作项目】“十二五”期间，广东科研单位积极申报农业国际交流与合作项目(渔业项目)，紧紧围绕服务国内渔业发展和国家经济发展战略目标，提高“引进来”质量，加快渔业“走出去”步伐，促进水产品贸易健康持续发展，进一步提升渔业国际合作服务水平。在这 5 年间，南海水产研究所承担农业部引进国外技术、管理人才项目“贝类产业技术体系珍珠贝育种研究”、农业部物种资源保护项目“开展斑节对虾多性状良种培育研究”等 3 项，经费 36 万元；珠江水产研究所承担农业部农业国际交流与合作项目“在巴基斯坦开展渔业生产能力提升及技术示范”，经费 35 万元。广东省通过实施农业国际交流与合作项目(渔业项目)，深化和扩大渔业技术交流，不断提高国外先进渔业技术、优良动植物种质资源对现代渔业建设的支撑力量；实施渔业“走出去”和水产品贸易促进行动，稳步提升涉渔企业和主要水产品国际竞争能力；加大参与多双边渔业磋商谈判力度，提高渔业抵御国际市场风险的能力；提高渔业国际合作系统能力，全面提升渔业对外开放的质量和水平。

【广东省国际科技合作专项】“十二五”期间，广东海洋与渔业科研单位积极申报广东省国际科技合作专项政府间项目(多边科技合作项目)，这是指中国政府与外国政府或国际组织签订的政府间科技合作协定或协议框架下确定的重点国际科技合作项目。在这 5 年间，广东海洋大学承担广东省国际科技合作专项项目“GC-ECD 和斑马鱼胚胎毒理技术在近海沉积物 DL-PCBs 污染监测中的应用研究”“鲕鱼诺卡氏菌减毒活疫苗的研究与应用”“海水鱼弧菌病新型疫苗研究与应用”“海洋生物不饱和脂肪酸防治抑郁症以及相关神经退行性病变的研究”“热带气旋对南海北部营养盐输运及浮游植物分布影响”等 5 项，合计经费 222 万元。广东省通过实施国际科技合作专项政府间项目(多边科技合作项目)，能有效利用国际科技资源，解决制约中国经济社会发展的瓶颈技术问题；能与产业和应用需求紧密结合，能形成知识产权或相关技术标准；可有力配合国家外交战略，保证对外政府间合作协议的落实。

二、技术研究

综述

【概况】“十二五”期间，广东省加强海洋与渔业技术研究，瞄准国际海洋科学发展前沿，开展学科综合交叉研究和系统集成，推进海洋观测和监测技术、海洋遥感技术、海洋生物技术等的科技进步，特别在生物高效健康养殖、海洋医药与生物制品、海洋装备等领域取得重大突破，取得一批拥有自主知识产权的理论方法、技术成果与创新产品。积极开展海洋资源开发与利用技术的研发，推进重点行业海水综合利用，科学规划海洋能开发，确定优先开发范围和重点。

海洋技术是科学认识海洋和开发、利用、保护海洋的方法与工具；是十分广泛的综合性的技术领域，包括海洋观测和预报技术、海洋资源勘查与开发利用技术、海洋生物技术以及海洋信息技术等。

【海水淡化与综合利用技术】广东具有发展海水淡化事业的良好基础，全国第一座民用电渗析海(咸)水淡化站落户于珠三角。“十二五”期间，广东全省从事电渗析、反渗透及太阳能等淡化技术及其配套技术研究和应用开发单位计有国家海洋局南海分局等 9 个单位，科研人员约 160 多人；从事反渗透、电渗析淡化设备配套生产的单位有 23 家，并具有一定生产与组装的水平和能力。在广东膜法分离技术已初步形成了产业群体，淡化技术得到了较广泛的应用，广东省仅饮用纯净水的生产厂就有360多家，年产瓶（桶）装饮用水200万吨，领先全国。广东针对潮汐能能流密度低而海水淡化能流密度要求高的特点，首创潮汐能直接驱动海水淡化的全新的方法及其技术和装备，将低压头的海水通过聚能增压转化为高压海水送入反渗透膜组件进行海水淡化。该方法原始创新，零碳排放，较已有淡水转化模式减少两次能量转化过程，能效提高17%～20%，制淡成本每吨减少1.5元以上，获得9项发明专利授权。

【海洋可再生能源开发利用技术】广东属于亚热带地区，太阳辐射强而且濒临南海，太阳能、风能和海洋能十分丰富，加上农业废弃物和城市有机垃圾，均可通过一定的工艺技术转换为电力，还可以直接、间接地转换为液体燃料，有效地减轻对石油的依赖。“十二五”期间，广东省加强海洋可再生能源开发利用技术研究，是中国海洋能研究和示范建设的重要基地。

海上风电项目研发。珠海市万山区海上风电项目已纳入广东省海上风电场工程规划，根据省政府部署由南方电网公司牵头，2012年起在桂山海域建设省内首批海上风电示范项目，并把海上风电开发与通过海底电缆连接大陆电网解决海岛供电结合起来。

“十二五”期间，广东省加强海洋可再生能源开发利用技术研究，是中国海洋能研究和示范建设的重要基地。利用广东属于亚热带地区，太阳辐射强而且濒临南海，太阳能、风能和海洋能十分丰富的优势，通过一定的工艺技术转换为电力，还可以直接、间接地转换为液体燃料，有效地减轻对石油的依赖。

海上风电项目研发。制订广东省海上风电场工程规划，纳入珠海市万山区海上风电项目，根据省政府部署由南方电网公司牵头，2012年起在桂山海域建设省内首批海上风电示范项目，并把海上风电开发与通过海底电缆连接大陆电网，解决海岛供电结合起来。

海洋波浪能提取。通过前期对海洋表面波浪区和深海稳定区差动能量提取方法的研究，进一步深入研究波浪能的特点，重新认识海水的动力学特征，在此基础上提出一种新的海洋波浪能提取技术，即利用海洋表面波浪区和水下稳定区在垂直方向具有最大差动能量的特征提取波浪能。通过理论分析、实验室及海洋现场的科学试验建成相应的发电机组平台，论证该技术商业运营的可行性，为新型波浪能发电方式提供新的思路，为开发绿色环保的能源、缓解国家乃至世界的能源需求和社会的可持续发展做出贡献。

微藻制备生物柴油。开展微藻制备生物柴油技术研究，完成产油微藻室外5000平方米规模化培养示范。建立能源微藻培养的烟气、沼气（CO_2）和沼液耦合补充技术，大幅度降低能源微藻的培养成本，提高微藻的产油效率；建立的二氧化碳补充（减排）技术在微藻的商业化生产中实现应用；采用湿法提油新工艺制备生物柴油，分别获得210千克的粗制品和15千克符合B5标准的精制品，完成B5生物柴油制品的性能测试及其在微藻生产中的实验性发电。

国家高技术研究

【概况】国家高技术研究发展计划（“863”计划）是中国的一项高技术发展计划。“十二五”期间，广东省境内的科研单位承担国家“864”项目“深海微生物活性物质的挖掘及其利用技术”“AUV及相关设备规范化海上试验”“海水养殖鱼类主要病毒和细菌性病原亚单位疫苗的研发”“线纹海马雌雄同步性成熟调控及高效繁育技术研发与应用”等4项，经费2000多万元。

国家高技术研究发展计划是以政府为主导，以一些有限的领域为研究目标的一个基础研究的国家性计划。主要的科学研究集中在生物技术、航天技术、信息技术、激光技术、自动化技术、能源技术和新材料领域。生物技术领域的主题为：优质、高产、抗逆的动植物新品种主题；基因工程药物、疫苗和基因治疗主题；蛋白质工程主题。

【海水养殖鱼类疫苗研发】项目名称“海水养殖鱼类主要病毒和细菌性病原亚单位疫苗的研发”，中国科学院南海海洋研究所承担的国家“863”项目课题，实施年限为2014—2016年，主持人魏京广。该项目紧紧围绕重要海水养殖鱼类重要细菌和病毒性病原亚单位疫苗的开发和利用关键技术，确定SGIV ORF072作为亚单位疫苗的候选基因。“重组大肠杆菌BL21/pOMP173表达的哈氏弧菌外膜蛋白OMP173基因工程亚单位疫苗在山东的中间试验”获得批文。

【深海微生物活性物质研发】项目名称“深海微生物活性物质的挖掘及其利用技术”，中国科学院南海海洋研究所承担的国家“863”项目课题，实施年限为2012—2015年，主持人鞠建华。该项目以深海微生物资源及其活性化合物发现为基础，分离1367株深海放线菌、真菌和细菌类微生物，发现新属级分类单元13个，分离鉴定深海微生物次生代谢产物500多个，通过结构修饰获得衍生物21个；累计筛选得到具有抗肿瘤、抗感染等活性的药物先导化合物25个，对5种药物先导化合物的进行成药性评价，完成NA4制剂防治黄瓜灰霉病菌的盆栽试验和安全性评价，获得10个生物活性先导化合物的生物合成途径，构建先导化合物结构衍生物25个。获得授权专利31项，其中2项为国际专利。

【AUV及相关设备规范化海上试验】 中国科学院南海海洋研究所承担的国家863项目课题，实施年限为2012—2015年，主持人鞠建华。该项目优质高效地执行了2013年度（中期海试）和2015年度（验收海试）两次“863”支持研发的两型50千克AUV和两型300千克AUV设备的规范化海上试验任务。重点抓住参试仪器设备的规范化海上试验、第三方独立检验和海上试验质量控制3个重要技术环节，明确参试AUV设备的海上试验测试内容和工作重点，特别是将参试仪器设备的可靠性、稳定性、维修性以及数据有效性作为海上试验重点，完善参试AUV设备的海试大纲制定、审核、评定程序，严格依照海上试验大纲，开展海洋仪器设备海上试验，获取相关技术数据资料，为海洋仪器改进、定型提供科学依据。

海洋观测和预报技术

【概况】 海洋观测对海洋科学的发展有特殊的重要性，准确的海洋环境预报依靠实时的海洋环境数据和先进的预报模型。“十二五”期间，广东重视海洋观测和预报技术研究，取得很大进展：建成珠江口水质污染浮标监测系统，研制成功浮游植物粒级结构原位测量系统，构建“三维一体”的立体海洋环境监测体系，构建海湾陆源污染物排海总量控制模型和方法技术体系，在海洋环境监测技术研究方面获得成果。广东现代海洋观测进入多平台集成和立体观测时代，主要观测手段包括卫星和飞机、水面调查观测船、水面锚系浮标和水下潜标、漂流浮标和水下移动观测平台、海底传感器、岸基台站观测系统。海洋观测技术的发展使海洋观测获取全天候、连续、长时间序列资料成为可能。

【珠江口水质污染监测系统】 中国科学院南海海洋研究所从2013年开始，开展珠江口水质污染监测浮标和岸基站研究；至2015年6月，建成珠江口水质污染浮标监测系统，布放在珠江口水域；2015年10月，建成珠江口水质污染岸基监测系统，布放在珠江口水域。2015年10月，建成珠江口水质污染岸基监测系统，并布放在珠江口水域，开展水质污染实时监测，为珠江口水质污染及环境容量估算提供实测数据。该观测系统的监测数据包括硝酸盐、亚硝酸盐、磷酸盐、铵盐、COD、溶解氧、浊度、叶绿素a、pH值、水温、盐度、流速、流向、海面风速、海面风向、海面气压、海面温湿度等。该系统的建立为珠江口水质污染监测和环境容量评估奠定良好基础。

【海洋生物光学剖面测量系统】 中国科学院南海海洋研究所从2013年开始，开展海洋生物光学剖面测量系统的研制，该系统研制成功并开展海上实验。海洋生物光学剖面测量系统能同步观测总颗粒物粒径、光合有效辐射、叶绿素a、pH值、浊度、水温、深度、盐度等，测量深度达300米，为海洋生态观测提供原位观测仪器。

【浮游植物粒级结构原位测量系统】 中国科学院南海海洋研究所从2015年开始，开展浮游植物粒级结构原位测量系统的研制，该系统样机当年研制成功，并在南海开展试验。该系统的观测参数包括浮游植物粒级结构（Micro-、Nano-、Pico-3个量级）、深度、叶绿素a等参数。该系统的研制为浮游植物粒级结构原位监测提供仪器设备，具有良好的产业化前景。

【“三维一体”立体海洋环境监测体系】 “十二五”期间，广东海洋大学海洋科学研究团队围绕着南海海洋环境变化、海洋生态安全、防灾减灾等亟需解决的科学与技术关键问题和重大社会关切，构建了基于空中无人机和海洋卫星遥感、海面船舶调查、海洋潜标、海底原位监测“三维一体”的海洋立体监测体系，相关技术在广东沿海重要港湾、重化工业园区和规模化养殖区等所涉海域广泛应用。2015年年中，阳江海陵岛发生赤潮，藻类大量繁殖，消耗水中的氧气，从而导致鱼类及部分对氧气敏感的植物等大量死亡，并伴随着海水发臭。这个“三维一体”海洋环境立体监测体系，预警了赤潮；而且还可以对赤潮成因、影响范围以及扩散方式进行详细分析和预测，为当地相关部门的决策提供依据。

同时，广东海洋大学海洋科学研究团队完成国内首个海水中PAHs测定标准《海水中16中多环芳烃（PAHs）的测定—气象色谱/质谱法》，填补国内海水中PAHs测定领域的空白，推进海洋环境监测技术的进步。

【海洋环境容量评价体系】 “十二五”期间，广东海洋大学海洋环境容量评估团队以合理开发海洋资源、保护海洋生态环境为目标，开展海洋环境容量和水下文物埋藏环境等评估研究，构建海湾陆源污染物排海总量控制模型和方法技术体系，攻克采用嵌入于湿网格技术的POM水动力模型的关键问题，相关技术在湛江湾、雷州海、水东湾、深圳湾和珠江口等海域得到应用，促进区域海洋资源可持续利用和海洋经济产业可持续发展，取得良好的社会效益和一定的经济效益。

海洋遥感技术

【概况】“十二五”期间，中国先后发射两颗海洋卫星，建立较为完善的卫星地面应用系统，使中国成为继美国、欧洲、日本等国家之后掌握此项航天遥感技术的国家之一，并把中国的海洋观测技术推向空间遥感海洋观测的新时代。广东省紧抓卫星遥感这一革命性手段，发展高分辨率数据获取与海量信息存取技术，积极研发海洋数据采集无人机、船载海洋水温采集系统、海洋声学反演技术等，在这一领域取得突破。

【卫星遥感监测】“十二五”期间，广东省充分利用多尺度多时空数据，围绕藻华生消规律—动力学机制—生态环境效应—遥感监测与评估方法的主线，开展系列研究。发展多种针对富营养、高叶绿素水体的遥感反演与空间数据挖掘，发展高分辨率数据获取与海量信息存取技术。显著提升对藻华过程及调控机制的认识，形成较为完整的理论体系，具有重大科学价值。

【海洋数据采集无人机】“十二五”期间，广东省海洋数据采集无人机系统采用4G通道控制，采用自动导航系统，利用无人远程或程序控制自主起降，将采集后的图像和视频通过4G通道，将数据传递到后端数据库以备后续处理。无人机控制软件和后端监控软件自主开发，主要用于海岸检测、赤潮参数采集等应用领域。

【船载海洋水温采集系统】“十二五”期间，广东省开发船载海洋水温采集系统，此系统由主从设备、服务端软件和客户端软件三部分组成：跟随渔网投放到海里完成采集相应深度的水温的工作，采集完成后利用无线通信技术，将数据发送到主机，主机把数据打包通过互联网或者GSM通道发送到服务器，客户端采用GIS地理信息系统功能管理数据。该作品内部设计有蓄电池和平衡充电电路，使用太阳能发电板进行充电，解决供电问题，可靠性高，适合长时间在海洋工作。

【海洋声学反演技术】“十二五”期间，广东省利用海底快速建模技术，构建少量等效参数代替传统地声参数，降低匹配场处理维数。基于低维等效模型，匹配场反演实施更为简便。在基于基因算法的全局寻优中新的参数收敛速度更快且避免陷入局部最优；通过模糊平面分析和贝叶斯后验概率分析，参数具有高敏感度和参数间耦合度低的特点，有利于提升匹配场处理的稳健性和便捷性。利用反演结果可以进行准确的声场预报，证实该模型具备了精确描述声场的能力。

海洋生物技术

【概况】广东拥有广阔的海域和丰富的海洋生物资源，生物多样性在全国处于优势地位，多方位开发利用前景十分广阔。“十二五”期间，广东省积极推进海洋生物技术研发和产业化进程，在细胞工程、海水育种、养殖生物病害诊治、天然代谢产物筛选、微藻培养技术、海洋生物加工、海洋生物功能保健品研制、深水抗风浪网箱养殖、工业化循环水养殖等方面取得一批成果。海洋生物功能制品与医药研发技术产业一直是广东海洋生物产业的重要组成部分，产业技术水平与产业规模都具有良好的基础。省内相关科研技术力量雄厚，海洋渔业实力强大，为海洋生物功能制品与医药业的发展提供有利条件。广东海洋生物技术不断取得新的突破，为解决人类社会面临的健康、食物、能源、生态、环境等重大问题提供强有力的手段，开辟崭新的路径。

【深海微生物资源开发利用】“十二五”期间，广东省以深海微生物资源及其活性化合物发现为基础，从中筛选发现一批药物活性先导化合物、生态功能分子和新功能酶等活性物质资源；通过成药性评价或应用评价确定其开发价值；通过发现、化学或遗传改造的手段获得一批深海来源的、具有自主产权的生物活性物质，抢占深海微生物资源开发利用的国际制高点，为深海特色药物和生物制品的研究开发提供物质基础。

【海洋生物天然产物开发】“十二五”期间，广东省开发出热带海洋生物活性化合物与优化技术，提取鉴定的约900个热带海洋生物化合物中，其中约119个为国际上首次发现；筛选出符合生物燃料的富油微藻藻种，构建起微藻养殖关键生态调控因子最佳配比体系；建立起虾青素微藻的低成本规模化培养技术和微藻CO_2减排技术。

【海藻胶提取技术】“十二五”期间，广东省创新琼胶常温碱法，机械自动凝胶、自动脱水提取新工艺。琼胶强度和产率提高达50%，效率提高25%～35%，降低能耗

5% ~ 8%，化学排放降低 50%，节约场地 25%，每家琼胶厂生产规模提高 20 倍以上。琼胶提取新工艺在汕头、汕尾等琼胶厂推广应用，取得良好的经济和社会效益。

【鸢乌贼加工综合利用】“十二五”期间，广东省根据渔业资源调查结果，科学评估南海外海鸢乌贼现存资源量为 300 多万吨，可捕量约 400 万吨 / 年；而估算外海鸢乌贼目前总渔获量尚不足 15 万吨 / 年。鸢乌贼资源的巨大开发潜力，为南海三省区转移近海捕捞压力、加快发展外海渔业提供充分的科学依据。针对鸢乌贼肌肉高酸性、高水分及凝胶特性差、甲醛含量高等特点，加大鱼糜凝胶加工工艺、多糖提取工艺等研发力度，实现控制产品水分含量低于 10%，有效提高鸢乌贼干制产品保藏期，解决制约产业发展的鸢乌贼加工利用技术问题。

【海洋药物及保健品研究】广东省濒临南海，海洋生物资源丰富，南海约有 3 万种海洋生物，其中已知 7500 种生物有药用价值，药用生物资源南海特有种 480 种。“十二五”期间，广东省在海洋生物新药研发方面，开发海葵强心肽、鲨肝刺激物质类似物、芋螺毒素多肽等多种海洋药物；开发原无直接利用价值的生物资源（如甲壳质、大型藻类等），形成一批具有国际水准的创新技术、市场前景的高附加值海洋生化制品。广东省已开发健之宝口服液、健之宝胶囊、鱼肝油制品、鲨鱼软骨胶囊、海蛇酊等近 10 种保健品和功能食品，研究出“海产品抗氧化及脱腥技术”。

水产养殖遗传育种

【概况】进入 21 世纪，世界上主要发达国家都纷纷将经济海洋生物的遗传育种研究列为重点发展方向，水产育种技术已成为支撑海洋农业健康持续发展的关键因素之一。“十二五”期间，广东省大力推进水产种业发展，选育出多个具有自主知识产权的优良品种，为水产养殖业的快速发展奠定基础。2011 年 4 月 2 日，农业部发布第 1563 号公告，公布第四届全国水产原种和良种审定委员会第三次会议审定通过的 13 个水产新品种。其中，在广东选育的有大口黑鲈“优鲈 1 号”、凡纳滨对虾“中科 1 号”、凡纳滨对虾“中兴 1 号”、斑节对虾“南海 1 号”等 4 个新品种，占 30.77%。2015 年 3 月 30 日，农业部第 2242 号公告公布第五届全国水产原种和良种审定委员会第二次会议审定通过的 25 个水产新品种，其中，在广东选育的有马氏珠母贝“海选 1 号”、华贵栉孔扇贝“南澳金贝”、乌斑杂交鳢、吉奥罗非鱼等 4 个新品种，占 16%；12 月 10 日，第五届全国水产原种和良种审定委员会第三次会议审定通过白金丰产鲫等 12 个水产新品种，农业部于 2016 年 2 月 2 日发布第 2360 号公告予以公告，其中，在广东选育的有白金丰产鲫、马氏珠母贝“南珍 1 号”、马氏珠母贝“南科 1 号”、牡蛎“华南 1 号”和莫荷罗非鱼“广福 1 号”等 5 个新品种，占 41.67%。“十二五”期间农业部发布这 3 个公告，共公告 50 个水产新品种，其中在广东选育的有 13 个水产新品种，占 26%。

【凡纳滨对虾“中科 1 号”】由中国科学院南海海洋研究所与湛江市东海岛东方实业有限公司、湛江海茂水产生物科技有限公司、广东广垦水产发展有限公司等企业合作选育。该品种与普通养殖品种相比，生长速度提高 21.8%；收获期规格整齐，体长变异系数小于 5%；仔虾淡化应激成活率提高 30.2%。适宜在全国各地区海水、咸淡水水域养殖。

凡纳滨对虾“中科 1 号”新品种遗传育种选育项目，是在国家“863”课题、支撑计划课题、广东省科技计划、广东省海洋渔业重大专项、中科院知识创新方向性项目等资助下，由南海海洋研究所胡超群研究员主持。项目主要研究内容：针对中国和世界对虾养殖中占主导地位的凡纳滨对虾（俗称南美白对虾），在突破全人工规模化繁育传代基础上，自 2001 年起开展以凡纳滨对虾的生长和抗逆性状为选育目标的遗传育种研究，解决了全同胞和半同胞家系培育及物理标记技术难题，建立了凡纳滨对虾遗传育种技术体系。采用群体选育和家系选育相结合的复合育种技术路线，以从美国夏威夷、佛罗里达州引进的 2 个群体和国内 5 个养殖群体为基础群体，经过 2 代群体选育及 5 代家系选育而获得的经济性状稳定的凡纳滨对虾新品种。2012—2015 年，凡纳滨对虾“中科 1 号”累计生产种虾 70 万对，销售无节幼体 6300 亿尾，销售价格在 6 ~ 8 元 / 万尾，仔虾苗种 1461 亿尾，平均销售价格在 140 元 / 万尾左右。辐射推广地区主要包括广东、海南、广西、河北、山东、江苏和福建等地，在养殖过程中主要采取单养模式，平均每 1/15 公顷产值在 1.8 万元左右，利润在 7500 元左右。

【凡纳滨对虾“中兴 1 号”】由中山大学、广东恒兴饲料实业股份有限公司选育，是以 2002 年从美国夏威夷海洋研究所引进的凡纳滨对虾为基础群体，以白斑综合征病毒抗性为主要选育指标，经连续 5 代家系选育获得的品种。该品种与夏威夷引进的凡纳滨对虾相比，抗病评价指数高 47.22%，养殖成活率提高约 20%。该品种适宜在我国海水及咸淡水水域养殖。2012—2015年，共生凡纳滨对虾“中兴1号”亲虾6.5万对，无节幼体600余亿尾，仔虾苗种100亿尾左右。在广东省湛江地区推广面积累计达3833公顷，养殖模式主要采用高位池养殖取得了良好的经济效益，平均每1/15公顷产值3.6万元，利润可达7000多元。

【斑节对虾“南海1号”】 由中国水产科学研究院南海水产研究所江世贵研究员带领的研发团队培育的斑节对虾新品种。该品种是以海南三亚、临高、文昌和泰国普吉岛4个野生群体为基础群体，以体重增长速度为主要选育指标，经连续5代群体选育获得的品种。该品种与普通斑节对虾相比，体重增长速度提高21.6%～24.4%，养殖成活率提高8.4%。适宜在福建、广东、广西和海南等热带、亚热带地区的海水及咸淡水水域养殖。

斑节对虾“南海1号”具有生长快、抗氨氮性能强等优良性状，并建立配套的种虾繁育和健康养殖技术。此项目成果已在斑节对虾养殖中得到广泛应用，取得显著经济效益。2011年4月农业部公告斑节对虾“南海1号”为审定通过的水产新品种后，南海水产研究先后与广东、海南、广西等地的渔业推广部门及企业合作，对斑节对虾“南海1号”新品种进行推广应用。到2014年，斑节对虾新品种推广和新品系中试面积累计达1.87万公顷，虾苗24.485亿尾，累计新增产值15.79亿元，新增纯收入5.699亿元，取得显著的经济效益。

2014年8月2日，广东省珠海市组织专家对中国水产科学研究院南海水产研究所选育的斑节对虾“南海1号”新品种养殖进行现场测试验收，结果显示：珠海城建鹤洲建设开发有限公司养殖基地（十围），面积2667公顷，采用生态模式养殖斑节对虾“南海1号”新品种。经过95天养殖，新品种平均体长14.75厘米，平均体重47.2克，测算成活率53.3%，平均每1/15公顷产量61.6千克。珠海市金湾区木乃围养殖场，总面积80公顷，采用精养和鱼虾混养两种模式养殖斑节对虾“南海1号”新品种。经过110天养殖，精养模式下的新品种平均体长12.7厘米，平均体重25.2克，测算成活率76.3%，平均每1/15公顷产量426.3千克。平均产量和成活率分别比养殖普通斑节对虾提高了20.7%和21.3%；混养模式下的新品种平均体长14.3厘米，平均体重45.2克，测算平均每1/15公顷产量231.3千克。审查珠海市斗门区长丰水产种苗科技有限公司培育的斑节对虾“南海1号”新品种虾苗2013年、2014年生产销售记录，2013年累计生产销售“南海1号”虾苗5360万尾，产值128.6万元；2014年累计生产销售“南海1号”虾苗9631万尾，产值240万元。

【大口黑鲈“优鲈1号”】 由中国水产科学研究院珠江水产研究所、广东省佛山市南海区九江镇农林服务中心选育。该品种是以国内4个养殖群体为基础选育种群，采用群体选育的方法，以生长速度为指标，经5代连续选育获得的品种。该品种的生长速度比普通大口黑鲈快17.8%～25.3%，高背短尾的畸形率由5.2%降低到1.1%。适宜在我国南方地区淡水水域进行池塘主养或套养、网箱养殖。

大口黑鲈“优鲈1号”是珠江水产研究所白俊杰研究员团队通过传统选育技术和现代分子标记技术，培育出国内外培育出的第一个大口黑鲈人工选育新品种。2011年4月农业部公告大口黑鲈“优鲈1号”为审定通过的水产新品种后，中国水产科学研究院将“优鲈1号”列为2012年十大主导品种之一，珠江水产研究所实施“大口黑鲈‘优鲈1号’推广应用”项目，与广东省水产技术推广总站于2012年4月20日在佛山市南海区九江镇联合举办“广东2012年渔业科技下乡暨‘优鲈1号’推介活动”，由专家开展大口黑鲈“优鲈1号”健康养殖和规范用药技术讲座，传授健康养殖模式和和病害防治技术，并向渔民赠送大口黑鲈“优鲈1号”的宣传册和养殖技术指南、健康养殖书籍等技术资料，提供相关技术咨询。在广东、江苏、湖南、天津等省市建立大口黑鲈“优鲈1号”苗种扩繁生产基地累计推广生产“优鲈1号”鱼苗达82亿尾，主要销往广东、江苏、浙江和四川等大口黑鲈主产区。集成的“优鲈1号”种苗标准化生产技术、健康养殖技术和病害防治技术操作简单，实用性强，易于推广，实现大口黑鲈“优鲈1号”新品种在国内的养殖覆盖率达60%以上，示范及推广养殖面积达1.5万公顷，新增产值28.7亿元，养殖增收10%～22%，经济效益和社会效益显著。珠江水产研究所完成的“大口黑鲈‘优鲈1号’推广应用”项目获2013年度广东省农业技术推广奖一等奖。

【白金丰产鲫】 由华南师范大学、佛山市三水白金水产种苗有限公司（以下简称“三水白金”）、中国水产科学研究院珠江水产研究所共同选育完成，这是华南师范大学生命科学学院陈湘粦和赵俊教授团队与一线生产企业合作，经过近20年的不懈努力培育而成的，是广东首个鲫鱼新品种。白金丰产鲫是以彭泽鲫为母本，以野生尖鳍鲤为父本，通过异精雌核发育技术得到的子一代。雌性比例达98%以上，个体均匀度高，体型接近野生鲫鱼，生长速度更快，比普通鲫鱼生长速度快

20%以上，适宜在全国各地人工可控的淡水水体中养殖。

白金丰产鲫由三水白金进行保种、选育和种苗生产。三水白金从20世纪90年代引进丰产鲫，大约在2000年前后，丰产鲫的性状就比较稳定了，开始在市场上推广，同时还在不断选育。从2006年开始，“白金鲫”的名字正式出现在市场上，到了2009年，在研究院珠江水产研究所白俊杰研究员团队的支持下，三水白金继续开展对比实验、种质检测工作，同时对选育路线、方式做出改进，种质水平不断提升。到2015年，母本已经选育了6代以上，父本选育了3代以上。白金丰产鲫鱼苗，搭配在鱼塘里混养，14～15个月能达到500～1000克的规格。

【乌斑杂交鳢】 乌斑杂交鳢是乌鳢♀×斑鳢♂的杂交种，育种单位是中国水产科学研究院珠江水产研究所和广东省中山市三角镇惠农水产种苗繁殖场。珠江水产研究所陈昆慈研究员带领鳢育种团队对杂交鳢育种开展深入研究，以经2代群体选育的乌鳢为母本，以经4代群体选育的斑鳢为父本，通过差异化亲鱼培育促进亲本性腺发育同步化和一对一配对，杂交获得的F_1，即为乌斑杂交鳢。在相同养殖条件下，与母本乌鳢、父本斑鳢相比，9月龄平均体重分别提高37.6%和123.7%；可全程摄食人工饲料；抗寒能力明显提高，可在山东等地越冬养殖。适宜在黄河以南人工可控的淡水水体中养殖。

【吉奥罗非鱼】 由广东省茂名市伟业罗非鱼良种场、上海海洋大学培育的新品种。亲本来源：新吉富罗非鱼♀×奥利亚罗非鱼♂。该品种是以经5代群体选育的新吉富罗非鱼为母本，以经9代群体选育的以色列品系奥利亚罗非鱼为父本，杂交获得的F_1，即为吉奥罗非鱼。自然雄性率可达92.0%以上，出肉率高；在相同养殖条件下，6月龄平均体重比奥尼罗非鱼提高25.0%以上，抗逆性能明显优于吉富罗非鱼。适宜在中国南方人工可控的淡水水体中养殖。

【莫荷罗非鱼“广福1号”】 由中国水产科学研究院珠江水产研究所卢迈新研究员团队经多年培育而成的耐盐新品种。该品种以2001年从美国引进的橙色莫桑比克罗非鱼和荷那龙罗非鱼分别经8代群体选育的后代为母本和父本，杂交获得的F_1，即为莫荷罗非鱼“广福1号”。可在盐度0～30的水域中正常生长；在相同养殖条件下，与普通杂交罗非鱼（橙色莫桑比克罗非鱼♀×荷那龙罗非鱼♂）相比，6月龄鱼生长速度提高19.0%以上。适宜在中国各地人工可控的海水和咸淡水水体中养殖。

【华贵栉孔扇贝“南澳金贝”】 育种单位为汕头大学。该品种是以2008年从广东汕头南澳海区华贵栉孔扇贝养殖群体中挑选的黄金色个体构建基础群体，以闭壳肌和贝壳金黄色为选育指标，采用群体选育辅以家系选育技术，经连续4代选育而成。贝壳、闭壳肌和外套膜均为金黄色，色泽纯度达98.0%以上；在相同养殖条件下，1龄类胡萝卜素含量和10℃时的低温耐受率分别是未经选育的华贵栉孔扇贝的10.8倍和2.9倍。适宜在我国南海和东海部分海域养殖。

【马氏珠母贝“海选1号”】 育种单位为广东海洋大学、雷州市海威水产养殖有限公司、广东绍河珍珠有限公司。该品种是以2001—2002年从广西北海涠洲岛收集的马氏珠母贝野生子一代为基础群体，以壳宽和壳长为选育指标，采用群体选育辅以家系选育技术，经连续5代选育而成。由广东海洋大学水产学院、珍珠研究所杜晓东教授领衔的团队，经过10余年的精心选育而获得，具有壳宽系数大、生长快速和留核率高等优势特征。在相同养殖条件下，与未经选育的马氏珠母贝群体比较，马氏珠母贝“海选1号”2年龄的平均壳宽与壳长分别提高21.2%和20.8%，育珠期间母贝的留核率、珠层厚度和珍珠产量分别提高22.3%、22.2%和24.7%。该品种适合在广东、广西和海南沿海养殖，已在广东和广西等地示范养殖与推广应用对振兴国内南珠产业，促进南珠产业的可持续发展产生深远影响。

【马氏珠母贝“南珍1号”】 由中国水产科学研究院南海水产研究所培育，马氏珠母贝（又名合浦珠母贝）新品种“南珍1号”以广东徐闻、广西北海和海南三亚3个合浦珠母贝养殖群体为亲本来源构建基础群体，以生长速度为选育指标，采用家系选育技术，经连续4代选育而成。在相同养殖条件下，与未经选育的合浦珠母贝相比，1龄贝平均壳高和体重分别提高10.0%以上和25.0%以上，插核8个月的育珠贝留核率达50.0%以上，优珠率达60.0%以上。适宜在华南地区的广东、广西和海南沿海养殖。

马氏珠母贝是中国重要的海水养殖贝类和生产珍珠的主要母贝，闻名遐迩的“南珠”即为该贝所产。南珠是名贵首饰品，具有极高的经济价值，在国际上久负盛名。但自1965年人工繁殖技术成功以来，养殖生产一直用人工繁殖个体而缺乏选育，导致个体小型化，育珠性能下降，优珠率低（不足30%）。为此开展了品种改良研究，通过采用以家系基因聚合育种技术为核心的选择育种技术路线，选育出具有生长速度快和育珠效果好的马氏珠母贝优良新品种“南珍1号”（又称合浦珠母贝“南珍1号”），为珍珠养殖业可持续发展奠定了基础，对进一步推动我国海水珍珠养殖产业的发展具有重要意义。

【马氏珠母贝“南科1号”】“南珠”是中国及世界上知名的海水珍珠品牌，马氏珠母贝是“南珠”生产培育的主要种类，广泛分布在华南的广东、广西和海南三省区，具有重要的经济价值和产业地位。中国科学院南海海洋研究所研究员何毛贤带领科研团队，自2007年以来，与广东岸华集团有限公司合作，在广东开展了马氏珠母贝优良品种的培育工作。2009年开始采用群体选育技术，以深圳野生马氏珠母贝为基础群体，以壳宽为主要选育性状，经连续6代选育，成功培育出了马氏珠母贝“南科1号”新品种。

马氏珠母贝“南科1号”壳宽较普通养殖群体平均增长14.2%，壳型肥厚；优质珍珠率达49.0%以上，较普通养殖群体高10个百分点以上，育珠性能优良。该品种具有较强的育珠能力，是一种优良的育珠母贝，其推广应用将对中国海水珍珠养殖业的持续、稳定和健康发展起到极大的推动作用。

何毛贤研究员一直从事海洋动物养殖生物学、种群遗传学、分子遗传学、细胞遗传学及育种学等的研究，主持过国家“863”计划重大项目课题、NSFC—广东联合基金重点项目、中国科学院知识创新重要方向性项目及若干省部级科研项目，获省部级科技奖3项。其所领导的团队建立了珍珠贝多倍体诱导育种技术体系，在国内外首次培育出马氏珠母贝四倍体，并发现非整倍体能存活，其中阐明了四倍体和非整倍体产生的细胞学机制。

【牡蛎“华南1号”】中国科学院湛江海洋经济动物实验站站长喻子牛研究员带领科研团队，从2006年开始，与珠海腾龙水产养殖有限公司、北海阿蚌丁海洋科技公司合作，进行了一系列的牡蛎遗传育种工作。经过10年潜心研发，培育出适合于我国华南沿海养殖的牡蛎新品种“华南1号”。

新品种“华南1号”是以牡蛎种间杂种（香港牡蛎♀ × 长牡蛎♂）个体与香港牡蛎速生品系(F4)个体回交获得的回交一代(BC1F1)为基础群，通过表型性状与分子标记协同上选，以生长率作为指标，筛选出的生长快、盐度适应范围略高于香港牡蛎的牡蛎新品种。“华南1号”遗传稳定性达96.7%；在相同养殖条件下，总体重较香港牡蛎提高17.1%，产量提高23.1%，并可在较高盐度的沿海河口水域养殖（拓宽养殖区域盐度约5ppt），适当扩大了现有养殖水域。适宜在广东、广西和海南北部等华南亚热带海域养殖。

华南沿海是我国牡蛎主要养殖区域之一，年养殖产量约占全国的30%；牡蛎养殖也是广东省最大的海水贝类产业，具有重要的经济和产业地位。该新品种为牡蛎养殖提供了一个优良品种，促进华南牡蛎产业提质增效和可持续发展。

喻子牛主要从事贝类遗传学与育种、贝类功能基因与基因组学和贝类线粒体基因组与分子系统学的研究，主持过国家“863”“973”课题、国家自然科学基金课题及重点课题、国家公益性农业专项、国家现代农业技术体系建设专项、中国科学院知识创新重要方向性项目及若干省部级科研项目。

【大宗淡水鱼种质改良】“十二五”期间，广东省对鲫、鳙、三角鲤、尖鳍鲤等大宗淡水鱼普遍存在种质退化、良种匮乏、养殖过程污染严重、用药过度等问题，分别提出针对性解决方案。这些科研成果内容不仅丰富大宗淡水鱼理论研究，也促进健康水产养殖的发展，经过技术推广，全省每年改良鲫、尖鳍鲤和三角鲤苗种产量达到8000万尾以上，综合养殖面积（包括混养和主养）在2000公顷以上，新增经济效益16854万元，5年总经济效益67415万元。

【淡水鱼类种质分子鉴定】中国水产科学研究院珠江水产研究所科研人员从DNA指纹图谱、特异微卫星标记、系统分子分类、线粒体DNA序列和功能基因序列等方面建立重要经济鱼类和观赏鱼类分子鉴定技术和方法，为罗非鱼等淡水鱼类种质鉴定提供有效技术方法，填补国内此类研究空白，将淡水鱼类种质分子鉴定研究提升到国际领先水平。该成果已在高要市、茂名市、佛山市、广州市和中山市等地推广应用。

养殖新品种人工繁育

【概况】“十二五”期间，广东省针对本省水产苗种选育技术和良种体系建设相对滞后，良种供应严重不足的现状，大力推进水产名特优新品种的人工繁育工作，建成一批国家级和省部级水产原种与繁育、养殖基地。截至2015年底，全省建成国家级水产原良种场5家、国家级水产种质资源保护区16个，国家级水产种质监督检验测试中心和国家级水产引种保种中心各1个（设在珠江水产研究所）、省级水产良种场64家，现代渔业种业示范场9家，保障水产养殖业持续健康发展。建立优质海水鱼种苗规模化繁育新技术体系，实现褐点石斑鱼、珍珠龙趸、卵形鲳鲹等名贵海水鱼类种苗的规模化繁育，突破产业技术“瓶颈”。加强合浦珠母贝选育，收集广东、广西、海南等地种质资源，建立7批快速生长品系。推广良种种苗2.6亿粒，建立数量性状基因聚合育种技术和群组旋转交配育种技术。

【鲷鱼全人工繁育】“十二五”期间，广东省研究、集成鲷鱼亲鱼培育、人工催产、种苗培育、中间培育、健康养殖等关键技术，优化全人工繁殖技术并进行整合熟化，形成系统鲷鱼全人工繁育技术体系。进行北方名贵鱼类条石鲷在广东省的繁育与养殖，并取得成功。通过该项目的实施，饶平县海水鱼养殖产量从2003年的8966吨，上升到2011年的6.4万吨，渔业成为农业第一支柱产业。该项目实施4年来，生产鲷鱼种苗47174万尾，新增产值4717万元；生产商品鱼4720吨，可创产值1.2亿元；推广养殖面积约973.3公顷，产值1.6亿元，总产值约3.3亿元。

【多鳞鱚全人工繁育】多鳞鱚俗称沙锥鱼，是广东沿海百姓喜爱的海鲜美食，过去都是捕捞野生鱼。进入21世纪，由于需求量大，多鳞鱚的市场价格持续攀升，捕捞过量，资源濒临枯竭。“十二五”期间，广东省开展中国南海多鳞鱚4个野生种群遗传多样性、血液及消化系统组织学等方面的研究，解决多鳞鱚亲鱼采捕、暂养等科学问题，突破多鳞鱚亲鱼培育、人工育苗和规模化养殖等关键技术，形成多鳞鱚全人工繁育技术体系。《湛江日报》2015年11月3日报道：广东海洋大学教授级高级工程师杜涛耗时多年，苦心钻研，最解决了多鳞鱚从野性到驯养繁殖的国际难题，成功让养殖多鳞鱚“游上餐桌”。

杜涛带领团队成立课题组，从2005年开始多鳞鱚驯养繁殖的研究，2007年“多鳞鱚（沙锥鱼）繁殖生物学及全人工繁育技术研究”获广东省海洋开发研究中心立项，2010年承担了广东省科学技术厅2010年度农村科技特派员科技服务体系计划项目“多鳞鱚（沙锥鱼）全人工繁育技术研究”的工作，先后发表了7篇学术论文，2012年6月首次进行了多鳞鱚人工育苗，至10月中旬成功培育出多鳞鱚幼鱼，通过湛江市科技局组织的成果鉴定（国际先进）。2013年底，省科技厅委派广东省科技信息中心相关专家到广东海洋大学东海岛海洋生物研究基地、硇洲岛等地对多鳞鱚繁殖生物学全人工繁育技术研究进行探讨，了解其从野性到驯养的科学意义。2013年，“多鳞鱚繁殖生物学全人工繁育技术研究”项目获得湛江市科技进步一等奖。2014年底，广东省科技信息中心公布“多鳞鱚繁殖生物学全人工繁育技术研究”项目，对多鳞鱚的人工育苗和养殖技术的突破给予肯定，称该项目对调整中国和世界目前水产养殖业结构具有不可估量的推动作用。

【尖塘鳢全人工繁殖】“十二五”期间，广东省实现尖塘鳢全人工繁殖，创建产业化苗种培育新技术，总结出适合国情的养殖模式，池塘养殖成活率由10%～30%提高到70%～85%，建立广东省尖塘鳢良种场。在广东和海南建立多个苗种繁育场，5年时间累计繁育出体长3厘米以上苗种2亿尾，新增利润1亿元；累计养殖面积2666.7公顷，新增利润15.8亿元。

【美洲鲥人工繁育及养成】“十二五”期间，广东省开展美洲鲥人工孵化、鱼苗规模化培育、仔稚鱼海水培育、美洲鲥养成、病害防治、美洲鲥应激反应与集约化养殖管理等技术推广。中国水产科学研究院珠江水产研究所研究员朱新平及其团队经过长期研究，突破了美洲鲥池养亲鱼人工繁殖及苗种培育技术难题，苗种培育成活率达90%；解决了美洲鲥应激反应过强导致成活率低的技术难题，苗种运输成活率达99%；并证实美洲鲥是适合水库网箱和工厂化养殖的品种；制定了美洲鲥种质和养殖技术规范。2013年8月，朱新平主持的“美洲鲥工厂化苗种培育及养殖关键技术研究”通过专家验收，“美洲鲥繁育及养殖关键技术研究与应用”也通过成果鉴定。截至2015年底，相关养殖技术已推广到广东、浙江、江苏等10省市，社会经济效益显著。2011—2015年，广东省内美洲鲥养殖新增产值2.5亿元，新增利税1.6亿元；省外美洲鲥养殖新增产值8700多万元，新增利税6000多万元。

美洲鲥过去生活在北美洲东西沿岸河流和海洋，是一种具有较高营养价值和经济价值的溯河产卵洄游性鱼类，与中国鲥在分类地位上十分接近。有研究指出，在美洲大陆和亚洲大陆未分离时，美洲鲥和中国鲥同在一个大陆的淡水中生活。中国自2003年开始，从美国陆续引进美洲鲥受精卵在广东、江浙等地区进行育苗和养殖试验，并有少量商品鱼上市，但一直未能形成规模。直到“十二五”期间，美洲鲥的规模繁育和养殖技术方面才在广东取得重大突破。

水产增养殖技术

【概况】随着海洋生物技术的不断发展，海水养殖技术越来越成为海洋生物技术应用的重要部分。“十二五”期间，广东省积极利用海洋生物技术发展海水养殖产业，将先进的海洋生物技术拓展应用到海水养殖业，重点进行海水健康养殖，提高抗病能力，规模化生产模式等方面的研究并进行成果转化和推广，包括滩涂低盐池塘生态养殖、高位池循环水高效养殖、工程化高效健康养殖、珍珠养殖技术创新等，从根本上提升渔业产量与渔产品质量，同时促进海洋生物资源的保护和可持续发展。

【滩涂低盐池塘生态养殖】“十二五”期间，广东省开展滩涂低盐池塘虾—鱼多营养级高效养殖模式研究，优化和创新“凡纳滨对虾—罗非鱼生态高效养殖模式”“凡纳滨对虾—草鱼生态高效养殖模式”和“凡纳滨对虾—鲻鱼围网分隔混养模式”，建立适合于华南沿海对虾生产实际的滩涂低盐池塘虾鱼高效生态养殖技术体系，2012—2014年累计示范面积343.3公顷，推广面积2068.7公顷，新增产值36188万元，农民新增收入25123万元，经济效益和社会生态效益显著。

【高位池循环水高效养殖】“十二五”期间，广东省发明了高位池循环水处理新设备，开发了高密度养殖池底排污结构、高效增氧装置、新型饲料搅拌器，优化建立了节能、环保、高效的循环水处理系统工艺。高效循环养殖技术对养殖水体中NH_4^+和NO_2^-含量相对消除率分别为57%和54%，对可溶性磷和CDO的相对消除率为分别36%和15%，提高增氧率18%，对虾相对增重率提高23%。在广东惠州、深圳建立了示范基地，并在惠州、汕尾、茂名等市推广应用，面积35.3公顷，产量达到3.8吨/公顷。统计6家应用单位2013—2015年3年累计，新增产值7445.9万元，新增利润2196万元。

【工程化高效健康养殖】“十二五”期间，广东省建立工程化养殖生态环境高效调控技术、养殖对虾营养免疫调控技术、对虾工程化高效健康养殖技术，构建养殖排放水沟渠生物净化技术模式。开发出19个水环境调控新产品、2个益生免疫调控剂产品。2015年养殖示范55公顷，新增效益2801万元；系统技术推广1.5万公顷，新增产值15.6亿元，新增利税3.9亿元。

【珍珠养殖技术创新】“十二五”期间，广东省诞生“淡水有核珍珠”“定型无核珍珠”“再生有核珍珠”“附壳造型珍珠”“外套膜造型珍珠”“内脏囊造型珍珠”和“内脏囊大珍珠”，以及“南海大珍珠”八大专利技术成果产品。首创“淡水有核珍珠”，创新点之一是河蚌植核培育新技术，第二个创新点在于研发了育珠蚌多核位一体多用和珍珠囊多次高效利用技术，第三个创新点是优化集成植核育珠、养殖系统技术。项目还提倡“生态养殖”和“公益养殖”模式，利用富营养成分的三类水质水域养殖育珠，不施肥、投饵和使用任何药物，实行科学管养调控。该技术的示范推广，带动全国珍珠产业持续发展，大幅度地提高珍珠养殖效益。

【水产疫病防控研究】“十二五”期间，广东省研发出适用于罗非鱼养殖的中草药饲料添加剂配方；开展罗非鱼低温胁迫生理响应机制研究、越冬设施工程力学优化与性能验证，建立一套亚热带罗非鱼安全越冬的抗寒减灾技术体系。首次在广东地区养殖草鱼病鱼体上分离到出血病病毒致病原（GCRV-GD108株），揭示其全部遗传信息、确证其进化地位并证实其为中国南方草鱼出血病新病毒株；确证南方养殖草鱼出血病存在病毒和嗜水气单胞菌混合感染，为出血病的有效防治提供新的思路与科学依据；筛选保护性抗原且重组抗原可为受免鱼提供有效免疫保护、具有很好的产业化应用前景；建立草鱼出血病综合防控技术，通过完善广东省草鱼出血病预警预报系统、设立多个草鱼免疫示范区，在全省范围进行草鱼出血病综合防控技术的示范、推广与应用，有效地控制了养殖草鱼病害高发的问题，取得显著的经济、社会和生态效益。

海岸养殖工程技术

【概况】海洋渔业是广东海洋产业中的传统部分，其中捕捞业因渔业资源日益枯竭而逐渐萎缩，海水养殖业则日渐兴起，因捕捞渔民转产转业的大势所趋，海水养殖业发展迅速。深水网箱养殖是近年发展起来的高投入、高风险、高回报的现代化海水养殖模式。深水网箱融合了多项新技术和新工艺。与传统网箱养殖相比，深水网箱养殖具有拓展养殖海域、改善养殖环境、提高水产品品质、扩大养殖容量、抵御风浪袭击等优越性。“十二五”期间，广东省围绕深水网箱养殖，发展并形成“网箱设备—苗种繁育—中间培育—饲料加工—病害防治—加工销售—环境保护”产业链。

【深水网箱海上产业园区建设】“十二五”期间，广东省深水网箱装备工程技术创新及支撑层面得到进一步提升，构建海上产业园区的理念得到实施，深化2项按产业功能区划布局的产业发展规划，协同广东、海南两省建立4个深水网箱规模化产业园区，初步建立深水网箱高效健康养殖技术管理体系，制定4项地方标准，规范深水网箱养殖行为和推动深水网箱养殖业的发展。建成湛江特呈岛、潮州柘林湾等一批深水网箱养殖产业园区，全省深水抗风浪网箱已发展到1300口。2013年新建深水抗风浪网箱314个，年产量1.7万吨。

【海洋牧场技术研究与示范】“十二五”期间，广东省建立生物适用性和环境适用性兼备的海洋牧场生境材料优选和构件创新设计系统技术，优化设计出新构件17种和新布局模式4项，海洋牧场生境的有效流场强度提高25%以上；形成基于资源配置优化的现代海洋牧场构建模式，牧化应用优良种类18种，建立生态增殖、聚鱼增殖和海珍品增殖3类海洋牧场示范区，生态经济效益提高45%以上；实现从理论创新、技术应用和示范推广3个层面的系统提升。

三、科技奖励

综述

【概况】 广东是海洋大省，拥有发展海洋经济的区位、资源、产业和科技优势。在省委、省政府的正确领导下，把科技创新作为推进海洋开发和保护的战略性工作来抓，不断加大工作力度，创新体制机制，形成一批具有自主知识产权的海洋与渔业科技创新成果，科技创新能力大幅度提高。2011—2015年，广东省海洋与渔业共获得省级奖项74项，其中获得广东省科学技术奖35项，获得广东省农业技术推广奖39项，获得国家海洋局海洋成果创新奖3项。同时获得国家海洋成果创新奖、全国农牧渔业丰收奖、全国农牧渔业丰收奖等全国性科技奖励。

【国家海洋成果创新奖】 海洋创新成果奖由国家海洋局于2000年设立，截至2011年，累计奖励396项，一大批代表海洋行业的优秀科技成果受到表彰，为推动海洋科技创新、引领海洋科技发展方向和人才培养等方面发挥积极的作用。经过12年的发展，已成为海洋领域颇具影响力的奖项，成为展现海洋科技人才和成果的品牌。2012年，国家海洋局启动海洋创新成果奖的改革调整工作，办奖主体转移由中国海洋学会、中国太平洋学会和中国海洋湖沼学会共同办奖，进一步拓展奖项的评审范围，不断完善奖项的工作机制，并修订相关《奖励范围和评审标准》。2011年，广东省海洋与渔业获得海洋成果创新奖3项，均为二等奖，分别是：国家海洋局南海工程勘察中心的海洋倾倒实时动态监视系统研究，广东海洋大学的生态和营养对策控制对虾养殖污染的研究与应用，中国水产科学研究院南海水产研究所的南海海洋生物种质资源平台构建与共享利用。

【神农中华农业科技奖】 中国农学会经农业部同意、科技部批准，于2006年1月设立“神农中华农业科技奖”旨在发挥科技奖励在促进农业科技发展、推动行业科技进步中的激励和导向作用。2006年9月农业部常务会审议通过《神农中华农业科技奖奖励办法（试行）》，2010年9月农业部印发《农业部表彰工作管理办法》，这两个办法明确神农中华农业科技奖是面向全国农业行业的综合性科学技术奖，是原农业部科技进步奖的继承和延伸，是农业部常设表彰项目，重点奖励为中国农业科学技术进步和创新做出突出贡献的集体和个人。2006—2009年每年奖励一次；2010年变更为两年一次。珠江水产研究所的淡水鱼类种质分子鉴定研究与应用项目获2010—2011年度神农中华农业科技奖科研类成果二等奖，珠江水产研究所、广东绿卡实业有限公司、广东省龟鳖养殖行业协会、茂名海洋科技创新中心等的淡水龟养殖产业化关键技术的研究与应用获2010—2011年度神农中华农业科技奖科研类成果三等奖。

【全国农牧渔业丰收奖】 农业部于2010年9月重新修订印发了2001年颁布的《全国农牧渔业丰收奖奖励办法》，明确全国农牧渔业丰收奖（以下简称丰收奖）是农业部设立的农业技术推广奖，奖励在农业技术推广活动中做出突出贡献的集体和个人，以调动广大农业科技人员的积极性和创造性，加快农业科技成果转化和应用，促进科教兴农和现代农业发展。丰收奖每三年开展一次。广东省水产技术推广总站参加全国水产技术推广总站主持的稻田综合种养技术集成与示范项目，获2011—2013年度全国农牧渔业丰收奖农业技术推广成果奖一等奖。

广东省科学技术奖

【概况】 广东省高度重视科技奖励工作，2015年颁布《广东省科学技术奖励专项资金管理办法》，将科技奖（除突出贡献奖和特等奖之外）的奖金分别提高2～4倍，加大对科技人员的激励力度。2011—2015年，广东省海洋与渔业获得广东省科学技术奖35项，其中：一等奖9项，二等奖7项，三等奖19项。获奖项目见表7-1，并在表后介绍获得一等奖项目的基本情况。

表 7-1　广东省海洋与渔业获得广东省科学技术奖（2011—2015 年，35 项）

序号	年度	获奖项目名称	承担单位
一等奖			
1	2011	深水抗风浪网箱装备研制与应用	中国水产科学研究院南海水产研究所
2	2011	附壳造型珍珠和优质海水珍珠养殖及加工技术的研究与应用	广东海洋大学
3	2011	热带海洋软体动物功能蛋白肽的关键利用技术及其产业化	广东海洋大学
4	2012	南海及邻近海域藻华形成演变过程机制与遥感监测方法	中国科学院南海海洋研究所
5	2012	凡纳滨对虾良种选育关键技术及产业化应用	中国科学院南海海洋研究所
6	2012	南海主要经济海藻精深加工关键技术的研究与应用	中国水产科学研究院南海水产研究所
7	2013	人工鱼礁关键技术研究与示范	中国水产科学研究院南海水产研究所
8	2014	河蚌有核珍珠高效培育技术研究与应用	广东绍河珍珠有限公司
9	2015	斑节对虾遗传育种研究及新品种推广应用	中国水产科学研究院南海水产研究所
二等奖			
10	2011	淡水鱼类种质分子鉴定研究与应用	中国水产科学研究院珠江水产研究所
11	2011	微胶囊化晶体氨基酸的开发及其在水产饲料中应用	广东省农业科学院畜牧研究所
12	2012	南海北部近海渔业资源及其生态系统水平管理策略	中国水产科学研究院南海水产研究所
13	2013	南海主要海水养殖鱼类免疫机制及其在免疫防治中的应用	中国水产科学研究院南海水产研究所
14	2013	刺激隐核虫生物学及综合防控技术研究	中山大学
15	2014	水产养殖环境的生物脱毒关键技术及其应用	广东省微生物研究所
16	2014	草鱼出血病新病原株确证及综合防控技术研究与示范	中国水产科学研究院珠江水产研究所
三等奖			
17	2011	宝石鲈苗种繁育及养殖技术研究与应用	中国水产科学研究院珠江水产研究所
18	2011	对虾健康养殖与绿色加工技术研究	阳江市谊林海达速冻水产有限公司
19	2011	鱼类及其养殖水体传带禽流感病毒的研究	珠海出入境检验检疫局
20	2012	生物活性饲料添加剂在凡纳滨对虾健康养殖中的研究与应用	广东省农业科学院畜牧研究所
21	2012	贺江等足类寄生虫病防治技术研究	中国水产科学研究院珠江水产研究所
22	2012	密斯特黄彩鲶的引进与人工繁育研究	华南农业大学
23	2012	增强幼虾抗逆性和抗病能力的生物调控虾苗培育技术	茂名市金阳热带海珍养殖有限公司
24	2012	南方地区多宝鱼无公害工厂化控温养殖技术研究	惠东县水产技术推广站
25	2012	广东徐闻西岸珊瑚礁研究	中国科学院南海海洋研究所
26	2013	菊酯类农药对渔业危害的研究	中国水产科学研究院珠江水产研究所
27	2013	生物调控虾池水质环境的对虾生态养殖技术	广东海洋大学
28	2013	活鱼规模化高密度远程运输技术及装备的研究与开发	广东何氏水产有限公司
29	2013	南方典型河口生境演化特征与污染防控技术及应用	环境保护部华南环境科学研究所
30	2014	藻菌对水环境污染物的去除效应与机制	深圳大学
31	2014	中国南部大陆沿海环境演变及重大事件研究	广州地理研究所
32	2014	珠江三角洲近岸海洋地质环境与地质灾害调查	广州海洋地质调查局
33	2014	十一种重要鱼病快速检测体系建立及应用	深圳出入境检验检疫局动植物检验检疫技术中心
34	2015	中国南海贝类的采集与利用	广东海洋大学
35	2015	美洲鲥繁育及养殖关键技术研究与应用	中国水产科学研究院珠江水产研究所

【软体动物功能蛋白肽】 项目全称“热带海洋软体动物功能蛋白肽的关键利用技术及其产业化”，由中国科学院南海海洋研究所等单位完成，获2011年度广东省科学技术奖一等奖。该成果解决在温和条件下将热带海洋软体动物蛋白质水解成易于吸收的安全小分子功能蛋白肽，或促进角蛋白结构分化的关键技术问题，创立一套完整的产业技术链。获产品生产许可7个，制定产品质量企业标准6个，实现新增产值21亿元，新增利税和增收节支2.48亿元，社会效益4.46亿元。

【深水抗风浪网箱装备】 项目全称“深水抗风浪网箱装备研制与应用”，由中国水产科学研究院南海水产研究所等单位完成，获2011年度广东省科学技术奖一等奖。该成果围绕中国海域的台风和海洋环境特点，攻克网箱抗风浪及养殖关键技术，形成适合中国海域条件的抗风浪网箱制造、配套装备和高效养殖技术体系，并使中国成为世界上少数几个能全面掌握抗风浪网箱系统工程技术的国家。项目的技术成果在南海区应用覆盖率达100%，技术辐射至国内沿海其他重要省份。已在南海区推广3612只HDPE-C43、HDPE-C60型深水网箱，节约引进网箱资金10.92亿元，网箱制造、网箱养殖累计新增经济效益超过55.72亿元。建立省部级深水网箱养殖产业示范基地3个。

【优质海水珍珠养殖及加工】 项目全称“附壳造型珍珠和优质海水珍珠养殖及加工技术的研究与应用”，由广东海洋大学等单位完成，获2011年度广东省科学技术奖一等奖。该成果突破核膜与育珠蚌外套膜和贝壳吸附的关键技术，集成术前处理、外套膜小片保养、池塘休养和抗风浪养殖方式等新技术，使育珠蚌休养期成活率达到98%以上，优质珠率达到30%；开发海水珍珠漂白液、染色剂和抛光材料，使珍珠附加值提高50%以上；率先利用光学相干层析成像技术（OCT）无损检测珍珠层厚度、分光测色仪测量珍珠颜色、反射比表征珍珠光泽的技术，解决了珍珠质量评价的数字化表征难题。通过示范推广，全国应用该项珍珠养殖技术的海、淡水珍珠养殖面积达1100多公顷，创造经济总值40亿元以上，新增就业岗位2.6万个。

【南海藻华形成演变过程机制】 项目全称“南海及邻近海域藻华形成演变过程机制与遥感监测方法”，由中国科学院南海海洋研究所等单位完成，获2012年度广东省科学技术奖一等奖。该项目紧抓卫星遥感这一革命性手段，充分利用多尺度多时空数据，围绕“藻华生消规律—动力学机制—生态环境效应—遥感监测与评估方法”的主线，开展系列研究。首次提出“南海西部强风—上升流—藻华”形成演变的动力理论与概念模型，揭示季风与气候变化对藻华过程的调控机理，阐述南海常态藻华格局及其演变特征。率先研究海啸等海洋灾害的生态效应，揭示台风、海啸等引发的突发性藻华过程的三维结构与生消规律，阐明台风引发藻华对海洋初级生产过程的重要意义。系统分析南海有害藻华的时空分布特征与机理，提出相应的灾害风险评估体系。发展多种针对富营养、高叶绿素水体的遥感反演与空间数据挖掘，发展高分辨率数据获取与海量信息存取技术。

【凡纳滨对虾良种选育】 项目全称“凡纳滨对虾良种选育关键技术及产业化应用”，由中国科学院南海海洋研究所等单位完成，获2012年度广东省科学技术奖一等奖。该成果选育出具有生长速度快、淡水耐受力强和体长变异系数小等特点的凡纳滨对虾“中科1号”新品种，比普通凡纳滨对虾生长速度提高21.8%，仔虾淡化应激成活率提高30.2%。发明系列配套关键技术，形成一套以遗传选育为主线，疫病检测、营养饲料和关键设施综合配套的凡纳滨对虾良种选育关键技术体系。3年时间，合作企业累计实现直接新增产值69.6亿元，新增利税5.4亿元，节支2.2亿元，实现社会效益270.0亿元。

【南海经济海藻精深加工】 项目全称“南海主要经济海藻精深加工关键技术的研究与应用”，由中国水产科学研究院南海水产研究所等单位完成，获2012年度广东省科学技术奖一等奖。该成果建立自动凝胶系统生产琼胶新方法，提高琼胶生产技术、产品品质，降低了能耗、生产成本和劳动强度。开发系列海藻食品，增加海藻多元化产品，增强海藻产品的市场竞争力，开拓海藻加工“零废弃”的途径。“南海主要经济海藻精深加工技术推广”项目在国内率先对传统海藻加工产业进行关键技术集成创新，在广东6家企业进行推广应用，近3年来累计新增产值14.0亿元，新增利税1.3亿元。

【人工鱼礁关键技术研究】 项目全称“人工鱼礁关键技术研究与示范”，由中国水产科学研究院南海水产研究所等单位完成，获2013年度广东省科学技术奖一等奖。该项研究成果总体上达到国际先进水平。研发和建立人工鱼礁工程设计与结构优化技术体系，研究和建立礁区附着生物生态特征评估方法，创建“鱼礁模型趋附效应概率判别”诱集效果评估方法，首次研发“现场网捕—声学评估—卫星遥感评估”相结合的人工鱼礁效果综合定量评价技术和礁区生态系统服务价值评估模型。首次系统集成5项共性技术，形成国内较为完整的人工鱼礁技术体系，并建立人工鱼礁示范区。该体系在国内沿海省市普遍推广应用，取得显著生态、社会和经济效益。

【河蚌有核珍珠高效培育】 项目全称“河蚌有核珍珠高效培育技术研究与应用”，由广东绍河珍珠有限公司完成，获2014年度广东省科学技术奖一等奖。该成果经深化研究20年，逐步形成技术体系，诞生“淡水有核珍珠”“定型无核珍珠”“再生有核珍珠”“附壳造型珍珠”“外套膜造型珍珠”“内脏囊造型珍珠”和“内脏囊大珍珠”，以及“南海大珍珠”8大专利技术成果产品。首创“淡水有核珍珠”，创新点之一是河蚌植核培育新技术，第二个创新点在于研发育珠蚌多核位一体多用和珍珠囊多次高效利用技术，第三个创新点是优化集成植核育珠、养殖系统技术。项目还提倡“生态养殖”和“公益养殖”模式，利用富营养成分的三类水质水域养殖育珠，不施肥、投饵和使用任何药物，实行科学管养调控。该项目的示范推广，带动全国珍珠产业持续发展，大幅度地提高珍珠养殖效益。

【斑节对虾遗传育种研究】 项目全称“斑节对虾遗传育种研究及新品种推广应用”，由中国水产科学研究院南海水产研究所等单位完成，先获2014年度广东省农业技术推广奖一等奖，又获2015年度广东省科学技术奖一等奖。该项目紧密结合渔业产业发展需求，经多年攻关，在斑节对虾遗传育种及其关键技术上取得一系列重要突破，主要创新成果包括：一是通过系统开展斑节对虾遗传基础研究，发现并筛选出可资利用的遗传育种材料，初步解析种质与性状优势相关关系；批量发掘微卫星序列、功能基因，构建高密度遗传图谱，从分子水平加深斑节对虾遗传基础的认识，为斑节对虾种质利用和育种提供理论依据；二是建立斑节对虾遗传育种的技术体系、遗传参数评估方法和生长相关性状遗传力评估模型，阐明斑节对虾生长相关性状遗传力及斑节对虾体长等性状对体重的影响效果；三是培育出第一个斑节对虾人工选育的新品种“南海1号”和一批新品系，并获准推广养殖；新品种的生长速度比未经选育的生长速度提高21.6%～24.4%；新品系其生长速度比未选育的提高16.97%，96小时的高氨氮胁迫成活率提高15.49%。此外还筛选获得多个选育潜力的品系和综合性状优良的家系。通过新品种的推广及新品系的中试示范，产生显著的社会和经济效益，为广东乃至南海三省区渔业产业转型升级提供有力支撑。

“斑节对虾遗传育种研究及新品种推广应用”项目建立配套的种虾繁育和健康养殖技术，项目成果已在斑节对虾养殖中得到广泛应用，取得显著经济效益。2008—2014年，先后与广东、海南、广西等地的渔业推广部门及企业合作，对斑节对虾“南海1号”新品种进行推广应用。至2014年，斑节对虾新品种推广和新品系中试面积累计达1.87万公顷，虾苗24.485亿尾，累计新增产值15.79亿元，新增纯收入5.699亿元。

广东省农业技术推广奖

【概况】 2011—2015年，广东省海洋与渔业获得广东省农业技术推广奖44项，其中：一等奖7项，二等奖15项，三等奖22项。获奖项目见表7-2，并在下面介绍获得一等奖项目的基本情况。

【凡纳滨对虾工程化养殖】 项目全称“凡纳滨对虾工程化养殖技术应用推广”，由水科院南海水产研究所完成，获2011年度广东省农业技术推广奖一等奖。该项目设计与优化工程化养殖设施，建立工程化养殖生态环境高效调控技术、养殖对虾营养免疫调控技术、对虾工程化高效健康养殖技术，构建了养殖排放水沟渠生物净化技术模式。项目研究开发出19个水环境调控新产品、2个益生免疫调控剂产品；（时间）养殖示范55公顷，新增效益2801万元；系统技术推广1.5万公顷，新增产值15.6亿元，新增利税3.9亿元。

【微胶囊化晶体氨基酸开发】 项目全称“微胶囊化晶体氨基酸的开发及其在水产饲料中应用”，由广东省农业科学院畜牧研究所完成，获2011年度广东省农业技术推广奖一等奖。该项目成功构建适合水产饲料加工工艺特点的低成本微胶化氨基酸生产技术及正常饲喂效果下的低成本配方技术，开发的微胶囊蛋氨酸和赖氨酸产品在广东、福建等地区水产饲料企业推广应用，（时间）累计推广微胶囊氨基酸产品750吨，实现产值1500多万元；推广应用于25万吨鱼虾配合饲料，新增产值3.25亿元，实现社会产值15亿元，增收节支2500万元。

【南海经济海藻精深加工】 项目全称“南海主要经济海藻精深加工关键技术的研究与应用”，由水科院南海水产研究所完成，获2012年度广东省农业技术推广奖一等奖。该项目建立自动凝胶系统生产琼胶新方法，提高琼胶生产技术、产品品

表 7-2 广东省农业技术推广奖渔业项目（2011—2015 年）

序号	年度	获奖项目名称	承担单位
一等奖			
1	2011	凡纳滨对虾工程化养殖技术应用推广	中国水产科学研究院南海水产研究所
2	2011	微胶囊化晶体氨基酸的开发及其在水产饲料中应用	广东省农业科学院畜牧研究所
3	2012	南海主要经济海藻精深加工技术推广	中国水产科学研究院南海水产研究所
4	2013	大口黑鲈“优鲈 1 号”推广应用	中国水产科学研究院珠江水产研究所
5	2013	水产饲料多糖制剂的研制与应用推广	广东省农业科学院动物科学研究所
6	2014	斑节对虾遗传育种研究及新品种推广应用	中国水产科学研究院南海水产研究所
7	2015	卵形鲳鲹种质资源发掘与优质大规格苗种规模化培育技术	中国水产科学研究院南海水产研究所
二等奖			
8	2011	尖塘鳢养殖产业化关键技术应用与推广	中国水产科学研究院珠江水产研究所
9	2011	美洲鲥人工孵化与养成技术应用与推广	深圳市海洋与渔业服务中心
10	2011	凡纳滨对虾健康养殖模式研究与推广应用	广东海洋大学
11	2012	草鱼高效健康养殖技术研究与集成示范	中国水产科学研究院珠江水产研究所
12	2012	石斑鱼规模化种苗培育关键技术及产业化推广	中国水产科学研究院南海水产研究所
13	2013	罗非鱼良种良法研究与推广应用	广东省淡水名优鱼类种苗繁育中心
14	2013	鲷鱼种苗培育关键技术及产业化示范推广	中国水产科学研究院南海水产研究所
15	2013	鳗鲡养殖人工智能专家系统的研制与推广应用	中国水产科学研究院珠江水产研究所
16	2013	对虾高位池循环水养殖设备研发及应用	中国水产科学研究院南海水产研究所
17	2013	活鱼规模化高密度远程运输系统的应用与推广	广东何氏水产有限公司
18	2014	人工鱼礁关键技术研究与示范	中国水产科学研究院南海水产研究所
19	2014	滩涂低盐池塘虾鱼高效生态养殖模式研究与应用	中国水产科学研究院南海水产研究所
20	2014	部分大宗淡水鱼高效繁养殖技术的示范推广	华南农业大学
21	2015	网箱养殖军曹鱼加工关键技术推广	中国水产科学研究院南海水产研究所
22	2015	九孔鲍新品系选育技术研究与推广	广东海洋大学
三等奖			
23	2011	低盐度石斑鱼养殖工艺关键推进技术示范与推广	中国水产科学研究院珠江水产研究所
24	2011	凡纳滨对虾健康种苗养殖示范推广	电白新科养殖有限公司
25	2011	河口区池塘卵形鲳鲹生态混养技术研究与推广	汕头市水产技术推广中心站
26	2011	罗非鱼山塘高效养殖技术推广	高州市水产养殖技术推广站
27	2011	白玉蜗牛的引种养殖与示范推广	平远县水产技术推广站
28	2011	密斯特黄彩鲶的引进繁育与推广	华南农业大学
28	2012	杂交鳢的育种和养殖方法	华南农业大学
30	2012	罗非鱼下脚料饲用化高值利用技术推广应用	湛江恒兴水产科技有限公司
31	2012	以乳酸菌发酵法回收虾头虾壳中的甲壳素和蛋白质的技术及推广应用	华南农业大学
32	2013	坛紫菜产业关键技术研究与应用推广	汕头市海洋与水产研究所
33	2013	吉奥罗非鱼的亲本选育与规模化制种技术中试与示范	茂名市伟业罗非鱼良种场
34	2013	中华鳖仿生态养殖技术推广	惠州市水产技术推广站
35	2013	尖塘鳢杂交育种关键技术研究与应用	珠海市海洋和农业科学技术研究开发院
36	2013	吊网捕鱼新技术的推广与应用	梅州市水产研究所
37	2013	山塘水库养鱼高产精养技术示范推广	丰顺县水产技术推广站
38	2013	供莞水产品基地龟鳖良好养殖技术研究与示范	东莞市海洋与渔业环境监测站
39	2014	智能型自动化罗氏沼虾繁育车间的研制与应用示范	广州市金洋水产养殖有限公司
40	2014	“禾花鱼”良种选育及优质高效养殖模式研究与示范项目	连南瑶族自治县良种繁育试验示范农场
41	2014	长丰鲢引进、人工繁育及规模化推广与应用	梅州市梅县区畜牧兽医水产局
42	2014	基层水产品质量安全速测体系分类建设示范及关键技术推广	佛山市顺德区农业综合服务中心
43	2015	淡水鲨鱼优质高效养殖模式试验与示范	梅州市海志水产养殖有限公司
44	2015	岩原鲤鱼种繁育与养殖技术研究及示范推广	东源县水产技术推广站

质，降低能耗、生产成本和劳动强度。开发系列海藻食品，增加海藻多元化产品，增强海藻产品的市场竞争力，开拓海藻加工“零废弃”的途径。“南海主要经济海藻精深加工技术推广”项目在国内率先对传统海藻加工产业进行关键技术集成创新，在广东6家企业进行推广应用，近3年来累计新增产值14.0亿元，新增利税1.3亿元。

【大口黑鲈“优鲈1号”】

（参见本篇目“技术研究”栏目“水产养殖遗传育种”分目的本条目，第211页）

【水产饲料多糖制剂研制】 项目全称“水产饲料多糖制剂的研制与应用推广”，由广东省农业科学院动物科学研究所完成，获2013年度广东省农业技术推广奖一等奖。该项目针对水产养殖中抗生素、有机农药、防病抗病药物严重污染养殖水体、制约水产养殖业健康发展并危害食品安全这一现状，从提高水产动物免疫力、增强抗病力和预防为主的思路出发，研究β-1,3-*D*-葡聚糖和低聚木糖的应用，形成水产用多糖系列预混料产品，在水产饲料中添加后显著减少养殖过程在抗生素的使用，提高水生动物的成活率，创造显著的经济效益，技术和产品推广应用到广东、广西、海南、福建、浙江、江苏、上海和河北8省市（自治区）的100多家饲料厂，累计推广水产饲料多糖预混料6500吨，市场占有率达到80%以上，销售额约1.4亿元，利润2500万元，累计应用于近650万吨水产饲料中，实现社会产值近325亿元，节支总额近20亿元。

【斑节对虾遗传育种研究】

（参见本栏目“广东省科学技术奖”分目的本条目，第219页）

【卵形鲳鲹种质资源发掘】项目全称“卵形鲳鲹种质资源发掘与优质大规格苗种规模化培育技术”，由中国水产科学研究院南海水产研究所完成，获2015年度广东省农业技术推广奖一等奖。该项目制定了卵形鲳鲹种质收集和保存技术规范，系统建立了卵形鲳鲹经济性状和遗传多样性评价技术，首次构建了卵形鲳鲹核心种质群；显著提高了苗种的生长速度和成活率，生长速度提高了19.3%～25.1%，成活率提高了17.6%～20.9%。项目成果在广东、广西以及海南等地进行了推广养殖示范，2012—2015年累计推广卵形鲳鲹优质大规格苗种5523万尾，累计推广池塘养殖面积达256.4公顷，网箱养殖96.28万立方米水体，累计新增产值5.18亿元，新增利税1.44亿元，取得显著的经济效益和社会效益。

四、科研单位

国家驻粤科研机构

【概况】 广东是全国海洋科技机构比较集中的省份之一，近10个涉及海洋研究的实力雄厚的研究机构和高校均设在广东省。广东省以建设省级重点实验室为构建科技创新体系的基础，以国土资源部系统的广州海洋地质调查局、中国科学院南海海洋研究所、中国水产科学研究院南海水产研究所、中国水产科学研究院珠江水产研究所等在粤科研院校为支撑，为海洋与渔业科研和教育平台的建设打下坚实的基础。这些实验室，成为广东省海洋科技创新的重要保障，为全省海洋与渔业科研和教育平台的建设打下坚实的基础。

【广州海洋地质调查局】 广州海洋地质调查局是直属国土资源部中国地质调查局的多学科、多功能海洋地质调查研究机构，主要从事国家基础性、综合性、战略性和公益性的海洋地质调查研究工作。其前身是：始建于1963年12月24日的原地质部海洋地质科学研究所（南京）。

科研团队。全局有职工800余人，其中各类专业技术人员540余人，高级职称专业技术人员141人（其中45人为教授级高级工程师）。有1人当选为中国工程院院士，5人先后获李四光地质科学奖，1人获首届黄汲清青年地质科学技术奖、1人获青年中国地质学会金锤奖、4人获中国地质学会银锤奖、2人入选新世纪百千万人才工程国家级人选，27人享受国务院政府特殊津贴。

科研平台。拥有装备先进的5艘科学调查船、室内数据处理、样品测试分析和综合研究设备，现有的海洋地质调查手段能适应当今远洋、近海、油气、海洋地质、海洋工程等学科领域调查研究的要求，技术装备总体水平达到国内先进水平。2009年10月新入列的“海洋六号”船，是国内装备最精良、设施最完善的一艘综合地质地球物理调查船。有能力承担以海洋高新技术为支撑的海洋国土资源与环境调查、国际海域矿产资源的战略性勘查评价和发展海洋地质科学等重大任务。

研究方向。广州海洋地质调查局紧紧围绕海洋资源、环境与权益三个主题，坚持以地质找矿为中心，在油气资源调查、海洋工程地质与灾害地质调查、大洋地质科学考察、南极科学考察、新能源（天然气水合物）调查、海洋高科技等领域成绩显著，发现并圈定北部湾、珠江口、万安、曾母等一批大型含油气盆地，率先开展珠江口盆地1∶20万国际分幅海洋工程地质调查，为中国南海大规模油气资源开发提供环境工程基础资料。

科研成果。2007年成功在中国南海北部神狐海域钻探获取天然气水合物实物样品，2013年钻探又获高纯度新类型天然气水合物样品，实现新能源调查与评价工作的重大突破；在南海北部陆坡、黄海海域开展新一轮油气资源远景评价，发现一批有利于油气聚集的构造；开展南海海域1∶100万国际分幅海洋区域地质调查，为国家海洋经济建设、海洋规划、海洋主权权益的维护提供基础资料。

科技奖励。50多年来，广州海洋地质调查局全体海洋地质工作者艰苦奋斗，实现“踏遍中国海、挺进太平洋、登上南极洲”的宏伟目标，向国家提交一大批具有国内外先进水平的地质勘查和科研成果报告，获得近百项国家、省部级地质勘查和科研成果奖，被誉为“中国海洋地质调查劲旅”。先后获得“全国功勋地质勘查单位”“全国国土资源管理系统先进集体”“全国海洋科技先进集体”“全国地质勘察行业先进集体”，原地质矿产部“文明单位”、广东省“文明单位”“新一轮全国油气资源评价先进单位”“中国地质调查局保密工作先进单位”“‘十一五’国家科技计划执行优秀团队奖”“国土资源部‘十一五’科技工作先进集体”“中国大洋协会集体突出贡献奖”等荣誉称号。

【中国科学院南海海洋研究所】 中国科学院南海海洋研究所成立于1959年1月，是国内规模最大的综合性海洋研究机构之一。

科研团队。有在职职工664人，其中正高级人员99人，研究生导师130人。拥有中国工程院院士1人，特聘研究员、万人计划、“千人计划”各1人，“973”计划和国家重大科学研究计划项目首席科学家4人，国家百千万人才工程4人，国家杰出青年基金获得者9人，青年“千人计划”3人、中青年科技创新领军人才5人。拥有海洋科学一级博士后流动站和海洋科学一级博士学位授予点。

科研平台。设有热带海洋环境国家重点实验室、中国科学院边缘海地质重点实验室（与广州地化所共建）、中国科学院热带海洋生物资源与生态重点实验室、中国科学院海洋微生物研究中心、广东省海洋药物重点实验室、广东省应用海洋生物学重点实验室、海南省热带海洋生物技术重点实验室等；有4个研究室和1个海洋环境工程中心。拥有大亚湾海洋生物综合实验站（国家野外试验站和中国生态系统研究网络“CERN”站）、海南热带海洋生物实验站（国家野外试验站和中国生态系统研究网络“CERN”站）、湛江海洋经济动物实验站、汕头海洋植物实验站、西沙深海海洋环境观测研究站、南沙深海海洋环境观测研究站和中国—斯里兰卡联合科教中心；有“实验1”号、“实验2”号和“实验3”号三艘大型海洋科学考察船；还拥有仪器设备公共服务中心、海洋环境检测中心、南海海洋生物标本馆和海洋信息服务中心。

研究方向。重点研究热带边缘海海洋水圈—地圈—生物圈圈层结构及其相互作用特征与演变规律，探讨其对资源形成和环境变化的控制和影响，发展具有南海特色的热带海洋资源与环境过程理论体系和应用技术。立足南海，跨越深蓝，围绕热带海洋环境与热带海洋资源，着力突破海洋气候环境与观测技术、边缘海地质演化与油气资源、海洋生态与生物资源领域的前沿科学问题和关键核心技术，不懈追求“更远、更深、更实、更强”，建成国际水平的热带海洋科学研究、人才培养、成果转移转化三高地，从而为发展国家海洋经济和维护海洋权益做出基础性、战略性和前瞻性贡献。

科研成果。近50年来，南海海洋所共取得科研成果663项，获国家、中科院、部委和省市级成果奖236项；申请专利143项，获授权专利72项；近年来发表SCI论文541篇。典型代表性成果有“南沙群岛及其邻近海区资源环境和权益综合调查研究”和“热带海洋生物活性物质的利用技术”等。主持、承担“973”“863”、国家基金项目等200余项。与40多个国家和地区建立学术联系与合作，重点发展与欧、美、日、澳等海洋科学发达国家的合作与交流，同时加强与南海周边东盟国家的交流与合作。每年承担咨询或院地合作项目150余项。

科技奖励。南海海洋所是全国海洋科研机构首家获得ISO9002质量体系认证的科研单位，拥有国家“建设项目环境影响评价资格证书（甲级）”“海域使用可行性论证资格证书（甲级）”“海洋专项工程勘察甲级证书”“计量认证资质证书”等。是中国海洋学会海洋物理分会、广东海洋湖沼学会、广东海洋学会等的依托单位。编辑出版《热带海洋学报》（核心期刊）。曾获广东省“文明单位”和广州市“文明单位”。

【中国水产科学研究院南海水产研究所】 中国水产科学研究院南海水产研究所建于1953年3月，是中国最早建立的从事热带亚热带水产科学研究的非营利公益型国家科研机构。

科研团队。全所有在职职工310人，其中科技人员266人（研究员40人、副研究员67人），博士生导师3名，硕士生导师64名。全所中央联系专家、院首席科学家、全国劳动模范、省劳动模范以及省部级有突出贡献专家40多名。

科研平台。所内设有水产养殖与生物技术研究室、渔业资源研究室、渔业环境研究室、食品工程与质量安全研究室、渔业工程研究室和渔业生物病害防治研究室、资源养护与海洋牧场研究室等7个研究室；此外，还设有渔业信息中心、海南热带水产研发中心、深圳试验基地、花都试验基地、调查船基地、南海渔业战略研究中心。

研究方向。以热带亚热带渔业科学研究为特色，在渔业科学技术发展和宏观决策服务中发挥重要技术支撑作用，研究解决国内渔业发展中全局性、基础性、关键性和方向性的重大科技问题，为渔业的持续、稳定、健康发展、促进现代渔业建设提供科技支撑和技术储备；以促进农（渔）民增收、渔业增效、水产品竞争力增强为己任，以渔业基础研究和应用基础研究为重点，集中突破促进行业快速发展的高新技术和重大关键技术，引领国内渔业科学技术自主创新能力、集成创新能力和引进消化吸收再创新能力的显著提升和持续发展。主要研究领域包括渔业资源保护与利用、渔业生态环境、水产健康养殖、遗传育种、生物技术、水产病害防治、水产品加工与综合利用、水产品质量安全控制、渔业装备与工程技术以及渔业产业发展战略等10大领域。

科研成果。建所以来，先后承担各级各类科研项目2000多项，获各类科研成果800余项，突出成果有《鲢、鳙鱼人工控制池塘繁殖》《大珠母贝人工育苗养殖与插核育珠》《“南海贻贝观察”体系的研究》《广东省海岛水域海洋生物和渔业资源调查》《鲻鱼人工繁殖与育苗技术研究》《我国专属经济区和大陆架海洋生物资源及其栖息环境调查与评估》《对虾规模化健康养殖技术》《罗非鱼与对虾加工与质量安全控制技术》《深水抗风浪网箱装备研制及养殖关键技术》《斑节对虾全人工繁育及良种选育》《斑节对虾遗传育种研究及新品种推广应用》《人工鱼礁关键技术研究与示范》《鲍鱼病害综合防治技术》以及《人工鱼礁与资源增殖养护关键技术》等，这些成果分别在各个时期为繁荣国家渔业经济做出重大贡献。

科技奖励。经过63年的建设，该所发展成为学科较为齐全、贡献较为突出、在国内外具有广泛影响的国家级海洋渔业科研机构，科技成果获得国家级奖13项，省、部级奖励129项，成为国家海洋与渔业科技创新、服务“三农”、推进现代海洋与渔业发展的主要科技支撑力量。

【中国水产科学研究院珠江水产研究所】 中国水产科学研究院珠江水产研究所创建于1953年，是珠江流域及其相关水系中唯一的国家级渔业科研机构。

科研团队。有在职在编190人，离退休128人，有专业技术人员156人，正高职称25人，副高职称29人，中级职称77人，初级职称17人；具有博士学位的职工占22%，35岁及以下人员比例占43.5%；与上海海洋大学、中国海洋大学、大连海洋大学、南京农业大学等高校联合培养研究生，现有联合培养兼职导师57人次，研究生数量稳步增加，2015年末培养硕士研究生53人、博士研究生5人。

科研平台。所内设有资源与生态、种子工程与健康养殖、水产品质量安全3大学科群，渔业资源保护与利用、渔业生态环境评价与保护、水产种质资源与遗传育种、水产养殖与营养、水产病害与免疫、水产品质量安全等6大学科领域。

科研方向。主要承担珠江流域及热带亚热带渔业科学基础研究和应用基础研究，解决渔业公共性、基础性、关键性、全局性、前瞻性重大科技问题，为政府提供技术支撑，重点开展资源生态、遗传育种、水产养殖、疫病防控等领域的研究。

科研成果。“十二五”期间，珠江所获得各级科研项目立项310多项，合同总经费达1.14亿元；发表各类研究论文649篇，其中SCI/EI收录135篇。

科技奖励。“十二五”期间，珠江所获各类科技奖励47项，其中省部级奖励12项，《大口黑鲈良种培育和产业关键技术研究与应用》等一批成果获得省部级二等奖，授权知识产权93项，大口黑鲈“优鲈1号”“乌斑杂交鳢”“莫荷罗非鱼”获新品种证书，草鱼出血病活疫苗获新兽药证书。

省属科研单位

【概况】 广东省是全国沿海省唯一没有省级海洋与渔业研究所的省份。广东省农业科学院是省人民政府直属正厅级事业单位，下设的动物科学研究所开展水产研究工作。依托南海水产研究所、珠江水产研究所、中山大学、广东海洋大学等驻粤科研院所和高校作为技术依托，建立广东省大亚湾海洋渔业试验中心、广东省渔业种质保护中心、广东省水生动物疫病预防控制中心、广东省海洋与渔业环境监测中心、广东省水产技术推广总站等省级海洋与渔业开发与推广中心，科技自主创新能力得到有效提升，为广东省海洋与渔业提供科研和教育的平台。

【广东省农业科学院】 省人民政府直属农业科研事业单位，正厅级，成立于1960年1月，前身是1930年由著名农学家丁颖教授创办的中山大学稻作试验场及1956年成立的中国农业科学院华南农业科学研究所。开展水产研究工作的主要是动物科学研究所水产研究室。

研究方向。广东省农业科学院动物科学研究所水产研究室主要从事水产动物营养需要、水产饲料添加剂、新型饲料原料开发利用、抗氧化和增强免疫力、水产养殖环境及健康养殖技术等方面的研究。研发团队有20多人，专业涉及生理生化、水产动物营养、生物技术、添加剂工艺、病害防治、水产养殖等。

科研成果。先后承担国家自然科学青年基金、国家星火计划、科技部科技型中小企业创新基金、广东省自然科学基金团队项目、广东省自然科学基金重点项目、广东省中科院战略合作项目、省教育部产学研结合项目、广东省海洋渔业科技推广专项重点项目等国家、省（部）、市级科研项目60多项，在水产动物营养免疫调控的应用研究、功能性添加剂以及配合饲料的产业化开发方面逐步形成特色和优势。

科技奖励。获得科技成果奖励13项，获得国家专利9项。通过成果的有效转化,开发新产品40多项，多个产品被评为国家级、省级重点新产品或被列入国家重大科技成果推广项目。

【广东省大亚湾海洋渔业试验中心】 隶属广东省海洋与渔业局的科研事业单位。原名为广东省大亚湾水产试验中心，位于惠州市大亚湾区澳头镇衙前村边，成立于1998年，2013年更名为广东省海洋渔业试验中心，

研究方向。主要承担海洋渔业科研试验工作，开展海洋生物、海水增养殖、名特优新品种人工繁育、海洋生物遗传育种、海洋农牧化、水产养殖病害防治等基础性技术研究试验工作，承担海洋生物标志放流技术研究及效果检验有关工作，承担海洋渔业科研成果孵化、中试工作，开展深海生物资源研究工作。

科研成果。主要从事石斑鱼等名贵鱼类种苗繁育、遗传育种及健康养殖技术研究与开发，取得丰硕的科研成果，研发的多项技术均处于国内领先水平。研发的工厂化及池塘生态系育苗技术，经示范推广，已广泛应用于其他海水鱼类种苗培育，彻底改变省内海水养殖种苗完全依赖天然捕捞或进口的局面。在国内首次取得石斑鱼杂交育种成功，并在多个杂交组合中筛选出青龙斑和虎龙斑两个具有优良性状的养殖新品种，在提高单产、增加抗性、保障品质等方面均具有不可比拟的优势。研发的杂交石斑鱼已在广东、海南、福建、广西等省份推广养殖，产生良好的经济效益和社会效益。

科技奖励。获得国家教育部一等奖1项、国家海洋科技创新二等奖1项、广东省科学技术一等奖1项、二等奖2项、三等奖3项。另还取得国家发明专利10个，在国内外核心期刊发表学术论文80多篇。

【广东省渔业种质保护中心】 隶属广东省海洋与渔业局的事业单位。原名为广东省淡水名优鱼类种苗繁育中心，成立于2000年，加挂广东罗非鱼良种场的牌子，是国家级水产良种场。2013年更名为广东省渔业种质保护中心。

科研方向。承担渔业种质资源的保种、引种及相关科研工作，承担水生珍稀濒危鱼类的养护和境外引进水产品种的隔离防疫养殖试验工作，承担水产原（良）种苗和人工增殖鱼苗的培育工作，承担国家华南地区罗非鱼、鲮鱼的种质保护和良种选育任务，开展水产名优品种的人工繁殖、绿色健康高效养殖技术、现代养殖模式的研究示范工作。

科技成果。选育的“新吉富”罗非鱼拥有自主知识产权，并注册了“广特超”商标，在全国广泛推广养殖。在良种选育方面获得具有自主知识产权的新品种，并积极推广一年养殖两造和鱼虾混养新技术，取得良好的经济和社会效益。在罗非鱼苗种生产技术上取得两项国家发明专利。

科技奖励。作为参加单位，“罗非鱼良种选育与产业化关键技术”获2009年广东省科学技术奖一等奖，“罗非鱼产业良种化、规模化、加工现代化的关键技术创新及应用”成果获得2009年度国家科技进步二等奖。独立完成的“罗非鱼良种良法研究与推广应用”获得2013年省农业技术推广奖二等奖。

【广东省水生动物疫病预防控制中心】 隶属广东省海洋与渔业局的事业单位。1996年经广东省机构编制委员会批准设立广东省水产养殖病害防治中心，2008年经广东省机构编制委员会办公室批准更名为广东省水生动物疫病预防控制中心，同时加挂广东省水产种苗种质检测中心的牌子。

研究方向。主要承担全省水生动物疫病预防控制和水生动物防疫检疫及卫生监督工作，组织开展水生动物疫病检疫与预防控制技术的研究、试验和示范，依法实施水生动物、水产种苗及其产品的检疫和引种隔离检疫监控。

成果奖励。在重大水生动物病虫害的防控技术研究、试验、推广上获省科学技术奖二等奖 2 个、三等奖 2 个，中国水产科学研究院科技进步奖二等奖 1 个，省农技推广奖二等奖 1 个、三等奖 3 个。作为参加单位，“刺激隐核虫生物学及综合防控技术研究”项目获得 2013 年省科技进步二等奖，“草鱼出血病新病原株确证及综合防控技术研究与示范”获得 2014 年省科技进步二等奖，“贺江等足类寄生虫病防治技术研究”项目于 2012 年获得广东省科学技术三等奖。

【广东省海洋与渔业环境监测中心】隶属广东省海洋与渔业局的事业单位，1998 年 10 月在省渔业资源增殖总站基础上组建成立。

研究方向。主要承担海洋与渔业环境、生态、陆源污染物排海等监测监视工作，承担全省海洋环境监测业务体系建设工作，编制海洋与渔业环境质量公报，承担渔业资源的调查、资源增殖放流和增殖水域及人工鱼礁区效果检测等工作，承担海洋生态修复评价工作，承担赤潮等海洋自然灾害现象的调查、监测和预警等工作。

成果奖励。获得国家认证认可监督委员会颁发的《资质认定计量认证证书》，具有农业部颁发的《渔业污染事故调查鉴定资格证书》（甲级）和国家海洋局颁发的《海域使用论证资质证书》（乙级）等资质。作为主要完成单位参与的南海水产研究所主持承担的“人工鱼礁关键技术研究与示范”项目荣获 2013 年度广东省科学技术奖一等奖。

【广东省水产技术推广总站】隶属于广东省海洋与渔业局的事业单位，成立于 1982 年。为广东省海洋与渔业行业的发展提供有关基础性、辅助性、技术性的服务，开展海洋与渔业的科学研究、咨询服务，研究、开发和推广新技术、新品种，承担国家安排的华南地区水产引种、保种和育种工作。全省形成省、市、县、乡（镇）四级技术推广网络，有一支较强的技术推广队伍，能有效地示范推广各种重大水产技术。作为参加单位，参加研究完成的“深水抗风浪网箱装备研制与应用”获 2011 年广东省科学技术奖一等奖，“斑节对虾遗传育种研究及新品种推广应用”获得 2015 年广东省科学技术奖一等奖。

五、重点实验室

综述

【概况】“十二五”期间，广东省以建设省级重点实验室为构建科技创新体系的基础，以中山大学、中科院南海海洋研究所、广东海洋大学、水科院南海水产研究所等在粤科研院校为支撑，建成覆盖海洋生物技术、水生经济动物良种繁育、海岸防灾减灾、近岸海洋工程、海洋药物、海洋环境等领域的省级以上重点实验室。截至 2015 年底，广东省共有涉海涉渔的省级以上重点实验室 26 个，包括有国家级重点实验室有 3 个，省级重点实验室有 12 个，部级重点实验室有 9 个，还有 2 个是由广东省教育厅批准设立重点实验室，即华南师范大学的广东省高等学校生态与环境科学重点实验室和暨南大学的水体富营养化与赤潮防治广东普通高校重点实验室。

【广东省高等学校生态与环境科学重点实验室】由广东省教育厅于 2006 年批准设立，依托单位是华南师范大学生命科学学院，是“华南沿海生物资源研究及其应用”国家“211”工程重点建设学科项目。实验室现有教师 30 人，其中中国科学院院士 2 人，博士生导师 10 人，教授 21 人（含博士生导师），副教授 5 人，具有博士学位的教师 25 人。已形成一支学术水平高、年龄结构合理、专业互补性好、合作精神好和创新能力强的研究队伍。先后引进国内著名生态学家、中国科学院院士孙儒泳教授和联合国环境规划署首席顾问、瑞典皇家科学院院士拉斯•奥尔夫•彼昂。该实验室承担国家海洋公益项目、国家自然科学基金项目、广东省自然科学基金项目与广东省科技计划项目等国家级和省部级重要科研项目 30 余项，项目总经费 2000 多万元。在国际学术刊物发表学术论文（SCI 收录）34 篇。“十二五”期间，获得省级科研成果奖励 4 项，出版研究专著 4 部，获授权发明专利 3 项，成果推广直接经济效益 6800 多万元。

【水体富营养化与赤潮防治广东普通高校重点实验室】成立于 2007 年 8 月，获广东省教育厅批准立项。实验室建设整体纳入“211 工程”水生生物学国家重点学科建设项目，2011 年 4 月以优秀成绩通过验收。依托水生生物学国家重点学科，由暨南大学水生生物研究所、赤潮与水环境研究中心和生物工程学系部分实验室等组成，形成了一支结构合理、优势明显、在国内外有较大影响的研究队伍。实验室面积 1760 平方米，拥有各类仪器设备 1202.53 万元。实验室集中暨南大学生命科学技术学院、理工学院相关学科的优秀人才。实验室有各类研究人员 40 余人，其中教授 20 人，博士生导师 14 人。重点实验室以水生生物学国家重点学科为基础，设 4 个研究方向：（1）赤潮生物学及防治；（2）水体富营养化与生态修复；（3）近海环境与生物资源利用；（4）水产养殖与藻类生物技术。

国家重点实验室

【概况】 至 2015 年底，广东省涉海涉渔国家级重点实验室有 3 个，分别是：中山大学的"有害生物控制与资源利用国家重点实验室"，中国科学院南海海洋研究所的"热带海洋环境国家重点实验室"，中国科学院广州地球化学研究所的"有机地球化学国家重点实验室"。

【有害生物控制与资源利用国家重点实验室】 依托中山大学，是在中山大学昆虫学研究所原有基础上发展起来的，原名生物防治国家重点实验室，由"南中国生物防治之父"蒲蛰龙院士于 1978 年创建，1995 年通过验收正式成为国家重点实验室。2005 年 4 月经科技部批准更改为现名。

研究领域。实验室原主要研究领域为农、林、卫生害虫的生物防治，1999 年开始拓宽。生物防治国家重点实验室主要研究领域为热带、亚热带有害生物的生物防治，以应用基础研究为主，为我国国民经济尤其是大农业的可持续发展和生态环境保护服务。主要研究方向包括：（1）有害生物及其天敌的分子生物学和生物信息学；（2）有害生物及其天敌的分类、生态学和进化；（3）有害生物的预警信息与技术；（4）生物防治策略及应用新技术。

科研团队。现有固定人员 36 人，其中教授 11 人（含博士生导师 9 人）、副教授和高级工程师 12 人，讲师 5 人，技术人员 8 人。此外聘任兼职教授 9 人、兼职副教授 5 人，含中国科学院院士 1 名，外籍教授 2 名。

仪器设备。实验室拥有 100 多套高精密的仪器设备，包括 DNA 合成仪、伽玛计数系统、液体闪烁计数器、高级蛋白纯化系统、紫外分光光度计、各种离心机、植物生长箱、DNA 自动测序仪、DNA 杂交系统、DNA 扩增仪、电穿孔仪、自动酶标分析仪、全自动 10 立升发酵罐和 2 立升细胞培养罐、超低温冰箱、冷冻干燥器、二氧化碳培养箱、冷冻式培养箱、纯水系统、SDS 电泳系统、透射电子显微镜、扫描电子显微镜、万能研究显微镜、实体显微镜、倒置显微镜、相差显微镜、超薄切片机、组织切片机、染色机等。可满足生物组织超微结构研究、模拟生态系统的生态学研究、微生物学研究、组织培养，以及分子生物学和基因工程研究的需要。实验用房总面积2000多平方米，另有昆虫饲养室、大型网室等，以及专门供外地来实验室工作的客座人员的住宿用房。

项目成果。自 1991 年以来，本实验室先后承担了国家"八五"和"九五"攻关，"863""973"，国家自然科学基金重大和重点项目，国家自然科学基金面上项目，博士点基金，省部委级科研项目，国际合作项目等 100 多项，共获得科研经费 1000 多万元。在国内外发表学术论文 400 多篇，专著 7 部，发明专利 5 项，研究成果获省部委级以上的重大科研成果奖励 10 项。昆虫病毒杀虫剂的部分研究成果已转化为产品，商品名为"虫瘟一号"系列；与荷兰农业大学合作，成功地构建了多株高效的甜菜夜蛾和粉纹夜蛾重组杆状病毒，将杀虫效能提高一倍以上。首次通过转座子 Tn917 把广谱溶细胞的 cyt1A 基因整合进苏云金杆菌 Btk 染色体中，分别构建出一株对蚊子特效和一株对鳞翅目和双翅目害虫高效的杀虫工程菌；同时，克隆了一个新的 Bt 蛋白伴侣（chaperone）基因，并用以构建出系列高产高效的杀虫工程菌株，使该领域的研究达国际领先水平。对昆虫病毒亚单位的三级结构研究已进入该领域的国际前沿。在水稻害虫综合防治、森林害虫寄生蜂的引种驯化和害虫管理模型等研究，均取得重要成果。首先提出农田节肢动物群落重建 (Community re-establishment) 的概念。大沙水稻综合防治试验基地自 20 世纪 70 年代建立以来继续得到巩固与发展，作为实验室的一个重要基地，在贯彻害虫综合防治管理体系中已享有相当的知名度。在拓宽的研究方向中，水生经济动物病害（如虾病）及其防治研究、转基因抗病虫植物研究以及环境污染的生物治理研究等都取得了丰硕的成果。

人才培养。实验室现为动物学（含昆虫学）硕士点、博士点和博士后科研流动站，是全国第一批博士点，博士后流动站和国内访问学者接受单位。已培养硕士研究生 40 多名、博士研究生 30 多名，并有 10 名博士后研究人员出站。生物防治与多个学科交叉，已成为昆虫学、生物防治、生态环境保护、生物新技术开发与应用的高级人才培养基地。

交流合作。实验室目前与美国、英国、德国、法国、荷兰、菲律宾、日本、新西兰、泰国、俄罗斯、加拿大等国家以及国内的多个单位在多个生物防治研究领域有合作关系。本实验室设有开放研究基金和高访学者研究基金，资助生物防治的基础理论研究和应用基础研究，热忱欢迎国内外科学家，尤其是青年学者前来来本实验室开展研究和协作。

【热带海洋环境国家重点实验室】依托中国科学院南海海洋研究所，在中国科学院热带海洋环境动力学重点实验室建立10年的基础上，于2014年7月通过国家科技部论证，完成国重建设任务，正式进入国家重点实验室序列，并于2015年通过国家重点实验室第一次评估。"热带海洋环境国家重点实验室"立足南海，面向邻近热带大洋，以热带海洋环境动力过程为主线，重点研究南海及其邻近大洋海洋环流系统、热带海洋气候变异、热带海洋动力过程的生态与环境效应等关键科学问题，强化海洋观测技术研发及应用，不断提升热带区域海洋学研究的理论与应用水平，满足国家在南海海洋资源开发与海洋权益维护等方面的重大需求。

研究方向。"热带海洋环境国家重点实验室"立足南海，面向邻近热带大洋，以热带海洋环境动力过程为主线，重点研究南海环流与中小尺度动力过程、热带海洋—大气过程与气候效应、热带海洋动力过程的环境效应等关键科学问题，不断强化海洋观测技术研发及应用，不断提升热带区域海洋学研究的理论与应用水平，满足国家在南海海洋资源开发与海洋权益维护等方面的重大需求，为我国海洋强国战略和"一带一路"政策的"21世纪海上丝绸之路"建设提供服务。方向一：南海环流与中小尺度动力过程。具体研究重点如下：（1）南海典型中尺度过程的动力学机制；（2）南海西边界流与中、小尺度过程的相互作用；（3）南海环流与大洋环流典型动力特征的比较分析；（4）南海及其邻近海域水文保障关键技术。方向二：热带海洋—大气过程与气候效应。具体研究重点如下：（1）热带印度洋—南海热盐分布及其与印—太大尺度环流变异的联系；（2）热带区域海洋热力反馈与气候模态的演变机制；（3）全球气候变化与热带海洋的区域气候响应（含模式及天气尺度过程）。方向三：热带海洋动力过程的环境效应。具体研究重点如下：（1）南海生态环境特征与演变规律；（2）热带海洋中小尺度物理—化学—生物过程的耦合机制；（3）海洋环境要素监测的新技术、新方法。

科研团队。实验室现有研究员36名，副研究员33名，博士生导师27名，硕士生导师40名。设有海洋科学博士后流动站及博士、硕士研究生招生点。5年来，出站博士后8名，毕业博士生51名，毕业硕士生67名。现有博士后3名，在读研究生99名，其中博士研究生55名。

科研成果。2012—2015年，共出版专著9部；2012—2014年，共获得各种奖项5项。《南海海洋环境数值试验平台》获得2012年度度海洋工程科学技术二等奖，《南海海洋环境数值试验平台》获2013年度海洋工程科学技术二等奖，"南海及邻近海域藻华形成演变过程机制与遥感监测方法"获2013年度广东省科学技术成果（自然）一等奖，LTO研究成果"南海及邻近海域藻华形成演变过程机制与遥感监测方法"获2013年度广东省科学技术成果（自然）一等奖，"南海与邻近热带区域的海洋联系及动力机制"获2014年度国家奖自然科学二等奖。

【有机地球化学国家重点实验室】依托中国科学院广州地球化学研究所，于1989年批准建设、1992年11月通过验收正式成为国家重点实验室，并与广东省共建了第一个由中国科学院与地方政府共建的重点实验室——广东省环境资源利用与保护重点实验室。

研究方向。以近代地球化学和矿物学为主要学科，优先发展有机地球化学和同位素地球化学，积极开拓环境地球化学、区域可持续发展及海洋地球化学等新领域。拥有雄厚的研究和技术力量，主要从事能源、资源、环境方面的研究与开发工作。10余年来，国家对石油天然气资源与环境的战略需求和当代有机地球化学学科的发展走势始终决定着有机地球化学国家重点实验室的主要研究方向。

研究内容。石油天然气地球化学近期主要研究成盆、成烃、成藏的地球化学过程与动力学机制以及非常规油气资源的成因等科学问题；环境有机地球化学针对珠江三角洲经济高速发展所带来的环境问题，对毒害有机污染物的环境行为、污染机理进行研究；生物地球化学以碳氢同位素与生物标志物为主要研究手段揭示与碳循环、水循环有关的地球化学过程，为全球气候变化提供机制上的证据。主要研究内容：（1）石油天然气地球化学；（2）环境有机地球化学；（3）生物地球化学。

科研团队。现有固定人员52人，其中研究人员37人，技术人员13人，管理人员2人。拥有中国科学院院士1人，高级职称39人，博士生导师16人，并设有博士后流动站。现有在站博士后11名，在读博士研究生136名，在读硕士研究生50名。经过多年的努力，实验室已建设成为一个设备先进、技术力量雄厚、在国内领先并在国际上有一定影响的实验室。拥有一批素质较好、经验丰富的科研骨干和朝气蓬勃、思想活跃的博士后、博士生及硕士生，已形成一支学科配套、新老结合、配合默契的研究队伍。

项目成果。多年来，在石油天

然气与分子有机地球化学领域和环境地球化学领域取得了一批高水平研究成果，获国家科技进步一等奖2项，国家科技进步二等奖2项，国家自然科学三等奖1项，获省部级自然科学奖和科技进步奖20余项。近5年来，在国内外重要学术刊物上发表学术论文350余篇，其中国外SCI刊物50余篇，在国内外学术界产生了重要影响。代表性研究成果有："煤成烃地球化学"，获1992年度中国科学院自然科学二等奖；"地质体分子标志物的研究"，获1999年国家自然科学三等奖；近年来还开展一些新的研究领域，如成藏动力学、成藏年代学、油气田开采地球化学及生物地球化学研究，并取得了一些初步研究成果。

交流合作。长期以来广泛开展了国内外学术交流与合作，曾成功地举办过多次全国性和国际性学术会议，有力地推动了学术活动的开展和学术交流。多年来，我们与英国、美国、法国、澳大利亚、加拿大等国际著名有机地球化学实验室建立了合作关系。出国讲学、考察访问、进修、学习、合作研究、合作培养研究生等有上百人次，邀请外籍学者、专家来室讲学、交流、合作研究等近百人次。这些国内外学术交流和合作促进了出成果、出人才及学术和技术水平的不断提高。

省级重点实验室

【概况】 广东省涉海涉渔省级重点实验室12个，包括有：汕头大学的广东省海洋生物技术重点实验室，中山大学的广东省水生经济动物良种繁育重点实验室、广东省药用功能基因研究重点实验室和广东省近岸海洋工程重点实验室，中国科学院南海海洋研究所的广东省应用海洋生物学重点实验室和广东省海洋药物重点实验室，中国水产科学研究院南海水产研究所的广东省海洋渔业生态环境重点实验室，中国水产科学研究院珠江水产研究所的广东省水产动物免疫技术重点实验室，华南师范大学的广东省水产健康安全养殖重点实验室，广东海洋大学的广东省水产经济动物病原生物学及流行病学重点实验室，广东省生态环境与土壤所和国家环保总局华南环境科学所的广东省农业环境综合治理重点实验室，广东省水利水电科学研究院的广东省水动力学应用研究重点实验室。

【广东省海洋生物技术重点实验室】 以汕头大学为依托单位，1993年4月获得广东省科委和计委立项建设，1995年12月通过上级主管部门组织的验收，成为广东省第一个海洋科学类的省级重点实验室。

研究方向。海洋动物学：包括水产动物营养与饲料学，鱼类生理及分子生物学，水产动物优良品种培育及繁育技术，水产动物免疫学及病害防治技术。鱼类生物学：包括藻类生理生态学与全球变化，海藻优良品种培育及产业化技术，赤潮藻类生物学。海洋生物技术：包括海洋生态环境保护及生物修复技术，环境管理与海洋珍稀动物保护策略，生态毒理学与水产品安全，养殖生态学。海洋生物资源综合利用：包括功能食品开发，特异微生物资源利用，海洋生物活性物质开发利用。

研究内容。重要海水养殖动物的营养生理及高效配合饲料研发、重要海水养殖动物的苗种繁育及产业化技术、病害综合防控技术、海藻优良品种培育及产业化技术、海藻生理生态学与应用藻类学基础研究、海洋生物资源综合利用技术、养殖生态环境保护与修复技术、海域管理策略。

科研团队。重点实验室由校内实验室和"南澳临海实验站"两部分组成，校内实验室面积2000多平方米，南澳临海实验站有陆地面积130多亩、专用试验海域约10公顷、建筑面积1000多平方米；重点实验室科研设施齐全，仪器设备先进，其总值2500余万元，具有开展海洋生物学研究的优越条件。其中，"南澳临海实验站"被来访专家学者认为是我国最好的临海实验站之一。实验室以多学科交叉为基础，以技术创新为动力，立足粤东，放眼全国，纵览全球，以粤东海域特色的藻类、贝类、鱼类、虾蟹类、特异微生物资源等为对象，从开发利用、生态环境、资源保护等方面进行基础理论和应用开发技术方面的研究，为地方海洋与水产经济的发展提供理论依据和技术支撑。目前，广东省海洋生物技术重点实验室已成为在国内外具有一定影响力的从事海洋生物科学研究和人才培养的重要基地。

项目成果。科研团队已承担包括1项国际合作项目、4项国家自然科学基金项目在内的科研课题21项，参与国际、国内合作研究10项，发表科研论文50余篇，获得学术和科研奖励10多次，向世界基因库登记新基因序列7个，申请国家发明专利4项。

【广东省水生经济动物良种繁育重点实验室】 依托于中山大学，以"水生经济动物繁殖、营养与病害控制国家专业实验室"为基础，于1996年1月建立，是重点学科动物学的发展项目，是国家利用世界银行贷款建设的专业实验室之一，下设鱼类繁殖与生长、鱼类营养、鱼病学、虾类养殖和病害防治四个研究室。

研究方向。结合我国水产养殖的发展研究工作，主要研究方向为：

（1）鱼类繁殖和生长研究；（2）鱼类营养和饲料研究；（3）鱼类病害控制研究；（4）虾类养殖和病害研究。

研究内容。深入研究广东省主要海水养殖鱼类优良品种和养殖虾类优良品种，在已有鱼类水生经济动物生殖和生长、营养、病害的研究基础上，解决它们的苗种繁育、营养饲料和病害控制的关键问题。

项目成果。瞄准国民经济建设的重大需求，在水生经济动物繁殖、育种与资源利用、水生经济动物病害控制与健康养殖、水生经济动物营养饲料与代谢生态等研究领域均取得许多重要成绩。相关成果先后获广东省科技进步一等奖、教育部科技进步一等奖、广东省科学技术突出贡献奖和首届南粤创新奖等，研制与推广高新技术和产品5～6项，获得专利3～5项，2011年被评为广东省优秀重点实验室。

【广东省药用功能基因研究重点实验室】 依托中山大学生命科学学院，成立于2003年，2005年通过科技厅组织的验收。

研究方向。主要围绕广东省新药开发所需的生物技术中的共性和关键问题，以我国特有人类基因资源和药用海洋生物等作为研究对象，利用功能基因组学、药物基因组学、生物信息学等多学科交叉的技术平台来研究药用功能基因/活性蛋白及其作用的分子机理，为新药开发提供具有自主知识产权的候选药物，同时，寻找药物作用新的靶点，为新药开发提供指导，提高广东省在生物技术药物开发方面的综合竞争力，为广东省生物技术和生物医药产业的快速发展做出贡献。

研究内容。主要研究内容包括：海洋生物药用功能基因工程产品的研究与开发，肿瘤药物治疗新靶点的筛选，免疫防御机理研究及免疫调节药物，神经系统药物与生殖系统疾病药物的筛选，海洋致病微生物蛋白质组学和跨种属多价疫苗候选保护原的研究等。

科研团队。实验室现有国家杰出青年基金获得者3名、长江学者特聘教授2名、相关领域的博士生导师8名作为学术带头人，另有15名副教授学术骨干和50多名在读博士、硕士研究生正在从事药用功能基因的研究。近5年，已培养博士、硕士研究生共100多人。实验室十分注重对现有科研人员的培养。

研究成果。自2006年承担43项国家级以及省部级研究课题，承担的项目主要是直接资助药用功能基因研究的项目，如“863”重点项目课题“海葵强心肽基因工程产品关键技术研究”、“863”重大项目课题“神经镇痛药1t14a的临床前研究”以及“863”专题项目“信号芋螺药用功能基因的研究与开发”和国家自然科学基金项目“信号芋螺lt5d与钠离子通道作用的分子机制及功能研究”等，这些课题的实施有力地提升了实验室在药用功能基因研究水平，使我们获得了一批具有自主知识产权的候选药用功能基因，基本完成了2个海洋多肽的临床前研究，发现了一批候选药物作用靶点，使广东省药用功能基因研究重点实验室成为国内药用功能基因研究的重要基地，奠定了其在药用功能基因研究领域国内的领先地位，跨入国际先进行列。

【广东省近岸海洋工程重点实验室】 依托中山大学，于2006年立项。建设期为：2006—2009年。

研究方向。（1）近岸工程（含近海工程）；（2）近海环境工程；（3）海洋防灾减灾工程。

研究内容。（1）近岸工程（含近海工程）：海上结构物（如海洋平台和深水网箱）抗风浪能力的研究；大型水上结构（如沉管和沉箱）出运及沉放方法的研究；港珠澳跨海大桥及海底遂道安全监测系统的研制；近岸海底管线铺设与登滩工程。（2）海岸两栖军事活动的海洋工程问题；南沙港的开发与建设问题；近海环境工程：进行广东河口区咸潮的预警系统及调控系统的研究。建立“数字珠江”模拟、管理、预测和决策系统；南沙港区开发与海洋环境相互影响的研究；广东近岸海洋环境立体监测系统的研制；球变暖、海面上升背景下的岸线长期演变趋势、工程应对措施和规划利用。（3）海洋防灾减灾工程：风暴潮引起的海岸侵蚀防护和工程应对措施；珠江河口区防洪及水资源综合利用系统的研究；南中国海海底地震引起的海啸对广东沿岸潜在威胁的研究；液化天然气(LNG)和石油的海上安全储运与事故防控系统的研究。

【广东省应用海洋生物学重点实验室】 中国科学院、广东省和广州市三方，针对广东省社会经济发展战略部署，依托于中科院南海海洋研究所现有科研实验基础和研究力量组建的省重点实验室，是建设中的南方海洋科学创新基地的重要组成部分。于2004年立项，建设期为：2004—2007年。

研究方向。实验室主要进行应用海洋生物学与生物技术研究，以海洋生物资源与生物多样性、海水养殖生物技术和海洋环保生物技术产品为主要研究方向。

研究内容。（1）海洋生物资源可持续利用：海洋生态系统动态变化与资源生物生产过程研究；海洋生物多样性研究；近海增养殖容量与恢复渔业工程可持续性研究。（2）海水养殖生物技术：经济海洋生物遗传发育和生长规律研究；海洋生物种质保藏与功能基因利用技术；海洋生物种苗全人工繁育和良种选育技术；海洋生物病害检测和控制技术；海水健康养殖模式和关键技术。（3）海洋环保生物技术和绿色产品开发：海洋生态环境保护与受损生态系统修复技术；海洋污染物生物降解技术；海洋生物污损防护技术；水产品精深加工技术。

科研团队。 现有固定科研人员20人，其中研究员10名，包括“中国科学院百人计划”引进人才3名，博士生导师9名；副研究员6名；拥有博士学位科研人员15名。流动人员30人，其中客座研究员5人，博士研究生15人，硕士研究生10人。分属海洋生物学、海洋生态学、水产养殖学、分子生物学、生物技术、遗传育种、病害防治、营养与饲料和海洋环境等专业。实验室设管理委员会和学术委员会，下设3个实验室（海洋生物资源与生物多样性实验室、海水养殖生物技术实验室、海洋环保生物技术实验室）、1个海洋生物种质库和2个示范基地，由中国科学院南海海洋研究所提供相关实验室和基础条件，通过改造、扩建和优化，在原有的基础上配套建设而成。

项目成果。 2006年12月，在广东省海洋药物重点实验室和广东省应用海洋生物学重点实验室的基础平台上，建成中国科学院热带海洋生物资源与生态重点实验室。实验室成立以来，共立项课题384项，主持国家“973”计划项目1项，国家杰出青年基金项目3项，国家青年“千人计划”项目1项，中科院“百人计划”8项。获得国家和省部级科技奖奖励6项，其中：国家科技进步二等奖2项（2007、2008），海南省科技进步一等奖1项(2010)，广东省科技进步一等奖3项（2008、2011、2012）。实验室共出版专著25部，其中主编9部。共发表学术论文780篇,其中SCI、EI收录485篇，授权专利79项。实验室进行转让及获得采用的成果有14项，获得社会经济效益超过10亿元。

【广东省海洋药物重点实验室】 分别依托于南海海洋所和湛江海洋大学，成立于2000年11月。2006年12月，在广东省海洋药物重点实验室和广东省应用海洋生物学重点实验室的基础平台上，建成中国科学院热带海洋生物资源与生态重点实验室。

研究方向。 以研究和开发海洋天然药物为主，逐步开展海洋合成药物和海洋基因工程药物，基础研究与应用研究并重。面向南海海域，主要开展具有特异功效的海洋药物先导化合物研究、海洋药物有效成分研究、海洋药物创新新药研制与开发、海洋药物资源调查和名贵海洋药用生物养殖等研究工作业。

项目成果。 经过几年的建设，南海海洋所省海洋药物重点实验室已初步形成了一支具有热带海洋药物科学特色的、有创新能力的高素质科技人才队伍。几年来，共承担国家、中科院、省、市科研项目20多项，申请国家发明专利20多项；在新药成果方面，已获准生产新药1项，申报生产1项，申报临床1项，完成临床前研究1项；会同广州中医药大学建立了GLP药理毒理实验室，按照GLP的要求完成了多项药物安全评价。

【广东省海洋渔业生态环境重点实验室】 2002年8月，原“中国水产科学研究院海洋渔业生态环境与污染监控技术重点开放实验室”通过了广东省重点实验室的评审，被命名为“广东省海洋渔业生态环境重点实验室”。

研究方向。 主要是开展广东省渔业生态环境、污染效应、环境调控和环境修复等方面的应用基础研究、高新技术研究、实用技术研究、重大工程技术研究及开发，为广东省渔业生态环境保护与可持续利用提供科学依据。

研究内容。（1）渔业水域生态环境监测与质量评价技术研究。（2）渔业增养殖水域环境容量、污染调控与环境修复技术研究。（3）渔业环境污染与水产病害发生关系及综合防治技术研究。（4）环境污染对养殖生物影响效应与防控技术研究。（5）环境污染对增养殖种质与渔业资源的影响研究。（6）水产养殖自身污染防治技术与水产品质量保障技术研究。

科研团队。 实验室共有25名固定编制人员，其中有农业部有突出贡献的中青年专家2人，研究员10人、副研究员11人，博士生导师1人、硕士生导师7人，博士2人，博士生3人。学科配置有海洋化学、分析化学、海洋生物学、生物毒理学、物理海洋学、海洋微生物、渔业环境、水产资源学、水产病害等，是一支老、中、青结合，学科专业配套合理，专业理论扎实，科研开拓、创新能力强，年龄梯队明显、以青年骨干为主的高素质的科技队伍。

项目成果。 几年来科研团队共获得14项奖励，其中国家科技进步三等奖1项；农业部科技进步二等奖4项，三等奖1项；在国内外一级学术刊物上发表的论文有50多篇。

【广东省水产动物免疫技术重点实验室】 依托于中国水产科学研究院珠江水产研究所，于2003年8月立项。实验室围绕水产动物免疫技术学科前沿，着手构建具有国内领先水平的水产动物免疫系统研究技术平台，为研制系列疫苗等水产动物免疫制剂打下良好的基础。

研究方向。 开展水产动物免疫学基础、水产动物免疫制品制造、水产动物免疫技术应用等研究，研制出系列安全、高效、规范、经济、实用化程度高的疫苗等水产动物免疫制剂。

研究内容。（1）水产动物免疫基础研究：主要水产动物疾病病原学、流行病学、病理学研究；主要水产动物的特异性免疫机制和非特异性免疫机制；免疫影响因子。（2）水产动物免疫制品制造技术研究：海、淡水养殖鱼类主要致病原疫苗的研究及制备；水产动物非特异免疫增强剂的研究及制备。（3）水产动物免疫技术应用研究：疫苗剂型与施用途径；多联疫苗组合抗混合感染或继发感染；疫苗与免疫增强剂联用方案；免疫保护评价体系；工厂化生产工艺。

科研团队。共有专职研究人员21人，高级职称人员占50%以上；有设备较完善的实验室和试验基地，可基本满足水产动物免疫技术相关工作的各种需要。

项目成果。科研团队获科研奖励6项，其中农业部科技进步二、三等奖各1项，广东省科技进步二等奖1项，中国水科院科技进步一等奖1项；发表论文60余篇；获发明专利1项、申请3项；获国家水生实验动物品系审定1项；研制的7种渔药获省级新兽药文号并在生产中应用。

【广东省水产健康安全养殖重点实验室】依托华南师范大学生命科学学院建设。2009年获批立项。建设期为：2009—2012年。

研究方向。（1）节约减排、安全高效、抗应激、促生长、低蛋白水产配合饲料研制。（2）微型生物对高风险水产养殖系统的综合调控机理与技术。（3）华南地区鱼类资源调查。

研究内容。（1）节约减排、安全高效、抗应激、促生长、低蛋白水产配合饲料研制。包括安全高效低蛋白水产饲料配制、水生经济动物营养免疫学、水生经济动物抗逆性研究和应用。（2）微型生物对高风险水产养殖系统的综合调控机理与技术。包括微型生物对高风险水产养殖系统水质调控机理、原生动物研究、鱼类寄生虫研究。（3）华南地区鱼类资源调查。包括鱼类资源调查和评估、淡水鱼类亲缘地理研究。

项目成果。科研团队承担国家自然科学基金、广东省教育部产学研结合专项资金、国家农业部、国家海洋局以及省重大科技攻关和省自然科学基金重点项目等科研项目20余项，合作承担“十一五”国家科技支撑计划课题2项。取得1项国际领先、4项国际先进水平的科研成果，获省级科技进步奖二、三等奖3项和省级优秀教学成果奖一等奖1项。首创节约减排、安全高效、抗应激、促生长的虾鳗鳖配合饲料和对虾健康养殖三连环技术。已出版学术专著和译著各1部，参编学术著作2部，在国内外学术刊物上发表论文180余篇，其中SCI收录14篇。

【广东省水产经济动物病原生物学及流行病学重点实验室】依托于湛江海洋大学，于2004年立项，建设期为：2004—2007年。

研究方向。水产经济动物病原生物学及其致病机理、水产经济动物主要疾病的流行病学、水产动物免疫学诊断监测技术。

研究内容。（1）水产经济动物病原生物学及其致病机理：海水鱼弧菌病主要病原生物学特性研究；病原致病因子及其致病机制的研究；海水鱼细胞系的研究。（2）水产经济动物主要疾病的流行病学：海水鱼弧菌病的传播和流行规律的研究；病原、养殖对象和环境的相互关系的研究；高效的免疫生物制品的研制。（3）水产动物免疫学诊断监测技术：海水鱼弧菌病的免疫诊断技术的研制；分子生物学诊断技术的研制；建立海水鱼弧菌病的监控体系。

科研团队。实验室下设水产动物病原生物学、水产经济动物病理学及流行病学、水产经济动物免疫诊断、分子生物学等4个研究室和一个室内养殖实验室。目前，实验室在岗研究人员20名，其中教授或研究员9名，副教授或副研究员8名，中级及初级职称5人，具有博士学位的14人。

项目成果。主要从事水产经济动物病原生物学及其致病机理、水产经济动物主要疾病的流行病学及水产动物免疫学诊断监测技术方面的研究。现已从水产养殖动物中分离并保存病原近20余种；完成了石斑鱼、红笛鲷弧菌病的发病季节、易感鱼年龄、感染率、死亡率及环境因子对弧菌病发病的影响等基础性工作，并对红笛鲷弧菌病的血清流行病学和分子流行病学进行了深入探讨；纯化了多种海水鱼的免疫球蛋白，并对红笛鲷母源抗体的垂直传播机理和免疫器官的个体发育及其分子基础进行了研究；分离纯化了溶藻弧菌的外膜蛋白和胞外产物并对其理化特性以及对宿主的保护作用或毒性进行了研究，同时对溶藻弧菌主要保护性抗原基因和致病因子基因进行了克隆和表达；开发出了弧菌病免疫学快速诊断试剂盒和分子诊断试剂盒；制备了海水养殖鱼类弧菌联合疫苗、亚单位疫苗和DNA疫苗，其中联合灭活疫苗分别于2005年6—11月、2006年6—8月间在雷州、阳江、湛江、海南等地养殖区进行推广应用，计免疫30万余尾次，使这些地区的弧菌病降低90%左右。实验室立项以来共发表科技论文111余篇，其中

SCI 收录 13 篇，发明专利 9 项，参编著作 6 部，获得广东省科技进步一等奖 1 项，湛江市科技进步特等奖和一等奖各 1 项、二等奖 3 项、三等奖 1 项。

【广东省农业环境综合治理重点实验室】 依托省生态环境与土壤所和国家环保总局华南环境科学所，建于 2001 年，主要从事农业环境、农业生态方面的基础和应用研究。

研究方向。开展以水土资源为核心的农业环境及其综合治理领域的前瞻性应用基础研究，实现土壤科学、环境科学与农业科学的相互渗透，为区域生态环境建设、可持续发展做出的重要贡献。围绕该学科目标，重点发展的研究方向：（1）土壤质量及其退化修复；（2）水土保持与扩散源污染（非点源污染）控制；（3）农业清洁生产与环境材料；（4）农业水环境与水污染控制。

研究内容。（1）农业水污染控制工程。（2）农业水环境数学模型与信息决策支持系统。（3）农业水环境污染机理与模拟。（4）无机纳米材料提高农作物抗逆性的机理。（5）南方蔬菜环境品质调控机。（6）农业生产过程中的水肥调控与生物环境效应。（7）异质景观中的农业 NPS 发生机理与控制。（8）区域水土流失控制与水土保持规划。（9）土壤侵蚀动力学机理与扩散源污。（10）PAC 系统中水分循环与农业节水技术。（11）土壤养分循环与土壤肥力质量演变。（12）土壤—植物系统中污染物循环与修复、控制。（13）基于 GIS 与 RS 的土壤资源环境信息系统。（14）区域土壤环境质量时空演变规律。

科研团队。拥有一支梯队结构合理的科研队伍，博士学位科研人员占 40%。现有高级人员 15 名，中级人员 2 名。

项目成果。目前已承担国际合作、国家级、省重点攻关等项目 40 多项。已在国内外正式刊物上发表论文 50 多篇，其中 SCI 论文 18 篇。

【广东省水动力学应用研究重点实验室】 依托单位为广东省水利水电科学研究院，于 1998 年 10 月经原广东省计委和科委联合批准列入“九五”期间第三批省级重点实验室建设计划，由省计委、省科委、省水利厅共同支持和投资建设，2002 年 1 月通过验收。2004 年广东省科技厅批准本实验室进行二期建设。

研究方向。实验室主要的研究方向有河道与港口工程、近岸海洋工程、环境水动力学、水利工程、水力机械和量测控制技术、节水灌溉技术、水资源优化调度与配置、水利现代化与信息化等。

项目成果。实验室建有国内领先的三维波浪模拟设备和配套的波浪港池，填补了长江以南地区的空白；拥有国际先进水平的三维声学多普勒流速仪（ADV）等仪器设备，具备了进行包括波浪试验在内的有关水动力学应用研究的能力。水动力学应用研究重点实验室的建成，不仅可为广东省水利建设服务，也能为电力、交通等基础设施建设和建设海洋强省提供研究平台。广东省水动力学应用研究重点实验室在省科技厅 2006 年的考核评估中获得良好的成绩。

部级重点实验室

【概况】 广东省涉海涉渔部级重点实验室有 9 个，包括：农业部专业性（区域性）重点实验室 4 个，即农业部渔用药物创制重点实验室、农业部热带亚热带水产资源利用与养殖重点实验室、农业部水产品加工重点实验室和农业部南海渔业资源开发利用重点实验室；农业部专业性农产品质量安全风险评估实验室 2 个，即农业部水产品质量安全风险评估实验室和农业部水产品加工重点实验室和农业部水产品贮藏保鲜质量安全风险评估实验室；中国科学院驻粤涉海涉渔重点实验室有 2 个，即中国科学院海洋生物资源可持续利用重点实验室和中国科学院边缘海地质重点实验室；还有国家环境保护部驻粤涉海涉渔重点实验室为国家环境保护水环境模拟与污染控制重点实验室。

【农业部专业性（区域性）重点实验室】 2010 年，农业部根据《农业部重点实验室发展规划（2010—2015 年）》和《农业部重点实验室管理办法》，确定了 55 个综合性重点实验室、183 个专业性（区域性）重点实验室和 251 个农业科学观测实验站组成的 30 个“学科群”的组成框架。驻粤的农业部专业性（区域性）重点实验室有 4 个，分属于淡水渔业与种质资源利用学科群和海洋渔业与可持续发展学科群。

农业部渔用药物创制重点实验室。依托于水科院珠江水产研究所，属于淡水渔业与种质资源利用学科群。农业部渔用药物创制重点实验室的建设有利于加速提升我国水产疫病防控相关技术研究水平，研制出以疫苗为代表的绿色防控品，解决我国水产养殖业疫病频发的严重问题，发展友好渔业与平安渔业，保障水产养殖业的可持续健康发展。

农业部热带亚热带水产资源利用与养殖重点实验室。依托于中国水产科学研究院珠江水产研究所，属于淡水渔业与种质资源利用学科群。以育种、养殖和观赏鱼等学科的学科带头人为核心，以科研骨干为主体，形成结构合理，优势互补，团结协作的紧密型创新研究群体。主要研究方向为水产种质资源与遗传育种、水产健康养殖与营养、基因资源开发和转基因鱼研究。重点任务是在热带亚热带鱼类选育与养殖的学科范畴内，围绕制约产业发展的重大关键问题，开展热带亚热带水产资源的遗传育种和健康养殖的应用基础研究，进行重要经济鱼类的品种培育与改良、繁殖技术、池塘养殖技术等共性技术研究。在解决生产实际需求、促进产业发展的关键技术创新方面取得较突出的成绩。

农业部水产品加工重点实验室。依托中国水产科学研究院南海水产研究所，属于淡水渔业与种质资源利用学科群和海洋渔业与可持续发展学科群。以水产品为主要原料，进行水产品精深加工、质量安全评价及其产业链相关领域的研究，开展大宗水产品的精深加工、副产物加工综合利用、水产品活性物质、水产品保活保鲜等研究。以服务于我国水产品加工产业，最终形成水产品现代化加工技术研究、高值化综合利用研究、产业化示范推广和创新人才培养基地，将针对我国水产品加工产业发展的关键技术进行创新性研究。

农业部南海渔业资源开发利用重点实验室。经农业部2011年评估命名，依托中国水产科学研究院南海水产研究所，属于海洋渔业与可持续发展学科群。立足南海，面向全国，针对我国南海渔业资源开发和海水养殖业中存在的重大科技问题和国家需求，以促进“南海渔业可持续发展”为主线，开展渔业资源养护与可持续利用、渔业环境保护与生态调控、海水健康高效养殖和水产种质资源保护与利用等方面重大基础与应用基础、应用技术和高新技术研究任务，打造国家热带亚热带海洋渔业资源可持续利用科学中心。

【农业部专业性农产品质量安全风险评估实验室】 2011年12月29日，农业部公布首批专业性农产品质量安全风险评估实验室名单。为推进农产品质量安全科学管理和依法监督，全面加强农产品质量安全风险评估工作，根据《农产品质量安全法》《食品安全法》《食品安全法实施条例》规定，农业部依托全国农业科研单位和大专院校的农产品质量安全研究和检测机构，经过广泛申报、专家评审和综合考核，选定36个单位为农业部首批专业性农产品质量安全风险评估实验室、29个单位为农业部首批区域性农产品质量安全风险评估实验室。其中驻粤的有2个：农业部水产品质量安全风险评估实验室（广州）和农业部水产品贮藏保鲜质量安全风险评估实验室（广州）。

农业部水产品质量安全风险评估实验室（广州）。依托于珠江水产研究所，重点开展水产病害与免疫、水产品质量安全等领域的研究，同时拓展转基因鱼、外来水生生物物种与生物安全等新兴领域研究。具备完善的实验室、实验基地、水产种质资源库、标本馆、图书馆等配套设施，可为科研项目提供全方位的条件保障。

农业部水产品贮藏保鲜质量安全风险评估实验室（广州）。依托于南海水产研究所食品工程与质量安全研究室，重点开展水产品精深加工、高附加值综合利用、水产品质量安全控制以及标准化等方面的创新和集成研究。研究室近5年共承担各级科研项目200余项，获各级科技奖励14项，发表论文300余篇，出版专著8本，授权发明专利36项，发布标准54项。

【中国科学院海洋生物资源可持续利用重点实验室】 依托于中国科学院南海海洋研究所，成立于2006年12月。实验室是中国科学院南海海洋研究所在两个广东省级重点实验室“广东省海洋药物重点实验室”和“广东省应用海洋生物重点实验室”的基础上，瞄准国际海洋生物学科前沿领域，充分发挥南海海洋研究所优势力量，凝练科学目标，为加强海洋生物资源可持续发展理论研究和海洋生物技术创新而建立的院级重点实验室。

研究方向。以海洋生物资源学、海水养殖生物技术和海洋药物科学为主要研究方向，致力于海洋生物资源动态变化与可持续发展机制研究，海洋生物技术应用及养殖生物良种工程与健康养殖体系构建，深海生物基因资源与生命过程探测及其开发利用，海洋生物特色保健品与绿色功能产品研发，海洋生物活性先导化合物筛选和创新药物研发等。

科研团队。科研队伍建设：实验室现有固定高级科研人员45人，创新研究员19名、副研究员15人；引进“百人计划”6名和博士、博士后12名；留学归国和到国外培训人才15人，组建了中科院海外知名学者创新团队。本实验室拥有海洋科学博士后流动站，海洋生物学、环境科学博士学位授予点，海洋生物学、水产养殖学和环境科学等硕士学位授予点，在读研究生86人。客座流动专家近30人。已形成一支中青年人才为主、年龄结构合理的研究队伍。

科研成果。研究基础和重要成果：近年来，本实验室在南海资源生物生产过程与关键生物种群动态，热带海洋经济品种的遗传多样性和生物区系分类，珊瑚礁和海草生态系统相关的保护策略研究方面取得了突出的成绩；对虾、扇贝、珍珠贝、海藻养殖技术和种苗繁殖的研究与开发等取得了一批具有国际先进水平的成果；开展了热带海洋生物活性物质及其资源高值利用技术的研究，获得国家药准号新药生产批文2项，国家级保健食品批文4个，功能食品和化工产品批文10多个。这些成果创造了巨大的经济效益和社会效益。近3年来，本实验室承担国家“863”“973”等重要科研项目90多项，总经费8429万元。发表论文351篇，其中146篇被SCI源期刊收录。共申请国家发明专利63项，48项获得授权。获得省、部级科技成果奖14项，其中省特等奖和一等奖各1项；国家技术发明奖等其他奖励12项。

【中国科学院边缘海地质重点实验室】2003年9月正式成立，是由中国科学院南海海洋研究所和中国科学院广州地球化学研究所共同组建的学术平台，为两所地球物理、大地构造和地球化学等专家开展富有成效的合作提供良好的工作平台，形成在学科配备、人才队伍和仪器设备等方面具有国内和国际先进水平的一支边缘海地质研究力量，增强大陆边缘和边缘海地球动力学研究领域的原始创新能力。

研究方向。以南海及其邻区为主要研究对象，重点开展边缘海及邻区海—陆岩石圈地质过程与动力学、边缘海油气等矿产资源形成与分布规律、边缘海演化与环境效应以及海洋地球化学现代过程和机理研究。

研究内容。（1）海陆岩石圈地质过程与边缘海形成演化动力学；（2）边缘海油气等矿产资源成矿规律及勘探开发新技术；（3）边缘海古环境效应；（4）海洋地球化学现代过程及其机理。

项目成果。中国科学院南海海洋研究所长期从事南海海洋地质和地球物理研究，有先进的海洋探测仪器设备和调查船，积累有丰富的研究资料，在海洋地球物理探测、古海洋学等方面取得一系列重要成果。

【国家环境保护水环境模拟与污染控制重点实验室】根据国家环境保护局《关于建立国家环境保护局重点实验室的通知》(环科〔1996〕079号）的精神，由国家环境保护部华南环境科学研究所申报组建。该实验室为国家环境保护部批准建设的首批重点实验室之一。1999年开始筹建，2002年7月通过验收，同年9月正式授牌成立。2008年通过了环境保护部组织的国家环境保护重点实验室综合评估，并在评估中获得优秀实验室称号。

研究方向。经过10年的发展，逐步形成了以水环境物理模拟研究，数学模型和信息决策支持系统研究及水污染治理技术研究为主的研究方向。

研究内容。以解决我国近期和中长期水环境保护关键技术问题为目标，开展了针对不同地区河流、河网、湖泊、河口和海湾等水环境特性，通过数学模拟、物理模拟和化学与生物实验等手段研究污染物在水环境中的迁移转化和降解机理，确定各类水体的自净能力和演变规律，以及点源、面源和区域污染控制所需要的新技术、新工艺的应用基础研究工作，为水污染物排放管制和水质保护提供科学依据。

科研团队。实验室重视基础设施的能力建设，拥有实验室770平方米，并在原有基础上，于广州科学城新址增加了1130平方米的水污染控制实验平台和2304平方米的水环境污染机理物理模拟实验室，硬件设施逐步完善。多年来，立足于研究方向共设计开发了5套污水处理中试和小试试验装置，建成了3个野外试验基地和观测站以及一批示范工程，形成了水污染治理技术、水环境模拟与预测技术、面源污染机理等多个研究平台。实验室设主任1名，学科带头人4人；现有固定人员42人，其中研究员9人，高级工程师12人，管理人员12人。

项目成果。2008年以来，实验室承担了各类项目32项，总科研经费4900万元，其中国家科技重大专项4项，总经费2964万元，国家自然科学基金1项，经费21万元，公益性行业科研专项3项，经费882万元国际合作项目3项，经费923万元。获得了以高效同步脱臭及污水处理技术、集中式污染治理设施产排污系数研究及其应用及珠江三角洲河网与河口水质模型连接计算研究为代表的7项科研成果，并获得环境保护科学技术奖二等奖2项、环境保护科学技术奖三等奖1项、广东省环境保护科学技术奖一等奖2项、广东省环境保护科学技术奖三等奖1项、东莞市科技进步奖1项。近5年内在SCI收录文献上发表论文11篇，EI收录文献上发表论文9篇，国内核心期刊发表论文58篇。国内出版专著2部，授权专利4项。编制标准(技术政策、规范、导则、指南)3项，其中已发布1项。编制国家环境保护规划1项。

六、教育机构

教育部直属综合性重点大学——中山大学

【概况】中山大学的前身是孙中山先生创立于1924年的国立广东大学，是学术与文化中国南方重镇和人才培养南方高地。中山大学是国家“985工程”“211工程”建设高校，同时是“珠峰计划”“111计划”“卓越法律人才教育培养计划”“卓越医生教育培养计划”实施高校。

【生命科学学院】中山大学生命科学学院成立于1991年，前身为成立于1924年的中山大学生物学系，是生物学国家一级重点学科单位。学院现有包括工程院林浩然院士和“千人计划”引进人才等在内的正教授81人，2013年科研经费超过亿元，人才队伍规模和科研总经费两项核心指标位居国内生命科学类院系首位。

【海洋学院】中山大学海洋学院于2008年6月成立。

师资力量。海洋学院牢牢把握和持续推进人才强院主战略，通过人才引进、共建核心团队、聘任兼职教授等方式，实现不同层次优秀人才的快速积聚，形成了一支包括16位教授在内的专职教师50人（包括国家杰青2人、国家优青1人、教育部跨/新世纪人才3人、广东省珠江学者1人、广州市珠江科技新星3人），以及共建核心团队PI、兼职研究生导师、兼职教授50名（包括院士3人、国家“千人计划”人才1人、国家杰青2人）。建成了包括本科专业、一级学科硕士博士点和博士后流动站在内的一套完整的海洋科学人才培养体系，人才培养质量不断提升。

学科设置。学院建设以立足南海，面向国家和地方在海洋科学的深海生物资源、矿产资源和近岸海洋工程与环境领域的重大科技需求，围绕资源与环境、资源与发展二大主题，重点开展我国深海生物功能基因资源、海洋生物资源保护、海洋地质矿产资源、海洋环境、海洋工程、海洋监测和海洋矿产资源基础与应用基础科学研究与技术开发。拥有广东省海洋资源与近岸工程重点实验室、水产品安全教育部重点实验室（与生命科学学院、测试中心、公共卫生学院联合筹建）、海洋石油勘探开发广东高校重点实验室、中山大学近岸海洋科学与技术研究中心、中山大学河口海岸研究所、海洋地质研究所和深海生物资源研究所等研究机构。

教育平台。先后建成了河口水利技术国家地方联合工程实验室、广东省海洋资源与近岸工程重点实验室、水产品安全教育部重点实验室、广东省河口水利工程实验室、海洋石油勘探开发广东高校重点实验室和海洋微生物功能分子广东高校重点实验室。

成果奖励。海洋科学一级学科被批准为广东省重点一级学科（2012），整体水平在教育部第三轮学科评估中位居全国第四（2012）。

教育部直属重点大学——华南理工大学

【概况】华南理工大学原名华南工学院，组建于1952年，是以中山大学工学院、华南联合大学理工学院、岭南大学理工学院工科系及专业、广东工业专科学校为基础，调入湖南大学、武昌中华大学、武汉交通学院、南昌大学、广西大学等5所院校部分工科系及专业组建而成，1988年改为现名，是直属教育部的全国重点大学。

【生物科学与工程学院】生物科学与工程学院于2004年成立，位于风景秀丽的华南理工大学南校区。经过近几年的迅猛发展，学院已经形成了一个较为完善的高层次人才培养体系。学院教职工总数为70人，其中教师系列51人，教授17人，副教授22人。具有博士学位占教师比例96%，教师中获得“长江学者”特聘教授1人，“千人计划”特聘专家1人。

学院多年来承担了包括国家“973”、“863”重大科研项目及一大批国家及省基金项目，获国家科技进步奖1项，省部级奖5项。目前，主要开展生物信息与微生物功能基因组、微生物资源与微生物代谢调控、分子改造与酶工程、发酵工程与装备、生物催化过程工程、生物信息学、生物力学、生物医药等方向的研究。

【食品科学与工程学院】食品科学与工程学院成立于2015年11月，其前身是华南理工大学原轻工与食品学院。现有教职工117人，其中专任教师96人，正高职称人员38人，97%以上的教师拥有博士学位。拥有教育部“长江学者奖励计划”特聘教授1人、教育部“长江学者奖励计划”讲座教授1人，国家优秀青年基金获得者2人，广东省领军人才人，广东省“珠江学者”特聘教授1人，广东省“千百十工程”国家级培养对象2人，广东省杰出青年基金获得者1人，教育部新（跨）世纪优秀人才12人。

学科设置。目前，学院设有一系四所，拥有食品科学二级学科国家重点学科，参与建设轻工技术与工程一级学科国家重点学科，拥有食品科学与工程、轻工技术与工程（参与）2个一级学科博士学位授权点，设有食品科学与工程（国家特色专业）和食品质量与安全2个本科专业，建有食品科学与工程和轻工技术与工程（参与）博士后流动站。在2012年的全国一级学科评估中，食品科学与工程学科位居全国第三位，参与建设的轻工技术与工程学科位居全国第一。

成果奖励。学院坚持科学研究面向市场、科技成果转化进入市场，承担了一大批国家、省市、企业的重大科研项目，2015年实到科研经费达到近7000万元；近5年获国家科技进步奖二等奖4项，省部级奖励16项。

国务院侨办与省共建重点综合性大学——暨南大学

【概况】 暨南大学是中国第一所由政府创办的华侨学府，是国务院侨办、教育部、广东省共建的“211工程”重点综合性大学，直属国务院侨办领导。学校的前身是1906年清政府创立于南京的暨南学堂。后迁至上海，1927年更名为国立暨南大学。抗日战争期间，迁址福建建阳。1946年迁回上海，1949年8月合并于复旦大学、交通大学等高校。新中国成立后，暨南大学于1958年在广州重建，“文革”期间一度停办，1978年在广州复办。改革开放后，学校快速发展。1996年6月，暨南大学成为全国面向21世纪重点建设的大学。2011年4月，国务院侨办、教育部、广东省政府签署共建暨南大学协议。2015年6月，学校入选广东省高水平大学重点建设高校。

【生命科学技术学院】 暨南大学生命科学技术学院成立于1999年5月。由生物工程学系、化学系、生物医学工程系（研究所）、生态学系（水生生物研究中心）、生物工程研究所、生殖免疫研究所、组织移植与免疫实验中心等组成。学院现有教职工275人，正高级职称教师87人，副高级职称教师71人；博士生导师75人，硕士生导师81人。在教学科研队伍中，具有博士学位的占85.6%，其中包括中国工程院院士1人，长江学者特聘教授1名，享受国务院特殊津贴者5人。

学科设置。生命科学技术学院在学科专业设置上秉承基础与应用相结合的原则，逐步建设一个理工医结合、基础研究和应用相渗透、系所（中心）协调发展的多学科群体。学院现拥有1个国家重点学科（水生生物学），4个广东省重点学科（生物学、化学、生物医学工程、生态学），1个国务院侨办重点学科（免疫学）。生物技术专业是国家高等学校特色专业，同时也是广东省特色专业和名牌专业，生态学专业为广东省特色专业，应用化学专业为广东省名牌专业。

成果奖励。学院在基础研究、高新技术创新和产业开发等方面均取得丰硕成果。近5年学院承担包括国家自然科学基金重大项目、“973”项目、“863”项目等国家级及广东省市科技项目350多项，获得资助经费超过1.1亿元；获得横向经费总额约1291万元；申请各项专利164项，授权专利60项。共获得包括教育部提名国家自然科学一等奖、教育部提名国家科技进步一等奖、国务院侨办科技进步一等奖等在内的各类教学科技成果奖共计60多项，学院有关水域生态学及赤潮问题的研究享誉全国。

【水生生物研究所】 暨南大学水生生物研究所创办于1964年，是目前我国高校中唯一的水生生物国家重点学科，属“211工程”重点建设学科。拥有一支高水平的师资队伍。学科点现有教授9人，副教授9人，其中博士生导师8人，硕士生导师18人。

学科设置。我国水生生物学科学研究和人才培养的主要基地，在赤潮生物学、水域生态学、养殖环境生态学和生态系统修复技术和微藻产业化技术等领域具有较好的基础和较高的学术水平。通过国家重点学科的建设，学科点目前具有较好的科研条件，主要从事水生态学、水生生物分类学、藻类生理生态学、水生态毒理学、硅藻进化及遗传学的研究。该学科经过近40年的建设与发展已经成为我国水生生物学领域科学研究、人才培养和技术开发的重要基地。

成果奖励。近年来该所承担了省部级以上的科研项目25项。其中国家自然科学基金重点和重大项目各1项，并与美国渥斯豪（WOODSHOLE）海洋研究所及日本东京大学共同承担两项国际合作项目。在所承担的项目中，国家自然科学基金重点项目《中国东南沿海赤潮发生机理研究》获国家教委科技进步奖、广东省自然科学奖、广东省高教厅科技进步奖及国家海洋局科技进步奖等多项奖励。

省部共建大学

【华南师范大学】 华南师范大学始建于1933年，前身是广东省立勷勤大学师范学院。1996年进入国家“211工程”重点建设大学行列，2015年成为广东省人民政府和教育部共建高校，同年进入广东省高水平大学整体建设高校行列。华南师范大学生命科学学院为学校重点建设的“211”项目单位，具有优良的办学传统和坚实的办学基础。

师资力量。学院师资力量雄厚，著名的生态学家、中国科学院院士孙儒泳教授为学院的学术领头人，并凝集了一批年富力强、朝气蓬勃的新生力量。学院有院士2名、教授36名、副教授23名，其中博士生导师23名、硕士生导师50名，聘请“长江学者”宋微波教授为华南师范大学特聘教授和研究生导师。2010年5月，瑞典皇家科学院院士拉斯·奥尔夫·彼昂教授受聘成为生命科学学院的全职教授。

成果奖励。水产动物营养免疫

学和环境营养学研究领域取得了一系列有明显特色的理论研究成果，在国外主流刊物上发表多篇高水平学术论文，引起国内外同行的高度关注。在赤潮生物分类、种群生态、生态毒理、生理生态、赤潮防治机理与控制技术上取得了重要成果，产生了重要的社会影响。

【华南农业大学】 华南农业大学是全国重点大学，广东省和农业部共建的“211 工程”大学，广东省高水平大学重点建设高校。始创于 1909 年的广东全省农事试验场暨附设农业讲习所，1952 年由中山大学农学院、岭南大学农学院和广西大学农学院畜牧兽医系及病虫害系的一部分合并成立华南农学院，1984 年更名为华南农业大学，学校由农业部划归广东省主管。华南农业大学海洋学院成立于 2015 年 11 月，由其前身隶属于华南农业大学动物科学学院的水产养殖系发展壮大而成立的新学院。

师资力量。在办学过程中，培养了一批高素质教师与科研人员，具有海洋生物技术、海洋生态学、海洋生物分类学、海洋生物生理学、海洋环境生物学、海洋生物资源学以及海水养殖等多个方面的师资力量，具有丰富的实践教学经验。学院现有教职工 30 余人，其中教授 10 人，副教授 12 人，博士生导师 9 人，硕士生导师 16 人。教授中有国家自然科学基金杰出青年基金获得者 1 名、丁颖讲座特聘教授（院士）1 名、中国水产学会各类专业委员会 5 人、教育部高等学校水产类教学指导委员会委员 1 人、国家现代农业产业技术体系岗综合试验站长 1 人、广东省高校“千百十”工程省级培养对象 1 人、华南农业大学教学名师 1 人。

学科设置。海洋学院拥有农理结合特色的学科群，涵盖海洋生物资源保护与利用、水产育种与种业、水产营养与饲料、健康养殖与病害防控、生态保护与环境修复、设施渔业与新生产模式、高值化利用等多个研究领域，校级海洋生物研究中心由中国工程院麦康森院士担任名誉主任。现有动物学、水生生物学 2 个二级学科博士点，拥有水生生物学、动物学、水产养殖学 3 个硕士点，设有 3 个本科专业和方向：水产养殖学专业、水生动物医学方向、海洋科学方向，其中水产养殖学专业创办于 2002 年，是校级特色专业，获省级联合培养研究生示范基地、省级质量工程项目建设。

成果奖励。2011—2015 年间，在本学科领域，获得主持国家自然科学基金 9 项，主持省部厅局级项目近 50 项，承担国家现代农业产业技术体系“十一五”“十二五”工作站等任务。各类纵、横向科研经费累计达 1200 多万元。在中文核心期刊发表学术论文 100 多篇，在 SCI 和 EI 收录外刊发表论文 100 多篇，主编、参编全国农业院校教材 4 部，其他著作 4 部。申请国家专利 14 项，获得省级科技成果鉴定 2 项，2013 年获得广东省科学技术二等奖 1 项，广东省农业技术推广二等奖 1 项。

【汕头大学】 汕头大学位于广东省汕头市，是 1981 年经国务院批准成立的广东省“211 工程”重点建设综合性大学，教育部“卓越医生教育培养计划”试点高校，是教育部、广东省、李嘉诚基金会三方共建的省部共建大学，也是全球唯一一所由私人基金会——李嘉诚基金会持续资助的公立大学。

汕头大学海洋生物研究所成立于 2001 年，是在广东省海洋生物技术重点实验室的基础上发展起来的科研教学机构。研究所现有教职工 18 名，其中教授 6 人，博士生导师 5 人，硕士生导师 8 人，9 人具有博士学位；有在读博士和硕士研究生 70 多人。

学科设置。海洋生物学是汕头大学 4 个具有博士学位授予权的学科之一，以汕头大学海洋生物研究所（广东省海洋生物重点实验室）为依托，是汕头大学重点建设学科。海洋生物学科现有海洋植物学（藻类初级生产力、赤潮藻类生物学、经济藻类的应用生理学基础）、鱼类生物学（鱼类营养生理生化学、鱼类生殖生理与人工育苗技术、鱼类免疫与鱼类内分泌机理）和海洋生物技术（海洋生物功能基因、海洋生物代谢的分子生物学基础）三个研究方向。

教育平台。研究所现设藻类研究室、鱼类研究室、海洋生态研究室和海洋生物技术与病害研究室，拥有南澳临海实验站，具有先进的仪器设备与研究设施。研究所依托的海洋生物学科是广东省“211 工程”重点建设学科，现有博士点 2 个、硕士点 7 个，还有“广东省海洋生物技术重点实验室”，“国家贝类产业技术体系汕头综合试验站”，“广东省联合培养研究生示范基地”，“广东省海洋生物资源综合开发国际科技合作基地”，广东高校“半咸水生态养殖与水产品加工产学研结合示范基地”，广东高校“亚热带海水贝藻养殖工程技术研究中心”，“广东省大型海藻种质资源库”“牛田洋水产研发中心”等教学科研和产学研合作平台。

【广东海洋大学】 广东海洋大学是广东省人民政府和国家海洋局共建的省属重点建设大学，是一所以海洋和水产为特色、多学科协调发展的综合性大学，是教育部本科教学水平评估优秀院校，是具有“学士、硕士、博士”完整学位授权体系的大学，是入选 14 所广东省高水平大学建设范围的高校。学校的前身是创建于1935年的广东省立高级水产职业学校，1977年之后升格发展成农业部直属的湛江水产学院。1997年1月，由具有62年办学历史的湛江水产学院和39年办学历史的湛江农业专科学校实质性合并组建湛江海洋大学。2001年12月，湛江气象学校并入湛江海洋大学。2005年6月，经教育部批准，湛江海洋大学更名为广东海洋大学。水产学院是湛江海洋大学成立之后于1997年3月第一批组建的二级学院之一。

师资力量。学院现有教职工84人，其中专任教师59人，教授7人，其中博士生导师2人，副教授（副研究员）23人，讲师（含助研）23人。具博士学位11人，硕士学位38人。师资力量雄厚、学术梯队、年龄结构日趋合理。学院还聘任曾呈奎、刘建康、沈韫芬、刘瑞玉、林浩然、张福绥等6位院士及日本东京水产大学须山三千三教授为名誉教授。聘请来自美国南佛罗里达州水资源管理局高级环境科学研究员古滨河、美国威斯康星大学医学院助理教授郑晶、美国Nanogen Inc.高级研究员姚祖旭、美国阿拉斯加州渔猎部高级生物统计学家郑杰4位美籍专家为我校客座教授、学院已故著名科学家熊大仁教授是我国珍珠养殖的奠基人之一。

学科设置。学院由水产养殖系、海洋渔业系、海洋生物系、海洋生物研究所、珍珠研究室等教学和科研单位组成。其中海洋生物研究所下设海洋生物技术研究室、水产经济动物增养殖研究室、水产经济动物病害及其控制研究室、细胞及分子生物学研究室、鱼类行为研究室、海洋生态环境研究室、藻类研究室等7个研究机构。现有一级学科2个，二级学科4个。

教育平台。学院现有3个硕士点（水产养殖学和渔业资源、农业推广渔业专业）。建有一批教学、科研、生产三结合的生产实习基地：海水养殖场1个、300吨级钢壳渔轮2艘、网厂1个，经广东省教育厅批准建立的校外挂钩实习基地12个。

成果奖励。5年来，学院承担市厅级以上科研课题102项，其中国家级（包括“863”项目和国家基金项目）4项，省部级28项，市厅级52项，横向课题18项；获得省部级科技进步奖及推广奖7项（次），市厅级科技进步奖及推广奖8项（次），申请专利5项，出版著作14部，在各级学术刊物上发表论文300余篇。

广东省属院校

【深圳大学】 深圳大学是1983年经国务院批准创办的综合性大学。建校32年，深圳大学紧随特区，锐意改革、快速发展，形成了从学士、硕士到博士的完整人才培养体系以及多层次的科学研究和社会服务体系，已经成为一所学科齐全、设施完善、师资优良、管理规范的综合性大学。深圳大学生命科学学院是在原深圳大学科技研究院生物工程系的基础上，2002年3月组建，2015年6月正式更名为深圳大学生命与海洋科学学院。

师资力量。学院师资力量雄厚，拥有一支高水平且具有丰富教学科研经验的师资队伍，其中包括中国科学院院士1名，美国科学院院士1名，中组部“千人计划”人才6名（含青年千人3名），教育部“长江学者”特聘教授1名、中科院百人计划学者1人，广东省“千百十人才计划”培养对象3人，深圳市“鹏城学者”特聘教授2名，深圳市孔雀计划人才12名（含B类7人、C类5人），深圳大学荔园学者4名（含领军学者1名、优秀学者2名、优青1名），教授20名（含博士生导师6名），副教授27名，讲师11名。学科队伍中具有博士学位者占94%。同时还拥有一支本领域顶尖科学家组成的兼职教师队伍，并长期与香港科技大学、香港浸会大学、中科院长春应化所、东北师大、武汉大学等联合培养博士研究生。

学科设置。学院现有生物技术、生物科学、海洋科学、生物工程4个本科专业，其中生物技术专业是广东省名牌专业和广东省特色专业；拥有光生物学二级学科博士学位授权点，生物学和生态学两个一级学科硕士点。

教育平台。学院拥有深圳市海洋生物资源与生态环境重点实验室、广东省海洋藻类生物工程技术研究中心和深圳市海洋藻类开发与应用工程实验室；组建了深圳大学生态环境研究所、深圳大学创新药物研究所、深圳大学海洋生物技术研究所、深圳大学植物生物技术研究所和深圳大学红树林湿地研究所。

【仲恺农业工程学院】 仲恺农业工程学院是一所以农学、工学和管理学学科为优势的省属本科大学。学校前身为仲恺农工学校，是第一次国共合作时期，近代民主革命先驱何香凝先生等提议、国民党中央为纪念廖仲恺先生爱护农工的意愿而决定创办的。1984年，经教育部、农牧渔业部批准，学校升格为本科院校，定名“仲恺农业技术学院”。2008年3月，经教育部批准，更名为“仲恺农业工程学院”。仲恺农业工程学院生命科学学院前身是仲恺农业学校农作物专业（含农学与植保专业），1984年学校升格为仲恺农业技术学院之后成立农学系，2004年3月更名为农业与生物学院，2005年7月经学校院系调整成立生命科学学院。

师资力量。仲恺农业工程学院生命科学学院现有教职工41人，其中教授12人、副教授20人、讲师9人，教职工中具博士学位者20人，有多位教师曾出国进修，并有10位教师被选拔为省级（3人）和校级“千百十”（重点教师）培养对象（7人）。

学科设置。生命科学学院现设有生物科学、生物技术、动物科学(含动物科学、动物医学和动物检验检疫方向)和水产养殖学(淡水养殖)4个本科专业。

成果奖励。近年来，学院教师先后主持国家和省部级科研课题30余项，发表高水平研究论文300多篇，出版专著和教材20余部，培育植物新品种4个，获2项国家发明专利，开发实用技术15项，获省级和市级科技奖7项。

【佛山科技学院】 佛山科技学院由原佛山大学、佛山农牧高等专科学校、佛山职工医学院和佛山教育学院合并组建而成，为国家硕士学位授予单位，全日制本科大学。生命科学学院是佛山科学技术学院的二级学院，始创于1958年9月的华南农学院佛山分院，由动物科学系和动物医学系组成。

师资力量。学院现有教职工81人，其中专任教师54人，实验技术人员18人，正高级职称25人，副高级职称32人，博士28人，硕士46人。国务院津贴专家3人。

学科设置。学院设动物科学和动物医学两个系和生物基础实验教学中心，开设动物科学、动物医学、生物技术、水产养殖等4个本科专业和动物营养与饲料、兽医2个专科专业，在校全日制学生990多人。

成果奖励。学院近年来获得国家自然科学基金9项，广东省自然科学基金13项，国际合作项目4项等科研项目。获得海南省科技进步二等奖1项；广东省科技进步三等奖6项；广东省农业推广二等奖2项、三等奖6项。

【广州航海学院】 广州航海学院前身为创办于1964年的交通部广州海运学校，1992年经国家教委批准，广州海运学校与武汉水运工程学院广州航海分部合并组建为交通部广州航海高等专科学校，1998年划转广东省政府管理，2013年，经教育部批准，学校更名为广州航海学院，是华南地区唯一一所独立建制的航海高等院校，海运学院是学校的主干学院。

师资力量。海运学院现有教职工47人，其中副教授以上20人，具有博士、硕士学历教师33人，持有船长证书教师6人。绝大多数教师具有行业生产实践经历。

学科设置。海运学院现有航海技术及海事管理等两个本科专业。并设有海商法研究中心、航海实训中心、航海与信息技术研究所，及国际海事公约、海洋观教育等相关研究中心。

教育平台。海运学院具备完善的实验和实训条件，建有“航海船舶操纵模拟训练中心”“航海技能训练基地”“海上通信训练中心”等多个校内实训基地及中海货轮公司实习基地、广东航运集团有限公司实习基地等多个校外实习基地。

【广东省海洋工程职业技术学校】 原名广东省水产学校，创办于1935年，2009年3月更名为广东省海洋工程职业技术学校，是广东省唯一的一所公办的海洋与水产职业技术学校。1983年与广东省水产技工学校合署，实行两块牌子一套人马的办学模式。广东省海洋工程职业技术学校在1999年被评为省级重点职业学校，2000年被评为国家级重点职业技术学校，2008年广东省水产技工学校也顺利通过省级重点技工学校专家组评估，成为省级重点技工学校。

师资力量。现有专职教师140多人，其中高级职称50多人，中级职称70多人，双师型教师占教师总人数的80%以上。

学科设置。学校有养殖、海事工程、制冷与机电工程、环保与食品加工、经济与贸易、信息技术等6个专业群，开设了服务海洋与渔业经济事业发展密切相关的轮机管理、航海技术、水产养殖、水产品冷藏技术、食品安全与质量控制等25个专业

教育平台。学校是广东省高技能人才培养试点学校和“三二”分段中高职连读试点学校，是广东省海洋与渔业局确定的水产干部培训中心和渔业船员培训基地，是农业部、广东省人力资源和社会保障厅特有工种职业技能鉴定站，也是上海海洋大学、广东海洋大学成人高等教育广州函授站。

第八篇　交流合作

一、国际交流合作

综述

【概况】“十二五”期间，广东省认真贯彻落实中央对外开放各项方针政策和省委省政府关于进一步提高广东省对外开放水平、构建对外开放新格局的重要指示精神，实施“引进来、走出去”的发展思路，积极开展海洋与渔业对外交流与合作，通过接待来访、参加经贸洽谈会等多种形式，搭建起政府间合作的平台，构建合作长效机制，达到“政府搭台、企业唱戏”的目的，促进广东省与有关国家的经贸交流和技术合作，取得较为明显的成效。2013年8月14日，驻穗总领事聚会活动在广州香格里拉大酒店举行，该活动主办方印度尼西亚驻穗总领馆邀请广东省海洋与渔业局参加，就海洋领域合作与各国总领事进行交流。俄罗斯、澳大利亚、厄瓜多尔等国总领事纷纷提出希望加强与广东省海洋渔业的经贸合作。2015年7月2日，广东省海洋与渔业局接待来访的日本驻广州总领馆商务领事高丽泰行，局渔业处、质安处有关负责人向来宾详细介绍本局业务概况、水产养殖以及水产品出口等情况。

【43个国家参加中国海洋经济博览会】2015年11月26—29日，由广东省政府和国家海洋局联合举办的2015年中国海洋经济博览会在广东湛江举行。参展参会国家43个，国外企业163家，英国、法国、德国、塞舌尔、以色列、新加坡等“一带一路”相关国家纷纷参展。意大利、斯里兰卡、泰国、韩国、美国、加拿大、新西兰、澳大利亚等多国客商踊跃组团参展参会，前来考察洽谈，寻找合作机会。

【韩国丽水世博会广东活动周】2012年5—8月，韩国丽水举办以“生机勃勃的海洋及海岸”为主题的世博会。7月份，广东省海洋与渔业局派出11人代表团赴韩参加以“魅力海洋·蓝色广东”为主题的“丽水世博会中国馆广东活动周”的有关活动。省政府副秘书长刘晓捷、省海洋与渔业局、省贸促会、韩国官方和工商机构代表等中外嘉宾近80人出席7月4日上午的开幕式。2012年7月17—19日，韩国水产业协同组合中央会渔业考察团一行9人访问广东省，赴湛江考察国联水产开发股份公司。在广州期间与省渔业协会、省水产加工流通协会举行会谈。

【中韩渔业联合研究中心年会】2015中韩渔业联合研究中心年会暨学术研讨会于9月上旬在广州召开，韩国国立水产科学院西海水产研究所所长Rah In Cheol（研究中心韩方主任）、中国水产科学研究院黄海水产研究所副所长孔杰（研究中心中方副主任）、东海水产研究所副所长程家骅、南海水产研究所副所长李来好、农业部海洋渔业可持续发展学科群综合性重点实验室主任王清印等相关单位专家40余人参加会议，会议由中韩双方代表轮流主持。中韩双方代表总结回顾2015年合作研究事宜，讨论落实后续工作计划，研讨提出研究中心2016年拟开展的研究议题，并签署2016年合作协议。来自中韩双方的16位专家围绕渔业资源、遗传育种、健康养殖、病害防治等专题分别作了学术报告，参会人员还就共同关注的科学问题进行深入探讨与交流，达到预期的学术交流效果。

广东与国际组织交流合作

【概况】“十二五”期间，广东省认真贯彻落实中央对外开放各项方针政策和省委省政府关于进一步提高广东省对外开放水平、构建对外开放新格局的重要指示精神，积极推进与相关国际组织的交流与合作，包括2011年5月在惠东海龟保护区召开由国际自然保护联盟陆龟淡水龟专家组委员会（IUCN/SSC）及龟鳖存活联盟（TSA）共同主办的“第二届闭壳龟保护国际研讨会”，2011年6月在惠东海龟湾召开由保护国际基金会（CI）主办的“中国海龟保护及海洋综合管理国际研讨会”，2013年11月在湛江市召开联合国教科文组织“人与生物圈计划”第15届中国生物圈保护区网络大会，有力推动了广东省海洋与渔业对外交流合作上新台阶，助推全省海洋经济转型升级。

国际海事组织（IMO）还颁发“2013年海上人命救助特别勇敢奖”给广东省渔政总队电白大队所属“中国渔政44246”全体船员。

【广东与联合国教科文组织合作】2011年11月9—10日，联合国教科文组织在太平洋区域举行“2011泛太平洋海啸演习”。国家海洋局代表中国参加演习。广东作为假想重点灾区，全程参加海啸演习。其中惠州市大亚湾作为全国唯一的海啸实战演练现场，组织了大亚湾第一中学、前进村共500多名学生、群众成功开展疏散演练。此次演习对广东地区内海啸预警和应急工作机制进行很好的全面检验。

2013年11月23日，由广东雷州珍稀海洋生物国家级自然保护区牵头，联合广东徐闻珊瑚礁国家级自然保护区、广东雷州乌石国家级海洋公园等在湛江市召开联合国教科文组织“人与生物圈计划”第15届中国生物圈保护区网络大会。来自国家环保部等有关部委及国家级自然保护区、科研院校、国内外民间环保组织的100多位代表参加。大会围绕“公众参与保护、文化影响生态”主题，交流分享各地保护区建设与管理成果，研究探讨发展保护区事业。

【广东与国际海事组织交流合作】2013年12月25日，国际海事组织（IMO）颁发“2013年海上人命救助特别勇敢奖”给广东省渔政总队电白大队所属“中国渔政44246”全体船员。2012年8月17日3时30分，第13号台风“启德”肆虐粤西沿海，广东电白籍渔船“粤电渔53018”在电白县博贺港4号灯标附近因主机故障失去动力遇险，船上11人危在旦夕。因现场海况十分恶劣，救助飞机及专业救助船艇屡次救助未果。情况危急之时，“中国渔政44246”不畏艰险、冒风顶浪，经过多次尝试，最终于19时12分安全转移11名遇险船员。

【广东与国际自然保护联盟合作】2011年5月23—26日，由国际自然保护联盟陆龟淡水龟专家组委员会（IUCN/SSC）及龟鳖存活联盟（TSA）共同主办、惠东海龟国家级自然保护区管理局承办的“第二届闭壳龟保护国际研讨会”在惠东海龟保护区召开，广东省海洋与渔业局副局长文斌出席开幕式并致欢迎词。来自欧洲、亚洲和北美洲等15个国家与地区的40多名专家学者与会，主要讨论亚洲闭壳龟的濒危状况，研究确定优先保护物种和制定保护行动计划。

【广东与保护国际基金会交流合作】2011年6月20—22日，由保护国际基金会（CI）主办、惠东海龟国家级自然保护区承办的“中国海龟保护及海洋综合管理国际研讨会”在惠东海龟湾召开，来自保护国际基金会、国家海洋局第三海洋研究所、香港渔农自然护理署以及美国和菲律宾的专家学者30余人参加研讨会，会议就保护国际基金会开展海龟卫星追踪项目和中国海洋综合管理规划及示范地项目进行充分交流和探讨。

保护国际基金会成立于1987年，是国际知名环保团体，倡导可持续发展，致力于与政府、企业、非政府组织、社区等不同机构建立战略性合作。目前，该组织在40多个国家推动环境保护工作，其自2002年起在中国西南开展陆地的环保项目，这是他们首次开展海洋环保项目。

广东与东盟国家交流合作

【概况】多年来，广东与东盟国家的海洋与渔业贸易往来密切、交流合作频繁。2013年广东向东盟国家出口水产品5.36万吨、出口额4.42亿美元；从东盟国家进口水产品11万吨，进口额3亿美元。广东省海洋与渔业局先后与文莱、菲律宾等国家建立政府间海洋渔业交流合作机制，签订渔业合作备忘录。积极推动企业到东盟国家开展水产养殖、加工贸易和远洋渔业合作。支持在马来西亚、印度尼西亚、泰国、缅甸等国家建设东南亚远洋渔业基地，完善远洋渔业补给、仓储、加工、营销等产业链。通过整合资金、人才、技术实力和市场营销网络等资源，逐步建立起具有较强国际竞争力的远洋渔业企业。鼓励和支持企业到东盟国家投资，开展海上网箱养殖、岸上设施养殖、良种繁育、饲料加工、渔药及疫病防治、产品质量检测等方面合作，对外投资养殖的鲜活水产品运回国内销售的实行免税。

【广东与东盟海洋经济合作】 2012年7月30日，广东省海洋与渔业局和省外办在广州市召开“广东省申请设立中国—东盟海洋经济合作示范区研讨会”。外交部亚洲司、国家海洋局国合司、农业部渔业局、广东省有关部门、科研院所以及企业人员共40多人参会。省海洋与渔业局领导在会上表示应采取“先易后难”的方式，与东盟国家开展低敏感领域的海洋合作，如渔业资源开发利用、环境保护和监测、海洋防灾减灾、海洋生物多样性、海洋科研和技术开发、人力资源培训等方面的合作。2013年4月10—12日，由广东省政府主办的首届中国（广东）—东盟合作华商交流会在湛江召开，全省海洋与渔业相关企业参会，深圳市水湾远洋渔业有限公司、广东龙美渔业有限公司等企业与东盟华商在交流会参加合作项目现场签约仪式。11月19日，中国（广东）—东盟战略合作论坛暨印尼贸易、旅游和投资推介会在广州举行。广东省海洋与渔业局作为会议协办单位，组织省水产流通与加工协会、广东水产商会以及有关水产企业代表共30多人参会。2014年10月27日至11月9日，广东省海洋与渔业局成功承办省委组织部在新加坡举办的“海洋经济发展”专题研讨班，广东省委书记胡春华专门指示，要求重点学习新加坡港口管理、航运运营管理、海洋保护等方面先进经验。

【广东与东盟海洋渔业科技合作】 2014年12月21日，中国水产科学研究院在广州市区内珠江水产研究所组织国内相关领域专家开展中国与东盟国家海洋渔业科技合作研讨，并组织编写“中国—东盟（国家）海洋渔业科技合作规划”。会议邀请中国海洋大学、上海海洋大学、中山大学、中国科学院南海海洋研究所、国家海洋局第三海洋研究所、广西水产科学研究院、海南省海洋与渔业科学院及中国水科院系统近20名专家和管理部门负责人参与讨论。会议围绕中国—东盟海上合作基金战略定位和方向，集思广益，就中国与东盟国家在海洋渔业领域合作内容展开讨论。与会者从科研合作、技术转移、教育培训、平台建设等方面进行深入研讨，并达成共识，形成“中国—东盟（国家）海洋渔业科技合作总体思路”框架，以指导规划编制。此次研讨会的召开，将进一步推动中国与东盟国家科技交流与合作，促进中国与东盟国家海洋与渔业事业的共同发展。

【广东与文莱渔业合作】 2012年10月25日，中文合资的金航（文莱）海洋生物有限公司在文莱摩拉港水域举办深海养殖的45吨石斑鱼首批出口香港庆典仪式。文莱工业与主要资源部部长叶海亚作为主宾出席仪式，中国驻文莱大使馆、广东省海洋与渔业局应邀派人参加。此次仪式是文莱项目3年来第一次用活水船整船将活鱼运回中国，标志着合作项目取得实质性成果。2013年，中文合资企业国泰（文莱）海洋生物有限公司在文莱实施深水网箱养殖项目，已投放圆形深水网箱20多口和方形网箱240口，总产鱼量达350吨，产值达5000万元人民币。之后，该公司进一步扩大规模，在文莱建设大型海水养殖示范基地，并配套建立水产种苗繁育基地、水产品深加工基地以及饲料加工厂。

【广东与马来西亚渔业合作】 2011年，广东省淡水名优鱼类种苗繁育中心与马来西亚 Kenyir 水产养殖有限公司合作，在马来西亚发展水产养殖业。中心方面提供良种鱼苗和技术指导等服务，并按项目需要和马方要求派出技术人员和技术工人协助进行生产经营管理。截至2013年，网箱养殖罗非鱼规模达到150个网箱，总面积5400平方米，投放种苗120万尾。2014—2015年，广东省茂名市龙美集团投资有限公司在马来西亚开展加工、贸易及远洋渔业合作。投资人民币4200万元，建设2条鱼糜制品生产线，以及建设规模3000吨冷藏能力的冷库，收购当地名贵海产品开展国际贸易。并将与当地公司进行远洋渔业捕捞合作，打造集海产捕捞、加工、贸易一体化的综合性远洋合作基地。

【广东与菲律宾渔业合作】 2012年，广东省淡水名优鱼类种苗繁育中心与菲律 JTL 集团公司在菲律宾进行罗非鱼、宝石斑和对虾养殖合作，注册成立合资公司——金色生态农业有限公司。在菲律宾的民都洛岛开发1000公顷罗非鱼、宝石斑及对虾养殖基地，进行鱼虾混养，计划年产罗非鱼15000吨，宝石斑1500吨，对虾1800吨。2012年，分别完成苗种场、养殖场和加工厂的规划，苗种场和养殖场进行鱼塘工程施工，完成新挖12公顷苗种场的池塘和改造好20公顷养殖场。2013年，开始进行罗非鱼、宝石鲈和南美白对虾的养殖。

2013年2月5日，广东省海洋与渔业局在珠海市举办中菲渔业合作项目首批成品鱼返销仪式，中外嘉宾近300人在珠海通过实时视频信号观看了在桂山岛的渔船卸鱼情况，在菲律宾苏比克湾养殖基地养成的一批批海鲈和金鲳等优质活鱼从运输船卸入桂山的深水网箱，并陆续运往香港等地市场销售。该项目是由农业部渔业局和广东省海洋与渔业局牵头组织，广东广远渔业集团公司承担中菲渔业合作项目。2009年4月，该公司与菲律宾尚德饲料公司、香港万佳海鲜公司和湛江中大康乐公司合作在菲律宾苏比克湾建立深水网箱养殖基地。至2013年，项目合作公司在苏比克湾安装15组共60个深水网箱，并投入海鲈、金鲳等种苗40万尾。在基地养殖的200吨成品鱼于2013年2月上旬分批运回国内和香港销售，首批40吨鱼在2月5日运抵珠海市桂山岛。

【广东与越南渔业合作】 广东省淡水名优鱼类种苗繁育中心与加拿大大洋海产有限公司合作在越南发展宝石鲈养殖项目。2012年4月，中心已出口两批宝石鲈鱼苗到越南养殖，生长良好。由中心提供技术支持并供应苗种，对方出资在越南的养殖基地养殖宝石鲈，加工后销往加拿大和美国超市。该公司有基地20公顷，可养殖的规模是100万尾。在越南建立苗种场，由中方提供亲本和技术，繁殖苗种后在东南亚养殖。利用季节差，部分苗种可运回国内养殖。该项目的实施，推动宝石鲈的产业化进程。2013年，广东省茂名市龙美集团投资有限公司在越南岘港市和头顿市投资合作建厂，引进两条日本和韩国先进的鱼糜生产设备，利用越南廉价的小杂鱼资源，年生产能力1万吨，产品全部销往日本、韩国等地。

广东与太平洋岛国交流合作

【概况】 2013年11月8日，在广州召开的第二届中国—太平洋岛国经济发展合作论坛暨农渔业专题研讨会，是由中国、库克群岛、纽埃、密克罗尼西亚、巴布亚新几内亚、萨摩亚、汤加、瓦努阿图、斐济等九国政府联合主办。中方由商务部、外交部共同主办，农业部、环保部、国家旅游局及广东省人民政府协办。国务院副总理汪洋发表主旨演讲，他在讲话中提出中方进一步支持太平洋岛国经济社会发展的一系列措施。太平洋岛国8个建交国总理或高管先后致辞。期间召开农渔业专题研讨会，由农业部主办，作为第二届“中国—太平洋岛国经济发展合作论坛”的重要组成部分，来自中国、斐济、库克群岛、密克罗尼西亚、萨摩亚、汤加、瓦努阿图等7个国家政府部门、科研机构、企业等代表以及太平洋岛国论坛渔业局负责人共计130人参加研讨会。

2013年10月28日，广东省政协副主席唐豪在广州会见贝宁共和国劳动和公职、行政和制度改革及社会对话部部长马尔夏尔•松通一行。双方就加强经贸、旅游和渔业合作深入交换意见。2015年8月29日，瓦努阿图总理基尔曼和夫人一行来华参观广州国际渔业博览会。

【太平洋岛国高级公务员培训】 2015年6月3日，来自斐济、汤加、萨摩亚和密克罗尼西亚等太平洋岛国的24名学员，在广州参加第一期太平洋岛国高级公务员培训班期间，到广东海洋与水产高科技园参观交流，参观广东省渔业种质资源保护中心，深入了解该中心的工厂化养殖情况，并与广东省海洋与渔业局开展座谈交流。双方就进一步加强远洋渔业、水产养殖、水产品贸易和物流、渔业技术培训等合作进行深入交流。省海洋与渔业局局长文斌主持座谈会。

2015年11月24日，广东省外事办和省海洋与渔业局在广州联合举办2015年第二期广东太平洋岛国高级公务员培训班渔业培训，由广东省海洋工程职业技术学校和广东省渔业种质保护中心共同承办。来自斐济、密克罗尼西亚、萨摩亚、汤加等国7名学员接受为期10天的水产养殖技术培训和实地考察，在广州期间参观番禺海鸥岛水产养殖基地、广东海大饲料厂、黄沙水产批发市场等，并赴惠州和深圳参观广东省海洋与渔业试验中心、南海水产研究所深圳基地等。通过举办渔业培训，进一步加强广东与太平洋岛国之间的相互了解，促进双方渔业合作交流，提高太平洋岛国渔业管理水平和生产能力。

【太平洋岛国代表团来访】 2015年2月初，广东省海洋与渔业局局长文斌随同广东省友好交流团赴马绍尔、帕劳、瑙鲁、基里巴斯、所罗门群岛等南太5国进行友好访问，与当地政府和友好组织进行广泛接触，为广东省开展与太平洋岛国在各领域交流合作奠定坚实基础。10月13日，以库克群岛副议长布朗为团长，由库克群岛、密克罗尼西亚、巴布亚新几内亚、萨摩亚、瓦努阿图、所罗门群岛等6国代表组成的太平洋岛国政治家联合考察团一行19人考察广东省渔业种质资源保护中心，参观工厂化循环水养殖车间，并详细了解中心技术研发和经营运作等情况。2015年，广东省海洋与渔业局共组织接待太平洋岛国多个来访团组，包括有：汤加副首相索瓦莱尼一行考察广东省渔业种质资源保护中心；由库克群岛、密克罗尼西亚、巴布亚新几内亚、萨摩亚、瓦努阿图、所罗门群岛等6国代表组成的太平洋岛国政治家联合考察团一行19人考察广东省渔业种质资源保护中心；密克罗尼西亚外事委员会威利主席和夫人来访省海洋与渔业局；密克罗尼西亚联邦国会议长韦斯利•西米纳一行10人考察广东省渔业种质资源保护中心。

【广东与斐济渔业合作】 广东省海洋与渔业局于2011年9月组织广州、深圳和阳江等市的远洋渔业企业人员组成代表团一行9人，赴斐济考察远洋渔业，参加由中国和斐济农业部联合主办的中国与南太国家农业合作论坛，与斐济渔业局进行会谈，参观当地的远洋渔业基地。2015年5月30日至6月4日，广东省海洋与渔业局组织广东广远渔业集团公司、广州港集团有限公司、广州水产集团公司、深圳华南渔业公司、深圳水湾远洋渔业公司等企业赴斐济参加2015年中国（广东）—斐济经贸合作交流会，实地调研广东省企业在斐济远洋渔业合作和发展情况。交流会现场举行项目签约仪式，广东与斐济企业签订合作项目21个，合同金额3.31亿美元。广东广远渔业集团公司与斐济金洋渔业公司在现场会上签署“斐济海水养殖项目合作意向书”，广州水产集团与斐济金洋渔业公司签署“南太平洋海产品销售、加工合作意向书”。广东省委书记胡春华、中国驻斐济大使张平、广东副省长招玉芳以及斐济方面工业贸易和旅游部部长，就业、生产力和产业关系部部长参加见签。

【广东与密克罗尼西亚联邦渔业合作】 2011年11月7日，密克罗尼西亚联邦丘克州州长约翰逊•埃里莫等一行14人在来访广东省海洋与渔业局，局领导和有关处室单位负责人、渔业企业相关人员参加会谈。双方同意就渔业捕捞、加工、养殖等方面合作进行更深入的交流和探讨。2015年10月22日，密克罗尼西亚外事委员会主席威利和夫人一行来访广东省海洋与渔业局并举行座谈，局领导向外宾介绍广东省渔业经济发展基本情况以及广东省企业在密克罗尼西亚远洋渔业合作情况，并提出广东省将在渔业基础设施、水产养殖、人员培训等方面进一步加强与密克的合作。威利对广东远洋渔业企业在密克的发展和贡献表示支持和赞赏，并希望双方继续加强渔业各领域的交流合作。2015年11月29日，密克罗尼西亚联邦国会议长韦斯利•西米纳一行10人考察广东省渔业种质资源保护中心，参了工厂化循环水养殖车间，并详细了解中心技术研发和经营运作等情况。

【广东与汤加渔业合作】 2013年7月25日晚上，广东省长朱小丹在广东礼宾府会见汤加首相图伊瓦卡诺一行，表示广东愿意在新一轮的中汤友好合作中发挥积极作用，拓宽在生态文明、海洋渔业等领域的交流合作。当天上午，汤加首相图伊瓦卡诺一行到广东省淡水名优鱼类种苗繁育中心考察，参观工厂化循环水养殖车间，并详细了解中心技术研发和经营运作等情况。

2015年4月8日，广东省长朱小丹在广州会见了以汤加副首相兼环境、能源、信息通讯大臣肖西•索瓦莱尼为团长的汤加政府议会联合考察团。朱小丹希望以此次索瓦莱尼访粤为契机，进一步拓展双方在经贸投资、海洋渔业等领域的合作，不断加深民间友好往来，促进双方的互利合作取得更加丰硕的成果，使广东与汤加的合作成为中国与太平洋岛国之间友好合作的典范。索瓦莱尼表示，非常赞同朱小丹关于深化双方合作的建议，希望通过深化与广东各领域的交流合作，在促进汤加经济发展的同时，巩固和发展汤中友好关系。

12月16日，广东省人大常委会副主任肖志恒在省人大会见了汤加王国议长图伊瓦卡诺。肖志恒向外宾介绍了广东近期经济社会发展情况。双方还探讨了加强两地在渔业、旅游等方面的交流与合作。

广东与欧美澳洲国家交流合作

【概况】 广东省积极开拓与“一带一路”沿海国家海洋与渔业的合作渠道，实施“走出去”和“请进来”战略，加强与欧美澳洲有关国家海洋与渔业的交流合作，包括赴俄罗斯、波兰、希腊、冰岛、瑞典、芬兰等国开展海洋与渔业合作交流，与挪威、法国、美国、加拿大、巴西、智利、澳大利亚等渔业进出口大国建立友好合作关系。其中，“广东省海洋与渔业局与美国夏威夷海洋研究所合作备忘录”签署后，促成广东省实施南美白对虾选育技术转让项目。该项目在广东省建立南美白对虾选育中心，使广东省南美白对虾选育技术跃上一个新台阶；广东省盐业协会与法国GRAINOCEAN高科技公司合作，在阳江市海陵岛实施高科技贝类育苗、养殖、加工一体化项目，集贝类育苗养殖、加工销售、科普教育、产业链建设一体化。

【广东到欧洲6国交流海洋渔业合作】 2015年8月和10月，广东省海洋与渔业局领导带队分别赴俄罗斯、波兰和希腊3国以及赴冰岛、瑞典和芬兰3国开展海洋与渔业交流合作。出访期间代表团拜会了俄罗斯国家湖泊和河流渔业研究所、波兰滨海省政府、希腊海洋研究中心、芬兰海洋产业协会、冰岛海洋研究所、冰岛淡水渔业研究所和瑞典耶夫勒省环境部门，就水产养殖加工、海洋生态与环境保护、海洋综合管理、海洋空间规划、海洋产业发展等方面进行深入磋商，并就今后进一步加强合作达成多项共识。开拓广东省与“一带一路”沿线国家海洋与渔业合作的渠道，了解国外相关产业和技术的发展水平和市场状况，更好地实施“走出去”和“请进来”战略，以促进广东省海洋经济强省建设和渔业产业转型升级。

【广东与挪威渔业合作】 2013 年 3 月 20 日，挪威吉诺玛公司副董事长安德森先生一行 3 人来访广东省海洋与渔业局，就吉富罗非鱼在中国长远发展及良种保育的工作，以及罗非鱼养殖行业的现状和今后的发展趋势等进行交流。2014 年 1 月 8 日，挪威吉诺玛公司属下的海南吉富水产品公司赫曼森总裁一行拜访广东省海洋与渔业局，双方就罗非鱼养殖行业的现状和今后的发展趋势等进行交流座谈。

【广东与法国渔业合作】 2013 年 12 月 12 日，广东省海洋与渔业局与法国国家空间研究中心首席财政官兼 CLS 公司总裁吉梅恩先生一行进行会谈。双方就加强海洋环境监测、海洋资源管理、深海捕鱼辅助卫星系统、船舶定位和监测系统等业务的合作进行深入探讨。

广东省盐业协会与法国 GRAINOCEAN 高科技公司合作，实施高科技贝类育苗、养殖、加工一体化项目，这是集贝类育苗养殖、加工销售、科普教育、产业链建设一体化的综合性项目，选址在阳江市海陵岛，预计总投资 5 亿元人民币。为了考察评估项目的科技含量及对环境的影响情况，阳江市政府和广东省盐业协会组成考察团赴法国考察，通过现场考察了解到中法合作项目属于环境友好型项目。考察期间，考察团和法国有关公司进行了多场项目合作及落户阳江洽谈会。2015 年 5 月，阳江市海洋与渔业局派出专职人员，陪同项目投资方考察阳江沿海地带；6 月，省海洋与渔业局、商务厅、国土资源厅和省盐业协会派人组成专题调研组赴阳江市进行实地调研，并就如何尽快推进项目的实施召开座谈会。经过几个月时间考察，项目点确定选址海陵岛东岛金沙滩上靠山边的山白环旅游闲置地，面积 39449 平方米，并将在当地开发 133.33 公顷滩涂水域用于养殖。

【广东与美国渔业合作】 2011 年 6 月 27 日，在广州签署“广东省海洋与渔业局与美国夏威夷海洋研究所合作备忘录”，来自广东省渔业主管部门、科研院所和企业代表共 70 多人参加仪式，共同见证这一中美渔业交流与合作的盛事。美国夏威夷海洋研究所在全球养虾产业方面的研究水平是世界公认的领先和主导者，培育出的无特定病原（SPF）南美白对虾具有生长速度快和抗病能力强等优势。按照备忘录，省海洋与渔业局将支持该所与四川通威股份公司等企业合作，在广东省实施南美白对虾选育技术转让项目。该项目在广东省建立南美白对虾选育中心，使广东省南美白对虾选育技术水平跃上一个新台阶。

2011 年 12 月 5—11 日，美国鱼和野生动物管理局国家鱼栖息地行动计划协调员托马斯•布斯亚罕等一行 6 人在中国渔政指挥中心、中国水科院有关人员陪同下来粤考察，与省海洋与渔业局进行专题交流并参观广州、从化、惠东等地的水野救护基地和自然保护区。在中美自然保护交流与合作议定书框架下的互访，双方进行深入的交流和了解，美方在自然保护具体做法方面提出建议和意见，双方同意将进一步交流。

2012 年 3 月 28 日，阳江万事达海洋食品公司与美国夏威夷海洋研究所（OI）在阳江市签署“南美白对虾选育技术转让项目”合作备忘录，标志着该项目在广东省的正式实施，万事达也成为国内首家与 OI 进行密切合作的企业。省海洋与渔业局以及阳江市政府有关领导等 100 多人参加签约仪式。广东省引进该项目并逐步培育出具有自主知识产权的南美白对虾优良品系，为养殖户提供质优价廉的国产虾苗，有利于省内对虾产业的健康发展。2012 年 10 月 26 日，美国艾森豪威尔基金会访问学者、美国马萨诸塞州农业资源厅厅长助理南森•伊托勒先生来访省海洋与渔业局，就渔业资源保护与利用进行交流座谈。

2015 年 8 月 26 日下午，美国密歇根州农业及农村发展厅厅长杰米•亚当斯一行 3 人来访广东省海洋与渔业局，双方进一步加强在水产养殖和加工等方面的交流与合作。会后外宾参观广东渔业种质保护中心。

【广东与加拿大渔业合作】 2011 年 1 月 11 日，广东省海洋与渔业局与加拿大驻广州总领馆在广州联合举办加拿大海产品推介会，来自广东省渔业和餐饮业以及加拿大渔业、总领馆、不列颠哥伦比亚省（卑诗省）贸易投资办的官员和企业代表近 150 人参加推介会。广东省历来与加拿大渔业部门和企业保持着良好的经贸关系，双方除了进一步促进水产品贸易外，还在水产养殖及加工、水产品质量安全和渔业资源保护等方面加强交流与合作。2011 年 11 月 7 日，广东省海洋与渔业局与加拿大不列颠哥伦比亚省（卑诗省）农业厅在广州举行合作备忘录签约仪式，广东省副省长刘昆、卑诗省省长简惠芝等中外嘉宾共同出席并见证签约仪式。随后，举行由卑诗省主办、广东省海洋与渔业局协办的卑诗省海鲜推介会，与会中外嘉宾共 150 多人品尝来自加拿大的海鲜佳肴。

2014 年 6 月 19 日，加拿大不列颠哥伦比亚省农业厅厅长李尼克一行 5 人到广东省海洋与渔业局访问，双方在加强交流互访、促进经贸合作、推动水产品贸易和技术合作等方面进行深入交流。广东省海洋协会、渔业协会、流通加工协会有关负责人参加座谈会。2014 年 9 月，广东省海洋与渔业局代表团回访加拿大卑诗省农业厅，拜访加拿大渔业协会并开展实地调研。

【广东与南美国家渔业合作】 2012 年 10 月 11 日，墨西哥华人华侨社团联合总会执行会长初海燕一行 2 人来访广东省，与省水产加工流通协会、省渔船渔机协会举行会谈，探讨在海产品贸易、渔船渔机设备出口等方面进行合作的可行性。2013 年 9 月，广东省海洋与渔业局代表团赴巴西进行渔业交流合作考察，拜会了巴西国会议员、雅瓜里巴拉市长、里约州渔业研究院院长等。2013 年 10 月，省海洋与渔业局代表团赴智利进行渔业交流合作考察，拜访智利渔业水产秘书处、智利渔业商会以及参观三文鱼和鱼粉生产企业。2014 年 3 月 17 日，省海洋与渔业局副局长洪伟东与来访的智利驻穗商务领事金狮及智利企业一行 5 人进行会谈，局有关单位负责人、广东省水产商会、广东广远渔业集团公司、广东国渔冷冻海产有限公司、广州浚汇进出口有限公司等商会和企业的代表参加会谈。

【广东与澳大利亚渔业合作】 2013 年 1 月 17 日，澳大利亚驻广州总领事馆副总领事、高级商务专员唐杰夫先生一行来访广东省海洋与渔业局。省海洋与渔业局介绍广东省建设广东海洋经济综合试验区、海洋生态环保、环境监测等方面的情况。双方就海洋生态环保、环境监测、海水养殖等各方面开展合作进行深入的探讨与交流。

2013 年 4 月 7—10 日，澳大利亚农林渔业部派大龙虾考察团一行 4 人前来广东省访问。考察团来访省海洋与渔业局以及参观黄沙水产批发市场，就推广大龙虾并在生产销售领域开展合作等事宜进行交流座谈。

二、粤港澳台交流合作

综述

【概况】 广东毗邻港澳，东接海峡西岸经济区，发展海洋经济具有良好的区位条件。“十二五”期间，广东省按照《粤港合作框架协议》和《粤澳合作框架协议》的要求，加强与港澳的海洋产业合作，推进粤港澳海洋经济合作圈建设。扩大粤台海洋经济合作，以粤东北地区参与海峡西岸经济区建设为契机，进一步扩大与台湾地区的海洋经济合作，推进粤台海洋经济合作圈建设。

【首届两岸三地水族馆发展论坛】 2014 年 11 月 1 日，在珠海横琴长隆国际海洋度假区召开。来自两岸三地渔业行政主管部门、科研单位、水族馆及相关行业近 280 位代表出席论坛。在为期两天的论坛里，与会代表充分讨论交流水生野生动物保护与可持续利用经验，展示科普教育与动物养护技术成果，探讨水族馆发展与运营管理问题。此次会议由中国野生动物保护协会水生野生动物保护分会主办、广东长隆集团承办，是两岸三地水族界一次学习、交流、分享的盛会，开展“水生野生动物保护与永续经营利用”等 5 个主题论坛，来自香港、台湾及大陆 20 余个省市的 50 余家水族馆，共提交 40 余篇论文，分别进行大会报告或壁报交流，展望两岸三地水族馆交流合作发展前景。

【粤港澳渔业合作机制】 2011 年 3 月 22 日，中央人民政府驻香港特别行政区联络办公室新界工作部副部长王小灵、香港渔民团体联会会长黄容根等一行 16 人，由广东省港澳流动渔民工作办公室人员陪同来访广东省海洋与渔业局，双方就香港流动渔船管理方面进行深入的交流和探讨。2012 年，香港中联办新界工作部副巡视员何平、香港渔民团体联会常务副主席何俊贤带领香港渔民团体联会广东省访问团一行 23 人来访省海洋与渔业局，就香港流动渔船管理、渔民生计及渔业转型升级等问题进行深入的交流和探讨。

2013 年，广东省海洋与渔业局与省流动渔民工作办公室、香港海事处在香港举行工作交流座谈，研究如何加强对港澳流动渔船的安全技术监督，特别是赴西南沙等外海航行作业流动渔船的监督，共同探讨流动渔船超核定航区作业、超船舶定员人数、携带汽油危险品等的解决措施，建立三方工作沟通联系机制。同年，省海洋与渔业局与澳门港务局开展粤澳渔船管理工作交流。双方就加强澳门流动渔船委托检验交流，渔船安全设备配备和 MMSI(船台识别码）管理，渔船船员培训、发证和渔船最低安全配员，渔船海事意外调查、通报及合作事项等事项达成共识。

2014 年 5 月 26 日，广东省海洋与渔业局局长文斌会见香港渔农署李慧红高级渔业主任和林言霞渔业主任一行，双方就广东省与香港加强海洋与渔业合作情况有关事宜进行深入交流。中山大学科技发展研究院、广东海洋大学海洋开发研究中心、南海水产研究所、珠江水产研究所有关负责人参加座谈。

【供港澳水产品质量监管合作】 广东省海洋与渔业局在毗邻港澳地区的惠州大亚湾、汕尾红海湾、江门台山、中山、顺德等地培植一批水产健康养殖基地，为供港水产品质量的提高打下良好基础。省海洋与渔业局积极做好注册备案养殖场管理，全省获出入境检验检疫部门出口注册的养殖场1000多家，面积达4万多公顷。2012年1—11月输港水产品11万吨，8.66亿美元。

【粤港澳海洋环境保护合作】 粤港澳海洋环境保护及生态修复合作形成良好的合作机制。惠东海龟保护区与香港渔农署建立友好合作机制，每年互访座谈，并在海龟卫星追踪领域开展深入合作。徐闻珊瑚礁保护区、雷州珍稀海洋生物等其他国家级和省级保护区也逐步建立与港澳的联络机制。2013年2月，国家海洋局批准珠海横琴成为国家级海洋生态文明示范区之一，广东省海洋与渔业局指导支持示范区实施方案编制和建设，指导督促横琴海洋生态修复项目的实施，并跟进澳门大学横琴校区相关配套工程的海洋环境影响评价。2014年9月23—26日，省海洋与渔业局和部分地市海洋与渔业局有关人员组成交流团，赴香港参观海洋公园、香港湿地公园、沙洲及龙鼓洲海岸公园等保护区建设以及香港环保署水质监测实验室布设等有关情况，并就渔业资源护理、保护区管理和推进粤港双方海洋环境监测工作等有关方面问题进行研讨。截至2014年，广东省已建成人工鱼礁区46个，总面积达286平方千米，建成全国最大规模的人工鱼礁区。人工鱼礁集鱼效果显著，使珠江口粤港交界水域的海洋渔业资源得到了恢复，珍稀濒危物种得到保护。同时积极开展渔业资源增殖放流活动，使渔业资源量显著增加，种群多样性得到有效保护。

【粤港澳海洋环境保护联合执法】 2012年12月12日，广东省海洋与渔业局与香港渔农署、环保署及澳门港务局联合开展粤港澳首次海洋环境保护联合执法行动，粤方派出中国海监9012、9017、9018等执法船艇；港方渔农署、环保署各出动两艘船参加联合巡查；澳方港务局派出人员跟随粤方执法船参加行动。此次行动丰富和落实粤港澳海洋执法合作机制的内容，对于推动粤港澳跨界海域海洋环境保护和海域使用管理具有重要意义。2013年1月4日，省海洋与渔业局与香港渔农自然护理署、环境保护署及澳门港务局召开粤港澳交界海域环境保护联合执法行动总结会，对2012年12月举行的粤港澳首次海洋环境保护联合执法行动有关情况进行通报，加强沟通合作达成共识。

【粤港澳渔业资源增殖放流活动】 2011年6月3日，由广东省海洋与渔业局与惠州市人民政府联合主办，香港渔农护理署、澳门民政署、广东放生协会为支持单位的“2011年粤港澳（东江）增殖放流暨第四届广东‘休渔放生节’主题活动”启动仪式在东江河畔举行。副省长刘昆宣布粤港澳增殖放流主题活动开始，并与农业部渔业局副局长李彦亮，省海洋与渔业局局长郑伟仪，香港渔农自然护理署高级渔业主任陈瑞，澳门民政总署园林绿化部自然护理处处长张桂达，惠州市长李汝求共同启动放生活动吉祥杆。此次粤、港、澳三地人民同聚东江河畔，携手开展增殖放流活动尚属首次。社会各界共约1000人参加活动。

2012年6月6日，广东举行2012年南海生物资源增殖放流暨第五届广东“休渔放生节”主题活动，邀请港澳代表参加放生海龟、海淡水鱼苗及虾苗活动，逾百只海龟和近千万尾鱼虾被放生，其中，2009年在澳门获救的名为“回归”的海龟也正式回到大海怀抱。此次活动由农业部渔业局、广东省海洋与渔业局和惠州市政府共同主办，主题为“人海相依、持续发展”。现场共放生海龟133只，其中年龄最大的海龟已超过200岁，另有黑鲷、黄鳍鲷、斑节对虾等各类鱼虾近千万尾。

2013年6月26日，省海洋与渔业局与惠州市人民政府联合香港特区渔农自然护理署、澳门特区民政总署，在大亚湾畔共同举办2013年南海生物资源增殖放流活动，来自省市有关单位和渔民代表、媒体记者等约500人共同放流适合南海海域环境的海水经济鱼类苗种160万尾、虾类苗种600万尾和海龟188只。多年来，全省共放流淡水鱼苗26.5亿尾、罗氏沼虾3000万尾；海水鱼苗2.3亿尾、海水虾苗32亿尾、贝类3500吨、海胆和西施舌苗1500万粒、中华鲟10万尾、海龟7万只。

【粤港澳中华白海豚保育交流】 近年来，广东省海洋与渔业保护区与港澳在海洋生物保育领域的交流合作逐步加强。该保护区每年组织粤港澳中华白海豚保育交流会，研究探讨管护中华白海豚的新途径和新办法。2012年3月3日在珠海市召开2012年度粤港澳中华白海豚保育工作交流会。省海洋与渔业局、香港特别行政区政府渔护署、澳门特别行政区政府民政总署、香港海洋公园保育基金、世界自然基金会香港分会、港珠澳大桥管理局、中山大学、汕头大学、中国水产科学研究院南海水产研究所、汕头市海洋与渔业局、江门中华白海豚省级自然保护区管理处等有关负责人和专家50余人与会，研究探讨管护中华白海豚新途径和新办法。省海洋与渔业局副局长文斌出席会议并讲话。

2013年8月20日，由省海洋与渔业局主办的“2013粤港澳中华白海豚保育工作交流会”在珠海召开，香港渔护署、香港海洋公园保育基金、澳门民政总署自然护理处、世界自然基金会香港分会、广东珠江口中华白海豚国家级自然保护区管理局、港珠澳大桥管理局、中山大学、汕头大学、中国水产科学院南海水产研究所等单位近60名代表参加会议。与会专家交流粤港澳中华白海豚的资源和生态监测、搁浅处理、宣传教育等保育工作，以及中华白海豚有机物污染、种群资源变动、细胞转录等研究成果。

2015年8月7日，广东省海洋与渔业局主办的2014—2015年度粤港澳中华白海豚保育工作会议在珠海召开。广东珠江口中华白海豚国家级自然保护区管理局、香港渔农自然护理署、澳门民政总署、广东江门中华白海豚省级自然保护区、香港海洋公园保育基金、世界自然基金会香港分会、中山大学、汕头大学、港珠澳大桥管理局和中海油中华白海豚志愿者协会等单位的领导和代表参加会议。参会人员参观港珠澳大桥西人工岛施工现场，分享各自关于中华白海豚分布监测、搁浅个案研究、保育区域规划、港珠澳大桥中华白海豚保护监测监管和科教宣传等工作的成果。

【港澳流动渔民培训】 2015年6月6—8日，中山大学海洋学院与珠海市流渔办合作开展珠港澳流动渔民休渔期反走私反偷渡及业务培训交流会，来自香港和澳门的80余名渔民参加此次培训交流会。交流会上，中山大学海洋生物方面专家黎祖福、北京农渔保险专家等围绕“远洋渔业与东盟渔业合作问题”“渔业新技术应用与渔船改造问题”“渔船互助保险常识”等主题开展讲座和交流。

2015年10月23—25日，受深圳市港澳流动渔民工作办公室委托，由中山大学高等继续教育学院举办的“深圳市港澳流动渔民工作办公室人员能力提升专题培训班”在中山大学南校区顺利开班。深圳市渔民办及下属部门领导干部约40人参加此次培训。培训为期3天，围绕深圳港澳流动渔民的管理、引导等实际工作，以及渔民对渔业资源、技术等方面的实际需求，设置南海外海渔业资源、渔业捕捞、渔业新技术、渔业安全生产等专业课程，同时结合深圳毗邻香港的地理优势，特别设置香港经济分析课程，深入剖析中国经济新常态下香港经济走向展望及对深圳发展的影响。

【粤港澳渔船检验合作】 粤港澳三地渔业交往由来已久，香港和澳门渔民大多习惯来广东修理、设计和建造渔船，广东渔船装备业良好的服务环境是吸引港澳渔民来粤的重要原因之一。为此，广东省坚持在有效监管的前提下，努力营造广东渔船行业良好服务环境，使其能够更好地服务于港澳渔民。自2007—2015年，广东累计检验港澳渔船超过2607艘次，开展检验的地点遍布广州、深圳、珠海、中山、东莞、江门、惠州、汕尾、阳江、佛山等地，检验结果得到香港海事处和澳门海事及水务局的认可及港澳渔民的肯定。

2014年10月底，农业部渔业渔政管理局、香港海事处、澳门海事及水务局、省海洋与渔业局共同在澳门举行内地与香港、澳门第二次渔船检验管理合作会议，并签署港澳流动渔船检验管理备忘录。2015年12月，国家渔业船舶检验局、香港海事处、澳门海事及水务局、省海洋与渔业局共同在香港举行内地与香港、澳门第三次渔船检验管理合作会议。

【粤港澳海洋生物绘画比赛】“2012年粤港澳中华白海豚绘画比赛”于2012年9月启动，由省海洋与渔业局与香港渔农署、澳门民政总署等单位联合举办，三地主管部门分别举办多场公众宣传讲座，宣传海洋生物科普知识，共收集作品近1万份。2013年2月，第二届粤港澳海洋生物绘画比赛颁奖典礼在澳门成功举办。三地共收集到参赛作品超过11000份，宣传海洋环境保护和生物的意识。该活动连续举办两届以来，绘画作品征集数量与质量都逐年提高，宣传效果不断扩大，三地主办方分别在广州、香港、澳门举行获奖作品巡回展，提升公众对海洋生物保护的关注。

2014年9月，“我的海洋梦——2014粤港澳海洋生物绘画比赛”如期举行。粤、港、澳三地共有逾万名选手递交参赛作品，其中，广东赛区征集作品3100余幅，作品数量及质量较往年大幅度提升。是第三届海洋生物绘画比赛，由省海洋与渔业局牵头负责、会同香港渔农自然护理署、香港海洋公园保育基金、澳门民政总署和澳门海事及水务局等单位联合主办。2015年2月，在广州市举行“我的海洋梦——2014粤港澳海洋生物绘画比赛颁奖典礼”，广东省及港澳相关部门代表、赛事评委和获奖者共130人参加颁奖典礼。粤、港、澳三地共有逾万名选手递交参赛作品，作品数量及质量较往年大幅度提升。该活动连续举办三届以来，宣传海洋环境和海洋生物保护的知识，宣传效果不断扩大，提升公众对海洋生物保护的关注。

粤港交流合作

【概况】 广东省认真贯彻落实《粤港合作框架协议》，加强粤港沟通协调，开展海洋环保及生态修复、水产养殖技术培训、海上联合执法、渔业船舶检验、海洋环境监测与灾害预防、水产品质量安全监管等一系列卓有成效的粤港海洋与渔业交流合作，推动两地海洋环境保护和生态资源的修复，促进渔民生活生产条件的改善和水产品质量安全的提升，进一步深化粤港合作。粤港海洋环境保护及生态修复合作已形成良好的合作机制，同时不断创新和推出亮点。双方交流互访频繁，开展海洋环境保护、珊瑚礁普查、海洋生态及生物多样性研究、执法管理等一系列的交流合作，以及举办海洋环保宣传教育活动等，使海洋环境和渔业资源得到修复，珍稀濒危物种得到有效保护。

2014年5月26日，广东省海洋与渔业局局长文斌会见了香港渔农署高级渔业主任李慧红和渔业主任林言霞，双方就加强海洋与渔业合作情况有关事宜进行深入交流。

【粤港中华白海豚保育】 2012年，珠江口中华白海豚保护区管理局与香港大学达成协议，在两地海域同步开展珠江口中华白海豚种群资源调查，目前区域性鲸豚保育网络已初现雏形。2012年2月12日，广东省省长朱小丹率有关部门负责人赴珠海就港珠澳大桥建设情况进行考察，当了解到施工现场临近中华白海豚保护区后，朱小丹反复强调，“要让白海豚成为港珠澳大桥的形象代表。白海豚不搬家，也是港珠澳大桥项目的建设目标”。

2013年9月，香港渔农自然护理署到访广东省海洋与渔业局，双方就中华白海豚保护行动、珠江口中华白海豚分布基线研究、海豚生态廊道的可行性、持久性有机污染物生物累积研究和珠江口中华白海豚生态旅游导赏服务等议题进行交流，并达成初步合作意向。

2014年，广东省海洋与渔业局与中山大学、香港大学就珠江口中华白海豚资源监测签订合作协议，研究珠江口中华白海豚各项群体学参数，用于评估珠江口中华白海豚群体的生存状况。截至2014年12月，珠江口中华白海豚国家级自然保护区管理局工作人员共出海监测海豚66天次，总航程6168.90千米；目击海豚346群，共2116头；累计识别中华白海豚数量1870头，新增234头。

2015年，广东省海洋与渔业局联合粤港高校，共同建设中华白海豚保护高校联盟。广东珠江口中华白海豚国家级自然保护区管理局与中山大学、北京师范大学—香港浸会大学联合国际学院（UIC）、北京师范大学珠海分校、暨南大学珠海校区的6个公益组织合作开展中华白海豚保护高校联盟建设。白海豚保护区与中山大学和UIC签订合作协议，设立教学实习基地，并在4所高校内招募志愿者281名，举办15场宣传活动，参与活动的人员超过3000人次。

【粤港海洋资源护理】 为共同保护海洋环境资源，粤港海洋资源护理专题小组成立以来，每年在粤港两地轮流召开专题会议。2011年1月6日，粤港海洋资源护理专题小组第十一次会议在广东省清远市清新花园酒店召开，广东省海洋与渔业局副局长屈家树、香港渔农自然护理署助理署长苏炳民出席会议并致辞。双方代表通报2010年海洋资源护理工作情况，并就两地联合执法、在香港水域禁止拖网捕鱼政策、生物过滤器研究、水产养殖节能减排、珠江口中华白海豚保护等专题进行交流。会议讨论和审议了双方提议的2011年合作事项。

2012年2月23—24日，粤港海洋资源护理专题小组第十二次会议在香港召开，广东省海洋与渔业局副局长文斌、香港渔农自然护理署助理署长苏炳民在会上致辞。两地代表向会议通报2011年海洋资源护理工作情况，并就香港水域禁止拖网捕鱼措施、香港渔业保护（修订）条例草案、粤港海洋与渔业保护区交流、广东绿色渔业发展、两地联合执法等专题进行交流。双方达成的合作共识包括：推动香港水域及南中国海渔业资源评估的协作、建立粤港海洋环境监测交流机制、开展珠江口海域生态环境整治和海洋珍稀水生野生动物保护、继续合作开展珊瑚普查、开展海洋执法信息交流等。

2013年3月6日，粤港海洋资源护理专题小组第十三次会议在广东江门召开，省海洋与渔业局与香港渔农自然护理署、香港环境保护署各自通报2013年海洋资源护理工作情况，并就以下合作项目达成共识：推动渔业资源评估的交流和合作、探索合作开展渔业资源增殖放流试验计划、推进珍稀海洋动物保育方面的合作、加强开展人工鱼礁建设管理及技术交流、继续推进珊瑚普查工作的交流和合作。

2014年2月17—19日，粤港海洋资源护理专题小组第十四次会议在香港召开，两地代表通报2013年海洋资源护理工作情况，并就珠江口中华白海豚资源状况、香港渔业资源调查、广东省人工鱼礁生态与社会现象分析、香港非法捕鱼活动、渔业养殖及濒危水生动物救护技术合作与交流、香港海龟的护理及研究等方面展开专题交流。会议提出2014年重点合作内容包括海洋保育文化交流、珊瑚礁普查合作、珍稀水生野生生物保育等方面。省海洋与渔业局党组成员、副巡视员李磊，香港特别行政区渔农自然护理署助理署长苏炳民出席会议并致辞。

2015年1月26—27日，专题小组第十五次会议在广州召开。双方在专题会议讨论的主要议题包括：推进海洋保育文化交流和珊瑚礁普查合作，推动香港水域及南中国海渔业资源评估的合作，开展中华白海豚等珍稀水生野生动物的保育工作合作，开展香港渔民培训及养殖技术交流，加强海上执法信息交流等。

【粤港珊瑚礁普查合作】2011年，广东省海洋与渔业局组织人员及部分潜水志愿者，在香港海洋公园保育基金的资助下赴香港参加珊瑚普查培训班，为广东进一步推动珊瑚普查工作打下基础。2012年5月，香港渔农署、香港潜水总会派代表来广东省交流珊瑚普查经验，参观广州市水生野生动物救护中心。2013年，香港渔农自然护理署的专家受邀前来广东进行科学指导，省海洋与渔业局组织志愿者在深圳金沙湾、杨梅坑等水域进行珊瑚普查，取得良好的社会效应和宣传效果。2012年8—11月，省海洋与渔业局组织开展"广东省第6届珊瑚普查"活动，先后组织志愿者赴深圳、珠海、徐闻等多个普查点开展珊瑚礁健康状况调查工作，香港渔农署、香港浸会大学、香港潜水总会的专家受邀前来广东省进行科学指导及交流珊瑚礁普查的经验。

2014年9月24日，2014广东珊瑚礁普查（Reef Check）项目在珠海外伶仃岛附近的浅水海域进行。2014年，参加广东Reef Check项目的志愿者增至60人，他们分成12支队伍，对汕头南澳南澎列岛、惠州大亚湾、深圳金沙湾杨梅坑、珠海外伶仃岛、茂名放鸡岛、湛江硇洲岛、雷州珍稀海洋生物保护区和徐闻珊瑚礁保护区等8个地区进行普查，共设17个站位。截至2014年，广东参与Reef Check项目的志愿者已有近200人。

2015年，广东徐闻珊瑚礁国家级自然保护区管理局在广东沿岸组织为期7个月的第九次广东珊瑚礁普查工作，来自粤港澳22支队伍共150多名志愿者参与了珊瑚礁普查活动。2015年8月9日，一年一度的全省珊瑚礁普查在深圳大鹏新区大澳湾启动，来自中科院南海研究所、徐闻国家级珊瑚保护区及香港渔农护理署的科学家向参与此次普查的潜水志愿者介绍普查物种、讲授珊瑚普查方法、技巧和流程。本次珊瑚礁普查活动一共进行3次，遍及大鹏半岛的大澳湾、大亚湾、东西涌、杨梅坑。9月12日，来自深圳、广州、香港等地的30多名潜水志愿者齐聚大鹏新区南澳办事处东涌海边，参加2015年广东省珊瑚礁普查深圳站的最后一次普查活动。

【粤港海洋环境监测合作】2012年2月和9月，围绕建立海洋环境监测及海洋预报减灾网络的需求，广东省海洋与渔业局先后与香港渔农署、香港海事处、香港天文台、中文大学举行座谈，并就海洋环境卫星遥感的研究、海洋预报减灾资料共享等方面进行沟通交流。省海洋与渔业局配合国家海洋局南海分局，妥善开展香港惰性物料台山处置区的监管，包括整个处置作业过程和物料的监管等工作，至2013年底台山处置完成惰性物料6000多万吨，造陆面积500公顷。

【广东举办香港渔民技术培训班】由香港渔农自然护理署和广东省大亚湾水产试验中心（简称大亚湾中心）共同组织的2011年香港渔民《养殖业的营运与管理》培训班，于7月11—15日在大亚湾中心顺利召开。这是大亚湾中心连续第四年为香港渔民举办类似的培训活动。来自香港转产转业渔民和水产养殖企业共41名学员参加培训班。培训内容包括水产养殖发展现状、工厂化健康养殖技术、循环水处理技术、水产养殖病害防治技术、名特优鱼类养殖技术及池塘健康养殖技术等。同时还为学员安排了生动的海水鱼类繁育技术、养殖技术实操课以及丰富的养殖现场参观等内容。2012年7月16—20日，双方共同举办"香港渔民养殖培训班"，来自香港转产转业渔民和水产养殖企业共40多名学员参加培训。通过培训使香港渔民了解水产养殖基础知识，熟悉养殖运作和经营，掌握水产养殖业的基本技能。2013年7月15—19日，由广东省海洋与渔业局和香港渔农自然护理主办，省大亚湾水产试验中心承办的香港渔民养殖技术培训班在惠州举办。来自香港的转产转业渔民和水产养殖企业代表共42名学员参加培训，这是大亚湾中心连续第六年为香港渔民举办培训活动。培训班进一步提高渔民的水产养殖业知识及技术水平，为香港转产转业渔民的再就业奠定扎实的专业基础，为粤港共同提高现代渔业管理水平和生产能力，增加渔民收入，逐步实现渔业可持续发展做出贡献。2014年1月6—10日和6月23—27日，广东省海洋渔业试验中心（原广东省大亚湾水产试验中心）为香港渔民举办2期培训班，共培训渔民73人次。省海洋渔业试验中心连续7年与香港渔农自然护理署合作开展“香港渔民培训班”，受到香港渔护署和香港渔民的普遍认可和欢迎。培训班进一步提高渔民的水产养殖业知识及技术水平，为香港转产转业渔民的再就业奠定扎实的专业基础，为粤港共同提高现代渔业管理水平和生产能力，增加渔民收入，逐步实现渔业可持续发展做出贡献。

【南海渔业资源及技术开发培训】2015年6月23日，受香港渔农自然护理署委托，广东海洋大学继续教育学院承办的香港渔农自然护理署南海渔业资源及技术开发课程2015培训班在阳江开班，全体学员及香港渔护署高级渔业主任陈国权博士、渔业主任林言霞小姐等官员、继续教育学院领导、授课教师和有关人员参加典礼，副校长朱坚真教授出席典礼并致辞。参加此次培训的共有54位学员，于6月22—25日在广东阳江、江门等地考察南海渔业发展状况，了解南沙、中沙等地渔业资源及捕捞现状，实地参观当地中心渔港、造船厂，和当地渔民协会交流等，并学习“南海渔业资源现状及深海发现”“远洋捕捞渔船现状及发展动态”等4个专题课程。开设香港渔农自然护理署南海渔业资源及技术开发课程课程培训班，目的是增强香港渔业从业人员对大陆南海渔业发展有更深入的了解，加强两地的交流，借鉴大陆渔业发展模式和经验，促进香港渔业可持续发展。

【粤港海上联合执法】为了打击粤港交界水域非法作业渔船，维护正常渔业管理秩序，广东省海洋与渔业局从2002年开始，每年联合香港水警和渔农署在香港北面水域开展粤港海上联合执法行动。2012年9月26—27日，广东省渔政总队联合香港水警、香港渔农署海岸公园举行“护渔2012-5”粤港联合执法行动。广东省渔政总队出动渔政船5艘，执法快艇11艘，执法人员119名，检查渔船132艘，查获违规渔船49艘。香港水警出动水警船艇25艘，执法人员218名，检查渔船13艘，查获违规渔船1艘。香港渔农署出动船艇11艘，执法人员44名，检查渔船74艘，查获违规渔船1艘。联合执法行动有力打击粤港交界水域的非法捕捞和渔船走私行为，行动达到预期的目的，取得圆满成功。

2013年10月10—11日，广东省渔政总队联合香港警务处水警总区、香港渔农自然护理署开展“护渔2013-4”粤港联合执法行动，三方共派出执法船艇45艘，执法人员353人。行动中，广东省执法人员共检查作业渔船117艘，查扣涉嫌违规作业渔船35艘；香港水警、香港渔农署移交内地籍违规渔船5艘，广东方移交港方违规船舶2艘。行动有力打击粤港交界水域的非法捕捞和非法越境等行为，达到预期的目的，取得圆满成功。

2014年10月23—24日，广东省渔政总队联合香港警务处水警总区、香港渔农自然护理署举行“护渔2014-3”粤港联合执法行动。广东省渔政总队出动渔政船3艘，执法快艇11艘，执法人员119名，检查渔船132艘，查获违规渔船49艘。香港水警出动水警船艇19艘，执法人员152名，查获违规渔船10艘。香港渔农署出动船艇8艘，执法人员47名，检查渔船38艘，查获违规渔船1艘。有力打击了粤港交界水域的非法捕捞和渔船走私行为，行动达到预期的目的，取得圆满成功。

2015年9月22—23日举行“护渔2015-3”粤港联合执法行动。广东省渔政总队出动执法船艇30艘次，执法人员175人次，检查渔船188艘，查获违规渔船47艘，取得较好的效果。香港渔护署出动船艇8艘，执法人员40名，香港水警出动船艇15艘，执法人员272人，检查渔船60艘，查获违规渔船5艘。粤港双方海上联合执法行动达到预期的目的，取得圆满成功。

【大鹏湾海域粤港联合执法行动】为维护粤港交界水域的生态资源环境及正常秩序，加强粤港职能部门的执法交流，共同打击无证捕捞、走私等违法行为，广东省渔政总队联合香港警务处水警总区、香港渔农自然护理署先后于2014年5月、10月组织开展“大鹏湾海域粤港联合执法行动2014”和“护渔2014-3”粤港联合执法行动两次专项行动，三方共派出执法船艇41艘，执法人员318人。行动中，广东省执法人员共检查作业渔船132艘，查扣涉嫌违规作业渔船49艘；香港水警、香港渔农署查获违规渔船11艘。有力打击粤港交界水域的非法捕捞和渔船走私行为，达到预期目的，取得圆满成功。

粤澳交流合作

【概况】2011年3月6日，广东省人民政府和澳门特别行政区政府在京签署《粤澳合作框架协议》，建立粤澳合作开发横琴协调机制；加快建设横琴休闲度假区，发挥海岛型生态景观资源优势；逐步开发珠海海岛旅游，研究澳门居民到珠海海岛旅游的便利模式。广东省认真贯彻落实《粤澳合作框架协议》，加强粤澳沟通协调。2012年5月19日，广东省人民政府与澳门特别行政区政府签署《广东与澳门海上搜救合作安排》，进一步加强粤澳两地海上搜救的协调与合作，对海上险情提供快捷、高效的救助，实现资源共享、优势互补。合作安排的签署标志着广东省与澳门之间海上搜救力量得到提升及充分利用，有效确保珠三角地区的海上安全。双方共同推进澳门习惯性水域划界，探寻首批“香山十大海洋文化地标”。

【推进澳门习惯性水域划界】 由于历史原因，澳门习惯水域管理范围一直没有完全明晰。2014 年 12 月，国家主席习近平出席澳门回归祖国 15 周年庆典活动时，宣布启动明确澳门习惯水域管理范围工作。广东省海洋与渔业局密切配合国家海洋局等部委，从澳门水域的历史由来、法律依据、管理现状、现实需求、划界原则等进行深入调研和实地考察，同时加强与国家海洋局和珠海市方面的沟通协调，互通该项工作国家的要求和地方的诉求。国务院港澳办牵头的联合工作组多次来澳，对澳门水域的相关问题进行深入调研和实地考察，广泛听取广东省、珠海市及澳门特区各方的意见，及时形成相关调研报告和划界建议方案。特区政府海事及水务局牵头的水界工作小组及地图绘制暨地籍局牵头的陆界工作小组积极配合中央有关部门的调研、勘探等工作，按时向联合工作组提交相关资料及工作报告。经过多方通力合作，这一工作进展顺利，如期解决划界问题。2015 年 12 月 16 日，国务院总理李克强签署国务院令公布澳门行政区域图，明确澳门海域管理范围为 85 平方千米，为澳门保持繁荣稳定、实现经济社会可持续发展提供有力支持。明确澳门习惯水域管理范围后，澳门与广东省特别是珠海市在发展海洋经济等方面将有更广阔的合作空间。

【联手探寻首批“香山十大海洋文化地标”】 由中山、珠海、澳门三地联手探寻的首批“香山十大海洋文化地标”，于 2014 年 11 月 12 日晚在“我们的孙中山——纪念孙中山先生诞辰 148 周年专题晚会”上揭晓，分别为中山·孙中山故居、珠海·宝镜湾遗址、澳门·妈阁庙、珠海·唐家湾古镇、中山·三乡雍陌村、澳门·东望洋山、中山·坦洲金斗湾、澳门·大炮台山、中山·孙文西路文化旅游步行街、珠海·渔女雕像。包括中山、珠海、澳门三地在内的香山地区，在秦、汉、唐、宋、元、明时期已是“海上丝绸之路”的重要通道。梳理这片土地的海洋历史，找准文化为引领的发展地标，成为中山、珠海、澳门三地的共识，促成三地联合发起寻找“香山海洋文化地标”活动。

粤台交流合作

【概况】 广东省重视对台海洋经济交流与合作，国务院批复实施的《广东海洋经济综合试验区发展规划》提出推动构建粤闽海洋经济合作圈的要求，就是要求广东要充分发挥雄厚的经济实力和辐射能力，大力推动构建粤闽台海洋经济合作圈。近年来，广东省在推动粤台海洋渔业、滨海旅游、港口物流以及产业园区建设等方面取得一定成效。按照国家建设海峡两岸经济区要求，广东积极推动和参与建设“粤台产业交流合作示范区”。设立佛山、湛江海峡两岸农业合作试验区，韶关、江门粤台农业合作示范区以及珠海金湾、汕头潮南、梅州梅县等台湾农业创业园。据不完全统计，截至 2013 年底，全省累计渔业台资企业有 133 家，实际现有 86 家，合同利用台资 1.95 亿美元，实际到位 1.85 亿美元，其中，投资额超过 100 万美元以上的有 35 家。

【粤台海洋渔业合作】 海洋渔业是粤台海洋经济合作的主要内容。2011—2015 年间，广东省海洋与渔业局共接待台湾渔业界访问考察团 10 多批，安排省内渔业系统访问台湾共 7 批次，共同举办多场水产推介会。台湾较有影响力的台湾水产种苗协会、台湾网箱养殖协会、台湾养殖渔业生产区发展协会、台湾渔业经济促进协会、台湾观赏鱼协会等渔业民间组织与广东省的渔业商协会保持密切联系。粤台还在名优鱼类种苗孵化、水产经济鱼类及观赏鱼养殖、水产品加工、远洋渔业等方面开展广泛合作，台资企业在我省投资兴办的企业如顺德兴顺烤鳗有限公司、杨氏水产加工厂、湛江佳鸿水产（廉江）有限公司等，均取得良好的社会效益和经济效益。

【粤台港口物流业合作】 2007 年 10 月起国家试行对台试点口岸台湾船舶放开船舶吨位和交易金额限制，惠州港和湛江长桥港被列入试点口岸。2010 年广东省通过财政资金支持的汕头澄海物流等一批物流项目，引进台湾在港口物流上先进的物流管理和服务经验，提升和优化了广东省对台物流的渔业投资环境。2014 年 1 月，广东省政府同意将雷州市乌石港辟为对台小额贸易点的文件下达后，雷州市马上成立对台小额贸易领导小组和协调工作小组，开始紧锣密鼓的筹备工作，到年底全面展开对台贸易。2015 年 6 月，正式通过省口岸办等部门的联合验收，通过省政府批准，开始试运行一年（2016 年 5 月 23 日，由台湾驶来的货船成功抵达乌石港，雷州市乌石港对台小额贸易点正式启用）。优越的港口资源和优惠的港口税收政策大力推动粤台港口物流业的合作和发展，至 2015 年，广东省共有台湾渔船停泊点 18 个，在台湾渔船停泊点设立的对台小额贸易点 15 个。

【海峡两岸海洋经济合作】2014 年 8 月 26 日，以“加强海峡两岸海洋产业合作，共建 21 世纪海上丝绸之路”为主题的海峡两岸海洋经济合作交流会在汕头市开幕，由广东省政府、国务院台湾事务办公室和国家海洋局联合主办，汕头市政府、省政府台湾事务办公室和省海洋与渔业局共同承办，广东省省长朱小丹，国务院台办副主任叶克冬，国家海洋局党组成员、纪委书记吕滨，台湾海基会董事长林中森出席交流会并致辞。国家和省有关部门、广东省 21 个地级以上市负责同志、签约企业代表和海峡两岸嘉宾，约 700 人参加交流会。达成合作项目 100 多个，总金额 167.3 亿元人民币。会上还举行了“海峡两岸交流基地”授牌和合作项目签约仪式。

三、广东与国家单位交流合作

广东与国家事业单位合作

【概况】“十二五”期间，广东省通过与国家级相关单位的交流与合作，建立国际海洋科学研究平台，开展学科综合交叉研究和系统集成，每年承担国家“973”“863”、国家科技支撑计划、国家重大科技计划、国家科技基础性工作专项等海洋基础科学研究项目数目超过 500 项，在全国排名第三，海洋科技领域专利约占全国的 10%。广东省海洋与渔业局现在与国家海洋技术中心、中国空间技术研究院、中国水产科学研究院紧密合作。2013 年 3 月，国家海洋技术中心和广东珠海万山海洋开发试验区管委会在天津签署战略合作框架协议。根据协议，双方将结合万山区位和资源优势，在海洋与海岛工程勘察、海域使用论证、海洋观测系统建设等方面寻求合作。

【广东与国家海洋减灾中心等合作】2014 年 4 月 27 日，广东省海洋与渔业局局长文斌带队访问国家海洋技术中心，与国家海洋技术中心主任罗续业等领导及主要业务部门座谈交流，双方就加强区域性海洋防灾减灾监测体系、海洋工程装备深海试验场、海洋可再生能源开发等方面的合作达成广泛共识。4 月 29 日，广东省海洋与渔业局与国家海洋减灾中心、国家卫星海洋应用中心、广东省气象局、南海水产研究所、中国电信广东公司在广州签署框架合作协议。同年 5 月 12 日，广东省海洋与渔业局联合国家海洋减灾中心在汕头市人民广场共同举办“5·12”海洋防灾减灾宣传活动。活动主题是“城镇化与海洋防灾减灾”，重点针对公众广泛关注的风暴潮、海啸、海浪、赤潮等海洋灾害开展科普宣传。

【广东与国家海洋环境预报中心合作】2012 年 4 月 20 日，国家海洋环境预报中心主任王辉一行 6 人到广东省调研，就海洋观测预报、岸基海洋观测站网建设规划、广东省海洋观测预报体系建设规划纲要以及预报室会商专线联网等工作进行交流，表示在今后的工作中给予大力支持，加快岸基海洋观测站网的建设，着力推动会商室专线专网专联建设为台风汛期期间的应急会商和减灾预报工作更好地运行服务。2014 年 10 月 21 日，广东省海洋与渔业局与国家海洋环境预报中心在广州举行战略合作框架协议签字仪式，省海洋与渔业局局长文斌、国家海洋环境预报中心主任王辉等出席签字仪式。根据合作协议，双方将从支持广东建设精细化预报业务示范区、推动建立广东海洋预报减灾中心和国家海啸预警南海分中心、共同开展海洋预报减灾业务体系规划研究、开展台风风暴潮漫滩预警系统研制和应用、开发建立三维可视化数值预报模型、完善白海豚保护区观测监测基础设施建设、合作开发海上遇险漂流目标搜救系统、支持广东提高自主研发和科技创新能力、协同提供海洋预警报服务产品、共同开展海上溢油多尺度监测与预警业务、完善台风会商制度、建立与完善海洋预警报信息新媒体发布平台、共同举办海洋科技交流和防灾减灾宣传演练活动等 12 个方面深化合作，进一步提高海洋预报减灾服务水平，促进广东海洋预报减灾事业和海洋经济发展。

2015 年 9 月 23 日，广东省海洋与渔业局局长文斌会见国家海洋环境预报中心王辉主任一行，双方就加快落实双方签署的合作框架协议有关工作，进一步加强国家与广东海洋防灾减灾合作等内容达成共识。国家海洋环境预报中心表示将推动广东省海洋防灾减灾事业发展，为广东省海洋经济强省建设服务。座谈会上，双方还就海洋预报“十三五”规划设想进行深入交流。

【广东与中国空间技术研究院合作】2015 年 7 月 10 日，广东省海洋与渔业局与中国空间技术研究院在北京签署战略合作框架协议。按照协议内容，中国空间技术研究院将在良好的合作基础上，与广东省海洋与渔业局进一步合作推进以智慧海洋与渔业应用、渔船北斗终端开发应用、渔政执法船视频监控、天空地一体化海洋遥感监测、智能水处理应用示范、航天工程育种联合技术研发、水产品航天搭载与繁育等为代表的航天技术应用产业重点项目，实现航天技术转化与应用，双方在广东智慧海洋建设规划促进广东在智慧海洋与渔业建设、水产品航天搭载与繁育、智能水处理应用等方面深化合作上的发展，全面提升全省海洋渔业信息化水平和渔业安全生产水平，共同推动广东省海洋与渔业业务和产业发展。

协议签订前期，中国空间技术研究院已与广东省海洋与渔业局开展了渔业安全生产通信指挥系统、智能水处理等项目合作，为广东省海洋与渔业局研制的渔业安全生产通信指挥系统、智能水处理系统等产品，有效地转变了用户的产业模式，极大地提高了工作效率，全面提升了广东省海洋渔业信息化水平、渔业安全生产水平及现代渔业发展水平，共同推动广东省海洋渔业快速发展。

【广东与中国水产科学研究院合作】 2014年6月24日，由中国水产科学院和广东省海洋与渔业局联合主办，南海水产研究所、珠江水产研究所与基层水产技术推广机构联合承办的“2014年广东渔业院士、专家广东行”系列活动在广州番禺正式启动。来自中国水产科学研究院、珠江所、南海所的相关负责人，广东省海洋与渔业局、广东省水产技术推广总站以及基层渔业主管部门、水产技术推广部门的相关负责人，养殖户和养殖企业代表等300余人参加活动。启动仪式结束后，中国水产科学研究院黄海水产研究所雷霁霖院士为当地养殖户、养殖企业负责人、技术员讲述国内工厂化养殖现状及发展趋势；来自珠江水产研究所和南海水产研究所的专家就池塘健康养殖技术，对养殖户进行专门培训。举办“院士、专家广东行”活动，目的是依托院士、专家的力量，进一步建立健全“部、省合作”长效机制，促进各级渔业主管部门和科研部门的紧密联系，加深合作，积极推动广东渔业转型升级；也希望通过这种活动，带动广大渔民群众坚定树立学科学、用科学的新观念，科学养鱼、健康养鱼，进一步加快致富奔小康的步伐。

广东与全国协会交流合作

【概况】 “十二五”期间，广东省重视与全国各个相关协会建立联系，2011—2015年间，分别与中国水产流动与加工协会、中国水产学会、中国渔业协会、中华全国工商业联合会水产业商会（简称“全国工商联水产业商会”）等诸多协会展开交流与合作，促成中国海洋经济博览会、中国国际水产博览会、中国对虾产业发展论坛、中国名龟展等系列大型活动在广东成功举办。

【广东与全国工商联水产业商会合作】 中华全国工商业联合会水产业商会于2012年5月18日在广东省湛江举行2012年中国水产业发展年会暨全国工商联水产业商会17周年庆典，广东省海洋与渔业局纪检组长黄棕棕、湛江市人民政府市长王中丙、中国渔业协会会长、原农业部副部长齐景发等领导发表讲话，他们对我国水产业的发展以及水产商会在行业中所取得的成绩给予了充分的肯定。湛江国联水产开发股份有限公司、广东绿环水产有限公司、湛江环球水产有限公司、湛江市海岸水产有限公司、湛江龙威水产实业有限公司、湛江泰食食品冷冻有限公司、湛江巾帼水产食品有限公司、湛江南方水产交易中心有限公司联合承办本次会议。

2014年6月18—20日，中华全国工商业联合会水产业商会在广东湛江举办首届中国国际水产博览会，广东省副省长邓海光，中国水产流通与加工协会会长（农业部原总经济师）张玉香，省政府副秘书长颜学亮，省海洋与渔业局局长文斌，湛江市委书记刘小华、市长王中丙等出席开幕式。首届中国国际水产博览会以“水产，让生活更美好”为主题，以“助力中国水产走向世界，让世界共享中国水产”为宗旨，关注中国水产品质量与安全，抢抓国家推进“海上丝绸之路”建设的战略机遇，吸引了欧盟、东盟、非洲、美国等国家和地区，以及国内包括台湾、香港在内的30多个省、区、市的180多家水产企业和近万名水产专业人士参加。博览会室内外总展览面积超过2万平方米，500多个国际标准展位，参展范围包括各类水产品，优质水产种苗，养殖技术与设备等。本次博览会由中国水产流通与加工协会和全球水产养殖联盟协办，湛江市水产流通与加工协会、湛江市水产进出口企业协会和湛江市水产商会承办，首次尝试市场化办会，打造全球第四大国际性专业水产展。

2015年中国国际水产博览会于6月18—20日在湛江国际会展中心举行，展览面积2万余平方米，设国际标准展位500余个，展出包括各类冷冻产品、优质水产种苗、养殖技术与设备、加工和保鲜设备、包装设备和工艺、环保设备、杀菌技术设备、冷链物流方案等多方面。同时，结合展会主题，有针对性地邀请“一带一路”沿线国家企业、政府相关部门参与，旨在加强水产经贸合作，扩大沿线国家水产进出口贸易。3天时间共接待了5万多人次的参观，意向交易额更是突破了上届，达到了180亿元。本届国际水产博览会由中国促贸会湛江市委员会、湛江市水产商会、湛江市水产进出口企业协会、湛江市水产流通与加工协会、中国水产流通与加工协会以及全球水产养殖联盟共同协办，以波士顿、布鲁塞尔国际水产展的先进管理模式，为参展企业提供信息交流、贸易洽谈、拓展市场及渠道的平台，行业盛会色彩浓厚。主办方全国工商联水产业商会和承办方湛江水产行业协会精心安排了丰富多彩的活动，除传统的水产展示展销活动外，还举行了全国工商联水产业商会20周年庆典、“移动互联时代的水产营销”论坛、中国冷链物流万里行走进水博会、BAP罗非鱼认证活动等多个专业性行业活动。展会期间，广东省委书记胡春华会见中国国际水产博览会主办方领导——全国工商业联合会党组副书记黄小祥等，要求将中国国际水产博览会永远落户湛江，进一步坚定信心把中国国际水产博览会办成国内第二大水产专业性展会。主办方决定，中国国际水产博览会永远落户湛江，于每年6月举办。同时启动了第三届即2016中国国际水产博览会的招商招展工作。

【广东与中国渔业协会合作】 由广东省海洋与渔业局联合中山市政府、中国渔业协会、省龟鳖养殖行业协会主办首届中国名龟展，于2011年12月30日在中山市古镇镇南方绿博园举行开幕典礼。其间还举行以实现龟鳖产业可持续发展为主题的中国龟鳖行业发展论坛以及以龟会友为主题的中国龟友会龟友聚会，全省各地以及广西、海南、湖南、江西、湖北、浙江等龟鳖养殖主产区从业者和爱好者近万人参加。

2011年11月10—13日，由中国渔业协会和江门市政府共同主办的首届中国（江门）锦鲤博览会暨2011中国锦鲤交易会在江门市五邑华侨广场会展中心隆重举行，吸引来自全国各地以及国外的锦鲤业界人士、爱好者和广大市民群众前来参观交流，参观人数达10万人次。2012年11月30日举行第二届，吸引全国80多家锦鲤养殖场、1000多尾中国自产精品锦鲤参加了展示。此次博览会共有锦鲤产业合作项目8个，涉及锦鲤科研、锦鲤生产、锦鲤流通体系建设，以及锦鲤饲料、药物、水族器材等领域。其中，在开幕式签约的项目有2个，签约金额达8000万元。

【广东与中国水产流通与加工协会合作】 2011年4月8—10日，由中国水产流通与加工协会、国家虾产业技术体系和湛江市人民政府联合主办第三届中国对虾产业发展论坛在湛江市召开，农业部渔业局、广东省海洋与渔业局和湛江市委、市政府等有关领导，中山大学、黄海水产研究所等有关专家，印度、印度尼西亚、泰国、美国和广东、福建、广西、海南等国内外水产品养殖和加工等相关行业的企业代表共400多人参会。中国对虾产业发展论坛已连续三届在湛江市举行。

2013年4月18—19日，由中国水产流通与加工协会、湛江市人民政府主办的第五届中国对虾产业发展论坛在湛江市举行，来自国内外对虾研究领域的知名专家、养殖和加工流通龙头企业代表近300人参加。此次论坛旨在为规范国际市场秩序，携手应对国际贸易新挑战，实现各国对虾产业共同发展而努力。

【广东与中国水产学会合作】 2015中国海洋经济博览会——南海现代渔业发展论坛于2015年11月27日在湛江海滨宾馆召开。主办单位是中国海洋经济博览会筹委会、中国水产学会，承办单位是广东海洋大学、湛江市海洋与渔业局等，执行承办单位湛江市水产学会，参会嘉宾有中国工程院院士麦康森等和全国主要水产相关的科研、政府、服务机构、企业的管理和科技工作者共300多人。论坛针对当前南海渔业发展现状，深入分析当代渔业发展取得的成就和面临的困难、瓶颈与问题，从环保型配合饲料应用、生态环境保护、生态型现代渔业建设、水产品精深加工和现代渔业防灾减灾等方面开展高层探讨，通过技术成果发布和互动对话等形式，为政府、企业和科研院所搭建高端对话平台，促进各方交流、合作与提升，推动南海渔业转型升级加快建设，为海洋经济发展注入新的活力。

省海洋与渔业局与驻粤单位交流合作

【概况】 在全国沿海省份中，广东是唯一没有省级的海洋与渔业研究机构的省份。但设在广东的全国涉及海洋科技的研究机构较多，有广州海洋地质调查局、中科院南海海洋研究所、水科院南海水产研究所、水科院珠江水产研究所等，科技实力雄厚。“十二五”期间，广东省充分利用驻粤国家级海洋科研资源和大学院校的科研力量，大力支持承担实施国家海洋研究专项项目，集聚力量解决本省海洋科技发展的瓶颈问题和重大问题，突破行业和部门的限制，加强涉海科技力量的强强联合，推动海洋科技创新，促进海洋经济的发展。

【省海洋与渔业局与南海海洋研究

所合作】2012年9月6日，中国科学院南海海洋研究所所长张偲率队到广东省海洋与渔业局进行工作交流，10月8日，广东省海洋与渔业局与中科院南海海洋研究所在广州举行全面战略合作框架协议签约仪式，南海海洋所所长张偲、广东省海洋与渔业局副局长文斌代表所、局双方在合作协议书上签字。广东省海洋与渔业局与南海海洋所经过友好协商，决定开展全面战略合作，建立互助共赢、长效稳定的创新合作机制，共同促进南海海洋科学技术进步，推动广东海洋经济转型升级、实现又好又快发展。2013年7月24日，中科院南海海洋研究所和广东省海洋与渔业局在广州签订《全面战略合作框架协议》。根据协议，合作双方将共建海洋科学技术专家咨询互动平台、海洋领域国家级重点实验室、海洋预报减灾科技示范中心，推进海洋科技产业化示范基地、珠江口陆海污染物实时监测系统、泛珠地区工业海洋微生物技术研发中心建设，加强海洋生态保护等方面合作。

【省海洋与渔业局与南海水产研究所合作】2013年8月14日，中国水产科学研究院南海水产研究所所长江世贵、党委书记刘新中一行来广东省海洋与渔业局座谈。局长文斌主持座谈会，双方就广东海洋渔业转型升级、现代渔业发展的技术支撑、建立交流合作机制等方面交流意见。为了扎实支撑现代海洋渔业发展，全面加强南海水产研究所与广东海洋与渔业局的战略合作，在2014年4月29日召开的广东全省海洋与渔业局长工作会议上，签署“中国水产科学研究院南海水产研究所与广东省海洋与渔业局战略合作框架协议”。根据协议，双方将本着“资源共享、优势互补、合作共建、互利双赢、促进发展”的原则开展战略合作：一是共同推进“深水网箱养殖产业技术研发公共服务平台”建设，构建海水网箱养殖产业技术体系，全面支撑广东现代设施养殖产业持续发展。二是致力于加强广东海洋生态文明建设、海洋渔业资源养护与开发、海洋生态环境保护、水产品质量安全保障、战略新兴海洋生物产业以及振兴南珠产业等多领域协同创新。三是加强海洋与渔业科技服务与推广，共建成果转化基地，优先推进新品种、新技术、新产品在广东的示范和生产应用。四是加强人才交流与培训，合作开展渔业人才交流与培训，提高水产科技队伍素质。

【省海洋与渔业局与珠江水产研究所合作】2012年6月13日，广东省海洋与渔业局联合中国水产科学院珠江水产研究所在佛山市南海区西樵镇联合举办了主题为“共建诚信家园，同铸食品安全”的水产品质量安全宣传日暨水产疫苗推广日活动。省、市、区、镇有关领导及各级技术推广部门负责人、西樵镇水产养殖户共700人参加了本次活动。在活动仪式上，副局长文斌、南海水产研究所党委书记刘新中、珠江水产研究所所长吴淑勤等领导讲话。2014年10月21日，广东省海洋与渔业局局长文斌会见了珠江水产研究所所长刘英杰一行并举行座谈，双方就进一步加强水产品质量安全检测，淡水渔业养殖研究、培训，增殖放流，21世纪海上丝绸之路等方面合作进行了深入探讨，商定在珠江水产研究所加挂广东淡水渔业研究所牌子。

【省海洋与渔业局与中山大学合作】2012年8月7日，中山大学校长许宁生率中山大学海洋学院院长何建国等到广东省海洋与渔业局座谈，双方就海洋科研和海洋经济发展等内容进行了交流与探讨。局长郑伟仪等局领导和有关单位主要负责人参加座谈会；9月26日，在中山大学南校区怀士堂举行广东省海洋与渔业局与中山大学战略合作框架协议签约仪式，省政府副省长刘昆、中山大学校长许宁生、省海洋与渔业局局长郑伟仪出席仪式并致辞。许宁生、郑伟仪代表双方签字。根据协议，双方将在海洋发展战略和海洋管理政策研究、海洋生物天然产物化合物库建设、高水平海洋科技创新平台建设、海洋技术研发、海洋科技人才培养等五个方面全面加强合作，推动广东海洋经济强省建设。2013年4月7日，中山大学校长许宁生院士率队到广东海洋与水产高科技园考察，省海洋与渔业局局长文斌陪同考察并介绍高科技园的规划、建设等情况。双方还就以高科技园为依托合作开展海洋科技区域创新示范、海洋生物化合物库建设、区域协同创新等问题进行座谈研讨。2014年6月5日，由广东省发展和改革委员会、广东省海洋与渔业局、中山大学共同主办的“广东与21世纪海上丝绸之路”研讨会在广州召开。中山大学党委书记郑德涛致欢迎辞，省发展和改革委员会主任李春洪作大会主旨报告，省海洋与渔业局局长文斌出席会议并作发言。会上，中山大学“21世纪海上丝绸之路研究院”宣布正式成立。

四、广东省际交流合作

粤闽交流合作

【概况】 从2010年广东、福建两省首次签署跨海区域协作协议后，双方的交流合作机会也逐渐增加。作为国内渔政省际间跨海区域的第一份合作协议，粤闽双方建立伏季休渔期间渔政执法、渔事纠纷处置、渔船碰撞事故调查处理、渔船遇险救助等4个方面的协作机制；随后，“护渔”行动联合执法，进一步加强双方合作默契，为双方下一步合作执行生物多样性行动计划打下基础。

2011年3月3—4日，福建省海洋与渔业厅厅长刘修德一行7人到广东省考察交流，与广东省海洋与渔业局局长郑伟仪等交流了海洋经济综合开发试点和海砂开采招、拍、挂工作的有关情况，还到珠海市考察横琴新区和高栏港经济区海洋经济建设情况。

2015年12月22日，福建省海洋与渔业厅副厅长李钢生、钟声一行到广东调研信息化建设工作，与广东省海洋与渔业局副局长洪伟东等座谈会，双方就科学规划“十三五”海洋渔业信息化建设，加快海洋防灾减灾支撑体系与渔船安全生产应急指挥管理平台建设，推动海洋渔业信息化资源整合等内容进行了深入交流。

【闽粤跨海区渔政管理协作】 2010年10月闽粤签署的跨海区渔政管理协作协议是两省首次签署跨海区域协作协议，建立了伏季休渔期间渔政执法、渔事纠纷处置、渔船碰撞事故调查处理、渔船遇险救助等4个方面的协作机制。“十二五”期间，每年伏季休渔期，闽粤两省在台浅渔场都确定若干海区，作为共同执法区域。当追查属于对方管辖的逃逸渔船时，及时将涉嫌违法船舶的情况，通报给船籍港方渔政机构，并提供拍照、摄像等证据材料，协助方应及时将案件查处情况告知案件移送方。当台浅渔场发生突发重大渔事纠纷时，双方渔政机构都在最短时间内派遣渔政船赶赴现场，尽快化解矛盾。纠纷事件调解实行就近处置原则，如发生地不清晰，由两省渔政总队协商确定主办方。同时，当发生两省渔船碰撞事故时，实行联合调查制度。此外，当两省渔船若遇险或发生渔业海难事故时，发生地的渔政机构应在最短时间内派遣渔政船，组织事发地周边渔船，赶赴现场展开营救。

【闽粤交界海域“护渔”联合执法】 为落实《闽粤两省海上渔政管理协作协议》，广东省加强与福建在渔政管理方面的协作。2012年7月29日，闽粤交界海域“护渔”联合执法行动启动，来自福建、广东的6艘渔政船集结汕头举行闽粤交界海域“护渔”联合执法行动起航仪后，开赴台湾浅滩海域执行为期一周的渔政监管任务。农业部渔政指挥中心主任陈毅德宣布起航，副主任居礼肯定闽粤交界海域良好的作业秩序。汕头市人民政府、东海区渔政局、南海区渔政局、福建省海洋与渔业执法总队、广东省渔政总队、闽粤交界地区渔政机构等参加起航仪式，为联合行动编队送行。

【粤闽合作执行生物多样性行动计划】 2011年9月18—19日，联合国开发计划署对由福建省和广东省执行的“中国南部沿海生物多样性管理项目东山—南澳示范区”完成情况进行终期评估。专家组现场考察项目实施7年来的成果展览、海洋珍稀物种救助站、东山二中海洋生物标本馆、马銮湾沙滩保洁、东山海湾生态修复和南澎保护区等，对项目实施的成果表示满意。中国南部沿海生物多样性管理项目是由全球环球基金（GEF）资助、联合国开发计划署（UNDP）执行、国家海洋局具体组织实施的国际援助项目。项目包括跨福建和广东边界的东山—南澳示范区、浙江南麂列岛、海南三亚珊瑚礁国家保护区、广西山口红树林保护区等4个海洋生物多样性保护示范区。其中，东山—南澳示范区由福建和广东两省共同实施，是4个示范区中唯一的省际合作项目。项目实施7年来，如期全面完成任务。

粤琼交流合作

【概况】 2010年12月29日，广东与海南两省签署《广东海南战略合作框架协议》，协议共有12章节44条，涉及蓝色经济、现代服务业等主要内容。《协议》提到，广东和海南将共同推动琼州海峡跨海通道及配套交通基础设施项目建设，整合港口资源，加强琼州海峡港口设施改造，建设琼州海峡两岸对接高效的客货运输系统，满足海峡运输需求。根据合作协议框架，广东积极支持海南国际旅游岛建设发展，海南积极支持广东建设全国旅游综合改革示范区，推动特色鲜明、优势互补的海洋主题类旅游项目，构建具有国际竞争力的海洋特色旅游观光带，联手推介南海海洋旅游、油轮游艇旅游等精品旅游线路。协议的签署将全面推进两省多层次、多形式、全方位的经贸合作。

2011 年 12 月 20 日，广东省海洋与渔业局与海南省海洋与渔业厅签订《广东 海南水产品质量安全工作合作与交流备忘录》，加强双方水产品质量安全工作上的沟通、交流，深化质量管理和市场等方面的合作。2014 年，广东省渔政总队积极与海南省海洋与渔业监察总队就建立粤琼海洋与渔业执法协作机制进行协商，建立协作机制，签订粤琼海洋与渔业执法协作协议，随后的联合执法更是让这种协作机制发挥效应。

【粤琼海洋经济合作】 2015 年 9 月 4 日，广东省委书记胡春华、省长朱小丹在广州与海南省委书记、省人大常委会主任罗保铭，省长刘赐贵率领的海南省党政代表团举行广东—海南合作交流座谈会，共商深化合作、创新发展大计。其中，海洋环保、海洋科技研发等成为双方共同关注的重点。

胡春华代表广东省委、省政府对海南长期以来给予广东经济社会发展的大力支持表示感谢，就加强两省合作提出 4 点意见：一是加快推进基础设施互联互通，共同推动跨海交通基础设施建设，加强两省民航、港口及港航业务合作；二是深化产业与经济对接合作，加强海洋资源开发和海洋科技研发合作，推进旅游产业合作，推动实现共赢发展；三是携手在国家“一带一路”战略中发挥积极作用，推动沿线港口联盟建设，联合打造海上丝绸之路旅游经济走廊和环南海旅游经济圈；四是建立健全深化合作的体制机制。

罗保铭代表海南省委、省政府对广东给予海南的关心与支持表示感谢，他建议：粤琼两省携手参与“21 世纪海上丝绸之路”建设，在海岛旅游开发、水产养殖加工、海洋环保、海洋科技研究等方面加强合作；加快跨海联网工程建设，共同打造南海丝路商贸物流合作圈；加强琼州海峡治安防控合作，不断拓宽两省合作领域。

座谈会上，广东省省长朱小丹和海南省省长刘赐贵分别代表两省签署了《广东省人民政府海南省人民政府深化合作协议》，在基础设施、现代服务业、信息产业、现代农业、教育人才等方面具体落实双方深化合作的共识，策划生成一批合作项目，持续推动粤琼合作不断向更深层次、更多领域发展。

【粤琼现代渔业合作】 2012 年 10 月，广东海洋大学校长何真率南海渔业资源调查与评估中心和广东省海洋开发研究中心组成的团队赴海口，广东海洋大学与中国水产总公司、南海现代渔业集团签订三方合作协议，共建全面性、战略性、紧密性产、学、研合作关系，为南海渔业国家队提供科技支撑。根据协议，三方将通过建设协同创新中心，突破高校与企业间的壁垒，充分释放平台、人才、资本、信息、技术等创新要素的活力，提升校企在行业、人才、学科、科研四位一体的自主创新能力与核心竞争力。同时组成科研生产联合体，依托各自优势，发挥集聚效益，在南海海洋渔业资源调查评估、近海远洋捕捞技术、深远海健康养殖、水产品加工与贮藏技术等方面重点开展联合攻关，联合申报国家、省部等重点工程项目、重大科技项目，推进科技成果产业化。三方将联合开展实验与创新平台、技术培训基地和实践教学基地建设，开展技术观摩、学术交流活动，探索人才定向培养模式。三方通过全面合作，共建产学研示范基地，培养海洋渔业高新技术人才，大力推进南海远海战略实施，促进远海渔业产业可持续快速发展，维护南海海洋权益。

粤桂交流合作

【概况】 早在 2004 年，两广渔政队伍便在中国渔政指挥中心和南海区渔政局的统一安排下共同参与执行北部湾 200 海里专属经济区巡航任务，并多次在执行任务中并肩作战；随后双方还共同举办了以增殖放流为主的“爱我珠江亲水节”。从 2011 年开始在珠江流域实施禁渔期制度后，广东省海洋与渔业局与广西壮族自治区水产畜牧兽医局在广州签署粤桂渔政管理协作协议。2015 年 12 月 7 日，广东省海洋与渔业局局长文斌会见广西壮族自治区海洋局副局长刘斌一行并举行座谈，双方就规范用海管理，建设海洋科技支撑体系，科学规划“十三五”海洋信息化建设，推动海洋信息化业务数据整合等内容进行了深入交流。

【粤桂渔政管理协作】 农业部从 2011 年开始在珠江流域实施禁渔期制度，对内陆交界水域合作提出了新的要求。为此，广东省海洋与渔业局与广西壮族自治区水产畜牧兽医局建立了“渔政执法协作机制”和“休渔（禁渔）渔船管理协作机制”，以增强交界水域执法效率，加强对休渔船的管理力度。2011 年 8 月 19 日，广东省海洋与渔业局与广西壮族自治区水产畜牧兽医局在广州签署粤桂渔政管理协作协议。同时，针对北部湾海域、珠江流域渔船众多、航运繁忙，渔事纠纷和海难事故持续增加的情况，又建立了“交界海域渔事纠纷处置协作机制”“渔船碰撞事故调查处理协作机制”和“渔船遇险救助协作机制”三个工作机制，共同促进渔事纠纷调解，加快碰撞事故调查处理，提高海难搜救效率，维护两省区渔民群众的生命和财产安全。

自2004年《中越北部湾划界协定》和《中越北部湾渔业合作协定》签订，农业部与外交部、公安部、总参谋部建立了北部湾渔业海上联合监管机制后，两广渔政队伍便在中国渔政指挥中心和南海区渔政局的统一安排下共同参与执行北部湾200海里专属经济区巡航任务，并多次在执行任务中并肩作战。为更好地履行国家赋予的神圣使命，两省协商建立了“北部湾海域护渔巡航协作机制”，加强执法船艇补给、休整及应急处置能力。

【粤桂联办“爱我珠江亲水节”】2014年6月6日，广州、佛山、肇庆、清远等市联合举办“爱我珠江亲水节”渔业增殖放流活动，广州、佛山、肇庆、清远、云浮、梧州、贺州7市政府的主要领导和相关领导，肇庆市市直机关单位负责人以及社会各界热心人士共500多人参加了此次的增殖放流活动。增殖放流一直以来都是恢复江河水生生物资源数量的有效措施，在珠江流域各市已连续开展多年，并已产生了良好经济效益、社会效益和生态效益。此次举行的增殖放流活动不仅得到了肇庆市委、市政府的大力支持，也吸引了社会各界热心人士的积极参与，放流的物种既有珍贵的中华鲟，也有“四大家鱼”等经济鱼类，鱼苗总量接近60万尾。这批鱼苗将作为人与自然和谐相处的使者，回归大自然的怀抱，为恢复珠江水域渔业资源种群数量，维护水生生物的多样性，以及保持生态平衡，发挥它们应有的作用。

广东与其他省市交流合作

【概况】“十二五”期间，广东海洋渔业经济不断发展，并不断加强与其他省的交流合作，其中，广东渔业船舶检验局与贵州渔业船舶检验局“结对发展”，双方建立联络交流机制，开展渔业船舶检验业务互助协作；与江苏省加强合作交流，在广州召开粤苏合作交流座谈会，进一步携手合作，谱写两省两个率先和努力实现中国梦的新篇章；赶赴浙江开展现代渔港调研，吸收外省先进经验，进一步加快广东渔港建设步伐；和北京携手共同举办的“送海龟回家，创和谐自然”主题放流活动，在北京将“京京”和“粤粤”两只绿海龟经过近5个钟头的空中飞行，平安到达广州，随后由渔政人员连夜护送到惠东海龟国家级自然保护区进行修整，将4只国家二级保护动物绿海龟——“京京、粤粤、幸幸、福福”放归大海；广东省海洋与渔业局与新疆水产局在广州召开座谈会，研究广东省渔业援疆工作，加强对接和沟通。

【粤黔渔船检验“结对发展”】2013年9月8—9日，贵州省委统战部考察团一行，先后前往广东省广州、东莞、深圳三地进行了解考察，并签署相关合作协议。9月10日，举行了粤黔产业发展合作项目签约仪式。为促进渔业船舶检验事业科学发展，广东渔业船舶检验局与贵州渔业船舶检验局共同开展“结对发展”活动。2013年，广东渔业船舶检验局与贵州渔业船舶检验局签署了“结对发展”协议，双方建立了联络交流机制，开展渔业船舶检验业务互助协作，共同组织召开工作例会。

【粤苏海洋经济合作】2013年4月26—27日，广东省海洋与渔业局局长文斌带队到江苏省学习考察海洋经济发展情况，在江苏省海洋与渔业局主要领导的陪同下，先后到连云港市、南通市进行考察。参观考察了连云港港口和连云新区建设情况，以及南通市海洋工程装备制造业发展情况。同年5月25日，粤苏合作交流座谈会在广州召开，两省领导先后在讲话中一致表示，要进一步携手合作，谱写两省两个率先和努力实现中国梦的新篇章。

【粤浙现代渔港建设交流】2015年8月4—7日，广东省政协常委颜学亮和赵松峰委员，率省政府办公厅、省海洋与渔业局有关负责人及暨南大学教授，赴浙江宁波石浦中心渔港及渔港古城、舟山沈家门渔港及国际水产城等地，调研渔港建设情况，并与有关单位进行座谈交流。同年9月16日，广东省副省长邓海光率队赴浙江等省开展现代渔港调研，学习省外先进经验。邓海光指示，省海洋与渔业局要充分吸收外省先进经验，进一步加快渔港建设步伐。

【京粤合作送海龟回家】2011年10月8—10日，由北京市农业局和广东省海洋与渔业局共同举办的“送海龟回家，创和谐自然”主题放流活动顺利进行。8日上午，在北京太平洋海底世界举行放流海龟欢送仪式结束后，被命名为“京京”和“粤粤”的两只绿海龟，经过近5个钟头的空中飞行，平安到达广州，随后由渔政人员连夜护送到惠东海龟国家级自然保护区进行修整。10日上午，随着省海洋与渔业局和北京市农业局领导亲手将4只国家二级保护动物绿海龟——“京京”“粤粤”“幸幸”“福福”放归大海，京粤两地携手“千里送海龟回家”活动画上了圆满的句号。

【广东渔业援疆工作交流】2011年7月27日，新疆水产局局长古力努率队到广东省调研，广东省海洋与渔业局局长郑伟仪会见古力努一行，副局长洪伟东主持召开座谈会，介绍广东省渔业工作的有关情况，并针对本部门职能工作与调研组进行对接和沟通，对渔业援疆工作等有关事宜与古力努一行进行洽谈。

2011年7月26日至8月1日，广东省海洋与渔业局党组成员、副巡视员李磊率省水产技术推广机构相关负责人赴新疆，考察学习水产技术推广体系建设与基地建设经验，先后考察了新疆水产科学研究所基地、博斯腾湖、乌伦古湖等大型渔业生产基地，并对国家一级保护濒危野生动物新疆扁吻鱼、白斑狗鱼、雅罗鱼等特色经济鱼类的人工繁殖、苗种培育及成鱼养殖技术等进行了深入了解。随后，考察团与新疆水产技术推广总站相关人员就水产技术推广体系建设和水产基地建设等进行交流。

五、省内交流合作

省海洋与渔业局与其他省直单位合作

【概况】“十二五”期间，广东省海洋与渔业局重视与省直各单位的交流合作，注重沟通协调，其中，与省科技厅合作，加强海洋渔业重大科技创新与服务平台建设，共同推动建设一批海洋渔业创新与成果应用推广的园区和基地；与省环保厅合作成立海洋环境保护工作协调小组，从9个方面加强海洋环境保护；与省外经贸厅合作筹备中国海洋经济博览会，办成一个富有特色、社会影响大、展示水平高的海洋盛会；与广东省文化厅联合开展的首次广东省管辖海域内文化遗产联合执法专项行动；与省工商行政管理局共同推进水产品标识和市场准入管理等方面进行广泛合作，提升水产品质量安全水平；与省旅游局的合作，加快发展滨海旅游产业，联合召开全省海岛管理工作座谈会，共商广东省海岛资源保护管理与旅游开发事业；与省安监局合作，推进渔船安全生产管理、落实渔业乡镇和渔村渔船安全生产属地管理责任、实施渔船安全通信系统项目；与广东海事局合作，在珠江口海域开展联合打击非法采砂专项行动；与省科协联合在广州主办“南海海洋资源利用保护与广东建设海洋强省研究”专项调研专家咨询会。

【省海洋与渔业局与省委宣传部合作举办活动】2012年12月29日，广东省委宣传部、省海洋与渔业局、省社会科学界联合会在广州举办“2012中国南方智库论坛”，论坛主题为“海洋经济与广东未来发展”。与会专家深入研讨海洋发展理论、广东海洋强省建设、地市海洋经济发展、海洋产业发展、旅游产业发展、海洋文化发展等问题。2014年9月2日，由广东省委宣传部、省军区政治部等联合主办，省海洋与渔业局等单位协办广东省“南粤海疆行”国防教育采访团的媒体记者及专家等23人到中国海监广东省总队直属的中国海警3112船进行采访活动，广东卫视、南方日报、羊城晚报、广州日报、中国新闻网、凤凰网等知名媒体纷纷报道采访团在3112船上获取的一线新闻，生动反映了广东沿海一线维权执法单位的风采。活动结束后，主办方举办“南粤海疆行”活动主题图片展，出版了5张明信片扩大影响，3112船彩照入选，并为封面彩照。

【省海洋与渔业局与省科技厅交流合作】2014年10月14日，省海洋与渔业局局长文斌率队拜访省科技厅，学习“科技业务管理阳光再造行动”，省科技厅厅长黄宁生会见文斌一行。双方参观了科技业务管理阳光再造行动项目成果，并就加强海洋渔业重大科技创新与服务平台建设；加大海洋渔业领域前沿与关键技术创新力度，共同推动建设一批海洋渔业创新与成果应用推广的园区和基地，推动海洋渔业产业做强做大等进行了深入交流。

2015年11月4日，省海洋与渔业局局长文斌陪同省科技厅厅长黄宁生到广东海洋与水产高科技园调研。黄宁生现场考察了广东海洋与水产高科技园基础建设和省渔业种质保护中心发展情况，提出要创建国家级科技园区，打造公益性服务平台、产业化孵化器、开放共享型实验室。文斌对省科技厅一直以来对海洋与渔业科技创新发展的大力支持表示感谢，并希望继续加强合作，实现资源共享，共同将广东海洋与水产高科技园建设成为科技创新发展的示范园区。

【省海洋与渔业局与省外经贸厅合作筹备海博会】2012年3月15日，广东省海洋与渔业局副局长屈家树带领局办公室、党委办主要负责人到省外经贸厅，商谈广东省第二届海洋经济博览会筹备有关事宜，省外经贸厅副厅长吴军和外商投资促进处主要负责人参与交谈。双方深入探讨海博会的整体方案，就展会规格、参展范围和职责分工等有关事项达成了一致意见，并表示通力合作力争将海博会打造成促进全省、全国海洋经济可持续发展的平台。8月6日，领导率队前往省外经贸厅，商谈 2012 中国海洋经济博览会筹备有关工作。8 月 6 日，广东省海洋与渔业局局长郑伟仪率队前往省外经贸厅，商谈 2012 中国海洋经济博览会筹备有关工作。厅长郭元强表示省外经贸厅将全力支持做好本届海博会筹备工作。双方就海博会项目签约、赴沿海省份邀展、开幕式议程、海洋论坛等事项进行了充分协商，表示将加强协作、密切配合，力争把 2012 中国海洋经济博览会办成一届富有特色、社会影响大、展示水平高的海洋盛会。

【省海洋与渔业局与省文化厅签署合作备忘录】 2012 年 9 月 4 日，广东省文化厅、省海洋与渔业局联合开展的首次广东省管辖海域内文化遗产联合执法专项行动在汕头海事码头启动，文化部副部长、国家文物局局长励小捷，国家海洋局总工程师、中国海监总队常务副总队长孙书贤，省文化厅厅长方健宏，省海洋与渔业局局长郑伟仪等出席。省文化厅党组成员、省文物局局长苏桂芬与省海洋与渔业局党组成员白桦签署了合作备忘录，明确了双方在专业研究、人才培训、海洋文化建设领域的合作。

【省海洋与渔业局与省环境保护厅沟通合作】 2011 年 2 月 18 日，广东省海洋与渔业局与省环境保护厅签署《建立完善海洋环境保护沟通合作工作机制的协议》，双方将成立海洋环境保护工作协调小组，定期或不定期召开联席会议，从 9 个方面加强海洋环境保护的工作：加强海洋环境保护区划和规划的沟通协调；加强重点海域污染控制；加强海洋环境保护监督管理；加强海洋生态保护；加强海洋突发环境事件应急管理；实现海洋环境保护数据和技术共享；促进相关领域对外合作；开展海洋环境保护联合执法监督检查；建立领导协商和日常联系工作机制。

【省海洋与渔业局与省工商行政管理局合作】 2012 年 3 月 29 日，广东省海洋与渔业局与省工商行政管理局签订《关于流通环节水产品质量安全监管合作框架协议》，双方将在互通信息、联合执法、共同处理流通环节水产品质量安全事件、实现检测资源共享，共同推进水产品标识和市场准入管理等方面进行广泛合作，进而提升全省水产品质量安全水平。农业部渔业局、国家工商总局市场司、省食安办和签约双方各有关处室负责人出席签约仪式。根据《协议》，双方将建立联席会议和日常联络制度加强工作交流，对水产品质量安全信息、抽检结果、标识管理实施情况、市场准入制度、各自的执法检查情况和消费投诉等情况实行全面共享，在重大节日或遇突发质量安全事件时开展联合执法，并将标识管理和市场准入管理有机结合，将有效破解水产品生产和销售环节监管脱节的难题，共同推动全省水产品质量安全提升新水平。

【省海洋与渔业局与省旅游局合作】 2012 年 3 月 26 日，广东省海洋与渔业局局长郑伟仪率队到省旅游局，商谈发展滨海旅游事宜，省旅游局局长杨荣森等局领导及相关处室负责人参与交谈。双方深入交流《广东海洋经济综合试验区发展规划》关于大力发展滨海旅游的有关要求，并就开展定期磋商等问题达成共识，表示将通力合作推动滨海旅游业又好又快发展。

2014 年 1 月 9 日，广东省政府在广州召开全省旅游工作会议，省海洋与渔业局局长文斌、副局长洪伟东出席会议。会上，省海洋与渔业局与省旅游局签订战略合作框架协议，双方探索建立海洋开发、旅游、保护的沟通协调合作机制，加快发展滨海旅游产业，挖掘海洋资源中的产品优势，培养海洋生态保护意识，合力推动海洋强省、旅游强省建设。4 月 3 日，省海洋与渔业局局长文斌率队拜访省旅游局，省旅游局局长杨荣森会见文斌一行并举行座谈。双方就进一步落实《关于加快推进滨海旅游的战略合作框架协议》，加快发展滨海旅游产业，大力推进旅游开放合作，统筹推进交流合作、宣传推介，推动旅游与海洋产业融合发展进行了交流。12 月 16 日，省海洋与渔业局和省旅游局第一次联合召开全省海岛管理工作座谈会，这是广东省历史上第一次海岛工作会议，国家海洋局、中央驻粤有关单位、广东省直有关单位负责人，广东沿海各地级以上市政府负责人和海洋、旅游部门主要负责人以及有关企业负责人出席参加，共商广东省海岛资源保护管理与旅游开发事业。会议提出以“依法管理海岛、科学保护海岛、合理开发海岛”为目标，进一步抓好海岛管理，着力推动海岛旅游开发，组织开展海岛旅游专题招商和创建海岛旅游示范区、示范岛活动，鼓励社会资本进入海岛旅游开发领域。充分利用“21 世纪海上丝绸之路”建设平台，加强广东海洋旅游市场宣传推广，提高全社会的海岛旅游意识，积极营造民众参与海岛旅游、体验海岛旅游的良好氛围。

2015 年 9 月 18 日，省海洋与渔业局联合省旅游局印发《关于切实加强海岛保护有序发展海岛旅游的意见》，提出要以“保护为主，适度利用”为原则，以发展绿色海岛旅游为导向，以推进海岛保护利用监管体系和基础设施建设为主要内容，全面提升广东省海岛保护利用水平；按照“一岛一规划，一岛一主题，一岛一特色”模式，高标准规划利用，将广东省主要海岛打造成为国家乃至世界的滨海旅游重要目的地。以加强海岛保护，发挥海岛旅游资源优势，促进海岛地区经济社会可持续发展。

2015年12月21日，广东省海洋与渔业局、旅游局在珠海市联合召开全省海岛管理暨旅游工作座谈会。会议深入贯彻省委第十一届五次全会精神，部署落实《关于切实加强海岛保护有序发展海岛旅游的意见》，交流加强海岛生态保护、建设海洋生态文明及促进海岛旅游发展的经验和措施，讨论研究“十三五”及2016年全省海岛工作设想和安排。省海洋与渔业局局长文斌、省旅游局局长曾颖如出席会议并讲话，珠海市副市长刘嘉文、汕尾市副市长李贤谋分别代表珠海市、汕尾市作典型发言。会议指出，2015年全省海岛工作以“加强海岛保护”为核心，着力于加强制度建设、开展海岛旅游资源调查、启动海岛监视监测工作、积极推进海岛开发与利用、加强海岛生态整治修复、强化海岛管理监督及执法、加强海岛海洋权益宣传等工作，努力推动广东省海岛管理走向良性发展轨道，取得了初步成效。全省滨海旅游业稳步发展、势头良好，2015年全省14个沿海地级以上市预计接待过夜游客2.73亿人次、增长10%；实现旅游总收入7880亿元、增长11%，占全省旅游总收入总量的比重高达76%，为全省旅游业又好又快发展做出了重要贡献。

【省海洋与渔业局与省安全监管局合作】 2013年12月3日上午，省海洋与渔业局、省安全监管局联合召开进一步加强渔业安全生产监管工作视频会议。省海洋与渔业局局长文斌，副局长、省渔政总队总队长白桦，省安全监管局党组成员、总工程师潘游出席会议并讲话，省渔政总队政委高庆营主持会议。文斌强调，要以铁的手腕，把渔业安全生产各项措施落实到位，确保全省渔业安全生产形势稳定，为创建和谐平安渔区提供有力的安全保障。潘游对渔业安全生产工作表示肯定，指出渔业安全生产形势仍相当严峻，海洋渔业部门要高度重视，安监部门也将密切配合，齐抓共管，共同推进渔业安全生产工作。

2014年4月8日，省海洋与渔业局局长文斌率队拜访省安监局，与省安监局局长黄晗等举行座谈。双方就推进渔船安全生产管理、落实渔业乡镇和渔村渔船安全生产属地管理责任、实施渔船安全通信系统和渔业船员培训项目进行交流。

【省海洋与渔业局与广东海事局合作】 2012年1月31日，广东海事局局长梁建伟率队到广东省海洋与渔业局交流座谈，局长郑伟仪出席了座谈会，双方就进一步加强合作，共同建设安全文明的海上交通环境，保障渔业安全生产和推动海洋经济发展交换意见。梁建伟表示将在渔业船舶安全救助、公益性项目用海、海上溢油应急管理等方面与省海洋与渔业局加强合作。郑伟仪感谢广东海事局一贯以来对广东海洋事业发展，特别是渔业安全生产方面的支持，希望双方继续加强合作，共同推动海洋经济和海洋事业的科学发展。2015年7月20日至9月17日，广东省海洋与渔业局和广东海事局在珠江口海域首次开展联合打击非法采砂专项行动。截至8月底，联合执法行动共出动执法船艇226艘次，执法人员1134人次，检查采砂船舶679艘次，查获涉嫌非法采砂船舶12艘。此次行动海监部门和海事部门共有20个单位、20艘船艇参加，成立了由双方分管领导任组长的专项行动领导小组。行动采取大船蹲守、快艇巡查、突击检查相结合的方式进行，重点查处无证、逾期、越界开采海砂等行为。

【省海洋与渔业局与广州海事法院合作】 2011年11月9日，广州海事法院院长刘年夫一行来广东省海洋与渔业局，就海洋或通海水域污染养殖户提起损害赔偿诉讼指引交流座谈，局长郑伟仪出席座谈会。2012年7月2日，广州海事法院院长钟健平一行到省海洋与渔业局就海事审判工作服务广东海洋经济强省建设的有关课题开展调研，局长郑伟仪参加调研座谈会。双方就海洋法制建设、海洋经济转型升级部署、海洋投资风险防御、海洋环境监测、生态补偿、海域使用权纠纷调解、无居民海岛开发等工作进行交流。

【广东渔政边防海上执法协作】 2011年7月4日，在广州共同签署了《广东省公安边防总队、广东省渔政总队海上执法协作协议》。该协议是广东省渔政总队与边防总队在执法协作模式上的一次新探索，也是贯彻落实科学发展观，解放思想，先行先试，建设幸福广东的新起点，充分体现了党和政府“以人为本，执政为民”的理念。《协议》对今后双方在打击海上暴力抗法、渔船走私，查处涉渔涉海治安、刑事案件以及“三无”船舶整治和海上维稳等方面工作起到积极的推动作用。

【省海洋与渔业局与省科协合作】 2015年5月7日上午，广东省海洋与渔业局与省科协在广州联合主办“南海海洋资源利用保护与广东建设海洋强省研究”专项调研专家咨询会。会议邀请国家海洋局第二海洋研究所金翔龙院士、潘德炉院士以及南海海洋研究所、南海水产研究所、珠江水产研究所、中山大学、广东海洋大学等科研院校专家学者为南海海洋生物资源保护与利用、广东海洋强省与海上丝绸之路建设等议题建言献策。省科技厅、教育厅等单位代表参加会议。

【省海洋与渔业局与新闻单位交流合作】 2012年8月20日，南方日报社与广东省海洋与渔业局在广州携手启动了“走向蓝海——打造海洋经济强省”系列报道活动。副省长刘昆出席启动仪式，并致辞指出，这是贯彻落实全省实施广东海洋经济综合试验区发展规划工作会议精神，为全国海洋经济发展出谋献策的一个重要举措。

2014年2月28日，省海洋与渔业局联合南方报业传媒集团联手开展的广东“十大美丽海岛”评选活动，在广州隆重举行启动仪式。评选活动历时3个月，通过内部初评、网络海选、专家评审和工作组投票环节，最终评选出阳江海陵岛、茂名放鸡岛、江门上、下川岛等海岛为广东“十大美丽海岛”，并在6月8日“世界海洋日暨全国海洋宣传日”活动中，向社会公布了评选结果和举行了颁牌仪式。同时，组织力量编撰出版了大型画册《梦圆无人岛》和《广东十大美丽海岛》，向社会展示了广东海岛的风情风貌。

【省海洋与渔业局与金融单位交流合作】 2014年10月24日，广东省海洋与渔业局与国家开发银行股份有限公司广东省分行在广州签署《开发性金融支持广东海洋强省建设合作备忘录》。根据合作备忘录，国家开发银行广东省分行将在接下来的5年时间里授信550亿元，重点支持广东省滨海新区、海洋产业园区、海洋交通运输、临海能源、海洋装备制造、滨海旅游、海洋渔业和海洋生物产业发展。省海洋与渔业局将做好相关服务保障，加强政策支持，推动开发性金融和相关金融资本参与广东海洋强省建设。国家开发银行广东省分行行长吴德礼、副行长李品武，省海洋与渔业局局长文斌，副局长屈家树、洪伟东出席了签约仪式。

为落实国家海洋局和国家开发银行联合印发的《关于开展开发性金融促进海洋经济发展试点工作的实施意见》，进一步完善开发性金融支持广东海洋经济发展机制，促进广东海洋产业发展转型升级。2015年6月16日，省海洋与渔业局局长文斌率队拜访国家开发银行广东省分行，郭蕾行长会见了文斌一行并举行座谈。双方就统筹推进开发性金融支持广东省海洋产业园区、海洋生物产业、海洋装备制造、渔船更新改造、现代渔港建设、滨海旅游、海上丝绸之路建设等方面进行了深入交流，并就完善双方的合作机制、明确融资模式和流程、联合召开政策宣介会、务实推动《开发性金融支持广东海洋强省建设合作备忘录》等内容达成共识。

省海洋与渔业局与各市交流合作

【省海洋与渔业局与广州市交流合作】 2012年3月29日，广东省海洋与渔业局副局长屈家树率队到广州市政府，与市政府副秘书长周灵、市海洋与渔业局有关负责人商谈了广东省第二届海洋经济博览会（以下简称“海博会”）筹备的有关事宜，介绍了海博会筹备总体方案的设想，提出广州市政府协助办会的有关事宜。周灵表示“省委、省政府将海博会放在广州市举办是对广州海洋工作的肯定，将对广州市海洋经济发展起到促进作用，具有重大意义，力争全力支持办好海博会”。广东省海洋与渔业局与广州市政府密切合作，经过9个多月的筹备，广东省第二届海洋经济博览会升格为中国海洋经济博览会，由广东省人民政府和国家海洋局共同举办，于2012年12月13—15日在广州琶洲会展中心举办了第一届。这次国家级经贸会展活动促成投资和贸易项目198个，项目投资总额和贸易成交额929.68亿元。

新颁布的《海洋观测预报管理条例》规定，咸潮工作由海洋部门负责，但由于现实及历史原因，这项工作一直由水文部门负责。2013年，广东省为了改变全国海洋系统咸潮观测的落后状况，支持广州市海洋部门在广州沙亭水闸、莲花山水道布设两套咸潮在线观测系统，对广州市河口地区的盐度变化进行在线实时观测。

【省海洋与渔业局与深圳市交流合作】 2012年6月25日，深圳市委常委、常务副市长吕锐锋率深圳市规划和国土资源委员会（海洋局）主任（局长）王幼鹏，副主任(副局长)梁俊乾等领导一行到广东省海洋与渔业局座谈，局长郑伟仪等局领导及有关处室、直属单位负责人参加会见。双方就深圳市海洋经济发展和海洋生态保护等工作进行认真研究。

2013年5月23—24日，广东省海洋与渔业局局长文斌率队赴深圳调研，实地考察深圳联成远洋渔业公司、深圳华大基因研究院、大梅沙游艇会、深圳海王药业、招商重工、友联船厂，并就发展远洋渔业、海洋生物药业、现代海洋装备制造业等问题与有关部门座谈。

2015年5月8日，局长文斌率局班子成员及局机关有关处室、直属有关单位负责同志赴深圳参观调研海洋科技创新工作。与会人员先后到中国国际海运集装箱（集团）股份有限公司、研祥高科技控股集团、中兴通讯股份有限公司、清华大学深圳研究生院、深圳市海洋环境监测站现场考察，详细了解海洋工程装备、海洋现代服务、海洋科技通讯、海洋文化教育、海洋综合管理信息平台等创新驱动情况，并在有关企业、单位进行交流座谈，为促进海洋科技创新发展推动广东“一带一路”建设开拓新思路、寻找新突破。

【省海洋与渔业局与珠海市交流合作】 2011 年 9 月 23 日，珠海市委书记甘霖等一行到广东省海洋与渔业局座谈交流，双方就横琴新区项目建设、高栏港海洋装备制造基地建设、高栏港经济区项目用海渔业资源补偿费减免、完善海洋开发试验区海岛用电海底电缆用海报批、深水网箱基地建设等工作进行认真研究。珠海市方面希望广东省海洋与渔业局予以大力支持。2012 年 4 月 22 日，广东省海洋与渔业局与珠海市政府签订《关于共同推进珠海市海洋经济强市建设合作框架协议》，双方将在推进建设海洋综合开发示范区、粤港澳海洋经济合作先行区、海洋生态保护示范区、重大项目用海保障、海岛保护开发、海洋生态保护示范区、海洋防灾减灾、现代渔业等方面进行合作。按照协议规划，横琴海洋经济建设主要是围绕“科学用海”“海洋生态修复”及“海洋保护”三方面来进行，其中“海洋生态修复”是重点，横琴新区已于 2011 年 11 月启动了海洋生态修复工程。

2015 年 5 月 15 日，珠海市委书记和市长江凌到广东省海洋与渔业局调研并举行座谈。珠海近年来坚持“科学用海、集约用海、生态用海、依法用海”，同时，抓住“一带一路”、自贸区、港珠澳大桥建设和创新驱动发展的战略机遇，大力发展“三高一特”，即高端先进装备制造业、高端新兴产业、高端服务业及特色海洋经济，为广东建设海洋强省增添动力。局长文斌表示，省海洋与渔业局将继续加强与珠海市的沟通合作，将一如既往地支持珠海的海洋事业发展，为珠海发展做好服务保障。11 月 13 日，珠海市政府与广东省海洋与渔业局签署《共同推进珠海海洋经济生态示范市建设五年（2016—2020 年）行动计划合作框架协议》，根据协议，双方将在未来 5 年内，通过协同推进横琴自贸区建设等 7 大任务助推该市海洋经济生态示范市建设。双方将紧抓海洋强国战略的历史机遇，推动珠海海洋经济在“十三五”期间实现跨越式发展，用 5 年时间把珠海打造成全国海洋经济生态示范市。

【省海洋与渔业局与东莞市交流合作】 2014 年 1 月 20 日，广东省海洋与渔业局局长文斌会见东莞市委副书记、市长袁宝成一行，双方就推进东莞市海洋综合管理、现代渔业建设和长安新区建设等进行深入交流。

2015 年 10 月 23 日，省海洋与渔业局局长文斌率队调研东莞海洋渔业工作。调研组一行先后前往东莞市海洋与渔业局、市海洋渔业环境监测站调研，之后前往茶山镇考察东莞三泰渔业环保有限公司，了解东莞“工厂养鱼”的最新进展情况；前往沙田镇先锋渔港了解渔港建设情况，到虎门镇考察威远岛西南侧整治修复项目和参观黄唇鱼救护基地，到长安新区进行了工作调研。文斌表示，东莞近年来大力建设海洋强市，发展现代渔业，取得了很好的成绩；特别是在特色渔业养殖上，打造了不少名牌产品，培育发展了三泰环保渔业等一批理念先进、技术高新、效益优良的现代渔业企业，走在全省前列；而且在中央资金的支持下建成了全市首个滨海主题广场，大大改善了海岸环境，为群众提供了休闲旅游的好去处，受到群众的好评。在长安新区现场，文斌特别强调：东莞海岸线资源稀缺，可利用的海岸线已不多，而且处于珠江口重要位置，在推动长安新区等重点项目的过程中一定要研究透、规划好、实施集中集约用海，更加注重对生态环境的保护，建设美丽港湾，坚持生态发展理念。省海洋与渔业局将会在技术、资金和政策等层面支持东莞海洋与渔业事业发展，希望东莞要抓住机遇，积极发挥自身优势，继续大力推进美丽港湾、黄唇鱼自然保护区、渔业特色养殖、现代渔港、渔船更新改造、渔业和水产品质量安全等重点工作，努力开创海洋与渔业发展的新局面。市委副书记、市长袁宝成，副市长杨晓棠热情接待了调研组一行，市委常委、常务副市长张科等领导陪同调研。

【省海洋与渔业局与惠州市交流合作】 2012 年 6 月 6 日，由广东省海洋与渔业局和农业部渔业局、惠州市人民政府共同主办的 2012 南海生物资源增殖放流暨第五届广东“休渔放生节”主题活动在惠州市惠东县巽寮湾举行，副省长刘昆、省政府副秘书长颜学亮、农业部渔业局副局长李彦亮、省海洋与渔业局局长郑伟仪和惠州市市长陈奕威等出席并讲话。中央驻穗有关单位、省直有关单位、香港特区渔农自然护理署和澳门特区民政总署代表等，与来自社会各界的有识之士及惠东县群众、学生共 1000 余人参加活动。

2013 年 6 月 26 日，省海洋与渔业局与惠州市人民政府联合香港特区渔农自然护理署、澳门特区民政总署，在大亚湾畔共同举办 2013 年南海生物资源增殖放流活动，来自省市有关单位和渔民代表、媒体记者等约500人共同放流适合南海海域环境的海水经济鱼类苗种160万尾、虾类苗种600万尾和海龟188只。

【省海洋与渔业局与汕尾市交流合作】2012年5月12日，广东省海洋与渔业局联合国家海洋局南海分局、汕尾市政府在汕尾市凤山妈祖广场举行2012年“海洋防灾减灾宣传周”暨《海洋观测预报管理条例》宣贯大型科普宣教活动启动仪式，并在全省沿海各地海洋主管部门的组织下同步展开。省政府应急办、省民政厅等有关单位人员；汕尾市有关单位、民间组织、企业、渔民、学生及社会各界人士超过1000人参加启动仪式。

2013年7月22—23日，省海洋与渔业局、财政厅在汕尾市召开全省二、三类标准渔港建设现场会，全省各地级以上市海洋与渔业主管部门、各渔港建设相关镇、村负责人近100人参加现场会，观摩了鲘门、小漠渔港建设现场，汕尾市介绍了标准渔港建设的经验和做法，深入研讨加快推进全省标准渔港建设。

2013年11月1日，省海洋与渔业局局长文斌会见汕尾市委书记温国辉一行，双方就建设“南国渔都”、推进集中集约用海、加强海洋生态文明建设等问题进行深入交流。12月9日，广东省海洋与渔业局和汕尾市政府签订《推进汕尾海洋经济强势建设合作框架协议》，双方将在海洋产业发展、海洋规划、海洋生态文明建设、现代渔业建设、海洋管理体制创新等方面全面加强合作，并建立合作保障机制。充分发挥汕尾海洋区位优势和开发潜力，推动汕尾市建设成为广东海洋经济发展创新示范区。

【省海洋与渔业局与中山市交流合作】2011年7月14日，中山市长陈茂辉一行到广东省海洋与渔业局开展工作交流，介绍中山市经济社会发展总体情况，以及海洋与渔业发展成效。中山市将在“十二五”期间进一步努力探索海洋经济发展的新路子，争取率先建成具有全国领先水平的蓝色产业带。双方就中山市海洋工程建设及海洋经济发展共同关心的议题进行了交流。省海洋与渔业局局长郑伟仪表示将全面支持、积极配合、加强服务帮助中山解决中船中山基地相关问题，指导中山翠亨新区编制区域建设用海规划并按程序报批。

2013年4月24日，省海洋与渔业局局长文斌会见中山市委副书记、市长陈良贤一行，双方就促进海洋经济和现代渔业发展等方面交流探讨。文斌赞赏中山市大力发展海洋与渔业经济，科学实践智慧用海理念，积极发展现代渔业的做法，表示省海洋与渔业局将大力支持中山市在发展海洋经济、推进海域使用管理“直通车”、建设海洋综合管理基地、建设现代渔业博览园和建立水产养殖安全监管体系等方面先行先试，为广东省推进广东海洋经济综合试验区建设出经验、出做法、做出示范。

2013年6月27日，省海洋与渔业局在中山市东升镇旭日广场举办了水产品质量安全宣传日活动，涉渔企业代表宣读了水产品质量安全承诺书，郑重承诺严格遵守各项法律法规，做到依法生产、守法经营。省水生动物疫病预防控制中心对广大渔民进行专题培训，指导规范渔药及渔用投入品使用知识。7月11日，广东省水产流通与加工协会在中山举办水产品产销对接活动，来自珠三角的广州黄沙水产品批发市场、广州粤恒丰水产品批发市场、南海环球水产品批发市场等主要水产品批发市场代表，中山市食品水产进出口集团公司、部分养殖企业及养殖户参加交流活动，以保障水产品质量安全供给，进一步沟通水产品流通信息与产销对接工作。

【省海洋与渔业局与江门市交流合作】2011年3月24日，江门市市长刘海一行到广东省海洋与渔业局座谈，双方就江门市申报海洋经济综合开发示范市、海域界线、渔港建设、海洋防灾减灾系统建设以及建立省市联动合作机制等方面做了交流。2012年2月3日，省海洋与渔业局与江门市政府签订《关于推进江门市海洋经济强市建设的合作框架协议》仪式在江门举行。局长郑伟仪和市长庞国梅代表双方签字。根据协议，江门市和省海洋与渔业局将本着“省市联动、先行先试、协同创新、共同发展”的原则，重点在海洋综合开发示范区建设、保障海洋经济发展用海需求、海岛保护开发、海洋环境保护、海洋防灾减灾体系建设、现代渔业建设、海洋综合管理体制机制创新7个方面加强合作，共同推进江门市建设海洋经济强市，为全省海洋经济发展积累经验和提供示范。

2015年5月29日，省海洋与渔业局局长文斌等到江门市调研，与江门市政府、市海洋与渔业局、台山市、新会区有关负责人座谈。江门市正着力打造银洲湖、银湖湾、广海湾三大启动区和核心区建设，银洲湖将建成珠江西岸重要交通枢纽，打造银洲湖产业新城；银湖湾将发展高端商务休闲旅游业，打造全省美丽海湾示范区；广海湾将明确产业发展定位，抓好重大项目招商引资及落户建设工作。他希望省海洋与渔业局继续大力支持大广海湾经济区开发建设，在用海政策、用海审批等方面给予更多指导和支持。文斌表示，省海洋与渔业局将大力支持大广海湾经济区开发建设。

双方还就江门市区域建设用海、海岸线修测、现代渔港建设、美丽海湾建设、海监执法等问题充分交换了意见。

【省海洋与渔业局与阳江市交流合作】 2012年5月9日，广东省海洋与渔业局与阳江市政府签订《关于共同推进阳江市海洋经济强市建设合作框架协议》，双方将共同加强在现代渔业、临港工业、滨海能源、滨海旅游、海洋文化、海洋环境保护和海洋科技产业等方面合作，共同推进“五地两区”建设，即阳江现代渔业基地、临港工业基地、滨海清洁能源基地、滨海休闲旅游度假胜地、海洋文化产业基地、海洋生态示范区、海洋科技产业聚集区。在现代渔业基地建设方面，将重点组织国家级中心渔港和国家一级渔港建设，加快推进沙扒渔港竣工验收，加强东平渔港建设和管理，扶持发展远洋渔业，重点发展外海和中、西、南沙渔业和远洋渔业，积极开展木质渔船改钢质试点，支持发展深水网箱养殖、水产品加工流通等，打响“南海渔都”和“中国蚝都”品牌。6月28日，广东省海洋与渔业局联合阳江市人民政府在闸坡渔港举办“2012年渔船安全生产知识咨询宣传服务日”活动，现场开展宣传咨询及渔船安全产品展示活动。主办单位和省安全生产监督管理局、广东海事局、南海救助局有关人员及当地政府、涉渔企业领导、新闻媒体和当地渔民群众共1000余人参加了活动。8月1日午时，由阳江市人民政府、广东省海洋与渔业局主办，海陵岛试验区管委会和阳江市海洋与渔业局共同承办的第十届南海（阳江）开渔节，开船仪式在海陵岛闸坡国家级中心渔港隆重举行。副省长刘昆宣布开渔令，全省1万多艘渔船起航。开船仪式前，刘昆等领导到南海放生台参与本届开渔节放生活动。

2014年6月5日，广东省海洋与渔业局在阳东县东平镇召开全省海洋渔船安全生产工作现场会，参观东平镇渔船安全生产基层组织建设情况，解决渔船安全监管“最后一千米”问题。同年7月29日，第12届南海（阳江）开渔节在海陵岛拉开帷幕，举办时间将延长至6天，持续到8月3日结束。这届开渔节活动以“风正千帆竞，丝路谱新篇”为主题，活动融入了传统特色的渔家婚嫁庆典巡游、渔家大宴、民间增殖放流、祭海、开船仪式等群众喜闻乐见的内容。

2015年8月1日，第十三届南海（阳江）开渔节开船仪式在阳江市海陵岛闸坡国家级中心渔港举行。阳江市委书记魏宏广，省海洋与渔业局局长文斌等领导及嘉宾等出席开船仪式。2015年的南海（阳江）开渔节以“扬帆丝路水道 • 力促蓝色崛起”为主题，各项活动独具特色、异彩纷呈，丰富了国际旅游岛的现代气息。12月31日，省海洋与渔业局局长文斌会见阳江市委书记魏宏广、市长丘志勇并举行座谈会，双方就阳江有关项目用海、加快推动现代渔港建设等工作进行了深入交流。

【省海洋与渔业局与茂名市交流合作】 2012年7月12日，由广东省海洋与渔业局副局长文斌任组长、省政协提案委副主任谢岳铭任副组长，省府办提案处、省编办、法制办、财政厅、农业厅、卫生厅、工商局等单位有关负责人组成的省政协重点提案调研组，就省水产品质量安全监管建设系列提案在茂名市开展工作调研。先后实地考察了水产养殖、物流、加工企业的生产管理情况及农贸市场和超市水产品供应、销售、水产标识等情况。同时听取了全市水产品质量安全管理工作情况汇报，并与相关部门负责人、市政协委员及相关企业代表座谈交流。

2013年9月28日，省海洋与渔业局局长文斌到茂名市滨海新区调研海洋强市建设。

2014年6月，全省渔船信息化普查工作正式启动，省海洋与渔业局局长文斌率领调研组，对茂名市渔船渔港情况进行调研。副市长梁罗跃陪同调研。调研组在电白区召开渔船渔港专题工作会议研究渔船基础信息普查工作、休渔渔船管理工作、博贺中心渔港项目建设等。随后，调研组登船检查渔船基础信息普查、休渔管理、南沙作业渔船回港情况，实地考察了电白博贺中心渔港西南堤施工现场、尚源深水网箱养殖基地等，详细了解茂名市海洋开发和保护情况。文斌指出，茂名市作为全省试点，已逐船复测渔船主要数据、采集基础信息和规范补充录入管理信息，实现了渔港环境整洁，渔船按区划停泊，安全有序等预期目标。

【省海洋与渔业局与湛江市交流合作】 2012年11月21日，湛江市委副书记、市长王中丙，市委常委、常务副市长赵志辉等一行到广东省海洋与渔业局座谈交流，局长文斌等局领导和有关处室负责人出席，双方就海域使用权“直通车”、海岸修复工程、美丽港湾、深水网箱产业发展、平安渔业等工作进行交流和探讨，并就明年联合举办湛江国际海洋周达成共识。

2013年7月，“南海现代海洋渔业重大科技创新基地”落户广东省湛江市，以推进海洋渔业技术创新，实现海洋渔业的转化升级，带动相关行业经济发展。“南海现代海洋渔业重大科技创新基地”以广东恒兴集团有限公司、中国水产科学研究院南海水产研究所、中山大学三家单位为建设主体单位，联合国内其他在南海海洋渔业方面有研究基础和优势的科研、教学单位、学会、协会和企业等14家协作单位，统筹资源，开展协同创新，通过统筹南海海洋渔业研发各类创新主体和各种创新要素，促进科技资源的高效配置和综合集成，为南海海洋渔业技术创新、成果转化和人才培养提供坚实基础和有力支撑。

2013年9月9日，省海洋与渔业局局长文斌会见湛江市委书记刘小华一行，双方就海岸带综合整治修复、临港工业园区围填海、国家级特大渔港建设等问题进行深入交流；9月29日，由广东省海洋与渔业局、省旅游局和湛江人民政府联合主办的2013首届湛江海洋周开幕，数千名市民和游客参加开幕式及有关活动。以“南国港湾、欢乐海洋”为主题的2013首届湛江海洋周活动，是湛江结合“2013中国海洋旅游主题年”和“南粤幸福活动周”开展的一项特色活动，也是2013广东国际旅游文化节的主题活动之一，分为海洋经济、海洋文化、海洋军事、海洋旅游等4大板块，旨在展示展示湛江海洋城市、海洋资源、海洋经济、海洋文化的特色，增进湛江与国内外的友谊、交流与合作，加快湛江创建广东最大的海洋经济示范市，推进湛江经济社会全面发展，进一步提升湛江区域带动影响力及国际形象，同时丰富广大市民游客的节日精神文化生活。

2014年10月14日，省海洋与渔业局局长文斌会见湛江市委副书记、市长王中丙一行，并举行座谈会。双方就做好台风灾后救灾复产和2014年中国海洋经济博览会筹备工作，大力推进渔船更新改造及渔业船舶保险，以及湛江海东新区用海项目和海岸带整治修复等问题进行了深入交流。

2015年10月13日，由国家海洋局、广东省科技厅指导，由湛江市人民政府主办，市科技局、市海洋与渔业局等单位承办的2015首届中国湛江“南方海谷杯”海洋科技创新创业大赛启动大会在湛江举行。大赛不限制参赛项目的产业类型，鼓励海洋产业相关领域的创新创业项目积极参与（即与海洋产业有直接或间接关系），对海洋产业获奖项目将给予额外的政策支持。

【省海洋与渔业局与佛山市交流合作】2012年6月13日，广东省海洋与渔业局联合中国水产科学院珠江水产研究所在佛山市南海区西樵镇联合举办了主题为“共建诚信家园，同铸食品安全”的水产品质量安全宣传日暨水产疫苗推广日活动，重点宣传水产品质量安全常用知识和相关法律法规，向广大基层群众传播规范渔药及渔用投入品安全使用知识。省、市、区、镇有关领导及各级渔业主管部门及技术推广部门负责人、水产流通企业负责人、西樵镇水产养殖户共700人参加了本次活动。

活动仪式上，省海洋与渔业局副局长文斌、佛山市农业局副局长张新华等分别讲话。活动中，珠江水产研究所专家以“常见鱼类疾病防治和疫苗应用技术”为题，向广大水产养殖户和基层水产技术干部传授了最新的鱼类病害防治方法。此外，省海洋与渔业局、省水生动物疫病防控中心、珠江水产研究所、市农业局、南海渔政大队等单位还设摊接受群众咨询，通过面对面互动交流和派发宣传材料，提高养殖户水产健康养殖与科学用药意识，从源头上保障水产品质量安全。活动期间，共发放《农产品质量安全法》《广东省水产品标识管理实施细则》《水产养殖质量管理规定》《无公害食品渔用药物使用准则》《水产健康养殖要点》和《佛山市农业局致水产养殖户朋友的一封信》等宣传资料4000余份，现场解答群众咨询200余人。

【省海洋与渔业局与肇庆市交流合作】2011年4月1日上午，由农业部渔业局和中国渔政指挥中心主办的“2011年珠江禁渔暨同步执法启动仪式”在广东肇庆举行，全面启动2011年珠江禁渔。仪式结束后，社会各界人士开展资源人工放流活动，现场共放流青、草、鲢、鳙等主要经济鱼类320万尾。同时，中国渔政307等9艘渔政船艇从肇庆市端州区海事码头起航，编队开展禁渔统一执法行动。根据珠江流域禁渔工作指挥部的统一部署，珠江流域沿江的广西、湖南、江西省（区）各地，也分别设立省（区）主会场及市（县）分会场，举办珠江禁渔暨同步执法启动仪式，并开展增殖放流活动。据统计，2011年珠江禁渔禁渔涉及渔船27693艘，捕捞渔民116711人。

【省海洋与渔业局与清远市交流合作】2011年6月1日，珠江禁渔开捕仪式在清远举行，为期两个月的珠江首次全流域禁渔正式结束，全流域开捕。农业部南海区渔政局局长吴壮出席仪式并致辞，再次强调了禁渔的重要意义，并叮嘱准备开捕的渔民们切实做好安全生产、合法生产工作，坚决禁止炸鱼、毒鱼等对珠江水生生物和生态环境有极大破坏的作业方式。中午12时，吴壮宣布禁渔结束、正式开捕，停靠在清远渔政支队码头来自清城区和清新县的100艘渔船有序驶离，渔民们欢喜出航，开始捕捞作业。

2012年6月11日，广东省海洋与渔业局局长郑伟仪率队到清远市开展渔业生产情况调研。调研期间，清远市委书记葛长伟、市长江凌与郑伟仪一行进行了工作交流。

双方就清远渔业发展现状，清远渔业发展过程中如何发挥“桥头堡”的区位优势，如何利用清远的好山、好水的生态环境大力发展渔业使农民增产增收等方面进行了探讨。

【省海洋与渔业局与梅州市交流合作】2012年1月12日，广东省海洋与渔业局同梅州市政府签订《发展山区现代渔业暨共建绿色生态水产创新示范园战略合作框架协议》。双方将遵循“协同创新、共同发展”的原则，加强合作，全面提升渔业经济综合素质、效益水平和核心竞争力，力争在梅州建成全省山区现代渔业发展示范区。按照框架协议，双方将在6个方面开展合作：一是共同开展山区现代渔业发展战略研究。二是支持梅州市加强渔业科技攻关。重点支持梅州市开展山区名优水产品种选育、水产养殖节能节水、水产养殖标准化、水产品精深加工、渔业防灾减灾、水生动物疫病防控、生态资源保护、水产品质量检测等方面科技攻关合作。三是共同加大对渔业产业扶持力度。省海洋与渔业局支持、指导梅州市创建省级渔业龙头企业和水产品健康养殖示范基地。到2015年，在梅州市打造绿色水产品牌2个，创建水产健康养殖示范基地和质量安全标准化园区10个、休闲渔业基地3个、设施渔业基地1个，新建省级以上水产良种场3个以上，建成3个国家级、3个省级水产种质资源保护区。四是支持渔业科技人才培训和科技信息服务。省海洋与渔业局协调在粤渔业科研单位，与梅州市渔业结缘，为梅州市培养一批中、高级渔业科技人才，造就一批中、高级技术和懂业务的管理人才。五是共同加强水产养殖规划和养殖证制度建设。六是共同加强水产品质量安全监管。省海洋与渔业局指导并扶持梅州市编制好水产品质量安全监管发展规划，完善水产品质量安全监管和技术职称体系。

省内市县间海洋合作

【珠中江海洋经济区域合作】2013年7月29日，珠海市、中山市、江门市区域合作第7次党政联席会议在珠海召开，3市市长共同签署了《珠中江海洋经济区域合作协议书》，共同探索海洋经济发展和海洋综合管理的合作机制。根据协议，珠海、中山、江门3市将重点在海洋产业规划、高端休闲旅游业、打造海洋产业集群、海洋环境保护、海洋防灾减灾等方面开展紧密合作，建成具有全国影响力的海洋经济区域合作示范区。其中，在大力发展高端海洋休闲旅游业方面，3市将以建立粤港澳滨海休闲旅游度假中心为目标，加大滨海旅游资源的整合力度，科学设计3市旅游精品线路，大力开发邮轮游艇、个性海岛等高端休闲旅游项目，共同打造黄茅海（珠海—江门）、川岛（江门）旅游休闲娱乐区，淇澳岛（珠海）—翠亨新区（中山）—大广海湾区（江门）高端游艇旅游区。依托独特的自然和人文资源，加强跨市域资源整合，打造若干具有一定国内外知名度的旅游型小城镇。

珠中江区域海岸线长，河网密布，加上海洋与渔业违法违规活动的流动性较大，给海洋与渔业执法工作带来一定困难。为打破地域限制，推动区域联合执法，提高执法工作成效，在江门市执法支队的倡导下，2013年6月3日，珠海、中山和江门3市海洋与渔业执法部门签署了《珠中江海洋与渔业行政执法协作协议》，这是广东省首个区域性海洋与渔业执法协作协议。协议明确建立情况通报与情报共享、联合执法与联勤、调查协作和案件移送3项机制，3市联合对海上走私违法犯罪活动和“电、毒、炸”等破坏渔业资源的违规行为进行打击，并在打击非法围填海工程、非法开发无居民海岛、非法开采海砂、污染海洋环境4个重点领域开展合作。协议签署后至2015年，珠中江3市共组织开展联合执法行动30多次，查处“三无”电鱼船110多艘，严厉打击跨区域海洋与渔业违法违规行为，较好地维护海洋与渔业生产秩序，为海洋与渔业经济发展保驾护航。

【茂名与阳江共推海洋经济】2014年5月9日，阳江茂名两市海洋与渔业部门签订《关于共同推动海洋经济发展战略合作框架协议》，双方将立足资源共享优势互补，从行政执法、海洋管理、技术服务、产业对接等方面加强合作，共同推动两市海洋经济发展战略。阳江茂名同属粤西地区，同为广东海洋渔业大市，陆地相邻海域相连，海洋资源丰富，产业互补性强，合作空间广阔。根据双方签署的合作框架协议，阳茂两市将充分发挥各自海洋与渔业的资源优势，推动海洋经济共同发展。在海洋与渔业行政执法方面，加强执法信息互通共享，在海洋环境保护执法、渔场执法、渔船安全检查，打击“三无”船舶和“电、毒、炸”鱼等方面，采取联合执法、集中打击、交叉检查、异地处理等合作方式，提高执法成效。在海洋综合管理和生态保护方面，加强两市海洋综合管理工作的交流与合作，协调处理好相邻海域的开发活动。在渔业技术服务方面，加强水产良种、良法推广等合作，重点推广对虾、罗非鱼、龟鳖、贝类等优势水产品种苗繁育、养殖技术，联合开展技术培训班，互通疫病监测结果，共同预防和应对水产疫病。此外，还将在水产品质量安全和加工与流通方面加强交流与合作。

【深圳与汕尾海洋合作交流】 2014年5月16日，深圳对口帮扶指挥部邀请了深圳长期经营工业化养殖的企业家、水产行业协会秘书长、中国科学院南海海洋研究所国家贝类（牡蛎）育种专家及深入研究海洋产业产融结合的跨界金融人士，来汕尾考察海洋资源及对深汕海洋产业合作进行深入交流。在汕尾市委常委、副市长、深圳对口帮扶汕尾指挥部总指挥、深汕特别合作区管委会主任何学文的陪同下，考察团现场考察了晨洲养耗基地，国泰食品有限公司、鹅埠南门河片区、赤石河出海口。交流会上，企业家学者纷纷为汕尾的海洋产业发展建言献策，当场碰撞出不少火花。

【肇庆与云浮渔政执法合作】 肇庆、云浮两市毗邻而居，倚西江而立。为养护西江渔业资源，保护广大渔民群众利益，防止两市交界水域出现管理空白，落实西江江段管理责任制，实行重点江段“网格化”管理。经两市渔政支队共同研究，2010年制定“肇庆•云浮渔政管理工作联动机制”，加强交界水域执法监管和联动协作，维护西江良好的渔业生产秩序。2011年起实施珠江流域禁渔期制度，在肇庆、云浮渔政联合机制框架下，为加强禁渔期间的监管，实行就近管理原则，云浮支队与郁南大队、封开大队、德庆大队、高要大队等达成西江共管江段分段有所侧重监管巡逻的共识。西江流经云浮境内全长112千米，其中流经郁南县境64千米，云浮支队辖云安县境20千米和云城区境28千米。禁渔期间，从上游往下，西江长岗以上以封开大队为主，长岗至冷水以郁南大队为主，冷水至大河河口以德庆大队为主，大河河口至都杨牛远以云浮支队为主，牛远以下以高要大队为主。这样分江段就近在“家门口”巡逻，能有效地快速反应处理非法捕捞行为。2015年6月30日，肇庆渔政支队、云浮渔政支队签署《肇庆•云浮渔业行政执法合作框架协议》，建立西江流域共管江段打击非法捕捞、规范渔船管理、信息资源共享等跨市区域合作新模式。协议签署后，两地加强合作，进一步打击“电、毒、炸”等非法捕捞行为，查处违规渔船，加强两市交界水域日常巡航，全面做好各项工作。

“十二五”期间，肇庆、云浮两市渔政部门以“共建安全和谐西江”为目标，结合西江肇庆段和云浮段水域的特点，共同研究，相互配合，互通信息，两地建立网格化管理、信息共享、情况通报、联勤联动、调查协作、案件移送、渔船基础管理、联席会议以及联合督察等工作机制，严厉打击非法捕捞和违规渔船，提高工作效率，加强对两市辖下西江河段的有效监管。

第九篇　各市概况

一、珠三角沿海地级以上市

广州市

【市情概览】 广州市位于广东省中南部。1949年中华人民共和国成立后，广州市一度为中央直辖市，1950年改为中南军政委员会领导，1954年划归广东省领导，为省辖市。1994年升格为副省级市。2015年辖越秀区、海珠区、荔湾区、天河区、白云区、黄埔区、花都区、番禺区、南沙区、从化区、增城区。土地面积7434.4平方千米。年末户籍人口854.19万人；常住人口1350.11万人，其中城镇人口1154.75万人。

广州自秦汉至明清2000多年间，一直是中国对外贸易的重要港口城市。汉代，中国船队从广州出发，远航至东南亚和南亚诸国通商贸易，远达波斯湾。唐代，广州已发展成为世界著名的东方大港，是当时世界最长的海路航线“广州通海夷道”的起点，中央首次委派专门管理对外贸易的官员市舶使到广州。宋代，在广州首设全国第一个管理外贸机构市舶司。明清时期，广州更是特殊开放的口岸，一段较长时间曾是全国唯一的对外贸易港口城市。

2015年广州市实现地区生产总值18100.41亿元，第五次被评为福布斯中国大陆最佳商业城市第一名。

【海洋与渔业资源】 广州市海域自北起黄埔港区西港界，向东至东江北干流增城三橱口，向西至洪奇沥与中山市交界，向南至伶仃洋进口浅滩以北的海域，涉及黄埔、番禺、南沙和增城4个行政区，海域面积约460平方千米，约占全省海域面积的0.7%；大陆海岸线157.1千米，约占全省3.8%；海岛14个，海岛岸线约136.2千米，海岛面积约100.4平方千米，其中9个无居民海岛、5个有居民海岛，无居民海岛面积普遍偏小，分布于黄埔区和南沙区。

虽然广州海域面积有限，但自然资源丰富。广州港是内陆与海洋的交通门户，分为内港港区、黄埔港区、新沙港区和南沙港区4个港区，是世界著名海港。广州港出海航道是一条比较稳定的潮流冲刷槽，由内港航道和出海航道两部分组成。广州市拥有丰富的滨海旅游资源，是具有“山城田海”特色的滨海大都市。广州海域为典型的咸淡水混合区，生态系统复杂多样，适合众多海洋生物的产卵和仔稚鱼生长发育，是良好的栖息和繁殖场所，渔业资源较为丰富。伶仃洋进口浅滩既是重要的排洪纳潮通道，也是宝贵的滨海资源，为广州南沙新区及广东自贸区南沙片区的发展提供了潜在的空间。重要海洋资源还有经济鱼类、高质海砂、油气等。

【海洋经济稳居全省首位】 “十二五”期间，广州市海洋生产总值从1547.21亿元增加到2632.82亿元，持续稳居全省首位，年均增速高达14.96%，显著高于全市地区生产总值同期增速。三次产业结构比例从2011年的0.5 ∶ 27.9 ∶ 71.6调整为2015年的0.46 ∶ 21.7 ∶ 77.7，产业结构高级化趋势明显。南沙已成为国内海洋工程装备制造业的重要基地。

在“十二五”期间，广州沿海地区正迎来前所未有的重大发展机遇。广州南沙新区、广东自贸区南沙片区的建设上升为国家战略；国务院批准的《珠江三角洲地区改革发展规划纲要(2008—2020年)》《广东海洋经济综合试验区发展规划》《广州南沙新区发展规划》等规划为广州海洋经济的发展指明方向。为得到国家海洋经济发展的优惠政策和资金支持，广州搭建了3大海洋经济发展平台：一是获国家发改委批准为“海洋高技术产业基地”；二是通过国家海洋局批准广州南沙新区国家科技兴海产业示范基地；三是积极利用“海洋经济创新发展区域示范专项”，累计13个创新示范项目获财政部和国家海洋局批准立项扶持，有力地支持了地方经济发展。

【都市渔业持续健康发展】“十二五”期间，广州市按照经济社会发展总体规划及都市农业发展要求，以转变渔业发展方式为核心，抓住板块布局、集群发展两个中心环节，积极推进体制、科技、可持续发展三大战略，着力培育名优水产养殖业、水产苗种产业、水产加工出口业和休闲观赏渔业等4大新的渔业增长点，全市渔业保持了持续、健康发展的态势。2015年与2010年相比，广州水产品产量48.4万吨，增长9.6%；水产品产值约75.1亿元，增长28.8%；渔民人均收入28555元，增长64.7%；水产养殖面积约41.8万亩，减少3.3%，养殖产量41.0万吨，增长15.7%。养殖产量占水产品总产量的84.6%，比2010年增长了4.4个百分点。

“十二五”期间，广州市为保护渔业资源，控制近海、内河捕捞，鼓励扶持远洋渔业。2015年广州市在册渔船2541艘，其中海洋捕捞渔船1397艘，内陆捕捞渔船886艘。2015年淡海水捕捞及远洋捕捞产量约7.4万吨，比2010年减少15%。截至2015年底，全市共有6家远洋渔业注册企业。除一家省直属企业外，其他企业共拥有渔船共29艘，正在筹建、在建渔船16艘。

在2011—2015年间，广州市不断优化养殖品种结构，规范发展水产苗种业，渔业结构进一步优化。优质鱼在传统基础上增加了台湾泥鳅、澳洲淡水龙虾、鳗鲡等多个品种；观赏鱼产业规模不断扩大，大力发展大鲵、云斑尖塘鳢、杂交鲟鱼等特种水产；小鳄龟、草龟、石金钱龟等龟类养殖发展迅猛。截至2015年底，全市持有苗种生产许可证的水产苗种场110家，其中有国家级良种场1家、省级良种场5家和市级良种场15家。2015年水产苗种的渔业产值达到2.84亿元，比2010年增长16.8%。罗非鱼、小鳄龟、大鲵、云斑尖塘鳢、鲟鱼、中华胭脂鱼等多个品种的苗种繁育技术位居全省前列，水产苗种业已成为广州市养殖渔业的一个重点发展产业。

【水产品质量安全强化监管】广州市在“十二五”期间，落实水产品质量安全属地监管责任，实施量化分级监管目标责任制，制订广州市水产品质量安全监测方案，健全水产品质量安全“检打联动”机制，实施水产品质量安全监管“五个一律”制度：“对全市农业生产经营者一律实行水产品质量安全告知和承诺书制度、对监督检查不合格的水产品一律责令停止上市并依法处理、对涉嫌犯罪的农业生产经营者一律移送司法机关追究刑事责任、对被行政处罚和追究刑事责任的一律列入黑名单，取消相关资金支持、对质量安全突出的地区和问题一律实施挂牌督办、约谈及限期整改。”建立起由131个监测单位组成的农产品质量安全监测体系。强化例行监测、专项监测和监督抽查，2015年，市、区两级农业部门开展水产品质量安全监测5062份，合格率99%以上。同时，狠抓水产品质量安全大培训，2015年开展6期水产品质量安全生产技术培训，培训人员400多人。

2011—2015年，广州市加快推进水产无公害生产基地认定和产品认证，扩大水产无公害养殖、健康养殖的覆盖面，至2015年，已复查通过的无公害水产养殖基地共50个，面积3041.3公顷，无公害水产品24个，年产量27575吨。“十二五”期间，新增国家级健康养殖示范场14个，目前共计21个，面积4.7万亩。

加强水产病害预测预报和疫病监测防控体系建设，初步构建了以市水生动物防疫检疫中心站为核心的疫病防控体系，全市设立了35个水产病害测报点，每年测报品种23种，测报面积达2.6万亩；强化水产品生产环境和投入品的监管，完善水产品质量安全监测抽查制度，确保了无公害水产基地、加工原料基地、出口生产基地三类基地和水产苗种场100%建立养殖记录和监管制度；建立了市、区（县级市）、企业（基地）三级水产品质量安全监测体系，形成了一套较为规范的水产品例行监测制度。加强区、县渔业执法培训，提升基层渔业执法水平。全年分别在年中和岁末年初组织各级部门和市属单位开展两次大型的水产品质量安全大检查行动，强化养殖环境、投入品、质量安全的抽查，完善水产品质量安全监测抽查制度。

【渔业行政管理服务到位】“十二五”期间，广州市进一步加强渔业管理，依法行政，理顺养殖证发放系统，做好水产苗种证的发放，以及水生野生动物特许养殖和经营利用审批。同时，严格执行捕捞许可管理制度，加强海洋、内陆捕捞渔船“双控”指标管理，控制捕捞强度。按年度做好渔业生产数据的统计报表工作。

渔业基础设施。广州市大力推进标准化、设施化、工厂化生产，促进养殖业稳定健康发展。2011—

2015年共投入5501万元，用于1.8万亩鱼塘的标准化整治，大大提升了鱼塘综合生产能力，平均亩产不断提升。“十二五”期间，广州市下达市财政渔业产业化扶持资金共4944.64万元，其中2015年1500万元，主要用于水产养殖、苗种生产的设施化、工厂化建设等方面，为配合北部山区镇扶贫工作，“十二五”初期鱼塘标准化建设以及产业化资金向山区镇倾斜，产业化资金重点扶持山区镇渔业企业、合作社发展特色水产养殖，带动村集体经济增收、农民致富。

落实惠渔政策。2011—2015年，广州市继续扶持渔民转产转业，及时发放柴油补贴和休禁渔补贴，配合开展渔民上岸安居工作，对支持捕捞渔业发展起到重要作用。“十二五”期间，广州市共安排市财政补贴资金156.21万元，下达减船计划36艘，减船功率649.62千瓦；共发放2010—2014年渔用柴油补贴资金6.1亿元，补贴渔船10820艘次，远洋渔业补贴5191.4万元。广州市从2011年开始向渔民发放休禁渔生活补助，2011—2015年，共计发放补助资金2467.5万元，切实解决了休（禁）渔期渔民的生活困难问题。基本解决了97户以船为家渔民落户安居问题。

【海洋综合管理科学规范】“十二五”期间，广州市把科学规范管海作为海域综合管理的基本准则，坚持区划规划引领，不断提升用海服务水平。编制《广州市海洋功能区划》《广州市海洋经济发展第十三个五年规划》，落实依法管海，着力推进海域使用规范化管理。支持南沙新区争取省级海域、海岛审批权限，实施用海用岛项目审批改革及海域物权制度改革。2013年底印发实施《广州市规范海域使用权续期工作的意见》，优化海域使用权续期依法审批工作流程，加快历史用海项目海域使用权续期工作办理速度。保障重点项目用海，做好广州港南沙港区三期、四期工程、虎门二桥、南沙国际邮轮码头、明珠湾区起步区等重点项目用海服务保障工作。积极推进以南沙新区为重要基地的广东海洋经济综合试验区建设，以及抓好“两基地一专项”（国家海洋高技术产业基地、国家科技兴海产业示范基地和海洋经济创新发展区域示范专项）建设。组织开展大陆海岸线及海岛岸线的测量工作，加强海岛管理，完成海岛普查，做好海岛名称标志，并完成立碑工作。加强海域使用监管，严格落实问题项目的跟踪监管，对全市违规用海项目做到早发现、早制止、早查处。加强自然岸线和保留区管控，规范海洋开发利用秩序。深化海洋综合管理平台建设，完成国家、省、市三级数字海洋系统网络平台联合调试，布置启动全市区级节点动管能力建设，组织开展“数字海洋”建设基本框架论证，推进海洋与渔业信息化建设。

【海洋环境保护与生态文明】“十二五”期间，广州市辖区海域开展了海洋与渔业环境质量趋势性监测、8个陆源入海排污口及邻近海域调查监测、广州港南沙港区工程建设项目影响海洋环境跟踪监测，重点开展海平面上升、海水入侵等专项监测，启动了沿海重点工程保障目标调查。开展风暴潮海浪海啸灾害观测与响应应急预案和赤潮灾害监测与响应应急预案的应急演练工作。开展海洋预警报服务，通过手机短信平台、政务微博和海洋灾害预警发布平台，及时发布海洋灾害预警信息。加强海域海岛海岸带生态环境的综合治理，积极构建布局合理、功能完善的海洋保护区体系。每年编制广州市海洋环境状况公报，对辖区内海域的环境质量状况进行综合分析和评价。

加快海岸湿地生态修复。在南沙沿海湿地引进红树林植物新品种，大力建设以湿地红树林为重点的工业防护林，从珠江口到南沙万顷沙，沿岸种植沿海基干防护林植物，完成沿海湿地防护林建设1000多公顷，形成滨海生态屏障。至2015年底，全市人工种植红树林约3万亩，超30千米的海岸线恢复了红树林生态系统。其中，南沙区坦头村海域45.5亩成片天然红树林，属全国少见的古红树林资源。对南沙湿地候鸟栖息地河岸进行生态修复，对受损严重的河堤进行补泥修复，补种岸边植物，对部分浅滩进行吹填加高降低水位，提高湿地候鸟栖息地的生态功能。结合新一轮绿化广东大行动，加快推动南沙湿地公园、南沙滨海绿道湿地公园、海鸥岛红树林湿地公园建设。

【海洋与渔业资源增殖保护】 2011—2015年，逐年对广州市7个海洋与渔业类型保护区进行源环境监测并发布保护区环境资源状况报告，出台《广州市海洋与渔业自然保护区生物资源和环境监测技术规程（试行）》，建立《广州水生动植物保护与管理信息系统》。投入逾310万元资金用于广州良口唐鱼市级自然保护区建设，完善生态修复；完成从化和增城水产种质资源保护区执法宣传30个标识牌建设；建立自然保护区巡护执法制度；完成各自然保护区管理计划编制工作；监督检查涉及保护区的工程建设项目进行严格环境影响专题评估工作；在全省率先开展海洋与渔业类型保护小区建设试点工作，建立布局合理、类型齐全、管理高效的海洋与渔业保护区网络体系。定期开展保护区执法和宣传活动，召开保护区管理和执法培训班5期，出动执法人员逾

250人次，派发宣传手册逾12000份。

渔业资源保护科普宣传。“十二五”期间，创立“自然护理•广州”专题宣传，至2015年已连续举办22期，共吸引近2500人直接参加活动。包括广州市副市长出席的《绿海龟的呼唤》放生活动，以及形式丰富多样的活动。举办5届全国水生野生动物保护科普宣传月活动，派发宣传手册逾6万份，直接参加活动人数逾3000人。与电视媒体合作，对水生野生动物保护进行深度报道，在广州市101个小区（含4个村子）派发水生野生动物保护宣传手册5万份，播放宣传广告300余次。制作8种鲨鱼和前口蝠鲼属所有种保护宣传公益广告和宣传海报，在约3000台公车播放和张贴，辐射范围达到580万人次。

渔业生态资源保护。广州市建立了渔业环境监测制度，定期发布《广州市渔业生态环境状况公报》；完成各自然保护区管理计划编制，规范保护区生态监测，完善保护区体系建设、跟踪鱼道建设，推进保护区内执法检查，加强全市海洋与渔业自然保护区管理和建设；落实南海伏季休渔和珠江禁渔制度，坚持抓好渔业资源人工增殖放流活动，“十二五”期间，共投放1.69亿尾鱼虾苗种，除常见鱼种外，还有少部分黄喉拟水龟、大鲵等珍稀品种，取得了显著的生态效益和社会效益。同时，实施水生生物资源养护，加强水域污染防治，加大对环境敏感区、自然保护区、重要渔业水域等的检查。

水生野生动物繁育与救护。2011—2015年，广州市水生野生动物保护基地正式启用，主要承担水生动物的接收救护、资源储备、移交放生等工作，是广州市水生生物多样性宣传的重要窗口，接待人数逾2200人，包括大、中、小学生、市民家庭、NGO组织、调研考察人员等。制定《广州市海洋与渔业自然保护区管理站水生动物接收处置办法》。累计接收救护、种质保育水生野生动物9852尾；放生水生野生动物31242尾（只），放生黄喉拟水龟1039只。设立广州市水生野生动物救护网络，成员单位增至15个，开展救护网络培训23期，参加人数逾1700人。启动广州地区黄唇鱼资源调查项目。

【海洋监察执法机制完善】“十二五”期间，广州市加强海域网格化监管，不断完善执法巡查机制，认真落实海监执法“三巡”制度，组织开展各类执法巡查，通过定期巡查、全日巡查、突击巡查、分级巡查、联合巡查等执法巡查和专项执法行动，进一步完善市、区两级以及各海监大队之间的联合执法机制，严厉查处非法使用海域、非法采砂、非法倾废等违法行为。

2015年，广州市开展用海项目检查、“海盾2015”“碧海2015”海岛保护专项执法等行动，出动海洋行政执法人员2267人次，车辆72台次，船艇361艘次，检查海岛200次。查办海洋行政案件14宗，其中办结海域使用、非法采砂、违法倾废案件9宗，合计收缴罚款98.562万元；查处1宗非法使用海域案件，立案后移交中国海监广东省总队处理，罚款318万余元。派出执法船艇和执法人员完成省海监总队安排的多次珠江口海砂开采轮流执法任务。

广州海监执法部门坚持海岛定期巡查执法和无居民海岛专项执法行动。严格落实《海岛定期巡查规定》。2015年，先后3次组织开展全市海岛和无居民海岛专项执法行动，对全市14个海岛进行了全面巡查，定期拍照留存，维持海岛生态现状，维护海岛生态资源，保障了海岛开发利用工作合法、有序进行。同时，注重加强海洋执法普法宣传。印制一批海洋普法宣传资料，充分利用各项巡查行动机会，对涉海企业和个人进行广泛宣传和引导，有效增强民众用海护海法律意识。

【渔业行政执法力量集中】“十二五”期间，广州市集中力量开展涉渔“三无”船舶和“绝户网”清理整治工作。2015年，全市共出动执法人员7300余人次，执法船、艇1519艘次，办理违法捕捞案件50宗（含移交），罚款13万余元，查扣、没收违法捕捞作业“三无”船舶20余艘、电鱼设备一大批，清理非法定置作业网具200余处，有力地保护了全市渔业资源。

水生野生动物保护执法。“十二五”期间，广州市加强对各类水生野生动物驯养繁殖、经营利用单位的执法检查，2015年，全市共出动执法人员1270人次，检查各类相关单位场所844家，发现并查处违法行为13宗，其中立案查处8宗，共罚款15488.99元；依托市“两法衔接”平台向公安机关移送涉嫌未经批准销售国家一级、二级保护动物案5宗。

渔业养殖监管执法。开展“净渔2015”系列渔业养殖监管专项执法行动，严肃查处渔业养殖过程中的违法违规行为。2015年，全市共出动执法车辆460余辆次，派出执法人员1800余人次，检查水产养殖单位1500余家次，抽取样品1059个，查处渔业养殖违法案件1宗，罚款3000元，无害化处理水产苗种40万尾。

渔业执法协作。“十二五”期间，广州市渔政部门与公安边防、公安局水上分局、公安局食品药品犯罪侦查支队深化执法协作，有力打击了渔业违法行为。2015年，广州渔政部门联合公安、边防等部门组织开展联合执法8次，行动中查获“三无”船舶违法捕捞行为 13 起，清理违法定制作业网具 90 余处，放生渔获物超过 500 千克，联合执法模式使“热点”水域违法捕捞行为明显下降。南沙渔政大队与海事、东莞渔政等部门签署“两岸四方”平安水域共建协议，组织开展联合行动 9 次。

“两法衔接”工作。2015 年，广州市渔业行政执法与刑事司法衔接工作取得突破。广州渔政部门依托市“两法衔接”平台向公安机关移送涉嫌未经批准销售国家一级、二级保护动物案 5 宗；10 月，南沙渔政大队成功将 2 宗违法捕捞案件及 3 名违法犯罪嫌疑人移送公安机关追究刑事责任；在渔业养殖监管执法方面，南沙大队向区公安分局移送涉嫌生产有毒有害食品犯罪线索 2 宗。

【环境预报与防灾减灾】“十二五”期间，广州市进行海平面变化影响调查评估工作，填报《广州市海平面变化影响信息采集表》，撰写《广州市海平面变化影响实地调查报告》和《广州市海平面变化影响调查评估工作报告》。2012 年，编制发布《广州市风暴潮、海啸、海冰灾害观测与响应应急预案》和《广州市赤潮灾害观测与响应应急预案》，并于 2013 年初发布。2011—2015 年，逐年开展广州市南沙区海水入侵、土壤盐渍化调查监测和广州市辖区内海域赤潮灾害监视监测。

2013—2015 年间，建设海洋灾害视频监控系统，番禺区的莲花山渔港、化龙水利所、交通运输部南海救助局（广州基地）、亚洲国际游艇城以及南沙区的小虎石化码头、龙穴岛南沙海港集装箱码头、滨海公园、南沙渔政、海事处蕉门办事处、南沙海事工作船码头、洪奇沥海防哨所建设了 11 套一体化远距离视频监控前端，逐步建成由前端视频采集系统、数据传输系统、控制、存储系统、管理平台系统组成的沿海工程海洋灾害视频监控系统。

2013—2014 年，建设咸潮连续在线观测系统，在番禺区化龙、莲花山、海鸥岛以及南沙十九涌投放 4 套咸潮连续在线观测设备，初步掌握咸潮入侵数据。

2015 年，开展波潮流综合自动观测系统建设工作，在番禺莲花山国家中心渔港建设了一套自动水文气象观测站，实时观测附近海域的潮位、降雨量、风速、风向、能见度、湿度、气温等要素。

【渔业安全生产责任落实】“十二五”期间，广州市每年召开全市海洋与渔业工作会议，部署渔业安全生产工作，落实渔业安全生产“一岗双责”，与各区渔业主管部门签订《安全生产责任书》，区、镇（街）、村、船主层层签订责任书，落实船东、船长安全生产责任。完成海洋和内陆渔船的信息采集入库工作，不断完善渔船数据库管理，建立防御热带气旋一船一预案制度，全市渔政部门存档保管预案 2538 份，完成率达 100%；全面启动渔船电气化改造，共改造渔船 437 艘；落实捕捞渔船填报《渔捞日志》制度，为海洋渔船配置无源电子标签 1549 个，IC 卡 544 张。强化执法检查，每年开展两次全市性渔业安全生产大检查行动。

渔船渔港安全监督。2015 年，广州市启动“筑堤 2015”系列渔船渔港安全重点领域督查行动，坚持每季度安全形势分析和异地交叉检查，针对渔船船用产品质量和安全性能，渔港及渔船停泊点安全设备配备、安全措施落实，海上作业渔业船舶安全情况等安全生产重要环节开展检查；8 月份在全市范围组织开展渔港渔船危爆物品安全检查工作。向有关地方政府发出关于建议解决渔船停泊点安全事故隐患的函。番禺大队严格排查安全隐患，全年共发出整改通知书 47 份，跟踪隐患整改落实。

休（禁）渔期间，组织渔民开展船员培训和安全教育，组织各类船员、法律法规培训班 18 期，培训渔民群众近 2000 人次。推动全市渔业辅助船信息化核查、内陆渔船信息化、船证不符渔船整治工作，提升渔船基础管理水平。

2015 年，广州市一级共开展渔船渔港安全督查行动 14 次，登检渔船 70 余艘次，检查渔港及渔船停泊点 10 余处；各区自行组织检查各类渔船 6200 余艘次，整改安全隐患一批，较好地维护了渔业安全生产形势的稳定。

渔业船舶及船用产品检验。“十二五”期间，广州市着力推动老旧渔船更新改造升级，2015 年，番禺地区率先申报建造广州地区第一艘大型钢质拖网渔船，实现了广州辖区钢质大型拖网渔船零的突破。推动全市渔船燃油管路系统整改工作，强化营运渔船检验，全年共派出验船师 150 多人次，到渔港工作 60 多天，检验群众渔船 266 艘，签发证书 280 份。加强渔业船舶修造和产品生产企业监督管理，全年共派出执法人员 100 余人次，巡查各类渔业船舶船用产品及渔船修造企业共 50 余次。广州渔业船舶检验分局先后参与农业部 8 艘 3000 吨载机渔政船的阶段性建造检验工作，完成新建大型船舶检验任务。2015 年，历时 11 个月，独立承担完成了目前全国最大的 73.6 米灯光罩网渔船新建检验业务；历时 6 个月独立承接海南省海洋与渔业厅 1 艘 1000 吨级渔政船的建造检验工作；承接 10 艘 58.5 米渔船的检验工作，积极协调解决检验出现的重点、难点问题，出色维护广州渔检队伍品牌形象。

【科技兴海兴渔产业示范】 2014年，广州获国家发改委批准为国家海洋高技术产业基地；2015年，南沙新区获国家海洋局批准为国家科技兴海产业示范基地。建有国家和省属涉海科研院所17所，省部级海洋重点实验室（重点学科）25个，国家级海洋科技创新平台3个，海洋科技服务人员超过5万人。国内规模最大的综合性海洋研究机构中科院南海海洋研究所即将落户南沙新区。推动建设了广州船舶及海洋工程设计研究院、广州热带海洋气象研究所、广东深蓝产业创新中心、国家海洋技术中心南方分中心等一批科技研发平台和产、学、研基地。

“十二五”期间，共示范推广石金钱龟、小鳄龟、大东方龟、黄缘盒龟、台湾泥鳅、丰产鲫、罗非鱼、宝石鲈、缩骨鳙等10多个优良水产品种和微生物制剂调控水质技术、罗非鱼质量安全保障养殖技术等5项主推技术，主导品种和主推技术累计示范面积1767公顷次、推广应用面积3.33万公顷次，取得显著的社会和经济效益，有力地促进了农业增效和农民增收。如水产品种丰产鲫每1/15公顷增收250 ~ 1200元；微生物调控水产健康养殖技术每1/15公顷增收500 ~ 2200元。全市水产科技入户工程累计新增经济效益5.6亿元。广州设立了70个水产养殖科技示范户，涵盖全市主要的养殖品种，其中北部山区8镇的示范户占30%以上，有力地支持了广州的农村扶贫开发工作。示范户均有很强的带动能力，可辐射带动700个农户以上。

2015年举办以水产苗种良种质量控制技术、水生动物防疫检疫与病害测报、水产品质量安全生产、水生生物检验检疫高级工及水产无公害养殖与病害防治技术等为主题的各类培训班21期，培训学员1500人，派发资料1500份。有力地保障了广州市水产品质量安全，加快了水产主导品种、主推技术、水产健康养殖技术、水产苗种良种质量控制技术等良种良法在生产上的推广应用。

【海洋渔业文化宣传活动】 “十二五”期间，组织开展“世界海洋日暨全国海洋宣传日”以及“5·12防灾减灾日”宣传工作，印发宣传工作方案，完成海洋宣传公益广告的制作和发布，并在公交车、楼宇、出租车等移动平台播放；联合广州海洋馆开展为期3个月的海洋科普宣传活动；在广州农业信息网开辟海洋宣传专栏。通过公益广告、广场宣传等海洋主题活动，营造了全社会关注海洋、热爱海洋、开发海洋、保护海洋的良好氛围。2012年，广州成功举办第29次南极科学考察队广州出发活动，通过“从南沙到南极”，在各项活动专题中推介了广州南沙新区，宣传了广州独具特色的岭南海洋文化，增强了市民对广州的城市自豪感和海洋蓝色国土意识，对提升广州国家中心城市地位、推动广州海洋经济发展起到了积极的促进作用。

2011—2015年，广州市结合南海伏季休渔、珠江禁渔期组织各区开展渔业资源增殖放流工作，通过挂横幅、贴标示牌、组织群众参与放渔等方式开展渔业资源养护宣传；在台风、暴雨来临前，加强业务指导和信息报送，提前告知渔民做好强降雨及台风防御工作，避免出现渔业事故。每年“安全生产月”组织渔民开展船员培训和安全教育，提高渔民海上作业操作技能。

“十二五”期间，广州市广泛开展渔业资源和自然保护区宣传工作。打造保护基地救护宣传平台，编制相关宣传材料，承办了广州市科技创新委员会的“2015年广州科普精品一日游”，以及各类团体科普活动，2015年共接待公众600人次。2015年编排印刷保护区相关法律法规宣传册3000份，举行法制宣传活动1次，派发宣传资料500份，受众群体广泛，受众面广，达到良好的宣传效果。2015年，共开展了6期自然护理课堂，共吸引了600余人参加。芳村花鸟鱼虫市场“水生野生动物合法经营利用宣传活动”、联合广州市渔政支队和野生生物保护基金会（WCS）举办的“受保护龟类、鱼类鉴别培训”、华南师范大学师生参与的“增城兰溪河探寻水生生物资源”、中大、华农志愿者参加的河源市桂山大鲵自然保护区娃娃鱼放生活动和华工、中大举办的“广州水下‘它’世界——广州水生生物资源及其保护”讲座和保护水生生物知识竞赛。协助省、市海洋与渔业主管部门在广州市海洋馆举办2015年水生野生动物保护宣传月暨罚没海马销毁活动，吸引了社会团体，志愿者，新闻媒体及社会群众共300多人参加了活动。科普宣传月活动已连续举办6届，获得了很好的效果，利用宣传月的平台，极大地提高了市民大众对水生生物资源的保护意识。

深圳市

【市情概况】 深圳市地处广东省南部沿海，濒临南海，位于北回归线以南。全市土地面积1996.85平方千米。深圳市土地形态以低山、平缓台地和阶地丘陵为主，平原占陆地面积的22.1%，森林覆盖率44.6%。重要矿产资源有花岗岩、大理石等建筑材料。深圳市距广州160千米，距香港、九龙35千米，东临大亚湾、大鹏湾，西连珠江口，北靠东莞、惠州，南与香港新界接壤，是一个自然环境优美、自然资源丰富的现代化滨海城市。主要旅游景点有世界之窗（深圳华侨城）、锦绣中华•民俗文化村（深圳华侨城）、仙湖植物园（罗湖莲塘）、深圳野生动物园（南山西丽湖）、客家围龙屋（龙岗坪山大万世居、龙岗鹤湖新居）、莲山春早（福田莲花山）、梧桐烟雨（罗湖梧桐山）、一街两制（沙头角中英街）等。深圳原住民民风淳朴，保留较多的民间习俗。渔民娶亲是南澳颇具特色的风俗；大盆菜是福田下沙和南头一带的习俗；妈祖诞庆是每年3月深圳沿海渔民和农民在天后庙举行的庆祝庙会，祭祀天后，求航海平安、渔业兴旺、五谷丰登。

深圳市1979年设立地级市，1981年升格为副省级市。2015年辖福田区、罗湖区、盐田区、南山区、宝安区、龙岗区等6个行政区，另设光明新区、坪山新区、龙华新区、大鹏新区等4个功能区。年末户籍人口354.99万人；常住人口1137.89万人。2014年，深圳市获全球城市交通领袖城市奖。2015年全市生产总值17502.99亿元，比上年增长8.9%。

【海洋资源】 海洋是深圳国土的重要组成部分，海岸线总长257.3千米，海域面积1145平方千米，陆地总面积与海域总面积的比为1 ∶ 0.59。深圳海岸资源丰富，平均每平方千米陆地拥有海岸线132米，可建深水港的主要有盐田、妈湾、赤湾、大铲湾、大梅沙、土围、西涌等处。滩涂面积70平方千米，大、小岛屿39个，岛岸线长25.25千米。深圳海域被大鹏半岛、香港九龙半岛、蛇口半岛分割为大亚湾、大鹏湾、深圳湾及珠江口4个大海湾。

深圳海洋沿岸旅游资源较为丰富。从东到西分布着桔钓沙旅游度假村、浪骑游艇俱乐部、大鹏所城（龙岗大鹏）、金沙湾旅游度假村、小梅沙海洋世界、大梅沙公共浴场（盐田大小梅沙海滨）、山海公园、阳光城、红树林保护区、15千米滨海休闲带、西部海上田园风光（宝安沙井）等20多个旅游项目。

【渔业资源】 深圳水产资源丰富，沿岸海域具经济价值的各类生物资源有400余种，其中海洋渔业资源约50多种(包括鱼类40多种、虾类8种、贝类10多种)，还有丰富的软体动物、甲壳类、棘皮动物和藻类等经济水生生物栖息资源，每年的海洋捕捞量约为6000吨。名贵的海产鱼类主要有：鲇鱼、蛇鲻、蓝圆鲹、金色小沙丁、金钱鱼、大眼鲷、带鱼、三刺鲷、盲曹和鲈鱼等。土特产有沙井鲜蚝、西乡基围虾、南澳鲍鱼、南澳海胆、福永乌头鱼等。

【海洋经济发展平稳增长】 “十二五”期间，深圳市海洋经济总体保持平稳增长，全市海洋生产总值从998亿元增加到1400亿元，年均增速约为8.8%。海洋油气业、海洋交通运输业、滨海旅游业和海洋设备制造业已形成集聚发展之势，拥有中海石油深圳分公司、中集集团、华侨城等一批年营业额超百亿元的海洋核心企业。受国际油价持续低迷、海洋设备投资需求下降、深圳市货物进出口负增长等因素影响，海洋经济进入深度调整阶段。

根据《深圳海洋产业发展规划（2013—2020年)》《深圳市未来产业发展政策》，从2014年开始，利用未来产业发展专项资金扶持海洋产业发展，重点支持海洋电子信息、海洋高端装备、海洋生物、邮轮游艇等领域。2014年全市未来产业扶持计划海洋产业共资助项目62个，下达补助资金15514.5万元，带动项目总投资94933.2万元。2015年深圳市推动财政专项资金多元化改革，将财政资助方式由直接补贴改为直接补贴、贷款贴息和股权资助三种扶持方式，未来产业扶持计划资助海洋产业项目36个，总投资达120942万元，共下达补助资金26727.26万元。2014年10月，深圳市出台了“创新链+产业链”融合专项扶持计划，推进产、学、研用创新体系建设，重点支持海洋电子信息、海洋高端装备、海洋生态建设等9个方向，截至2015年底，云洲科技牵头的“基于无人艇的近海巡航监视和应急反应综合平台”和深圳大学牵头的“激光雷达海洋探测装备”等4个“创新链+产业链”融合项目已获批财政资金资助共计12200万元。

“十二五”期间，深圳重点培育的海洋电子信息、海洋生物、海洋高端装备等海洋未来产业快速发展，产业增加值从48亿元增加到256.1亿元，年均增长率超过30%，海洋未来产业增加值占海洋生产总值的比重从4.8%上升到18.3%，成为推动海洋经济提质增效的重要动力。

“十二五”期间，深圳市海洋经济逐步由生产型向消费型转变，以邮轮游艇、滨海旅游为代表的海洋消费经济保持高速增长，其中滨海旅游业年均增长近14%，占海洋比重从18.9%上升到37.7%，邮轮游艇业迅速壮大，2015年产业增加值超过10亿元。

在海工装备领域，中集集团、惠尔海工在海工金融、海工设计等领域居于国内领军地位；在海洋渔业领域，深圳市远洋捕捞“捕捞、补给、加工、储运、营销”产业链逐步完善、竞争力稳步提升，远洋渔业产量、产值保持占全省70%比重；此外，依托自贸区前海蛇口片区，深圳市在海洋金融、海洋投资、海洋保险、海洋基金等领域也走在国内前列。

【海洋产业结构持续优化】 海洋交通运输业、滨海旅游业和滨海工业、海洋油气业为深圳市海洋经济的四大支柱产业。港口在深圳海洋经济中发挥着举足轻重的作用，港口业具有全国综合运输网的主枢纽港和华南国际集装箱枢纽港的地位，深圳港为中国八大亿吨级港口之一、世界四大集装箱港口之一。“十二五”期间，深圳市海洋产业结构持续优化，海洋产业逐步由以资源消耗型产业为主向以海洋服务业为主转变。其中滨海旅游业持续快速增长，从189亿元增长到527.0亿元，成为海洋产业结构不断优化调整的主要推动力。海洋新兴产业快速扩张，以海洋电子信息、海洋生物、海洋高端装备等为代表的海洋未来产业快速发展，产业增加值从48亿元增加到256.1亿元，超出海洋经济同期增速。海洋未来产业增加值占海洋生产总值的比重从4.8%上升到18.3%。

在海洋高端装备方面，围绕招商重工、友联船厂和中集集团等大型海工装备龙头企业发展，已形成了规模超百亿元的海工装备产业集群。截至2015年底，中集海工完成交付了10座半潜式系列平台，占国内市场份额70%；获得8座半潜式钻井/辅助平台修造订单，订单量居世界第二位，占全球订单份额的25%以上。

在海洋电子信息方面，中兴通讯、研祥智能等大型电子信息企业已涉足海洋通讯、船舶导航等海洋领域。中兴通讯依托同步或低轨道卫星、“水面机器人＋无人机”以及水下光纤环网，加快布局海洋立体观测网；研祥智能积极拓展涉海领域业务，在船载航行数据记录仪、船载监控管理系统等方面开展技术研究和应用示范；光启科学也积极布局海洋产业发展，其研发的空中云平台“云端号”已进入商用阶段，将可以实现海事移动通信、智能船舶指挥、气象观测预警、海洋渔业监控等功能。

在邮轮游艇方面，深圳湾游艇公共保税仓自2013年获得海关正式批文后，2015年底基本建成，开始接受境外游艇进入保税仓。前海国际船艇交易中心于2015年1月正式开业，成为国内第一家具有金融属性的船艇交易机构。太子湾片区综合开发项目邮轮母港工程已经完成，邮轮码头工程已完成竣工验收，将于2016年建成投入使用。2015年1月27日，招商局蛇口工业区与嘉年华集团签署合作备忘录，标志着深圳市邮轮母港项目与国际级邮轮运营商合作正式开始。

加快培育海洋生物产业方面，重点推进大鹏海洋生物产业园扩建工程，打造海洋特色产业园区。大鹏海洋生物园一期已经完成，总面积为1.2万平方米，海滨中试基地2万平方米。园区二期改扩建工程总体建筑面积约2万平方米，已完成1万平方米并投入招商使用，剩余部分已进入施工收尾阶段。2015年园区引进中兴创新材料研究院、广东省海洋开发研究中心等10家研发机构及企业。园区入驻企业（研发机构）达到30家，2015年园区企业总产值约2.6亿元。驻园企业从业人员500余人，已承担国家、省、市科研项目20多项，取得良好的社会效益和经济效益。

【沿海工业园区特色明显】 重点推进大鹏海洋生物产业园扩建工程，打造海洋特色产业园区。大鹏半岛位于深圳东南部，三面环海，东临大亚湾，与惠州接壤；西抱大鹏湾，遥望香港新界，拥有独特的山海风光、明显的区位优势和巨大的发展潜力。大鹏新区于2011年12月30日正式挂牌成立，辖葵涌、大鹏、南澳3个街道。2012年，大鹏新区确立建设“三岛一区”（生态生物岛、生命健康岛、国际旅游岛，世界级滨海生态旅游度假区）发展战略。出台《大鹏新区保护与发展综合规划（2012—2020）》。启动了大鹏新区“国家级海洋生态文明示范区”创建工作，打造世界级滨海生态旅游度假新区。2014年土地面积607平方千米，年末户籍人口4.31万人，常住人口13.37万人。2014年，大鹏新区生产总值259.25亿元，外贸出口额8.72亿美元，分别比2010年的210.36亿元和3.52亿美元增长23.24%和147.73%。2015年园区新引进中兴创新材料研究院、广东省海洋开发研究中心等10家优秀研发机构及企业。截至2015年底，园区入驻企业（研发机构）已经达到30家，全年园区企业总产值约2.6亿元（统计时间截至11月份）。驻园企业从业人员500余人，已承担国家、省、市科研项目20多项，取得良好的社会效益和经济效益。

大鹏新区海岸线长133.22千米，拥有21个沙滩，其中葵涌玫瑰海岸有中国最具特色的婚庆文化旅游度假区之称，西涌被誉为中国最美八大海岸之一，拥有深圳最长的海滩。大鹏湾和大亚湾海域的珊瑚群落覆盖率50%，其中石珊瑚全部属于国家二级重点保护动物，并被列入世界《濒危野生动植物种国际贸易公约》附录。已探明的四大珊瑚群为大澳湾硬珊瑚区、南澳大鹿港礁石区、东西涌礁石区、杨梅坑礁石区。2013年，潜水义工在大澳湾放置人工支架，种下1000株珊瑚苗。2014年，人工珊瑚苗生长迅速，种植区的海洋生物密度和多样性也有明显增加。9—11月，大鹏新区开展“潜爱大鹏”珊瑚保育公益计划，公益计划包括户外嘉年华、大鹏珊瑚保育论坛、潜水摄影展暨珊瑚科普、珊瑚苗下水仪式等系列活动。至年底，从事“潜爱大鹏”的义工超过200人，其中核心义工54人。“潜爱大鹏”珊瑚保育公益计划获深圳市2014年治污保洁优秀项目。

【远洋渔业生产转型升级】“十二五”期间，深圳市积极实施国家提出的“走出去”“一带一路”战略，加大对外投资合作，加快转变渔业发展方式，促进渔业转型升级，全力推动远洋渔业健康发展，推动资源节约、环境友好型渔业结构的调整，海洋渔船更新改造项目开展顺利。2012—2013年市经省发展改革委批复建造远洋渔船51艘，项目总投资4.59亿元（中央投资补助1.15亿元），申请调减4艘渔船后，已完工47艘并通过竣工验收，完工率为100%。2014—2015年经国家发展改革委批复建造远洋渔船15艘，项目总投资1.48亿元（中央投资补助0.43亿元），目前已完工2艘，完工率为13%，进一步提升远洋渔船装备水平及远洋渔业竞争力。2015年全市7家远洋企业申请新建远洋渔船61艘，获得农业部批准建造42艘，进一步扩大过洋性远洋渔业合作项目。全市远洋渔业企业从2010年的6家发展到2015年的10家，远洋渔船从59艘增加到110艘，将近翻了一番。2015年全市渔业经济总产值143155万元，水产品总产量40429吨，其中养殖水产品产量2454吨，远洋捕捞产量31327吨，拥有远洋渔船107艘，占广东省远洋渔船的75%以上。联成、华南、水湾、启森等公司在境外设立公司开展生产经营，联成、华南公司还与境外企业合作经营远洋渔业基地，实现“捕捞、补给、加工、储运、营销”一体化管理模式，境外远洋产业链不断完善。

【水产品质量安全全面监控】“十二五”期间，深圳市始终把水产品质量安全摆在首要位置，加强水产品生产和投入品的监管，确保水产品质量安全。大力抓质量安全监控，不断加大抽检力度，形成了覆盖苗种、养殖、流通等过程以及渔业投入品的全方位监控格局，每年由省海洋与渔业局组织的监督抽查、例行监测，全市水产品抽检药物残留检测合格率为98%以上。

2014年12月9日，深圳市食品药品监管局组织各区分局、市场开办方代表、行业协会召开水产品质量安全告诫会，告诫深圳水产品经营者，严把水产品质量安全关，乱用违禁药物小心获刑。会上，深圳市水产品加工流通协会对流通销售环节违法添加使用违禁药物的可能做了分析，市食药局负责人对当前水产品质量安全形势和下一步水产品质量监管工作提出要求。市食药局负责人说，水产品质量安全问题是农产品质量安全的突出问题，历年来都是专项整治的重点，涉及批发市场、超市、集贸市场、餐饮等单位，点多面广，加以重视；水产品中药物残留尤其是违禁药物，根据“两高”司法解释，可直接判刑。最近两年的专项整治中发现的问题都有判刑的案例，各经营单位要引以为戒。

【渔业行政管理职权下放】“十二五”期间，深圳市按照政府新一轮深化行政审批制度改革要求，将市级渔业捕捞许可、水产种苗生产许可事项下放各区渔业行政主管部门执行。同时加强捕捞许可管理，严格按规定程序对捕捞许可申请材料进行审核把关。2015年共受理540多份捕捞许可证和捕捞辅助船许可证到期换发申请，已审核并转报上级渔业主管部门审批及备案。认真开展涉农资金专项整治。根据《财政部 发展改革委 农业部关于开展涉农资金专项整治行动的实施意见》，深圳市制定实施方案，认真开展涉农资金专项整治工作。各区及相关单位按要求开展自查自纠工作，并将自查自纠报告报送市经济贸易和信息化委员会，自查率达到100%；市经济贸易和信息化委员会积极开展涉农资金重点检查工作，委托1家中介机构分别对4个区级渔业主管部门、9家单位开展重点检查，大部分单位已完成整改工作。

【海洋综合管理效能提升】“十二五”期间，深圳市加强海洋地方立法研究起草工作，精简审批事项，提升行政服务质量和水平。起草并完善《深圳市海域管理条例》，基本构建了海洋综合管理制度框架；出台《深圳市海域使用金管理暂行办法》，制定深圳市养殖用海海域使用金减免政策，促进养殖业增产、渔民增收。完善并发布市级项目用海行政许可审批办事指南，取消行政服务事项2项，转移2项，重大用海项目审批时限由原来的15天压缩至10天。完成《深圳市海洋发展战略》研究，提出经济与科技、资源与空间、生态环境保护、滨海特色与海洋文化和安全与防灾减灾等5大发展策略。编制《深圳市海洋强国示范区总体规划》和《深圳市海洋综合管理示范区建设实施方案》，示范区创建有力推动深圳市海洋管理、科技、经济、文化的全面发展。完成深圳市海岸线修测工作，推动解决陆海交叉历史管理问题。启动《深圳市海洋功能区划》修编和《深圳市海域利用规划》编制，着力构建完善的海域规划利用体系；编制《深圳海洋生态文明建设实施方案》，统筹推进全市海洋生态文明建设，建立健全政府生态文明考核制度。开展了海洋生态红线划定与管理研究，初步提出了红线管理方案及具体管理要求。保障重大用海、用岛项目实施。保障了盐田港、深圳机场、大铲湾码头、广深沿江高速、深圳地铁11号线、深圳湾滨海休闲带、中石油深圳LNG应急调峰站、西气东输大铲岛调峰站、海监维权执法基地等重点用海项目顺利实施，推动海洋经济科学发展。

为抓好全市海洋经济工作的综合协调，推动海洋经济科学高效发展，深圳市相继完成系列海洋产业研究和规划，包括《深圳市海洋经济发展“十二五”规划》《深圳海洋产业发展规划（2013—2020年）》《深圳市海洋经济基础统计与动态分析》《深圳市海洋产业2014年发展报告》《深圳市海洋经济科学发展促进立法调研》等，编写《深圳市海洋经济蓝皮书》（内部版）。2015年9月28日，深圳市政府第六届十一次常务会议原则通过《深圳市创建全国海洋经济科学发展示范市实施方案（送审稿）》，将于2016年初出台。组织编制《深圳市海洋经济发展“十三五”规划》。

【海洋环境保护规划实施】“十二五”期间，深圳市编制《深圳市海洋环境保护规划》，建立以海洋环境容量为基础的海洋环境治理机制，划定流域环境管理控制单元，明确环境管理目标与要求，建立管理清单。推进环境综合治理，先后开展深圳湾15千米滨海休闲带、华侨城滨海湿地、前海湾海岸带、盐田梅沙滨海步行栈道和龙岐湾等重点海湾岸带综合整治，推进小铲岛、内伶仃岛生态修复项目。华侨城滨海湿地项目被国家海洋局授予“国家级滨海湿地修复示范项目”称号，内伶仃岛被评为“广东十大美丽海岛”，大小梅沙海岸和西涌海岸被评为“广东十大美丽海岸”。完成了《深圳沙滩专项规划》研究，明确了全市56处沙滩功能定位，提出了实施分类管理建议，推动并起草了沙滩浴场管理办法

开展重点专项研究。完成了深圳湾、珠江口海域环境容量调查研究，科学核定深圳湾、珠江口海域环境容量；开展了深圳湾海域污染治理策略研究和龙岐湾陆源污染调查，全面摸清入海污染源，加强源头追溯，建立了基于环境容量的污染物总量控制方案。开展了《典型滨海湿地修复效果评估与功能保育关键技术研究与示范》和《几种重要海洋微生物（微藻）活性产物关键工程化技术研发与示范应用》海洋公益性科研专项研究，推进了红树林生态湿地保护的深入研究与推广应用。

海洋环境监测监视能力大幅度提高。完成了实验室、立体监测网、数据库和海洋综合管理信息平台的“一室、一网、一库、一平台”建设，建成包括15个浮标在内的全海域浮标海水监测网络，实现浮标系统的业务化运行，完成5个地波雷达站（含1个车载移动站）建设，完成全市海域沿岸19个视频监控点建设，完成了1000多家海洋企业基本信息核实和录入。全面实现了海洋环境自动监测系统、海域使用动态监测监视系统、海洋经济运行评估系统投入运行，并实现了数据平台整合，为开展海洋综合管理和大数据开发应用奠定了坚实基础。

【渔业资源增殖放流与养护】“十二五”期间，深圳市每年开展各类海上渔业资源增殖放流活动，积极引导全社会共同参与，全社会对海洋生态资源保护的热情和自觉爱护海洋环境的意识明显增强，取得较好的社会效益。5年时间共放流海水鱼类696万尾、虾类3756万尾、贝类2.4万粒。放流地点主要分布在大鹏湾、深圳湾海域。随着每年伏季休渔工作的深入开展，休渔范围的进一步扩大，休渔效果的逐步显现，广大渔民群众已经形成了自觉遵守休渔制度的观念，推进了渔业资源的养护与合理利用。“十二五”期间，全市4802艘次渔船（本港渔船2046艘次、港澳流动渔船2756艘次）按规定顺利实施休渔。为有效保护深圳湾海域生态环境和生物资源，省海洋与渔业局同意在深圳湾大桥以东海域设置禁渔区（面积约为23平方千米），从2014年5月1日起正式施行。禁渔区成立以来，共出动禁渔区执法6200人次、执法艇1300艘次，收缴60万余米违禁网具，取缔420艘“三无”船舶、竹筏，封挡藏匿“三无”船舶涵洞口六处，以非法捕捞水产品罪依法追究9名非法捕捞人员刑事责任，涉案人分别判处拘役4个月和3个月，缓刑6个月，行政拘留8人、行政处罚3人。

【海洋监察执法日趋完善】“十二五”期间，在完善海洋监察执法制度同时，加大项目建设投入，着力建设全覆盖的海洋立体监测、监视网络体系，推动海洋大数据平台建设，促进海洋综合管理效能逐步提升。海洋监管执法日趋完善。建立了海监网格化管理和“三巡”制度，构建了海、陆、空“立体化”全覆盖监管体系；组织开展“碧海”“利剑”等专项行动，抓好重大围填海案件查处，扎实开展伏季休渔巡航检查工作，开展深圳湾禁渔区综合执法，加强“两法衔接”，依法追究12名非法捕捞人员刑事责任。配合国家开展海洋维权行动，切实维护国家海洋权益。加快推进海监维权执法基地项目建设，项目水工建设施工全面开展。

【渔政执法检查全面覆盖】“十二五”期间，深圳市渔政机构每年积

极开展“护渔”专项整治行动，包括珠江口海域联检行动、伏季休渔执法行动、开捕联检行动及粤港联合执法等行动，严厉打击偷捕、非法捕捞行为，重点查处利用涉渔“三无”渔船、套牌冒牌渔船及渔业辅助船进行非法捕捞行为，以及违反农业部关于海洋捕捞渔具最小网目尺寸制度及禁用渔具规定的行为。同时，加强水生野生动物保护执法检查，作为渔政机构一项日常执法工作，检查范围覆盖水产品批发市场、酒楼、花卉市场、大型超市、野生动物园等领域，通过加大执法检查力度，严厉打击各类水生野生动物违法行为，切实保护水生野生动物资源。每年开展水生野生动物保护大型宣传活动。

【渔业安全生产“一岗双责”】“十二五”期间，每年召开全市渔业安全生产工作会议，严格落实“一岗双责”制度，强化船东、船长安全生产主体责任。重点抓好渔船安全生产监管工作，执行封港查船行动，检查各类渔船，结合“打非治违”等专项执法行动，积极开展渔船安全隐患系统治理；强化远洋渔船安全监管，建立远洋渔船安全生产的管理制度，推进远洋渔船安全生产规范化管理；加强休闲渔船管理，严厉查处渔船非法载客行为；按照两个“百分百”要求，全力以赴开展防台抗风工作，及早部署防御强台风；积极推进渔船信息化工作，对渔船登记、过户等信息实时更新，实行动态监管；加强船检工作，确保渔船安全适航。制定《深圳市政策性渔业保险实施方案（试行）》，减轻渔业经营者负担，提高渔业防灾抗灾保障率。

【海洋科技创新能力提升】“十二五”期间，深圳市大力推动海洋科技及教育工作深入开展。推动清华大学深圳研究生院、北京大学深圳研究生院成立海洋学部或海洋学科，加大海洋人才培育力度；市海洋局与深圳大学签订了“合作框架协议”，加强海洋技术研究与应用；推进广东海洋大学在深圳大鹏新区设立海洋学院，构建产、学、研一体化平台；会同市有关部门研究成立深圳海洋工程技术研究院，围绕海洋电子信息设备、海洋工程装备、深海技术装备、船舶设计与船舶配套装备、海洋生物医药与生物制品等关键领域进行研究，为深圳国在相关产业技术领域开展国际竞争提供强力支撑。组织实施海洋生物产业推广扶持计划和国家海洋经济创新发展区域示范项目申报工作。2012—2015 年深圳市生物产业发展专项资金现代农业（海洋渔业类）生物产业推广扶持计划资助项目 38 个，项目预算总投资 3.22 亿元，资助资金 5650 万元。2012—2015 年，深圳市海洋经济创新发展区域示范 10 个项目实施顺利。项目直接投资 4.673 亿元，财政补贴资金 1.655 亿元，带动企事业单位配套直接投资 3.02 亿元。

近年来，通过水产科技工作者的辛勤工作，深圳市部分水产种苗繁育技术日渐成熟，使中国龙虾、南美白对虾、石斑鱼、军曹鱼、鲥鱼、海马、大鲵（娃娃鱼）、鲳鱼、鲷科鱼类等名优品种种苗生产实现了产业化，位居全省前列，成为华南地区重要的水产种苗繁育基地。

“十二五”期间，深圳市海洋科技创新能力显著提升，全市涉海企业累计获得海洋相关专利超过 300 件。专利主要集中在海洋设备制造业、海洋生物医药业、海洋工程建筑业和海洋渔业等产业。截至目前，海洋产业领域已建成省市级重点实验室 7 个、工程实验室 6 个、工程中心 3 个、公共技术服务平台 3 个，集聚了近千名海洋领域高级研究人员。

【惠渔支渔政策落到实处】“十二五”期间，深圳市制定政策性渔业保险配套政策和修订完善休渔补助实施方案，落实渔业油价补助政策，安排 2014 年度国内渔业油价补助和远洋渔业油价补助约 1.6 亿元；落实休渔补助政策，安排 2015 年休渔船员 411 人补助 61.65 万元；落实远洋渔业项目专项补贴政策，2015 年安排 5 家企业 10 个远洋渔业项目，补贴专项资金 883 万元。

【海洋宣传活动知识竞赛】“十二五”期间，深圳市多样化开展海洋宣传活动，先后组织开展了海洋知识竞赛、海监执法船参观活动、海洋摄影大赛作品展、“沙滩卫士”志愿者活动、寻找中国最美滨海湿地守护者行动、“国际海洋清洁日”、珊瑚保育和渔业人工增殖放流等内容丰富多彩活动，引起了民众及媒体的广泛关注和参与，海洋意识明显增强，海洋知识、关注度显著提升。在宣传形式上日趋多样化，加强与行业团体、电视台、广播电台深化合作，海洋文化活动入社区、进学校情况逐渐增多，宣传效果明显增强，影响力、影响面日益扩大，为推动海洋文化建设发挥了重要促进作用。

珠海市

【市情概览】 珠海市位于珠江口西南部，1979 年设立地级市，1980 年成为经济特区。2015 年辖香洲区、金湾区、斗门区，另设珠海市横琴新区、珠海经济技术开发区（高栏港经济区）、珠海高新技术产业开发区、珠海万山海洋开发试验区、珠海保税区等 5 个经济功能区。截至 2015 年末，珠海市土地面积 1732.33

平方千米。全市常住人口163.41万人，比上年末增加1.99万人，增长1.23‰。全市户籍人口112.45万人，增长2.0%。城市人均公园绿地面积19.5平方米，增加0.75平方米。2015年全市生产总值2025亿元，同比增长10.0%。

珠海是中国最早实行对外开放政策的4个经济特区之一，也是珠江西岸核心城市，毗邻香港、澳门2个特别行政区，连接珠江三角洲广阔的福地、面向东南亚，靠近国际海运主要航道且拥有内河水道，区位优势明显。全市共设有8个国家一类口岸，其中高栏港是中国沿海主要枢纽港，是珠江三角洲地区珠江西岸的唯一深水港。

【海洋资源】 珠海是珠三角城市中海洋面积最大、岛屿最多、海岸线最长的城市。领海基线内海域面积6000多平方千米，是陆域面积的3.6倍，其中滩涂面积227平方千米。面积大于500平方米的海岛147个。大陆海岸线长224.5千米。港口航运条件优越，具有建设深水大港的优质港口资源，高栏港区水深10～15米，万山岛群拥有20米等深线；辖区内水道密布，分布有大濠水道、蜘洲水道、桂山水道、青洲航道、磨刀门水道等航道。海洋旅游、海洋生物、海洋可再生能源等资源丰富。

2015年，珠海海域水质状况总体较好，但受陆源污染影响较大的河口和近岸水域水质较差，主要污染物仍为无机氮，其次为活性磷酸盐；沉积物质量总体一般。纳入监测的5个入海排污口全年达标排放次数占监测总次数40%，比上年有所下降，超标污染物是化学物需养量、总磷和五日生化需氧量；重点入海排污口邻近海域生态环境质量差。监测的3个增养殖区中，桂山网箱养殖区环境状况较好，能满足增养殖区功能要求，其他2个养殖区在个别时段不能满足功能区环境质量要求。珠海横琴新区国家级海洋生态文明示范区海洋环境状况总体较好，全年发生2起赤潮和2起海洋突发事件，对滨海旅游、水产养殖和生态环境造成小范围影响。

【渔业资源】 珠海市地处西江下游滨海地带，境内河流众多，西江诸分流水道与当地河冲纵横交织，属典型的三角洲河网区。在珠海市斗门区北部，西江分为磨刀门水道、螺洲溪、荷麻溪、涝涝溪、涝涝西溪等5支分流入境，进而分汇为磨刀门、鸡啼门、虎跳门等3支干流，由北向南纵贯全境，分口注入南海。海水盐度受珠江水系的影响较大，随不同季节径流量的大小而变化，海水盐度1.84～27.63，珠江水系每年30826亿立方米径流量携带大量有机或无机物质入海，使浮游生物生长所需要的营养饲料得到补充，浮游生物生长快，饲料丰富，对鱼、虾、蟹、贝藻类生长非常有利，是鱼、虾、蟹的产卵繁殖和生长的天然场所。珠海市具捕捞价值的鱼类有200多种，具有经济价值、较常见的经济鱼类70多种，主要经济鱼类有鲥鱼、花鲦、凤鲚、七丝鲚、银鱼、鳗鲡、花鳗、青鱼、草鱼、鳡鱼、鳤鱼、赤眼鳟、大眼红鲌、鳊鱼、唇鱼等；海水养殖以近江牡蛎（蚝）为主；海水网箱主要养殖品种有军曹、白花、章红、青斑、黄立鲳、芝麻斑、珍珠龙趸等。地方特色养殖品种有白蕉海鲈、莲洲南美白对虾、罗氏沼虾、斗门笋壳鱼、平沙罗非鱼、小林草鲩、三灶斑节对虾、乾务锯缘青蟹等。

【海洋经济发展优势突出】 珠海市海洋经济综合实力日益增强，海洋经济发展比较优势突出，在全省处于领先地位。在“国家战略”带动下，各项经济指标增长势头活跃，尤其是涉海经济指标尤为突出。“十二五”期间珠海市主要海洋产业总产值年均增长率为19.7%，比同期GDP平均增幅高出9.7个百分点。2015年珠海市主要海洋产业总产值达956.9亿元，同比增长15.0%。其中，海洋渔业25.4亿元，海洋油气业156.3亿元，海洋化工业235.4亿元，海洋电力业105.4亿元，海洋船舶工业14.9亿元，海洋工程建筑业37.2亿元，海洋交通运输业15.2亿元，滨海旅游业277.3亿元，海洋工程装备制造业44.9亿元，海洋生物医药业44.9亿元。

【主要海洋产业门类齐全】 “十二五”期间，珠海的主要海洋产业涵盖了海洋渔业、海洋油气业、海洋化工业、海洋电力业、海洋船舶工业、海洋工程建筑业、海洋交通运输业、滨海旅游业等产业类别，是产业门类较为齐全的沿海地级市；海洋油气业、海洋化工业从无到有，正在向跨越式发展迈进，2015年与传统的滨海旅游业、新兴的海洋电力业一起成为珠海海洋产业达百亿元以上产值的“四巨头”。

2015年全年规模以上港口完成货物吞吐量1.12亿吨，增长4.7%。港口集装箱吞吐量133.77万TEU（标准箱），增长13.7%。旅客吞吐量766万人次，增长2.4%。

【高栏港升为国家级开发区】 高栏港经济区是依托华南沿海主枢纽港高栏港而设立的经济功能区，2012年3月，经国务院批准，高栏港经济区升级为国家级经济技术开发区，定名为“珠海经济技术开发区”，成为珠江口西岸首个国家级经济技术开发区。“十二五”期间，高栏港经济区坚持“五个用海”理念，以打造世界级船舶和海洋工程装备制造基地、国家级清洁能源以及石油化工基地、区域性国际物流中心“三基地一中心”为目标，整体规划与分步实施并举、规范与提高并重、开发与保护并行，海域管理步入制度化、规范化轨道，取得良好成效，呈现强劲发展态势，走出了一条不一样的科学用海新路。2015 年高栏港区完成地区生产总值220.27亿元，增长 15.2%；工业增加值 178.28 亿元，增长 22.7%；高栏港货物吞吐量 7062 万吨，增长 7.75%。

高栏港经济区位于珠海市西南端、珠江鸡啼门至虎跳门出海口之间，与澳门隔海相望，东南、西南临南海，东北接小林、红旗、三灶镇和斗门区，由高栏、南水两个半岛和三角山、荷包、大杧等 18 个海岛及黄茅海东部沿岸陆域和海域组成，陆地面积 380 平方千米，海域面积 1100 平方千米，海岸线 55 千米；距离香港、澳门分别为 45 海里和 11 海里，最南端泊位距离国际主航道仅 1 海里。

【水产养殖主打地方特色】“十二五”期间，珠海市充分利用海洋资源和河口型咸淡水的自然优势，大力发展水产养殖业，结合当地实际，发展了具有地方特色的水产养殖业，打造了南美白对虾、罗氏沼虾、罗非鱼、草鱼和海鲈等一系列特色主打品种；其中 2015 年南美白对虾、罗氏沼虾、罗非鱼、草鱼和海鲈总产量约 18 万吨，占全市淡水养殖近 82.5%。此外，珠海市通过实施科技兴海战略，大力推动珠海市的深水抗风浪网箱养殖发展，截至 2015 年底，全市已有各类深水网箱共计 196 个，养殖水体共 165065 立方米。通过推广健康养殖模式，全市有农业部水产健康养殖示范基场 5 个。2015 年，全市水产养殖产量 278791 吨，比 2014 年增长 3.7%，比 2010 年增长 52%；其中，2015 年全市海水养殖 60720 吨，淡水养殖 218071 吨。

【捕捞渔业生产平稳发展】“十二五”期间，珠海市积极宣传国家和省关于扶持海洋渔业发展相关政策，鼓励和支持渔民淘汰老旧木质渔船，实施渔船更新改造“先建后拆”，建造新型钢质渔船，开发外海渔场，保护近海渔业资源。近年来，共为 128 艘渔船办理了更新改造报批手续。2015 年，全市在册渔船 2496 艘，其中捕捞渔船 1918 艘，捕捞辅助渔船 257 艘；渔业捕捞产量 12760 吨，同比增长 0.42%。其中海洋捕捞 1.09 万吨、淡水捕捞 1810 吨，均与 2014 年基本持平。

【现代化中心渔港规划建设】“十二五”期间，珠海市为提高海洋渔业防灾减灾能力以及渔港综合服务能力，促进渔业增效和渔民增收，决定对香洲渔港功能进行调整，并经选址在珠海市香洲洪湾片区建设一个现代化中心渔港。珠海洪湾中心渔港由市属企业投资建设，一期工程总投资 12 亿元，总占地 72 万平方米，其中挖入式港池约 41.3 万平方米，陆域 30.7 万平方米。截至 2015 年底，洪湾渔港核心区码头主体结构建设工作已完成近 80%，将继续加快推进码头配套设施建设工作。2015 年，开展了珠海市现代渔港建设规划编制招标工作，确定了规划编制单位，组织开展了现场调研工作。同时，按照省的要求，建设渔港高清监控视频，提升渔港管理信息化水平，保障渔船安全停泊和安全应急指挥管理，为沿海渔民营造后勤保障、渔船安全避风场所。

【水产品质量安全监管严格】“十二五”期间，珠海市用“四个最严”的标准开展水产品质量安全专项整治，加强水产品质量安全执法工作，推进水产品质量安全执法制度化、规范化。食品安全的源头在农产品，珠海市大力推进水产健康养殖，加强水产品质量安全监测，强化水产品质量安全执法监管，逐步推进水产品产地标识管理，实现重点品种有效追溯，确保源头水产品质量安全。2015 年组织开展执法检查 1201 人次，检查生产经营场所 305 个次。印制《珠海市水产养殖与质量安全宣传手册》《常见水产品质量安全违法行为及处罚公告》《动物性食品中兽药最高残留限量》《食品动物禁用的兽药及其他化合物清单》等资料 3000 份，发放到各养殖户，并开展食品安全宣传周活动，提高水产品生产经营者及消费者质量安全意识。重点抓好水产品产地环节的质量安全监控。2015 年，农业部、省在珠海市抽检各类产地水产品 508 批次，502 批次合格，合格率 98.8%。

【渔业行政管理发证规范】“十二五”期间，珠海市根据农业部、省海洋与渔业局关于实施水域滩涂养殖证制度工作的要求，积极实施水域滩涂养殖证制度，规范水产养殖业的管理。截至 2015 年 12 月，珠海市共发放水域滩涂养殖证 241 本，面积 37369.3 公顷，其中海水 106 本，面积 31548.04 公顷，发证率 98%；淡水 135 本，面积 5818.41 公顷，发证率 57.5%。（特别说明：珠海市国有水域滩涂养殖证原发证 45 本已过期，经重新审核现有新发或换发养殖证共发 106 本。集体水域滩涂原发证 351 本已过期，经重新审核，现有新发或换发集体水域滩涂养殖证共发放 135 本。2010 年，为保障珠海市一大批重大用海项目及城区建设的顺利进行，配合《珠海市海洋功能区划》的编制和《广东省海洋功能区划》的修编，市人民政府办公室于 2010 年 11 月 22 日发出《关于暂停发放及续期养殖使用证的通知》，此后至今，珠海市重大用海项目及城区建设可能涉及水域滩涂未新发证，所有旧证未续期。滩涂海域仍在核发新证区域基本都在万山区）。同时，严格执行捕捞许可管理制度，加强海洋、内陆捕捞渔船“双控”指标管理,控制捕捞强度，2015年受理签换发国内海洋渔业捕捞许可证411本，受理换发港澳流动渔船捕捞许可证632本。

【海洋综合管理全面强化】“十二五”期间，珠海市紧紧围绕推进海洋经济良好发展，服务项目用海用岛报批，加强海洋综合管理的思路，推进用海规划，推进项目用海，开展海岛生态修复工作，组织开展海岸带保护和利用调研，开发利用海域及海岛资源。加强海域使用管理，推进集约节约和科学用海，全方位服务重点涉海项目，保障用海需求。协助国家海洋主管部门完成港珠澳大桥项目、荔湾3-1气田珠海高栏港陆上终端项目、神华煤炭储运中心工程等重大用海项目确权发证。协助国家有关部门明确澳门习惯水域管理范围。加强海岛管理，高标准精规划推进海岛生态修复试点工作，完成海岛地名普查以及95个海岛名称标志立碑工作。横琴大三洲、小三洲两个无居民海岛获审批发证，成为《中华人民共和国海岛保护法》实施后珠海市第一例，也是至2015年底唯一审批确权的无居民海岛。

【海洋资源利用与保护协调】珠海市坚持以科学发展观为统领，围绕建设海洋经济强市的目标，全面加快海洋生态文明建设，着力推进海洋资源利用和海洋生态保护的协调统一，助力海洋要素在新常态下引领珠海经济社会科学发展。2015年重点加快海洋生态文明示范区建设，协助推动横琴海洋湿地公园（包括芒洲和二井湾两片湿地）建设。积极推进珠海市美丽海湾建设，完成香炉湾沙滩修复工程，并于2016年元旦对外开放。积极推动涉海重大项目审批，协助解决项目海洋环评报告编制及审批遇到的各种困难，安排专人跟踪指导建设单位开展相关工作。完成珠江口及邻近海域海洋环境趋势性监测、陆源污染入海排污口及其邻近海域监测、海水浴场监测、海水养殖区环境监测、海洋自然保护区监测及横琴新区国家级海洋生态文明建设示范区监测。组织编制并发布《2014年珠海市海洋环境状况公报》。

【建设人工鱼礁增殖资源】多年来，珠海认真贯彻落实国务院颁布的《水生生物资源养护行动纲要》和《国务院关于促进海洋渔业持续发展的若干意见》，按照《广东省水生生物资源养护行动实施方案》的要求，通过加大渔业资源增殖放流力度，开展人工鱼礁建设和水域生态环境修复，有效地保护了海洋和渔业资源。“十二五”期间，珠海在竹洲—横洲、庙湾、小万山、大蜘洲等海域共建设4座人工鱼礁礁区，累计建设资金共5150万元，建造并投放礁体共4169个，礁体空方共142398立方米，礁区占海面积共755公顷。2015年珠海市在万山海域人工鱼礁区和高栏港海域举行了增殖放流活动，共放流鲷科鱼苗105万尾，斑节对虾3427万尾，圆满完成了年度增殖放流任务。

【海洋监察执法成效显著】“十二五”期间，珠海市海洋监察执法工作稳步推进、成效显著。一是拓宽渠道开展执法宣传：现场发放海监执法问答系列之海域使用、海岛保护、海洋环保小册子；在海岛设置保护宣传石碑；在支队网站推送执法工作信息；在珠海电视台《法治正前方》、珠海电台“局长面对面”栏目推出海洋监察执法相关节目；二是一手抓硬件、一手抓软件，推进队伍建设，提高履职能力：更新海监通等执法装备；完善工作考评、案件会审、辖区网格管理等制度；加强对执法人员的日常指导、在岗培训；强化“守海有责”意识。三是落实好“三巡”、“领导干部带队出海”等工作制度，做好海域使用、海岛保护与海洋环保执法工作：采取日常巡查与蹲点驻守、联合行动与突击检查、属地管辖与交叉执法相结合等方式，在万山、磨刀门等重点海域组织实施采砂监管专项行动，在九洲、高栏等目标海域查处非法倾废活动；组织完成中国海警局海洋工程环保执法示范建设工作；组织实施了“碧海”“海盾”巡航执法行动方案，圆满完成了全市海岛执法示范3年推广工作；有效地实施了填海疑区核查处理工作。四是努力攻坚克难，重点组织实施采砂监管专项行动：在万山海域实施4轮共160多天专项行动；在磨刀门海域组织湾仔、斗门大队进行轮值监管；争取省总队支持，调动兄弟支队以及联合海事、边防等部门对热点、难点海域攻坚克难、齐抓共管。五是强化执法威慑，对相关违法活动露头就打、露头必打，打出了声威、打出了成效：2015年共出动执法船艇814艘次、车辆115车次、人员3513人次，海巡22622海里、陆巡4573千米；共查处海域使用案件2宗、海洋环保案件23宗，及时预防和制止未经批准利用无居民海岛行为2起；积极回应万山群众与市检察机关对执法工作的监督。通过一系列卓有成效的工作，珠海市周边海域海岛有关违法活动高发、多发势头得到有效遏制，海洋生态环境得到了较好保护，用海用岛秩序得到了很好的维护。

【渔政执法规范渔场管理】“十二五”期间，珠海市严格执行禁渔区、休（禁）渔期等制度，组织开展“护渔”“靖海”等系列执法专项行动，时刻对打击“电、毒、炸”鱼以及违反禁渔区、禁渔期非法捕捞行为保持高压态势；积极开展清理取缔涉渔“三无”（无船名船号、无船舶证书、无船籍港籍）船舶和“绝户网”专项行动，推进“船证不符”渔船整治工作，有19艘渔船船东申请办理“船证不符”渔船，较好地规范了渔场管理秩序。2015年，通过抓规范促提升破难题，渔业执法成效显著。一是实施“查处分离”，进一步规范渔业案件处理。渔政支队成立渔业案件处理中心，集中处理支队所查获案件以及所属大队查获的非简易程序案件，有效整合执法资源，完善执法程序，规范执法行为，提升办案质量，为依法行政工作提供了有力保障。二是加强与相关部门联动执法，渔业资源保护力度显著增强。一方面渔政支队制定周密的禁、休渔执法方案，积极开展“护渔2015”、珠中江联合执法等系列执法行动，全力维护禁、休渔秩序；另一方面大力开展清理整治涉渔“三无”船舶和“绝户网”专项行动。在具体执法行动中，渔政支队与边防、海事、公安等部门联合行动，形成了部门相互配合、齐抓共管的局面，有效地提高了工作效率。2015年，支队共查获渔业违规案件608宗，罚款人民币324.3万元；清理滩边罟7800米；没收“三无”船舶52艘；查获涉嫌电鱼行为25起，通过“两法衔接”向公安机关移送电鱼案件3宗，没收电鱼船舶、电鱼工具一大批。

【南海伏季休渔管理到位】“十二五”期间，珠海市严格执行南海伏季休渔制度，做到组织、宣传、措施“三到位”。2015年全市纳入休渔对象渔船122艘，总功率20124.7千瓦，休渔渔民525人，按规定时间5月16日12时实现“船进港、证集中、网封存”，122艘渔船全部回港休整。休渔期间，渔政、边防、海事、海监、流渔办等部门的联勤工作，对香洲渔港开展为期两日的联合整治行动。重点检查本地休渔对象是否按规定休渔、是否按规定封存网具及到指定地点停泊、异地休渔对象是否按规定办理申报手续等情况，同时全面排查渔船安全隐患。在5月19日的联合整治行动中，执法人员共检查渔船320艘次，排查安全隐患8起，全部当场责令整改，及时消除了安全隐患；并对扣押的7艘违反休渔相关管理规定和涉嫌有其他违规行为的渔船进行了调查处理。同时，组织开展休渔护渔执法行动，加大休渔期间执法巡查力度，严厉打击违法休渔规定渔船，实现休渔安全无事故目标，圆满完成伏季休渔任务。

【渔业安全生产责任到位】“十二五”期间，珠海市通过强意识重责任抓监管，渔业安全生产形势持续稳定。一是加强渔业安全生产宣传教育，全年共派发宣传资料15000多份，发送安全预警信息40多万条；培训安全管理员150多人；结合安全生产月认真开展了系列应急演练活动。二是统筹兼顾、认真开展安全生产大检查。针对重点时段，重点区域、重点对象开展了系列的安全检查，全年共排查渔船渔港一般安全隐患688起，并全部整改完毕，整改率达100%；利用信息化科技手段管控渔船，全市渔船按要求全部配备IC卡，并安装上船；本市籍渔船没有发生渔业安全事故。三是做好应急值守工作，全年共实施海难救助37次，救助23人，挽回经济损失约230万元，为渔民群众生命财产安全提供有力保障。

2015年，珠海渔政支队完善《珠海市渔业安全生产宣传手册》《渔业安全事故警示录》《渔船安全生产责任告知书》《给渔船船东、船长的一封信》和《给渔业船员家属的一封信》等宣传资料，利用渔船年审签证、船舶检验和日常执法巡查等时机派发签领，派发1.5万多份，确保珠海市籍渔船安全生产宣传全覆盖。协助各区举办安全管理员及船东、船长培训班，通过对镇、村安全管理员上岗培训和对船东、船长安全知识教育，落实安全生产属地管理责任和渔船主体责任。全年各区培训安全管理员和船东、船长150多人。加强渔业安全生产巡查，渔政部门落实重点渔港水域一天两次检查、每周一次抽查、每月一次联检的日常巡查制度，建立安全生产检查工作台账，督促抓好安全隐患整改。2015年，全市没有发生大的渔港渔船安全事故。

【渔船检验执法监管到位】“十二五”期间，珠海市组织开展渔业船舶和船用产品检验培训，提升验船师能力，完善渔船检验监管方式，提高法定检验履职效能，健全船用产品检验档案，督促厂家完成相关认证，着力加强船用产品检验监管，积极落实渔船检验执法监督三大行动，持续推进港澳流动渔船安全检查；2015年共检验渔业船舶2547艘，其中港澳流动渔船安全检查232艘、新造船舶检验95艘（含海监渔政执法船、群众渔船、港澳渔船），审查核准船舶设计图纸29套，完成船用产品检验64批次（约5000件）。

【海洋科技开发实力增强】“十二五”期间，珠海市深入推进科技合作，创新驱动发展取得新进展。2015年，国家船舶及海洋工程装备材料质量监督检验中心基建建设和能力建设进展顺利，国家中医药现代化科技产业创新联盟、中国中医科学院中医药国际创新中心在横琴成立，为珠海海洋经济发展提供检验检测、产品研发、技术测试和技术标准服务。珠海与国家海洋局海洋三所、国家海洋局天津海水淡化所、国家海洋技术中心、中科院南海海洋研究所、中科院广州能源研究所、中山大学、暨南大学、广东海洋大学等多家高等院校和科研机构开展科技合作，促进珠海市海洋科技开发。

【惠渔支渔政策落实到位】　珠海市在2011—2015年，积极鼓励和指导水产企业申报省级水产良种体系建设、深水网箱产业发展、渔业机械化等各类财政专项资金项目，共争取到了2740万元。按照农业部《渔业成品油价格改革财政补贴资金管理暂行办法》要求，认真落实“油补”政策，严格发放程序，完成渔业柴油补贴资金发放任务，让渔民群众受惠得益；2014年全市符合发放柴油补贴渔船1281艘，总功率57146.2千瓦，补助资金7856万元。同时，落实省政府休（禁）渔补助政策，2015年申请补助渔船408艘，受益渔业船员1007名，补助资金127.65万元。为促进珠海市水产养殖健康发展，珠海市于2015年12月制定印发了《珠海市政策性水产价格指数和风灾指数保险试点实施方案》，总保额共计44174452.5元，总保费3621412.8元（其中市区财政补助2897130.24元）。

【珠海特色海洋文化活动】　“十二五”期间，珠海市贯彻落实党的十八大报告中提出的建设“海洋强国”“文化强国”的战略部署，积极开展海洋意识宣传教育工作和海洋文化建设。充分利用海洋宣传日、海洋知识竞赛等活动，通过多元创新的方式开展海洋知识教育，增加公众参与度，提高公众的海洋意识，大力弘扬海洋文化，营造关海、爱海、护海的良好社会氛围。同时，立足自身优势，大力发展海洋文化产业，积极开展各类海洋文化活动，如举办海洋文化节、国际沙滩音乐节、大万山岛妈祖祭典、珠海海洋文化地标评选、珠海市十大美丽海岛评选活动、第二届中国国际马戏节、环中国国际公路自行车赛、国际沙滩音乐节、泛珠三角超级赛车节和珠海国际游艇展等活动让人领略了珠海海洋文化丰富的内涵。2015年，珠海市文化体育旅游局组织了2015年度珠海赴7大城市活动，主办单位赴广州、深圳、东莞、中山、阳江、江门、惠州进行路演推广，推出“看马戏、赏赛事、玩音乐、啖美食、醉海岛、游珠海”旅游产品，打造“白天看赛事、游景点、上海岛，晚上听音乐、泡温泉、看马戏”的休闲体验。

惠州市

【市情概况】　惠州市位于广东省东南部，属珠江三角洲东北、东江下游地区。1988年设立地级市。2015年辖惠城区、惠阳区、惠东县、博罗县、龙门县，另设有惠州环大亚湾新区、仲恺高新技术产业开发区、大亚湾经济技术开发区。土地面积1.13万平方千米（其中市区面积2697平方千米）。2015年末户籍人口357.07万人；常住人口475.55万人，其中城镇人口177.87万人。市境东西相距152千米，南北相距128千米，全市陆地面积11343平方千米。惠州是一座生态优美的山水丽城，有“半城山色半城湖”之美誉。主要旅游景区（点）有：罗浮山、惠州西湖、巽寮湾、双月湾、惠东港口海龟国家级自然保护区、平海古城等。

惠州处在客家文化、广府文化和潮汕文化的交汇地带，多个区域文化相互交融、兼收并蓄，各种民间文化多姿多彩，“惠东渔歌”声名远播。惠州是一座人文深邃的历史文化名城，古称循州、祯州，罗浮山因此成为岭南道教发祥地；历代许多名人对惠州情有独钟，北宋文学家苏轼寓居惠州3年，留下“不辞长作岭南人”的佳话。

惠州是著名侨乡，2015年，惠州市获国家历史文化名城、国家级海洋生态文明示范区、2015中国最美丽城市等称号。惠州是一座快速崛起的现代化工业新城，是国家重要石油化工基地，2015年全市生产总值3140.03亿元。

【海洋资源】　惠州海基线以内海域面积4500多平方千米，海岸线长281.4千米；全市列入全国海域海岛标准名录的海岛共162个（其中有居民海岛5个，无居民海岛157个），全市海岛面积18.78平方千米，岛岸线长度约148千米。惠州海岸带广阔，拥有优良的深水港、航道，宜建设海港码头的海岸线长28.4千米，可建泊位126个，其中万吨级以上深水泊位76个。惠州市浅海滩涂资源丰富，大小岛屿162个，已开发海岛15个，其中5个有居民岛（盐洲、大洲头、黄猫洲、大三门和小三门）和11个无居民岛。

惠州海域生物资源丰富，栖息着800多种海洋经济物种和部分濒危物种。惠州海域拥有国家一级保护动物白海豚和国家二级保护动物绿海龟、江豚、棱皮龟等，设有广东惠东海龟国家级自然保护区和大亚湾水产资源省级自然保护区。惠州大亚湾是我国沿海少数有珊瑚分布的海区之一，分布有珊瑚30余种。

惠州海洋可再生能源资源储量丰富，拥有丰富的潮汐能、波浪能等。稔平半岛南部海域和小星山、大三门岛具有较为丰富的海洋风能，已建成惠东黄埠东山海风力发电场项目和国电电力斧头石风电项目，风电开发利用前景广阔；小星山岛和大三门岛周围海域的波浪能随着技术的进步将具备较高的商业开发价值；大亚湾、惠东海域适合进行核能开发。

【渔业资源】 惠州市有浅海面积560.4平方千米，可供养殖面积137.33平方千米。惠州海域有较大经济价值的鱼类400多种、贝类200多种、甲壳类100多种、棘皮类60多种、藻类30多种，其中可以开发增养殖的品种有鲻鱼、真鲷、黑鲷、石斑、鲕鱼、尖吻鲈、对虾、蟹、牡蛎、鲍、海胆、贻贝、扇贝、泥蚶、文蛤、珍珠贝、江蓠等。大亚湾海区是中国唯一的真鲷鱼类繁育场、广东省唯一的马氏珠母贝自然采苗场和多种鲷科鱼类、赤点石斑鱼、斜带石斑鱼、青石斑鱼、龙虾、鲍鱼等名贵海水鱼类仔稚幼鱼及种苗的密集分布区，是广东省重要的水产增养殖基地。辖区海域有马氏珠母贝、栉江珧、华贵栉孔扇贝等贝类和大亚湾梭子蟹等甲壳类资源，也是杜氏枪乌贼、曼氏无针乌贼、火枪乌贼等头足类幼体及裘氏小沙丁鱼、斑鰶、丽叶鲹、蓝圆鲹、竹荚鱼、乌鲳、带鱼、银鲳、灰鲳、黄斑篮子鱼、褐篮子鱼、大海马、三斑海马、中国鲳等经济鱼类幼体的索饵场。

惠州江河生物生态群落复杂，纯淡水鱼类、河口鱼类、洄游和半洄游鱼类互相交错。淡水鱼类共计有125种，分属于13目33科，其中鲤科鱼类品种最多，有63种，占总数的50.4%。常见的经济鱼类主要有鳗鲡、泥鳅、马口鱼、光倒刺鲃、青鱼、草鱼、长春鳊、广东鲂、鲢、鳙、白甲鱼、鲮、鲤、鲫、鲶、胡子鲶、黄鳝、鳜鱼、斑鳢、斑鳠、黄尾密鲴、赤眼鳟、鳡鱼等30多种，还有甲鱼、乌龟等水产动物。

【海洋经济发展速度加快】 广东省政府于2014年6月批准设立惠州环大亚湾新区，惠州市按照新区“一轴一带、八大片区”总体空间格局，优化海洋产业布局，推动海洋产业组团发展，以石油化工和港口运输为重点的大亚湾临港产业片区和稔平半岛滨海旅游片区日益成熟。以临海工业为龙头，以滨海旅游、海洋交通运输、临海清洁能源、现代海洋渔业为重点的特色鲜明的现代海洋产业体系基本形成。海洋产业结构不断优化，三次产业结构由2010年的7.3 ∶ 65.4 ∶ 27.3调整到2015年的4.3 ∶ 56.8 ∶ 38.9。海洋产业增加值从2011年的525亿元增长到2015年的930亿元，“十二五”期间海洋产业增加值年均增幅约20%，高于同期全市GDP 12%的增长率。海洋经济已经成为引领惠州市经济社会发展的“蓝色引擎”，为地方经济发展注入了强大动力。

【主要海洋产业全面增长】 “十二五”期间，惠州的主要海洋产业为临海工业、滨海旅游、海洋交通运输、临海清洁能源、现代海洋渔业。

临海工业。以建设世界级石化基地为目标，实行招商图谱和挂图作战的“两图工作法”，加快产业链延伸，促进产业集聚发展。实施精准招商，引进了一批标准高、结构优、技术好的世界级石化项目，对各个项目的月度计划完成情况每月更新标注，做到图表化推进、精细化管理、规范化运作，全力打造“全球石化产业发展的标杆”。2015年全市规模以上石油化工企业148家，规模以上石化产业总产值958.17亿元，占全市规模以上工业总产值比重13.15%，石化产业完成增加值192.06亿元，占全市规模以上工业增加值比重12.09%。

海洋交通运输。全面推进“双港”战略，以打造亿吨级大港为目标，成立了惠州港口投资集团有限公司，拓宽了惠州港建设的融资渠道，不断加大港口基础设施建设，截至2015年底，全市共有万吨级码头泊位22个，其中30万吨级和15吨级码头泊位各2个，吞吐能力超过1亿吨，初步建立了功能明确、运转高效的港口运输体系。2015年惠州港完成货物吞吐量7013.48万吨，同比增长8.06%，标准集装箱吞吐量为26.88万TEU，同比增长21.52%。全力推进“空港”建设，惠州机场于2015年2月5日实现首航，开通惠州往返上海、杭州、昆明、重庆、北京等9个城市的航线，当年旅客总吞吐量达到37万人次，上座率和客流量在国内同类型机场中名列前茅，实现了海、陆、空交通一体化。

滨海旅游。以创建惠州全域旅游示范市为契机，不断加大旅游资源开发力度，深入拓展投资领域，加强旅游产品开发，积极发展滨海休闲观光、商务度假、文化体育和休闲渔业，全面提升滨海旅游业综合能力。2015年惠州市滨海接待游客4381.04万人次，同比增长10.4%，收入321.28亿元，同比增长17.6%。

海洋渔业。以产业结构调整为主线，以发展“深蓝渔业”为着力点，重点发展以工厂化海水养殖为代表的新兴海洋渔业，建设深水网箱海上产业园区，推动深水网箱养殖的产业化、集群化发展。2015年水产品总产量25.3万吨，总产值35.9亿元，同比分别增长5%和6%。

海洋新兴产业。以建设全国清洁能源生产基地为目标，大力推进核电、海上风电、天然气发电等清洁能源产业，规划建设以核电技术为核心，以海洋资源为依托的滨海核工业园。海洋新兴产业正逐步发展成为全市经济新的增长点。

【沿海工业园区地位突出】 惠州大亚湾石油化学工业区（以下简称“石化区”）地处大亚湾开发区东部。已开发面积约20平方千米，是广东省5个重点发展的石油化工基地之一，2011年6月被广东省经信委认定为“广东省首批循环经济工业园”，2014—2015年连续两年综合实力排名“全国化工园20强”第2位，2014年被列为“十三五”国家重点发展的7个石化产业基地之一，是广东省唯一的一个，着力打造世界级石化基地。截至2015年，石化区已落户项目共计79宗，总投资1678亿元。2015年实现产值821亿元，占大亚湾全区工业总产值的63.8%，成为支柱产业。

【渔业生产发展以养为主】“十二五”期间，惠州以大力发展水产养殖业为主线，全市已发展了网箱养殖、高位池养虾、工厂化养殖、牡蛎养殖、贝类增殖护养、深水抗风浪网箱养殖、甲鱼养殖、鳗鱼养殖、罗非鱼养殖等一批集约化养殖基地，打造了“赤岸蚝”“李艺金钱龟”“惠绿源”等具有一定知名度的惠州名优品牌。2015年，惠州市水产品总产量16.7万吨，总产值27.7亿元，比上年同期分别增长3.33%和6.93%。其中：海水养殖产量5.96万吨，产值9.67亿元，分别增长3.14%和5.9%；海洋捕捞产量2.3万吨，产值3.8亿元，产量与上年持平，产值增长6.18%；淡水养殖产量8.31万吨，产值8.7亿元，分别增长4.66%和11.34%；江河捕捞产量0.12万吨，产值0.08亿元，与上年持平。

2015年，惠州市推进深水网箱养殖基地建设，完成140个网箱的建设，占上年度立项的160个深水网箱建设任务量的87.5%。抓好对虾健康养殖示范园区项目2万立方米养殖水体建设，完成1万立方米养殖水体建设，完善相关配套设施；投产试养水体8000立方米。惠东县和龙门县利用山区资源优势发展娃娃鱼、台湾泥鳅、倒刺鲃等特色品种养殖，惠东县养殖户利用废弃厂房发展工厂化黄喉拟水龟养殖；发展综合生产经营。

【现代渔业示范基地建设】 2015年内，惠州市推进实施现代渔业示范基地建设项目和水产良种推进工程项目。确立2015年度现代渔业示范基地建设项目实施单位6家、水产良种推进工程项目实施单位9家，落实市级财政扶持资金600万元。推进工厂化循环水对虾养殖示范场建设。推进省机械化项目实施，督促由惠东县恒利实业有限公司承担的工厂化循环水对虾养殖示范场项目实施，通过对养殖环境与设施设备改造升级、配套自动调控设施设备，提高对虾养殖设施化程度，实现环保养殖理念。组织申报省农业（渔业）机械化项目1个、“十三五”规划省、市重大项目中的市级重大项目1个。

【水产品质量安全监管行动】“十二五”期间，惠州各级渔业系统共出动行政、技术和渔政执法人员4304人(次),执法车辆1312台(次),执法船艇241艘（次），检查养殖场2356家、种苗场457家、网箱养殖815家，完成省下达惠州市的水产品监控及惠州市配套抽检任务约5000个，有效管控各类违法违规行为，惠州市未发生重大水产品质量安全事故。通过网络、媒体、技术培训、技术咨询和技术服务等活动广泛宣传，印发水产品质量安全科普知识和规章制度等宣传资料1万余份，接受水产品质量安全知识宣传达1万余人次，举办有关水产品质量安全课程培训20期，市、县（区）、镇受训人员约900人次。制定实施专项整治行动方案，年度例行开展重要节假日水产品质量安全监督抽检行动和“五鱼三药”专项整治行动。建立健全水产品质量安全日志制度，惠州市水产苗种繁育场、面积50亩或产量10吨以上的养殖场基本建立了生产日志。健全水产品质量安全追溯管理制度，所有水产养殖场按照统一的编码规则发放追溯码，实施编码追溯管理。惠州市7个县（区）全部建立水产品质量安全快速检测点，在全省率先实现市、县（区）快速检测监管平台一体化。

【渔业严格执行许可管理】“十二五”期间，惠州市严格贯彻实施休（禁）渔期制度，依法依规做好水域滩涂养殖证、水产种苗生产许可证审批，严格执行捕捞许可管理制度，加强海洋、内陆捕捞渔船“双控”指标管理，严控捕捞强度。2015年，惠州推进渔船信息化普查，全市在册渔船2315艘，其中海洋渔船1871艘，内河渔船444艘。核查渔船1710艘，其中核查海洋捕捞渔船1463艘，核查完成率99.5%；核查海洋非捕捞渔船78艘，核查率30.23%；核查内河渔船169艘，核查率38.1%。开展“船证不符”整治工作，印发《惠州市“船证不符”渔船整治工作方案》，178艘“船证不符”渔船接受处罚。在养殖生产管理方面，2015年筹备编写《惠州市养殖水域滩涂（渔业发展）规划（2016—2020年）》；加强考洲洋海域养殖业整治，清拆吊蚝近200公顷，使湾内养殖从586.67公顷减少到386.67公顷，考洲洋养殖业秩序明显好转。全年完成市级网上审批核发水域滩涂养殖证 9 本，办理渔业捕捞许可申请事项 95 宗。

【海洋综合管理规划先行】“十二五”期间，惠州编制完成了《惠州市海洋功能区划》等相关规划，落实依法管海，推进海域使用规范化管理。全力协助惠州核电项目、华瀛石化、中海壳牌、中海油二期等重点项目用海申请报批工作。协助华瀛公司完成芒洲岛海域使用权证换发无居民海岛使用权证工作，完善有关用岛手续。按计划积极推进《纯洲片区港口与临港工业区域建设用海规划》的报批工作。积极协助华瀛石化、惠州港务集团、九惠制药等 5 家涉海企业争取国家开发银行金融支持，华瀛石化等 3 家企业入选开发性金融促进海洋经济发展试点工作国家项目库，贷款总额 42.49 亿元。2015 年 6 月，公开出让哑铃湾底栖贝类养殖用海海域使用权在惠州市公共资源交易中心成功挂牌交易，成为广东省首宗养殖用海海域使用权公开挂牌出让的案例。加强海岛管理，编制《惠州市海岛保护规划》，推进刷洲、牛头洲、大辣甲岛、盐洲岛等海岛生态修复试点工作，完成岛地名普查以及 77 个海岛名称标志立碑工作，加强针头岩领海基点的巡查。发布了《2015 年惠州市海岛统计调查公报》，是全国首个发布地方海岛统计调查公报的地级市。

2011—2015 年，开展纯洲岛煤码头一期填海工程、中海油马鞭洲扩容码头填海工程、华瀛芒州岛填海工程、中海油物流基地二期填海工程、大亚湾 10 万吨 / 年催化干气制苯乙烯项目、20 万吨液化石油气生产芳烃及汽油项目、惠州荃湾港区煤炭码头一期工程等重点在建用海项目动态监视监测工作。实地勘测年均 20 次，掌握项目进展，核查填海范围，监测、评估用海对周边环境的影响，并建立重点用海项目动态监测档案，确保其依法用海、合理用海。

【海洋经济与环境保护协调】“十二五”期间，惠州近岸海域海水水质状况位于全省前列，95% 以上的近岸海水水质符合第一类或第二类海水水质标准，海洋生物丰富多样，海洋环境质量总体保持稳定；自然岸线保有率为 45.1%，高出全省平均水平；大辣甲岛和巽寮湾分别获得广东“十大美丽海岛”和“十大美丽海岸”称号。

惠州市境内拥有大亚湾水产资源省级自然保护区、广东惠东海龟国家级自然保护区、针头岩海洋特别保护区和惠东红树林市级自然保护区 4 个海洋自然保护区，全市海洋保护区面积占所辖海域总面积的 19%，海洋保护区面积占比全省最高。惠州市严控陆源污染物排海，“十二五”以来累计否决“高污染、高环境风险”行业项目超过 800 个。建成 50 座农村污水处理设施，初步形成遍布所有沿海乡镇的污水处理管网，削减陆源污染入海排放量。重点海域的生态保护和修复效果明显，以红树林种植为主要修复手段的考洲洋美丽海湾是全省 3 个试点之一。海洋生态文明内涵不断丰富，建成了海滨公园、红树林公园等一批亲海设施。2015 年 12 月，惠州成功创建国家级海洋生态文明建设示范区，成为广东省第一个获此殊荣的地级市，海洋经济与海洋环境保护协调可持续发展成为惠州一大亮点。

【渔业资源保护增殖见效】“十二五”期间，惠州市积极实施人工鱼礁建设。至 2015 年底，共建成人工鱼礁区 6 座，面积 37 平方千米。持续开展人工增殖放流，历年增殖放流各类水产种苗超过 15 亿单位，有效增加了渔业资源种群数量和资源量。

【海监执法严查违法行为】“十二五”期间，惠州不断加强辖区海域监管，提高海洋综合管理水平，有效规范海洋开发活动秩序，切实提升海域综合管控能力，严厉打击各类违法用海行为。严格执行海监执法“三巡”制度，每月对辖区内近岸海域巡查不少于 12 次。通过陆岸巡查与海域（海岛）巡查相结合，配合海域动态监管、卫星云图排查等方式，加大巡查频率，充分运用科技手段提高违法用海行为发现力度。严格执行海岛定期巡查制度，加强对无居民海岛开发利用管理。采用登岛检查和环岛巡查相结合的方式，对全市 161 个海岛每季度巡查一次，强化海岛监管，严厉打击违法开发、破坏海岛的行为，维持海岛的生态现状，保护海岛资源。

每年组织全市开展“碧海”“海盾”“护岛”专项执法行动，加大对违法用海以及破坏海洋环境违法案件的查处力度。强化海洋环境保护执法，严厉查处非法围填海、非法倾废、非法采砂、海上非法倾倒垃圾等行为。2011—2015 年，全市海监执法船艇出航 1285 航次，航行 2386 小时，航程 30574 海里，出动执法车辆 1289 辆次，行程 41672 千米，派出海监执法人员 9552 人次，共查处各类海监案件 142 宗。

【渔政执法严打非法捕捞】“十二五”期间，惠州严格落实休（禁）渔期制度，严厉打击“电、炸、毒”鱼以及违反禁渔区、禁渔期等非法捕捞行为，建立海洋与渔业“两法衔接”工作机制，开展清理取缔海洋涉渔“三无”船舶和“绝户网”工作，推进“船证不符”渔船整治。

惠州市海洋与渔业局与边防、海事、公安等部门联合行动，严厉打击电、炸、毒鱼等非法捕捞行为，形成了部门相互配合、齐抓共管的局面，2015 年共清理整治海上电鱼等非法捕捞作业船舶 2000 余艘，收缴电鱼机 187 台，电线 7252 米；与市政法委、检察院、法院、公安局联合印发了《惠州市关于加强海洋与渔业行政执法与刑事司法衔接工作意见》，截至 2015 年底，全市通过“两法衔接”工作平台，移交公安机关渔业案件 73 宗，移送涉案人员 137 人；印发《惠州市清理取缔海洋涉渔“三无”船舶和“绝户网”工作方案》，专项整治期间，全市共出动执法船艇 282 艘次，执法人员 2492 人次，开展专项联合执法行动 154 次，查扣涉渔“三无”船舶 221 艘，清拆海上非法网具 860 张，清拆非法吊桦 2408 亩。

【渔业安全生产形势稳定】“十二五”期间，惠州始终把渔业安全生产工作作为重点工作来抓，每年年初召开全市渔业安全生产工作会议，严格落实安全生产责任制，层层签订安全生产责任书，明确责任，落实分工。

按照“全覆盖、零容忍、严执法、重实效”原则，开展渔业安全生产大检查和“打非治违”行动，“十二五”期间全市共检查渔船 10790 艘次，发现安全隐患 794 处，全部整改落实到位。加强应急值班管理，市局和沿海县（区）严格落实 24 小时应急值班和领导带班制度，全面完成渔业防台“一船一预案”工作，严格落实渔业防台两个 100%，成功抵御“尤特”“天兔”等多个正面袭击的强台风，未发生渔业人员伤亡事故。加强应急救助能力建设，参与海难救助 15 起，救助群众 78 人。渔业安全生产形势总体稳定，惠东县、大亚湾区分别于 2013 年和 2015 年被农业部、国家安监总局评为“全国平安渔业示范县”。

【海洋防灾减灾能力增强】“十二五”期间，惠州稳步推进海洋防灾减灾工作，根据国家海洋局《关于开展“海洋防灾减灾综合示范区”建设工作通知》，惠州市大亚湾区被列为全国首批海洋减灾综合示范区。按照《广东省惠州市大亚湾全国海洋减灾综合示范区建设工作方案》要求，广东省海洋与渔业局牵头，惠州市海洋与渔业局、大亚湾海洋与渔业分局协助配合共同开展建设大亚湾海洋减灾综合示范区工作，先后完成了观测设施、预警报系统、风险区划、灾害能力评估、警戒潮位核定、风暴潮漫滩风险预警系统、应急预案、灾情调查评估、企业和社区减灾、区域海洋预警减灾中心等工作，目前基本建成了以海洋观测、预警预报、信息发布、灾害监控、风险评估、减灾避灾、防灾减灾宣传为一体的惠州市防灾减灾辅助决策平台和应急反应机制，整体提升了惠州区域海洋综合减灾能力，为海洋经济发展和渔业安全生产提供优质服务。每年组织开展海平面变化影响调查评估，建立海平面影响调查数据库，为海洋防灾减灾和海洋领域应对气候变化提供基础数据和决策依据。

【渔业科技推广连年获奖】“十二五”期间，惠州以建设现代渔业和社会主义新渔区为目标，全力推进各级渔业科学技术推广体系建设，扎实开展各类型渔业科技推广服务工作。2011—2015 年，惠州市渔业科学研究部门参与国家级渔业科研项目 1 个，省级渔业科研项目 5 个，制定地方标准 2 个：2014 年罗非鱼生态防病养殖技术规程、珍珠鳖工厂化养殖技术规程；实用新型专利 1 个：一种水生植物种植塑料瓶打孔装置；“南方地区多宝鱼无公害工厂化控温养殖技术研究”项目获 2012 年广东省科学技术奖三等奖；“生态循环水产养殖技术”获 2012 年惠州市科学技术奖二等奖；“中华鳖生态养殖技术推广”项目获 2013 年广东省农业技术推广奖三等奖。出版《池塘鱼菜共生养殖实用技术》《罗非鱼养殖技术分册》等书籍。

截至 2015 年底，全市共设立水产健康养殖示范点 44 个，示范面积 13000 多亩，网箱 24 个。在渔业主产区设立病害测报点 34 个、养殖数据采集示范点 10 个，对草鱼、罗非鱼、甲鱼、鲫鱼、锦鲤、叉尾鮰、对虾和斜纹石斑共 8 个品种实施监测，测报面积 6075 亩、海水网箱 10422 立方米。举办各类水产技术培训班 55 期，培训从业人员 5800 余人次，开展渔业科技下乡活动 108 次，推广新品种、新技术养殖面积 5000 亩，发放各类渔技信息资料 2.5 万册。2012 年开通水产技术推广短信服务平台，定期为水产从业人员推送渔业信息、新技术、鱼病防治常识、灾害天气预报、本地市场行情等信息，共发送手机短信约 60 万条。

【惠渔支渔政策全面落实】“十二五”期间，惠州市按计划完成“以船为家渔民上岸安居工程”年度工作任务，截至 2015 年底共有 41 户渔民上岸安居。落实南海伏季休渔和东江禁渔制度，累计发放休（禁）渔补贴 1178 万元，惠及渔船 6092 艘次。严格落实国家柴油价格补贴政策，累计发放 2011—2014 年度柴油补贴资金 22429 万元，惠及渔船 7270 艘次。

“十二五”期间，推进渔业保险工作，全市累计有渔民 21268 人次参加渔业人身意外伤害保险，渔船 891 艘次参加渔船财产保险。落实沿海渔民转产转业政策，安排部分渔民子女参加职业教育，实施低产鱼塘改造、现代渔业示范基地建设、水产良种推进工程等强渔政策。推行标准化健康养殖，狠抓水产品质量安全。

【海洋渔业文化遗产保护】 惠州海洋社会文化基础雄厚，主要有惠东县平海古城物质文化遗产，大星山炮台、范和村及“惠东渔歌”非物质文化遗产。平海古城保存了较为完整的 4 座城门楼、十字古街、部分城墙、大部分古民居以及一批古寺庙、古文化遗址和大量的历史文物。大星山炮台保存是相当完好的炮台。2012 年、2013 年，范和村先后被评为“广东十大最美古村落”和“中国古村落”。“惠东渔歌”入选广东省第一批非物质文化遗产代表作名录，2008 年成功入选第二批国家级非物质文化遗产代表作名录。真君宫巡游活动、墨园元宵民俗、汝湖舞草龙、沙田皇母庙祈福习俗、良井甘泉古寺祈福习俗、平潭谭公庙会、西来古刹法会、大亚湾渔民朝拜仪式、抬龙轿等民间风俗被纳入第六批惠州市非物质文化遗产名录，其中大亚湾婚嫁等极具浓郁民族特色和历史文化元素的传统海洋习俗，被不断继承与发扬。

惠州市积极组织海洋宣传日、休渔放生节、海洋公益等系列活动，宣传海洋知识，引导市民关心海洋、认识海洋、保护海洋。2015 年组织开展历时 8 个月的“魅力海洋·美丽惠州”——惠州海洋行大型宣传报道系列活动，对本市海岸海岛、海洋文化、海洋经济、海洋环境等进行全方位、多角度、深层次的宣传报道。在 2011—2015 年“六五”普法期间，精心部署安排，深入开展普法工作，获评全国海洋系统“六五”普法先进单位。

东莞市

【市情概览】 东莞市位于广东省中南部，珠江口东岸，北接广州，南连深圳。1985 年 9 月撤县建市，1988 年 1 月升格为地级市，现辖 4 个街道、28 个镇。全市陆地总面积 2460 平方千米，2015 年末常住人口 825.41 万人，户籍人口 195.01 万人。另有海外侨胞 20 多万人，港澳台同胞 70 多万人。2015 年全市生产总值 6275.06 亿元，比上年增长 8.0%。东莞市握东江和广州水道出海之咽喉，有海岸线 115.94 千米（含内航道），主航道岸线 53 千米，拥有深水良港——虎门港。

东莞市是广东省历史文化名城，岭南文化的发源地之一，有丰富的民俗文化遗产资源。东莞市既有滨海秀色、稻海蕉林、荔红荷香、旗峰胜迹等自然风景，又有丰富的人文景观，是广东省历史文化名城、中国近代史开篇地、东江人民抗日根据地、改革开放的先行地。2004 年，东莞市评出新“八景”：“松湖烟雨”（松山湖高新技术产业开发区）、“大道朝晖”（东莞大道）、“广场挹萃”（市中心广场）、“古塞飞虹”（虎门大桥）、“虎英叠翠”（虎英郊野公园及御景湾周边景观）、“板岭凝芳”（绿色世界、水濂山森林公园及周边景观）、“莲峰赏鹭”（长安莲花山风景区）、“金沙漾月”（石龙金沙湾）。

【海洋资源】 东莞市海域面积 82.57 平方千米，大陆海岸线长 112.2 千米，全市海域集中在狮子洋和伶仃洋东部，拥有海岸线的有中堂、麻涌、洪梅、道滘、厚街、沙田、虎门和长安 8 个镇。现有威远岛、泥洲岛、木棉山岛、涌口沙、虾缯排 5 个海岛。

东莞市港口资源丰富，狮子洋、伶仃洋的深槽紧靠东莞市的海岸线，麻涌镇的新沙，沙田镇的蠏沙、坭洲岛、西大坦，虎门镇的威远岛、沙角等拥有深水岸线和深槽通过的海域，是建设深水港区的优良港址，而且深水岸线内侧的陆域土地多平坦宽广，又处在东江入海河口区，淡水资源条件好，陆域水、土资源组合优势明显，是良好的港口资源区。

【渔业资源】 东莞市主要河流有东江、石马河、寒溪水，境内 96% 属东江流域。东莞有鱼类 200 多种，分别隶属于 2 纲 15 目 38 科。鱼类中包括淡水鱼类 110 多种，海水鱼类 90 多种。另外还有各种淡水观赏鱼，包括金鱼的龙种、文种、蛋种、丹凤等 4 大系列；日本锦鲤御三家的红白、大正三色、昭和三色等 3 大系列和热带观赏鱼的脂鲤科、花鳉科、攀鲈科、慈鲷科等系列品种超过 150 种。

江河中数量较多，分布较广的主要淡水经济鱼类除青、草、鲢、鳙、鲮、鳡外，还有鲤、鲫、鲂、赤眼鳟、黄尾密鲴、红鲌和餐条。河口经济鱼类主要是鲥、鲦、七丝鲚、叫姑鱼、棘头梅童鱼、大鳞鲅、矛尾狼鰕虎鱼、红狼牙鰕虎鱼等；中华鲟、黄唇鱼、鲥鱼和黄鳍鲷是这一地区的珍稀名贵品种。

【海洋经济发展“1+5”系列政策】 “十二五”期间，东莞市认真贯彻实施《广东海洋经济综合试验区发展规划》，坚持保护与开发并重，大力发展以虎门港为依托和龙头的交通运输业、历史文化特色的滨海旅游业、海洋渔业等产业，同时注重海洋环境保护，积极推进美丽海湾建设。2014 年 5 月 4 日在东莞市委常委会议上，审议并原则通过出台《中共东莞市委 东莞市人民政府关于加快发展海洋经济的意见》和东莞市发展临海工业、滨海旅游业、海洋新兴产业及海洋科技、集中集约用海、海洋生态保护5个实施方案（即东莞海洋“1+5”系列政策）。这是首次在市委、市政府层面出台指导海洋经济发展的政策性文件，为海洋经济发展指明方向、划定框架、明确措施。2015年，东莞市海洋经济持续发展，海洋生产总值突破750亿元，比2014年增长7%。2015年渔业经济总产值28.2亿元，水产品总产值8.29亿元，与2014年基本持平。

【海洋临港产业集聚发展】为积极参与国家“一带一路”发展战略，抓住广东自贸区带来的商机和外溢效益，东莞市按照“强港口、兴产业、育新城”发展思路，充分发挥港口辐射带动作用，大力实施区港联动、产城融合，加快推动临港产业集聚发展，积极打造珠三角新兴物流城市，为实现东莞高水平崛起提供强有力支撑。“十二五”期间，东莞市充分发挥紧靠货源腹地的优势，加快港口建设，推动航道改造升级，完善集疏运体系，全面提升港口航运运行效率。5年来新增码头18座、泊位34个，现有码头104座、泊位211个，可连接世界300多个港口。

2015年东莞全港集装箱吞吐量完成336.3万标箱，同比增长16.27%；东莞全港总货物吞吐量完成1.3亿吨，同比增长1.93%；保税物流中心（B型）完成进出货值71.4亿美元，进出货值有望进入全国（B型）前三甲。

【渔船更新改造稳定捕捞】2014年，东莞市出台《东莞市渔船更新改造贷款贴息资金管理办法》，财政安排1亿元渔船更新改造贷款贴息资金，引导海洋捕捞渔船向“安全、节能、经济、环保、舒适”方向发展，全面提升我市渔船安全生产能力和装备技术水平，促进本市海洋捕捞业稳定、健康、可持续发展，按照“科学规划、政府引导、稳步推进”“以小改大、以木换钢”的原则，从2015—2017年，用3年时间引导全市海洋捕捞渔船进行更新改造，实现渔船转型升级。2015年12月9日，东莞首艘钢质渔船粤东莞渔92001号渔船顺利下水，开创了历史先河。2015年，全市在册渔船398艘，其中海洋捕捞渔船335艘，内陆捕捞渔船63艘，渔业捕捞产量9935吨，其中海洋捕捞8375吨，淡水捕捞1560吨。

【特色水产养殖健康发展】“十二五”期间，东莞市大力发展标准化、规模化、基地化生产，促进养殖业稳定健康发展。至2015年全市共建成农业部水产健康养殖示范场2个；国家级中华鳖良种场1个；广东省名牌产品（农业类）企业3个，广东省名牌产品6个；广东省乌龟良种场1个；广东省中华鳖标准化示范区1个；广东省食品安全示范点3个；市级龙头企业1家；共9个水产养殖基地通过无公害产地认定，有16个水产品通过无公害农产品认证；培育发展休闲观光渔业基地1个；创建观赏鱼出口基地2个；创建全国现代渔业种业示范场1个。2015年，全市水产养殖产量59011吨。

【新湾渔港纳入省建设项目】东莞市在“十二五”期间加强渔港建设，2013—2014年累计投入约550万元用于渔港港池清淤和维护。2015年出台《东莞市渔港整体功能布局规划修编（2013—2022年）》，明确东莞渔港“一港三区”的功能布局，一港为新湾渔港，三个功能区为虎门泊区（包括新渔村泊区和旧渔港泊区）、沙田先锋泊区和新渔港功能区三区。新湾渔港通过市发改局立项并纳入全省现代渔港建设备选项目。

【水产品质量安全监管到位】“十二五”期间，东莞市连续多年将水产品质量安全纳入市政府十件实事工作范畴，不断完善监测机制，提高水产品质量安全监管和风险评估能力，抽检数量逐年增加，覆盖面和合格率逐年提高。投入2000多万元建成面积2000平方米的市渔业质量监督检验站实验室，目前具有4类136项指标检测能力，居全省前列。累计投入超过3000万元配置各种大型仪器设备，成功整合建成32个镇街和4个水产品专业批发市场基层快检实验室，总面积达2000多平方米，均具备水产品中禁用药物残留快速检测能力。全市水产品监管人员均实现持证上岗，水产品检测技能过硬，构筑了水产品质量安全屏障。2015年抽检水产品样品6664批次，合格率达99.3%。

【渔业行政审批高效办理】“十二五”期间，东莞市大力推进行政审批改革，高效办理渔业行政审批，积极做好渔业捕捞许可证管理工作，共审核船网工具指标66个，办理渔船买卖33艘，审核捕捞许可证135艘，注销捕捞许可90个。开展新版养殖证换发工作，按照相关规定和程序，对年限到期、需要变更的旧版养殖证换发新版养殖证759本。加强水产苗种生产管理，开展水产苗种生产许可证的普查换证，共换发水产苗种生产许可证21份。

【海洋综合管理规范严格】“十二五”期间，东莞市全面实施海域权属管理制度、海洋功能区划制度和海域有偿使用制度三项基本制度，完善用海预审、公示公告、海域使用论证、海域使用审核委员会、海域使用登记等各项制度，优化海域使用核准和审核程序，提高审批效率。深入贯彻《中华人民共和国海域使用管理法》《海岛法》和《广东省海域使用管理条例》，坚持规划用海、集约用海、生态用海、科技用海、依法用海，严格执行海洋功能区划和环境影响评价制度，积极服务省、市重大项目建设。完成全市5个海岛勘察和立碑工作，进一步明确海岛权属、位置、面积等内容。修编完善《东莞市海洋功能区划（2013—2020）》（报批稿），科学划分海洋功能区，全面统筹海洋资源，提升海域管理水平。

【海洋环境保护水平提升】2015年，东莞市出台《东莞市虎门威远岛建设广东省美丽港湾实施方案》，选取虎门镇威远岛周边海域作为我市美丽海湾建设试点，涉及岸线14890米。包括生态廊道、海湾清淤、威远岛西南侧海岸景观综合整治工程、海洋环境监测点和水生生物养护五大内容。投资3669万元（其中中央支持1977万元）的虎门威远岛西南侧海岸景观综合整治项目基本完成，建成了3000平方米的主题广场、400平方米的望东桥、2000平方米的休闲栈道等设施，海岸景观焕然一新，成为东莞市滨海旅游的重要阵地。每年组织开展海洋环境监测监测，海洋环境质量总体保护稳定，局部有所改善。组织编制《东莞市海洋综合观测监测能力建设规划（2016—2020年）》，提出了在东莞海域建设3个海洋综合观测监测基地，3个岸基自动观测站和4个浮标观测平台，以实现对全海域的自动实时监控。以“6·8全国海洋宣传日”等活动为契机，举行了一系列的科普宣传活动，累计发放各类宣传资料2000多份，发送海洋宣传短信1000多条。提高了广大市民的海洋环保意识。2011年成立全市唯一海洋渔业科普基地，累计接待参观80多批次，约1500人次。

【渔业资源增殖放流保护】“十二五”期间，东莞市累计举办约25次“休渔放生节”“南海放鱼节”等渔业增殖放流主题活动，在东江和沿海投放各种经济鱼苗2598.78万尾、虾苗5050万尾，建成了一批放流平台、放流点等基础设施，广泛发动社会参与，营造全社会共同关注渔业资源保护的良好舆论环境。2011年，出台《东莞市黄唇鱼自然保护区功能区划》，明确黄唇鱼自然保护区核心区、缓冲区和实验区的坐标、面积、范围及管理要求。2014年出台《东莞市创建黄唇鱼省级自然保护区方案》，力争2017年建成黄唇鱼省级自然保护区并打造东莞特色的旅游名片、濒临灭绝水生生物资源保护名片、海洋科普名片和海洋环境保护名片，累计救护放生黄唇鱼400多尾。

【海洋监察执法重心下移】“十二五”期间，东莞市加强用海监管，强化海上综合执法，规范用海行为。完善海监执法模式，继续实施海岸线分段管理，充分发挥执法示范带动作用，实行海监执法重心下移，开辟案源，强化管理。严格执行海监执法“三巡”制度，坚持每月对辖区内近岸海域巡查不少于5次，海监“三巡”制度促进执法工作日常化、规范化。开展海监专项执法行动，严厉查处非法围填海、非法开采海砂行为。定期开展海岛巡查，加强无居民海岛开发利用管理。加大海监“三巡”力度，2012—2015年，海监船艇出航568艘次，航行1143小时，航程19370海里，出动执法车辆126辆次，行程4588千米，派出海监执法人员4562人次，检查各类用海项目345个次，查获涉嫌违法用海项目6个（其中立案4宗，移交省总队2宗），责令整改用海项目10个，收缴罚款人民币278840.9元。组织实施“碧海”“海盾”和海岛保护巡航执法联合行动，加大对违法用海以及破坏海洋环境违法案件的查处力度，确保辖区内未经批准利用的无居民海岛，没有采石、挖海砂以及进行生产、建设、旅游开发等活动。严格执行海岛定期巡查制度，对全市4个海岛开展巡查，采用登岛检查和环岛巡查等方式，做到每月登岛检查并对岛屿周边环境开展排查，强化海岛监管，维持海岛的生态现状，保护海岛资源。

【渔政执法检查全面落实】“十二五”期间，东莞市严格执行渔政船艇巡航制度，组织开展“护渔”等执法专项行动，保持高压态势，打击电、毒、炸鱼以及违反禁渔区、禁渔期非法捕捞行为，清理取缔涉渔“三无”（无船名船号、无船舶证书、无船籍港籍）船舶和“绝户网”。2012—2015年全市渔政船执法出航1200天，出动执法船艇2196艘次，执法人员9339人次，共检查渔船4066艘，查处违法渔业案件67宗，收缴罚款7.88万元，收缴非法电鱼工具一批。

渔船安全管理。2014年东莞市大力开展渔船信息化工作，至2014年底，全市358艘海洋捕捞渔船全部按规定完成资料录入、照片拍摄、现场核查工作。至2015年，全市374艘渔船按要求全部配备IC卡，并安装上船。完善渔船资料档案管理，完成渔业安全生产通信指挥系统终端配备工作，367艘海洋渔船配备AIS终端145台，北斗52部，实现渔船实时监控、即时通信和船位识别，提升渔船综合管理和安全应急处理水平。

渔船检验工作。开展春节前船检上门服务行动、休渔期渔船检验服务月行动、禁渔期间专项检查、救生筏检修站监督检查行动、老旧渔船维修监督检查行动、新建渔船专项建造检验行动等各类专项行动，检验新建渔船82艘，检验营运渔船2887艘，派发宣传资料10100多份，发出检验遗留项目通知书1700多份，督促渔业船舶更新配备救生圈3200多个、救生衣6200多件、灭火器4500多个，切实做到条条船都按要求配齐消防产品和“三救”产品（救生衣、救生圈、救生筏）。

【南海伏季休渔措施落实】“十二五”期间，东莞市严格执行南海伏季休渔制度，做到组织、宣传、措施“三到位”。2015年全市纳入休渔对象渔船307艘，应休渔船按规定时间5月16日12时实现“船进港、证集中、网封存”。休渔期间，落实防火、防盗、防风、防洪“四防”工作措施，制订休渔渔船安全应急预案，配足配齐消防设施和消防器材。组织开展休渔护渔执法行动，加大休渔期间执法巡查力度，严厉打击违法休渔规定渔船，圆满完成伏季休渔任务。

【渔业安全生产无大事故】“十二五”期间，东莞市每年召开全市海洋与渔业工作会议，部署渔业安全生产工作；或专门召开全市海洋与渔业安全生产工作会议，落实渔业安全生产“一岗双责”，印发《东莞市渔业安全生产网格化管理实施方案》；与各涉渔镇政府签订《安全生产责任书》，渔村与渔船船东（船长）100%签订安全生产承诺书，渔船船东和船长主体责任落实到位。开展安全生产月活动，举办船东、船长渔业安全生产培训班，培训船东（船长），建立培训档案。完善渔业安全通信指挥系统，实现渔船实时监控、即时通信和船位识别；完善渔船安全管理“一船一档”资料，规范渔船安全管理。完善渔业安全生产应急机制，修订防台、赤潮、风暴潮等各种应急预案及流程图，开展了2次渔业防台演练。2011—2015年，渔业安全生产形势稳定，无重大安全事故发生。

【渔业科技服务体系完善】“十二五”期间，东莞市全面落实科研、推广、疫病防控等工作政策，健全完善科技服务体系，充分发挥渔业科技、推广部门的技术力量，解决关键技术，增强渔业科技创新能力。实施科技创新和技术推广项目10余项，发表论文10多篇，其中:《供莞水产品基地龟鳖良好养殖技术研究与示范》项目获2013年度广东省农业技术推广项目三等奖;《东莞市淡水和河口鱼类资源调查》项目，达国内先进水平，获市科技进步一等奖;“黄唇鱼全人工驯养”取得国家发明专利;“黄唇鱼救护与驯养研究”获市科技进步三等奖;《中华花龟种苗繁殖及其产业化关键技术》项目，整体达国内领先水平，获市科技进步三等奖；建立广东省地方标准《水产品中孔雀石绿快速检测——酶联免疫吸附法》(DB 44/T 1262—2013)；全市设立3个渔情信息采集点，监测总面积3650亩；举办各类技术培训班15期，派发宣传资料8000多份，1500人次渔民接受培训。共开展养殖病害诊断840余次，派出技术人员赴养殖现场开展鱼类、龟鳖类、虾类的病害诊治和养殖池塘的水质检测服务，指导服务500多次，共诊治鱼类病害1000多例，虾类病害100多例，龟鳖类病害600多例。有1名科技人员获得高级工程师（教授级）资格，培养了无公害基地检查员3名，执业兽医1名。

【惠渔支渔政策渔民得益】“十二五”期间，东莞市按照农业部《渔业成品油价格改革财政补贴资金管理暂行办法》要求，认真落实“油补”政策，严格发放程序，完成渔业柴油补贴资金发放任务，让渔民群众受惠得益。2015年下发补助金7104万元，补助渔船433艘。关注禁、休渔期困难户渔民生产生活，核发困难救济金150多万元。积极开展转产转业渔民技能培训工作，每年免费培训4期，每期培训渔民160人。落实市政府政策性渔业保险补助资金，2015年发放补助金额48万元。推进渔船更新改造，争取市财政1亿元用于渔船更新改造贴息。

【海洋渔业文化联姻旅游】2015年，东莞市出台《东莞市旅游城市建设发展规划（2015—2020年）》和《关于进一步促进旅游业加快发展的若干意见》，在虎门威远岛沿岸建成全市首个公益性滨海主题广场，围绕鸦片战争博物馆、海战博物馆、威远炮台、沙角炮台等历史文化资源开展“红色旅游”，获评国家4A级旅游景区。2012年，沙田镇成功创建“广东省水上民歌（咸水歌）艺术之乡”和“中国水上民歌（咸水歌）之乡”，作为省级非物质文化遗产，东莞渔民休渔期组织咸水歌会活动。2015年全市接待国内游客2825.69万人次，增长16.1%，接待国际及港澳台游客373.40人次，增长4.8%，旅游总收入395.18亿元，增长5.5%。

中山市

【市情概览】中山市位于广东省中南部，行政管辖面积1783.67平方千米（其中市区面积134平方千米），地形以平原为主，地势中部高兀，四周平坦。市中心陆路北距广州市区86千米，东南至澳门特别行政区65千米，由中山港水路到香港特别行政区52海里。南宋绍兴二十二年（1152年）设香山县，香山县翠亨村是孙中山的故乡。1925年孙中山逝世，香山县更名为中山县。1983年12月，中山县改为中山市（县级）；1988年1月升格为地级市。中山市土特产有石岐乳鸽、小榄菊花肉、东升脆肉鲩、黄圃腊味、海洲鱼饼、沙溪扣肉等。中山作为民歌之乡，有咸水歌、高棠歌、大缯歌、客家山歌、小调儿歌等，其中以咸水歌和高棠歌最有特色，已有300年历史。中山咸水歌被列入国家级非物质文化遗产名录。2015年底，中山辖5个街道、18个镇和1个国家级火炬高技术产业开发区，另有1个经济协作区——翠亨新区。年末户籍人口156.06万人，常住人口320.96万人，其中城镇人口82.35万人。祖籍中山的海 外华人、华侨和港澳台同胞80多万人。2015年，全市地区生产总值3010.03亿元。

名城中山，是全国文明城市（2005—2015年）、国家历史文化名城（2011年）、全国首批生态文明建设典范基地（2014年）、国家知识产权示范城市（2015年）。

【海洋资源】 中山濒临南海，毗邻港澳，沿海滩涂广阔，珠江口的冲积平原和滩涂占全境面积的68%，一般海拔为-0.5～1米。平原地区河网受南海海洋潮汐的影响，具有典型河口区特色。

国家海洋局南海海洋勘察中心于2011年对中山市海岛资源状况深入调查，全市有居民海岛2个（横门岛、大茅岛），无居民海岛4个（二茅岛、石排、屎船沙、下沙）。同年7月5日，国务院批复《广东海洋经济综合试验区发展规划》，主体区范围涵盖中山市176平方千米海域、57千米海岸线。中山市以调整海洋产业结构、优化产业布局、培育产业集群、壮大产业规模、提高经济效益作为海洋经济发展新目标，充分挖掘海洋经济发展潜力，推进海洋经济转型升级。加快船舶制造业、海洋装备制造业、海洋生物制药业、海洋新能源产业和滨海旅游业五大产业发展，培育和发展战略新兴产业，壮大海洋经济。

【渔业资源】 中山市地处西北江出海口，咸淡水交错地带，水域宽广，水质肥沃，气候温和，是鱼类、虾类、贝类、蟹类生长繁殖的良好场所，水产资源丰富，品种繁多，素有“鱼米之乡”的美誉。中山河涌纵横，鱼塘星罗棋布，当地人民充分利用这些水资源，养殖各种鱼类，先后进行鱼基结合、鱼果结合，鱼蔗结合，逐步形成独特的“桑基鱼塘”“果基鱼塘”等以基塘形式的物种循环，能量转化，水陆互相作用的人工生态系统，发展渔业经济，赢得宝贵财富，成为当今具有商品生产基础的经济作物区，取得了较好的经济效益和社会效益。

【海洋经济发展重点在园区】 2011年7月14日，中山市长带队到省海洋与渔业局，提出解决中船中山造船基地等项目用地审批、启动翠亨新区围填海项目及推动填海项目海域使用权证直接进入报建试点三项请求。省海洋与渔业局表示全力支持配合解决中船中山基地建设等相关问题，指导翠亨新区编制区域建设用海规划并按程序报批，解决临海工业园项目用地报批涉岛问题。配合翠亨新区围填海项目建设，开展《广东省海洋功能区划》修编工作，获围填海功能区43平方千米，包括新区18平方千米的围填海范围。中山市在临海工业园发展船舶制造、风电设备等重型装备制造业，打造全国重要的沿海产业带先进制造业基地，初步形成以中船中山基地、广机海事重工项目为龙头的船舶制造和海洋工程产业集群。

截至2015年底，中山翠亨新区起步区入园项目73个，总投资额合计约680亿元。其中已投产项目25个，在建项目25个，签约待建项目23个。中山市火炬高技术产业开发区和翠亨新区两区净增高新技术企业69家，提前完成年初下达高新技术企业净增数65家的目标。

【临海装备制造基地建设】 “十二五”期间，中山市推动临海装备制造产业发展。中山市火炬高技术产业开发区临海工业园建立大型临海装备制造基地，先后引入包括广船国际在内的一批央企项目，形成以广船国际中山基地、广新海事重工为龙头的船舶制造和海洋工程产业集群，以中铁、中机为龙头的风电产业集群，以嘉明、国电为龙头的清洁电力集群。

翠亨新区是中山市海洋经济的重要组成载体。2015年度翠亨新区新增规上企业2个，新开工亿元以上非房地产项目8个，实现规上企业工业总产值174.2亿元，同比增长25.87%，完成目标任务的108.88%；固定资产投资42.42亿元，完成目标任务的111%；完成财政收入9亿元，同比增长97%，其中公共预算收入2.14亿元，同比增长193%。

2015年，中山市明阳风电集团有限公司申请海洋经济创新发展区域示范专项项目：高性能6.0万千瓦海上风电海洋工程装备的研发及产业化。项目计划从2015年7—12月，经费预算9450万元。项目面向海上风力发电领域，研发大型海上风电机组，实现产业化，填补广东省大型海上风电装备的空白，促进海上风电技术的发展，培养海上风电专业的高级研发与工程技术人才。

【沿海工业四个专业园区】“十二五”期间，中山市推进专业园区建设，建设中瑞（欧）工业园、临海科技新城、深圳医疗器械产业园、先进智能装备产业园等4个专业园区。中瑞（欧）工业园实体园区累计引进丝丝姆纺织机械、高普检测认证、普派克热回收等17个项目，另有罗氏制药等14个项目进展顺利。临海科技新城占地约700亩，初步确定建设方案。深圳医疗器械产业园首期规划面积246亩，已入驻慧康精密仪器、中山宏氏、广东好一生、广东瀚维斯、广东康大制药、中山普利生、广东瑞光泰等7个项目，投资额逾12.47亿元。先进智能装备产业园重点招引无人机、无人车、无人船项目，正与以色列熬睿克资本集团商洽合作事宜。

中山围绕高新技术企业聚集区目标，完善产业政策体系，明确准入“新六条”标准，提高项目准入条件，出台《中山翠亨新区起步区产业准入目录（2015年版）》《中山翠亨新区现代服务业发展管理办法》《中山中瑞工业园招商引资管理暂行办法》等产业政策。

翠亨新区管委会定期赴深圳定向招商，成功引入一大批优质企业。向中关村管委会派驻干部专门联络、跟进优质项目，顺利举办2015中山（中关村）“互联网+健康科技”产业对接暨翠亨新区火炬高新区发展环境推介会。国外瞄准瑞士、德国等国际先进经济体，拜会瑞士驻华大使馆、瑞士科技环境促进署中国代表处、中国瑞士商会等机构组织，先后3次组团或随团前往瑞士、德国等欧洲国家进行招商展示推介。

【渔业生产格局突出养殖】“十二五”期间，中山市调整优化养殖品种结构，发展名特优品种养殖，建设优势水产品养殖基地，逐步形成全市渔业区域化布局、专业化生产、规模化经营的现代渔业格局。2015年，全市水产养殖面积34.6万亩，水产品总产量33.9万吨；水产品渔业总产值47.6亿元，比上年减少2%，其中海洋捕捞3172万元，增加4%，海水养殖10040万元，减少5%，淡水捕捞2583万元，增加9%，淡水养殖460765万元，减少2%。水产品加工量5.7万吨，加工产值6.09亿元，水产品流通产值21.7亿元。渔业纳入中山市扶持产业发展专项资金管理的项目有中山市水产品流通与加工、新品种引进与推广、水产苗种示范基地建设项目发展专项资金3个，通过“中山市产业扶持发展专项资金信息管理系统”平台，发布申报通知，开展项目申报工作。全市水产品流通与加工项目分配总金额100万元，新品种引进与推广项目分配总金额109万元，水产苗种示范基地建设项目分配总金额105万元，统筹社会组织专项扶持资金2万元，产业化扶持资金316万元。

【高标准整治池塘效益好】“十二五”期间，中山市加强渔业基础设施建设，高标准整治池塘。2011年，全市投入资金6475万元，其中市财政补贴资金820万元，整治池塘4540公顷。经整治的池塘连片化、规格化、标准化，设施完善养殖区通水、通电、通路、通桥，水面与基面比为7∶3。每口池塘面积0.5～0.8公顷，水深2米以上，增加水体30%，养殖同一品种比整治前增产20%，养殖户每年纯收入增加近5003万元。承包租金普遍提高，每公顷约3.3万元，比原来增加7500元左右，全市村集体经济每年增加收入3404万元。2013年，全市共整治建设水产养殖园区18个，面积467.5公顷，全部通过专家组验收，财政补贴780万元。配合阜沙镇做好渔博园建设，2014年，引入龟鳖养殖协会、观赏鱼协会、禾虫养殖企业和辣木种植企业4家企业进驻与渔博园；对30.73公顷（461亩）的土地进行集约化利用和经营，总投资额1243万元；同年全市共17家养殖单位投入资金1989万元，完成现代标准化鱼塘改造建设面积312.53公顷，市财政补贴450.9万元，经过高标准整治池塘养殖水体比上年增加30%，产量增幅20%。2015年，按照《中山市水产健康养殖扶持资金管理办法》落实基塘整治，按每个园区面积6.67公顷（100亩）以上标准，以土塘养殖、高位池养殖及工厂化养殖的模式进行资金扶持补贴700万元。全市共受理39个项目单位的项目申报，申报面积650.93公顷，通过专家小组验收，通过验收面积630.2公顷，合格率96.81%。

【水产品质量安全强化监控】“十二五”期间，中山市强化水产品质量安全监控，开展水产品质量安全专项整治。2011年12月，市编办批复同意中山市水产技术推广中心站加挂中山市水产品质量检测中心牌子并增加事业编制。2013年开始，对全市养殖场、种苗场、大型水产品交易市场进行执法检查，抽样检测，依法对不合格水产品进行行政处理。2014年，中山市投入800万元在火炬开发区建设2400平方米的水产品质量检测中心，配备水产品质量检测、水生动物检疫和水产病害防治等先进仪器设备；中山市被省海洋与渔业局列为水产品质量安全快速检测全面推进试点市，省、市共投入 720 万元构建中山市镇级水产品快速检测站，建设水产养殖企业动态管理数据库。

2015 年，中山市加大水产品质量监控力度。配合广东省绿色产品认证检测中心和农业部渔业环境及水产品质量监督检验测试中心抽取草鱼、鳙鱼等 5 批次共 120 个样本，检验孔雀石绿、氯霉素等指标；增加本市配套抽样和例行抽样数量。全年共分 6 批次对市 320 个养殖场和苗种场进行抽检，抽检重点品种主要包括“四大家鱼”、对虾等，共抽取水产品样本 950 个，检测数量达 3800 个指标，不合格样本追溯率 100%。加强水产品质量安全宣传教育，向种苗场、养殖场、市民发放《水产品质量宣传系列——生活常识篇》等手册 5000 份，加深社会各界对水产品质量安全的认识，保障水产品养殖质量安全。推进名牌水产品的申报、复审工作，全市共有 5 家企业的 9 个产品获得“广东省名牌农产品”称号。完善中山市水产养殖企业动态管理数据库的信息采集工作，全市共采集并录入信息的水产养殖企业 5081 户。完善基层水产品快速检测站建设，6 月完成对 24 个镇区水产品快速检测点的全面验收。2015 年底，全市共完成水产品快速检测 6536 个样品，检测项目指标 25237 个，开展全市水产品基层监管工作。

【渔业行政突出种苗管理】“十二五”期间，中山市完善全市水产苗种生产监督制度，开展水产苗种生产许可证的新证申请与换发工作。2013 年递交完整资料申请并办理苗种生产许可证的新旧苗种生产厂家共 21 个，占旧有已申请许可证单位的 21.2%。确定及明确扶持建设方向的水产苗种示范基地 11 家，扶持资金共 100 万元，主要支持基地推广良种化养殖技术及水产苗种示范试验，提高渔业生产效益，保证水产品质量安全。2015 年，加强水域滩涂养殖使用证管理，下放水域滩涂使用权登记、发证业务到各镇区，全年全市共发放养殖证 2429 个，养殖面积约 11910 公顷。

2015 年，市海洋与渔业局完成捕捞证年审 1183 个，完成海洋捕捞渔船年审 681 艘，内陆捕捞渔船年审 502 艘，辅助渔船年审 26 艘。办理渔船过户审批业务 45 宗，更新改造 2 宗。办理拖蚬专项证 37 个、鳗苗专项证 2 个。

【综合统筹集中集约用海】“十二五”期间，中山市执行工程环境影响评价制度，从源头上控制涉海项目对海洋环境的污染损害。坚持“规划用海、集约用海、生态用海、科技用海、依法用海”原则，综合统筹建设翠亨新区集中集约用海区。2013 年，推动翠亨新区集中集约用海区建设，规划用海面积 993.01 公顷，填海后形成 2 个人工岛。2014 年，组织专家开展珠江口西岸填海可行性研究，并就翠亨新区产业规划、概念性规划、总体规划、填海施工物料来源、海洋环境现状调查与水文观测、通航条件、通航安全、用海规划方案对珠江口行洪纳潮影响以及滩涂开发利用等专题进行论证，编制完成并上报《广东中山翠亨新区区域建设用海规划》。

2015 年，市海洋与渔业局在全市范围内对 40 家涉海企业进行第一次海洋经济调查，建立涉海企业名录库。研究中山海洋经济产业结构现状和发展机遇，提出海洋经济产业政策。做好用海项目办理续期手续，至年底全市持有市级海域使用权证书的经营性用海项目共有 6 个，新办项目 2 个，续期项目 1 个。协助维护疏浚横门东出海航道审批申报工作；组织相关部门协商横门岛新建客运码头建设项目建设问题；协助办理中开高速横门西水道特大桥全长 5554 米、主桥全长 465 米的建设项目用海申请。完成对临时装卸点用海工程等 6 个项目沿岸码头工程项目进行监视监测工作。

【海洋生态环境加强保护】“十二五”期间，中山市加强海洋生态环境保护，加强入海排污口和近岸海域水质监测，对全市近岸海域利用进行科学规划；通过对全市海洋环境和渔业资源状况进行定期定点常规监测，向社会发布《中山市海洋环境质量公报》，营造良好海洋生态环境。2015 年，通过加强入海排污口和近岸海域水质监测，加强海洋环境监督管理、海洋生态修复、工程环境影响评估等措施，科学用海、保护海洋生态环境，全市有入海排污口 3 个。加强海域环境监测工作，实施中山市辖区近岸海域环境污染现状与趋势性监测以及陆源入海排污口监测工作，全年组织实施对 3 个陆源入海排污口的水质环境监测共 5 次，检测 150 项；分别对 2 个国控点和 4 个省控点的近岸海水水质监测各 2 次，检测项目共 154 项；对 1 个监测点 3 个层次的江河入海污染物总量监测 2 次，检测 48 项；对 2 个监测点的海洋沉积物质量监测 1 次，检测 22 项；对 1 个种类的海水增养殖生物质量监测 1 次，检测 11 项。

【渔业资源增殖放流活动】2014 年，投入财政资金 950 万元投放各类鱼种 3.7 亿尾，连续 33 年开展大规模增殖放流活动。2015 年，利用中央资金 50 万元与市级财政资金 85 万元，分别在金钟水库、港口镇、横栏镇、南朗镇等地方增殖放流 4157 万尾鱼苗。

【海监执法打击非法采砂】2011

年，中山市调整海监支队机构编制，增强行政执法力量，支队每月派出8名以上执法人员对辖区内海域进行不少于2次的全面巡查，组织“靖海2011”专项行动、清理滩边罟和“迷魂阵”及海洋环境保护等专项执法行动。全年开展海监巡航106天，陆上检查28天，出动执法船艇158艘次，执法车52辆次，执法人员679人次，检查用海项目17个，新增用海项目1个，已登记造册。开展珠江口海砂开采执法，查获非法作业4宗，全移交省海监总队处罚，罚款总额约65万元。2013年，共办理涉海违法案件8起，4起由支队立案查处，4起移交总队处罚，结案的4起案件共罚款20万元；针对非法采砂、圈海霸海、排污等违法用海行为组织专项执法检查共8次。

2014年，加强辖区海域海砂开采监管，10月3—17日，开展珠江口海砂开采监管执法行动。检查过程中，执法人员向采砂船宣传保护海洋环境的重要性和海砂开采相关法律法规，要求用海企业规范生产，对于新聘请的采砂船要及时向有关部门报备。该次行动中，中山支队对珠江口实施全面巡查3次，突击检查9次(其中夜间突击检查3次)，检查8家企业的采砂船89艘次。

【渔政支队获全国文明执法窗口】“十二五”期间，中山市切实做好渔政执法、渔业船舶检验、渔港监督管理、渔船船用产品质量专项治理行动各项工作，加大渔业船舶修造企业巡查力度，开展渔业安全生产、渔航、渔港安全检查行动，做好珠江禁渔及南海伏季休渔管理工作。2013年，全市推进18个镇渔政中队规范化建设，加强渔政执法装备，12个镇区渔政中队配备执法快艇，全部18个中队配备数码相机、现场执法专用记录仪。完成横门、大冲口渔港视频监控系统的升级改造，增加视频探头布点，增强视频信息存储，加快光纤传输速度。2014年，完善渔政市级支队、片区大队、镇区中队管理，在2013年为部分镇区配备快艇基础上，新增6艘渔政执法快艇，实现渔政执法快艇中山镇区水域全覆盖。开展对中队业务培训、分片区联合执法行动，提升18个镇渔政中队规范化建设水平。2014年7月15—16日，出动执法船中国渔政“44143”驻扎横门西水道，出动中国渔政执法快艇“44141-1”，对横门东（西）水道、龙横水道一带海域开展执法巡查。共检查可疑船只20艘，教育驱离涉渔“三无”（无船籍港、无船名号、无船舶证）船舶10艘，查扣无动力电鱼小艇，电鱼工具电池、电棒1套，清理滩边罟70米。

2015年，中山市加强渔业执法、渔政队伍建设、渔船基础管理和惠民服务工作，加大渔政执法和渔船安全管理力度。全年共查获违规渔船66艘，其中休渔期查获1艘无船籍港、无船名号、无船舶证的“三无”电鱼船并移送公安机关追究刑事责任，缴获违法工具一批；检查全市养殖场和种苗场366个，采集抽检样品共1085个，对3个孔雀石绿超标的样品立案。办结渔业类案件35宗，罚没款11.45万元。全年共登船检验渔船1194艘次，办理渔船年审签证1190艘。中山渔政支队被农业部授予“2015年渔业文明执法窗口单位”称号，成为全省渔业执法系统获评的唯一支队级单位。

【渔业安全生产隐患整改】“十二五”期间，中山市加强渔港及渔港水域安全监督管理，2013年，先后组织、参与大型安全生产专项行动6次，检查修造船厂13间，发现并督促整改安全隐患94处，全市渔船安全事故“零发生”。在渔船管理方面，2014年，登船检验渔船1300艘次，办理渔船年审签证1219艘；完成1189艘渔船的柴油补贴受理、审核、上报工作；落实渔船信息化管理工作，对全市现有的668艘海洋渔船进行全面普查和核实；开展安全生产大检查，检查渔船483艘次，修造船厂13间次，发出整改通知书8份。全市无渔船安全生产事故发生。

2015年，组织1200多人开展渔业安全生产培训，组织200人参加职务船员培训考证；组织开展渔船安全生产大检查，出动检查人员122人次、执法船艇39艘次，检查渔船234艘次，修造船厂3家，发出整改通知书2份，全部按要求完成整改。

【渔业科技推广培训交流】“十二五”期间，中山市开展水产科技培训交流，提高养殖户技能和素质。2011年，市海洋与渔业局协助各镇区举办水产健康养殖培训班36期，培训4000多人次。组织水产养殖户到市内市外考察参观学习水产健康养殖等技术86批次，人数1286人；开展水产养殖病害测报和防治工作，实施水生动物病害监测，在7个镇建立10个测报点，测报草鱼、鳜鱼、鳖、南美白对虾、罗氏沼虾病害，测报面积120公顷，占全市该5个品种养殖面积的1.38%。2013年，监测面积扩大到232公顷，监测涉及养殖品种15个；并落实60万元病害防治资金并扶持15家养殖场开展病害防治，支持养殖场购置水质分析仪器、病理解剖工具、微生物制剂等。2014年，加强市内外技术交流学习，先后组织坦洲等镇养殖户6批约300人次到珠海等地及市内各镇养殖示范基地就新品种引进、工厂化养殖模式、龟鳖养殖等开展技术交流学习，提升养殖技能。2015年调查全市水产新品种引进与推广情况，根据相关规定，对大鲵、中巨石斑鱼等 8 个品种进行补助；每个新品种按年度实际投资额的 30% 补助，最高补助 20 万元。

【惠渔支渔补助及时发放】“十二五”期间，中山市制定工作方案，确定柴油补贴范围、对象及补贴工作程序。要求已办理上年年审签证，持有合法、齐全、有效证件的捕捞渔船且符合《渔业成品油价格专项资金管理暂行办法》有关规定的渔船纳入补助范围，辅助渔船不得作为补助对象。2013 年，中山市受理 1187 艘渔船的 2012 年度渔业柴油补助申请，补贴总功率 15363.9 千瓦，补贴总用油量 6087.58 吨。10 月 28 日，2012 年度全市渔业柴油补助全部发放到渔民个人账户，总额 2364.18 万元。

2014 年，市海洋与渔业局分别在黄圃镇马安村、民众镇义仓村、神湾镇竹排村、大冲口渔政大队、横门渔政大队、港口镇群众社区及市海洋与渔业局办证大厅 7 个地方设点受理休（禁）渔补助申请，受理渔船补助申请 1189 艘。

2015 年，核定全市 2014 年应发渔用柴油补贴渔业船舶 1193 艘，总功率为 15561.1 千瓦，补贴总用油量为 6114.75 吨，核定补助资金总额 2564 万元。完成 2014 年度 1098 艘渔船 2222.8 万元的渔业油价补助发放工作，剩下的 95 艘渔船因船证不符而整改，虽公示油补，但执行上级要求暂缓发放。至 2015 年底，受理 1190 艘渔业船舶的年审签证，总功率 15956.4 千瓦，其中海洋渔业捕捞船舶 669 艘、总功率 11686.8 千瓦，内陆捕捞渔船 498 艘、总功率 3623.6 千瓦，渔业辅助捕捞船 23 艘（其中 1 艘内陆）、总功率 646 千瓦。2015 年，完成 1193 艘渔船的柴油补贴受理、审核、申请资格公示工作，发放 1098 艘渔船 2222.8 万元油价补助。

做好珠江禁渔及南海伏季休渔管理工作，开展 2015 年度渔业船员休（禁）渔生活补助受理、公示工作，于 10 月下旬为符合中山市 2015 年度休（禁）渔补助申请资格的 1140 艘渔船的 2188 名船员发放补助 294 万元。

开办船员人身平安互助保险业务，结合渔船检验、年审签证、船员培训、安全检查等工作开展互助保险业务宣传，调动渔民参保积极性。至 2014 年底，全市共有 2324 人参加人身平安互助保险，缴纳保险费 107.3 万元；54 艘渔船参加渔船财产保险，缴纳保险费 3.64 万元。2015 年共组织全市 1174 艘渔船 2265 名渔民参加政策性渔业人身平安互助保险，渔民自付保险费 819715 元，市财政补贴 597635 元，保险金额达 5.4795 亿元。全年渔民发生意外事故 5 宗，结案 2 宗，理赔金额 11000 元；持续全面落实各项惠渔政策。

江门市

【市情概览】江门市位于广东省中南部，珠江三角洲西部，1983 年设立地级市。2015 年辖蓬江区、江海区、新会区，代管台山、开平、鹤山、恩平 4 个县级市（史称“五邑”），另设国家级高新区 1 个。土地面积 9504 平方千米（其中市区面积 1786 平方千米）。年末常住人口 451.95 万人，户籍人口 391.41 万人。江门是全国文明城市和综合经济实力百强城市，2015 年全市生产总值 2240 亿元。

江门是“中国第一侨乡”，祖籍江门的海外华侨、华人 231 万人，遍布全球 100 多个国家和地区，还有港澳台同胞 165 万人。江门历史悠久，土特产有江门排粉、新会陈皮、鹤山古劳面豉、开平马冈鹅、台山黄鳝饭、恩平濑粉等，是中国锦鲤之乡。主要旅游景点有开平碉楼与村落、江门星光园、新会小鸟天堂、开平立园、台山川岛、恩平温泉、鹤山大雁山风景区等。江门咸水歌、禾楼歌、木鱼调等民歌淳朴清丽。其中以建筑最能体现五邑文化的地域特色。遍布新会、台山、开平、恩平等地的五邑碉楼，完美地融合中国传统文化与世界先进文化。2007 年 6 月 28 日，“开平碉楼与村落”被联合国教科文组织列入《世界遗产名录》，成为广东省首个世界文化遗产、中国首个华侨文化世界遗产。

江门滨江临海，环境优美，先后获得中国优秀旅游城市、国家园林城市、国家卫生城市、国家环保模范城市、中国人居范例奖称号。

【海洋资源】江门市领海基线以内海域面积 2886 平方千米；大陆海岸线长 414.8 千米，占全省的 1/10；海岛岸线长 356.2 千米，占全省的 1/7；共有大小海岛 260 个，数量位居全省第二，海岛总面积 249.97 平方千米。其中，有居民海岛 6 个，无居民海岛 255 个。面积大于 500 平方米的海岛 101 个，面积大于 1 平方千米的海岛 9 个。上川岛面积 137.15 平方千米，下川岛面积 81.07 平方千米，分别为全省第二、第六大岛，并双双入选广东省“十大美丽海岛”。江门市海域广阔，岸线延绵曲折，拥有丰富的港口资源、浅海滩涂资源和滨海旅游资源。银洲湖、广海湾、川岛等海域具备建设深水良港的条件，其中乌猪洲可建设 30 万吨级以上深水码头，崖门航道是西江黄金水道的出海通道；水深小于 5 米的浅海滩涂面积约 140 平方千米，适合围填海和发展滩涂养殖业；沿海区域可供旅游开发利用的优质沙滩20多处，约64千米，并拥有奇石山林、渔港风情、文史古迹等多种类型的旅游资源，形成别具风格的亚热带风光的滨海旅游资源。

【渔业资源】 江门市海域水质好，海洋生物资源丰富，是多种经济鱼、虾、贝、藻类的繁育场，也是省内从事水产捕捞和养殖生产的理想区域。浮游动物在春、秋两季出现有11个类群72种；底栖生物约140科364种，其中软体动物52科129种，甲壳动物28科139种，是全省软体动物和甲壳动物的主要分布区域之一。软体动物的主要种类有近江牡蛎、泥蚶、毛蚶、棒锥螺、光滑河蓝蛤、壳肌蛤、文蛤、巴非蛤、翡翠贻贝、泥东风螺、鲍等。甲壳动物的主要种类有墨吉对虾、日本对虾、近缘新对虾、刀额新对虾、周氏对虾、锯缘青蟹、远海梭子蟹、锦绣龙虾和日本龙虾等。游泳生物主要以经济鱼类为主，约有98种，分别隶属于10目41科71属。经济价值较高或群体较大的鱼类有红笛鲷、带鱼、鳓鱼、蓝点马鲛、银鲳、长尾大眼鲷、鲐鱼、蓝圆、海鳗、青石斑鱼、梭鱼、金线鱼、黄鳍马面、黄鲫、龙头鱼、黄斑篮子鱼、斑鳐、灰星鲨、燕鳐鱼、四指马鲅、宝石石斑鱼、短尾大眼鲷、银方头鱼、黄鲷、六齿金线鱼、小公鱼等。全市共有渔港4个，渔船近5000艘，水产养殖面积66229公顷。

【海洋经济是经济新增长点】 “十二五”期间，江门市认真贯彻《广东海洋经济综合试验区发展规划》和广东省委、省政府关于建设海洋经济强省的决策部署，主动对接国家“一带一路”和省“珠西战略”，成立大广海湾经济区，出台《关于加快建设海洋经济强市的实施意见》，设立海洋经济发展专项资金5000万元，全力开启海洋经济发展新引擎，呈现出顶层有设计、政策有扶持、发展有平台、产业有聚集、转型有成效的良好势头。目前，全市基本形成以临海先进装备制造业、海洋船舶工业、临海电力产业、滨海旅游业、海洋渔业为主导的现代海洋产业体系，“一湖”（银洲湖）、“两岛”（上、下川岛）、“三湾”（银湖湾、广海湾、镇海湾）的海洋经济发展空间潜力巨大，一批临海工业园区、产业基地及重大项目正在加快建设。2015年，江门市海洋经济总产值达948.03亿元，海洋经济增加值达361.02亿元（约占全市GDP的16%），比2014年分别增长10.5%、10.6%。海洋经济已成为江门市经济的重要组成部分和新的增长点。

【海洋产业重在先进装备制造】 “十二五”期间，江门市形成了一批临海工业园区，加快推进产业基地和重大项目的建设，基本形成以临海先进装备制造业、临海电力产业、滨海旅游业、海洋渔业等为主导的海洋产业体系。

临海先进装备制造业。广东轨道交通产业园累计完成投资47亿元，以南车公司为依托组建了轨道交通装备工程技术研发中心，广东南奥、广润轨道、格兰达3家配套企业投产，中车空调项目主体工程完工；广东中小型船舶及配套产业基地已形成造船、修船、拆船及船务配套一体化的产业格局，已吸引南洋船舶、双水拆船厂等20多家造船企业落户；台山清洁能源（核电）装备产业园获省批准纳入江门产业转移工业园，已签约项目14个，投资总额近65亿元。

临海电力产业。国华台电一期5×60万千瓦机组、二期2×100万千瓦机组全部建成投产；台山核电一期2×175万千瓦机组工程进展顺利，累计完成投资692亿元，为总投资的94.5%，1号机组全面进入系统联调阶段，2号机组核岛安装处于高峰，电网及输变电工程加快建设；川岛风电项目已投入使用，广海、端芬等镇的风电项目正在抓紧建设中；新会电厂、双水电厂“上大压小”等项目也正在加快实施。全市滨海能源项目规划总装机容量近2000万千瓦，占全省总装机容量的近1/4。

滨海旅游业。形成以川岛旅游度假区、赤溪半岛铜鼓旅游区、北陡浪琴湾旅游区、宋元崖门海战文化旅游区等为代表的滨海旅游产业，2015年全市旅游总收入339.62亿元，同比增长21.73%；江门市旅游业第三产业增加值为152.83亿元。

【大广海湾经济区四大重点】 2013年12月31日，广东省政府常务会议审议通过了《广东江门大广海湾经济区发展总体规划（2013—2030年）》，标志着大广海湾经济区的开发建设上升到省的战略层面。随着大广海湾经济区规划建设的稳步推进，以银洲湖、银湖湾、广海湾、川岛为启动区和核心区的海洋经济空间布局逐步清晰，各重点区域发展势头良好。

银洲湖重点打造珠三角先进制造业发展示范区，轨道交通、船舶工业、集装箱制造等装备制造业发展迅速，规模以上工业总产值占大广海湾经济区的65%左右，是引领大广海湾经济区发展的龙头。

银湖湾重点打造高端商务休闲旅游区，和黄集团投资21亿元建设游艇休闲度假区，总投资30亿元的B区滨海旅游项目正加快推进，保利集团投资超100亿元的滨海旅游项目已签订框架协定。

广海湾重点打造临港产业集聚区，引进总投资600亿元的华电LNG综合开发利用项目、总投资16

亿元的安托山工业园、总投资 100 亿元的巴德富精细化工等一批重大项目。

川岛重点打造高端滨海旅游度假区，先后被评为国家 4A 级旅游区、广东省滨海旅游示范区和广东省“十大美丽海岛”，正从地方旅游品牌向全国知名品牌跨越。2015 年上岛游客达到 116.6 万人次，同比增长 3.89%，旅游创收 6.76 亿元，同比增长 4%。

【渔业大市向渔业强市转变】“十二五”期间，江门市出台《江门市加快建设现代农业强市工作纲要（2015—2020 年）》和《江门市加快建设现代渔业强市的实施意见》，以转型发展海洋捕捞业、做大做强水产养殖业、加快发展水产品加工流通业、扶持发展特色休闲渔业为重点，推动该市从渔业大市向渔业强市转变。2015 年全市水产品总产量 78.47 万吨，水产品总产值 135.53 亿元，渔业经济总产值 188.08 亿元，渔民人均纯收入 15562.8 元，比 2014 年分别增长 5.2%、7.3%、7.5%、10.1%。其中水产品总产量、总产值分别在省内排名第三、第四，水产品总产值约占全市农业总产值的 39%。

水产品加工流通业方面，投资 1.6 亿元的江门市振业水产有限公司罗非鱼加工厂和蓬江区五邑水产批发市场、江海区江南水产批发市场、开平市大润水产品批发市场相继建成投产，其中，江门市振业水产有限公司罗非鱼加工厂年产值超 5 亿元，是全国最大的罗非鱼加工企业之一；蓬江区五邑水产品批发市场占地面积 3200 平方米，成为全市最大的水产品批发零售市场和海鲜食街。

【海洋捕捞生产转型发展】“十二五”期间，江门市继续引导渔民淘汰木质旧渔船，新造大功率钢质渔船，发展南沙捕捞业和中深海捕捞业，推动海洋捕捞业转型升级。在全省地级市中率先出台扶持渔民建造大功率钢质渔船的补贴政策，落实补贴资金 500 万元，并积极引导帮助渔民申报国家和省的渔船更新改造补助项目，有效地调动了渔民“造大船、闯深海”的积极性。渔船更新改造步伐的加快，有效地推进了海洋捕捞产业结构和作业方式的调整。2013 年，江门市新造 300 千瓦以上大功率钢质渔船 7 艘，其中南沙围网渔船 2 艘。虽然“9·29”台山渔船遇险事件重创南沙捕捞业，但全市海洋捕捞业仍保持相对稳定的发展态势。2014 年，江门市各级渔业主管部门积极争取上级的政策、项目和资金扶持，加快渔船更新改造的步伐，推动南沙渔业和中深海捕捞业发展壮大。据统计，全市共投入资金约 2.3 亿元，新造大功率钢质渔船 25 艘，其中南沙生产骨干渔船 10 艘、大功率拖网渔船 15 艘。至 2015 年，全市累计建造大功率钢质渔船 90 多艘，拥有全省规模最大、效益最好、影响力最大的南沙捕捞船队，深海拖网、灯光围网、灯光罩网作业渔船在全省占有举足轻重的地位，远洋渔业取得零的突破，首家远洋渔业公司成立，组建远洋船队赴马来西亚海域生产。

【水产养殖突出地方特色】“十二五”期间，江门市推动水产养殖业向规模化、标准化、工厂化方向发展。2014 年，全市标准化整治低产鱼塘（咸围）1333 多公顷（2 万多亩）；新建南美白对虾、河鲀鱼、台湾泥鳅等规模养殖基地 5 个；工厂化养殖取得突破，台山市阿波罗水产养殖有限公司从新加坡引进先进的水循环系统先进技术，全国领先；同年 11 月 20 日，江门市顺利通过“中国锦鲤之乡”命名复审，并与中国渔业协会签署合作框架协议，继续合作举办三届中国（江门）锦鲤博览会。11 月 21—23 日，江门市政府会同中国渔业协会在江门市五邑华侨广场会展中心举办第三届中国（江门）锦鲤博览会，吸引全国各地 120 多家锦鲤养殖场及相关企业参展，60 多家外省采购商到场采购，交易额超过 1 亿元。至 2015 年，全市已形成沿海海水养殖、西江流域淡水养殖、潭江流域淡水养殖三大养殖产业带，培育了鳗鱼、南美白对虾、牡蛎、青蟹等一大批名优特品种，其中鳗鱼养殖面积约 6 万亩，年产量约 5 万吨，年产值约 30 亿元，是全国最大的鳗鱼养殖和出口基地，“台山鳗鱼”获评“国家地理标志产品”。江门市也是全国最大的锦鲤养殖基地之一，全市拥有锦鲤养殖企业超百家，养殖规模 1333 多公顷（2 万多亩），年产商品锦鲤 1500 万尾，年交易额近 3 亿元。先后举办了三届中国（江门）锦鲤博览会，形成集品种选育、种苗生产、规范养殖、市场营销以及饲料生产、水族器材等一条龙服务的具有江门特色的锦鲤产业。

【渔业基本建设步伐加大】“十二五”期间，江门市加快渔船、渔港、鱼塘等渔业基础设施建设，进一步夯实现代渔业发展基础。大力扶持渔船更新改造，在全省沿海地级市中率先出台扶持渔民建造大功率钢质渔船的补贴政策，落实补贴资金 500 万元，并积极引导帮助渔民申报国家和省的渔船更新改造补助项目，“造大船、闯深海”。截至 2015 年底，全市累计建造大功率钢质渔船 89 艘、总功率 35674.7 千瓦，分别占海洋捕捞渔船总数和总功率的 3.2%、23.9%。同时，积极争取上级支持，加快渔港建设步伐，总投资约 3500 万元的新会崖门国家一级渔港建设项目建成并投入使用，可满足600多艘大中型渔船停泊避风和后勤补给。台山广海国家二类渔港建设项目已立项。还完成台山沙堤渔港申报国家中心渔港、横山渔港申报国家一级渔港，以及台山沙堤、横山、广海3个渔港和烽火角避风锚地申报省现代渔港建设项目的有关工作。崖门、沙堤渔港获评“全国文明渔港”。采取财政补贴、项目带动的方式，积极开展低产鱼塘（咸围）标准化整治示范工程，“十二五”期间共标准化整治低产鱼塘（咸围）约6667公顷（10万亩）。

在北街建立江门市海洋与渔业执法暨应急救援公务码头，添置海域监管船、渔政执法船、渔政执法快艇各一艘，执法装备能力大大提升。江门市水生动物防疫检疫站先后完成锦鲤工厂化繁育基地、循环水工厂化水产养殖示范场、水生动物疫情监测中心等6个项目建设，基地面貌焕然一新，示范带动和服务保障能力日益增强。江门中华白海豚省级自然保护区建成集科普宣教、海豚救护等7大功能于一体的综合大楼，新造小型科研调查船一艘，保障了中华白海豚保护工作的有效开展。制定《江门市数字海洋与渔业建设规划》，完成海域使用动态监视监测管理系统、重点海域视频监控系统、渔港视频监控系统、渔业安全生产通信指挥系统升级改造、海洋经济运行监测与评估系统、低能耗智能化水产养殖管理系统、保护区数字化监测与管理平台等项目建设，实现对重点海域、渔港、渔船、保护区的动态监控。

【水产品质量安全监管有效】“十二五”期间，江门市高度重视水产品质量安全工作，不断完善水产品质量安全监管体系。完成全市水产养殖单位普查和登记备案，建立养殖单位动态管理数据库，大力推进水产品标识管理工作，探索建立鲜活水产品产地溯源制度，为实现水产品质量安全可追溯奠定基础。同时，大力推广标准化养殖和健康养殖模式，加大水产品质量安全宣传教育、抽样监测和执法检查力度，共创建农业部水产健康养殖示范场7个、广东省水产养殖质量安全示范场22个，举办水产品质量安全培训班35期、培训从业人员3800多人，抽检养殖水产品、苗种、贝类、流通水产品等样品2255个，查处药残超标等案件21宗。5年来全市没有发生水产品质量安全事故。

【渔业行政突出审批管理】“十二五”期间，江门市加强渔业行政审批管理。严格执行捕捞许可管理制度，加强海洋、内陆捕捞渔船“双控”指标管理，2015年签发渔业捕捞许可证336本，严格控制在农业部和省下达的“双控”指标内。规范水产养殖管理，切实做好养殖证发放工作，截至2015年底累计发放水域滩涂养殖证1181本，发证面积30849.62公顷。

【海洋综合管理突出规划】“十二五”期间，江门市围绕服务大广海湾经济区开发建设和海洋经济发展，不断强化海洋规划编制、海域使用管理和海岛保护管理，着力提升海洋综合管理水平。海洋规划编制方面，先后出台了《江门市海洋经济发展“十二五”规划》《江门市海洋经济发展规划（2011—2020）》和《江门市海岛保护规划》，完成了市、县两级海洋功能区划修编和《江门市集中集约用海规划》编制工作，开展了全市海岸线资源调查和台山王府洲等7个无居民海岛资源环境调查，为科学开发利用海洋资源、指导协调海洋经济发展提供了指引。

海域使用管理方面，积极开展“海域使用直通车”试点工作。海域使用权证融资贷款取得突破，2014年工商银行江门分行向台山广海湾工业园区提供8亿元的用海项目贷款额度，成为广东省海域使用权证大额贷款的首例；严格执行海域使用管理“三项制度”，把好项目用海审批关，做好重点建设项目用海服务保障工作，截至2015年底，全市已确权海域使用权证书128本，用海面积约4131.0306公顷；加快实施新会银湖湾和台山广海湾区域建设用海规划，广海湾累计处置香港惰性拆建物料8673万吨，堆填陆域面积750公顷。

海岛保护管理方面，完成围夹岛领海基点整治修复工程以及海岛地名普查和标志立碑任务，台山神灶岛等7个海岛被列入全国首批可开发利用的无居民海岛名录，上、下川岛入选广东省“十大美丽海岛”，王府洲入选广东省“十大美丽海岸”。

【海洋资源环境保护管理】“十二五”期间，江门市海洋强化资源环境保护管理，全市海洋与渔业环境质量总体保持平稳。

强化海洋污染防治。严格贯彻执行海洋工程建设项目环境影响评价制度，按照“三同时”（即环保设施必须与主体工程同时设计、同时施工、同时投产）的要求，督促工程单位落实各项环保措施，防止产生新的污染源，增加海洋环境保护的压力。每年组织开展陆源入海排污口监测，2015年共设排污口监测站点4个，先后进行6次抽样监测，及时通报检测结果，督促有超标排放情况的企业及时整改。

强化海洋环境监测。经过多年努力，江门市海洋与渔业环境监测站具备计量认证、渔业污染事故调查鉴定丙级、农产品检测机构认证、海洋测绘丁级等资质，监测能力扩充至110项。“十二五”期间，共设立监测站位245个，抽取水质、生物、沉积物样品约1600个样品，检测水质、生物、沉积物、水文等4大类要素30000多项次，每年编制发布海洋与渔业环境状况公报。此外，还开展了海上核辐射监测专项，为台山核电站即将投产运行做好周边海域生态环境监测保护工作。

【渔业资源保护生态修复】“十二五”期间，江门市强化渔业资源保护地生态修复。累计投入资金4330万元，在台山海域建成人工鱼礁4座和海洋牧场示范区，投放礁体4231个，种植海藻6.7公顷（100亩），配套建设市级种苗基地1个、警示牌4个、标志牌12个、执法快艇3艘。渔业资源调查结果显示，人工鱼礁和海洋牧场附近海域海洋生物数量大幅度增加，集鱼效果明显，对海洋生态修复和保护有显著作用。同时，加强海岸带生态整治修复，完成广海湾烽火角、镇海湾横山渔港、黄茅海东滘河冲口河等入海口海域和银湖湾新洲围海岸生态修复工程。

江门市大力加强自然保护区建设，2012年建立潭江广东鲂国家级水产种质资源保护区，全市海洋与渔业类保护区增至4个，保护区总面积达614平方千米。江门中华白海豚省级自然保护区的宣教、管护、科研等工作全面加强，举办了“江门中华白海豚杯”诗书画摄影比赛，出台了《中华白海豚自然保护区管理办法》，与国家海洋三所和华南师范大学共建科研基地，中华白海豚保护工作逐步走上规范化、法制化的轨道。

“十二五”期间，江门市加大渔业资源增殖放流力度，在市区江滨公园建立永久性放生台，每年组织开展大规模的增殖放流活动，共投入资金815.3万元，放流各类海、淡水种苗28066.9万尾，取得良好的经济、生态和社会效益。

【海监定期巡航专项执法】江门市通过签署《珠中江海洋与渔业行政执法协作协议》，建立珠中江海洋与渔业行政执法协作机制，强化海洋监察执法，规范用海行为。严格执行《海监执法“三巡”制度》，坚持每月对辖区内近岸海域巡查不少于2次，促进执法工作常态化、规范化。组织开展“碧海”“海盾”“海岛保护定期巡航”等专项执法行动，严厉查处非法用海用岛、非法开采海砂以及破坏海洋生态环境等违法违规行为。“十二五”期间，共查处“碧海”案件36宗，海洋倾废案件6宗，海域使用类案件16宗，海岛开发利用类案件1宗，收缴罚款760.21万元。先后选派3批次共18名渔政人员参加南海护渔维权行动，均出色完成护渔维权任务，受到上级有关部门的充分肯定和表扬、表彰。

【渔政执法严查违法违规】“十二五”期间，江门市加强渔政执法队伍建设，规范渔政执法行为，严厉查处各类渔业违法违规案件。5年来，共检查渔船29841艘次，查处非法捕捞等案件1877宗，罚款822.87万元；检查水产养殖企业3407家，查处违反水产品质量安全规定案件22宗，罚款11.12万元；检查水生野生动物经营利用单位场所1971家，查处违反水生野生动物保护规定案件9宗，罚款3.04万元。严格贯彻执行珠江禁渔、南海伏季休渔制度，禁渔、休渔期秩序良好，没有发生渔船集体偷捕行为，渔区社会稳定和谐。

【渔业安全生产监管到位】“十二五”期间，江门市认真落实渔业安全生产“一岗双责、党政同责、失职追责”制度，狠抓渔业安全生产监管。成立市安委会海洋渔业安全专责小组，印发《关于加强渔船安全监管工作的意见》，建立健全渔业安全生产培训宣教、检查督查、渔船跟帮生产等规章制度，推进渔船安全生产基层组织化建设和“渔村通”项目建设，进一步落实渔业安全生产责任，完善渔业安全监管机制。完成西南沙渔船安全专项整治，较好地解决了西南沙渔船携带汽油出海生产、超航区生产等安全隐患。完成渔业安全生产通信指挥系统升级改造及船载终端配备工作，全市海洋渔船共配备北斗卫星定位系统421部、AIS避碰设备871台、移动通信终端1343台，实现渔船实时监控、即时通信和船位识别，提升渔船安全监管信息化水平。举办船东、船长安全生产培训班和渔业船员上岗资格培训班81期，培训12500多人次。完成新建渔船初次检验294艘，年度检验24520艘次。开展全市渔业安全生产大检查，共检查渔船4470艘次，发现一般隐患渔船2453艘次，全部整改到位。加强应急管理能力建设，成立24小时应急值班室，建立健全三沙生产渔船防御热带气旋等7个应急预案和应急值班室防风工作指南，5年来共组织防台29次，参与海难救助55起，救助渔船22艘，救助渔民173人。新会区被农业部、国家安监总局评为首批“全国平安渔业示范县”。

【海洋环境预报与防灾减灾】“十二五”期间，江门市稳步推进海洋防灾减灾工作，与国家海洋局南海预报中心合作建设全市海洋环境预报及灾害应急预警系统，开通海洋预报信息网，并通过《江门日报》每天向公众发布海洋预报信息，为海洋经济发展和渔业安全生产提供优质服务。每年组织开展海平面变化影响调查评估，建立海平面影响调查数据库，为海洋防灾减灾和海洋领域应对气候变化提供基础数据和决策依据。

【渔业技术推广力度加大】“十二五”期间，江门市加强海洋与渔业技术推广及水生动物防疫检疫的机构、队伍、能力建设，积极开展水产技术推广及水生动物防疫检疫工作。5年来共举办各类水产技术培训班16期，培训从业人员1020人，开展渔业科技下乡活动82次，推广新品种、新技术养殖面积2333公顷（3.5万亩）；实施水产苗种产地检疫制度，检疫水产苗种12批次共3300万尾；完善全市水产养殖病害测报网络，建立27个测报点，完成水生动物重大疫病监测采样送检1310个。

【惠渔补贴按时发放渔民】“十二五”期间，江门市落实各项惠渔政策。共组织发放渔业柴油补贴资金102798.7万元，领取补贴渔船17216艘次；发放休（禁）渔补贴资金733.7万元，领取补贴渔业船员5134人次；实施渔民安居工程71户，发放补贴资金112.5万元；举办转产转业渔民技能培训班10期，培训渔民670人；扶持建立渔业专业合作社15个，发放补助资金54万元；提高渔民、渔船参加政策性渔业保险覆盖面，参保渔民18855人次，参保渔船1900艘次，发放补助资金403.4万元。较好地解决了渔民群众的生产生活困难，促进了渔业增效、渔民增收和渔区稳定。

【海洋文化宣传形式多样】“十二五”期间，江门市加大海洋与渔业文化宣传力度，制作了海洋经济宣传片《打开江之门》，联合省、市社科院举办题为“开启江门海洋经济发展新引擎”的“广东智库论坛”，会同《中国侨都》杂志社编发《海洋专刊》和《锦鲤专刊》，联合江门日报社策划“江门海洋经济发展巡礼”等大型宣传报道活动，还组织各主流媒体开展“海洋宣传日”、锦鲤博览会、“休渔放生节”等一系列的专题报道，为建设海洋经济强市和现代渔业强市凝聚共识、营造氛围。

二、粤东沿海地级市

汕头市

【市情概览】汕头市位于广东省东部，韩江三角洲南端，北接潮州，西邻揭阳，东南濒临南海，地处韩江、榕江、练江出海口。总面积2198.7平方千米，全市地貌以三角洲冲积平原为主，占全市面积的63.6%，是粤东最大的平原。汕头是近代中国最早对外开放的港口城市和著名商品集散地，历来是粤东、赣南、闽西南一带的重要交通枢纽、进出口岸和商品集散地，素有“华南之要冲，粤东之门户”的美称。汕头是全国著名的侨乡，祖籍汕头的海外华人、华侨和港、澳、台同胞340万人。潮汕文化融合了中原文化和海洋文化之精髓，汕头市也是“中国潮菜之乡”，潮菜、潮汕小吃、潮汕工夫茶享誉海内外。

汕头市原为一个海边渔村，明清时易名为沙汕头，随属澄海。1861年根据中英《天津条约》，汕头正式开埠作为对外通商口岸，清政府改汕头港为汕头埠。1921年，汕头市政厅成立，与澄海分治。1950年3月成立汕头市人民政府；1983年12月撤销汕头地区，原地区所属8县1市并入汕头市，实行市管县制；1991年11月，潮汕行政区域调整，汕头、潮州、揭阳分设地级市。经国务院批准，1981年在龙湖区试办经济特区，范围1.6平方千米；1984年11月特区区域面积扩大为52.6平方千米，分龙湖和广澳两片区；1991年特区区域扩大到整个汕头市区，面积234平方千米；2011年5月特区范围扩大到全市，面积2064平方千米。2015年，汕头市辖金平、龙湖、澄海、濠江、潮阳、潮南等6区和南澳县，另设立汕头保税区、汕头高新区和华侨经济文化合作试验区（汕头海湾新区）；年末全市常住人口555.21万人，户籍人口550.46万人。人口密度为每平方千米2526人，人均耕地面积87平方米（0.13亩）。2015年全市一般公共预算收入131.03亿元，增长5.8%；民营经济增加值1304.44亿元，增长9.1%，占GDP的71%。

【海洋资源】汕头市区及所辖县均临海洋，领海基线内海域面积2570多平方千米，纳入汕头市海洋功能区域工作面积1万平方千米，是陆域面积的5倍之多。汕头海岸线曲折，岛屿多。大陆海岸线长达217.7千米，大小岛屿180个，海岛岸线长167.37千米，最大的海岛是南澳岛，岛西部高峰海拔587米，是汕头的最高峰。南澳岛也是广东省唯一的海岛县，周围有南澎列岛、勒门列岛、凤屿、虎屿等。

汕头距香港187海里，距台湾高雄214海里，位于太平洋西海岸国际航线和我国南北航线要冲，是东南沿海重要的港口城市，是广东省距台湾最近的城市，是连接珠三角经济区和海峡西岸经济区的重要发展极。全市可供开发的港口有103处，2015年全市港口万吨级以上泊位19个，年设计通过能力3443.5万吨，其中集装箱年通过能力76万标箱。汕头港建港条件优越，是全国25个沿海主要港口之一，港口岸线约68.5千米，已开发利用约10.6千米。拥有广澳湾、海门湾、烟墩湾等一批自然水深大、泥沙回淤轻微、靠近国际航线、掩护条件好的优良岸线，具备建设10万吨级集装箱码头、15万吨级煤码头、30万吨级原油码头等大型深水码头的条件。

汕头滨海旅游资源独特，“海、史、庙、山”旅游特色突出，自然景观以海湾、海滩和岩洞为主，开发前景十分广阔。汕头滨海盛产海盐。

【渔业资源】 汕头市地处海滨冲积平原之上，东南部沿海沿出江口处为冲积平原或海积平原和海蚀地貌以及港湾和岛屿的分布。韩江、榕江、练江的中、下游流经市境，三江出口处成冲积平原。汕头市沿海有多处港湾和大片浅海滩涂，10米等深线内浅海滩涂面积495平方千米，可利用面积312平方千米，适宜海水养殖；还有200米等深线内渔场面积5.3万平方千米。

汕头海域有浮游植物202种，浮游动物87种、鱼卵和仔稚鱼54种，底栖生物442种、潮间带生物482种，拥有丰富的海洋生物资源。近海已知的鱼类有471种、虾蟹类17种、贝类30多种、藻类近20种。海、淡水产品十分丰富，最名贵的有鳗鱼、石斑鱼、鲳鱼、马鲛、对虾、膏蟹、梭子蟹、鱿鱼、牡蛎、紫菜等。选用丰富海鲜为主要原料的潮州菜，以其用料考究、制作精巧、美味独特而风靡海内外。以牛肉丸、猪肉丸、鱼丸“三丸”和蚝烙等为代表的风味食品，脍炙人口。

【海洋经济科学持续发展】 “十二五”期间，汕头市贯彻落实《国家海洋事业发展规划纲要》《广东省海洋经济综合试验区发展规划》和广东省加快发展海洋经济的战略部署，先后制定实施《汕头市海洋经济发展试点工作方案》《汕头市海洋经济发展“十二五”规划》和《汕头市海洋综合开发计划》，坚持改革创新，深化海洋综合开发，加强海洋资源环境保护，提高海洋管控能力，促进海洋经济科学发展。2015年，全市海洋产业总产值436.46亿元，同比增长11%。其中，海洋渔业104.51亿元、临海工业68.29亿元、海洋交通运输业3.5亿元、滨海旅游业260亿元。

【海洋产业形成四大体系】 “十二五”期间，汕头市海洋经济体系逐步向现代高端、高产、高效、生态、科技的方向发展，海洋经济产业结构不断优化，从单一的传统海洋产业向传统海洋优势产业、海洋战略性新兴产业、现代海洋服务产业等方向全面发展转变。高端海洋旅游业、海洋交通运输业、现代海洋渔业、临海工业等取得不断发展；海洋生物医药业、海洋可再生能源加快培育发展，并取得一定成效；海洋金融服务业、海洋文化产业、海洋信息服务业、游艇娱乐业等现代海洋服务业逐步显现经济规模；“海上丝绸之路”品牌创建、“南澳1号博物馆”建设等海洋文化产业所取得的成效也尤为突出。

汕头市海洋产业基本形成海洋渔业、临海工业、海洋交通运输业、滨海旅游业等4大体系。2015年，推进一批重点港口建设项目。华能海门电厂煤炭中转基地码头和一期工程码头投入运营，接靠10万吨级煤船；华能汕头电厂重件码头改造工程已经建成并试投产，新增通过能力188万吨；华南地区最长最深最大的外海防波堤汕头港广澳港区防波堤工程建设进展顺利，工程累计完成投资9.4亿元，外东防波堤工程建设进展顺利，工程累计完成投资9.4亿元，外东防波堤堤身主体推进至1199米，西防波堤堤身主体推进至3730米；2015年9月广澳港区2万吨级石化码头和10万吨级集装箱码头等重点项目开工建设。

【海湾新区“一核三区”建设】 “十二五”期间，汕头市大办沿海工业园区。2013年，汕头以规划建设海湾新区为重点，按照港口、城市、海岛一体化发展的总体思路，推动形成“一湾两岸”城市核心圈、“一核三区”的空间开发总体格局；“一核”指华侨经济文化合作试验区，集聚发展金融商务、企业运营、会展交易、文化创意等产业，打造成为海湾新区最具活力和竞争力的核心区，成为提升汕头现代化城市形象的标志性区域。“三区”指南部临港产业区、北部新兴产业区、南澳生态旅游区，是功能各有侧重、开发协调互动的三大功能区。

南部临港产业区。位于达濠岛，区域面积约98平方千米，包括濠江科教创新组团和广澳临港产业组团，依托广澳港、保税区建设中国东南沿海地区重要的临港物流和综合保税物流区。

北部新兴产业区。位于汕头东北部，区域面积约220平方千米，包括“中国锆城”组团、六合新兴产业组团和粤东物流新城组团。依托“中国锆城”建设国家级锆产业集聚区，依托六合新城发展装备制造、节能环保、海洋生物等新兴产业，建设汕头新兴产业集聚区；依托粤东物流新城，建设区域性物流中心和物流企业总部基地。

南澳生态旅游区。区域面积约120平方千米，重点加强南澳岛旅游基础设施建设，发展度假旅游等高端旅游业态，全力打造成为华侨的休闲度假胜地。

至2015年，海湾新区建设全面启动，东海岸新城累计投资近110亿元，基本完成围海造地工程，形成陆域面积20平方千米、海堤24千米；全市海洋产业规模不断扩大发展，一系列土地一级开发和中轴线景观工程、潮汕历史文化博览中心建设项目启动，南澳被认定为省滨海旅游产业园，高端滨海旅游度假区等配套设施不断完善。

2015年9月，国务院批复同意在汕头设立“华侨经济文化合作试验区”；12月8日，华侨经济文化合作试验区管理机构在汕头市举行揭牌仪式，正式开始运行。华侨经济文化合作试验区处于汕头市区核心地带，地处广东省汕头市东部，是汕头海湾新区的核心区域。这是全国唯一的专门与海外华侨、华人开展经济文化合作的试验区，是全国第一个以“华侨”和“文化”为核心概念的国家发展战略平台，其定位超乎了以往各类经济区、试验区主要针对境外一地区、一领域的局限，广开胸襟，面向全球华人华侨、侨资侨力，其发展空间不可限量，将是中国对外开放凝聚侨心、汇集侨智、发挥侨力的重要战略平台。

【渔业生产格局转型升级】“十二五”期间，汕头市加快转变渔业发展方式，促进渔业转型升级，推动资源节约、环境友好型渔业结构的调整，海洋渔船更新改造项目开展顺利。2015年，汕头市水产品总产量44.6万吨，总产值50.61亿元，分别比上年增长2.5%和6.3%。其中，海洋捕捞产量16.08万吨，基本与上年持平；海水养殖产量20.15万吨，增长4.4%；淡水捕捞产量0.4万吨，基本与上年持平；淡水养殖产量7.98万吨，增长3.4%。全市渔业船舶拥有量2962艘，8.4万吨位，19.61万千瓦。其中，渔业捕捞机动渔船2363艘，7.19万吨位，16.05万千瓦；水产养殖面积1.56万公顷，其中海水养殖面积1.15万公顷，淡水养殖面积4161公顷。

推广科学健康养殖。积极引导养殖企业开展鱼虾、虾藻和贝藻混养或间养、高位池养虾、网箱养鱼等多种生态健康养殖模式。推进水产良种工程，建设双节双高现代渔业示范园区。培育和发展渔业专业合作经济组织，提高渔业生产的组织化程度和产业化经营水平。

推动捕捞渔民转产、转业。积极向省海洋与渔业局申报扶持渔民转产、转业产业化项目、合作社项目，优化渔业生产结构，推动渔业二、三产业发展。

支持发展水产品加工和流通。推动市政府出台扶持渔业龙头企业优惠政策，扶持一批渔业龙头企业。加强与汕头检验检疫局的协作，做好出口产品备案基地工作，完善欧盟、美国官方检查海捕产品的迎检机制。2015年水产品出口额6.4亿美元，7.2万吨，同比下降25%和9.2%，位居全省地级市前列。

【现代渔港建设进展顺利】“十二五”期间，汕头市重视渔业基础设施建设，积极申报现代渔港建设项目。南澳后江二级渔港建设项目被列入全省现代渔港投资计划，总投资8810万元，其中省财政5000万元补助资金，市政府于2015年12月在南澳召开后江渔港建设项目启动会议，市政府与南澳县政府签订了项目建设责任书，项目将于2018年建成投入使用。海门中心渔港建设项目于2015年1月29日通过国家农业部竣工总验收；5月28日将项目移交给潮阳区、潮南区海洋与渔业局。云澳中心渔港建设项目通过农业部渔业渔政管理局委托的专家组的初步验收。达濠一级渔港建设项目完成水域工程，于2014年3月8日通过验收，正式交付使用。

汕头市争取上级资金扶持产业发展。2015年共申报华勋水产有限公司国家农业综合开发专项项目、广东绍河珍珠有限公司《三角帆蚌长体优质品系选育》等项目6个，获得省财政资金扶持。市耿丰种养专业合作社基地被省妇联和省海洋与渔业局授予第三批广东省巾帼创业示范基地。

【水产品质量安全监管协议】2011—2015年，汕头市各级海洋与渔业局组织法律法规、养殖技术培训班14场，培训800多人次，进一步提高全市水产品质量安全监管人员业务水平，促进养殖生产者守法生产经营。组织对全市重点养殖区、重点养殖品种和渔业养殖环境开展专项检查行动和产品质量监控，确保初级水产品质量安全。2015年8月汕头市海洋与渔业局与汕头市食品药品监督管理局共同签署《加强食用水产品质量安全监管合作协议》，建立部门合作会商监管资源共享机制。在全市布设32个水产养殖病害监测点，测报面积近4万亩，常年加强水产养殖病害监测。全市有规模化养殖基地100多家，已认定无公害水产品产地32个、无公害水产品产地16个，广东省水产养殖质量安全示范点10家，广东省名牌产品（农业类）2家。2011—2015年，全市水产品在生产环节抽检中，未发现药残超标产品。

南澳县大力发展鱼、贝、藻立体生态养殖模式。养殖技术推广部门举办生态健康养殖技术培训班，开展鱼虾生态标准化示范养殖试验和技术推广，做好水产养殖病害的调研、防控和测报服务工作。制定市级农业地方标准《近江牡蛎清洁养殖标准化技术规程》等6项，制订广东省地方标准《坛紫菜自由丝状体扩繁技术规程》等2项，指导养殖企业按照标准组织生产。

【渔业行政许可管理强化】“十二五”期间，汕头市加强生产许可管理。实施捕捞许可制度和养殖使用证制度，截至2015年，全市发放捕捞许可证2164本，功率15.7万千瓦；发放养殖证400本，面积9245.34公顷。规范近海捕捞和养殖行为，维护生产者合法权益，促进渔业生产稳定发展。编制《汕头市养殖水域滩涂规划（2011—2020）》，优化养殖水域滩涂资源，提高养殖水域利用率。同时，努力推进水生野生动物保护管理工作，认真开展水生野生动物经营利用许可证办证，2011—2015年共新办理《经营利用许可证》8份、《驯养繁殖证》2份；共救护海龟7头、海豚1头、鲸7头；共查处（没收）违法贩卖的水生野生动物蛇鳄龟2头、中华花龟5头、黄缘盒龟3头，保护效果显著。

全面推进渔船信息化管理工作。为加强渔船综合管理，按照省局部署，对全市渔船进行全面核查，采集录入新的渔船管理系统，全市共采集录入2178艘渔船基础信息，按时完成核查录入任务。

按照“政府引导、渔民自愿、各方支持”和“小改大、木改钢”的原则，推进渔船更新改造。省管权限海洋捕捞渔船更新改造试行“先建后拆”政策出台，增强渔民建大船的积极性。2015年全市审核审批捕捞渔船船网工具指标57份，其中更新改造渔船6艘、573千瓦，新造大马力钢质渔船11艘、3649千瓦，申报先建后拆大马力钢质船10艘、2544千瓦，办理买卖渔船手续40艘、5888千瓦。

【海洋管理重视规划指导】“十二五”期间，汕头市加强海域与海岛管理工作的组织领导，先后成立以常务副市长为组长的汕头市申报建设用海协调领导小组、以分管副市长为组长的汕头市海洋功能区划修编工作领导小组和以市海洋与渔业局主要领导为组长的汕头市海岛资源综合调查领导小组，全面指导、协调和组织全市海洋开发；修改和编制《汕头市海岸保护与利用规划》《汕头海湾新区区域建设用海规划（2013—2030年）》《汕头市海洋功能区划》，充分发挥规划对海洋管理的宏观指导作用。完善项目用海审批程序，对用海项目立项、规划、论证和管理实行全程跟踪。完善海洋环境评审机制，严格海洋工程环评程序和质量。2015年全市新确权用海18宗，面积276公顷，累计确权用海275宗，面积9240.556公顷。

在实施海域管理过程中，按照“守海有责”的要求，坚持以《海域使用管理法》为准绳，以海洋功能区划为依据，强化海域使用管理工作，统筹海洋区域开发，优化海洋空间布局。积极服务经济发展的重点项目用海，提出“积极参与，主动服务，提供保障”十二字服务方针。东海岸新城完成围填海面积20平方千米、海堤24千米，累计投资超过100亿元，有力促进全市经济发展，保障全市重点项目建设用海需求。

加强海岛保护管理，开展海岛资源综合调查，设置海岛名称标志，全市有180座海岛列入《中国海域海岛标准名录》，6座无人岛列入国家首批使用开发名录。加强对东部城市经济带、广澳港区防波堤工程等重点围填海项目进行动态监视监测，掌握项目用海动态变化情况，防止工程建设过程中出现的违法用海现象，确保工程顺利建设。

【海洋环境监测保护规范】“十二五”期间，汕头市每年向社会发布《汕头市海洋环境状况公报》，采取多项措施努力推进海洋环境监测规范化。在全市范围内布设各类海洋环境监测固定站位60多个，全面掌握汕头近岸海域的海洋环境状况。2015年完成《汕头市海洋功能区划（2013—2020年）》修改工作，对全市海域及岸线利用进行科学规划，有效控制海域功能区的水质污染，更好地保护海洋生态环境。通过建设海洋自然保护区、建设人工鱼礁、建设海洋牧场，保护海洋资源环境。到2015年，汕头市已建立起涵盖国家、市、县3个级别的8个海洋自然保护区，主要保护对象包括中华白海豚、海龟等珍稀水生动物及其生存环境，保护总面积超过8.3万公顷；全市已建成5座人工鱼礁，共制作并完成投放礁体7747个，安装航标灯7座，投入资金6080万元。同时在南澳中央海洋牧场示范区增殖大型藻类，改善海洋生物群落结构，优化海洋资源生态环境。

广东青澳湾国家级海洋公园（海洋特别保护区）于2014年3月经国家海洋局批准设立。南澳岛入选“广东十大美丽海岛”，南澳县青澳湾被评为“广东省十大美丽海岸”。2015年11月，青澳湾美丽海湾项目顺利入围“广东省美丽海湾试点扶持建设项目评审结果和资金分配方案”，获得3000万元的项目扶持建设资金，该项目正在紧锣密鼓的建设当中。

加强海洋环境监视监测。健全海洋与渔业环境监测网络，突出抓好近岸海域、海洋工程建设项目的海洋环境跟踪监测评价，组织开展了7大类13个专题、66个站位的海洋环境现场监测，采集样品2567个，获取有效数据5000多个。

实施海洋生态整治修复。积极构建布局合理、功能完善的海洋保护区体系。完成为期3年的“东南亚—日本海底光缆系统项目”海洋生态修复工作，继续做好海岸和近海岸海域整治与修复项目、粤东南澳岛海域海岸带整治修复项目及南澳县海岛生活垃圾资源化处理项目的实施。

组织美丽海岸申报工作。2014年南澳岛成功入选广东省“十大美丽海岛”，南澳岛青澳湾作为建设全省美丽海湾的先行试点，南澳县制定《南澳县青澳湾综合旅游区控制性详细规划》《青澳海湾规划》《广东南澳青澳湾国家级海洋公园总体规划》，以及《汕头市青澳湾建设广东省美丽海湾实施方案》，2015年，青澳湾入选广东省“十大美丽海岸”。

【渔业资源增殖放流监测】“十二五”期间，汕头市开展“中央渔业资源保护海水经济物种增殖放流活动”，开展增殖放流活动，在全市海域共投放各类鱼苗约1599.8万尾、鲎165只、虾苗1.71亿尾、海龟414头，投入总资金超过916.7万元。2015年各有关区、县相继组织增殖放流活动，全市共投入增殖放流资金145万元，增殖放流鱼虾苗4830万尾，更好地充实海洋渔业资源，改善海域生态环境和稳定生态系统。联合汕头大学举办海洋珍稀动物救护培训班，对全市水生野生动物保护基层管理人员进行培训，提高水生野生动物保护管理人员对海洋珍稀野生动物保护救助能力。

汕头市海洋与渔业环境监测站每月开展渔业资源动态常规监测，收集各区、县监测船生产日记，统计各种类渔获物组成及其他生物学指标。完成休渔开捕前期渔业资源调查报告。全年汇总整理监测数据上百批次，收集数据上万个，形成年度渔业资源监测分析报告。

【海监执法实行全面巡查】2012—2015年，汕头市加强海洋监察执法。落实日常“三巡”执法巡查，将用海项目、海洋环境保护措施“三同时”、海岛定期巡查纳入“三巡”监管。开展海域海岛巡查，2015年共检查用海项目280个，检查次数1316个次，查处违法海砂开采等行为2起。积极开展“海盾”“碧海”无居民海岛等海上综合执法系列专项行动，重点加强对围填海、海砂开采、海洋倾废、海岛开发等用海用岛项目的定期专项巡查和监管。做好抗战胜利70周年纪念活动期间海底光缆巡查保护工作。积极参与黄岩岛、西沙等海域巡航维权执法。根据上级部署，汕头市海洋与渔业局所属中国渔政44608船先后2次赴黄岩岛维权和3次西沙执行任务，维护国家主权和海洋权益，得到汕头市委、市政府和国家、省主管部门的充分肯定。汕头市市长郑人豪为首次赴黄岩岛巡航顺利归航的中国渔政44608船全体同志发来慰问信，副市长李耿坚为首次赴黄岩岛巡航作动员。

【渔政执法实施全面管理】“十二五”期间，汕头市积极开展“护渔”“靖海”等专项执法行动，开展伏季休渔管理、水产品质量安全执法、水生野生动物保护执法等活动，在维护渔业资源，保护水生野生动物等方面做出努力；组织水生野生动物保护执法检查。组织检查集贸市场、酒楼食肆、海产品经营店经营水生野生动物情况，重点查处贩卖、销售国家保护水生野生动物的违法行为。根据市民举报，成功救助田心湾海域搁浅鲸豚2头。

维护渔业生产秩序。切实强化伏季休渔管理，全市渔政执法队伍加强对海上的执法巡查，实行24小时值班制度，加强对港口的监控和对出海生产渔船的进出港登记和签证。组织开展“清理取缔涉渔‘三无’船舶和绝户网”专项行动，打击渔业违法行为。2015年，中国渔政44608船全年共出海执行任务14航次、总航程2200海里，检查各类渔船210艘，查处违规渔船8艘，有效地维护了渔场管理秩序。

规范渔业船舶检验。渔船检验分局做好对区、县渔船检验站船舶检验人员的上岗培训，派出验船师协助各站完成大型钢质渔船的检验、签证工作；完成龙湖区、金平区160多艘渔业船舶检验工作；检验核发《船用产品证书》25份；做好汕头辖区内渔政公务船舶的检验工作。加强对辖区船舶修造及相关企业监督管理，定期或不定期地检查渔业船舶修造企业资质、设施设备、修造台账等情况。组织渔船检验站船舶检验人员参加国家渔业船舶检验局“验船师百日培训计划”，提高渔船检验站船舶检验技术能力。

【渔业安全生产政府部署】2012—2015年，汕头市政府每年召开全市渔业安全生产暨休渔工作会议，对全市渔业安全生产工作进行总结部署，分管副市长与各区、县政府分管领导签订渔业安全生产责任书。在海洋捕捞渔船推广安装北斗终端和AIS避碰系统，及时掌握渔船安全生产动态；推进建立渔业安全生产长效机制，完善渔业安全生产各项规章制度；密切与汕头海事局的协作，联合举办“十佳渔船船长”“十佳商船船长”评选活动，开展商船与渔船对话、送安全知识进渔村，联合开展海域安全救助演练和海上安全执法等系列活动，加强与交通部南海救助局汕头基地、省边防总队海警二支队、汕头海关缉私局海缉处等涉海驻汕单位的沟通和联系，有效协调海难救助和安全监管。

深入开展“八打八治”打非治违专项治理行动，积极落实防台抗灾措施，确保全市渔业安全生产保持平稳态势，为全市安全生产形势稳定做出贡献。2015年建立海洋与渔业局总值班室，由渔政汕头支队抽调专职人员4名，实行24小时值班制度。完善渔业防台应急预案，在修订完善防台风应急预案的基础上，各区县均建立了防台风“一船一预案”制度，全市渔业船舶全部完成了“一船一预案”工作。全市开展渔业安全生产专项检查8次，检查渔船2684艘次，查处安全隐患121处，责令当场整改86处，限期整改72处，发出整改通知书72份，淘汰更换不合格救生衣、救生圈、灭火器一批。2015年全市发生渔船安全一般事故3起，死亡（失踪）2人，较好地控制了渔业安全生产指标。

【渔业科技成果连年获奖】“十二五”期间，汕头市重视渔业科研项目的研发，积极申报科研项目，《牡蛎清洁养殖技术研究》等2项省、市科技计划获得支持立项。2015年，汕头大学第一个自主培育的国家级水产新品种华贵栉孔扇贝“南澳金贝”，在南澳推广养殖。市海洋与水产研究所《一种养殖用水杀菌预处理装置》获国家实用新型专利证书，《青蟹病害综合防控及健康养殖技术研究与应用》项目通过省教育厅组织的成果鉴定。开展新品种的引进、新技术的推广应用，连年来都有渔业项目获得省、市农业技术推广奖和科学技术奖。2012年凡纳滨对虾工程化高效养殖技术应用推广获广东省农业技术推广奖一等奖，牡蛎健康养殖关键技术研究与应用获汕头市农业技术推广奖一等奖；2013年南方海区高产抗逆杂交鲍新品种的培育与推广应用，2014年坛紫菜产业关键技术研究与应用推广均获汕头市科学技术进步奖一等奖。

2010年以来，市水产技术推广中心站制修订市级渔业地方标准累计64项，汇编成册派送养殖生产，规范养殖生产行为。市水产技术推广中心站与市水产学会合办《海洋与渔业信息》，免费赠送各区、县及乡镇技术站和全市重点养殖企业，开展技术推广服务工作。

【渔业油补休渔补助到位】“十二五”期间，汕头市出台惠渔支渔政策，切实做好油补和休渔补助工作，逐项落实民生工程。争取省、市、区财政资金补助，扶持建设渔民安居房，潮阳区海门镇有1005户贫困渔民，每户获得省财政资金1.5万元补助，以及市和区财政分别配套1.5万元和1万元资金补助；汕头市政府每年休渔期间安排专项资金，补助休渔对象渔船和困难渔民；认真落实国家渔业柴油补贴政策，2013年国家财政下达汕头市渔用燃油补贴资金2.8045亿元，补贴全市符合条件的2190艘渔船，2015年底发放完成90%；2014年度休渔补助工作正在积极推进，已完成全市931艘渔船、4996人录入审核工作和休渔资金分配比例安排。

【汕头特色海洋文化宣传】2012—2015年，结合地方特色和海洋工作特点，相继组织开展“6·18”世界海洋日暨全国海洋宣传日活动、“5·12”全国防灾减灾日活动，市政府领导在电视作“建设海上丝绸之路，联通五洲四海”的讲话；承办主题为“城镇化与海洋减灾”的广东省海洋防灾减灾宣传周主会场活动。市海洋与渔业局联合市减灾工作委员会在“防灾减灾日”举办防灾减灾宣传活动，接受群众咨询，发放海洋防灾减灾宣传资料、宣传光碟1700多份；联合市妇联举办“2015年世界海洋日暨全国海洋宣传日”主题活动，汕头电视台进行宣传报道；举办“关爱水生野生动物，共建和谐美丽家园”为主题的水生野生动物保护科普宣传月活动，派发《水生野生动物保护知识手册》和珍稀濒危海洋动物扑克牌等宣传资料800多份。

南澳县为提升海岛的城市形象和文化品位，在中国最美海岸线青澳湾上建设中国大陆首座海岛北回归线标志塔，于2014年建成，命名为“自然之门”，有着独特的视觉效果和不凡气势，为美丽的生态岛增添了一道亮丽的旅游文化风景线。“南澳Ⅰ号”明代沉船遗址入选2010年全国十大考古新发现，2012年，“南澳Ⅰ号”水下考古发掘阶段性结束，共发掘25个仓位，出水瓷器近3万件，还有火炮、陶器、铁器、铜器、锡器等，是迄今国内水下考古发掘文物最多的一次，也是国内水下考古发掘中的仓位最多古沉船。

汕尾市

【市情概览】汕尾市位于广东省东南部沿海，1988年1月设立地级市，2015年辖城区、海丰县、陆河县，代管陆丰市，设红海湾经济开发区和华侨管理区2个市辖经济区，与深圳市共建的“深汕特别合作区”也在辖内。土地面积5271平方千米。2015年末户籍人口358.96万人，常住人口302.16万人，其中城镇人口166.28万人。祖籍汕尾的海外华人、华侨和港澳台同胞130多万人。汕尾自然资源丰富，有山有水有平原，地腴水丰，自古有“南海物丰”之说，是中国水鸟之乡、中国青梅之乡、中国建筑装饰之乡、中国民间艺术之乡。2015年全市生产总值760.06亿元。

汕尾文化底蕴深厚，是潮汕文化、闽南文化、广府文化、客家文化的交汇地，文化多元而兼容，正字戏、西秦戏、白字戏、甲子英歌、汕尾渔歌等9个项目入选国家非物质文化遗产保护名录，其中正字戏、西秦戏、白字戏被专家称为“研究戏曲源流活化石”；渔歌、钱鼓舞、抬阁、麒麟舞、贝雕等26个项目入选广东省非物质文化遗产保护名录，31人获评为国家、省非物质文化遗产项目代表性传承人。是“中国民间文化艺术之乡”。

汕尾市是全国13块革命根据地之一。杰出人物有创建中国第一个县级苏维埃政权的农民运动领袖彭湃，原中共中央政治局委员、全国人大常委会副委员长谢非；还有钟敬文、彭仕禄、马思聪、柯麟、赖少其等名人。

【海洋资源】 汕尾市大陆海岸线长455.2千米（不含岛岸线），居全省第二位、粤东地区第一位；拥有881个岛屿（其中430个收入《中国海域海岛标准名录》），居全省第一；拥有粤东三大海湾中的碣石湾、红海湾两大海湾和3个海湖；大陆架内海域面积2.39万平方千米，相当于陆地面积的4.5倍。汕尾海洋资源丰富，海洋环境质量良好，近岸海域水质良好，各项检测指标值均达到国家一、二类海水水质标准。由于海岸线较长且曲折，海域广阔多海岛，海洋水文状况显得复杂；近岸海域沉积物以现代沉积物为主，河口区多为陆源沉积物所覆盖。沿白沙湖畔，从施公寮至内湖一带沙滩的石英砂蕴藏量有2000万吨，部分砂的二氧化硅含量超过98%，是制造玻璃的优质原料。海底油气资源也很丰富。汕尾是广东省主要原盐生产和出口基地。

汕尾市海岸线上分布着众多沙滩、奇岩、岛礁、古迹等滨海迷人风光，“神、海、沙、石”兼备，具有“阳光、沙滩、海水、空气、绿色”5个旅游资源基本要素，历史、人文内容也十分丰富，适于开发观光旅游、购物旅游、宗教旅游。金厢、遮浪、捷胜等地海滩连绵，安全系数高、沙质细软，海水水质好，开发滨海旅游条件得天独厚，是海水浴场、日光浴场、水上运动场的优良场所，其中以遮浪和金厢旅游资源开发潜力最大。遮浪山、海、湖、角风光旖旎，是国家重点海水浴场之一；观音岭金厢滩沙白、水清、浪小，岭前奇石众多，是一个理想的滨海度假胜地。龟龄岛、小岛等海岛风光旅游资源也具有很大的开发潜力。主要旅游景区（点）有红海湾滨海度假区、碣石玄武山、捷胜龟龄岛、城区凤山妈祖庙、红海湾南海观世音景区、海丰红宫红场、陆河上护温泉等。

【渔业资源】 汕尾辖大陆架内（即200米水深以内）海域面积2.39万平方千米，相当于陆地面积的4.5倍，是海洋捕捞主要作业场所，渔业船舶较多，渔业产量一直居粤东地区第一位。汕尾渔场是全国闻名的四大渔场之一，其中80～200米水深中外海渔场1.38万平方千米，40～80米水深近海渔场4800平方千米，40米以浅沿岸渔场5300平方千米。10米等深线内浅海、滩涂6.96万公顷（浅海6.66万公顷，滩涂3000公顷），目前已开发利用有2.23万公顷。

汕尾渔区水产资源主要品种有14类，107科，860多种，其中具有捕捞价值的经济品种达200多种（年产量超过2000吨有20多种），以马鲛、海鳗、银鲳、黄鱼、带鱼为大宗产品，以对虾、龙虾、膏蟹、丝蚶、牡蛎、石斑、鱿鱼、海胆、海马及紫菜、海人草为优质产品。全市沿岸拥有小漠、后门、马宫、汕尾、捷胜、遮浪、大湖、乌坎、金厢、碣石、湖东和甲子12座渔港。渔业人口19.83万人，全市海洋捕捞渔船共有4500艘（其中国库渔船3659艘，省库渔船841艘）。

据调查，汕尾市目前存在水生野生动物品种有花鳗鲡、海马、大鲵、海龟、金钱龟、玳瑁等品种，其中形成规模驯养繁殖的主要有大鲵、花鳗鲡和海马，海龟、玳瑁、金钱龟等作为观赏用途驯养的有10多家养殖场（企业）。

【海洋经济发展地位突出】 “十二五”期间，汕尾市贯彻实施《广东海洋经济综合试验区发展规划》，实施“海上汕尾”发展战略，以建设海洋经济强市为目标，解放思想，开拓进取，运用法治思维和法治方式全面深化海洋与渔业领域改革，着力优化海洋经济结构，积极推进海洋综合开发，大力加强海洋基础设施建设，不断强化海洋综合管理，有力地促进了全市海洋与渔业经济健康较快发展，较好地完成了各项目标任务，海洋经济强市建设有了新的突破，海洋经济在全市经济和社会发展大局中的地位日益突出，为海洋经济振兴发展奠定了坚实的基础。据统计，2015年全市海洋经济总产值293.38亿元，海洋经济增加值137.27亿元，分别比2010年增长385%和430%；海洋经济增加值占全市生产总值的18.06%。

【主要海洋产业全面推进】 “十二五”期间，汕尾市大力推进海洋渔业、海洋生物医药业、滨海旅游业等主要海洋产业。海洋渔业方面，积极推进汕尾（马宫）海洋渔业科技产业园、龟龄岛保护与开发利用等重点项目，成绩突出，广东省现代海洋产业集聚区建设项目已落户汕尾市；拟投资40亿元以上的汕尾（马宫）海洋渔业科技产业园、总投资 9836.5 万元的龟龄岛保护与开发利用示范项目、总投资 2974 万元的品清湖西北部海域空间整理和海岸景观综合整治项目、总投资 2000 万元的小岛（屿仔岛）生态保护与修复项目、总投资 2000 万元的遮浪岩生态保护与修复项目、总投资 200 万元的奎山河疏浚工程、龟龄岛对接码头项目以及江牡岛保护与开发利用项目均顺利进行。临港工业快速发展，汕尾电厂、华润海丰电厂、陆丰核电厂、甲湖湾风电以及小漠国际物流港等已建成或正在建设。海洋生物医药业方面，汕尾五丰海洋生物科技公司采用现代生物酶解方法成功生产胶原蛋白肽，广泛应用在食品、保健品、化妆品、药品等领域。滨海旅游业初具规模，形成了红海湾遮浪半岛旅游区、凤山祖庙旅游区、金厢滩旅游风景区等近 30 个滨海旅游景区景点为基础的“汕尾八景”。

【产业园区工业集约发展】“十二五”期间，汕尾市加快汕尾新区建设，新区三大起步区控制性详细规划、产业发展、基础设施建设、低碳生态发展等专项规划基本完成。红海湾临港工业区、红草产业园等临港产业园区全面规划建设，汕尾渔港与马宫渔港合并建设汕尾（马宫）中心渔港，建设多功能现代渔港经济产业园区。2015 年，汕尾市推进深汕特别合作区产业园、汕尾新区红草产业园、海丰县产业园、陆丰市产业园、陆河县产业园 5 个产业园区工业产业化集约化发展。市委市政府出台《关于优化营商环境扶持企业加快发展的若干意见》，精简政务审批事项和程序。建立 9.3 亿元振兴发展基金，发行 6 亿元企业债券。全市投入园区规划建设资金 12.57 亿元。建设园区供水、供电、道路、港口、环保设施、车间、创业园等基础设施。全市引进入园企业 193 家，年内新开工项目 46 个，其中工业项目 24 个。4 个园区被纳入省产业集聚区管理，享受优惠政策。深圳市设立规模 15 亿元的产业投资基金，帮扶汕尾市和县园区发展。

深汕特别合作区位于汕尾市西部，2011 年 5 月 21 日广东省委、省政府授牌成立。2015 年辖鹅埠镇、赤石镇、小漠镇、鲘门镇、圆墩林场。合作区土地面积 468 平方千米。海岸线长 42.5 千米，拥有天然良港、优质沙滩、湿地温泉等，深汕高速、潮莞高速、324 国道横穿合作区，厦深铁路设有鲘门站。2015 年末合作区户籍人口 7.35 万人，常住人口 7.53 万人；地区生产总值 35 亿元，比上年增长 12%；工业产值 84 亿元，增长 9%；固定资产投资 55 亿元，增长 10%。

汕尾红海湾经济开发区位于汕尾市南部。1992 年 11 月经广东省政府批准设立。2015 年辖 3 个街道。土地面积 110 平方千米。年末户籍人口 11.5 万人，常住人口 8.8 万人。区内遮浪渔港沿海 10 米等深线内可供海水养殖的浅海滩涂面积 3500 公顷。辖内盛产南海各类海产品，品种 14 大类 107 科 173 种，优质品种有马鲛、海鳗、大黄鱼、石斑鱼、龙虾、鲍鱼、海胆、牡蛎等，还盛产优质海盐。是广东滨海旅游产业示范园区，主要旅游景点有遮浪半岛景区、遮浪炮台、灯塔岛、神秘岛、南海寺、红树林湿地公园和天然海水浴场等。2015 年，全区生产总值 31.82 亿元，人均地区生产总值 3.63 万元，固定资产投资 3.36 亿元，增长 4.0%。社会消费品零售总额 5.22 亿元，增长 10%。地方一般公共预算收入 0.74 亿元，增长 28.3%。农村常住居民人均可支配收入 8545 元，增长 13%。

2015 年，红海湾旅游园区 18 个项目顺利完工，旅游基础设施不断完善；园区内新增店面商铺近 40 家，新建酒楼餐厅、宾馆和家庭旅馆一批，投资额近 1 亿元；接待游客 175.8 万人次，旅游总收入超 10 亿元，分别增长 10.49% 和 14.55%，旅游直接就业人数 3430 人，增长 12.6%。

【渔业打造“丝路渔都”品牌】2011—2015 年，汕尾以打造“丝路渔都”品牌为目标，按照“政府搭台、企业唱戏、渔民自强、行业服务”工作思路，推进渔业经济转型升级。2015 年，全市渔业总产量 62.68 万吨，比 2014 年增长 2%，总产值 61.25 亿元，比 2014 年增长 10%；全市渔业经济总产值 97.09 亿元，比 2010 年增长 48%；渔民人均纯收入 9135 元，比 2010 年增长 75%；全市有海洋捕捞渔船 4500 艘，其中国内海洋渔船 3659 艘，纳入广东省渔业船舶管理系统（第二版）渔船 841 艘；渔业捕捞产量 26.29 万吨，与 2014 年持平，其中海洋捕捞 25.96 万吨，淡水捕捞 0.33 万吨。

汕尾加大渔船更新改造力度，推广节能减排技术，更新设备，发展外深海作业。2014 年，组织立森远洋渔业公司、广隆实业公司、红卫村等 100 多艘大功率渔船到外深海生产。2015 年，2 艘南沙骨干渔船建成试航，4 艘即将建成，8 艘正在排队建造；有 30 多艘老旧渔船通过拆解后造新渔船，200 匹马力以上渔船配备助渔导航设备增加 50 艘，现代化渔业船队初具规模。深圳市中旅（集团）有限公司注册 1 亿元基本金的广东中渔远洋渔业有限公司落户汕尾，深圳市蓝汀鼎执生物科技有限公司拟投资 3.2 亿元建设汕尾市遮浪水产基地。汕尾市城区富渔渔民专业合作社于 6 月成立揭牌，这是汕尾第一家以渔民身份申请获批的海洋捕捞合作组织。2015 年 8 月 1 日，汕尾市海洋与渔业协会成立，这是全国第一家海洋与渔业协会，首批会员65个，包括涉海、养殖、加工等企业，整合了全市渔业捕捞、水产养殖、远洋渔业、水产品流通与加工等力量。

【水产养殖彰显汕尾特色】“十二五”期间，汕尾市大力发展水产养殖业，全市建成上规模（面积3.33公顷即50亩以上）水产养殖基地(场)178家，海水工厂化养殖66个场（养殖水体约40万立方米），农业部健康养殖示范场6家，海、淡水种苗场32家，年培育海淡水鱼苗、贝类苗种约20.5亿尾、虾苗1.43万亿尾，形成了罗非鱼、虾类、蟹类、鲍类等养殖支柱产业。2015年，全市已开发养殖面积26985公顷，其中海水养殖面积19828公顷，淡水养殖面积7157公顷；海水普通网箱养殖1.22万个箱，养殖水体约40万立方水体；淡水池塘养殖面积4578公顷，海水底播养殖、护养增殖面积为4027公顷；新建高位养殖池6.4公顷（96亩），引进对虾良种苗3.1亿尾。水产养殖产量36.91万吨，比2014年增长4.86%，其中海水养殖31.64万吨，淡水养殖5.27万吨。建立水产养殖专业合作组织30个，产业化、基地化格局逐步形成。

【现代渔港建设总体规划】“十二五”期间，汕尾市重视渔业基础设施建设，编制了《汕尾市现代渔港建设总体规划》，积极推进8个现代渔港的申报工作。标准化渔港建设全省领先，全省二、三类标准渔港建设现场会于2013年在汕尾市召开，在全省推广汕尾市渔港建设经验。2015年，小漠渔港建设工程已完工并交付使用；鲘门渔港一期主体工程已完成，二期工程正在办理海域使用证等相关手续。遮浪渔港正在申报省现代渔港（二级）一期工程项目。捷胜渔港挡沙堤抢险维护工程、汕尾渔港避风塘局部疏浚工程已完工。品清湖区域性避风锚地正在开展项目的设计、勘测等各项前期工作。全市完成828艘渔船北斗终端配备工作；渔船信息化核查完成率71%；全市32个渔港视频摄像头已基本安装完成并使用。

【渔船更新改造“先建后拆”】“十二五”期间，汕尾市加快发展现代渔业经济，进一步规范渔业生产管理。组织实施省沿海渔民减船转产转业，加快海洋捕捞渔船更新改造转型升级，实施渔船更新改造“先建后拆”政策。推动海洋捕捞渔船更新改造，加快建造批南沙骨干渔船，组建远洋捕捞船队，拓展远洋捕捞渔业，发展壮大现代捕捞业。加强渔船基础管理，组织开展全市渔船信息普查，宣传、发动、指导有实力的渔业组织、渔民加快渔船更新改造“老旧残”木质船，消除安全生产隐患，确保渔民生命财产安全发展外海捕捞生产。调整优化水产品养殖品种结构，推进工厂化养殖、节地节水健康高产养殖模式等基地化建设；截至2015年底，全市核发养殖证539本，发证面积6010公顷。

【水产品质量安全示范区建设】2014年7月21日，汕尾市政府成立汕尾市出口水产品质量安全示范区建设领导小组，由副市长李贤谋任组长，汕尾出入境检验检疫局、市海洋与渔业局、市食品药品监管局等单位负责人参加，加强对出口水产品质量安全示范区建设工作的领导，推动示范区建设。在各部门的共同努力下，汕尾市出口水产品质量安全示范区建设取得明显成效，8月通过“省级出口水产品质量安全示范区”的验收，9月12日汕尾市人民政府印发《汕尾市出口水产品质量安全示范区发展规划（2014—2016年）》。2015年5月，汕尾市政府召开汕尾市出口水产品质量安全示范区建设工作协调会，通报上年示范区建设情况，讨论研究2015年示范区建设工作任务分解和推进时间表。6月9日，市政府第六届四十八次常务会议审议通过关于《进一步推进汕尾市出口水产品质量安全示范区建设工作方案》，决定在全市范围内开展出口水产品质量安全示范区建设工作，要求县区各级单位要积极主动地参与工作，进一步推进水产品供应链有效监管，推行“公司＋基地＋标准化＋农户”的产业化经营模式，引导水产品龙头企业与分散养殖场（户）合作，以龙头企业带动养殖户，规范壮大“水产养殖＋产品加工＋市场销售”产业链条，把养殖、加工、销售三者的利益链条有机结合，对水产品“养殖—加工—市场营销”全链条实施科学、严密、有效的无缝监管，提升水产品养殖、加工、营销整体水平，规范水产品市场秩序，完善水产品市场监管体系，提升出口水产品质量安全水平，增强水产品国内国际市场竞争力、发展现代渔业。9月21日，国家质检总局考核组对汕尾市出口水产品质量安全示范区建设工作进行检查考核，深入到城区、海丰县实地检查了国泰食品有限公司、新美丰水产有限公司、阳泰兽医贸易有限公司、海兴农集团有限公司（海丰县大湖苗场）等企业，并按照国家级出口食品农产品安全示范区的考核标准逐项认真考核检查。最后，成功申请了国家级出口水产品质量安全示范区。

2011—2015年，汕尾市水产品质量安全执法抽检、监管力度逐年加强，抽检数量和抽检项目逐年增加，质安监控任务日益繁重，在各级渔业管理部门和执法部门共同努力下，保质保量地完成各年度的抽检任务，抽检合格率达标，没有出现质量安全事故。2011年总抽取样品数144个，合格率95%。2015年本地区抽查样品总数达687个，共组织执法人员1800多人次，检查养殖场386家，总合格率96.94%。其中：监督抽查样品150个，合格率100%；例行监测样品537个，合格率96.0%；在例行监测中对2家苗种场（4个样品）和17个贝类产品药物残留检测结果出现违禁药物呈阳性的产品进行责令整改，批评教育，产品进行无害化等处理。

【海洋综合管理基本准则】“十二五”期间，汕尾市把科学规范用海作为海域综合管理的基本准则，严格实施用海“三划”制度，强化海洋功能区划，开展海洋产业规划研究，完善用海年度计划，为本市涉海重点项目用海，提供全方位用海服务。组织开展海岸带保护和利用规划调研，实施海岸保护与利用规划，合理开发利用海域及海岛资源，重点保障产业政策鼓励的发展项目、现代海洋产业体系建设项目、重大涉海基础设施项目和重点民生项目。加强海岛管理，完成海岛普查，做好海岛名称标志，并完成立碑工作。加强海域使用管理，落实海域管理“三项制度”（海洋功能区划、海域使用权证、海域有偿使用），全力服务大项目用海需求，按程序规范用海审批和上报，推进集约集中用海和科学围填海。完善修编《汕尾市海洋功能区划》，优化海洋产业布局，规范海洋管理，做好海域督查工作，推进海域海岛海岸带综合整治。全面清理品清湖违法养殖，共清理取缔违法养殖户320家，违法养殖总面积1.6万多亩。遮浪半岛海岸入选广东“十大美丽海岸”，遮浪岩入选广东“十大美丽海岛”。

【海岛开发管理科学规范】“十二五”期间，汕尾市以保护海洋环境生态平衡为基础，以坚持海陆统筹协调发展为原则，不断加强海岛综合管理。一是强化海岛基础管理。加大海岛保护开发利用的宣传力度，提高公众的海岛保护意识和法律观念；编制了《汕尾市海岛调查报告》《汕尾市海岛保护与利用规划》，不断提高科学用岛管岛水平；扎实开展全市无居民海岛开发利用核查工作，掌握了基本情况和基础数据；开展海岛执法检查387次，检查海岛161个，查处违法案件3宗；做好海岛名称标准化和岛碑设置工作，筛选并确定了430个海岛收入《中国海域海岛标准名录》，完成了省58个海岛名称标志设置并建立名称标志档案。二是加强生态岛礁建设，实施海岛保护与生态修复。投入资金540万元，完成江牡岛、芒屿岛、金屿等重点海岛的整治与生态修复；龟龄岛无居民海岛保护与开发利用示范项目、小岛生态保护与修复、遮浪岩保护与开发利用项目按既定工作方案开展相关工作。三是积极探索海岛使用新模式。试行以市场化方式配置海岛资源，分期分批进行保护与开发利用，拟把遮浪岩、金屿岛、江牡岛作为向社会公开出让使用权的海岛，发展海岛休闲观光旅游，提升海岛开发的水平和档次。以龟龄岛无居民海岛保护与开发利用示范项目实施为契机，探索法前用岛的处理方式和项目实施过程中与相关部门协调机制。遮浪岩入选广东省“十大美丽海岛”，龟龄岛获“候选海岛”称号。

【海洋环境监测保护科学】“十二五”期间，制定各年度《汕尾市海洋与渔业环境监测工作方案》，对全市海洋与渔业环境、陆源入海排污口、海水浴场、重点涉海企业等开展监视检测工作：出具监测水质检测报告52份；完成24批次陆源入海排污口监测；按年度计划完成红海湾国家级海水浴场环境监测工作，其水质监测结果总体上符合国家一、二类水质标准；组织了25批次对全市近岸海域趋势性监测和重点海域环境监测，水质监测结果符合所在区域海洋功能要求；每年汇总编制《汕尾市海洋环境状况公报》。总体上，汕尾市近岸海域海水水质大部分为清洁或较清洁海域，符合所在区域海洋功能需求；近岸海域沉积物质量状况总体良好。

2015年，汕尾市组织申报并获批市城区捷胜龟龄岛国家级海洋牧场示范区项目，广东红海湾遮浪半岛成功申报了国家级海洋公园项目。2015年开展海洋生态文明系列宣传活动，展出海洋保护、防灾减灾知识等多个宣传展板；向群众发放汕尾市海洋环境质量状况公报、海洋灾害科普手册、海啸与风暴潮灾害避险手册、滨海旅游小常识等宣传材料6000多份。

【人工鱼礁建设与资源增殖】2015年，汕尾市组织实施增殖放流4场次，全市投入资金共124.6万元，资金来源于2014年渔业资源保护与渔民转产转业中央补助资金项目，放流海洋经济物种鲷科类52万尾、斑节对虾苗3550多万尾；淡水经济物种青鱼、草鱼、鳙鱼、鲢鱼等135多万尾。2014年，位于汕尾海域2013年度海洋牧场建设项目人工鱼礁工程完成礁体制作，通过省投放前验收，开始投放礁体；实施大型海藻场建设任务，完成苗种播种。实施2014年和2015年度海洋牧场建设项目，投放人工鱼礁礁体622个、16794空立方米；种植增殖大型海藻11.33公顷以上。

【水产技术推广服务基层】“十二

五”期间，汕尾市把“以防为主，防治结合”的方针贯穿于养殖生产的全过程，保障水产养殖业持续、健康发展。组织技术力量对汕尾港菲律宾蛤仔繁殖与生长规律进行研究，实施江蓠生长环境因子适应性的研究与应用项目、广东省鲍养殖标准化示范区建设项目、机械化无公害罗非鱼养殖基地建设项目等一批重点项目，进一步提高鱼类病害监测防控、水产品机械化养殖等水平。扎实推进2013年牡蛎高效养殖技术示范推广、2014年水生动物重大疫病监测等项目实施。同时，加强水产技术推广服务工作，组织水产技术人员深入基层进行技术服务和咨询活动，指导养殖户充分利用先进科技成果对传统养殖生产模式进行转型升级，推广健康高效养殖模式，特别是牡蛎、对虾、罗非鱼等优势大宗品种的健康高产养殖模式，推进全市渔业朝着品种结构良种化、病害防治科学化、养殖过程机械化、养殖技术标准化方向发展，促进渔业增效、渔民增收。2014年全市各级水产技术推广部门共派出38支技术服务分队，赴各乡镇开展送水产技术入农村、到塘头技术服务和咨询活动，共举办6期18班次1499人次渔业船员培训班，举办1期50名青年渔民转产转业技能培训班和2个班次500人农村劳动力转移阳光工程培训班。

【海洋监察执法检查常规化】“十二五”期间，汕尾市加强用海监管，强化海上综合执法，规范用海行为。完善海监执法模式，继续实施海岸线分段管理，充分发挥执法示范带动作用，实行海监执法重心下移，开辟案源，强化管理。严格执行《海监执法“三巡”制度》，每月对辖区内近岸海域巡查不少于12次，海监“三巡”制度促进执法工作日常化、规范化。开展海监专项执法行动，严厉查处非法围填海、非法开采海砂行为。定期开展海岛巡查，加强无居民海岛开发利用管理。加大海监“三巡”力度，2011—2015年，全市海监船艇出航1059航次，航行2059小时，航程28551海里，出动执法车辆944辆次，行程37364千米，派出海监执法人员8464人次，查处海监案件22宗。组织实施“碧海”“海盾”和海岛保护巡航执法联合行动，加大对违法用海以及破坏海洋环境违法案件的查处力度，确保辖区内未经批准利用的无居民海岛，没有采石、挖海砂以及进行生产、建设、旅游开发等活动。严格执行海岛定期巡查制度，对全市海岛开展巡查，采用登岛检查和环岛巡查等方式，做到每月登岛检查并对岛屿周边环境开展排查，强化海岛监管，维持海岛的生态现状，保护海岛资源。

【渔政执法实行巡航制度】汕尾市严格执行渔政船巡航制度，组织开展“护渔”等执法专项行动，保持高压态势，打击“电、毒、炸”鱼以及违反禁渔区、禁渔期非法捕捞行为，清理取缔涉渔“三无”（无船名船号、无船舶证书、无船籍港籍）船舶和“绝户网”。2011—2015年，出动执法船艇4380艘次，执法人员30100人次，检查渔船24800艘次，查处渔业案件3803宗，保持对违法行为的高压态势，维护渔场正常的生产秩序。加大水产品质量安全执法力度，强化水生野生动物保护工作，加强贩运、盗捕国家重点野生动物打击力度，提高全社会的保护意识。组织开展水产品质量安全专项执法行动，对执法检查过程中发现的违法行为做到100%查处，限期整改对象100%跟踪监督整改到位。组织开展水生野生动物保护专项执法行动，严厉打击非法经营水生野生动物行为。

【渔业生产杜绝安全隐患】“十二五”期间，汕尾市高度重视渔业安全生产工作，切实加强领导，落实渔业安全生产工作责任制，形成条块结合的安全生产管理网络；建立渔业水上安全应急管理机制，及时组织处置水上应急事件，保障渔业生产的安全；加强开展渔业安全隐患排查治理工作，杜绝安全隐患，实现渔业安全生产持续保持稳定好转态势；进一步完善渔业安全生产通信系统建设，纳入管理的4500艘渔船全部安装了IC卡管理系统，落实主机功率200马力以上或载人10人的“北斗”卫星终端和卫星电话配备，60匹马力以上渔船全部安装了AIS船舶避碰系统，完成了全市各渔港视频监控系统的安装勘查工作。海洋渔船配备AIS终端1900台，“北斗”1000部，230兆通信终端210部，移动通信终端80部，实现渔船实时监控、即时通信和船位识别，提升渔船综合管理和安全应急处理水平。

【惠渔民生工程逐项落实】“十二五”期间，汕尾市加大各类惠渔支渔政策落实，切实做好油补和休渔补助工作，逐项落实民生工程。2015年，全市有3694艘渔船申报油补，主机总功率289502千瓦；有132艘休渔船、624名船员申报休渔补助，申请总资金93.6万元。全市参保渔民6950人，参保船数1099艘。2014年10月，汕尾市海洋与渔业局和邮蓄银行汕尾市分行签订《海洋渔业发展战略合作框架协议》，农村商业银行支持汕尾市惠渔信贷，为广大渔民提供最好的优惠政策和便利服务。

【海洋文化宣传汕尾特色】“十二五”期间，汕尾市成功举办了世界海洋日暨全国海洋宣传日系列活动、“我爱这蓝色的海洋”文艺晚会以及增殖放流等各种海洋宣传活动，弘扬海洋精神，传播海洋文化，形成全民关心海洋、认识海洋、经略海洋的良好社会氛围。2014—2015 年，成功举办了两次“中国•汕尾海洋文化旅游节活动”，以海洋为主旋律，充分开展文化、旅游、经贸活动，做好做亮特色品牌，进一步宣传汕尾、推广汕尾，激发社会参与热情，带动外来人气，带来投资合作，为汕尾树立城市新形象、打造成为广东滨海旅游的集聚区和宜业、宜居、宜游的现代化滨海城市增添更大动力。2014 年 11 月，汕尾渔歌经国务院批准入选第四批国家级非物质文化遗产保护名录。此前，汕尾市城区编辑出版《汕尾渔歌》《南海渔唱》等渔歌集和渔歌专辑；成立汕尾渔歌传承基地和表演队；创作排演大型渔歌剧《默娘》和渔歌专场节目《疍家风情》。并以“汕尾渔歌节”为主线，组织举办多场次以渔歌节目为主的大型文艺演出，参演群众达 400 多人次，观看演出的群众和游客 6 万多人次。

潮州市

【市情概览】 潮州市位于广东省东部韩江中下游，1991 年设立地级市，2015 年辖湘桥区、潮安区、饶平县，另设枫溪区。土地面积 3146 平方千米，其中市区面积 1414 平方千米。年末户籍人口 272.8 万人，常住人口 264.05 万人，其中城镇人口 168.5 万人。畲族是潮州市世居的唯一的少数民族，主要分布在境内的潮安区文祠镇、归湖镇、凤凰镇和湘桥区意溪镇、饶平县饶洋镇的 3 县(区)5 镇 9 村。潮州是著名侨乡，祖籍潮州的海外华人、华侨和港澳台同胞约 230 万人。

潮州市历史文化底蕴深厚，素有“海滨邹鲁”“岭海名邦”之称，是潮州文化的发祥地。全市有不可移动文物共 1345 处，其中广济桥(湘子桥)、开元寺、己略黄公祠、许驸马府、韩文公祠、笔架山宋窑遗址、道韵楼、从熙公祠和潮州老城古民居建筑群等 9 处是全国重点文物保护单位。潮州太平街义兴甲巷是中国历史文化名街。全市有市级以上非物质文化遗产保护项目 36 项，其中国家级非遗项目 15 项，省级非遗项目 19 项。潮州市先后获得国家历史文化名城、中国优秀旅游城市、国家园林城市、中国瓷都、中国著名侨乡、中国潮州菜之乡等称号，是国家日用陶瓷特色产业基地、中国陶瓷出口基地和中国工艺鞋出口基地。2015 年，潮州市被评为全国首个国家级出口陶瓷产品质量安全示范区。

潮州依山傍海，山清水秀海蓝，沿海岛屿罗列，有世界地质遗产的“海龙”奇观，饶平县是“全国渔业百强县”“中国最大海水网箱养殖基地之一”“广东省火炬计划水族器材特色产业基地”“广东省渔业生产先进县”。

2015 年，全市生产总值 910.1 亿元，比上年增长 8.3%，增速居粤东第 2 位，比全省增速高 0.3 个百分点。经济结构调整优化，三产结构为 7.3 ∶ 53.6 ∶ 39.1。

【海洋资源】 潮州市海域位于饶平县境内，海域连接南海，与南澳岛相望，靠近南澎列岛和台湾浅滩。海岸线长 136 千米，海域总面积 533 平方千米，其中滩涂面积 26.85 平方千米，浅海面积 224.89 平方千米。浅海中水深 0 ~ 5 米的有 118.42 平方千米，水深在 5 ~ 10 米的有 67.97 平方千米，水深在 10 ~ 15 米的有 38.5 平方千米。

近海海湾主要有柘林湾、汫洲湾、高沙湾、大埕湾 4 处。柘林湾水域面积 68 平方千米，东、西、北三面为陆域，南面有汛洲、西澳两岛，岛陆之间形成进出湾内的三条自然通道，中有宽 1800 米的大金门水道，西有宽 1000 米的小金门水道，东有宽 400 米的东小门水道，湾内水域平静，为天然深水避风优良港湾。湾外与南澳岛隔海相望，北侧是饶平县城黄冈镇。

全市共有海洋岛屿 27 个，海岛岸线 55.89 千米，总面积 49.88 平方千米。岛屿主要在黄冈河口的柘林湾内外，其中柘林湾内有 13 个，较大的是海山岛(南岛)、汛洲岛、西澳岛；柘林湾口外 12 个，都是小岛；韩江口 8 个，也都是小岛。由于河流带来丰富的泥沙，沿岸淤积旺盛，新中国成立后进行围海造田，使不少海岛被围垦起来，成为大陆的一部分，被围垦的海岛有石屿、碧洲、海山岛(北岛)和三屿(3 个小屿)共 6 个岛屿，不在现有 27 个岛屿的范围内。

【渔业资源】 韩江自西北向东南斜贯潮州城区和潮安区，黄冈河自北向南贯穿饶平县境。潮州市内陆水域 255.56 平方千米，占土地总面积 8.24%。海滩涂资源较为丰富，全市已围垦堤围内滩涂总面积达 24.91 平方千米，低洼水面 10 平方千米，绝大部分围内滩涂可整治开发为耕地或鱼塘，低洼水面也可整治为海淡水养殖基塘。沿海的青山埭、东风埭、叠石埭和澄饶联围的连片鱼塘，大部分为耕地，20 世纪 80 年代中期以来逐步改为鱼塘。

潮州市境内海洋鱼类繁多，已知和鉴定的鱼类有 471 种(分 25 目、131 科、284 属)，常捕的主要经济鱼类有 100 多种：石斑鱼、黄花鱼、小黄花鱼、黄鳍鲷、鲷鱼、鲳鱼、马胶、蝤白、鲨鱼、海鳗、鲅(画鱼)、黄迹鱼、蓝圆鲹、金色小沙丁、池泽、羊鱼、大号羊鱼、鲋鱼、银鱼、鲽鱼、扁目鱼、方鱼、鲻鱼、乌鱼、鲅鱼、青鳞鱼、鲹鱼、公鱼、白吻、海鲫、金枪鱼、文鱼、海马、海龙（大海马）。

淡水鱼类主要有鲢鱼、鳙鱼、鲩（草鱼）、鲮、鲤（包括丰鲤）、鲫、罗非鱼（包括福寿鱼）、青鱼、黄鳝、野珠鱼等。

甲壳类有龙虾、对虾（明虾）、沼虾、白虾、黄虾、红虾、泥虾、苗虾、花节虾等虾类和青蟹（水蟹）、膏蟹（赤蟹）、花蟹（蚧和其他花色蟹）等蟹类。

海域贝类主要有牡蛎（蚝）、泥蚶、薄壳、贻贝、蛏、灰蚶、毛蚶、文蛤、扇贝、蚬、蚌、螺（包括角螺、花螺、丁螺、海岛螺）、偏顶蛤、沙蛋等。淡水贝类有螺（坚硬的称石螺、泥沟、田生的称田螺）、沙蚬、螗蛤（俗称涂雷）等。

潮州市境内海域还有乌贼（墨斗）、枪乌贼（鱿鱼）、章鱼（八爪鱼）和海豚、海龟、海胆、海参、海蜇等海产动物；淡水中主要有乌龟、大头平胸龟、鹰嘴龟、草龟、赤米龟、鳖、鼋（汤溪水库中发现）等爬行类和花姬蛙、虎纹蛙、沼蛙、棘胸蛙、潮州蝾螈等两栖类。

潮州市野生海生植物有海带、石花菜、海藻、昆布、紫菜、江蓠、马尾菜、麒麟菜、海青苔等，都是优质的水产品。

【海洋经济科学合理发展】“十二五”时期，潮州市紧紧抓住广东列为全国海洋经济综合试验区的重要机遇，坚持转变海洋经济发展方式，建设人海和谐的海洋经济特色市，海洋经济实力不断增强，产业素质不断提升。2015年，全市海洋产业总值92.93亿元，占全市GDP比重的10.21%，其中海洋渔业22.46亿元、临海工业67.05亿元、海洋运输业1.8亿元、滨海旅游业1.62亿元。海洋产业结构比例为24 ∶ 72 ∶ 4，海洋经济已经成为全市经济发展新的增长点。

2013年3月，出台《中共潮州市委潮州市人民政府关于贯彻落实〈中共广东省委　广东省人民政府关于充分发挥海洋资源优势　努力建设海洋经济强省的决定〉的实施意见》，对全市海洋工作进行了全新的谋划，科学合理统筹海、滩、岸、岛四大资源要素，不断推进以饶平县为海洋经济发展中心点，湘桥、潮安、枫溪为海洋经济发展重要腹地的全面发展格局，重点在饶平布局发展临海产业、水产养殖业、滨海旅游业、海洋交通运输业，湘桥、潮安、枫溪主要发展水产品精深加工业、海洋生物医药、水族器材、海洋现代服务业等，建设人海和谐的海洋经济特色市。坚持以科学规划为先导，先后制定《潮州市贯彻落实“广东省海洋经济发展试点工作方案”行动计划》，编制《潮州市海岸保护与利用规划（2011—2020年）》《潮州市海洋功能区划（2013—2020年）》《广东潮州新区区域建设用海发展规划（2014—2030年）》等，对潮州滨海区域进行重点规划，对临港园区及石化园区控制性详细规划予以修编，突出以滨海为龙头，以内陆为支撑，合理有序地开发利用海洋资源，拓展海洋经济发展空间。

【海洋重点产业建设加快】“十二五”时期，潮州市抓住国内外经济结构调整和产业转移机遇，坚持“大港口、大工业、大经济”发展思路，协调全市26个相关单位和部门，全力以赴抓好海洋经济发展重点产业建设。

航运物流中心。以潮州港为重点，建设海峡西岸区域性航运和物流中心，加强公用航道建设，先后开通了国内沿海、国际近洋和国际远洋等航线。潮州市亚太通用码头等项目建成投产带动了港口运输业的跨越式发展，全市拥有海洋运输船舶8艘，载重超过50万吨。2015年，潮州港全年完成货物吞吐量1144.45万吨，比2010年增长80.14%。

临港产业。以临港园区和石化园区为重点，结合控规修编进行扩容提质，园区二期柘林东片区、园区三期马头山片区、文胜围中堤北片区建设，西澳港区综合开发顺利推进，投资3.61亿元的粤东名贵木材集散基地项目已启动，投资7.80亿元的石化金狮湾油气码头已取得省政府批准的海域使用权证，亚太燃油公共码头已取得省的用海预审意见。2015年，临港分园企业实现产值102.74亿元，上缴税收10.16亿元。

海洋新兴产业。海洋能源产业异军突起，华能所城和大埕风电项目完成95台风机安装并试投产，大唐三百门电厂三期5、6号机组前期工作有序开展，风电产业迅速成为优势产业；依托海洋经济发展，船舶修造业、海洋生物科技产业等发展迅速，产业水平不断提升。

滨海旅游业。重点建设和推介宣传“柘林渔火”“中华海龙”“海上牧场”“白鹭天堂”等滨海旅游景点，大力推进滨海旅游度假区建设。2015年，全市滨海旅游业实现接待游客156.6万人次，旅游综合收入1.62亿元，比2010年分别增长42.36%和54.29%。

【潮州港经济区对台合作】“十二五”时期，在潮州港经济区总体规划的基础上，对接好潮州市全域规划、闽粤经济合作区发展规划、潮州市新区规划等多项区域规划，为区域协调发展提出针对性建议及意见；以土地利用总体规划中期调整为契机，配合广州地理研究所，梳理临港产业转移工业园用地情况。按照省有关部门的要求，推进园区550公顷土地环评及园区水土保持工作。2015年，潮州港经济开发区根据园区考核工作及中山（潮州）产业转移园指挥部的有关要求，结合园区实际，认真研究盘点园区拟建项目、现有企业，按照责任分工，全力推进拟建项目前期工作，并及时汇总上报。主动开展对台、对闽和珠三角地区的经贸合作交流，扩大合作区的影响力和吸引力。参加潮州市在深圳、香港、厦门等地举办投资推介会，发挥台商的纽带作用，做好对台文章，参加省台办组织的赴台开展经贸考察活动，多次与广东省海峡两岸交流促进会、台湾农委会、台湾渔会对接，专程赴浙江象山海峡两岸渔业合作示范区学习考察，探索利用潮州港作为首批对台直航港口等优势及发挥对台小额贸易的工作基础和政策优势，加强对台产业合作。

潮州港经济开发区2015年完成固定资产投资10.41亿元；规模以上工业总产值102.74亿元，工业增加值30.72亿元，税收10.16亿元。

【水族机电产业建成基地】 潮州市水族机电产业诞生于20世纪80年代。2015年，水族机电产业实现增加值7.4亿元，水族机电产业成为潮州市八大特色产业之一，荣获“广东省火炬计划水族器材产业基地”“广东省水族机电产业集群升级示范区”等称号。潮州市水族机电产品大部分出口，远销欧美、日本、韩国、东南亚、中东、中国香港、中国台湾等80多个国家和地区。潮州市水族机电产品通过模仿、消化、吸收水族机电制造技术，加强自主创新能力培育，具有较高的技术含量，技术水平在国内处于领先水平。所生产的水族机电产品具有与国外同行同场竞技的资格与能力，主要企业生产的品牌产品受到国外厂商的普遍赞誉。水族机电产业主要分布在饶平县黄冈镇、钱东镇等地。主要企业有日生、海利、博宇、金利佳、恒通等企业。

【渔业结构优化布局合理】“十二五”时期，潮州市坚持推动海洋渔业转型升级，优化养殖结构和区域布局，现代渔业建设实现新突破。实施渔民转产转业议案，建设现代渔业产业化基地建设项目8个、渔民专业合作社项目22个，近海捕捞强度得到有效控制，形成海水养殖业效益逐年递增、近海捕捞业逐年递减的良好发展趋势。同时，鼓励远洋捕捞，减少对近海渔业生态的破坏。2015年，全市渔业总产值22.34亿元，同比增长2.5%；水产品总产量20.3万吨，同比增长3.5%；其中海淡水捕捞总量2.39万吨，同比减少17%。渔业深加工扩能增效，新增3个渔业深加工项目，建设柘林湾东部捕捞鱼类加工区、柘林湾西部小贝类加工区和优质水产品深度加工区，加快建设粤东最大的水产品物流中心，不断提升水产品加工流通能力。培育了“顺创、宇翔、展雄”等一批受市政府表彰的出口创汇和纳税大户的水产品企业；规模以上的水产加工企业6家，水产冷库12座。

【特色水产养殖转型升级】“十二五”时期，潮州市积极推广水产健康养殖，特色水产养殖转型升级，水产养殖稳步发展，2015年，全市水产养殖总面积13779公顷，与上年基本持平；水产养殖总量17.92万吨，同比增长7%；拥有11万格海水网箱的优质鱼类养殖基地、3552公顷的贝类养殖基地、1398公顷的虾蟹养殖基地、136公顷的藻类养殖基地和年育苗量超过68亿尾的海水种苗生产基地。依托渔业龙头企业建设深水网箱产业园，共投放双浮管圆形抗风浪网箱76组304口，成为国内首家最大的深水网箱养殖活鱼直供香港的养殖基地。在饶平县建成工厂化循环水养殖车间，鼓励推广工厂化循环水养殖，积极推广规模养殖、健康养殖、特色养殖和标准化养殖，规模效应更加凸显。

潮州市积极推进水产良种工作，加强指导，2015年新增创建了“潮州韩东省级中华鳖良种场”和“饶平晟源省级斑节对虾良种场”等2家省级水产良种场，使全市有了3家省级水产良种场。全市水产种苗场84个。建立水产养殖病害测报点5个，加强对水产养殖病害的监测。

【港口码头现代渔港建设】“十二五”时期，潮州市主动与国家交通运输部、省交通运输厅、国家海洋局及国家海洋局南海分局等上级部门沟通联系，争取支持，潮州港口码头全面升级改造。实施潮州港扩建货运码头及三百门新港区综合建设，华丰集团油气专用码头项目、广东海润冷链物流中心等一批物流基础设施建设顺利开工。同时，饶平陆岛5座交通码头配套连接线项目接线公路全面完成，潮州疏港铁路前期工作正在推进，潮州港至大埔高速公路、柘林和西澳码头新址顺利开工建设，各项交通基础设施逐步完善。2015年潮州港扩建货运码头项目实际投入建设资金1.22亿元，完成计划101.9%，累计完成投资2.27亿元。

2015年，潮州市加快现代渔港建设步伐，委托广东省水产设计院编制《现代渔港建设总体规划》，经市政府同意，成立由分管副市长任组长的现代渔港建设领导小组，向省局申报现代渔港建设项目，推进全市现代渔港建设。同年完成三百门渔港和柘林渔港高清视频监控系统建设并正式投入使用，并入市政府应急办视频监控系统。做好三百门国家一级渔港的正式验收准备工作，通过农业部验收组的初验。根据整改意见，做好落实县级配套资金、完善项目相关资料等工作，向农业部申请正式验收。

“十二五”时期，潮州市积极向上级申报专项资金，推动了一批现代渔业项目的建设。完成广东省饶平石鲈科鱼类良种场承担的水产良种工程国债专项资金基建项目的省级验收。

【人大检查水产品质量安全】“十二五”时期，潮州市强化水产品质量安全监管。2015年3月中旬，市人大常委会执法检查组对市海洋与渔业局自2014年以来贯彻实施《中华人民共和国农产品质量安全法》中关于水产品质量安全管理情况进行执法检查；开展水产品质量安全抽检，抽查种苗样品35个，产品样品50个，市场流通产品样品20个，检查项目为氯霉素、孔雀石绿、呋喃西林代谢物等，并完成快速检测200个样品；发挥市渔业质检中心平台的作用，对全市的水产品进行抽检，共抽查77个水产品样品，检测项目主要为孔雀石绿和氯霉素，被检水产品未发现禁用药物残留超标。开展水产品质量安全专项整治行动，重点检查农业部健康养殖示范场、“三品一名牌”认证企业、专业合作经济组织、水产原良种场和苗种场、产业化龙头企业、加工出口水产品原料基地等养殖单位和50亩以上的水产品生产基地。市、县二级共出动渔业、渔政人员共480人次，检查种苗场和养殖场（点）179家。

同时，加强无公害水产品管理，开展无公害水产品标志专项检查工作，2015年共出动检查人员62人次，检查市场（超市）数量7个，发放宣传资料数量450份，检查中没有发现转让、买卖无公害水产品标识和伪造、冒用、超范围使用标识等不规范用标行为。根据有关规定做好无公害产地奖励申请工作，2014年度全市新认证水产品无公害产地共6个，申请奖励共6万元。经认证的无公害产地11个，产品18个。

【项目用海审批效率提高】“十二五”时期，潮州市加快做好“三划”编制工作。2015年，完成《潮州市海洋功能区划》（2013—2020年），通过市政府审核并已上报省政府审批。完成《潮州市海岸保护与利用规划》的编制，于6月18日经市政府批准实施。争取上级海洋主管部门的大力支持，提高项目用海审批效率，确保各重点项目建设能顺利进行。潮州港怡华有限公司的潮州港金狮湾石化基地项目已通过省政府批准正式领取了海域使用权证。潮州港扩建货运码头（复工）工程用海已经省局核准，已按程序上报省政府审批。潮州港公用航道工程项目用海已通过用海预审。

同时，抓住潮州市被省列为全省养殖用海市场化配置试点市之一的契机，着力对全市养殖用海进行集中梳理，科学划定养殖用海区，严格控制养殖规模，开展养殖用海市场化配置工作，强化养殖用海管理，规范养殖用海行为，提升养殖用海制度化、规范化和科学化水平。

【柘林湾环境整治生态修复】“十二五”时期，潮州市严格执行海洋环境影响评价、环保设施“三同时”和海洋倾废申请审批制度，优先发展资源节约型、环境友好型的开发项目和生产工艺。以实施柘林湾海洋生态环境整治修复工程和建设柘林湾“美丽港湾”为主要载体，推动海洋牧场示范建设。2015年，全力以赴抓好市委书记领衔督办的饶平县海岸线加强保护提案的办理工作，开展饶平县海岸线保护提案现场调研和协商座谈，商讨解决办法，提出相应的对策措施，落实提案办理工作。提案人对提案办理表示满意。

2015年，全面实施“粤东柘林湾海洋生态修复”项目，重建沿岸退化红树林1000亩、滩涂湿地受损贝类7000亩、浅海退化海藻场300亩；启动西澳岛生态保护与修复项目，建设沙滩整治修复工程、生活污水处理工程、垃圾集中处理工程、海岸恢复工程等内容；开展对大埕湾海岸线的整治，加强海岸线的保护。

“十二五”时期，潮州市逐步建立海洋监测应急体系，加强海洋环境监管，增加监测站位10个，共设监测站位45个，保质保量完成全市入海排污口监测、黄冈河入海污染物总量监测、近岸海域海水质量监测、海水入侵监测等任务，及时掌握监控全市海洋环境质量状况，并发布季度监测报告和年度质量公报。

【渔业资源增殖与人工鱼礁】“十二五”时期，潮州市积极开展渔业资源增殖放流活动，2015年8月14日，共向柘林湾投放鲷科鱼类鱼苗20万尾、斑节对虾苗1750万尾。10月23日，共向韩江流域投放鲤鱼苗7.5万尾、鲮鱼苗24.8万尾。

“十二五”时期，潮州市按照广东省沿海人工鱼礁建设规划的安排，完成溜牛人工鱼礁建设任务，投放礁体1362个。同时，做好海洋与渔业自然保护区管理工作，2015年穿越韩江鼋、花鳗鲡自然保护区实验区的宁莞高速韩江特大桥已开工建设，业主单位按合同要求已缴纳80%补偿金额共273.6万元，用于保护区生态环境监测工程、管理工程建设和人工增殖放流、生态环境修复等。

【海洋监察加强“三巡”执法】“十二五”时期，潮州市加强“三巡”执法力度，做好用海项目“事前、事中、事后”的监管，敦促业主依法用海，防止违法用海行为的发生。加大海岛执法巡查工作力度，保护海岛及其周边海域生态环境。加强海洋资源环境保护，重点开展港池疏浚物倾废情况、围填海项目的海洋环境情况和海砂开采检查。做好饶平县海山镇坂上村一宗非法填海案和野水村沙滩建造护堤的相关调查核实和处理工作。实施“重点巡查已开发利用的海岛、兼顾未开发利用的无居民海岛”定期巡查模式，保护了海岛及其周边海域生态环境，及时发现和制止海岛开发利用违法行为，切实做好海岛定期巡查工作。2015 年，海监执法检查项目 23 个，检查海岛 15 个，航程 680 海里，出动检查人员 86 人次，结案 2 宗，罚款 3.13 万元。

【渔政执法打击非法捕捞】“十二五”时期，潮州市积极开展“护渔”专项行动，保持高压态势，加大打击非法捕捞执法力度；抓好执法责任制的落实，通过实行领导带队执勤和加强指挥，以打击在韩江潮州段电鱼等非法捕捞为重点，遏制了各类非法捕捞行为。2015 年共出动船、艇 32 艘次、执法车辆 124 辆次、执法人员 685 人次，检查渔船 580 艘次。

2015 年，开展涉渔“三无”船舶、“绝户网”清理取缔和打击走私专项行动，严厉查处有关违法行为。行动中共出动执法人员 656 人次，车辆 108 辆次，执法船艇 48 艘次，检查渔船 1213 次，拆除各类大小“绝户网”40 座、拔掉竹木桩 1410 余根。开展打击非法建造、改装渔业船舶行为专项行动，出动执法人员 10 人次，车辆 2 辆次，检查 2 家船舶修造企业，检查中尚未发现有违规问题。

【南海伏季休渔制度实施】“十二五”时期，潮州市严格实施南海伏季休渔制度，2015 年，全市 609 艘渔船于 5 月 16 日中午 12 时正式进入为期两个半月的南海伏季休渔期，其中外港休渔船数为 16 艘，参与休渔的渔民总数为 2924 人。为做好伏季休渔执法行动工作，市渔政支队积极联合饶平大队开展“护渔 2015”伏季休渔执法行动。设立 24 小时举报电话，严厉查处违反休渔制度行为；集中渔政执法力量，在管辖海域内开展休渔前和休渔期间的海上执法检查行动，督促渔船按时回港休渔，查处违反休渔规定以及“电、毒、炸”等违法行为，维护休渔期间的正常生产秩序。全年共出动渔政船、艇共 424 次，出动执法车辆 444 辆次，出动执法人员 4417 人次，检查渔船 2139 艘次。

【渔业安全生产责任明确】“十二五”时期，潮州市海洋与渔业局按照市政府下达的安全生产年度控制指标，每年都与各县、区海洋与渔业主管部门签订年度安全生产责任书，明确责任，落实分工，坚决推进安全生产“一岗双责”的落实。2015 年，潮州市开展安全生产宣教和培训，共召开现场会和举行现场演练 5 场次，参加会议和培训的渔民代表约 400 人次。严格认真落实 24 小时领导带班值班制度，做好信息的上传下达，提高安全应急防范能力。坚持不懈抓好渔业安全生产工作，防范和遏制重、特大事故发生，实现全市渔业安全生产零事故。

2015 年，潮州市组织对渔船生产有关证书、安全生产设备配备、渔船标识以及 AIS 和“北斗”系统的开机等情况进行重点检查，深入到各渔港码头、停泊区、渔船进行检查，全面排查安全隐患。全年检查督查活动共出动执法人员 316 人次，执法车辆 60 辆次，检查渔船 1111 多艘次，检查渔港 28 个次。

“十二五”时期，潮州市做好渔船安全设施的配备工作。至 2015 年底，全市所有渔船均按省级要求完成各种安全设施配备，共有 650 艘渔船配备 AIS 终端和有源 IC 卡，200 马力以上和载员 10 人以上的渔船均按要求配套北斗卫星通讯终端共 72 部，救生浮检测更新 510 个。发放渔船船员 IC 卡 2971 张，配备船用无线电话机（对讲机）650 部，配备灭火器 1949 个，救生衣 2694 件。

【海洋科技创新成果转化】“十二五”时期，潮州市加快海洋科技创新与成果转化。积极对接广东省海洋与渔业高科技园的建设，大力推动科技成果研发、转化与推广平台，逐步形成集成度高、带动力强、产学研相结合的科技创新体系。建立健全海洋人才教育、培训、就业相互促进的良好培养机制，建设海洋“智力工程”。

提升海洋公共服务能力。以建设现代化、信息化、数字化的海洋新兴网络，促进海洋信息共享。建立海洋经济运行监测与评估体系，推动海洋经济科学发展。建立健全海洋防灾减灾、应急预警等体系。积极开展水产技术指导和科技服务活动。

【渔业油补发放和渔业保险】“十二五”时期，潮州市积极服务民生，认真落实惠渔政策，做好渔业油价补助资金发放和管理工作，完成 2013 年度渔业油补资金清算工作，做好 2014 年度预安排补贴资金的分配和 2014 年度渔业油补申报数据的汇总、上报及参加省组织的数据审核等工作。

加强宣传教育，强化渔民群众的互保意识，积极引导渔民参加政策性渔业保险。2015年全市现已办理渔民意外人身保险2996人，参保渔船608艘。2015年8月27日，潮州市十四届人大常委会举行第二十四次会议，开展政策性渔业保险工作的评议，听取、审议并高满意率通过了市海洋与渔业局开展政策性渔业保险工作报告。

揭阳市

【市情概览】揭阳市位于广东省东南部，1991年12月设立地级市。2015年辖榕城区、揭东区、揭西县、惠来县，代管普宁市，另设揭阳市蓝城区、揭阳空港经济区、揭阳市普宁华侨管理区、揭阳市大南山华侨管理区、揭阳大南海石化工业区。全市有2个乡、61个镇、20个街道。土地面积5240平方千米，其中市区面积1031平方千米。2015年末户籍人口701.68万人；常住人口605.89万人。揭阳籍的海外华人、华侨和港澳台同胞334万人。揭阳市有耕地面积8.8万公顷，森林覆盖率55.39%，城市人均公园绿地面积15.91平方米。2015年全市生产总值1890.01亿元，同比增长8.0%，“十二五”期间年均增长11.8%。

揭阳市榕江和练江流域历史上是粤东地区经济较发达的地区之一。唐代，榕江炮台口岸及神泉港、靖海港就与东南亚各国通航，促进地方经济的发展。建市后，揭阳经济迅猛发展，社会和谐稳定。榕城是广东省历史文化名城，享有“水上莲花”“浮水葫芦”之美誉。历史名胜古迹有榕城区揭阳学宫（孔庙）等，惠来县绵长的海岸线蕴含着深厚的海洋文化积淀，繁衍惠来的“三奇”文化：奇鱼（拜鱼民俗）、奇泉（海角甘泉）、奇景（海市蜃楼）。

【海洋资源】揭阳市海岸线长136.9千米，其中榕江岸线27.4千米，惠来岸线109.5千米，有小型海岛28个、微型海岛51个，海域面积9300平方千米，其中-15米等深线海域达311.6平方千米。有渔港4个，近海渔场5400平方千米。海洋自然资源得天独厚，水生生物呈多样性，浮游动植物丰富，有浮游植物202种，分别隶属于硅藻门、金藻门、黄藻门、蓝藻门以及甲藻门等56个属，其中浮游硅藻143种，甲藻52种，金藻、黄藻与鹰藻3个门共7种；底栖生物种类组成以南亚热带种为主，也有热带及暖温带的种类，共有136科442种。

揭阳市海湾资源丰富，主要港湾有神泉港、靖海港、资深港、地都港、澳角湾、港寮湾。滨海旅游景点有海角甘泉、海市蜃楼、金海湾植物园等。海盐资源极为丰富。

【渔业资源】揭阳市境内河流由榕江、练江、龙江三大水系和沿海水系组成，其中以榕江流域面积最大，是本市的主要河流。三大水系中练江和龙江发源于市境内，榕江是过境河流，发源于汕尾市陆丰凤凰山。全市境内集水面积在100平方千米以上的干、支流20条。全市河流总长1097.5千米，榕江、练江、龙江等为历代沿江渔（农）民的捕鱼场所。揭阳市有4个渔港（神泉渔港、靖海渔港、资深渔港、地都渔港），沿海近岸海域，是鱼、虾、贝类等生长繁殖的优良场所，鱼类有54科，94属，143种；头足类有中国枪乌贼、长枪乌贼、莱氏拟乌贼、乌贼、长短峭等；虾类有斑节对虾、须赤虾、鹰爪虾、长额仿对虾、新对虾、日本对虾、短沟对虾、宽沟对虾、墨吉对虾、长毛对虾、中华管鞭虾和琵琶虾等，蟹类有锯缘青蟹、远海梭子蟹、三疵梭子蟹等种类，甲壳类还有虾姑；贝类有近江牡蛎、密鳞牡蛎、泥蚶、毛蚶、翡翠贻贝、江珧、海月、凸壳肌蛤、文蛤、海菊蛤、中国蛤蜊、波纹巴非蛤、曲畸心蛤、鳞构拿蛤、日本镜蛤、西施舌、杂色鲍、管角螺等；此外还有海龟。

土特产有蚝烙、靖海鲍鱼、地都青屿蟹等。

【海洋经济持续稳步发展】“十二五”期间，揭阳市贯彻实施《广东海洋经济综合试验区发展规划》，以加快转变海洋经济发展方式为主线，以海港经济为引擎，坚持陆海统筹、综合开发，坚持“集中集约用海、开发与保护并重”理念，加强海洋综合管理，加强海洋资源和生态环境保护，全力服务海港经济引擎，落实海洋产业园区扶持政策，优化海洋开发布局，以揭阳大南海石化工业园区涉海项目为重点，大力发展海洋产业。突出生态优先，推进美丽海湾建设；突出渔民民生，落实好惠渔支渔政策，维护渔民切身利益；突出水产品“菜篮子”工程建设，加快渔业转型升级，推进现代渔业发展；突出重点环节，加强渔业安全生产，提升海洋防灾减灾和渔船管理水平，促进海洋与渔业经济持续稳步发展。2015年，全市海洋经济总产值225亿元，比2014年增长15%；渔业经济总产值27.33亿元，比增6.0%。全市水产品总产量15.93万吨，比2014年增长1.27%；其中，海水产品7.96万吨，比2014年增长0.35%；淡水产品7.98万吨，比2014年增长2.21%，保障水产品有效供给。

【中外合作建设枢纽港口】2013年10月13—22日，揭阳市政府和有关行业协会组成经贸代表团赴荷兰、法国开展经贸活动，与荷兰鹿特丹港务局就以“地主港”模式进行合作建设揭阳枢纽港口达成共识，推进临港工业园与荷兰鹿特丹港的合作，规划建设48平方千米的滨海工业产业园作为产业对接平台。当年全市港口建设8.52亿元，加快中电投通用码头等重点项目建设，推进揭阳港前詹作业区通用码头一期工程、粤东LNG项目配套码头工程建设。揭阳港疏港铁路（111千米，总投资约92亿元）前期工作进展顺利，其中疏港铁路与省铁投达成省市7∶3出资建设协议；惠来电厂专用煤码头临时进靠国际航行船舶先后于4月28日、11月6日获国家交通运输部批准。

2015年，全市港口货物吞吐量2509.80万吨，比上年增长56.8%。水路运输完成货运量30万吨，货物周转量2.39亿吨千米，分别增长3.45%和21.53%；港口口岸进出船只44艘次，货物227.53万吨。

【大南海石化工业区建设】揭阳大南海石化工业区由省政府2007年7月批准设立，规划面积133.4平方千米。工业区位于惠来县中、南部，北依大南山，南濒南海，距离国际航线不足8.8海里，拥有黄金海岸线长9.7千米，具备承接巨大经济实体和建设超大型工业基地的承载力。揭阳大南海石化工业区管委会以“基础设施建设、项目建设”为总抓手，着力打造“省级战略能源基地”“国家级石化生态示范新城”“世界级化工炼油基地”，重点发展炼油、精细化工、生物医药、新型材料、机械装备、高端服务业等六大支柱产业，全面构建炼油化工、行政生活服务和生态旅游三大板块。至2015年，完成133平方千米总体规划及41平方千米控制性详细规划、石化产业规划、防洪排涝规划等规划编制；道路、水利、电力、公共服务等基础设施配套全面进入建设，2015年生产总值16.69亿元，完成税收2709.9万元。

【水产养殖形成地方特色】“十二五”期间，揭阳市大力发展标准化、规模化、基地化生产，促进养殖业稳定健康发展。海水养殖形成榕江出海口南美白对虾养殖基地和惠来鲍鱼、对虾养殖基地，产值占全市水产养殖约27%。惠来县发展工厂化养鲍和对虾养殖，鲍鱼养殖场超过100家，养殖水体超过40万立方米，年生产能力超过1000吨。揭阳空港经济区地都镇充分利用榕江出海口特殊养殖环境，引导发展南美白对虾养殖，养殖面积1067公顷，成为“一镇一品”重点示范镇。揭东区云路镇全力打造仿生态甲鱼养殖基地，全镇甲鱼养殖面积约333公顷，年产量9000吨，产值约6亿元，纯利润1.3亿元，也是“一镇一品”重点示范镇。普宁市和揭西县利用当地山塘水库众多、水质优良的有利条件，创新健康养殖模式，大力发展生态型、节能型渔业，推广山坑塘微流水养鱼，形成规模超过2000公顷的罗非鱼养殖基地。推广健康养殖模式，全市有农业部水产健康养殖示范基场3个。2015年，全市水产养殖产量97659吨，比2014年增长1.98%，比2010年增长14.81%；其中，2015年全市海水养殖22096吨，淡水养殖75563吨。

【海洋捕捞渔船更新改造】“十二五”期间，揭阳市组织实施省沿海渔民减船转产转业，加快海洋捕捞渔船更新改造，实施渔船更新改造“先建后拆”。宣传、发动、指导有实力的渔业组织、渔民加快渔船更新改造，消除安全生产隐患，发展外海捕捞生产。组织开展全市渔船普查，推动海洋捕捞渔船更新改造。与邮政储蓄银行合作鼓励渔民贷款更新改造“老旧残”木头船，确保渔民生命财产安全。2015年，全市在册渔船1521艘，其中海洋捕捞渔船890艘，内陆捕捞渔船631艘；渔业捕捞产量61651吨，同比增长0.17%。其中，2015年海洋捕捞57463吨，淡水捕捞4188吨。

【现代渔港建设规划实施】“十二五”期间，揭阳市加强渔港基础设施建设，切实做好4个渔港维修、维护和抢险加固工作，投入省级渔港抢险维护资金540万元。重点推进神泉国家一级渔港建设，农业部批复初步设计，中央补助资金1016万元，用于一期工程渔港码头基桩土建项目建设；惠来县自筹资金投入130万元，用于渔港前期“三通一平”及场地清障拆迁补偿等费用。2015年，编制揭阳市现代渔港建设规划，申报神泉渔港为省示范性渔港，靖海渔港为省二级渔港，资深渔港为省三级渔港，共申报补助资金3745.84万元。加快神泉国家一级渔港建设步伐，加快现有渔港的改造、扩容、升级，配套建设二、三级渔港。投入资金60万元，维护加固神泉渔港及地都渔港。同时，建设渔港监控视频，提升渔港管理信息化水平，保障渔船安全停泊和安全应急指挥管理，为沿海渔民营造后勤保障、渔船安全避风场所。

【水产品质量安全监管执法】2011—2015年，揭阳市开展水产品质量安全专项整治，加强水产品质量安全执法工作，推进水产品质量安全执法制度化、规范化。制订了揭阳市水产品质量安全专项整治行动方案，坚持“产”“管”并重，以水产品批发市场、主要农贸市场为重点，逐步推进水产品产地和市场标识管理，实现重点品种有效追溯。2015年揭阳市海洋与渔业局会同食品药品监管部门开展市场监控，开展农贸市场、大型超市等水产品标识执法检查，共检查169人次。会同有关部门开展食品安全宣传周活动，发放《水产养殖生产记录本》《禁用渔药及其他化合物清单宣传挂图》等资料1125份，发放宣传资料732份。抓好全市水产品各个环节抽检工作，其中，产地水产品抽检样品86个，合格率达99%，比省年度计划高出1个百分点；苗种抽检样品10个，合格率100%；承担省海洋与渔业局水产品检测任务快检200个，合格率100%；流通环节和投入品抽样各20个，全部合格。

【渔业行政管理发证规范】“十二五”期间，揭阳市进一步加强渔业管理，规范水产养殖管理，切实做好养殖证发放工作。5年来累计发放水域滩涂养殖证1761本，其中，2015年发放29本，发证面积7786公顷，占应发面积94.96%。累计发放水产苗种生产许可证72本。同时，严格执行捕捞许可管理制度，加强海洋、内陆捕捞渔船“双控”指标管理，控制捕捞强度，2015年签发渔业捕捞许可证1631本，其中：海洋渔业捕捞920本、内陆捕捞711本。严格控制在农业部和省下达的“双控”指标内。

【海洋综合管理科学严格】“十二五”期间，揭阳市把科学规范用海作为海域综合管理的基本准则，严格实施用海“三划”制度，强化海洋功能区划，制订海洋产业规划，完善用海年度计划，为本市涉海重点项目用海，提供全方位用海服务。组织开展海岸带保护和利用规划调研，实施海岸保护与利用规划，开发利用海域及海岛资源，重点保障产业政策鼓励的发展项目、现代海洋产业体系建设项目、重大涉海基础设施项目和重点民生项目。加强海岛管理，完成海岛普查，做好海岛名称标志，并完成立碑工作。加强海域使用管理，落实海域管理“三项制度”（海洋功能区划、海域使用权证、海域有偿使用），全力服务大项目用海需求，按程序规范用海审批和上报，推进集约集中用海和科学围填海。完善修编《揭阳市海洋功能区划》，优化海洋产业布局，规范海洋管理，做好海域督查工作。

【“美丽海湾”建设扎实推进】2015年，揭阳市根据省政府提出了“开展海岸带综合整治修复，推进美丽海湾建设”的新要求，落实措施，扎实推进“美丽海湾”建设，编制美丽海湾规划，实施海岸带和近海海域环境整治。重点对侵蚀严重的惠来绿洲湾、华家海湾海岸带和榕江口海域等开展综合整治，启动靖海绿洲海岸带侵蚀整治与修复工程，项目总投资5105万元，其中国家资金2696万元，地方政府配套2409万元。开展海洋生态文明建设宣传，组织海洋生态文明和海洋科普知识咨询和资料派送活动。编制《2015年揭阳市海洋与渔业环境监测工作方案》，加强海洋与渔业环境监视监测，加强海岸与海洋工程环境管理。组织对我市陆源入海排污口及海水质量进行监测，其中陆源入海排污口监测站点2个，海水质量监测站点7个。完善县级海域动态监管能力建设，通过海域动态专网，及时做好海域使用统计工作。做好海洋防灾减灾和海平面调查工作，全面掌握海平面变化的综合影响情况。组织开展“海洋防灾减灾日”和“海洋宣传日活动”，共举办海洋法律法规现场咨询活动4场次，发放宣传资料8000份，制作宣传横幅60条。

【渔业资源增殖保护活动】“十二五”期间，揭阳市开展“休渔放生节”渔业增殖放流主题活动。2012年6月6日，在市政府前河段举办第五届广东“休渔放生节”（揭阳分会场）主题活动，共向榕江投放兴国红鲤、“四大家鱼”等淡水鱼种、鱼苗80多万尾。通过举办“休渔放生节”主题活动，进一步营造关注生态环境、关注生态文化、共建生态文明的良好氛围，引导社会各界参与渔业增殖放流活动，共同推进渔业经济可持续发展。同时，组织开展水生野生动物保护科普宣传月活动，开展以“关爱水生动物，保护生物多样化”为主题的一系列宣传活动。2015年6月5日，惠来县在神泉港海域开展渔业资源增殖放流活动，共投放斑节对虾苗900万尾，黑鲷苗8万尾，黄鳍鲷苗8万尾，补充近岸海域水生生物种群数量。同时，实施水生生物资源养护，加强水域污染防治，加大对环境敏感区、自然保护区、重要渔业水域等的检查；加快人工鱼礁建设，累计投资2322万元完成惠来前詹人工鱼礁区工程建设，投资620万元完成惠来神泉人工鱼礁区工程建设。

【海洋监察执法分段管理】“十二五”期间，揭阳市加强用海监管，强化海上综合执法，规范用海行为。完善海监执法模式，继续实施海岸线分段管理，充分发挥执法示范带动作用，实行海监执法重心下移，开辟案源，强化管理。严格执行《海监执法“三巡”制度》，坚持每月对辖区内近岸海域巡查不少于5次，海监“三巡”制度促进执法工作日常化、规范化。开展海监专项执法行动，严厉查处非法围填海、非法开采海砂行为。定期开展海岛巡查，加强无居民海岛开发利用管理。加大海监“三巡”力度，2015年，海监船艇出航25航次，航行185小时，航程1009海里，出动执法车辆70辆次，行程3427千米，派出海监执法人员581人次，发现1宗非法占用海域建设码头行为，及时依法制止。组织实施“碧海”“海盾”和海岛保护巡航执法联合行动，加大对违法用海以及破坏海洋环境违法案件的查处力度，确保辖区内未经批准利用的无居民海岛，没有采石、挖海砂以及进行生产、建设、旅游开发等活动。严格执行海岛定期巡查制度，对全市82个海岛开展巡查，采用登岛检查和环岛巡查等方式，做到每月登岛检查并对岛屿周边环境开展排查，强化海岛监管，维持海岛的生态现状，保护海岛资源。

【渔政船艇巡航执法检查】“十二五”期间，揭阳市严格执行渔政船艇巡航制度，组织开展“护渔”“靖海”等执法专项行动，保持高压态势，打击“电、毒、炸”鱼以及违反禁渔区、禁渔期非法捕捞行为，清理取缔涉渔“三无”(无船名船号、无船舶证书、无船籍港籍)船舶和“绝户网”。推进“船证不符”渔船整治工作，有634艘渔船船东申请办理“船证不符”渔船。2015年全市渔政船执法出航88航次，执法车出勤78辆次，共检查渔船1586艘，查处非法捕捞渔船67宗，罚款98.3万元，收缴非法电鱼工具一批。9月30日，揭阳市、惠来县政府组织协调辖区内海洋渔业、公安、边防、海事、交通、工商等部门开展联合执法行动，登船检查渔船12艘，检查渔船证照、船牌标识、安全设施及渔网具。组织开展水产品质量安全专项执法行动，对执法检查过程中发现的违法行为做到100%查处，限期整改对象100%跟踪监督整改到位。组织开展水野生动物保护专项执法行动，严厉打击非法经营水生野生动物行为。

渔船安全管理。利用信息化科技手段管控渔船，全市渔船按要求全部配备IC卡，并安装上船。完善渔船资料档案管理，完成渔业安全生产通信指挥系统终端配备工作，海洋渔船配备AIS终端857台，“北斗”630部，230兆通信终端210部，移动通信终端49部，实现渔船实时监控、即时通信和船位识别，提升渔船综合管理和安全应急处理水平。

渔船检验工作。落实船厂质检员协检制度，在惠来辖区实现渔船年检全部上排检测和登船检验。2012年开展渔船检验质量大检查行动，督促渔业船舶更新配备救生圈3200个、救生衣6400个、灭火器4800瓶，救生绳888条。

【南海伏季休渔安全无事故】“十二五”期间，揭阳市严格执行南海伏季休渔制度，做到组织、宣传、措施“三到位”。2015年全市纳入休渔对象渔船889艘，应休渔船按规定时间5月16日12时实现“船进港、证集中、网封存”。休渔期间，落实防火、防盗、防风、防洪“四防”工作措施，制订休渔渔船安全应急预案，配足配齐消防设施和消防器材。对神泉渔港11个专用消防栓进行调试，雇用消防船6艘，配备高压水泵6架；在沿海渔村成立了6支抢险救助队伍，每支30～50人，遇紧急灾情和突发事件能及时得到救援。组织开展休渔护渔执法行动，加大休渔期间执法巡查力度，严厉打击违法休渔规定渔船，实现休渔安全无事故目标，圆满完成伏季休渔任务。

【渔业安全生产应急机制】“十二五”期间，揭阳市每年召开全市海洋与渔业工作会议，部署渔业安全生产工作；或专门召开全市海洋与渔业安全生产工作会议，落实渔业安全生产“一岗双责”，与各县(市、区)渔业主管部门签订《安全生产责任书》，渔政部门同渔船船东(船长)100%签订安全生产承诺书，渔船船东和船长主体责任落实到位。开展安全生产月活动，与安监部门联合举办船东船长渔业安全生产培训班，培训船东(船长)，建立培训档案。完善渔业安全通信指挥系统，实现渔船实时监控、即时通信和船位识别；完善渔船安全管理“一船一档”资料，规范渔船安全管理。完善渔业安全生产应急机制，建立渔船防台风“一船一预案”，解决好服务渔民群众“最后一公里”问题。2015年，认真开展安全生产隐患排查，出动执法船37艘次、执法快艇68艘次、执法车辆83辆次，出动执法人员1108人次，检查渔船2128艘次，发现一般隐患渔船83艘次，打非治违各类行政处罚44宗。推进渔业互保工作，2015年共参投互助保险渔民4366人，保费302.53万元；参保渔船879艘，保费155.394万元，实现渔船参保率99%。

【海洋科技研发合作平台】2012年12月5日，揭阳市海洋与渔业局与汕头大学签订科技协议，确立双方科技合作框架，构建交流合作平台，探索产、学、研相结合新路子，为揭阳市海洋生态环境建设、海岸线整治修复、渔业资源多样性保护、项目立项申报及评审验收、人才培养、技术信息等科技合作提供支撑。2013年来，揭阳市加强与科研院校交流与合作，构建海洋科技研发创新平台，推进海洋经济创新发展区域示范，强化海洋渔业技术支撑，开展健康养殖示范、加强水产良种繁育等工作，促进渔业持续健康较快发展。2015年以广东越群海洋生物研究开发有限公司为载体，成立广东越群水产动物苗种繁育及饲料研发技术体系院士工作站。通过积极引进院士及创新团队的科技成果，解决石斑鱼和罗氏沼虾苗种繁育及饲料开发的关键技术，培养本地区创新型海洋与渔业科技人才，推动海洋渔业科技与产业的转型升级。同时，充分发挥水产技术推广部门职能作用，加大渔业科技推广力度，推广良种良法，派出专业人员深入塘头指导对虾、青蟹、甲鱼疫病防控。2015年重点开展罗非鱼链球菌病、海水鱼刺激隐核虫病监测，共划定监测点23处，全年采样24批次，检测样本350个，监测面积2333公顷。全年未发现水产养殖重大疫病。

【惠渔支渔政策渔民得益】“十二五”期间，揭阳市办理“沿海渔民转产转业议案”，累计完成减船152艘、功率16207千瓦，转业海洋捕捞渔民1159人，减轻了近海捕捞强度；累计完成渔民安居房建设835户，扶持现代渔业产业化基地建设项目18个，扶持渔民专业合作社建设项目40个，渔民专业合作社发展到45家，带动渔民转产再就业916名，扎实抓好船员培训和渔业互保工作。按照农业部《渔业成品油价格改革财政补贴资金管理暂行办法》要求，认真落实“油补”政策，严格发放程序，完成渔业柴油补贴资金发放任务，让渔民群众受惠得益。全市符合发放柴油补贴渔船1526艘，补助用油量43794.03吨，补助资金17042万元。同时，落实省政府休（禁）渔补助政策，申请补助渔船644艘，受益渔业船员3020名。省批准建设渔民安居工程103户，补贴资金154.50万元。

【滨海国际沙雕文化旅游节】2013年，惠来县举办“第二届滨海国际沙雕文化旅游节”，推出“看海景、洗海浴、吃海鲜、买海货”滨海旅游线路，丰富多彩的特色精品旅游线路吸引众多游客。《惠来县旅游发展总体规划（2013—2030）》通过专家组评审，东方夏威夷国际旅游度假区和金海湾植物园综合开发2个项目落户滨海旅游产业园区，其中计划投资超100亿元的东方夏威夷国际旅游度假项目被列为省2014年度重点项目。惠来金海湾生态旅游度假区投入3600万元，建成金海湾高尔夫球场（国际标准）。惠来华家海滨度假村投入220万元完善功能配套，被评为国家3A级景区。

三、粤西沿海地级市

阳江市

【市情概览】阳江位于广东省西南沿海，1988年2月设立地级市，现辖江城区、阳东区、阳西县，代管阳春市，另设海陵岛经济开发试验区、高新技术产业开发区、阳江滨海新区。土地面积8005.3平方千米（其中市区面积433.7平方千米），海域面积1.23万平方千米。2015年末常住户籍人口292.12万人，常住人口251.12万人，其中城镇人口122.60万人。阳江是中国刀剪之都、中国餐厨用品出口基地、中国温泉之乡、中国风筝之乡。土特产主要有阳江刀剪、阳江风筝、阳江豆豉、阳江漆器、春砂仁、双肩玉荷苞荔枝、粉酥、猪肠碌、咸鱼等。2015年全市生产总值1250.01亿元。

阳江是著名的旅游滨海城市，旅游资源丰富，南面有众多风光旖旎的滨海浴场及湖泊温泉，北面有喀斯特地貌形成的奇峰幽洞景区，海陵岛大角湾风景区是国家5A级旅游风景区，十里银滩被载入吉尼斯世界纪录，春湾—凌霄岩景区是省级旅游度假区，主要旅游景点还有广东海上丝绸之路博物馆、东平景区、沙扒海天度假村、阳西咸水矿温泉度假村。阳江是“文化之乡”，是“中国诗词之市”和“中国楹联之市”。阳江享有中国十大最具幸福感城市、中国优秀旅游城市、中国刀剪之都、中国最佳生态旅游城市、中国最佳休闲城市、中国温泉之乡和中国风筝之乡等荣誉称号。2014年，阳江市获国家园林城市称号。

【海洋资源】阳江市海洋资源丰富，是广东海洋与渔业大市，全市海岸线总长458.6千米，其中大陆海岸线323.5千米，岛岸线135.1千米，海域面积1.23万平方千米，20米等深线以浅的浅海和滩涂面积1624平方千米，其中10米等深线以浅的浅海面积620平方千米，滩涂面积131平方千米，可供养殖100平方千米;全市共有116个海岛，其中面积大于500平方米的岛屿有40个。海岸沿线港湾众多，水清沙洁，风光秀丽，著名的有海陵大角湾、十里银滩等。可供开发的滨海沙滩26处，总长62.88千米，其中优质沙滩24处，总长35.88千米，多为国家一类品质。港口资源丰富，宜港岸线长39.1千米。港口资源丰富，宜港岸线长39.1千米。阳江海陵湾，东与台山海域交界，南临南海，西与茂名市接壤，被列为全省海洋开发重点海域之一。滨海旅游资源得天独厚，有被评为“中国十大最美海岛”、国家海洋公园、中国最受欢迎旅游目的地的海陵岛，有因安置“南海Ⅰ号”宋代古沉船而闻名遐迩的广东海上丝绸之路博物馆。

【渔业资源】阳江市渔业资源丰富，是广东的渔业大市，素有“广东鱼仓”的美誉。阳江市海岸沿线阳江市近岸海域港湾众多，河流纵横交错，沿海生态环境极具多样性，成片的红树林近千公顷，是多种鱼虾产卵及仔、稚、幼体栖息育肥的场所，阳江海区已发现有经济价值的海水鱼类达 105 种，可开发用于增养殖的品种有 20 多个，主要包括上层鱼类、近地层鱼类、底层鱼类和珊瑚礁鱼类 4 种群类。常见的甲壳类有 118 种，其中虾类 31 种、蟹类 34 种。阳江市海水产品产量稳居全省首位，盛产鱿鱼、鱼翅、海蜇、花蟹、对虾、马鲛鱼、石斑鱼等。内陆淡水资源丰富，可供开发用于水产养殖的水域约 200 平方千米。

阳江是中国南海渔都，有闸坡、东平、沙扒、溪头、河北、对岸和江城 7 个渔港，其中闸坡渔港和东平渔港是国家级中心渔港，沙扒渔港是国家一级渔港，阳江市是全国拥有国家级渔港较多的地级市。

【海洋经济强市建设起步】“十二五”期间，阳江市贯彻实施《广东海洋经济综合试验区发展规划》，以建设海洋经济强市为总目标，出台《中共阳江市委、阳江市人民政府关于加快海洋经济强市建设的实施意见》，提出实施“蓝色崛起”作为阳江今后发展的三大战略之一。2011—2015 年，阳江市通过加快机制、体制创新，加强海洋科技创新体系建设，加大招商引资力度，积极推动现代渔业发展、临港工业结构调整、滨海旅游资源开发，同时坚持保护与开发并重，积极推动海洋生态文明建设，加强渔业安全生产管理，提升海洋防灾减灾水平，促进了全市海洋经济可持续发展。2015 年，全市海洋经济生产总值约 430 亿元；水产品总产量 121.6 万吨，同比增长 2.65%；水产品总产值约 150 亿元，同比增长 5.1%。

【高端临海产业快速发展】“十二五”期间，阳江贯彻落实《广东海洋经济综合实验区发展规划》，统筹安排、合理布局、集约发展高端临海产业，促使新能源、金属压延、钢铁等临海工业得到快速发展。新能源基地建设稳步推进，沿海地区集核能、风能发电于一体，成为广东重要的新能源基地。建成了阳江核电站、阳西滨海电厂、广青镍合金、世纪青山镍合金、嘉吉粮油等一批规模较大的临海临港工业企业，初步形成了以电力能源、特殊钢、农（海）产品加工、节能材料生产等为主的临海临港工业格局。2014 年 3 月 26 日，阳江核电站 1 号机组投入商业运行，成为内地第六个、省内第二个投入商业运行的核电基地，也是粤西地区首个核电项目。阳江核电站总装机容量 650 万千瓦，1 号机组于 2008 年 12 月 16 日开工，年发电量 80 亿千瓦时。

【沿海经济开发三驾齐驱】 2014 年 3 月 19 日，阳江滨海新区挂牌，发展定位是建成中国滨海文化旅游度假目的地、广东沿海临港工业重要基地、粤西对接珠三角首要门户、江海交汇生态宜居新城。新区规划面积 505.9 平方千米，其中核心区面积 55.22 平方千米。包括城南新区片区、金朗岛片区、长洲岛南部片区。阳江滨海新区的建立，与原有的阳江高新技术产业开发区、海陵岛经济开发试验区，三驾齐驱，加速阳江市海洋经济发展。

阳江高新技术产业开发区位于阳江市西南沿海，是 2003 年 1 月 23 日成立的省级高新技术产业开发区，行使市一级管理权限。2015 年辖平冈镇，总面积 213 平方千米。年末户籍人口 10.39 万人，常住人口 8.96 万人。盛产鱼、虾、蟹、蚶、蚝等，是阳江市主要海水海养区之一，产品远销省、港、澳等地；平冈镇被评为省水产养殖技术创新试点专业镇、全国海水养殖万吨镇。2015 年全区生产总值 100.21 亿元，比上年增长 18.1%；人均地区生产总值 11.18 万元，增长 16.6%；固定资产投资 40.47 亿元；外贸出口额 5.06 亿美元，增长 27.5%；实际利用外资 2723 万美元；增长 56%；地方一般公共预算收入 4.78 亿元，增长 10%。

海陵岛经济开发试验区位于阳江市西南沿海，2015 年辖 1 个镇，年末户籍人口 9.89 万人，常住人口 7.88 万人。辖区内 21 个岛（礁）陆域总面积 108.89 平方千米，海岸线全长 107.13 千米，其中主岛面积 105.11 平方千米，主岛岸线 75.5 千米，20 米等深线以内海域面积 640 平方千米。渔业资源丰富，素有“广东鱼仓”之称，闸坡渔港是全国十大渔港之一，鱼、虾、蟹、贝、藻类有捕捞价值的鱼类 300 种。入选“中国最美十大海岛”，有山、海、滩、湖各类旅游资源，海滨资源分为近岸海域、礁滩、滨海平地、台地和丘陵 5 种。近岸海域是海滨自然环境的主体，构成西起旧澳深浪角、东至下角海滩的连续风景带，包括大角湾、十里银滩、北洛湾、石角湾、地那湾、石咀湾、那谢湾、平章湾等 12 处海湾。2015 年全区实现地区生产总值 42.53 亿元，比上年增长 7.5%。地方一般公共预算收入 5 亿元，增长 7.4%。全年接待国内外游客 701.64 万人次，旅游收入 47.83 亿元，分别增长 12.3% 和 12.5%。

2015 年 8 月 1 日，第十三届南海（阳江）开渔节开船仪式在海陵岛举行，近 700 艘渔船从闸坡渔港起航奔赴渔场；10 月 15 日，国家旅游局发布公告，全国 14 家旅游景区批准成为国家 5A 级旅游景区，海陵岛大角湾海上丝路旅游区上榜，成为广东省首个滨海类国家 5A 级旅游景区，粤西片区首个国家 5A

级旅游景区。

【银行支持现代渔业发展】“十二五”期间，阳江市组织实施省沿海渔民转产转业，将发展远洋渔业、钢质渔船作为推进现代捕捞业转型升级的主要抓手，加快海洋捕捞渔船更新改造，沿海各地掀起了“拆小建大、拆旧建新”的渔船木改钢热潮，加快渔船更新改造，消除安全生产隐患，发展远洋捕捞；同时，发挥金融服务“现代海洋渔业”的支撑作用，为渔企生产发展、渔民更新改造渔船融资的贷款等方面提供信贷服务支持。中国邮政储蓄银行阳江分行自2014年11月至2015年共发放涉海、涉渔贷款3亿元，其中渔船抵押类贷款约1.7亿元，助推阳江市海洋渔业经济健康发展。同时，采取多种措施力促渔船钢质化稳步发展，5年间，全市新增钢质船444艘,功率约13万千瓦。2015年，全市有海洋捕捞机动渔船4188艘，功率38.22千瓦，总吨位21.16万吨。其中钢质渔船702艘，功率20.9万千瓦；主要作业类型有拖网（单拖、双拖）、围网（灯光围网和罩网）、刺钓（高刺网、三重网、钓具）；渔船的作业范围大多集中在粤东、珠江口附近及粤西沿海一带；海洋捕捞的主要品种有带鱼、马鲛、海鳗、鲳鱼、鲐鱼、蓝圆鲹、鳀鱼、鳓鱼、鲷鱼、金线鱼、大黄鱼、马面鲀、鱿鱼、虾类、蟹类、贝类(包括墨鱼)等。2015年，全市海洋捕捞产量38.25万吨。

【水产养殖标准化基地化】“十二五”期间，阳江市大力发展标准化、规模化、基地化生产，促进养殖业稳定健康发展。海水养殖方面，2015年，全市海水养殖总面积2.4万公顷，总产量71.2万吨。养殖品种以对虾、牡蛎、卵形鲳鲹、泥蚶、翡翠贻贝、文蛤和海水鱼类养殖为主，养殖方式有养殖、增殖和护养。全市建成了一批海水养殖基地，其中规模比较大的有全省著名的海陵湾牡蛎浅海栅架式吊养基地，闸坡海水鱼类网箱养殖基地，江城泥蚶养殖基地，江城、阳西、阳东对虾养殖基地，大镬岛、青洲岛、深水网箱产业基地等。网箱养殖的主要种类有石斑鱼类、鲈鱼、鲷科鱼类、军曹鱼、美国红鱼、卵形鲳鲹等；牡蛎养殖是阳江水产养殖业的一大亮点，建成了面积为5984公顷的海陵湾和面积为1000公顷的阳东北津两个重要牡蛎养殖基地。同时，还有光滑河蓝蛤、文蛤、毛蚶、泥蚶、西施舌等埋栖性护养增殖种类；浅海礁盘增殖以紫海胆、海参等棘皮动物和蝾螺、鲍等贝类为主要的护养增殖对象。深水网箱养殖是推动传统网箱养殖转型升级、促进水产养殖业健康可持续发展的重要举措，至2015年底，全市青州、大镬两产业园区共有深水网箱134口。淡水养殖方面，2015年，全市淡水养殖面积1.56万公顷，产量11.3吨，养殖主要品种有罗非鱼、鳗鲡、草鱼、鳙鱼、鲢鱼、泰国鲮鱼、鲻鱼、桂花鱼、中华鳖、花锦鳗、生鱼、七星鱼、罗氏沼虾等品种，名、特、优品种主要有娃娃鱼、金钱龟、鳄鱼等。

【国家级渔业品牌落户阳江】“十二五”期间，随着养殖、捕捞业的迅猛发展，阳江市水产品加工业迅速崛起。2015年，阳江市有水产品加工企业38家，其中国家级农业龙头企业1家,省级6家,市级6家；有2家水产加工企业获得欧盟注册、6家获得美国注册，4家获得俄罗斯注册、1家获得韩国注册。在此基础上，阳江市进一步加强渔业品牌建设,相继获得“中国南海渔都”“中国蠔都”“全国文明渔港”“中国国际休闲垂钓基地”等多个国家级渔业品牌，还获得10个广东省名牌产品称号。阳江市渔乡子水产科技实业有限公司获评“全国巾帼现代农业科技示范基地”。同时，加快现代渔业建设步伐，培育了广东顺欣海洋与渔业有限公司等一批实力强、规模大、带动广，具现代化水平的渔业龙头企业，带动水产养殖面积约1万公顷，解决25000人就业。全市已发展影响较大的渔业协会11家，渔民专业合作社46家。

【现代渔港建设获省补助】“十二五”期间，阳江市渔港设施标准和服务能力不断提高，在防灾减灾、保障渔民群众生命财产安全、服务渔民、致富渔民等方面发挥了重要作用。闸坡中心渔港、沙扒国家一级渔港的完工验收并投入使用，东平中心渔港进行完工验收准备。2015年，阳江市紧紧抓住省支持现代渔港建设的机遇，编制完成《阳江市现代渔港建设改革试点实施方案》《阳江市现代渔港建设总体规划》（初稿），积极协调、指导有关县区将阳江市现有符合条件的闸坡、溪头渔港，申报省的现代渔港建设项目。至2015年底，阳江市闸坡、溪头渔港分别获2亿元、0.5亿元的省级现代渔港建设补助资金。

【水产品检测合格率提高】“十二五”期间，阳江市不断完善监测机制，提高水产品质量安全监管和风险评估能力，抽检数量逐年增加，覆盖面和合格率逐年提高。2015年，全市在继续推行水产养殖台账制度、抽样监控制度、执法制度的同时，初步开展了水产品标识管理工作。2015年，全市共抽样555个，药物残留监控抽检405个（包含产地水产品115个、水产种苗50个、市场水产品20个、养殖投入品20个、快速检测200个），其中阳东区塘坪镇抽检的4个罗非鱼样本不合格，含有隐性结晶紫；高新区2个虾苗样本不合格，含呋喃唑酮代谢物；样本检测合格率98.51%；风险监测抽检150个（包含贝类70个，海捕鱼类60个，养殖投入品20个）。

加强水产品质量安全执法，2011—2015年，全市出动执法人员共2927人次，出动车辆518辆次，检查水产种苗、水产养殖场地1542处，抽样652个，查处违规案件76宗。

【渔业行政管理规划先行】“十二五”期间，阳江为引导全市渔业健康有序发展，先后出台了《阳江市水域滩涂养殖规划（2010—2015）》、《阳江市深水网箱养殖发展规划（2011—2025）》，并制定了《关于推进和规范南鹏列岛深水网箱产业示范园区建设的意见（试行）》。同时，加强渔业基础设施建设，编制了《阳江市现代渔港建设总体规划（2015—2025）》，起草了《阳江市人民政府关于加快现代渔港建设的指导意见》。

【海洋综合管理规划引领】“十二五”期间，阳江市继续加强海域与海岛管理工作，强化海洋功能区划，为本市涉海重点项目用海，提供全方位用海服务。加强规划编制，编制完成《阳江市海洋功能区划》《阳江港吉树港区区域建设用海总体规划》《阳江市养殖水域滩涂规划》《广东省阳江市南鹏岛整治修复及保护项目实施方案》《阳江市旅游发展总体规划（2007—2020）》等，启动编制《阳江港西岸区域建设用海总体规划》《阳江市滨海旅游发展规划》《阳江市滨海旅游规划（2013—2025）》和《阳江市海陵岛——红树林海上观光游览线路概念性策划》等，以规划引领海洋经济科学发展。同时，做好重大项目用海申报和服务工作，推动养殖用海市场配置。5年间，阳江市32个填海项目办理用海手续，用海总面积1042公顷（其中填海647公顷），其中获得省政府用海批准项目有7个。

【海洋生态文明建设成效】“十二五”期间，阳江海洋生态文明建设卓有成效。开展人工鱼礁建设，修复海洋生态环境，先后投入2450万元建成头芦排人工鱼礁区、山外东人工鱼礁区、大角湾人工鱼礁区3座礁区；构筑蓝色生态屏障，开展海洋自然保护区建设，现有海洋保护区9个，总面积达27215公顷，其中国家级海洋公园1个，国家级水产种质资源保护区1个，省级自然保护区1；加强海洋环境监测，开展了闸坡海水浴场监测、近岸海域海水质量监测、陆源入海排污口监测、渔业重要水域环境监测、江河入海污染物总量监测等10余项专项监测任务；加强宣传，增强群众海洋环保意识。以“6·8”世界海洋日暨全国海洋宣传日，南海（阳江）开渔节等重大节日作为平台，广泛开展海洋法律法规宣传，大力营造保护海洋环境的社会氛围。

【渔业资源增殖放流常态化】“十二五”期间，积极养护水生生物资源，坚持开展增殖放流放生活动。2010年建成阳江国南海首个永久性水生生物增殖放流基地——南海放生台，2015年牵头组织成立阳江市放生协会，将水生生物资源增殖放流活动常态化，提高社会保护海洋渔业资源的意识。据统计，2011—2015年期间，阳江市共放流鱼苗1000万尾、虾苗15000万尾，海龟100只、中国鲎1500只、贝类60吨。

【海洋监察强化综合执法】“十二五”期间，阳江市加强用海监管，强化海上综合执法，规范用海行为。完善海监执法模式，继续实施海岸线分段管理，实行海监执法重心下移，开辟案源，强化管理。严格执行《海监执法“三巡”制度》，坚持每月对辖区内近岸海域巡查不少于6次，海监“三巡”制度促进执法工作日常化、规范化。开展海监专项执法行动，严厉查处非法围填海、非法开采海砂行为。定期开展海岛巡查，加强无居民海岛开发利用管理。组织实施“海盾”“碧海”和海岛定巡等执法联合行动，加大对违法用海、破坏海洋环境、未经批准利用无居民海岛等违法案件的查处力度。严格执行海岛定期巡查制度，对全市123个海岛开展巡查，采用登岛检查和环岛巡查等方式，强化海岛监管，维持海岛的生态现状，保护海岛资源。5年间共出动执法人员6880人次，执法车辆617车次，行驶里程18315千米，执法船艇1011航次，2552航时，23913海里。其中海域使用方面检查用海项目192个、检查次数1245次，发现违法行为16宗，有效制止违法行为2宗，承办案件14宗，办结案件2宗；海岛保护方面检查项目205个，检查次数1019次，发现违法行为1宗，承办案件1宗。其中2015年，海监船艇出航140航次，航行364小时，航程3205海里，出动执法车辆140辆次，行程3036千米，派出海监执法人员1025人次，查处违法用海案件3宗，收缴罚款2503.88万元。

【渔政执法检查全面到位】“十二五”期间，阳江市加强渔场执法，全市渔政船出航73艇次，航程25197海里，渔政快艇出航5484艇次，航时13843小时，检查渔船41274艘次，共查处各种渔业违法案件3447宗，有力地打击和震慑了渔业违法违规行为；同时，加强水生野生动物保护与管理，全市共开展专项执法检查62次，出动执法人员947人次，执法车辆475辆次，检查场所1097个,对辖区内的宾馆、酒楼、食肆、水产品交易市场、养殖场进行全面检查。

渔船安全管理。大力推广使用先进装备，完善渔船安全通信指挥系统平台建设，全市的安全管理平台已投入使用，60匹以上的渔船已全部按要求完成了救生浮筏、船舶识别仪（AIS）和有源IC卡的安装配备；初步建立了渔船IC卡管理系统，全市共有1846艘渔船配备了小型救生浮，1226艘渔船使用了北斗卫星终端，渔船应急处置能力不断提高。

渔船检验工作。开展春节前船检上门服务行动、休渔期渔船检验服务月行动、禁渔期间专项检查、救生筏检修站监督检查行动、老旧渔船维修监督检查行动、新建渔船专项建造检验行动等各类专项行动。2015年，全市共完成3346艘渔船的检验任务，确保了渔航安全。同时，加强对全市24家渔船修造企业“每月一巡”工作，从源头上保障渔船安全生产工作。

【南海伏季休渔措施落实】“十二五”期间，阳江市严格执行南海伏季休渔制度，做到组织、宣传、措施“三到位”。2015年全市纳入休渔对象渔船1366艘，应休渔船按规定时间5月16日12时实现“船进港、证集中、网封存”。休渔期间，落实防火、防盗、防风、防洪“四防”工作措施，制订休渔渔船安全应急预案，配足配齐消防设施和消防器材。组织开展休渔护渔执法行动，加大休渔期间执法巡查力度，严厉打击违法休渔规定渔船，圆满完成伏季休渔任务。

【渔业安全生产责任落实】“十二五”期间，阳江市继续加强渔船安全生产管理。一是坚持实行“每季度召开全市安全生产形势分析会”制度，及时全面地掌握全市渔业安全生产的现状及发展态势，研究解决实际工作中遇到的问题。二是抓检查督查，促责任落实，强化培训工作，消除事故隐患，2015年全市共检查渔船2579艘次，发现存在问题渔船425艘次，当场整改262艘次，发出整改通知书159份，并全部整改完毕；全市接受安全知识培训的渔民2391名，培训持证渔民1937人。三是加大对县（市、区）安全生产工作的指导检查，阳东区被评为2014—2015年度“全国平安渔业示范县”和“广东省平安渔业示范县”。四是做好伏季休渔的安全管理。五是在全省实行“七个率先”，即率先建立渔委会安全生产管理制度，率先实行渔业保险全覆盖，率先建成渔船交易服务中心，率先建立在渔港、避风塘、锚地落实县（区）、镇、村三级领导挂点联系制度，率先推进临水作业渔民配备工作救生衣，率先设立渔港义务消防船，率先完成全市渔港监控系统建设。六是做好渔船信息化管理实船核查工作。七是健全了渔业安全应急救援预案和防台风工作预案，落实了24小时应急值班制度，建立了海洋渔业海难救助应急抢险救援队伍。

【海洋科技合作取得成效】“十二五”期间，阳江市加强与高校和科研单位技术合作，提高海洋与渔业项目科技含量。2011年，市政府与中山大学签订校、市战略合作框架协议，共建海洋科技研究院、南海海洋生物技术国家工程研究中心阳江分中心、海洋科技产业示范基地等集海洋生物技术的研发、教育、培训、试验等多功能于一体的大型基地。市委组织部开展“阳帆计划”，加快海洋人才的培养和引进，定期组织领导干部到上海海洋大学、广东海洋大学等高校进行培训。重点企业也积极与高校和科研单位技术合作，如渔乡子科技实业有限公司与华南农业大学合作开展的“植物多糖免疫增强剂在海水养殖鱼类活性研究及其推广应用”、琪海水产有限公司与华南理工大学合作开展的“传统特色水产品的工业化加工和品质控制关键技术”项目等，获得省产、学、研结合专项项目立项，推动了阳江市海洋渔业自主创新。

【渔业油补渔民补助发放】“十二五”期间，阳江市按照农业部《渔业成品油价格改革财政补贴资金管理暂行办法》要求，认真落实“油补”政策，严格发放程序，积极开展渔业油补发放工作，让渔民群众受惠得益。全市共审核符合油补发放条件的渔船23395艘次，发放主机总功率207.62万千瓦，中央财政下拨渔业油价补助资金319578万元。2015年落实省政府休（禁）渔补助政策，申请补助渔船1964艘，收益渔业船员9635人。好渔民上岸安居工程项目建设，至2015年底，阳江市共有184户住家船渔民成功上岸住上安居房,其中,阳春129户，江城55户。

【海洋渔家文化节庆活动】阳江市海洋文化内涵丰富，既富有浓郁的地方特色，又拥有世界级品牌。南海（阳江）开渔节是一个典型的活动，具有浓厚的渔家文化色彩，已连续举办13届（至2015年），成为一个弘扬海洋文化、推动海洋文化产业和旅游业发展的平台，被列入广东省12个节庆之一；东平大澳渔家文化村，继承和弘扬了疍家文化；举世瞩目的宋代古沉船“南海1号”是世界上发现年代较早、船体较大、保存较为完整的宋代远洋贸易商船。船长22米，船宽约9米，船载文物6万~8万件，出水文物主要有陶瓷器、金器、铜器、铁器、漆器等。是古代海上丝绸之路上的重要实物佐证。2014年，“南海Ⅰ号”的保护与发掘工作进入现场发掘保护阶段，第一阶段的清除遗址表面淤泥及露出部分船体工作于5月21日完成，第二阶段（2014年10月27日至2015年2月）的主要任务是清理船体和提取船内文物。出土完整器物标本瓷器960件、金器122件、银铤23枚、铜器41件、铜钱5000余枚、漆木器11件、残损标本1850多件以及朱砂骨骸、果核、串饰等。

湛江市

【市情概览】 湛江市位于中国大陆最南端、广东省西南部，包括整个雷州半岛及半岛北部的一部分。湛江东濒南海，南隔琼州海峡与海南省相望，西临北部湾，西北与广西壮族自治区的合浦、博白、陆川县毗邻，东北与本省茂名市的茂南区和电白县、化州县接壤。1983年设地级市。2015年辖赤坎区、霞山区、坡头区、麻章区、徐闻县、遂溪县，代管雷州市、廉江市、吴川市，拥有1个国家级经济技术开发区和6个省级经济开发区（试验区）。全市有82个镇、2个乡、37个街道办事处；1500个村民委员会，299个社区居委会。土地面积1.33万平方千米，其中市区面积1702.92平方千米。2015年末户籍人口822.96万人；常住人口724.14万人。2015年全市生产总值2380.02亿元。

湛江区位独特，位居粤、琼、桂三省（区）交汇处，是中国首批沿海对外开放城市、中国南方的重要港口城市、中国西南各省通往国外的主要出海口，也是中国通往东南亚、西亚、非洲、欧洲和大洋洲海上航程最短的重要口岸。

【海洋资源】 湛江市三面临海，海岸线1243.7千米，占全省海岸线的30.2%，为全国地级市中海岸线最长。湛江是全国唯一的生态海湾城市，有港湾101处，海湾8处，港口13个。湛江有大小岛屿134个（岛岸线长779.9千米），其中有居民海岛12个，较大的海岛有东海岛、南三岛、硇洲岛、特呈岛、南屏岛等，均集中于市区附近海域，成为天然屏障，呈现“五岛一湾”格局。湛江城市规划围绕坡头海东新区、湛江湾、雷州湾展开布局建设，着力建设“众星拱月”的“海上湛江”。湛江港是中国南方最大的深水良港，是国家12个主枢纽港之一，建有30万吨级深水航道、30万吨级陆岸油码头和25万吨级铁矿石码头，与世界近100个国家和地区直接通航，年进出港船舶逾2000艘。全市有港口13个，拥有生产性泊位153个，其中万吨级以上深水泊位34个，年综合货物通过能力达1.71亿吨。湛江海盐产量占全省的一半。濒临湛江的南海北部湾大陆架盆地是世界四大海洋油气聚集中心之一。

【渔业资源】 湛江沿海生物种类2000多种，其中经济鱼类520余种，虾类28种，贝类547种。对虾养殖产量约占全国的1/4。鱼类有大黄鱼（黄花鱼、红花鱼）、小黄鱼、鲳鱼、马鲛鱼、石斑鱼、红鳍笛鲷（红鱼）、金钱鱼（红三）、海鳗（门鳝）、带鱼（裙带）、马面鲀（羊鱼、剥皮鱼）、马鲅（马友、马五）、鲫鱼、沙丁鱼、蓝圆鲹、白姑鱼、黄姑鱼、梭鱼、鲐鱼、金枪鱼、竹荚鱼、鲻鱼、鲈鱼、鲆鱼、军曹鱼、河鲀、罗非鱼等；虾类有毛虾、鹰爪虾、南美白对虾、斑节对虾、日本对虾、罗氏沼虾、虾蛄等；蟹类有锯缘青蟹、梭子蟹（花蟹）、蟳等；贝类有鲍鱼、珍珠、牡蛎（蚝）、尖紫蛤（沙螺）、蚶、贻贝、栉江珧、扇贝、蛏、蚬等；头足类有墨鱼（乌贼）、鱿鱼、章鱼等；藻类有江蓠等，此外还有海蜇、海参、海胆、龟、鳖、蛙、方格星虫（沙虫）等。

湛江鱼肚、虾米、红鱼干、门鳝干、海马、海龙、珧柱干、沙虫干等海珍海产品名扬全国，享有盛誉。

【海洋经济占全市GDP的1/4】 2013年，出台《中共湛江市委湛江市人民政府关于建设海洋经济强市的决定》，为进一步加快海洋经济发展，先后编制了《湛江市海洋产业发展规划》和《湛江市海洋经济发展“十二五”规划》，出台了《关于科学管理使用湛江市海域和岸线的意见》《湛江市浅海滩涂养殖管理暂行办法》《关于利用好海域使用权证为经济发展助力意见》《湛江市鼓励临港工业发展若干优惠政策》和《加快渔船更新改造促进渔业转型升级的意见》等5个促进海洋经济发展的新政策。以加快转变海洋经济发展方式为主线，以海洋渔业经济为引擎，坚持陆海统筹、综合开发，坚持“集中集约用海、开发与保护并重”理念，加强海洋综合管理，加强海洋资源和生态环境保护，全力服务海洋经济引擎，落实海洋产业园区扶持政策，优化海洋开发布局，以涉海项目为重点，大力发展海洋产业。突出生态优先，推进美丽海湾海岛建设。2015年，全市海洋产业总产值1243.57亿元，增加值640.17亿元比上年增长6%，占全市GDP比重的26.9%，海洋与渔业经济保持持续健康发展，海洋与渔业经济主要指标居全省前列。

【临海工业发展五大产业】“十二

五”期间，湛江市加快发展海洋特色产业、临港重化工产业，着力发展现代钢铁、现代石化、现代造纸、现代物流、现代旅游五大产业，努力实现从“海洋大市”向“海洋强市”的转变。2015 年，钢铁基地完成投资179亿元，累计完成投资380亿元，十大主体工程建设全面加快，自备电厂并网发电，两个矿石配套码头建成运行，2918 名产业工人持证上岗；中科炼化项目具备动工条件；晨鸣纸业三期投产，四期动工，实现工业产值 125 亿元，增长 31.6%；103 千米的深湛高铁茂湛段和 9.6 千米的湖光快线建成通车，投资 22 亿元的疏港大道已建成，80 万标箱的宝满港区集装箱码头建成运行，完成湛江港 30 万吨级航道维护，霞山港区 30 万吨级散货码头主体工程投入试运行。湛江港 2015 年新增集装箱班轮航线 7 条，港口吞吐量 2.2 亿吨，增长 8.9%，增幅居全国沿海港口第三。

【国家海洋高技术产业基地】 2014 年 4 月，国家发改委、国家海洋局批准湛江市国家海洋高技术产业基地开展试点，包含海水苗种生产技术服务业、海洋生物良种培育技术服务业、海水高效养殖业、海水产品深加工业、高效环保营养饲料、其他海洋专业技术服务（含流通市场）业等六类产业。区域布局为“一地、两心、两区、三带”（“一地”指霞山、赤坎水产品交易集散地；“两心”即对虾种苗繁育中心和中国南珠中心；“两区”指水产加工园区和水产饲料工业区；“三带”指雷州半岛东西海岸对虾养殖带、北部湾浅海珍珠养殖带和离岸型深水网箱养殖带），以优质品种培育和健康苗种繁育作为重点，兼顾营养饲料制备、设施养殖、水产品加工和交易等，形成海洋水产产业链。2015 年基地海洋高技术产业实现产值 274.45 亿元，市级以上渔业龙头企业 32 家，其中国家级渔业龙头企业 2 家，省级 8 家，选育新品种 10 个，开发新产品 14 个，申请专利 46 项，获得国内授权发明专利 15 项、实用新型专利 16 项。初步建成涵盖水产种业、水产高效养殖业、水产品流通与加工业、水产品出口和与之相关配套的营养饲料业、渔用机械业、渔用药物、海鲜美食业、运输业、服务业等的渔业产业全产业链。

南方海谷从 2015 年开始筹建，采用“一谷多园”布局，包括麻章海洋产业孵化中心、霞山智慧产业城、东海岛科技城、海东科技城、奋勇“科研＋市场＋生活”的科技城，逐步形成“创新引新，多园互动，基地支撑，环湾集聚”的发展格局。启动区是南方海谷的“心脏”和“大脑”，重点建设创新、人才、信息、金融、成果转化、孵化服务六大平台，目前完成了立项和有关报建、围挡工作，正进行三通一平的施工。

【渔业经济持续稳步发展】“十二五”期间，湛江市加快渔业转型升级步伐，加大海洋捕捞渔船更新改造力度，加大渔港、避风塘建设投入，突出水产品“菜篮子”工程建设，推进现代渔业发展；突出重点环节，加强渔业安全生产，提升海洋防灾减灾和渔船管理水平，促进渔业经济持续稳步发展。2015 年，渔业经济总产值 4420619 元，比 2014 年增长 1.51%。全市水产品总产量 1262195 吨，比 2014 年增长 2.79%。

截至 2015 年底，全市有 49 家水产养殖企业获得无公害水产品产地资格，拥有各类水产品加工企业 195 家，取得出口卫生注册的水产加工企业 34 家，出口水产品加工企业数量和加工规模、水产品出口量创汇额全省领先；拥有国家龙头企业 2 家，省龙头企业 16 家，市龙头企业 22 家，获省名牌产品 39 个。此外，湛江市还有全国最大的霞山水产批发市场。

【渔船更新改造驶向远洋】 出台《湛江市人民政府办公室关于加快渔船更新改造促进渔业转型升级的意见》，提出“一年有变化、二年见成效、三至五年改变面貌”渔船更新改造目标，市财政自 2014 年起，连续 4 年每年安排 2000 万元，支持渔船更新改造，扶持渔船“两改”（小改大、木改钢）。至 2015 年底已建造 200 吨以上大型钢质渔船 90 艘，200 吨以下钢质或玻璃钢渔船575艘，拆解淘汰木质渔船785艘。组建了湛江市首支由 22 艘大型钢质渔船组成的远海（远洋）作业船队，并于 2014 年 12 月 5 日从中国第一个远洋渔业基地——调顺岛的中水渔业公司码头正式起航，赴海南三沙市海域捕捞。

渔船更新改造带动远洋渔业发展，2015 年全市新建造远洋渔船 18 艘，至年底全市拥有远洋渔业企业 6 家，远洋渔船 41 艘，远洋渔船数量居全省第二。2015 年，湛江市 6 艘配备冷藏等先进设备的拖网渔船远赴巴基斯坦海域进行捕捞生产，是中国近年来首支赴该海域生产的远洋船队。2015 年远洋捕捞产量作业渔场分布于马来西亚、泰国、伊朗、巴基斯坦、莫桑比克，从事拖网、灯光围网、金枪鱼延绳钓等作业。2015年全市海洋捕捞321152吨，其中：远洋捕捞产量 25680 吨；淡水捕捞 5628 吨。

【水产养殖彰显湛江特色】 2011—2015 年，湛江市大力发展以深水网箱为代表的“深蓝渔业”，初步建成特呈、流沙、乌石 3 个深水网箱养殖产业园，拥有深水网箱 1200 多个，湛江市成为全省最大的深水网箱养殖基地，逐渐形成养殖、饲料、网具、加工和销售等一体化的深水网箱产业集群。2015年9月出台《湛江市外海深水网箱养殖发展规划（2015—2020年）》。

湛江是全省乃至全国重要的水产养殖及种苗生产基地，建成国家“863”计划海水种子工程1家，国家级水产良种场2家，省级水产良种场22家，市级繁育场42家，培育场460家。全市养殖面积96667公顷，其中对虾养殖面积28867公顷。对虾、罗非鱼、珍珠、网箱养殖名贵海水鱼类、扇贝、牡蛎是湛江主导水产养殖品种，其中湛江对虾产业经过20多年的发展，成为最成熟的产业链之一，在种苗产量、养殖面积、养殖产量、饲料产量、加工规模、出口量和市场交易规模等7项指标居全国第一。成功创造了全国首个对虾价格指数“湛江对虾价格指数”，成为全国、乃至全球对虾价格的风向标。2015年全市海水养殖786167吨，淡水养殖174928吨。

湛江是“南珠之乡”“流沙珍珠”是国家质检总局批准的地理标注产品，湛江珍珠产量占全国海水珍珠产量的80%以上。为加快振兴“南珠”产业，湛江市计划出台《湛江市人民政府关于振兴南珠产业的总体工作方案》，促进珍珠产业的转型升级。

【现代渔港建设获省补助】 湛江市经农业部批准公布的渔港多达32处，其中国家级中心渔港2处，国家一级渔港5处，省二类渔港7处。“十二五”期间，硇洲中心渔港和乌石中心渔港2处国家级中心渔港建设项目基本完成。龙头沙国家一级渔港项目建成96%，海安国家一级渔港项目准备动工建设，草潭国家一级渔港项目可行性研究报告通过农业部评审。三合窝、营仔、企水、乐民省二类渔港项目全面启动，大王庙、三吉省三类渔港项目已建成投入使用。超特大渔港硇洲中心渔港、乌石中心渔港、企水渔港完成可行性研究报告。2013年乌石渔港被评为全国“文明渔港”。2015年12月10日，湛江市组织上报的6个省现代渔港建设项目获省批准（省级区域性避风锚地1个，省示范性渔港1个，省二级渔港2个，省三级渔港2个），项目总投资5.97亿元，省补助资金3.76亿元，具体为：北部湾遂溪避风港6000万元、开发区硇洲示范性渔港20000万元、遂溪县草潭二级渔港5000万元、麻章区通明二级渔港5000万元、吴川市王村港三级渔港800万元；徐闻县角尾港门三级渔港800万元。2015年，湛江市政府决定投资建设坡头区龙王湾、麻章区通明河、遂溪县乐民河、雷州市九龙湾、廉江市湍流等5个市级区域性避风塘。同时，全市已建成12个渔港视频监控，保障渔船安全停泊和安全应急指挥管理。

【水产品质量建立监管平台】 “十二五”期间，湛江市加强检测能力建设。截至2015年底，全市拥有水产品质量检测检疫相关机构34个，其中：市级水产品质量安全监测中心1个、市水产品技术推广站（检疫防疫站）1个、县级市水产品技术推广站（检疫防疫站）7个、水产品基层（镇村）监管服务站25个（雷州市13个，遂溪县5个，徐闻县4个，吴川市2个，廉江市1个）。廉江市、遂溪县建立水产品质量安全快速检测点。2014年以来，全市开展监督抽检水产品样本1761个，抽检养殖场979个，总合格率为98%。2015年7月22日，湛江市水生动物防疫检疫站实验室参加的农业部2015年水生动物防疫系统实验室检测能力测试的2个疫病病原检测项目获得农业部测试认可，被评为测试结果满意实验室。

建设监管平台。近年来，湛江市建立监管档案，首次发布了1074家水产养殖场监管清单，重点开展“二鱼（虾）、三药”打击行动（罗非鱼、对虾和使用硝基呋喃、孔雀石绿、氯霉素），完成国家和省下达的水产品质量安全整治任务。2014年以来出动3000多人次，检查生产经营企业2362家，责令整改417家，立案查处18宗，其中未建立台账记录制度5宗，擅自使用违禁药物案件5宗，药物残留超标案件8宗，结案14宗，罚没款人民币9.3万元。配合市食品药品监管局、技术监督局开展迎考，通过省组织的质量强市和食品安全考核。

推进无公害水产品产地认定与产品认证工作，建立出口注册备案基地。一是指导、帮助水产品加工企业建设好原料基地，通过“公司+农户”的形式，按无公害水产品管理要求进行管理，形成了“小群体、大规模”的优质出口水产品原料基地，保障出口水产品质量安全；二是通过规范养殖行为，建设标准化示范点，养殖企业建立管理台账，做好生产记录和用药、用饲登记制度，建立水产品主体责任制度和追溯制度；三是实行渔医制度和鱼情病害预报，指导养殖户防病、治病，防止养殖户误用违禁药。截至2015年底，全市获得农业部无公害水产品产地资格养殖企业49家，面积达4270公顷；获得省水产品质量安全示范点企业35家；经出口检验检疫部门备案的出口养殖场278家，养殖面积约1.6883万公顷湛江市作为国家水产品质量安全监管窗口，2014年，第19次代表国家顺利通过美国、欧盟等国家和地区的检查。

开展水产品质量安全宣传和培训工作。将涉及食品（包括水产品）安全的有关法律法规汇编成《水产品质量安全、水产养殖须知》的小册子免费派发；每年参加“3·15国际消费者权益日”暨“消费与安全”年、“湛江市打击制假售假专项行动”“食品安全宣传周活动”现场咨询活动。特别是开展季节性有毒水产品宣传教育，防止误食事件发生。每年3—4月，湛江市在捕捞含毒鱼类高峰期，下发《关于做好预防群众食用含毒水产品中毒事件的通知》，在主要村镇沿海渔港码头、渔市场、渔船布点宣传，2014年以来没有收到中毒报告。每年多次在湛江日报、湛江电视台和相关网站进行相关报道，以扩大宣传效果。

加强渔业技术推广和水生动物防疫、检疫工作。2015年全年培训技术推广及防疫体系人员5期共110人次，养殖户20期共2300人次；发放水产养殖技术资料4800份。贯彻落实水产苗种产地检疫制度，开展养殖过程疫病监测，辐射阳江、茂名等地，共检疫水产苗种450样例，养殖水产品969样例。积极开展防疫救灾，预防二次灾害发生。2015年强台风“彩虹”过后，组织打捞死鱼上岸掩埋，开展送技术、送药物到塘头活动，共消毒掩埋死鱼10多吨，发放防疫消毒药物和水质调节物资5吨。

【水产养殖发证居全省前列】“十二五”期间，湛江市进一步规范水产养殖管理，做好各县（市、区）养殖水域滩涂规划（2011—2020年）。全面实施养殖证数据库录入以及新版水域涂滩养殖证使用，5年间全市共发证545本，其中海水养殖460本，淡水养殖85本；发证面积10428.86公顷，其中海水养殖9699.69公顷，淡水养殖729.17公顷；占应发证率为72%，居全省发证前列。2015年3月，湛江市政府印发《湛江市浅海滩涂养殖管理办法》，要求加强浅海滩涂管理，积极开发利用浅海滩头，促进浅海滩涂可持续利用。累计发放水产苗种生产许可证382本。同时，严格执行捕捞许可管理制度，加强海洋、内陆捕捞渔船“双控”指标管理，控制捕捞强度，严格控制在农业部和省下达的“双控”指标内。2013年，湛江市海洋与渔业局被国家农业部评为全国农业先进集体。

【海域管理落实“三项制度”】“十二五”期间，湛江落实海域管理“三项制度”（海洋功能区划、海域使用权证、海域有偿使用），主动服务于湛江钢铁基地、中科炼化一体化项目、湛江晨鸣纸业70万吨木浆项目、硇洲中心渔港、湛江游艇俱乐部、广东省第十四届运动会水上运动中心项目一期和二期工程、第十四届省运会场馆配套项目、东海岛石化产业园、海东新区滩涂整治项目等80余个临港大型用海项目，为在湛江市投资建设的宝钢、中石化、中石油、中海油、湛港集团、航运集团等国家、省、市企事业重点项目用海做好审查、审核上报审批及前期准备工作，确保涉海项目顺利进展。截至2015年12月，全市累计确权项目发证472本，确权面积8072.2442公顷，收缴海域使用金88711.6068万元，其中，省和国家在湛江市累计确权发证43本，面积1623.0367公顷，累计海域使用金87169.6092万元。为加快海域管理制度创新，推进海域使用权“直通车”制度试点工作，市政府出台《关于利用好海域使用权证为经济发展助力意见》，目前已选定海东新区滩涂和岸线整治项目作为试点，是湛江市在全省率先试行“海域直通车”制度（凭海域权证直接办理项目报建手续）。海域管理技术支撑体系建设不断完善。湛江市通过利用无人机开展航拍、在湛江港湾安装视频头对港湾实行实时监测等措施，有效监控湛江港湾海域使用情况。2015年完成全市47个用海项目选址的技术审查，完成省局下达的动态监视监测在建用海项目20个。湛江市海洋与渔业环境监测站（湛江市海域使用动态监管中心）被人力资源和社会保障部与国家海洋局联合授予“全国海洋系统先进集体”荣誉称号。2015年启动《湛江市海洋功能区划》的修编和县级海域功能区划编制工作。

湛江市在海岛保护与开发方面，2011年全面启动海岛立碑工作，完成了15个海岛立碑；2013年完成第二批22个无居民海岛立碑设置，其中8个无居民海岛被国家海洋局公布为第一批开发利用无居民海岛，被批准可作为旅游娱乐和农林渔业用途开发利用的海岛。2014年，南三岛被评为广东省“十大美丽海岛”；2015年，金沙湾被评为广东省“十大美丽海岸”，南三岛、特呈岛、硇洲岛、大汉三墩和赤豆寮岛被评为湛江市“五大美丽海岛”。

【湛江港湾违法养殖清理】“十二五”期间，湛江市每年编制《湛江市海洋环境状况公报》，加强对16个陆源入海排污口的监测工作，对近岸海域12个功能区进行常规监测。2012年初，湛江市投入3亿多元开展湛江港湾违法养殖和碍航物专项清理行动，清理海域面积达185.5平方千米、岸线243千米，取缔非法养殖网箱6万多个；2012年底，投入1000多万元整治金沙湾浴场，整治面积10.6万平方米，吹填白沙8.36万立方米；2013年初，投入700多万元修复整治渔港公园，修复整治渔港公园沙滩面积达12万平方米，清理沙滩附近海域底播贝类养殖8.33公顷（124.91亩）；2013年10月，国家海洋局批复实施湛江流沙湾生态修复项目，总投资1500

万元；2015年，启动湛江湾（北部）海岸带综合整治及修复和金沙湾海岛海岸带整治修复两个项目（工程），中央下达海域使用金预算分别为8000万元和1500万元。

【渔业资源保护形式多样】“十二五”期间，湛江市每年开展“休渔放生节”渔业增殖放流。2015年，共开展增殖放流10次，共投入资金445万元，放流鱼虾苗9254万尾、鲎30万只、海马5万只。全市已建立各种类型的海洋与渔业自然保护区22个，其中：国家级保护区2个、国家级海洋公园2个、国家级水产种质资源保护区1个、市级保护区3个、县级保护区14个，面积13.6万公顷，占全市管辖海域面积的6.8%。海洋自然保护区的面积和个数均居全省首位。全市已建成人工鱼礁9座，在建3座，投入资金6223万元，建成人工鱼礁礁区面积8510.7公顷，制作礁体8500个、投放礁体7862个，投放转产转业渔船28艘，购置礁区执法管理艇7艘。2014年，启动雷州乌石海洋牧场、硇洲东人工渔礁和硇洲海洋牧场建设。全市累计发放水生野生动物经营利用许可证80多本，水生野生动物驯养繁殖许可证260多本。

【海监执法严查非法采砂】“十二五”期间，湛江市加强用海监管，强化海上综合执法，规范用海行为，完善海监执法模式。开展海监专项执法行动，严厉查处非法开采海砂行为。2015年，全市共出动执法船933艘次，出动车辆701辆次，出动执法人员4785人次；立案查处非法采砂案件29宗（其中涉岛海砂案件5宗），结案24宗，罚款217万元。组织实施“碧海”“海盾”和海岛保护巡航执法联合行动，从严打击违法用海和破坏海岛、海洋环境等违法行为。立案查处非法围填海案件12宗，结案3宗，罚款9306.73万元；立案查处非法倾废案件1宗，罚款4万元。严格执行海岛定期巡查制度，对全市134个海岛开展巡查，采用登岛检查和环岛巡查等方式，做到每月登岛检查并对岛屿周边环境开展排查，强化海岛监管，维持海岛的生态现状，保护海岛资源。

【渔政执法严查渔船违规】“十二五”期间，湛江市严格执行渔政船艇巡航制度，组织开展“护渔”执法专项行动，保持高压态势，打击电、毒、炸鱼以及违反禁渔区、禁渔期非法捕捞行为。2015年全市出动执法船艇3496艘次，执法人员23225人次，对重点海域和群众投诉较多的海域进行重点查处，查处渔船违规案件803宗，罚款332.25万元，收缴非法电鱼工具一批。开展“靖海”执法专项行动，清理取缔涉渔“三无”（无船名船号、无船舶证书、无船籍港籍）船舶和“绝户网”（违规渔具）。开展水生野生动物保护专项执法行动，严厉打击非法经营水生野生动物行为。积极开展反走私专项执法工作。2011—2015年，根据国家、省要求，在南沙、西沙、北部湾、粤西等海域执行巡航护渔任务，并依法打击外籍侵渔侵权渔船，维护正常的渔业生产秩序，圆满完成维权护渔任务。推进“船证不符”渔船整治工作，对渔船检验证书、登记证书、渔业捕捞许可证记载与船舶实际状况不一致的海洋捕捞渔船采取相应措施进行理顺。截至2015年底，共收集汇总“船证不符”渔船数据维护表5738份。

【南海伏季休渔连年顺利】“十二五”期间，湛江市严格执行南海伏季休渔制度，做到组织、宣传、措施“三到位”。2015年全市纳入休渔对象渔船2848艘，应休渔船按规定时间5月16日12时实现“船进港、证集中、网封存”。休渔期间，落实防火、防盗、防风、防洪“四防”工作措施，制订休渔渔船安全应急预案，配足配齐消防设施和消防器材。组织开展休渔护渔执法行动，加大休渔期间执法巡查力度，严厉打击违法休渔规定渔船，实现休渔安全无事故目标，圆满完成伏季休渔任务。

【渔业安全生产职责明确】“十二五”期间，湛江市每年召开全市海洋与渔业工作会议，部署渔业安全生产工作；或专门召开全市海洋与渔业安全生产工作会议，落实渔业安全生产“一岗双责”，与各县（市、区）渔业主管部门签订《安全生产责任书》。2015年，湛江市共举办各类渔业船员培训班23期，参加培训人员2374人；其中举办职务船员培训班13期、803人，普通船员培训班10期、1571人；全市渔政队伍参与海上搜救行动成功救助遇险渔业船舶46艘，救助遇险人员168人；全市共组织开展渔船安全生产检查行动65次，出动执法船艇438艘次，出动执法人员2849人次；检查渔船11653艘次，排查出存在安全隐患渔船385艘，全部整改完毕。2014年和2015年，成功抗击“威马逊”“海鸥”“彩虹”等多个强台风正面袭击湛江，成功转移全市1.3万多艘渔船回港和4万多名海上作业人员上岸避风；在这2年渔业救灾复产中，分别争取到上级渔业救灾资金3700万元和2800万元。

【海洋科技创新成果获奖】“十二五”期间，湛江市坚持实施“科技兴渔”战略，培育出一批具有自主知识产权的优良品种，对虾、海水鱼、珍珠品种选育研究走在全国前列。积极组织企业与高校、科研院所合作开展技术研发，建有国家级产业技术创新战略联盟1家，省级2家，市级5家，涵盖海洋、家电、医药、电子、蔗糖等领域；中国海洋大学等全国24所高校向湛江市94家企业派驻科技特派员152人次。湛江市通过制定出台《湛江市自主创新行动计划》《湛江市自主创新企业培育工程实施方案》等，加大海洋科技的成果转化和推广力度；通过大力开展海洋区域规划、南海远海渔业、海水种业工程及健康生态养殖、海水珍珠养殖与加工、海产品精深加工、海洋生态环境监测与保护修复、海洋新能源与新材料等方面的研究，解决对虾健康养殖、海气通量交换、大宗水产品低值蛋白高值化利用、珍珠模核材料与吸附等关键技术问题。2014年，国家发改委、国家海洋局将湛江市列入国家首批海洋高技术产业基地（水产种苗繁育和健康养殖）示范基地试点。2011年以来，湛江市有多项成果获得省、市科学技术奖。湛江市海洋与渔业环境监测站和河海大学共同进行《湛江湾海域环境容量研究》课题，为制定沿海入海排污总量控制指标并开展科学管理提供科学依据，为建设项目的合理布局和顺利开展提供保障，同时为市政府相关部门决策提供技术支撑，2015年获广东省科学技术进步三等奖和湛江市科学技术进步一等奖。

【实施转产转业渔民得益】“十二五”期间，湛江市实施沿海渔民转产转业议案（第二阶段），省、市财政共安排用于扶持沿海渔民转产转业资金达1.6亿多元，扶持建设贫困渔民安居房2917户，减船239艘功率13211千瓦，转业海洋捕捞渔民1159人，立项扶持现代渔业产业化基地建设项目44个、渔民专业合作社建设项目39个，渔民专业合作社发展到45家，带动渔民转产再就业1294名，扎实抓好船员培训和渔业互保工作。完成琼州海峡定置网渔船及网具的清理工作，拆除主航道定置网566张，拆解定置网船95艘，共补偿3302.09万元。建立了渔民最低生活保障和医疗保险制度，渔民的社会保障水平不断提高。认真落实“油补”政策，严格发放程序，完成渔业柴油补贴资金发放任务。2014年度全市符合发放柴油补贴渔船11919艘，补助用油量113487.87吨，补助资金39022万元。同时，落实省政府休（禁）渔补助政策，2014年度，申请补助渔船2884艘，受益渔业船员7586名。省批准建设以船为家渔民上岸安居工程5户，补贴资金15万元。推进渔业互保工作，2015年共参投互助保险渔民22811人，保费1712万元；参保渔船3972艘，保费436.24万元。

【海洋文化联姻滨海旅游】2014年，湛江市成功争取到全国唯一的国家级综合性海洋博览会——“中国海博会”永久落户湛江，并成功举办两届，成为湛江市建设海上丝绸之路战略支点市和加强对外开放的重点平台。编制实施《湛江市旅游产业发展规划》《湛江市“五岛一湾”滨海旅游产业园总体规划》，以“五岛一湾”（东海岛、南三岛、硇洲岛、特呈岛、南屏岛和湛江湾）滨海旅游产业园为核心，着力构建“一心一带两极三板块”现代滨海旅游产业布局。加快实施渔人码头、吴川吉兆湾国际海洋生态度假中心首期等超亿元在建重点旅游项目，推进万豪国际酒店、南海明珠广场、海鲜美食街、南三岛休闲渔港旅游区等23个储备旅游项目尽快落地建设。大力推进“五岛一湾”滨海旅游产业园开发建设，完成旅游投资超50亿元，建成南海明珠游艇码头、霞山法式风情街、君豪酒店、保利水上运动中心、民大喜来登酒店等项目，启动渔人码头、南三岛国家滨海旅游示范区建设。为培育“海上乐园”“生态海岛”“渔家风情”和“观光游钓渔船”等旅游品牌，湛江市着力建设休闲渔业示范基地，重点在湛江港湾海域，发展以滨海旅游、休闲垂钓、观赏渔业等为主要内涵的休闲渔业。

茂名市

【市情概览】茂名市位于广东省西南部，东毗阳江市，西邻湛江市，北连云浮市和广西壮族自治区，南临南海。据史载，茂名秦朝时分属象郡和南海郡，隋朝时设置茂名县。1959年设立茂名市，1983年实行市管县体制，2015年辖茂南区和电白区，代管高州市、化州市和信宜市，共5个县级行政区，下设22个街道办事处、87个镇；另设茂名滨海新区、茂名高新技术产业开发区、茂名水东湾新城3个经济功能区。茂名市陆地总面积11427平方千米，其中耕地面积227905公顷。2015年末，全市户籍人口785.84万人；常住人口608.08万人，其中城镇人口243.36万人。祖籍茂名市的海外华人、华侨和港澳台同胞71.3万人。2015年全市生产总值（GDP）2445.63亿元，居粤东西北首位。

茂名是美丽的海滨城市，坐落在南海之滨，有绵长的海岸线和多个优良港口。茂名港是国家一类对外开放口岸，包括水东港区、博贺港区他博贺新港区，2015年有码头泊位41个，是中国大港之一，吞吐能力2684万吨。“茂名石化”是华南最大的现代化石油炼制企业，拥有70多套主要炼油、化工生产装置，原油加工能力2350万吨/年，乙烯生产能力100万吨/年，人称“南方油城”。茂名又是全国著名的果之乡，四季常青，花果飘香，荔枝、香蕉自古驰名中外，北运果菜享誉长城内外。1996年茂名市被国务院发展研究中心命名为“中国最大的水果生产基地”。

茂名文化底蕴深厚，最具特色的有荔枝文化、冼夫人文化、俚人风俗、年例等。著名人物有被称为“中国巾帼英雄第一人”的冼夫人、唐代重臣高力士、岭南著名才子陈鉴等。人文旅游景点有高州冼太庙、观山寺、宝光塔、长坡旧城、古电白郡遗址，电白的钟鼓楼、冼太故里，信宜大洪国王宫、镇隆古书院群、化州古楼、孔庙、南山寺，茂南的恐龙蛋化石等。此外，区域化连片的荔枝、龙眼生产基地已成为生态农业旅游景点。

【海洋资源】 茂名海洋资源丰富，海域具有热带性、活跃性、多样性、边缘性特点；茂名迂回的海岸线长182.1千米，40米等深线以内海域面积4300多平方千米；全市有水东、博贺、莲头、东山等大小26个港湾；有大于500平方米的岛屿12个，岛岸线19千米，海岛总面积约3.5平方千米；茂名拥有得天独厚的深水港口资源优势。域内有鱼类、虾类、蟹类、贝类以及海胆、海星、海蜇等海洋生物140多种。

滨海旅游主要景点有放鸡岛海上娱乐世界、龙头山浪漫海岸、茂名滨海公园、沿海“绿色长城”、水东湾红树林、御水古温泉等。水东第一滩沙滩防护林带气势恢宏，北京人民大会堂悬挂的《绿色长城》就是以其防护林带为背景，由画家关山月创作；放鸡岛周围海域水下能见度8米，居世界第二位，被誉为罕见的“海底公园”。

【渔业资源】 茂名河川发育，溪流密布，河流众多，境内集雨面积100平方千米以上的河流有39条，其中最大的河流为鉴江，其次为袂花江、罗江。主要水产品罗非鱼、鲈鱼、龙虾、对虾、膏蟹、鲜蚝、鲍鱼、南方螺、海蜇、沙虫、海参、龟鳖、海产干货等。茂名是全国最大的罗非鱼生产基地、全国最大的龟鳖养殖基地、全国最大的鳄鱼养殖基地和全国重要的对虾生产基地。海洋捕捞业发达，有标准渔港4个，其中博贺渔港是国家一类渔港、在建国家中心渔港，年捕捞产量达16万吨，陈村渔港、水东渔港、东山渔港均是省三类渔港。海洋捕捞产品有龙虾、膏蟹、石斑鱼、金枪鱼、鲳鱼、金线鱼等，海洋渔产居广东前列。

【海洋经济发展重大项目】 “十二五”期间，茂名市在编制实施《茂名市海洋经济发展试点实施方案》等规划方案的基础上，编制印发了《茂名市海洋经济发展“十二五”规划》。该规划充分与茂名“十二五”规划纲要和土地利用规划、城市总体规划、港口总体规划等相关规划紧密衔接，成为“十二五”时期全市海洋经济发展的重要指引。全市海洋经济掀起新一轮发展潮，海洋经济取得长足发展，已成为茂名国民经济发展的重要增长点。2015年，全市海洋生产总值315亿元，同比增长12.4%，占全市GDP的12.8%，继续保持良好发展势头。涉海重大项目建设包括：

港口公共基础设施项目。茂名港大道南段改线和延长线路基工程已基本完成；投资总概算28.6亿元的博贺新港区东西防波堤建设加快推进，东防波堤石料抛填约36万立方米，累计完成279万立方米，累计推进至3150米。西防波堤石料抛填约23万立方米，累计完成78万立方米，累计推进至1103米；总投资约6.7亿元的博贺湾大道已基本建成通车。

临港产业项目。总投资28亿元的粤电博贺煤码头工程获得国家海洋局用海批复，总体工程累计完成量64.55%，粤电煤炭码头自建防波堤已基本完工；博贺新港区通用码头工程、博贺新港区仓储物流中心、博贺新港区清洁能源物流基地、博贺新港区冷能利用工业园等项目用海论证和环评工作已完成，进入用海预审和海洋环评核准阶段；总投资17.8亿元的博贺新港区东区化工码头工程已启动用海前期工作；总投资5.8亿元的茂名30万吨级单点系泊输油终端海底管线安全隐患治理项目管线路由勘察工程已经完成。

滨海旅游重点项目。冼太夫人故里文化旅游景区第一期核心景区20公顷建设已初显规模；浪漫海岸旅游度假区正在开发第三期项目；放鸡岛海洋度假公园全面升级改造；南海旅游岛、龙头湾旅游综合开发、广东博贺国际旅游度假村等项目有序推进。

海洋新能源项目。茂名沿海已建成了大唐电白岭门风电场、粤电电白热水风电场、粤电电白白马风电场3个沿海风电场，总投资达14.24亿元，装机容量148.5万千瓦。

装备制造业项目。投资近0.5亿元的博贺5000吨级船坞项目工程已接近完成，即将投产，中小型船舶修造能力即将得到大幅度提升；茂名重力石化机械制造有限公司为中国石化工业的发展提供了乙烯裂解炉对流段、聚丙（乙）烯环管反应器、换热器、套管结晶器、中厚壁反应器等大型和优质装备，成为华南地区主要的石化设备制造基地。

【海洋经济四大主导产业】 茂名海洋经济的主导产业包括海洋渔业、海洋化工、滨海旅游、港口物流，在“十二五”期间都有较大发展。

海洋渔业。全市海洋渔业船

舶3350艘，21.6万千瓦，海捕产量16.19万吨；现代渔船建造扎实推进，2015年新建钢质渔船21艘，全市钢质渔船达到了381艘，成为全省渔船“木改钢”的先行市和示范市；放鸡岛深水网箱养殖产业园区首期32个深水网箱顺利试生产，达到了预期效果；全市水产品加工企业208家，2015年水产品加工产量达29.2万吨。

海洋化工。2015年茂名石化的原油加工量达1942万吨，同比增加0.6%，再创历史新高。以滨海化工为特色的茂名高新技术产业区精细化工产业发展规模日益壮大，世界500强德国巴斯夫落户茂名高新技术产业区茂巴18万吨/年异壬醇项目、重力大型石化装备项目、南海精细化工20万吨/年环氧乙烷项目等10大项目相继启动，正积极向国家级高新技术开发区建设目标迈进。

滨海旅游业。2015年茂名市滨海旅游景区共接待各方游客近1082万人次，实现旅游总收入111亿元，分别比2014年增长26.5%和23.8%，滨海旅游成为茂名旅游的龙头。放鸡岛海洋度假公园、浪漫海岸旅游度假区、御水古温泉、茂名滨海公园、冼太故里等滨海旅游景区等知名度不断提升，茂名滨海旅游正以富有地方特色的旅游资源吸引着各方游客。

港口物流业。2015年，茂名港口货物吞吐量2684万吨，增长1.17%。

【沿海产业转移工业园建设】“十二五”期间，茂名市编制实施《广东茂名滨海新区发展总体规划（2011—2030）》、《广东茂名滨海新区城市总体规划（2012—2030）》，其中重点建设江高（电白）产业转移工业园。经过近年来的发展，2015年已入园企业共127家，初步形成了以新洲、晟兴、海宝为龙头的水（海）产品加工产业，以德威圣、华晨为龙头的香精香料产业，以嘉进、众汇为龙头的纺织产业，园区集聚能力不断增强；反哺创业片区已入园企业28家，主要项目有水产品加工、食品加工、香精香料、家具建材等。六韬珠宝片区是一个集珠宝设计、生产、展示、销售为一体的多元化产业园区，规划建设有现代化厂房、国际珠宝交易中心、展览中心、商务会所、办公楼、珠宝步行一条街及其他配套设施，定位打造“粤西国际珠宝黄金时尚之都”。

【渔业经济发展势头良好】“十二五”期间，茂名渔业经济保持良好发展势头。2015年，茂名市渔业经济总产值125亿元，水产品总产量90万吨、总产值66.5亿元，同比分别增长3.6%、3.8%和5%。水产品加工出口发展较快，全市已有208家水产品加工企业，拥有28座水产品冷库，60多条各种现代水产品加工生产线，水产品加工能力达到61.3万吨/年。2015年全市出口水产品达到7.88万吨、货值3.12亿美元，其中罗非鱼出口7.08万吨，货值2.27亿美元。全面推进品牌战略，龟鳖、红心鸭蛋、南美对虾苗、海产品等名特新优水产品获得广东省名牌产品称号，46个产品获得国家绿色食品认证。

【罗非鱼“金三角”产业基地】2015年，茂名市淡水养殖面积22152公顷，总产量26.5万吨，其中主养罗非鱼面积17800公顷，产量达18.9万吨，茂名养殖最多的是罗非鱼，已在高州南部、化州东南部、茂南西部的23个镇（街道办）建设起罗非鱼“金三角”产业基地。2010年被授予“中国罗非鱼之都”称号，年产量约占全省的1/3、全国的1/8，全球的1/10，是全国最大的罗非鱼出口养殖优势区域，2015年顺利完成“中国罗非鱼之都”命名复审。“十二五”期间，茂名加大对对虾养殖业的扶持，对虾养殖业取得了长足的发展。2015年全市对虾的养殖总面积达2970公顷，养殖产量达4.89万吨。对虾养殖已从沿海迅速扩展到内陆淡水地区，养殖规模不断增加，养殖产量大幅度提高。

2011年，“信宜肉仔鱼”成为广东省水产系统第一家获得国家农产品地理标志保护产品。2015年，“茂名罗非鱼”“信宜肉仔鱼”成为广东省名、特、优新农产品区域公用品牌，茂名市有12个水产品进入广东省名特、优、新农产品名录库；有13家企业的21个水产品获得省级名牌产品称号。

【集约化水产养殖基地建设】“十二五”期间，茂名重点发展“工厂化”养殖及深水网箱养殖。电白冠利达科技生物养殖有限公司总投资7000多万元建设的陆基海水循环水养殖示范基地项目，已完成投资2500多万元，“工厂化”养殖模式值得推广。茂名市尚源渔业有限公司投资1000万元建设的32个深水重力网箱已建成，该公司是本市首家深海网箱养殖企业，填补了茂名深海网箱养殖的空白。2015年，全市建成深水养殖网箱5万立方米养殖水体。电白区沙浪龟鳖养殖远近闻名，龟鳖养殖成为本市渔业经济又一个新的增长点，茂名市有龟鳖养殖协会4个，龟鳖养殖合作社4个，龟鳖养殖户近万户，较大规模的养殖基地有13家。

“十二五”期间，茂名加强水产良种生产体系建设，至2015年，茂名市已有水产种苗生产企业130多家，其中罗非鱼种苗场28家，对虾种苗场105家。9家为省级以上良种场，茂名市伟业罗非鱼良种场已评为国家级良种场。

【水产品质量全方位监管】“十二五”期间，茂名市对水产品质量安全进行全方位监管，不断完善从渔用投入品到产品流通上市的各个环节的监管及检验检疫程序。每年农业部、广东省海洋与渔业局委托有关检测机构对茂名市产地水产品进行抽检，同时，茂名市渔业主管部门根据《食品安全法》《农产品质量安全法》的要求，制订年度茂名市水产品质量安全监控计划，把例行监控与监督抽查紧密结合；积极推行水产品质量安全监控工作规范，逐步把水产品药物残留监控工作制度化、常态化，全市水产品质量安全水平的有效提高。

水产品抽检情况。“十二五”期间，茂名不断加大抽检力度，抽取各类水产品样品2229个，抽检合格率99%，其中大宗水产品罗非鱼和南美白对虾抽检合格率每年均为100%。2015年，全市抽取各类水产品样品525个，抽检合格率99.8%。

水产品产地标识管理。积极开展水产品产地标识推广，指导养殖用户正确使用标识，全市建立了20个示范推广点，编码企业60家，5084家养殖企业录入了广东省水产养殖企业动态数据库。

健康养殖和标准化养殖。截至2015年，茂名市共有“放心食品名牌工程”水产品生产示范基地25个；有14家养殖企业成为农业部认定的健康养殖示范场；有92家水产养殖企业获得省级无公害产地认定，认定面积达到3814公顷；有52家水产养殖企业的98个产品通过了农业部无公害农产品认证；有175家水产养殖单位被出入境检验检疫局登记备案，备案面积13333公顷。

【渔业行政管理全面推进】“十二五”期间，茂名市全面推进“并小建大，汰木建钢”的现代渔船改造升级，提高远洋捕捞能力。2013年，全市淘汰残旧木质渔船110艘，建造新型钢质渔船62艘，全市已有钢质渔船392艘；申报省转产转业议案渔民专业合作社建设项目11个，申请项目资金110万元；申报省转产转业议案产业项目3个，建成后将可带动110多名渔民就业；全市有渔业及相关专业合作社287家。争取国家级博贺中心渔港建设，总投资5280万元，2013年内已完成投资1200万元，渔港西南堤段已完成推填石方1.2万方。省级扶持1200万元的“双节双高”渔业示范园区建设项目开始全面实施，电白“高效生态环保对虾养殖示范园区建设”项目大部分建设完成，开始投放虾苗生态养殖；“茂南绿色健康渔业示范园区建设”伟业项目及“三高”项目扎实推进。

茂名市重视珍稀水生野生动物的驯养繁殖，特别是珍稀龟类的驯养繁殖产业发展迅猛，走在全省前列。2012年全市现已发放《水生野生动物驯养繁殖许可证》130本，驯养繁殖三线闭壳龟6000只，黄喉拟水龟20万只，山瑞鳖1000只；发放《水生野生动物经营利用许可证》70本，经营利用三线闭壳龟（幼体）150只，黄喉拟水龟（幼体）3000只，山瑞鳖（幼体）200只。

【海洋综合管理全面实施】“十二五”期间，茂名编制《茂名市海洋功能区划》《茂名市海岸带保护与利用规划》《茂名市海岛保护规划》，依法规范各项海域开发活动，全面落实海域有偿使用、海域权属管理、海洋功能区划三项基本制度，实现对海洋开发活动全过程的有力管理。创新海域海岛管理模式，结合网上办事大厅要求，规范办理流程，提高管理效能。2011年以来，全市受理上报用海项目21宗，有4宗用海项目获得国家或省海洋部门的批准。其中2015年全市有2宗项目用海分别通过国家、省的审批，2宗项目用海取得省海洋与渔业局的用海预审意见。在海岛管理方面，完成了全市海域海岛标准名录、海岛地名志的审查修改，完成了白担石、电白二洲、船门礁等12个海岛名称标志设置。对水东湾防洪大堤等重大用海工程及围、填海易发地区地面监视监测，实时掌握海域使用动态，查处各种违法用海行为。

【水东湾海域生态文明建设】“十二五”期间，茂名市推进水东湾清理整治，制订《水东湾清理整治工作方案》及《水东湾养殖设施清理补助和奖励方案》并组织实施，与146户网箱养殖户签订拆除补助协议，补助养殖户1114.5万元。编制水东湾海域整治修复规划，将水东湾打造成“生态之湾、景观之湾、文化之湾、发展之湾”。经过近5年来的大力整治，水东湾养殖乱象清理取得初步成效。2014年清理拆除水东湾485户15471栏养殖网箱。水东湾清淤工程（试验段）开始启动，完成了18万立方米的清淤量；水东港区航道东侧西葛段养殖网箱清理工作顺利推进，调查摸底工作已完成，拆除工作正在密锣紧鼓进行。

美丽海湾建设。水东湾海洋公园（一期）建设项目成为全省3个首批美丽海湾试点项目之一，获得省竞争性分配扶持建设资金3000万元；茂名中国第一滩获评广东省“十大美丽海岸”称号。

海洋环境监视监测。“十二五”期间，组织开展陆源入海排污口监测、近岸海域海水质量监测、海洋生物多样性监测、海水入侵监测等多项海洋环境监视监测，共获取监测数据15200多个，每年均编制发布《茂名市海洋环境状况公报》。2015年监测结果表明，全市近岸海域环境质量及趋势变化状况整体良好，大部分海域海水符合功能区质量要求。

【人工鱼礁和海洋牧场建设】“十二五”期间，茂名市加强人工鱼礁建设，2015年12月，茂名市放鸡岛大型人工鱼礁示范区列为广东海洋经济综合试验区建设资金大型人工鱼礁示范区建设项目，省财政下达茂名市电白区专项资金5000万元。同时，推进竹洲岛海洋牧场建设，在竹洲岛周围海域吊养殖马尾藻1公顷，示范修复竹洲岛遭受破坏的海藻生态系统，营造海洋牧场。茂名市每年举办“休鱼放生节”活动，开展渔业资源增殖放流活动，2011—2015年，全市共放流鱼苗、虾苗1.49亿尾。2015年在博贺渔港西南防波堤、电城下村海域等地开展了3次增殖放流活动，投放鱼苗173.6万尾、对虾苗2850万尾，有效增殖海洋渔业资源。

【海洋科技成果填补空白】“十二五”期间，茂名市重视海洋与渔业科技创新，为推进渔业的现代化进程，促进海洋与渔业和渔村经济的可持续发展提供有力的科技支撑。全市通过鉴定的海洋与渔业科技成果至2013年度止共14项，其中处于国内领先水平的成果有4项，8项成果达到国内先进水平。丰硕的渔业科技成果，提高科技兴海贡献率。电白冠利达科技生物养殖有限公司与中山大学联合申报国家海洋经济创新发展区域示范项目被批准立项，将加快茂名海洋渔业结构转型升级，突破海洋战略性新兴产业发展瓶颈。茂名市尚源渔业有限公司投资建设32个周长为60米的深水网箱，成为全市首家深海网箱养殖企业，填补茂名深海网箱养殖的空白。茂名养殖企业从国内外引进马友鱼、丽月鱼、塞班对虾及红海蜇进行养殖推广，取得显著效益。马友鱼是国内能够人工繁育成功的最高端鱼类之一；塞班对虾则是从美国引进的最新品种；红海蜇因其具有生长快，养殖成本低，经济效益高等特点，成为茂名水产养殖投资发展的新热点。

【渔船安全生产管理强化】“十二五”期间，茂名市加强渔船安全生产管理，落实渔船安全生产责任，健全安全管理制度和应急预案，提升渔港防风防灾、安全监控等能力，科学防范和应对渔船安全风险，运用现代科技和信息化手段加强监管，切实将渔船安全生产管理责任落实到第一线，确保渔船安全管理工作做到监管全覆盖、隐患零容忍、执法无死角。

安全生产宣传。2015年6月，茂名市海洋与渔业局联合海事、安监、消防、边防等部门在博贺渔港码头开展了“安全生产月”宣传系列活动，让安全生产理念“进渔村、上渔船、入人心”。

伏季休渔管理。完善休渔管理制度，落实“三防”措施，做到“船进港、证集中、网封存、人上岸”。2015年全市应休渔渔船1841艘（其中电白1766艘，茂港75艘），休渔渔船总功率154008.1千瓦。全市从业渔民总数10350人，其中休渔渔民7259人，占全市渔民总数的70%。

渔船基础管理。对全市在册登记海洋捕捞渔船3323艘进行核查，其中60马力以上600艘。全市共录入渔船信息3219艘，核查渔船3149艘，核查渔船完成总船数的94.8%。

渔船质量检验。2015年全市共检验主机功率44.1千瓦以上渔船560艘（次），主机功率44.1千瓦或船长12米以上渔船受检率达98%，小型渔船受检率达90%。

渔船安全“三通工程”建设。建设了17个涉海涉渔镇、村（渔）委渔业安全电脑网络平台，建好了博贺渔港、勤海渔业码头两个渔港高清视频监控区。

【海监执法突出现场监视】“十二五”期间，茂名市加强对各种违规用海行为的监视监管，对用海项目开展现场监视监测，对海岛开展登岛监测；开展“碧海”“海盾”、海岛专项执法行动，查处各种违法用海行为，组织海洋工程、海洋倾废、海洋生态保护、重点入海排污口等各类执法检查。5年间，共出动执法船、艇425艘（次），执法车辆595辆（次），海监人员2426人（次），组织围填海、海洋工程、海洋倾废、海岛巡查等各类执法检查4449次，共立案13起，结案13起，行政罚款3505.66万元。其中2015年组织围填海、海洋工程、海洋倾废、海岛巡查等各类执法检查927次，立案3起，结案3起，行政罚款1174.5855万元。

【渔政执法重视联合检查】“十二五”期间，茂名渔政部门在常规管理、联合检查的基础上开展了清理取缔“三无”及“绝户网”专项行动，对渔场、渔港以及岸线滩涂进行“海上扣、港内检、陆上查”，有效打击违法捕捞行为。全市共查处了1693起涉渔违法案件，共罚款200多万元。其中2015年，查获涉渔“三无”船舶32艘，清理取缔“绝户网”46张，检查渔船4929艘次，查处违规案件285宗，罚款77.2万元。

“十二五”期间，茂名加强渔政执法装备建设，总投资2400万元300吨级的茂名渔政船，已于2015年底完成建造，即将交付使用。

【惠渔四大政策全部落实】“十二五”期间，茂名的惠渔政策包括有渔用柴油补贴发放及休渔期补助申领，以及政策性渔业保险购买和渔民安居房建设。“十二五”期间，全市共发放渔船柴油补贴 92766 万元。其中 2015 年申领柴油补助的渔船共 3656 艘，主机功率 23.07 万千瓦；申领休渔补助的渔民 3246 人，补助资金共 486.9 万元；建成渔民安居房 569 户，解决渔业人口安居 3323 人。2015 年茂名参保渔船保险的渔船 1315 艘，保费共 967.86 万元；参保渔民 11500 人，保费 575 万元。

【首届罗非鱼旅游文化节】 2012 年 12 月 25 日，茂名市茂南区委、区政府成功举办首届罗非鱼旅游文化节，内容包含大型罗非鱼雕塑揭幕仪式、罗非鱼王拍卖大会、书画采风及书画展览、文艺晚会等 4 大项。主题是“鱼跃龙门，茂南腾飞”。茂南区是“中国罗非鱼之都”——茂名市罗非鱼“金三角”产业基地的核心，“一条鱼”工程战略产生巨大经济效益，也使罗非鱼成为了茂南的一张亮丽名片。活动期间举行的慈善拍卖会上，一条罗非鱼“鱼王”拍出 30 万元。总投资 180 亿元的 17 个项目奠基或签约，成为本次活动的最大亮点。

四、内陆地级市

佛山市

【市情概览】 佛山市位于广东省中南部，珠江三角洲腹地，东面与广州市相连，东南面是中山市，西南沿西江与江门市（鹤山、新会）隔江相望，西面为云浮市（新兴），西北面是肇庆市（高要、四会），北面是清远市（清新）。市域东距西、南距北均约 103 千米，西江、北江及其支流贯穿市域，是典型的三角洲河网区。2015 年佛山现辖禅城区、南海区、顺德区、高明区和三水区，全市总面积 3797.72 平方千米，常住人口 743.06 万人，其中户籍人口 388.97 万人。2015 年全市生产总值 8003.92 亿元。

【渔业资源】 佛山市地处珠江三角洲中部河网区，西、北江分流的各水道贯穿其中，主要江河面积 347.04 平方千米，河流纵横交错，形成水网。除西北江及其主要分流河道外，集雨面积超过 1000 平方千米的河流只有高明河。从功能和重要性上划分，可分成主干道和河涌。主干道包括西、北江干流水道，主要河涌有芦苞涌、西南涌、吉利涌、水口水道、陈村水道、顺德水道、佛山水道、甘竹溪、容桂水道等 18 条。西江干流和北江干流在佛山境内长达 69.1 千米和 100.2 千米。

佛山水生生物资源丰富，浮游生物为淡水生物生长提供了丰富的生物饵料基础。淡水鱼类 46 种，经济鱼类占 50% 左右。根据《广东淡水鱼类资源调查与研究》（2013 年）报道，佛山市境内江河鱼类资源丰富，有淡水鱼类 46 种，其中鲤形目 2 科 32 种 12 亚种，占总种数的 69.6%；鲇形目 4 科 7 种；鳉形目 1 科 1 种；鲈形目 5 科 6 种。

鱼类名录如下：青鱼、草鱼、赤眼鳟、鳡、鳤、马口鱼、大眼近红鲌、海南鲌、三角鲂（广东鲂）、鲢、鳙、鲮、鲤、鲫、鳊、䱗、银飘鱼、寡鳞飘鱼、黄尾鲴、高体鳑鲏、彩石鳑鲏、条纹小鲃、纹唇鱼、露斯塔野鲮、麦瑞加拉鲮、卷口鱼、麦穗鱼、黑鳍鳈、须鲫、美丽小条鳅、花斑副沙鳅、泥鳅、鲇、胡子鲇、长臀鮠、黄颡鱼、瓦氏黄颡鱼、粗唇鮠、斑鳠（鲋鱼）、食蚊鱼、尼罗罗非鱼、攀鲈、叉尾斗鱼、斑鳢、乌鳢、大眼鳜。过河口鱼类 9 种：花鰶、斑鰶、七丝鲚、花鳗、间下鱵、花鲈、尖头塘鳢、黑体塘鳢、舌虾虎鱼；软体动物有中国圆田螺、河蚬、褶纹冠蚌等；甲壳类有日本沼虾等；爬行动物有鳖、黄喉拟水龟（石金钱）、中华草龟、三线闭壳龟（金钱龟）等水产动物。

【渔业生产持续稳定发展】 “十二五”期间，佛山市克服国内外水产品市场波动大、生产成本不断上涨等不利因素影响，始终把渔业作为农业经济的重要产业来抓，坚持以“保安全、促发展、增收入”为目标，努力推进产业化、现代化建设，实现了渔业持续稳定发展。据 2015 年统计，水产养殖面积 36761 公顷，较 2011 年减少了 1222 公顷，其中优质鱼养殖面积 14705 公顷，占全市养殖面积 40%；水产品总产量 61 万吨，较 2011 年增长 8.1%；塘鱼单产 1102 千克 / 亩，较 2011 年增加 121 千克 / 亩，增幅 12.3%；水产品总产值 109.5 亿元，较 2011 年增长 35%；渔民年平均收入 14215 元 / 人，较 2011 年增加 3551 元 / 人，土地产出率和市场竞争力明显提高。水产养殖业成为佛山市农业的重要支柱产业和“菜篮子”供给的重要组成部分，为繁荣农村经济，增加农民收入以及调节副食品价格，丰富居民的“菜篮子”等方面做出了重要贡献。

佛山市高度重视渔业发展，加大渔业龙头企业、渔业专业合作组织、设施渔业、渔业科技推广等方面建设的财政扶持力度，大幅度提高渔业综合生产能力。据不完全统计，2011—2015 年间，各级财政在渔业的投入达到1.06亿元，财政资金在渔业产业发展方面扶持力度是前所未有的。至2015年底，全市建有2个渔业园区，培育了涵盖水产养殖、加工和流通的农业龙头企业30家、涉渔“菜篮子”基地10个、渔业专业合作社64个。

【养殖加工流通形成产业链】“十二五”期间，佛山市在推进水产养殖发展过程中，重视配套服务体系的建设，特别在水产良种保障体系、技术推广网络、水产病害防治体系、流通与加工体系、渔用饲料生产等方面加强建设和不断完善。至2015年底，大宗淡水养殖鱼类从苗种、养殖、饲料、渔药、加工到流通已形成一条产业链，各产业间相互促进、共同发展。全市有4个大型水产品批发市场，年交易量达到26万吨以上；有8家规模流通企业，每天有超过300吨淡水鱼经佛山市销往全国大中城市；有2家企业平均每天输往香港淡水鱼约100吨；有水产品加工企业10家，年加工能力14万吨，2013年，水产加工品总量为3.8万吨；2013年全市水产配合饲料产量约89.9万吨，其中淡水水产饲料80.3万吨，添加剂预混合饲料3667.5吨，其中淡水预混料3628.5吨，饲料产值23980万元。

【特色品种养殖创建品牌】“十二五”期间，佛山市各地坚持以市场为导向，以科技为依托，充分发挥当地资源与技术优势，不断调整优化养殖结构，引进了宝石鲈、笋壳鱼、台湾泥鳅、匙吻鲟、全雄黄颡鱼等多个名优新品种，选育出优鲈1号、鲫鱼、良种鳜鱼、良种草鱼、罗氏沼虾、杂交鳢等特色品种，形成并巩固了“中国鳗鱼之乡”“九江鱼苗之乡”“百容草鱼苗”“白金鲫鱼苗”“何氏锦湖鲈鱼”“生生草鱼”“黄门乖”等一大批国内外知名水产品牌。2015年，鳗鱼养殖面积1185公顷、鳜鱼1995公顷、加州鲈2695公顷、甲鱼409公顷、乌鳢1841公顷、黄颡鱼1484公顷、长吻鮠648公顷。优质鱼的养殖面积已占全市水产养殖面积40%的比重。

【水产良种生产体系建设】历史上，佛山市就是天然家鱼苗的主要产地，九江的鱼苗和相关的渔具闻名于全国。1958年突破了家鱼人工繁殖技术难关，尤其是1987年鳜鱼人工孵化繁殖成功后，佛山水产苗种生产高速发展，成为全国重要的水产苗种生产和供应基地。“十二五”期间，佛山市各级政府高度重视水产良种场的建设，2013年4月佛山市人民政府出台了《佛山市水产良种场认定和扶持办法》，每年从农业专项补助资金中划拨部分资金用作水产良种体系建设项目专项资金，用于良种选育、技术更新改造、良种亲本更新、水产苗种生产体系信息平台建设等项目，把全市水产良种体系建设推上新台阶。2015年，佛山市建有区级以上良种场56家，其中省级良种场2家、市级良种场23家、区级良种场31家，基本建立了省级、市级、区级三级苗种生产体系。养殖种类的种苗基本能通过人工繁殖得到解决，除满足全市养殖生产需要外，还有部分种苗供应外省、市以及远销马来西亚、新加坡、泰国等东南亚国家和非洲、西欧部分国家。

【水产品质量安全监管强化】“十二五”期间，佛山市委、市政府高度重视水产品安全监管工作，尤其是2012年省政协《关于加强我省水产品安全监管的建议》（省政协十届五次会议提案第20120145号）作为主席督办案提出来后，佛山市采取了一系列措施，强化水产品质量安全监管工作，水产品质量安全形势逐年向好，全市未发生水产品质量安全事故。

一是把水产品质量安全监管工作作为渔业管理重中之重的工作来抓。2013年，佛山市政府在全市开展食品安全示范市建设工作，并将水产品质量安全监管体系建设列入食品安全示范市建设十大工程之一，全力推进水产品质量安全监管体系建设，先后下发了《佛山市人民政府办公室关于进一步加强佛山市水产品质量安全监管工作的通知》和《佛山市淡水鲜活水产品标识管理试点工作实施方案》。

二是以水产良种繁育体系建设、创建农业部健康养殖示范场、水产品质量安全示范点，建设无公害水产品生产基地、加强职业农民培训和培育水产养殖龙头企业、渔业“菜篮子”基地和渔业专业合作社等手段抓好水产品养殖源头监管工作。至2015年底，佛山市共建有农业部健康养殖示范场9个、省市级水产品质量安全示范点49个，无公害水产品生产基地19个。

三是以标识管理试点工作为抓手，加强水产品质量安全监管工作。根据《佛山市淡水鲜活水产品标识管理试点工作实施方案》，在全市淡水鲜活水产品批发市场和水产贩运企业（市场流通环节）试行水产品产地标识准入制度，鳜鱼、乌鳢、黄颡鱼凭标识进入市场流通环节。2015年，为巩固并提高淡水鲜活水产品标识管理试点工作成效，市农业局、市食药监局结合佛山市实际，制定了《佛山市淡水鲜活水产品标识管理试点工作推进方案》，把标识管理工作向更深层次推进，建立“水产品标识溯源数据中心”，实行机打二维码标识，增加鳖、加州鲈和长吻鮠（吻鱼）3个品种作为试点品种，凭《广东省佛山市水产品产地标识》才能进入市场流通环节进行销售。由渔业部门和食品药品监管部门初步建立起食用水产品产地准出和市场准入等管理、衔接机制。使佛山市水产品质量监管工作逐步达到"生产有记录、流向可追踪、质量可追溯、责任可界定"的状态。

四是抓监督检查，强化水产品质量安全监管。从加强水产品监管执法队伍建设、强化水产品安全监督抽查力度、完善水产品监管执法体制机制等方面入手，在全省率先成立了市级农产品质量安全监管执法队伍，开展定期和不定期的水产品质量安全专项整治活动，建立产地水产品抽检"双随机"机制，完善水产品执法"两法衔接"平台，严厉打击非法使用违禁药物等投入品的违法行为。佛山市农业局还出台了《佛山市农业局水产品质量安全监督抽查复检程序管理规定》，规范抽检、复检程序，保障公平、公正执法。2011—2015 年间，佛山渔政支队共做出水产品质量安全案件行政处罚 21 宗，处罚 20.69 万元。

五是抓监测体系建设。至 2015 年底，佛山市已构建市、区、镇检测体系，建有市级检测中心 1 个、区级检测中心 5 个、镇级综合检测站 32 个，初步完善了市、区、镇三级农产品质量安全政府检测网络。

【水域滩涂养殖发证管理】 佛山市采取有力措施，切实加强渔业管理，落实水域滩涂养殖企业、渔船数据库管理。2015 年，全市共发放养殖证 2115 本，养殖面积 18206 公顷，占全市养殖面积的 71%，占应发证面积的 72%，其中：国有水域 4 本，面积 561 公顷，占全市养殖面积的 2.2%，占应发证面积的 100%；集体水域发证 2111 本，面积 17645 公顷，占全市养殖面积的 68.6%，占应发证面积的 69.3%。

【渔业资源增殖生态保护】 "十二五"期间，佛山市各级党委、政府始终站在推动渔业持续发展、促进渔民增收的高度，在渔业资源和对渔民扶持的统筹规划上，大力支持渔业增殖放流活动。近年来，放流活动结合母亲节、儿童节契机，通过开展鱼苗义卖、亲子活动等方式，大大创新了渔业资源保护的宣传方式。2011—2015 年，佛山市累计投入增殖放流资金 306 万元，放流各类鱼种鱼苗 3.8 亿尾。其中 2011 年，佛山市共投入放流资金 76 万元，放生鱼苗 1689 万尾；2012 年共投入放流资金 50 万元，放生鱼苗 1100 万尾；2013 年共投入放流资金 60 万元，放生鱼苗 1500 万尾；2014 年共投入放流资金 50 万元，放生鱼苗 1100 万尾；2015 年共投入放流资金 70 万元，放生鱼苗 1100 万尾。

2015 年 10 月，佛山市渔政支队在省珠江口海豚保护区专家的指导下，经过 5 天 4 夜渔政船舶现场跟踪看护、组织 48 艘执法船舶和渔船"声驱法"驱赶等综合措施，将误入东平河道的白海豚安全护送回大海。

【渔政执法管理实现常态化】 "十二五"期间，佛山市不断加强渔政执法管理，把执法工作作为渔政管理工作重点之一，通过加大执法力度、创新执法模式、加强执法人员队伍建设、加强执法装备、有效利用"两法衔接"平台等多种方式，促进渔政执法工作高效化、常态化。

2011—2015 年，佛山渔政支队共出动快艇 3070 次，执法车辆 2423 辆次，执法人员 17072 人次，检查渔船 29775 艘次，其中对无证捕捞、电鱼案件立案 522 宗，罚款 54.73 万元。共没收渔网 237 张、电鱼机 87 部，渔船 106 艘（60 马力以下）。水生野生动物管理检查场所 2534 个次，查处违规案件 119 宗，罚款 10.15 万元。

【珠江禁渔渔民生活补助】 按农业部的部署，2011 年禁渔期实施后，佛山市人民政府出台《关于解决珠江禁渔期间渔民生活补助问题的通知》（佛府办〔2011〕37 号）对全市在册捕捞渔船在禁渔期实行一次性生活补贴 2000 元 / 艘，缓解禁渔期渔民的生活困难问题，推动了禁渔工作顺利实施。2011 年佛山市共张贴禁渔通告、标语 470 余份，悬挂横幅 31 条，派发宣传单张 3200 多份，发送手机短信 12000 多条，接受各类媒体采访 20 多次。禁渔期间，全市共出动执法人员 1079 人次，执法车辆 49 台次，执法船艇 254 艘次，航行 1643 海里，查处违法案件 1 宗，没收渔网 124 米，罚款 2000 元。全市共开展各类培训班 7 个，培训渔民 800 多人。2011 年、2012 年落实发放禁渔补贴资金 376.6 万元。2013 年继续落实在册捕捞渔船在禁渔期实行一次性生活补贴 2000 元 / 艘，补贴资金 373.4 万元。共出动执法船 53 艘次，快艇 96 艘次，执法车 35 台次，执法人员 1020 人次，警告教育渔船 3 艘，抓获偷捕鱼船 2 艘。2014 年后对经渔业主管部门核定的禁渔捕捞渔船上的渔业船员按照每人每年 1100 元的标准发放生活补助，年发放补助资金 337.7 万元。2014 年市农业局与市公安局联合下发了《关于进一步加强联合打击非法捕捞违法犯罪行为的通知》（佛农〔2014〕4 号），佛山支队还和和佛山市公安局签订了《关于建立打击非法捕捞水产品、破坏水生野生动物资源犯罪信息共享协议》，为禁渔期间打击非法捕捞行为提供了有力法律武器。2015 年全市各级渔政、公安机关开展行动 150 次，破获非法捕捞水产品违法犯罪案件 22

起，抓捕违法电鱼人员585人，立案刑事拘留127人，行政拘留248人，收缴电球、电线、电鱼网等作案工具和渔获物等一大批。

【渔业安全生产联合检查】“十二五”期间，佛山市制定下发了《佛山市渔业系统防台风应急预案》，印发了《佛山市农业局渔业船舶水上安全事故应急预案》。佛山市渔政部门认真贯彻落实国家、省、市领导关于安全生产工作的批示精神，牢固树立红线意识和底线思维，坚持“全覆盖、零容忍、严执法、重实效”的总体要求，具体做法为：每个季度都认真组织开展渔业安全生产联合检查，每年初开展全市渔业安全形势分析会议，深入排查安全隐患，全面落实安全生产主体责任；相关单位签署了安全生产责任书，杜绝较大安全生产事故发生；不断加强安全生产宣传，每年6月，开展渔业“安全生产月”活动，宣传渔业安全生产系列知识。在季度安全联合大检查时通过短信平台发送信息、派发宣传单、悬挂宣传横幅、树立宣传牌、宣传栏的方式，向渔民宣传安全生产的重要性；举办渔业船员培训班，每年的禁渔期期间，利用渔民上岸相对集中的时机，举办渔业船员安全生产培训班，并签订《渔业船舶安全责任保证书》，进一步增强渔业船员安全生产责任意识；各渔政大队还每年联合当地消防中队、地方海事处等相关部门组织开展了应急演练活动，针对渔船安全作业问题，向渔民讲解安全生产过程中应注意的事项以及渔船安全生产法律法规，提高渔民群众的渔航安全、消防安全意识，加强其在紧急情况下迅速逃生、自救、互救、消防灭火等基本技能。

【水产技术推广形成网络】“十二五”期间，佛山市水产技术推广体系不断发展，技术推广、防疫网络逐步形成，技术队伍得到充实，基础设施建设得到完善。至2015年底，共设立市、区农业技术推广中心5个，镇级综合站24个，有3个区设立了水生动物防疫检疫站。全市从事技术推广工作的人员有41人，其中镇级25人。有技术职称26人（高级5人、中级8人、初级13人）。全市建有2个实验室，并配备了仪器设备。同时，充分发挥水产技术推广站的公益性职能，水生动物疫病情测报、水产苗种检疫等工作的开展，为广大从业者提供了多项服务，推进了水产技术的发展。2015年，佛山市共举办了各类型水产养殖培训班46期，培训人员4100人次，发放培训资料10100份；建立池塘养殖示范面积410公顷；全市水产病害监测面积超1万亩，监测点28个，市水产病害测报员1名，区水产病害测报员4名，监测点测报员24名。

【渔业柴油补贴按期发放】柴油补贴发放为本年发放上一年补贴资金。“十二五”期间，佛山市共补助捕捞渔船7275艘次，发放补助资金4541万元。其中，2011年捕捞渔船1453艘，总功率13062.33千瓦，发放补助资金742万元；2012年共补助捕捞渔船1452艘，总功率13057.92千瓦，发放补助资金708万元。2013年发放补助资金1089万元，补助渔船1452艘，主机总功率13057.92千瓦；2014年后实施新补贴发放标准，发放补助资金1038万元，补助渔船1460艘，补助总油量2816.03吨；2015年发放补助资金964万元，补助渔船1458艘，补助总油量2803.13吨。

【鱼花传统养殖技艺进非遗】从江河里捞鱼花到鱼苗的人工繁育，佛山鱼苗业经历了500多年的发展历程，积累了丰富的鱼苗培育经验与技术，特别是人工繁育鱼苗经过近50年的发展，从传统“四大家鱼”的繁育到名特优新品种的选育，品种结构不断更新、优化，生产技术和管理水平不断提高，形成了坚实的产业基础，并逐步发展成为全国知名的“淡水鱼苗生产基地”。九江镇还被授予“南海区区级非物质文化遗产名录——九江鱼花传统养殖技艺”牌匾。独特、自然的水乡环境、长流不息的西江和北江，不仅催生了佛山鱼苗业并使其得到了蓬勃发展，也孕育了独特而深厚的岭南水乡文化底蕴。其中，最具特色的莫过于九江龙舟。据记载，明弘治年间九江划龙舟已经十分兴盛，“乡人每夏五月必斗龙舟”。九江镇每年都在5—10月间举办多场大型龙舟比赛，比赛现场观众万人攒动，场面盛大，“九江龙”精神名扬海外。2007年，九江镇被中国体育局授予“中国龙舟名镇”的称号。

韶关市

【市情概览】韶关市地处广东省北部，北界湖南，东临江西，2015年辖浈江区、武江区、曲江区3个区和始兴县、仁化县、乳源瑶族自治县、翁源县、新丰县5个县，代管南雄、乐昌2个县级市。土地面积1.85万平方千米，居广东省第二位，其中市区面积3468平方千米。2015年，韶关市常住人口293万人，其中城镇人口195万人；全市生产总值1150.0亿元，比上一年增长6.2%。

【淡水渔业资源】韶关市基本上属于北江流域，北江及其支流贯穿全市，干流长468千米，集水面积46710平方千米，除峡谷和河中沙洲外，河面宽一般有400米左右，集雨面积在1000平方千米以上的主要支流有7条，集雨100平方千米的支流有100条。据韶关市水产研究所前期的北江鱼类资源调查结果表明，淡水鱼类共有150余种，主要名优经济鱼类近40种，如光倒刺鲃、倒刺鲃、白甲鱼类、桂华鲮、长臀鮠、斑鳠等。

韶关市水库资源较为丰富，共有水库484座，其中大型水库3座，中型水库27座。大型水库分别为南水水库、锦江水库、孔江水库，中型水库有必背水库、高坪水库、沐溪水库、赤石迳水库等。水库一般在河流上游，水质洁净，多数未被污染，为生态健康养殖和一些特种水产品的养殖创造了得天独厚的条件。

韶关市地处山区，平地较小，池塘分布都在城郊和村镇附近，大面积连片比较少。池塘养殖面主要集中在曲江区和南雄市，养殖品种主要有"四大家鱼"、鲤鱼、鲫鱼、罗非鱼等。

【渔业生产增长方式转变】"十二五"期间，韶关市各级渔业主管部门紧紧围绕渔业增效、渔农民增收和可持续发展的总目标，充分发挥养殖水域的特点和发展潜力，转变渔业增长方式、优化水产养殖品种结构，有效地促进了全市渔业经济健康持续发展。

2015年，水产养殖面积20361公顷，与2010年相比，增长2.24%，其中池塘养殖面积9250公顷，水库养殖面积11047公顷；水产品总产量82453吨，增长20.32%，其中池塘养殖产量61021吨，增长17.55%，水库养殖产量17831吨，增长36%；渔业经济总产值84320万元，增长31.1%。2015年，共繁殖鱼苗14.7亿尾，其中罗非鱼苗9044万尾，各类鱼种7666吨。

【名优水产养殖特色明显】"十二五"期间，韶关市充分发挥粤北山区山清水秀的优势，大力发展名优水产养殖，成效显著。

大水面生态养殖。据统计，全市实施生态养殖的大水面有20宗，面积5333公顷（近8万亩）。其中南水水库生态渔业面积3333公顷（5万亩），2013年以来分3次投放大规格鱼种56.6万尾，2014年实现了年产有机鱼近500吨；乳源新新农业发展有限公司经营的横溪水库生态渔业，面积400公顷（6000多亩），2013年5月、8月分两次投放鱼苗共计23万尾，其中三角鲂、草鱼现已获得有机食品证书，并成为广东省农业类名牌产品，是韶关唯一一家食用水产品供港公司，2015年活鱼销售额达到932万元。

特种水产养殖。特种水产养殖是推动山区特色水产养殖的有效举措，韶关市的特种水产养殖户逐年增多，由2011年的47户发展到2015年的1000多户，养殖品种不断增多，养殖品种有金钱龟、黑颈龟、黄喉拟水龟、平胸龟、娃娃鱼等。其中南雄正源黑颈龟养殖合作社正在规划建设国家级广东乌龟良种场，建设面积4公顷（60亩），截至2015年，已投入资金3500万元，基础设施建设已基本完成。

稻田养鱼。2015年，韶关市稻田养鱼面积1012公顷（15180亩），年产量近400吨，主要分布在乐昌市和乳源县。其中乐昌市稻田养鱼历史悠久，养殖面积近867公顷（13000亩），年产量主要养殖地区有九峰、梅花、坪石和三溪等，平均产量为300千克/公顷，高产的有825千克/公顷，产品销往乐昌、韶关和深圳等地；乳源县渔业主管部门通过组织学习先进经验、举办培训班、开展禾花鱼品种改良培育试验示范、免费发放13万尾纯种鲤鱼苗等方式，从技术、资金等方面推动该县稻田养鱼工作，养殖面积134公顷（2000多亩），年产量50吨。

江河鱼类养殖。韶关市水产研究所积极发挥省级良种场的作用，对于繁育技术已较成熟的种类，如三角鲂、光倒刺鲃、倒刺鲃、鲫鱼、赤眼鳟及罗非鱼等，积极开展良种选育、苗种繁育及推广养殖工作，2015年累计生产优质苗种约750万尾，为江河名优鱼类的推广养殖提供了苗种保障。据统计，2015年全市江河名优鱼类增养殖面积达4000公顷（6万亩）以上。

【水产良种生产形成体系】自2011年以来，韶关市水产研究所、始兴县水产良种场、乐昌市鱼苗场及武江区鱼苗场等单位进行水产良种亲本更新，曲江区鱼苗场等三个单位进行技术更新改造，改善渔业生产设施、设备条件，提高渔业生产效益和全市水产种苗的质量及良种覆盖率。截至2015年，全市共有水产种苗场有29家，其中省级良种场2家，水产苗种繁育场13家，水产苗种培育场14家。

韶关市水产研究所成立于1978年，长期致力于淡水野生特色鱼类开发研究，是粤北地区主要的水产科研机构，在省内形成研发特色，2012年经广东省海洋与渔业局组织评审并认定，获得省级三角鲂良种场资格。该所的杉木湾水产试验示范基地建于2007年，占地面积达43.33公顷（650亩），标准化设施水面13.33公顷（200亩）200亩，年繁育三角鲂苗种能力达1000万尾以上，在乳源县坝美水库建有自然种质保护基地，具有一批长期从事淡水鱼类繁养殖工作实践的科技人员，并配备完善的实验室和机械化设备，具备现代化水产研发基地的功能。

始兴县水产良种场建于1961

年，长期致力于草鱼等“四大家鱼”的亲本培育、鱼苗繁殖和鱼种的标粗等工作，2012 年经广东省海洋与渔业局组织评审并认定，获得了省级草鱼良种场资格。良种场占地面积 14.67 公顷（220 亩），标准化池塘 10 公顷（150 亩），亲本和后备亲本培育池 2 公顷（30 亩），年繁育草鱼苗种能力达 1 亿尾以上。

【水产品质量生产基地监管】“十二五”期间，韶关市加大全市水产品质量安全监管力度，开展水产苗种场普查及规模水产养殖基地摸底调查，强化生产基地监管，加强执法力度。对苗种场、规模养殖场进行重点整治，抽检水产品样品，进行药物残留检验。2011 年开展打击水产品非法添加和滥用食品添加剂专项行动，严厉打击水产品非法添加行为，加强初级水产品生产环节添加剂的监管。2012 年开展“三打两建”专项整治行动，出动执法人员 241 人次，检查单位或个人 132 家。组织各类培训班 6 期，培训人员 400 人次，发放宣传材料 500 份，利用电视、广播等媒体进行宣传 3 次。抽检水产品样品 118 个，合格率为 100%。2013 年，由农业部渔业环境及水产品质量监督检验测试中心（广州）、广东省绿色产品认证检测中心等检测机构抽检 150 个样品，其中养殖产品 80 个，农贸市场水产品 20 个，水产种苗 20 个，投入品(渔药、饲料)30 个。经检测，样品的氯霉素、孔雀石绿、硝基呋喃类代谢物等药物残留合格率为 100%。2014 年，出动执法人员 238 人次，检查水产苗种场 25 家，成鱼养殖场 101 家。组织各类培训班 5 期，培训人员 600 人次，发放宣传材料 650 份。抽检样品 110 个，合格率为 100%。2015 年，出动执法人员 465 人（次），检查对象主要是 3.33 公顷（50 亩）以上的规模养殖场及水产种苗场 178 家（次）；组织各类培训班 5 期，培训人员 600 人次，发放宣传材料 650 份。抽检样品 293 个，其中定量检测样品 143 个，合格率为 100%；快速检测样品 150 个，合格率为 97.3%。

【公益放生增殖渔业资源】“十二五”期间，韶关市认真贯彻落实《中国水生生物资源养护行动纲要》，加大了江河增殖放流与自然保护区建设的力度，着力做好增殖放流活动，2012—2015 年，市文明办、农业局、水产局等 10 多个政府部门和单位配合，连续 4 年举办韶关市全民公益放生活动，共计放生活动 127 场次参与人数约 8300 人次，放生各类鱼苗 285.4 万尾。2011—2015 年全市累计增殖放流各种鱼类 4202.4 万尾，投入资金约 600 万元，其中 2011 年发动社会力量参与江河增殖放流活动，投放鱼苗约 650 万尾，参与放生活动各界人士 3700 多人；2012 年投放鱼苗约 800 万尾，参与放生活动各界人士 5800 多人；2013 年投放鱼苗约 1000 万尾，参与放生活动各界人士 3000 多人；2014 年投放鱼苗约 970 万尾，参与放生活动各界人士 6200 多人；2015 年共放生鱼苗 780 多万尾，投放的鱼苗品种主要有青鱼、草鱼、鲢鱼、鳙鱼、鲤鱼、鲫鱼等 6 个种类，投放鱼苗的数量、品种、规格按省的有关要求严格把关，保证了放生效果。

【渔政执法出动船艇巡查】“十二五”期间，韶关市加强渔政执法管理，打击各类非法捕捞行为。2011 年，韶关渔政支队及各县（市、区）渔政大队共出动渔政船 102 天次，出动船艇 923 艘次，车辆 620 次，出动执法人员 1820 人次，检查渔船 1112 艘次；2012 年共出动渔政船 328 天次，出动船艇 378 艘次，车辆 1522 车次，出动执法人员 3813 人次，检查渔船 2847 艘次，查处各类案件 105 宗，罚款 24.11 万元；2013 年出动渔政船 195 天次，出动船艇 481 艘次，车辆 1046 车次，出动执法人员 2762 人次，检查渔船 2800 艘次；2014 年共出动渔政船 213 天次，出动船艇 341 艘次，车辆 1031 车次，出动执法人员 2887 人次，检查渔船 4065 艘次，处罚无证捕捞案件 74 宗，罚款 19.6 万元；2015 年出动渔政船 211 天次，出动船艇 268 艘次，车辆 846 车次，出动执法人员 2947 人次，检查渔船 4720 艘次，有效地遏制及震慑了各种非法捕捞行为，维护渔业生产的正常秩序。

【珠江流域禁渔全境实施】“十二五”期间，韶关市按照农业部的部署，实施珠江流域禁渔期制度。从 2011 年起，每年 4 月 1 日至 6 月 1 日，韶关市境内的武江、浈江、北江流域列入禁渔水域，涉及曲江区、乐昌市、南雄市、始兴县、仁化县、乳源县、武江区、浈江区 8 个县（市、区）。韶关市成立了珠江禁渔工作领导小组，制定禁渔期制度实施方案，实行禁渔期间渔民生活专项补贴政策。2011 年，共出动巡航渔政船 218 艘次，执法车辆 390 辆次，执法人员 1440 人次。2012 年，共出动渔政执法船艇 112 艘次，执法车辆 80 车次，执法人员数 396 人次，检查渔船 896 艘次，派发禁渔宣传资料 800 多份，对禁渔涉及的 785 艘渔船落实每船补助 500 元。2013 年，共出动渔政执法船艇 73 艘次，执法车辆 1105 车次，执法人员数 1626 人次，派发禁渔宣传资料 2819 多份，对禁渔涉及的 771 艘渔船、1527 名渔民，落实对每人补助 1100 元。2014 年，共出动渔政执法船艇 64 艘次，执法车辆 270 车次，执法人员数 776 人次，派发禁渔宣传资料 1474 多份，对禁渔涉及的 770

艘渔船、1522 名渔民，落实每人补助 1100 元。2015 年，共出动渔政执法船艇 120 艘次，执法车辆 154 车次，执法人员数 374 人次，派发禁渔宣传资料 1535 份，对禁渔涉及的 768 艘渔船、1518 名渔民，继续落实禁渔期渔民生活补贴，每人补助 1100 元。

【渔业安全生产实现“零伤亡”】“十二五”期间，韶关市成立了渔业安全生产工作领导小组，并制定了《广东省渔政总队韶关支队渔船渔港安全应急救援预案》，通过各县(市、区)渔政大队与渔民签订《安全生产责任书》，2015 年全年全市共签订了《安全生产责任书》783 份，按照《中华人民共和国渔业船舶检验条例》检验渔船，受检率 100%。强制为船主配备消防救生设备及航行信号灯，强化渔业船舶船员船舶基础知识、内河船舶避碰规则、消防救生知识、渔业法律法规和实际操作技能培训，举办新增渔船培训班，举行渔业船舶安全事故应急救援演练，切实落实渔业安全生产检查制度，支队定期每季度对全市渔船安全生产进行监督检查，检查各大队渔船安全生产落实情况及检查工作台账，全年渔业安全生产实现“零伤亡”。

【水生动物防疫检疫工作铺开】“十二五”期间，韶关市积极开展水生动物防疫检疫工作。进行常规病害监测和重大水生动物疫病监测，累计监测采样 1500 多份，监测的对象包括草鱼出血病和草鱼“三大病”、小瓜虫、指环虫等，为防范大规模流行病和暴发病提供基础数据；开展水产苗种产地检疫工作，累计检疫鱼苗 867 批次，共 3 亿多尾，有效地从源头上防止了疫病的传播，做到少用药或不用药；在乐昌市、始兴县、翁源县和乳源县开展草鱼免疫防病技术示范推广，建立了 200 公顷（3000 亩）的草鱼免疫防病技术示范区，并邀请珠江水产研究所的专家教授举办了 4 期草鱼免疫防病技术培训班，提高养殖户利用草鱼免疫技术科学养鱼和规范用药的意识，降低草鱼发病率，提高养殖效益和提升水产品质量。

【渔业柴油补贴及时发放】“十二五”期间，韶关市积极做好渔船柴油补贴发放工作，让渔民受惠得益。2011 年度韶关市全市发放 220 艘渔船柴油补贴，共计 248 万元；2012 年度韶关市全市发放 220 艘渔船柴油补贴，共计 271 万元；2013 年度韶关市全市发放 767 艘渔船柴油补贴，共计 673 万元；2014 年度韶关市全市发放 767 艘渔船柴油补贴，共计 817 万元。

河源市

【市情概览】河源市位于广东省东北部，地处东江中上游，东靠梅州市，南接惠州市，西连韶关市，北邻江西省赣州市。河源市是东江流域客家人的聚居中心。“百越”时期，来自江浙一带的越民散居于少数民族之中，对开化粤地起了重要作用。秦平百越后，迁陕陇之民居粤，带来了黄河文化。此后，凡遇中原战乱，都有一批批的移民进入岭南。这些南迁之民与当地土著民族相互同化，逐步形成了客家文明。

河源市是国务院 1988 年 1 月 7 日批准设立的地级市，2015 年辖源城区、东源县、龙川县、紫金县、连平县、和平县共五县一区。全市设有 99 个乡镇，4 个街道办事处，1251 个村委会和 155 个社区居委会。土地面积 1.57 万平方千米（其中市区面积 250 平方千米）。年末全市户籍总人口 360 万人，常住人口 307.35 万人，其中城镇人口 129.55 万人。

赣深高铁客运专线在河源境内经和平、龙川、东源、市区，并设立和平西站、龙川西站、河源东站 3 个办理客运业务的中间站，设计时速 350 千米。客运专线的设立，对河源是重大利好，可大幅度缩短河源与珠三角的交通往来，使河源更好地融入珠三角一小时生活圈，也对农业发展、农产品、水产品贸易交流及推广意义重大。

【渔业资源】河源市有水域面积 64000 公顷，可养鱼面积 40000 公顷。有三大江两大库，即东江、新丰江、韩江和新丰江水库、枫树坝水库，淡水资源十分丰富。东江河源段鱼类资源品种达 70 种之多，其中具有经济价值的鳙、鲢、鲮、鲫、青、鲩、鳊、鲂等种属，是东江的优势种群，鲻、鲥等种属，是东江的季节性洄游鱼类，每年 4—5 月捕捞产量颇为可观。新丰江、枫树坝两大水库自然繁殖的常见鱼类有：鲫、鲶、鳡、团头鲂、黄尾鱼、赤眼鳟、鲈、鳊、鳜等几十种，还有少量的虾、蟹、蚌、螺类等。由于新丰江、枫树坝水库属饮用水源保护区，已禁止任何单位和个人搞投料养殖。在多年平均捕捞产量中，新丰江水库、东江、枫树坝水库分别约占 46%、37%、7%。其他占 10%。由于两岸及上游水土流失严重，河水含沙量增加，流沙大量沉积在河底，河床变高，河水变浅；上游被新丰江水库，枫树坝水库、枕头寨发电站和木京电站拦截，河中又增加不少拦河坝，鱼类繁殖生长、栖息、洄游的条件受到严重破坏，天然饲料贫乏，优势种群资源大量减少，季节性洄游鱼类几乎绝迹，渔业资源日益衰退。

河源气候条件优良，适宜发展

水产养殖业。河源市池塘水面相对较少，但山塘水库和河流众多，且水质优、污染少，水产养殖大多数处于人放天养的状况，具有良好的养殖基础和条件。养殖品种主要有“四大家鱼”及斑鳜、大眼鳜、黄颡鱼、甲鱼等，“四大家鱼”是河源市传统品种，因为养殖技术要求低，市场销售稳定，农民（渔民）普遍养殖，2015 年全市水产养殖面积中，“四大家鱼”占总面积的 60%。甲鱼、斑鳜、大眼鳜、黄颡鱼、胜斑、刺鲃等品种要求水质高，效益好，近年来养殖面积快速发展，2015 年河源市地方特色品种养殖面积占 20%。

【渔业生产发展效益提升】 河源建市以后，积极实施“山上增值，水中生财”“主攻畜禽、扩大水产、调优粮经、提升林果”等重大战略，推广良种良法，调整渔业结构，改造低产鱼塘，大力发展渔业生产。“十二五”期间，河源市按照保障水产品市场有效供给的总要求，围绕发展生态渔业这一中心，在稳定传统“四大家鱼”养殖的基础上，大力推广河源特色水产品养殖，紧紧抓住渔业生产发展，水产品质量安全及渔政执法工作等几个主要环节，积极有效地推动全市渔业的稳定发展。2015 年，全市水产养殖面积 7284 公顷，水产品总产量 4.48 万吨，同比增长 1.8%，渔业总产值 4.54 亿元，同比增长 2.5%。全市水产品市场购销两旺，供应充足，下半年水产品价格略有上涨，“四大家”鱼塘头价对比上年上涨 1.6 ~ 2.0 元 / 千克，饵料价格趋于稳定，在一定程度上增强养殖户对渔业生产发展的信心。新丰江水库鱼产量占总产量的 20%，河源的鲜活水产品远销广州、深圳、佛山等珠三角地区。全年捕捞量控制在 2011 年水平，稻田养鱼试点和工厂化养鱼项目取得初步成效，休闲渔业打开局面。

【水产健康养殖良性循环】“十二五”期间，河源市推广水产健康养殖，全市建有水产健康养殖示范场 7 个，无公害水产品产地认定 8 个，生态水产业发展开始步入良性循环。河源市水产养殖主要以池塘、水库养殖为主体，池塘养殖面积 5420 公顷，水库养殖面积 1589 公顷，河沟等其他养殖面积 18 公顷。平均 1/15 公顷产量为 387 千克，年产苗种 2.5 亿尾。

河源市淡水养殖面积逐年增加，2010 年时，其淡水养殖面积为 6644 公顷，至 2015 年，河源市淡水养殖面积达 7284 公顷，增长率为 9.63%。紫金县 2010 年淡水养殖面积为 1100 公顷，至 2015 年增长到 1255 公顷，增长率为 14.1%，淡水养殖面积增加最多；其次为龙川县，2010 年淡水养殖面积为 1929 公顷，至 2015 年增长到 2150 公顷，增长率为 11.5%；和平县 2010 年淡水养殖面积为 315 公顷，至 2015 年增加到 350 公顷，增长率为 11.1%；东源县 2010 年淡水养殖面积为 1911 公顷，至 2015 年增长到 2105 公顷，增长率为 10.2%；连平县 2010 年淡水养殖面积为 1043 公顷，至 2015 年增长到 1070 公顷，增长率为 2.6%；源城区 2010 年淡水养殖面积为 346 公顷，至 2015 年增长到 354 公顷，增长率为 2.3%。

【特色品种养殖结构优化】“十二五”期间，河源市引导从业者调整优化养殖品种结构，发展高效、优质的鱼类养殖，逐步形成名优鱼类与家鱼养殖并重的发展路子。特色水产品养殖不断推进，渔业品种结构逐步优化，具有河源特色的甲鱼、鳜鱼、胜斑、台湾泥鳅等品种养殖面积占 10%。主要养殖品种有草鱼、鲢鱼、鳙鱼、鲤鱼，“四大家鱼”和地方特色品种中华鳖、大眼鳜、光倒刺鲃、银鱼、鲫、鲇、胜斑、大鲵（娃娃鱼）等。“四大家鱼”占 80%，地方特色品种占 20%。2015 年，河源甲鱼、台湾泥鳅、翘嘴鲌、胜斑等地方品种养殖面积达 20%，拥有粤东北较大的甲鱼养殖基地及繁殖场，年出产甲鱼 25 万只，销售甲鱼苗 500 万尾。龙川县特色养殖品种及区域主要有 3 个：①田心镇生态甲鱼养殖；②义都镇台湾泥鳅养殖；③铁场镇的土塘虱养殖。在枫树坝水库还有光倒刺鲃网箱养殖。

特色养殖品种的增加，丰富了渔业品种结构，增加了养殖效益。根据全市水产品主导品种布局，推广具有河源特色的甲鱼、斑鳜、大眼鳜、胜斑等品种养殖，既丰富了河源市以“四大家鱼”为主导的品种结构，又提高了养殖企业的效益。据统计，全市甲鱼、台湾泥鳅、胜斑、翘嘴鲌、斑鳜、大眼鳜等特色水产品养殖面积已达河源市养殖总面积的 20%。

【水产种苗保障当地需求】“十二五”期间，河源市积极推进水产良种体系建设，全面实施水产种苗工程。截至 2015 年，全市有水产良种繁育场 31 个，年可繁育苗种 8000 万尾，能保障全市水产养殖需求的 80% 供给，主要品种有“四大家鱼”、甲鱼等。

【水产品质量监管落实到位】“十二五”期间，河源市高度重视水产品质量安全监管工作，在机构尚不完善、人员严重缺乏的情况下，面对水产品质量监管工作严峻形势，积极采取各种有力措施，最大限度地把监管工作落实到位。一是对全市水产品质量安全监控工作进行部署，制定质量安全监控计划，提出整治方案，明确具体的整治内容、品种、区域，2015 年特别将新丰江鱼排纳入整治重点，加强监控。二是加强对基层水产品质量安全监管服务工作指导。要求县、镇两级水产品质量安全监管服务机构，将水产品质量安全监管工作重点下移，做好日常巡查工作，每季度分别对规模以上的水产品养殖场进行巡查，检查生产日志、用药记录、销售记录等，确保水产品质量安全。三是配合开展水产品药残抽检工作，2015年抽检110个样品，全部合格。四是定期举办水产品质量安全培训班，邀请中国水产科学研究院南海水产研究所、东莞市水产品质量安全检疫检测站、河源市食品安全监督所专家教授前来授课，特别对新丰江水库渔排的管理有较好效果。全市举办培训班18期次，培训1500人次。

【渔业审批发证当场办结】“十二五”期间，河源市切实加强渔业行政管理，实施水域、滩涂养殖证制度，水产养殖种苗生产实行许可证制度，严把种苗质量关，坚决杜绝挫伤渔农生产积极性现象，确保渔业生产有质有量。同时，通过县区渔政大队组织执法人员为本辖区在册渔船办理渔船年审、签证工作，当场审验、当场办结。

【渔业资源增殖和保护区】“十二五”期间，河源市组织增殖放流活动。2015年，市、县、区二级渔业主管部门先后在万绿湖、新丰江市区段，东江等区域开展增殖放流活动3次，放流鱼苗1100万尾，有效地补充渔业资源种类和数量。10月在新丰江水库大坝内举办“2015年河源市渔业增殖放流活动”，市委书记何忠友等领导参加活动。

大鲵保护区位于源城区距离新丰江水库约2千米处的山涧处，该保护区有山溪涧水注入新丰江。“十二五”期间，河源市渔业主管部门多次在该保护区进行大鲵人工放生活动，具有相当的规模。新丰江水库库区具有适宜大鲵生存、繁衍的自然环境条件，故大鲵放生活动开展之后，该保护动物有可能迁徙，或在库区周围活动，应注意观察，并进行保护。

鼋自然保护区位于龙川县佗城镇境内，上游接枕头寨水电厂拦河坝，下游虎头岗与东源县柳城相邻，全长约8千米，面积1000多公顷，保护区森林覆盖率达60%以上，气候温暖多雨，多年平均降雨量在2000毫米以上。河流中深潭、永久性沙滩、沙坝较多。鼋保护区的管理工作主要参照国家自然保护区管理技术规范和标准，设立狮子寨石古大王、潭公潭、东山潭、白面石潭、新塔潭、老虎角潭、东河潭、大江坝、枫村坝、新渡坝、佗城坝、亨渡坝、胜利坝等区域共1000公顷为永久性保护区域。

【渔政执法维护生产秩序】“十二五”期间，河源市打击各类非法捕捞行为，保障渔业生产秩序。针对万绿湖非法网箱养殖行为，进行专项整治行动，确保新丰江库区渔业生态和水质安全。采取各种有力措施，加强库区水面执法巡逻，强化渔政执法管理，致力保护新丰江生态环境、渔业资源和生产秩序，构建和谐渔业、平安渔业。2015年组织专项行动80次，出动渔政快艇137次，执法车辆205次，执法人员125次，检查渔船1196次，发出整改通知书5份，拆除拦河笼网9张，灯光缯网80张，网袋150个，投放鱼网13张、查处电鱼案件59宗，其中手背式电鱼案件56宗，没收“三无”船舶2艘，有效地维护了渔业生产正常秩序。重视水生野生保护动物执法、资源保护和增殖放流工作。

深入开展“八打八治”行动，重拳打击“电、炸、毒鱼”违法行为。采取内外联动的工作方法，广泛发动当地群众，开展谈心活动，宣传国家政策及法律知识，鼓励和支持渔民群众举报。通过调查和渔民反映的情况，支队采取了联合检查与分散检查、白天检查与晚上检查、陆地检查与水路检查相结合的办法，卓有成效地打击“电、炸、毒”鱼等非法捕捞行为。

【珠江禁渔加强渔船管理】按农业部的部署，从2011年起每年4月1日至6月1日珠江流域实施禁渔制度，期间禁止一切捕捞行为。“十二五”期间，河源市认真落实禁渔期制度，根据省关于实施珠江禁渔制度的部署，提前制订方案，成立机构，对禁渔期间的工作做好安排。禁渔期间，抓好全市禁渔工作。在新丰江、东江水域内开展声势浩大的禁渔宣传活动。以渔村、渔港、渔户、渔业码头、水产品市场等场所为重点，发放宣传单、张贴禁渔通告、悬挂宣传标语等形式进行广泛宣传。在禁渔期加强对渔船管理。

【渔业安全重点监管渔船】“十二五”期间，河源市以加强渔船监管，推进“平安渔业”建设为重点，重点加强对全市770艘渔船的管理，认真落实安全生产“一岗双责”机制，层层抓落实，责任到人，促使渔业安全生产形势保持稳定。一是加强宣传与教育。组织执法人员数次深入渔港、渔区、渔村、渔户，和渔民面对面讲解和宣传渔业生产安全的重要性，并在各渔港、渔村内悬挂渔业安全生产标语，组织与渔民一起观看宣传片，告诫渔民“安全生产从我做起”，引导渔民家属提醒他们亲属“关爱生命、重视安全”。二是强化执法检查。对管辖内的渔船逐一登船检查，重点检查渔船的持证情况，渔船数据及配套设施与证件是否相符，是否配备渔船安全设施，有无渔船载客现象，有无违法捕捞活动等，责令其限期整改，并对在港和返港的渔船进行临船检验，引导和帮助渔船自行建立周保养制度，确保渔船在捕捞作业时安全生产，杜绝安全事故的发生。在2015年6月安全生产月活动期间，在东源县新港镇新丰江渔港码头组织开展渔船安全生产月暨向渔民发放救生衣现场活动，现场发放救生衣170多件，全市发放救生衣300多件。

【水产技术推广形成网络】 河源建市后，大力加强水产技术推广工作，进行水产科研攻关，积极开展技术服务。2001年12月，设立市水产养殖技术推广中心，加大科研和技术服务力度。"十二五"期间，河源市水产技术推广体系不断发展，逐步形成水产技术推广、防疫网络，技术队伍得到充实，基础设施建设得到完善。

梅州市

【市情概览】 梅州市位于广东省东北部。1988年3月设立地级市。2015年辖梅江区、梅县区、大埔县、丰顺县、五华县、平远县、蕉岭县，代管兴宁市。总面积15876.06平方千米。2015年，全市年末户籍人口为543.79万人，常住人口432.33万人，其中城镇人口202.76万人。梅州市是全国重点侨乡之一，旅居海外的华人、华侨达700多万人；也是港澳台同胞的重要祖籍地之一，而台湾500万客家人中，就有180万祖籍在梅州。2015年全市实现地区生产总值（GDP）955.09亿元，比上年增长8.6%。

【渔业资源】 梅州市河流众多，主要河流有韩江，全长470千米（梅州境内长343平方千米），流域30112平方千米（梅州境内14673平方千米）；梅江，全长307千米（梅州境内长271千米），流域面积13329平方千米（梅州境内10888平方千米）；汀江，全长323千米（梅州境内55千米），流域面积11802平方千米（梅州境内1333平方千米）；同时还有琴江、五华河、宁江、程江、石窟河、梅潭河、松源河、丰良河等。此外，东江亦沿市境西北的兴宁市边境流过，在梅州境内河段长24.8千米，流域面积260平方千米。

梅州江河渔业资源丰富，主要以江河鱼类区系的淡水鱼类为主体，常年生长在梅江段的鱼类有110种之多，主要物种有：鲤科鱼类的吻鮈、长蛇鮈（竹鱼）、青鱼（乌溜）、草鱼（鲩）、赤眼鳟（赤眼）、鳡（抢）、鳊（白鳊）、三角鲂（乌鳊）、翘嘴鲌（昂鲢）、黄尾鲴（黄尾）、鲢、鳙、鲮、光倒刺鲃（石鲣）、鲤、鲫；鳗鲡科的花鳗鲡；刺鳅科的大刺鳅；鳅科的中华沙鳅、短体条鳅、长鳟鳅、泥鳅等；鲿科的岔尾黄颡鱼（黄矮割）、江黄颡鱼等；鲶科的鲶（鲶哥）；鲻科的青鲻；鳢科的乌鳢（斑鱼、生鱼）；合鳃科的黄鳝；鮨科的鲈；攀鲈科的圆尾斗鱼、叉尾斗鱼；舌鳎科的三线舌鳎（地甫）；还有多种虾、螺、蚬、蟹类等。尤其蕉岭大刺鳅和斑鳠是梅州本地重点保护的种质资源，2007年底批准成立的第一批国家级水产种质资源保护区之一，即石窟河国家级斑鳠水产种质资源保护区在蕉岭石窟河段落户。

主要淡水养殖方式有池塘、水库、山塘养殖等，各养殖方式的产量分别约占淡水养殖总产量的73%、19%和2%。养殖产量以梅县区、兴宁市、五华县位居前三。水产养殖品种以"四大家鱼"（草鱼、鲢、鳙、鲮）居多，还有鲤（丰鲤、建鲤、兴国红鲤等）、鲫（丰产鲫、异育银鲫、彭泽鲫、湘云鲫）、罗非鱼等。

【渔业生产精致高效发展】 "十二五"期间，梅州市各级渔业主管部门围绕发展精致高效农业，以绿色生态水产创新示范园建设为契机和突破口，突出发挥生态优势和资源优势，坚持科技兴渔和依法治渔，重点培植水库鱼、九野甲鱼二大产业，着重抓好渔业龙头企业建设和渔业产业化经营，狠抓产品质量和安全生产，强化渔业资源养护和水域生态环境保护，着力提高渔业组织化、信息化和品牌化水平，提升水产品质量安全，推进发展山区现代渔业。2015年，全市实现水产养殖面积14457公顷，与2010年相比，增长1.9%，其中池塘面积8015公顷，增长0.6%；水库养殖面积5786公顷，增长13.5%。2015年水产品总产量为111076吨，与2010年相比，增长23%，其中池塘产量66524吨，增长10.2%；水库产量29875吨，增长86.7%。2015年渔业总产值18亿元，与2010年相比，增长31.8%。

2011—2015年，梅州市加大招商引资和优惠政策扶持力度，吸引一批省内、外水产养殖大户（企业）到梅州投资发展，养殖基地不断壮大，规模发展趋势明显。至2015年底，省级农业龙头企业有6家，市级农业龙头企业29家，养殖面积共1104公顷。其中较具影响力的规模企业有：梅州市桂丰源生态农业发展有限公司、广东鑫龙湾生态休闲农业发展有限公司、五华县强盛生态农林发展有限公司、梅州伟群有限公司、梅州市晨丰水产养殖有限公司、梅州好自然农业有限公司等，养殖面积都在50公顷以上，产值都达2000多万元。

【绿色生态水产创新示范园】 2012年1月，梅州市人民政府与省海洋与渔业局签订的《发展山区现代渔业暨共建绿色生态水产创新示范园战略合作框架协议》，共建梅州市。该园区坐落于梅县区水车镇，园区核心区（一期、二期）面积23.33公顷（350亩），包括养殖池塘和工厂化育苗车间等设备设施。园区主要功能是名优鱼类种苗繁育、绿色健康养殖示范、水产技术创新及成果转化等。

“十二五”期间，梅州市依托优良的养殖水环境地理优势，引导渔业生产逐步向健康、生态养殖的现代渔业方向发展。至2015年底，梅州市通过无公害水产品产地认定的基地有36个，认证水产品39个（产地和产品证书均在有效期内）。建成标准化水产养殖基地42个，其中农业部水产健康养殖示范场28家，省部级健康养殖示范生产基地（“菜篮子”基地）14家，位居山区市前列。

【水产养殖突出地方特色品种】 “十二五”期间，梅州市按照“因地制宜、突出特色”的原则，积极引导农户发展“精致高效农业”，引进高效、优质的水产品进行养殖推广。

梅州市地热资源丰富，平远、丰顺利用地热泉水进行鳗鱼生态养殖，2015年鳗鱼产量达到80吨。

平远县八尺镇从外地引进适合当地农户养殖的中华白玉蜗牛进行规范化养殖，促进农民增收。目前，该镇已成为全省首个白玉蜗牛养殖基地，室外养殖面积3.33公顷（50亩），室内养殖500平方米；年生产商品白玉蜗牛202吨，产值320.6万元。

近几年梅县、五华大力推广养殖台湾泥鳅，2015年泥鳅产量达到232吨。

观赏鱼养殖以兴宁市、梅县区、丰顺县等为主，2015年观赏鱼的养殖产量为3088万尾，产品主要出口日本、新加坡、泰国、马来西亚等国。

近几年龟鳖类繁育养殖发展较快，2015年龟鳖类产量388吨，主要品种有中华鳖、鹰嘴龟、黄喉拟水龟、金钱龟、黄缘盒龟、巴西龟、鳄鱼龟等。

梅州市还通过引进一些优质新品种来丰富特色水产品种，如娃娃鱼、淡水珍珠、淡水鲨鱼、湘云鲫、鲫鱼“中科3号”、团头鲂、笋壳鱼、河鲀、美国银斑鱼、匙吻鲟等。

【水产品质量安全监管到位】 “十二五”期间，梅州市切实履行水产品质量安全监管职责，每年出动执法人员检查生产经营企业，查处问题养殖场，责令整改；抽检水产品样品，进行药物残留检验。2011年，根据《广东省水产品标识管理实施细则》精神要求，梅州市各级渔业主管部门先后2次组织水产办（股）、渔政、技术推广站等共96人次联合执法，深入超市、水产品经营市场，检查水产品标识使用情况。经检查，未发现非法使用水产品标识情况。全年完成抽检92个样品，样品合格率100%。共发放相关法律、法规宣传单4500份；全年执法检查出动执法人员359人（次），检查鱼苗专业户（场）45个，水产养殖场82个，渔药经营门市138间（次），较好地维护了渔业生产、经营秩序。2012年，梅州市各级渔业主管部门积极开展水产品“三打两建”专项行动，以查处水产养殖投入品违规使用为主要内容，针对存在的问题，强化监管薄弱环节，依法对全市具有一定规模的水产养殖场、苗种场、渔药经营门市和卖鱼摊档等进行检查和监管。全年完成抽检74个样品，样品全部合格。全年执法检查共出动执法人员475人次，检查养殖场156家，种苗场58家，渔药店135间，农贸市场、超市水产品摊档251间，发送宣传资料5500份。2013年，全市完成抽检160个样品，样品合格率96.25%。全年执法检查出动车辆60辆次，出动执法人员320人次；检查种苗场35家，养殖场25家，无公害水产品生产基地32家；张贴和印发宣传资料1000多份。2014年，全市完成抽检225个样品，其中监督抽查和例行监测共125个样品，快速检测100个样品，合格率为100%。全年执法检查出动执法人员386人次，检查水产生产经营企业102家。发放宣传材料4500份，组织各类培训班12场次，培训人员1200人次。2015年，全市完成抽检330个样品，其中风险监测和例行监测共130个样品，快速检测200个样品，合格率97.9%。出动执法人员332人次，共出动车辆65辆次，检查对象主要是50亩以上的规模养殖企业、水产种苗场、无公害水产品产地、农业部水产健康养殖示范场共98家次，兽渔药店（其他）10间次，检查市场20间次；发放宣传材料2000份；组织各类培训班9场次，培训人员1200人次。

【水域滩涂养殖证制度建设】 “十二五”期间，梅州市实施水域滩涂养殖证制度，精心组织，广泛宣传，以点带面，努力推进养殖证制度建设。2015年，全市共发放养殖证105本，养殖面积356.256公顷。全市累计发放养殖证7246本，养殖面积10014.99公顷，占全市养殖面积的69.3%，占应发证面积的81.6%，其中：国有水域滩涂发证150本，面积2289.78公顷，占全市养殖面积的77.9%，占应发证面积的94%;集体水域滩涂发证7096本，面积7725.21公顷，占全市养殖面积的67.1%，占应发证面积的78.5%。

【渔业资源增殖放流活动】“十二五”期间,梅州市认真贯彻落实《中国水生生物资源养护行动纲要》，着力做好增殖放流活动。5年间，全市累计增殖放流各种鱼类4165万尾，江河水产资源逐年增加，取得了显著的生态效益、经济效益和社会效益。2011年，全市开展增殖放流工作4场次，投放各类鱼苗510万尾。2012年，共开展增殖放流2场次，放生各类鱼苗170万尾。2013年，共开展增殖放流工作12场次，放生草鱼、鲢鱼、鳙鱼、鲮鱼、鲫鱼等各类鱼苗560万尾。2014年，组织江河增殖放生活动12场次，共放生鱼苗1815万尾。2015年，梅州市共开展增殖放流活动12场次，放生各类鱼苗1110万尾。

【渔政专项执法打击非法捕捞】“十二五”期间，梅州市加强渔政执法管理，全市462艘渔船全部安装渔船IC卡，纳入渔船系统化、信息化管理，开展各项专项执法行动，大力打击各类非法捕捞行为。2011年，在打击非法捕捞方面，全市共组织执法巡查742艘（艇）次，执法车辆1149辆次，执法人员3061人次，检查渔船3673艘次，查处电鱼2宗、其他7宗，罚款0.79万元，没收电鱼机5部、蓄电池2个、渔网33张。在水产品质量安全监管方面，共出动执法车辆60车次、执法人员224人次，检查场地117个，抽样81次。在水生野生动物保护监管方面，全市共出动执法车辆11辆次、执法人员43人次，检查场所85个。2012年，在打击非法捕捞方面，共出动执法车辆891车次，执法人员2504人次，查处无证捕捞案件2宗、罚款0.05万元，电鱼案件8宗、罚款0.28万元、没收电鱼机4部、蓄电池4个、电线20米、渔网44张，其他案件1宗。在水产品质量安全监管方面，共出动执法车辆124车次、执法人员509人次，检查场地289个,抽样80次。2013年，在打击非法捕捞方面，全市共组织巡查246艘次、执法车辆632车次、执法人员2089人次，查处无证捕捞4宗、罚款0.33万元，电鱼7宗、罚款0.26万元、没收电鱼机12部、蓄电池4个、电线20米、渔网34张，其他1宗，罚款0.03万元。在水产品质量安全监管方面，共出动执法车辆66辆次、执法人员233人次，检查场地96个，抽样73次，查处使用违禁药物案件2宗、罚款1万元、无害化处理水产品1500千克。2014年，在打击非法捕捞方面，共出动执法车辆522车次、执法人员2440人次，查处电鱼10宗、罚款1.16万元、没收电鱼机17部、蓄电池10个、渔网7张，其他案件2宗，罚款0.07万元。2015年，在打击非法捕捞方面，共出动执法车辆727辆次、执法人员2081人次，查处电鱼案件2宗、罚款0.2万元、没收电鱼机8部、蓄电池4个、电线12米、渔网16张，其他案件3宗、罚款0.09万元。在水产品质量安全监管方面，共出动执法车辆51辆次、执法人员191人次，检查场地307个，抽样408个，未发现违法行为。

【渔业安全生产监管责任明确】“十二五”期间，梅州市落实渔业安全生产社会化管理，加强对各县（市、区）渔业安全生产管理工作的督查，切实履行渔业安全生产监管职责，努力提升渔业安全生产监管水平。梅州市通过渔政梅州支队、大队与渔村、渔民各级签订《安全生产责任书》，明确安全管理责任和落实渔船安全设施配置，提高渔民安全生产意识。按照《中华人民共和国渔业船舶检验条例》检验渔船，受检率100%。全面开展渔业船员培训，强化渔业船舶船员船舶基础知识、内河船舶避碰规则、消防救生知识、渔业法律法规和实际操作技能培训，提高渔业安全生产意识。2013年，全市加强渔业安全生产监管，共出动执法人员510人次，立即整改安全隐患8处，发出限期整改通知书2份,排除安全隐患2处，渔船船牌标识专项整治2艘。5年来，实现渔业安全生产“零事故”。

【水产技术推广机构整合提升】“十二五”期间，梅州市水产技术推广体系不断发展，技术推广、防疫网络逐步形成，技术队伍得到充实，基础设施建设得到完善。2015年4月27日，经梅州市机构编制委员会批准，广东省水产养殖技术推广总站梅州中心站、梅州市水产研究所整合为梅州市渔业技术推广与疫病防控中心。整合后的主要任务是制定全市渔业技术推广发展规划、计划并组织实施；承担全市渔业技术推广体系业务建设工作；承担水生动物病害流行情况调查及疫情的监测、预警预报等工作；承担水产品生产环节质量安全检验、检测、质量安全评估、渔用投入品监测等工作；开展渔业资源环境的监测和评估工作；承担水产养殖品种种质和种苗质量检测工作；为渔民提供教育培训和渔业公共信息服务。同时，充分发挥水产技术推广的公益性职能，加快水生动物疫病情测报、水产苗种检疫等工作的开展，为广大从业者提供多项服务，提高水产技术水平。

至2015年底，梅州市共设立市、县水产技术推广站（中心）9个，其中专业站8个，综合站1个，镇级综合站109个，各县（市、区）均设立了水生动物防疫检疫站。全市从事水产技术推广工作的人员有

198人，其中镇级146人。有技术职称193人(高级17人、中级66人、初级110人)。全市建有9个实验室，并配备了仪器设备，有9个站配备了水生动物防疫检疫监测车。

【成立水产协会打造渔业品牌】 梅州渔业长期以来都以分散养殖为主，导致效率和技术水平不高，资源浪费。为解决这一问题，于2013年12月成立梅州市水产协会，以水产协会为平台，形成“行业协会+龙头企业+合作社+养殖大户+渔民”五位一体的发展方式，推进良地（水）、良种、良法、良品、组织、加工、品牌、市场、金融、保险等10个环节全链条发展，提升渔业组织化水平。水产协会成立后，对内推动跨县域渔业交流合作，盘活全市渔业经营主体资源，为资源整合、行业自律、抱团发展搭建平台；对外以整体品牌力量提升产业地位、谈判能力、市场竞争力，成为对接珠三角、福建、潮汕等大市场的骨干力量。水产协会除吸纳众多优秀水产经营主体外，还邀请行业知名专家、学者加盟担任顾问。

水产协会选择有深厚文化、鲜明特色和厚实基础的草鱼作为区域品牌重点打造，2014年10月，协会联合某饲料公司在梅江区黄坑水库召开“大水面草鱼养殖技术交流会”，后来又举办多场振兴客都草鱼研讨会，在种苗繁育、健康养殖、市场分级、品牌打造等多环节、全领域一起发力，把客都草鱼打造成为新时期粤闽赣边区真正的“草鱼王”。

【“客都草鱼”产业振兴座谈会】 梅州市农业局为发挥梅州生态、资源优势，振兴“客都草鱼”产业，于2015年7月14日组织召开“客都草鱼”产业振兴座谈会，邀请中山大学、华南师范大学、华南农业大学等多所高校及珠江水产研究所的专家教授、梅州市水产业界人士参加座谈，对“如何振兴发展梅州水产、打造‘客都草鱼’品牌”建言献策，制定出产业链条提升、品牌推广、水域环境保护等振兴梅州市水产业的工作计划，组织相关单位合作实施。

同时，为充分了解和整合资源，组织梅州市水产管理、科研、经营人员，于2014年6月17—19日，走访中国水产科学研究院珠江水产研究所（广州）、广东海洋大学（湛江）两单位，期间邀请中国水产科学研究院南海水产研究所、中山大学、华南师范大学、华南农业大学、暨南大学、广东省农业科学院等科研单位和广州、湛江重要的水产经营主体一起交流，共商合作平台。

【机械化解决水库养鱼捕捞难题】 “十二五”期间，梅州市渔业主管部门利用山塘、水库水质优良这一得天独厚的生态渔业环境优势，大力发展山塘、水库等大水面养鱼。为解决水库养鱼捕捞难题和做到有效投喂，由梅州市水产研究所完成的水库“定点吊网诱捕技术”和大水面投喂设备——360度远程投料机，很好地解决了这些难题。至2015年，全市已推广山塘水库养鱼6000多公顷（9万多亩），产量3万多吨，生态渔业呈迅速发展之势。

【渔业柴油补贴按时发给渔民】 “十二五”期间，梅州市认真做好渔业柴油补贴资金发放工作，通过银行转账发放到渔民手中。2011年，全面完成2010年度两批渔业柴油补贴资金279万元的发放工作，纳入补贴的渔船455艘。2012年，发放2011年度渔业柴油补贴，纳入补贴的渔船共457艘，总功率4745.16千瓦，补助油量1062.1613吨，下达补贴资金386万元，全部通过银行转账发放到渔民手中。2013年，发放2012年度补助资金394.53万元。2014年，发放2013年度渔业柴油补贴资金246.99万元。2015年，梅州市全年发放2014年度纳入渔业柴油补贴资金570.89万元。

【以船为家渔民上岸安居完成】 以船为家渔民上岸安居工程是2014年广东省人民政府十件民生实事之一，根据省海洋与渔业局《关于核实上报2014年第一批以船为家渔民上岸安居计划的通知》文件要求，2014年6月，梅州市住房和城乡建设局、市农业局核定了13户（梅江区6户，大埔县7户）渔民列入2014年广东省第一批以船为家渔民上岸安居工程建设计划报省住房和城乡建设厅、省海洋与渔业局。截至2014年底，全市13户（1户新建房、2户购新房、10户购二手房）以船为家渔民上岸安居工程已完成，并完成了市级验收工作。

肇庆市

【市情概览】 肇庆市位于广东省中西部，西江中游，属于珠江三角洲地区，是全省渔业大市。2015年辖端州、鼎湖、高要3区，广宁、德庆、封开、怀集4县，代管四会市，另设肇庆高新技术产业开发区、肇庆新区和粤桂合作特别试验区（肇庆）。土地总面积1.49万平方千米(其中市城区面积2892平方千米)。年末户籍人口438.27万人；常住人口405.96万人，其中城镇人口183.33万人。祖籍肇庆的海外华人、华侨和港澳台同胞47万人。2015年实现地区生产总值（GDP）1970.01亿元，比上年增长8.2%。

肇庆市属珠江三角洲经济区范

围，珠江干流西江自西向东横贯全市，气候温和，光热充足，雨量充沛。肇庆是中国砚都，广东主要淡水养殖基地。土特产有端砚、肇实、文岃鲤、麦溪鲤、燕窝、疍家糕、竹篙粉、大船糕等。肇庆河流纵横，池塘广布，山塘水库众多，水产资源丰富，渔业生产历史悠久，条件优越，水产养殖、加工、流通销售发达。改革开放以来，肇庆市积极扩大养殖面积，引进推广优良品种和先进科技，大力发展以“南鱼北运”和出口创汇为主的水产品精深加工，推进“三高”渔业和产业化经营，有力地促进了水产业的持续、快速、健康发展。

【渔业资源】 肇庆市水资源丰富，境内河流纵横交错，有西江水系和北江水系，属珠江流域。全市集水面积超过100平方千米的河流50条，其中属西江水系的25条，北江水系25条。集水面积超过1000平方千米河流分别为西江及其支流贺江、新兴江，北江及其支流绥江。西江干流径流量在国内各大河流中仅次于长江，流经肇庆市河长达225千米，高要水文站多年平均径流量为2220亿立方米。境内水资源相当丰富，全市年均降雨量约1626毫米，多年平均水资源量136亿立方米，多年平均过境水量2463.55亿立方米。肇庆市江河渔业资源丰富，江河鱼类共有280多种，分别隶属于20目59科175属。常见经济鱼类有鳙、鲢、草、青、鲮、鲤、鲫、赤眼鳟等，还有鲈、嘉（卷口鱼）、鳜（大眼鳜）、鲥（斑鰶）（鲈、嘉、鳜、鲥是西江“四大名鱼”）、花边（广东鲂）、三来（鲥）、翘嘴红鲌（翘嘴巴、和顺鱼）、倒刺鲃（竹鲃鲤）、舌鳎、河蚬等多种名优特产鱼类，更有中华鲟、鼋、花鳗鲡等国家和省级水生野生动物。

肇庆水产养殖主要有池塘养殖，以高要、鼎湖、四会较多。怀集、德庆、封开、广宁则以山塘养殖、水库养殖、河涌养殖为主。水产养殖品种以“四大家鱼”（草鱼、鲢、鳙、鲮）、罗非鱼、罗氏沼虾居多，还有鲤、鲫、鮰和鳜（以翘嘴鳜为主）等。随着市场需求增多、养殖技术提高，引进的品种和开发本地江河的品种陆续增加，2015年水产养殖品种有50多个。其中鳜、鲮养殖以鼎湖、高要为主，罗非鱼、罗氏沼虾养殖以高要为主，“四大家鱼”养殖以怀集、德庆、封开、广宁县为主。

【渔业创建品牌持续发展】 “十二五”期间，肇庆市各级渔业主管部门紧紧围绕“渔业增效、农民增收”的目标，以创建渔业品种、品质、品牌和发展水产健康养殖为突破，因地制宜、因势利导，不断优化渔业产业结构，大力发展集约高效渔业和传统特色渔业，促进了渔业工作全面协调和可持续发展。2015年全市水产养殖总面积33620公顷（50.43万亩），水产品总产量42.49万吨，渔业总产值42.77亿元，约占全市农林牧渔业总产值的11.2%。

2011—2015年，肇庆市引导渔业生产逐步向健康、生态养殖的现代渔业方向发展，对符合条件的国家级水产健康养殖示范区（场）8个，水产标准化示范区（场）3个和省级水产质量安全示范点10个给予一定财政资金扶持。推进全市健康养殖和标准化养殖起到积极的作用。

【水产招商发展规模企业】 “十二五”期间，肇庆市加大招商引资和优惠政策扶持力度，吸引一批省内、外水产养殖大户（企业）到肇庆投资发展，养殖基地不断壮大，规模发展趋势明显。至2015年全市66.67公顷（1000亩）以上的养殖规模企业和专业大户达30家，其中国家级龙头企业1家，省级龙头企业1家。其中较具影响力的规模企业有：高要区振业水产有限公司、高要区恒兴水产加工有限公司、肇庆市麦溪生态园有限公司、广东四会贞山鳄鱼养殖有限公司等，养殖面积都在33.33公顷（500亩）以上，产值都达2000多万元。渔业专业合作社发展迅速，全市共成立渔业专业合作社20多家。

【养殖特色品种结构优化】 “十二五”期间，肇庆市引导从业者调整优化养殖品种结构，发展高效、优质的鱼类养殖，逐步形成名优鱼类与家鱼养殖并重的发展路子。怀集、封开、德庆、广宁利用山区水质优良、水源丰富的优势，发展无公害健康养殖、特色养殖提升水产品质量、价格。平原地区以发展鳜鱼、观赏鱼、龟鳖等为主，龟鳖类养殖面积进一步扩大，2015年全市龟鳖养殖面积333公顷（5000亩）。

“十二五”期间，高要区、鼎湖区的罗非鱼养殖面积进一步扩大，肇庆市成为广东省罗非鱼主产区之一，罗非养殖还促进了鱼苗生产的发展。通过引种作为罗非良种亲本，通过原（良）种繁育，目前已选育出了性状优良、遗传性状稳定、生长速度快、抗病力强等优点的罗非鱼良种。

【水产品质量抽检合格率高】 “十二五”期间，肇庆市加大全市水产品质量安全管理和执法力度，开展水产养殖基地摸底调查，强化生产基地监管，加强执法力度。每年出动执法人员检查生产经营企业，查处问题养殖场，责令整改；抽检水产品样品，进行药物残留检验。2011年重点在鼎湖、四会展开鳜鱼专项整治，组织市渔政、市技术站以及相关部门的人员对鳜鱼养殖场（户）进行实地检查，对所有生产、经营单位（户）都签订《不使用、不经营违禁药物承诺书》，检测3批次、15个场、25个样品，合格率为100%。2012年全市水产品质量安全抽检，共抽检水产样品322个。经检测，样品的氯霉素、孔雀石绿和结晶紫、甲基睾丸酮等药物残留合格率为100%。2013年全市水产品质量安全抽检，共抽检水产样品323个。经检测，样品的氯霉素、孔雀石绿和结晶紫、甲基睾丸酮等药物残留合格率为100%。组织肇庆市水产品质量安全监管人员培训班，培训人员120人。2014年全市水产品质量安全抽检，共抽检水产样品380个，其中养殖水产品360个，市场水产品20个。经检测，样品的氯霉素、孔雀石绿和结晶紫、甲基睾丸酮等药物残留合格率为100%。抽检对象为具一定规模养殖场、无公害或绿色水产品产地、出口原料基地、健康养殖示范场、标准化养殖基地等。2015年全市水产品质量安全抽检，共抽检水产样品460个，其中养殖水产品440个，市场水产品20个，合格率为99%。

【渔业行政审批现代化管理】“十二五”期间，肇庆市采取有力措施，切实加强渔业管理，实施水域、滩涂养殖证制度，经卫星定位及审核，新发放养殖证，对已发证养殖户实行水域滩涂养殖企业数据库管理。

通过县区渔政大队组织执法人员为本辖区在册渔船办理渔船年审、签证工作，当场审验、当场办结。收取渔港费，签证数据录入省渔政总队系统。如高要渔政大队组织执法人员为辖区在册的408艘渔船办理年审、签证、收费工作，当场审验、当场办结。

【渔业资源增殖与环境保护】“十二五”期间，肇庆市渔业部门认真贯彻落实《中国水生生物资源养护行动纲要》，不断加大江河增殖放流与自然保护区建设工作力度，全方位着力做好渔业资源保护工作。每年举办大型渔业增殖放生活动。2011—2015年，累计投入资金450万元，放流鱼苗1500万尾，投放的鱼苗品种主要有青鱼、鲮鱼、鲤鱼、广东鲂、草鱼、鳊鱼等，濒危物种中华鲟约1500尾。成立市放生文化协会，民间放生活动有序开展。

全市现有8个渔业保护区，其中国家级种质资源保护区2个，省级自然保护区1个，县级自然保护区5个。

全市每年建造江河人工鱼巢15000平方米，年黏鱼卵量约20亿粒，自然增殖鱼类约15亿尾。

【渔政执法检查“网格式”管理】“十二五”期间，肇庆市加强渔政执法管理，渔业部门在打击各类非法捕捞行为的同时，加强了部门之间的纵向和横向联系，签订联合执法机制，逐步形成“网格式”的执法管理模式。2015年，全市共查处各类案件46宗，罚款6.95万元；其中电鱼案件28宗，罚款2.15万元；水产品质量安全案件4宗，罚款3.8万元；水生野生保护动物案件1宗，罚款0.2万元；其他渔业违规案件13宗，罚款0.8万元。没收违规船舶11艘(其中,60匹马力以下10艘，60匹马力以上1艘），电鱼工具一批。在打击非法捕捞的同时，肇庆市渔政部门的执法装备建设也得到明显提升。2015年共投入执法装备建设资金278万元，完成了中国渔政44422船的维护保养工作，以及支队渔政码头（趸船）的一系列维护和封开大队的渔政码头（趸船）的初期筹建工作，3艘高性能的执法快艇进入政府采购程序。与此同时，支队投入资金16.2万元为各县区大队配备了高性能单反相机，执法记录仪和夜间取证仪，有力地提高执法成效。

【禁渔江面执法结合陆上巡查】“十二五”期间，肇庆市根据农业部《关于实行珠江禁渔期制度的通告》，从2011年起，每年的4月1日至6月1日珠江流域实施禁渔期。肇庆市所管辖的西江、贺江、绥江、新兴江列入禁渔水域，涉及8个县（市、区），江段长达960多千米。市成立了禁渔期工作领导小组，制定禁渔工作实施方案。在禁渔期期间，实行24小时的值班制度，开展陆上巡查与江面巡查相结合。加强禁渔期的执法力度。2014年禁渔期全市共查处各类案件21宗，罚款2.18万元，移交司法机关立案追诉案件1宗，有2名嫌疑人被法院以非法捕捞水产品罪各判拘役3个月。2015年禁渔期渔政船出航14航次，航程2572海里，执法快艇出航426艇次，累计出航时间1697小时，查处各类案件17宗，罚款1.80万元，没收“三无”电鱼船5艘，电鱼工具13套，移交司法机关立案追诉案件2宗。

【渔业安全生产明确渔船渔民责任】“十二五”期间，肇庆加强渔业安全生产管理工作，履行渔业安全生产监管职责，提升渔业安全生产监管水平。按照《中华人民共和国渔业船舶检验条例》检验渔船，受检率达100%。强制为船主配备消防救生设备及航行信号灯，强化渔业船舶船员船舶基础知识、内河船舶避碰规则、消防救生知识、渔业法律法规和实际操作技能培训，举办渔业安全生产培训班。联合海事部门开展防范渔船商船碰撞宣传活动，派发宣传单等，确保辖区渔业生产安全。2015年，肇庆渔政支队、各渔政大队与渔民签订安全责任书，明确安全管理责任和落实渔船安全设施配置，开展8次较大规模的宣传教育活动及组织水上安全演习、学习水上救生、消防等救援行为，并为全市1562艘渔业船员配备智能IC卡，加强对渔船和渔民的安全管理。

【水产技术推广三位一体形成网络】“十二五”期间，肇庆市水产技术推广体系不断发展完善，技术推广、防疫检疫、质量安全三位一体的推广网络逐步形成，技术队伍得到充实，基础设施建设得到完善。至2015年底，全市有水产技术推广机构85个，其中市级1个，县（市、区）级7个，乡镇级有77个，全市从事技术推广工作的人员有138人，其中专业技术人员96人（高级职称4人、中级13人、初级65人）。市、县级推广机构均设立水生动物防疫检疫站，市水生动物检疫实验室于2012年获广东省质量技术监督局颁发的实验室资质认定计量认证证书，成为具有法定检测能力的渔业专业检测机构。县级水生动物防疫检疫站配备了水生动物检疫检测车以及车载诊疗器械、水生动物病害快速检测仪器配置到位。全市建立水生动物病害诊所5个，配置了一系列的诊疗仪器设备，可及时发现上报重大疫情。同时，充分发挥水产技术推广机构的公益性职能，推进水生动物疫病情测报、水产苗种检疫等各项工作的开展，促进了肇庆市渔业健康持续发展。2015年，肇庆市共举办了各类型水产养殖培训班26期，培训人员2610人次，发放培训资料3000多份；建立池塘养殖示范面积10806公顷，受益农户5086户。

【渔业油补禁渔补助按时发放】“十二五”期间，肇庆市认真做好渔业柴油补贴和禁渔补助资金发放工作，及时发给渔民。渔业柴油补助严格按有关文件发放。其中：2013年，肇庆市发放2012年度渔业柴油补贴647.3936万元，补助渔船1570艘，总功率为11098.66千瓦；2014年发放2013年度补助资金813.52万元，纳入渔业柴油补贴的渔船1568艘，总功率11083.26千瓦；2015年，发放2014年度补助资金857万元，纳入渔业柴油补贴的渔船1562艘，总功率11031.94千瓦。由于补贴政策调整，2015年渔业柴油补贴253万元将于2016年末发放。

肇庆市根据《广东省休（禁）渔补助实施方案》，从2013年起向禁渔渔民发放生活补助。2013年，肇庆市专业捕捞渔船1578艘，涉及禁渔补助3098人，发放资金340.78万元；2014年，肇庆市专业捕捞渔船1574艘，涉及禁渔补助3098人，发放资金340.78万元。

【以船为家渔民上岸安居工程】2014年广东省人民政府十件民生实事，将以船为家渔民上岸安居工程列入其中。当年，省下达肇庆市447户以船为家渔民上岸安居工程工作任务。至2015年底，肇庆市基本完成447户以船为家渔民上岸安居工程的实施任务。

清远市

【市情概览】清远市位于广东省中北部。1988年1月7日设立地级市。2015年辖清城区、清新区、佛冈县、阳山县、连山壮族瑶族自治县、连南瑶族自治县，代管英德、连州2个县级市。土地面积1.9万平方千米，占全省总面积的1/10，是广东省陆地面积最大的地级市。年末户籍人口418.51万人；常住人口383.45万人，其中城镇人口188.16万人，少数民族人口19.5万人，是广东省少数民族主要聚居地。2015年全市生产总值1285亿元，比上年增长8.4%。

清远市自然资源丰富。耕地面积27.0万公顷，森林覆盖率71.7%，城市人均公园绿地面积32.63平方米，是中国南方珍稀动植物的物种基因库。

【渔业资源】清远市河流众多，分属珠江水系的北江区、珠江三角洲区及桂贺江区和长江水系的洞庭湖区。全市集雨面积100平方千米以上的河流共有74条，其中集雨面积1000平方千米以上的河流有北江、连江（小北江）、湟江、滨江、滃江、烟岭河、青莲水等。北江及其主要支流连江、滃江、湟江等为历代沿江渔（农）民的捕鱼场所。北江鱼类有143种，其中作为主要捕捞对象的经济鱼类约30种。捕捞的对象主要是鲤、鲫、黄尾鲴、细鳞斜颌鲴等。此外，黄沙蚬、石岩虾、鼋（沙鳖、国家一级保护动物）等，亦为北江特产。由于捕鱼存在电、炸、毒等违规作业，以及拦河筑坝等，鱼的资源量逐年减少，珍稀品种唇鱼、卷口鱼、桂华鲮、鼋等濒临绝迹。

清远市有平原面积0.18万平方千米，占总面积的9.6%，主要由北江及其支流连江的水流带来的泥沙冲积而成，以清城、清新、英德、连州等境内盆地面积较大，成为主要水产养殖区。水产养殖主要有池塘养鱼、山塘养鱼、水库养鱼、河涌养鱼及网箱养鱼等，以英德、清城、清新较多。连州、连南、连山有稻田养鱼。水产养殖品种以“四大家鱼”（草鱼、鲢、鳙、鲮）居多，还有鲤类（丰鲤、建鲤、兴国红鲤等）、鲫类（丰产鲫、异育银鲫、东北鲫、彭泽鲫、湘云鲫）、罗非鱼类（尼罗罗非鱼、奥尼罗非鱼、红罗罗非鱼等）。随着市场需求增多、养殖技术提高，引进的品种和开发本地江河的品种陆续增加，2015年有养殖品种50多个。其中鳜鱼养殖以清新、清城为主，鲟鱼、鳗鱼养殖以清新、阳山、连州、英德有地下泉水的山区为主，观赏鱼类（锦鲤、金鱼等）养殖主要在清新三坑温矿泉。

【渔业生产基地规模发展】“十二五”期间，清远市各级渔业主管部门紧紧围绕“渔业增效、农民增收”的目标，以创建渔业品种、品质、品牌和发展水产健康养殖为突破，因地制宜、因势利导，不断优化渔业产业结构，大力发展集约高效渔业和传统特色渔业，促进了渔业工作全面协调和可持续发展。2015年全市水产养殖总面积为17289公顷，与2010年相比，增长1.5%，其中池塘面积12199公顷，增长1%，稻田养殖面积1390公顷，增长12%。水产品总产量为12.4万吨，增长19.2%，其中池塘产量10.9万吨，增长20.9%。渔业总产值155.1亿元，增长65.1%。人工养殖在全市水产品供应市场中占主要份额。

2011—2015年5年来，清远市加大招商引资和优惠政策扶持力度，吸引一批省内、外水产养殖大户(企业)到清远投资发展，养殖基地不断壮大，规模发展趋势明显。至2015年全市33.33公顷（500亩）以上养殖规模的企业和专业大户达27家，其中市级龙头企业3家，养殖面积1333公顷（2万亩）。其中较具影响力的规模企业有：清新区宇顺农牧科技有限公司、海大集团清远百容公司、清远市黄沙渔业基地、英德锦源农牧产品发展有限公司等，养殖面积都在66.67公顷（1000亩）以上，产值都达2000多万元。渔业专业合作社发展迅速，全市共成立渔业专业合作社26家。

【水产健康养殖打出品牌】“十二五”期间，清远市引导渔业生产逐步向健康、生态养殖的现代渔业方向发展，对符合条件的市级水产健康养殖示范区（场）4个，水产标准化示范区（场）4个和种苗繁育场2个给予一定财政资金扶持。建设水产健康养殖示范区（场）12个（其中省级1个：连南稻鱼生态渔业示范园区建设项目）、水产标准化示范区（场）16个（其中省级1个：清新县鳜鱼养殖标准化示范区建设项目）和扶持种苗繁育场11个（其中省级扶持3个）。项目的组织实施完成，推进全市健康养殖和标准化养殖起到积极的作用。利用丰富的山泉水、水库水进行不投饵人工“瘦身”鱼养殖，经过2～3个月的“瘦身”养殖，价格从每千克10～12元提高到24元以上，提高“四大家鱼”等鱼类品质与档次。全市水产品牌主要有：英德锦源河鲜、清远瘦身鱼、连南禾花鱼、清远仙女湖稻香鲩、阳山知青山泉珍珠鳖；正在打造清远鳜鱼、清远娃娃鱼等品牌。

【特色品种养殖优质高效】“十二五”期间，清远市引导从业者调整优化养殖品种结构，发展高效、优质的鱼类养殖，逐步形成名优鱼类与家鱼养殖并重的发展路子。英德、连州、阳山利用山区水质优良、水源丰富的优势，发展无公害健康养殖、特色养殖，养殖国家二级保护水生动物娃娃鱼，提升水产品质量、价格。全市共建成规模化娃娃鱼养殖场13家，分别是英德市6家、连州3家、阳山2家、连南1家、清城1家，全市娃娃鱼养殖面积22万多平方米（水泥池面积），生产商品鱼2万尾，繁育苗种3万尾。南部平原地区以发展鳜鱼、观赏鱼等为主，鳜鱼养殖面积进一步扩大，2015年鳜鱼的养殖面积（主养面积）800公顷，产量1.3万吨，比2010年增长40%，产值6.6亿元，占渔业总产值的40%。2014年，制定了清远市鳜鱼生产标准。加快特色优质品种的开发利用，斑鳠（北江鲌）、长臀鮠（北江骨）的人工繁殖取得了一定的进展。全市观赏鱼（金鱼、锦鲤）养殖面积47公顷，产量328万尾，产品主要出口日本、新加坡、泰国、马来西亚等国，产值2324万元。近几年龟鳖类繁育养殖发展较快，龟鳖类产量809吨，主要品种有黄沙鳖、中华鳖、鹰嘴龟、巴西龟、鳄鱼龟等。清远还通过引进一些优质新品来丰富特色水产品种。如工程鲫、笋壳鱼、罗氏沼虾、鲈鱼、斑鳜、乌鳢、倒刺鲃、鲟鱼、棘胸蛙等。

【水产良种选育进入前列】“十二五”期间，清远市积极推进水产良种体系建设，加强水产良种选育研究。清新区宇顺农牧科技有限公司从长江水系引种作为鳜鱼良种亲本，通过原（良）种三代繁育，选育出了性状优良、遗传性状稳定、生长速度快、抗病力强等优点的鳜鱼良种，2014年12月由省海洋与渔业局批准为省级鳜鱼良种场。清新区、清城区、英德市的鳜鱼养殖面积进一步扩大，清远市成为广东省4个鳜鱼主产区之一，鳜鱼养殖还促进了鱼苗生产的发展。2015年底，全市有市级鱼苗孵化场28个，2014年孵化各类鱼苗260亿尾，除满足本地渔业生产需求外，还远销珠江三角洲和湖南、湖北等地。

海大集团清远百容公司、清新区三源农牧水产有限公司等几家企业引进长江水系草鱼与珠江水系草鱼杂交选育出新一代草鱼，保持了长江水系草鱼纯正的种质，体型长、抗病强，生长速度提高了10%。百容水产有限公司采用细胞工程技术培育出四倍体雌核发育新品种“百容鲫鱼”，生长速度提高30%，鳞片整齐、致密，有利于长途运输。

该公司还采用了野生黄颡鱼经系统选育，通过细胞工程技术构建YY型超雄鱼“百容黄颡鱼”，雄性率可达98%以上，生长速度快30%以上，此项技术处于国内领先水平。

【水产品质量安全执法监管】“十二五”期间，清远市加大全市水产品质量安全管理和执法力度，开展水产养殖基地摸底调查，强化生产基地监管，加强执法力度。每年出动执法人员检查生产经营企业，查处问题养殖场，责令整改；抽检水产品样品，进行药物残留检验。2011年重点在清城区、清新县展开鳜鱼专项整治，组织市渔政、市技术站以及相关部门的人员对鳜鱼养殖场（户）进行实地检查，对所有生产、经营单位（户）都签订《不使用、不经营违禁药物承诺书》，检测2批次、12个场、20个样品，合格率为100%。2012年，溯源跟踪不合格水产品来源，移交公安机关侦查。2013年，农业部指定的青岛水产品检测中心、广东省绿色产品认证检测中心等检测机构抽检190个样品，其中养殖产品50个，农贸市场水产品20个，水产种苗20个，投入品（渔药、饲料）30个；市配套抽检21个样品，快速检测水产品50个。经检测，样品的氯霉素、孔雀石绿、无色孔雀石绿、呋喃唑酮代谢物等药物残留合格率为100%。2014年，出动执法人员282人次，检查水产生产经营企业92家。发放宣传材料950份，利用电视、广播等媒体进行宣传12次。组织各类培训班9场次，培训人员1200人次。抽检样品120个，合格率为98%。2015年，出动执法人员260人（次），共出动车辆70辆（次），检查对象主要是面积3.33公顷（50亩）以上的规模养殖企业及水产种苗场、保护物种水产养殖场共104家次，兽渔药店（其他）10间次，检查市场20间；发放宣传材料950份，利用电视、广播等媒体进行宣传12次；组织各类培训班9场次，培训人员1200人次。抽检“四大家鱼”、鳜鱼等水产品15批次，计312个，合格率为99%。

【八成养殖面积发了养殖证】“十二五”期间，清远市采取有力措施，切实加强渔业管理，实施水域、滩涂养殖证制度，经卫星定位及审核，新发放养殖证，对已发证养殖户实行水域滩涂养殖企业数据库管理。截至2015年底，全市累计发放养殖证4780本，养殖面积13573公顷，占全市养殖面积的82%，占应发证面积的96%，其中：国有水域333本，面积3063公顷，占全市养殖面积的98%，占应发证面积的100%；集体水域发证4447本，面积10571公顷，占全市养殖面积的81%，占应发证面积的95%。

清远渔政支队通过县区渔政大队组织执法人员，为本辖区在册渔船办理渔船年审、签证工作，当场审验、当场办结。收取渔港费，签证数据录入省渔政总队系统。如英德渔政大队组织执法人员为辖区在册的724艘渔船办理年审、签证、收费工作，当场审验、当场办结。

【渔业资源增殖与保护区建设】“十二五”期间，清远市认真贯彻落实《中国水生生物资源养护行动纲要》，加大了江河增殖放流与自然保护区建设的力度，着力做好增殖放流活动，从2010年起每年举办一次社会参与的增殖放流活动，至2015年全市累计增殖放流各种鱼类0.68亿尾，投入资金321万元；2011年在第六届清远市社会参与江河增殖放生活动中，全市安排放生现场8个，投放鱼苗约1000万尾，参与放生活动各界人士约2000人，接受社会各界人士认捐放生资金13.5万元，认捐鱼苗180万尾。2013年，第八届清远市社会参与江河增殖放生活动，全市安排江河增殖放生资金70多万元，放生各类鱼苗1000万尾。2014年，组织江河增殖放生活动，安排放生现场10个，共放生鱼苗1000万尾。2015年，清远市共放生鱼苗900多万尾，安排放生现场11个，其中市级、清新、英德、阳山、连州各2个点、清城集中1个点分别进行投放，投放的鱼苗品种主要有鲮鱼、鲤鱼、广东鲂、鲩鱼、鳊鱼等10个种类，投放鱼苗的数量、品种、规格按省的有关要求严格把关，保证了放生效果。

同时，全市投入资金300多万元，建设6个市级以上渔业自然保护区，其中国家级1个（北江英德段国家级水产种质资源保护区），省级2个（连南大鲵省级自然保护区和连江龙牙峡水产种质资源省级自然保护区）。

【渔政执法打击非法捕捞行为】“十二五”期间，清远市打击各类非法捕捞行为，2011年开展专项行动12次，查处各类案件104宗。全市1094艘渔船完成签证和安装渔船IC卡工作，纳入渔船系统化管理。2013年，清远市组织出动执法船巡航检查181艘次，陆上巡查735车次，执法人员4537人次，检查市场和餐馆324次，查处违反许可证制度11宗，罚款1.25万元；电鱼20宗，罚款0.47万元；使用违禁药物案件2宗，罚款2.25万元。对水生野生动物保护执法检查，全市出动执法车辆63车次、出动执法人员211人次、检查水产品经销店、酒楼164家。2014年，清远市组织出动执法车辆66辆次、出动执法人员243人次，检查水产品经销店和酒楼103家。其中英德大队出航

151航次，出动执法人员362人次，车辆126辆次，检查渔船953艘次；查获电鱼案件10宗，处理10人，罚款2.6万元，整治库湾6个，拆除非法网具187张，拉缆绳1.36万多米，胶绳索缆1.55万米，没收违法小型渔船3艘及网具一批。在北江黎溪河段，查获1宗非法探测鱼类资源案件，缴获2艘非法探测鱼类资源大小型渔船。2015年，清远市共出动渔政船140艘次，执法艇621艘次，执法车辆883车次，出动执法人员5126人次，检查渔船3035艘次。加强对非法捕捞的打击力度，全市查处案件总数27宗，其中电鱼案件20宗，违反许可制度2宗，无证捕捞案件4宗，其他1宗，没收电鱼机30部，销毁“三无”船舶12艘，蓄电池25个，渔网88张，没收灯光诱捕用电线300米，罚款6.14万元。

【珠江禁渔期间巡航监控执法】 按农业部门的部署，从2011年起，每年4月1日至6月1日珠江流域实施禁渔制度，期间禁止一切捕捞行为。清远市内北江干流列入禁渔水域，涉及3个县（市、区），列入禁渔的专业捕捞渔船有1026艘。市成立北江禁渔工作领导小组，制定禁渔工作实施方案，实行禁期渔民生活专项补贴政策，每艘渔船补助1000元。在全市禁渔水域设立20个禁渔渔船停泊区，将渔船实行集中停泊管理。在禁渔期间，组织巡航监控，每天开展江上执法检查。2011年，全市组织出动执法船只巡航420艘次，陆上巡查60车次，巡航时间900小时，巡航里程9260多千米。派出44381渔政执法船定点在飞来峡大坝底24小时值班。2012年，清远市禁渔水域为北江干流166千米和连江支流183千米江段，共349千米；沿江渔村20个，专业捕捞渔船1094艘，落实对每艘渔船补助1000元。2013年，禁渔水域与上年一样，禁渔期间落实每艘渔船补贴2200元。2014年，列入禁渔的专业捕捞渔船有1248艘，加大对非法捕捞的打击力度。2015年，继续落实好禁渔政策，并落实捕捞渔船禁渔期生活补助发放工作，合计274.56万元。

【渔业安全生产重点管好渔船】“十二五”期间，清远市通过县区渔政大队，与渔民签订《安全生产责任书》，按照《中华人民共和国渔业船舶检验条例》检验渔船，受检率100%。强制为船主配备消防救生设备及航行信号灯，强化渔业船舶船员船舶基础知识、内河船舶避碰规则、消防救生知识、渔业法律法规和实际操作技能培训，举办新增渔船培训班，举行渔业船舶安全事故应急救援演练，联合海事处开展防范渔船商船碰撞专项活动，派发宣传单等，确保辖区水上安全。如英德渔政大队，2014年与724户渔民签订《安全生产责任书》，按照国家渔船检验条例检验渔船，强制为船主配备消防救生设备及航行信号灯。7月，联合英德海事处、英德市航标与测绘所举行水上突发事故应急演练活动，进行渔船灭火、渔民落水救助、船舶碰撞救助、渔船动力失控救助4项演练，参加演练人员80人，出动执法船5艘、快艇2艘，派发宣传单1000份，全年渔业安全生产实现“零伤亡”。2015年，清远市渔政支队、大队、渔村、渔民各级签订安全责任书，明确安全管理责任和落实渔船安全设施配置，开展8次较大规模的宣传教育活动及组织水上安全演习、学习水上救生、消防等救援行为，并为全市1279艘渔业船员配备智能IC卡，加强对渔船和渔民的安全管理。

【水产技术推广形成网络体系】“十二五”期间，清远市水产技术推广体系不断发展，技术推广、防疫网络逐步形成，技术队伍得到充实，基础设施建设得到完善。至2015年底，共设立市、县水产技术推广站（中心）9个，其中专业站4个，综合站5个，镇级综合站23个，有5个县设立了水生动物防疫检疫站。全市从事技术推广工作的人员有74人，其中镇级23人。有技术职称26人（高级3人、中级12人、初级15人）。全市建有5个实验室（中级实验室1个），并配备了仪器设备，其中市站与英德站被国家定为水产病害精准监测试点站，有7个站配备了水生动物防疫检疫监测车。同时，充分发挥水产技术推广站的公益性职能，水生动物疫病情测报、水产苗种检疫等工作的开展，为广大从业者提供了多项服务，推进了水产技术的发展。2015年，清远市共举办了各类型水产养殖培训班43期，培训人员3268人次，发放培训资料3500份。

【渔业柴油补贴按时发放到位】2010年，纳入市渔业柴油补贴的渔船1091艘，总功率11581.94千瓦，下达的补贴资金691万元。至2011年，全面完成资金发放工作。同时完成2011年上半年的渔业柴补291万元的发放工作。2011年度，清远市纳入渔业柴油补贴的渔船有1089艘，总功率11562.84千瓦，下达的补贴资金951万元，补贴标准为每千瓦822.46元，2012年全部通过银行转账发放到渔民手中。2013年，清远市发放2012年度补助渔船1089艘，总功率为11579.37千瓦，补贴第一批428万元，第二批580万元；第一批平均每千瓦补助资金369.62元，第二批平均每千瓦补助资金500.89元（不包括英德），全年平均每千瓦补助资金870.51元。2014年，清远市全年发放2013年度纳入渔业柴油补贴的渔船 1245 艘，总功率 12900 千瓦，补助资金 388 万元。2015 年，清远市全年发放 2013 年度纳入渔业柴油补贴的渔船 517 艘，总功率 4841.71 千瓦，补助资金 166 万元。

【渔民上岸安居工程按时完成】 2014 年省人民政府十件民生实事，以船为家渔民上岸安居工程是其中之一。当年省下达清远市 245 户以船为家渔民上岸安居工程工作任务。至 2014 年底，全市完成 245 户的实施任务，其中英德市完成 215 户，清城区完成 29 户，清新区完成 1 户。截至 2015 年，清远市共完成渔民安居工程 555 户的实施任务，其中英德市完成 437 户，清城区完成 36 户，清新区完成 82 户。

【连南首届“稻鱼节”举办成功】 2014 年 9 月 20—22 日，连南县成功举办首届“稻鱼节”，在“有机鱼、有机稻”的基础上，将稻田养鱼与旅游休闲相结合，吸引城乡游客享受下田捉鱼、烤鱼、吃鱼的乐趣，开展“农家乐”休闲观光，取得良好经济效益，附加值大幅度提高，提高“禾花鱼”的品牌效应。连南、连山这 2 个民族自治县有利用稻田养鱼的传统方式，结合有机稻种植，大力发展“禾花鱼”养殖。其市场价格每千克 60 ~ 100 元，是同品种塘鱼价格的 4 ~ 5 倍。连南县建设的“广东省节地节水高质高效渔业示范园区建设项目——连南瑶族自治县稻鱼生态渔业示范园区建设”于 2014 年完成建设，建成面积 3.33 公顷（50 亩）“禾花鱼”良种场一个，高标准“禾花鱼”养殖基地 53.33 公顷（800 亩）。清远市与佛山科技学院合作进行高产高效试验，“禾花鱼”产量 120 斤，产值 4800 元，对推动“禾花鱼”高效生态养殖起到积极作用。2015 年稻田养殖面积 1390 公顷（20850 亩），产量 524 吨，9 月成功举办了第二届“稻鱼节”，进一步提高了禾花鱼的品牌效应。

云浮市

【市情概览】 云浮市位于广东省中西部，西江中游以南。1994 年 4 月 5 日，经国务院批准设立地级云浮市。2015 年辖云城区、云安区、新兴县、郁南县，代管罗定市。土地面积 7785.11 平方千米（其中市区面积 1961.55 平方千米）。年末户籍人口 298.93 万人；常住人口 246.05 万人，其中城镇常住人口 98.99 万人。云浮市有耕地面积 10.32 万公顷，森林覆盖率达 69.5%，城市人均公园绿地面积 13.42 平方米。云浮矿产资源丰富，其中云浮硫铁矿储量、品位均居世界首位，被誉为“硫都”。石材加工历史悠久，全市有规模以上石材企业 254 家，素有“石乡”之称，是中国石材基地中心和中国石材流通示范基地。云浮石灰石储量 60 亿吨，水泥产量 1236 万吨，是广东省三大水泥基地之一。主要土特产有南盛沙糖橘、郁南无核黄皮、新兴香荔、罗定绉纱鱼腐、托洞腐竹等名优产品。

云浮与珠江三角洲接壤，是粤港澳连接大西南的交通要道。西江黄金水道贯穿市境北部，河岸线长 109 千米，沿岸有云浮新港、都骑、都城、南江口等港口，其中云浮新港是广东省内河第一大港。云浮人杰地灵，南江文化、禅文化和石文化历史积淀深厚。曾孕育出中国佛教禅宗六祖惠能，20 世纪著名工人运动领袖邓发，著名抗日将领蔡廷锴等一批杰出人物。

【渔业资源】 云浮市境内河流密布，水量充沛，市内主要河流有西江干流、南江、新兴江，另外还有黑河、建城河、南山河、泗纶河、集成河、千官河、罗旁河等 28 条集雨面积超 100 平方千米的河流，年均径流量 59.82 亿立方米，过境客水 2235 亿立方米。天然水域鱼类资源丰富，已发现 290 种鱼类，其中经济鱼类青、草、鲢、鳙、广东鲂、鲤、鲫、鳊、鲮、赤眼鳟、光倒刺鲃、倒刺鲃、卷口鱼、唇鲮、斑鳠和鲶鱼等，都是渔民重要的捕捞对象。云浮市地处山区，平原较少，池塘分布区域不均，大面积连片比较少。2015 年全市水产养殖面积 9138.5 公顷。主产区集中在新兴县和罗定市，养殖品种主要有四大家鱼（青、草、鲢、鳙）、罗非鱼、鲮鱼、鲤鱼、鲫鱼、广东鲂、淡水白鲳、胡子鲶等，特色品种有金钱龟、石金钱龟、乌龟、甲鱼、娃娃鱼、中华鲟、罗氏沼虾、台湾泥鳅、泰国青蛙和斑点叉尾鮰等名优新品种。

【渔业生产结构优化健康发展】 “十二五”期间，云浮市各级渔业主管部门紧紧围绕“渔业增效、渔农民增收和可持续发展”的总目标，以创建渔业品种、品质、品牌和发展水产健康养殖为突破，因地制宜、因势利导，不断转变渔业增长方式和优化渔业产业结构，大力发展集约高效渔业和传统特色渔业，促进了渔业工作的健康可持续发展。2015 年，云浮市水产养殖面积共 9138.5 公顷（其中池塘养殖面积 6740.3 公顷，水库养殖面积 2213.2 公顷），与 2010 年相比，增长 3.95%；水产品总产量 106138 吨，比增 12.78%（其中池塘产量 88948 吨，增长 15.81%，水库产量 13262 吨，增长 13.5%）；渔业经济总产值 218979 万元，比增长 14.68%。当年全市共繁殖各类鱼苗 86.478 亿尾（其中罗非鱼苗 1.646 亿尾），培育各类鱼种共 8266 吨。

【特种水产养殖兴起形成规模】“十二五”期间，云浮市各级渔业主管部门积极引导水产养殖户利用山区水质优良、水源丰富的资源优势，发展特种水产养殖，通过调整和优化养殖品种结构，发展高效、优质的特种水产养殖，逐步形成特种水产与家鱼养殖并重的发展路子，取得了良好的经济效益。国家二级保护水生动物娃娃鱼的人工仿生态养殖在云浮市发展较快，2015 年，全市娃娃鱼养殖面积 32 万多平方米（水泥池面积），年可生产商品鱼 3 万多尾，可培育苗种 4 万多尾。建设了一批娃娃鱼养殖场，其中，云城区有 5 家，云安区有 2 家，罗定市、郁南县、新兴县各 3 家。龟鳖类繁育和养殖也发展较快，据 2015 年申办云浮市龟鳖协会时的资料统计，全市大大小小龟鳖养殖场 1000 多家，养殖面积 23 万多平方米（水泥池面积），产量 900 多吨，主要品种有黄沙鳖、中华鳖、鹰嘴龟、金钱龟、黄喉拟水龟、黄缘盒龟、黑颈乌龟、中华草龟、鳄鱼龟等。此外，云浮市发展观赏鱼养殖业，以金鱼、锦鲤和热带鱼等为主，生产规模不断扩大，经济效益也较快提高。据不完全统计，全市共有 6 家以发展观赏鱼的特种水产养殖企业，总面积达 26.67 公顷（400 多亩），温棚 3000 多平方米，年产量 100 多万尾，产值 2000 多万元。在其他特色水产养殖品种方面，全市约有台湾泥鳅养殖面积 40 多公顷，产量 330 多吨，年产值达 1000 多万元。此外，还有丰产鲫、工程鲫、笋壳鱼、罗氏沼虾、鲈鱼、斑鳜、乌鳢、光倒刺鲃、鲟鱼、泰国青蛙等特色水产品种。

【政府奖励无公害水产品产地认证】“十二五”期间，云浮市各级政府和渔业主管部门十分重视水产品质量安全工作，积极引导和推动渔业生产向健康无公害和生态养殖的现代渔业方向发展。为充分调动水产养殖企业申报的积极性，鼓励规模水产养殖场申报水产品无公害产地认定和产品认证，云浮市政府对本市获得无公害水产品产地认证的养殖场（基地）专门出台了每个产品奖励 1 万元的激励政策，有力地促进了云浮市无公害水产品认证和产地认定工作的开展。据不完全统计，2011—2015 年，全市共 13 个水产养殖场组织申报了 30 多个水产养殖品种无公害水产品认证，有 3 个养殖场申报了水产品无公害产地和产品一体化认定，申报的面积达 1134 公顷（1.7 万多亩），产量 8000 多吨 / 年，取得了良好的经济效益和社会效益。其中，郁南县新万隆种养有限公司在获得了无公害水产品认证和产地认定的基础上，还申报并获得了农业部颁发的“健康养殖场”称号。至 2015 年统计止，全市有云浮市云城区太塘养殖场、新兴县车岗涂有水产品养殖基地、郁南县新万隆种养有限公司和罗定市东腾水产养殖专业合作社等 4 个养殖场（基地）或专业合作社申报无公害产地认定，有 19 个水产品获无公害农产品认证；还有郁南县向阳水库网箱养殖基地所养殖的草鱼获绿色食品认证。

此外，云浮市的渔业专业合作社也发展得有声有色。至 2014 年 5 月 31 日统计止，云浮市水产行业共有协会或专业合作社 18 家。其中，云城区 2 家；罗定市 5 家；新兴县 11 家。

【水产苗种场亲本更新技术改造】“十二五”期间，云浮加强水产种苗生产管理，推进水产良种选育，组织良种亲本更新，对基础设施进行技术改造，建设水产良种体系。截至 2015 年底，云浮市共有水产种苗生产企业 23 家，其中市级水产苗种繁育场 5 家，县级水产苗种培育场 18 家。自 2011 年以来，云浮市共有 5 家水产苗种繁育场（或专业合作社）利用省级良种体系建设资金对亲本或基础设施进行了技术更新改造。其中，罗定市牛路迳鱼苗场进行了亲本良种更新（2011 年）；新兴县坡边村胡子鲶种苗培育基地（2011 年）、云安县完璧金钱龟养殖有限公司（2012 年）、新兴县新城镇多保淡水鱼苗培育中心（2014 年）和新兴县东成镇东利渔业专业合作社（2014 年）分别对场内基础设施进行了技术更新改造，大大改善了苗种生产的设施、设备条件，提高了全市水产种苗的质量及良种覆盖率，取得了良好的经济效益和社会效益。

【水产品质量安全抽检执法监管】“十二五”期间，云浮市加大对全市水产品质量安全的监管力度，全面开展水产苗种场普查及规模水产养殖基地摸底调查，以强化监管和进一步提升水产品的质量安全水平。在工作中，云浮市通过抽检水产苗种和养殖水产品进行药物残留检测，重点对种苗场和规模养殖场进行整治。2011 年，全市共开展打击水产品非法添加和滥用食品添加剂专项行动 2 次，出动执法人员 123 人次，检查单位或个人 68 家，严厉打击非法添加违禁药物的行为。在 2012 年开展“三打两建”专项整治行动中，全市共出动执法人员 293 人次，检查单位或个人 178 家。组织各类培训班 6 期，培训人员 530 多人次，发放宣传材料 4120 多份，利用电视、广播等媒体进行宣传 2 次。抽检水产品样品 75 个，合格率为 100%。2013 年，由农业部渔业环境及水产品质量监督检验测试中心（广州）、广东省绿色产品认证检测中心等检测机构到云浮市抽检124个养殖水产品样品，经对样品进行氯霉素、孔雀石绿、硝基类代谢物等药物残留检测，合格率为100%。2014年，在水产品质量安全执法中，全市共计出动行政执法人员232人次，检查水产养殖企业（单位）106个次；全市共派发宣传资料3280份，出动宣传车达200多车次；由农业部渔业环境及水产品质量监督检验测试中心（广州）和肇庆市渔业质量检测中心共抽检水产品样品240个，药残检测合格率为100%。2015年，在云浮市开展的水产品质量安全宣传教育活动中，全市出动行政执法人员323人次，检查水产养殖企业（单位）86个，整顿市场22次，派发宣传资料3089份；全市共开展水产品质量安全监控抽样270个，其中，在100个水产品药残风险监测中发现有3个样品药残超标（其中1个为鱼种，另2个为市场出售的商品鱼），抽检合格率97%；20个养殖投入品样品的药残监测合格率为100%；150个养殖水产品样品药残快检合格率为100%。

【在西江设置人工鱼巢增殖效果好】 云浮市从2014年度开始创新渔业资源增殖和养护形式，禁渔期间在西江传统鱼类产卵场附近设置仿生态人工鱼巢，诱导鲤、鲫等鱼类自然产卵增殖，取得了良好的增殖护渔效果。2014年，云浮渔政支队在云安县上六勒头沙产卵场设置人工鱼巢长约1.5千米，郁南县渔政大队在郁南县罗旁横石矾产卵场设置人工鱼巢长约1.3千米，两个人工鱼巢合计展开平面面积达1万多平方米，诱导鲤、鲫鱼等产卵总数达3.22亿粒以上（由珠江水产研究所渔业资源生态研究室提供），按江河鱼类自然产卵普遍约80%的受精率和60%的孵化率计算，当年人工鱼巢增殖鲤、鲫鱼苗约1.55亿尾；按5%成活，年生长100克计算，年增加鱼产量可达到778吨，按6000元/吨测算，预计增加经济效益466.8万元。2015年度，云浮市在西江云安江段建设人工鱼巢7000平方米（其中，上六江段建设鱼巢2000平方米、大湾江段5000平方米），诱导鲤、鲫鱼类产卵总数达1.71亿粒以上，取得良好的资源增殖和养护效果。

“十二五”期间，云浮市利用中央、省级的渔业资源保护和转产转业补助资金，加大江河增殖放流与自然保护区建设的力度。2011—2015年，全市累计投入增殖放流资金约152.3万元，增殖放流各种鱼类1724.53万尾。其中，2012年度，全市共落实增殖放流资金7.3万元，增殖放流各类鱼苗50万尾；2013年度，全市共落实增殖放流资金60万元（50万元为2011年度资金，10万元为2012年度资金），增殖放流各类鱼苗440.8万尾；2014年度，全市共落实增殖放流资金40万元，增殖放流各类鱼苗816万尾；2015年度，全市共落实增殖放流资金45万元（罗定市、新兴县和郁南县各15万元），增殖放流各类鱼苗417.73万尾（罗定市、新兴县和郁南县各增殖放流146.6万尾、135万尾和136.13万尾）；投放的鱼苗品种主要有青鱼、草鱼、鲢鱼、鳙鱼、广东鲂、鲤鱼、鲮鱼、鲫鱼等8个种类，投放鱼苗的数量、品种和规格按省的有关要求严格把关，保证增殖放流效果。

【渔政执法上下联动加强合作】“十二五”期间，云浮市渔政支队加强渔政执法管理，打击各类非法捕捞行为。2011年，云浮市渔政支队及各县（市、区）渔政大队共出动渔政船82天次，出动船艇323艘次，车辆220次，出动执法人员820人次，检查渔船912艘次；2012年共出动渔政船128天次，出动船艇178艘次，车辆302车次，出动执法人员813人次，检查渔船841艘次，查处各类案件5宗；2013年，全市出动渔政船95天次，出动船艇181艘次，车辆346车次，出动执法人员862人次，检查渔船810艘次；2014年，全市共出动渔政船113天次，出动船艇241艘次，车辆731车次，出动执法人员887人次，检查渔船965艘次，查获无证捕捞案件7宗；2015年，全市共出动渔政船111天次，出动船艇168艘次，车辆346车次，出动执法人员947人次，检查渔船720艘次，有效地遏制及震慑了各种非法捕捞行为，维护了云浮渔业生产的正常秩序。

为落实西江江段管理责任制，维持渔场稳定，实行重点江段“网格化”管理。2015年6月，云浮、肇庆两地渔政部门签署以打击“电、毒、炸”等非法捕捞行为、“共建安全和谐西江”为目标的《肇庆·云浮渔业行政执法合作框架协议》，明确双方建立信息共享、情况通报、联勤联动、调查协作、案件移送、查处违规渔船、渔船基础管理、联席会议以及联合督察等工作机制。

【珠江禁渔期间做到江上无生产渔船】 按照农业部关于从2011年起每年4月1日至6月1日实施珠江流域禁渔期制度的工作部署，西江流域云浮段是云浮市主要的禁渔水域，涉及云城区、云安县和郁南县。为贯彻落实禁渔期制度，成立云浮市珠江禁渔工作领导小组，制定禁渔期制度具体实施方案，实行禁渔期间渔民生活专项补贴政策。2011年，全市共出动巡航渔政船118艘次，执法车辆 231 辆次，执法人员 846 人次，对禁渔涉及的 626 艘渔船落实每船补助 400 元；2012 年，全市共出动渔政执法船艇 122 艘次，执法车辆 190 车次，执法人员数 366 人次，检查渔船 696 艘次，派发禁渔宣传资料 700 多份，对禁渔涉及的 626 艘渔船落实每船补助 600 元；2013 年，全市共出动渔政执法船艇 183 艘次，执法车辆 323 车次，执法人员数 1325 人次，派发禁渔宣传资料 800 多份，对涉及的 621 艘渔船落实禁渔补助资金 69.71 万元；2014 年，全市共出动渔政执法船艇 68 艘次，执法车辆 270 车次，执法人员数 965 人次，派发禁渔宣传资料 1074 份，对禁渔涉及的 592 艘渔船落实禁渔补助资金 124.63 万元；2015 年，云浮市继续按照“江上无生产渔船，水中无作业网具，市场无捕捞江鱼”的目标落实珠江禁渔期制度（本年度禁渔补助资金暂停发放）。禁渔期间，市渔政支队共派出执法车辆 51 辆（次），执法船艇 114 艘（次），参加执法人数 378 人（次），查处电炸毒鱼案件 5 件，拆解“三无”电鱼船 1 艘，销毁电鱼工具一批；在地市以上电视、电台、报纸、网站宣传报道 12 次（其中在《广州日报》宣传 2 次），张贴禁渔公告 80 份，悬挂横幅 50 条；郁南大队连续 15 天在当地电视台播放禁渔公告。期间，还与本市公安、海事、水务、安监和肇庆支队、广西梧州渔政支队合作，组织开展交界水域的联合执法 4 次，出动船艇 8 艘，执法车辆 4 台，出动执法人员 80 人次。

【渔业安全生产强化“红线”意识】 2015 年，云浮市加强渔业安全生产管理，开展以强化“底线”思维、“红线”意识和“首位”要求为工作重点的“2015 渔业安全生产大检查”，成立了云浮市渔业安全生产专项行动领导小组，并制定《广东省渔政总队云浮支队渔船渔港安全应急救援预案》，通过市级渔业主管部门与县级渔业主管部门，县级渔业主管部门与乡镇政府；乡镇政府与村委会；村委会与渔船船东之间层级落实安全生产责任，全年全市共签订《安全生产责任书》629 份，促进全市渔业安全生产形势的持续和稳定。

为加强对在册渔船的安全管理，云浮市利用每年集中船检和禁渔期间的“船靠港、人上岸”有利时机，举办渔船安全知识培训班，强化渔船船员的、内河船舶避碰规则、消防救生知识、渔业法律法规和实际操作技能等；严格按照《中华人民共和国渔业船舶检验条例》相关规定对渔船进行强制安全检查；强制为船主配备消防救生设备及航行信号灯；通过举行渔业船舶安全事故应急救援演练，检查各大队渔船安全生产落实情况及检查工作台账，切实落实渔业安全生产责任，使安全生产工作得到全面贯彻落实，使渔业安全生产实现“零伤亡”。

【水产养殖良种良法技术推广】 “十二五”期间，云浮市各级渔业主管部门和水产技术推广部门积极采取各种形式进行水产技术推广，取得了良好的经济效益和社会效益。据不完全统计，几年来全市累计编印《无公害水产养殖技术资料——绿色渔药系列资料汇编》和《渔业救灾复产与规范用药技术资料汇编》等技术资料 3 万多份，免费派发给养殖户；累计举办各类技术培训班 17 期（次），累计推广台湾泥鳅养殖面积 66.67 公顷（1000 多亩）；累计推广建立草鱼免疫防病技术示范区 1333 公顷（2 万多亩）（次）；累计推广良种罗非鱼（广特超等）面积 2 多万公顷（30 多万亩）（次），有效提高水产养殖户科学养鱼和安全生产的水平，促进了渔业增效和渔（农）民增收，推动了全市渔业的健康持续发展。

【水产养殖病害监测防疫检疫】 “十二五”期间，云浮市各县（市、区）水生动物防疫检疫站积极开展防疫检疫工作，在进行常规病害监测和重大水生动物疫病监测中，累计采样 1500 多份，监测的对象包括草鱼出血病和草鱼“三大病”、小瓜虫、指环虫等，为防范大规模流行病和暴发病提供基础数据；在开展水产苗种产地检疫工作中，累计对跨县境、市境的 212 批次共 30 多亿尾鱼苗进行检疫，从源头上防止疫病的传播，为养殖户挽回了经济损失，规范和促进水产苗种检疫制度的开展。

【渔业柴油补贴及时发给渔民】 “十二五”期间，云浮市根据中央和省有关对内陆捕捞渔船柴油补贴的政策，认真做好渔业柴油补贴资金发放工作，严格按有关文件及时发给渔民。2011 年度，全市共发放 596 艘渔船柴油补贴 441 万元；2012 年度，共发放 596 艘渔船柴油补贴 472 万元；2013 年度，共发放 594 艘渔船柴油补贴 455 万元；2014 年度，共发放 593 艘渔船柴油补贴 416 万元；2015 年度，共发放 593 艘渔船柴油补贴，共计 245.3 万元。

【云浮六都“鱼花节”文化活动】 每年的农历四月二十是云浮市云安区六都镇的“鱼花节”（又称“塘公诞”），“塘公诞”最初是六都莲塘村鱼苗场主们庆祝丰收的聚会日子，始于明朝万历年间，至今已有 400 多年历史。这是当地村民为纪念捕捞西江鱼苗、庆祝丰产丰收而举办盛大的祭祀及庆祝活动，后来逐渐演变到今天的“鱼花节”。六都“鱼花节”于1997年被评定为云安县的非物质文化遗产，这一民间节日庆典已经成为富有云安特色的民俗文化活动。2013年的六都“鱼花节”，在六都大码头举行鱼苗放生活动，吸引了几百名群众前来参与，上万尾鱼苗游向西江；当晚，还举办“鱼花节”文艺晚会，邀请云浮市粤剧团前来助兴。2015年的六都“鱼花节”这一天，社会各界人士相聚在六都，欢庆佳节，同叙乡情，共同祈求风调雨顺、国泰民安。六都镇民众家家户户灯火通明、宴请亲朋好友，渔业商人欢聚一堂；烟花璀璨、炮竹声连绵不断，场面、气氛非常热闹。

第十篇 资料选编

一、发展规划

广东省科技兴海规划（2010—2015年）

为全面贯彻落实科学发展观，指导和推进海洋科技发展、成果转化和产业化，加速发展海洋产业，支撑、带动沿海地区海洋经济又好又快发展，依据《全国科技兴海规划纲要（2008—2015年）》《珠江三角洲地区改革发展规划纲要（2008—2020年）》以及广东省第六次海洋工作会议精神等，制定《广东省科技兴海规划（2010—2015年）》。

一、背景

（一）国际海洋资源竞争日趋激烈，竞相抢占海洋科技制高点

1. 国际海洋资源竞争日趋激烈

海洋是人类社会可持续发展的重要资源，世界范围的粮食、能源、水资源短缺问题日益突出，开发利用海洋资源已经成为各经济大国进一步发展的重要战略。世界各国纷纷制订海洋经济战略计划，把科技作为推动各国海洋经济乃至国民经济的主要抓手。日本提出对海洋实施全面管理，制定了“海洋开发推进计划”；美国指出海洋是地球上“最后的开辟疆域”，未来50年要从外层空间转向海洋；法国把海洋经济作为体现法国光荣的伟大事业；韩国制定了雄心勃勃的“海洋经济基本计划”，决定每年投资300多亿美元发展海洋产业。

2. 全球海洋经济中第二、三产业比重不断加大

在海洋经济发达国家，海洋产业已发生明显的转变。一方面，海洋渔业虽然仍是一个重要产业，但在海洋经济中的比重已大大缩小，美、日、英等国已降到10%以下；另一方面，海洋油气业、海洋运输业、滨海旅游业和生产性海洋服务业的迅猛发展，所占比例大幅度上升，已成为现代海洋经济发展的主体。海水综合利用、海洋能源、海洋生物技术产业等新兴产业比重不断提升，依赖科技推动海洋经济发展已成为各国海洋经济发展的主要动力。

3. 海洋生态环境的保护成为全球共同主题

世界海洋经济的迅猛增长，海陆之间紧密联系的工业活动日益频繁，海洋经济活动在为人类带来巨大的能源和财富的同时，也对海洋环境造成了很大的影响，产生了很多问题，如近海生态环境遭受破坏，近海海水污染、深海资源开发对周围环境的影响、海洋运输石油管道、运油船舶对海域的污染等。针对海洋环境方面存在的问题，国际社会及世界主要海洋国家均依据海洋生态平衡的要求制定了有关法规，并运用科学手段来调整海洋经济和环境生态间的关系，以实现海洋可持续发展。

（二）海洋经济在广东省社会经济可持续发展中的战略地位

1. 海洋经济是广东经济社会持续发展的新增长点

广东省海洋经济发展势头良好，经济总量连续12年领跑全国，对促进经济和社会发展的作用日益凸显。2009年全省海洋产业总产值6800亿元，占全省地区生产总值的17.2%，5年来年均增长17.8%，增长速度高于同期全省GDP的增长速度。海洋运输、海洋油气、滨海旅游等产业增长态势强劲；全省形成了以海洋交通运输、海洋渔业、滨海旅游和海洋油气为主体，海洋船舶制造、海洋电力、海洋生物制药等产业全面发展的新格局，进一步拓展了海洋经济的深度和广度。海洋、陆

域经济相互渗透，一体化趋势明显，海陆联合开发确保了广东省经济的持续快速发展。珠江口地区大力发展海洋高科技产业和新兴海洋产业，已成为我国海洋经济发展最具活力和潜力的地区之一。

2. 海洋经济已成为进一步巩固我省国内经济地位的重要保证

党的“十七大”报告和广东省第六次海洋工作会议明确指出要发展海洋产业，国务院同意将我省列为全国海洋经济发展的试点地区，我省要成为具有国际竞争力的经济体，更好地开发和利用海洋资源是重要的战略选择。国内海洋领域的激烈竞争中，浙江、山东、上海等省市积极调整战略，加大了海洋开发力度，发展迅猛，我省作为全国海洋经济第一大省面临严峻挑战。实现海洋经济的快速协调发展，是我省经济社会持续发展、巩固国内经济地位的重要保证。此外，从未来国家海洋产业发展、海洋科技创新和海洋国防布局的角度来看，南海无疑将会成为国家海洋战略布局中最重要的区域。从南海区域的各省份来看，我省将是最有潜力在国家南海战略格局中发挥桥头堡作用。因此，如何抢占先机，做好布局，是我省下一阶段海洋经济的重要任务。

3. 加快发展海洋经济是推动我省转变经济发展方式的有效途径

《珠江三角洲地区改革和发展纲要(2008—2020年)》提出，推进产业和劳动力“双转移”，提升珠江三角洲地区产业竞争力，带动东西两翼和粤北山区加快发展，缩小地区差距，推动广东省经济发展方式转变。加快海洋经济与产业发展是实现上述目标的有效途径之一。目前，我省经济发展呈现珠三角发展良好，东西两翼滞后，粤北山区脱节的局面，为实现我省经济又好又快发展，加快改革开放的步伐，协调各区域发展成为我省解放思想、谋求发展的重要课题。珠三角的广州、深圳、珠海和惠州都是临海城市，通过加快海洋开发，发挥珠三角中心城市在人才、资金和技术方面的辐射作用，依靠东西两翼主要城市的海洋资源，形成合理的海洋产业层次，发展壮大一批海洋企业，将对我省区域经济协调发展、落实产业转移和劳动力“双转移”战略起到重要作用。

（三）广东海洋经济与产业发展所面临的问题

广东省是“海洋大省”，却不是“海洋强省”。目前我省海洋产值虽然在全国排第一，但在全省经济中占10.76%，与发达国家的15% ~ 20%还有较大距离。

1. 海洋经济发展宏观指导、相互协调与统一规划尚需进一步加强

广东省海洋综合管理起步较晚，海洋综合管理法规体系仍不健全，综合管理关系尚未完全理顺，存在着环保部门、海洋部门、交通运输部门、渔业部门、科技部门及部队多头管理的局面；部分海域开发秩序混乱，海域使用矛盾突出，影响了海洋产业和区域的协调发展。

2. 科技驱动海洋产业结构调整与升级需要进一步加强

长期以来，广东海洋科技投入的增长幅度远远低于海洋产业增加值的增长速度，科技创新基地建设步伐缓慢，未能有效汇聚具有国际影响力的高端学术人才。在有限的投入中对基础研究支持力度显得尤其不够，具有重大创新的海洋科技成果不多，高技术产业必需的大量基础研究资料不足，影响了我省海洋产业发展的后劲。同时，当前广东省海洋产业仍以海洋渔业、海洋运输业和滨海旅游业为主，而以高新技术为支撑的新兴海洋产业在海洋经济总量中比例不高，粗放型的传统增长方式未能有效转变，海洋科技对海洋经济贡献不高。海洋产业的区域布局结构不合理，珠三角强而东西两翼弱。

3. 支撑广东社会与经济发展重大问题的海洋科技储备不足

广东对海洋经济的投入较小，支撑海洋经济发展的科技储备不足，全省渔区和部分港口的水、电、路、港、管网、航标、灯塔等基础设施还比较落后，部分渔港泊区淤积、渔船泊位分布不尽合理。各沿海市、县在大力发展滨海旅游业时大多仅偏重于酒店建设，而往往忽略了相关科技、教育、文化、娱乐、服务业等配套产业设施的发展。此外，保障我省近岸海域生态环境的科技储备也显不足，近岸海域污染尚未得到有效遏制，河口、港湾区污染日益加重，局部海域功能退化，赤潮仍时有发生，红树林、珊瑚礁及河口海湾湿地生态系统仍遭受影响与破坏。海洋防灾减灾科技支撑体系和公共应急机制亟待完善。新兴高技术海洋产业格局还没有形成。

二、指导思想、基本原则和发展目标

（一）指导思想

坚持以邓小平理论和“三个代表”重要思想为指导，全面落实科学发展观，进一步解放思想。以《珠江三角洲地区改革发展规划纲要（2008—2020年）》和《全国科技兴海规划纲要（2008—2015年）》等为纲领，进一步落实广东省第六次海洋工作会议精神，发挥我省作为国家海洋综合开发试验区的优势，实施系统开发、全面升级、科技兴海、持续发展的战略，进一步拓展海域开发范围，加大海洋开发力度和深度；持续壮大海洋经济规模，保持广东海洋经济的领先地位；着力提升海洋产业的高新技术含量，优化海洋产业结构，提高广东海洋经济竞争力；进一步完善海洋经济区域布局，打造一批海洋经济强市；构筑海洋科技创新体系和投资融资体系，创新海洋开发综合管理机制；加大海洋环境保护力度，确保广东海洋开发可持续发展；强调以人为本，以民为本，创建“人海和谐，社会和谐”的广东海洋经济新局面。

加快建设珠三角、粤东和粤西3个海洋经济带，重点扶持重大项目和龙头企业，形成分工合理、优势互补、协调发展的区域海洋经济新格局；优化海洋开发的空间布局，合理规划海岸带、近海、远海和海岛的开发和保护；适度有序的填海造地，科学设计填海工程，在确保生态环境不受破坏的基础上拓展陆域空间；发展海洋运输业、滨海旅游业和现代渔业为主导产业，优先发展海洋油气业、海洋能源、海水综合利用，重点升级传统渔业并加快发展现代渔业，抓紧部署发展深海工程和海洋生物技术产业；调整沿海重工业布局，不断优化海洋产业结构和提升产业水平；加大对海岛的开发力度和保护；加快海洋产业高新技术化发展，提高科技对海洋经济的贡献度；提高第二、三产业在海洋经济中的比重；加强海洋生态环境的保护和建设，实现广东海洋经济的可持续发展。

（二）基本原则

1. 科学规划，合理开发

海洋资源是有限的，海洋开发中必须坚持科学规划、合理开发的原则，严格按照各级海洋功能区划确定海域用途，使有限的海洋资源得到最佳配置。注重海洋科技成果产业化的区域协调和阶段衔接。优化配置跨区域、跨学科和跨部门的海洋科技资源，构建政府—企业—高校—科研院所—金融机构结合、海陆统筹、区域合作的科技兴海模式。根据我省海洋产业发展的实际需要和条件优势，以及技术发展、资金投入等方面的能力，兼顾全局、突出重点，构建互联互动、优势互补、各具特色、共同发展的珠三角、粤东和粤西三大海洋经济区域发展新格局。

2. 政府引导，市场驱动

以市场需求为牵引，沿海各级政府积极引导，逐步完善海洋技术创新体系和市场机制，推动企业技术创新主体地位的形成，提升科技支撑、引领海洋产业发展的能力。一方面，海洋开发涉及的部门众多，行业广泛，是一项庞大的系统工程，政府必须充分发挥宏观引导作用，为海洋开发提供良好的政策环境、投资环境、基础设施建设等。另一方面，必须充分利用广东市场经济成熟的优势，积极调动各种社会主体参与海洋开发，拓宽投资、融资渠道，坚持“谁投资，谁开发，谁经营，谁受益”的原则。

3. 集成创新，持续发展

大力推进海洋高新技术成果集成创新和产业化，促进产、学、研相结合，提高成果的转化率及其效益；加速海洋公益、海洋管理技术推广应用，着力保障和改善民生，实现海洋经济和海洋生态环境协调发展。重点领域和技术的确定，既要支持对当前海洋产业发展见效快的技术，又要在跨世纪的时间尺度上支持技术储备和预备研究；既要支持海洋资源开发的技术，也要加强海洋生态环境保护的技术研究。海岛开发要努力促进“资源—产品—污染排放”的传统生产方式向“资源—产品—再生资源”的循环经济模式转变，降低产品能耗、物耗和水耗，最大限度地实现废物循环利用，实现经济效益、社会效益和生态环境效益的共赢。

4. 示范带动，整体推进

根据我省海洋资源开发和海洋产业发展的实际需要，以及技术发展、资金投入等方面的能力，确定相关领域和重点发展的技术，给予重点支持，建立若干示范工程和创新基地。通过示范工程和基地建设，培育优势产业和特色产业，提高支柱产业核心竞争力，带动海洋产业向优势区域集聚，延伸完善产业链，整体促进海洋产业可持续发展。同时，积极推进产业结构调整示范工程建设，淘汰一部分效益低、污染大、前景差的海洋产业和企业，引进一批拥有新技术、新资本、新产品的产业和企业，提升广东海洋产业的竞争力。

（三）发展目标

到2015年，广东海洋科技促进海洋经济又好又快发展的长效机制建立，科技兴海布局合理，科技成果转化率提高到60%以上，取得一批海洋产业核心技术，培育一批中小型海洋科技企业；基本形成以企业为主体的科技创新体系；海洋公共服务能力显著提高；海洋产业竞争力和可持续发展能力显著增强；科技进步对海洋经济的贡献率显著提高。保持滨海旅游业、海洋电力业、海洋油气业和海洋渔业等主导产业在国内的领先地位，进一步壮大临海石化工业、临海钢铁工业、海洋交通运输业、海洋船舶制造业，加快发展海洋生物制药业、海水综合利用业、海洋信息服务业等新兴产业，逐步增加海洋高新技术产业所占的比重；建成珠江三角洲、粤东和粤西三大海洋经济区，形成一批临港工业带、渔港经济区，推进沿海城镇化进程，实现区域协调发展。

到2015年，争取建立2个国家工程中心或工程实验室、10个省级海洋科技成果公共转化平台和若干专项成果转化基地。争取南方深海海洋科技创新基地落户广东。力争培育6家高科技海洋企业创业板上市。第二、三产业比重占全省海洋产业的85%以上。全省形成海洋产业总产值超过1000亿元的城市2个（广州、深圳），总产值500亿～1000亿元的城市2～3个（珠海、湛江、惠州、江门）。沿海城镇生活污水处理率达到65%以上，近岸海域环境功能区水质达标率达到90%以上。海洋产业增加值占全省国内生产总值达到15%左右，海洋产业总产值占全国的比重20%以上，海洋产业成为广东省的支柱产业。

三、重点任务

（一）围填海与海岸工程技术

1. 围填海空间布局及其可持续发展策略研究

以《广东省海洋功能区划》《广东省河口滩涂管理条例》等法律法规和已有相关规划为基础，调查广东围填海与海岸工程的现状和存在问题；对主要河口和重点海岸进行围填海与海岸工程的适宜性评价，划分为可围填海岸段和限围填海岸段；摸清广东省围填海用地储量，梳理近期可围填海区和后备围填海区围垦区；研究提出阶段性围填海和海岸工程规划和保护利用措施。

2. 典型海岸围填海和海岸工程技术与示范

针对沙坝—潟湖海岸、弧形海岸、滨海湿地与红树林海岸、溺谷型海湾等典型海岸，开展围填海和海岸工程技术开发与成果应用；推进不同海岸类型的海岸防护工程技术示范；建立若干典型海岸围填海和海岸工程示范。

3. 围填海对海岸生态环境影响与湿地生态可持续利用技术与示范

系统研究围填海工程对海岸环境的影响，包括对典型岸段动力、泥沙运动和沉积，典型岸段、岸滩演变模式，以及典型岸段和主要岛屿生态环境等的影响；研究并开发滨海湿地生态价值和社会经济效益，推进滨海湿地保护利用技术转化和应用；研究湿地生态对围填海和海岸工程的保护与景观优化作用；构建围填海与滨海湿地生态可持续利用模式和示范工程。

4. 珠江口综合治理与海陆统筹的围填海工程技术与示范

系统研究珠江口典型岸段的动力特征、表层沉积物的类型、分布规律和泥沙运动特征，分析典型岸段的动力地貌特征和演变模式；构建入海口门拦门沙挖沙后效应的预警与工程防护技术体系，推进基于岸河口类型和演变模式的围填海与河口治理工程技术应用；建立珠江口综合治理与海陆统筹的围填海示范工程，实现排洪、防咸、航运、土地、生态、环境等多边的效益最大化。

5. 韩江口围填海和海岸工程后效应预测及海岸防护工程优化技术与示范

系统分析韩江水沙近期变化及其对河口动力沉积环境的影响；重点发展不同类型岸段围填海策略与海岸工程技术；预测汕头东部城市经济带围填海工程的实质及其后效应；构建汕头东部城市经济带海堤建设和海岸工程防护技术体系；研究建立汕头东部城市经济带滨海景观优化和湿地生态配套工程技术系统。

6. 基于生态可持续发展的围填海海堤工程技术与示范

海堤是围填海和海岸工程的首要环节，直接关系到围填海工程的成败和效益的发挥。重点推广应用不同高程滩涂围垦海堤基础处理技术；研究开发新型筑堤和护岸材料，使其有利于生物生长，形成生态护岸；研究提出适应珠江河口不同海岸类型的海堤堤型；研究建立适应珠江河口特点的生态防浪技术体系；建立基于生态可持续发展的围填海海堤工程示范。

7. 海岛与人工岛围填海技术与示范

选取开发条件较好的海岛（如桂山岛、万山列岛、上下川岛、南澳岛）围填海延长自然岸线，拓展开发空间；选取优良港湾（如大亚湾）采取伸长指掌状的人工岛围填海方式，延长人工岸线，拓展港航利用空间或进行单点系泊等其他海岸工程利用；改进并发展海岛与人工岛围填海方式，结合超大型港口建设，研究并制定具有创新意义的围填海方式和工程技术体系，并建立若干示范工程，解决《珠江三角洲地区改革发展规划纲要》提出的“把广东建设成世界一流的物流中心”发展战略的关键港口用地问题。

（二）海岛节水与废弃物资源化技术

1. 海岛水资源循环再利用和节水工程

选择海岛作为示范，实现节水关键技术集成应用，调整用水结构，建立起与海岛水资源量相适应的分质供水体系；建设中水回用管网，提高水资源循环利用比例；重点推进生活污水无土栽培技术转化和产业化，在水资源循环利用的同时创造经济效益；建设节水工程，采用并集成节水生产工艺，加强用水管理，全面提高用水效率。实现循环水利用率50%，污水处理达到排放标准。

2. 海岛固体废弃物的资源化和无害化

选择海岛作为示范，实现固体废弃物的资源化和无害化关键技术集成应用，转变海岛废弃物处理方式。重点发展高效海岛生活废弃物发酵生产沼气、潲水油转化生物柴油技术，开发适宜的有机降解微生物大规模工程化培养平台技术，实现海岛海水养殖业副产品生物质资源化利用，将废弃物资源转变成再生能源，建立循环经济模式，获得经济效益；根据海岛处理废弃物的特殊性，建立废弃物处理无害化技术系统，实现海岛废弃物处理全程“零排放”。海岛废弃物回用率达50%，再生能源比例达到50%。

（三）海洋防灾减灾工程技术

1. 近岸海洋环境立体监测系统与示范

研究建立近岸海洋环境综合监测系统，获取海洋物理与生态环境的实时信息，如海面波高、海流强度、海水湍流与微结构、沉积物输运、持久性污染物以及海水温、盐度和气象要素等，为海洋灾害预报预警提供支撑；发展原位观测技术、遥感观测应用技术和信息综合集成技术，构建海洋环境灾害立体监测系统；构建海洋环境污染监测与信息服务系统、持久性污染物生物监测体系、基于水环境质量监测的传感器技术及自动监测与预警系统。

2. 港口海岸防台风预报预警技术与示范

研究建立港口海岸防台风的预报预警系统，包括风暴潮预报预警系统，台风浪预报预警系统，数值模式的建立与业务化运行，结合GIS、Internet技术建立预警系统。重点发展并集成港口海岸抗台风的关键工程技术，包括海岸带消浪林的构建、浮式防波堤消浪技术、倒弧形断面结构消浪技术，并选取若干港口建立示范工程。

3. 咸潮灾害预报预警系统与示范

研究建立珠江河口湾—网河一体化的三维数值模型，分析珠江河口盐水入侵和咸潮上溯的基本规律，实现监测、模拟与信息技术综合集成与示范；发展取水口选址优化技术，开发淡水资源储备、调度技术；集成避咸蓄淡水库选址和运行管理技术，构建珠江河口水安全保障技术体系。

（四）海洋污染防治与生态保护技术

1. 生态资源评估技术

系统研究人类活动对典型海湾和近海生态系统水环境、底质环境和生物群落的影响及生物群落对环境变化的响应，构建生态系统评估模型以及评价指标体系，预测海湾生态系统发展趋势，提出海湾生态系统健康发展对策。以多源卫星遥感资料为基础，结合现场实测数据和历史资料，研究建立食物网营养动力学和渔业资源持续产量评估模型，评估和预测渔业资源的利用现状、变化趋势和开发潜力。

2. 环境容量及近海承载力评估技术与示范

重点推进持久性毒害污染物的迁移转化规律与控制技术；典型近岸海域的环境容量评估技术；重要海域的陆源污水的离岸排放位置的优选技术；海洋环境承载力指标体系和量化技术及典型海岸经济带的环境承载力评价技术，建立若干示范工程。

3. 生态系统保护与修复技术与示范

集成氮、磷、碳削减与回收技术，研究大型藻类和底栖贝类的栽培与增殖对水体和沉积环境氮、磷、碳的吸收与释放效果；重点推进红树林、珊瑚礁、海草床等三大典型海洋生态系统保护与修复技术，建立若干生态系统恢复示范区；针对富营养化养殖区、海草床等典型生态功能退化区以及典型海湾富营养化水体，研究构建其生态恢复技术体系，并评估其修复效果；系统评估滨海湿地生态系统和海岸带生态系统服务价值，研究并提出各类型生态系统可持续利用对策；构建受损海岸带生态系统生态重构技术体系，建立若干生态重构示范区。

4. 海洋生物资源养护技术与示范

重点发展经济种类人工培育放流与追踪评估评价技术、人工鱼礁生态诱集技术、人工鱼礁生物附着技术和人工鱼礁生态修复效果评价技术，建立若干个人工鱼礁生态系统修复示范区；重点推进资源人工增殖放流与追踪及其效果评价技术、生态安全评估技术、水生生物多样性保护技术、水生珍稀濒危物种保护技术，建立生物多样性预警评价体系和珍稀保护物种濒危评价标准；逐步完善和增加具有特色的粤东、珠江口、粤西和北部湾等水生生物资源养护功能示范区。

（五）海洋渔业技术

1. 海洋渔业资源评估与南海休渔策略研究

主要经济渔业资源种类的生长、摄食、繁殖、洄游等行为展开全面研究，查明主要经济种类与环境关系，系统掌握各渔业资源物种最大可持续捕捞量；评估渔业资源量和主要经济种类的资源量、洄游性经济种类种群鉴别分析及其洄游分布状况，研究建立新的适合广东海域亚热带海区渔业资源底拖网—渔业声学评估方法；使用科学先进的渔业资源调查方法，对比收集的广东海域渔业资源调查的历史资料，评估总资源量和资源密度变化，进行休渔效果评估；研究主要经济鱼类资源种类年龄结构的组成，分析重要资源种类的渔业生物学参数，进行渔业资源开发参数分析，制定科学合理的休渔策略。

2. 海洋牧场化技术与示范

在粤东、珠江口、粤西和北部湾海域，选择适合海域开展海洋牧场示范区，发展人工生息场的改良、营造和控制技术，调控海洋生态环境，开发海洋牧场增殖技术、海洋牧场生物行为控制和管理技术与装备、海洋牧场监控技术与装备，实现海洋牧场生态系统的人工调控，构建适合我省海域特征的海洋牧场立体建设模式，建立标准的海洋牧场建设效果评价模型，并进行产业化示范推广。

3. 新品种培育技术与示范

系统研究海洋水产养殖种质资源的分子遗传变异与遗传结构，建设水产养殖地方种群种质资源区划、管理与数据库；开展水产养殖种群资源的种质特征、育种价值评价与利用；重点推进高生长率、抗病抗逆新品种遗传选育技术，分子标记辅助育种技术，生产性状与基因、QTL 分析与应用，优质苗种规模化繁育技术等转化和产业化；开展转基因技术研究；推进实用杂交、多倍体、单性化等其他良种培育技术的转化与产业化。

4. 工程化海水养殖及配套装备技术与示范

重点推进高效池塘工程设施优化与配套技术、滩涂池塘生态化模式构建与设施设备及配套技术、多元化养殖池塘工程改良优化与配套技术的集成与应用，研究建立池塘标准化建设方案。研究建立工厂化循环水养殖设施系统，实现养殖用水循环利用率达 90% 以上，研究建立南方优质海水鱼类工厂化循环水养殖技术系统，实现水质参数智能控制。研究构建基于生态系统动力学的池塘健康养殖模式，并开发出交互式 IT 管理平台。在南方优质贝类养殖工程设施优化方面，研制可简便调节橛缆长度的延绳升降式抗风浪养贝设施，建立具有抗流、抗缠绕性能的贝笼及其吊挂方式，发展低成本强固定力的锚式橛固定系统及安装技术。围绕广东省沿海港湾网箱养殖及环境特点，开展港湾网箱环保安全保障共性装备技术研究，建立港湾网箱养殖装备技术体系，进行港湾环保新型网箱养殖示范。

5. 深水网箱装备与健康养殖技术

重点推进深水网箱养殖装备工程转化，研制网箱养殖区施工简易、造价低廉的消波产品。发展优质苗种制种及规模化繁育技术、重要网箱养殖鱼类疫苗产业化技术、深水网箱健康养殖及养殖鱼类过冬技术、网箱养殖新型饲料技术、产品加工技术，构建网箱养殖品种健康养殖质量可追溯管理系统，实施深水网箱技术集成与程示范。加强研究港湾网箱养殖区沉积物净化处理技术。

6. 健康养殖的污染控制与减排技术

在健康养殖技术构建方面，重点推进养殖生态操纵关键置位点筛选及调控技术；研发新型池塘高效微生态调控剂；构建养殖池塘容纳量及其生态系统动态模型、建立环保型水产营养供给策略与配套技术；发展池塘生态平衡与病害操纵综合技术、基于池塘生态置位点操纵的质量效益型健康养殖系统技术集成与应用。在污染控制与减排方面，重点发展池塘环境原位修复与排放水链式生态净化技术、养殖污染多态位湿地生物异位净化技术、养殖环境营养的循环利用技术、港湾养殖容量优化调控模式与水域生态结构优化技术的集成与产业化。在健康养殖质量效益保障方面，重点推进池塘养殖系统规划与效益评价体系应用，推进养殖过程质量监控及保障技术转化和产业化，研究环境胁迫对养殖质量影响机制并提出其防除策略。

7. 水产品安全技术

在水产品质量安全共性技术方面。重点研究渔用药物的毒性、残留规律、残留限量及休药期；分析广东沿海水产品有毒有害物质现状调查及分布规律；研究建立主要养殖水产品食源性致病菌预警体系；研究建立水产品主要危害风险评估及限量标准。在加工过程质量控制方面，重点研究加工过程加工助剂、杀菌剂、食品添加物残留规律、毒性和安全限量；研究制定加工、贮藏和流通过程中产生的有毒有害物质安全性评价及限量标准；开发出口水产品（对虾、罗非鱼、鳗鱼）加工过程质量控制技术及质量安全体系示范。在养殖过程质量控制方面。重点研究并发展水产安全养殖和标准化理论与技术，研究建立水产品质量安全标准和评价体系，分析有毒有害物质危害机理与人体健康效应，建立水产品安全追溯体系与信息化系统。

8. 水生动物疫病防控技术

在水生动物疫病防控技术方面，开展海洋经济生物病害流行性调查研究；重点开发病害预警技术和有效药物；建立病害环境控制和生物防控技术体系；着力构建水生动物疫病防控体系，包括加强和完善沿海地区水生动物疫病的机构，队伍和检疫实验室建设，加强沿海水生动物病害监测网络建设。

9. 远洋渔业资源技术及装备

在现代化远洋渔船设计和建造方面。重点开发远洋捕捞围网渔船设计和建造技术、超低温金枪鱼延绳钓渔船设计和建造技术、大型拖网加工渔船设计和建造技术。在远洋渔业资源监测与渔场预报方面。重点开展头足类和金枪鱼、秋刀鱼、竹荚鱼等中上层鱼类生物学和行为学研究，中西太平洋金枪鱼围网、延绳钓鱼场研究，推进海洋遥感技术在远洋渔场预报中的应用。开展现代化远洋渔业管理体制和人才培养机制研究。

10. 近海捕捞新技术

重点发展深海大功率渔船船型及装备设计建造技术绿色渔具设计技术、渔具渔法改良技术集成与应用，研究建立主要经济种类可捕标准，制定网目尺寸标准和限额捕捞制度。

（六）海洋生物资源综合开发与利用

1. 南海微生物资源库建设与开发利用

分离、保存、鉴定南海微生物，建立南海微生物菌种库，保存菌株达 12000 株以上。分离、保存、鉴定南海微生物代谢产物，建立南海微生物代谢产物样品库，保存化合物样品 500 份以上。在实物库的基础上，一方面建立南海微生物信息资源数据库和数据资源应用网站，实现网络查询服务功能；另一方面则从中筛选抗肿瘤、抗心脑血管疾病、抗结核菌、抗病毒等药物，并进行结构修饰，完成若干个创新海洋药物的临床前研究工作。

2. 南海生物基因资源的研究与开发

利用基因组学、蛋白质组学、基因芯片和生物信息学等技术，开展重要海洋动、植物和微生物基因组及功能基因、海洋生物药用、工农业用功能基因、海洋经济动、植物及其病原微生物重要功能基因等研究，开发具有重大应用价值的海洋生物功能基因，研制开发出重要用途的海洋生物基因工程产品，抢占海洋生物基因资源的制高点。

3. 海洋药物研究与开发

研究开发抗肿瘤、抗神经退行性病变、抗心脑血管疾病、抗病毒以及其他重大疾病的海洋创新药物，完成临床前研究，申报并获得 SFDA 临床试验批文；完成临床研究，申报并获得新药证书，其中 1 ~ 2 个产品进入产业化。涉及的关键技术包括：海洋天然化合物大规模提取分离和规模化生产技术、制备工艺技术、质量控制技术、优良制剂技术、国际接轨的临床研究技术。

4. 海洋生物功能制品的开发与产业化

以开发海洋生物制品基料、新型海洋调味料、海洋生物型临床营养制品和保健制品、海洋活性化妆品、海洋新型农药和促生长制剂、功能性添加剂、生物材料等高值化的海洋生物功能制品为突破口，利用高新技术改造传统产业，依靠科技进步，推动海洋生物产业结构的优化升级。培植一批具有较强技术和经济实力的海洋生物制品开发企业，使之成为我省海洋开发的龙头企业。通过基地建设和龙头企业的发育带动海洋生物产业全省的发展。

5. 海洋水产品加工技术及其产业化

采用先进的水产加工技术，重点发展并集成海洋水产品的保活技术、保鲜技术、微生物冷杀菌技术、栅栏保鲜技术、高压重组技术、膜分离技术、海产品精深加工技术、低值鱼类和加工废弃物综合利用技术、海洋生物资源可持续利用技术等关键技术，解决水产品加工及其相关领域中的关键技术和共性技术问题，全面提高海产品加工业产业的技术水平。利用高新技术改造传统水产加工产业，推动海产品加工业的产业结构的优化升级。

（七）海洋油气矿产资源评价与勘探技术

1. 南海油气天然气水合物资源评价与勘探技术

系统研究广东近海盆地构造演化特征、沉积特征和油气天然气水合物成藏特征的基础上，预测广东近海盆地有利勘探区带，为广东近海区油气田增储上产提供依据。系统研究南海北部深水区有利含油气区带预测与工程地质，实现南海北部深水领域油气开发突破，形成年产 5 亿方天然气实验开发区。调查南沙海域沉积盆地和主要凹陷分布情况，系统分析其区域构造背景与成盆动力学机制、盆地结构特征和类型、盆地构造—沉积演化、盆地二级构造带结构特征、油气地质特征的基础上，全面评价南沙海区油气资源潜力，并优选出 2 ~ 3 个勘探开发靶区。重点推进南海天然气水合物成藏机制、资源评价方法及开发技术，全面认识南海北部水合物成矿类型和资源潜力，优选 1 ~ 2 个开发实验区，解决勘探开发关键技术。

2. 南海矿产资源综合研究与预测

以现代矿床学理论为指导，结合南海地质构造以及华南陆块金属矿床特征，发展勘探调查技术，调查分析南海主要金属矿产成矿机制与分布规律，初步分析南海主要类型金属矿产远景资源量。研究阐明，广东近海区金属矿海底分布特征，并提出开采建议。在国内外海洋煤矿开发现状与关键技术调研的基础上，系统研究南海大陆架煤矿资源形成与分布特征，预测南海大陆架有利煤矿区带，研究南海大陆架煤矿资源开发可行性分布，阐明广东近海区煤炭分布规律，并提出开采建议。

3. 近岸带地质灾害评估与灾害预警系统

分析南海海岸带分布状况与基本地质特征；从精细构造演化分析的角度着手，分析南海海岸带新构造运动特征及演化规律。调查近年来南海海岸带发生的主要地质灾害，分析地质灾害发生的主要因素及其产生的影响。根据南海海岸带新构造运动分析，指出广东沿海可能发生的地质灾害，并提出预防措施。研究建立地质灾害预警系统。

（八）海水利用技术

1. 万吨级水电联产联供海水淡化技术的系统集成与示范

实施水电联产联供，膜法采用反渗透工艺，热法采用低温多效工艺；在发展急需淡水缺乏地区，进行系列技术集成并开展工程示范。

2. 新能源小型海水淡化关键技术的研究开发

选择淡水缺乏的海岛，海水淡化采用反渗透法，生产的淡水满足岛上军民和滨海旅游用水，并坚持因地制宜，充分利用海岛风能、太阳能、潮汐能等可再生能源的自然优势，既安全环保，又可降低设备造价和淡水成本，提高竞争力。规模试验以小型先入为主。

3. 海水淡化及其浓排水综合利用的技术开发

选择重点产盐区，利用海水淡化、海水冷却排放的浓缩海水，开展海水化学资源综合利用集成工艺，形成海水综合利用一体化产业链。一方面使海水淡化的能耗和成本、浓海水排放，以及占地等对环境、生物和生态等的影响降到最低；从排放的浓水和苦卤中获得优质高效的化学资源，研究废弃浓盐水绿色利用技术及其集成，将废弃浓盐水用于开发高值和具有广阔市场的镁、钾、溴和绿色镁阻燃剂、人工海水盐、复合缓释钾镁肥、天然蔬果洗涤剂等系列产品。

4. 海水循环冷却工程技术的系统集成研究与示范

选点阳江核电站、惠州滨海电厂、湛江钢铁厂等用水量大的企业，建立海水循环冷却的示范工程，并逐步向其他沿海城市的电力、钢铁、石化、化工等高耗水行业推广，以置换出该地区宝贵的淡水资源。

5. 大生活海水直接利用示范工程

结合沿海和海岛地区滨海居住区建设，将海水直接利用于大生活用水，在沿海和海岛地区积极实施海水冲厕、海水用于城市生态用水、景观用水等。在深圳市珠海等市建设海水冲厕示范工程。

6. 海水制盐新技术的研究与产业化开发

选择规模较大的盐场进行技术改造，采用海盐塑苫和结晶防渗垫底技术、一次性连续成盐技术等，提高产量和食盐品质。

7. 海水食盐质量安全预警与控制技术的研究与示范

对产品的生产、运输、销售等各个环节进行质量控制，并建立省、市、县三级监测网络，并利用信息化手段及时将监测信息传递到各相关环节，加强整个海盐晒制生产过程至生产加工运输过程的安全系数，制定应急预案。

（九）海洋能源研究与开发

1. 兆瓦级分布式可再生复合能源系统技术集成与示范

集成混合系统的建模技术、交流母线技术、风-柴容量比、系统稳定性、混沌问题、相关的调度理论、系统扩容、相应的新型电力电子控制装置、风力浪涌模型及其对抗措施、锁频技术、亚周期振荡问题、AC/DC环节的零平均电流误差控制技术以及适用于海岛的经济有效的抗台风结构等理论和技术，解决“风—光—柴—蓄”微网的控制问题，实现兆瓦级分布式可再生复合能源系统技术集成与示范，在海岛建立可扩容的兆瓦级风、光等可再生复合能源系统示范电站。

2. 波浪能发电技术与示范

集成随机波下高效吸收波能技术、高效转换技术、稳定发电技术、抗大浪冲击技术、大误差容许技术、低成本建造技术等关键技术，解决效率低、可靠性差、建造成本高的问题，发展波浪能低成本发电技术，研制出100千瓦高效漂浮式波浪能装置一座，对波浪能低成本发电技术进行技术示范。

3. 高产生物质能源开发利用技术

重点发展产油海藻的鉴定与筛选技术、产油海藻种质的改良技术、产油海藻的规模化连续/半连续培养技术、产油海藻的收获及油脂提取技术，研究建立高产油脂海洋微藻的能源利用技术系统，并实现中试示范。

（十）科技兴海能力建设

充分利用国家、部门、广东以及市、县的涉海科技条件平台，结合企业的科技开发基地和试验场，根据科技兴海区域发展目标和科技能力，建设一批工程技术研究中心（实验室）、成果转化与推广平台、信息服务平台、环境安全保障平台和示范区（基地、园区），形成技术集成度高、带动作用强、国家和地方结合、企业逐步为主体的科技兴海平台和示范区网络。

1. 广东海洋经济可持续发展战略研究

广东省海洋产值虽然在全国仍排第一，但其起先发优势已相对弱化，在全省经济中所占比例也与发达国家还有较大距离。通过本专题战略研究，以拓展海域范围为导向，进一步加大海洋资源的开发力度和深度；以产业分工和功能区划为依据，进一步优化珠三角、粤东、粤西三大海洋经济带发展布局；以优化产业结构和提升产业水平为手段，进一步提高我省海洋经济竞争力；以构建科技创新体系为动力，全面推动海洋产业链向高端延伸；以实现海洋可持续开发为目标，进一步完善海洋生态环境保护政策；以构建和谐社会为导向，解决若干关系民生的重大难题。

2. 海洋技术成果转化与推广平台建设

以国家和省（部）级重点实验室、工程中心为依托，以我省科技转化机构、企业科技开发基地和试验场等为主体，筹建国家南方海洋科技中心，并建设3个国家工程技术中心（实验室）、10个省级海洋科技成果公共转化平台和若干专项成果转化基地。重点领域包括海洋微生物资源开发、海水综合利用、海洋渔业、现代海洋装备以及海洋仪器实验等。各市建立海洋科技推广服务体系，鼓励社会团体、科研院所、高校、企业和中介组织参与海洋科技创新成果推广应用，支持海洋科技成果推广中介机构、培训机构、技术推广站的发展。

3. 园区建设

建立1个科技兴海示范基地，6个海洋科技产业园区，并充分发挥其辐射带动效应。重点是海洋综合开发试验区、海洋高技术产业化园区、海洋循环经济示范区、科技兴海示范区/示范岛、海洋经济可持续发展模式示范区、海洋高新产业链延伸和产业集聚区。

4. 信息服务平台建设

充分利用现有的海洋科技条件资源信息网络，建立信息共享机制，搭建与海洋经济发展需求相适应的科技兴海信息服务平台并实现业务化运行。重点建设科技兴海技术和海洋产业信息服务平台、海洋科技交易服务平台、海洋经济环境保障公共信息服务平台、海洋经济决策辅助平台等。

四、保障措施

（一）组织保障

1. 加强科技兴海组织管理，建立科技兴海长效机制

由广东省海洋与渔业局、科学技术厅牵头，省发展改革委、教育厅、财政厅、中科院广州分院等部门组成广东省科技兴海工作领导小组，组织制定科技兴海规划，并监督实施；制定科技兴海政策与相关制度等，下设领导小组办公室，日常工作由省海洋与渔业局负责。建立海洋科技专家咨询委员会，负责对我省科技兴海工作的技术指导、协助制定科技兴海计划、评审科技兴海的技术成果等工作。建立健全全省科技兴海工作领导机制，全面落实《规划纲要》，推进各涉海部门逐步建立起规划协调和管理有效的运行机制，定期召开科技兴海经验交流会，举办科技兴海成果展览会。各沿海市、县在当地政府领导下，制定本地区的科技兴海规划或行动计划，并纳入本地区的国民经济和社会发展规划，认真组织实施。同时，建立科技兴海规划实施监测和评估制度，完善科技兴海规划实施评估的指标体系、监测体系和考核体系。

2. 以珠三角地区国家战略规划为契机，打造粤、港、澳海洋经济一体化

以《珠江三角洲地区改革发展规划纲要(2008—2020年)》为行动纲领，推进粤、港、澳重大海洋基础设施对接，以规划建设中的广州南沙新区、深圳前后海地区、深港边界区、珠海横琴新区、珠澳跨境合作区等合作区域，作为加强与港澳海洋服务业、海洋高新技术产业等方面合作的载体，实现粤、港、澳三地优势互补，联手参与国际海洋竞争。全面发挥政府的引导作用，积极利用多种渠道吸引国际金融机构、外国政府贷款和境外大企业、大财团采取各种合理方式，投入珠三角地区海洋开发和基础设施建设。鼓励海洋企业全面开拓海外市场，稳步推进海洋企业到海外进行战略性投资，积极引导和支持海洋企业建立海外研发机构，鼓励珠三角海洋企业加快国际化经营，参加国际技术联盟。

（二）科技保障

1. 整合资源，组建国家工程中心或工程实验室

以广东省海洋科技存量为依托，采取部、省共建的机制，争取组建2个国家工程中心或国家工程实验室，为海洋产业提供全方位的技术研发服务。中心由广东省组织和投入，争取国家相关部委的支持，以省内部属高校和中科院系统的研究机构为依托（3所国家驻粤海洋研究机构、10所涉海高校、4个省级海洋与渔业重点实验室等），以国家战略需要和地区经济发展需求为导向，围绕海洋开发的重大共性技术开展研发，重点领域包海洋渔业、海洋微生物资源、海洋矿产能源、滨海资源、海洋生物、海洋船舶、海洋环境保护及生态建设等领域的重点技术——海洋渔业探测和深加工技术，海洋微生物活性先导化合物与海洋药物，海洋矿产与油气资源勘探开发技术，海洋生态环境监测与修复技术，特种船型设计等，并由此带动一批新兴产业，如运用鱼群探测技术的新型捕捞业、海洋生物药业、海洋资源勘探开采业、海洋高技术制造业等。国家工程中心或国家工程实验室的建立，将为广东海洋开发战略提供强大的技术支撑和智力支持，有利于提升广东传统海洋产业，促进高新技术产业的技术升级，发展区域特色的新兴海洋产业；中心的有效运作，将进一步以高端技术和成果实现全省科技创新，实现高科技从珠三角向东西两翼辐射，抢占海洋开发战略先机和优势。

2. 创新海洋科技转化机制，促进科技成果产业化

进一步落实产、学、研合作模式，做好国家重大科技计划项目（如国家“863”计划）的配套工作，形成广东省海洋科技创出以企业为主体的产业化体系。引导多元投融资体系发展，不断增加海洋科技投入。在现有海洋渔业经费基础上，从每年财政增量划拨一笔专项经费设立广东省海洋科技引导基金，引导与集聚各级海洋研发经费，建立健全多元化的投融资体系，使科技兴海投资渠道、投资对象和投资管理方式多元化，提高对海洋科技的投入。注重海洋科技人才的吸收和培养工作，采用灵活有效的激励机制，构建海洋科技创新主体队伍。强化综合管理，创建高效组织管理体系。形成管理手段先进、服务功能齐全的海洋科技管理组织体系；建立开放、共享、流动、竞争、激励与约束相结合的海洋科技工作运行机制，切实有效地解决海洋科技发展中的“资源分散”问题，保障全省海洋经济持续、协调、有序地发展。

3. 推进海洋科技园区与示范基地的建设

建立1个科技兴海示范基地，6个海洋科技产业园

区，加强企业中试基地与科研院所的紧密合作，为企业规模生产提供配套的技术工艺、装备和系列新产品。支持民间资金、境外资金创办综合性或专业性的科技成果孵化器，鼓励各类孵化器通过兼并、重组、联营等形式做大做强。

（三）资金保障

1. 设立广东省科技兴海专项资金

广东省科技兴海专项资金每年投入不低于当年海洋经济增加值的1%，重点支持发展围填海与海岸工程技术、海岛节水与废弃物资源化技术、海洋污染防治与生态保护技术、海洋微生物资源开发、现代海洋渔业、深海工程、海洋药物、海洋可再生能源开发等。增加广东省科技三项经费对海洋科技的扶持力度，配套国家“863”计划海洋领域的项目落户广东。

2. 力争建立广东海洋产业基金

产业投资基金以促进产业发展为目标，具有资金来源广泛、投资限制少、不增加债务等优点，它不仅能够为企业提供直接资金来源、而且能够提供经营管理服务，是一项全新的金融工具。建议政府引导，市场化募集和运作组织设立“广东海洋产业投资基金管理公司”，扶持对外合作的海洋开发项目，引导广东省海洋经济具有战略性意义的产业的发展。根据广东省政府和社会的经济发展估计，基金目标规模为在5年内建立1000亿元，基金投入以吸引社会资金为主。

3. 引入海洋产业风险投资基金

大力引入与发展海洋产业风险投资基金，有重点的选择一批投入低，周期短，回报率高的海洋产业，如海洋生物医药、海水综合利用项目等，吸引海内外风险投资基金。充分利用创业板机会，完善风险投资的退出机制，降低投资者的风险感知，提高投资基金的循环利用率。

4. 争取成立海洋经济中小企业互助基金

政府牵头组织，发挥商会作用、引导企业参与的模式成立企业互助基金，其性质是非营利性，主要目的是：解决中小企业日常经营性短期循环流动资金问题，如根据不同企业经营情况设定资金使用周期（1～6个月不等）；引导中小企业规范经营管理，提升经营管理水平，提升企业信用质量；搭建中小企业交流平台，推动产业整合，辅助中小企业做强、做大以及上市；提高对中小企业为社会贡献的认同，增强中小企业发展的动力及荣誉感，推动政府改进政策。资金来源可以考虑三个方面：政府每年根据参与企业的总税收贡献提取一定比例的投入基金，将税收真正做到“取之于企业，用之于企业”，鼓励企业良性循环发展；政府引导企业参与，出资参与企业的资金利息低于银行同期水平，同时依据出资参与企业的资金额度提供相应比例贷款，贷款利率同样低于银行同期水平；发挥当地商会作用，有效利用商会闲置资金。基金成立后，政府、商会、参与企业作为基金的股东方，聘请专业基金管理团队进行日常经营管理，让基金公平、公正、公开、有效协助企业发展。

5. 重点完善海洋开发金融服务体系

海洋开发领导机构要会同金融监管机构，协调各商业银行和政策性银行，建立涉海开发企业信用评价体系，降低贷款门槛，帮助企业切实解决生产周转金和技术改造资金等困难。每年要从财政中安排一部分款项，用于对海洋开发企业的贴息支持。对于有条件的龙头企业，应鼓励其到国内外主要资本市场上市筹资，并在此过程中给予一定的政策、资金、人力支持。针对部分海洋产业，特别是海洋捕捞、养殖业风险大的特点，要引导保险公司设置相应险种，鼓励渔民积极投保，从政策上和业务上支持各种渔业互助保险组织的健康运作，确保渔民生产生活稳定。

（四）人才保障

1. 制定与产业发展相配套的人才规划

密切结合海洋经济发展对人才的需求实际，搭建完善的多层次、多元化投入体系和资源整合机制，最大限度地发挥人才的智力资源，力图打造出一支与产业发展相协调的规模大、素质优、层次高、结构合理的人才队伍。最大程度上发挥我省人才政策，重点考虑以下几个方面：一是加大人才的培养、引进和扶持力度，优化人才队伍整体结构；二是在人才的引进和使用上，要形成新的思路和模式，以宽阔的视野利用国际、国内的两种人才资源；三是以人为本，不唯学历、职称、资历、身份，不拘一格地选拔人才，建构具有创新能力与活力的高素质人才队伍；四是大力推进人才环境建设，消除不利于人才发展的政策性、体制性和机制性障碍，不断提高人才的待遇来提升他们的社会地位，营造人才健康成长的“生态环境”，实现人才队伍建设与经济社会的协调和可持续发展。

2. 实施各类人才培养工程

结合海洋产业等对人才的知识、专业和层次的不同需求状况，实施针对性的培养工程。首先，企业高级经营管理人才和企业家培养工程。通过与国内外著名企业集团、培训机构合作和采取集中培训、案例教学、多维模拟、个性训练、实战提高等方式，进行一次正规化培训。培养一批既懂技术、能把握世界顶尖科技潮流，又具有现代经营管理水平、熟悉国际国内市场的战略经营管理者和企业家。其次，专业技术人才培养工程。依托重点学科、重点实验室、重点项目和博士后工作站等，采取提供项目和资金、出国培训、学术旅游、重奖科研成果、加强跟踪服务机制和动态管理等措施，培养一批创新能力强、具有国内领先水平、专业领域起骨干作用的学科带头人、知名专家和中青年专家。最后，技能人才振兴工程。引导高等院校和职业教育学校与企业需求结合开展“订单式”培养与培训，结合产业和企业发展需要，加快培养各类专业技能性人才，形成一支以技师、高级技师为骨干，中高级技工为主体的技能性人才队伍。

广东省现代渔业发展“十二五”规划

“十二五”时期，是广东省深化改革开放、加快转变经济发展方式的攻坚时期，是广东省全面建设小康社会、率先基本实现社会主义现代化的关键时期，也是加快现代渔业建设的重要时期。为明确“十二五”时期我省渔业的发展思路、战略目标和主要任务，促进渔业经济又好又快发展，根据《全国渔业发展第十二个五年规划》和《广东省国民经济和社会发展“十二五”规划纲要》，制定《广东省现代渔业发展“十二五”规划》。

一、“十一五”广东省渔业发展主要成就

“十一五”时期，省委、省政府对现代渔业建设高度重视，先后召开了全省第六次海洋工作会议、全省现代渔业工作会议和全省淡水渔业工作会议，在省委、省政府的高度重视和正确领导下，全省渔业系统深入贯彻落实科学发展观，扎实推进渔业经济建设，以产业结构调整为主线，实施科技兴渔、外向带动、可持续发展和依法治渔等战略，转变增长方式，落实支渔惠渔政策，实现了渔业增效、渔民增收。各项渔业经济指标继续居于全国领先地位，广东省渔业在经济社会发展中的地位和作用更加突出。

（一）经济持续健康发展，渔业综合实力显著增强

“十一五”期间，广东省经受住了国际金融危机的冲击和考验，渔业经济保持平稳较快发展，渔业综合实力不断增强。2010 年，全省渔业经济总产值达到 1660 亿元，比 2005 年增长 63%，年均递增 10.3%；渔业产值占农业产值比重近 20%，成为农业的重要支柱产业；水产总产量达到 729.3 万吨，水产养殖产量多年来居全国首位；水产品出口量达到 45 万吨，出口额达到 20 亿美元，分别比 2005 年增长 45.8% 和 36.2%，占到了全省农产品出口份额的 1/3；渔民人均纯收入达到 9977 元，比 2005 年增长 36.7%。

（二）产业结构逐步优化，渔业发展方式加快转变

适应国际海洋渔业发展的新趋势，把发展“深蓝渔业”作为调整优化渔业产业结构的战略重点，建立了一批以深水网箱养殖为主的“海上产业园”，深水网箱养殖规模、养殖产量已分别占全国的 14.69% 和 4.74%。渔业生产结构进一步优化，近海捕捞强度得到有效控制，养殖与捕捞的产量比例由 2005 年的 73 ∶ 27 转变为 2010 年的 77 ∶ 23。以培育发展渔业龙头企业和建设出口加工基地为抓手，加快发展渔业二、三产业，推进渔业产业转型升级。2010 年渔业二、三产业产值分别达到 327 亿元和 608 亿元，年均递增 7.7% 和 12.1%，远快于第一产业 6.8% 的增长速度，第二、三产业比重由 2005 年的 47% 提高到 56%。

（三）科技进步取得突破，渔业技术支撑保障强化

坚持实施“科技兴渔”战略，培育出一批具有自主知识产权的优良品种，对虾、石斑鱼、军曹鱼、罗非鱼品种选育研究走在全国前列。突破了一批影响渔业发展的重大技术难题，形成一批具有自主知识产权的渔业科技创新成果，“十一五”期间全省渔业科技项目获得省级以上奖项共 57 项。科技创新体系建设不断加强，建立了 6 个拥有前沿技术的省级渔业重点试验室，7 个区域性水产试验中心。水产技术推广体系不断完善，每年有超过 5000 名水产养殖从业人员免费接受技术培训。高标准实施渔业科技入户示范工程，培育科技示范户 4400 户，辐射带动 7.9 万余户。

（四）资源养护全面加强，渔业持续发展能力提升

贯彻实施《中国水生生物资源养护行动纲要》，在全省组织开展以海洋、江河和湖泊为重点的大规模统一增殖放流活动。率先设立“休渔放生节”，进一步完善禁渔、休渔制度。开展大规模人工鱼礁建设，改善渔业生态环境。建成海洋与渔业类型保护区 100 个，渔业保护区数量、面积和保护品种均居全国首位。完善工程建设项目资源与生态补偿机制，促进了全省水生生物种群资源的恢复和水域生态环境的改善。

（五）监管体系逐步健全，产品质量安全水平提高

率先在全国开展水产品质量安全可追溯体系试点，建立了企业的水产品质量安全可追溯平台和政府的监管平台。出台《广东省水产品质量安全监控工作规范》，从制度上和源头上控制水产品质量安全。通过制定省级

渔业地方标准和建设渔业标准化示范区，初步建立了与国际接轨的渔业标准体系。率先在全国实施执业渔医试点，建立了一批市、县水生动物防疫实验室和生产第一线的鱼病诊所，水生动物防疫检疫体系不断完善，全省水产品药物残留抽检合格率保持在95%以上。

（六）渔政执法得到加强，渔业管理水平不断提升

率先在实行海洋与渔业统一综合执法改革，有效地增强了执法队伍整体战斗力和行政执法效率。认真贯彻落实《广东省渔业管理条例》，进一步完善养殖水域滩涂确权发证、捕捞许可、种苗生产许可等一系列管理制度。积极参与国家护渔维权巡航行动。建立粤港地区联合打击非法捕捞合作机制，加强了粤闽交界水域联合执法管理。严格执行南海伏季休渔制度，严厉打击了“电、炸、毒”鱼等严重破坏资源的违法行为。推行渔船IC卡管理试点建设，用科技手段提高了渔船管理水平。

（七）惠渔措施不断强化，渔民生活质量日趋改善

坚持让改革开放的成果惠及广大渔民，树立以人为本、民生优先的工作理念，有效地改善了渔民民生。认真落实国家渔用柴油补贴政策，保证了渔民生产的正常运作。大力实施沿海渔民转产转业，自2004年实施沿海渔民转产转业议案以来，全省财政共安排用于扶持沿海渔民转产转业资金达5亿多元，安排建设渔民安居工程3005户，安排扶持渔业产业发展项目280多个，培训渔民近2万人，直接和间接带动渔民就业2万多人。政策性渔业保险迈入新阶段，累计为全省出事渔民、渔船支付互助补偿金1343万元。建立了渔民最低生活保障和医疗保险制度，渔民的社会保障水平不断提高。

二、“十二五”广东省现代渔业发展面临的形势

（一）有利条件

广东列为全国海洋综合开发试验区，为渔业发展提供有力支持。2010年，国家发改委把“高度重视海洋开发和海洋经济发展”列为地区经济发展八大重点工作之一，开发海洋成为我国经济发展的重要战略部署。广东作为全国大陆海岸线最长的省份，辖下海域面积达到42万平方公里，有着丰富的海洋生物资源，在国家的海洋发展战略中具有重要地位。国务院同意将广东列入全国海洋综合开发试验区，必将促进广东沿海海洋渔业、海洋生物产业的新一轮大发展。

《珠江三角洲地区改革发展规划纲要》实施，为渔业的改革发展创造了条件。《珠江三角洲地区改革发展规划纲要》把珠三角地区定位为“探索科学发展的试验区”，“赋予珠三角地区发展更大的自主权”，这为珠三角地区加快渔业的制度创新获得更多政策支持。《纲要》提出按照高产、优质、高效、生态、安全的要求，加快转变农业发展方式，率先实现农业现代化；加强蔬菜、水产和畜禽等鲜活农产品基地建设；鼓励资金技术优势企业到东盟国家开展水产品养殖加工等方面的合作，这些都为珠三角地区由传统渔业向现代渔业发展指明了方向。通过珠三角先行先试，为全省渔业的改革发展探索经验。

广东实施建设现代农业强省的发展战略，为现代渔业发展提供了保障。广东已经进入工业化后期阶段，统筹城乡发展，调整公共财政支出结构，增加对“三农”的投入，将是广东“三农”政策的基本取向。广东省委、省政府提出建设现代农业强省发展目标，力争经过5～10年努力，把广东省建设成为国内现代农业强省。加快转变农业发展方式，建设农业强省是“十二五”时期广东农村经济工作的主题。渔业作为广东农业的一个重要支柱产业，广东农业的发展离不开渔业的发展，建设现代农业离不开现代渔业。随着建设农业强省的深入推进，现代渔业的发展也将获得更多的政策扶持和资金支持。“十二五”是广东现代渔业发展的重大历史机遇期。

倡导低碳经济的时代潮流，为渔业带来新的发展机遇。低碳经济是时代发展潮流，渔业具有的生物碳汇功能和净化环境功能，对发展低碳经济有着重要意义和产业潜力。随着国家推进经济发展方式转变，对于减少温室气体排放、发展低碳经济的要求越来越强。水生动物具有饲料转换率高、养殖占地少、资源可再生等优势，渔业产业发展需求将越来越大。

（二）制约因素

渔业资源环境保护形势依然严峻。尽管广东实施了“捕捞零增长”“伏季休渔”和扶持远洋渔业发展等政策，但捕捞强度仍居高不下。捕捞作业方式粗放，有害渔具、渔法的大量使用，导致渔业资源过度利用，渔业资源衰退的趋势未能从根本上得到遏制。工业发展也导致水域被占用、被污染。近年广东沿江、沿海渔业污染事件和赤潮时有发生，水域环境恶化的状况未能从根本上得到缓解。渔业资源环境的严峻形势，将成为制约全省现代渔业发展的“瓶颈”。

渔业基础设施仍然薄弱。虽然近几年广东加大了渔港建设、鱼塘整治、渔船改造等投入，但是渔业基础设施仍然比较薄弱。广东作为台风多发省份，但渔港建设滞后，防灾减灾能力不强；养殖基础设施建设投入不足，全省淤积老化的低产鱼塘占了总面积的52%；渔船老

旧，装备落后，难以满足远洋渔业发展需要；渔政设施、安全救助设施等渔业发展的支撑保障基础依然薄弱，制约了广东现代渔业的发展。

渔业竞争力有待提高。广东渔业生产大多数仍是以家庭经营为主体，有规模和实力的龙头企业还比较少，缺乏竞争力强的水产品品牌，渔业产业化经营仍处于低水平发展状态。家庭分散经营规模小，集约化和组织化程度低，制约了现代科学技术和物质装备的推广应用。渔业精深加工业和现代物流业发展滞后，现代渔业产业体系尚未完整构建。广东渔业经济发展未能从根本上由数量的增长向质量的提高转变，近几年虽然水产品总产量持续增长，但渔业经济效益难以提高。

改善渔民民生任务艰巨。随着工业化、城市化的发展和生态环境保护的需要，传统的渔业生产空间日益紧缩，而渔民整体素质不高，面临着与发展现代渔业要求不相适应，与转产转业要求不相适应的双重压力，改善渔民生产生活条件，促进渔民收入持续较快增长的难度加大。渔民的社会保障制度不完善，部分地方渔民没有纳入城镇或农村居民的社会保障，处于完全没有社会保障覆盖的状态。改善渔民民生的体制机制需要继续完善。

三、指导思想与发展目标

（一）指导思想

以邓小平理论和“三个代表”重要思想为指导，深入贯彻落实科学发展观，围绕“加快转型升级，建设幸福广东”的战略目标，以加快推进现代渔业建设为主攻方向，始终把确保水产品安全有效供给和渔民收入持续较快增长作为首要任务，着力优化渔业产业结构，加快建立现代渔业产业体系；着力保护渔业生态环境，加快提高可持续发展能力；着力改善渔民民生，加快建设和谐渔区；着力深化改革，加快推进体制机制创新，全面提升现代渔业发展水平，促进广东由“渔业大省”向“现代渔业强省”转变，努力争当全国现代渔业发展的排头兵。

（二）基本原则

——坚持以人为本、改善民生。全面落实支渔惠渔政策，让渔民分享渔业改革发展的成果，提高渔民的生活水平；保障水产品安全有效地供给，满足人民群众的消费需求。

——坚持科学发展、保护环境。按照“资源节约、环境友好、产业发展”的要求，协调推进渔业生产发展和生态环境养护，在加快发展现代渔业的同时，加强渔业资源养护和生态环境保护，提高渔业可持续发展能力，促进渔业又好又快发展。

——坚持调整结构、转型升级。统筹国内与国际两个市场的开发，大力发展水产品加工业、远洋渔业和现代物流业，继续推进传统养殖业和捕捞业的结构调整，促进渔业产业转型升级。

——坚持节能减排、低碳发展。大力发展低消耗、低排放和高效率的渔业循环经济，发展碳汇渔业，进一步发挥渔业生物碳汇功能和净化环境功能。

——坚持科技兴渔、人才强渔。以现代科学技术、现代物质装备、现代产业体系为支撑，加强政、产、学、研合作，大力推进科技创新与应用，加强科技人才队伍建设，努力发挥科技在现代渔业发展中的支撑和引领作用。

（三）发展目标

“十二五”时期，现代渔业强省建设深入推进，渔业经济稳步发展，渔业综合实力显著提升，渔业科技创新能力增强，水产品安全有效供给保障能力进一步提高，渔业资源和生态环境进一步改善；渔业产业结构得到优化，区域布局更趋合理化，现代渔业产业体系基本形成；渔民收入持续较快增长，生活更加殷实。到“十二五”期末，实现如下目标：

——渔业经济。渔业经济总产值达到 2500 亿元，年均增长 8.5%；水产品总产量达到 860 万吨，年均增长 3.5%；养殖产量达到 685 万吨，年均增长 4%，养殖与捕捞产量的比例转变为 80 ∶ 20；全省渔民人均纯收入达到 15000 元，年均增长 8.5%。

——产业发展。渔业二、三产业比重达到 60% 以上；年产值上亿元的渔业龙头企业达 60 家，形成一批国内外知名的水产名牌产品；全省建成一批标准化程度高、覆盖面广、产业承接与聚集能力强的现代渔业基地，水产养殖生产条件大幅度改善。

——科技创新。全省形成一批渔业科技创新成果，渔业资源开发利用能力、渔业产业技术装备和科技进步水平达到国内领先水平，渔业科技进步贡献率达到 70%，渔业科技成果转化率超过 60%。

——生态环境。新建和升级 30 个水生生物自然保护区和水产种质资源保护区、建成 12 个人工鱼礁区，构建 5 个海洋牧场，渔业生态资源得到有效保护，渔业经济与资源环境开发利用协调发展。

四、区域布局

根据广东三大经济地带（珠三角、东西两翼、粤北山区）渔业发展的区位条件、资源禀赋和产业基础，按照“进一步提升和优化产业集群、突出比较优势”的原则，确立广东三大区域现代渔业发展的功能定位和发展方向。

（一）珠三角地区重点发展都市型渔业

功能定位：在珠三角渔业自然资源较好，已经形成一定产业规模的地区，建设设施养殖和外向型渔业主导区，在城市周边地区建设休闲渔业拓展区，形成具有都市特色，集集约化养殖、休闲渔业和外向型渔业为一体的现代渔业产业体系。

——大力发展设施渔业。充分利用城市的市场、区位、资本、人才和科技等资源优势，以现代科技和工业装备渔业，按照健康养殖的要求，发展以工厂化养殖、循环水养殖、深水网箱养殖为主要形式的设施渔业，加快发展名优水产养殖。

——打造不同类型的休闲渔业文化品牌。发挥广州、深圳、中山、东莞、江门、珠海等地的休闲渔业资源优势，在珠三角城郊及沿海区域，发展以滨海旅游、休闲垂钓、观赏渔业等为主要内涵的休闲渔业。

——发展外向型渔业。实施走出去战略，鼓励有条件的渔业企业开展境外技术合作，设立境外水产品生产和加工基地。

（二）东西两翼重点发展集约型渔业

功能定位：充分发挥粤东、粤西的沿海区位优势和渔业资源优势，建设健康养殖、远洋渔业和出口加工主导区，近岸海域生态建设区以及滨海旅游拓展区，促进渔业资源合理开发利用，改善渔业生态环境。

——做大做强精深加工业。发展水产品精深加工和综合利用，培育扶持具有国际竞争力的水产加工龙头企业。形成一批外向型水产品养殖加工基地，促进粤东、粤西渔业集约化、规模化、区域化发展，成为世界先进水平的水产品加工聚集地。

——加快发展“深蓝渔业”。把发展深水网箱养殖作为调整优化粤东、粤西渔业产业结构的战略重点，推动深水网箱养殖的产业化、集群化，努力打造成高标准、高水平、高效益的深水网箱产业园区。发展远洋渔业，推进捕捞作业重点从近海转向公海大洋。

——建设滨海休闲渔业带。整合滨海旅游资源，在粤东、粤西沿海区域建设滨海休闲渔业带，培育“海上乐园”“生态海岛”和“渔家风情”等旅游品牌。

（三）粤北山区重点发展生态型渔业

功能定位：充分利用粤北山区生态资源，建设渔业生态建设区。发展生态型渔业，培育具有山区特色的主导产品和支柱产业。加强江河、湖泊水域生态环境的保护和修复，促进渔业生态和生产的协调发展。

——打造山区特色渔业。重点扩大山区江河鱼类及大鲵、龟、鳖等名优特品种的生产规模，形成主导产品和支柱产业，打造山区知名水产品牌。利用山区优越的自然条件，建设冷水性鱼类渡夏越冬基地，发展山区特色渔业。

——积极发展绿色生态渔业。改善养殖基础设施，突破传统水产养殖方式，推广水库增殖和流水养鱼经验，控制和减少饲料、渔药等投入品，建设一批山区特色无公害、绿色、有机水产品生产基地，大力发展规模化生态渔业。加强以东江、西江和北江为重点的水域生态环境修复和渔业资源养护，推进可持续发展。

五、主要任务

“十二五”期间，根据现代渔业的发展要求，着力构建现代渔业产业体系和支撑保障体系，重点发展提升“六大产业”，推进建设“四大体系”。

（一）发展健康的水产养殖业

按照产业布局集群化、生产经营集约化、生产方式标准化的发展方向，着力改善水产养殖基础设施，加快转变养殖方式，全面推进健康养殖业发展。

——全面推进水产健康养殖。深入开展水产健康养殖示范园区、示范场创建活动，充分发挥示范场的辐射带动作用。大力引导广大养殖户发展健康养殖，通过下基层、办培训、送技术等，把健康养殖模式和技术推广到全省广大养殖户。发展适应水产健康养殖要求的水产苗种繁育体系、饲料工业和安全渔药产业。

——发展和提升主导产业。加快对虾、罗非鱼与鳗鱼等主导产业的优化升级，提高集约化养殖水平，打造水产品品牌，提高产业综合竞争力和比较效益。提高主导产业的良种研发能力，建立水产苗种检疫机制，提高水产苗种质量和良种覆盖率。

——着力改善水产养殖基础设施。加快全省池塘整治步伐，推进标准化池塘建设。提高现代养殖设施装备水平，大力发展以工厂化养殖、循环水养殖、深水网箱养殖等设施渔业。开发节能高效的养殖技术装备，推广节能减排新型养殖模式。

（二）发展可持续的海洋捕捞业

着力保护渔业资源，严格控制近海捕捞强度，积极发展远洋渔业，壮大远洋渔业总体装备规模，发展壮大公海大洋性渔业，培育一批具有国际竞争力的远洋渔业企业和现代化远洋渔业船队。

——调整捕捞产业结构。严格控制近海捕捞强度，推进捕捞作业结构调整，发展高产低耗的作业类型，推广节能渔船和选择性渔具、渔法，减少幼鱼、低值渔获物的比例，合理利用近海渔业资源。完善和加强海洋伏季休渔制度、渔船“双控”制度和捕捞许可制度。“十二五”期间，外海、深海生产渔船达到海洋捕捞渔船的20%以上，沿岸生产渔船控制在60%以下。

——积极发展远洋渔业。推进远洋渔业企业兼并重组，扶持龙头企业做大做强，逐步建立起若干家上规模、实力强的现代化远洋渔业企业，提高广东渔业的整体竞争力和抗风险能力。增加远洋渔业科技含量，建设和改造一批装备先进的远洋渔船和生产辅助船。开展多双边交流合作，努力拓展新的渔业资源开发利用空间。

（三）发展先进的水产品加工业

以市场需求为导向，以增强渔业竞争力和提高渔业经济效益为目标，培育发展具有国际竞争力的水产加工龙头企业，加快发展水产品精深加工业。

——努力提高精深加工产品比重。重点支持开展低值水产品、海洋活性物质、海洋药物、海洋生物保健食品等加工业；引进先进实用加工设备和工艺技术，积极开发具有自主知识产权的新技术，提高水产加工产品的品位和档次，促进渔业发展方式从粗放型扩张向质量效益的提高转变。

——扶持开展精深加工技术攻关。坚持科技创新，完善以企业为主体、市场为导向、产、学、研结合的技术创新体系。引导和扶持企业与科研机构结合，开展水产品精深加工的新品种、新技术研发，提高水产品加工工艺的技术含量和产品附加值。

——发展壮大加工龙头企业。扶持具有创新能力的加工企业发展壮大，支持骨干企业进行兼并重组和强强联合，推进水产品精深加工专业化、规模化发展，创建市场竞争力强的水产品品牌。

（四）发展现代水产物流业

适应城乡居民对水产品的消费需求，大力开辟国内消费市场，努力拓展国际市场；加快建设水产品现代物流体系，推进传统流通业向现代物流业转变。

——积极拓展“两个市场”。注重国内和国际两个市场，在拓展国际市场的同时，大力开辟国内消费市场。适应人民生活水平提高带来的水产品消费增长和结构变化，积极开展水产品营销，拓展水产品市场空间，开拓新兴市场。支持广东水产企业参加展览展销活动，为企业开拓国内外市场创造条件。

——加强水产品现代物流体系建设。加强重点渔区和港口专业水产品交易市场的建设，加快对现有水产品批发市场的改造。完善批发市场的基础设施，包括冷藏设施、配送系统、信息网络、电脑结算系统、水产品质量安全检验检测系统等设施建设。积极筹建粤东粤西现代水产物流中心，推进珠三角重点水产品市场的升级改造。

——加强流通市场信息服务。进一步完善水产品批发市场的信息服务功能，加快流通信息化建设，准确快速地反映市场动态，为企业和渔民及时提供有效信息。把现代物流与电子商务有机结合，打造网上物流配送平台和电子商务平台。

（五）发展特色休闲渔业

建立健全休闲渔业管理制度，结合各地资源特色，进一步拓展渔业文化内涵，培育一批上规模的休闲渔业龙头企业，建成形式多样的区域特色休闲渔业带。

——推进形式多样的区域特色休闲渔业发展。在沿海地区构建以渔港风光、渔村风情、海上游钓、海底景观等为主要内容的滨海港湾休闲渔业带；围绕珠三角城郊建设以休闲、垂钓、品鲜、观赏鱼养殖等为主要内涵的都市型休闲渔业圈；在内陆山区建设生态型休闲渔业区。引导渔民将水产养殖与旅游观光、水族观赏、鱼塘垂钓、文化传承等有机结合，进一步拓展渔业文化内涵。

——发展观赏渔业。扩大观赏鱼养殖规模，在珠三角地区建设全国重要的观赏鱼养殖集散地，实行品牌战略，增强在国内观赏渔业发展的领先地位。引导加强观赏鱼繁育与养殖基地建设，提高养殖的科技水平，重点发展高档观赏鱼繁育与养殖。建设集观赏鱼繁殖与养殖、观光、信息、垂钓于一体的观光休闲基地和科普教育基地。

（六）发展竞争力强的外向型渔业

围绕国际市场需求，着力提高水产品质量，打造国际知名水产品品牌。大力开发新兴市场，鼓励有条件的渔业企业在境外设立水产品生产和加工基地，拓展外向型渔业发展空间。

——提高出口产品附加值。加大出口产品精深加工的研发力度，提高出口产品加工工艺的技术含量，巩固和发展原有的对虾、罗非鱼等出口优势品种，不断开发适应国内和国际市场中高端要求的新加工品种，增加出口产品附加值。

——加大新兴市场的开发力度。在巩固香港、美国、日本和欧盟等传统市场的基础上，鼓励企业发展多元化的出口市场格局，降低对主要出口市场的依赖程度，加大力度开发韩国、俄罗斯等新兴市场，分散出口风险。

——加强与东南亚国家开展渔业合作。逐步建立与东南亚等国政府和企业合作的交流平台，鼓励有条件的渔业企业与东南亚国家企业展开技术合作，设立境外水产品生产和加工基地，充分利用境外廉价的原材料、劳动力和土地，发挥自身的资金和技术优势，提高外向型渔业发展水平。

——努力提高应对各种贸易壁垒的能力。加快水产品质量标准、认证以及检验制度的建设，提高水产品的检测水平，尽快与国际标准接轨。引导企业加快质量安全监控体系建设，从生产、加工和流通各环节严把产品质量关。组建企业联盟，提高企业对外的应诉能力。

（七）建设现代渔业科技支撑体系

以现代科技作为转变渔业发展方式的重要支撑，围绕现代渔业产业发展需求，加强技术攻关和科技推广，构建现代渔业科技创新体系。

——加大关键技术创新与攻关力度。重点围绕水产主导品种选育、水生动物重大疫病防控、水产品质量安全、健康养殖技术、生态环境保护和资源养护、节能减排等建设现代渔业亟需解决的关键技术和瓶颈问题开展联合攻关，争取形成一批具有自主知识产权的科技创新成果。

——努力提升渔业装备技术总体水平。加强集约化养殖设施、水产品加工技术装备、现代远洋捕捞装备和综合配套技术研究，发展安全、节能、环保的渔业装备及设施。着力推进渔业机械化，提高我省渔业装备和技术总体水平。加强渔业工程技术研究，推进渔业基础测绘体系、渔业工程质量安全监督体系和渔业工程技术支撑体系建设。

——加强渔业科技创新体系建设。积极整合和优化配置现有各级渔业科技优势力量和资源，加快建设海洋与水产高科技产业园区，力争建成一批海洋与渔业科研成果中试基地；加强政、产、学、研合作，加快科技成果转化；加强渔业人才队伍建设，重点培养渔业科技研发领军人才、研究骨干人才，全面培养基层技术推广人才和渔业生产实用人才，提高渔业人才队伍素质。

——加强水产技术推广体系建设。深化渔业技术推广体制改革，增强基层技术推广能力，构建以省、市、县水产技术推广中心为主导，以基层技术推广机构为基础，以科技示范基地为平台，渔业科研、教育等单位和渔业经济合作组织、龙头企业以及渔民广泛参与的多元化水产技术推广体系。完善渔业技术服务“直通车”、渔业科技下乡入户、渔民和船员培训制度。

（八）建设水产品质量安全监管体系

以提高水产品质量检测、质量监管、疫病防控能力为重点，建立健全水产品质量安全市场准入制度和可追溯制度，构建水产病害防控和渔用药物安全使用技术体系，加强水产品质量安全监管。

——加强水产品质量安全源头监管。建立对水产品养殖和加工场所的监管制度，实现对水质、环境、饲料及添加剂、渔药、水产品等的实时动态监管。加快建立和完善水产养殖准用药物目录制度、水产养殖用药登记制度、水产品质量安全市场准入制度和质量安全可追溯制度，推行水产品质量安全抽检公告制度和黑名单制度，出台《广东省水产品标识管理办法》，完善水产品质量安全监管的制度建设。

——增强水产品质量安全检测能力和执法力度。完善水产品质量安全检测体系，建设完善省、区域性中心、市和重点渔业县渔业实验室，建立省渔业质量检测中心，推进市、县和重点渔区的质检体系建设。加强水产品质量安全行政和执法队伍建设，将水产品质量安全执法日常化、制度化。

——加强水生动物疫病防控体系建设。加强省、市、县三级水生动物疫病防控机构、队伍和能力建设，重点建设省水生动物疫病预防控制中心重点实验室，完善市级水生动物防疫检疫实验室，提升县级水生动物防疫检疫实验室能力建设。建设一批水生动物疫病监测点，完善水生动物疫病监测网络。推进执业渔医和水产养殖用药处方制工作，扶持建设一批鱼病诊所。加快建立和完善水产种苗检疫制度、水生动物疫病监控预警制度和重大水生动物疫情应急处理制度。

（九）建设渔业防灾减灾体系

提高渔港渔船建设与管理的现代化水平，进一步落实渔业安全生产责任制，强化渔业安全执法，全面提高渔民安全生产意识，建设平安渔业。

——加强渔业防灾减灾基础设施建设。重点加快对渔船、渔港、渔业航标等渔业安全基础设施的建设，着力提高渔港建设水平，全面完成全省中型以上渔船装备船舶自动识别系统终端（AIS 系统终端）工作，完善渔业安全生产通信指挥系统，防范重特大渔业安全生产事故发生。根据全省渔业安全管理的应急救援资源现状，建立起覆盖全省渔区的渔业应急救援体系。

——加大渔业安全监管力度。完善全省海洋与渔业防灾减灾相关工作预案。每年组织 2 次全省渔业安全大检查，进一步落实渔业安全生产责任制。抓好休闲渔船、南沙渔船以及琼州海峡地区作业渔船等安全监管工作，确保安全生产。重点做好台风等自然灾害期间和休渔期间渔船安全工作，保障在港渔船的停泊安全。

——全面提高渔民安全生产意识。大力开展渔业安全生产知识宣传教育活动，组织基层渔业管理部门和渔民群众开展渔业安全生产知识培训，加强渔业船员培训，切实提高渔民生命财产安全的保障水平。

（十）建设渔民民生保障体系

维护渔民合法权益，建立健全渔民社会保障制度，加快培育现代新型渔民，促进渔民收入持续较快地增长，逐步提高渔民民生保障水平。

——稳步推进沿海捕捞渔民转产转业。加大对转产转业渔民的支持力度，继续推进扶持沿海渔民转产转业，保持渔区稳定的第二阶段议案的实施。积极引导和鼓励捕捞渔民向水产养殖业、休闲渔业等二、三产业以及其他非渔产业转移，开拓新的生产领域和就业空间，为沿海捕捞渔民创造更多转产转业的条件和机遇。

——完善渔民的社会保障制度。建立健全涵盖渔民在内的教育、医疗、最低生活保障、危房改造等社会保障体系。设立休（禁）渔期渔民生产生活困难补助，确保广大渔民休（禁）渔期生活有保障。推动政策性渔业保险的实施，努力扩大渔船投保的覆盖面，开展养殖保险业务，成立渔业巨灾风险基金，建立渔业风险保障机制。

——加强培育现代新型渔民。加大对渔民的培训力度，充实培训内容，创新培训方式，完善培训机制，切实提高渔民培训质量。培育有文化、懂技术、善经营、会管理的新型渔民，为建设现代渔业提供人才保障。

——加快发展渔民专业合作社。提高渔民的市场地位和综合素质，提高渔业的组织化程度和经济综合效益。鼓励扶持专业大户、渔村集体、基层渔技推广部门、基层渔业互保机构、水产品物流与水产品加工企业组办渔民专业社，扶持创建渔民专业合作社示范社活动。

六、重点工程

“十二五”期间，围绕现代渔业发展的发展目标与主要任务，实施“十大重点工程”。

（一）水产良种推进工程

加快制定水产良种发展规划，确定重点推广的良种品种和发展布局，扶持建设一批水产良种场，提高良种生产和保障能力。重点建设一批对虾、罗非鱼等具有竞争优势大宗品种和出口优势品种的遗传育种中心和原良种场，提高水产苗种质量和良种覆盖率。开展水产种质资源的收集、保存、评价与利用，新品种选育和良种繁育技术研究，积极组织新品种引进和培育，推进良种选育和亲本更新工作。“十二五”期间，新建一批国家级、省级原良种场和市级种苗繁育场，50%的苗种场完成亲本更新，省级以上良种场种苗检疫率达100%。

（二）池塘标准化改造工程

以提高养殖效益为目标，按照健康养殖和节能减排的要求，加快标准化池塘建设，引导中低产池塘进行标准化改造，提升养殖集约化、标准化和产业化发展水平，增强防灾防疫能力。珠江三角洲地区全面推进标准化池塘建设。省财政安排专项资金补助粤东、粤西、内陆山区进行池塘整治，推进标准化池塘建设。按照“政府引导、部门规划、财政支持、群众参与”的原则，至2015年，粤东、粤西、内陆山区建设标准化池塘10万亩以上。

（三）工厂化水产养殖工程

鼓励和扶持养殖企业发展工厂化水产养殖，推广健康、高效养殖模式。建立工厂化水产养殖示范基地，推广循环水养殖技术、排放废水处理技术和工厂化管理技术，达到节水、减排目标。引进、消化吸收先进的工厂化养殖技术，加快工厂化养殖设备国产化，降低工厂化水产养殖成本，推进规模化生产。

（四）深水网箱养殖产业园建设工程

积极实施发展深水网箱养殖专项，加大扶持力度，建设高标准、高水平、高效益的深水网箱养殖产业园。通过划定适宜养殖海域、减免海域使用金、提供技术支持、落实财政补助等措施，吸引社会资金发展深水网箱，推进深水网箱养殖的产业化、集群化发展。至2015年，全省完成粤东、珠三角、粤西“三大”深水网箱养殖产业核心区建设，形成22个深水网箱养殖产业园区。

（五）南珠振兴工程

加快珍珠贝苗种选育基地建设，扶持建设国家级珍珠贝良种繁殖场和省级良种繁殖场，开展珍珠贝提纯复壮和良种选育。开展养殖环境修复与容量控制，对雷州和徐闻重点珍珠养殖区进行合理布局、统一规划，控制养殖容量。加快规模化养殖基地建设，提高养殖技术水平，在雷州、徐闻建设2万亩以上的养殖基地。提高南珠加工工艺水平，重塑南珠品牌，实现南珠产业跨越式发展。

（六）渔船改造升级与远洋船队建设工程

更新改造海洋捕捞老旧渔船，报废超龄渔船，加快淘汰劣质的中小型渔船和木质船，加强优质渔船的技术装备，推广应用新型节能减排渔船动力装置，不断提高渔船质量。建设一批现代化远洋渔业船队，鼓励现有远洋渔船更新改造。“十二五”期间，设计推广5种大、中型标准捕捞船型，更新改造一批大、中型渔船，淘汰一批陈旧小型渔船。

（七）水产品加工和物流基地建设工程

以大型加工和物流企业为核心，以中心渔港、水产品综合市场、水产品加工区和物流中心为依托，集中人力、物力、财力，打造集水产品生产、加工、仓储、物流等功能为一体的水产品加工物流基地。加快建设集以水产品物流为主体，结合渔船补给、船机节能技术开发和海洋生物技术研究等复合功能为一体的大型综合远洋渔业基地。“十二五”期间，东西两翼重点建设水产品出口加工基地，珠三角重点建设渔业综合物流基地。

（八）标准渔港建设工程

根据台风等海上极端天气影响特点和渔船分布情况，科学布局，加快渔港建设。积极争取地方政府支持，多渠道筹集二、三类渔港建设资金，分级建设一批国家中心渔港、一级渔港和二类、三类渔港。根据各个渔港的实际情况和作用，建设渔港的航标设施，推进渔港的整治改造。“十二五”期间，按照省委、省政府《关于促进海洋经济科学发展的决定》，省财政加大投入力度，力争建设标准渔港100个。

（九）水生生物资源养护工程

开展海洋牧场建设，重点加强人工鱼礁建设，对投资建设开放型人工鱼礁的大型用海项目企业，从减免海域使用金、资源补偿金等方面给予政策优惠。开展大型海藻养殖，修复海洋生态环境。加强自然保护区、重要渔业湿地、水产种质资源保护区等各类型保护区建设；不断提高保护区现代化建设和管理水平，使全省保护区管理设施配备率达到80%。至2015年，全省建成不同类型海洋牧场5个，人工鱼礁区12个，新建和升级30个渔业类型保护区。

（十）渔民安居工程

积极推动沿海地区捕捞渔民安居工程建设，采取省、市、县三级财政补助和渔民自筹资金相结合，解决渔民居住困难问题。认真组织落实各项扶持政策，帮助解决渔民安居工程用地，做好“三通一平”等基础工作，减免征收渔民安居工程建设所涉及的相关规费，有序推进渔民安居工程建设。“十二五”期间，全省纳入扶持的沿海地区捕捞渔民户数达到5000户。

七、保障措施

（一）加大支渔惠渔政策力度，创新现代渔业投入机制

加大对现代渔业建设的财政支持，争取财政投入增幅不低于农业投入的增幅水平。增加养殖业的资金投入，加快传统养殖业向现代养殖业升级转变。参照农牧业良种补贴办法，争取水产良种补贴专项，扩大水产良种覆盖率。严格落实国家渔用柴油补贴政策。创新现代渔业投入机制，成立休渔期困难渔民补贴基金。采取政策性奖励、财政贴息等多种措施，吸引社会资本投入和参与现代渔业建设。建立和完善多元化、多渠道的渔业投入体系。

（二）推进渔业执法体系建设，增强现代渔业管理能力

加强渔业执法队伍能力和政治素质建设，推进全省新一轮渔业执法机构改革工作，提升渔业执法队伍保障能力。强化渔业执法监督和违法惩处，全面提高渔业依法行政水平。提高渔业执法装备和基础设施建设水平，加快建设粤东、珠三角和粤西3个执法基地，建造一批大、中型执法船舶及内陆渔政执法船艇。强化渔业法律制度保障，进一步落实养殖权制度，推动出台养殖水域、滩涂占用补偿制度，保护渔民合法权益。推动保护区“一区一法”的具体实施。加快制定出台渔港和渔业船舶管理条例和水产品质量安全条例，完善无证养殖的处置办法。

（三）创新经营体制机制，提升现代渔业产业化经营水平

培育发展渔业龙头企业，推广“龙头企业＋渔民”的经营模式，发挥龙头企业的带动辐射作用，推进渔业产业化经营。制订“以奖代补”政策，引导发展渔民专业合作组织。通过合作组织，推行“五统一分”经营模式（即统一种苗、统一饲料、统一防疫、统一管理、统一销售、分户养殖），形成标准化、规模化生产。大力推进“农超对接”，减少水产品流通环节，降低流通成本，提高经营效益。

（四）加强渔业生态环境保护，保障渔业可持续发展

加强对渔业水域、滩涂的保护，防止非法占用渔业水域和滩涂，防止渔业水域污染，切实保护渔业生态环境。完善增殖放流、休渔禁渔、渔具渔法等制度，加强水生生物的资源养护。加强重要江河和海湾的环境整治与生态修复，重点实施红树林、海草场种植等人工生态系统修复工程，保障渔业发展空间。

广东省海洋经济发展“十二五”规划

“十二五”时期，是我省全面建设更高水平的小康社会、向基本实现社会主义现代化目标迈进的关键时期，也是我省加快转变海洋经济发展方式、建设全国海洋经济综合试验区和提升全国海洋经济国际竞争力核心区的重要时期。本规划根据国家海洋经济发展总体部署和《广东省国民经济和社会发展第十二个五年规划纲要》编制，是广东省“十二五”重点专项规划。

规划范围包括广东省全部海域和广州、深圳、珠海、汕头、惠州、汕尾、东莞、中山、江门、阳江、湛江、茂名、潮州、揭阳14个地级以上市，海域面积41.9万平方公里，陆域面积8.4万平方公里。

一、发展基础和发展环境

（一）“十一五”发展状况

“十一五”时期，我省按照国家和省委、省政府关于发展海洋经济的各项战略部署，坚持以科学发展观统领全局，解放思想，开拓进取，着力优化海洋经济结构，积极推进海洋综合开发，大力推进海洋基础设施建设，不断强化海洋综合管理，全省海洋经济呈现出总量大、增长快、活力足的良好态势，全面完成了“十一五”规划的各项目标任务，海洋经济强省建设迈上新台阶，海洋经济在全省经济和社会发展大局中的地位日益突出，为“十二五”时期海洋经济发展奠定了坚实的基础。

1. **海洋经济总量保持全国领先。**2010年我省实现海洋生产总值8291亿元，占全省生产总值的18%，占全国海洋生产总值的21.6%，连续16年居全国首位。海洋经济已成为我省国民经济的重要组成部分和新的经济增长点，为全省经济社会平稳较快发展做出了突出贡献。

2. **海洋经济结构不断优化。**传统海洋产业进一步提升，海洋战略性新兴产业较快发展，基本形成了较为完整和具有较强竞争力的海洋产业体系。海洋第一、二、三产业的比例由2005年的23 ∶ 40 ∶ 37调整为2010年的10 ∶ 42 ∶ 48。初步形成了珠江三角洲、粤东、粤西三大海洋经济区和广州、深圳、珠海、汕头、惠州、湛江等增长快、外向度高、富有活力的海洋经济重点市。

3. **科技兴海成果显著。**深入实施“科技兴海”战略，形成了一批具有自主知识产权的海洋科技创新成果。海洋能源开发、海洋生物资源开发利用、深水抗风浪网箱、海水养殖种苗繁育等多项技术居全国领先地位。“十一五”期间，全省海洋科技项目共获得省级以上奖项99项，其中国家科技进步二等奖两项、国家海洋成果创新奖9项、国家专利36项。全省海洋科技贡献率达到50%。

4. **海洋生态环境保护取得新进展。**加强了海洋保护区和人工鱼礁建设。全省已建海洋与渔业保护区100个，面积65.8万公顷，保护区数量、种类和面积居全国首位。已建人工鱼礁区40个，礁区面积23600公顷。大规模水生生物资源增殖放流实现常态化。加强了海洋及海岸工程的环境监管和海洋生态环境监测，完善了海洋环境影响评价制度和渔业生态补偿机制。

5. **海洋综合管理能力逐步提高。**建立了海洋管理综合协调机制。颁布实施《广东省海域使用管理条例》《广东省实施〈中华人民共和国海洋环境保护法〉办法》等地方性法规。加强了海洋功能区划管理，完善了海域使用管理制度。增强了海洋执法能力，积极参与海洋维权巡航执法。

（二）“十二五”发展环境

广东濒临南海，毗邻港澳，紧靠东南亚，东接海峡西岸经济区，西连北部湾经济区，南临海南国际旅游岛，发展海洋经济具有良好的区位条件。广东海域辽阔，海岸线长，滩涂广布，陆架宽广。全省海域面积41.9万平方公里，是陆域面积的2.3倍；大陆海岸线4114公里，居全国首位；海岛1431个、海湾510多个、滩涂面积20.42万公顷；探明滨海砂矿4.7亿立方米、近岸海域石油资源97亿吨，发展海洋经济具有良好的资源禀赋。我省产业基础雄厚，海洋科技力量基础较好，文化和地缘优势突出，发展海洋经济具有良好的支撑条件。

21世纪以来，国际上掀起了新一轮海洋开发热潮，向海洋进军成为世界主要沿海国家重大的战略选择。党中央、国务院对加快海洋经济发展高度重视，提出建设海洋强国的宏伟目标，实施海洋开发成为国民经济发展的重要任务。《中华人民共和国国民经济和社会发展第十二个五年规划纲要》明确了发展海洋经济的战略部署。《广东省国民经济和社会发展第十二个五年规划纲要》提出了加快建设海洋经济强省的战略目标。国家将广东列入全国海洋经济发展试点地区，赋予广东海洋经济发展先行先试的权责。我省海洋经济发展进入了重大历史机遇期，具有广阔的前景。

同时，我省海洋经济发展也面临着严峻挑战。海洋经济发展方式比较粗放，海洋产业结构有待优化，海洋战略性新兴产业有待发展，海洋科技创新能力和整体竞争力有待提升。海洋经济区域发展不平衡，粤东、粤西地区海洋资源优势尚未得到很好发挥。海洋资源开发利用水平偏低，海洋调查勘探和开发程度不足。海洋生态和环境污染问题突出，生态环境保护和修复任务艰巨。

二、总体要求和发展目标

（一）指导思想

以邓小平理论和"三个代表"重要思想为指导，深入贯彻落实科学发展观，围绕"加快转型升级、建设幸福广东"的核心任务，以科学发展为主题，以加快转变海洋经济发展方式为主线，以建设海洋经济强省为目标，着力提高海洋经济核心竞争力和综合实力，调整优化海洋经济结构，提升海洋传统优势产业，培育发展海洋战略性新兴产业，加强海洋生态环境修复与保护，促进海洋经济全面协调可持续发展，努力把广东建成提升全国海洋经济国际竞争力的核心区和全国海洋生态文明建设的示范区。

（二）基本原则

——坚持创新驱动。深入实施科教兴海战略，积极构建海洋科技创新体系，加大人才培养力度，着力提高自主创新能力。坚持先行先试，建立海洋经济发展的新体制和新机制。

——坚持产业带动。构建现代海洋产业体系，以海洋产业发展引领海洋资源开发，以产业链的延伸带动海洋经济结构和海洋经济空间优化，以海洋产业转型升级促进海洋经济发展方式转变。

——坚持科学分工。发挥沿海各市的区位和资源优势，科学规划、因地制宜、合理分工、加强协作，形成资源共享、各具特色、错位发展、互利共赢的海洋经济新格局。

——坚持海陆统筹。根据资源禀赋和产业基础，联动开发海陆资源，合理配置海陆产业，推动海陆协调发展，提高海洋经济和陆域经济的综合效益。

——坚持人海和谐。实行开发与保护并重，科学开发海洋资源，加强海洋生态环境修复，加大海洋环境保护力度，改善沿海地区的人居环境，进一步增强可持续发展能力。

（三）发展目标

至2015年，我省海洋经济质量和效益明显提高，海洋经济结构战略性调整取得重大进展，现代海洋产业体系基本建立，海洋经济在国民经济中的支柱地位进一步提升，初步建成布局科学、结构合理、人海和谐，具有较强综合实力和竞争力的海洋经济强省。

——海洋经济总量进一步提高。"十二五"期间，实现海洋经济年均增长率13%，总量继续保持全国领先，至2015年海洋生产总值达1.5万亿元，占全省生产总值的比重达到20%以上。

——海洋产业结构进一步调整。传统优势海洋产业实力得到增强，海洋战略性新兴产业快速发展，到2015年海洋三次产业结构调整为3 ∶ 44 ∶ 53。

——海洋经济布局进一步优化。海洋经济区域发展不平衡的状况得到改善，基本形成"一核二极三带"的新格局。

——海洋生态环境进一步改善。海洋生态系统保护与修复取得显著进展。海洋环境保护制度全面实施，陆源污染物排放总量得到控制，有效削减主要污染物入海总量；海洋环境质量明显改善，近岸海域环境功能区水质达标率达到90%以上。

——海洋科技贡献进一步加大。海洋科技创新体系初步形成，海洋高新技术产业增加值持续提高，至2015年海洋科技贡献率提高至60%。

——海洋运输能力进一步增强。完善沿海港口运输体系，提升沿海港口航道等级，进一步适应经济社会发展及船舶大型化对港口和航运的新要求。至2015年，力争实现沿海港口货物年通过能力超11亿吨，沿海主要港口航道均可通航10万吨级以上船舶。

——海洋公共服务能力进一步提升。健全海洋监测、预警、预报、应急处置等防灾减灾支撑体系，海洋综合管理技术支撑体系基本形成。

三、优化海洋经济空间布局

按照"集约布局、集群发展、海陆联动、生态优先"的要求，进一步优化海洋主体功能区域布局，着力构建"一核二极三带"的新格局。"一核"即珠江三角洲海洋经济优化发展区，"二极"为粤东、粤西海洋经济重点发展区。"三带"为临海产业带、滨海城镇带和蓝色景观带。以珠江三角洲为核心，同时培育粤东、粤西两个新的增长极，由"三带"构成生产、生活和生态三位一体的广东沿海经济带。

（一）明确海洋主体功能区域布局

根据我省海洋经济发展的战略定位、海洋资源禀赋、资源环境承载力、现有基础和发展潜力，编制海洋主体功能区规划，科学确定各区域的海洋主体功能，合理配置海洋空间的开发强度。

着力建设珠江三角洲海洋经济优化发展区和粤东、粤西海洋经济重点发展区三大海洋经济主体区域，提升广东海洋经济综合竞争力，加快形成新的经济增长极。珠江三角洲海洋经济优化发展区重点发展高端制造业、海洋新兴产业、海洋交通运输和现代海洋服务业；粤东海洋经济重点发展区重点发展临海工业、滨海旅游；粤西海洋经济重点发展区重点发展临海现代制造业、滨海旅游、现代海洋渔业、临海能源产业。

保护开发海岸带、近海海域（含海岛地区）和深海海域，拓展海洋经济发展空间、提升海洋资源保护开发水平，形成3条各具特色的海洋保护开发带。

加强海岸带保护开发。大陆海岸线向陆10千米起至领海外部界线之间的带状区域（含5大海岛群28个岛区），是发展海洋经济的核心区域。要围绕加快转变海洋经济发展方式，着力提升海洋空间资源开发利用水平，推进集中集约用海，引导海洋产业集聚发展。要加强岸线利用和保护，明确各类岸段利用方向、开发强度和保护要求，科学调控海岸开发利用活动，着重加强沿海防护林体系建设和保护，全面规范海洋开发利用秩序。要根据《广东省海岛保护规划（2011—2020年）》，优化开发有居民海岛，保护性开发无居民海岛，严格保护特殊用途海岛。

加强近海海域保护开发。领海外部界线至500米等深线之间的区域，是实施海洋经济综合开发的重要区域。要重点发展现代海洋渔业、滨海旅游、海洋油气、海洋运输等产业，大力开发海洋可再生能源。适度控制近海捕捞强度，加快海洋保护区和海洋牧场建设。加大海洋矿产和珠江口盆地油气资源勘探和开采力度。保障深水航道航行安全。

加强深海海域保护开发。500米等深线以深的区域，是实施海洋经济综合开发的重要区域。要大力发展深海技术，加大深海油气资源勘探开发力度，拓展深海产业，积极发展深水渔业。探索建立深海海洋保护区和海洋牧场。

（二）建设三大海洋经济区

1. **珠江三角洲海洋经济优化发展区。**以加强资源整合和优化开发为导向，重点提升自主创新能力，做优做强海洋产业，打造若干规模和水平居世界前列的海洋产业基地。重点发展先进制造业和现代综合服务业，加快发展海洋交通运输业，着力打造高端滨海旅游业，加快发展海洋战略性新兴产业。推进深圳前海地区、珠海横琴新区、广州南沙新区、深港河套地区等粤、港、澳重点合作区建设。加强城市之间的分工协作和优势互补，整合区域内的产业、资源和基础设施建设，实现产业布局、基础设施、环境保护等一体化。构建“三心三带”的空间结构，即以广州、深圳、珠海为三大海洋经济增长中心，形成珠江口东岸的现代服务业型产业带、珠江口西岸的先进制造业型产业带、珠江三角洲沿海的生态环保型重化产业带。

2. **粤东海洋经济重点发展区。**以加快海洋资源开发为导向，重点发展临海能源、石油化工、装备制造、海洋交通运输、港口物流、滨海旅游、现代海洋渔业等产业，加快以海上风电为主的海洋能开发，积极培育海水综合利用、海洋生物医药等海洋战略性新兴产业。重点推进柘林湾、广澳湾、海门湾、惠来海岸、红海湾、南澳岛等区域的开发。加快建设以汕头为中心的粤东沿海城镇群，推进基础设施、产业和环境治理等一体化。

3. **粤西海洋经济重点发展区。**以加快海洋资源开发为导向，重点发展临海钢铁、石化、能源工业和港口物流业，做强滨海旅游业，加快发展现代海洋渔业，培育海水综合利用、海上风电、海洋生物医药等海洋战略性新兴产业。发挥大西南出海口的优势，以湛江港为中心，构建粤西沿海港口群，加快建设临港重化产业集聚区。重点推进湛江湾、雷州湾、水东湾、博贺湾、海陵湾和东海岛、海陵岛等重点区域的开发与保护。推动以湛江为中心的粤西沿海城镇群建设。

（三）打造沿海经济带

以海岸带为主轴，以三大海洋经济区为依托，以临港产业集聚区为核心形成临海产业带，以海洋产业群、滨海城镇群、海洋景观、海岸生态屏障为支撑，通过产业、居住、景观带的科学错位布局，打造宜业、宜居、宜游的广东沿海经济带。

1. **构建临港产业集聚区。**统筹规划港口发展与临港产业基地建设，以沿海港口和大型开发区为载体，集聚临港大项目，重点发展石化、能源、钢铁、装备制造、船舶、港口物流、滨海旅游、水产品加工流通等支柱产业，加快发展海洋生物医药、海水综合利用、海洋能源等海洋战略性新兴产业，构建国际先进、国内领先的临港产业集聚区。

（1）重点发展七大临港产业集聚区

——南沙临港产业集聚区。依托广州港南沙港区，以南沙经济技术开发区、广州重大装备制造产业基地（大岗）为支撑，加快港口、航道、疏港铁路、公路等基础设施建设，重点布局发展汽车、船舶及海洋工程装备、钢材深加工、核电及高压输变电设备、港口物流等先进临港产业，构建具有国际竞争力的临港先进制造业基地，加快发展以先进生产性服务业为主导的现代服务业，将南沙打造成为国际物流中心、珠江三角洲综合服务中心。

——中山临港产业集聚区。依托中山港中山港区、马鞍港区，以中山火炬高技术产业开发区、中山工业园区为支撑，重点布局发展装备制造、大型铸锻、金属加工、精细化工以及现代物流等产业，加快建设马鞍岛大型装备制造基地和明阳新能源工业园，打造国家级临港装备制造基地。

——珠海临港产业集聚区。以高栏港经济开发区为支撑，依托高栏港深水港区和广珠铁路，加快开发荷包岛深水岸线，重点发展船舶及海洋工程装备、清洁能源、石油化工等临港重化工业和临港物流业。以航空产业园为主要载体，重点发展飞机总装、零部件加工制造、航空维修及航空服务业，打造全国重要的航空产业基地。

——银洲湖—广海湾临港产业集聚区。以江门新会经济开发区、台山广海湾工业园区为支撑，加快银洲湖、广海湾公共深水港区的建设，重点发展以能源、装备制造、精细化工、造纸、船舶修造为主的临港工业，推进银洲湖循环经济园区建设。

——惠州临港产业集聚区。以大亚湾经济技术开发区、仲恺高新技术开发区为支撑，依托惠州港，重点发展石化、港口物流、能源等临港产业，推动滨海旅游、海水综合利用等产业发展。

——揭阳临港产业集聚区。加快建设揭阳港惠来港区，以揭阳（惠来）大南海国际石化综合工业园为支撑，重点发展石化、能源、装备制造等重化工业为主的临港工业。加快发展港口物流和滨海旅游业。加快中委合资南海（揭阳）石化项目、中海油粤东 LNG 一体化项目、中电投揭阳物流中心等项目的建设。

——湛江临港产业集聚区。规划建设东海岛深水港区，以湛江经济技术开发区、湛江临港工业园区为支撑，重点发展钢铁、石化、造船、装备制造等重化产业，大力发展港口物流、滨海旅游、水产品加工流通等产业。推进湛江钢铁基地和中科炼化一体化等项目的建设。

（2）培育发展四大临港产业集聚区

——潮州临港产业集聚区。加快建设三百门、西澳港区和金狮湾港区，重点发展以能源、装备制造、港口物流等为主的临港工业，大力发展水产品加工流通、滨海旅游等产业。

——汕尾临港产业集聚区。依托汕尾港，以红海湾经济开发区、深汕特别合作区为支撑，重点发展能源、化工、电子信息、船舶修造等临港产业和港口物流、滨海旅游等服务业。

——阳江临港产业集聚区。依托阳江港，重点发展有色金属加工、装备制造、能源、化工、建材等工业，培育发展船舶修造工业，发展港口物流、滨海旅游等服务业。

——茂名临港产业集聚区。依托茂名深水岸线资源，以茂名石化产业园区和茂名滨海新区为支撑，发展石化、能源、装备制造、港口物流、粮油加工、水产品加工流通、滨海旅游等临港产业。

2. **构筑滨海城镇带**。统筹区域城镇发展，构建“中心城市—城镇群—中心镇”的沿海城镇空间体系。对珠江三角洲、粤东、粤西沿海地区进行差异化布局规划，构建各具特色的沿海城镇。在城镇规划建设中充分融入海洋元素，构建以珠江三角洲沿海城镇群、粤东沿海城镇群和粤西沿海城镇群为核心的，具有岭南沿海文化特色的滨海城镇带。

（1）珠江三角洲沿海城镇群。巩固提升广州、深圳等中心城市及珠海区域核心城市的地位，增强城市综合服务功能，提高组群内中、小城镇规模等级。打破行政体制障碍，推进城镇群一体化发展，加强城市规划、基础设施、产业发展、市场体系、公共服务、生态环保等方面的对接。促进以广州港、深圳港和珠海港为主要港口的珠江三角洲港口群建设。加快产业优化、转型和升级，重点发展先进制造业和现代服务业，大力发展海洋优势产业，将珠江三角洲建设成为具有国际竞争力的现代产业集聚区。规划建设广州南沙新区，将南沙新区建设成为生态宜居湾区。协调生产、生活和生态功能，改善人居环境，打造珠江三角洲优质生活圈，与港澳紧密合作共同建成亚太地区最具活力和国际竞争力的城市群。

（2）粤东沿海城镇群。巩固汕头作为粤东沿海城镇群中心城市的地位，提升和扩展其城市综合服务功能，加快潮州、揭阳、汕尾等城市的建设，加强城镇产业的分工与协作，推进城镇一体化发展。对接海峡西岸经济区，积极承接珠江三角洲、台湾等地的产业转移，加快厦深铁路、南澳大桥等基础设施建设。推进以汕头港为主要港口的粤东沿海港口群建设。规划建设汕头东海岸新城等滨海新区，提高粤东沿海城镇群的城镇化水平。

（3）粤西沿海城镇群。打造以湛江为中心的粤西沿海城镇群。强化湛江区域中心城市的综合服务功能，加快茂名、阳江等城市建设，加强与东盟的国际合作，对接北部湾经济区和海南国际旅游岛，将湛江打造成为北部湾经济区核心城市。大力发展临海钢铁、石化、能源等重化工业，构建临海重化工业带。加快港口、铁路、沿海高速公路等基础设施建设，推进以湛江港为主要港口的粤西沿海港口群建设。在湛江、阳江、茂名等城市周围规划建设若干滨海新区。加快中、小城镇规划建设，提高粤西沿海城镇群的城镇化水平。

3. **构建沿海蓝色景观带**。按照整体协调、生态环保、统一规划、分步实施的要求，打造景观优美、设施先进、生态平衡的滨海景观体系。

（1）加快滨海绿带建设。以滨海绿带建设为重点，依托海岸线构筑带、网、片相结合的生态植被体系，将海岸生态防护与绿化、美化、园林化相互融合，形成布局合理、环境优美的生态景观体系。加快滨海区域绿道与城市绿道建设，通过分步实施推进两者对接，构建贯通广东沿海的滨海绿带。“十二五”期间重点建设珠江口湾区、柘林湾、汕头湾、惠来、红海湾、海陵湾、水东湾、博贺湾、湛江湾、徐闻等海岸的绿道。

（2）构筑滨海观光长廊。依托滨海绿带，构筑滨海观光长廊。完善绿道的旅游基础设施与服务平台，打造滨海地区具有休闲、观光、运动等多种功能的旅游新空间；通过城市绿道连接滨海城市相关景区景点，通过区域绿道串连滨海地区不同城市的旅游景区景点，构建以绿道为依托的滨海旅游休闲观光空间网络。重点规划建设广州南沙、深圳湾、珠海情侣路、东莞长安交椅湾、环大亚湾、环汕头湾、环湛江湾、环水东湾等滨海观光长廊。

（3）开发海岛观光旅游产品。根据各海岛区位、面积、资源品质及开发现状的差异，选择不同的旅游开发模式，对海岛进行分类开发，推出各具特色的海岛观光旅游产品。选择若干个区位、市场、资源和基础较好的海岛，建设国际性旅游度假区。推进海岛组团式开发，打造4 ~ 5个形象鲜明、主题突出的海岛旅游群，塑造广东海岛旅游品牌。构建阳江海陵岛群、江门川山群岛、珠海万山群岛、大亚湾中央列岛、汕头南澳岛、湛江东海岛6大海岛旅游组团。

（4）加强海岸生态景观保护。在海岸带规划建设中突出保护岸线的自然属性，对破损岸线进行修复，保持和恢复岸线原貌。坚持在开发中保护的原则，将开发与美化生态环境相结合，加强对未开发利用岸线资源的综合管理，确保科学合理利用。加大海岸综合整治力度，对遭到破坏的区域统一规划治理。

（四）推行集中集约用海

按照海陆统筹规划、科学适度用海、维护海洋生态环境的要求，大胆创新海域使用模式，着力提升海洋空间资源优化利用和生态环境保护水平，推进建设重点突出、特色鲜明、功能明晰、优势互补的集中集约用海区域。重点形成广州南沙龙穴、深圳前海、珠海高栏岛、东莞长安交椅湾、中山翠亨新区、惠州纯洲、江门广海湾等珠江三角洲集中集约用海区；重点形成汕头东部、汕尾碣石湾西岸、潮州西澳、揭阳神泉等粤东集中集约用海区；重点形成湛江东海岛、茂名博贺、阳江西面前海等粤西集中集约用海区。至2015年全省集中集约用海使用面积达12000公顷，其中填海面积8000公顷。

四、构建现代海洋产业体系

以大力提升传统优势海洋产业为基础，以培育发展海洋战略性新兴产业为支撑，以集约发展高端临海产业为重点，进一步优化产业结构，沿集聚化、园区化、融合化、生态化的路径，形成具有国际竞争力的现代海洋产业体系。

（一）着力提升传统优势海洋产业

1. **现代海洋渔业**。加快转变传统渔业发展方式，打造综合竞争力强的现代海洋渔业。重点发展深蓝渔业，大力推进深水网箱产业园建设，在全省沿海建设10 ~ 15个深水网箱养殖产业园。大力发展设施渔业，推行科技型、生态型养殖方式，创建100个健康养殖示范基地。积极发展碳汇渔业，建设海洋碳汇渔业示范基地。扶持发展远洋渔业，建设一支装备先进、生产力水平较高的现代化远洋渔业船队和一批功能齐备的远洋渔业基地、远洋渔业龙头企业、远洋渔业产业园区。加快发展水产品加工流通业，在广州、江门、中山、汕头、潮州、湛江、阳江等地建成一批水产品加工基地和水产品物流中心，培育一批市场占有率较高的知名产品。积极发展休闲渔业，建设休闲渔业示范基地。

2. **高端滨海旅游业**。依托广东岸线资源优势，有效整合滨海旅游资源，建设滨海旅游“黄金海岸”，提升广东滨海旅游品质，构建较完善的广东滨海旅游产品体系，将广东建设成为国际高端滨海旅游的重要目的地。巩固以海滨浴场为载体、多元化的基础型产品，着重发展滨海生态休闲、海水运动、滨海体验、海水温泉等主导产品，创建以滨海度假和会议酒店等为主的特色型产品，培育游艇、邮轮旅游等新产品。重点培育珠江口湾区、川岛区、海陵湾区、南澳岛区、深圳大鹏湾区、珠海沿岸与海岛群、惠州稔平半岛、水东湾和大放鸡岛、湛江湾区9个带动型的滨海综合旅游区。打造深圳太子湾和广州南沙等国际邮轮母港基地、中山磨刀门神湾游艇主题休闲度假基地、江门银湖湾游艇主题休闲度假基地、东莞虎门威远岛爱国主义教育基地、中山翠亨新区爱国主义教育基地、汕尾红海湾海洋运动旅游区、潮州柘林湾海上牧场、揭阳金海湾度假旅游区等具有专业化特色的重点滨海旅游基地。重点发展广州、深圳、珠海、汕头、湛江五大滨海城市和海陵岛群、川山群岛、万山群岛、大亚湾中央列岛、南澳岛、湛江湾6大岛群的滨海旅游业。加快珠海长隆国际滨海旅游度假区、广东海陵岛国家级海洋公园、广东特呈岛国家海洋公园、中山海上温泉度假区、汕头濠江国际度假湾等项目建设。至2015年建设3 ~ 4个5A级滨海旅游景区，形成2 ~ 3

个国际知名的滨海旅游度假区。

3. **海洋交通运输业**。加快打造珠江三角洲、粤东、粤西沿海港口群，促进形成优势互补、分工协作、整体竞争力强的沿海港口体系。完善广州、深圳、珠海港的现代化功能，形成与香港港口分工明确、优势互补、共同发展的珠江三角洲港口群。加快集装箱、煤炭、矿石、油品等大型专业化泊位建设，提升港口专业化运输能力。加快疏港铁路、公路等基础设施建设，完善沿海主要港口集疏运系统，增强集疏运能力。重点推进湛江东海岛铁路、南沙港疏港铁路、粤东疏港铁路、茂名博贺港疏港铁路、珠海高栏港高速公路等项目建设。积极拓展港口的航运、商贸、信息、物流、金融等服务功能，推进临海工业港城一体化建设，建设现代化多功能港口群。

4. **海洋油气业**。抓住国家推进南海深海油气资源开发的契机，加快发展油气资源勘探、开发、储备和综合加工利用。加大海洋勘探开发力度，进一步完善近海石油勘探开发技术体系。加强深水油气资源开发技术研发，提高深海油气开发的技术水平，加快开采深海油气资源。支持广州、深圳、珠海、湛江、惠州等地建设深海油气、天然气水合物资源勘探开发及装备研究、生产基地，积极推进省部合作，依托全国深海研究力量，研究解决南海深水油气资源勘探、开采、储运、工程装备制造等领域的技术难题，为南海油气资源开发做好技术储备。依托油气开采，形成油气资源综合利用产业链。鼓励与中海油等央企合作开发南海油气资源，在广州、深圳、珠海、湛江等地建立南海油气开发的服务和后勤保障基地。启动依托油气资源的高附加值大型能源项目，重点建设大型LNG输气、发电项目，继续建设沿海油气战略储备基地，提高油气商业储备能力。

5. **海洋船舶工业**。加快船舶工业结构调整。大力提升高新技术、高附加值船舶（LNG船、VLCC船、大型集装箱船、大型矿砂船、高速滚装客轮、大型汽车运输船等）的设计制造能力和船舶配套设备自主开发能力，发展以中高档游艇制造为主的游艇制造业，加快推进游艇休闲港等配套设施建设。提高船舶改装技术水平和修船效率，在做好常规船型修理的基础上，重点发展大型化、高技术、高附加值船舶的维修。

合理布局海洋船舶工业。以中船集团等大型国有船舶企业为龙头，加快建设广州、中山、珠海三大船舶制造基地。鼓励中、小型船舶企业与大型船舶制造企业错位发展，重点发展10万吨级以下灵便型散货船、特种作业船等具有特色优势的品牌化船舶产品。加快发展船舶配套产业，重点建设中船大岗船用柴油机制造与船舶配套产业基地。加快推动珠江三角洲游艇产业园建设，重点打造珠海游艇产业研发和制造基地。鼓励东西两翼地区船舶制造企业升级改造，提升产品研发和制造能力。择机在东西两翼布局建设大型船舶修造基地。

（二）培育发展海洋战略性新兴产业

1. **海洋工程装备制造业**。积极发展深海勘察和开发设备、海洋新能源开发设备、海洋环保装备、海水利用成套装备等海洋工程装备制造业。以广州南沙、中山和珠海为重点，打造珠江口西岸世界级海洋工程装备制造产业带，推进广州龙穴船舶与海洋工程装备制造基地、珠海中船船舶和海洋工程装备基地、中海油深水海洋工程装备制造基地、三一重工珠海现代港口机械和海洋工程装备制造基地建设。以深圳、江门、中山为重点，发展石油钻采专用设备制造、海洋工程大型铸锻件生产和风电设备制造。以深圳和珠海为重点，发展海水淡化设备制造、深海养殖与捕捞设备制造。

2. **海洋生物医药业**。推动以海洋药物、工业海洋微生物产品、海洋生物功能制品、海洋生化制品为重点的研发和推广应用项目建设，推进海洋生物医药关键技术产业化，大力发展高科技、高附加值的海洋生物医药新产品、海洋生物制品和海洋保健品，重点研发抗肿瘤、抗心脑血管疾病、抗病毒等海洋创新药物。建设南海海洋生物种质资源库，强化对南海海洋生物基因资源的保护、研究与开发利用。加强广州、深圳国家生物产业基地建设，加快中山国家健康科技产业基地、华南现代中医药城、珠海生物医药科技产业园建设，在阳江、湛江和汕头等地新建一批生物产业基地，形成具有国际竞争力的生物医药产业集群，努力将广东打造成为国家海洋生物医药产业创新和品牌基地。

3. **海水综合利用业**。加快研发和推广海水综合利用的技术、工艺和装备，推进海水综合利用关键技术产业化。拓展海水利用领域，努力形成工业海水、生活海水、淡化海水三大产业群，建设海水直接利用、海水淡化利用示范工程和示范区。围绕钢铁、石化、造船、电力等一批高耗水项目的建设，完善和新建以海水冷却为主的工业用海水示范工程。结合沿海和海岛地区滨海居住区建设，将海水直接应用于生活用水，在人口较密集的大万山岛、川岛等海岛优先建设海水淡化工厂，在深圳、湛江、汕头等滨海城市建设海水淡化示范工程。积极开发海水化学资源及其深加工产品，重点发展钙盐、镁盐、钾盐、溴和溴系列加工产品。

4. **海洋新能源产业**。开展海洋能资源详查工作，制订海洋能开发规划，确定优先开发区域。加强海上风电、波浪能、潮汐和潮流能发电等海洋能关键技术的研究应用。在万山群岛等条件适宜的海岛和滨海地区，建设海洋可再生能源开发利用技术实验基地和示范工程。

（三）积极发展海洋现代服务业

加快培育和发展技术服务、金融保险、公共服务、海洋会展、港口物流等海洋现代服务业。依托南海综合开发，大力推动海洋油气勘探、油气储运和海洋资源利用等技术服务业的发展。加快发展涉海金融、保险等服务业，积极支持有条件的企业通过发行股票、公司债券、短期融资券等多种方式筹集资金。鼓励有条件的海洋经济企业境内外上市，探索设立海洋经济相关政府创投引导基金，引导民间资本参与相关基础设施和公共事业建设。探索海域使用权抵押贷款、船舶租赁等融资新模式。建立和完善海洋保险和再保险市场，探索海洋灾害保险新模式。推进海洋信息体系建设，提供海上通信、海上定位、海洋资料及情报管理等公共服务。在广州、深圳、珠海、湛江等地发展国际海洋会展业。依托主要港口和临港工业基地，规划建设港口物流枢纽和物流园区，建设一批枢纽型现代物流园区，发展各类物流和配送分拨中心。推进海洋服务业标准化、品牌化建设，重点培育和发展一批规模大、实力强的服务业企业，提升海洋服务业现代化水平和竞争力。

（四）大力发展高端临海产业

按照集中布局、集群发展的要求，大力发展技术先进、经济高效、资源节约、环境友好的高端临海产业。

1. **临海石化工业**。加快推进中科合资广东炼化一体化、中委合资广东石化、中海油惠州炼化二期扩建、茂名石化油品质量升级改扩建等石化龙头项目建设。依托大型炼化龙头项目，延伸产业链，重点打造惠州大亚湾、湛江东海岛、茂名、揭阳惠来四大石化基地，改造提升广州石化基地。

2. **临海钢铁产业**。以宝钢重组韶钢、广钢为契机，实施广钢环保搬迁，建设湛江东海岛千万吨级钢铁基地，同时在南沙发展冷轧板、镀锌钢板等钢材深加工产业，形成优势互补、错位发展的两大临海钢铁产业基地。促进钢铁产业与装备制造、造船、石化、汽车、家电、金属制品等下游产业协同发展。

3. **临海能源产业**。加快发展临海核电、火电、风电等清洁能源，构建门类齐全的临海能源产业体系，推进LNG接收站及海上天然气接收终端项目建设，加快打造能源产业集群。

五、提升海洋科技和教育的支撑能力

将科技和教育作为海洋经济发展的重要支撑，充分发挥海洋科技和教育资源的优势，推进科技和教育资源整合，加快科技体制创新、科技创新人才培养、自主创新能力提高，推动科技成果向现实生产力转化。

（一）加强海洋科技创新平台建设

充分利用国家和省涉海科技基础条件，优化配置海洋科技资源，加快推进政、产、学、研合作，建立海洋产业技术创新战略联盟。大力推动重点实验室、工程实验室、工程技术（研究）中心、成果转化与推广平台、信息服务平台、环境安全保障平台和示范区（基地、园区）等创新平台建设，形成技术集成度高、带动作用强、国家和地方相统筹、产、学、研相结合的科技创新体系。

加强海洋科技的重点攻关，努力在现代海洋渔业、海洋生物制药、海洋工程装备制造、海洋可再生能源利用、海水综合利用、深海技术、海洋环保技术、海洋生态环境保护与修复等领域取得更多具有自主知识产权的技术成果，掌握一批重大关键技术。完善国际科技交流合作机制，进一步加强与欧美、日韩、东盟等国家和地区的海洋科技交流合作。

（二）促进海洋科技成果转化

创新海洋科技成果转化机制，构建多元化、多层次的科技成果转化和公共技术服务平台，落实和完善海洋科技成果转化的财政、税收等扶持政策。以国家和省（部）级重点实验室、工程中心为依托，以我省科技转化机构、企业科技开发基地和试验场等为主体，加快建设国家级、省（市）级海洋科技成果转化基地和公共转化平台。加快海洋科技成果孵化和产业化，组织实施一批高新技术产业化示范工程，着力建设一批海洋科技产业示范基地，推进以企业为主体的科技成果转化体系建设。推进海洋科技推广服务体系建设，鼓励社会团体、科研院所、高校、企业和中介组织参与海洋科技创新成果推广应用，支持海洋科技成果推广中介机构、培训机构、技术推广站发展。以企业、科研院所为载体，依托示范基地和信息服务平台，打造一批高端海洋品牌。

（三）发展海洋教育事业

紧密结合海洋经济发展的需要，优化整合海洋教育资源，提高海洋高等教育和职业技术教育水平。加强海洋学科和专业学院建设，构建门类齐全、富有特色、优势互补的海洋学科体系。引导省内高等院校立足现有基础，科学定位，发挥优势，有针对性地发展海洋学科。加大海洋教育设施和研究设备的投入。支持中山大学、广东海洋大学、南海海洋研究所等高等院校和研究机构进一步加强海洋重点学科建设，优化专业设置，增设一批涉海专业博士后流动站、博士点、硕士点和国家级重点学科、本科重点专业，力争在海洋生物、现代海洋渔业、海洋地质和矿产、海洋工程、海洋生态环保、海洋文化旅游等领域形成学科专业优势。加强海洋科普宣传教育和职业技能培训，加大力度建设海洋职业技术教育基地。依托高校、科研院所和企业等载体，加强学科建设，在海洋科技、产品研发、行业管理等领域打造一批顶尖人才品牌。

六、有序推进海岛保护与开发

以科学规划、保护优先、合理开发、永续利用为原则推进海岛保护与开发。推动制定和完善海岛保护与开发的地方性法规，制订海岛保护与利用规划，建立海岛综合管理协调机制。加强海岛资源、环境的综合调查和海岛生态环境保护，建立海岛及其周边海域生态系统监控网络，定期开展生态评估。

以政府为主导，引入市场经济手段，统筹协调、因地制宜、一岛一策，通过整体规划与有序推进相结合，实现海岛管理规范化、开发主体多元化、开发模式灵活化、开发效益综合化。优化开发有居民海岛，选择开发无居民海岛，严格保护特殊用途海岛。重点推进五大岛群的保护与开发。

（一）珠江口岛群保护与开发

横琴岛重点发展商务服务、休闲旅游、科教研发、高新技术四大重点产业，以海洋公园建设为主体打造高端滨海旅游业，以澳门大学横琴新校区建设为切入点将横琴岛建设成为粤、港、澳合作的示范区。三灶岛重点围绕航空产业，积极发展配套服务业和空港物流业。高栏岛重点发展海洋交通运输业、现代物流业和临港工业，强化与陆域经济的联系，拓展港口经济腹地。淇澳岛重点发展生态旅游，建设海洋科普及海洋保护合作示范区。万山群岛以滨海旅游、海洋渔业和深水港口、仓储物流为开发重点，推进万山海洋综合开发试验区建设。将东澳岛建成国家级海洋公园、外伶仃岛建成国家5A级旅游景区。加强内伶仃福田、珠海淇澳—担杆岛、庙湾珊瑚等保护区建设，重点保护猕猴、红树林、珊瑚等珍稀生物资源。规划建设海岛生态博物馆。

（二）川岛岛群保护与开发

重点发展滨海旅游业、深水港口、现代海洋渔业。力争把上川岛建成国家4A级或5A级旅游景区，成为国际邮轮停靠港。规划建设上下川岛连岛大桥，实施川岛一体化开发。规划连陆开发，提高交通可达性。适时开发乌猪洲等超大型深水港区，规划建设港口仓储工业区。加快川岛风电项目建设。积极发展远洋渔业和深海网箱养殖。加强台山上川岛猕猴、上下川岛中国龙虾等保护区建设，重点保护海岛生态系统和猕猴、中国龙虾等珍稀生物资源。

（三）南澳岛海域岛群保护与开发

南澳岛重点发展滨海旅游业、现代海洋渔业，加快海洋能开发。以“南澳Ⅰ号”古沉船打捞为契机，整合旅游资源，发展多元化产品体系，打造海洋古文化基地，把南澳岛建成国家生态旅游示范区、国家5A级旅游景区。开发深水岸线资源，将南澳港区建设成为大型中转港区，积极发展转口贸易业及配套的仓储、运输业。推进风能利用、海洋生物制品（药品）开发，积极发展外海捕捞和远洋渔业以及水产品加工流通业，重点发展以贝类和藻类为主的海水养殖与海产品深加工，建成万亩贝类养殖基地。积极拓展对台海洋经济合作。加强南澎列岛海洋生态、南澳候鸟等保护区建设，重点保护海岛生态系统和候鸟、珊瑚等珍稀生物资源。

（四）海陵湾岛群保护与开发

海陵岛重点发展滨海旅游业和现代海洋渔业，联动第一、三产业，将休闲渔业与滨海旅游结合起来，发展多元化、高层次的旅游产品。充分发挥“南海Ⅰ号”的品牌带动效应，积极推动海陵岛国家级海洋公园、广东海上丝绸之路博物馆、广东海洋历史博物馆、雪流湾国际旅游度假区等重大旅游项目建设，加强海岸带生态系统保护与修复，将海陵岛建成国际闻名的自然生态、历史文化旅游岛。发展壮大海洋生物医药业。丰头岛重点加快深水港区的建设，依托港口发展船舶制造、能源、物流、钢铁等临港工业。

（五）湛江湾岛群保护与开发

东海岛重点发展以钢铁和石化两大产业为主导的临港重化工业，以重化工业发展为契机建设大型深水港口。加快东海岛、南三岛、特呈岛、硇洲岛等旅游资源的开发、保护，积极推动东海岛旅游产业园、特呈岛水上渔家乐园、特呈岛国家级海洋公园等项目建设。巩固滩涂海水养殖基地，优化发展浅海水产资源增养殖，做大做强创汇渔业基地。加强特呈岛、硇洲岛等保护区建设，重点保护海岛和红树林生态系统。

七、推动海洋经济区域合作

加强我省与港澳台、闽桂琼等周边地区的海洋经济合作，形成优势互补、互利共赢的区域合作关系，拓展我省海洋经济的发展空间，增强我省海洋经济的辐射带动能力。

（一）加强粤港澳海洋经济合作

按照《粤港合作框架协议》和《粤澳合作框架协议》的要求，加强与港澳的海洋产业合作，推进粤港澳海洋经济合作圈建设。以环珠江口、珠江口湾区共同规划实施重点行动计划为切入点开展海洋经济合作，以深圳前海地区、珠海横琴新区、广州南沙新区、深港河套地区、珠澳跨境合作区 5 个粤港澳重点合作区域为核心，加强粤、港、澳在海洋运输、港口物流、海岛开发、滨海旅游、海洋战略性新兴产业、环境保护与治理等方面的合作，共同打造国际一流的现代海洋产业基地和珠江口湾区优质生活圈。充分利用港澳金融服务业的优势，加强粤港澳海洋开发金融合作，着力推动海洋企业在深港上市融资，以及在境内外发行海洋开发债券。

（二）扩大粤闽台海洋经济合作

以粤东北地区参与海峡西岸经济区建设为契机，进一步扩大与福建、台湾地区的海洋经济合作，推进粤闽台海洋经济合作圈建设，共同开拓欧美、日韩和东盟等国际市场。加强粤闽在基础设施建设、海洋生态环保、海洋产业、海洋文化等领域的合作，加强两省邻接海域在综合管理、生态环保等方面的对接和海洋战略性新兴产业、高新技术产业合作。加强对闽台旅游合作，打造“一程多站”的海西精品旅游线路。加快厦深铁路建设。发挥汕头港、潮州港作为首批对台直航港口的作用，加强与台湾的海洋运输与物流合作。推进汕头粤台经贸合作试验区和台商投资工业园区建设。拓展与台湾在现代海洋渔业方面的合作，加快台湾农民创业园建设。

（三）推进粤桂琼海洋经济合作

按照《关于建立桂粤更紧密合作关系的框架协议》和《广东·海南战略合作框架协议》的要求，加强与广西和海南的海洋经济合作，推进粤桂琼海洋经济合作圈建设。联手加强与东盟国家在矿产、能源、海洋等资源开发利用、农业综合开发和基础设施建设等方面的合作，构建与东盟合作的新高地。重点加强海洋资源开发、海洋交通运输业、滨海旅游、海洋基础设施建设等方面的合作。粤琼共同推动琼州海峡跨海通道及配套交通基础设施项目建设，加大海洋资源合作开发力度，共建南海蓝色经济区域。鼓励广东企业参与南海油气资源勘探开发服务基地建设。粤桂共同开发建设北部湾经济区，打造面向东盟的物流基地、商贸基地、加工制造基地和信息交流中心。发挥湛江东南亚水产品集散地作用，共同促进南海渔业资源开发。以海南建设国际旅游岛为契机，整合环北部湾旅游资源，共同打造滨海旅游“金三角”。加强海域环境治理协作，合作制订北部湾、琼州海峡等海区海洋环境保护共同行动计划，建立应急响应机制。

八、加强海洋生态修复与资源保护

坚持开发与保护并重、污染防治与生态修复并举、陆海同防同治，加强海洋与海岸带生态系统建设，确保海洋经济发展规模、发展速度与资源环境承载能力相适应，进一步增强可持续发展能力，实现人海和谐。

（一）加强海洋污染防治

严格实施珠江口、大亚湾、汕头港、湛江港等重点海域入海污染物排放总量控制制度，建立海洋环境容量“以海定陆”的保护模式。完善排污许可证制度和排污收费制度。加快滨海城市生活污水、垃圾和工业废水处理设施建设，提高污水、垃圾和废水处理率。开展农业污染和持久性有机污染物综合防治。推进环珠江口宜居湾区建设重点行动。深入推进海岸带结构减排、工程减排和管理减排，在珠江口、汕头港等重点海域实施氮、磷减排试点。加强柘林湾、汕头湾、汕尾品清湖、大亚湾、珠江口、海陵湾、水东湾、湛江湾等重点河口和海湾的环境综合整治。加强重点港口和渔港环境污染治理，在主要港口建设含油废水和生活污水处理厂，力争实现进入港区的船舶油类污染物基本达到“零排放”，港区污水排放全面达标。加强防治船舶及其有关作业活动造成的海洋环境污染，提高日常处理和应急能力。规范管理倾倒区，严格控制在珠江口及其邻近海域和海湾内设立新的倾倒区，调整和清理 20 米水深以浅的倾倒区。整合和完善沿海环境监测体系，建立沿海陆源污染海域环境的信息管理系统。加强海洋环境监测，推进重点入海河口和重要污染源入海口的水质自动监测。

（二）保护与修复海洋生态

保护海洋生物多样性和重要海洋环境。加强对珊瑚礁、红树林、海草场等典型海洋生态系统的调查、监测和研究；逐步实施红树林栽种计划，恢复红树林生态系统的功能；加强对徐闻沿海、大亚湾、大鹏湾、红海湾和珠江口外海岛周围、南澳岛周围珊瑚礁生态系统的保护；加强对水深 20 米以浅海域重要海洋生物繁育场的保护。全面保护我省海域内的珍稀濒危物种，建立和完善海洋珍稀濒危物种濒危程度及生存状况评估体系；新建 1 个珍稀濒危物种种质资源库、3 个人工生态库和 3 个原种场。严格执行禁渔区、禁渔期、伏季休渔制度以及珠江禁渔制度，加强对重要海洋生物繁殖场、索饵场、越冬场、洄游通道和栖息地的保护。至 2015 年，新建和升级 15 ~ 20 个海洋保护区，建立较为完善的海洋保护区网络。加大保护区基础设施和管护能力建设投入。加强数字化保护区建设，重点抓好海洋保护区视频监控系统和实时自动生态环境监测系统建设。建立一批海岸、海湾及近海海洋环境整治与生态修复示范区。

积极推动海洋牧场建设，继续开展开放型人工鱼礁建设，加强对人工鱼礁建成效果的监测和评估；积极发展大型海藻增养殖，加强沿海海草场生态系统建设；加大海洋生物资源养护力度，规划建设一批海洋生物增殖放流基地。

（三）建立健全海洋防灾减灾支撑体系

按照“统一领导、分级负责、条块结合”的原则建立和完善省、市、县三级海洋灾害应急管理体系，构建海洋观测体系、海洋预报减灾体系和海洋环境专题服务体系，规范应急反应流程，逐步形成反应灵敏、行为规范、运转高效的海洋灾害应急管理机制。

加强海洋监测观测能力建设，构建由沿岸和海岛基站、海上浮标、潜标、地波雷达、X波雷达、海床基、船舶、验潮站、航空和卫星遥感监测等组成的海洋环境实时立体监测观测网，提升我省海洋环境监控和海洋灾害预警能力。在沿海重要经济带、热点开发区域和灾害脆弱区抓紧开展以沿岸海洋台站建设为起点的观测站（点）建设，并将其纳入全省乃至全国的海洋观测网。

加快实现全省海洋灾害过程的动态预报和预警。重点提高沿海重点区域的风暴潮灾害预报预警能力，探索开发风暴潮漫滩预报预警系统。建设赤潮灾害预警系统、全省海洋灾害风险评估系统、渔港实时监控系统、海上渔业安全应急救助指挥系统以及溢油、危险品泄漏等海上突发事件应急响应决策系统。开展海啸灾害研究和预警系统研发工作。实行预警报动态会商和信息发布制度，建设和完善海洋预警报远程视频会商系统，并入国家远程视频会商系统。加强沿海核电站附近海域海洋环境的监管、监测以及海洋核应急保障能力建设。建立预防与应急相结合的海洋灾害防治长效机制，实现预案的动态管理，及时准确发布海洋灾害预警报，提升对各类海洋灾害的趋势性预测和预报能力。

九、保障措施

（一）创新海洋管理体制机制

充分发挥广东省海洋工作领导小组在规划实施中的组织协调作用。加强对全省海洋经济重大决策、重大工程项目的统筹协调以及政策措施的督促落实。规范各级涉海管理部门的职责划分，合理界定省、市、县（市、区）的管理范围和权限，明确有关部门的分工和责任，形成职责明确、分工合理、配合协调的管理体系。

探索建立根据海洋经济发展规划和产业政策调控海域使用方向和规模的机制。根据海洋资源环境承载力、开发密度和用海需求，探索建立海洋主体功能区规划制度。坚持科学用海，探索区域性集中集约用海管理模式。研究解决海域使用权证与土地使用权证的法规政策关系等问题，力促海域使用权证书直接进入项目报建程序。健全海域使用动态监测体系，实施对海域使用、海岛保护、海岸线变迁、海湾容量等的立体、动态监视监测，为科学管理用海提供技术支撑。推进海洋环境监测和监察机构标准化建设。建立无居民海岛资产评估体系，完善无居民海岛开发利用的申请、审批、招投标制度和使用权登记制度、有偿使用制度。探索建立海域使用论证管理中心、海籍管理和海洋测绘中心、海洋权属管理和产权交易中心。

（二）优化资源配置机制

创新跨区域、跨部门的合作协调机制，积极推进沿海城市间基础设施建设、产业和市场等方面的对接，推动沿海城市和港口的联动发展，促进基础设施的共享、产业的协作配套和生态环境的协同保护，实现资源可持续利用与区域经济效益最大化。

发挥市场配置港口资源的基础性作用和政府的协调作用，加大区域性港口资源整合力度，推进港口公共基础设施一体化、公共航道调度管理一体化、物流信息一体化和交通电子口岸一体化。鼓励港航企业之间、港口企业之间按照市场经济规律，以资产为纽带，以项目为切入点，实施资产重组和资源整合，支持港口企业规模化发展、集约化经营。推动沿海各区域港口通过组建组合港、建立战略联盟等模式，进行跨行政区划的港口资源整合。

（三）拓宽海洋经济发展投融资渠道

研究探索财政扶持政策，综合运用担保、贴息、保险等金融工具，带动社会资金投入海洋开发建设。省级及沿海市、县（市、区）财政要建立海洋环保、科技、教育、文化、防灾减灾等公益性事业投入的正常增长机制。按照集中财力办大事的原则，加强对各涉海部门的海洋经济发展相关专项资金的整合和统筹安排。积极引入市场因素，健全多元化投入机制，鼓励社会资本进入海洋保护与开发领域，探索投资主体多元化、资金来源多渠道、组织经营多形式的发展模式。全力推进银企合作，设立海洋产业发展专项贷款，优先安排、重点扶持海洋开发重点项目。探索实行海域、港口岸线、无居民海岛等资源的经营性开发使用权公开招标、拍卖，建立海域使用权抵押贷款制度，拓宽融资渠道。积极争取和合理利用国际金融组织、外国政府贷款以及民间基金，支持符合国家政策的重大项目建设。

（四）完善海洋经济发展支撑体系

加快涉海基础设施建设，加强深水化、专业化、大型化港口码头以及航道、防波堤、锚地、导航设施等港口公用基础设施的建设和维护。构筑高标准的海堤防灾体系，对重要城镇、城市和农业区、重要农田的海堤，按照规定标准组织达标加固，提高抵御风暴潮的能力。加大渔港、海洋渔业安全通信网等渔业基础设施的建设力度，加快国家中心渔港、一级渔港建设步伐，配套建设一批海岛型渔港和二、三级渔港。完善沿海和岛屿综合交通、供水、供电等体系。完善海洋环境立体监测体系，对海洋环境进行全方位的动态跟踪管理，保障海洋经济在健康的环境中运行；巩固海洋防灾减灾体系，保障海洋经济在安全的环境中运行；构建蓝色生态屏障，保障海洋经济在和谐的环境中运行。建立海洋经济统计、运行核算与运行监测评估体系，全面掌握海洋经济的运行情况，实施海洋经济运行情况定期发布制度，及时提供海洋经济运行数据和评价分析资料，为海洋保护、开发和海洋经济管理、决策提供服务。推进海洋标准化体系建设，加强海洋标准化管理。

（五）提高海洋开发综合管理能力

规范海洋开发秩序，认真执行海洋功能区划制度。完善海域使用管理相关法规体系，推动《广东省海岛保护条例》出台。继续清理和规范各类涉海行政审批事项，建立健全行政审批责任制和责任追究制度，严禁违规审批、变相审批和重复审批，优化审批方式，推行并联审批、网上审批，不断提高审批服务效率和水平。加强对围海填海、海砂开采和无居民海岛开发利用等活动的监管，规范海域养殖活动。维护海域使用秩序，保护合法用海行为，促进人与海洋和谐相处。加大海洋执法力度，加强海监、渔政等海洋执法力量建设，强化对我省行政管理海域的巡航监管和对各种海洋涉外活动的监管，保障南海海上通道安全，维护我国海洋权益。

（六）培养高素质的海洋人才队伍

根据海洋经济发展对人才的实际需求，打造一支与产业发展相协调的规模大、素质优、层次高、结构合理的人才队伍。加大人才的培养、引进和扶持力度，优化人才队伍整体结构，加强高层次科技研发人才、工程技术人才、行政管理人才的培养和引进工作，培养学科带头人和创新型人才。引导高等院校、职业教育学校与企业合作开展“订单式”人才培养和技能培训，结合产业和企业发展需要，培养各类专业技能型人才，形成一支以技师、高级技师为骨干，中高级技工为主体的技能型人才队伍。建立健全人才使用、评价、激励机制，大力推进人才环境建设，消除不利于人才发展的政策性、体制性和机制性障碍，营造人才汇聚、人尽其才、才尽其用的良好局面。

附件：1. 广东省海洋经济发展“十二五”规划重点项目表（略）

2. 广东省海洋经济发展“十二五”规划空间布局示意图（略）

3. 传统优势海洋产业布局示意图（略）

4. 海洋战略性新兴产业布局示意图（略）

广东省滨海旅游发展规划（2011—2020 年）

为贯彻落实省委、省政府关于大力推动滨海旅游发展的战略部署，促进我省滨海旅游业健康有序、可持续发展，根据国务院批复的《珠江三角洲地区改革发展规划纲要（2008—2020 年）》和《广东海洋经济综合试验区发展规划》精神（粤府〔2011〕47 号），特制定本规划。本规划涉及广州、深圳、珠海、汕头、惠州、汕尾、东莞、中山、江门、阳江、湛江、茂名、潮州、揭阳等 14 个地级以上市的沿海区域。

一、发展意义

我省濒临南海，全省大陆岸线长 4114.3 公里，居全国首位；岛屿面积 1500 多平方公里，居全国第三位；海域总面积 41.9 万平方公里，拥有多样的海岸类型和丰富的滨海旅游资源。同时，我省具有经济较发达、人民生活水平较高、旅游需求旺盛，以及海内外、港澳台客源充足等方面的优势。我省在全国率先开发滨海旅游，滨海旅游业已成为我省旅游的一大特色，也成为我省海洋产业的重要部分。但与国内外滨海旅游发达地区相比，我省滨海旅游的发展仍有较大差距。

大力发展滨海旅游业，既是发展幸福导向型产业，满足人民群众日益增长的旅游度假需求、建设幸福广东的需要，也是发挥我省海洋资源优势，提升海洋经济与旅游经济总体实力，打造海洋经济和旅游强省，建设海洋经济综合示范区和旅游综合改革实验区的重大举措，有利于优化广东旅游产业结构，提升产业品质，增强市场吸引力；有利于拓宽粤、港、澳经济合作领域，密切我省与海峡西岸经济区、北部湾地区和海南国际旅游岛的联动融合；有利于探索海洋资源开发、环境保护和经济发展良性互动的科学方式，为实现我国海洋事业可持续发展提供示范。

二、发展背景

（一）发展环境

世界滨海旅游发展新趋势。据世界旅游组织统计，当前滨海旅游业收入已占全球旅游业总收入的1/2以上，比10年前增加了3倍；2007年全世界40大旅游目的地有37个是沿海国家和地区；这37个沿海国家和地区的旅游总收入达3572.8亿美元，占全球旅游总收入的81%。当今世界滨海旅游主要有四大区域市场，一是地中海沿岸，二是加勒比海沿岸，三是大洋洲区岛屿，四是东南亚岛屿。从历史发展进程看，世界滨海旅游重心呈现逐步向太平洋地区转移的态势。

中国旅游市场发展新阶段。2010年，我国人均国内生产总值已达到4682美元，旅游休闲已成为居民消费需求的重要组成部分，国内旅游消费开始进入大众化、多样化快速发展时期。为充分发挥旅游业在保增长、扩内需、调结构等方面的积极作用，国务院出台《关于加快发展旅游业的意见》（国发〔2009〕41号），把旅游业定位为国民经济的战略性支柱产业和人民群众更加满意的现代服务业。

广东海洋经济发展新战略。2011年7月，国务院批复同意《广东海洋经济综合试验区发展规划》，建设广东海洋经济综合试验区建设正式上升为国家战略。该区域将建设成为我国提升海洋经济国际竞争力的核心区、促进海洋科技创新和成果高效转化的集聚区、加强海洋生态文明建设的示范区和推进海洋综合管理的先行区。

广东旅游改革发展新目标。2008年11月，省委、省政府出台《关于加快我省旅游业改革与发展建设旅游强省的决定》（粤发〔2008〕20号），提出将广东建设成为“全国旅游综合改革示范区”。2010年，省委、省政府出台《关于实施扩大内需战略的决定》（粤发〔2010〕1号），提出全面实施国民旅游休闲计划，加快全国旅游综合改革示范区和旅游强省建设步伐。

（二）发展条件

资源优势。我省地处亚热带，气候温暖，环境舒适，阳光充足，大部分海域海水水质符合清洁、较清洁水质标准。全省可供开发的滨海沙滩有174处，沙滩总长572公里。海岛众多，大于500平方米的海岛有759个，海岛岸线长2428.6公里。红树林面积较大、分布较广，并有着中国大陆架上面积最大、保护最完好的珊瑚礁群。滨海各市有众多的文物古迹和独特的风情习俗，城市建设日新月异，多元的城市景观和多彩的城市生活，也成为重要的旅游资源。

客源优势。一是稳定的国内尤其是省内和当地游客市场。我省常住人口超过1亿，加上国内其他地区的大量游客，构成了我省巨大的潜在滨海旅游度假客源。二是为数众多的港澳台同胞和海外侨胞。2010年广东省接待入境游客中的港澳同胞和台湾同胞分别为2106.78万人次和317.72万人次，是滨海旅游的重要客源。三是外国游客人数不断增长。2010年，我省沿海各市接待的外国游客达到921.27万人次。

区位优势。我省是古代“海上丝绸之路”的起点，是古代中国与东南亚国家、非洲国家等商贸和交往的重要通道。粤西地区地处粤、琼、桂金三角，西为北部湾，连通大西南；粤东地区与闽、台等地相连相望，华侨众多；珠江三角洲区域毗邻港澳。优越的区位条件和较为发达的交通网络，增强了我省滨海地区的可进入性，同时也增强了投资者的信心。

观念和体制优势。我省改革开放先行一步，企业国际规范意识和市场竞争意识较强，在参与国际滨海旅游市场竞争上能较好地与国际接轨；许多大型国有旅游企业具备投资国际滨海旅游度假区的人才和经济实力。省委、省政府加大力度改善旅游投资环境，积极鼓励和引导国内外资金特别是民间资本投资经营滨海旅游业，形成了国有、外资、民营企业共同推动滨海旅游业发展的良好局面。

（三）发展基础

我省滨海旅游起步于20世纪80年代，以深圳小梅沙旅游中心、阳江海陵岛大角湾浴场、茂名龙头山—虎头山旅游区、江门川岛飞沙滩—王府洲旅游中心等为代表，以海水浴场作为主要开发内容。90年代中期至21世纪初，全省出现滨海旅游开发热潮，形成一批著名的滨海旅游度假区，其中阳江大角湾、汕头中信高尔夫海滨度假村及南澳岛等被评为国家4A级景区。21世纪以来，开始进入以休闲度假为导向的产品深度开发阶段，出现了以珠海海泉湾、惠州巽寮湾等为代表的高端滨海旅游度假区。

2010年，全省海洋生产总值8000亿元，比上年增长17.6%，占全省生产总值的17%。滨海旅游业总产值达到1298.39亿元，占海洋经济总量的16.2%，成为海洋经济的支柱产业。形成由海滨浴场、水上运动、文化观光、主题公园、民俗参与和专项旅游活动等组成的海滨度假旅游产品体系，“吃、住、行、游、购、娱”旅游六要素不断改善，初步形成了珠江三角洲、粤东以及粤西三大滨海旅游区域。近年来，到广东滨海地区的过夜游客人数增长迅猛，2010年广东滨海各市接待的过夜游客数达16745.85万人次，其中国际游客2832.22万人次，国内游客13913.63万人次。

（四）面临的挑战

我省滨海的气候、生态等条件，与海南省、东南亚地区以及国际滨海旅游发达地区相比，还有一定的差距，确立市场优势的难度较大。滨海旅游开发层次较低，产品特色不足，缺少拳头产品、知名品牌、精品项目。部分地区开发粗放造成资源破坏、品质下降，更新改造的难度大，可持续性面临挑战。东西两翼滨海地区的交通状况、旅游接待与配套设施都亟待完善。

三、总体思路

（一）指导思想

以邓小平理论和“三个代表”重要思想为指导，深入贯彻落实科学发展观，按照《广东海洋经济综合试验区发展规划》的战略部署，以科学发展为主题，以加快转变经济发展方式为主线，根据加快转型升级、建设幸福广东的核心任务，把握旅游业发展的良好机遇，进一步解放思想，深化改革开放，明确滨海旅游战略定位，突出滨海地区特色，实施品质提升战略、旅游惠民战略、国际化战略、可持续战略、空间引导战略、协调发展战略，创新滨海旅游发展机制，为提高人民群众生活质量、促进我省率先建成海洋经济和旅游强省做出积极贡献。

（二）战略定位

——我国亚热带最具活力的旅游目的地。打造我国亚热带动感、多彩、活力、欢乐的旅游度假黄金海岸，塑造“活力广东、欢乐滨海”的主题形象，建设多元化、高品质、生态化的滨海旅游度假地，在高端商务度假与高端家庭度假方面成为我国滨海旅游的领跑者。

——我省旅游产业创新发展的重要引擎。以国际顶级滨海旅游目的地为标杆，创新滨海旅游发展理念、产品形式、开发模式、营销模式，引领广东旅游产业转型发展、创新发展，提升我省旅游业的整体品质与区域吸引力。

——建设海洋经济强省的生力军。壮大滨海旅游产业规模，提升产业品质，完善产业链，形成产业优势，并与滨海地区其他产业良性互动、协调发展，共同构筑我省海洋产业体系，为我省建设海洋经济强省提供有力支撑。

——滨海旅游协调发展的示范区。积极探索，先行先试，在滨海产业协调互动、滨海区域联动合作、滨海资源环境有效保护、滨海居民主动参与和利益保障等方面率先取得突破，积累经验，形成示范。

（三）发展目标

在提升已有滨海度假区品质的同时，新建一批满足国内外市场需要的滨海旅游度假区。争取在10年时间内，形成设施完善、结构合理、特色鲜明、管理科学、服务优良的住宿、餐饮、交通、娱乐、购物、信息等旅游接待体系，达到国际一流滨海旅游度假目的地的水平。

——至2015年，初步建立“活力广东、欢乐滨海”的旅游整体形象，建成3～5个国家5A级滨海旅游景区或国家级旅游度假区，旅游基础设施更加完善，旅游环境更加优化，旅游产业素质显著提升，强化滨海旅游业作为海洋产业与旅游业支柱产业的地位。

——至2020年，“活力广东、欢乐滨海”的旅游整体形象深入人心，建成6～8个国家5A级滨海旅游景区或国家级旅游度假区，形成3～5个具有国际水准、在国际有一定知名度和美誉度的国际滨海旅游度假区，基本形成完善的滨海旅游产业体系，滨海旅游设施、服务质量和经营管理水平达到国际先进水平，旅游产业结构更趋合理和高级化，滨海旅游业成为广东建设旅游强省的重要支撑板块。

（四）发展格局

打造广东蓝色滨海旅游产业带：以自然资源、岭南文化为依托，以海岸生活、休闲文化为内涵，以家庭休闲度假与商务会议度假为重点，以现代化的设施与国际化的服务为特色，加快“海洋—海岛—海岸”旅游立体开发，打造多元化、高品质、生态化的滨海旅游度假地，成为我国最适宜休闲度假的旅游目的地之一，达到国际一流滨海休闲度假旅游目的地的水平。

重点开发环珠江口组团、川岛——广海湾组团、海陵岛——月亮湾组团、水东湾——放鸡岛组团、环湛江湾组团、大亚湾——稔平半岛组团、红海湾——品清湖组团、南澳岛——汕头湾组团等8大滨海旅游组团。建设一批以海洋旅游为主题的海岛、休闲度假区、滨海城市和特色旅游产业基地。

形成三大特色滨海旅游板块：

1. **珠江三角洲滨海地区**：建设一批主题鲜明、体验性强的滨海旅游度假区，打造具有全国性示范效应的滨海主题度假区。重点发展大众化、家庭式综合休闲娱乐型度假区，结合会展会议发展商务会议型度假区，针对高端客户需求开发具有一定私密性的海岛度假区。注重城市生活与滨海度假、度假旅游与度假地产、滨海度假与商务旅游、购物旅游等城市旅游的相互融合。

2. **粤西滨海地区**：融历史、文化与滨海旅游于一体，深层次开发海洋特色为主的滨海度假区。强调营造家庭旅游、休闲度假类产品氛围，开发渔家乐等体验性旅游，将滨海旅游度假区打造为当地旅游的核心产品。注重协调滨海度假旅游与工业发展的关系，促进两者互为市场、相互服务；加强与北部湾、琼州海峡旅游圈、海南国际旅游岛的联合，共同进行市场营销和客源吸引。

3. **粤东滨海地区**：强化差异性和产品特色，借助历史文化与商务会展等辅助资源，重点发展商务会议旅游、度假旅游和文化旅游。发展主题式户外培训基地和商务会议、高尔夫运动、温泉养生等特色型滨海度假区。注重借力海峡西岸战略，在客源市场上实现与海西其他市县的区域共享和合作。

构筑八大滨海旅游组团：

1. **环珠江口组团**：包括广州、深圳、珠海、中山、东莞五市的滨海地区及海岛。该区域地处广东省黄金海岸的地理中心，也是我省区域经济的重心。将城市生活与滨海度假结合，将滨海度假与商务旅游、购物旅游等城市旅游相互融合，重点发展大众化、家庭式休闲娱乐产品、商务会议型度假产品及针对特定顾客需求的高端度假产品等，引领粤港澳优质生活圈建设。主要旅游项目包括：深圳桔钓沙滨海旅游休闲娱乐区、西涌 - 东涌旅游休闲娱乐区、大梅沙湾 - 南澳湾旅游休闲娱乐区、沙头角旅游休闲娱乐区；东莞市虎门旅游休闲娱乐区；广州南沙蒲洲旅游休闲娱乐区；珠海市九洲旅游休闲娱乐区、珠海市万山渠道旅游休闲娱乐区、淇澳岛旅游休闲娱乐区、高栏岛东部旅游休闲娱乐区、荷包岛旅游休闲娱乐区等滨海旅游度假区。

2. **川岛——广海湾组团**：以川山群岛为核心，包括赤溪半岛、广海湾、镇海湾、浪琴湾、银澜湾等大陆沿海岸地区，以侨乡文化、海岛生态为特色，发展高端滨海休闲度假旅游和海岛生态文化游，与世界文化遗产开平碉楼进行内陆延伸和产业联动，增强旅游产业水平和综合竞争力。主要旅游项目包括：江门市上川岛旅游休闲娱乐区、下川岛旅游休闲娱乐区、江门新会崖门旅游休闲娱乐区、银湖湾旅游休闲娱乐区等滨海旅游度假区。

3. **海陵岛——月亮湾组团**：主要包括阳江海陵岛和东平珍珠湾、沙扒月亮湾地区。以丰富的滨海资源为依托，“南海Ⅰ号”文化效应为吸引，重点发展滨海观光休闲度假旅游、“海上丝绸之路”文化体验旅游和康体养生休闲旅游，打造珠江三角洲游客最喜爱的自驾车滨海旅游目的地。主要旅游项目包括：阳江市海陵岛旅游休闲娱乐区、阳江市月亮湾旅游休闲娱乐区、沙扒旅游休闲娱乐区等滨海旅游度假区。

4. **水东湾——放鸡岛组团**：主要包括茂名环水东湾地区的晏镜岭、虎头山、中国第一滩、龙头山浪漫海岸和大小放鸡岛。结合茂名滨海新区建设，整合环水东湾的滨海资源，重点建设水东湾旅游度假区和放鸡岛旅游度假区，发展富有茂名特色的滨海观光旅游、潜水休闲度假旅游和海上垂钓休闲旅游等。主要旅游项目包括：茂名市龙头山旅游休闲娱乐区、水东湾旅游休闲娱乐区、虎头山旅游休闲娱乐区、茂名市放鸡岛旅游休闲娱乐区等滨海旅游度假区。

5. **环湛江湾组团**：主要包括湛江市区、东海岛、特呈岛、硇洲岛、南三岛、南屏岛、吉兆湾、天成台、徐闻三墩、徐闻珊瑚礁保护区、廉江高桥红树林等。发展滨海城市观光、滨海休闲度假、海岛休闲度假、商务会议、游艇邮轮、高尔夫运动、海上运动、生态休闲、海峡文化、军港文化体验等多元化滨海旅游产品。主要旅游项目包括：湛江市吉兆旅游休闲娱乐区、白沙湾 - 青安湾旅游休闲娱乐区、三墩港旅游休闲娱乐区、乌石旅游休闲娱乐区、赤豆寮岛旅游休闲娱乐区、湛江市南三岛旅游休闲娱乐区、罗斗沙旅游休闲娱乐区、东海岛旅游休闲娱乐区、特呈岛旅游休闲娱乐区等滨海旅游度假区。

6. **大亚湾——稔平半岛组团**：主要包括稔平半岛、大亚湾滨海地区以及中央列岛、辣甲列岛等海岛。稔平半岛整合海湾、温泉、古城、乡村等资源，发展多元化、综合型的滨海度假区；大亚湾滨海地区结合工业发展工业旅游；中央列岛、辣甲列岛等海岛因岛制宜，发展不同层次、不同主题的海岛休闲度假旅游。主要旅游项目包括：惠州市平海旅游休闲娱乐区、巽寮旅游休闲娱乐区、霞涌 - 稔山旅游休闲娱乐区、小桂旅游休闲娱乐区等滨海旅游度假区。

7. **红海湾——品清湖组团**：主要包括汕尾红海湾和环品清湖城市地区。以遮浪镇为依托、以海上运动为特色，引领动感度假潮流；引导汕尾城区向环品清湖地区拓展，打造以内海为特色的滨海城市旅游产品。主要旅游项目包括：汕尾市金厢旅游休闲娱乐区、遮浪旅游休闲娱乐区、品清湖旅游休闲娱乐区、金町旅游休闲娱乐区、百安半岛旅游休闲娱乐区、鲘门旅游休闲娱乐区等滨海旅游度假区。

8. **南澳岛——汕头湾组团**：主要包括汕头、潮州、揭阳3市的海滨地区和海岛。以南澳海岛旅游和汕头滨海城市旅游为核心，以其他滨海旅游区为补充，重点发展具有潮汕文化特色的商务会议旅游、休闲度假旅游、渔家体验旅游、滨海观光旅游和滨海文化旅游等。主要旅游项目包括：汕头市莱芜旅游休闲娱乐区、广澳湾旅游休闲娱乐区、海门湾旅游休闲娱乐区、惠来市仙庵旅游休闲娱乐区、潮州饶平县海山岛旅游休闲娱乐区、汕头南澳岛东部旅游休闲娱乐区、南澳岛南部旅游休闲娱乐区、泥湾旅游休闲娱乐区等滨海旅游度假区。

（五）发展战略

品质提升战略。转变发展方式，注重发展品质，促进滨海旅游的高端开发与深度开发。重点发展具有地方资源、环境、文化特色并且符合市场发展趋势、具有高度成长性的高品质滨海旅游度假产品，培育一批国际一流的滨海旅游产品品牌。

旅游惠民战略。增强滨海旅游产品供给和便民举措等综合保障能力，将“旅游利民、旅游惠民、旅游富民”作为发展滨海旅游的根本出发点和落脚点。鼓励当地居民参与滨海旅游的开发，积极吸收当地居民在景区就业，使当地居民公平地享受旅游收益或得到利益补偿。通过滨海度假区的开发，带动地区经济起飞，促进广东区域经济均衡发展。

国际化战略。以国际化为导向，以国际先进滨海旅游地区为标杆，引进国际资本、国际企业、国际发展理念、国际经营模式、国际经营人才，发展国际级的滨海旅游度假产品，打造具有国际影响力的滨海旅游度假目的地，开拓与扩展国际市场，并实现滨海旅游产品品质、服务素质、产业运行机制的国际化。

可持续战略。坚持严格保护、科学管理、合理开发、永续利用的原则，加强对滨海旅游资源开发的宏观管理。建立滨海旅游区的环境质量标准，积极倡导生态旅游，促进滨海旅游环境的良性循环发展。提高滨海旅游项目的策划水平，在产品类型、产品档次上有所选择，在开发规模上有所控制，寻求最优的资源配置，并为未来的建设留有充分的发展空间和调整余地。

空间引导战略。根据不同区位的资源特色引导相应的旅游开发，根据不同类型旅游的要求引导相应的空间区位选择，实现资源优势与开发品质的有机衔接。充分考虑珠江三角洲、粤东、粤西之间在资源分布组合及生态环境容量上的空间差异，探索不同的开发模式，实施滨海旅游的差异化与联动发展。

协调发展战略。促进滨海旅游业与其他产业的协调，以此寻求旅游业发展的产业支撑。充分考虑粤港澳、粤闽台、粤桂琼在滨海旅游领域的协调发展，深化滨海旅游区域合作。注重滨海旅游规划与主体功能区规划、土地利用规划、城乡规划、海洋功能区划、环境保护规划、交通运输规划的衔接、协调，以各类规划引导滨海旅游业的良性发展，以滨海旅游业的开发促进各类规划的实施。

四、开发多元化滨海旅游产品

结合滨海旅游业发展现状及打造蓝色滨海产业带的发展目标，顺应当今滨海旅游的发展趋势，建立多元化而又富有广东地域特色的滨海旅游产品体系。

（一）提升滨海观光旅游

面向省内周末休闲市场、省内外大众观光市场，发展多元化的滨海观光产品。

将滨海地区秀丽的自然地质、地貌、水文景观、多元的文化景观、多样的生物资源和现代城市景观、产业景观合理组合利用，形成形式多样、内涵丰富、格调雅致的复合型滨海观光旅游产品，打造广东沿海蓝色观光走廊。

加快滨海地区的绿道建设，完善绿道的旅游基础设施与旅游服务设施，使之成为滨海地区具有休闲、观光、运动等多种功能的旅游新空间；通过城市绿道连接滨海城市相关景区景点，通过区域绿道串联滨海地区不同城市的旅游景区景点，构建以绿道为依托的滨海旅游休闲观光空间网络。

规划海上观光长廊，与沈海国家高速公路和西部沿海高速公路贯穿而成的陆上蓝色滨海生态旅游带遥相呼应，互成风景，让游客饱览海陆不同风光，体验新颖别致的观光项目，获得愉悦感受。利用丰富的海岛资源规划海岛观光旅游产品。

（二）丰富滨海休闲旅游

充分发挥我省滨海沙滩众多和气候环境宜人的优势，在部分海水沙滩条件较好的区域新建部分海滨浴场；对现有的海滨浴场进行整饰、改建和扩建，提高海滨浴场的档次和经营水平。增加海滩的活动内容，在面积大、坡度缓、安全系数高的海滩开发活力海滩旅游项目，适应游客追求放松、享受自然、愉悦自我的心理需求。

选择具有当地渔村民居特色的住宿条件较为良好的渔户住宅，整饰美化外部环境、完善改造内部设施，开发“渔家乐”旅游产品。设计类型丰富的垂钓产品以满足垂钓爱好者的需要。依托海上养殖基地，开发集观光、游览、科普于一体的“海上渔乐城”系列旅游产品。

（三）强化滨海度假旅游

提升现有滨海度假区的品质，新建一批满足国内滨海度假市场的度假区。选定若干资源和市场兼优的地区，进行高品质、高标准、整体开发建设，建设集观光、度假、休闲、养生、商务、会议于一体的国际滨海旅游度假区，建设中国滨海度假生活示范中心，满足游客休闲度假需求。

依托优越的景观资源，充分发挥客源市场优势，重点面向珠江三角洲及港澳的高端家庭休闲度假市场和商务会议市场，打造一批具有国际水准的大型高端度假酒店与商务会议度假酒店。依托游艇、高尔夫、温泉等特色资源或旅游产品，积极打造游艇酒店、高尔夫酒店、温泉度假酒店、文化艺术酒店等各类主题酒店。在条件优越的地区形成若干国际级度假酒店群。强化滨海酒店的度假目的地功能，使之不仅仅作为一种旅游配套设施和附属设施，更作为我省滨海旅游的一种特色产品，一种特殊旅游目的地。

充分利用滨海地区丰富的海水资源、温泉资源、生态资源，提炼和整合中国传统医疗养生文化的精华，融合世界其他国家和地区的康体保健方法，将传统养生精华与海洋疗养相结合，引进先进的康体设施，进行专业经营管理，建设富有广东特色的养生基地，丰富滨海疗养产品结构，满足游客日益增长的疗养需求，把我省滨海养生度假发展成为在国际上有一定影响力的品牌。

（四）拓展滨海运动旅游

根据年轻游客追求速度、挑战自我的心理需求，在滨海地区宽广海域开展帆船、帆板、摩托艇、水上摩托车、滑水、水上拖拽伞、皮划艇、潜水等海上运动，组建海上勇敢者俱乐部，设置海上运动装备器材租用室，配备专业教练指导和必要的救生人员。

打造“活力广东、欢乐滨海、优雅高尔夫”的主题形象与区域品牌；建立包括专业型俱乐部、多元型俱乐部和综合型俱乐部在内的多元化产品体系，实现高尔夫运动与其他滨海旅游产品的多元组合，使滨海高尔夫旅游成为广东滨海旅游吸引体系的重要组成部分；以粤港澳地区商务、社交与个人休闲度假市场为基础，扩大邻近省份及长三角、京津塘等地区商务、度假的市场需求；积极开拓日本、韩国以及东南亚高尔夫爱好者的个人滨海休闲度假市场。

（五）开发滨海文化旅游

挖掘滨海地区独特的民俗文化资源，形成旅游观光产品，吸引游客身临其境、深入细致地了解当地的民风民俗，体味滨海文化的独到之处。

以粤西、粤东地区已有的妈祖旅游产品为基础，开发妈祖文化旅游节、妈祖文化广场、妈祖主题园等妈祖文化旅游产品。

以阳江海陵岛“南海Ⅰ号”、海上丝绸之路博物馆和徐闻海上丝绸之路始发港为依托，结合徐闻珊瑚礁、大汉三墩等丰富滨海自然及人文资源，打造海上丝绸之路文化旅游精品线路。

整合广州南海神庙、黄埔古港古村、十三行、太古仓、沙面等历史文化资源，加强历史风貌的保护，做好海上丝绸之路文化宣传推广和旅游线路产品开发，积极推进申报世界文化遗产工作，提升海上丝绸之路文化的国际国内影响力。

依托千年雷州古城文化，保护和发扬各类独具特色的雷州传统文化、特色文化资源，以此为中心南连徐闻、北接湛江，打造独具特色的雷州文化旅游带，形成南中国文化的重要组成部分和景观。

（六）发展滨海节庆旅游

依托丰富的历史文化资源，培育形成若干大型民俗节庆活动及定期的商务会展、博览会等特色活动，打造有影响力的节庆旅游品牌，增加滨海旅游的产品特色，使节庆活动成为我省滨海旅游的特色与新的经济增长点。

重点发展类型包括：民俗型（如湛江东海岛的“人龙舞旅游文化节”“海上丝路文化节”、潮阳杨梅节、南沙天后宫文化节等）；商务型（如揭阳玉器文化博览会、潮州陶瓷博览会等）；体育型（如帆船赛、沙滩排球、足球、海滨马拉松赛等）；特殊型（如中国（江门）侨乡华人嘉年华等）。

（七）打造特色海岛旅游

立足丰富的岛屿资源，以市场为导向，针对细分市场提供多样化的产品，构建以休闲度假产品为核心，以观光旅游产品为重点，专项旅游产品为特色的复合型、多元化海岛旅游产品体系，以高品质的海岛旅游提升滨海旅游的整体形象，打造“浪漫海岛、度假天堂”海岛旅游品牌。

以本省及港澳台为主，积极开拓国内市场和国际市场。在巩固区域大众观光旅游市场的基础上，主要针对家庭度假、奖励旅游、商务会议旅游、新婚蜜月、企业公关联谊等中高端休闲度假市场。

坚持精细化、高品质和可持续原则，以主题开发为主，多元融合。根据各海岛区位、面积、资源品质及开发现状的不同，分类开发，不同类型的海岛规划打造不同的旅游产品，选择不同的旅游开发模式。通过提供高品质、多样化且主题鲜明的产品和服务，构建具有广东地域标识的旅游吸引体系。

突出重点，选择若干个区位、市场、资源和基础均佳的海岛，按国际标准建设国际性旅游度假区，并作为我省滨海旅游开拓海外市场的基地。区域联合，组团式开发，打造6个形象鲜明、主题突出的海岛旅游群，塑造广东海岛旅游品牌。

（八）培育游艇邮轮旅游

游艇旅游。大力发展游艇旅游业，积极延伸游艇旅游上下游关联产业，把游艇旅游发展成为滨海旅游的特色，将我省建设成为我国游艇旅游强省，在国内领先、在世界有一定知名度的滨海游艇休闲度假旅游目的地。形成以广州、深圳、珠海为核心，汕头、湛江、中山、东莞、江门、阳江、茂名、惠州、汕尾等游艇俱乐部群为支撑的滨海游艇旅游黄金海岸带。建成广州南沙、生物岛、珠海平沙和深圳大鹏湾4个游艇基地，强化基地与国外市场的联系与合作，逐渐形成全球知名的品牌效应。在珠海平沙游艇产业基地的基础上，进一步积极引进国际知名品牌游艇制造企业，发展中高档游艇制造业，积极推进游艇旅游为核心的游艇消费，构建集生产、服务、经营为一体的游艇旅游产业集群，将珠海建设成为国内第一个“游艇城”。各地区根据自身资源、区位以及发展基础的不同，确定不同的旅游目标市场，开发差异性旅游产品，形成自己的特色。

邮轮旅游。借鉴世界主要邮轮母港和停靠港的经验，研究省内主要城市发展邮轮经济的基础条件，进行邮轮母港与邮轮停靠港的选址论证工作。在选址论证的基础上，加强邮轮码头建设，建立发展邮轮旅游的设施基础。广州、深圳按照国际一流的标准规划建设国际邮轮母港，建设完善的登船、候船与通关设施，发展码头附近区域的旅游和商业功能，形成通达和快速的集疏体系，为到港乘客提供便利的交通、购物、餐饮、宾馆和通信等条件。珠海、汕头、湛江等城市以及川岛、海陵岛、南澳岛也应积极创造条件，适时进入邮轮旅游市场。吸引国际主要邮轮公司把我省主要城市作为母港停泊地，让我省沿海进入国际主流邮轮航线。吸引邮轮公司在我省设立办事处，旅游部门促进经营邮轮业务的企业甚至个人成立邮轮旅行社，制订专门用于发展邮轮业务的政策和措施，全方位地推动邮轮产业开展。

五、推进战略性旅游区域开发

选择若干资源和市场兼优的地区，进行高品质、高标准、整体开发建设，建设集观光、度假、休闲、养生、商务、会议于一体的国际滨海旅游度假区，打造我国滨海度假生活示范中心。通过综合性滨海度假区的开发，吸纳当地劳动力就业，带动地区经济发展，促进区域经济均衡发展。

（一）珠江三角洲湾区

包括广州、深圳、珠海、中山、东莞的滨海地区。具有河海交接的自然环境，是我省区域经济的中心，自然风光、历史文化、岭南水乡田园、现代产业景观、缤纷城市生活、繁华商务交流在有限空间的高度交集。规划打造多元化的旅游热点，包括自然风光（莲花山、南沙湿地、万山群岛等）、历史文化（中山故居、虎门炮台、南沙天后宫及南沙上、下横档岛鸦片战争遗址）、田园水乡（中山、南沙、东莞）、产业景观（南沙、盐田、高栏的港口与临港产业新城）、城市景观与生活（广州南沙新城、深圳西海岸、珠海情侣路等）、康体时尚（高尔夫、游艇、邮轮）等。将城市生活与滨海度假结合，将度假旅游与城市型度假地产开发结合，将滨海度假与商务旅游、购物旅游等城市旅游相互融合，丰富旅游吸引体系。

（二）深圳大鹏半岛

建成以滨海休闲度假产业为主体的具有国际一流水准的生态型滨海综合旅游度假胜地、文化旅游产业片区和国际性会议中心，成为体现深圳美丽海滨城市、高品位文化生态城市和国际化城市特色的重要组成部分。根据资源品质、现有开发程度和未来可塑性进行递进化布局，沙头角-盐田片区作为东部黄金海岸的门户和东部旅游区的旅游服务基地，重点发展旅游商贸、海鲜餐饮、海港观光等；梅沙-马峦-三洲田片区和下沙片区作为深度开发型旅游接待基地，以自然风光为特色，开拓生态休闲、滨海度假、体育娱乐、度假居住等多样化功能；西涌片区以建成综合性国际级滨海度假旅游区为目标，发展国际会议、国际体育休闲、海岛观光度假、科普教育、中高档度假酒店等项目。引进国际级旅游开发商或营运商成片开发，禁止低水平开发，禁止安排工业等有污染的项目。

（三）珠海海岛群

在横琴新区打造世界一流现代滨海文化游乐旅游区，重点发展滨海主题游乐园、国际会展中心、高尔夫、生态园、滨海度假、游艇基地等项目。选择大万山岛、桂山岛、担杆岛等几个较大岛屿作为整个海岛旅游群的服务基地，其他列岛进行主题化的旅游岛屿开发，形成“一岛一主题”的开发特色。构筑东澳-白沥-万山休闲度假、外伶仃-桂山观光娱乐和担杆-佳蓬生态旅游三大特色组团，重点建设万山、桂山、担杆三大海岛特色旅游镇。以生态优先为原则，注重环境容量控制，严格保护海岛自然环境和旅游资源；注重开发时序，根据市场需求由近岸岛屿向东逐步拓展。近期以海岛休闲度假和渔家民俗旅游产品开发为主，海岛观光为辅；中远期以外伶仃岛以及担杆列岛、佳蓬列岛的生态旅游和分时度假旅游开发为主。加快发展海上旅游交通，缓解海岛旅游交通瓶颈的制约。

（四）惠州稔平半岛

整合巽寮湾、双月湾、海龟湾、平海古城、海滨温泉等优势旅游资源，发展高端滨海旅游度假、商务会展、豪华游艇、滨海别墅等高端旅游产品，适当发展滨海观光、历史文化观光、海岛生态旅游、休闲渔业、乡（渔）村旅游等特色旅游产品。将巽寮湾打造成集旅游、度假、休闲、商务、会议、游艇、海滨浴场于一体的国际滨海旅游度假区，定位为珠江三角洲休闲之城，配套游艇俱乐部、奢侈品商店、五星级度假酒店、滨海体验、滨海运动、滨海美食等功能。将双月湾打造成为集第二居所、度假村、酒店、娱乐、温泉疗养、购物、会议培训、文化观光、体育拓展和游艇会所等功能为一体的综合性滨海休闲旅游度假区。坚持生态保护优先，高品质、综合型、多层次开发，充分挖掘和整合自然与人文旅游资源，努力拓展旅游产品，强化地方特色和旅游产品品质。

（五）汕头南澳岛

依托优良的海岛资源，重点面向粤闽及港澳台市场，对南澳岛进行整体开发。定位为以高端度假旅游为主的国际知名旅游海岛，发展以休闲度假旅游为核心，会议旅游、海岛观光、科教文化、宗教旅游为补充的多元化产品体系，建设成为国家生态旅游示范区、国家5A级旅游景区、全国闻名的海岛型休闲度假旅游区、粤东滨海旅游发展的龙头旅游区。岛屿东部突出休闲度假和海上运动、海洋探险、渔村风情、海防海盗文化等主题，打造高品位、国际化的大型滨海休闲旅游度假胜地。岛屿西部突出自然生态优势，建设以森林景观为背景、建设项目与自然风景相协调、体现天人合一思想的生态型旅游区。提升岛内旅游服务中心，塑造良好的旅游城镇形象，完善城镇基础设施和旅游服务设施，形成全岛旅游发展的重要接待基地。

（六）江门川岛

充分利用资源的多样性，重点面向珠江三角洲及港澳台市场，打造一个集观光娱乐、休闲度假于一体，具有丰富活动和生活文化，中高端、多样化、田园诗般的海岛旅游目的地。构筑以度假产品为主，观光产品和专项产品为辅的特色鲜明、主题突出的产品体系。凸显上、下川岛各自的特色，二者互为补充、互为客源：上川岛雄豪坦荡、山岭耸峙，其未来旅游开发应突出其豪气，以海洋和海岛自然风光为依托，以海上游乐项目为突破口，建设一个充满艺术气息和自然情趣的大型海上乐园；下川岛细腻多情、半农半渔，绿意盎然，其旅游开发应以静显优，走高端、生态和细分市场路线。改善交通运输、电力、淡水供应等配套条件，增加川岛的可达性与可游性。

（七）阳江海陵岛——月亮湾

借助“南海Ⅰ号”效应和临近珠江三角洲的区位优势，整合海岛自然生态和历史文化旅游资源，重点面向粤港澳中高端客源市场，形成集旅游观光、休闲度假、商务会议、滨海运动和文化体验为一身的多元化综合型旅游目的地，成为国际知名、国内顶尖的生态与历史文化旅游岛，珠江三角洲游客最喜爱的休闲度假和自驾车旅游目的地。对大角湾进行改造、调整和优化，并整合周边地区的发展，打造具有城市特色的休闲娱乐型海湾；在北洛湾和马尾岛建设高档居住度假型海湾；提升金沙滩，打造海上运动型海滩；在十里银滩建设滨海星级酒店群、主题乐园、度假公寓、度假别墅等，打造富有地方民俗特色的大型节庆活动，加快完善广东海上丝绸之路博物馆。加快东平珍珠湾和沙扒月亮湾开发建设，形成以海陵岛为龙头，珍珠湾、月亮湾为两翼的滨海旅游格局。

（八）茂名水东湾——放鸡岛

整合滨海旅游资源，将虎头山、第一滩和晏镜岭统一规划，统一开发，树立水东湾旅游区大品牌，扩大水东湾旅游区的影响力。提升改善第一滩的旅游配套设施，力争成为国家4A级旅游度假区，提高水东湾旅游度假区的品位；理顺虎头山的权属关系，盘活虎头山景区；进一步开发晏镜岭景区，利用晏镜岭动力气流稳定的特点，打造广东著名的高空滑翔伞基地。依托全国第一的海水能见度、丰富的滨海资源及优美的环境，走高端专业化路线，打造全国著名的潜水休闲度假区、海上垂钓休闲度假区、高端度假型海岛旅游区。将放鸡岛打造成一个既有丰富运动也可安静度假的海上生态休闲乐园。积极促成珠海海岛群 - 茂名放鸡岛 - 海南海岛度假旅游黄金线路的开通，将放鸡岛纳入区域海上旅游线路。

（九）湛江五岛一湾

以湛江市区为依托，以湛江海湾为纽带，串联东海岛、特呈岛、硇洲岛、南三岛、南屏岛5个各具特色的海岛，形成差异化与联动发展相结合的空间格局，建设我省著名的港湾—城市型海岛休闲度假旅游区。加快城市滨海地区的建设，打造“一湾两岸”滨海城市观光旅游区。以湛江港湾为核心，结合雷州半岛东、南、西部丰富的旅游资源，构成具有浓郁风情的滨海观光带。东海岛要正确处理石化、钢铁等大型工业项目与滨海旅游之间的关系，开发特色化的工业旅游，给商务旅游带来更多机遇。硇洲岛重点发展潜水旅游、海岛历史文化游、滨海休闲度假游，并结合国家级中心渔港的建设发展渔港旅游。特呈岛旅游度假区以建设成为生态、文明的旅游新海岛为目标，发展滨海乡村生态旅游和休闲度假会议中心。南三岛以建设国际邮轮港、海洋主题公园、生态观光农业园、水上运动中心为重点，凸显休闲度假和观光体验。南屏岛重点发展高端商务和海岛度假旅游。

（十）汕尾红海湾

将红海湾建设成以体育休闲运动为主的“三船”（冲浪、扬帆、皮划艇）运动基地和集水上运动、生态观光、避暑度假、休闲疗养、餐饮、娱乐、购物等功能齐全的、全天候的复合型旅游度假区；并与汕尾湿地一体化开发，形成冬夏互补的现代滨海旅游示范区。进一步完善配套水上运动区，开设滑水、摩托艇、空中跳伞、冲浪等水上运动娱乐项目，建设帆船帆板运动博物馆、游客中心、美食街、文化广场、露天酒吧，丰富海滨旅游活动内容。依托红海湾周边重要的湿地，在其核心区外建立湿地公园，开展生态观光和游客参与性强的垂钓、观鸟、渔家乐等娱乐项目，形成主题鲜明、内容独特，兼有生态保护、生态旅游、生态教育功能的大规模滨海生态观光旅游区。

六、建立高效能旅游支撑体系

（一）完善旅游交通体系

区域旅游出行。形成以珠江三角洲地区为核心，以公路为基础，铁路、水路、航空多种旅游出行方式协调发展，旅游客运能力显著增强，运输质量明显提高的区域旅游出行系统。进一步拓展航空运输网络，优化民航运输资源，提升航空运输水平。形成能紧密联系区域内各重要旅游城市，以及快速连接周边省份客源市场的铁路网络；建设珠江三角洲地区连接两翼地区的高速铁路，开辟专门的广东滨海旅游列车，实现高容量、快速的旅游出行。依托广州、深圳、珠海、湛江、汕头等5个沿海主要港口和各沿海地区性重要港口，开拓区域内至港澳台、国内其他重要沿海城市、东南亚国家沿海城市的航线，形成布局合理、分工明确、层次清晰、与其他运输方式衔接较好的水运旅游出行系统。以信息化、网络化为基础，加快智能型交通运输的发展，推进现代旅游出行系统的形成。

景区入口交通。完善通达旅游景区（点）的公路建设，提升通达旅游景区（点）公路的等级，加强通达旅游景区（点）公路的交通管理，缩短旅游者花费在通达旅游景区（点）公路上的时间。做好通达旅游景区（点）的公路沿途服务设施、旅游附属设施的配套，特别是为自驾车游客提供的配套服务。开通旅游直通巴士、旅游专线等旅游出行服务，把地区内各个景点串联起来。合理解决进入海岛的旅游出行问题，加强从市区到旅游码头，以及从旅游区内部到旅游客运码头的交通衔接，方便旅客使用进岛轮渡。发展水上直升机等特色旅游出行方式进入海岛旅游区。

景区内部交通。加强旅游海岛上的道路建设，方便连接岛上的各个重要景点和重要配套设施。有条件的可以开行岛内公交车，方便乘客代步。条件成熟的还可开辟空中交通（直升飞机）等高科技旅游出行工具。注重海岛的环境保护，发展旅游岛生态交通，利用电瓶车等快捷、环保交通的工具，在较近的景点间穿梭。根据海岛的自然条件特点，积极发展水上旅游出行，开辟环岛游线路。发展多样化的特色交通游览方式，满足旅游者求新、求奇、求特、求异的心理需要，从而达到“游旅结合”。

（二）提高旅游接待能力

旅游住宿。完善重点景区景点的配套住宿设施，改造和提升现有住宿设施的档次和功能。积极培植有地方特色与滨海特色的民居旅馆和度假酒店，引导投资商开发度假型、生态型、会议型、经济型、商务型和主题型酒店，适当建立野外露营基地、汽车宿营地和青年旅馆。鼓励吸引国内外高星级酒店品牌和优秀经济连锁型酒店品牌进入广东滨海地区；引导和支持本土酒店向集团化、网络化、品牌化、国际化经营方向发展；支持发展本土化的精品单体酒店。鼓励社会旅馆参加星级评定，规范家庭旅馆，提供安全、卫生、舒适、周到、温馨、优质的住宿设施。

旅游餐饮服务。发挥我省饮食资源的优势，深度挖掘粤菜饮食文化和特色，以广府菜、潮菜、东江菜为依托，重点开发各地特色且知名度高的餐饮、美食品牌，打造珠江三角洲、粤东、粤西地区滨海餐饮美食品牌。引进世界各地美食佳肴、服务方式，创造多元化的旅游餐饮产品与服务体系。把餐饮作为旅游的重要组成部分，使品尝美食作为增加旅游吸引力的因素之一，提高餐饮在旅游业的比重。形成层次分明、特色各异、功能完备的旅游餐饮体系，优化餐厅档次结构，合理配置高、中、低档餐馆，合理布局旅游餐饮网点，根据旅游线路特别是自驾车旅游线路的设置，在合适地点设置休息点及餐饮供应点。引导旅游区（点）中的餐饮场所突出当地文化元素，培育地方特色菜肴、特色名点、特色饮食方式、特色饮食文化。在滨海旅游景区、滨海旅游城市、滨海旅游乡村有选择地适度推进美食街、美食城、美食点建设，作为旅游配套建设的重要举措；进一步推动和做大各地旅游美食节，并在场地和节庆形式上进行创新。规范旅游餐饮管理，优化旅游餐饮环境，严格控制餐饮污染。

旅游购物。形成完善的旅游商品系列和旅游购物品销售体系。大力开发和制造具有广东滨海特色的旅游工业品、旅游纪念品。构建旅游商品产业链条，形成产、供、销一体化的旅游商品生产销售网络体系及生产销售基地，带动旅游购物场所的规范化建设。评选诚信示范商店或广东土特名品专卖连锁店。优化旅游购物场所的环境，增加休闲配套设施，营造良好的购物体验环境。加大政府扶持力度，对开发潜力好、知名度大、附加价值高的旅游商品及企业适当给予政策倾斜。举办旅游纪念品设计大赛、旅游商品展销和“地方优秀旅游商品”评选等活动，促进旅游商品的发展。拓展旅游商品开发模式，引导农民到旅游商品开发制造行业就业，建立“企业＋基地＋农户”的三合一模式，走规模化生产道路。规范购物市场。大力推进旅游购物诚信档案的建设，建立旅游购物场所、企业、服务人员的信誉档案，落实旅游购物企业的信誉监督、信誉奖励和失信惩戒机制。建立质量标准监控体系，规范旅游商品经营行为，大力推进旅游商品有序发展。

旅行社。鼓励发展不同类型的旅行社，建立多元化、多层次的旅行社体系；扶持和培育骨干旅行社，走集团化、网络化、国际化之路；吸引国际上有实力的品牌旅行社到广东滨海各地设立分支机构，利用这些旅行社的网络营销关系和科学的管理模式拓展客源市场，带动整个目的地的旅游业；鼓励旅行社的适度专业化发展，包括发展专业化滨海旅行社，形成一批专长以至专营滨海旅游的旅行社；加强省内各地旅行社之间的合作，从联合促销、共同研发旅游线路和产品、相互借鉴管理模式、沟通信息以及培养人才等方面着手，提高整个行业的经济效益与经营管理水平；加强本省旅行社与广西、海南、福建、香港、澳门、台湾及其他区域旅行社的合作与联动，共同促销旅游线路，拓展地接业务，开拓市场范围。规范滨海地区旅行社的市场管理，积极推进依法治旅工作，规范市场秩序。

旅游信息服务。整合各地已有的旅游网站，建立统一的网络宣传平台，增加网络提供的信息量，缩短网络信息的更新周期，加速信息的流动速度，使网络和旅游者之间的交互功能进一步强化，避免因为信息过期导致游客安排不当。建设滨海旅游电子商务系统，提供旅游信息查询、旅游预订、网上支付、网上结算等功能，并与旅游信息咨询系统结合。建设滨海旅游管理信息系统，直接联结行业主管和行业协会、旅游企业、相关行业和学术机构，提高即时交流管理信息和应对突发事件的能力。加强景区电子商务建设，实现与游客、旅行社的信息化互动。实施滨海旅游信息系统、电子商务系统、旅游管理信息系统的信息标准化采集，实现与广东省旅游信息综合服务平台的对接，促进区域信息化协调发展，以完善区域间的旅游信息共享。

（三）加强旅游人才队伍建设

建立和完善旅游教育与培训体系，为旅游业培养高素质的专业人才。发挥综合大学和高等职业学院的优势，办好旅游中等职业学校（院），利用现有设施完善旅游培训中心，把广东建成全国旅游人才的培训基地和输出基地之一。坚持院校培训与在岗培训相结合，本地培养与外地引进相结合，加快培养中高级旅游经营管理人才、涉外人才，全面提高旅游从业人员的思想素质、业务素质和文化素质，使之达到规范化的岗位标准。

增加对旅游教育的投入。依托现有院校开发旅游教育，使学历教育和非学历教育相结合，提高员工素质。培养一支有较高专业水平，普通话、粤语、外语相配套的导游人员队伍。有计划地选调一批优秀人才到国内外大学和研究机构学习、深造。

建立旅游人才流动制度。不断完善用人机制，建立起留得住人才的企业文化和激励机制，建立人才流动制度和人才流动备案制度。加大旅游优秀人才引进力度。大量引进外语人才，充实各大旅行社、酒店、景区（点），特别是导游队伍。

（四）培育旅游龙头企业

推进旅游企业改革创新，鼓励优势旅游企业重组扩张，努力培育一批旅游龙头企业。鼓励开展各种旅游经营方式、运作模式的创新和探索。对具有规模优势、资源优势和品牌优势的景区和企业，以优引优，以强联强，引进境外资本与民间资本，进行产权重组，使旅游业逐步建立产权清晰、权责明确、保护严格、流转顺畅的现代产权制度。

引入市场化机制，支持非公有经济向旅游领域拓展，允许景区（点）所有权与经营权分离，切实推进产权多元化和管理专业化，采取“谁投资、谁开发、谁经营、谁收益”的原则，自主经营、自负盈亏、利益共享、风险共担。整合旅游产业要素，优化资源配置，推进旅游企业向产业化、规模化、品牌化和国际化方向发展，组建一批旅游企业集团，形成具有竞争力的旅游经营体系。

（五）发展旅游制造产业

旅游制造业是联系工业技术与旅游产业经济的纽带，是旅游产业和旅游经济的基础。着力做大做强以游艇制造、高尔夫用品制造为代表的旅游制造产业；大力提升酒店用品和旅游商品制造业生产水平，改善生产工艺，向新型制造业方向转型升级，强化产业竞争力；打造较为完整的旅游制造业产业链，形成与滨海旅游产业配套发展的现代旅游制造产业体系。

游艇制造。发展游艇研发、设计、游艇原材料加工、游艇装配等产业，重点建设珠海平沙游艇产业基地，着力打造集游艇设计、游艇组装、游艇展销、游艇文化传播于一体的世界级游艇基地。加快筹建游艇产业研究中心、游艇技术研究中心、游艇材料检测中心等一系列平台，延长完善产业链，引导培育相关服务业。适时组建行业协会，出台行业公约，完善行业管理，并在制定国内游艇行业规则、技术标准等方面发挥重要作用。

高尔夫用品制造。抓住发展契机，积极研发新款高尔夫用具、用品，扩大国际市场，抢占国内主流市场。重点建设东莞塘厦高尔夫用品产业基地，使其成为我国重要的高尔夫用品的生产、加工基地。

酒店用品制造。充分发挥我省作为酒店用品制造业大省的产业基础以及中国进出口商品交易会的良好平台，积极出台扶持酒店用品制造业多元化的政策措施，引导企业进行专业化分工和上、下游配套，提高产业关联度，延长产业链条，壮大产业规模，以形成良好的群聚效应和规模效应，打造中国乃至世界的酒店用品制造、展销中心。

旅游商品制造。加强旅游商品的研发与设计，形成特色旅游商品体系。包括：土特产品系列、海产品系列、手工艺品系列、花卉植物产品系列、特色邮品和纪念品以及旅游知识性商品。把握游客消费特点，兼顾不同文化背景、不同文化水平、不同职业构成、不同经济水平、不同年龄层次的游客需求；用高品质、高档次的精品、特品来激发消费能力高游客的购物欲，增强游客的关注度及产品的知名度。注意增强商品的视听冲击力，从造型、色彩、包装等方面进行新颖别致的设计。

七、深化多层次区域旅游合作

坚持政府主导与市场运作相结合的原则，以资源和产品整合为核心，以联合营销和市场共享为动力，设立政府间的旅游协调机构，配套合作政策，制定合作方案，构建区内、区际、国内、国际的多层次、全方位的务实性旅游合作体系。

（一）促进省内旅游合作

利用实施《珠江三角洲地区发展改革规划纲要（2008—2020 年）》的机遇，积极引导珠江三角洲地区的资金、人才、企业到东西两翼开发旅游资源、创办旅游企业，推进产业与劳动力“双转移”，促进区域旅游协调发展，推动区域旅游合理布局；大力推进珠江三角洲地区和粤东、粤西地区客源市场的互动，实现大区域旅游市场共享，统筹区域旅游发展，形成区域一体化新格局。

（二）推进粤港澳旅游合作

努力提高粤港澳合作层次，拓宽旅游合作渠道与领域。建立稳定、紧密的协调机构，定期研究和推进解决粤港澳旅游合作中出现的问题。积极鼓励和引导我省港澳旅游民间组织建立沟通联系机制，推动三地旅游民间组织的交往。加快粤港澳三地旅游业资本和服务互相开放。吸引更多有实力的港、澳投资商来粤投资大型滨海旅游项目。争取实现三地旅行社组织的旅游团队直接进入对方行政区提供旅游服务。加强相关配套法规的修订和管理机制建设，推动粤、港、澳三地客源互动共享，保证三地旅游市场和谐健康发展。进一步提高粤港澳游客流动的便利性，通过推进区内通关管理电子化、通关手续简化、开设旅游专门通道等手段，营造高效、便利的区内通关环境。积极推动粤港澳游艇旅游合作，争取粤港澳游艇在口岸通关监管、游艇码头设置、游艇和驾驶员牌照互认、游艇活动范围等方面的政策突破。继续联合香港、澳门旅游部门参加国家旅游局组织的境外旅游展览会和境外大型宣传促销活动，有重点、分阶段地选择共同的国际客源市场举办粤港、粤澳旅游说明会和面向公众的宣传促销活动。加强粤港澳旅游信息化标准建设和信息采集的合作，实现粤港澳旅游信息共享，整合发挥粤港澳旅游信息平台各项功能。加大粤港澳旅游形象的网络宣传力度，鼓励和支持我省旅游企业推广旅游电子商务，提高旅游电子商务运作水平。

（三）推进粤闽台旅游合作

以粤东地区为先导，加快融入海峡西岸旅游合作区。强化海峡西岸区域合作联盟，构建海峡西岸旅游合作常规化运作机制，共同建设世界级的海峡西岸旅游区。打造“闽南潮汕黄金海岸游”等区域旅游线路，以营销带动区域旅游发展，共同开拓国际国内两大市场。加快跨省域的交通对接，开辟海峡西岸无障碍旅游区。开拓旅游投资领域的合作，吸引对方区域内的旅游企业集团通过投资、参股、兼并、收购等方式来我省落户，促进经营网络发展。促进旅游企业间的合作，调动旅游企业合作积极性，加强各地旅行社、宾馆、景区（点）互动，推进海峡西岸旅游一体化发展。利用海峡两岸三通的机遇，加快实现揭阳潮汕机场、汕头港口与台湾的客运直航，积极争取授权汕头为台胞办理落地签注点。将南澳岛建成对台综合性旅游特区，吸引台湾大型旅游资本投资建设南澳岛。建设邮轮停靠港，吸引国际邮轮将汕头、高雄、香港和厦门等地组成线路。

（四）推进粤桂琼旅游合作

以粤西地区为先导，推进环北部湾地区的旅游合作。整合环北部湾资源，共塑北部湾跨国旅游圈形象。各合作城市在资源共享的基础上实现客源互引、互动促销，利用区域旅游的整体优势培育市场，增强旅游产品的市场吸引力和竞争力，扩大环北部湾地区旅游整体的知名度、吸引力、市场范围，在此基础上共享北部湾跨国旅游圈利益。要实行区域市场开放，引导有实力的企业通过兼并、收购、控股、连锁经营等形式实现跨区域发展，促进旅游企业的集约化、专业化发展。在合作的导向下，注重差异化发展，重点开发本地旅游项目，形成特色与优势，提高自身旅游吸引力。粤西地区要大力改善与珠江三角洲的交通联系，以充分吸引珠江三角洲客源；要加强与海南、广西壮族自治区的合作，开展长线自驾车游等旅游产品；要增强与越南的合作，争取成为跨国旅游的中转站。

（五）推进东盟“10+1”旅游合作

积极加强与东盟各国的旅游交流，在旅游交通协作、旅游信息协作、旅游机构协作、旅游便利化协作、旅游危机处置协作、旅游宣传促销协作等方面进行深层次的交流与合作。加速发展我省与东盟的旅游交通合作，增强国际旅游交通对接，完成旅游交通便利化，重视海上航线的合作；举行国际旅游协作论坛，加大区域协作力度，积极与东盟国家旅游管理部门签署旅游合作与交流协议，在各国设立驻外旅游办事处；以中国 - 东盟博览会为平台，进行东盟国家间的旅游产品信息推介，同时整合资源，开拓国际旅游新线路，扩大旅游促销和人力资源开发合作；加强我省与东盟国家间在旅游项目投资方面的合作；积极推进我省与东南亚旅游的便利化，简化旅游签证手续；加强旅游突发事件处理的合作，建立维护旅客权益的国际旅游应急协作机制，保证游客的旅游安全。

八、强化可持续资源生态保护

（一）加强海岸带综合管理

尽快出台关于我省滨海旅游的相关政策和要求，杜绝对海岸线过度开发建设。制定海岸带时旅游发展指引，对海岸带旅游开发者提供技术指导。

贯彻落实《广东省环境保护规划纲要（2006—2020年）》（粤府〔2006〕35号）确定的全省生态环境分区控制战略，近岸海域严格控制区（海洋自然保护区、珍稀濒危海洋生物保护区、红树林保护区等区域）内禁止设置排污口，避免开设航道和旅游线路。规划建设海岸带时，要注意保护原始生态植被。在规划建设海岸带时保留离最高潮位线 10 ~ 30 米的原始生态植被，对保留原生态植被的海岸带可以进行必要的美化。以沿海防护林、自然保护区等为重点，加大森林生态资源保护力度。对破坏海岸实行环境违纪问责制，确保滨海海域水质好转有制度保证。

（二）保护性利用滨海资源

建立滨海旅游区的环境质量标准，控制环境容量，促进滨海旅游环境的良性循环发展。提高滨海旅游项目的策划水平，有效制止无序开发和破坏性开发。积极倡导生态旅游，调整布局，分流客源，减轻主要滨海景区的接待压力。

按照“规划先行、范围明确、专家参与、容量控制、实时监测”的原则开发利用滨海旅游资源。各旅游景区的开发应制订切实可行的开发发展规划，杜绝无规划滥开发和不按规划开发的行为；确立景区（点）的保护范围，明确各景区、度假区的保护范围，控制保护区内的开发建设活动，景区（点）外围的工程设施应与保护风景区周围的景观和谐。各景区（点）均应测算和确定旅游环境容量，作为景区（点）旅游开发和接待活动管理的参考依据。

（三）加强对环境影响的源头监督和过程控制

严格贯彻执行《中华人民共和国环境影响评价法》，对旅游专项规划必须进行环境影响评价，对旅游项目开发实施环境影响评价制度，实现环境保护的源头监督。

要加强过程控制，不定期或定期监测景区环境。主要的旅游区、景区和景点应有旅游监测人员，配备相关设备，以保证监测体系科学、全面。

（四）加强对游客行为的引导与管理

进一步加强对居民和游客的旅游资源保护知识的宣

传，通过游客中心、景点门票、宣传册、广告短片、标识牌、导游词等对游客进行环境教育。制定相关规章制度，加强对游客旅游行为的环境管理。测量景点的环境容量，在环境敏感区严格控制游客数量与游客行为。

（五）加强对景区投资开发行为的监控

对于旅游重大项目、重点项目，有关部门应当严格论证、科学评审，监控相关经营管理活动。同时，可以聘请有关旅游专家担任顾问，为有关部门提供决策参考。

九、实施保障

（一）制定积极的产业扶持与促进政策

加强旅游产业体系建设。按照大旅游、大市场的发展理念，推进同业集聚和产业协作，完善旅游产业体系，延长旅游产业链，重点扶持重大旅游项目、旅游龙头企业、精品旅游线路和具有广阔前景的旅游新产品。

创新旅游生产经营模式。鼓励旅游景区加强与关联企业合作，推进旅游景区投资经营多元化。支持旅游景区品牌化经营，提升管理服务质量。培育壮大旅游房车、邮轮、游艇制造和高尔夫用品、旅游保健防护用品、特殊旅游用品等生产企业，支持建设旅游制造业基地。推进旅游生产营销的规模化，完善旅游产品交易市场，发展旅游电子商务，推进旅游信息化进程。

加大财政扶持力度。在海洋经济试验区规划建设期间，充分发挥省财政安排的旅游产业园区竞争性扶持资金等资金的引导作用，择优扶持纳入海洋经济综合试验区的示范性旅游产业园，以及战略性重大滨海旅游项目基础设施和旅游公共服务设施建设。沿海市、县要统筹财力，切实加大对本地滨海旅游发展的资金支持。

拓宽旅游企业融资渠道，完善金融扶持政策。争取金融机构加大对符合条件的旅游企业和项目的信贷支持，扶持旅游企业做大做强，推动知名旅游品牌和精品线路建设。省财政每年安排的农村劳动力培训转移及促进就业专项资金，可按规定用于旅游行业人才培训。

（二）提供有力的用地与用海保障

旅游用地支持。对列入全省旅游业发展规划的重大旅游建设项目和发展生态旅游项目用地给予支持；对滨海旅游重大项目的建设用地探索采取土地租赁等灵活多样的方式供应。积极推进集体建设用地使用权流转，根据有关公开交易的程序和办法，通过出让、租赁、转让、转租等方式依法取得的集体建设用地，可用于建设开发旅游项目。

完善用海政策。按照《中华人民共和国物权法》确定的海域使用权物权属性，推进项目用海凭海域使用权证按程序办理工程建设手续试点。推进建立海域使用并联审核机制，实施项目用海的海域使用论证、环境影响评价、防洪影响评价等同时进行，简化海域使用审批程序。推进海域资源市场化配置，完善海域使用权招拍挂制度。

完善海岛开发政策。加强有居民海岛地区的基础设施、海水淡化和环保项目建设，探索建立无居民海岛使用权招拍挂制度，为海岛旅游开发创造条件。

（三）构筑多元化投融资格局

借鉴国外成功旅游度假区旅游开发的经验，深化旅游投融资体制改革，充分发挥市场的基础性作用，在政府主导下，积极创造条件，扩大旅游投资融资渠道，建立投资方式多元化、资金来源多渠道的投融资格局。

重视对旅游业的导向性投入。深化旅游基础设施投资机制改革，制定鼓励外资和民间资本介入旅游基础设施建设的政策，鼓励和支持旅游基础设施建设的 BOT 投融资模式。

消除市场分割，建立旅游市场准入机制，鼓励和吸引国内外企业特别是民营企业参与滨海旅游开发，鼓励相关产业向旅游业延伸。加大招商引资力度，出台融资、用电、用水等方面的倾斜政策，鼓励支持外资、社会资金投资开发旅游业，形成多形式、多元化的旅游发展体系。

创新投融资体制，大力引进外资、社会资金投资开发大型旅游项目，集中财力打造一批 4A 级、5A 级景区等旅游精品项目，鼓励景区规范化管理，通过精品景区打造经典旅游线路。推行“优质旅游联盟”计划，实行旅游奖励，促进旅游企业核心竞争力提升，促进优质旅行社、景区景点、酒店等旅游企业互促互动发展。

（四）开展有针对性的旅游市场营销

在区域市场方面，以珠江三角洲为核心，夯实省内基础市场；以中部和西部内陆地区和东北地区为重点，大力开拓省外市场；以港澳台、东亚、东南亚国家和地区为中心，积极开拓欧美等海外市场。以滨海观光旅游为基础，以滨海休闲度假旅游为重点，以滨海商务度假旅游为特色，提供多元化的滨海旅游产品。

加大在国内主流媒体和海外华文媒体的广告宣传投放力度，全方位提升“活力广东、欢乐滨海”的知名度、美誉度。积极参加境内外促销活动，加强与友好省州宣传促销互动合作，利用互联网、平面媒体和新闻媒体创新宣传促销方式。鼓励“广东人游广东滨海”活动。加强对海外华人、华侨的宣传促销，发动更多的侨团来广东寻根问祖、探亲访友、观光旅游。

（五）加强行业与市场管理

充分发挥旅游行政管理部门职能作用，加强监督管理。发挥各类旅游协会作用，制定行业规范，推进行业自律。建立健全导游人员执业的准入、激励、保障和责任追究等机制。

规范旅游市场秩序。推动完善旅游服务质量监督管理体制，加大旅游投诉处理、旅游市场执法力度，加快推进旅游行业标准化建设。强化旅游安全监管，营造安全旅游环境。全力推进诚信旅游，推行优质旅游计划，加强旅游行风建设。

（六）加强规划的实施管理

加强组织领导。沿海各地级以上市政府要把发展滨海旅游摆上重要议事日程，加强领导，统筹协调，建立健全工作机制，研究制订实施方案，明确工作分工，切实推动本地区滨海旅游科学发展。省发展改革委、旅游局、海洋与渔业局等部门要加强对滨海旅游发展的指导和协调作用，其他职能部门要按照各自职能分工，各司其职，相互配合，形成推动滨海旅游发展的强大合力。

加强监督检查。省旅游局要根据本规划制定滨海旅游规划实施方案，分解目标任务，明确责任分工，建立考核制度，切实加强对滨海旅游发展重大决策、重大项目以及配套政策执行情况的督促检查，定期通报进展情况，确保工作目标实现。

加大宣传力度。充分发挥新闻媒体和宣传媒介的作用，加大对本规划的宣传解读，加大建设海洋经济强省和发展滨海旅游的宣传力度，提高全社会的海洋意识与旅游意识，充分调动全社会参与滨海旅游发展与海洋经济建设的积极性，营造共同推动滨海旅游发展的良好氛围。

附件 1：滨海旅游地区发展指引（略）

附件 2：重点滨海旅游项目一览表（略）

二、法律规章

广东省渔港和渔业船舶管理条例

（2011 年 9 月 29 日广东省第十一届人民代表大会常务委员会第二十八次会议通过，2011 年 12 月 1 日起施行）

第一章 总 则

第一条 为了加强渔港和渔业船舶管理，保护渔港和渔业船舶所有者和经营者的合法权益，保障渔业生产安全，促进渔业发展，根据《中华人民共和国渔业法》等法律法规，结合本省实际，制定本条例。

第二条 本条例适用于本省行政区域及管辖水域内渔港的规划、建设、维护、经营和管理，渔业船舶的设计、制造、维修、使用和管理。

第三条 县级以上人民政府渔业行政主管部门负责本行政区域内渔港和渔业船舶的管理工作。县级以上人民政府渔业行政主管部门所属的渔政监督管理机构、渔业船舶检验机构具体负责对渔港和渔业船舶的监督管理。

县级以上人民政府公安边防、工商等部门以及渔港所在地乡镇人民政府，按照各自职责做好渔港和渔业船舶的监督管理工作。

第四条 县级以上人民政府应当加强渔港建设，鼓励渔业生产采用节能、环保、高效的新技术、新工艺和新材料，促进现代渔业发展。

县级以上人民政府应当推进渔港和渔业船舶管理信息化建设，建立健全管理信息系统，提高服务水平。

第二章 渔港规划与建设

第五条 省人民政府渔业行政主管部门应当根据国家渔港布局规划及本省经济和社会发展的需要，会同省发展改革、城乡规划、交通运输、海事、环保等部门和有关市、县人民政府，编制全省渔港布局规划，报省人民政府批准后公布实施。

县级以上人民政府渔业行政主管部门应当根据全省渔港布局规划，会同发展改革、城乡规划、交通运输、海事、环保等有关部门及渔港所在地的乡（镇）人民政府，编制本地区渔港建设规划，报本级人民政府批准实施，并报上一级人民政府渔业行政主管部门备案。

第六条　渔港布局规划、建设规划应当体现合理利用岸线资源的原则，符合海洋功能区划、土地利用总体规划和城乡规划，并与港口、航道、防洪等相关专业规划相衔接。

编制渔港布局规划、建设规划，应当采取论证会、听证会或者其他方式征求专家和渔民等公众的意见。

第七条　县级以上人民政府应当将渔港建设纳入当地国民经济和社会发展计划，列入农业基础设施建设和防灾减灾体系，安排相应的公益性基础设施建设和日常维护及灾后重建资金，保障渔业船舶避风、锚泊和航行等安全生产需要。

鼓励社会力量依法投资渔港的建设与维护。

第八条　渔港航道和航标、导航、通信预警、消防等安全设施和环境保护设施，应当与渔港主体工程同时设计、同时施工、同时投入使用。

第九条　由县级以上人民政府财政投入为主建设的渔港，经营权由县级以上人民政府依法确定。由社会资金依法投资建设的渔港，投资人按照投资协议，享有权益，承担义务。

第十条　任何单位和个人不得擅自改变渔港的性质、功能和范围；确需改变的，应当征求专家和渔民等公众的意见，并报渔港建设规划原批准机关批准。渔港建设规划原批准机关批准前应当征求省人民政府渔业行政主管部门的意见。

根据前款规定改变渔港的性质、功能和范围，给相关单位和个人造成损失的，应当新建同等规模和功能的渔港或者依法给予合理补偿。

第十一条　渔港陆域、水域范围由县级以上人民政府根据渔港建设规划确定。跨县、市行政区域的，由共同的上一级人民政府确定。

渔港陆域、水域范围应当设立相应的界碑（标）。

第三章　渔港管理与服务

第十二条　县级以上人民政府应当组织建设与渔港相配套的道路、给排水、供电、通信、消防等设施，保障渔港的正常运行。

县级人民政府应当及时组织疏浚渔港港池，清理港航障碍物，保障渔港功能。

第十三条　县级人民政府渔政监督管理机构应当加强渔港水域管理，对国家中心渔港、一级渔港应当派驻专门人员，实施安全检查等工作，维护渔港秩序。

第十四条　渔港经营者应当依法公布经营服务收费项目和标准，承担渔港的日常维护，提供公平、良好的服务。渔港经营性收费依法实行政府指导价或者政府定价的，渔港经营者应当按照规定执行。

船舶因防台风、风暴潮等紧急情形需要进入渔港避险的，渔港经营者应当为其提供便利，不得拒绝。

第十五条　渔港所在地县级以上人民政府渔业行政主管部门应当制定渔港管理章程，经本级人民政府批准后，向社会公布实施。

第十六条　船舶进出渔港应当按照规定办理签证，接受渔政监督管理机构的安全检查；船舶应当按照指定区域在渔港水域内停泊，并遵守有关管理规定。

第十七条　在渔港区域范围内装卸易燃、易爆、有毒等危险物品的，应当向渔政监督管理机构提出申请，经批准后在指定的安全地点装卸。

第十八条　禁止在渔港港池、锚地、航道、避风塘从事捕捞作业和养殖生产。

第十九条　在渔港区域范围内新建、改建、扩建各种设施或者进行其他水上、水下施工作业的，应当按照国家规定办理审批手续；影响通航的，渔政监督管理机构应当在施工前发布航行通告。

在渔港区域范围外从事工程建设等活动可能导致港区淤积、水文变化或者危及渔港安全的，施工单位应当采取有效的防护措施。

第二十条　任何单位和个人不得侵占、损坏助航、导航、通信、消防以及防波堤、护岸等渔港设施；造成渔港设施损坏的，应当及时向渔政监督管理机构报告，并依法承担赔偿责任。

第四章　渔业船舶管理

第二十一条　捕捞渔业船舶实行渔业船网工具指标控制管理。县级以上人民政府应当鼓励、支持海洋捕捞渔业船舶所有人，淘汰中、小型海洋捕捞渔业船舶，发展大型海洋捕捞渔业船舶，增强从事外海和远洋渔业捕捞生产能力。

县级以上人民政府应当规范渔业船舶生产秩序，引导渔民按照捕捞渔船的数量合理发展捕捞辅助船，按照养殖水域的面积合理发展养殖渔船。

第二十二条　从事渔业船舶设计、制造、更新改造、维修的，应当符合国家规定的条件，并遵守国家渔业船舶技术规则。

任何单位和个人不得擅自改变渔业船舶吨位、载重线、主机功率、人员定额和适航区域；不得擅自拆除有关航行、作业和人身财产安全以及防治污染环境的重要设备、部件。

未经核准登记注册非法建造、改装渔业船舶的厂、点或者未履行审批手续擅自建造、改装渔业船舶的造船厂，由工商部门依法处理。

第二十三条　渔业船舶登记包括渔业船舶的所有权和国籍登记、光船租赁登记、抵押登记。渔业船舶登记内容需要变更的，渔业船舶所有者应当在变更发生之日起三十日内申请办理变更登记。

非法使用无船名、无船舶证书、无船籍港的船舶从事渔业生产的，由县级以上渔业行政主管部门依法处理。

第二十四条　渔业船舶的船名号、船籍港应当按照有关规定书写、悬挂，不得覆盖、涂改、伪造。

渔业船舶证件和船员证件应当随船携带，不得涂改、伪造、冒用、买卖或者租借。

渔业船舶电子证件与纸质证件具有同等法律效力。

第二十五条　渔业船舶有下列情形之一的，应当予以报废：

（一）船舶的安全性能已发生变化，无修复价值，经渔业船舶检验机构检验认定不得继续航行作业的；

（二）船舶所有人自愿要求报废的。

报废的渔业船舶不得继续用于渔业生产活动，不得在渔港水域内停泊。报废的渔业船舶应当在渔业行政主管部门监督下，在适当的场所予以拆解或者销毁。

生活困难的渔民报废渔业船舶的，所在地人民政府应当在就业、安居、技能培训、子女职业教育等方面予以扶持或者帮助。

第二十六条　渔业船舶有下列情形之一的，船舶所有人应当在三十日内，向船籍港渔政监督管理机构申请办理渔业船舶所有权注销登记：

（一）转移所有权；

（二）失踪满六个月；

（三）灭失；

（四）报废或者拆解；

（五）改为非渔业船舶。

逾期未申请办理渔业船舶所有权注销登记的，渔政监督管理机构应当予以公告，公告期限为三十日。公告期限届满后，应当注销渔业船舶所有权登记。

第二十七条　办理渔业船舶所有权注销登记的，所有人应当填写注销登记申请表，并向发证机关交回下列材料：

（一）渔业船舶所有权登记证书；

（二）渔业船舶国籍证书；

（三）渔业船舶航行签证簿；

（四）渔业船舶检验证书注销证明；

（五）渔业捕捞许可证注销证明。

第五章　渔业安全生产管理

第二十八条　各级人民政府应当加强对渔业安全生产工作的领导，建立渔业安全生产预警预报体系和应急救助体系，健全渔业安全生产事故行政责任追究制度，并组织实施。

县级以上人民政府渔业行政主管部门及其渔政监督管理机构应当加强渔港和渔业船舶安全生产监督管理。

县级以上人民政府及渔业行政主管部门的主要负责人是本行政区域、本部门职责范围内渔业安全生产的第一责任人，对渔业安全生产工作全面负责；其他负责人对分管范围内的渔业安全生产工作具体负责。

乡（镇）人民政府、街道办事处应当加强渔业安全生产管理，落实渔业安全生产规章制度。

居民委员会、村民委员会等基层群众性自治组织应当协助做好上述工作。渔业安全生产管理员应当具备相应的安全生产知识和管理能力。

第二十九条　县级以上人民政府渔业行政主管部门应当按照国家和省有关无线电管理规定，会同本级人民政府无线电管理部门制订渔业无线电使用规划，切实加强渔业船舶无线电管理，并向渔业船舶传递安全生产及相关信息。

第三十条　县级以上人民政府渔业行政主管部门应当加强休闲渔业的安全监督管理。交通运输、海事、旅游、公安边防等行政主管部门按照各自职责，做好休闲渔业的安全监督管理工作。

鼓励利用渔业船舶发展休闲渔业。渔业船舶从事休闲渔业的，应当确定经营范围，办理工商登记，向登记地县级以上人民政府渔业行政主管部门备案，并由渔业行政主管部门将备案的有关情况通报公安边防等部门。休闲渔业船舶从事捕捞的，应当持有渔业捕捞许可证。

休闲渔业船舶经营者应当加强船舶的安全管理，遵守船舶航行规范和载客人数核定要求，保障游客安全。严禁渔业船舶非法载客。

第三十一条　渔业船舶应当按照规定配备船员，配置消防、救生、无线电通信、信号、航行设备，以及渔业安全生产通信指挥系统终端等安全设备。

消防、救生、无线电通信、信号、航行设备和渔业安全生产通信指挥系统终端等安全设备，以及易燃、易爆等危险物品的使用和存放，应当符合规定。

第三十二条　所在地人民政府及有关部门启动安全生产应急救助预案的，渔港、渔业船舶经营者及其从业人员应当予以配合。渔港及渔业船舶所有者、经营者不得强迫从业人员违规或者冒险作业。

第三十三条　船长、轮机长等渔业船舶职务船员应当取得相应的职务船员证书。渔业船舶普通船员应当按照国家规定取得相应的专业训练合格证或基础训练合格证后，方可上岗作业。

渔业船舶所有者、经营者不得雇用未取得渔业船舶职务船员证书、专业训练合格证或基础训练合格证的人员上船从事相应的作业。

第三十四条　渔业船舶船员在渔业船舶航行、作业和停泊过程中应当严格遵守避碰规则、安全操作规程和值班守则；临水作业时，应当穿着救生衣。

渔业船舶不得超过核定的航区或者抗风等级航行和作业。

第三十五条　渔业船舶有下列情形之一的，渔政监督管理机构有权禁止其离港，或者令其停航、改航、停止作业：

（一）处于不适航或者不适拖状态的；

（二）发生水上安全生产事故，有关手续未办结的；

（三）存在安全隐患，可能妨碍水上航行安全的；

（四）法律、法规规定的其他情形。

第三十六条　渔业船舶发生事故或者遇险的，应当立即向海上搜救机构、渔业行政主管部门或者渔政监督管理机构报告；接到报告的单位，应当迅速核实情况，组织救助，同时向当地人民政府及有关部门报告或者通报。

渔业船舶之间或者非渔业船舶与渔业船舶之间发生碰撞事故的，当事船舶应当及时救助遇险人员，并及时向海上搜救机构、渔业行政主管部门或者海事行政主管部门报告，接受渔业或者海事行政主管部门调查处理。对逃逸的船舶，渔政监督管理机构或者海事部门应当按照各自的管理职责及时查处。

第三十七条　县级以上人民政府应当鼓励、支持和引导从事渔业生产的单位和个人加入渔业专业合作经济组织，参加非商业性渔业互助保障组织。

渔业船舶的所有者或者经营者应当与建立劳动关系的渔业从业人员依法签订劳动合同，并办理社会保险。

鼓励、引导渔业船舶的所有者或者经营者办理责任保险。鼓励渔业从业人员和渔业船舶的所有者、经营者办理互助保险。

第六章　法律责任

第三十八条　违反本条例第十条规定，擅自改变渔港的性质和功能的，由省人民政府渔业行政主管部门责令限期改正，并处以五万元以上十万元以下罚款。

第三十九条　违反本条例，有下列行为之一的，由渔政监督管理机构责令停止违法行为，限期改正；情节严重的，可并处五千元以上二万元以下罚款；造成损失的，应当承担赔偿责任：

（一）违反本条例第十七条规定，未经批准装卸易燃、易爆、有毒等危险物品的；

（二）违反本条例第十九条规定，未经批准新建、改建、扩建各种设施或者进行其他水上、水下施工作业的；

（三）违反本条例第三十条规定，渔业船舶非法载客、擅自从事休闲渔业活动或者超过休闲渔业船舶核定的载客人数载客的。

第四十条　违反本条例第三十三条规定，雇用未取得相关职务证书人员上船作业的，由渔政监督管理机构责令停止违法行为，并处一百元以上五百元以下罚款。

第四十一条　违反本条例第三十一条规定，渔业船舶未按规定配备和使用渔业安全生产通信指挥系统终端设备，由渔政监督管理机构责令限期改正。

第四十二条　渔业行政主管部门、渔政渔港监督、渔业船舶检验机构及其工作人员有下列行为之一的，由行政监察机关或任免机关依照有关规定给予处分；涉嫌犯罪的，移送司法机关依法追究刑事责任：

（一）违反规定实施渔业船舶检验的；

（二）违反规定办理渔业船舶登记的；

（三）不履行监督检查职责或者发现违法行为不予查处的；

（四）对遇险渔业船舶及人员不及时组织施救，造成严重后果的；

（五）有其他玩忽职守、滥用职权、徇私舞弊行为的。

第七章　附 则

第四十三条　本条例下列用语的含义是：

（一）渔港，是指专门为渔业生产服务和供渔业船舶停泊、避风、装卸渔获物、补充渔需物资的人工港口或者自然港湾，包括综合性港口中渔业专用码头、渔业专用水域和渔业船舶专用锚地。

（二）渔业船舶，是指依法登记，从事渔业生产的船舶以及为渔业生产服务的船舶。包括捕捞渔船、养殖渔船、捕捞辅助船、非专业渔船等。

捕捞渔船，是指从事捕捞活动的生产船。

养殖渔船，是指从事养殖活动的生产船。

捕捞辅助船，是指渔获物运销船、冷藏加工船、渔用物资和燃料补给船等为渔业捕捞生产提供服务的渔业船舶。

非专业渔船，是指从事捕捞活动的教学、科研、资源调查船，特殊用途渔船，休闲渔业船舶等船舶。休闲渔业船舶，是指以休闲娱乐为目的，从事水上垂钓、捕捞、采集、观光、体验渔业生产等与渔业有关的休闲活动的船舶。

（三）渔港水域，是指渔港的港池、锚地、避风湾和航道。

（四）渔港设施，是指渔港的防波堤、防沙堤、防潮堤、护岸堤、码头、通讯、助航、导航标志等设施。

第四十四条　本条例自2011年12月1日起施行。1994年7月6日广东省第八届人民代表大会常务委员会通过的《广东省渔港管理条例》同时废止。

广东省渔业管理条例

（2003年7月25日广东省第十届人民代表大会常务委员会第五次会议通过，根据2012年7月26日广东省第十一届人民代表大会常务委员会第三十五次会议《关于修改〈广东省民营科技企业管理条例〉等二十三项法规的决定》第一次修正，根据2015年12月30日广东省第十二届人民代表大会常务委员会第二十二次会议《关于修改〈广东省实施《中华人民共和国海洋环境保护法》办法〉和〈广东省渔业管理条例〉个别条款的决定》第二次修正）

第一章　总则

第一条　为加强渔业资源保护、增殖、开发和合理利用，保障渔业生产者的合法权益，促进渔业的可持续发展，根据《中华人民共和国农业法》《中华人民共和国渔业法》及其他有关法律、法规，结合本省实际，制定本条例。

第二条　在本省水域、滩涂和国家规定由本省实施渔业监督管理的水域从事养殖、捕捞等渔业生产活动以及管理，必须遵守本条例。

第三条　县级以上人民政府应当把渔业生产纳入国民经济发展计划，采取措施，加强水域的统一规划和综合利用。

渔业生产实行以养殖为主，养殖、捕捞、加工并举，因地制宜，各有侧重的方针。

第四条　各级人民政府应当鼓励渔业科学技术的研究和应用，推广先进技术，提高渔业科学技术水平。

第五条　县级以上人民政府渔业行政主管部门应当加强渔业产品质量的监督管理，建立渔业产品质量检验检测监督体系，推行渔业标准化生产，并按照国家有关规定加强水生动植物防疫和检疫的监督管理。

第六条　县级以上人民政府渔业行政主管部门主管本行政区域内的渔业工作，组织实施本条例。其他有关行政主管部门，按照各自职责，协助做好渔业监督管理工作。

县级以上人民政府渔业行政主管部门可以在重要渔业水域、渔港设渔政监督管理机构。上级渔政监督管理机构有权对下级渔政监督管理机构的工作进行监督。

乡、镇人民政府协助渔业行政主管部门做好本行政区域内的渔业管理工作。

第七条　本省渔业的监督管理，实行统一领导、分级管理。

跨市、县的或者两个以上市、县共同生产作业的渔业水域、滩涂，由共同的上级渔业行政主管部门及其所属的渔政监督管理机构监督管理，或者由共同的上级渔业行政主管部门指定有关的市、县渔业行政主管部门及其所属的渔政监督管理机构监督管理。

第八条　渔业行政主管部门和所属的渔政监督管理机构及其工作人员不得参与和从事渔业生产经营活动。

第二章　养殖管理

第九条　省人民政府渔业行政主管部门应当根据国家对水域、滩涂利用的统一规划，会同交通、国土资源、建设、环保、水利、农业、林业、海事等有关部门，制定养殖水域、滩涂利用规划，报省人民政府批准实施。养殖水域、滩涂利用规划应当与土地利用、防洪、防风等规划相衔接。

县级以上人民政府应当加强商品鱼生产基地和城市郊区重要养殖水域的保护，划定养殖保护区，采取相应的保护措施。

第十条　县级以上人民政府渔业行政主管部门应当加强对所辖水域、滩涂养殖容量的调查评估，根据养殖区域的自然承载力，确定养殖容量并实施监控和管理。

第十一条　使用国家规划确定用于养殖业的全民所有的水域、滩涂从事养殖生产的单位和个人，应当向水域、滩涂所在地县级以上人民政府渔业行政主管部门提出申请，由本级人民政府核发养殖证，许可其使用该水域、滩涂从事养殖生产。

承包集体所有或者全民所有由集体经济组织使用的水域、滩涂从事养殖生产的，依法签订承包合同后，可以向所在地县级以上人民政府申请领取养殖证，当地人民政府予以注册登记后，发给养殖证。养殖证登记事项发生变更的，需到原发证机关办理变更登记手续。

从事养殖的单位和个人需持有养殖证方可申请水产

品原产地证书、无公害水产品基地资格等。

第十二条　核发养殖证应当符合养殖水域、滩涂利用规划和区域养殖容量要求，并优先安排以下当地渔业生产者：

（一）养殖水域、滩涂毗邻所在村、乡（镇）的；

（二）因渔业产业结构调整从捕捞业转产从事养殖业的；

（三）因养殖规划调整另行安排养殖场所的。

第十三条　水域、滩涂养殖使用权可以依法转让。任何单位和个人不得侵占、买卖或者以其他形式非法转让水域、滩涂养殖使用权。

第十四条　从事养殖生产的单位和个人应当遵守下列规定：

（一）使用全民所有的水域、滩涂从事养殖生产的，按照养殖证许可使用的范围进行生产；

（二）合理使用渔药、饵料、饲料、添加剂，并做好使用记录，不得使用含有毒有害物质的渔药、饲料、饵料、添加剂等；

（三）不得向养殖水域倾倒生产、生活垃圾；

（四）及时合理处置被污染或者含病原体的水体和病死养殖生物，防止病害传播；

（五）防止对水域生态系统有危害的养殖品种逃逸。

第十五条　县级以上人民政府渔业行政主管部门应当采取措施鼓励发展无公害水产品养殖，并加强监督管理。

省人民政府渔业行政主管部门协助做好无公害水产品认证。

第十六条　县级以上人民政府渔业行政主管部门应当加强对养殖的水域环境、水质状况、水生生物毒性和疫情等的监控，并对水域生态环境影响较大的养殖品种和方式予以限制。

养殖水域环境遭到污染时，县级以上人民政府渔业行政主管部门应当采取强制性应急措施，或者报本级人民政府批准后，暂时关闭养殖区域。

第三章　水产苗种管理

第十七条　从事水产苗种生产的单位和个人必须向生产所在地县级以上人民政府渔业行政主管部门提出申请，经批准后方可从事生产。渔业行政主管部门必须在收到申请后三十日内作出许可或者不予许可的决定。对不予许可的，必须书面说明理由。

水产苗种生产许可证实行分级分类审批制度，具体办法由省人民政府渔业行政主管部门制定。

第十八条　从事水产苗种生产的单位和个人应当应用良种良法，按照水产苗种生产技术操作规程和标准进行生产，建立生产和技术档案。

生产和销售的水产苗种质量应当符合国家标准、或者行业标准、或者地方标准。销售的水产苗种应当附有质量合格证。

第十九条　县级以上人民政府渔业行政主管部门应当加强水产苗种质量的监督管理。

地级以上市人民政府渔业行政主管部门应当对生产和销售单位进行苗种质量检测，并将结果向社会公布。

第二十条　县级以上人民政府渔业行政主管部门应当加强水生生物安全的监督管理，应对辖区内水产品批发市场、水族馆等场所进行监督检查。

经批准拥有高危水生生物的单位和个人应当采取相应的安全控制措施。

第二十一条　进口、出口水产苗种、亲体以及从境外引进水生生物物种的，应当经省人民政府渔业行政主管部门审批。

从境外引进的水产苗种、亲体及其他水生生物物种，必须在指定的场所养殖、孵化，需转售的，应当经省人民政府渔业行政主管部门审批。

水产苗种进口、出口必须按照国家法律、行政法规的规定实施检疫。

第四章　捕捞管理

第二十二条　县级以上人民政府及其渔业行政主管部门应当鼓励发展远洋捕捞业，并根据渔业资源的可捕量合理安排近海捕捞，严格控制沿岸渔场和江河的捕捞强度。

第二十三条　根据捕捞量低于渔业资源增长量的原则，实行捕捞限额制度。

毗邻海域捕捞限额的分配方案由省人民政府渔业行政主管部门根据国家下达的捕捞限额指标制定，报省人民政府批准后实施；国家和省确定的重要江河、湖泊的捕捞限额总量由省人民政府确定，其他江河、湖泊的捕捞限额总量由相关市人民政府确定或协商确定。捕捞限额的分配方法和分配结果必须向社会公布，接受社会监督。

第二十四条　省人民政府渔业行政主管部门应当根据国家下达的船网工具控制指标，严格控制捕捞渔船的数量和功率。新造、改造、进口、购置渔船应当按照国家有关规定办理船网工具控制指标审批手续。

第二十五条　从事捕捞生产的单位和个人，应当依法申领渔业捕捞许可证。

到我国与有关国家缔结的协定确定的共同管理的渔

区或者公海从事捕捞作业的捕捞许可证，由国务院渔业行政主管部门批准发放。海洋大型拖网、围网作业的捕捞许可证，由省级人民政府渔业行政主管部门批准发放。其他作业捕捞许可证由县级以上人民政府渔业行政主管部门批准发放。

第二十六条　具备下列条件的，方可发给捕捞许可证：

（一）有渔业船舶检验证书；

（二）有渔业船舶登记证书；

（三）国务院渔业行政主管部门规定的其他条件。

县级以上人民政府渔业行政主管部门批准发放的捕捞许可证，应当与上级下达的捕捞限额指标相适应。

第二十七条　从事捕捞作业的单位和个人应当遵守国家有关休渔期、禁渔区等保护渔业资源的规定和渔船作业规范；不得在航道、锚地设置碍航渔具；禁止在渔业水域倾倒、遗弃副渔获物、渔具。大中型捕捞渔船应当填写渔捞日志，按规定使用船位监控装置。未经批准，不得进入他国管辖水域作业。

第二十八条　因养殖、科学研究及其他特殊需要在特定的渔场、渔汛、使用特殊方法捕捞，或者捕捞具有重要经济价值的水生动植物苗种、亲体的，应当经省人民政府渔业行政主管部门或者其委托的部门批准。

第二十九条　定置作业、采捕小贝类作业以及潜捕作业，不得跨县生产。确需跨县生产的，必须向渔场所在地县级人民政府渔业行政主管部门提出申请，经共同的上级人民政府渔业行政主管部门批准后方可进行。

第三十条　渔业船舶所有人应当为其水上作业人员购买人身保险。各级人民政府鼓励开展海上自救、互救和船东互保业务。

第五章　渔业资源增殖和保护

第三十一条　县级以上人民政府应当加强水产自然保护区的建设和管理，保护生物多样性，对稀有、濒危、珍贵水生生物资源及其原生地实行重点保护。

县级以上人民政府渔业行政主管部门应当对其管理的渔业水域进行统一规划，采取措施，加强鱼、虾、蟹等水生动物的产卵场、繁殖场、索饵场、洄游通道以及人工鱼礁区等重要渔业水域的保护。

第三十二条　县级以上人民政府渔业行政主管部门应当加强人工增殖放流的监督管理。在渔业资源增殖保护区进行人工增殖放流，应当进行科学评估。

第三十三条　县级以上人民政府应当加强人工鱼礁建设和人工鱼礁礁体以及礁区的保护管理。

人工鱼礁的建设实行规划论证和分级、分类管理制度。单位和个人可以投资兴建准生态型、开放型人工鱼礁。

第三十四条　禁止使用炸鱼、毒鱼、电鱼等破坏渔业资源的方法进行捕捞。禁止使用小于规定的最小网目尺寸的网具进行捕捞。捕捞的渔获物中幼鱼不得超过规定的比例。

第三十五条　在鱼、虾、蟹等经济水生动物产卵场和洄游通道建闸、筑坝等建设项目及水下开采的，有关主管部门审批前应当征求县级以上人民政府渔业行政主管部门的意见。

第三十六条　县级以上人民政府渔业行政主管部门建立的渔业环境监测站，纳入全省环境监测网络。其监测数据，可以作为处理渔业水域污染事故的依据。

在鱼、虾、蟹类产卵场、索饵场、越冬场、洄游通道和养殖场等重要渔业水体不得新建排污口，已建排污口的应限期治理或搬迁。造成渔业污染事故的，应当接受县级以上人民政府渔业行政主管部门及其所属的渔政监督管理机构的调查处理。

第三十七条　水工建设、疏航、勘探、爆破、兴建锚地、排污、倾废等不得损害渔业资源。

第三十八条　县级以上人民政府应当积极引导、支持从事捕捞业的渔民和渔业生产经营组织从事水产养殖、休闲渔业或者其他职业，对统一规划转产转业的渔民，应当按照国家规定予以适当补助。

县级以上人民政府渔业行政主管部门可以根据辖区内渔业水域和渔业资源状况划定游钓等休闲渔业区。

从事休闲渔业的船舶必须符合相应的安全适航标准，并经省有关行政主管部门检验登记。未经检验登记的，不得从事休闲渔业经营活动。

休闲渔业船舶安全适航标准及休闲渔业安全管理办法，由省人民政府渔业行政主管部门会同有关部门制定。

第六章　法律责任

第三十九条　使用全民所有的水域、滩涂从事养殖生产，未依法领取养殖证或者超越养殖证许可使用的范围进行生产的，责令改正，补办养殖证，或者限期拆除养殖设施；妨碍航运、行洪的，可以并处一万元以下的罚款。

第四十条　使用含有毒有害物质的渔药、饵料、饲料、添加剂，向养殖水域投放生产、生活垃圾，以及不合理处理被污染或者含病原体的水体和病死养殖生物的，责令改正，情节严重的，可以处三万元以下的罚款。

第四十一条　销售的水产苗种、亲体不符合国家标准、或者行业标准、或者地方标准，以及未经批准擅自从境外引进水生生物物种的，进口的苗种、亲体未在指定场所养殖孵化或者未经批准转售的，没收非法引进的水生物种、苗种、亲体和违法所得，可以并处三万元以下罚款。

第四十二条　违反捕捞作业规范，在渔业水域倾倒、遗弃副渔获物、渔具的，给予警告，情节严重的，可以处五百元以上五千元以下罚款。

大中型海洋捕捞渔船未按规定填写渔捞日志或者未按规定使用船位监控装置的，责令改正。

第四十三条　使用炸鱼、毒鱼、电鱼等破坏渔业资源方法进行捕捞的，使用小于规定的最小网目尺寸的网具进行捕捞或者渔获物中幼鱼超过规定比例的，没收渔获物和违法所得，处五万元以下的罚款；情节严重的，没收渔具，吊销捕捞许可证；情节特别严重的，可以没收渔船；构成犯罪的，依法追究刑事责任。

第四十四条　因水工建设、疏航、勘探、爆破、兴建锚地、排污、倾废等破坏渔业资源，造成损失的，致害者应当承担民事责任。

第四十五条　本条例规定的行政处罚，由县级以上人民政府渔业行政主管部门或者其所属的渔政监督管理机构决定。

渔业执法人员依法进行检查时，任何单位和个人不得阻挠。拒绝、阻碍渔业行政执法人员依法执行职务的，按照国家有关法律、行政法规追究法律责任。

第四十六条　渔业行政主管部门和其所属的渔政监督管理机构及其工作人员有下列行为之一的，按照国家有关规定给予行政处分；构成犯罪的，依法追究刑事责任：

（一）不按规定核发许可证、分配捕捞限额的；

（二）不按规定发给养殖证的；

（三）不按规定公布苗种质量检测结果、捕捞限额分配结果的；

（四）从事渔业生产经营活动的；

（五）养殖水域遭到重大污染不采取措施，造成严重后果的；

（六）其他玩忽职守不履行法定义务、滥用职权的。

渔业行政主管部门和其所属的渔政监督管理机构及其工作人员在行使职权时，侵犯《中华人民共和国国家赔偿法》规定的公民人身权、财产权的，按照赔偿法的规定予以赔偿。

第七章　附则

第四十七条　本条例自 2003 年 9 月 1 日起施行。1990 年 2 月 18 日广东省第七届人民代表大会常务委员会通过的《广东省渔业管理实施办法》同时废止。

广东省实施《中华人民共和国海洋环境保护法》办法

（2009 年 3 月 31 日广东省第十一届人民代表大会常务委员会第十次会议通过，根据 2015 年 12 月 30 日广东省第十二届人民代表大会常务委员会第二十二次会议《关于修改〈广东省实施《中华人民共和国海洋环境保护法》办法〉和〈广东省渔业管理条例〉个别条款的决定》修正）

第一章　总则

第一条　为实施《中华人民共和国海洋环境保护法》，结合本省实际，制定本办法。

第二条　本办法适用于在本省管辖海域内从事航行、勘探、开发、生产、旅游、科学研究及其他相关活动，或者在本省管辖沿海陆域内从事影响海洋环境的活动。

第三条　海洋环境保护应当坚持科学规划、海陆统筹、预防为主、防治结合的原则，建立海洋资源开发与生态环境保护、海洋环境整治与陆源污染控制相结合的海洋环境保护机制。

第四条　沿海县级以上人民政府应当把海洋环境保护列入本地区国民经济和社会发展规划。海洋环境保护工作纳入沿海各级人民政府环境保护责任考核范围。

第五条　沿海县级以上人民政府环境保护行政主管部门作为环境保护工作统一监督管理的部门，对所辖区域内的海洋环境保护工作实施指导、协调和监督，并负责防治陆源污染物和海岸工程建设项目对海洋污染损害的环境保护工作。

沿海县级以上人民政府海洋行政主管部门负责所辖区域内海洋环境的监督管理，组织海洋环境的调查、监测、监视、评价和科学研究，组织海洋生态环境保护和修复，负责防治海洋工程建设项目、海洋倾倒废弃物以及其他海洋开发利用活动对海洋污染损害的环境保护工作。

沿海县级以上人民政府渔业行政主管部门负责所辖渔港水域内非军事船舶和渔港水域外渔业船舶污染海洋环境的监督管理，负责所辖区域内渔业水域生态环境保护工作，并调查处理依法由海事行政主管部门调查处理的污染事故以外的渔业污染事故。

其他有关部门应当按照职责分工做好海洋环境保护工作。

第六条　沿海县级以上人民政府应当加强海洋环境

保护体系建设，将海洋环境保护经费纳入同级财政预算。鼓励多渠道筹措资金，用于海洋环境保护和修复。

第七条　沿海县级以上人民政府应当鼓励海洋环境保护科技创新，推行清洁生产，防止对海洋环境的污染。

第八条　沿海县级以上人民政府应当加强海洋环境保护法律法规的宣传，鼓励和支持单位和个人开展海洋环境保护公益性活动，对保护、改善海洋环境做出突出成绩的单位和个人给予表彰和奖励。

第二章　海洋环境监督管理

第九条　省海洋行政主管部门应当会同省环境保护、发展改革等有关部门和沿海地级以上市人民政府，根据海洋功能区划、全国海洋环境保护规划和重点海域区域性海洋环境保护规划制定省海洋环境保护规划和重点海域环境保护规划，报省人民政府批准实施。

沿海地级以上市人民政府海洋行政主管部门应当会同同级有关部门和沿海县级人民政府，根据省海洋环境保护规划和重点海域环境保护规划制定市海洋环境保护规划，报同级人民政府批准实施，并报上一级人民政府海洋、环境保护行政主管部门备案。

第十条　沿海县级以上人民政府应当加强海洋环境监测网络建设，实行海洋环境监测、监视资料共享。

沿海县级以上人民政府海洋行政主管部门应当根据国家和省海洋环境监测、监视标准和规范，组织对本级行政区所辖海域的海洋环境监测、监视，定期评价海洋环境质量，发布海洋环境质量公报或者专项通报，并加强对海洋自然灾害和海洋环境污染事故的监测、监视、预警、预报和信息管理。

沿海县级以上人民政府海洋行政主管部门应当定期向同级人民政府环境保护行政主管部门提供编制环境质量公报所需要的海洋环境监测资料。

向社会提供海洋环境调查监测资料的监测单位，应当依法通过计量认证。

第十一条　沿海地级以上市人民政府海洋行政主管部门应当定期组织对本行政区所辖海域进行海洋环境调查评价。调查评价内容主要包括：海洋生物资源、海洋生态环境状况，以及重点海域、主要入海河流污染物排放等基本情况。

第十二条　沿海县级以上人民政府应当制订赤潮、风暴潮、海啸、重大海上污染等突发性海洋自然灾害和海洋环境污染事故应急预案。

沿海石化、运输、能源、制造、冶金等可能发生重大海洋环境污染事故的单位应当按照国家有关规定，制订海洋环境污染事故应急预案，配备必要的应急设施，并将应急预案报所在地人民政府环境保护、海洋行政主管部门备案。

第十三条　发生赤潮、风暴潮、海啸、重大海上污染等突发性海洋自然灾害和海洋环境污染事故时，沿海县级以上人民政府应当及时启动应急预案，组织环境保护、海洋、渔业和海事等有关部门及时采取有效措施，做好防灾减灾和污染事故处理工作，防止或者减轻危害。

第十四条　船舶发生事故造成或者可能造成海洋环境污染损害，当事人应当立即控制或者消除污染，并向海事或者渔业行政主管部门报告，接受调查处理。当事人未能及时采取有效措施的，由海事或者渔业行政主管部门按照各自的管理职责采取强制清除、打捞或者拖行等应急处置措施，避免或者减少污染损害。

强制清除、打捞或者拖行等应急处置措施所需费用，依法由责任者承担。

第十五条　相邻海域的市、县人民政府应当加强海洋环境保护的合作，建立相邻海域污染防治、生态保护和环境整治协调机制。对可能影响相邻市、县海洋环境的入海排污口设置和重大工程项目建设，有关环境保护、海洋行政主管部门应当征求相邻市、县人民政府的意见，相邻市、县人民政府有不同意见的，可提请其共同的上级人民政府协调解决。

第十六条　海洋、渔业和海事行政主管部门在巡航监视中发现海上污染事故或者违反海洋环境保护法律法规规定的行为时，应当予以制止并调查取证，必要时有权采取有效措施，防止污染事态的扩大，并报告有关主管部门处理。

沿海县级以上人民政府可以根据需要，组织海洋、渔业和海事等行政主管部门实行海上联合执法。

第三章　海洋生态环境保护

第十七条　沿海县级以上人民政府应当加强海洋生物多样性、重要海洋生态区域和海洋景观的保护，组织开展红树林、海草床、珊瑚礁、滨海湿地等典型海洋生态系统的保护和修复，实施近海增殖放流、人工鱼礁建设等水生生物资源养护措施。

省人民政府可以根据海洋生态环境保护需要，选划建立海洋自然保护区和海洋特别保护区。海洋特别保护区选划、建设和管理办法由省人民政府在本办法实施之日起一年内制定。

第十八条　沿海县级以上人民政府应当加强人工鱼礁建设，采取措施鼓励单位和个人投资建设人工鱼礁。人工鱼礁建设应当符合国家和省人工鱼礁建设规划和技术规范。

沿海县级以上人民政府渔业行政主管部门应当加强对人工鱼礁礁区的监督管理和生态监测。

第十九条　船舶航经海洋自然保护区的，应当采取限制航行速度等措施，防止对海洋保护动物的伤害。具体办法由省人民政府在本办法实施之日起一年内制定。

第二十条　依法开发利用无居民海岛及周围海域应当采取严格的生态保护措施，严格限制炸岛、岛上采挖砂石、实体坝连岛工程等活动。

禁止在领海基点所在的无居民海岛进行采石、挖砂、砍伐、爆破、射击等破坏性活动。

第二十一条　严格限制在半封闭海湾、河口海域兴建海岸工程、海洋工程建设项目；因防灾减灾等公共安全需要确需建设的，不得对水体交换、潮汐通道、行洪和通航安全造成严重影响，并在工程建设的同时采取严格的海洋环境保护和生态修复措施。

第二十二条　省人民政府可以根据海洋功能区划、海洋环境保护规划划定海砂禁采区。

开采海砂应当依法办理有关批准手续，按照批准的海域范围和方式开采，采取必要的生态保护措施，不得影响海岸、海堤、港口、航道、路桥等的安全。

严格限制在海岸采挖砂石，防止造成海岸侵蚀。

第二十三条　引进海洋动植物物种的，应当向省海洋行政主管部门提出申请，并提交由相应专业技术机构编制的引进海洋动植物物种生态安全论证报告。论证报告应当包括：引进海洋动植物物种的基本情况、主要生态特性和培育条件，以及引进海洋动植物物种可能产生的生态危害和避免生态危害的措施。

省海洋行政主管部门接到申请后应当组织对引进的海洋动植物物种进行生态安全审查，并在二十个工作日内作出批准或者不批准的决定，书面通知申请人。法律法规规定应当由其他行政主管部门批准的，从其规定。

第二十四条　经批准引进海洋动植物物种的单位和个人应当对批准引进的海洋动植物物种在批准机关指定的区域先进行可控制实验，发现可能造成海洋生态环境危害的，应当及时采取有效措施，消除危害。

海洋行政主管部门和其他有关部门应当对引进的海洋动植物物种组织跟踪观察和评估，发现造成或者可能造成海洋生态环境危害的，应当及时采取有效措施，消除危害。

第四章　海洋环境污染防治

第二十五条　沿海县级以上人民政府按照国家规定执行重点海域排污总量控制制度。

省海洋行政主管部门应当会同省环境保护等有关部门，根据海洋功能区划和海洋环境容量，制定省重点海域污染物排海总量控制指标和主要污染物排海控制计划，报省人民政府批准实施。

沿海市、县人民政府应当根据上级人民政府确定的重点海域污染物排海总量控制指标和主要污染物排海控制计划，制定所辖区域重点海域污染物排海总量控制实施方案，并报上一级人民政府批准。

第二十六条　沿海地级以上市人民政府制定实施的入海河流断面水质保护管理方案应当与海洋功能区划、海洋环境保护规划相衔接。入海河流断面水质不得低于海洋功能区划、海洋环境保护规划确定的入海河口海域水质要求。

沿海县级以上人民政府应当按照有关规定实施河流交接断面水质保护管理方案，采取有效措施，确保河流交接断面水质达到按照国家规定标准确定的控制目标。

第二十七条　设置入海排污口及向海域排放陆源污染物应当符合海洋功能区划、海洋环境保护规划的规定。向海域排放陆源污染物的种类、数量和浓度等，必须严格执行国家或者省规定的标准和有关规定。

经依法批准向海域排放陆源污染物的单位和个人，必须向所在地人民政府环境保护、海洋行政主管部门报送有关污染物排放资料。

沿海县级以上人民政府环境保护、海洋行政主管部门，应当按照重点海域排污总量控制要求加强对入海排污口和陆源污染物排海的监督。

第二十八条　禁止在海洋自然保护区、海洋特别保护区、重要渔业水域、盐场保护区、海滨风景名胜区、旅游度假区和其他需要特别保护的区域新建排污口。原有排污口排放的废水不符合周边海域水质环境质量要求的，由县级以上人民政府依法责令限期治理；经治理仍不符合要求的，依法责令其迁移或者关闭。

第二十九条　沿海县级以上人民政府应当完善沿海城镇污水集中处理设施，实行污水集中处理，达标排放。

临海宾馆、饭店、旅游场所的污水未实行集中处理的，应当建造污水处理设施处理，达到排放标准后方可排放。临海工业园区应当根据防治污染的需要，建设污水集中处理设施，实行污水集中处理，达标离岸排放。

向海域排放冷废水、热废水，必须采取有效措施达标排放，保证邻近渔业水域的水温符合国家海洋环境质量标准。

第三十条　沿海县级以上人民政府渔业行政主管部门应当根据海洋功能区划和渔业养殖规划，合理划定养殖区域，控制养殖规模。

海水养殖用药应当符合国家和省有关渔药安全使用的规定和标准，不得使用国家或者省明令禁止使用的渔药，防止对海洋环境造成污染。

不得将海上养殖生产、生活废弃物弃置海域。提水式养殖场、种苗场对含病原体的养殖废水必须做无害化处理，符合国家有关排放标准后方可排入海域。沿海县级以上人民政府渔业行政主管部门应当定期对养殖区域的海洋环境质量进行监测，对不符合渔业养殖环境要求的，不得批准从事养殖生产活动。

第三十一条　沿海大中型港口应当建立船舶废弃物集中处置设施，实行船舶废弃物集中处理。

船舶及海上生产作业不得违反规定向海洋排放含油废水、压载水、废弃物、船舶垃圾及其他有害物质。

来自有疫情港口的船舶，其垃圾、生活污水、压载水等污染物应当按规定向检验检疫部门申请处理。

第三十二条　填海、围海工程不得使用有毒有害的物料。填海工程应当采取先围后填的方式进行。

第三十三条　使用海域的单位、个人应当及时清除其用海范围内的生活垃圾和废弃物；拒不清除的，由海洋行政主管部门强制清除，所需费用由使用海域的单位、个人承担。

第三十四条　工程建设、排放污染物、倾倒废弃物或者污染事故，对水生生物资源、海洋生态环境造成损害的，由海洋、渔业行政主管部门代表国家向责任者提出损害赔偿要求，所得赔偿款用于水生生物资源增殖和海洋生态保护修复。

第三十五条　经批准向海洋排放污染物的单位和个人，必须按照国家规定缴纳排污费。依法收取的排污费，必须用于海洋环境污染整治，不得挪作他用。

沿海县级以上人民政府应当在陆域排污费中安排适当比例的资金，用于海洋环境污染防治和生态保护。

第五章　海洋环境影响评价

第三十六条　新建、改建、扩建海岸工程或者海洋工程建设项目必须符合海洋功能区划和海洋环境保护规划，严格执行环境影响评价制度。

海岸工程、海洋工程建设项目应当按照有关规定编制环境影响报告书（表）。海岸工程、海洋工程建设项目可能对水生生物资源和海洋生态环境造成重大影响的，建设单位应当在项目环境影响评价阶段，委托具有相应资质的机构进行水生生物资源和海洋生态环境影响专项评价，评价结果和补救措施应当作为环境影响评价的组成部分。

海岸工程、海洋工程建设项目环境影响报告书（表）的内容按照国家和省有关规定执行。

第三十七条　海岸工程建设项目环境影响报告书（表）报环境保护行政主管部门审查批准。环境保护行政主管部门在批准环境影响报告书（表）之前，应当征求海洋、海事、渔业行政主管部门和军队环境保护部门的意见。

海洋工程建设项目环境影响报告书（表）由海洋行政主管部门核准后，报同级环境保护行政主管部门备案。

环境保护、海洋行政主管部门在批准或者核准海岸工程、海洋工程建设项目环境影响报告书（表）前，应当在工程所在地进行不少于十日的公示。

第三十八条　下列海洋工程建设项目环境影响报告书（表）由省海洋行政主管部门核准：

（一）由省人民政府及其有关行政主管部门审批的海洋工程建设项目；

（二）五十公顷以下的填海、一百公顷以下的围海工程项目；

（三）涉及重大公共利益的海洋工程建设项目；

（四）可能造成跨市海洋环境影响的海洋工程建设项目。

前款规定以外的其他海洋工程建设项目环境影响报告书（表），由地级以上市人民政府海洋行政主管部门核准。法律法规规定由国家海洋行政主管部门核准的，从其规定。

海岸工程建设项目环境影响报告书（表）审批权限，按照国家和省有关规定执行。

第三十九条　环境保护、海洋行政主管部门在批准或者核准海岸工程、海洋工程建设项目环境影响报告书（表）前，应当征求海事、渔业等行政主管部门意见；涉及军事用海的，必须征求军队环境保护部门的意见。

第四十条　海岸工程和海洋工程建设项目可能对海洋环境造成重大影响的，建设单位应当在报批环境影响报告书前，举行论证会、听证会，或者以其他形式征求有关单位、专家和公众的意见。建设单位报批的环境影响报告书应当附具对有关单位、专家和公众意见采纳情况的说明。

海洋工程建设项目可能对海洋环境造成重大影响的，海洋行政主管部门在核准环境影响报告书前，应当征求有关单位、专家和公众的意见；必要时可以举行听证会。其中，围海、填海工程必须举行听证会。

第四十一条　海岸工程、海洋工程建设项目环境影响报告书（表）未经批准或者核准的，有关部门不得批准其建设，建设单位不得建设。

第六章　法律责任

第四十二条　法律、法规对违反本办法规定的行为已有处罚规定的，从其规定。

第四十三条　违反本办法第十二条第二款规定，未制定应急预案或者未配备必要应急设施的，由环境保护、海洋行政主管部门责令限期改正。

第四十四条　有下列行为之一的，由海洋行政主管部门责令其停止施工、限期改正、采取补救措施，并处五万元以上二十万元以下罚款，必要时可暂扣违法作业工具：

（一）违反本办法第二十条规定，未采取相应保护措施开发无居民海岛，造成海岛及其周围海域生态环境严重破坏的，或者在领海基点所在的无居民海岛进行采石、挖砂、砍伐、爆破、射击等破坏性活动的；

（二）违反本办法第二十二条第二款规定，未经批准或者不按批准的范围、方式开采海砂的；

（三）违反本办法第三十二条规定，使用有毒有害物料填海或者未按批准方式填海的。

第四十五条　违反本办法第二十三条、第二十四条规定，未经批准或者未按批准要求进行引进外来海洋动植物物种的，由省海洋行政主管部门没收违法引进的海洋动植物，并处五万元以上十万元以下罚款；造成危害的，责令消除危害。

第四十六条　有下列行为之一的，由渔业行政主管部门责令其限期改正，可以并处二万元以上十万元以下罚款：

（一）违反本办法第二十九条第三款规定，未采取相应措施向海域排放冷废水、热废水，造成邻近渔业水域水温超过相关标准的；

（二）违反本办法第三十条第三款规定，将海上养殖生产、生活废弃物弃置海域，或者未经无害化处理排放含病原体养殖废水的。

第四十七条　行使海洋环境监督管理权的部门有下列行为之一的，对直接负责的主管人员和其他直接责任人员依法给予处分；给当事人造成损害的，依法给予赔偿；构成犯罪的，依法追究刑事责任：

（一）发生赤潮等海洋自然灾害未及时通报或者公告，造成严重危害的；

（二）发现海上污染事故或者违反本办法规定的违法行为时，未依法予以制止或者采取措施，造成严重后果的；

（三）不按规定审批引进外来海洋动植物物种的；

（四）不按规定审批或者核准海岸工程、海洋工程建设项目环境影响报告书（表）的；

（五）海岸工程、海洋工程建设项目环境影响报告书（表）未经批准、核准，批准其建设的；

（六）未履行法定职责，造成海洋生态环境严重破坏的；

（七）其他滥用职权、玩忽职守行为的。

第七章　附则

第四十八条　本办法自 2009 年 7 月 1 日起施行。

三、重要文件

转发国务院关于广东海洋经济综合试验区发展规划的批复的通知

粤府函〔2011〕215 号

各地级以上市人民政府，各县（市、区）人民政府，省政府各部门、各直属机构：

现将《国务院关于广东海洋经济综合试验区发展规划的批复》（国函〔2011〕81 号）转发给你们，请遵照执行。

《广东海洋经济综合试验区发展规划》（以下简称《规划》）是继《珠江三角洲地区改革发展规划纲要（2008—2020 年）》之后，推动我省经济社会发展的又一国家层面的规划，为我省探索海洋开发新途径和海洋综合管理新模式，加快海洋经济发展，建设海洋经济强省，争当全国海洋事业发展排头兵创造了新的重大机遇。各地、各有关部门要高度重视，把实施《规划》作为“加快转型升级、建设幸福广东”的重要举措，结合本地区、本部门实际，科学谋划，精心部署，采取有效措施，推动我省海洋经济加快发展。省发展改革委要会同省海洋与渔业局加强对《规划》实施工作的指导、监督和检查，抓紧制定实施《规划》的政策措施，注重研究新情况、解决新问题，加快建立完善有利于加快我省海洋综合开发的体制机制；要及时跟踪分析实施情况，重大问题及时向省政府报告。

广东省人民政府

二〇一一年七月二十九日

国务院关于广东海洋经济综合试验区发展规划的批复

国函〔2011〕81号

广东省人民政府、发展改革委：

发展改革委关于报送广东海洋经济综合试验区发展规划（送审稿）的请示收悉。现批复如下：

一、原则同意《广东海洋经济综合试验区发展规划》（以下简称《规划》），请认真组织实施。

二、《规划》实施要高举中国特色社会主义伟大旗帜，以邓小平理论和“三个代表”重要思想为指导，深入贯彻科学发展观，认真落实党的十七届五中全会关于发展海洋经济的战略部署，突出科学发展主题和加快转变经济发展方式主线，优化海洋经济发展格局，构建现代海洋产业体系，促进海洋科技教育文化事业发展，加强海洋生态文明建设，创新海洋综合管理体制，将广东海洋经济综合试验区建设成为我国提升海洋经济国际竞争力的核心区、促进海洋科技创新和成果高效转化的集聚区、加强海洋生态文明建设的示范区和推进海洋综合管理的先行区。

三、广东省人民政府要切实加强对《规划》实施的组织领导，明确工作分工，健全工作机制，完善工作方案，认真落实《规划》提出的各项任务，涉及的重大政策和建设项目按规定程序另行报批。要按照《规划》确定的战略定位、空间布局和发展重点，有序推进重点项目建设，努力探索有利于海洋经济科学发展的体制机制。要创新合作方式，加强与香港和澳门特别行政区、海峡西岸经济区、北部湾地区和海南国际旅游岛的对接合作。

四、国务院有关部门要按照职能分工，加强对《规划》实施的支持和指导，进一步细化各项政策措施，在资金安排、项目布局、体制创新等方面给予积极支持，帮助解决《规划》实施过程中遇到的困难和问题，为促进广东海洋经济综合试验区建设和发展创造良好的政策环境。

五、发展改革委要加强对《规划》实施情况的跟踪分析，做好指导与督促检查工作，会同海洋局和广东省人民政府组织开展《规划》实施的评估。在实施过程中，要加强与国家相关规划的衔接，注意研究新情况、解决新问题、总结新经验，重大问题及时向国务院报告。

建设好广东海洋经济综合试验区，是深入贯彻落实党的十七届五中全会精神的重大举措，关系到我国海洋发展战略和区域发展总体战略的全面实施，各有关方面要进一步提高认识，密切合作，开拓进取，扎实工作，共同推动广东海洋经济综合试验区又好又快发展。

中华人民共和国国务院

二〇一一年七月五日

广东海洋经济综合试验区发展规划

国家发展和改革委员会

二〇一一年十一月

前 言

广东是我国改革开放的先行地区，在全国经济社会发展和改革开放大局中具有举足轻重的战略地位。推动广东海洋经济综合开发，对加快我国海洋经济发展具有重大意义。为深入贯彻党的十七届五中全会关于发展海洋经济的战略部署，全面优化海洋经济发展方式，提高海洋经济综合竞争力，探索海洋保护开发新途径和海洋综合管理新模式，推进海陆统筹、区域协调发展，全面构建大珠江三角洲地区优质生活圈，为全国海洋经济科学发展积累经验、提供示范，特制定广东海洋经济综合试验区发展规划。

规划主体区范围包括广东省全部海域和广州、深圳、珠海、汕头、惠州、汕尾、东莞、中山、江门、阳江、湛江、茂名、潮州、揭阳14个市所属陆域，海域面积41.9万平方公里，陆域面积8.4万平方公里。为进一步增强海洋经济发展的辐射带动作用，将珠江三角洲地区的佛山、肇庆，以及环珠江三角洲地区的粤北等地区作为联动区。

规划期为2011—2020年，重点是“十二五”时期。本规划是指导广东当前和今后一段时期海洋经济发展和编制相关规划的重要依据。

第一章 发展基础

第一节 综合条件

广东面向南海，毗邻港澳，是我国大陆与东南亚、中东以及大洋洲、非洲、欧洲各国海上航线最近的地区，是我国参与经济全球化的主体区域和对外开放的重要窗口。广东发展海洋经济区位优势突出，条件优越，基础良好，潜力巨大。

海洋资源丰富。广东海域辽阔，海岸线长，滩涂广布，大陆架宽广，港湾优越，岛屿众多，海洋生物、矿产和能源资源丰富。其中，大陆海岸线4114公里，居全国首位；海岛1431个，岛屿岸线2414公里。

海洋经济实力雄厚。广东海洋经济总量自1995年以来持续居全国首位，形成了较为完整、具有较强竞争力的产业体系，建成了以广州、深圳等港口为核心的沿海港口群。2009年，全省海洋生产总值、进出口贸易总额分别达6800亿元和6111亿美元，占全国的21%和27.7%，是引领全国海洋经济发展和对外开放的重要引擎。

海洋科技力量突出。广东集聚了一大批涉海科研机构和院校，是我国海洋科研机构和人才较为密集的地区。广东较早实施了科技兴海战略，形成了一批具有自主知识产权的海洋科技成果，是我国海洋科技创新的重要基地。

海洋生态环境保护全国领先。广东在全国率先建立了地方海洋环境监测体系，组织开展了大规模生态修复和海洋自然保护区建设，海洋自然保护区数量、面积和种类均居全国首位，海域生态环境总体良好，海洋经济发展和滨海城镇建设具有良好的生态基础条件。

海洋综合管理特色鲜明。广东在全国率先建立了海洋综合管理模式，实施了海域使用管理制度，积极参与了海洋维权巡航执法，在海洋规划和立法等方面也进行了积极探索，是引领海洋行政体制改革的先行区。

第二节 机遇与挑战

党中央、国务院对加快发展海洋经济高度重视，提出了建设海洋强国的宏伟目标，《中华人民共和国国民经济和社会发展第十二个五年规划纲要》明确提出推进海洋经济发展的战略部署，实施海洋开发成为国民经济发展的重要任务；广东在海洋经济发展和海洋保护开发中积累了丰富经验，具有进一步转变经济发展方式和提升竞争力的巨大潜力。同时，广东推进海洋经济科学发展也面临着严峻挑战。以开发近岸海域资源为主的传统发展方式受到资源环境的制约，保持海洋经济快速发展的难度加大，海洋开发中一些深层次矛盾和问题逐步显现。主要是海洋产业结构不够合理、海洋科技成果转化率不高，创新能力和整体竞争力有待提升；区域发展不平衡，粤东、粤西地区海洋资源和区位优势尚未得到很好的发挥；海洋资源开发利用水平偏低，海洋环境污染问题突出，海洋生态环境保护和修复任务艰巨。

第三节 重大意义

推进广东海洋经济综合试验区建设，是保持广东国民经济平稳较快发展的重要战略部署，有利于优化海洋产业结构，促进经济发展方式转变，提升海洋经济总体实力和综合竞争力，提高对全国海洋经济发展的带动引领作用；有利于促进和支撑粤东、粤西地区后发崛起，加快形成新的经济增长极，促进广东区域协调发展，进一步增强对全国改革发展的带动能力；有利于拓宽粤港澳经济合作领域，密切广东与海峡西岸经济区、北部湾地区和海南国际旅游岛的联动融合，优化我国沿海地区总体开发格局；有利于不断探索海洋资源开发、环境保护和经济发展良性互动的科学方式，进一步积累海洋综合管理的成功经验，为实现我国海洋事业可持续发展提供示范。

第二章 总体要求和发展目标

第一节 指导思想

高举中国特色社会主义伟大旗帜，以邓小平理论和“三个代表”重要思想为指导，深入贯彻科学发展观，认真落实党的十七届五中全会关于发展海洋经济的战略部署，解放思想、改革创新，以科学发展为主题，以加快转变经济发展方式为主线，全面优化海洋经济空间开发格局，率先构建现代海洋产业体系，大力促进海洋科技教育文化事业发展，不断提高海洋资源综合利用和生态环境保护水平，统筹加强海洋公共服务能力建设，积极创新海洋综合管理体制机制，切实提高海洋经济综合竞争力和总体实力，加快把广东建设成为海洋经济强省。

第二节 基本原则

统筹兼顾。坚持海陆统筹和区域联动，充分发挥各方面推进海洋保护开发的积极性，形成海洋经济科学发展的新局面。

纵深发展。坚持由近及远，加快海洋开发由近海向深远海推进，提高海洋开发、控制和综合管理水平，不断拓展海洋经济发展新领域。

科教兴海。坚持科教带动，加大人才培养力度，强化海洋科技研发和成果转化，提高海洋经济发展的核心竞争力。

人海和谐。坚持保护与开发并重，加强海洋生态环境保护，科学开发海洋资源，实现海洋经济的可持续发展。

体制创新。坚持先行先试，赋予广东在发展海洋经济方面更大的自主权，完善海洋综合管理模式，形成有利于海洋经济科学发展的体制机制。

第三节 战略定位

依托广东在海洋经济发展中的先行优势，贯彻国家关于发展海洋经济的战略部署，科学确定广东海洋经济综合试验区发展定位，为实现我国海洋经济科学发展提供示范。

——提升我国海洋经济国际竞争力的核心区。抢占新世纪国际海洋开发的战略制高点，促进海洋产业结构优化升级，着力培育海洋新兴产业，优化临海产业布局，加快建设科技引领、产业高端、优势突出、布局合理的现代海洋产业集聚区。

——促进海洋科技创新和成果高效转化的集聚区。深入实施科教兴海战略，深化海洋科技创新和成果转化体制改革，整合优势科技资源，加大海洋高新技术人才培养和引进力度，优化自主创新和产业发展环境，建设具有国际竞争力的海洋科技人才高地、海洋科技创新中心、海洋高技术成果高效转化基地和产业基地。

——加强海洋生态文明建设的示范区。坚持生态环境保护与海洋资源开发并重、海洋环境整治与陆源污染防治统筹，建立海洋环境保护长效机制，提高海洋和海岸带生态系统保护水平，提高可持续发展能力，弘扬南海特色海洋文化，建设人海和谐、生态良好的宜居区和世界知名的滨海旅游目的地。

——推进海洋综合管理的先行区。积极推进海洋管理体制机制创新，统筹推进海洋行政管理、执法队伍、技术支持、决策咨询、公共服务等方面能力建设，加快构建集监管立体化、执法规范化、管理信息化、反应快速化于一体的现代海洋管理体系，建设我国实施海洋综合管理的示范区。

第四节 发展目标

当前和今后一个时期，要抓住国家加快发展海洋经济的重大机遇，推动广东海洋经济综合试验区建设取得突破性进展。

到2015年，基本建成海洋经济强省。海洋经济总量显著提升，全省海洋生产总值达1.5万亿元，继续保持全国领先地位。海洋产业结构和空间布局进一步优化，海洋三次产业比例调整为3 ∶ 44 ∶ 53，现代海洋产业体系初步建立；珠江三角洲、粤东、粤西三大海洋经济主体区域全面发展，分工合理、优势集聚、辐射联动的区域发展格局基本形成。海洋自主创新能力明显提升，主要海洋科技领域达到国内领先水平。海洋生态环境稳步改善，各类近岸海域环境功能区水质达标率90%以上，基本完成水质劣于Ⅳ类标准的近岸海域环境治理，建成海洋监测监视、预警预报、应急处置等防灾减灾体系和管理技术支撑体系。海洋综合管理体系进一步完善，实现海洋管理的法制化、规范化和信息化。

到2020年，全面实现建设海洋经济强省战略目标。海洋经济科学发展水平显著提升，主要海洋产业国际竞争力明显增强，海洋科技贡献率大幅提高，各类海洋功能区环境质量保持优良水平，海洋生态环境明显好转，现代化海洋综合管理体系基本形成。

第三章 优化海洋经济空间布局

根据广东海洋经济综合试验区的战略定位、现有产业基础和发展潜力、资源环境承载能力，按照海陆统筹、优势集聚、功能明晰、联动发展的要求，优化海洋开发布局，着力建设珠江三角洲海洋经济优化发展区和粤东、粤西海洋经济重点发展区三大海洋经济主体区域，积极构建粤港澳、粤闽、粤桂琼三大海洋经济合作圈，科学统筹海岸带（含海岛地区）、近海海域、深海海域三大海洋保护开发带，推进形成“三区、三圈、三带”的海洋综合发展新格局。

第一节 着力打造三大海洋经济主体区域

珠江三角洲海洋经济优化发展区、粤东和粤西海洋经济重点发展区是广东发展海洋经济的主体区域，对于提升广东海洋经济综合竞争力，加快形成新的经济增长极，促进广东区域协调发展具有重大意义。

——珠江三角洲海洋经济优化发展区。包括广州、深圳、珠海、江门、东莞、中山、惠州7市海域及陆域，是广东海洋经济发展基础最好、发展水平最高的区域。这一区域要积极培育海洋新兴产业，重点发展海洋高端制造业和现代服务业，着力打造一批规模和水平居世界前列的现代海洋产业基地。

广州市要围绕建设国家中心城市、综合性门户城市和区域文化教育中心，增强海洋产业高端要素集聚、科技创新、文化引领和综合服务功能，壮大海洋交通运输业、海洋船舶工业和滨海旅游业三大优势海洋产业，培育海洋生物医药、现代港口物流和海洋信息服务三大海洋新兴产业，建设海洋科技创新、现代物流和临海先进制造业三大基地，完善南沙、莲花山和黄埔三大现代海洋产业组团，率先实现海洋经济发达、海洋科技领先、海洋生态良好、海洋文化繁荣的发展目标。

深圳市要充分发挥经济特区和综合配套改革试验区的改革开放先行作用，积极创建全国海洋经济科学发展示范市。提高海洋资源利用效率，在区域开发、集约开发上进行探索。巩固提升海洋交通运输业和高端滨海旅游业，大力发展远洋渔业，培育壮大海洋生物等新兴产业和现代服务业。深化深港合作，加快建设前海深港现代服务业合作区。强化重点海域生态环境保护，创新海洋综合管理体制机制，力争在一些重点领域和关键环节上取得突破。

珠海市要充分发挥经济特区优势，加快横琴新区建设，积极促进海岛开发开放，重点建设高栏港临海先进制造业基地、三灶航空产业基地，推进万山群岛休闲度假区建设，打造生态文明新特区和科学发展示范区。东莞市重点建设交椅湾集中集约用海区。中山市重点建设马鞍岛大型装备制造基地和明阳新能源工业园，开发横门岛东岸集中集约用海区。惠州市重点建设大亚湾临海先进制造业基地，推进惠东巽寮海洋旅游度假区，打造宜居、宜业、宜游的优质生态湾区。江门市重点开发广海湾集中集约用海区，建设江门银洲湖等临海先进制造业基地，建设循环经济园区。

——粤东海洋经济重点发展区。包括广东东部沿海的汕头、汕尾、潮州和揭阳 4 市海域及陆域，是广东海洋经济发展的一个重要引擎。这一区域要着力发展临海能源、临海现代工业、海洋交通运输、滨海旅游、水产品精深加工等产业，科学推进集中集约用海，重点开发海门湾、南澳西南岸、碣石湾西岸等集中集约用海区。

汕头市要充分发挥经济特区优势，着力构建东部城市经济带，建设现代化滨海新城，积极推进南澳省级海洋综合开发试验县建设，全力打造以高技术产业和先进制造业为主体的新兴产业基地。汕尾市着力推进港湾整治和综合利用，重点建设汕尾新港区和品清湖滨海新城，促进人海和谐发展。潮州市着力推进西澳港区综合开发，加快建设临港产业集聚区。揭阳市重点建设惠来临海现代工业集聚区，推进专业化海洋运输体系和物流中心建设。

——粤西海洋经济重点发展区。包括广东西部沿海的湛江、茂名和阳江 3 市海域及陆域，是广东海洋经济发展的一个重要增长极。这一区域要发挥大西南出海口的优势，加快发展临海现代制造业、滨海旅游业、现代海洋渔业、临海能源等产业，重点推进湛江安铺港、角尾湾、新寮、东海岛南部、吴川、茂名博贺、阳西面前海、江城南岸等集中集约用海区开发。

湛江市着力发展东海岛高端临海现代制造业集群，建设技术先进、节能环保、装备一流、效益良好的循环经济园区，打造粤西中心城市和西南地区出海大通道。茂名市突出水东湾、博贺湾整治与开发，重点发展现代港口物流、临海先进制造和滨海旅游业。阳江市主要推进海陵湾开发，重点发展临海清洁能源、海洋文化旅游度假、临海现代工业和现代海洋渔业等产业。

第二节　推动构建三大海洋经济合作圈

粤港澳、粤闽、粤桂琼三大海洋经济合作圈，是分别连接港澳、海峡西岸经济区、北部湾地区和海南国际旅游岛的重要地带。推动构建三大海洋经济合作圈，对于密切与周边地区的合作，增强广东海洋经济的辐射带动能力，进一步优化我国沿海开发布局具有重要作用。

——粤港澳海洋经济合作圈。以珠江三角洲海洋经济优化发展区为支撑，着力打造粤港澳海洋经济合作圈。以广州南沙、深圳前海、深港边界、珠海横琴、万山群岛等区域作为粤港澳海洋经济合作圈建设的重要节点，加强粤港澳在海洋运输、物流仓储、海洋工程装备制造、海岛开发、旅游装备、邮轮旅游等方面的合作，共同打造国际高端的现代海洋产业基地，建设优质生活湾区。

——粤闽海洋经济合作圈。以粤东海洋经济重点发展区为支撑，对接海峡西岸经济区，着力打造粤闽海洋经济合作圈。以汕头、汕尾、潮州、揭阳为依托，进一步扩大与福建在现代海洋渔业、滨海旅游、海洋文化等领域的合作，重点开展海洋装备制造、海洋生物医药、海水综合利用等海洋新兴产业的合作。

——粤桂琼海洋经济合作圈。以粤西海洋经济重点发展区为支撑，对接北部湾地区和海南国际旅游岛，着力打造粤桂琼海洋经济合作圈。以湛江、茂名、阳江为依托，重点加强滨海旅游业、现代海洋渔业、海洋交通运输业发展和涉海基础设施建设等方面的合作。充分发挥湛江港作为西南地区出海大通道的作用，增强对北部湾地区的服务功能。积极促进滨海旅游资源开发合作，共同打造粤桂琼滨海旅游“金三角”，将其建设成为具有国际影响的休闲度假旅游目的地。

第三节　统筹利用三大海洋保护开发带

依托不同海域的自然条件、资源禀赋和开发潜力，由近及远、梯次开发，统筹开发海岸带、近海海域（含海岛地区）和深海海域，形成 3 条各具特色的海洋保护开发带，对优化海洋开发格局、拓展海洋经济发展空间、提升海洋资源保护开发水平、促进海陆统筹发展具有重要意义。

——海岸带。从大陆海岸线向陆 10 公里起至领海外部界线之间的带状区域（含 5 大海岛群 28 个岛区），富集了岸线、滩涂、海湾、航道、景观等海洋要素资源以及发展海洋经济所依托的陆域，是发展海洋经济的核心区域。围绕加快转变海洋经济发展方式，着力提升海洋空间资源开发利用水平，推进集中集约用海，引导海洋产业集聚发展。重点发展海洋交通运输业、滨海旅游业、海洋油气业、海洋船舶工业、现代海洋渔业等优势海洋产业，加快发展临海现代工业，培育海洋新兴产业。加强岸线利用和保护，科学规划工业与城镇建设、港口建设、滨海旅游、生态环境保护等岸段类型，明确各类岸段利用方向、开发强度和保护要求，科学调控海岸开发利用活动，着重加强沿海防护林体系建设和保护，全面规范海洋开发利用秩序。加强海岛规划，优化开发有居民海岛，保护性开发无居民海岛，严格保护特殊用途海岛。

——近海海域。领海外部界线至 500 米等深线之间的区域，拥有丰富的海洋渔业、油气矿产和海洋可再生能源等资源，海洋开发潜力巨大，是实施海洋经济综合开发的重要区域。重点发展现代海洋渔业、滨海旅游、海洋油气、海洋运输等产业，大力开发海洋可再生能源。适度控制近海捕捞强度，加快海洋牧场建设。加大海洋矿产和珠江口盆地油气资源勘探和开采力度。保障深水航道航行安全。

——深海海域。500米等深线以深的区域，海域辽阔，海洋生物、海洋矿产资源丰富，开发前景广阔，是实施海洋经济综合开发的重要区域。大力发展深海技术，加大深海油气资源勘探开发力度，拓展深海产业，积极发展深水渔业。

专栏一：五大海岛群

粤东岛群包括南澳岛区、柘林湾岛区、达濠岛区、海门湾－神泉港沿岸岛区、甲子港－碣石湾沿岸岛区、红海湾岛区、东沙群岛区7个岛区，重点发展现代海洋渔业、海洋交通运输业、海洋生态旅游业，加强海洋自然保护区建设。

大亚湾岛群包括虎头门以北沿岸岛区、虎头门－大亚湾口岛区、平海湾沿岸岛区、沱泞列岛区、考洲洋岛区5个岛区，重点发展海洋交通运输业、滨海旅游业和临海现代工业。

珠江口岛群包括深圳东部沿岸岛区、狮子洋岛区、伶仃洋岛区、万山群岛区、磨刀门－鸡啼门沿岸岛区、高栏岛区6个岛区，重点发展海洋交通运输业、滨海旅游业、临海现代工业、海洋高新技术产业。

川岛岛群包括川山群岛区、大襟岛区、台山沿岸岛区3个岛区，重点发展滨海旅游业、海洋交通运输业，加强海洋自然保护区建设。

粤西岛群包括南鹏列岛区、阳江沿岸岛区、茂名沿岸岛区、吴川沿岸岛区、湛江湾岛区、巽寮岛区、外罗港－安铺港沿岸岛区7个岛区，重点发展现代海洋渔业、滨海旅游业和海上风电。

第四章　构建现代海洋产业体系

坚持创新驱动、整体推进、突出重点、集聚优势，以大力提升传统优势海洋产业为基础，以加快培育和壮大海洋新兴产业为支撑，以集约发展高端临海产业为重点，推动信息化和工业化深度融合，形成具有国际竞争力的现代海洋产业体系。

第一节　大力提升传统优势海洋产业

加大科技创新力度，优化产业结构，巩固海洋交通运输业、海洋渔业、船舶工业等方面的传统优势，进一步夯实传统优势产业在广东海洋经济发展中的基础地位。

海洋交通运输业。突破行政区划界限，整合优化港口资源，以广州、深圳、湛江、珠海、汕头等主要港口为依托，打造布局合理、分工明确、功能完善、运作高效的世界级港口群，按照国际化标准进一步提升港口技术装备和管理服务水平，形成更具影响力的国际物流中心。加强主要港口专业化运输系统建设，有序建设大型集装箱、原油、液化天然气（LNG）、煤炭等专业化码头。加强港口5万吨级以上船舶出海航道建设，完善海上助航安全配套设施，建设安全、便捷的海上运输通道。依托广州港、深圳港、珠海港，建设珠江三角洲国际物流基地；依托汕头港、潮州港、揭阳港，建设粤东物流基地；依托湛江港、茂名港、阳江港，建设粤西物流基地。

现代海洋渔业。按照提升近海、开发深海、拓展远洋的原则，加快发展现代海洋渔业。扶持具有开发外海渔场能力的龙头企业、渔业合作组织实施渔船改造，形成一批装备先进、适应深海作业的捕捞渔船。推动江门、阳江、茂名、湛江等地建设外海生产基地。转变传统养殖方式，积极发展深远海渔业养殖，继续巩固广东在海水养殖方面的龙头地位。加快编制养殖水域滩涂规划，强化标准鱼塘、水产良种体系、水生动物疫病防控体系建设，创建100个健康养殖示范基地；扶持发展深水网箱养殖，在湛江、阳江、珠海、潮州等地建设一批深水网箱养殖基地。大力发展远洋渔业，新建一批大型钢质节能新型渔船，建设装备先进的现代化远洋渔业船队。积极发展水产品精深加工业，在湛江、茂名、阳江、汕头、潮州等地建设一批高水平的水产品精深加工园区和检测实验室，培育一批具有较高市场占有率的知名品牌。积极发展设施渔业、休闲渔业和观赏渔业。

海洋船舶工业。加快船舶工业结构优化升级，合理布局海洋船舶工业，打造世界大型修造船基地。支持广州提升大型船舶制造基地自主设计制造能力。大力发展船舶配套产业，提升船舶配套设备自主品牌的开发能力，建设广州、江门船舶配套基地。积极发展游艇制造业，重点建设珠海、东莞、中山等游艇制造基地。加强远洋运输、远洋渔业、海洋科考和地质调查等大型船舶技术的研发和应用，加快发展高技术、高附加值的大型集装箱船、海洋工程船、大型油轮和大型砂矿船。推进拆船工业现代化、机械化和环保化。

第二节　培育壮大海洋新兴产业

以推进产业结构升级为主线，以海洋生物医药、海洋工程装备制造、海水综合利用和海洋可再生能源为重点，突破关键核心技术，提升海洋产业核心竞争力。

海洋生物医药产业。充分利用海洋生物资源丰富的优势，整合利用现有科技资源和研究力量，提升海洋领域科研机构研发能力，重点发展海洋药物、工业海洋生物制品、海洋生物功能制品和海洋生化制品，形成具有竞争力的海洋生物医药产业集群。依托广州、深圳生物产业基地，建设海洋生物技术和海洋药物研究中心，推进中山健康产业基地建设。大力发展高技术、高附加值的海洋生物医药新产品，重点开发抗肿瘤、抗心脑血管疾病、抗病毒等海洋创新药物，积极开发海洋生物制品和海洋保健品。加强医用海洋动植物的养殖和栽培，建设南海微生物物种资源、基因资源、药物资源库和海洋生物样品库。

海洋工程装备制造业。发展与海洋资源勘探开采、海底工程、海洋环境保护、海水综合利用及航道疏浚工程等相关的海洋工程装备制造业。推进水下运载装备及配套作业工具系统、海洋勘探开发和监测设备、海洋油气生产设备、海上风电设备制造研发，推进海洋工程装备制造业的专业化和高端化。支持广东参与海洋油气资源开发，重点在广州、深圳、珠海、湛江、惠州等地布局建设海洋油气资源勘探开发后勤基地、油气终端处理和加工储备基地。加快珠海深水设施制造基地、深圳海洋石油开采装备制造基地建设，积极打造深海海洋装备试验基地和装配基地。大力推动广州、深圳、珠海、中山等地海洋工程装备制造业发展，培育形成具有较强国际竞争力的海洋装备制造业集群。

海水综合利用业。积极建设海水淡化及综合利用示范工程和示范城市（海岛、工业园），推进重点行业海水综合利用。结合沿海和海岛地区居民区建设，研究推动海水直接应用于大生活用水，支持南澳岛、万山群岛、川岛、东海岛等海岛建设海水淡化工厂，引导临海企业使用海水作为工业冷却水。按照循环经济的理念，研究开发浓海水制盐、提钾等产业化技术，推进建立相互衔接的海水资源综合开发利用产业链。

海洋可再生能源。开展海洋能资源普查，科学规划海洋能开发，确定优先开发范围和重点。加快海洋风电、波浪能、潮汐潮流能发电等技术研发。实施示范带动，探索在万山群岛等条件适宜的海岛建设海洋可再生能源开发利用技术试验基地，开展集风能、太阳能、波浪能等发电为一体的海岛独立电力系统应用试点。

第三节　集约发展高端临海产业

统筹规划、合理布局、集约发展高端临海产业，提高对海洋经济综合试验区发展的支撑保障能力。

临海钢铁工业。调整优化产业布局，加快淘汰落后产能，优化发展临海钢铁工业。按照《钢铁产业调整和振兴规划》的要求，适时建设湛江钢铁精品基地，重点发展炼钢及辅助原料、钢铁产品深加工。抓紧完善与钢铁基地相配套的港口、公路、铁路、水电气等基础设施建设。加快钢铁现代物流体系建设。

临海能源工业。适应沿海经济社会发展需要，优化发展火电、支持发展天然气电、安全稳妥发展核电。按照“上大压小”的要求，加快深圳滨海电厂、珠江电厂等电源项目及热电联产项目建设。重点推进惠州、深圳、阳江等地抽水蓄能项目建设，提高区域内电力调峰调频能力，构建多元、安全、清洁、高效的临海能源工业。

第四节　加快发展服务业

加快培育和发展港口物流、服务外包、中介服务、信息服务、金融保险、滨海旅游等服务业，推进服务业标准化和品牌建设，重点培育和发展一批规模大、实力强的服务企业。

依托主要港口和临港工业基地，围绕建设现代化的临港物流产业体系，重点建设广州南沙、深圳盐田港、惠州港、湛江港等港口物流园区。在广州、深圳、珠海、湛江等地发展国际海洋会展业。加快建设生产性服务业集聚区，为海洋生物工程、海水综合利用等海洋产业提供产品研发、工业设计和检验检测等配套服务。完善海洋产业金融服务体系，探索海洋金融、海事仲裁等领域服务新模式。

依托丰富的岸线、人文、海洋文化等资源优势，推进旅游业信息化，提高旅游业发展水平。着力打造高端旅游业，建成国际高端滨海旅游目的地。大力发展邮轮、游艇旅游，加强粤港澳邮轮航线合作。积极发展海岛观光、海上运动、海底潜游等新兴旅游项目，重点建设深圳东部、南澳岛、惠东巽寮、万山群岛、川山群岛、红海湾等一批海洋综合旅游区，继续推进广东省国民旅游休闲计划滨海旅游示范景区建设。创建以休闲度假、会议商务等为主要特色的滨海旅游产品，加快珠海长隆国际海洋旅游度假区、阳江海陵岛海洋公园、湛江特呈岛海洋公园、中山海上温泉度假区等建设。到 2015 年建成 3 ~ 4 个 5A 级滨海旅游景区，形成 2 ~ 3 个国际知名的滨海旅游度假区。

第五章　大力推进海洋科技自主创新

实施科技兴海战略，加强海洋科技创新平台建设，深化海洋科技教育体制改革，促进海洋科技创新和成果高效转化，为海洋经济实现跨越式发展提供有力支撑。

第一节　推进海洋科技自主创新体系建设

发挥中央在粤涉海科研机构优势，优化配置海洋科技资源，加快构建海洋科技创新平台。支持广东与国家重点高校、科研院所开展海洋科学技术合作，加强深海工程、海洋生物、海洋新能源、海洋装备制造等领域研究，规划建设深海工程中心。以南方近海海洋科技创新基地、南方深海大洋研究基地和南方海洋产业战略装备研发基地为载体，加强广东与中国科学院的深层次合作，支持海洋科技创新。加快广东海洋与水产高科技园建设。进一步强化涉海企业技术创新主体地位，建立自主创新激励机制，支持企业和科研院所加强合作，鼓励有条件的涉海企业在境外设立研发机构。

第二节　实施重大海洋科学技术攻关

按照自主创新、重点跨越、支撑发展、引领未来的方针，加强海洋科技的重点攻关，着力突破一批重大关键性和共性技术，形成一批有自主知识产权的技术成果。加快现代海洋渔业、海洋生物工程、海洋矿产勘探等技术集成攻关与产业化研究，推动海洋产业技术更新换代。在广州建设深海生物资源中心，完善深海基因资源和工业微生物研发平台，建设具有国际水平的深海生物样品库、深海大洋微生物菌库。加快海洋工程装备制造、海洋可再生能源利用、海水综合利用、海洋环境监测预测等高新技术重大专项攻关，为培育壮大海洋新兴产业提供技术引领和支撑。加强海洋防灾减灾、海洋生态环境保护与修复等技术开发与应用，提高海洋科技对海洋经济发展、海洋生态保护和海洋综合管理的支撑能力。

第三节　推动海洋科技成果转化

创新海洋科技成果转化机制，构建多元化、多层次的科技成果转化和公共技术服务平台，落实和完善海洋科技成果转化的财政、税收等扶持政策，将广州建设成为我国海洋科技成果交易中心和高效转化基地。围绕培育海洋新兴产业，推进以企业为主体的科技成果转化体系建设，加快现代海洋装备、海洋生物、海水综合利用、海洋可再生能源等领域的技术成果转化。加大商标权保护力度，切实保护海洋科技自主创新成果。充分利用中国国际高新技术成果交易会、广东海洋经济博览会等平台，推进海洋科技成果交易和应用。在广州、深圳、珠海、湛江、汕头等海洋产业集聚区，建设一批海洋科技成果高效转化基地。

专栏二：综合交通运输体系建设重点项目

港口：广州港重点建设南沙港区；深圳港重点建设蛇口港区、盐田港区、大铲湾港区，逐步推进盐田港区、南山港区和大铲湾港区的集装箱码头建设；珠海港重点建设高栏港区；粤西港口群以湛江港为中心，重点建设湛江港霞山港区、宝满港区、东海岛港区和阳江港区、茂名博贺新港区；粤东港口群以汕头港为中心，重点建设汕头港广澳港区和海门港区、揭阳港惠来港区和榕江港区、潮州港西澳港区、汕尾新港区。

铁路：重点规划建设广州—深圳—香港客运专线、广州—珠海城际铁路、厦门—深圳铁路、贵阳—广州铁路、南宁—广州铁路、广东西部沿海铁路、龙川—汕尾铁路、广州—汕尾铁路以及广州南沙港铁路等疏港铁路。

公路：重点建设港珠澳大桥、广州—深圳沿江高速公路、珠江三角洲环线高速公路、二连浩特—广州高速公路。

机场：建设揭阳潮汕机场。

第四节　加强海洋科技人才培养

强化人才对海洋经济发展的支撑作用，制定海洋科技人才发展规划。加强中山大学、广东海洋大学等高校的海洋、渔业等学科建设，加强高层次海洋科技人才培养。以海洋关键技术和前沿领域为重点，引进、培养一批具有国际领先水平的创新型海洋学科带头人，鼓励企业引进和培养高端海洋科技人才、设立海洋科技研究机构和人才培养基地。加强海洋类职业院校和专业建设，加快培养海洋应用型和技能型人才。积极开展海洋科技交流，鼓励高等学校、科研院所通过项目合作、学术交流、人才培养等方式开展海洋教育、海洋技术国际交流合作。建立健全海洋科技人才培养、引进、使用、评价、激励机制，优化海洋科技人才发展环境，增强对高端海洋科技人才的吸引力。

第六章　强化涉海基础设施建设

按照统筹规划、合理布局、适度超前、安全可靠的要求，加快海洋运输、海堤防灾、渔业港口、能源通信等基础设施体系建设，提高海洋经济综合开发保障能力。

第一节　建设科学高效的综合运输体系

围绕加快海洋经济发展，通过优化布局和资源整合，形成层次分明、分工合理、运行高效的港口综合运输体系。重点建设广州港、深圳港、珠海港、汕头港、湛江港等全国性主要港口，积极发展惠州港、汕尾港、阳江港、江门港、揭阳港等地区性重要港口。广州港以发展能源、原材料等大宗物资和集装箱运输为主，深圳港以发展集装箱运输为主，珠海港以发展集装箱、煤炭、干散货、油气化学物资等运输为主。粤西港口群以湛江港为中心，以发展能源、原材料等大宗物资运输和集装箱支线运输为主；粤东港口群以汕头港为中心，以发展煤炭、石油等能源和原材料物资运输为主。各港口因地制宜、错位发展，形成布局合理、功能完善、高效便捷的现代化港口集疏运体系，提高集疏运效率和效益。大力发展港口疏运系统，发挥华南沿海入海河流高等级航道优势，完善江海联运通道，提高主要港口水路集疏运能力。按照国家综合交通网规划，加快建设连接沿海和内河港口的高速公路和铁路，完善港口集疏运体系，推进沿海高等级公路建设。加强珠江口东西两岸通道建设，研究推进琼州海峡跨海通道等主要出省通道前期工作。增强综合交通枢纽换乘和换装功能，提高运输效率，实现旅客“零距离换乘”和货物运输“无缝衔接”。

第二节 构筑高标准的海堤防灾体系

适应海洋综合开发和沿海地区经济社会发展的需要，以保护沿海生态环境为前提，以提高防御风暴潮灾害能力为重点，坚持生物措施和工程措施相结合，加快推进海堤建设。按 100 年一遇防潮标准建设和加固重要城市的海堤；按 50 年一遇防潮标准建设和加固较为重要的城镇与保护耕地面积在 5 万亩以上的海堤。到 2015 年完成保护耕地面积在 5 万亩以上、保护重点城镇的海堤建设以及大中型排洪挡潮闸的达标加固。到 2020 年基本完成保护耕地面积在 1 万亩以上的海堤建设以及排洪挡潮闸的达标加固。加强河口地区防洪安全保障，河口范围内涉水建设项目必须满足防洪泄洪安全要求。推进以基干林带为重点的沿海防护林体系保护与建设，提高抵御海啸、风暴潮等重大自然灾害能力。

第三节 构建安全可靠的渔业港口体系

按照政府主导、社会参与、突出重点、服务渔民的原则，大力实施标准渔港建设工程。以提高渔港防台避风和后勤服务能力为核心，以现有渔港的改造、扩容、升级为重点，切实增强渔港在促进渔区经济发展、社会稳定和安全生产中的特殊支撑作用。按照渔港护岸、码头 50 年一遇，防波堤 100 年一遇的标准，规划建设 100 个标准渔港，重点建设博贺、乌石等中心渔港，加快建设草潭、达濠等一级渔港，支持建设北潭、博茂等二级渔港，推动建设澳头、陈村等三级渔港。

第四节 建立保障有力的能源、通信体系

加快油、气、电等重大能源基础设施和输送网络一体化建设，提高区域能源保障能力。加快珠江三角洲及东西两翼输电站点建设，加强跨区域输电通道建设，提高承接“西电东送”和粤东、粤西、粤北向珠江三角洲地区输电的能力。按照国家重点油气项目战略布局，结合大型炼化项目和国家原油储备基地建设，加快油气基础设施及 LNG 接收站建设，完善覆盖沿海的一体化油气管网。重点建设惠州—汕尾—揭阳—汕头—梅州成品油管道，形成贯穿广东沿海地区的成品油管网格局。结合沿海 LNG 接收站、内陆管道天然气、海气上岸项目布局，建设以珠江三角洲为中心，向东西两翼和北部延伸的天然气主干管网。提高清洁能源在广东能源消费中的比重，增强粤港地区天然气供应保障能力和应急能力。依托现有园区，合理布局热电冷多联供项目，建设一批循环经济园区。扶持海岛发展清洁能源和海水淡化，加快海岛电力、通讯设施建设，到 2015 年，基本解决有居民海岛饮水、用电和通信问题。

第七章 构建蓝色生态屏障

坚持以人为本、人海和谐，强化海洋污染防治，重点开展海洋和海岸带生态系统建设，逐步建立完善的区域性海洋环境保障体系，推动海洋生态文明建设，进一步提高可持续发展能力。

第一节 强化海洋污染防治

按照海陆统筹、河海兼顾的要求，加强近岸海域污染防治。推进环珠江口宜居湾区建设重点行动，逐步实施珠江口、大亚湾、湛江港等重点海域入海污染物排放总量控制制度。实施珠江口、大亚湾、柘林湾、水东湾等海洋环境综合整治修复示范工程，在珠江口、汕头港、湛江港等重点海域实施氮、磷减排试点。加快滨海城市生活污水、垃圾处理和工业废水处理设施建设，提高污水、垃圾集中处理率。积极倡导海洋绿色运输，逐步推行更严格的船舶燃料与排放标准。加强海上污染源和倾倒区规范管理，严格控制在珠江口及邻近海域和海湾内新设倾倒区。加强海洋环境污染事故应急处置能力建设，完善海洋环境污染事故应急响应机制，建立海上溢油及有毒化学品泄漏等污染事故的快速反应机制。完善排污许可证制度，鼓励开展区域内排污权交易，探索建立排污权交易中心。将海洋环境保护纳入沿海各级政府环境保护责任考核范围。加大海洋环境监测力度，重点加强海洋环境敏感区、赤潮灾害频发海域、陆源入海排污和临海重大项目监视监测。

第二节 加强海洋生态保护

加强海洋生物多样性和重要海洋生态环境保护，开展人工鱼礁建设，推动大亚湾、湛江、阳江、江门、茂名等海洋牧场建设，探索建立蓝色碳汇生态功能区。加强重要海洋生物繁殖场、索饵场、越冬场、洄游通道和栖息地保护，完善伏季休渔和禁渔期、禁渔区制度。实施海洋生物资源养护增殖行动，规划建设一批海洋生物增殖放流基地。大力实施海岛生态整治修复，有效保护和修复海岛及周边海域生态系统。加强沿海防护林、红树林、珊瑚礁、海草床和滨海湿地等生态系统修复与建设，逐步构建结构合理、分布均匀、生态功能稳定的海洋生态保护体系。积极引导社会力量特别是用海企业主动参与海洋生态保护和修复。引导采用透水式和高桩式用海方式，鼓励生态式围填海。

第三节 推进海洋保护区建设

以提升海洋生态系统保护水平为目标，加强海洋自然保护区和海洋特别保护区建设，抢救性保护一批典型自然生态系统、濒危物种，以及具有保护价值的历史遗迹、自然遗迹和自然景观。提升海洋保护区建设和管理水平，将珠江口中华白海豚、惠东港口海龟、徐闻珊瑚礁等国家级自然保护区打造成具有国际水平的保护区。逐步建立以国家级保护区为龙头、省级保护区为骨干、市县级保护区为基础，布局合理、特色突出的保护区网络。到2015年，新建一批海洋保护区，保护区面积达到管辖海域面积的3%以上。

专栏三：规划新建海洋自然保护区、海洋特别保护区

规划新建海洋自然保护区：茂名放鸡岛文昌鱼自然保护区、江门中华白海豚自然保护区、珠海庙湾珊瑚自然保护区、东莞黄唇鱼自然保护区和南澎列岛、湛江硇洲、雷州乌石、遂溪江洪、茂名竹州岛、珠海竹州—横州、台山下川岛东湾外、台山上川围夹岛、阳江福湖岭、潮州南铲等海洋自然保护区，共14个。

规划新建海洋特别保护区：吴川博茂、汕尾遮浪角、广州南沙、珠海横琴岛、惠州考洲洋、茂名虎头山、湛江英罗湾、汕尾龟龄岛、湛江特呈岛、阳江海陵岛等海洋特别保护区，共10个。

第八章 完善海洋公共服务体系

着力提升海洋观测监测、预报应急、海上船舶安全保障、海洋基础信息等海洋公共服务能力，为海洋经济发展提供必要的支撑。

第一节 强化海洋灾害监测和预警预报

按照国家海洋观测体系建设总体布局，加快构建具有国际先进水平的海洋灾害监测、预警和应急指挥网络。推进海洋气象与灾害天气预报开放重点实验室、省级海洋预报台和海洋气象灾害预警中心建设，提高海洋气象灾害监测预报预警和防御能力。增设验潮站、浮标、地波雷达等观测站点，开展近岸精细化预报预警，加强地震、海啸、风暴潮等重大灾害监测和预警。积极开展海洋领域应对气候变化研究，推进海洋灾害风险评估、风险区划及警戒潮位核定工作。开展粤港澳海洋灾害监测预报合作，建立共同应对海洋灾害的工作机制。

第二节 完善海上船舶安全保障体系

加强海上安全基础设施建设。加快建设集船位自动监控、安全通信、救助指挥、电子签证、移动执法等功能于一体的渔业安全生产通信指挥系统，提高渔业船舶安全生产保障能力。加强海上交通安全管理，健全水上交通救助体系。完善海上110系统，提高公安海警装备和保障能力，加强公安海警巡逻舰艇和执法基地建设。推进与周边省（区）和香港、澳门特别行政区在海上交通、安全生产和海上救助等方面的合作，畅通船舶安全信息渠道，提高海上船舶安全保障能力。

第三节 加强海洋基础信息服务

建立健全海洋基础数据调查、统计和信息发布制度，重点加强海洋开发基础数据、海区环境状况、区域海洋气象和海洋科技研究等信息发布和服务。完善近海海洋资源综合调查，开展渔业资源、海岛开发与保护等海洋专项调查，加快海岛（礁）、海岸带和近海海域基础地理信息数据库及服务平台建设。加强海底地理实体调查和命名管理。支持广东开展海洋经济调查试点，推进海洋经济核算体系和统计制度改革，建立海洋经济运行监测评估系统。建立海洋经济信息定期发布制度，为海洋保护开发、海洋经济管理和社会公众提供服务。

第九章 弘扬南海特色海洋文化

大力弘扬特色鲜明的南海海洋文化，打造海洋文化品牌，培育海洋文化事业，为海洋经济科学发展提供强劲的精神动力和良好的人文环境。

第一节 传承南海海洋文化

深入挖掘和系统整理南海海洋文化资源，开展涉及海洋渔业文化、民俗文化、饮食文化、海上移民文化以及水下文化遗产等方面的资源普查，建立系统规范的海洋文化资源普查档案。加大对重点物质和非物质文化遗产项目及其生态环境的整体性保护，建立若干水下文化遗产保护区和海洋文化生态保护区。加强海洋文化研究，推进海洋考古、海洋文化遗产、海上丝绸之路、开平碉楼与村落文化等研究。加强海洋文化宣传，组织编辑出版相关图书和音像制品。办好“海洋宣传日”“蓝色文化课堂”等活动，提高全民海洋意识，为加快海洋经济强省建设创造良好的文化氛围。

第二节　打造海洋文化品牌

引导形成一批各具特色的海洋文化区，打造以广府文化、海商文化为主体的珠江三角洲地区海洋特色文化区，以潮汕文化、妈祖文化为主体的潮汕海洋特色文化区，以雷阳文化、疍家文化为主体的粤西海洋特色文化区。充分发挥广东文艺创作方面的特殊优势，组织创作一批以海洋为主题的涉海文艺作品。围绕打造海上丝绸之路品牌，推动申报联合国“世界文化遗产”，把“南海Ⅰ号”和“南澳Ⅰ号”打造成“海上敦煌”，扩大我国海洋文化的国际影响力。

专栏四：“南海Ⅰ号”、“南澳Ⅰ号”

“南海Ⅰ号”是迄今发现最大的宋代沉船。船长30.4米，宽9.8米，高3.5米。船载文物有瓷器及金、银、铜器等8万余件，其中瓷器包括了福建德化窑、磁灶窑、景德镇窑系及龙泉窑系等高质量精品。“南海Ⅰ号”的发掘、保护，为复原我国海上丝绸之路的历史、航海史、贸易史、造船史、陶瓷史提供了极为难得的实物资料，具有重要的研究价值。

“南澳Ⅰ号”是我国发现的第一艘明代沉船。船长约25.5米，宽约7米。船载文物主要为明代粤东或闽南及江西一带民间瓷窑生产的青花瓷器。“南澳Ⅰ号”的发现和水下考古发掘，为研究我国航海史、贸易史、造船史、陶瓷史提供了实物依据，目前正在规划建设“南澳Ⅰ号”古沉船专题博物馆。

第三节　培育海洋文化产业

依托海洋特色文化、自然遗产地、历史遗迹，大力发展海洋文化产业，打造一批具有浓郁南海特色的海洋精品文化景区和文化产品。大力开发海洋生态文化旅游、海洋民俗文化特色旅游，建设一批海洋文化旅游目的地。以大型涉海展会、重要海洋文化活动为载体，打造海洋文化产业发展平台。办好南海开渔节、休渔放生节、航海日、海洋经济博览会和海上国际龙舟邀请赛。积极开发具有海洋文化特色的旅游产品和民间工艺品。

第十章　创新海洋综合管理体制机制

加快推进海洋行政管理体制改革，积极创新海洋资源开发管理方式，落实完善海洋保护开发政策，建立健全海洋综合管理体制机制，为海洋经济科学发展提供重要保障。

第一节　深化海洋行政管理体制改革

推进海洋管理体制机制创新，探索建立职能有机统一、组织结构优化的海洋综合管理体制和技术支撑体系，统筹协调各部门、各行业的海洋开发行为。继续加强海洋维权执法、公共服务等机构建设，加快建立跨部门、跨区域的海洋环境保护管理协调机制，开展海洋环境保护联合执法。

第二节　创新海洋资源开发管理

加快编制广东海洋功能区划和广东海洋主体功能区规划，并据此编制海洋产业空间布局、海洋新兴产业发展、海岸保护与利用、海岛保护等专项规划。实施海域使用动态监视监测工程，推动建设海域使用论证管理中心、海籍管理和海洋测绘中心、海洋权属管理及产权交易中心。保护性开采锆英石砂矿，健全海砂等资源开采海域使用权招标拍卖制度。实施数字海洋工程，构建广东海洋电子政务信息平台。

第三节　完善海洋开发政策

财税政策。加大对海洋事业发展、公共基础设施、重大科技专项投入力度，国家在安排中央预算内投资时对广东涉海项目给予必要支持。中央财政在安排海域使用金、无居民海岛使用金支出项目时，对广东给予倾斜支持。在全面落实现行促进科技投入和科技成果转化、支持高技术产业发展等方面税收政策的基础上，研究完善相关税收政策，进一步促进海洋新兴产业发展。无居民海岛开发收取的使用金，除用于生态环境保护外，对海岛基础设施建设给予一定支持。各级政府加大对渔港防波堤、护岸、码头、航道等基础设施建设的投入力度。

金融政策。引导金融资源和社会资金投向海洋经济发展领域。鼓励和支持金融机构在有效防范风险的基础上，积极开展船舶、海域使用权抵（质）押贷款业务。支持符合条件的涉海企业发行企业债、公司债、短期融资券和中期票据等债务融资工具，推动符合条件的涉海企业在境内发行股票融资。推进粤港澳海洋开发金融合作，探索在境内外发行海洋开发债券。鼓励产业（股权）投资基金投资海洋综合开发企业和项目。大力开展保险业务，推动针对相关海洋产业的保险产品创新。

海域使用政策。适度增加建设用围填海年度计划指标，优先用于发展海洋优势产业和生态保护与建设，国家重点项目用海，由国家安排专项用海指标。大力推进集中集约用海，对规划确定集中集约用海区域的建设用海项目实行整体规划、统一论证，凡区域建设用海规划经整体论证评审的，规划区域内的单宗用海项目的论证评审程序可以适当简化。探索开展用海项目凭海域使用权证书按程序办理项目建设手续试点。推进建立海域使用并联审核机制，项目用海的海域使用论证、环境影响评价等同时进行，提高审批效率。严格保护基本养殖水域滩涂。

海岛开发政策。贯彻实施《海岛保护法》，促进海岛保护与合理开发利用，加强无居民海岛使用权管理，严格按照规划实施无居民海岛开发利用，采取严格的生态保护措施，避免造成海岛及其周边海域生态系统破坏。建立健全无居民海岛资源市场化配置机制。选择一批适宜的无居民海岛作为开发试点，积极探索以旅游度假为主体功能的无居民海岛整岛开发方式。

区域合作政策。探索建立游艇出入境管理新模式，会同香港、澳门特别行政区政府研究粤港澳地区游艇出入境便捷管理措施，为游艇出入境提供通关便利。加强口岸基础设施建设，优化监管和服务，提高口岸通行效率。合作开展大珠江三角洲地区海洋生态环境保护、大气污染防治等工作，全面构建环珠江口宜居湾区。完善区域发展政策，积极推动主体区和联动区的协调发展。

第十一章　保障措施

各有关方面要充分认识海洋经济综合试验区建设对推动广东经济社会又好又快发展的重要意义，加强组织领导和统筹协调，完善执行机制，强化监督检查，确保规划目标的全面实现。

广东省人民政府要加强对规划实施的组织领导，抓紧制定规划实施方案和工作计划，明确分工，落实责任，采取有力措施，推进规划实施。要制定规划实施的保障机制和责任考核制度，及时通报规划实施情况，提出改进措施和政策建议。要加强资金监管，建立海洋综合开发投入的绩效考评机制，完善规划重大项目的验收制度，对财政投入形成的各类有效资产实施管理。建立规划实施的公众参与机制，畅通社会监督渠道，营造有利于规划实施的良好社会环境。

国务院有关部门要按照职能分工，在政策实施、项目安排、体制创新、人才培训等方面给予积极支持。统计局和海洋局要加快完善海洋经济统计指标体系，开展对海洋经济运行状况的监测、评估和信息发布，为科学决策提供支持。

发展改革委要会同海洋局，加强对规划实施情况的督促检查，及时研究解决实施过程中出现的新情况、新问题，重大问题及时向国务院报告。

国务院关于广东省海洋功能区划（2011—2020年）的批复

国函〔2012〕182号

广东省人民政府、海洋局：

广东省人民政府关于审批广东省海洋功能区划的请示收悉。现批复如下：

一、原则同意《广东省海洋功能区划（2011—2020年）》（以下简称《区划》）。

二、广东省位于我国大陆南部，毗邻港澳，是我国改革开放的先行地区和全国海洋经济发展试点地区。全省海域辽阔，大陆海岸线长，海洋资源丰富，海洋经济实力雄厚。要坚持在发展中保护、在保护中发展的原则，合理配置海域资源，优化海洋开发空间布局，实现规划用海、集约用海、生态用海、科技用海、依法用海，促进经济平稳较快发展和社会和谐稳定。

三、通过实施《区划》，到2020年，全省建设用围填海规模控制在2.3万公顷以内，海水养殖功能区面积不少于25万公顷，海洋保护区面积不少于59万公顷，保留区占近岸海域面积比例不低于10%，大陆自然岸线保有率不低于35%，整治修复海岸线长度不少于400公里，近岸海域功能区的海水水质、海洋沉积物质量、海洋生物质量监测达标率达到90%以上；围填海等改变海域自然属性的用海活动得到合理控制，渔民生产生活和现代化渔业发展得到保障，海洋生态环境质量明显改善，海洋可持续发展能力显著增强。

四、《区划》是合理开发利用海洋资源、有效保护海洋生态环境的法定依据，一经批准，任何单位和个人不得随意修改；确需修改《区划》范围、海岸线和海洋功能区类型的，由广东省人民政府提出修改方案，报国务院批准。编制各类产业规划涉及海域使用的，应当符合《区划》的要求。要尽快完成沿海市、县（市）海洋功能区划编制批报工作。

五、要认真落实《区划》提出的各项任务和措施，不断完善海域管理的体制机制，严格执行项目用海预审、审批制度和围填海计划，健全海域使用权市场机制。坚持陆海统筹方针，切实加强海洋环境保护，地方海域使用金收入要支持海域海岸带开展综合整治修复。加大海洋执法监察力度，规范海洋开发利用秩序。加强社会和舆论监督。

国家海洋局要加强对《区划》修改工作的管理，对《区划》的实施工作予以指导、协调和监督检查。

国务院

2012 年 11 月 1 日

广东省人民政府关于印发《广东省海洋功能区划（2011—2020 年）》文本的通知

各地级以上市人民政府，各县（市、区）人民政府，省政府各部门、各直属机构：

《广东省海洋功能区划（2011—2020 年）》已经国务院同意，现将其文本印发给你们，请认真贯彻执行。执行中遇到的问题，请径向省海洋与渔业局反映。

广东省人民政府

2013 年 1 月 22 日

广东省海洋功能区划（2011—2020 年）文本

第一章 总 则

第一条 区划目的

海洋功能区划是海域使用管理和海洋环境保护的重要制度，是海域资源开发、控制和综合管理以及编制各类涉海规划的法定依据。为深入贯彻落实科学发展观，合理开发利用广东海洋资源，保护和改善海洋生态环境，推进广东海洋经济综合试验区建设，根据《中华人民共和国海域使用管理法》《中华人民共和国海洋环境保护法》等法律法规和国家海洋开发保护的方针、政策，在综合考虑广东管理海域自然属性、开发利用与保护现状、经济社会科学发展需要的基础上，制定本区划。

第二条 区划依据

1. 中华人民共和国海域使用管理法；
2. 中华人民共和国海洋环境保护法；
3. 中华人民共和国海岛保护法；
4. 中华人民共和国土地管理法；
5. 中华人民共和国渔业法；
6. 中华人民共和国海上交通安全法；
7. 中华人民共和国港口法；
8. 中华人民共和国军事设施保护法；
9. 中华人民共和国防洪法；
10. 中华人民共和国自然保护区条例；
11. 中华人民共和国国民经济和社会发展第十二个五年规划纲要；
12. 国务院关于全国海洋功能区划（2011—2020 年）的批复（国函〔2012〕13 号）；
13. 中国生物多样性保护战略与行动计划（2011—2030 年）；
14. 国务院关于广东海洋经济综合试验区发展规划的批复（国函〔2011〕81 号）；
15. 珠江三角洲地区改革发展规划纲要（2008—2020 年）（国函〔2008〕129 号）；
16. 广东省国民经济和社会发展第十二个五年规划纲要；
17. 广东省海域使用管理条例；
18. 海洋功能区划技术导则（GB/T 17108—2006）。

第三条 区划目标

区划期限：2011—2020 年。

总体目标：充分发挥海洋功能区划的基础性和约束性作用，统筹海域资源的空间开发。通过科学编制和严格实施海洋功能区划，使海域资源配置更趋合理，国民经济发展空间进一步拓展，海洋经济发展格局进一步优化，海洋开发秩序进一步规范，海域生态环境质量稳步改善，可持续发展能力显著增强，形成经济发展与海洋资源、海洋环境和海洋生态相协调的海洋空间开发新格局。

（一）海洋开发利用目标。按照广东海洋经济综合试验区发展规划的部署，围绕打造提升我国海洋经济国际竞争力的核心区，以大力提升传统优势海洋产业为基础，以加快培育壮大海洋新兴产业为支撑，以集约发展高端临海产业为重点，统筹安排各地、各行业海洋开发利用活动，突出保障国家和省重大项目以及沿海新区建设用海，加快建设科技引领、产业高端、优势突出、布局合理的现代海洋产业集聚区。合理控制围填海规模，严格实施围填海年度计划制度，遏制围填海增长过快的趋势，围填海控制面积符合国民经济宏观调控总体要求和海洋生态环境承载能力，区划期限内全省建设用围填海规模控制在 23000 公顷以内。保留海域后备空间资源，严格控制占用海岸线的开发利用活动。至 2020 年，保留区占近岸海域面积比例不低于 10%，大陆自然岸线保有率不低于 35%。

（二）海洋环境保护目标。围绕建设全国海洋生态文明示范区，坚持生态环境保护与海洋资源开发并重、海洋环境整治与陆源污染防治统筹，建立海洋环境保护长效机制，提高海洋和海岸带生态系统保护水平，提高可持续发展能力。至2020年，近岸海域功能区的海水水质、海洋沉积物质量、海洋生物质量监测达标率提高到90%以上，海洋保护区用海保有量不少于590000公顷。

（三）渔业用海保障目标。维持渔业用海基本稳定，加强水生生物资源养护。渔民生产生活和现代化渔业发展用海需求得到有力保障，重要渔业水域、水生野生动植物和水产种质资源得到有效保护。至2020年，海水养殖用海的功能区面积不少于250000公顷。

（四）海域综合整治目标。适应海洋综合开发和沿海地区经济社会发展需要，以规范用海秩序、整治海洋环境为重点，推进海域、海岛、海岸带整治修复，实施柘林湾、品清湖、大亚湾、狮子洋、深圳湾、广海湾、水东湾、湛江湾等重点海湾综合整治工程，打造宜居、宜业、宜游、宜自然生态的蓝色经济带，完成整治和修复海岸线长度不少于400公里。

第四条　区划原则

统筹兼顾。按照海域资源、生态环境等自然属性和区位特点，统筹经济社会发展需要，科学确定海域功能。

综合开发。坚持由近及远、梯次开发，构建优势集聚、功能明晰的海岸保护开发带和近海保护开发带。

集中集约。优化海洋开发方式，实行集中规模开发，引导提高单位岸线、海域投资强度，实现海域资源的合理配置。

注重保护。坚持在保护中开发，加强海洋生态环境保护，科学开发海洋资源，实现海洋经济的可持续发展。

保障安全。优先保障国防安全和军事用海需要，保障海上交通、海底管线和防洪纳潮的安全。

第五条　区划范围

区划范围为大陆海岸线向海一侧海域和东沙群岛的岛礁及其海域。其中大陆海岸线向海一侧海域东至潮州市大埕湾粤闽海域分界线，西至湛江市英罗港和北部湾粤桂海域分界线，南至琼州海峡粤琼海域分界线和领海线。区划范围内海域面积64784平方千米，其中近岸海域面积63889平方千米。

第六条　区划成果

（一）广东省海洋功能区划（2011—2020年）文本；

（二）广东省海洋功能区划（2011—2020年）登记表；

（三）广东省海洋功能区划（2011—2020年）图件。

第二章　海洋开发保护现状与面临形势

第七条　地理概况和区位条件

广东位于北纬20°09′—25°31′和东经109°45′—117°20′之间，陆地面积为17.98万平方千米。广东海域辽阔，海岸线长，滩涂广布，大陆架宽广，港湾优越，岛屿众多，海岸线长4114千米，有海岛1431个，其中海岛面积在500平方米以上的有759个。位于广东海域的领海基点有南澎列岛（1）、南澎列岛（2）、石碑山角、针头岩、佳蓬列岛、围夹岛、大帆石等共7处。

广东面向南海，毗邻港澳，是我国大陆与东南亚、中东以及大洋洲、非洲、欧洲各国海上航线最近的地区，是我国参与经济全球化的主体区域和对外开放的重要窗口，也是我国推进海洋强国建设的主力省。广东处于泛珠三角经济区和华南经济圈的核心区，粤港澳、粤闽、粤桂琼三大海洋经济合作圈是分别连接港澳、海峡西岸经济区、北部湾经济区和海南国际旅游岛的重要区域，具有优越的地理区位条件。

第八条　自然环境与资源条件

广东地处热带、南亚热带季风气候区，年日照时数多，雨量充沛。入海河流众多，主要有珠江、韩江、鉴江、漠阳江、潭江和榕江。潮汐类型有不正规半日潮、不正规全日潮、正规全日潮。近岸潮流以往复流为主。海洋灾害主要有风暴潮、赤潮等。海域环境质量总体保持良好状态，部分近岸海域环境受陆源污染影响较大。

广东拥有丰富的港口资源、海洋生物资源、滨海旅游资源以及矿产和能源资源。拥有大、小海湾510多个，其中适宜建港的有200多个，沿海分布有南北航线和通往东南亚各国的天然航道。滨海旅游资源类型多种，特色明显。海洋生态系统有红树林、珊瑚礁、海草床、上升流等多种类型，海洋生产力旺盛，海洋生物资源种类丰富，拥有多种水生生物的产卵场、索饵场、越冬场及洄游通道。矿产资源丰富，近海海域石油和天然气储量丰富，近岸有独居石、锆石、钛矿、海砂、海盐等。海洋能蕴藏量丰富。

第九条　开发利用现状

广东主要用海类型有交通运输用海、渔业用海、旅游娱乐用海、海底工程用海、工矿用海、造地工程用海、排污倾倒用海、特殊用海、其他用海等9类。自《中华人民共和国海域使用管理法》施行以来，至2010年，广东海域使用确权面积达到1160平方千米，发放海域使用权证书6074本。其中，国务院确权的重大项目用海84宗，面积115平方千米，主要用海类型为海底光缆、电厂、港口及海砂开采等；广东省人民政府确权的重大项目用海418宗，面积275平方千米，主要用海类型为特殊用海、交通运输、填海造地、工业和旅游等。

第十条　面临的形势

今后一段时期是我国加快发展海洋经济的关键时期。党的十七届五中全会作出了关于发展海洋经济的战略部署，国务院从推进海洋强国建设和保持国民经济平稳较快发展的战略高度出发，将广东列为全国海洋经济发展试点地区之一，并于2011年7月批复了《广东海洋经济综合试验区发展规划》。建设广东海洋经济综合试验区是贯彻落实党中央、国务院关于海洋经济发展战略和区域发展总体战略的重要举措。随着广东海洋经济综合试验区建设全面推进，海洋开发方式正由传统的单项开发向现代的综合开发转变，海洋开发广度正由海岸带、近海向深海拓展，海洋产业正由传统海洋产业为主向海洋战略新兴产业和高端临海产业迈进，海域资源需求将呈现规模大、类型多、增长快的新特征。同时，海洋资源利用水平偏低、海洋生态环境保护压力较大、海洋经济区域发展不平衡等深层次矛盾和问题成为制约广东海洋经济科学发展的瓶颈。科学编制并严格实施海洋功能区划，对合理开发利用海域资源，实现规划用海、集约用海、生态用海、科技用海、依法用海，加快推进广东海洋经济综合试验区建设，为全国海洋经济科学发展探路示范具有重要意义。

第三章 海洋开发与保护战略布局

第十一条 总体布局

按照国家海洋发展战略和关于广东海洋经济综合试验区建设的总体部署，围绕将广东打造成为提升我国海洋经济国际竞争力的核心区、促进海洋科技创新和成果高效转化的集聚区、加强海洋生态文明建设的示范区、推进海洋综合管理的先行区的战略定位，着力建设珠江三角洲海洋经济优化发展区和粤东、粤西海洋经济重点发展区三大海洋经济主体区域，积极构建粤港澳、粤闽、粤桂琼三大海洋经济合作圈，科学统筹海岸带（含海岛地区）、近海海域、深海海域三大海洋保护开发带，推进形成“三区、三圈、三带”的海洋综合发展新格局。

根据《全国海洋功能区划》和海洋开发与保护的总体布局，按照科学分析、准确定位、综合平衡、合理分区的原则，将广东管理海域划分为大埕湾—柘林湾及周边海域、南澳岛及周边海域、汕头港及周边海域、海门湾—神泉港及周边海域、碣石湾—红海湾及周边海域、大亚湾及周边海域、狮子洋—伶仃洋及周边海域、万山群岛及周边海域、磨刀门—黄茅海及周边海域、广海湾—川山群岛及周边海域、海陵湾及周边海域、博贺湾—水东湾及周边海域、湛江湾及周边海域、琼州海峡—英罗港及周边海域等14个管理区域。

第十二条 大埕湾—柘林湾及周边海域

包括大埕湾、英港、柘林湾及周边海域，海岸线长度75千米，海域面积262平方千米。主要功能为农渔业、工业与城镇建设、港口航运。重点推进西澳港区综合开发，建设临港产业集聚区；建设深水网箱基地，加快海水养殖业转型升级；提升滨海旅游业水平。围填海主要分布在西澳岛北部、大旗角海域。加强西澳工业与城镇用海区开发建设对海洋环境污染的防治；科学控制柘林湾养殖密度和规模。重点保护大埕湾中华白海豚、尖紫蛤，海山岛海滩岩遗迹，西澳岛黄嘴白鹭鸟栖息地。

第十三条 南澳岛及周边海域

包括南澳岛至南澎列岛周边海域，海域面积2356平方千米。主要功能为旅游娱乐、农渔业、海洋保护。积极推进南澳省级海洋综合开发试验县建设，提升海岛特色旅游水平，重点发展海水增养殖和海洋捕捞业。围填海主要分布在南澳岛西北和西南海域。加强广东南澳岛海域—福建东山岛海域联合国海洋生物多样性保护示范区、南澎列岛省级海洋自然保护区建设；重点保护南澳岛周边海域南方鲎、龙虾以及乌屿候鸟栖息地、“南澳Ⅰ号”古沉船遗址；禁止在南澎列岛领海基点所在岛屿进行开发活动；保障国防安全；完善海岛防护林带建设。

第十四条 汕头港及周边海域

包括东屿湾、莱芜湾、汕头港、广澳湾及周边海域，海岸线长度230千米，海域面积2015平方千米。主要功能为港口航运、工业与城镇建设、旅游娱乐。重点建设现代化滨海新城，发展港口航运，打造物流基地，推进高端滨海旅游业发展。围填海主要分布在东部经济带、潮南、达濠等海域。加大海洋污染防控力度；开展牛田洋、榕江、濠江等海域生态环境整治修复；保障韩江口排涝泄洪的畅通；重点保护莱芜中国龙虾和中华白海豚。

第十五条 海门湾—神泉港及周边海域

包括海门湾、靖海港、神泉港及周边海域，海岸线长度119千米，海域面积1297平方千米。主要功能为工业与城镇建设、农渔业和旅游娱乐。重点建设惠来临海现代工业集聚区，推进专业化海洋运输体系和物流中心建设，发展现代海洋渔业、高端滨海旅游业。围填海主要分布在海门湾、神泉等海域。加强惠来临海工业建设对海洋环境污染的防治；开展海门、神泉、资深等渔港综合整治；重点保护石碑山角领海基点、前詹礁盘生态系统以及龙虾、海龟、鲎及其栖息地。

第十六条 碣石湾—红海湾及周边海域

包括甲子港、碣石湾、红海湾及周边海域，海岸线长度460千米，海域面积6372平方千米。主要功能为农渔业、旅游娱乐、工业与城镇建设。重点发展现代海洋渔业，推进红海湾海洋综合旅游区建设，建设汕尾新港区和品清湖滨海新城，集聚发展高端临海产业。围填海主要分布在田尾山、白沙湖、甲子、小漠海域。加强临海工业建设和陆域污染对海洋环境影响防治；开展品清湖综合整治，维护水动力环境和纳潮量；重点保护礁盘生态系统、上升流生态系统和碣石湾海马。

第十七条　大亚湾及周边海域

包括考洲洋、大亚湾、大鹏湾及周边海域，海岸线长度435千米，海域面积5156平方千米。主要功能为海洋保护、港口航运、旅游娱乐、农渔业。重点建设大亚湾先进制造业基地，推进惠东巽寮海洋旅游度假区建设，发展海洋交通运输业和现代海洋渔业。围填海主要分布在考洲洋、范和港、平海湾、纯洲。加强大亚湾海洋生态环境保护，严格限制高污染项目在沿岸布局，严格控制污水及陆源污染物排放。建立统一的污染物排污区，实施深远海排放。加强惠东港口海龟国家级海洋自然保护区和大亚湾省级水产资源自然保护区建设，重点保护针头岩领海基点、海龟及其栖息地、马氏珍珠贝、红树林和珊瑚礁。

第十八条　狮子洋—伶仃洋及周边海域

包括黄埔港、深圳湾、虎门、蕉门、洪奇门、横门及周边海域，海岸线长度480千米，海域面积1973平方千米。主要功能为港口航运、工业与城镇建设、旅游娱乐。重点推进海洋产业高端要素集聚，壮大海洋交通运输和滨海休闲旅游等优势海洋产业，培育海洋生物医药、现代港口物流和海洋信息服务三大海洋新兴产业，重点建设广州南沙、深圳前海、珠海横琴三大新区。围填海主要分布在广州南沙、东莞交椅湾、中山横门、深圳西部、珠海横琴等海域。控制在狮子洋两岸围填海和新建港口码头；加强珠江口生态环境整治，实行达标排放和污染物总量控制；加强海洋灾害预警预报体系建设；保障珠江口东四门排涝泄洪的通畅；重点保护珠江口中华白海豚、淇澳岛红树林、中山海上温泉、广州南沙湿地生态系统、东莞黄唇鱼。

第十九条　万山群岛及周边海域

包括担杆列岛、佳蓬列岛、万山列岛、外伶仃岛、桂山岛及周边海域，海域面积4803平方千米。主要功能为旅游娱乐、港口航运、农渔业。推进万山群岛休闲度假区建设，发展高端海洋旅游业、现代渔业、港口运输业和海上仓储，开发海上风电等海洋可再生能源。围填海主要分布在桂山岛、三角岛、黄茅岛周边海域。加强无居民海岛保护和受损海岛的整治修复；保障国防安全；完善海岛防护林带建设；重点保护珊瑚礁、上升流生态系统和佳蓬列岛领海基点。

第二十条　磨刀门—黄茅海及周边海域

包括银洲湖、磨刀门、鸡啼门、虎跳门、崖门、黄茅海及周边海域，海岸线长度242千米，海域面积3765平方千米。主要功能为港口航运、工业与城镇建设、农渔业、旅游娱乐。重点建设荷包岛海洋工程装备制造基地、银洲湖船舶制造基地、三灶航空产业基地；发展港口航运业。围填海主要分布在荷包岛、三灶、高栏岛、木乃南、银湖湾等。实行达标排放和污染物总量控制，保护河口海域生态环境；保障珠江口西四门排涝泄洪的通畅。

第二十一条　广海湾—川山群岛及周边海域

包括广海湾、镇海湾、川山群岛及周边海域，海岸线长度325千米，海域面积4621平方千米。主要功能为农渔业、工业与城镇建设、旅游娱乐。重点推进广海湾临海工业建设，积极发展深海渔业养殖，推动外海生产基地建设；发展高端滨海旅游。围填海主要分布在广海湾。加强临海工业建设和养殖污染对海洋环境影响防治；实施镇海湾综合整治；保障国防安全；重点保护围夹岛和大帆石领海基点，加强对台山中华白海豚和镇海湾红树林、川山群岛海草床、乌猪洲等海洋生态系统的保护。

第二十二条　海陵湾及周边海域

包括海陵湾、面前海、沙扒港和南鹏列岛周边海域，海岸线长度324千米，海域面积10315平方千米。主要功能为港口航运、农渔业、旅游娱乐。推进海陵湾开发，重点发展港口航运、临海现代工业、海洋文化旅游度假、现代海洋渔业等产业。围填海主要分布在面前海、丰头岛、埠场。严格控制在海陵湾两岸围填海；加强防灾减灾体系建设；完善海岛防护林带建设；重点保护程村红树林湿地生态系统、南鹏列岛海洋生态系统、海陵大堤东部海域泥蚶、丰头河近江牡蛎种质资源。

第二十三条　博贺湾—水东湾及周边海域

包括博贺湾、水东湾和大放鸡岛周边海域，海岸线长度182千米，海域面积5981平方千米。主要功能为农渔业、港口航运、旅游娱乐。重点发展现代港口物流、临海先进制造和滨海旅游业，推进现代渔业发展。围填海主要分布在博贺、爵山。开展水东湾、博贺湾整治，限制在水东湾内围填海；实施工业污染物达标排放；加强防灾减灾体系建设；保障国防安全；重点保护水东湾和博贺湾红树林生态系统、晏镜岭海蚀遗迹、大放鸡海域文昌鱼。

第二十四条　湛江湾及周边海域

包括鉴江口、湛江湾、雷州湾和东海岛、南三岛、硇洲岛周边海域，海岸线长度619千米，海域面积9067平方千米。主要功能为港口航运、工业与城镇建设、农渔业、旅游娱乐。重点发展港口交通运输业，推进东海岛高端临海现代制造业产业集群，发展现代海洋渔业和滨海旅游业，开发海上风电等海洋可再生能源。围填海主要分布在吴川、东海岛、新寮等海域。加强特呈岛国家海洋公园建设；加强防灾减灾体系建设；保障国防安全；重点保护红树林、礁盘、海草床生态系统和中华白海豚。

第二十五条 琼州海峡—英罗港及周边海域

包括琼州海峡、流沙湾、海康港、安铺港和英罗港及周边海域，海岸线长度623千米，海域面积5908平方千米。主要功能为海洋保护、农渔业、旅游娱乐、工业与城镇建设。加快发展现代海洋渔业和滨海旅游业，开发可再生能源。围填海主要分布在安铺港、角尾湾、乌石。控制流沙湾、海康港养殖密度和规模；保障国防安全；保障跨省海底光缆安全；重点保护红树林、珊瑚礁、海草床等生态系统和白蝶贝、儒艮等物种。

第四章 海洋基本功能分区及管理要求

第二十六条 概述

根据国家关于海洋功能区划的技术规范，将广东区划范围海域划分为农渔业区、港口航运区、工业与城镇用海区、矿产与能源区、旅游休闲娱乐区、海洋保护区、特殊利用区、保留区等8个一级类功能区。

海岸基本功能区是指依托海岸线，向海有一定宽度的海洋基本功能区。共划分159个功能区。

近海基本功能区是指海岸基本功能区向海一侧的外界与管理海域外部界线之间的海洋基本功能区。共划分99个功能区。

第二十七条 农渔业区

农渔业区指适于拓展农业发展空间和开发利用海洋生物资源，可供围垦、渔港和育苗场等渔业基础设施建设，海水增养殖和捕捞生产，以及重要渔业品种养护的海域。包括农业围垦区、养殖区、增殖区、捕捞区、水产种质资源保护区、渔业基础设施区等二级类功能区。

划定农渔业区22个，面积4914324公顷。属于海岸基本功能区的有20个，面积587583公顷，即汕头港—大埕湾、牛田洋、海门湾—广澳湾、田尾山—石碑山、碣石湾、红海湾、考洲洋、港口、大鹏澳、南澳湾—大鹿湾、都斛、川山群岛、平岗—东平、丰头河、电白—江城、南三—博贺、雷州湾、流沙港、乌石—西连、英罗港—海康港农渔业区；属于近海基本功能区的有2个，面积4326741公顷，即珠海—潮州、湛江—珠海近海农渔业区。

按照提升近海、开发深海、拓展远洋的原则，优化配置现代海洋渔业发展用海。重点支持深水网箱养殖基地、人工鱼礁和现代海洋牧场建设，切实保障传统渔民生产用海、渔业基础设施建设用海。科学控制海湾养殖规模和密度。防止养殖自身污染和水体富营养化，防止外来物种入侵。严格控制近海捕捞强度。加强水生生物产卵场、索饵场、越冬场及洄游通道保护，保持海洋生态系统结构与功能的稳定。严格执行农渔业区海水水质标准。

第二十八条 港口航运区

港口航运区指适于开发利用港口航运资源，可供港口、航道和锚地建设的海域。包括港口区、航道区、锚地区等二级类功能区。

划定港口航运区43个，面积90678公顷。属于海岸基本功能区的有33个，面积80995公顷，即柘林湾—大埕湾、三百门、莱芜、榕江、广澳湾、海门、靖海、前詹、施公寮、品清湖、碧甲、惠州、沙头角—盐田正角咀、大铲湾—蛇口湾、沙田、沙尾、麻涌、黄埔、南沙、横门岛、香洲湾、九洲港、横琴岛、斗门、高栏、银洲湖、恩平、海陵湾、博贺—爵山、水东湾、湛江港、南山—海安、流沙湾港口航运区；属于近海基本功能区的有10个，面积9683公顷，即烟墩湾、前江湾、达濠岛北部、马鞭洲、泥洲岛、龙穴岛、三门列岛、桂山岛、三角岛、大万山岛港口航运区。

按照深水深用、布局合理、结构优化、层次分明的原则，深化港口岸线资源整合，完善港口布局，推进沿海港口规模化、专业化协调发展，提升港口现代化水平。切实保障沿海主要港口和地区重要港口的用海需求。维护沿海主要港口、航路和锚地海域功能，保障航运安全。港口基础设施及临港配套设施建设应集约高效利用岸线资源和海域空间。加强港口应急设施建设和海域水质监管，减少对临近功能区主导功能的影响。

第二十九条 工业与城镇用海区

工业与城镇用海区指适于拓展工业与城镇发展空间，可供临海工业、工业园区和城镇建设的海域。包括工业用海区和城镇用海区等二级类功能区。

划定工业与城镇用海区46个，面积132477公顷。属于海岸基本功能区的有34个，面积95928公顷，即柘林湾、六合围、塔岗、新溪、新津、海门湾、惠来南部、湖东—甲子、田尾山、碣石湾西部、小漠、好招楼、范和港、大鹏、前海、沙井—福永、交椅湾、南萌、唐家、白龙尾、三灶、木乃南、大平湾、广海湾、东平、埠场、海陵湾、面前海、爵山、博贺、吴川、角尾湾、乌石、安铺港工业与城镇用海区；属于近海基本功能区的有12个，面积36549公顷，即南澳岛西南、南澳岛北部、南澳岛西北部、后江湾、黄茅岛、横琴岛、鹤洲南、大杧岛—荷包岛、大襟岛、新寮岛、东海岛北部、东海岛南部工业与城镇用海区。

按照海陆统筹、突出重点、集中集约、有序开发的原则，优先安排国家区域发展战略确定的建设用海，重点给予高新技术产业开发区、循环经济示范区、沿海新区用海支持。重点保障国家产业政策鼓励发展项目、现代海洋产业体系建设项目、重大涉海基础设施项目用海。从严审批新上重化工项目，禁止高耗能、高污染的工业建设，禁止在可能造成生态严重失衡的地方进行围填海活动。做好与土地利用总体规划、城乡规划等的衔接，优化空间布局，加强自然岸线和海岸景观的保护，加强对工业与城镇建设围填海选址、填海方式、面积合理性和平面设计的引导。工业与城镇用海区水域环境质量标准应符合周边海洋功能区的环境质量要求。

第三十条　矿产与能源区

矿产与能源区指适于开发利用矿产资源与海上能源，可供油气和固体矿产等勘探、开采作业，以及盐田、可再生能源开发利用等的海域。包括油气区、固体矿产区、盐田区、可再生能源区等二级类功能区。

划定矿产与能源区3个，面积9717公顷。属于海岸基本功能区的有1个，面积5125公顷，即南三河矿产与能源区；属于近海基本功能区的有2个，面积4592公顷，即遮浪、外罗水道矿产与能源区。

划海上风电，发展与农渔业可兼容的近岸海域海上风电，促进海上风电与其他产业协调发展。禁止在海洋保护区、侵蚀岸段、防护林带毗邻海域开采海砂等固体矿产资源，防止海砂开采破坏重要水产种质资源产卵场、索饵场和越冬场。严格控制近岸海域海砂开采的数量、范围和强度。严格执行海洋油气勘探、开采中的环境管理要求，防范海上溢油等海洋环境突发污染事件。

第三十一条　旅游休闲娱乐区

旅游休闲娱乐区指适于开发利用滨海和海上旅游资源，可供旅游景区开发和海上文体娱乐活动场所建设的海域。包括风景旅游区、文体休闲娱乐区等二级类功能区。

划定旅游休闲娱乐区47个，面积58361公顷。属于海岸基本功能区的有32个，面积32871公顷。即莱芜、海门湾、仙庵、金厢、遮浪、品清湖、金町、百安半岛、鲘门、平海、巽寮、霞涌—稔山、小桂、桔钓沙、西涌—东涌、大梅沙湾—南澳湾、沙头角、虎门、蒲洲、九洲、崖门、银湖湾、月亮湾、沙扒、龙头山、水东湾、虎头山、吉兆、白沙湾—青安湾、三墩港、乌石、赤豆寮岛旅游休闲娱乐区；属于近海基本功能区的有15个，面积25490公顷，即海山岛东部、海山岛南部、南澳岛东部、南澳岛南部、万山群岛、淇澳岛、高栏岛东部、荷包岛、上川岛、海陵岛、放鸡岛、南三岛、罗斗沙、东海岛、特呈岛旅游休闲娱乐区。

按照严格保护、合理开发、高端发展、永续利用的原则，科学有序开发海岸线、海湾、海岛等重要旅游资源。重点支持海洋综合旅游区、高端滨海旅游项目、新兴旅游项目建设，鼓励发展海洋生态和海洋文化旅游，支持发展邮轮游艇旅游。保护自然岸线、亲水岸线和天然沙滩资源。禁止在沙滩上建设永久性构筑物，滨海旅游休闲娱乐区的污水和生活垃圾必须科学处置、达标排放，禁止直接排入海域。

第三十二条　海洋保护区

海洋保护区指专供海洋资源、环境和生态保护的海域。包括海洋自然保护区和海洋特别保护区等二级类功能区。

划定海洋保护区59个，面积590906公顷。属于海岸基本功能区的有13个，面积177436公顷，即港口、大亚湾、深圳湾、万顷沙、程村、水东湾、五里山、通明海、北莉口、徐闻西部、企水—乌石、角头沙东北部、英罗港海洋保护区；属于近海基本功能区的有46个，面积413470公顷，即溜牛礁、大埕湾南、大埕湾、乌屿、赤屿、乌屿南、南澎列岛、平屿、新津、莱芜、广澳湾、前詹、神泉、碣石湾近海、遮浪、遮浪南、针头岩、虎门、担杆列岛、佳蓬列岛、珠江口、淇澳岛、大襟岛、乌猪洲、大帆石、头芦排、南鹏列岛、海陵岛东北、海陵岛北、大树岛、青洲、放鸡岛南、茂港、博茂港南、博茂港西南、吴阳、硇洲岛东、硇洲岛南、后海岛北、特呈岛、东里、南渡河口、流沙湾口、角头沙西、江洪港西海洋保护区以及东沙群岛珊瑚礁和海鸟自然保护区。

加强红树林、珊瑚礁、海草床、滨海湿地、海岛、海湾、入海河口、重要渔业水域等具有典型性、代表性的海洋生态系统，珍稀、濒危海洋生物的天然集中分布区，具有重要经济价值的海洋生物生存区，以及具有重大科学文化价值的海洋自然历史遗迹和自然景观的保护，逐步建立类型多样、布局合理、功能完善的海洋保护区体系。严格限制影响保护对象和保护区环境质量的用海活动。海洋保护区执行一类海水水质标准。

第三十三条　特殊利用区

特殊利用区指供军事及其他特殊用途排他使用的海域。包括军事区、其他特殊利用区等二级类功能区。

划定特殊利用区16个，面积7813公顷。属于海岸基本功能区的有6个，面积3303公顷，即唐家、银洲湖、镇海湾、鉴江口、麻斜、龙王湾特殊利用区；属于近海基本功能区的有10个，面积4510公顷，即南澳岛、神泉、大亚湾南、碧甲、淇澳岛东部、淇澳岛南部、九洲洋、下川岛、澳内海、东海岛特殊利用区。

优先保障国防安全和军事用海需要，加强军事设施保护，限制在军事区内从事海洋开发利用活动。严禁在海底管线、跨海路桥区内建设永久性建筑物，海上活动不得影响海底管线和道路桥梁的安全。排污区、倾倒区的使用不得影响周边海洋功能区环境质量。

第三十四条 保留区

保留区是指为保留海域后备空间资源，专门划定的在区划期限内限制开发的海域。

划定保留区 22 个，面积 674102 公顷。属于海岸基本功能区的有 20 个，面积 169642 公顷，即黄冈河口、义丰溪、北港口、南港口、新津河口、牛田洋、广澳湾、小桂、深圳湾、狮子洋、伶仃洋、香洲、磨刀门、鸡啼门、黄茅海、广海湾、北津港、鉴江口、湛江港、安铺港保留区；属于近海基本功能区的有 2 个，面积 504460 公顷，即万山群岛、下川岛保留区。

严格限制保留区内开展显著改变海域自然属性的用海活动，确需开发利用的应通过科学规划和严格论证。河口海域保留区开发利用活动不得影响毗邻海域功能和防洪纳潮功能。

第五章 实施措施

第三十五条 海域使用管理

海洋功能区划是各级人民政府审批海域使用项目的法定依据，必须严格执行。各级人民政府应当根据《中华人民共和国海域使用管理法》等法律法规的规定，建立健全以海洋功能区划为基础的海洋空间和资源规划体系。加快出台海洋主体功能区、海岸保护与利用、海洋环境保护、海洋生态保护与建设以及海洋产业空间布局、重点区域海洋开发等规划。养殖、盐业、交通、旅游等行业规划涉及海域使用的，应当符合海洋功能区划。沿海土地利用总体规划、城市规划、港口规划等涉及海域使用的，应当与海洋功能区划相衔接。

优先保障国防和军事用海，加强周边军事设施保护。区划范围内涉及围填海、倾废区、海上交通运输、渔港、人工鱼礁、海上风电、海上勘探、海洋工程、海底电缆、游艇停泊活动区等涉海项目的规划、建设和使用，必须按照军事设施保护的有关法律规定征求军事部门的意见，原则上不能紧贴军事区进行规划建设。

各级海洋行政主管部门应当严格依据海洋功能区划实施海域使用管理，按照海洋经济发展规划和国家产业政策，科学调控海域使用方向、规模和布局，提高海域资源开发、控制和综合管理能力。要严格执行海域使用论证和建设项目用海预审制度，提高海域使用审批的科学性。综合运用差别化海域供给政策、区域建设用海管理、建设项目用海控制标准等措施，按照海洋功能区划确定的开发方向和管理要求，有效引导集中、集约、环保、高效用海。区域建设用海规划经整体论证评审后，规划区域内的单宗用海项目可适当简化论证评审程序。建立用海项目凭海域使用权证书按程序办理项目建设手续试点。严格规范海域使用行为，海域开发利用必须符合所在功能区的功能要求、用途管制要求、用海方式控制以及整治要求，不得对海域的基本功能造成不可逆转的改变。用海项目要做好利益相关者协调，维护渔民利益和渔区稳定。

第三十六条 海洋环境保护

严格执行海洋功能区环境质量标准，采取分类指导、分区推进和网格化管理的办法，强化对不同类型海洋功能区生态环境保护监管。加强海洋功能区环境质量监测监视，实施重点海洋功能区环境质量预警制度。加强海洋保护区、水产种质资源保护区环境质量管理，维持保护区内良好生态环境，严禁影响保护区环境质量的海洋开发活动，工程建设项目可能影响海洋保护区、水产种质资源保护区环境质量的，应进行专题评价，并采取相应的保护和补偿措施。对海域基本功能受损的功能区应及时进行整治修复。

加强海洋功能区污染防治，实施重点海域污染物排放总量控制制度。强化重点海洋功能区海域环境综合整治，实施海域污染物排海总量控制示范工程。严格入海排污口监控，加强建设项目的海洋环境影响评价，对海洋工程和海岸工程、海洋倾废、船舶活动及港口环境开展跟踪监督。建立健全海洋灾害应急管理体系，完善应急机制和应急预案。

第三十七条 市、县级海洋功能区划编制

沿海市、县人民政府海洋行政主管部门依据本区划，会同本级人民政府有关部门编制本行政区域海洋功能区划。沿海市、县海洋功能区划的编制，应对本区划分区进一步细化，按照海洋功能区划分类体系二级类进行功能分区，提出海域使用管理和海洋环境保护措施，并征求有关部门和军事机关的意见；省海洋行政主管部门要加强对市、县级海洋功能区划编制工作的指导和监督检查。沿海市、县海洋功能区划经本级人民政府审核同意并报省人民政府批准后，报国务院海洋行政主管部门备案。

第三十八条 监督检查

沿海县级以上地方人民政府应当加强对海洋功能区划工作的组织领导和统筹协调，切实加强海洋功能区划管理能力建设。省海洋行政主管部门要加强对海洋功能区划实施的监督检查，严格实行海洋功能区划动态管理和定期评估制度。造成海洋生态系统、渔业资源破坏或海洋环境污染损害的，应采取相应补救措施。进一步建立和完善执法检查制度，规范海洋开发活动秩序。建立海洋功能区划实施的公众参与机制，畅通社会监督渠道。

第三十九条　宣传教育

加强《中华人民共和国海域使用管理法》《中华人民共和国海洋环境保护法》《中华人民共和国海岛保护法》等法律法规的普法工作，加大海洋发展战略和重大方针政策的宣传力度，持续开展海洋科学知识普及和教育，强化全社会的海洋意识，提高全民的现代海洋观念，促进全社会形成认识海洋、关注海洋、爱护海洋的良好氛围，为海洋功能区划实施营造良好的社会环境。海洋功能区划经批准后，应向社会公布，并做好宣传工作，为充分发挥海洋功能区划的功能管制和宏观调控作用，促进海洋功能区划的有力、高效执行打下坚实基础。

第四十条　技术支持

建立海洋功能区划管理技术支撑体系，加强海洋信息技术在海洋功能区划管理中的应用，建立结构完整、技术先进、功能完善的海洋功能区划管理信息系统，提高海洋功能区划管理对海洋发展决策的支持能力。运用区域公共管理理论和现代科技手段，加强对海洋功能区划的基础性、战略性、前瞻性问题研究，为管理海域的科学开发与保护提供科学依据。

第六章　附　则

第四十一条　区划效力

《广东省海洋功能区划（2011—2020 年）》一经批准，即具有强制约束力，必须严格执行。

第四十二条　区划附件

登记表和图件为《广东省海洋功能区划（2011—2020 年）》文本附件，具有与文本同等效力。

中共广东省委　广东省人民政府关于充分发挥海洋资源优势　努力建设海洋经济强省的决定

（2012 年 7 月 20 日）

为全面贯彻落实《广本海洋经济综合试验区发展规划》（以下简称《规划》）和省第十一次党代会精神，加快广东海洋经济综合试验区建设，现就充分发挥海洋资源优势，努力建设海洋经济强省作出如下决定。

一、重要意义、指导思想、基本原则和发展目标

（一）重要意义。海洋是 21 世纪人类社会可持续发展的宝贵财富。国务院批复《规划》，标志着我省海洋经济发展上升为国家战略，为我省经济社会发展带来前所未有的战略机遇。充分发挥海洋资源优势，建设海洋经济强省，按照《规划》要求将广东海洋经济综合试验区建设成为提升我国海洋经济国际竞争力的核心区、促进海洋科技创新和成果高效转化的集聚区、加强海洋生态文明建设的示范区和推进海洋综合管理的先行区，有利于完善国家沿海区域发展布局，是落实国家建设海洋强国战略的实际行动；有利于发挥我省先行先试的优势，探索适应海洋经济发展的体制机制，加快海洋经济发展方式转变，构建海洋经济发展新模式；有利于缓解当前发展中遇到的资源环境约束，培育新的增长极，拓展新的发展空间。这对于增创新优势，增强竞争力，加快转型升级、建设幸福广东，具有十分重要的意义。

（二）指导思想。以邓小平理论和“三个代表”重要思想为指导，深入贯彻落实科学发展观，按照《规划》的战略部署，以科学发展为主题，以加快转变经济发展方式为主线，围绕加快转型升级、建设幸福广东的核心任务，坚持海陆统筹、综合开发，优化海洋开发空间布局，实施科技兴海战略，加快发展高端海洋产业和临海先进制造业集群。加强海洋生态环境保护，提升海洋开发、控制、综合管理能力，努力开创我省海洋事业科学发展新局面，率先建成海洋经济强省，成为我国建设海洋强国的主力省。

（三）基本原则。坚持联动发展。以海带陆、以陆促海，统筹陆海产业布局、基础设施建设和环境治理保护。把海洋的资源优势、后发优势与陆域的综合优势、先发优势结合起来，以陆域经济支撑带动海洋经济发展，以海洋经济拓展提升陆域经济。

坚持转型发展。深入实施“科技兴海”战略，提高海洋经济自主创新能力，切实转变发展方式，推进海洋经济发展从粗放型向集约型转变。改造提升传统产业，培育壮大新兴产业，促进产业间相互融合，增强海洋产业核心竞争力。坚持集群发展。优化海洋经济空间布局，构筑系统完善的投融资、科教创新、对外开放等海洋开发平台。整合沿海城市、重要海岛等载体，建设一批沿海产业集聚区，形成功能清晰、各具特色、优势明显的海洋产业带。

坚持绿色发展。坚持“在开发中保护，在保护中开发”，妥善处理好海洋资源开发与环境保护的关系，切实加强海洋生态文明建设，发展循环经济和低碳经济，使海洋经济的发展规模和速度与资源环境的承载能力相适应，实现海洋经济可持续发展。

坚持开放发展。立足于毗邻港澳、面向东盟的有利位置，充分利用国际国内两个市场、两种资源，注重内引外联和外向发展，引导各类资本特别是民间资本积极

参与海洋经济发展，引进、消化、吸收世界先进海洋技术和管理经验及人才，着力建设内外对接的开放型海洋经济体系。

（四）发展目标。加快建立海洋经济发展新机制。增创海洋经济新优势，实现“三年打基础、五年见成效、十年大发展”的目标。

——三年打基础。到 2013 年，完成海洋经济发展试点阶段任务。全省海洋经济生产总值超过 1.1 万亿元。珠江三角洲海洋经济优化发展区核心地位更加突出，粤东、粤西海洋经济重点发展区整体水平进一步提高，粤港澳、粤闽、粤桂琼三大海洋经济合作圈建设取得明显成效，海岸带、近海、深海开发有序推进，海洋开发新格局初步形成，建成具有较强辐射带动能力的全国海洋经济综合试验区。

——五年见成效。到 2015 年，海洋经济强省建设深入推进。全省海洋经济生产总值达 1.5 万亿元。海洋空间布局和产业结构进一步优化，珠江三角洲、粤东、粤西三大海洋经济区协调发展，海洋科技自主创新能力明显提升，海洋生态环境稳步改善，各类近岸海域环境功能区水质达标率达到 90% 以上，海洋综合管理能力显著提升。

——十年大发展。到 2020 年，全面实现建设海洋经济强省的战略目标。海洋经济科学发展水平显著提升，主要海洋产业国际竞争力明显增强，海洋科技贡献率大幅度提高，各类海洋功能区环境质量保持优良水平，海洋综合管理体系基本形成。

二、合理开发利用海洋资源

（五）加快海洋战略资源开发。重点加快海洋渔业、海洋生物、海洋油气、海底矿产等开发利用，建设深海工程中心、深海生物资源中心、深海生物样品库、深海大洋微生物菌库和海洋生物基地。支持南海东、西部陆地天然气终端及西部海洋石油基地建设，布局建设海洋油气资源勘探开发后勤基地、油气终端处理和加工储备基地。加快建设中海油珠海深水设施制造基地、深圳海洋石油开采装备制造基地，建立国际一流的海洋石油勘探开发综合性服务体系。建设湛江海洋新材料生产基地。

（六）推进海洋可再生能源开发。科学规划海洋可再生能源开发，重点推进海洋风电、波浪能、潮汐能、潮流能发电技术研发示范以及海水综合利用。支持万山群岛、雷州半岛等地发展海上风电，在万山群岛等地建立波浪能试验基地和海岛海洋能独立电力系统示范工程。推进建设海水淡化示范工程，支持万山群岛、饶平等地开展海水淡化及综合利用示范试点工作，选址沿海火电站、核电站实施海水循环冷却改造规模化示范工程。支持在湛江（徐闻）等地建设若干套万吨级海水淡化示范工程。

（七）集中集约开发利用海域及海岛资源。统筹建设一批集中集约用海区。开展重大建设项目用海规模优化研究，鼓励人工岛武、多突堤式、区块组团式围填海。发挥围填海计划调控作用，围填海指标重点保障产业政策鼓励发展项目、现代海洋产业体系建设项目、重大涉海基础设施项目和重点民生项目。区域建设用海规划经整体论证评审的，规划区域内的单宗用海项目，适当简化论证评审程序。按照《物权法》确定的海域使用权物权属性，推进项目用海凭海域使用权证书接程序办理工程建设手续试点。建立项目用海的海域使用论证、环境影响评价、防洪影响评价并联审核机制，提高办理效率。加强有居民海岛地区基础设施、海水淡化和环保项目建设。推进以旅游度假为主要功能的无居民海岛整岛开发。

（八）深入挖掘海洋旅游和文化资源。科学开发滨海地区滩、岩、岛、渔等特色旅游资源。组织开展南海文化资源调查、整理和研究，建立一批水下文化遗产保护区和海洋文化生态保护区。大力推进海上丝绸之路广东段申报世界文化遗产，保护和利用好“南海Ⅰ号”“南澳Ⅰ号”等重要涉海文化遗产，建成国际知名的海洋文化旅游目的地。加快建设广东海洋历史博物馆，探索建立海洋历史文化遗址公园。办好南海开渔节、休渔放生节。切实保护具有较高开发价值的海洋风景名胜资源。

三、加快转变海洋经济发展方式

（九）全面优化海洋经济开发格局。立足发挥海洋资源整体优势，科学编制海洋主体功能区规划、海洋功能区划和海洋产业空间布局规划，推动形成“三区、三圈、三带”海洋综合发展新格局。努力抓好“六湾区一半岛”区域发展，着力建设珠江三角洲、粤东、粤西三大海洋经济主体区域，珠江三角洲海洋经济优化发展区加快推进广州南沙、深圳前海、珠海横琴、惠州环大亚湾、中山翠亨等重点区域建设，粤东海洋经济重点发展区加快推进汕头东海岸新城、揭阳大南海工业园区等重点区域建设，粤西海洋经济重点发展区加快推进湛江东海岛、茂名滨海新区、阳江海洋经济特色产业园区等重点区域建设。推动构建粤港澳、粤闽、粤桂琼三大海洋经济合作圈，建立分工合作、互利共赢、协调发展的海洋经济合作新机制。统筹利用海岸带、近海海域、深海海域三大海洋经济保护开发带，有序开发利用海洋资源，拓展经济发展空间。选择若干个市启动省级海洋综合开发示范区建设。

（十）推动海洋科技创新与成果转化。建立健全海洋与渔业科技创新体系，大力支持重大海洋科技项目攻关，促进高新海洋科技成果转化和推广，积极培养和引进海洋科技人才。争取国家科技计划、自然科学基金、公益性行业科研专项支持我省重大海洋科研项目。加强与中央驻粤科研机构、高等学校和相关涉海单位合作，建设若干海洋科技成果公共转化平台和中试基地。鼓励涉海企业和海洋科研机构成立技术产业创新战略联盟，引导涉海企业建立高水平研发机构，建设一批海洋科技成果高效转化示范基地。加快我省海洋与水产高科技园建设，支持海洋科研机构、海洋科技项目落户园区。扶持在粤高等学校、科研院所建设发展海洋相关学科。推进广东省海洋工程职业技术学院建设。完善海洋科技人才引进、评价和激励机制，强化海洋学科领军人才引进培养，五年内引进一批具有国内领先水平的海洋科技创新团队。

（十一）大力提升海洋公共服务能力。构建监测、预警、预报及信息发布综合服务体系。重点推进建设区域性海洋环境监测中心站和沿海县区海洋环境监测站，建设海洋环境在线监测监视系统。推进海洋灾害综合观测预报体系建设，重点建设海洋灾害综合观测与评估基地、岸基海洋观测站以及近海浮标、水下潜标和海床基、空中航空、卫星遥感等组成的立体观测网。完善地方海洋灾害精细化预报体系，建立风暴潮、海浪、海啸预警机制。开展含省海洋灾害风险排查与区划、警戒潮位核定工作，建立海洋灾害应急快速反应机制。实施海洋经济运行监测评估，建立“蓝色发展指数”，定期发布海洋经济相关信息。

（十二）切实加强海洋生态环境保护。新建一批海洋自然保护区、海洋特别保护区，建设若干示范性海洋保护区。推进海洋牧场试点建设，探索建立一批蓝色碳汇功能区、海洋生态文明示范区和海洋生物增殖放流基地。加强海岸、防护林带、红树林等生态系统维护。加强海洋环境敏感区、赤潮频发海域、陆源入海排污和临海重大项目监视监测，在大亚湾、珠江口等地实施重点海域入海污染物总量控制试点。无居民海岛开发收取的海岛使用金，除上缴国家财政部分外，主要用于海岛保护、管理和生态修复。开展海洋生态修复、补偿试点工作，在大亚湾等地进行海洋污染事故风险防范和应急处置联动机制试点建设。实行海洋环境保护目标考核责任制，将海洋环境保护纳入沿海各级政府环境保护责任考核范围。严把项目审批关，坚决防止乱用海、乱填海、乱倾废行为。对海洋生物医药、海洋工程装备制造等新兴产业项目，符合有关法律法规规定和环境保护要求的，可适当简化工程项目环境影响评价和海域使用论证等相关手续。加强海监、渔政、公安海警巡航舰艇和执法基地建设。

四、积极构建现代海洋产业体系

（十三）大力推动临海产业发展。加快广州南沙、珠海高栏港、茂名滨海新区、汕头南区滨海工业园区等现代海洋产业集聚区和临海先进制造业基地建设，积极推进湛江钢铁基地建设，加快建设中科合资广东炼化一体化项目、中委合资南海（揭阳）石化重油加工项目和中海油惠州炼化二期项目，建设若干个精细化工园区。大力发展船舶及海洋工程装备制造业。重点推进水下运载装备及配套作业工具系统、海洋勘探开发和监测设施、海洋油气生产设备、海洋平台、海上风电设备等研发制造，培育形成具有较强国际竞争力和现代化技术水平的海洋装备制造业集群。提升大型船舶制造基地自主设计和船舶配套能力，推进珠海、东莞、中山等地游艇制造基地建设。

（十四）加快培育壮大海洋新兴产业。依托广州、深圳等生物产业基地，建设海洋生物技术和海洋药物研究中心。加强海洋生物、海洋可再生能源利用、海水综合利用等高新技术重大专项攻关，重点开发抗肿瘤、抗心脑血管疾病、抗病毒等海洋创新药物、海洋生物制品和功能食品，培育具有较强竞争力的海洋生物医药产业集群。以广州南沙、深圳前海、珠海横琴、湛江东海岛为重点，培育发展海洋信息、航运交易、金融保险等现代海洋服务业。

（十五）提升发展海洋交通服务业。加强主要港口专业化运输系统建设，推进集装箱、油气化工、矿石、煤炭等专业化泊位建设。提高江海联运通航能力，加强疏港铁路、公路建设。建设一批大型港口物流园区，以及珠江三角洲国际物流基地和粤东、粤西物流基地。

（十六）推动优质滨海旅游业快速崛起。省财政设立滨海旅游产业发展资金，以竞争性扶持方式推动建设一批高端滨海旅游度假区。重点建设一批海洋综合旅游区，建成若干个5A级滨海旅游景区或国家级旅游度假区。在基础条件较好的地区建设邮轮停靠港、游艇旅游基地，建成一程多站式国际邮轮旅游航线著名节点，将我省建设成具有国际竞争力和较高知名度的国际滨海旅游目的地。推动建立粤港澳地区游艇出入境管理新模式，为游艇出入境和游客登岛上岸提供通关便利。

（十七）加快发展现代海洋渔业。大力发展“深蓝渔业”，建设一批深水网箱养殖海上产业园。继续推进渔业良种体系建设、标准鱼塘改造和振兴“南珠”工程。创建一批健康养殖示范基地、省级以上现代渔业标准化示范区、节地节水高效高质现代化渔业示范基地。进一步发展水产品精深加工，做强做大水产品加工出口业。制定扶持外海远洋渔业发展优惠政策，建设外海远洋渔业生产基地。推动小、旧木质渔船改造，建造一批大功率钢质标准渔船。实施海上万艘渔船安全工作，完善我省渔业安全生产通信指挥系统、渔船IC卡管理系统和渔港视频监视系统。推进沿海渔民转产专业工程，建立休（禁）渔期渔民补偿机制。继续实施标准渔港（含避风锚地）建设工程、加快推进尚未完工渔港建设。

五、加快建立健全政策支持体系

（十八）多渠道加大资金投入。积极争取国家对我省建设海洋经济综合试验区的资金支持。加大省级财政资金投入力度，省相关部门各类涉海专项资金要优先安排纳入海洋经济综合试验区发展规划的项目。沿海市、县要统筹财力，切实加大对本地海洋经济发展的资金支持。支持省属国有企业通过参股等形式参与海洋油气、矿产资源勘探开发。除国家限制的领域外，海洋开发项目一律对民间资本开放。

（十九）落实税收优惠政策。对海洋产业中通过认定的高新技术企业，认真落实高新技术企业税收优惠政策。推荐符合条件的现代物流企业纳入国家发展改革委和税务总局试点物流企业名单，落实国家关于试点物流企业有关税收政策，对按规定缴纳城镇土地使用税确有困难的，按照税收管理权限经批准后给予减免。

（二十）加大金融支持力度。鼓励银行等金融机构加大对海洋经济重点领域、重点项目、重点企业的信贷资金投放力度，开展船舶抵押贷款业务。支持涉海企业发行企业债、公司债、短期融资券和中期票据等债券融资工具，支持符合条件的涉海企业在境内外发行股票上市融资。推动建立海洋投贷联盟。鼓励开展海洋产业保险业务。完善海域、海岛物权制度，建立海域、海岛使用权招标、拍卖和质押贷款等制度。

（二十一）加大海洋产业园区扶持力度。开展海洋产业园区认定。海洋产业园区用海实行统一规划、统一论证、统一环评、统一海域使用权、统一用海排污权。充分发挥现有海关特殊监管区域的政策和功能优势，支持符合条件的园区设立出口加工区和保税物流中心。海洋产业园区享受省劳动力转移和产业专业有关收费优惠政策。

六、切实加强组织领导

（二十二）提高思想意识。沿海地区各级党委、政府和各有关部门要切实把建设海洋经济强省摆到重要位置。要坚持改革创新，以敢为人先的气魄，用于探索、大胆实践，集中力量在重点领域和关键环节率先取得突破，为全国海洋经济发展积累经验和提供示范。要切实把思想认识统一到《规划》确定的战略定位、发展目标、重点任务和政策措施上来，增强责任感和紧迫感，真抓实干，推动形成加快建设海洋经济强省的良好局面。

（二十三）加强组织领导。沿海各市政府作为本地区建设海洋经济综合试验区工作的责任主体，要切实加强对《规划》实施的领导，建立健全工作机制，研究制定实施方案，推动本地区海洋经济又好又快发展。充分发挥省海洋经济综合试验区规划建设领导小组对海洋经济综合试验区建设的指导和协调作用。省有关部门要加强沟通，密切配合，形成推动建设海洋经济强省的强大合力。

（二十四）创新体制机制。建立适应海洋经济发展要求的综合管理体制机制，强化海洋行政主管部门的海洋事务综合管理职能。加快海洋经济运行监测评估、海洋灾害综合观测预报等支撑体系建设。建立海洋开发决策专家咨询和海洋经济发展考核评价机制，将海洋经济发展纳入沿海地区地方政府的工作考核范围。

（二十五）推进开放合作。充分利用粤港澳现有合作政策，加大广州南沙、深圳浅海、珠海横琴与港澳地区的海洋开发合作力度。加强粤闽台海洋经济合作，支持在有条件的地方建设一批海峡两岸海洋经济合作试验区。争取共享北部湾地区和海南国际旅游岛相关优惠政策，促进粤桂琼海洋经济合作。探索建立与东盟各国海洋经济合作新机制。坚持办好每两年一届的海洋经济博览会。

（二十六）强化督察宣传。制订相关实施方案，分解任务目标，明确责任分工，建立考核制度，切实加强督促检查，定期通报进展情况，确保工作目标实现。大力宣传建设海洋经济强省的重大意义和政策措施，增强全社会科学开发利用海洋资源和保护海洋的意识，充分调动全社会参与建设海洋经济强省的积极性，为海洋经济综合试验区建设营造良好氛围。

广东省人民政府关于推动海洋渔业转型升级提高海洋渔业发展水平的意见

粤府〔2013〕67号

各地级以上市人民政府，各县（市、区）人民政府，省政府各部门、各直属机构：

为贯彻落实国务院关于促进海洋渔业持续健康发展的有关精神和经国务院同意的《广东海洋经济综合试验区发展规划》，推动我省海洋渔业转型升级，提高我省海洋渔业发展水平，加快海洋强省建设步伐，现提出以下意见。

一、总体要求和发展目标

（一）总体要求。按照党的十八大关于建设海洋强国的战略部署，以加快转变海洋渔业发展方式和提升海洋资源保护开发能力为主线，进一步调整海洋渔业生产结构，加强海洋渔业设施装备建设，增强海洋渔业科技支撑能力，保护海洋渔业资源和生态环境，强化海洋渔业安全监管，提高海洋渔业组织化程度和产业化水平，促进我省海洋渔业持续健康发展，争当全国海洋渔业工作排头兵。

（二）发展目标。到 2015 年，海水产品产量达到 460 万吨，海水养殖面积稳定在 21 万公顷，建成大、中型钢质渔船 2500 艘，其中远洋渔船 300 艘。海洋渔业在维护国家海洋权益中的作用明显提升。

到 2020 年，海洋渔业生产结构和布局进一步优化，海洋渔业基础设施进一步完善，科技支撑能力进一步提升，海洋渔业产品加工达到国际先进水平，产业发展、产品安全、渔业增效、渔民增收、生态文明、渔区和谐、维权有力的现代海洋渔业发展新格局基本形成，率先实现海洋渔业现代化。

二、调整优化海洋渔业生产结构和布局

（三）拓展外海和远洋渔业。推动海洋捕捞由近海向外海拓展，推广节能渔船和选择性渔具渔法，发展高产低耗的海洋捕捞作业类型。落实国家扶持政策，研究制订我省扶持远洋渔业加快发展的政策措施。巩固提升过洋性渔业，支持有条件的企业建设印度洋、南太平洋和东南亚远洋渔业中心基地，积极发展东南太平洋、北太平洋、印度洋和大西洋等公海捕捞。到 2020 年，具有国际竞争力的远洋渔业企业达到 10 家。

（四）发展新型水产养殖。深入开展水产健康养殖示范场（区）创建活动，积极争取国家专项资金支持。大力发展工厂化养殖、循环水养殖、深水网箱养殖等设施渔业，培育对虾、罗非鱼和优质海水鱼等大宗养殖名牌产品。继续实施水产良种工程，加大水产良种选育和推广应用力度。到 2020 年，建成 300 个水产健康养殖示范场（区），15 个深水网箱产业园区，3 ～ 5 个国家级现代水产种业示范园区，80 个国家级、省级良种场，主要养殖品种良种覆盖率达 90% 以上。

（五）培育现代渔业加工流通体系。建设一批国际领先的水产品精深加工园区，培育一批市场占有率较高的知名品牌。支持建设若干海洋捕捞产品、渔需物资交易市场，打造 2 ～ 3 个具有国际影响力的大宗水产品价格形成和交易中心。推进水产品网上交易平台建设，发展渔业电子商务。

（六）大力发展休闲渔业。突出各地渔业资源优势，拓展渔业文化内涵，打造内容丰富、形式多样的休闲渔业特色品牌。结合名镇名村和幸福村居建设，建成一批以渔村风情、渔港风光、海上游钓等为主要特色的渔村、渔港，形成沿海休闲渔业带。结合国民旅游休闲计划，构建以垂钓、观赏、美食等为特色的都市型休闲渔业区。在海洋与渔业自然保护区开展以科普教育为主要内容的休闲旅游。

三、加强海洋渔业设施和装备建设

（七）加快海洋捕捞渔船更新改造。按照安全、节能、高效、环保的要求，选定推广一批适合我省海洋捕捞作业类型的钢质、玻璃钢质标准船型。鼓励应用液化天然气、电力推进等节能、环保技术，加快海洋捕捞渔船标准化进程。引导淘汰老、旧、木质渔船，建造适合“三沙”（西沙、中沙和南沙）、外海作业的大型钢质捕捞渔船。配备先进适用的渔业机械和助渔导航设备，培育一批现代化远洋渔业船队，全面提升远洋渔业装备水平。开展海洋渔船集中交易试点，完善船网工具指标整合的市场化机制。对中央投资补助的海洋渔船更新改造项目，按照地方配套、企业或渔民自筹的多渠道筹资原则落实项目资金。

（八）提高渔港建设水平。创新渔港建设模式，集中资源建设 10 个基础设施完善，停泊水域面积、防风防灾条件、补给维护能力满足区域性各类渔船需求，水产品交易流通快捷便利，渔港及周边水域环境优良，渔业管理、安全监控和治安消防等保障有力的超国家级标准现代化渔港。全面推动 100 个标准化渔港建设。加大对渔港防波堤、护岸、码头等公益性基础设施建设的投入，公益性渔港建设用海免征海域使用金。完善渔港配套设施，提高渔港避风能力，建设以一类渔港为龙头，二、三类渔港和避风锚地为支撑的渔港防灾减灾体系。实施渔港信息化管理，建立二类以上渔港视频监控系统。

（九）提升海洋渔业执法能力。强化海洋渔业执法队伍素质能力建设。加快省属维权执法基地、市县级执法码头建设，建造一批海洋渔业执法船和执法快艇，形成指挥畅通、反应迅速、执法有力的海洋渔业执法体系。

按照国家部署积极参与海洋维权护渔行动。

四、强化渔业科技支撑作用

（十）加强渔业科技创新体系建设。整合优化渔业科技优势力量和资源，促进产学研合作，加快构建渔业科技创新平台。以广东省海洋与水产高科技园为依托，在广州南沙建设国家级现代渔业科技园区。强化渔业龙头企业的技术创新主体地位，建立自主创新激励机制。支持在粤高等院校海洋生物、渔业经济、渔业公共管理等涉渔学科建设，加快高层次渔业科技人才培养。推进广东省海洋工程职业技术学院建设，着力培养渔业应用型和技能型人才。

（十一）开展渔业关键技术攻关。组织在粤大专院校、科研机构，重点围绕养殖主导品种选育、水生动物重大疫病防控、水产品质量安全、健康养殖技术、生态环境保护等亟待解决的关键技术和瓶颈问题开展联合攻关,形成一批具有自主知识产权的渔业科技创新成果。加强工厂化养殖和深水网箱养殖技术与设施、水产品加工和现代远洋捕捞技术装备等研发。

（十二）健全水产技术推广体系。深化水产技术推广体系改革，构建以技术推广机构为主体，水产科研单位、海洋渔业协会、渔民专业合作组织和渔业龙头企业共同参与的新型水产技术推广体系。开展渔业社会化服务示范县创建活动，建设一批示范县（区）。继续实施基层水产技术推广体系改革与建设项目，充分发挥推广队伍优势，积极开展技术推广、病害防治和科技入户等社会化服务。

五、切实保护海洋渔业资源和生态环境

（十三）开展渔业资源监测调查。健全渔业资源监测制度，在沿海主要渔港和内陆主要江河沿岸建立渔业资源监测站点。开展常年渔业资源动态监测，每 5 年组织实施一次综合性渔业资源调查评估。

（十四）推进海洋渔业资源养护。认真执行南海伏季休渔和珠江禁渔制度。制订海洋牧场建设规划。支持在粤东、粤西开展以藻类繁养、贝类底播等为主要内容的生态修复。继续开展人工鱼礁建设，加强人工鱼礁后续养护管理。加大渔业资源增殖放流力度，强化珍稀濒危水生野生动物保护管理，完善珍稀濒危水生野生动物救护网络。

（十五）加强海洋生态环境保护。组织开展入海污染源普查，加强陆源污染物排海治理。推进珠江口海洋环境自动在线监测体系建设，构建全省海洋监控网络。在海洋开发密集区、海岛等建设 10 ~ 15 个海洋观测站点，逐步建成立体观测网。科学规范围填海，严格实施工程建设用海环境影响评价。加强海洋与渔业自然保护区、水产种质资源保护区、海洋特别保护区建设。

六、加强海洋渔业安全监管

（十六）狠抓渔船安全生产。制订《广东省渔船安全生产管理办法》，明确渔业安全生产主体责任。实施海上万艘渔船安全工程，完善我省渔业安全生产通信指挥系统、渔船 IC 卡管理系统。开展万名渔业船员培训工程。建立渔船跟帮生产制度，鼓励渔民互助互救。

（十七）保障水产品质量安全。加强水产品质量安全源头监管，建立水产品质量安全市场准入和质量安全可追溯制度。采取省级财政轮补和地方财政配套相结合的办法，支持粤东西北地区水产品质量监测能力建设。加强水生动物疫病防控体系建设，扶持建设一批水生动物疫病监测点和鱼病诊所。完善水产种苗检疫和重大水生动物疫情应急处理制度。

七、提高海洋渔业组织化程度和产业化水平

（十八）培育壮大海洋渔业龙头企业。培育一批引领行业发展的海洋捕捞、远洋渔业、水产品加工领军企业，鼓励通过兼并、重组、收购、控股等方式组建大型海洋渔业企业集团。扶持海洋渔业龙头企业培育自主品牌，开拓国际市场，支持符合条件的龙头企业上市。到 2020 年，具备开发深海渔业资源能力的龙头企业达到 20 家。

（十九）推进渔民专业合作组织建设。按照发展与规范并举、数量与质量并重的要求，加快发展渔民专业合作社。加大财政投资项目直接投向渔民专业合作社力度，支持合作社改善生产装备条件，提高经营管理水平。探索开展合作社信用建设，对合作社进行联合授信，有条件的地方予以贷款贴息。到 2015 年，建成渔民专业合作社 500 家；到 2020 年，达到 800 家。

八、工作要求

（二十）加强组织领导。沿海各级政府要把促进海洋渔业转型升级和持续健康发展作为实施海洋强国战略和建设海洋强省的重大任务，摆上重要议事日程，切实加强对海洋渔业工作的组织领导，完善海洋渔业行政管理体制和执法体系。建立健全部门分工合作的协调机制，明确工作目标，落实责任分工，形成促进海洋渔业持续健康发展的强大合力。

（二十一）加大支持力度。继续实施渔业机具购置补贴政策，将渔业纳入农业用地、用电、用水等方面的优惠政策范围。对取得农业部颁发的“远洋渔业企业资格证书”并在有效期内的远洋渔业企业从事远洋捕捞业务取得的所得免征企业所得税。各地要将海洋渔业纳入公共财政支持体系，加大投入力度，给予重点扶持。继续实施渔民转产转业工程，拓宽渔民增收渠道。大力推广政策性渔业保险，适时开展水产养殖政策性保险试点，建立健全渔业风险保障机制。对休（禁）渔渔民给予补助。

（二十二）加强政策研究与法制建设。深入开展渔业转型升级、远洋渔业发展等政策研究。加强渔业法制建设，推动出台水产品质量安全管理地方性法规，制订国有渔业水域占用补偿、海洋生态补偿等规范性文件。加大渔业普法宣传力度，增强渔民法制意识。

广东省人民政府

2013 年 6 月 21 日

广东省海洋与渔业局　广东省旅游局 关于印发《关于切实加强海岛保护有序发展海岛旅游的意见》的通知

沿海各地级以上市人民政府、省有关单位：

经省人民政府同意，现将《关于切实加强海岛保护有序发展海岛旅游的意见》印发给你们，请认真贯彻落实。

广东省海洋与渔业局

广东省旅游局

2015 年 9 月 18 日

关于切实加强海岛保护有序发展海岛旅游的意见

我省是海洋大省和旅游大省，发展滨海旅游条件优越。海岛旅游是滨海旅游的重要组成部分，也是保护利用海岛与发展滨海旅游的有效途径。为加强海岛保护，发挥海岛旅游资源优势，促进海岛地区经济社会可持续发展，经省人民政府同意，现就切实加强海岛保护，有序发展海岛旅游提出以下意见。

一、指导思想

按照国务院、省政府关于保护海洋资源和海洋生态、促进旅游投资和消费的部署要求，以“保护为主，适度利用”为原则，以发展绿色海岛旅游为导向，以推进海岛保护利用监管体系和基础设施建设为主要内容，全面提升我省海岛保护利用水平，将我省若干主要海岛打造成为国家乃至世界的滨海旅游重要目的地。

二、完善海岛保护利用和旅游管理规范

（一）加快海岛保护利用法制建设。加快《广东省海岛保护条例》立法进程，鼓励有条件的地方率先开展海岛保护立法工作。划定海岛生态红线，建立海岛植被、岸线、沙滩、景观文物等保护管理制度。建立市场化配置无居民海岛资源制度，科学、高效地利用海岛资源。

（二）完善和落实海岛相关规划。组织编制《广东省海岛旅游发展总体规划》和区域性海岛旅游规划，鼓励海岛开发方编制海岛旅游发展详细规划。实施错位发展，打造一批特色鲜明、个性突出的海岛旅游精品，彰显特色海洋文化。严格贯彻落实《广东省海岛保护规划》，确保各项目标如期实现。

（三）建立海岛利用准入制度。防止以“圈地”为目的进行海岛开发。要按照“一岛一规划，一岛一主题，一岛一特色”的模式，对可利用海岛设定投资规模，明确建设内容、生态保护要求和建设期限等，坚持高标准规划利用。严格按规定开展无居民海岛使用权出让工作，省级审批权限内的无居民海岛使用权主要通过招拍挂等市场化配置方式公开出让。

（四）加强海岛规范化管理。《海岛保护法》实施前已取得国土证、林权证、海域使用证等权属证或与当地政府、村民委员会签订土地使用合同的无居民海岛，以换发海岛使用权证为主要形式，依法将以上海岛纳入无居民海岛范畴管理。

（五）健全海岛旅游监管制度。完善海岛旅游、陆岛水上交通运输监督管理制度，重点打击非客运船舶非法载客等海岛旅游经营违法行为，建立海岛旅游服务质量评价体系，运用信息化技术提高海岛旅游市场、陆岛交通运输航线监管水平。建立健全海岛各类突发事件处置和高峰期客流应对机制，完善旅游安全预警信息发布制度，提高科学防范和有效应对突发事件水平。

三、强化海岛基础管理

（六）开展海岛旅游资源调查。对重点无居民海岛以及有居民海岛开展以岸线、沙滩、动植物、历史文化及海岛周边海域典型生物资源为主的资源调查，为发展海岛旅游提供实证基础。加强旅游娱乐用岛的自然海岸、自然遗

迹区、濒危珍稀物种栖息地、原生及次生植被林地的保护。

（七）增强海岛监管力量。按照十八届三中全会关于加强海域海岛基层执法的要求，增强海岛管理力量，大力培养海岛管理人才队伍，完善执法装备，确保海岛事务“有人管，能管好”。

（八）建立海岛监视监测体系。按照国家海洋局关于建立县级以上常态化海岛监视监测体系的部署要求，建立完善海岛监视监测工作体系，配备技术设备，开展监视监测工作，定期评价并发布所辖海岛及周边海域监视监测结果。

四、优化海岛旅游环境

（九）完善海岛基础设施。积极争取中央资金支持，调动地方积极性，充分发挥各级财政资金效益，完善海岛基础设施。重点加强陆岛旅游码头、道路交通、景区停车场、旅游厕所、游客服务中心和应急救援等旅游公共服务设施建设。加强垃圾、污水处理设施等环境保护基础设施建设，注重保护饮用水源和海岛林木、植被。

（十）丰富海岛旅游项目产品。制订创建海岛旅游示范区、示范岛工作方案，优化海岛旅游产品结构，大力开发潜水、海底探险、海钓、滑板、帆船、拖曳伞等海岛体育旅游项目，建立海洋生物多样性保护宣传教育基地，重点培育游艇、邮轮旅游、海上高尔夫等旅游新业态，打造一批高质量的海洋休闲和体育旅游产业基地。

五、保障措施

（十一）加强组织领导，明确落实责任。各地要切实加强组织领导，强化涉岛部门、涉岛行业之间的协调配合，建立健全海岛管理工作协调机制，对海岛工作齐抓共管，明确海岛保护利用、海岛旅游发展工作目标和任务，制订具体实施意见，将具体任务逐级分解，具体到部门、落实到人，确保各项工作落到实处。

（十二）加强配套保障，优化旅游环境。妥善处理好政府、企业和海岛附近居民的关系，建立灵活的海岛旅游融资机制。切实加大对本地海岛保护及旅游产业发展的资金支持，积极鼓励民营资本投资海岛旅游产业，建设完善海岛与周边岛屿的餐饮、酒店等配套设施。

（十三）加强宣传推广，营造良好氛围。大力宣传海岛保护的法律法规，营造“关注海岛、热爱海岛、保护海岛”的社会氛围。开展多形式的海岛旅游宣传，邀请各类媒体对海岛旅游进行全方位、立体化宣传，推介海岛旅游新线路、新产品。引导微信、微博用户以及旅游攻略网站宣传分享广东海岛旅游体验。

四、海洋经济统计

表 10-4-1　广东省沿海地区综合信息

			全国	广东省			排名在广东之前的省区			
				数量	占全国 %	排名	省区	数量	省区	数量
沿海地区行政区划（个）	沿海城市		54	14	25.93	1				
	沿海地带	合计	238	55	23.11	1				
		县	59	9	15.25	3	福建	11	浙江	10
		县级市	53	6	11.32	1				
		区	126	40	31.75	1				
沿海地区湿地（千公顷）近海与海岸		总面积	12466.0	1753.4	14.07	2	江苏	2822.8		
		近海与海岸	5795.9	815.1	14.06	2	江苏	1087.5		
红树林各地类总面积（公顷）	合计		82757.2	32325.9	39.06	1				
	现有面积		22024.9	9084.0	41.24	1				
	未成林面积		1884.1	981.3	52.08	1				
	宜林地面积		58848.2	22260.6	37.83	1				

表 10-4-2 广东省海洋经济核算

			2010	2011	2012	2013	2014	2015		
								数量	比 2010 年增长 %	占全国 %
海洋生产总值	总值分类（亿元）	合计	8254	9191	10507	11284	12484	13796	67.1	21.3
		第一产业	194	226	180	193	200	220	13.4	6.7
		第二产业	3920	4311	5135	5353	5654	6000	53.1	21.8
		第三产业	4140	4654	5192	5738	6630	7576	83.0	22.4
	总值构成 %	第一产业	2.4	2.5	1.7	1.7	1.6	1.6		
		第二产业	47.5	46.9	48.9	47.4	45.3	43.5		
		第三产业	50.2	50.6	49.4	50.9	53.1	54.9		
海洋及相关产业增加值（亿元）	海洋产业	合计	5066	5612	6317	6852	7770	8631	70.4	22.1
		主要海洋产业	2935	3274	3752	4040	4657	4938	68.2	18.4
		海洋科研教育管理服务业	2131	2338	2565	2812	3113	3693	73.3	30.5
	海洋相关产业		3188	3579	4190	4432	4714	5165	62.0	20.1
海洋及相关产业增加值构成 %	海洋产业	合计	61.4	61.1	60.1	60.7	61.7	62.6		
		主要海洋产业	35.6	35.6	35.7	35.8	36.0	35.8		
		海洋科研教育管理服务业	25.8	25.4	24.4	24.9	25.7	26.8		
	海洋相关产业		38.6	38.9	39.9	39.3	38.3	37.4		

表 10-4-3 广东省主要海洋产业情况

	2010	2011	2012	2013	2014	2015		
						数量	比 2010 年增长 %	占全国 %
小计	2935	3274	3752	4040	4764	4938	68.2	18.4
1. 海洋渔业	320	345	272	291	313	311	-2.8	7.1
2. 海洋油气业	550	580	561	539	439	284	-48.4	30.2
3. 海洋矿业	0.9	1	1	1	1	1	11.1	1.5
4. 海洋盐业	0.8	0.85	1	1	0.01	0.01	-98.8	0.01
5. 海洋化工业	420	705	514	556	544	593	41.2	60.2
6. 海洋生物医药业	0.9	0.95	1	1	2	2	122.2	0.7
7. 海洋电业	1.7	1.9	7	8	10	12	605.9	10.3
8. 海水利用业	2.1	2	2	2	2	3	42.9	21.4
9. 海洋船舶工业	100	148	168	150	181	185	85.0	12.8
10. 海洋工程建筑业	265	350	188	214	486	511	92.8	24.4
11. 海洋交通运输业	560	630	710	781	849	623	11.3	11.2
12. 滨海旅游业	2131	1220	1328	1496	1731	2414	13.3	22.2

表 10-4-4 广东省主要海洋产业活动

			2010	2011	2012	2013	2014	2015		
								数量	比2010年增长%	占全国%
海洋渔业产量（万吨）	海洋捕捞		142.96	145.26	151.05	149.08	149.37	150.51	5.3	11.4
	远洋捕捞		9.48	7.39	5.56	6.32	6.84	5.50	-42.0	2.5
	海水养殖		249.07	265.57	275.74	287.00	294.40	303.22	21.7	16.2
海洋原油产量（万吨）			1304.3	1168.7	1222.8	1345.3	1334.0	1688.0	29.42	31.2
海洋天然气产量（亿立方米）			81.64	86.34	82.38	75.35	83.82	96.74	18.49	65.7
海洋矿业产量（万吨）										
海盐产量（万吨）			14.16	15.80	8.6	7.8	8.4	12.3	-13.14	0.4
海洋化工产品产量（亿吨）			57.65	66.54	80.50	89.55	120.00	215.07	273.06	12.0
海洋修造船完工量(艘)	修船完工量		444	444	395	289	139	150	-66.22	0.9
	造船完工量	艘	61	68	61	64	24	26	-57.38	1.4
		万综合吨	332.00	403.85	308.07	207.16	73.9	210.0	-36.75	3.6
海洋货物运输量（万吨）	合计		20414	24021	28530	32764	39328	37841	85.37	14.1
	沿海		11983	14889	17960	16276	23262	20997	75.22	10.9
	远洋		8431	9132	10570	16488	16066	16884	100.26	22.6
海洋货物周转量（亿吨/千米）	合计		3360	4070	6344	5452	10771	10894	224.23	13.9
	沿海		1669	2178	2761	2100	3813	3187	90.95	13.2
	远洋		1691	1893	3583	3352	6958	7706	355.71	14.2
海洋旅客运输量（万人）	合计		1956	2273	2367	1683	2167	2264	15.75	20.3
	沿海		1274	1530	1608	19	1262	1367	7.3	13.6
	远洋		682	743	759	1664	905	897	31.52	80.2
海洋旅客周转量（亿人/千米）	合计		7.91	9.02	9.18	6.60	9.5	9.5	20.10	23.3
	沿海		2.79	3.57	3.61	0.01	3.3	3.4	21.86	12.1
	远洋		5.12	5.46	5.57	6.59	6.2	6.1	19.14	47.7
沿海港口客货吞吐量	货物吞吐量（万吨）	合计	105299	114455	121265	130831	137631	142059	34.91	17.4
		外贸	39231	42238	44952	47093	48385	48246	22.98	14.6
	旅客吞吐量（万人）	合计	2109	2358	2457	2598	2843	2867	35.94	35.1
		离港	1091	1226	1278	1326	1445	1469	34.65	35.7
沿海地区水路国际标准集装箱运量		万标准箱	913	887	786	975	982	1126	1126	21.8
		万吨	6812	7342	6618	7244	7462	9399	9399	14.5
沿海港口国际标准集装箱吞吐量		万标准箱	3868	4103	4256	4420	4752	4915	4915	26.0
		万吨	37413	41315	44495	47947	51871	53957	53957	24.8
沿海城市国内旅游人数（万人·次）			13612	15537	17411	19338				

表 10-4-5 广东省主要海洋产业生产能力

			2010	2011	2012	2013	2014	2015		
								数量	比 2010 年增长 %	占全国 %
沿海地区渔港（个）	合计		14	15	19	19	19	19	35.7	10.6
	中心渔港		6	7	8	8	8	8	21.4	12.1
	一级渔港		8	8	11	11	11	11	37.5	13.4
海水养殖面积（公顷）			199258	203410	201834	197198	195691	194861	-2.2	8.4
海洋油气勘探情况	地震测线	二维（千米）	20020	12205	9682	24498	16380	194861	-2.21	8.41
		三维（平方千米）	6910	8120	11925	13455	12811	11979	-40.16	91.5
	钻井（口）	预探井	35	15	22	30	31	13439	94.49	81.4
		评价井	20	23	17	26	24	40	14.29	41.7
海洋油气生产井情况	合计		361	544	597	661	751	837	131.86	11.2
	采油井		321	436	485	545	621	691	115.26	12.5
	采气井		40	86	88	91	106	121	202.5	37.1
	注水井			22	24	25	24	25		1.5
	其他井									
沿海地区盐田面积（公顷）		总面积	10052	10052	10052	10052	8409	8580	-14.64	2. 5
		生产面积	6014	6014	6014	6014	4571	4572	-23.98	1.7
年末海盐生产能力（万吨）			19	18.53	18.62	16.49	13.00	14.02	-26.2	0.40
沿海地区风能发电能力（万千瓦）			130.04	130.04	154.38	186.93				
沿海地区星级饭店基本情况		饭店数（座）	1008	959	927	917	832	735	-27.08	15.9
		客房数（间）	152891	140252	139488	146820	136580	123109	-19.48	17.2
		床位数（张）	249708	228244	225488	243791	215023	194528	-22.10	15.8
		客户出租率 %	57.57	59.22	58.48	56.71	55.41	54.64		
沿海地区旅行社数（家）			1247	1376	1512	1656	1792	1901	52.5	13.4
涉海就业人员（万人）			803.4	820.4	831.6	842.6	852.0	860.3	7.08	24.0

表 10-4-6 广东省海洋科学技术

			2010	2011	2012	2013	2014	2015		
								数量	比 2010 年增长 %	占全国 %
海洋科研机构及人员	机构个数（个）		25	25	24	24	25	26	4	13.5
	从业人数（人）		2795	3088	3164	3250	3835	5434	94.42	12.8
科技活动人员学历（人）	合计		2299	2564	2638	2796	3292	4820	109.66	13.4
	博士		577	639	724	802	920	1375	138.3	15.7
	硕士		549	612	655	756	1042	1771	222.59	15.0
	大学生		744	725	684	756	857	1215	63.31	11.7
	大专生		265	279	297	271	249	221	-16.6	7.61
科技人员职称（人）	合计		2299	2564	2683	2796	3292	4820	109.66	13.4
	高级职称		864	878	957	1077	1233	1481	71.41	10.1
	中级职称		796	828	877	933	1169	1437	80.53	12.3
	初级职称		472	525	451	457	501	1195	153.18	21.9
海洋科研机构经费收入（亿元）	总额		153.22	174.47	177.49	196.07	275.20	413.46	169.86	12.4
	经常费		137.83	167.01	163.25	182.27	263.08	388.44	181.82	12.5
	科技活动借贷款		0.50	0.30	0.80	0.30	0	0		
	基本建设中政府投资		14.89	7.16	13.43	13.50	1.21	25.02	68.03	10.8
海洋科研机构科技课题情况（项）	课题数		1678	1929	2190	1864	2140	2653	58.10	14.1
	基础研究		438	579	722	661	687	957	118.49	18.1
	应用研究		528	629	601	555	624	728	37.88	15.3
	试验发展		235	250	310	343	554	576	145.11	15.5
	成果应用		86	47	67	42	43	84	-2.33	3.9
	科技服务		391	424	490	263	232	308	-21.23	10.7
海洋科研机构科技论著情况	发表科技论文（篇）	合计	1685	1552	2104	1889	2152	2929	73.83	17.0
		国外发表	420	469	734	714	1046	1626	287.14	24.0
	出版科技著作（部）		12	14	22	32	23	39	225	11.0
海洋科研机构科技专利情况（件）	专利申请	受理数	229	278	273	327	432	976	13.6	13.6
		其中发明专利	180	205	210	238	356	797	13.7	13.7
	专利授权	授权数	115	156	246	226	216	772	13.7	13.7
		其中发明专利	70	91	165	149	124	546	680	13.3
	拥有发明专利总数		580	544	1065	527	695	3771	550.17	18.4
海洋科研机构 R&D 情况	R&D 从业人员（人）			3128	3167	3281	3597	4465		15.3
	R&D 经费内部支出（亿元）			85.82	101.54	111.85	14.08	177.90		10.7
	R&D 课题数（项）			1458	1633	1559	1865	2261		16.4

表 10-4-7 广东省海洋教育

			2010	2011	2012	2013	2014	2015		
								数量	比 2010 年增长 %	占全国 %
各海洋专业博士研究生情况	专业点数（个）		11	11	13	10	10	10	-9.09	7.14
	学生人数（人）	毕业生	61	58	62	49	23	23	-62.3	3.65
		招生	76	70	76	70	28	37	-51.32	3.78
		在校生	235	259	262	242	130	140	-40.43	3.24
		预计毕业生数	89	118	118	104	65	75	-15.73	3.55
各海洋专业硕士研究生情况	专业点数（个）		24	27	30	26	18	17	-29.17	5.28
	学生人数（人）	毕业生	222	236	242	227	172	188	-15.32	6.35
		招生	283	280	295	244	163	148	-47.70	4.40
		在校生	807	794	835	721	563	502	-37.79	4.91
		预计毕业生数	264	266	275	233	204	193	-26.89	5.51
普通高等教育各海洋专业本科学生情况	专业点数（个）			12	14	16	17	19		7.09
	学生人数（人）	毕业生		597	775	833	860	838		5.58
		招生		898	1064	1567	2117	1529		8.40
		在校生		3461	3751	4403	5583	6217		8.98
		预计毕业生数		782	894	895	901	1022		6.13
普通高等教育各海洋专业专科学生情况	专业点数（个）			28	31	33	34	33		6.52
	学生人数（人）	毕业生		1552	1773	1731	2026	1814		5.98
		招生		2011	1942	2303	1939	1727		6.96
		在校生		5569	5902	6345	6148	5905		7.19
		预计毕业生数		1721	1828	2109	1933	2295		7.84
成人高等教育各海洋专业本科学生情况	专业点数（个）			4	4	6	5	5		8.33
	学生人数（人）	毕业生		79	0	27	253	162		8.72
		招生		275	205	171	88	103		4.98
		在校生		302	507	650	435	359		6.78
		预计毕业生数		0	27	274	185	169		7.20
成人高等教育各海洋专业专科学生情况	专业点数（个）		9	9	11	12	15	15	66.67	10.3
	学生人数（人）	毕业生	292	303	526	619	58	424	45.21	7.10
		招生	953	56	430	216	136	119	-87.51	4.75
		在校生	2040	1297	1146	691	772	455	-77.7	5.27
		预计毕业生数	309	546	661	60	439	216	-30.10	5.07
中等职业教育各海洋专业专科学生情况	专业点数（个）		16	22	21	20	17	10	-37.50	2.97
	学生人数（人）	毕业生	1019	601	1478	771	1115	375	-63.20	2.05
		招生	6169	1335	613	462	395	343	-94.44	2.18
		在校生	18128	4041	2742	1933	1131	1007	-94.45	2.55
		预计毕业生数	702	1719	1224	1274	295	272	-61.25	1.97
开设海洋专业高校教职工数	学校（机构）个数		16	17	21	23	24	25	56.25	6.02
	教职工数（人）		23033	24355	30135	32818	35364	37014	60.70	7.43
	专任教师数（人）		14012	14754	18741	20796	22562	23842	70.15	7.38

表 10-4-8 广东省海洋环境保护与防灾减灾

			2010	2011	2012	2013	2014	2015		
								数量	比 2010 年增长 %	占全国 %
沿海地区工业废水排放及处理（万吨）	工业废水排放	排放总量	187031	178626	186126	170463	177554	161455	-13.67	14.6
		直排入海	5503	6218	6333	8730	2784	3120	-43.31	3.26
	工业废水处理量		/	/	/	293037	334112	188722		7.48
沿海地带工业废水排放及处理（万吨）	工业废水排放	排放总量	96259	95327	57456	87859	94617	79597	-17.31	
		直排入海	4417	2227	1504	2137	856	1076	-75.64	
	工业废水处理量		/	/	/	102903	106648	93285		
一般工业固体废物处理（万吨）	倾倒丢弃量		1.41	3.4	3.12	1.56	1.9	1.1	-21.99	12.1
	处置量			809.9	814.5	731.8	630.6	438.8		1.66
	综合利用量			5119	5198	5024	4893	5103		6.41
沿海地带一般工业固体废物处理（万吨）	倒丢弃量			2.6	0.35	1.30	1.1	0.5		
	处置量			239.5	71.64	229.73	247.8	163.1		
	综合利用量			2306	44557	2083	2152	2099		
沿海地区污染治理项目情况（个）	当年施工项目	治理废水	3	28	6	17	5	188	32.39	17.5
		治理固体废物	136	287	185	184	168	6	100.00	4.84
	当年竣工项目	治理废水	3	22	9	18	4	138	1.47	17.4
		治理固体废物	50	49	52	50	50	5	66.67	4.76
海洋类型自然保护区建设情况	保护区数量（个）		4	6	7	5	5	50	0	27.3
	按保护区级别分（个）	国家级	46	43	45	45	45	5	25	11.6
		地方级	21	20	23	20	20	45	-2.17	32.1
	按保护类型分（个）	海洋和海岸生态系统						20	-4.76	33.9
		海洋自然历史遗迹	29	29	29	28	28	0		
		海洋生物多样性	/	/	/	2	2	28	-3.45	47.5
		其他	5491	4198	4031	3820	3820	2		5
	保护区面积（平方千米）		5491	4198	4031	3820	3820	3820	-30.43	1.53

表 10-4-9 广东省行政管理及公共服务

		2010	2011	2012	2013	2014	2015		
							数量	比 2010 年增长 %	占全国 %
海域使用管理	颁发海域使用权证书（本）	352	333	282	244	133	161	-54.26	4.46
	确权海域面积（公顷）	6763	7252	7907	6150	5340	4252	-37.13	1.68
	征收海域使用金（万元）	70409	55392	147584	98384	81943	55332	-21.41	6.74
海滨观测台站分布（个）	合计	221	184	143	212	212	213	-3.62	15.7
	海洋站	16	16	16	16	16	20	25	14.9
	验潮站	98	82	82	82	82	82	-16.33	32.5
	气象台站	27	4	7	32	32	32	18.52	5.97
	地震台站	54	56	12	56	56	56	3.7	19.9
	雷达站	26	26	26	26	26	23	-11.54	15.4

五、渔业经济统计

表 10-5-1　主要年份水产品产量及养殖面积

年份	水产品产量（万吨）	其中：						养殖面积（千公顷）	其中：	
		海水产品			淡水产品				海水养殖	淡水养殖
			捕捞	养殖		捕捞	养殖			
1957	49.89	34.44	32.79	1.65	15.45	1.06	14.39	142.26	25.64	116.62
1962	34.45	24.46	23.16	1.30	9.99	0.90	9.09	167.02	21.20	145.82
1965	49.49	34.85	33.23	1.62	14.64	1.76	12.88	180.95	28.94	152.01
1970	57.32	41.71	40.41	1.30	15.61	1.12	14.49			
1975	71.84	53.83	52.81	1.02	18.01	1.14	16.87	193.08	17.41	175.67
1978	65.50	46.47	45.67	0.80	19.03	0.98	18.05	187.23	16.05	171.18
1980	63.34	41.54	40.78	0.76	21.80	0.85	20.95	200.29	21.54	178.75
1985	109.44	58.74	56.26	2.48	50.70	1.93	48.77	290.16	56.13	234.03
1990	207.66	124.53	110.74	13.79	83.13	4.19	78.94	43.67	92.33	251.34
1995	449.86	189.41	178.71	10.70	164.23	14.45	149.78	445.82	116.15	329.67
2000	593.19	360.46	191.46	168.98	323.73	13.52	219.21	564.51	194.89	369.62
2005	695.23	397.75	172.05	225.70	297.29	13.03	284.26	604.65	224.40	380.25
2006	658.84	373.59	153.40	220.19	285.25	12.00	273.25	489.93	160.02	329.91
2007	664.34	373.12	150.16	222.96	291.22	11.83	279.39	489.06	159.30	329.76
2008	680.41	376.81	153.83	222.98	303.60	12.49	291.11	544.25	189.72	354.53
2009	702.81	387.15	152.53	234.62	315.44	12.65	302.79	562.16	194.77	367.39
2010	729.03	401.50	152.43	249.07	327.53	12.86	314.67	563.41	199.26	364.16
2011	762.53	418.22	152.65	265.57	344.31	12.84	331.47	573.91	203.41	370.50
2012	789.50	432.34	156.61	275.74	357.16	13.06	344.09	575.21	201.83	373.38
2013	816.13	436.08	155.40	287.00	373.72	12.98	360.74	570.14	197.20	372.94
2014	836.34	450.60	156.20	294.40	385.74	12.58	373.16	564.99	193.69	371.30
2015	858.22	459.23	156.01	303.22	398.99	12.43	386.56	565.68	194.86	370.82

注：2000 年以后的水产品产量数据按照新的标准统计，2006 年以后年份的数据按农普调整的数据。

表 10-5-2 2010—2015 年水产生产概况

项目	计量单位	2010	2011	2012	2013	2014	2015	2015 年比 2010 年增长 %
水产品总产量	万吨	729.03	762.53	789.50	816.13	836.34	858.22	17.72
海洋捕捞（包括外海）	万吨	143.06	145.26	156.61	155.40	156.20	156.01	9.05
海水养殖	万吨	249.07	265.57	275.74	287.00	294.40	303.22	21.74
淡水捕捞	万吨	12.86	12.84	13.06	12.98	12.58	12.43	-3.34
淡水养殖	万吨	314.67	331.47	344.09	360.74	373.16	386.56	22.85
渔业总产值（按现价计算）	亿元	1616.36	1828.88	1983.64	2124.85	2350.17	2534.74	118.5
水产品产值（不包括种苗）	亿元	729.03	762.53	914.04	975.28	1110.63	1147.28	57.37
海洋捕捞	亿元	152.43	152.65	121.25	125.24	133.51	135.45	-11.14
海水养殖	亿元	249.07	265.57	324.53	349.17	386.59	416.34	29.78
淡水捕捞	亿元	12.84	12.86	16.39	16.15	16.60	16.44	28.04
淡水养殖	亿元	314.67	331.47	451.87	484.72	543.61	548.93	74.45
水产种苗	亿元	22.11	23.63	27.29	29.61	30.32	30.12	35.86
第二产业产值	亿元	289.02	310.39	354.04	389.88	362.86	361.03	24.92
其中：水产品加工	亿元	207.80	211.82	217.78	240.16	218.91	218.73	5.26
渔机修造	亿元	2.78	2.71	2.96	3.19	3.41	3.60	29.5
绳网制造	亿元	3.40	3.55	3.53	3.70	1.74	1.80	-47.06
建筑业	亿元	4.48	5.06	5.37	5.29	5.33	5.85	30.58
第三产业产值	亿元	563.43	651.84	688.28	730.07	876.68	1026.42	82.17
出口水产品数量	万吨	44.81	43.65	43.83	50.41	45.23	48.07	7.28
创汇	亿美元	21.78	25.74	28.00	33.30	29.82	28.08	28.93
渔民人均纯收入	元 / 人	9698	10262	11137	12251	13371	13712	41.39
人均水产品占有量	千克 / 人	74.70	72.50	74.84	76.68	76.50	79.10	5.89
海洋捕捞产量	万吨	152.43	152.65	156.61	155.40	149.37	150.51	-1.26
其中：鱼类	万吨	111.14	103.68	111.29	115.94	108.17	108.57	-2.31
虾类	万吨	14.99	14.20	13.92	14.65	14.96	15.55	3.74
蟹类	万吨	7.94	7.79	7.78	7.89	7.89	8.07	1.64
贝类	万吨	6.59	6.40	6.17	5.32	5.65	5.89	-10.62
藻类	万吨	0.49	0.56	0.48	0.69	0.73	0.78	59.18
头足类	万吨	8.29	7.95	7.55	7.46	8.01	7.89	-4.83
海水养殖总面积	千公顷	199.26	203.41	201.83	197.20	193.69	194.86	-2.21
产量	万吨	249.07	265.57	275.74	287.00	294.40	303.22	21.74
单产	千克 / 公顷	12055	13056	13662	14554	15199	15561	24.49
其中：鱼类面积	千公顷	28.42	27.36	28.21	27.81	29.44	30.97	8.97
产量	万吨	31.41	36.71	39.94	43.33	43.79	49.29	56.92
单产	千克 / 公顷	11052	13418	14158	15581	14875	15916	44.01
虾类面积	千公顷	59.97	60.74	59.57	61.54	61.47	60.86	1.48
产量	万吨	29.32	32.39	36.16	38.25	42.36	42.27	44.17
单产	千克 / 公顷	4889	5333	6070	6215	6891	6946	42.07
蟹类面积	千公顷	12.42	11.56	10.92	10.06	9.56	9.26	-25.44
产量	万吨	5.52	5.02	5.11	5.50	6.01	6.15	11.41

续表

项目	计量单位	2010	2011	2012	2013	2014	2015	2015年比2010年增长%
单产	千克/公顷	4444	4343	4679	5467	6284	6638	49.36
贝类面积	千公顷	90.03	95.71	94.09	88.88	84.59	85.17	-5.40
产量	万吨	176.03	184.11	186.31	191.64	194.13	197.40	12.14
单产	千克/公顷	19552	19236	19801	21562	22949	23177	18.54
藻类面积	千公顷	2.98	2.76	3.33	3.16	3.02	2.95	-1.01
产量	万吨	6.11	6.01	7.39	7.58	7.49	7.52	23.08
单产	千克/公顷	20503	23949	22192	23987	24785	25481	24.28
淡水养殖总面积	千公顷	364.16	370.50	373.38	372.94	371.30	370.82	1.83
产量	万吨	314.67	331.47	344.09	360.74	373.16	386.56	22.85
单产	千克/公顷	8641	8947	9216	9673	10050	10425	20.64
其中：池塘养殖面积	千公顷	272.04	278.12	279.15	277.87	278.02	278.29	2.30
产量	万吨	288.18	304.03	314.13	329.28	340.31	353.22	22.57
单产	千克/公顷	10539	10932	11253	11851	12240	12693	19.82
其中：鱼类产量	万吨	280.60	295.63	307.95	326.90	339.30	351.72	25.35
虾类产量	万吨	26.13	28.53	29.03	27.92	28.35	29.47	12.78
蟹类产量	万吨	0.47	0.48	0.49	0.46	0.64	0.67	42.55
淡水捕捞产量	万吨	12.86	12.84	13.06	12.98	12.58	12.43	-3.34
其中：鱼类	万吨	6.79	7.04	7.19	7.99	7.92	7.76	14.29
虾类	万吨	0.70	0.87	0.88	0.88	0.84	0.86	22.86
蟹类	万吨	0.21	0.19	0.22	0.30	0.35	0.35	66.67
贝类	万吨	4.98	4.58	4.62	3.62	3.39	3.36	-32.53
水产冷库数量	座	540	543	539	540	558	562	4.07
制冰能力	万吨/日	1.53	1.53	1.52	1.50	1.61	1.79	17.14
冻结能力	万吨/日	1.75	2.02	2.03	2.73	2.20	2.24	28.09
冷藏能力	万吨/次	26.16	26.41	28.60	28.32	28.81	28.87	10.35
水产加工品数量	万吨	144.26	143.79	145.70	143.34	140.88	139.6	-3.20
其中：冷冻品	万吨	32.50	38.02	37.88	36.30	38.16	39.86	22.55
渔业乡（镇）	个	86	83	79	84	92	97	12.79
渔业村	个	960	940	923	965	1,026	1,022	6.46
渔业人口	万人	245.32	245.26	240.15	240.35	235.24	235.08	-4.17
渔业劳力	万人	133.85	135.88	133.79	131.90	129.75	127.52	-4.73
其中：专业劳力	万人	86.56	88.66	87.17	86.59	85.16	83.71	-3.29
兼业劳力	万人	41.06	40.69	40.15	38.56	36.61	36.75	-10.50
机动渔船合计艘数	艘	68883	67405	66615	65897	64015	61323	-10.98
吨位	万吨	81.46	83.24	88.34	93.05	94.84	96.11	17.98
功率	万千瓦	240.67	242.43	244.34	244.51	249.25	247.12	2.68
其中：生产渔船艘数	艘	63608	62030	60936	60296	58875	56552	-11.09
吨位	万吨	75.49	76.98	80.61	83.85	86.99	88.41	17.11
功率	万千瓦	2117.70	218.72	217.30	218.71	221.18	219.81	0.97
非机动渔船艘数	艘					3341	3522	
吨位	吨					8188	8249	

表 10-5-3　各市渔业生产基本情况（2015 年）(1)

市别	水产品总产量（吨）					渔业经济总产值和增加值（万元）	
	合计	海洋捕捞（包括外海）	海水养殖	淡水捕捞	淡水养殖	产值	增加值
全省	8582223	1560126	3032177	124282	3865638	25347351	8645308
广州	483925	29829	58536	44521	351039	1968303	1158174
深圳	40429	37975	2048		406	126856	41155
珠海	291551	10950	60720	1810	218071	853096	255889
汕头	445855	160843	201463	3792	79757	1045104	377458
韶关	82453			2930	79523	84320	37685
河源	44979			1869	43110	45373	15143
梅州	111076			9838	101238	180048	78491
惠州	166977	23064	59604	1181	83128	277268	78865
汕尾	632049	259568	316437	3351	52693	977714	166217
东莞	68946	8375	4287	1560	54724	281997	76143
中山	339499	2262	14236	1495	321506	819933	233037
江门	770952	98684	213487	11519	447262	1771530	638768
佛山	615955			6428	609527	2007659	148104
阳江	1215905	382531	711962	8439	112973	1854646	1061112
湛江	1262195	295472	786167	5628	174928	4278002	2528926
茂名	848826	161899	417298	4453	265176	1288736	654493
肇庆	424918			5297	419621	487220	180973
清远	124192			1875	122317	155148	17417
潮州	203041	21281	128031	2606	51123	261029	111916
揭阳	159310	57463	22096	4188	75563	264033	105492
云浮	106138			1502	104636	218979	42956
其他	143052	9930	35805		97317		

表 10-5-3　各市渔业生产基本情况（2015 年）(2)

市别	水产品		合计	水产养殖面积（公顷）		渔业船舶合计		
	产值	增加值		海水养殖	淡水养殖	艘	总吨	千瓦
全省	11472808	4600827	565678	194861	370817	64845	1043550	2471174
广州	778448	435090	27897	3382	24515	2495	26051	108805
深圳	99568	37627	309	265	44	1080	35195	98976
珠海	697907	199331	27258	13435	13823	2487	28815	87448
汕头	506085	153701	15641	11481	4160	2962	84080	196119
韶关	81460	36643	20361		20361	781	904	9871
河源	44201	14581	7284		7284	760	800	6953
梅州	112116	49688	14457		14457	466	856	5163
惠州	238236	67051	20962	4011	16951	2326	14258	60870
汕尾	621105	108752	26985	19828	7157	6443	122037	365898
东莞	72266	5443	8570	590	7980	427	16654	44232

续表

市别	水产品		合计	水产养殖面积（公顷）		渔业船舶合计		
	产值	增加值		海水养殖	淡水养殖	艘	总吨	千瓦
中山	489015	153087	23092	1650	21442	1232	7839	17974
江门	1282513	550190	65455	22909	42546	4674	82658	201325
佛山	1143869	96548	36761		36761	1838	3148	18635
阳江	1436191	930198	40426	24790	15637	5856	230850	438908
湛江	1730643	899467	97510	64608	32902	18425	161472	416151
茂名	6722810	326669	37374	15222	22152	3913	122608	230561
肇庆	427693	138634	33620		33620	1471	2108	11029
清远	155148	17412	17289		17289	1333	1647	13905
潮州	223454	102831	13779	7793	5986	1945	16550	66164
揭阳	195710	75983	11510	2397	9113	2135	26288	104284
云浮	118046	20002	9139		9139	612	1435	6204
其他			10000	2500	7500			

表 10-5-4　各市海洋捕捞产量（2015 年）（1）

单位：吨

市别	合计	鱼类	甲壳类	其中：		贝类	藻类	头足类	其他
				虾	蟹				
全省	1560126	1140693	236173	155479	80694	58938	7807	78867	37648
广州	29829	18058	1745	999	746	5861		715	3450
深圳	37975	32760	553	493	60	350	100	2053	2159
珠海	10950	8075	1700	1061	639	667	145	302	61
汕头	160843	126069	19449	9203	10246	3520	751	10298	756
惠州	23064	16688	3227	2070	1157	1366	22	1430	331
汕尾	259568	166321	45316	24753	20563	13881	1639	28220	4191
东莞	8375	6906	1275	932	343	4		179	11
中山	2262	1791	471	205	266				
江门	98684	79569	14497	8877	5620	3108	213	406	891
阳江	382531	280300	78250	57613	20637	8048	2303	8579	5051
湛江	295472	212791	44129	28848	15281	16660	839	9348	11705
茂名	161899	126288	15743	13620	2123	3701	1694	9696	4777
潮州	21281	15737	1755	1306	449	1182	4	564	2039
揭阳	57463	39410	8063	5499	2564	590	97	7077	2226
其他	9930	9930							

表 10-5-4 各市海洋捕捞产量（2015 年）（2）

市别	合计	按捕捞渔具分					
		拖网	围网	刺网	张网	钓业	其他
全省	1560126	797728	143104	437169	7662	107358	57175
广州	29829	12102	1545	9753	189	4562	1678
深圳	37975	13891	506	1975	140	15532	5931
珠海	10950	5780	356	3106	300	782	626
汕头	160843	106049	7668	31136	1421	10136	4433
惠州	23064	2940	6444	12675		990	15
汕尾	259568	181979	10224	42779	714	14796	9076
东莞	8375	6923	225	1123	92		12
中山	2262	12		2250			
江门	98684	35467	16935	39810		2843	3629
阳江	382531	136636	77328	137934		25461	5172
湛江	295472	141278	14159	98823	2489	15518	23205
茂名	161899	112642	4094	30729		13811	623
潮州	21281	7948	3522	6169	618	1050	1974
揭阳	57463	34081	98	18907	1699	1877	801
其他	9930	9930					

表 10-5-5 各市海水养殖产量（2015 年）（1）

单位：吨

市别	合计	鱼类	甲壳类	其中：		贝类	藻类	其他
				虾	蟹			
全省	3032177	492922	502396	440932	61464	1955763	75170	5926
广州	58536	55212	3072	1957	1115	247		5
深圳	2048	511	15	12	3	1522		
珠海	60720	36676	9151	7693	1458	14584	140	169
汕头	201463	33221	33305	20519	12786	80750	52187	2000
惠州	59604	11459	11813	11026	787	34534	348	1450
汕尾	316437	50858	48755	36760	11995	211665	4882	277
东莞	4287	2865	642	321	321	55	725	
中山	14236	6428	2736	1462	1274	5072		
江门	213487	20977	32617	28628	3989	159609	33	251
阳江	711962	112896	93537	80290	13247	505492		37
湛江	786167	78606	184762	179583	5179	520675	617	1507
茂名	417298	42715	50641	48899	1742	315103	8839	
潮州	128031	37864	20988	16786	4202	68829	120	230
揭阳	22096	2634	10362	6996	3366	1821	7279	
其他	35805					35805		

表 10-5-5 各市海水养殖产量（2015 年）（2）

市别	按养殖水域分			养殖方式分						
	海上	滩涂	其他	深水网箱	普通网箱	工厂化	池塘	筏式	吊笼	底播
全省	1117309	1278677	636191	18337	118159	6953	602030	395762	93739	675183
广州			58536				58536			
深圳	1690	358			1200	420	85			
珠海	14011	11828	34881	7526	3000		38281	6120	1200	3924
汕头	75351	80809	45303	80	8811	1095	43835	93362	3500	19330
惠州	29637	17490	12477		6220	440	14298	17509	2959	6017
汕尾	125827	130045	60565	642	8620	1734	14803	500	8919	3890
东莞		4253	34				443			
中山		14236								
江门	23183	93923	96381		2055		51809	74275		72665
阳江	396978	202199	112785	1019	39794		82022	124414	5784	79133
湛江	259125	392637	134405	8000	26311	15	200594	68744	70717	237968
茂名	150195	228535	38568	110	11998		52267			208271
潮州	40625	62510	24896	960	10150	2381	24738	10616	660	43298
揭阳	687	4049	17360			868	20319	222		687
其他		35805								

表 10-5-6 各市海水养殖面积（2015 年）（1）

单位：公顷

市别	合计	鱼类	甲壳类	其中：		贝类	藻类	其他
				虾	蟹			
全省	194861	30969	70124	60865	9259	85169	2952	5647
广州	3382	2422	950	845	105	5		5
深圳	265	60	12	8	4	193		
珠海	13435	1489	3482	1852	1630	6393	71	2000
汕头	11481	2577	3293	2223	1070	3544	2007	60
惠州	4011	710	742	647	95	2076	36	447
汕尾	19828	3729	6843	4986	1857	8555	461	241
东莞	590	440	94	64	30	7	49	
中山	1650	536	566	372	194	548		
江门	22909	3232	6784	5714	1070	12811	7	75
阳江	24790	2738	9520	8138	1382	12452		80
湛江	64608	9599	30429	29599	830	21808	33	2739
茂名	15222	1446	3333	2970	363	10381	62	
潮州	7793	1773	2126	1966	160	3744	150	
揭阳	2397	219	1950	1481	469	152	76	
其他	2500					2500		

表 10-5-6 各市海水养殖面积（2015 年）（2）

市别	按养殖水域分			养殖方式分						
	海上	滩涂	其他	深水网箱 立方水体	普通网箱 平方米	工厂化 立方水体	池塘	筏式	吊笼	底播
全省	59972	77148	57741	901773	5006375	616358	74745	15526	5035	39230
广州			3382				3382			
深圳	218	47		3600	450	59700	90			
珠海	5736	3276	4423	165065	80000	0	4779	815	217	6840
汕头	3584	4536	3361	600	1059490	179864	3793	2801	333	1798
惠州	2764	684	563	22400	164850	80000	1023	576	376	2463
汕尾	6741	7498	5589	9000	97863	53792	2985		456	1674
东莞		560	30				34			
中山		1650								
江门	5678	5734	11497		27670		10721	4015		9029
阳江	7764	13218	3808	176000	484424		9862	3158	507	2152
湛江	16201	32620	15787	461332	892380	2	30196	3778	3111	9205
茂名	8809	3713	2700	20000	3708		3502			3390
潮州	2447	3370	1976	43776	2195540		2128	373.4	35	2649
揭阳	30	242	2125			243000	2249	10		30
其他			2500							

表 10-5-7 各市淡水捕捞产量（2015 年）

单位：吨

市别	合计	鱼类	甲壳类	其中：		贝类	其他
				虾	蟹		
全省	124282	77630	12136	8605	3531	33607	909
广州	44521	24032	1915	1496	419	18356	218
珠海	1810	1726	64	40	24	20	
汕头	3792	2447	1274	613	661	71	
韶关	2930	1987	309	219	90	612	22
河源	1869	1549	244	241	3	73	3
梅州	9838	8013	940	805	135	780	105
惠州	1181	845	60	60		276	
汕尾	3351	2844	466	330	136	13	28
东莞	1560	1240	230	200	30	90	
中山	1495	1090	193	135	58	212	
江门	11519	4801	1681	1177	504	5034	3
佛山	6428	1616	951	842	109	3847	14
阳江	8439	5518	2106	1168	938	710	105
湛江	5628	4993	180	89	91	455	
茂名	4453	2523	194	172	22	1584	152
肇庆	5297	4049	316	197	119	905	27
清远	1875	1559	195	175	20	119	2
潮州	2606	2065	362	270	92	19	160
揭阳	4188	3458	308	229	79	352	70
云浮	1502	1275	148	147	1	79	

表 10-5-8　各市淡水养殖产量（2015 年）（1）

单位：吨

市别	合计	鱼类	甲壳类	其中：虾	其中：蟹	贝类	藻类	其他
全省	3865638	3517173	301338	294651	6687	14279	19	32829
广州	351039	322589	17094	15478	1616	6387		4969
深圳	406	406						
珠海	218071	174891	43148	43148				32
汕头	79757	63889	13957	11095	2862	168		1743
韶关	79523	79103	197	146	51	106		117
河源	43110	41913	460	426	34	38		699
梅州	101238	99996	349	289	60	422	19	452
惠州	83128	80077	34	34		18		2999
汕尾	52693	51277	1250	924	326	27		139
东莞	54724	52092	1798	1756	42			834
中山	321506	231939	86648	86648				2919
江门	447262	333865	102991	101810	1181	2780		7626
佛山	609527	605917	966	873	93	300		2344
阳江	112973	109691	2862	2862		2		418
湛江	174928	173160	1235	1059	176	366		167
茂名	265176	258384	4836	4807	29	1820		136
肇庆	419621	400270	16226	16192	34	1659		1466
清远	122317	120975	218	209	9	140		984
潮州	51123	45978	4707	4592	115			438
揭阳	75563	69409	2246	2187	59			3908
云浮	104636	104035	116	116		46		439
其他	97317	97317						

表 10-5-8　各市淡水养殖产量（2015 年）（2）

市别	合计	按水域分					其中养殖方式		
		池塘	湖泊	水库	河沟	稻田	围栏	网箱	工厂化
全省	3865638	3532236	11710	245319	17130	2440	3145	5643	864
广州	351039	334223		16006	91		113	150	
深圳	406	406							
珠海	218071	217989		82					
汕头	79757	74642	132	1104	2913				
韶关	79523	61021		17831		388		200	138
河源	43110	35398		7712					
梅州	101238	66524	1303	29875	8	102		1314	275
惠州	83128	77929		4599	38				
汕尾	52693	38123	1862	5877	3700	123	364		
东莞	54724	53127		1077			1950		450
中山	321506	321506							

续表

市别	合计	按水域分					其中养殖方式		
		池塘	湖泊	水库	河沟	稻田	围栏	网箱	工厂化
江门	447262	417245	3050	3582	224				
佛山	609527	604148		4458	650				
阳江	112973	93601	3019	13848	945		5		
湛江	174928	146840	763	24835	1886		713	155	
茂名	265176	218099		45679		186		363	
肇庆	419621	365624	180	34046	4424	1008		1329	1
清远	122317	109070	1401	9449	386	524		1182	
潮州	51123	45948		2994	101				
揭阳	75563	64508		9003	1164				
云浮	104636	88948		13262	600	109		950	
其他	97317	97317							

表 10-5-9　各市淡水养殖面积（2015 年）

单位：公顷

市别	合计	按水域分						集约化养殖方式		
		池塘	湖泊	水库	河沟	其他	稻田	围栏（平方米）	网箱（平方米）	工厂化（立方水体）
全省	370818	278291	2989	79604	1969	7964	3364	568011	294390	17017
广州	24515	22282		2179	26	28		58000	2080	
深圳	44	44								
珠海	13823	13787		36						
汕头	4160	3642		201	167	141				
韶关	20361	9250		11047		64	1012		80000	6167
河源	7284	5661		1621		2				
梅州	14457	8015	142	5786	2	512	593		34665	4150
惠州	16951	10620		5912	98	321				
汕尾	7157	4578	304	1427	285	563	85	26		
东莞	7980	6246	17	1684		33		235		3760
中山	21442	21442								
江门	42546	33447	600	6047	156	2296				
佛山	36761	35980		670	111					1000
阳江	15637	10439	366	4385	296	151		1600		
湛江	32902	14426	587	17454	160	275		508150	53745	
茂名	22152	15274		6744		134			7246	
肇庆	33620	25255	477	5492	179	2217	66		17502	1940
清远	17289	12199	487	3828	113	662	1390		73392	
潮州	5986	4981		517	166	322				
揭阳	9113	6484		2361	130	138				
云浮	9139	6740		2213	80	105	218		25760	
其他	370818	278291	2989	79604	1969	7964	3364	568011	294390	17017

表 10-5-10 各市海淡水养殖苗种（2015 年）

单位	海水鱼苗（万尾）	虾类苗种量（亿尾）	贝类苗种量（万粒）	淡水鱼苗产量（万尾）	淡水鱼种产量（吨）	投放鱼种数量（吨）
全省	2854936	120672	260659	82697528	317388	190315
广州	49331	347		295970	34441	47392
深圳	1550	15	4000	8		
珠海	900	190		483632	3020	3020
汕头	581	117	16400	18489	38	57
韶关				147351	7666	7863
河源				14674	4300	4110
梅州				378860	6352	5856
惠州	100697	11	350	538559	6440	7040
汕尾	54580	14250	37821	11289	5	5
东莞		8		775538	1620	2129
中山		2452	35	5425	2291	4598
江门	421	1222		6131638	16175	8605
佛山				32223800	17019	9851
阳江	4900	73	21043	30510528	1395	1577
湛江	398767	1326	144686	543975	1374	289
茂名	2188699	224	1564	2739479	19828	20301
肇庆		91173		6331593	175096	52582
清远				449730	10228	8148
潮州	54510	9250	16560	10895	768	740
揭阳		14	18200	221310	1066	633
云浮				864785	8266	5519

表 10-5-11 各市水产加工（2015 年）（1）

市别	一、水产加工企业		二、水产冷库				三、水产加工品	
	数量（个）	加工能力（吨/年）	座数（座）	冻结能力（吨/日）	冻藏能力（吨/次）	制冰能力（吨/日）	总量（吨）	淡水加工产品（吨）
全省	1075	2328055	562	22416	288669	17923	1396426	356883
广州	2	25091	1	170	4029	40	9307	9307
深圳	5	14618	7		52		1868	1000
珠海	9	70048	22	246	9366	579	30255	13255
汕头	66	206659	77	1674	43444	3704	161678	12154
韶关			3	44	85	24		
河源								
梅州	5	1898					2629	2629
惠州	5	18650	5	335	1323	485	9469	48
汕尾	69	230193	75	650	9324	1239	188275	14135
东莞	31	1990	4	8	11	5	1500	650
中山	23	141534	27	222	2803	112	56983	43571

续表

市别	一、水产加工企业		二、水产冷库				三、水产加工品	
	数量（个）	加工能力（吨 / 年）	座数（座）	冻结能力（吨 / 日）	冻藏能力（吨 / 次）	制冰能力（吨 / 日）	总量（吨）	淡水加工产品（吨）
江门	94	111705	50	937	36120	1365	74106	25707
佛山	11	95240	31	1745	9000	123	36315	36315
阳江	36	282227	56	1670	16640	1579	178044	18177
湛江	203	373521	116	7602	87307	3115	273114	47260
茂名	208	541597	28	6241	46199	4286	262978	67460
肇庆	10	94513	10	289	11049	35	57392	57392
清远								
潮州	13	31513	12	190	7246	632	24882	323
揭阳	283	27058	30	93	2671	560	20131	
云浮	2	60000	8	300	2000	40	7500	7500

表 10-5-11 各市水产加工（2015 年）（2）

市别	（一）水产品冷冻（吨）	其中：	（二）鱼糜制品及干腌制品（吨）			藻类加工（吨）	（三）罐制品（吨）	（四）水产饲料（吨）
		冷冻加工品	小计	鱼糜制品	干腌品			
全省	941052	542476	200519	95299	105220	1774	44731	90740
广州	5200		4107	4057	50			
深圳	1000	1000	868	868				
珠海	30055	10055	200		200			
汕头	119556	85534	10723	10428	295	1700	439	337
韶关								
河源								
梅州			2619	2366	253	10		
惠州	6537	944	2907	324	2583			
汕尾	111280	40287	57052	16108	40944	1	5003	359
东莞	344	330	1156	396	760			
中山	33756	17017	4733		4733		10439	1818
江门	42275	16937	4301	2189	2112	50	7143	
佛山	16887	1439	1051	67	984		18300	
阳江	127563	66044	30798	25417	5381		1416	15313
湛江	197628	143915	34859	2107	32752		21	37319
茂名	165894	121999	25655	22011	3644	13		35594
肇庆	49752	18131	3820					
清远								
潮州	16588	6388	8062	5000	3062			
揭阳	9237	4956	7608	3961	3647		1970	
云浮	7500	7500						

表 10-5-11 各市水产加工（2015 年）(3)

市别	（五）鱼油制品（吨）	（六）其他水产加工品（吨）	四、用于加工的			
			助剂和添加剂（吨）	珍 珠（千克）	水产品量（吨）	淡水产品（吨）
全省	63	117547	0	4050	1792189	542496
广州					17307	17307
深圳					5608	0
珠海					38251	6415
汕头	19	28904	0	650	108600	31600
韶关						
河源						
梅州					3698	3698
惠州		25			15541	4182
汕尾		14580		32	146957	7000
东莞					2009	1159
中山		6237			78693	55001
江门		20337			94054	44982
佛山	17	60			18070	18070
阳江		2954			252298	33349
湛江	27	3260		3368	386594	55282
茂名		35822			435369	152150
肇庆		3820			90511	90511
清远						
潮州		232			47290	790
揭阳		1316			30339	
云浮					21000	21000

表 10-5-12 各市渔业船舶拥有量（2015 年）(1)

市别	总计			机动渔船								
							生产渔船					
										捕捞渔船		
	艘	总吨	千瓦	艘	总吨	千瓦	艘	总吨	千瓦	艘	总吨	千瓦
全省	64794	966319	2449584	61323	961065	2471174	56552	884088	2198108	51427	861300	2118733
广州	2541	26241	108805	2495	26051	108805	2283	22296	86240	2283	22296	86240
深圳	1080	35195	98976	1080	35195	98976	877	34210	91884	784	33950	89322
珠海	2496	31674	87448	2487	28815	87448	2143	19362	64022	1918	17549	55222
汕头	3348	84189	196119	2962	84080	196119	2549	72994	163953	2363	71930	160513
韶关	791	911	9871	781	904	9871	775	780	9200	775	780	9200
河源	780	811	6953	760	800	6953	759	797	6909	759	797	6909
梅州	466	856	5163	466	856	5163	461	812	4792	461	812	4792
惠州	2390	15337	60870	2326	14258	60870	2052	9365	41119	1926	8925	36810
汕尾	7005	122631	365898	6443	122037	365898	6123	115974	332755	5794	115502	329991
东莞	427	16654	44232	427	16654	44232	416	16600	44022	416	16600	44022

续表

市别	总计			机动渔船								
							生产渔船					
										捕捞渔船		
	艘	总吨	千瓦	艘	总吨	千瓦	艘	总吨	千瓦	艘	总吨	千瓦
中山	1232	7839	17974	1232	7839	17974	1194	7536	15440	1194	7536	15440
江门	4817	82733	201325	4674	82658	201325	4023	73063	166982	3815	69381	150341
佛山	1957	3606	18635	1838	3148	18635	1771	2499	15019	1771	2499	15019
阳江	5949	230986	438908	5856	230850	438908	4627	213253	390591	4211	211672	382337
湛江	17259	135098	356260	16036	133289	356260	15436	127193	330496	13017	120060	310645
茂名	4086	122781	230561	3913	122608	230561	3696	117987	218927	3523	116860	216866
肇庆	1487	2121	11029	1471	2108	11029	1438	1999	10211	1403	1369	10211
清远	1343	1656	13905	1333	1647	13905	1330	1602	13765	1330	1602	13765
潮州	2414	17195	66164	1945	16550	66164	1866	15829	63539	1034	11246	52858
揭阳	2314	26370	104284	2135	26288	104284	2093	25601	101313	2010	25598	101301
云浮	612	1435	6204	612	1435	6204	589	1341	5339	589	1341	5339

表 10-5-12 各市渔业船舶拥有量（2015 年）（2）

市别	机动渔船								
	生产渔船			辅助渔船					
	养殖渔船						捕捞辅助船		
	艘	总吨	千瓦	艘	总吨	千瓦	艘	总吨	千瓦
全省	5125	22788	22788	4771	76977	273066	4384	67910	195668
广州				212	3755	22565	175	2494	9501
深圳	93	260	2562	203	985	7092	185	393	4717
珠海	225	1813	8800	344	9453	23426	257	7296	15604
汕头	186	1064	3440	413	11086	32166	399	10087	22756
韶关				6	124	671			
河源				1	3	44			
梅州				5	44	371			
惠州	126	440	4309	274	4893	19751	259	4587	13876
汕尾	329	472	2764	320	6063	33143	306	5785	28008
东莞				11	54	210	3	54	210
中山				38	303	2534	29	223	897
江门	208	3682	16641	651	9595	34343	633	9128	28114
佛山				67	649	3616	57	438	1727
阳江	416	1581	8254	1229	17597	48317	1175	17026	42801
湛江	2419	7133	19851	600	6096	25764	569	4685	12324
茂名	173	1127	2061	217	4621	11634	212	4609	11569
肇庆	35	630		33	109	818	26	47	340
清远				3	45	140			
潮州	832	4583	10681	79	721	2625	43	427	1451
揭阳	83	3	12	42	687	2971	38	595	1549
云浮				23	94	865	18	36	224

表 10-5-12 各市渔业船舶拥有量（2015 年）（3）

市别	机动渔船					
	辅助渔船					
	渔业执法船			其他		
	艘	总吨	千瓦	艘	总吨	千瓦
全省	201	5691	65827	186	3376	11571
广州	33	1101	12192	4	160	872
深圳	3	22	725	15	570	1650
珠海	3	16	764	84	2141	7058
汕头	14	999	9410			
韶关	6	124	671			
河源	1	3	44			
梅州	5	44	371			
惠州	15	306	5875			
汕尾	14	278	5135			
东莞	8					
中山	9	80	1637			
江门	15	332	5774	3	135	455
佛山	10	211	1889			
阳江	12	500	5214	42	71	302
湛江	29	1406	13380	2	5	60
茂名	5	12	65			
肇庆	7	62	478			
清远	3	45	140			
潮州				36	294	1174
揭阳	4	92	1422			
云浮	5	58	641			

表 10-5-12 各市渔业船舶拥有量（2015 年）（4）

市别	机动渔船按船长分								
	24 米以上			12 ~ 24 米			12 米以下		
	艘	总吨	千瓦	艘	总吨	千瓦	艘	总吨	千瓦
全省	2951	387829	844474	9900	399931	1004160	48472	173305	622540
广州	31	6198	20794	771	13718	54645	769	4366	22788
深圳	141	32081	76799	50	2007	3968	887	1218	18210
珠海	81	15929	29357	152	7598	18760	1915	4552	36073
汕头	204	26144	62925	1271	48537	104170	1241	8769	26499
韶关									
河源									
梅州									
惠州	17	1575	4143	117	6224	17129	1771	5949	35386
汕尾	828	58444	192631	900	43795	106858	4665	19654	65889
东莞	53	7366	17102	168	8639	20266	169	592	6123
中山	2	60	1637	215	612	2160	[illegible]	[illegible]	[illegible]

续表

市别	机动渔船按船长分								
	24 米以上			12 ～ 24 米			12 米以下		
	艘	总吨	千瓦	艘	总吨	千瓦	艘	总吨	千瓦
江门	193	40879	69031	1107	32080	89281	2356	7555	33819
佛山				2	25	56	6	56	155
阳江	822	153032	242639	1087	63369	150924	3924	14424	45178
湛江	212	16580	40410	1477	60367	161167	14113	55180	148431
茂名	93	18337	50580	688	84342	147491	2943	13781	31531
肇庆									
清远									
潮州	219	8501	26015	702	4758	26737	721	2994	9580
揭阳	48	1525	6276	873	22620	88932	891	1653	6539
云浮									

表 10-5-12 各市渔业船舶拥有量（2015 年）（5）

市别	捕捞渔船按功率分										
	441 千瓦以上（600 马力以上）			45 ～ 440 千瓦（61 ～ 559 马力）			44 千瓦以下（60 马力以下）			非机动渔船合计	
	艘	总吨	千瓦	艘	总吨	千瓦	艘	总吨	千瓦	艘	总吨
全省	404	97939	242246	8881	601366	1352824	42142	161547	516662	3522	8249
广州	19	4704	15003	538	11269	44385	1726	6323	26852	46	190
深圳	75	23638	57615	73	9200	20013	636	1112	11694		
珠海	24	5139	11072	140	8425	20851	1754	3985	23299	9	2859
汕头	14	736	2580	1074	63747	141646	1275	7447	16287	386	109
韶关							775	780	9200	10	7
河源							759	797	6909	20	11
梅州							461	812	4792		
惠州				120	5757	13065	1806	3168	23745	64	1079
汕尾	27	3563	16376	1492	92942	260239	4275	18997	53376	562	594
东莞	11	1714	5361	270	14136	35558	135	750	3103		
中山				41	859	3309	1153	6677	12131		
江门	47	15010	31649	521	40562	77299	3247	13809	41393	143	75
佛山							1771	2499	15019	119	458
阳江	58	16693	37192	1492	181714	318916	2661	13265	26229	93	136
湛江	35	6445	14377	1160	58579	151644	11822	55036	144624	1223	1809
茂名	93	20137	50580	643	82976	115800	2787	13747	50486	173	173
肇庆							1403	1369	10211	16	13
清远							1330	1602	13765	10	9
潮州	1	160	441	428	5290	42687	605	5796	9730	469	645
揭阳				882	23363	92823	1128	2235	8478	179	82
云浮							589	1341	5339		

表 10-5-12 各市渔业船舶拥有量（2015 年）（6）

市别	海洋渔业机动渔船											
				生产渔船								
	艘	总吨	千瓦	艘	总吨	千瓦	捕捞渔船			养殖渔船		
							船	总吨	千瓦	船	总吨	千瓦
全省	49318	937628	2328702	44921	862626	2073889	40045	841348	1995393	4876	21278	78496
广州	1571	24282	98227	1397	20904	78708	1397	20904	78708	0	0	0
深圳	1080	35242	98977	877	34257	91885	784	33954	89322	93	303	2563
珠海	2148	28079	84190	1813	18646	60841	1595	17021	52239	218	1625	8602
汕头	2716	83450	193594	2453	72881	163078	2313	71880	160056	140	1001	3022
韶关												
河源												
梅州												
惠州	1905	14679	56658	1636	8898	37549	1510	8669	33240	126	229	4309
汕尾	6395	121991	365745	6075	115928	332819	5794	115502	330213	281	426	2606
东莞	390	16597	43946	387	16543	43736	387	16543	43736			
中山	722	6495	14301	684	6192	11767	684	6192	11767			
江门	3570	79721	190423	2937	70362	156467	2729	66680	139826	208	3682	16641
佛山	8	81	211	8	81	211	8	81	211			
阳江	5833	230825	438741	4604	213228	390424	4188	211647	382170	416	1581	8254
湛江	15802	132127	350008	15208	126630	329613	12805	119889	309773	2403	6741	19840
茂名	3724	122008	229602	3507	117387	217968	3350	116281	215997	157	1106	1971
肇庆												
清远												
潮州	1642	16253	62332	1563	15532	59707	731	10949	49026	832	4583	10681
揭阳	1812	25798	101747	1772	25157	99116	1770	25156	99109	2	1	7
云浮												

表 10-5-12 各市渔业船舶拥有量（2015 年）（7）

市别	海洋渔业机动渔船											
	辅助渔船											
	艘	总吨	千瓦	捕捞辅助船			渔业执法船			其他		
				艘	总吨	千瓦	艘	总吨	千瓦	艘	总吨	千瓦
全省	4397	75002	254813	4083	67428	189715	128	4198	53527	186	3376	11571
广州	174	3378	19519	150	2371	8783	20	847	9864	4	160	872
深圳	203	985	7092	185	393	4717	3	22	725	15	570	1650
珠海	335	9433	23349	248	7276	15527	3	16	764	84	2141	7058
汕头	263	10569	30516	249	9570	21106	14	999	9410			
韶关												
河源												
梅州												
惠州	269	5781	19109	259	5518	13876	10	263	5233			
汕尾	320	6063	32926	306	5785	27701	14	[illegible]	[illegible]			

续表

市别	海洋渔业机动渔船											
	辅助渔船											
	艘	总吨	千瓦	捕捞辅助船			渔业执法船			其他		
				艘	总吨	千瓦	艘	总吨	千瓦	艘	总吨	千瓦
东莞	3	54	210	3	54	210						
中山	38	303	2534	29	223	897	9	80	1637			
江门	633	9359	33956	617	8896	27899	13	328	5602	3	135	455
佛山												
阳江	1229	17597	48317	1175	17026	42016	12	500	5999	42	71	302
湛江	594	5497	20395	569	4685	12324	23	807	8011	2	5	60
茂名	217	4621	11634	212	4609	11569	5	12	65			
肇庆												
清远												
潮州	79	721	2625	43	427	1451				36	294	1174
揭阳	40	641	2631	38	595	1549	2	46	1082			
云浮												

表 10-5-12　各市渔业船舶拥有量（2015 年）(8)

市别	海洋渔业机动渔船					
	辅助渔船					
	渔业执法船			其他		
	艘	总吨	千瓦	艘	总吨	千瓦
全省	128	4198	53527	186	3376	11571
广州	20	847	9864	4	160	872
深圳	3	22	725	15	570	1650
珠海	3	16	764	84	2141	7058
汕头	14	999	9410			
韶关						
河源						
梅州						
惠州	10	263	5233			
汕尾	14	278	5135			
东莞						
中山	9	80	1637			
江门	13	328	5602	3	135	455
佛山						
阳江	12	500	5999	42	71	302
湛江	23	807	8011	2	5	60
茂名	5	12	65			
肇庆						
清远						
潮州				36	294	1174
揭阳	2	46	1082			
云浮						

表 10-5-12　各市渔业船舶拥有量（2015 年）（9）

市别	海洋渔业捕捞渔船按作业类型分								
	拖网			围网			刺网		
	艘	总吨	千瓦	艘	总吨	千瓦	艘	总吨	千瓦
全省	5409	367114	896961	1409	91062	158301	27204	308952	744860
广州	22	3700	13646	4	474	1266	1160	13183	55413
深圳	54	11399	28271	3	1051	720	636	2580	18633
珠海	64	9494	21574	10	2007	2033	1313	4974	22341
汕头	562	39063	82984	23	3227	6428	1445	26471	60477
韶关									
河源									
梅州									
惠州	17	1638	3642	76	2692	6744	1408	4238	22469
汕尾	1584	81026	228372	312	3337	13324	3295	23634	61365
东莞	116	9428	27011	20	948	3451	251	6167	13274
中山	3	103	349	0	0	0	681	6089	11418
江门	189	20163	41477	102	18444	28076	2376	27626	69225
佛山									
阳江	304	53496	100224	343	49883	80165	3410	105284	193287
湛江	719	36654	103662	373	4685	10342	9278	49819	131439
茂名	795	76318	140782	120	1601	2531	1297	33561	59030
肇庆									
清远									
潮州	304	6512	29878	20	2553	2569	290	801	11077
揭阳	676	18120	75089	3	160	652	364	4525	15412
云浮									

表 10-5-12　各市渔业船舶拥有量（2015 年）（10）

市别	海洋渔业捕捞渔船按作业类型分								
	张网			钓业			其他		
	艘	总吨	千瓦	艘	总吨	千瓦	艘	总吨	千瓦
全省	757	2338	9594	2102	44453	119918	3164	27429	65759
广州	106			11	2591	5324	94	956	3059
深圳				56	13881	31243	35	5043	10455
珠海	36	102	573	50	60	3500	122	384	2218
汕头	157	514	2937	80	2570	7007	46	35	223
韶关									
河源									
梅州									
惠州				8	32	290	1	69	95
汕尾	73	131	532	304	5922	21411	226	1452	5209
东莞									

续表

市别	海洋渔业捕捞渔船按作业类型分								
	张网			钓业			其他		
	艘	总吨	千瓦	艘	总吨	千瓦	艘	总吨	千瓦
中山									
江门							62	447	1048
佛山							8	81	211
阳江		1		118	2959	8266	13	24	228
湛江	59	887	2520	293	9742	21814	2083	18102	39996
茂名				1029	4565	13098	109	236	556
肇庆									
清远									
潮州				81	789	4328	36	294	1174
揭阳	326	703	3032	72	1342	3637	329	306	1287
云浮									

表 10-5-12 各市渔业船舶拥有量（2015 年）（11）

市别	海洋渔业机动渔船按船长分								
	小计			24 米以上			12 ~ 24 米		
	艘	总吨	千瓦	艘	总吨	千瓦	艘	总吨	千瓦
全省	49318	937628	2328702	2944	386651	840339	9580	398591	993534
广州	1571	24282	98227	31	6198	20794	771	13718	54645
深圳	1080	35242	98977	141	32081	76799	50	2007	3968
珠海	2148	28079	84190	81	15929	29357	152	7598	18760
汕头	2716	83450	193594	204	26144	62925	1271	48537	104170
韶关									
河源									
梅州									
惠州	1905	14679	56658	17	1575	4143	117	6224	17129
汕尾	6395	121991	365745	828	58444	192631	900	43795	106858
东莞	390	16597	43946	53	7366	17102	168	8639	20266
中山	722	6495	14301	2	60	1637	215	512	3150
江门	3570	79721	190423	193	40879	69031	1107	32080	89281
佛山	8	81	211				2	25	56
阳江	5833	230825	438741	822	153032	242639	1087	63369	150924
湛江	15802	132127	350008	212	16580	40410	1477	60367	161167
茂名	3724	122008	229602	93	18337	50580	688	84342	147491
肇庆									
清远									
潮州	1642	16253	62332	219	8501	26015	702	4758	26737
揭阳	1812	25798	101747	48	1525	6276	873	22620	88932
云浮									

表 10-5-12 各市渔业船舶拥有量（2015 年）（12）

市别	海洋渔业机动渔船按船长分			海洋渔业捕捞渔船按功率分					
	12 米以下			小计			441 千瓦以上（600 马力以上）		
	艘	总吨	千瓦	艘	总吨	千瓦	艘	总吨	千瓦
全省	36876	146666	495715	40045	841348	1995393	404	98387	249247
广州	769	4366	22788	1397	20904	78708	19	4704	20071
深圳	887	1218	18210	784	33954	89322	75	23638	58695
珠海	1915	4552	36073	1595	17021	52239	24	5139	11072
汕头	1241	8769	26499	2313	71880	160056	14	736	2580
韶关									
河源									
梅州									
惠州	1771	5949	35386	1510	8669	33240			
汕尾	4665	19654	65889	5794	115502	330213	27	3563	16376
东莞	169	592	6123	387	16543	43736	11	1714	5214
中山	505	5923	9514	684	6192	11767			
江门	2356	7555	33819	2729	66680	139826	47	15010	31649
佛山	6	56	155	8	81	211			
阳江	3924	14424	45178	4188	211647	382170	58	16693	37192
湛江	14113	55180	148431	12805	119889	309773	35	6445	14377
茂名	2943	13781	31531	3350	116281	215997	93	20585	51580
肇庆									
清远									
潮州	721	2994	9580	731	10949	49026	1	160	441
揭阳	891	1653	6539	1770	25156	99109			
云浮									

表 10-5-12 各市渔业船舶拥有量（2015 年）（13）

市别	海洋渔业捕捞渔船按功率分						非机动渔船合计	
	45 ~ 440 千瓦（61 ~ 559 马力）			44 千瓦以下（60 马车以下）				
	艘	总吨	千瓦	艘	总吨	千瓦	艘	总吨
全省	8807	601221	1347754	30834	141740	398392	3522	8249
广州	537	11459	40495	841	4741	18142		
深圳	73	9060	18933	636	1256	11694		
珠海	147	8420	20772	1424	3462	20395	9	2859
汕头	1074	63747	141646	1225	7397	15830	200	60
韶关								
河源								
梅州								
惠州	120	5757	13065	1390	2912	20175	2	930
汕尾	1492	92942	260461	4275	18997	53376	562	594
东莞	197	14243	35609	179	586	2913		

续表

市别	海洋渔业捕捞渔船按功率分						非机动渔船合计	
	45～440千瓦（61～559马力）			44千瓦以下（60马车以下）				
	艘	总吨	千瓦	艘	总吨	千瓦	艘	总吨
中山	41	859	3309	643	5333	8458		
江门	521	40562	77056	2161	11108	31121		
佛山				8	81	211		
阳江	1492	181714	318916	2638	13240	26062		
湛江	1160	58579	151644	11610	54865	143752	824	1418
茂名	643	85226	130338	2614	10470	34079	170	170
肇庆								
清远								
潮州	428	5290	42687	302	5499	5898	469	645
揭阳	882	23363	92823	888	1793	6286	14	7
云浮								

表 10-5-13 各市渔业人口与从业人员（2015年）（1）

市别	渔业乡（个）	其中：海洋渔业	渔业村	其中：海洋渔业	渔业户（个）	其中：海洋渔业	渔业人口（人）	其中：海洋渔业	其中：传统渔民	其中：海洋渔业（人）
全省	97	70	1022	626	525885	225537	2350775	1089806	1028552	723165
广州	1	1	19	10	11666	3376	50549	9735	9940	7785
深圳			7	1	391	321	1178	481	235	336
珠海	5	5	26	18	21409	2244	99357	9931	21971	7221
汕头	5	4	34	28	25936	18091	139424	88726	67314	57176
韶关			1		18359		89668		30970	
河源			19		5736		25585		5823	
梅州			40		40740		107042		34461	
惠州	3	3	30	21	9991	6328	63302	35508	30406	21150
汕尾	32	20	183	85	41882	37345	198696	176493	150183	143335
东莞			3	2	5461	623	18242	11935	7503	6098
中山	8		81		9096		31439		4622	
江门			54	34	29971	9332	122439	38457	61796	34717
佛山			41		46039		173227		82288	
阳江	5	5	93	89	33104	22321	165741	111710	81940	78955
湛江	14	14	231	217	100981	80875	484346	379078	243790	224739
茂名	9	9	62	59	38558	13021	196728	80128	59480	51267
肇庆	6		12		14712		58436		15154	
清远			17		5557		20175		4116	
潮州	7	7	28	28	13893	13893	56231	56231	20503	20503
揭阳	2	2	36	34	44488	17767	213939	91393	92257	69883
云浮			5		7915		35031		3800	

表 10-5-13　各市渔业人口与从业人员（2015 年）（2）

市别	渔业人口与从业人员									
	渔业从业人员	其中：						专业从业人员中		
		专业从业人员	其中：女性	兼业从业人员	其中：女性	临时从业人员	其中：女性	捕捞	养殖	其他
全省	1275172	837113	138860	367473	67866	70586	22080	259147	514136	63830
广州	31946	24604	4947	6345	5088	997	283	5190	19281	133
深圳	1665	1422	256	223	3	20	2	1132	273	17
珠海	63970	53571	21971	6868	1655	3531	434	4348	48057	1166
汕头	61994	44448	3302	13936	2497	3610	1032	22743	18029	3676
韶关	49161	23239	5412	23254	4938	2668	515	1697	21379	163
河源	15162	12192	613	2756	557	214	195	1390	7584	3218
梅州	54902	33939	7645	17565	2504	3398	908	1575	31521	843
惠州	42093	22206	4389	14915	3779	4972	897	6799	14029	1378
汕尾	68249	54623	4893	10423	2145	3203	661	35738	15331	3554
东莞	6206	4382	778	1357	342	467	158	1466	2539	377
中山	22209	16300	5220	3738	1155	2171	785	1259	13863	1178
江门	81034	45678	7114	31728	7494	3628	1788	14293	23600	7785
佛山	98490	86409	18377	10794	1683	1287	286	3254	80537	2618
阳江	99235	70842	8395	23446	5386	4947	4290	35393	27995	7454
湛江	270039	165857	26190	83089	15688	21093	7529	75536	81267	9054
茂名	123836	74486	3463	43321	742	6029	531	22272	44313	7901
肇庆	31710	26753	5546	2836	3280	2121	732	2974	23641	138
清远	17028	9446	1975	6406	829	1176	215	1650	7760	36
潮州	29669	17170	1233	11788	508	711	133	6263	10497	410
揭阳	92383	38730	5192	50101	6460	3552	273	12933	13216	12581
云浮	14191	10816	1949	2584	1133	791	433	1242	9424	150

表 10-5-13　各市渔业人口与从业人员（2015 年）（3）

市别	海洋渔业人口与从业人员									
	海洋渔业从业人员	其中：						专业从业人员中		
		专业从业人员	其中：女性	兼业从业人员	其中：女性	临时从业人员	其中：女性	捕捞	养殖	其他
全省	518697	380607	51030	109283	26260	28807	12165	217765	123871	38971
广州	5979	5047	2050	807	464	125	90	3205	1706	136
深圳	667	659	19	8				635	7	17
珠海	10106	8166	2458	1585	1095	355	355	2777	4606	783
汕头	39443	31332	1342	7128	1000	983	641	22532	5731	3069
韶关										
河源										
梅州										
惠州	22285	12495	2709	5512	1526	4278	788	6254	5928	313
汕尾	56539	47833	4550	5931	1529	2775	557	35461	9586	2786
东莞	1179	1070	892	88	173	41	15	650	400	20

续表

市别	海洋渔业人口与从业人员									
	海洋渔业从业人员	其中:						专业从业人员中		
		专业从业人员	其中:女性	兼业从业人员	其中:女性	临时从业人员	其中:女性	捕捞	养殖	其他
中山										
江门	26879	20015	1214	6210	536	654	426	11735	5495	2785
佛山	16	16						16		
阳江	66537	52368	7037	10798	4554	3371	2675	28710	17962	5696
湛江	166360	124836	23191	31963	10229	9561	6076	67637	51173	6026
茂名	46676	34813	401	6656	235	5207	489	20953	9389	4471
肇庆										
清远										
潮州	24377	16366	1330	6554	422	1457	53	6293	9100	973
揭阳	51654	25591	4037	26063	4497			10907	2788	11896
云浮										

表 10-5-14 各市渔业灾情（2015 年）(1)

市别	受灾养殖面积（公顷）						水产品损失（吨）					
	合计	台风、洪涝	病害	干旱	污染	其他	合计	台风、洪涝	病害	干旱	污染	其他
全省	73012	44534	11716	284	1105	15374	191864	140959	33964	312	2151	14478
广州	189	129	49		11		698	260	315		123	
深圳	69	33	20			16						
珠海	912	592	320				540	220	320			
汕头	1653	1433	140		55	25	2240	1500	466		184	90
韶关	922	798	84	22	9	9	1457	1329	99	13	10	6
河源	217	190	20		6	1	577	499	65		9	4
梅州	2822	806	1888	26	80	22	4986	1080	3675	27	143	61
惠州	121	1	120				78	3	75			
汕尾	5051	2047	657	160	360	1827	4967	3328	752		550	337
东莞	499	453	20			26	237	124	33			80
中山												
江门	4125	1578.9	2048	12	90	396	8564	2909	5295		311	49
佛山	3500	3327	46	0	33	94	21799	21454	138		28	179
阳江	16732	6385	103	6	8	10230	6012	5353	145	35	127	352
湛江	21301	167965	3324	38	320	824	69595	48303	19618	217	242	1215
茂名	1701	586	1115			0	1463	658	805			
肇庆	7897	5287	730			1880	29224	19070	463		2	9689
清远	375	334	34			7	1277	1185	22			70
潮州	1086	600	329	20	122	15	31510	27920	822	20	403	2345
揭阳	2460	2460					3100	3100				
云浮	1380	698	669		11	2	3540	2664	856		19	1

表 10-5-14　各市渔业灾情（2015 年）（2）

市别	损毁渔业设施（台风、洪涝）												
	池塘（公顷）	网箱（箱）	围栏（千米）	沉船（艘）	船损（艘）	堤坝（米）	泵站（座）	涵闸（座）	码头（米）	护岸（米）	防波堤（米）	工厂化养殖（座）	苗种繁育场（个）
全省	11912	9812	2999	268	997	373592	73	180	595	22247	8380	49	128
广州													
深圳		50											
珠海	572				1								
汕头													
韶关	57	65				100		3					2
河源	64					0							
梅州	337	180	1830			1339		5			1000		
惠州	1.2					0							
汕尾	227	712	145		23	850			22		350	4	
东莞	26												
中山													
江门	130										150		
佛山	8												
阳江	808	956	6		107	1100			200	3190	1290		
湛江	6692	5460	1018	153	740	366597	3	84	223	15836	2640		89
茂名	230	163			32	36				121			
肇庆	111				3	0							
清远	8												
潮州	625	2214			91	2000	70	88			2400		11
揭阳	1827			115					150	3100	550	45	25
云浮	188	12				1570							1

表 10-5-14　各市渔业灾情（2015 年）（3）

市别	直接经济损失合计（万元）	合计（万元）	水产品损失（万元）				
			台风、洪涝	病害	干旱	污染	其他
全省	353317	267399	199764	47544	924	3509	15658
广州	373	373	210	131		32	
深圳	102	73	45			28	
珠海	2744.2	2744	1244	1500			
汕头	2762	2462	1700	485		187	90
韶关	1672	1548	1399	121	13	11	4
河源	444	443	383	52	0	6	2
梅州	4412	3637	1172	2269	30	119	47
惠州	534	534	4	530			
汕尾	15828	11802	8090	1918		1120	674
东莞	191	192	88	28			76
中山							

续表

市别	直接经济损失合计（万元）	合计（万元）	水产品损失（万元）				
			台风、洪涝	病害	干旱	污染	其他
江门	35449	35361	21346	11287	297	728	1703
佛山	34245	34242	33770	210		10	253
阳江	11127	5408	5023	76	38	125	146
湛江	153871	105507	77282	25279	521	549	1875
茂名	6729	3675	3241	434			
肇庆	34131	34064	24011	378			9675
清远	2161	2080	1902	38			140
潮州	23212	15400	11878	1951	25	574	972
揭阳	19515	4250	4250				
云浮	3815	3605	2727	857		20	1

表 10-5-14 各市渔业灾情（2015 年）（4）

市别	损毁渔业设施（台风、洪涝）（万元）														
	合计	池塘	网箱	围栏	沉船	船损	堤坝	泵站	涵闸	码头	护岸	防波堤	工厂化养殖	苗种繁育场	其他
全省	85918	22201	14065	3263	1883	3209	13640	154	776	2236	7486	6253	3900	5721	1132
广州															
深圳	29													29	
珠海															
汕头	300														300
韶关	123	90	4				10							9	10
河源	1	1													
梅州	775	550	65	37			30		7			40		18	29
惠州															
汕尾	4026	932	1501	2	0	105	469			17		700	300		
东莞															
中山															
江门	88	30	30									28			
佛山	3	3													
阳江	5720	2272	1311	35	114	99	120			140	902	678			48
湛江	48364	13369	8727	3189	619	2009	12440	124	367	429	2783	1517		2466	326
茂名	3054	1770	193			540	380				171				
肇庆	67	66				1									
清远	81	77													3
潮州	7812	1281	2228			455	132	30	401			540		2649	96
揭阳	15265	1615			1150					1650	3630	2750	3600	550	320
云浮	210	145	6				59								

表 10-5-15 渔业经济总产值和增加值（2015 年）(1)

单位：万元

市别	合计		一、渔业（水产品）							
	产值	增加值	小计		1. 海洋捕捞		2. 海水养殖		3. 淡水捕捞	
			产值	增加值	产值	产值	产值	增加值	产值	增加值
全省	25347351	8645308	11472808	4600827	1354483	164432.16	4163406	1893930	164432	54432
广州	1968303	1158174	778448	435090	66700	30050	140241	73810	30050	20884
深圳	126856	41155	99568	37627	95449		2812	636		
珠海	853096	255889	697907	199331	153399	2346	171871	26541	2346	995
汕头	1045104	377458	506085	153701	183137	4515	223641	72560	4515	1541
韶关	84320	37685	81460	36643		3565			3565	1955
河源	45373	15143	44201	14581		2171			2171	1032
梅州	180048	78491	112116	49688		8043			8043	4536
惠州	277268	78865	238236	67051	38331	829	96680	21291	829	418
汕尾	977714	166217	621105	108752	219712	2949	345627	75135	2949	303
东莞	281997	76143	72266	5443	8333	844.45	4520	959	844	14
中山	819933	233037	489015	153087	3172	2583	10040	3889	2583	487
江门	1771530	638768	1282513	550190	154503	17534	226276	106875	17534	3870
佛山	2007659	148104	1143869	96548		12169			12169	-13
阳江	1854646	1061112	14361919	930198	492807	10357	801956	520746	10357	6761
湛江	4278002	2528926	1730643	899467	437368	2772	1105919	583559	2772	1791
茂名	1288736	654493	672280	326669	162481	3574	261528	164069	3574	1931
肇庆	487220	180973	427693	138634		5471			5471	1951
清远	155148	17412	155148	17412		3760			3760	474
潮州	261029	111916	223454	102831	26541	4897	121960	58500	4897	2030
揭阳	264033	105492	195710	75983	53530	5498	38720	13463	5498	2482
云浮	218979	42956	118046	20002		2267			2267	989

表 10-5-15 渔业经济总产值和增加值（2015 年）(2)

市别	一、渔业（水产品）				二、渔业工业和建筑业					
	4. 淡水养殖		5. 水产苗种		小计		1. 水产品加工		2. 渔业机具制造	
	产值	增加值	产值	增加值	产值	增加值	产值	增加值	产值	增加值
全省	5489295	1996789	301193	121193	3610304	1646448	2187280	953657	60856	24953
广州	513008	281707	28449	15090	219803	135142	26220	6799		
深圳	58	1	1250	1000	21288	3528	21288	3528		
珠海	488460	157522	19891	6911	55548	19201	32743	11361	455	172
汕头	93193	29997	1599	396	303966	141975	298046	140097	4555	1400
韶关	74010	32536	3885	2156						
河源	39136	12165	2894	1384	70	46			70	46
梅州	91856	36396	12217	8756	12207	7573	1699	1186	121	52
惠州	87086	32313	15310	5879	12973	3938	6696	1954	635	273
汕尾	51714	9483	1103	326	173771	27850	152996	22440	13300	3141
东莞	[illegible]	[illegible]	[illegible]	[illegible]	[illegible]	[illegible]	1720	265	505	55

续表

市别	一、渔业（水产品）				二、渔业工业和建筑业					
	4. 淡水养殖		5. 水产苗种		小计		1. 水产品加工		2. 渔业机具制造	
	产值	增加值	产值	增加值	产值	增加值	产值	增加值	产值	增加值
中山	460765	144122	12455	3736	110727	12614	60933	7372		
江门	884140	390529	60		384096	72055	111323	29000	7187	2060
佛山	1092041	94963	39659	1598	140158	27888	100054	25684		
阳江	110268	65612	20802	16765	353026	107234	337105	102373	5980	1871
湛江	138814	88904	45769	24889	1303343	827401	619525	386305	3549	2034
茂名	220535	94660	24162	11366	338135	181122	306205	163451	15103	10226
肇庆	409497	132881	12725	3802	49193	38088	47884	37137	217	156
清远	136253	15170	15134	1768						
潮州	50546	19441	19510	9625	21590	1080	21590	1080		
揭阳	87837	37237	10125	3990	43621	19300	15018	9266	8418	3141
云浮	109308	17318	6471	1695	28068	4871	26225	4360	760	325

表 10-5-15 渔业经济总产值和增加值（2015 年）(3)

市别	二、渔业工业和建筑业											
	3. 渔船渔机修造		4. 渔用绳网制造		5. 渔用饲料		6. 渔用药物		7. 建筑		8. 其他	
	产值	增加值	产值	增加值	产值	增加值	产值	增加值	产值	增加值	产值	增加值
全省	36028	14207	17972	6710	1276808	635193	6197	2464	25028	22660	20636	7521
广州					193583	128343						
深圳												
珠海	350	131	105	41	21800	7630	50	18	500	20		
汕头	2051	580	1339	409	900	315					465	163
韶关												
河源	62	44	9	3								
梅州	72	28	40	21	8124	5035	1510	1010	105	67	649	224
惠州	550	233	84	38	142	61			5500	1650		
汕尾	6693	1543	5578	1282	653	182	340	88	3575	823	2907	1176
东莞	473	51	17	3.75	2422	222	4.4				560	
中山					48955	4991	839	252				
江门	3709	1030	1019	289	262829	40528	1095	230	1636	236	26	
佛山					38984	1978	1120	226				
阳江	4404	1390	1393	429	5187	1564			1849	555	2904	871
湛江	2107	1166	1055	618	678772	438095	869	5623	442	286	186	120
茂名	10379	60274	3167	1947	11451	5321			3216	1390	2160	735
肇庆	30	20	175	128	763	552			247	183	82	60
清远												
潮州												
揭阳	4427	1639	3991	1502	2244	377	370	80	6924	2289	10647	4147
云浮	722	325							1033	161	50	25

表 10-5-15　渔业经济总产值和增加值（2015 年）（4）

市别	三、渔业流通和服务业									
	小计		1. 水产流通		2. 水产（仓储）运输		3. 休闲渔业		4. 其他	
	产值	增加值	产值	增加值	产值	增加值	产值	增加值	产值	增加值
全省	10264238	1958033	9861801	1918181	80158	15583	253891	9365	68388	14903
广州	970052	587942	969720	587842			332	100		
深圳	6000		5000		1000					
珠海	99641	37357	97900	36642			741	215	1000	500
汕头	235054	81782	233149	81227	1285	435	450	75	170	45
韶关	2860	1042	1986	553			724	369	150	120
河源	1101	516	1070	495			31	21		
梅州	55725	21230	52527	20036	245	66	1585	857	1368	271
惠州	26059	7875	19809	5079	1197	496	3185	1860	1868	441
汕尾	182838	29615	124771	20266	19010	4994	11146	1473	27911	2882
东莞	204511	70158	196993	70122			5262	33	2256	3
中山	220192	67336	217810	66795	1762	483	381	46	239	12
江门	104921	16523	77171	10096	8263	2003	981	205	18506	4219
佛山	723632	23668	687227	23053	34752	262	1653	354		
阳江	65429	23680	60930	21899	1464	586	1579	613	1456	582
湛江	1244016	802058	1238546	799182	3443	1862	1317	768	711	247
茂名	278321	146701	272855	143162	3400	2030	2020	1482	46	28
肇庆	10334	4251	8601	3076	985	704	356	200	392	271
清远										
潮州	15985	8005	15960	8005					25	
揭阳	24702	10209	7249	2854	3230	1493	1954	624	12269	5238
云浮	72865	18083	72528	17799	122	169	194	70	21	45

表 10-5-16　渔民家庭收支情况调查（2015 年）（1）

单位：万元

市别	一、全年总收入	其中：					
		（一）家庭经营收入	其中：		（二）工资性收入	其中：	
			1. 出售水产品	2. 其他家庭经营		1. 渔业	2. 其他行业
全省	53571.23	45886.92	39162.98	6723.94	3355.57	2101.53	1254.04
广州	9144.13	8403.14	6236.89	2166.25	444.26	317.25	127.01
深圳	789.25	629.55	381.45	248.10	39.80	32.00	7.80
珠海	1892.89	1132.26	1081.98	50.28	514.78	373.00	141.78
汕头	715.97	600.67	582.57	18.10	60.70	22.60	38.10
韶关	307.38	264.59	226.21	38.38	27.41	7.35	20.06
河源	2086.18	1631.12	1496.75	134.37	128.34	92.45	35.89
梅州	1466.42	1190.83	956.01	234.82	91.57	63.25	28.32
惠州	3508.44	3117.45	2329.00	788.45	235.20	150.90	84.30
汕尾	2934.36	2473.96	2383.56	90.40	400.50	353.50	47.00
东莞	4756.34	3461.00	2860.00	601.00	0	0	0

续表

市别	一、全年总收入	其中：					
		（一）家庭经营收入	其中：		（二）工资性收入	其中：	
			1. 出售水产品	2. 其他家庭经营		1. 渔业	2. 其他行业
中山	1234.10	1041.80	968.40	73.40	75.00	37.30	37.70
江门	974.30	906.50	890.00	16.50	30.00	21.00	9.00
佛山	9203.97	8480.24	8448.75	31.49	628.07	208.70	419.37
阳江	1680.56	1361.42	1325.82	35.60	52.22	38.30	13.92
湛江	1666.19	1563.62	1493.69	69.93	26.82	15.30	11.52
茂名	4414.30	3529.10	3368.10	161.00	238.20	168.20	70.00
肇庆	966.21	865.04	657.77	207.27	67.42	44.38	23.04
清远	3348.73	2941.50	1446.44	1495.06	191.88	137.45	54.43
潮州	780.70	727.10	723.10	4.00	21.30	14.00	7.30
揭阳	625.51	588.03	524.49	63.54	20.20	0.40	19.80
云浮	1075.30	978.00	782.00	196.00	61.90	4.20	57.70

表 10-5-16 渔民家庭收支情况调查（2015 年）（2）

市别	一、全年总收入					
	（三）财产性收入	其中：				
		1. 利息 / 股息 / 红利	2. 租金收入	3. 土地或水面转包收入	4. 土地征用补偿	5. 其他财产性收入
全省	722.72	194.80	176.62	55.01	78.99	217.30
广州	152.27	30.01	56.84	7.03	5.33	53.06
深圳	49.10	12.30	14.80	16.00		6.00
珠海	59.04	2.00	47.04		10.00	
汕头	0.50	0.20				0.30
韶关	2.52	1.53	0.71	0.26		0.02
河源	66.12		13.26	9.92	25.00	17.94
梅州	25.19	4.62	2.75	2.55	1.58	13.69
惠州	88.30	14.02	15.40	7.60	29.50	21.60
汕尾	15.00		9.00			6.00
东莞	87.34	32.34				55.00
中山	20.00	20.00				
江门	6.00	5.00	1.00			
佛山	81.00	65.10	12.52	0.20	0.58	2.60
阳江						
湛江	4.41					4.41
茂名						
肇庆	10.93		1.90		7.00	2.03
清远	25.10	4.50		0.05		20.55
潮州	9.10					9.10
揭阳	1.40			1.4.00		
云浮	19.40	3.00	1.40	10.00		5.00

表 10-5-16　渔民家庭收支情况调查（2015 年）（3）

市别	一、全年总收入						
	（四）转移性收入	其中：					（五）其他收入
		1. 家庭非常住人口寄回或带回	2. 亲友赠送	3. 救济金 / 救灾款 / 抚恤金	4. 生产补贴	5. 其他转移性收入	
全省	2773.59	1019.43	268.61	89.20	679.22	717.13	832.43
广州	80.74	0.40	57.04	0.50	14.80	8.00	63.72
深圳	5.80	1.00	1.00		3.80		65.00
珠海	120.81	1.00	0.96		118.85		66.00
汕头	32.00		11.25		19.20	1.55	22.10
韶关	4.36	0.55	0.22	3.23		0.36	8.50
河源	222.97	136.67	15.46	32.76	24.38	13.70	37.63
梅州	22.61	14.37	0.66	1.30	3.33	2.95	136.22
惠州	58.54	0.32	0.20	12.90	9.12	36.00	8.95
汕尾	20.70	1.01			3.70		24.20
东莞	1007.00	800.00	154.00			53.00	201.00
中山	5.30					5.30	92.00
江门	22.00	3.10		18.90			9.80
佛山	3.35	0.20		1.40	1.75		11.31
阳江	266.92					266.92	
湛江	64.84	5.00	5.00	2.50	38.54	13.80	6.50
茂名	635.00			7.00	335.00	293.00	12.00
肇庆	6.83	5.02		1.71	0.10		15.99
清远	174.25	30.00	18.30	7.00	102.55	16.40	16.00
潮州	5.20					5.20	18.00
揭阳	8.37	4.80	0.52		2.10	0.95	7.51
云浮	6.00		4.00		2.00		10.00

表 10-5-16　渔民家庭收支情况调查（2015 年）（4）

市别	二、全年总支出	其中：						
		（一）生产费用支出	其中：					
			1. 家庭经营费用支出	其中：				
				(1) 渔业生产支出	其中：			
					燃料及冰费用	雇工费用	饲料及苗种费用	其他生产支出
全省	43095.97	36556.94	34530.11	28607.65	5703.18	2639.73	17656.79	2607.95
广州	8328.86	7280.36	6980.79	4917.68	491.85	550.77	3390.72	484.34
深圳	488.80	376.30	341.60	239.10	44.50	85.4	92.5	16.7
珠海	1176.41	958.17	881.77	811.84	215.14	154.69	302.01	140
汕头	674.81	485.64	483.12	466.02	266.17	154.05	25.6	20.2
韶关	232.91	162.13	157.12	141.20	4.18.00	17.54	112.84	6.64
河源	1726.40	1272.81	1217.88	922.75	36.80	53.83	728.2	103.92
梅州	995.01	648.66	612.44	471.07	5.36	19.91	406.64	39.16

续表

市别	二、全年总支出	其中：						
		(一)生产费用支出	其中：					
			1. 家庭经营费用支出	其中：				
				(1) 渔业生产支出	其中：			
					燃料及冰费用	雇工费用	饲料及苗种费用	其他生产支出
惠州	2908.36	2440.45	2283.95	1672.50	271.70	246.60	988.50	165.70
汕尾	2117.72	1682.30	1573.68	1401.60	583.70	384.80	242.60	190.50
东莞	1836.00	1636.00	1636.00	1566.00		89.00	900.00	577.00
中山	652.96	615.06	615.06	595.06	4.53	37.55	449.04	103.94
江门	837.44	749.23	719.91	712.81	500.61	31.68	162.42	18.10
佛山	8794.1	8003.15	7680.79	7600.96	138.04	157.68	6897.19	408.05
阳江	1385.69	1235.55	1190.84	1039.07	746.29	114.84	143.33	34.61
湛江	1459.27	1281.92	1197.69	1140.33	165.68	134.77	784.29	55.59
茂名	3926.70	3498.00	2826.00	2520.00	1971.00	202.00	273.00	74.00
肇庆	866.47	676.50	656.11	537.35	11.32	25.14	457.24	43.65
清远	2942.64	2273.67	2254.67	825.26	162.36	99.69	513.57	49.64
潮州	575.80	427.20	387.80	321.90	34.40	42.50	231.90	13.10
揭阳	452.42	297.84	293.79	265.45	28.35	32.99	170.7	33.41
云浮	717.20	556.00	539.10	439.70	21.20	4.30	384.50	29.70

表 10-5-16　渔民家庭收支情况调查（2015 年）(5)

市别	二、全年总支出						
	(一)生产费用支出				(二)税费支出	其中：	(三)财产性支出
	1. 家庭经营费用支出			2. 购置生产性固定资产支出		渔业税费支出	
	(2) 固定资产折旧支出	其中：渔业固定资产折旧	(3) 其他家庭经营费用支出				
全省	1295.26	1036.03	4627.20	2026.83	175.02	127.52	236.64
广州	134.81	114.53	1928.30	299.57	8.96	8.91	35.21
深圳	18.10	17.90	84.40	34.70	6.20	5.90	
珠海	33.17	29.17	36.76	76.40	9.88	8.88	
汕头	4.60	4.60	12.50	2.52	7.08	6.58	2.40
韶关	4.24	3.34	11.68	5.01	0.30	0.10	4.92
河源	169.29	161.73	125.84	54.93	4.40	3.10	6.13
梅州	40.13	38.60	101.24	36.22			15.02
惠州	123.50	106.10	487.95	156.50	28.50	14.60	25.00
汕尾	104.10	87.20	67.98	108.62	22.07	20.40	21.00
东莞	70.00	55.00					
中山	20.00	20.00					
江门	7.1	6.8		29.32			2
佛山	33.49	27.5	46.34	322.36	0.57		6.1

续表

市别	二、全年总支出						
	（一）生产费用支出				（二）税费支出	其中：	（三）财产性支出
	1. 家庭经营费用支出			2. 购置生产性固定资产支出		渔业税费支出	
	(2) 固定资产折旧支出	其中：渔业固定资产折旧	(3) 其他家庭经营费用支出				
阳江	106.96	22.82	44.81	44.71			
湛江	42.04	39.04	15.32	84.23	8.04	7.97	0.61
茂名	207	191	99	672	57	38	17
肇庆	13.67	10.11	105.09	20.39	7.08	0.85	42.25
清远	79.8	27.23	1349.61	19	1.5	1.22	23
潮州	52.9	51.9	13	39.4	7.8	7.3	34
揭阳	10.16	9.36	18.18	4.05	3.94	3.71	
云浮	20.2	12.1	79.2	16.9	1.7		2

表 10-5-16 渔民家庭收支情况调查（2015 年）（6）

市别	二、全年总支出（万元）				三、全年纯收入（万元）		四、调查户数		五、调查户家庭总人数	六、调查户家庭业从业人员
	（四）转移性支出	（五）生活支出	其中：食物支出	（六）其他支出		渔业纯收入	合计	养殖户		
全省	248.02	5220.46	3209.14	658.89	17795.84	11773.02	2531	1610	11123	5407
广州	1.30	802.20	391.99	200.83	2165.58	1547.38	212	145	888	400
深圳		91.70	64.50	14.60	225.60	161.30	30	7	133	38
珠海	1.25	190.30	161.90	16.81	1015.24	622.09	155	113	618	275
汕头	8.42	133.97	96.59	37.30	198.21	91.11	30	12	158	54
韶关	1.52	55.84	43.36	8.20	263.99	88.92	37	31	175	91
河源	59.39	354.72	193.29	28.95	827.29	486.78	180	162	888	339
梅州	1.65	278.88	195.69	50.80	852.98	512.59	184	159	922	516
惠州	29.00	365.10	310.55	20.31	1178.90	675.60	204	113	919	449
汕尾	84.00	259.00	172.60	49.35	1435.94	1225.74	132	33	652	164
东莞		200.00	70.00		1891.00	975.00	218	138	762	348
中山		37.90			619.04	390.64	159	148	747	379
江门		86.21	58.32		254.39	191.39	30	20	162	89
佛山	0.10	747.72	526.12	36.46	1847.73	1641.79	352	183	959	814
阳江		127.06	75.22	23.08	489.72	301.63	53	30	282	181
湛江		143.98	52.31	24.72	476.09	341.53	52	29	305	116
茂名	6.00	312.70	265.00	36.00	1536.71	786.80	120	70	648	271
肇庆	4.32	117.04	65.82	19.28	304.48	159.82	55	26	263	141
清远	29.07	584.20	241.36	31.20	1088.15	762.93	190	88	923	410
潮州	22.00	61.40	51.40	23.40	442.80	356.00	48	28	249	107
揭阳		134.54	90.20	16.10	217.90	149.68	52	40	264	122
云浮		136.00	82.92	21.50	464.10	304.30	38	35	206	103

表 10-5-17 各市渔民收入调查数核定（2015 年）

市别	渔业人口（人）	渔业专业从业人员（人）	纯收入（万元）	其中：渔业纯收入（万元）	人均纯收入（元/人）
全省	2280786	842323	2917518.38	1683701.08	13712
广州	50549	26404	144343.68	75397.15	28555
深圳	853	1323	1224.26	780.83	14352
珠海	99375	63970	163223.68	105089.92	16425
汕头	139424	44448	128545.15	97510.07	9220
韶关	89668	23239	79453.19	24796.26	8861
河源	25585	12193	20769.52	14792.22	8118
梅州	79852	29619	63693.68	31830.85	7976
惠州	63297	22186	60110.05	32330.36	9497
汕尾	198696	54623	181508.79	135245.00	9135
东莞	14669	3128	24090.00	12500.00	16422
中山	31439	13103	38766.00	23140.00	12331
江门	122439	45678	192265.97	144584.00	15703
佛山	173227	86293	241800.10	140937.37	13959
阳江	165735	70842	266490.36	172785.43	16079
湛江	484346	165857	807918.71	437034.66	16681
茂名	196987	74472	238658.00	76293.00	12115
肇庆	58437	26699	62202.76	29821.35	10644
清远	9210	2496	8095.47	5367.53	8790
潮州	56231	29838	53419.00	51733.00	9500
揭阳	185736	35096	92205.01	39778.08	4964
云浮	35031	10816	48735.00	31954.00	13912

附　录

1. 广东省行政区划简表（截至 2015 年 12 月 31 日）

市名称	县（市、区）名称	辖乡、镇、民族乡、街道数
广州市（11 区）	越秀区 海珠区 荔湾区 天河区 白云区 黄埔区 花都区 番禺区 南沙区 从化区 增城区	34 镇 136 街道
深圳市（6 区）	福田区 罗湖区 盐田区 南山区 宝安区 龙岗区	59 街道
珠海市（3 区）	香洲区 金湾区 斗门区	15 镇 9 街道
汕头市（6 区 1 县）	金平区 龙湖区 澄海区 濠江区 潮阳区 潮南区 南澳县	32 镇 37 街道
佛山市（5 区）	禅城区 南海区 顺德区 高明区 三水区	21 镇 11 街道
韶关市（3 区 4 县 1 自治县 2 县级市）	浈江区 武江区 曲江区 仁化县 始兴县 翁源县 新丰县 乳源瑶族自治县 乐昌市 南雄市	93 镇 10 街道 1 民族乡
河源市（1 区 5 县）	源城区 东源县 和平县 龙川县 紫金县 连平县	94 镇 5 街道 1 民族乡
梅州市 (2 区 5 县 1 县级市)	梅江区 梅县区 平远县 蕉岭县 大埔县 丰顺县 五华县 兴宁市	104 镇 6 街道
惠州市（2 区 3 县）	惠城区 惠阳区 惠东县 博罗县 龙门县	52 镇 18 街道 1 民族乡
汕尾市（1 区 2 县 1 县级市）	城区 海丰县 陆河县 陆丰市	44 镇 10 街道
东莞市		28 镇 4 街道
中山市		18 镇 6 街道
江门市（3 区 4 县级市）	蓬江区 江海区 新会区 台山市 开平市 鹤山市 恩平市	61 镇 12 街道
阳江市（2 区 1 县 1 县级市）	江城区 阳东区 阳西县 阳春市	39 镇 9 街道
湛江市（4 区 2 县 3 县级市）	赤坎区 霞山区 麻章区 坡头区 遂溪县 徐闻县雷州市 廉江市 吴川市	82 镇 37 街道 2 乡
茂名市（2 区 3 县级市）	茂南区 电白区 信宜市 高州市 化州市	87 镇 22 街道
肇庆市（3 区 4 县 1 县级市）	端州区 鼎湖区 高要区 广宁县 德庆县 封开县 怀集县 四会市	91 镇 12 街道 1 民族乡
清远市（2 区 2 县 2 自治县 2 县级市）	清城区 清新区 英德市 连州市 佛冈县 阳山县 连山壮族瑶族自治县 连南瑶族自治县	77 镇 5 街道 3 民族乡
潮州市（2 区 1 县）	湘桥区 潮安区 饶平县	41 镇 9 街道
揭阳市（2 区 2 县 1 县级市）	榕城区 揭东区 揭西县 惠来县 普宁市	61 镇 20 街道 2 乡
云浮市（2 区 2 县 1 县级市）	云城区 云安区 新兴县 郁南县 罗定市	55 镇 8 街道
全省合计 21 个地级市	61 个市辖区、34 个县、3 个自治县、20 个县级市	1128 个镇、4 个乡、7 个民族乡、443 个街道办事处

2. 广东省大陆岸线长度分类

岸线类型	基岩岸线	砂质岸线	粉砂淤泥岸线	生物岸线	河口岸线	人工岸线	总长
长度（千米）	378.52	757.05	32.92	337.38	45.26	2563.27	4114.4
占比例（%）	9.2	18.4	0.8	8.2	1.1	62.3	100.0

3. 广东省海域分类面积

海域类型	面积（万平方千米）
内海	4.89
领海	1.64
专属经济区（划至 18º 线）	35.40
总面积	41.93

4. 广东各市浅海滩涂资源状况

市别	大陆岸线（千米）	海岛岸线（千米）	浅海滩涂面积（公顷）		
			小计	滩涂面积	0 ~ −10 米浅海面积
潮州	75.3	55.89	21327	2687	18640
汕头	217.7	167.37	53494	3587	49907
揭阳	136.9	7.14	7280	340	6940
汕尾	455.2	44.56	64713	3133	61580
惠州	281.4	138.31	33740	3540	30200
深圳	247.9	12.78	69033	7840	61193
东莞	97.2	21.63	3814	1847	1967
广州	157.1	46.65	36320	9080	27240
中山	57.0	19.01	12400	6740	5660
珠海	224.5	603.94	192020	23367	168653
江门	414.8	356.18	165820	19080	146740
阳江	323.5	135.13	75013	13060	61953
茂名	182.1	19.03	36873	8493	28380
湛江	1243.7	779.99	483713	99080	384633
合计	4114.3	2405.44	1255560	201874	1053686

5. 广东各市海岛资源状况

市别	小计	有居民海岛	按面积分类				海岛岸线（千米）
			大岛	中岛	小岛	微型岛	
			100 ~ 2500 平方千米	5 ~ 100 平方千米	500 平方米 ~ 5 平方千米	< 500 平方米	
潮州	49	3		1	33	15	55.89
汕头	78	3	1	1	58	18	167.37
揭阳	79				28	51	7.14
汕尾	293	2		1	91	201	44.56
惠州	136	4			100	36	138.31

续表

市别	小计	有居民海岛	按面积分类				海岛岸线（千米）
			大岛	中岛	小岛	微型岛	
			100～2500平方千米	5～100平方千米	500平方米～5平方千米	＜500平方米	
深圳	32				15	17	12.78
东莞	3	1		1	1	1	21.63
广州	15	6		3	10	2	46.65
中山	4			2	2		19.01
珠海	194	9		9	124	61	603.94
江门	260	5	1	4	91	164	356.18
阳江	68	3	1		46	21	135.13
茂名	23	1			11	12	19.03
湛江	115	8	2	2	25	86	779.99
东沙岛	1				1		
合计	1350	45	5	24	636	685	2407.61

6. 广东沿海适宜建港的主要港湾

市别	合计	可建大型港口的港湾		可建中、小型港口或渔港的港湾	
		小计	地点	小计	地点
潮州	8	4	西澳、金狮湾、虎屿、汛洲	4	三百门、小红山、碧洲、海山
汕头	25	9	珠池、广澳、烟墩湾、竹栖肚、布袋澳、白沙湾、前江湾、澳内、田心	16	后江、长山尾、猴鼻尖、青澳、云澳、深澳（突平岸）、北角山、鹿仔坑、莱芜、东屿、达濠、河渡、棉城、关埠、海门
揭阳	9	2	靖海、海湾石	7	资深、神泉、澳角、港寮、地都、双港、青澳
汕尾	13	6	白沙湖（施公寮）、小澳（遮浪）、小漠、金厢、汕尾（新港）、甲子	7	湖东、乌坎、碣石、烟港、马宫、鲘门、梅陇
惠州	13	5	岑湾、小桂、马鞭洲、碧甲、许洲	8	澳头、亚婆角、范和港、盐洲、港口、大三门（北和）、巽寮、大辣甲（南湾）
深圳	20	8	大铲湾、妈湾、赤湾、蛇口、盐田港、下洞、秤头角、西冲	12	福永河口、东宝河口、深圳河口、前湾（南头渔港）、后湾、沙头角、沙鱼涌、南澳、大梅沙、下沙、大鹏澳（核电码头）、坝港
东莞	7	5	威远、虎门、新沙、西大坦、交椅湾	2	新湾、太平
广州	9	5	黄埔港、南沙、海心洲、江鸥沙、沙南	4	莲花山、龙穴岛、新垦、万顷沙
中山	4	0		4	冲口门、大冲口、鸡头角、新湾
珠海	19	4	高栏（三角山、大杧岛、荷包岛）、桂山、万山、雷蛛	15	淇澳、外伶仃、内伶仃、东澳、白沥、担杆头、担杆中、唐家、香洲、九洲、湾仔、洪湾、南水、横琴、前山
江门	21	4	赤溪、南澳湾、沙堤、下川岛东南连岛区	17	崖门、铜鼓、鱼塘湾、烽火角、南湾（广海）、山咀、横山、北陡、川山、独湾、沙螺湾、三湾、但湾、宁澳湾、下川、川东
阳江	10	1	阳江港	9	东平、沙扒、溪头、河北、北津、闸坡、三山、北汀、丰头岛
茂名	10	4	水东湾口西岸及南岸、水东湾口东岸、北山岭、莲头岭	6	博贺、爵山、东山（鸡打港）、陈村、森高、水东开发区
湛江	32	4	湛江湾、东海岛蔚律以西、大庙（南三岛）、调顺	28	博茂、王村、吴阳、黄陂、雷州、海安、头墩、流沙、海康、乌石、淡水（硇洲）、南港、北港、三吉、外罗、角尾、企水、江洪、乐民、草潭、北潭、营仔、龙头沙、麻斜、苍西、霞海、白沙、琼州海峡沿岸
合计	200	61		139	

7. 广东省渔港名录（1987—1999 年农业部公布）

序号	港名	地址	公布部门	公布年月日	公布文号
1	汕头渔业基地	汕头市区	农业部	1990.12.27	(1990) 农 (渔政) 字第 19 号
2	广州渔业基地	广州市海珠区	农业部	1990.12.27	(1990) 农 (渔政) 字第 19 号
3	湛江远洋渔业基地	湛江市赤坎区	农牧渔业部	1987.10.10	(1987) 农 (渔政) 字第 7 号
4	柘林渔港	潮州市饶平县	农业部	1990.06.23	(1990) 农 (渔政) 字第 13 号
5	三百门 (汫洲) 渔港	潮州市饶平县	农业部	1990.12.27	(1990) 农 (渔政) 字第 19 号
6	海山渔港	潮州市饶平县	农业部	1995.05.22	(1995) 农渔函［1995］21 号
7	云澳渔港	汕头市南澳县	农业部	1990.06.23	(1990) 农 (渔政) 字第 13 号
8	后江渔港	汕头市南澳县	农业部	1990.12.27	(1990) 农 (渔政) 字第 19 号
9	莱芜渔业港区	汕头市澄海市	农业部	1990.12.27	(1990) 农 (渔政) 字第 19 号
10	南港港口渔港	汕头市澄海市	农业部	1990.12.27	(1990) 农 (渔政) 字第 19 号
11	汕头港渔业港区	汕头市区	农牧渔业部	1987.10.10	(1987) 农 (渔政) 字第 7 号
12	广澳渔港	汕头市达濠区	农业部	1995.05.22	农渔函［1995］21 号
13	达濠渔港	汕头市达濠区	农业部	1990.12.27	(1990) 农 (渔政) 字第 19 号
14	海门渔业港区	汕头市潮阳县	农业部	1990.12.27	(1990) 农 (渔政) 字第 19 号
15	地都渔港	揭阳市揭东县	农业部	1990.06.23	(1990) 农 (渔政) 字第 13 号
16	靖海渔港	揭阳市惠来县	农业部	1990.06.23	(1990) 农 (渔政) 字第 13 号
17	资深渔港	揭阳市惠来县	农业部	1995.05.22	农渔函［1995］21 号
18	澳角渔港	揭阳市惠来县	农牧渔业部	1987.10.10	(1987) 农 (渔政) 字第 7 号
19	神泉渔业港区	揭阳市惠来县	农业部	1995.05.22	农渔函［1995］21 号
20	甲子渔港	汕尾市陆丰市	农业部	1990.06.23	(1990) 农 (渔政) 字第 13 号
21	湖东渔港	汕尾市陆丰市	农业部	1990.12.27	(1990) 农 (渔政) 字第 19 号
22	碣石渔港	汕尾市陆丰市	农业部	1990.12.27	(1990) 农 (渔政) 字第 19 号
23	金厢渔港	汕尾市陆丰市	农业部	1990.12.27	(1990) 农 (渔政) 字第 19 号
24	乌坎渔港	汕尾市陆丰市	农牧渔业部	1987.10.10	(1987) 农 (渔政) 字第 7 号
25	大湖港渔业港区	汕尾市海丰县	农业部	1995.05.22	农渔函［1995］21 号
26	遮浪渔港	汕尾市城区	农业部	1990.12.27	(1990) 农 (渔政) 字第 19 号
27	汕尾港渔业港区	汕尾市城区	农业部	1990.06.23	(1990) 农 (渔政) 字第 13 号
28	马宫渔港	汕尾市城区	农业部	1990.12.27	(1990) 农 (渔政) 字第 19 号
29	鲘门港渔业港区	汕尾市海丰县	农业部	1990.06.23	(1990) 农 (渔政) 字第 13 号
30	小漠港渔业港区	汕尾市海丰县	农业部	1990.12.27	(1990) 农 (渔政) 字第 19 号
31	盐州渔港	惠州市惠东县	农业部	1995.05.22	农渔函［1995］21 号
32	港口渔港	惠州市惠东县	农业部	1990.06.23	(1990) 农 (渔政) 字第 13 号
33	稔山 (范和) 渔港	惠州市惠东县	农业部	1995.05.22	农渔函［1995］21 号
34	澳头港渔业港区	惠州市惠阳市	农业部	1990.12.27	(1990) 农 (渔政) 字第 19 号
35	三门 (大三门) 渔港	惠州市惠阳市	农牧渔业部	1987.10.10	(1990) 农 (渔政) 字第 7 号
36	坝光渔港	深圳市龙岗区	农业部	1999.10.13	农渔发［1999］9 号
37	东山渔港	深圳市龙岗区	农业部	1999.10.13	农渔发［1999］9 号
38	南澳渔业港区	深圳市龙岗区	农业部	1990.12.27	(1990) 农 (渔政) 字第 19 号
39	沙鱼涌渔港	深圳市龙岗区	农业部	1999.10.13	农渔发［1999］9 号
40	盐田渔业港区	深圳市盐田区	农业部	1990.12.27	(1990) 农 (渔政) 字第 19 号

续表

序号	港名	地址	公布部门	公布年月日	公布文号
41	蛇口渔业港区	深圳市蛇口区	农业部	1990.12.27	(1990)农(渔政)字第19号
42	南头渔业港区	深圳市南头区	农业部	1993.02.24	(1993)农(渔政)函字第7号
43	沙井渔业港区	深圳市南头区	农业部	1990.12.27	(1990)农(渔政)字第19号
44	新湾渔港	东莞市虎门镇	农业部	1990.06.23	(1990)农(渔政)字第13号
45	新渔村渔港	东莞市虎门镇	农业部	1990.06.23	(1990)农(渔政)字第13号
46	红峰渔港	东莞市虎门镇	农业部	1990.06.23	(1990)农(渔政)字第13号
47	先锋渔港	东莞市沙田镇	农业部	1990.06.23	(1990)农(渔政)字第13号
48	新洲渔业港区	广州市海珠区	农牧渔业部	1987.10.10	(1987)农(渔政)字第7号
49	莲花山渔港	广州市番禺县	农业部	1990.06.23	(1990)农(渔政)字第13号
50	新垦渔港	广州市番禺县	农业部	1990.06.23	(1990)农(渔政)字第13号
51	横门渔港	中山市南朗镇	农业部	1990.06.23	(1990)农(渔政)字第13号
52	香洲渔港	珠海市香洲区	农业部	1990.06.23	(1990)农(渔政)字第13号
53	湾仔渔港	珠海市湾仔区	农业部	1990.06.23	(1990)农(渔政)字第13号
54	桂山(十五湾)渔港	珠海市桂山镇	农业部	1990.12.27	(1990)农(渔政)字第19号
55	万山渔港	珠海市万山镇	农业部	1990.12.27	(1990)农(渔政)字第19号
56	外伶仃渔港	珠海市担杆镇	农业部	1990.12.27	(1990)农(渔政)字第19号
57	庙湾渔港	珠海市担杆镇	农业部	1990.12.27	(1990)农(渔政)字第19号
58	坦洲(大冲口)渔港	中山市坦洲镇	农业部	1987.10.10	(1987)农(渔政)字第7号
59	天生河渔业港区	珠海市斗门县	农业部	1990.06.23	(1990)农(渔政)字第13号
60	井岸渔业港区	珠海市斗门县	农业部	1990.06.23	(1990)农(渔政)字第13号
61	白藤头渔业港区	珠海市斗门县	农业部	1990.06.23	(1990)农(渔政)字第13号
62	黄金渔业港区	珠海市斗门县	农业部	1990.06.23	(1990)农(渔政)字第13号
63	南门冲口渔业港区	珠海市斗门县	农业部	1990.06.23	(1990)农(渔政)字第13号
64	矿山渔业港区	珠海市斗门县	农业部	1990.06.23	(1990)农(渔政)字第13号
65	三灶渔港	珠海市三灶区	农业部	1990.12.27	(1990)农(渔政)字第19号
66	南水渔港	珠海市南水镇	农业部	1990.12.27	(1990)农(渔政)字第19号
67	荷包渔港	珠海市南水镇	农业部	1990.12.27	(1990)农(渔政)字第19号
68	三虎渔业港区	珠海市斗门县	农业部	1990.06.23	(1990)农(渔政)字第13号
69	崖门渔港	江门市新会市	农业部	1990.06.23	(1990)农(渔政)字第13号
70	广海渔港	江门市台山市	农业部	1990.06.23	(1990)农(渔政)字第13号
71	三洲渔业港区	江门市台山市	农业部	1990.06.23	(1990)农(渔政)字第13号
72	沙堤渔港	江门市台山市	农业部	1990.06.23	(1990)农(渔政)字第13号
73	横山渔港	江门市台山市	农业部	1990.06.23	(1990)农(渔政)字第13号
74	东平渔港	阳江市阳东县	农业部	1990.06.23	(1990)农(渔政)字第13号
75	对岸渔港	阳江市江城区	农业部	1990.12.27	(1990)农(渔政)字第19号
76	江城渔业港区	阳江市江城区	农业部	1995.05.22	农渔函[1995]21号
77	闸坡渔港	阳江市海陵区	农业部	1990.06.23	(1990)农(渔政)字第13号
78	溪头渔港	阳江市阳西县	农业部	1990.06.23	(1990)农(渔政)字第13号
79	河北渔港	阳江市阳西县	农业部	1990.12.27	(1990)农(渔政)字第19号
80	沙扒渔港	阳江市阳西县	农业部	1990.06.23	(1990)农(渔政)字第13号

续表

序号	港名	地址	公布部门	公布年月日	公布文号
81	东山渔港	茂名市电白县	农牧渔业部	1987.10.10	(1987) 农 (渔政) 字第 7 号
82	博贺渔港	茂名市电白县	农业部	1990.06.23	(1990) 农 (渔政) 字第 13 号
83	陈村渔港	茂名市电白县	农牧渔业部	1987.10.10	(1987) 农 (渔政) 字第 7 号
84	水东渔港	茂名市电白县	农牧渔业部	1987.10.10	(1987) 农 (渔政) 字第 7 号
85	王村渔港	湛江市吴川市	农业部	1990.12.27	(1990) 农 (渔政) 字第 19 号
86	博茂渔港	湛江市吴川市	农业部	1990.06.23	(1990) 农 (渔政) 字第 13 号
87	乾塘 (三合窝) 渔港	湛江市坡头区	农业部	1990.06.23	(1990) 农 (渔政) 字第 13 号
88	黄略渔港	湛江市遂溪县	农业部	1990.12.27	(1990) 农 (渔政) 字第 19 号
89	湛江港渔业港区	湛江市霞山区	农业部	1990.12.27	(1990) 农 (渔政) 字第 19 号
90	大王庙渔业港区	湛江市南三镇	农业部	1990.12.27	(1990) 农 (渔政) 字第 19 号
91	硇洲 (淡水) 渔港	湛江市硇洲镇	农业部	1990.06.23	(1990) 农 (渔政) 字第 13 号
92	龙安渔港	湛江市东山镇	农业部	1990.12.27	(1990) 农 (渔政) 字第 19 号
93	通明渔港	湛江市麻章区	农业部	1990.12.27	(1990) 农 (渔政) 字第 19 号
94	三吉渔港	湛江市海康县	农业部	1990.12.27	(1990) 农 (渔政) 字第 19 号
95	赤坎仔渔港	湛江市徐闻县	农业部	1990.12.27	(1990) 农 (渔政) 字第 19 号
96	外罗渔港	湛江市徐闻县	农业部	1990.06.23	(1990) 农 (渔政) 字第 13 号
97	山海港湾渔港	湛江市徐闻县	农业部	1990.12.27	(1990) 农 (渔政) 字第 19 号
98	三座渔港	湛江市徐闻县	农业部	1990.12.27	(1990) 农 (渔政) 字第 19 号
99	海安渔业港区	湛江市徐闻县	农业部	1990.12.27	(1990) 农 (渔政) 字第 19 号
100	角尾渔港	湛江市徐闻县	农业部	1990.12.27	(1990) 农 (渔政) 字第 19 号
101	三圹渔港	湛江市徐闻县	农业部	1990.12.27	(1990) 农 (渔政) 字第 19 号
102	企水渔港	湛江市海康县	农业部	1990.06.23	(1990) 农 (渔政) 字第 13 号
103	海康港渔港	湛江市海康县	农业部	1990.12.27	(1990) 农 (渔政) 字第 19 号
104	乌石渔港	湛江市海康县	农业部	1990.06.23	(1990) 农 (渔政) 字第 13 号
105	流沙渔港	湛江市海康县	农业部	1990.06.23	(1990) 农 (渔政) 字第 13 号
106	北潭渔港	湛江市遂溪县	农业部	1990.06.23	(1990) 农 (渔政) 字第 13 号
107	杨柑渔港	湛江市遂溪县	农业部	1990.12.27	(1990) 农 (渔政) 字第 19 号
108	下六渔港	湛江市遂溪县	农业部	1990.12.27	(1990) 农 (渔政) 字第 19 号
109	草潭渔港	湛江市遂溪县	农业部	1990.06.23	(1990) 农 (渔政) 字第 13 号
110	石角渔港	湛江市遂溪县	农业部	1990.12.27	(1990) 农 (渔政) 字第 19 号
111	乐民渔港	湛江市遂溪县	农业部	1990.06.23	(1990) 农 (渔政) 字第 13 号
112	江洪渔港	湛江市遂溪县	农业部	1990.06.23	(1990) 农 (渔政) 字第 13 号
113	营仔渔业港区	湛江市廉江市	农业部	1990.12.27	(1990) 农 (渔政) 字第 19 号
114	龙头沙渔港	湛江市廉江市	农业部	1990.06.23	(1990) 农 (渔政) 字第 13 号
115	清城渔业港区	清远市清城区	农业部	1990.12.27	(1990) 农 (渔政) 字第 19 号

注：渔港名称用语的含义：

(1) 渔港：主要为渔业生产服务和供渔业船舶停泊、避风、装卸渔获物和补充渔需物资的人工港口或者自然港湾。

(2) 渔业港区：综合性港口中渔业专用的码头、水域、渔船专用锚地的总称。

(3) 群众渔港：主要为集体、个体等群众性渔业提供停泊、卸销渔获物和补给物资服务的渔港。

(4) 国营渔业基地：主要为国营渔业公司的渔业船舶提供停泊、修理、装卸渔获物和补给物资服务的渔港。通常国营渔业基地是渔产品加工、冷藏和渔船修造等配套设备比较完善的渔港。

8. 南海北部大陆架渔场分布状况

单位：平方千米

渔场 \ 水域	北部湾	海南岛以东（包括南部）大陆架	小计
沿岸渔场（水深 40 米以浅）	68064	64842	132906
近海渔场（水深 40 ~ 100 米）	60342	116435	176777
外海渔场（水深 100 ~ 200 米）	66	64283	64349
合计	128472	245560	374032

9. 广东渔船生产重点渔场一览表

渔场	位置	面积	地形	生物特征	渔业作业
台湾浅滩渔场	北纬 22°00′ ~ 24°30′，东经 117°30′ ~ 121°30′	约 8.3 万多平方千米	水下大部分由沙洲组成，沙洲内沙丘数量多，地形起伏大。沙丘峰顶水深 15 ~ 20 米，谷底水深 30 ~ 40 米。除浅滩南面和东南面地形复杂、障碍物较多外，其余水域海底较为平坦	浅滩及其周围水域有较明显的上升流，营养盐丰富，海洋生物种类繁多，是中国传统的好渔场	该渔场主要作业渔场，有拖、围、刺、钓等多种作业类型
粤东渔场	北纬 22°00′ ~ 24°30′，东经 114°00′ ~ 118°00′	约 4.8 万多平方千米 水深多在 60 米以浅	南澎列岛附近水域的水深变化较大，海底高低不平，其他水域的水深度变化较小，地形较平坦	海域受粤东沿岸水、台湾暖流支梢和南海外海水的影响。有韩江淡水注入，带来了大量的有机物质及无机盐类。河口区的水质肥沃，饵料生物丰富	本海域内主要作业方式的不同可分为拖网、围网、刺钓、拖虾等
东沙渔场	北纬 19°30′ ~ 22°00′，东经 114°00′ ~ 118°00′	约 11.53 万多平方千米	水深 200 米以浅水域，海底地形平坦，底质多为沙、沙泥。水深 200 米以深的大陆架边缘和大陆坡区，除局部区域障碍物较多及东沙岛周围暗礁丛生外，大部分区域平坦	水深 600 ~ 1200 米的坡区，一定的水产资源，但因对渔获种类的经济价值不明，至今仍未开发利用。但该水域的中上层鱼类资源较丰富	东沙群岛附近海域，适合采捕、刺钓、竿钓作业
珠江口渔场	北纬 20°45′ ~ 23°15′，东经 112°00′ ~ 116°00′	约 7.42 万多平方千米	大部分水域的水深在 100 米以浅，只在东南部有一范围不大的水域水深超过 100 米。本海域北部为大陆沿岸，海岸线曲折，岛屿和港湾众多	本海域每年由珠江口带入大量的有机物质和无机盐类，河口、近岸水域水质肥沃，饵料生物丰富。是多种经济鱼虾类产卵及其幼体的育肥场所	适合拖网、围网、刺钓、拖虾等
粤西及海南岛东北部渔场	北纬 19°30′ ~ 22°00′，东经 110°00′ ~ 114°00′	约 8.95 万多平方千米	本海域北部为大陆沿岸，岸线蜿蜒曲折，港湾众多	这些海湾的自然环境条件优越，为大黄鱼及其他多种优质鱼虾类的产卵场及其幼体的育肥场	适合拖网、围网、刺钓、拖虾等
海南岛东南部渔场	北纬 17°30′ ~ 20°00′，东经 109°30′ ~ 113°30′	约 9.58 万平方千米	水深 90 米以内的近海区，地型较复杂，暗礁和其他障碍物较多，海底的倾斜度较大，水深 90 ~ 200 米范围内，海底的倾斜度较小，地形较平坦。水深 200 ~ 1000 米范围内，地形随水深的增加而变陡	生物以热带海区的暖水性种类为主，而处在同一纬度的大陆斜坡底层，受南海中层水所控制，水温较低，栖息的生物大多为冷温性种类	水深 90 ~ 200 米范围内适合拖网作业
北部湾北部渔场	北纬 19°30′ 以北，东经 106°00′ ~ 110°00′	约 7.08 万平方千米	沿海有广西的南流江、钦江、大风江、防城江、北仑河和越南的红河	携带大量的有机物质和无机盐入海，形成多种鱼虾的良好繁育场。本海域的底层鱼类多为地方性种群，没有明显的洄游路线	拖网作业

续表

渔场	位置	面积	地形	生物特征	渔业作业
北部湾南部及海南岛西南部渔场	北纬 17°15′ ~ 19°45′，东经 105°30′ ~ 109°30′	约 8.77 万多平方千米	西部越南沿岸有马江、朱江，东部有本省海南岛的昌化江、水鸣江和北门江，携带着大量的有机物质和无机盐入海，使沿海形成鱼虾类的良好繁育场。本海域位于北部湾口，水深大于湾内。渔获物的种类多，捕捞强度比北部海域小	本海域的底层鱼种类多，鱼群分散。主要种类有白姑鱼、二长棘鲷、枪乌贼、金线鱼、大眼鲷、蛇鲻、红笛鲷和带鱼等	拖网作业
中沙东部渔场	北纬 14°30′ ~ 19°30′，东经 113°30′ ~ 121°30′	约 41.22 万多平方千米，共跨 5 个纬度	该海域海底地形复杂，包括大陆架、大陆坡、深海盆和岛礁。北部大陆坡及岛礁、暗沙附近水域，常形成局部的地形性上升流和涡流，营养盐及饵料生物丰富。形成中沙群岛刺钓鱼场、金枪鱼延绳钓鱼场和深海虾场等 3 个不同类型的渔场	中沙群岛刺钓鱼场渔获主要种类有白边真鲨、千年笛鲷、紫红笛鲷。金枪鱼延绳钓鱼场渔获物以黄鳍金枪鱼、大眼金枪鱼等大型金枪鱼类为主。深海虾场渔获的主要种类有拟须虾、深海红虾、刀额拟海虾、长肢近对虾等，以及鳞首方头鲳等深海经济鱼类	刺钓、延绳钓、手钓、飞鱼刺网、扛缯网等
西沙、中沙渔场	北纬 15°00′ ~ 17°30′，东经 111°00′ ~ 115°00′	约 11.82 万多平方千米	西中沙海域的地形复杂，有浅滩、岛礁、暗沙和斜坡。该海域散布着许多岛礁，这些岛礁由西沙和中沙两个相互分离的珊瑚礁群所组成	主要有珊瑚礁鱼类、大洋性鱼类和贝类、海参、海藻、海龟。主要捕捞品种为黄鳍金枪鱼、鲨鱼、笛鲷类、石斑鱼类、刺鲅、东方狐鲣、鲣、白卜鲔、斑条魣、侧牙鲈、小型金枪鱼等	适合多种刺钓、各种延绳钓、曳绳钓、手钓、定置刺网、飞鱼刺网、扛缯网等
西沙西部渔场	北纬 15°00′ ~ 17°30′，东经 107°00′ ~ 111°00	约 9.03 万平方千米	本海域的海底地形主要由大陆架和大陆坡两部分构成。受南海表层水、南海上层水和北部湾沿岸水多种水系交汇的影响，饵料生物比较丰富	该渔场是红笛鲷、摩鹿加绯鲤、金线鱼、深水金线鱼、蓝圆鲹、黄鳍马面鲀、黄鳍金枪鱼、鸢乌贼等多种经济鱼类、头足类的索饵场和产卵场	
南沙渔场	一般指北纬 12° 以南环绕南沙群岛的广阔海区	北起雄南礁，南至曾母暗沙，东为海马滩，西至万安滩。东西幅长 530 海里，南北宽 500 海里	南沙群岛由数以百计的岛屿、暗礁、浅滩、沙洲组成。南沙海区复杂的地貌及其生物区系特征，在渔业开发上可分为大陆架、环礁、大洋 3 大渔业生态系	海参、贝类、藻类、石斑、青眉，金枪鱼、鲨鱼，鲹科和鲱科等中上层鱼类，蛇鲻、红鳍笛鲷、金线鱼、绯鲤、马鲛、带鱼、枪乌贼等	礁盘浅海作业如潜水采捕、金枪鱼、鲨鱼延绳钓作业、灯光围网作业、底拖网作业

10. 广东省国家地理标志保护的水产品（截至 2015 年 12 月 31 日）

产品名称	批准时间	申报地	产品名称	批准时间	申报地
流沙南珠	2005 年 8 月 25 日	湛江雷州	南澳牡蛎	2011 年 12 月 26 日	汕头南澳
程村蚝	2005 年 12 月 21 日	阳江阳西	麦溪鲤	2012 年 6 月 21 日	肇庆高要
中山脆肉鲩	2008 年 12 月 10 日	中山	麦溪鲩	2012 年 6 月 21 日	肇庆高要
白蕉海鲈	2009 年 9 月 21 日	珠海斗门	文岗鲤	2014 年 2 月 13 日	肇庆鼎湖
罗定皱纱鱼腐	2010 年 2 月 24 日	云浮	文岗鲩	2014 年 2 月 13 日	肇庆鼎湖
台山鳗鱼	2011 年 11 月 30 日	江门			

11. 广东省国家级水产种质资源保护区

序号	名称	保护物种	面积（公顷）	地点	批准年度
1	流溪河光倒刺鲃国家级水产种质资源保护区	光倒刺鲃等鱼类的产卵场；唐鱼、花鳗鲡、异鱲、南方波鱼、拟细鲫、平头岭鳅、青鳉等水生动物及其栖息地；鱼类洄游通道；完整的江河生态系统	2260	广州市从化	2007
2	上下川岛中国龙虾国家级水产种质资源保护区	中国龙虾等经济种类及其产卵场	42000	江门市	2007
3	西江广东鲂国家级水产种质资源保护区	广东鲂及其产卵场	2350	肇庆市	2007
4	石窟河斑鳠国家级水产种质资源保护区	斑鳠、大刺鳅等韩江鱼类及其产卵场	2248	梅州市蕉岭	2007
5	增江光倒刺鲃大刺鳅水产种质资源保护区	大刺鳅等珠江水系和华南地区特有的经济鱼类	438.7	广州市增城	2008
6	海陵湾近江牡蛎水产种质资源保护区	近江牡蛎及其栖息地	1000	阳江市海陵湾	2008
7	西江赤眼鳟海南红鲌水产种质资源保护区	赤眼鳟、海南红鲌、黄尾鲴；其他列入国家重点保护水产种质资源名录的 20 多种鱼类	2300	云浮市	2008
8	西江肇庆段国家级水产种质资源保护区	鲤鱼等水产种质资源	1310	肇庆市	2009
9	北江英德段国家级水产种质资源保护区	大眼鳜等水产种质资源	860.5	清远市英德县	2009
10	榕江特有鱼类国家级水产种质资源保护区	斑鳠等水产资源	220	汕尾市陆河县	2010
11	凌江特有鱼类国家级水产种质资源保护区	黑颈乌龟	523.26	韶关南雄市	2010
12	新丰江国家级水产种质资源保护区	特有鱼类	490	韶关新丰县	2011
13	鉴江口尖紫蛤国家级水产种质资源保护区	尖紫蛤	1000	湛江吴川市	2011
14	汕尾碣石湾鲻鱼长毛对虾国家级水产种质资源保护区	鲻鱼、长毛对虾以及海鳗、赤点石斑、花鲈、三疣梭子蟹、锯缘青蟹等经济渔业种类亲体和幼体	1800	汕尾市	2012
15	潭江广东鲂国家级水产种质资源保护区	鲤、鲫、日本鳗鲡、青鱼、草鱼、鲢鱼、鳙鱼、赤眼鳟、团头鲂、鳊、鲇、黄颡鱼、黄鳝、鳜鱼、斑鳢、大眼鳜等 17 种国家水产种质重点保护品种	640	江门市开平	2012
16	柚树河斑鳢国家级水产种质资源保护区	主要为斑鳢和鲇，包括黄颡鱼、青鱼、草鱼、翘嘴鲌、团头鲂、鳊、光倒刺鲃、鲮、鲤、鲫、鳙、鲢、黄鳝等	510	梅州市平远县	2013

12. 广东省国家级和省级自然保护区（涉海涉渔部分）

国家级自然保护区（5 个）					
	保护区名称	保护物种	面积（公顷）	地点	始建和定级年度
1	惠东海龟国家级自然保护区	绿海龟	1800	惠州市惠东	始建于 1986 年 定级于 1992 年
2	珠江口中华白海豚国家级自然保护区	中华白海豚	46000	珠海市珠江口	始建于 1999 年 定级于 2003 年
3	徐闻珊瑚礁国家级自然保护区	珊瑚礁	14378.5	湛江市徐闻	始建于 1999 年 定级于 2007 年
4	雷州珍稀海洋生物国家级自然保护区	海洋生物		湛江市雷州	始建于 1983 年 定级于 2008 年

5	南澎列岛海洋生态国家级自然保护区	海洋生态	35679	汕头市	始建于 1999 年 定级于 2012 年
省级自然保护区（8 个）					
	保护区名称	保护物种	面积（公顷）	地点	始建和定级年度
1	大亚湾水产资源省级自然保护区	水产资源	98500	惠州市大亚湾	始建于 1983 年 定级于 2002 年
2	江门中华白海豚省级自然保护区	中华白海豚	10747.7	江门市台山	始建于 2003 年 定级于 2007 年
3	连南大鲵省级自然保护区	大鲵	1493.4	清远市连南瑶族自治县	始建于 2000 年 定级于 2007 年
4	阳江南鹏列岛海洋生态省级自然保护区	渔业资源	20000	阳江市	始建于 2004 年 定级于 2008 年
5	韶关北江特有珍稀鱼类省级自然保护区	斑鳠等北江名优鱼类	2820	韶关市	始建于 1999 年 定级于 2008 年
6	连江龙牙峡水产种质资源省级自然保护区	水产种质资源	11804.5	清远市连州	始建于 2008 年 定级于 2008 年
7	肇庆西江珍稀鱼类自然保护区	广东鲂及其栖息地	1914	肇庆市封开	始建于 2004 年 定级于 2009 年
8	陆河花鳗鲡省级自然保护区	花鳗鲡	1865.6	汕尾市陆河	始建于 2004 年 定级于 2009 年

13. 广东省国家级海洋公园

	名称	保护物种	面积（公顷）	地点	批准年度
1	广东特呈岛国家级海洋公园	海洋生态	1893.2	湛江市	2011
2	广东海陵岛国家级海洋公园	海洋生态	1927.26	阳江市	2011
3	广东雷州乌石国家级海洋公园	海洋生态	1671.28	雷州市	2012
4	广东南澳青澳湾国家级海洋公园	海洋环境、珍稀海洋生物和生物多样性	1246	汕头市南澳岛	2014

14. 广东省国家级非物质文化遗产名录（涉海涉渔部分）

批次	项目类别	项目名称		申报地区或单位
国务院于 2006 年 5 月 20 日公布第一批国家级非物质文化遗产名录，广东省有 42 个项目入选（按项目保护单位计，下同），其中涉海涉渔 4 项	民间音乐	中山咸水歌		中山市
	民间舞蹈	龙舞	湛江人龙舞	湛江市
			汕尾滚地金龙	汕尾市
	曲艺	龙舟说唱		佛山市顺德区
国务院于 2008 年 6 月 7 日公布第二批国家级名录项目和第一批国家级名录扩展项目，广东省有 57 个项目列入，其中涉海涉渔 6 项	传统音乐	惠东渔歌		惠州市
	传统舞蹈	麒麟舞		海丰县
		灯舞（沙头角鱼灯舞）		深圳市
	民俗	灯会（泮村灯会）		开平市
		抬阁（芯子、铁枝、飘色）	南朗崖口飘色	中山市
		汉族传统婚俗（斗门水上婚嫁习俗）		珠海市

续表

批次	项目类别	项目名称		申报地区或单位
国务院于2011年5月23日公布第三批国家级非物质文化遗产名录及扩展项目名录，广东省有30个项目列入（前注有▲者为扩展项目），其中涉海涉渔9项	传统舞蹈	▲英歌（甲子英歌）		陆丰市
		▲鹤舞（三灶鹤舞）		珠海市
	传统体育、游艺与杂技	赛龙舟		东莞市
	民俗	▲七夕节（天河乞巧习俗）		广州市天河区
		▲民间信俗	波罗诞	广州市黄埔区
			悦城龙母诞	德庆县
		▲祭祖习俗	灯杆彩凤习俗	揭东县
			下沙祭祖	深圳市福田区
		装泥鱼习俗		珠海市斗门区
国务院于2014年11月11日批准第四批国家级非物质文化遗产代表性项目名录，广东省有18个项目列入，其中涉海涉渔1项	传统音乐	渔歌（汕尾渔歌）		汕尾市

15. 广东省全国重点文物保护单位（涉海涉渔部分）

名称	时代	类别	所在地
秦代造船遗址、南越国宫署遗址及南越文王墓	秦、西汉	古遗址	广州市越秀区
莲花山古采石场	西汉至清	古遗址	广州市番禺区
怀圣寺光塔	唐	古建筑	广州市越秀区
镇海楼与广州明城墙	明至民国	古建筑	广州市越秀区
南海神庙	清	古建筑	广州市黄埔区
三元里平英团遗址	1841年	近现代重要史迹及代表性建筑	广州市白云区
黄埔军校旧址	1924—1927年	近现代重要史迹及代表性建筑	广州市黄埔区
粤海关旧址	清	近现代重要史迹及代表性建筑	广州市荔湾区
大鹏所城	明清	古建筑	深圳市大鹏新区
宝镜湾遗址	新石器至青铜时代	古遗址	珠海市金湾区
三灶岛侵华日军罪行遗迹	民国	近现代重要史迹及代表性建筑	珠海市金湾区
崎碌炮台	1879年	近现代重要史迹及代表性建筑	汕头市金平区
古椰贝丘遗址	新石器时代	古遗址	佛山市高明区
蚝岗贝丘遗址	新石器时代	古遗址	东莞市
林则徐销烟池与虎门炮台旧址	1839年	近现代重要史迹及代表性建筑	东莞市/广州市
硇州灯塔	1899年	近现代重要史迹及代表性建筑	湛江市开发区
悦城龙母祖庙	清	古建筑	肇庆市德庆县

16. 广东省国家 3A 级以上旅游景区景点（涉海涉渔部分）

旅游景区（点）名称	所在地	评定年份	面积（公顷）	级别	景区类型
广州市长隆旅游度假区	广州市番禺区大石街	2007	300	AAAAA	主题游乐
广州市莲花山旅游区	广州市番禺区石楼镇西门路 18 号	2002	233	AAAA	自然景观
广州市动物园	广州市先烈中路 120 号	2008	42	AAAA	科技教育
广州市南海神庙景区	广州市黄埔区庙头旭日街 22 号	2011	17.2	AAAA	历史文化
广州市南沙滨海湿地景区	广州市南沙区万顷沙镇新垦 18 涌	2012	230	AAAA	自然景观
广州南沙天后宫	广州市南沙区天后宫 88 号	2015	18.51	AAAA	寺庙观堂
广州南沙永乐农庄	广州市南沙区万顷沙镇	2015	80	AAA	度假休闲
广州太古仓码头	广州市海珠区革新路 124 号	2015	7	AAA	风景区
深圳市中信明思克航母世界旅游景区	深圳市盐田区沙头角海滨	2009	3.33	AAAA	主题游乐
深圳市西部海上田园旅游区	深圳市宝安区沙井街道民主村	2009	173	AAAA	度假休闲
深圳市金沙湾海滨度假区	深圳龙岗区大鹏街道下沙社区	2011	12	AAA	自然景观
珠海市外伶仃岛风景区	珠海市万山海洋开发试验区	2009	20	AAA	度假休闲
汕头市中信高尔夫海滨旅游度假区	汕头市濠江区	2002	125	AAAA	度假休闲
汕头市礐石风景名胜区	汕头市礐石海旁路 4 号	2002	2377	AAAA	自然景观
汕头市南澳生态旅游区	汕头市南澳县后宅镇	2004	11153	AAAA	自然景观
惠州市海滨温泉旅游度假区	惠东县平海镇	2009	120	AAAA	度假休闲
惠州市金海湾国际滨海旅游区	惠东县	2010	157.5	AAAA	度假休闲
惠州市碧海湾旅游度假区	惠州市澳头镇小桂村	2014	200	AAA	度假休闲
东莞市鸦片战争博物馆	东莞市虎门镇解放路 88 号	2003	80	AAAA	红色旅游
阳江市海陵岛大角湾海上丝路旅游区	阳江市闸坡镇海滨路 38 号	2015	19.6	AAAAA	自然景观
阳江市阳西咸水矿温泉景区	阳西县城东湖开发区	2012	60	AAAA	度假休闲
阳江市东平大澳渔家文化村	阳东县东平镇	2012	10.92	AAA	乡村旅游
湛江市雷州天成台旅游度假村	雷州市乌石镇	2005	350	AAA	度假休闲
湛江市吴川吉兆湾旅游度假区	吴川市覃巴镇	2005	40	AAA	度假休闲
湛江市东海岛省级旅游度假区	湛江市东海岛	2009	55	AAA	度假休闲
茂名市放鸡岛海上游乐世界	电白县博贺镇翠湖路	2011	209	AAAA	自然景观
茂名市浪漫海岸景区	电白县博贺镇尖岗管理区	2014	5.3	AAAA	度假休闲
茂名市水东湾第一滩旅游度假区	茂名市茂港区海滨二路	2005	600	AAA	自然景观
肇庆市龙母祖庙景区	德庆县悦城镇	2009	10	AAAA	历史文化
揭阳市惠来县海滨度假村景区	惠来县神泉镇	2013	133.33	AAA	度假休闲

注：至 2015 年底，广东省有国家 5A 级景区 11 家、4A 级景区 159 家、3A 级景区 111 家（省旅游局）；其中涉海涉渔部分有国家 5A 级景区 2 家、4A 级景区 17 家、3A 级景区 11 家。

17. 1995—2015 年广东主要海洋产业产值（亿元）

年份	总产值	海洋渔业	海洋油气业	海洋矿业	海洋盐业	海洋化工业	海洋生物医药业	海洋电力	海水利用业	海洋船舶工业	海洋工程建筑业	海洋交通运输业	滨海旅游业
1990	182												
1991	235												
1992	330												
1993													
1994	500												
1995	647	210	61		1.09					31		127	216
1996	790	241	142	0.33	0.95					31		134	241
1997	850	240	193	0.18	0.51					31		167	219
1998	791	264	134	0.33	0.71					32		131	228
1999	896	316	168	0.61	0.87					36		121	254
2000	1115	360	275	0.28	0.77					40		145	294
2001	1181	402	210	0.23	0.52					38		187	243
2002	1267	442	216	0.24	0.67					47		167	394
2003	1599	460	230	1	0.8					50		227	630
2004	1799	498	250	1	0.8					52		247	750
2005	2223	698	360	1	0.8					53		260	850
2006	4155	279	448	2	0.67	238	0.94	3.57	0.78	44		705	692
2007	4755	286	250	0.7	0.7	227	0.6	1.21	1.43	45	50	465	712
2008	5825	285	303	0.75	0.6	260	0.6	1.51	1.43	49	55	496	692
2009	6661	300	330	0.85	0.65	320	0.65	1.6	1.8	55	65	530	767
2010	8254	320	550	0.9	0.8	420	0.9	1.7	2.1	100	265	560	967
2011	9191	345	580	1	0.85	705	0.95	1.9	2	148	350	630	1220
2012	10507	272	561	1	1	514	1	7	2	168	188	710	1328
2013	12300	291	539	1	1	556	1	8	2	150	214	781	1496
2014	12484	313	439	1	0.01	544	1	10	2	181	486	849	1731
2015	13796	311	284	1	0.01	593	2	12	3	185	511	623	2414